龙岩年鉴

LONGYAN NIANJIAN

2017

龙 岩 市 人 民 政 府 主 办
龙岩市地方志编纂委员会 编

方志出版社
Publishing House of Local Records

图书在版编目(CIP)数据

龙岩年鉴.2017 / 龙岩市地方志编纂委员会编.—北京:方志出版社,2018.1
ISBN 978-7-5144-2950-3

Ⅰ.①龙… Ⅱ.①龙… Ⅲ.①龙岩-2017-年鉴 Ⅳ.①Z525.73

中国版本图书馆 CIP 数据核字(2018)第 027357 号

龙岩年鉴(2017)

编　　者:龙岩市地方志编纂委员会
责任编辑:刘方圆

出 版 人:冀祥德
出 版 者:方志出版社
地址　北京市朝阳区潘家园东里 9 号(国家方志馆 4 层)
邮编　100021
网址　http://www.fzph.org
发　　行:方志出版社图书经销中心
电话　(010) 67110500
经　　销:各地新华书店
印　　刷:龙岩市日升彩印有限公司

开　　本:889×1194　1/16
印　　张:15
字　　数:909 千字
版　　次:2018 年 1 月第 1 版　2018 年 1 月第 1 次印刷
印　　数:0001~1000 册

ISBN 978-7-5144-2950-3　　定价:285.00 元

《龙岩年鉴》总编室

主　　编　蓝国华　（龙岩市方志委党组书记、主任）
副 主 编　陈伦华　（龙岩市方志委副调研员）
　　　　　　游友荣　（龙岩市方志委辅导科科长）
编　　辑　陈伦华　（龙岩市方志委副调研员）
　　　　　　游友荣　（龙岩市方志委辅导科科长）
　　　　　　张　宇　（龙岩市方志委辅导科主任科员）
　　　　　　上官克盈（龙岩市方志委综合科主任科员）
　　　　　　饶晓艳　（龙岩市方志委辅导科副科长）
　　　　　　蓝丽玲　（龙岩市方志委文员）

编 辑 说 明

一、《龙岩年鉴》是龙岩市人民政府主持编纂的大型综合性年刊，1992 年创刊，每年出版一卷。2017 年卷为总第二十五卷。

二、《龙岩年鉴（2017）》编纂工作以习近平新时代中国特色社会主义思想为指导，力求全面、系统、翔实地记载 2016 年度龙岩市经济和社会发展情况，为领导决策提供依据，为中外人士了解和研究龙岩提供信息，录史存真，宣传闽西，服务社会，传承文明。

三、本年鉴采用分类编辑法，保持卷首、百科、卷末三个基本组成部分和类目、分目、条目三个层次的框架结构，个别层次较多的在分目下设子分目。卷首设特载、大事记、龙岩概况。百科部分，坚持年鉴编纂主题性与部门性的统一，中央苏区建设、生态建设、客家文化、新农村建设、重点产业园区、商会等时代主题鲜明、区域特色突出的新部类日趋成熟，市委、市政府、人大、政协、农业、经济、金融、法制、县（市、区）概况等传统优秀部类成为年鉴的精品板块。具体为：原中央苏区与革命老区建设，生态建设，客家文化，农业经济，新农村建设，工业经济，重点产业园区，城乡建设与环保，商贸、物流，对外经贸及对港澳台经贸，旅游业，交通运输，财政、税务，金融，信息业，经济管理，人事管理，中共龙岩市委，龙岩市人大常委会，龙岩市人民政府，政协龙岩市委员会，纪检、监察，民主党派，社会团体，商会，法治，军事，教育、科技，文化、新闻、出版，卫生、体育，社会生活，外事、侨务、港澳事务，县（市、区）概况，人物、先进集体等类目。卷末设附录、索引。共设 37 个类目，199 个分目，57 个子分目，1660 个条目，全书 90.9 万字。

四、本年鉴所刊载的文字内容和数据，均由市直各部门（机构）、各县（市、区）和部分中央、省驻龙岩市单位提供，并经各供稿单位领导审核。国民经济和社会发展主要数据以龙岩市统计局公布为准。

五、适应年鉴图文一体化的要求，入鉴配文图片 248 幅，图片由撰稿单位及闽西日报社记者提供。

六、本年鉴的检索系统包括目录和索引。目录在卷首，分列中文目录和英文目录。索引在卷末，主要采用主题分析索引的方法，并对附表和随文图照列有辅助索引，使用方法详见索引说明。

目　录

特　载

大事记

龙岩概况

原中央苏区与革命老区建设

生态建设

客家文化

农业经济

新农村建设

工业经济

重点产业园区

城乡建设与环保

商贸　物流

对外经贸及对港澳台经贸

旅游业

交通运输

财政　税务

金　融

信息业

经济管理

人事管理

中共龙岩市委

龙岩市人大常委会

龙岩市人民政府

政协龙岩市委员会

纪检　监察

民主党派

社会团体

商 会

法 治

军　事

教育　科技

文化 新闻 出版

卫生 体育

社会生活

外事　侨务　港澳事务

县(市、区)概况

人物　先进集体

附　录

CONTENTS

Building New Countryside

Industrial Economy

Key Industrial Parks

Construction of Town and Country and Environmental Protection

Commerce and Logistics

Foreign Trade and Trade with Hong Kong, Macau and Taiwan

Tourism Industry

Transportations

Finance and Taxation

Finance

Information Industry

Economic Management

Human Resources Management

Longyan Municipal Committee of the Communist Party of China

Longyan Municipal People's Congress

Longyan Municipal People's Government

Longyan Municipal Committee of the Chinese People's Political Consultative Conference

Longyan Municipal Disciplinary Committee and Supervision Bureau

Democratic Parties

People's Organizations and Social Organizations

Chamber of Commerce

Rule of Law

Military Affairs

Education, Science and Technology

Culture, Journalism and Publishing

Public Health and Physical Education

Social Life

Foreign Affairs, Overseas Chinese Affairs And Hong Kong and Macao Affairs

Overview of Counties and Districts

Personages and Advanced Groups

(目录翻译:Translated by: Zhang Huizhong)

Appendixes

龙岩市地图

龙岩市
新罗区
永定区
(凤城街道)
漳平市
(菁城街道)
长汀县
(汀州镇)
连城县
(莲峰镇)
上杭县
(临江镇)
武平县
(平川镇)
瑞金市
会昌县
寻乌县
平远县
蕉岭县
大田县
永安市
华安县
南靖县
三明市
泉州市
漳州市
江西省
广东省
冠豸山机场
图例
设区市行政中心
县级行政中心
乡、镇、街道办事处
村委会
省界
设区市界
县级界
山峰
机场
高速公路
在建高速
铁路及车站
在建铁路
国道及编号
省道及编号
县道
其他道路
河流及水库
比例尺 1:1 036 000
审图号：闽S[2017]170号
福建省制图院 编制 2017年10月
资料截至2016年12月

“数”看新龙岩

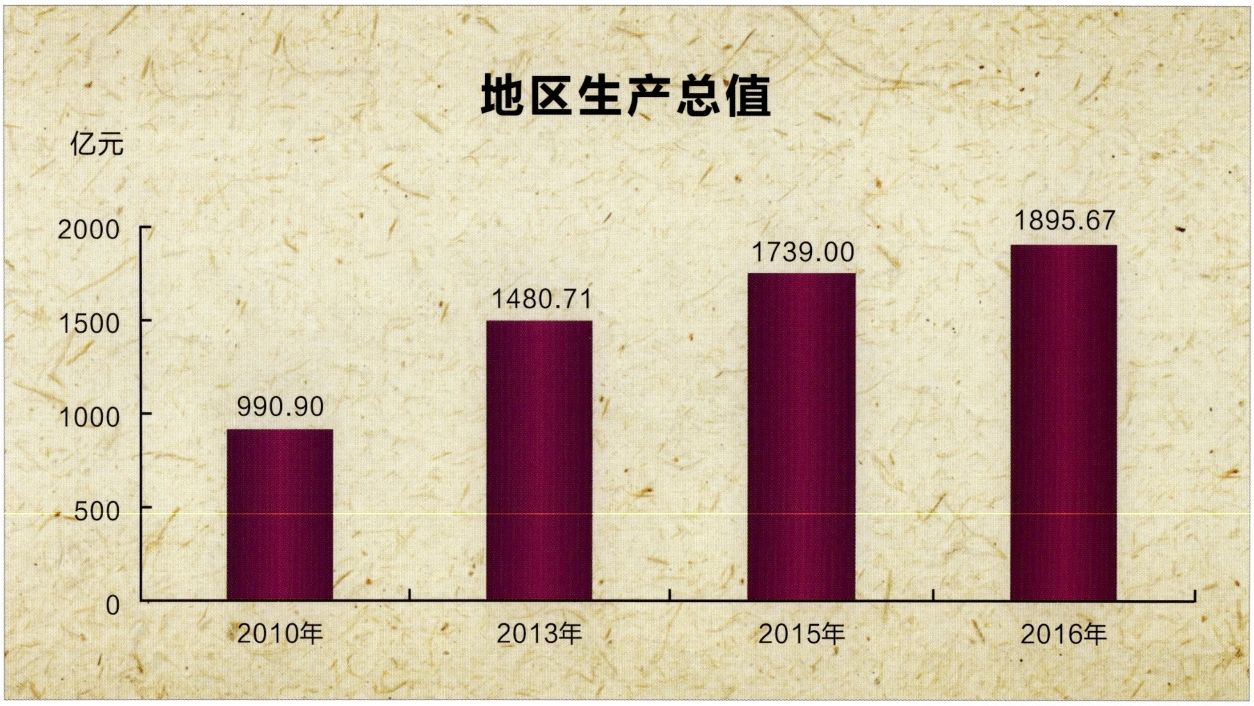

2010—2016年重要年份节点，龙岩市地区生产总值情况

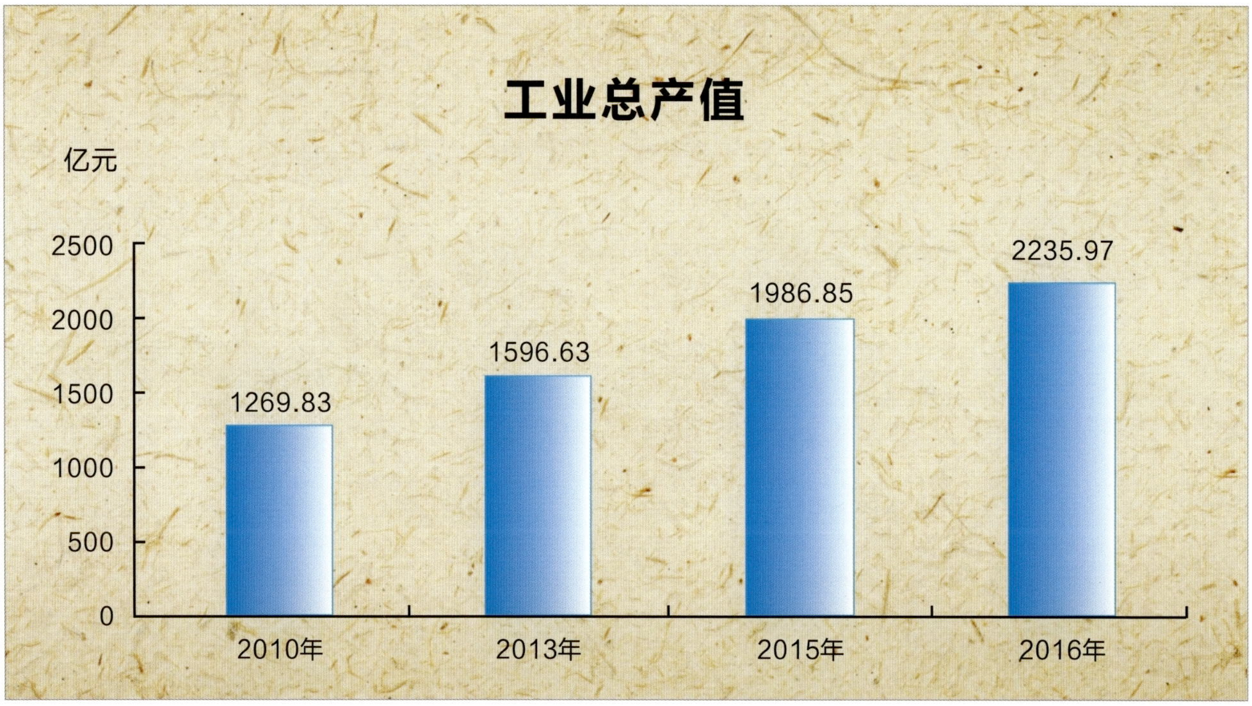

2010—2016年重要年份节点，龙岩市工业总产值情况

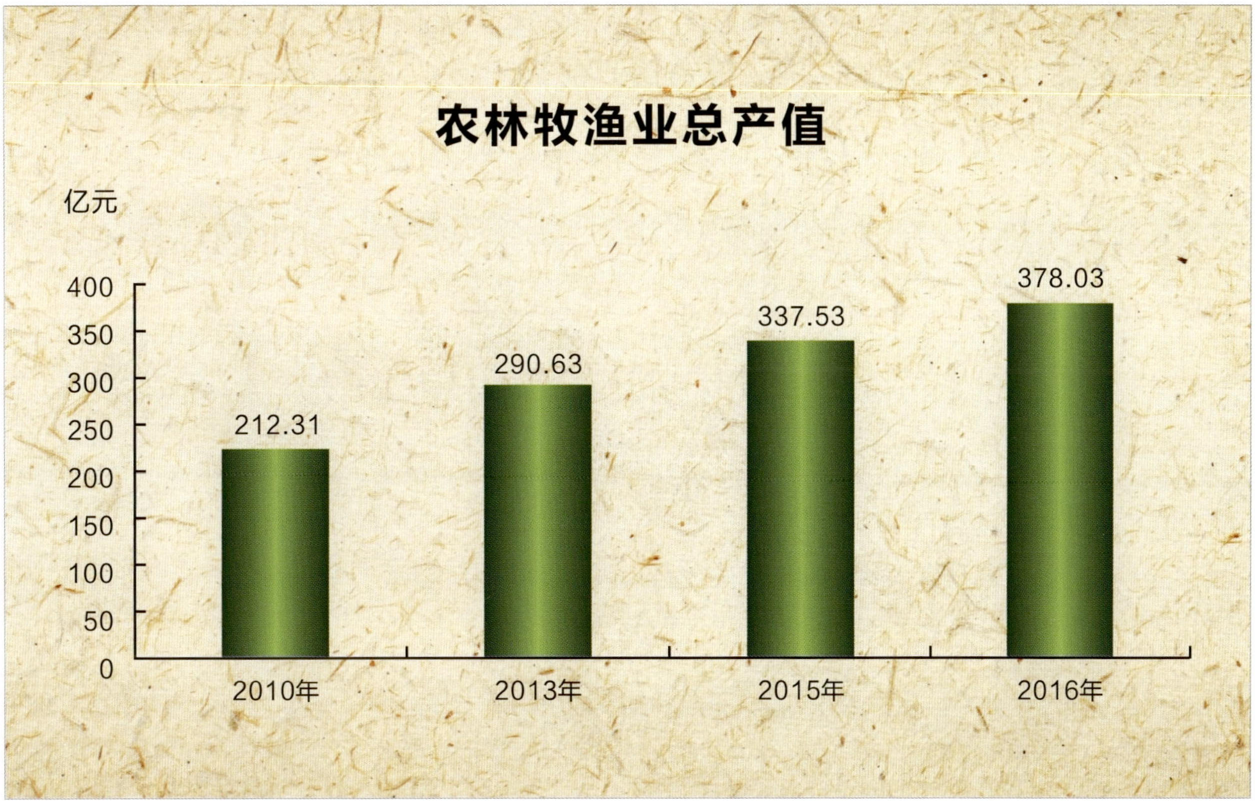

2010—2016年重要年份节点，龙岩市农林牧渔业总产值情况

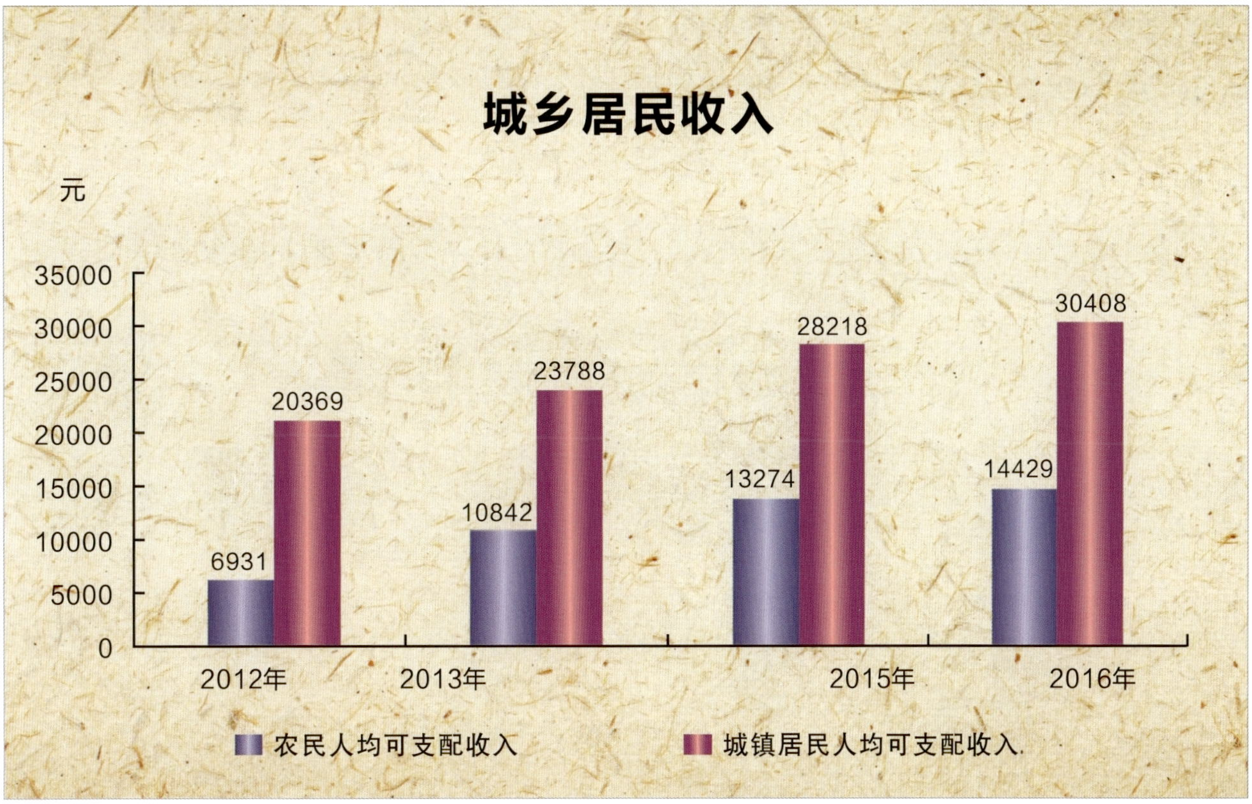

2010—2016年重要年份节点，龙岩市城乡居民收 入情况

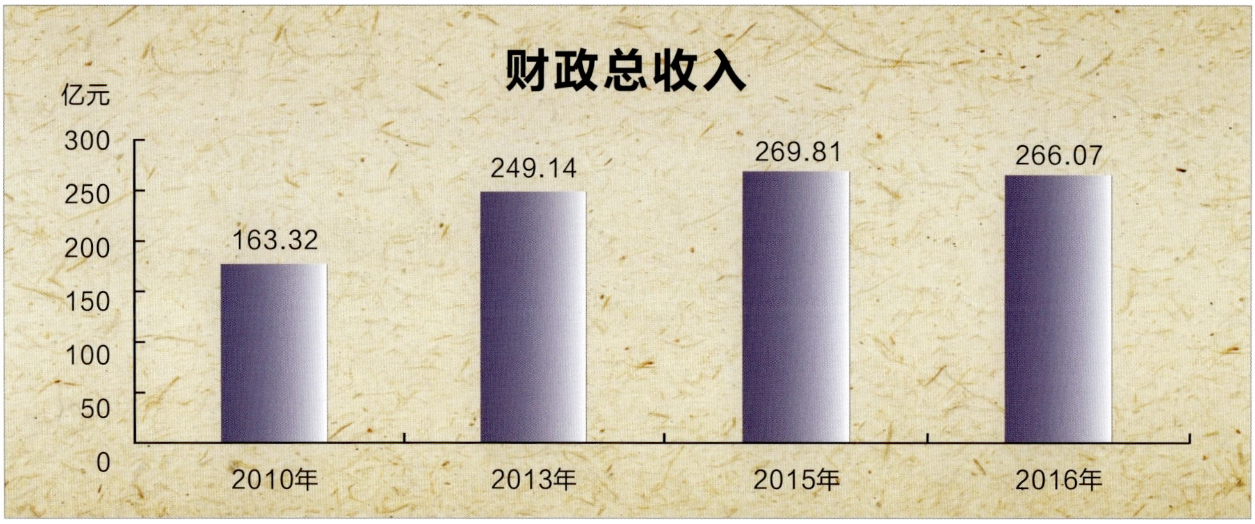

2010—2016年重要年份节点，龙岩市财政总收入情况

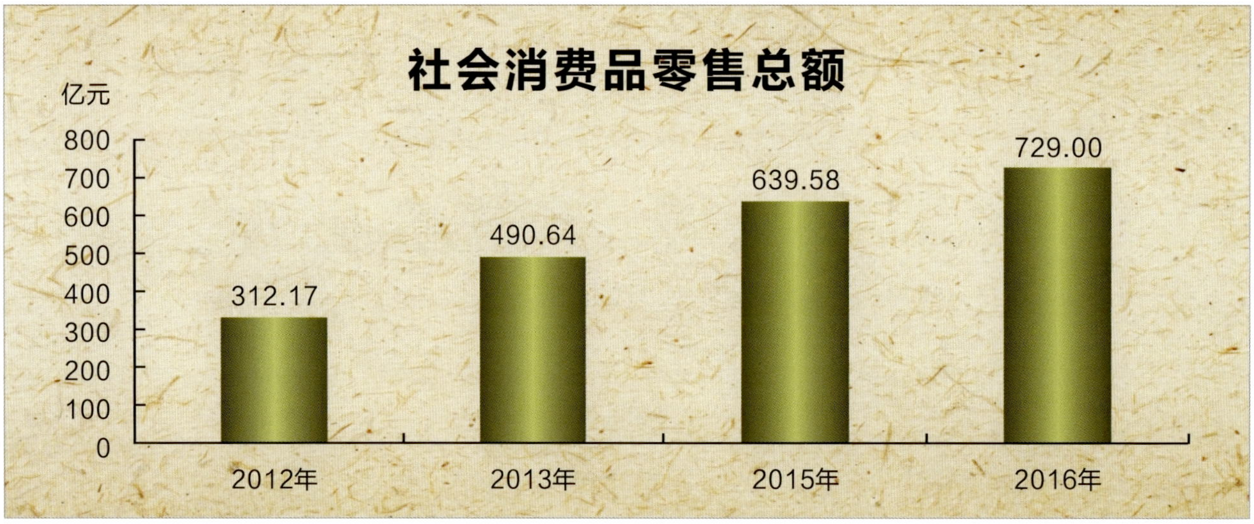

2010—2016年重要年份节点，龙岩市社会消费品零售总额情况

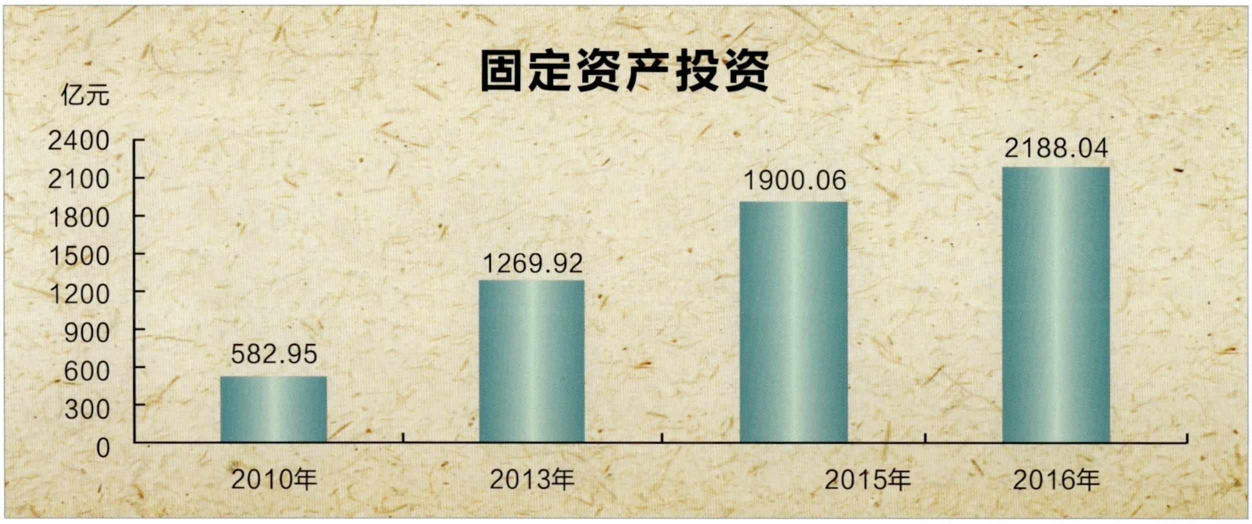

2010—2016年重要年份节点，龙岩市固定资产投资情况

2016年10月13日，省委书记尤权（前排右二）到长汀县南山镇中复村看望红军后代

记者 王毅 摄

2016年3月23日，省委副书记、省长于伟国（左四）到长汀调研水土保持工作，考察长汀水土保持科教园

2017年3月11日，市委书记林国耀（前排右一）到长汀调研，考察南坑水土流失治理示范区银杏基地

2017年2月9日，市委副书记、市长林兴禄（前排左二）到永定区调研，察看永梅出省公路项目建设情况

刘永良 摄

两学一做

学党章党规、学系列讲话、做合格党员

2016年9月26-27日，中共龙岩市第五届代表大会在龙岩召开。提出今后五年工作的总体要求是：高举中国特色社会主义伟大旗帜，全面贯彻落实党的十八大以来党中央一系列决策部署，深入贯彻习近平总书记系列重要讲话精神和来闽来岩重要讲话精神，全面落实省委的各项决策部署，以“五位一体”总体布局、“四个全面”战略布局、“五大发展理念”为指引，充分发挥红色文化、客家文化及生态资源优势，以供给侧结构性改革为主线，全面实施创新驱动、产业兴市、人才强市“三大战略”，深入打好项目落地、脱贫攻坚、生态环保“三大战役”，全力建设东接厦漳泉大都市区、西拓中西部腹地的创新型工贸旅游强市，为加快建设机制活、产业优、百姓富、生态美的新龙岩，全面建成小康社会而努力奋斗。

龙岩市把在职党员进社区为群众服务工作作为“两学一做”学习教育的具体方式，作为“三严三实”专题教育的重要载体，作为巩固党的群众路线教育实践活动成果的新举措，初步行程在职党员进社区服务群众工作的“龙岩模式”。图为市领导以在职党员身份到北城社区帮助解决实际问题

龙岩倾力打造党建微信矩阵，步入全国百强。“闽西党旗红”（龙岩市委组织部）列全国政务—党建微信影响力排行榜第十七名，列全国组工系统党员教育微信影响力排行榜第十名

龙岩市举办2016年“童心向党”歌咏展演活动

古田镇五龙村党支部开展“两学一做”学习教育

在党的生日前夕，汇金集团预备党员及全体在职正式党员面对党旗，郑重宣誓

项目落地全面提速

全市项目落地攻坚战役动员大会

滚动实施“五个一批”项目，实行挂图作战、按单销号，推动项目加快落地建设，投资增速保持全省前列。全年新开工建设10亿元以上项目44个、新竣工投产10亿元以上项目37个。省市重点项目共完成投资807亿元，占年度计划的133%。对接六批国家专项建设基金项目138个、争取资金67.6亿元。开展“政民外”重大项目对接活动，落地项目172个、完成投资91亿元。

2016年11月8日，第七届海峡两岸机械产业博览会暨第九届中国龙岩投资项目洽谈会开幕式。

2016年4月13日，省国资委、省属企业与龙岩市项目合作对接会暨签约仪式在闽西宾馆举行。签约仪式上，市政府分别与省国资委、省能源集团、厦钨集团签订战略合作框架协议，市直有关单位、各县（市、区）、龙岩经济技术开发区（龙岩高新区）、厦龙山海协作经济区分别与省属企业进行项目合作签约。此次签约仪式共签约32个项目，总投资449亿元

中外合资福建新龙马汽车股份有限公司重组交接仪式

2016年8月4日，龙岩市政府与华为技术有限公司在深圳签署云计算数据中心合作协议

全球工程机械50强龙工控股

2016年6月，长汀金龙稀土有限公司年产2500吨磁性材料元器件配套表面处理项目生产车间投产

龙净环保用于电厂、钢铁厂降尘减排的烟气治理岛。图为工作人员正在解说

漳平工业园区林产业龙头企业木村公司生产车间

2016年10月，亚洲最大的球磨机在上杭紫金山铜选矿厂投入使用

龙马环卫自主研发的雾炮车

畅丰高空作业车

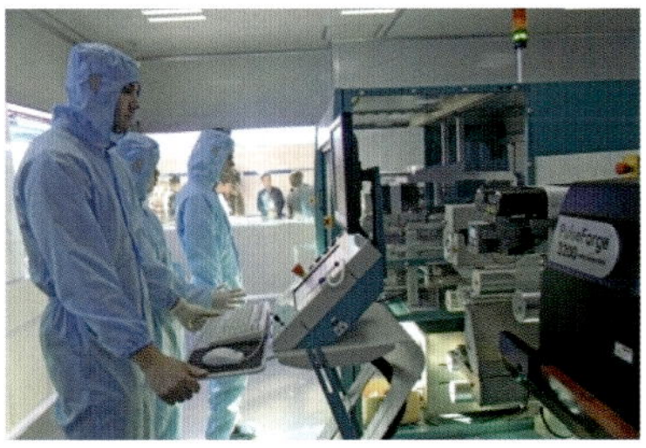

辰光电子

宏鑫纺织车间

连城以晴集团冠睿电子科技智能手机和平板电脑项目生产线

2016年10月，新罗蔚嘉抗艾滋病药物API生产项目完成设备安装

建设中的大沽滩大桥

龙岩大数据应用产业园

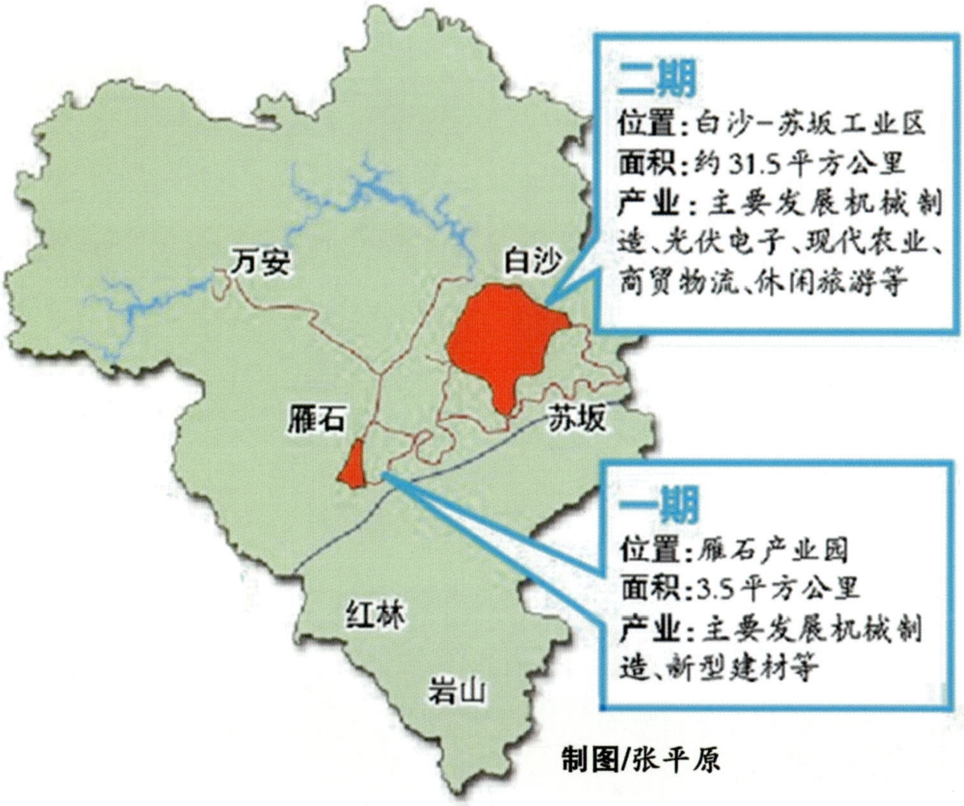

厦门龙岩山海协作经济区项目落地示意图

脱贫攻坚精准扎实

制定脱贫攻坚系列政策，完成贫困户建档立卡，组织市县乡干部挂钩帮扶，逐户落实脱贫措施。组建扶贫开发投融资平台和扶贫小额信贷担保基金，完成造福工程扶贫搬迁3.17万人，帮扶1.92万贫困户各发展1个以上增收项目，实施辅助就业1.75万人。加强兜底保障，提高贫困人口低保标准和新农合报销比例、大病保险报销封顶线。年度脱贫5.5万人，其中国定对象3.45万人。

2016年3月4日，召开龙岩市脱贫攻坚挂钩帮扶市县乡村四级电视大会

不忘初心，齐心协力，坚决打赢脱贫攻坚战。图为2016年12月4日，全省脱贫攻坚现场会在长汀召开

龙岩西城电商产业园举办打好“脱贫攻坚战役”大型义卖活动

长汀县庵杰乡易地扶贫搬迁圆梦小区竣工入住

干部挂钩入户了解情况，制定精准扶贫

深入田间地头开展技术帮扶

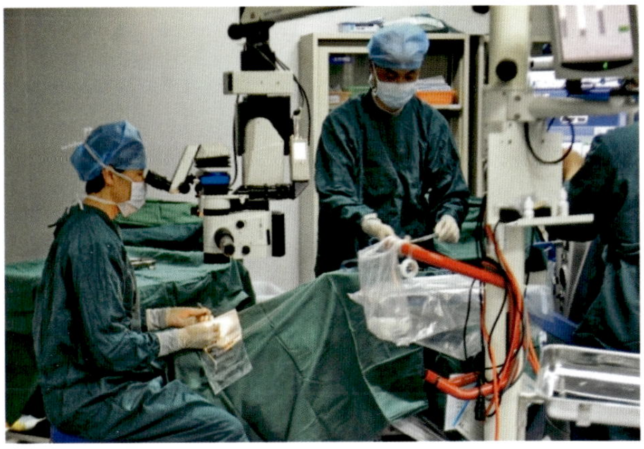

2016年10月，“精准扶贫、慈善光明行”医疗公益活动项目在长汀启动，首批为长汀、武平、连城的150名白内障贫困患者获得复明帮助。图为龙岩科宏眼科医院医生正在为一名长汀患者进行眼科手术

市总工会开展送温暖活动

长汀县古城镇梁坑村扶贫开发新农村建设示范点

北团江源贫困户米粉加工脱贫

手把手指导贫困户养蜂生产

南祥针织吸收1600多名农民工就业

武平湘店投资9000万元，引进福建默克牛业养牛项目，采取公司+合作社+农户与贫困户合作模式，引导当地群众及贫困户入股分红，增收致富

连城县光电扶贫项目总容量155千瓦。图为供电所科技人员对光伏发电设施作最后检查

生态环保有力有效

制定流域环境保护、重点乡镇水质考核管理等措施，全年投入5.7亿元开展养殖业污染治理，关闭拆除养猪场1.2万户、削减生猪110万头，中心城市内河水质达标率100%。完成水土流失治理3.6万公顷、造林绿化0.87万公顷，治理废弃矿山82万平方米。淘汰黄标车1万多辆，建成大气污染治理项目12个，城市空气质量优良天数比例98.6%。

梅花山自然保护区生态景观林

2016年4月7日，召开全市生态环境保护攻坚战役动员大会（赖永刚 摄）

森宝二期污水处理站（日处理5500吨）（郭有光 摄）

汀江河段现人与自然和谐相处

闽西日报 4-5版

登高访谈

拿出"滴水穿石、人一我十"的恒心和韧劲

全力抓好十大重中之重整治任务

抓重点攻难点，守护闽西碧水蓝天生态梦

攻大气、水、土壤污染整治之坚

市环保局党组书记、局长陈达兴：

细化成一个个项目

龙津河综合整治领导小组办公室常务副主任陈耿钦：

齐抓共管力治龙津河

市住房和城乡建设局副调研员林红强：

提高污水处理能力

永定区国土资源局副局长葛信兴：

推动绿色矿山建设

攻生态环境修复之坚

市政协委员、市食药监局局长苏湘汉：

洁水净土是安全食品之源

市水利局副调研员、市水保办主任卢晓香：

"四个提升"推进水土流失治理

市林业局副局长许志光：

"四个转变"做好绿色文章

闽西职业技术学院环境工程系讲师郭曙林：

树立生态思维理念

攻产业升级转型之坚

武平县象洞镇副镇长林■：

"拆转治清管"综合发力

紫金化工股份有限公司副总经理廖伯东：

走循环经济发展之路

2016年5月3日，闽西日报推出登高访谈《抓重点攻难点，守护闽西碧水蓝天生态梦》

污染防治利在千秋，环保养猪势在必行。图为上杭玉溪猪场的标准化猪圈

汀江上杭县城段水上运动中心（傅长盛 摄）

荒山——绿洲——家园的长汀县策武镇南坑村新农村建设

山清水秀的汀江源生态保护区河段

美丽乡村，适中七彩蓝田（杨国荣 摄）

永福台湾农民创业园生态茶园

全民携手共创全国文明城市

坚持一手抓经济发展、一手抓文明创建，把全国文明城市创建工作作为推动发展、惠及民生、为民造福的重要抓手，发挥红土特色和优势，发扬“干革命走前头，搞生产争上游”的苏区优良传统，坚持“创城惠民、创建为民”，下定决心、坚定信心，全力以赴、攻坚克难，开展了一系列卓有成效的创建活动，推动创城工作取得显著成效，给闽西这块红土地带来新活力、新气象、新变化和新风尚。

2016年8月3日，龙岩市创建全国文明城市工作推进会在龙岩人民会堂隆重召开

2017年7月21日，龙岩市创建第五届全国文明城市宣传月启动仪式在城区人民广场举行

在龙岩市首届道德模范表彰暨道德模范与身边好人现场交流活动现场，道德模范与身边好人发出“传承红色基因 争做龙岩好人”倡议

传承好家训，培育好家风。龙岩举行“最美家庭”论坛暨2016年市“最美家庭”揭晓仪式

创城整改调度会议现场

投入新能源纯电动公交车

喷洒街道

公益广告让702条公共巷道“换新颜”，文明新风入民心

中城北门社区“北门大妈”草根志愿服务队包平安粽活动

龙岩红土义警骑行进社区 入户宣传创建文明城市

中心城区龙川路开展文明督导

龙岩学院开展志愿服务活动·助力龙岩创建全国文明城市

创建文明城市

商务板块（李艺爽 摄）

建设美丽龙岩

金融板块

滨河绿道建设

推动现代服务业新发展

围绕龙岩生态环境、红色资源丰富的比较优势，着眼推动文化旅游、健康养老、红色教育、商贸物流等“6+5”等现代服务业重点品牌，不断延伸和拓展产业链。促进现代服务业发展提质、增效、升级。服务业增加值由2011年的387亿元提升到2016年的705亿元，服务业增加值占全市GDP比重也由2011年的31.1%提升到2016年的37.2%。2016年龙岩市服务业对GDP的贡献率46.7%，比2011年提高26.8个百分点，服务业已成为推进龙岩市发展方式转变、促进经济转型升级的重要支撑。

市国地税联合与商业银行签订“银税互动协议”

海西龙门物流园打造区域性服务型现代智慧生态园区

农村淘宝

包裹分流

引进香港养老护理模式的同心圆护理院（原龙岩市福利中心）环境优美，设施健全，成为龙岩养老院中“公建民营”的成功典范

龙岩市基本实现城市社区居家养老服务中心全覆盖，图为市社会福利中心老年公寓的护理人员工作时的情景

农产品展销

龙州物流

2016年7月23日，中国东方歌舞团开展“重走长征路 唱响东方情”为主题的慰问演出。图为歌舞团在龙岩人民会堂演出（李艺爽 摄）

《绝命后卫师》是中共中央宣传部确定的纪念红军长征胜利八十周年的重点创作电视剧项目。该剧重现一支全由闽西客家子弟组成的红五军团第三十四师，与数十倍于红军的国民党军浴血奋战。在掩护主力红军突破湘江的惨烈战斗中，红五军团第三十四师6000余人全军覆没，他们为中国革命史留下了气壮山河的的惨烈篇章

做有智慧的闽西人
上“龙岩地情网”dqw.longyan.gov.cn

做有内涵的闽西人 从“龙岩地情”开始

龙岩市地方志编纂委员会官方微信平台

微信公众号平台账号：longyandifangzhi 龙岩地情

1 特　　载

刘奇葆到长汀调研

10月13日，中共中央政治局委员、中央书记处书记、中宣部部长刘奇葆在省委书记尤权陪同下，深入长汀县，瞻仰红色革命旧址，重温长征光辉历程，指导老区扶贫攻坚。刘奇葆强调要弘扬伟大长征精神，传承红色基因，紧紧抓住中央支持老区苏区发展的机遇，加快脱贫攻坚步伐，加快老区苏区发展。

在瞿秋白烈士纪念碑前，刘奇葆拾阶而上，恭敬地献上花篮。在瞿秋白烈士纪念馆和瞿秋白烈士关押处，刘奇葆详细察看，深切怀念瞿秋白烈士革命的一生、战斗的一生。刘奇葆指出，无数革命先烈为中国革命事业献出了生命和鲜血，要永远怀念他们、牢记他们，缅怀革命先烈，弘扬烈士精神，不断增强中华民族的凝聚力和向心力。

在省苏维埃政府旧址，《铁血长征——福建儿女长征史迹展》以一幅幅珍贵图片、一段段历史文字，再现了八闽儿女可歌可泣的长征历程。刘奇葆驻足凝视、仔细察看。在红四军司令部、政治部旧址辛耕别墅，中央红色医院前身福音医院，刘奇葆一边认真听讲解，一边询问有关细节，嘱咐一定要保护好革命旧址，发挥好爱国主义教育和革命传统教育平台作用。

调研中，刘奇葆与老区干部群众亲切交谈。他指出，福建是著名革命老区、中央苏区的重要组成部分，老区苏区人民为革命胜利和新中国成立作出了重大贡献和巨大牺牲。我们要大力开展红军长征胜利80周年宣传教育，弘扬优良传统，传承红色基因，激励广大干部群众不忘初心、继续前进，走好新的长征路。要大力发展红色旅游等特色产业，全力推进脱贫攻坚，努力改善老区人民生活，加快老区经济社会发展，为实现“两个一百年”奋斗目标和中华民族伟大复兴的中国梦而努力奋斗。

中宣部副部长孙志军，文化部党组成员、国家文物局局长刘玉珠随同调研；省领导高翔、潘征陪同调研。

张宝文到龙岩考察

3月28—29日，全国人大常委会副委员长、民盟中央主席张宝文，在省人大常委会副主任彭锦清陪同下，到龙岩市考察指导工作。市领导池秋娜、饶作勋、谢细忠、张琼珊等陪同调研。

29日上午，张宝文一行瞻仰了古田会议会址和主席园，认真听取讲解员的解说，详细了解古田会议的精神实质、历史意义以及深远影响，一起缅怀老一辈无产阶级革命家的丰功伟绩。

随后，张宝文一行走进五龙村众发蔬菜专业农业基地，详细了解该村生态农业发展情况。该基地通过吸纳社员、实施农业发展品牌战略、推广农业技术等方式，有效解决农村富余劳动力，拓展了农民就业增收空间，成为农民“四季不断的金饭碗”。对于基地的惠民做法，张宝文连连称赞。

考察期间，张宝文十分关心龙岩脱贫攻坚工作，听取了龙岩市扶贫开发工作情况汇报，充分肯定了“九措到户”做法，希望按照党中央、国务院的部署要求，因地制宜、因户施策，更加精准精细精实地推进脱贫攻坚工作，确保龙岩老区同步实现小康社会。

在龙岩期间，张宝文一行兴致勃勃地到永定区洪坑民俗文化村。一座楼房一座城，大家庭里小社会。走进有着“土楼王子”美誉的振成楼，张宝文一行对土楼奇特的建筑结构与造型赞叹不已。“探寻土楼建筑的奥秘与神奇、观看丰富多彩的民间技艺表演、品味忠孝传家耕读济世的客家文化。”看到文化村里络绎不绝的游客，张宝文备受感染，在解说员的带领下饶有兴致地品味参观起来。张宝文充分肯定了龙岩市大力弘扬传承红色文化和客家文化的做法，并希望龙岩市进一步做好传承弘扬工作，打造龙岩特色的文化品牌。

全国政协副秘书长、常委、民盟中央副主席徐辉，省人大常委会委员、办公厅巡视员温佳禄，民盟福建省委专职副主委刘泓陪同考察。

全国政协调研组到龙岩调研考察

5月6—8日，以全国政协副主席马飚为组长，全国政协委员、中国美术家协会主席刘大为，全国政协常委、中国文联副主席覃志刚为副组长的全国政协“繁荣社会主义书画艺术”调研组到龙岩市调研考察。省政协副主席陈向先，市领导李德金、池秋娜、温锡浩、王金福、赖招源等陪同调研考察。

每一座土楼都是文化的传承，每一座土楼都是创作的源泉。在龙岩期间，马飚一行首先到永定洪坑民俗文化村，细细品味客家土楼文化、品读客家人的家训家规、追寻耕读传家的文化脉络。“闽西处处是风景，处处能入画，不仅原生态保持得很好，客家文化氛围也非常浓厚。”走进“土楼王子”振成楼和全国首家“客家家训馆”，马飚一行对土楼奇特的建筑结构与造型赞叹不已，并不时朗声诵读墙上的家训，与大家一同品鉴土楼这个“大家庭、小社会”和谐相处的典范。

来到南江村，马飚一行与村干部亲切交流，详细听取该村美丽乡村建设情况汇报，并对该村积极践行社会主义核心价值观，传承客家文化、发展文化旅游，带领村民致富奔小康的做法给予充分肯定，向该村荣获各级荣誉表示祝贺，同时希望该村继续发挥特色优势，做强做优文化旅游业，实现更大发展。

闽西这片红色土地，红色文化与客家文化交相辉映。来到上杭古田，马飚一行瞻仰了古田会议会址和毛主席雕像，参观了红四军政治部、司令部旧址，详细了解闽西红色历史文化，缅怀老一辈无产阶级革命家的丰功伟绩。在古田会议会址，马飚一行在讲解员的解说下，重温了古田会议的历史和意义，并对龙岩市传承红色文化、加强红色教育各项工作连连称赞。

美丽的自然风光，丰富的闽西文化，激发了同行艺术家们的创作灵感。在振成楼、福裕楼、衍香楼等众多土楼建筑和古田会议会址前，书画家们纷纷用手中的笔，记录和描绘土楼原生态、客家淳朴民风和闽西丰富的红色文化。他们以饱满的热情走进基层创作，让当地干部群众饱享了一场视觉盛宴。

马飚十分关心龙岩市文化建设，他希望龙岩市继续发挥特色优势，把红色、客家和生态文化传承好、发扬好、运用好，打响“文化龙岩”品牌，为推动社会主义文化大发展大繁荣作出新贡献。

国家特邀国土资源监察专员考察团到龙岩考察

6月15日至16日上午，全国政协副主席、民盟中央常务副主席陈晓光率国家特邀国土资源监察专员考察团，到龙岩市考察了解稀土矿产开发管理工作。国土资源部副部长曹卫星参加考察。副省长洪捷序，省政协副主席郑兰荪，省国土资源厅党组书记董建洲、副巡视员刘丽钦陪同考察。

考察期间，陈晓光一行先后察看了长汀金龙稀土有限公司、龙岩稀土工业园区及部分稀土加工项目，了解金龙稀土公司生产经营情况和龙岩稀土工业园区规划建设和运营情况。在16日上午召开的考察交流座谈会上，副省长洪捷序、龙岩市市长池秋娜分别汇报了福建省、龙岩市稀土资源开发利用管理情况。来自民盟、民革、民进、农工、九三学社的民主党派人士及无党派人士参加考察，并从各自专业特长角度，对稀土矿产资源开发利用和保护提出了建议。

陈晓光在考察座谈时指出，开展特邀人员工作是中国共产党领导的多党合作和政治协商制度的重要方面，是民主党派发挥民主监督作用的重要形式。监察专员跟踪问题、深入基层，不断强化民主监督，及时反映群众意见和诉求，在推动国土资源法律法规修改完善、促进严格保护耕地措施出台、推进农村土地整治工作深入开展等方面取得了实实在在的成果。

陈晓光对福建省、龙岩市加大稀土资源开发利用保护力度、从源头上加强矿山生态治理、延伸稀土产业链、发展稀土精深加工等工作给予充分肯定。他指出，稀土是不可再生的重要自然资源，也是当前和未来经济、科技发展的关键资源，战略地位极为重要。长期以来，有关部门和地方政府做了大量工作，稀土资源保护和合理开发利用基本进入健康发展轨道。同时，稀土资源开发利用和保护还存在违法盗采屡禁难绝、产业结构不尽合理、法律法规相对滞后等不容忽视的问题，需要引起重视并及早研究解决。他认为，要从国家战略层面的高度，进一步加大工作力度，做好顶层设计，加强统筹规划，提升稀土资源管理水平。一是继续加强稀土资源管理，保护好、利用好稀土资源。二是继续优化产业结构，做大做强稀土产业，促进行业持续健康发展。三是建立完善稀土资源绿色生态开发机制，坚持在保护中开发、在开发中保护。四是完善有关政策和法律法规，加大稀土开发执法监管力度。

曹卫星表示，国土资源部将认真贯彻落实党中央、国务院领导同志重要批示和陈晓光副主席讲话精神，认真吸纳监察专员所提意见建议，会同相关部门和地方政府采取有力有效措施，切实强化稀土资源保护管理和合理开发利用。

洪捷序说，近年来，福建省加强稀土矿产勘查开发管理和稀土矿山生态恢复，促进了全省稀土产业合理有序发展。下一步，将进一步加强稀土矿产资源的开发利用管理工作，继续加大稀土矿产资源的勘查投入力度，不断加大中央、省级等财政性资金对稀土矿产资源的找矿力度，力争实现找矿新突破；继续严厉打击无证勘查开采稀土等矿产的违法违规行为，建立完善共同监管责任机制，维护正常的矿产开发秩序。

全国政协考察团到龙岩调研

10月12—14日，由全国政协副主席卢展工率队，以全国政协教科文卫体委副主任胡振民为团长的全国政协考察团一行，在龙岩就“加强基层公共文化服务体系建设”开展专题调研，结合纪念中国工农红军长征胜利80周年到龙岩市革命老区开展“送文化下基层”活动。

卢展工一行深入新罗区西安社区，察看基层公共文化建设情况，与基层干部群众、文化工作者亲切交流。

在听取福建省、龙岩市相关情况汇报后，考察团认为，福建省、龙岩市始终高度重视文化事业发展，在加强基层公共文化服务体系建设方面出台了一系列政策举措，工作有基础、有成效，为经济社会发展提供了有力保障。委员们建议，要深入贯彻落实习近平总书记系列重要讲话特别是文艺工作座谈会上的重要讲话精神，坚持以人民为中心的导向，增强文化自信，多组织开展群众喜闻乐见的文化活动，满足不同层次的文化需求；要坚持问题导向，认真研究解决基层公共文化建设中投入不足、人才紧缺和基层设施重建设、轻管理等问题，切实提升基层公共文化服务体系水平；要坚持与时俱进，综合施策，形成合力，不断满足人民群众日益增长的精神文化需求，让他们共享改革发展成果。考察团将认真总结福建的经验和做法，充分发挥人民政协的作用优势，积极建言献策，争取国家层面的政策支持，合力推进基层公共文化服务体系建设。

龙岩是中国工农红军长征出发地，老区人民为革命胜利作出了重大贡献和巨大牺牲。考察团一行先后瞻仰了福建省苏维埃政府旧址、古田会议会址、古田会议纪念馆、才溪乡调查旧址、才溪乡调查纪念馆等革命旧址和红色教育基地，向毛主席纪念园的主席雕像敬献花篮，缅怀革命先烈，接受革命精神和革命传统的教育洗礼。

在长汀县大同镇南寨社区、上杭县才溪镇和古田镇等革命老区，考察团中的文艺界别政协委员和文艺工作者来到人民群众中，先后为老区人民送上精彩的文艺演出，并赠送书籍和书法作品等，受到热烈欢迎。

省领导张昌平、高翔陪同调研。考察团成员梁绮萍、苏士澍、李羚、杨承志、陈晓光、曹育民等参加调研。市领导李德金、林国耀、温锡浩、詹昌建、王龙、姚植华陪同参加有关活动。

雒树刚到龙岩调研考察

3月25—27日，文化部部长雒树刚带队到龙岩市调研考察革命老区文化建设工作。文化部部长助理于群，福建省副省长李红，龙岩市领导李德金、池秋娜、王金福、王龙参加调研。

每一座土楼都是一座家族之城，每一座土楼都孕育人文理想。雒树刚一行调研考察的首站就到了永定洪坑民俗文化村，品味客家土楼文化、解读客家人的家训家规、追寻耕读传家的文化脉络。“我对客家文化很深的体会是‘忠孝传家远，诗书济世长’。”走进“土楼王子”振成楼和全国首家“客家家训馆”，雒树刚认真听着“阿耕”的精彩讲解，时而抛出一个个问题，时而朗声诵读墙上的家训，了解方圆之间的土楼建筑奥秘和文化符号，与大家一同品读土楼这个“大家庭、小社会”和谐相处的典范。

三月春回大地，老区群众生活中的文化味儿也格外地浓。在“中国最美古村镇”连城培田古村落，有十番音乐演奏、木偶戏表演，有农民在剪纸、画画……雒树刚沉下身心与基层百姓、民间

雒树刚一行在瞻仰古田会址并了解红色旧址保护情况　（记者　王毅　摄）

艺人沟通交流。他关切询问十番音乐的演奏者“现在有没有人接你的班?”他要求省、市文化部门帮助牵线搭桥，推荐剪纸艺人曹林凤去上海参赛;他在村口驻足，与晒太阳的老人家亲切握手、交谈,感受这个传统村落的美丽乡愁。在千年古城长汀,雒树刚一行见证了龙岩市群文“十大活动”之百姓大戏台的启动,考察了“中国历史文化名街”店头街和汀州客家剧院,观看了国家非物质文化遗产“长汀公吹”表演。得知“闽西只有长汀有‘公吹’，长汀也只有一家传承。”雒树刚叮嘱各级文化部门要进一步加大对非物质文化遗产的保护力度,加强非物质文化遗产名录体系建设,让更多项目得到有效的保护和传承,让民间文艺在新时期更好地绽放光彩。

闽西这片红色土地上,光辉的历史为闽西儿女注入了浓重的红色基因,红色文化与客家文化交相辉映。雒树刚一行在圣地古田瞻仰古田会议会址、主席园,考察红四军政治部、司令部旧址和古田会议纪念馆;在长汀考察福建省苏维埃政府旧址、辛耕别墅、福音医院、瞿秋白烈士纪念馆,向瞿秋白烈士纪念碑敬献鲜花。雒树刚说,“毛主席的《反对本本主义》,‘没有调查就没有发言权’就是在闽西写的。我们这次来,既是接受红色教育,也是进行文化工作的实践调查研究,希望通过调研找到对老区提供更大支持的文化工作措施办法。”

调研中,雒树刚充分肯定龙岩市文化建设各方面工作。他强调,各级文化部门要加大对革命老区的支持力度,在政策上给予倾斜,加快推动老区文化基础设施、文化惠民工程建设,不断充实和丰富群众文化生活,进一步满足群众多元文化需求。龙岩各级各部门要扎实抓好文化事业和文化产业发展,加快推进乡镇文化站和村级文化设施场所的建设,注重文化与民生、扶贫事业相结合，注重文化与旅游等产业融合发展,推动丰厚文化资源转化为特色文化品牌，促进闽西老区苏区文化大发展、大繁荣。

巴特尔到龙岩调研

4月11—12日，中央统战部副部长、国家民族事务委员会党组书记巴特尔在省政府副省长洪捷序的陪同下,深入龙岩市调研民族工作。国家民委办公厅主任张京泽、研究室副主任马国华,省政府副秘书长陈照瑜,省民宗厅厅长黄进发，省委统战部副部长李家荣,市领导李德金、温锡浩、王金福、邓菊芳、郭丽珍分别陪同调研。

上杭县古田镇苏家坡民族村是古田镇唯一的畲族行政村,现有常住人口105户、500人,村民收入来源主要为水稻种植业、养殖业、运输业、务工、办企业。巴特尔先后深入村民雷进能、雷先春、雷济元家中,详细了解他们的家庭状况和生产生活情况。得知村民们的日子过得有声有色,巴特尔十分高兴。他指出,当前,发展的政策越来越优、机遇越来越多、条件越来越好,要结合民族乡村实际，充分发挥致富带头人作用,因地制宜发展好特色产业,努力让少数民族群众生活越过越好。

位于苏家坡民族村的中共闽西特委机关旧址——树槐堂于2014年2月被国家民委命名为第四批全国民族团结进步教育基地。巴特尔察看了树槐堂内的“闽西畲族陈列馆”和“中共闽西特委历史陈列馆”，对龙岩市民族工作取得的成效予以充分肯定。他指出,要紧紧把握各民族“共同团结奋斗、共同繁荣发展”的主题,不断改善民族乡村基础设施和就医就学条件,提高群众生活水平,保护弘扬民族传统文化,稳步推进民族团结进步事业,创造更多具有龙岩特色的好经验、好做法。

调研期间,巴特尔一行瞻仰了古田会议会址和毛主席雕像,参观了古田会议纪念馆,考察了永定客家家训馆。

曲青山到龙岩调研

7月26—27日，中央党史研究室主任曲青山带领调研组到龙岩市调研基层党史工作,省委党史研究室主任逄立左陪同调研,市领导李德金、张天洲、邓菊芳陪同参加有关活动。

在岩期间,调研组一行瞻仰了古田

巴特尔一行瞻仰古田会议会址(记者 黄俊 摄)

会议会址、主席园，参观了古田会议纪念馆、毛泽东《星星之火　可以燎原》写作旧址——协成店，瞻仰了毛泽东才溪乡调查旧址，参观了毛泽东才溪乡调查纪念馆和临江楼旧居，详细了解龙岩的革命历史和红色文化；还察看了上杭县委党史研究室，看望基层党史工作人员，并召开座谈会，听取龙岩市党史工作情况介绍和意见建议。

座谈会上，曲青山充分肯定了龙岩市党史工作取得的成效，他强调，党史工作使命崇高、责任重大，党史部门和党史工作者要以高度的自觉、高度的清醒，把握党史工作的重要意义。要认清形势。围绕“两个一百年”奋斗目标，在大背景下谋划党史工作，从历史中汲取智慧和营养，形成强大的精神动力，不忘初心，继续前进。要明确任务。按照党史工作“一突出两跟进”的要求，围绕中心，服务大局，既做好革命时期党史的研究工作，也要做好新时期党史研究工作，并组织开展好党史宣传和教育活动，更好地发挥党史应有的作用。要开拓进取。始终保持良好的精气神，继承埋头苦干、脚踏实地的优良传统，创新工作思路方法，善于借势借力，利用好各界人才资源开展研究，把党史工作做得更好。要狠抓落实。以“钉钉子”的精神、只争朝夕的劲头，持之以恒地将党史工作落到实处，不断提高执行力，提升自身境界和层次，用党的伟大成就教育人，用党的优良传统激励人，用党的历史经验启迪人，用党的历史教训警示人。

市委书记李德金代表市委、市政府和309万闽西人民，对调研组一行的到来表示欢迎，对中央党史研究室长期以来对闽西苏区老区发展的关心支持、对龙岩党史研究工作的指导帮助表示感谢。李德金说，闽西红色资源丰富，闽西红色历史在中国革命史上具有重要意义，这是革命前辈们留下的宝贵财富，我们有义务有责任把红色资源保护好、传承好、发扬好，龙岩市委、市政府将进一步做好红色资源的保护、红色文化的传承、红色精神的传颂，发挥好党史资政育人的作用。

曲青山一行参观古田会议纪念馆　　（记者　王毅　摄）

尤权到长汀调研

2016年是红军长征胜利80周年。10月12—13日，省委书记尤权赴长汀县瞻仰革命旧址，看望慰问老红军，与干部群众共同探讨如何加快水土流失治理和脱贫攻坚，推动老区经济社会持续健康发展。

尤权到红军长征出发地南山镇中复村。1934年秋，在中复村松毛岭，中央红军与国民党军队展开了空前惨烈的战斗，为保全红军实力和实施战略大转移赢得了宝贵时间。在历经风雨的红军桥、红军街中，在松毛岭战役指挥部旧址观寿公祠里，尤权认真看、仔细听，与大家一起追忆革命烽火岁月，缅怀革命先烈丰功伟绩。村干部向尤权介绍说，近年来，村民们通过发展红色旅游、农村电商走上致富路，当年的红军村如今已成为远近闻名的富裕村。站在长征出发零公里碑前，尤权与红军后代、村干部亲切交谈。他说，纪念长征胜利80周年，就是牢记党的光辉历史，弘扬长征精神，把党的事业发展好。希望大家紧紧抓住中央支持老区苏区加快发展的良好机遇，沿着革命前辈的光辉足迹，艰苦奋斗、扎实工作，带领群众过上更加幸福的生活。尤权专程到策武镇李城村，看望慰问已经100岁的失散老红军张成有。看到张老身体硬朗，尤权很欣慰。尤权说，没有革命前辈的流血牺牲，就没有今天美好的生活。各级党委政府要继续关心革命前辈生活，让他们共享改革发展成果。

调研中，尤权在长汀主持召开座谈会，听取市县乡村干部、种植大户关于进一步加强水土流失治理和脱贫攻坚工作的情况汇报。尤权指出，2016年是习近平总书记对长汀水土流失治理工作作出重要批示五周年。五年来，各级党委政府认真贯彻习近平总书记重要批示精神，带领广大干部群众团结一心、艰苦奋斗，紧紧抓住水土流失治理这个“牛鼻子”，深入开展精准扶贫、精准脱贫，大大改善了群众生活水平，推动了经济社会持续健康发展。

就做好下一步水土流失治理工作，尤权指出，一要持之以恒。深刻认识水土流失治理的长期性、艰巨性，按照“进则全胜、不进则退”的要求，建立长效运作机制，持续政策扶持力度，努力打赢水土流失治理攻坚战。二要科学施策。总结推广行之有效的经验办法，深化对

尤权在长汀县南山镇中复村与红军后代亲切交谈　（记者　王毅　摄）

治理规律的认识，因地制宜、大胆探索，寻找更多符合实际情况的工作方法，不断提高水土流失治理的水平和质量。三要把生态建设与经济发展、民生改善结合起来，大力发展特色产业，有效提高农民收入，努力实现百姓富与生态美的有机统一。

尤权强调，打造绿水青山就是为了换得金山银山。当前，扶贫开发工作已经进入关键阶段。各级各部门要进一步增强责任感和紧迫感，对照精准扶贫、精准脱贫要求，坚持一户一策、突出实效；要结合“两学一做”学习教育，进一步转变工作作风，深入细致做好工作，采取有力有效措施，努力完成扶贫攻坚各项任务，确保革命老区到2020年与全国、全省同步迈入全面小康社会。

省领导潘征、黄琪玉，市领导李德金、詹昌建、赖永龙、张斌参加调研。

于伟国到龙岩检查工作

9月11—12日，带着对闽西老区发展的关注关心，省长于伟国，副省长梁建勇、周联清带领厦门、漳州、泉州、三明等设区市党政主要领导和省直有关部门负责人到龙岩市开展工作检查。

在市委书记李德金、代市长林国耀的陪同下，检查组一行先后深入上杭县、新罗区和龙岩经济技术开发区（龙岩高新区），实地察看了太阳电缆、海德馨汽车、龙净环保、紫金山体育公园等企业、项目，全面调研检查龙岩市贯彻落实中央和省委、省政府的一系列决策部署情况。检查中，省领导对龙岩市经济社会发展取得的成绩给予充分肯定，对闽西老区发展寄予殷切期望。

在发挥优势中推进转型升级

龙岩是一座传统资源型城市。近年来，龙岩市依托矿产资源优势，高端化改造传统产业，以紫金矿业、紫金铜业、金龙稀土等企业为龙头，大力发展有色金属精深加工项目。2015年有色金属产业实现产值377.3亿元，比增23.1%，其中金铜产业实现产值332.9亿元，比增20.85%。

上杭太阳电缆公司，是有色金属产业集群的龙头企业之一。在这里，企业负责人向检查组介绍：“到龙岩来，就地取材，比较经济。”目前，该企业先后经过四期技术改造，不断提升产品层次，正全力打造高端电缆产业。检查中，于伟国充分肯定太阳电缆在龙岩的发展势头，他说：“当前全省经济都在结构性调整，太阳电缆就是企业转型升级的一个典型。当然，转型升级是一个很长的过程，没有句号，需要我们不断爬坡过坎，不断提升，不断升级。”

如果说资源禀赋是龙岩的传统优势，那么军民融合就是更具时代特点的龙岩优势。近年来，龙岩市充分发挥“新古田会议”后续效应，积极破题军民融合产业发展，军民融合已成为全市产业转型升级的重要载体。此次检查组一行察看的太阳电缆和海德馨汽车，既是传统产业转型提升，也是军民深度融合发展项目。省领导在检查中指出，龙岩要积极与部队和军工企业深度对接，推动金铜产业和专用车产业加快转型升级步伐，为龙岩经济社会持续健康发展注入强大动力。

在创新驱动中推进转型升级

善察势者得先机，握机遇者成伟业。省委九届十一次全会提出要深入实施创新驱动发展战略、坚定不移推进供给侧结构性改革，为建设机制活、产业优、百姓富、生态美的新福建提供强大支撑和持久动力。刚刚召开的市委四届十一次全会，立足龙岩产业基础和特征，进一步明确了龙岩市供给侧结构性改革的目标和主攻方向，提出了全面实施创新驱动、产业兴市、人才强市三大战略。

龙净环保一步步发展成为大气污染防治专家，进而提出打造国际一流创新型环保工程总包产业集群，靠的是技术创新、人才创新、产品创新、服务创新，都是创新理念的体现；海德馨汽车从专用车制造到建设应急产业园，从经营企业到经营产业，同样在践行创新理念。

检查中，省领导希望两家企业坚持主业，坚持创新，不断延伸扩展产业链，促进产业从中低端向中高端迈进，构建特色鲜明、优势突出的现代产业新体系。在龙净环保的除尘设备设计研究院门口，于伟国作了精彩的现场点评，他说：“创新是一个企业真正的生命力和动力所在。创新要靠人才，创新的着力点在于市场，企业要始终围绕市场、依托人才来推进创新，盯紧市场、盯紧需求、盯紧客户，不断创新、不断发展。”

在绿色发展中推进转型升级

绿水青山就是金山银山，推动产业转型升级，必须加快培育绿色发展的新动能。

中央把福建省确立为全国第一个国家生态文明试验区，在福建开展生态文明体制改革综合试验。龙岩作为全省森林覆盖率最高的设区市，生态优势是龙岩最大的优势。一直以来，全市上下不等不靠，敢于创造，勇闯新路，扎实有效推进生态文明建设，在创造了长汀水土流失治理和武平林改等好经验、好做法的同时，始终努力探索符合绿色发展理念的产业转型升级之路。

新罗区的紫金山曾是龙岩市有名的煤矿矿区，长期的煤矿开采，使得这里生态修复的任务十分艰巨。然而，现在的紫金山上，一个美丽的体育公园拔地而起，许许多多市民在这里享受运动乐趣、健康生活。告别昔日景象，这里正被打造成为集运动、休闲、养生、居住、教育等功能为一体的新型居住社区。

紫金山体育公园项目建设，采取治理与修复并举的措施，对废弃矿山开展全面规划，创造性地利用矿山土地资源，达到经济效益、社会效益和环境效益的协调发展，可以说既是节约集约用地的一次有益探索，也是矿山恢复治理的一次大胆尝试。检查中，省领导充分肯定了这一绿色创新发展的做法，并希望龙岩市抓住机遇，把紫金山体育公园、龙净环保、上杭蛟洋循环经济示范园等绿色发展的项目、企业、园区作为全省生态文明实验区建设的重要内容，积极对接政策，打好投资工程包，不断做强做大绿色产业，在绿色发展中实现产业转型升级。

市领导詹昌建、张斌及新罗区、上杭县、龙岩经济技术开发区（龙岩高新区）主要领导分别陪同工作检查。

李德金在市第五次党代会报告

（2016 年 9 月 26 日）

奋发有为的五年

市第四次党代会以来的五年，是龙岩市委团结带领全市广大干部群众牢记嘱托、不辱使命、抢抓机遇、奋发有为的五年，是经济转型、城乡融合、生态改善、民生提升的五年，是红色基因传承、战斗作风凝聚、苏区精神弘扬的五年。在省委的坚强领导下，市委深入贯彻落实党的十八大和十八届历次全会精神，认真贯彻习近平总书记系列重要讲话精神，深刻领会习近平总书记对长汀推进水土流失治理工作的两次重要批示精神和来闽来岩考察重要讲话精神，先后组织开展“生态建设年”“项目建设年”活动，打响项目落地、脱贫攻坚、生态环保“三大战役”，书写了龙岩发展的新篇章。

——综合实力明显提升。地区生产总值、固定资产投资、财政收入、社会消费品零售总额、外贸出口、城乡居民收入等主要指标实现年均两位数增长，人均地区生产总值突破 1 万美元；全社会固定资产投资累计完成 6600 亿元，是“十一五”时期的 3.7 倍。培育了有色金属、机械、商贸物流等 10 个百亿产业和龙烟、紫金矿业、紫金铜业 3 家百亿企业，国家级高新技术企业数量实现翻番，高新技术产业增加值占 GDP 比重比 2011 年提高 4.1 个百分点。成功创建全国科技进步先进市、国家级经济技术开发区、国家高新技术产业开发区，国家可持续发展实验区、国家级空气污染治理设备产品质检中心、国家级矿产品检测重点实验室通过验收，龙净环保项目成果获国家科技进步二等奖，古田景区成功创建国家 AAAAA 级旅游景区。

——军民融合深度发展。圆满完成在古田召开的全军政治工作会议的地方保障任务，得到习近平总书记和中央军委的充分肯定。牢牢抓住“新古田会议”召开的重大历史机遇，在军委各总部、各军兵种、十大军工集团的大力支持下，军民融合发展取得重大突破。两年来，全市累计与部队及军工企业签订合作项目 82 个、总投资 485 亿元，20 家企业 8 大类产品实现“民品参军”，解放军总医院、总后卫生部挂钩帮扶长汀县汀州医院和 12 家乡（镇）卫生院，军地多领域合作模式正在加快形成。

——生态建设成效显著。全面开展“山、水、大气、土壤”综合治理。全市共治理水土流失面积 256 万亩，水土流失下降率居全省首位，其中长汀县水土流失面积与 2011 年底相比下降 8.06 万亩，“长汀经验”在全国总结推广。全市森林覆盖率比 2011 年提升 4.81 个百分点，连续 39 年位居全省首位。建立汀江—韩江流域水环境补偿机制，重点流域水环境持续改善，汀江、闽江、龙津河水质实现 100%达标。城市环境空气质量排名全省前列，优良天数比例 98.6%。绿色发展取得积极成效，万元 GDP 能耗、水耗持续下降，二氧化碳和主要污染物减排量完成省下达目标任务。成功创建国家园林城市、国家森林城市、全国绿化模范城市，列入全国生态文明建设试点地区、全国低丘缓坡地开发利用试点，生态市创建通过省级验收。

——新型城镇化统筹推进。高速公路通车里程达 660 公里，是 2010 年的 2 倍；新增快速铁路 171 公里。在全省山区市中率先开行动车和实现县县通高速、镇镇有干线、村村通客车。冠豸山机场开通至北京等 7 条航线并实现稳定运营。永定撤县设区，全市形成“一市两区”格局，中心城市建成区面积扩大到 53 平方公里。新罗区入选中国新型城镇化质量百强区，永定区、连城县被确定为全国首批创建全域旅游示范县。全市常住人口城镇化率提高7.6个百分点、达52.6%，建成一批特色城镇、美丽乡村。

——改革开放步伐加快。重点领域改革深入推进，在全省率先完成“三张清单”公布，行政服务“龙岩标准”成为国家级试点，基层医改“长汀经验”、林权改革“武平经验”在全省、全国推广，新型职业农民培育和“三农”综合保险在全国开创“龙岩模式”。开放水平持续提升，连续5年被海关总署评为全国外贸百强城市，获批赴台个人游试点城市，与厦门在全省率先设立山海协作经济区，晋江（长汀）工业园列入福建省第一批山海协作共建产业园。政策空间进一步拓展，落实参照执行西部地区政策105项，获得中央补助491亿元。

——民生福祉明显改善。全市财政用于民生支出超过720亿元，占公共预算的75%。在全省率先启动精准扶贫工作，实施精准扶贫行动计划，建立挂钩帮扶工作机制，精准扶贫“九到户”举措得到国家和省里肯定并推广。五年全市共减贫11.5万人，完成造福工程危房改造3.7万户，建成保障性安居工程3.7万套，解决170.6万农村人口饮水安全问题。全面完成中小学标准化学校建设，新罗、永定、上杭、武平通过“义务教育发展基本均衡县”国家级验收，高等教育、职业教育进一步加快发展。在全国首创“互联网+分级诊疗”模式，基本公共卫生服务经费标准由15元/人提高到40元/人。计划生育实现国优全覆盖。在全省率先实现城乡居民社会养老保险和市县福利中心建设全覆盖，城乡居民养老保险待遇实现倍增，合作医疗实现市级统筹。基本实现村村通广播电视、通宽带。全民健身、竞技体育协调发展，成功承办第一届全国青年运动会举重比赛。法治龙岩、平安龙岩建设扎实推进，全市安全生产形势持续稳定好转，平安建设“三率”连续五年位居全省前列；在全省率先建立综治负面清单信息管理系统，新罗区“调解超市”、生态司法“龙岩样本”在全国推广，上杭县人民调解机制在全省推广。

——闽西特色文化繁荣发展。红色文化影响力不断扩大，成功承办古田会议召开85周年、毛泽东才溪乡调查80周年、福建省苏维埃政府成立80周年纪念活动和红军长征胜利80周年红色旅游系列活动，联合拍摄《古田会议》《绝命后卫师》《衍香》等优秀影视作品，古田会议旧址群、长汀革命旧址等得到更好保护与开发。客家文化交流持续深化，“土楼三部曲”在国家大剧院演出，大型综艺晚会“客家之歌”赴台湾、香港等地成功演出，连续举办海峡客家风情节、定光佛文化旅游节和世界客属公祭客家母亲河大典等活动，采茶灯成功入选第四批国家级非物质文化遗产。精神文明创建力度加大、成效明显，龙岩市、武平县列入全国文明城市提名城市。

——党的建设持续加强。深入开展党的群众路线教育实践活动，上杭县被确定为中央政治局常委联系点之一；“三严三实”专题教育和“两学一做”学习教育取得实效。持续开展党建综合示范点、“红土和生态”党建长廊创建工作，打造以古田会议旧址群为核心的全国党性教育基地，形成“民情工作机制”“四点工作法”“党员e家”等党建工作品牌。完善干部选拔任用工作全程纪实、谈心谈话制度，实行市、乡两级优秀科级干部双向交流任职，选人用人公信度不断提高，县乡党委换届风清气正。严格执行中央“八项规定”，在全市党员干部中大力纠正不良习气、树立清风正气，整治公款存储利益输送潜规则工作得到中央领导批示，作风建设“闽西实践”深入推进。坚持市委常委会带头履责，层层压实“两个责任”，积极探索实践监督执纪“四种形态”，深化反腐倡廉宣传教育，“龙岩客家家训”专题片在中央纪委监察部网站展播；严肃查处一批腐败干部和窝串案，努力营造良好政治生态。坚持市委总揽全局、协调各方，支持人大、政府、政协依法履行职权，巩固壮大最广泛的爱国统一战线，推进与各民主党派、工商联和无党派人士合作共事，充分发挥各人民团体和社会组织作用，民主政治建设不断加强。宣传思想文化、党管武装、双拥共建、民族宗教、对台侨务等工作取得新成效。

五年创业，硕果累累。是党的十八大以来党中央作出的一系列决策部署，引领了我们前进方向；是省委的坚强有力领导，让我们奋力开创龙岩发展新局面；是国家相关部委的大力扶持、省直部门的指导帮助、兄弟地市的支持协作，进一步推动了我们加快发展的步伐。龙岩的每一个进步，离不开四套班子精诚团结、通力协作，全体党员干部和全市人民群众同心同德、共同奋斗；离不开驻岩解放军、武警官兵、中央和省驻岩单位的积极参与、海内外乡亲和各界友人的支持帮助。在此，我代表中共龙岩市第四届委员会，向所有关心支持市委工作，参与龙岩建设发展的全市党员干部群众和社会各界人士，表示衷心的感谢和崇高的敬意！

五年经验，弥足珍贵。我们必须始终坚持党的集中统一领导，牢固树立“四种意识”，听党的话、跟党走，始终与以习近平同志为总书记的党中央保持高度一致，在全国、全省发展大局中找准龙岩定位，在中央支持福建进一步加快发展、支持原中央苏区振兴发展中谋划和推进龙岩发展，在落实中央和省委决策部署中体现龙岩作为。必须始终坚持发展为要，顺应经济发展新常态，充分发挥龙岩的特色和优势，改变传统要素驱动的模式，突破龙岩的转型提升压力，坚持速度、质量、结构相统一，经济效益、社会效益、生态效益相协调，推动龙岩长远可持续发展。必须始终坚持改革创新，惟有全面深化改革，大力破除各种体制机制性障碍，才能实现自我跨越、超越；惟有不断开拓创新，营造良好发展环境，才能激活龙岩经济发展、社会进步永不枯竭的动力和源泉。必须始终坚持人民利益高于一切,坚持以人民为中心的发展思想,做到发展为了人民,发展依靠人民,凝聚民心、集中民智、集聚民力,使人民群众在共建共享中有更多获得感。必须始终坚持党要管党从严治党,强化苏区重任在肩、闽西理应先行的责任担当,全面落实“两个责任”,充分发挥党组织战斗堡垒作用和党员先锋模范作用,保持昂扬向上的精气神和坚强的凝聚力、战斗力、执行力,营造风清气正的政治生态,把党的政治优势和组织优势转化为推动发展的强大力量。

在看到成绩的同时,也要清醒地看到,我们的工作面临不少困难和挑战,主要体现在:思想不够解放,改革攻坚的锐气不足,体制机制创新优势不明显,发展环境有待进一步优化;经济总量小,产业结构不合理,自主创新能力不强,高端供给、有效供给不足;社会事业发展水平与人民群众期盼还有较大差距,农村基础设施比较薄弱,部分群众生活还比较困难;社会治理体系存在薄弱环节,社会治理能力和水平有待进一步提升;一些党组织管党治党的主业意识不强、能力不足,一些基层党组织软弱涣散、核心作用不强,少数党员干部素质、能力、作风不适应发展需要,一些领域“四风”问题和腐败现象仍然存在。我们要坚持问题导向,进一步增强忧患意识、危机意识,以高度负责的政治担当、精益求精的工作精神认真解决这些问题。

凝心聚力建设创新型工贸旅游强市

走什么样的路,做什么样的事,成就什么样的事业,决定一个地区中长期直至更长时间的发展方向和发展格局。我们正处在一个干事创业、创新求变的时代,“两个一百年”的战略目标已经绘就,全面建成小康社会、全面脱贫攻坚军令状已经下达。面对全球经济持续下行和我国经济迈入“双中高”发展的新常态,面对新一轮科技革命风起云涌的大趋势,党中央、国务院,省委、省政府对闽西苏区的关心厚爱,为我们提供了重大战略发展机遇;一代一代闽西儿女接力开创的事业,为我们打下了坚实的基础;加快经济转型、城市转型、社会转型,考验我们的智慧和勇气。今后五年,战略机遇千载难逢,任务挑战严峻现实,这是决战决胜的五年,是我们能否准确把握历史方位、找准发展定位、明确发展目标、实现战略突破的五年!我们要有足够的自信、足够的决心,找准时代坐标,凝聚一切可用的资源,调动一切可用的力量,突破发展瓶颈,闯出发展新路,再上新台阶、建设新龙岩。

今后五年工作的总体要求是:高举中国特色社会主义伟大旗帜,全面贯彻落实党的十八大以来党中央一系列决策部署,深入贯彻习近平总书记系列重要讲话精神和来闽来岩重要讲话精神,全面落实省委的各项决策部署,以“五位一体”总体布局、“四个全面”战略布局、“五大发展理念”为指引,充分发挥红色文化、客家文化及生态资源优势,以供给侧结构性改革为主线,全面实施创新驱动、产业兴市、人才强市“三大战略”,深入打好项目落地、脱贫攻坚、生态环保“三大战役”,全力建设东接厦漳泉大都市区、西拓中西部腹地的创新型工贸旅游强市,为加快建设机制活、产业优、百姓富、生态美的新龙岩,全面建成小康社会而努力奋斗。

这些总体要求要从三个方面认真把握:一是科学定位,即建设创新型工贸旅游强市。实现全面建成小康社会的奋斗目标,需要走出符合龙岩实际的发展路子。经过深入调研,集中全市智慧,大家认为建设创新型工贸旅游强市的发展定位,着眼龙岩的比较优势,立足龙岩的发展阶段和发展条件,把握鲜明的时代特征和区域特色,集中体现龙岩在发展大局中的站位,是引领龙岩实现转型发展的方向。二是全面实施创新驱动、产业兴市、人才强市“三大战略”。这体现龙岩把握新常态、引领新常态的战略重心,体现未来五年龙岩战略资源的优先投向,是龙岩推进供给侧结构性改革的发力点,是我们集中财力办大事、集中智慧谋发展、集中力量求突破,为长远计、为未来谋的大战略。三是深入打好项目落地、脱贫攻坚、生态环保“三大战役”。这是落实党中央、习近平总书记、省委对龙岩发展要求的具体抓手,是建设创新型工贸旅游强市的重要平台,是实施“三大战略”、实现发展目标的实践路径,体现龙岩发展战略和战术的有效配合、相辅相成。这三个方面有机统一于我们实现党的第一个百年奋斗目标、全面建成小康社会的进程中,贯穿于经济社会发展的各个领域、各个层面,落实在我们再上新台阶、建设新龙岩的全部工作中。全市上下要认识定位、把握定位,以创新为核心,以工贸为支撑,融合文化旅游,全力打造体现实力、充满活力、彰显魅力、富于创造力的创新型工贸旅游强市;要蹄疾步稳、久久为功,全面实施“三大战略”,把建设创新型工贸旅游强市的蓝图转化为现实;要提振战斗精神、战斗意志,深入打好“三大战役”,满足苏区人民过上更加幸福美好生活的新期待,切实担当起时代赋予我们的历史使命。

再上新台阶、建设新龙岩的任务艰巨,需要一步一个脚印、扎扎实实努力才能实现。今后五年,我们的主要目标是实现“一个确保、五个突破”,即:到2020年,确保地区生产总值增速高于全省平均水平,规模以上工业增加值、服务业增加值、社会消费品零售总额分别突破1000亿元,全体居民人均可支配收入突破3万元,全社会固定资产投资五年累计突破1.5万亿元。

——产业转型再上新台阶。产业结构持续优化,工业化和信息化、制造业和服务业高度融合,建成现代工业体系和现代商贸服务业体系。到2020年,三次产业结构调整为9:48:43,3个千亿级主导产业集群、10个百亿级领军龙头企业、10个百亿级产业园区、20个十亿级品牌产品的产业体系基本形成。

——改革创新再上新台阶。创新要素加速集聚，创新经济蓬勃发展，创新人才不断涌现，科技进步贡献率突破50%，高新技术产业增加值占GDP比重达16%以上，争创国家知识产权示范城市。形成系统完备、科学规范、运行有效的制度体系，建成要素有序自由流动、资源高效配置、市场深度融合的开放型经济体系。到2020年，外贸出口总额突破180亿元，五年实际利用外资累计突破15亿美元。

——生态文明再上新台阶。国家生态文明试验区建设扎实推进，形成以主体功能区规划为基础的各类空间规划。到2020年，森林覆盖率保持全省首位，城市空气质量优良天数比例保持在95%以上，主要流域水质优良比例总体达到95%以上；单位GDP能耗降低值、二氧化碳和主要污染物减排总量控制在省下达指标内。生态安全保障体系基本建成，生态文明领域治理体系和治理能力现代化走在前列，建设美丽龙岩。

——文化建设再上新台阶。红色文化、客家文化和生态文化品牌优势凸显，公民道德素质进一步提升，公共文化服务体系、文化资源配置更加均衡，文化、旅游产业融合发展，争创全国文明城市、国家级客家文化生态保护试验区，建设国际旅游度假城市核心支撑区。到2020年，文化旅游产业产值(收入)突破1000亿元。

——民生福祉再上新台阶。现行标准下贫困人口全部脱贫，扶贫开发工作重点县、重点乡(镇)、重点村全部摘帽。实现有劳动力家庭就业全覆盖，城镇登记失业率控制在4.2%以内。学前教育加快发展，实现义务教育均衡县全覆盖，普及高中阶段教育。全方位全周期保障人民健康，实现医疗卫生资源均衡化全覆盖，养老、医疗保险法定人员全覆盖，社会保障面持续扩大。法治龙岩、平安龙岩建设全面推进，社会治理水平不断提升，人民权益得到切实保障，全市人民获得感、幸福感进一步增强。

实现上述目标任务，我们要全力以赴，重点突破七个方面的工作：

(一)大力实施创新驱动战略，加快培育发展新动能

创新是引领发展的第一动力。我们要高举创新旗帜，向观念创新要思路，向科技创新要优势，向管理创新要效益，向体制创新要活力，牢牢把握发展主动权、开创发展新局面。

以观念创新推动思路创新。观念创新是一切创新的前提。要进一步解放思想，勇于开拓创新，逢山开路、遇水搭桥，走前人没走过的路，做前人没做过的事，以发展理念的创新，引领发展方式的创新，推动发展质量和效益的提升。以打战役的理念和气势突破体制机制束缚，以敢亮剑的拼劲和闯劲突破创新难题，让一切创新的源泉充分涌流，为龙岩发展闯出一条新路子，打开一片新天地。

以科技创新构筑高端优势。坚持“龙岩制造”与“龙岩智造”并举，实施工业强基工程，围绕现有产业链部署创新链、政策链、资金链，在有色金属、机械制造、光电新材料、节能环保、人工智能、生物医药等领域，重点支持、优先突破，攻克一批关键技术、核心技术，力争在一些有优势的领域实现从“跟跑”到“并跑”、乃至“领跑”的转变。大力推进“机器换工”，加快发展智能制造，改造提升传统产业，全市企业技术改造投资年均增长16%左右。突出企业的创新主体地位，实施大中型工业企业研发机构广覆盖行动，加快建设一批、提升一批国家级、省级科研平台，引进共建一批“国字号”研发机构、国家级学会等协作创新平台。建立企业创新成果共享机制，组建产学研创新联盟，建设完善一批众创空间、科技孵化器等创新服务平台。到2020年，培育国家高新技术企业、省级创新型企业、科技小巨人领军企业200家。

以管理模式创新提升发展效益。适应信息革命发展趋势，构建现代企业管理体系，提升资源整合、研发组织、战略管理等能力，推动产业和企业发展战略创新、体制机制创新、组织结构创新和企业文化创新，促进企业降本增效。推动管理创新与商业模式、金融资本深度融合，催生新的经济增长点和创业创新空间。引导消费类企业建立开放式创新交互平台、在线设计中心，对接用户需求；推动龙头企业通过互联网链接产业上下游，构建制造资源“池”；鼓励企业植入客户参与界面，实现客户参与的个性化生产。

以体制创新营造良好创新生态。完善政府科技投入稳定增长机制，建立健全科技金融服务体系，设立产业引导基金，加快发展股权投资、风险投资、科技贷款和科技保险，力争全社会研究与试验发展经费投入年均增长超过15%。着力降低创业创新门槛，促进人才、技术、产品、资金有效对接，构建全要素、全链条的“双创”服务体系，创建国家小微企业创业创新基地示范城市。实施专利运用行动计划，加大国家知识产权试点城市建设力度。探索建立政府创新管理机制，健全科技创新考核体系，厚植创新文化、营造创新氛围。

(二)大力实施产业兴市战略，显著提升综合实力

产业兴则城市兴，产业强则城市强。要围绕做大做强“365”产业，引进大项目、培育大企业、构筑大平台、发展大产业，推动产业链高端跨越，打造龙岩产业升级版。

实施“千百十培育工程”。主导产业、龙头企业、品牌产品决定龙岩发展的实力和地位。培育千亿主导产业。以紫金矿业、金龙稀土等企业为龙头，打造金铜、稀土精深加工全产业链；以龙工、龙净环保、龙马环卫、新龙马等企业为龙头，打造工程机械、环保装备、新能源汽车和专用车全产业链；以文旅集团为龙头，引进战略合作者，打造文化旅游全产业链。到2020年，培育形成有色

金属、机械制造、文化旅游等3个产值超千亿元的主导产业集群。做强百亿龙头企业。集中资源、集中要素扶持壮大一批龙头企业,实施科技小巨人领军企业培育计划,完善并落实"一企一策"扶持措施,在技术创新、市场拓展、人才保障、融资服务等方面给予优先保障。到2020年,培育形成10家超百亿元龙头企业。提升十亿级品牌产品。发挥品牌引领作用,实施"龙岩制造"品牌企业培育工程,提升一批制造业、文化旅游产业精品,培育一批农产品、现代服务业品牌,提升品牌影响力和市场占有率。到2020年,培育形成20个产值超10亿元的品牌产品。

推动"龙岩+"融合发展。充分发挥产业跨界融合的乘数效应,加快发展一批"龙岩+",重塑产业链、供应链、价值链。发展"互联网+"。抢占大数据等新一代互联网革命先机,以建设华为龙岩云计算数据中心为契机,打造海西乃至全国领先的云计算产业基地,规划布局虚拟现实(VR)产业,推动大数据与传统产业协同发展,推动虚拟世界和现实世界融合发展,推动共享经济发展。探索农村电商"龙岩模式",加快龙岩电商产业园建设,争创国家级电子商务示范市。加快实施智慧旅游、智慧交通、智慧城管、智慧教育、智慧医疗、平安城市等智慧城市应用工程。发展"矿业+"。通过"紫金带路",发展与矿业相配套的机械、服务、矿山工程、现代农业、金融、物流等板块,带动龙岩市相关优势产业布局海外,开展国际产能合作,实现"全产业链"出口。发展"制造业+"。推广龙马环卫"装备制造+环卫服务"模式,鼓励促进专用车、环保机械等产业生产模式向产品、服务和整体解决方案并重转变,营销模式向个性化定制、总承包服务转变。发展"农业+"。坚持新型工业化、城镇化、信息化、农业现代化"四化"同步,大力发展特色现代农业。在稳定粮食生产的同时,加强"五新"技术推广,推动国家农业科技园区和"一区两园"建设。加快发展设施农业、精致农业、生态养殖业和林下经济,提升农业信息化、智能化装备水平。推进农产品精深加工,培育一批农产品加工龙头企业,构建"闽西八大干、八大珍、八大鲜"全产业链。推进农业适度规模经营,积极培育发展农民合作社、家庭农场等新型农业经营体系,加快培育新型职业农民。大力拓展农业功能,推动农业嫁接休闲体验、电子商务、旅游观光、文化创意等多种业态,实现一产与二产叠加,一产向三产延伸。

加快发展新兴产业。推动新产业、新技术、新业态加快成长,培育新动能,发展新经济。优先发展现代服务业。树立全域旅游新理念,以文化旅游产业为龙头,以旅游城市发展规划为引领,对接城市发展,带动服务业转型。推动资源整合,以"大古田""大土楼"两个国家5A级景区和正在创建国家5A级的"大冠豸"等景区为抓手,整合全市旅游资源,构建大龙岩旅游圈。促进融合发展,把旅游作为传承文化的载体,把文化作为提升旅游产业的助推器,深度开发一批具有浓郁红色文化、客家文化、生态文化气息的旅游产品,带动文化创意、健康养老、教育培训、体育健身等服务业发展。加快发展战略性新兴产业。发挥"新古田会议"后续效应,探索"产—军—学—研"融合发展新模式,强化军民融合科技创新顶层设计,加快推进光电、稀土材料应用产业发展,持续策划对接一批技术先进、带动力强的军民融合项目,努力打造国家军民融合创新示范区和军民结合新型工业化产业示范基地。加强与外企、央企、大型民企的对接合作,推进光电与新材料、生物医药等新兴产业发展。到2020年,全市新兴产业增加值占地区生产总值比重达到15%以上。

打造特色产业集聚园区。按照"一园区一主导产业"布局规划和"一县一优势产业"发展方向,加快推动园区向集群化、高新化、特色化发展。做大做强龙岩经开区,支持集约程度较高的省级以上开发区扩区升级,推进厦龙山海协作经济区、新罗应急产业园、上杭金铜产业园、福建(龙岩)稀土工业园、龙岩高新区汽配园、连城海峡光电新材料产业园、武平不锈钢产业园和新型显示智能终端产业园、永定高科技信息产业园、漳平轻纺和新型材料产业园区建设。到2020年,培育形成10个百亿产业园区,其中龙岩经开区、上杭开发区、龙州开发区3个园区达500亿级以上,力争培育出千亿级产业园区。

(三)大力实施人才强市战略,不断提升核心竞争力

人才是支撑发展的第一资源。转型的龙岩,求贤若渴;发展的龙岩,海纳百川。我们要以最灵便的机制、最优惠的政策、最优越的环境,聚天下英才而用之,以人才铸就优势,以人才赢得未来。

引进和培养一流人才。实施"121"高端人才引进培养工程和机关企事业人才引进"千人计划",设立人才引进专项编制和专项资金,用3年时间腾出1000名人才引进专用事业编制,探索更加开放、更加优惠的引才机制和政策。重点围绕"365"产业发展,着力引进掌握关键技术、拥有自主创新成果的高端人才、领军人才,用一流的人才领跑发展。以双一流高校优秀毕业生为重点,强化人才储备。实施人才队伍培养工程,突出在党政机关、企业经营管理、专业技术、实用技能和教育卫生等领域,培养一批本土优秀人才。推行产教融合、校企合作,支持龙岩学院、福州大学紫金学院、闽西职业技术学院、龙岩技师学院等高等院校、职业学校围绕重点产业和市场需求,推进重点学科和重点专业建设,培养一大批基础性、通用性较强的技术型人才,建设一支规模宏大、结构合理、素质优良的人才队伍。

构建一流用人机制。组建人才发展集团,在人才评价发现、进退流转、激励保障等方面,探索建立更为灵活的人才管理机制和考评体系,突破人才流动、

使用和发挥作用的障碍，把人才放在最能发挥特长的岗位上，做到人尽其才、才尽其用。改进高端人才薪酬和岗位管理制度，创新柔性招才用才模式，建立健全科研人员机关企事业双向流动机制，强化智力劳动价值分配导向。构建高层次人才创业创新平台，使之成为各类人才施展才干、实现价值的舞台。开展特定岗位高级技能人才培训和职工在岗、转岗培训，将人才放到科研和生产一线锻炼成长。大力鼓励和扶持高校毕业生到企业、到农村创业创新，提供更多的成长机会，最大限度调动各类人才的积极性和创造性。

营造一流人才工作环境。深化人才发展体制机制改革，形成针对不同层次、不同类别的人才引进培养政策体系。完善人才激励机制，建立完善差异化、多元化分配和奖励制度，深化中小学、基层医疗机构职称制度改革，简化高校、科研院所和国有企业职称评审程序。改进人才服务机制，开辟高层次人才服务“绿色通道”，切实解决高层次人才在教育医疗、社会保障、创业资助、融资渠道、成果转化、住房、子女就学等方面的困难，以刚性的制度、稳定的保障吸引人才、留住人才。建立各级党政领导班子和领导干部人才工作目标责任制，研究制定党委政府领导联系高层次人才办法，汇聚推动龙岩发展的强大智慧，让一切人才的知识、技术、智力和创新活力竞相迸发。

（四）加快推进新型城镇化，着力强化发展集聚力

新型城镇化是最大的发展空间和内需潜力所在。要坚持以人的城镇化为核心，全域规划、多规合一、产城融合，把一份美丽答卷写在闽西广袤大地上。

构建现代化城镇体系。坚持城乡统筹、“四化”同步，因地制宜、因势利导，构建功能互补、特色鲜明、布局合理的现代化城镇体系。做强中心城市。主动融入厦泉漳大都市区，推进厦泉漳龙同城一体化基础设施工程。拓展城市空间，强化永定区、经开区中心城市功能，加大经开区、高新区整合力度，推动行政职能、产业协作、资源配置、交通体系等同城配置，打造“一市多区”发展新格局。优化城市布局，统筹推进中部公共中心、东部人居、西部商贸物流、南部文教和北部新城等功能区板块建设，建设一批功能复合、规模适度、产业繁荣的城市组团，提升中心城市首位度。做优县域城市。深化户籍制度改革，实施农业转移人口融入工程，增强县域城市产业集聚、人口集中功能，精心打造具有地域特征、现代内涵和人文特色的县域城市。推动上杭县江滨宜居城市、武平县山水园林精品城市、长汀县国家历史文化名城、连城县国际山水旅游度假城市、漳平市“一江两岸”精美城市建设。做美特色小镇。积极探索乡镇整合、扩权强镇，推进省级小城镇综合改革建设试点和15个新型城镇化试点镇建设，打造一批具有休闲旅游、商贸物流、民俗文化传承、先进制造、创客集聚等比较优势的特色小镇。做精美丽乡村。推进实施“千村整治、百村示范”工程，深化“家园清洁行动”，培育打造300个特色传统村落，努力建设一批特色产业明晰、公共服务完善、基础设施健全、生态环境良好、乡村风光秀美的示范新村。

打造红色客家名城。注重自然景观和人文景观相和谐、建筑格调与文化元素相协调，加强城市空间环境、建筑形体的规划控制和引导，将闽西红色文化、客家文化、闽南文化等文化基因融入城乡规划建设全过程，在中心城市建设文化街区，县域城市建设文化一条街，中心镇和美丽乡村建设文化长廊。加强客家文化平台建设，强化城市紫线管理，全面推进历史文化名城、名镇名村、传统村落等保护规划编制和实施，注重古街、古宅、古树、古道、古井的挖掘保护和开发利用，让文化记忆得以保存，城市文脉得以延续。

建设宜居宜业之城。统筹生产、生活、生态布局，加强城镇山体、水体、湿地等自然生态保护和修复，实施中心城市“环城森林景观美化提升”工程，加快建设生态城市。提升城市服务品质，按照城市规划人口规模和服务半径配置教育、卫生、文体、养老、小广场、公交站点、停车场及充电站（桩）等公共服务设施。优化基础设施，坚持地上地下建设并重，完善路网结构，形成快进快出的城市交通体系；加强综合管廊规划建设管理，解决“城市拉链路”问题；推进城市天然气管网建设，实现天然气“县县通”；推进海绵城市建设，提升城市排水防涝能力。加强重大水利工程和森林、气象、农业、地震等防灾减灾项目建设，加大中小河流治理力度，实施汀江、九龙江、闽江流域防洪工程。加快城镇棚户区、城中村和危房改造，完善保障性住房建设。推进产城融合，加快产业进园区、园区入城镇，实现城镇建设与产业发展良性互动。提升城市精细化管理水平，探索建立“大城管”机制，推动城市管理向城市治理转变。

（五）全面深化改革扩大开放，进一步激发发展活力

改革开放是引领发展进步的活力源泉。我们要聚焦改革、扩大开放，释放更多发展红利。

围绕构建服务型政府深化改革。对标自贸试验区，突破制约龙岩发展的体制机制障碍，打造市场、开放、生态、社会“四个环境”。加快审批制度改革步伐。坚持简政放权、放管结合、优化服务协同推进，下放、委托一批“含金量”高的审批服务事项，进一步优化市区管理体制，扩大县乡行政管理权限。探索投资项目审批首问负责制和多评合一、统一评审的新模式，实行“一站式”受理、“全流程”服务；建立权力清单、责任清单动态管理机制，发挥权责清单管束作用，打造法治政府、阳光政府、简单政府；提升行政服务标准化建设水平，推行“互联网+行政审批”管理模式，打造龙岩行政服务标准升级版。构建企业注册便利化模式。重点推进商事主体名称

登记便利化改革，全面实行“五证合一、一照一码”登记制度，深化“先照后证”改革，实施一照多址、一址多照、集群注册等制度。深化监管制度改革，精简前置审批事项，规范中介服务，全面推行市场准入负面清单制度，推行“双随机、一公开”监管模式。深化资源要素配置市场化改革。加快国有企业改革，优化国有资本布局，整合聚焦主业，促进国有企业提质增效。加快推进投融资体制改革、股权多元化改革，发展混合所有制经济，拓展非公经济投融资渠道和领域，激活民营企业、民间资本，最大限度激发市场主体活力。加大实体经济支持力度，不断降低企业税负、融资、人工等成本。全面完成农村土地承包经营权登记颁证工作，探索集体林地承包经营权、集体经营性建设用地等规范有序流转机制，促进“活权”变成“活钱”。建立财政事业和支出责任合理划分机制，积极稳妥推进科学的工资正常增长和支付保障机制改革，完善企事业单位薪酬制度。

围绕互联互通提升全域开放水平。统筹用好国内国际两个市场、两种资源，以大开放促进大发展。加快建设开放大通道。按照“规划大交通、构筑大枢纽、建设大通道、推动大开放”的理念，以高速公路为支撑、以铁路为骨干、以空港和水路为补充，构建面向全国、辐射区域的综合交通枢纽。加快东达沿海、西连腹地的综合运输通道建设，规划建设快速铁路，适时启动新空港建设，构建高效快捷的对外交通；推动中心城区环城高速公路市政化、主城区快速道路和外环线、城区轨道交通建设，构建通达安全的城市交通；建设龙岩火车北站等综合客运枢纽，构建无缝衔接的交通换乘；推动土楼—中心城区—古田—冠豸山旅游通道建设，构建绿色休闲的旅游交通。以交通布局优化生产力布局，借力大通道建设，大力发展现代物流业，加快建设龙岩公路港及一批区域性物流园区，培育发展大型物流企业，构建区域性综合交通物流枢纽系统，推动交通物流融合发展。加快构建开放新格局。加大“引进来”与“走出去”步伐，主动融入国家“一带一路”战略，完善法治化、国际化、便利化的营商环境，统筹外资、外经、外贸，汇聚民资、民智、民力。实施招商引资集中行动，鼓励和推动本土企业与国际知名企业、跨国500强企业合作，加快跨境电子商务示范企业和外贸公共服务企业建设，鼓励优势企业开拓海外市场。加大对内开放力度，增强沿海意识和联动意识，加强与沿海港口和自贸区的衔接，加快与厦门的无缝对接，推进厦龙山海协作经济区建设，谋划布局临港工业；加强与赣南原中央苏区的连接，用好用足苏区政策，构建赣南、闽西原中央苏区核心圈。提升两岸合作交流水平，持续推动台湾农民创业园建设，高水平办好海峡两岸机械产业博览会，高层次建设海峡两岸交流基地。拓展陆地港建设，加快推进关检一体化改革，争取设立龙岩保税物流中心和跨境快件监管中心，提升对外开放服务功能，推进贸易便利化。

（六）大力弘扬闽西特色文化，不断增强发展软实力

文化是发展之根、发展之魂。我们要深入开展文明创建，实施文化提升工程，立时代潮头、发时代先声，不断坚定文化自信、增强文化自觉，促进文化大发展大繁荣。

建设精神家园。以创建全国文明城市为抓手，大力弘扬“三红”精神，深入推进社会主义核心价值观建设，积极推进公民道德建设和社会诚信建设，加快实施“五大工程”，大力营造“八大环境”，培育新时期文明风尚，彰显信仰之美、崇高之美。深入挖掘闽西优秀传统文化内涵，弘扬家国天下、耕读传家、慎终追远、坚忍勇毅、开拓进取、守望相助的客家精神，更加自豪地礼敬传统文化，更加自觉地引领时代风尚。加强非物质文化遗产保护，提升历史民俗文化，培育都市文化，打响龙岩文化品牌。落实意识形态工作责任制，牢牢掌握意识形态工作的主动权和主导权，提升对互联网、新兴媒体的应用和管理水平，讲好龙岩故事，传播龙岩声音，弘扬龙岩正能量。

唱响红色文化。深化红色文化内涵研究，大力实施红色文化保护、传承和弘扬工程。编制原中央苏区革命旧址群保护规划，推进以古田会议旧址群为代表的一批红色文物保护、利用和提升工程。建设一批红色文化数字化管理平台、VR、AR体验系列产品，打造具有全国影响力的红色文化传播平台。实施以中央苏区题材领衔的影视创作生产工程、重点文学创作工程和舞台精品演艺工程，塑造一批思想精深、艺术精湛、制作精良的龙岩文化高峰，把闽西红色文化推向大众、推向全国、推向世界。

坚持文化事业和文化产业双轮驱动。做好做优文化事业，加快文化基础设施、文化惠民工程建设，加强公共文化产品和服务供给，推进基层公共文化资源的整合利用，实现全市乡镇（街道）、村（社区）综合性文化服务中心全覆盖，推动基本公共文化服务标准化、均等化。创新公共文化服务运行机制和服务方式，引导和鼓励社会力量、社会资本兴办公益性文化事业。到2020年，基本建成覆盖城乡、便捷高效、保基本、促公平的现代公共文化服务体系。做大做强文化产业，加快策划一批、推进一批重大文化产业项目，推进文化与科技、金融、信息、旅游等产业融合发展，推动文化产业规模化、专业化、集约化发展。

（七）着力增进民生福祉，汇聚人民群众向心力

切实保障和改善民生，是我们每一位苏区干部沉甸甸的政治责任。要牢固树立以人民为中心的发展思想，突出解决好人民群众“就好业”“上好学”“就好医”等基础性民生问题、“呼吸上新鲜空气、喝上放心水、吃上放心食品”等普惠性民生问题、“有基本保障”“有权益保

障”等兜底性民生问题，让龙岩的发展更有“温度”，让苏区人民的幸福更有“质感”。

坚决打赢脱贫攻坚战役。脱贫攻坚是最大的民生工程。我们要紧紧围绕“两不愁、三保障”要求，精准施策、精准发力、精细落实，确保全市3.92万户、11.07万贫困人口如期实现脱贫，在全面建成小康社会的道路上，决不让一个苏区人民掉队。坚持市县乡村四级联动，干部挂钩帮扶、产业精准扶贫联动，大力开展思想扶贫、技能扶贫、健康扶贫，积极探索精准扶贫“龙岩模式”。围绕解决“一方水土养不活一方人”的问题，推进易地搬迁造福工程，做到搬得出、稳得住、能致富。围绕改善农村群众生产生活条件，统筹推进交通、水利、电力、信息等基础设施建设。积极推进长连武扶贫开发试验区建设，确保扶贫开发工作重点县、重点乡（镇）、重点村同步全面建成小康社会。

持续打好生态环保战役。牢记习近平总书记“进则全胜、不进则退”的嘱托，以率先推进生态文明领域治理体系和治理能力现代化为目标，全面建设国家生态文明试验区，让龙岩的天更蓝、地更绿、水更清。大力推进水、气、土壤污染综合整治，总结提升水土流失治理“长汀经验”、林改“武平经验”，推进水土流失治理和管护的专业化、规模化，开展废弃矿山生态修复，推进重点区位商品林赎买工作，加大造林绿化力度，全面停止天然林商业性采伐，提高森林质量。全面落实河长制，积极实施万里安全生态水系建设，推进农村水电生态修复，深化汀江—韩江跨省流域生态补偿试点，推动将汀江、九龙江、闽江三江源头调整纳入国家重点生态功能区。进一步探索环境资源司法保护机制，总结提升龙岩法院司法“五器”生态保护模式、生态检察“三位一体”工作机制。全面推广高效节能低碳技术，大力发展循环经济。建立绿色发展指标体系，开展长汀编制自然资源资产负债表试点。推进生态产品市场化，推动排污权有偿使用和交易，全面建立自然资源资产产权制度。

扎实推进民生改善工程。坚持把就业作为民生之本，构建政府激励创业、社会支持创业、劳动者勇于创业的新机制，实现比较充分和更高质量的就业。坚持把教育作为民生之基，布局适应全面“两孩”的基础教育资源，着力提高教育质量，扩大优质教育资源覆盖面，推进各级各类教育协调均衡发展，加强教师队伍特别是乡村教师队伍建设，努力办好人民满意的教育。坚持把社会保障作为民生之依，以人民健康为中心，推进养老、医疗保险从制度全覆盖走向人员全覆盖，基本医保制度实现全市统筹；健全社会救助体系，大力发展社会福利和慈善事业；全面深化医药卫生体制改革，推动医疗、医药、医保“三医联动”，推进医联体建设，提升医疗服务水平和公共卫生保障能力；强化食品药品安全常态化监管，创建食品药品安全放心市，着力打造健康龙岩。坚持计划生育基本国策，全面落实“两孩”政策，促进人口均衡发展。发挥“冠军摇篮”优势，提升竞技体育和群众体育发展水平。加强对妇女、未成年人、老年人、残疾人合法权益的保护，加强方志、档案、人民防空、民族宗教等工作。

深化社会治理创新工程。运用法治思维和法治方式治理社会、推动发展。致力于促进社会公平正义，全面推进依法治市，深化法治龙岩建设，积极稳妥推进地方立法工作；推进司法体制改革，支持法院、检察院依法独立公正行使审判权、检察权，切实维护司法权威；强化法律监督，推进审判、检务、警务公开；扎实推进“七五”普法工作，创建法治城市、县（市、区）、乡镇（街道）及民主法治村（社区）。致力于维护社会安定稳定，持续推进平安龙岩建设，完善党委领导、政府主导、社会协同、公众参与、法治保障的社会治理体制，构建立体化社会治安防控体系，健全基层综合服务管理体系，深入开展“平安县乡村”三级联创活动，推行社区“网格化”服务管理，加大涉麻涉毒、电信诈骗等治安突出问题专项整治力度；创新社会矛盾排查化解机制，推进县乡两级联访联调服务中心和重点领域调解组织建设，加强和改进信访工作。落实企业安全生产主体责任和安全生产“党政同责、一岗双责、失职追责”机制，完善突发公共事件应急管理和预防控制体系，不断增强人民群众的安全感。

不断把党的建设新的伟大工程推向前进

龙岩是成就事业、创造历史的红土地。我们要大力弘扬古田会议精神、才溪乡调查精神，全面落实党要管党、从严治党，持续提升红土党建品牌，提振精气神，提升凝聚力、战斗力、执行力，让党的事业在闽西大地薪火相传、继往开来。

传承红色基因，坚定龙岩自信。闽西是思想建党的发源地。我们要坚持把思想政治建设放在首要位置，以健全完善党委（党组）中心组学习制度、中央苏区大讲堂、领导班子成员带头上党课制度为抓手，以古田干部学院等闽西红色教育培训基地为平台，深入学习领会中国特色社会主义理论和习近平总书记系列重要讲话精神，准确把握党中央治国理政新理念新思想新战略，持续巩固提升党的群众路线教育实践活动、“三严三实”专题教育、“两学一做”学习教育成果，不断增强政治意识、大局意识、核心意识、看齐意识，坚定中国特色社会主义道路自信、理论自信、制度自信、文化自信，坚定“听党的话、跟党走”的苏区信念，传承“闹革命走前头、搞生产争上游”的苏区传统，在知我龙岩、爱我龙岩、美我龙岩、建我龙岩中走前头、争上游、作表率，坚定龙岩自信，不断创造龙岩发展的新辉煌。

打造坚强堡垒，提升龙岩品牌。坚持把党建作为第一主业，全面实行党委（党组）向上级党组织年度述职评议考核制度，层层压紧压实党建工作责任。建好建强社区、机关、学校及企事业单位等党组织，加大“两新”组织党建工作力度，不断总结提升农村“168”、社区“135”、非公企业“三五”、机关“1263”等基层党建工作机制。加强农村基层党组织建设，推进抓党建促扶贫攻坚工作，实施党建富民强村工程，加大基础保障力度，集中整顿软弱涣散基层党组织，基本消除“空壳村”。深化拓展“民情工作机制”“四点工作法”“党员 e 家”“闽西党旗红”等党建工作品牌，探索在职党员进社区报到为群众服务“龙岩模式”。

锻造战斗队伍，树立龙岩担当。把发展蓝图转变成现实，关键要打造一支忠诚干净担当的党员干部队伍。要造就能担当的党员干部队伍。坚持党管干部原则和好干部标准，加强领导班子综合研判，健全完善领导干部考察考核谈心谈话、实绩分析、反向测评、全程纪实、一票否决、责任倒查制度，严格落实拟提拔干部“四个必”要求，防止干部带病提拔。注重选派优秀干部到偏远地区、艰苦岗位锻炼，注重在产业一线、项目一线、急难险重工作一线考察和识别干部，真正把党和人民需要的好干部培养、发现、使用起来。深化干部人事制度改革，推进公务员分类管理和事业单位人事制度改革，深化国有企业领导人员选任制度改革，探索拓宽各类身份干部交流渠道，推进干部能进能出、能上能下。发挥党员先锋模范带头作用，提升“红土先锋”品牌，塑造一批红土先锋岗、共产党员先锋岗先进典型。大力倡导“工匠精神”，强化精品意识，干一行爱一行专一行，滴水穿石、人一我十，从小事做起、把大事办成，精准、精细、精实推动各项工作。全面实施发展党员“联审联鉴”制度，严把入口关，及时处置不合格党员，永葆苏区党员的先进性和纯洁性。要健全勇担当的保障机制。健全干部正向激励机制，鼓励干部在推动改革发展的重点难点问题中开拓创新、勇于作为，宽容失败、允许试错，保护作风正派、敢作敢为、锐意进取的干部，旗帜鲜明地为敢于担当的干部担当，为敢于负责的干部负责。

净化政治生态，弘扬龙岩正气。完善市委全委会重大事项决策机制，加强市委常委会自身建设，严肃党的政治纪律和政治规矩，严格落实民主集中制，增强党内政治生活的政治性、时代性、原则性、战斗性。加强党的纪律建设，严格遵循党章，全面落实党内法规，强化政治纪律执行情况的监督检查，让讲纪律守规矩成为新时期苏区干部的鲜明特征。坚决落实省委“五抓五看”和市委“两个责任”清单要求，坚持“一案双查”，让追责必严、失责必问成为常态。强化党内监督，推动纪检监察机构派驻全覆盖、巡察全覆盖。综合运用监督执纪“四种形态”，抓早抓小，惩处极少数、教育大多数。以踏石留印、抓铁有痕的韧劲改进作风，驰而不息落实中央八项规定精神，持之以恒纠正不良习气、树立清风正气。大力弘扬“马上就办、真抓实干”的工作精神，深化“为官不为”等专项纠治，坚决治理懒政怠政。发挥闽西勤廉人物事迹和客家家训家规教化作用，培养良好官德家风。坚持有腐必反、有贪必肃，坚决惩治腐败行为和腐败分子，着力营造干部清正、政府清廉、政治清明的良好政治生态。

加强党的领导，凝聚龙岩力量。发挥党委总揽全局、协调各方的作用，支持人大、政府、政协、司法机关依照法律和章程独立负责、协调一致开展工作，持续推进民主政治建设。支持人大加强对“一府两院”的法律监督和工作监督，支持市人大开展地方立法工作，保障人大对重大事项、人事任免等行使决定权；充分发挥政协的协商民主重要渠道和专门协商机构作用，推进协商民主广泛多层制度化发展，推进政协参政议政更加深入开展。加强对统战工作的领导，发挥侨港澳台优势，巩固和发展最广泛的爱国统一战线，支持民主党派和无党派人士有序政治参与、积极发挥作用。构建“亲”“清”新型政商关系，促进非公经济健康发展和非公经济人士健康成长。加强和改进党的群团工作，充分发挥工会、共青团、妇联等群团组织的作用，推进社会组织多元化健康发展。全面做好离退休老干部工作。加强国防动员和后备力量建设，深入开展“双拥模范城”创建工作，凝聚党政军民强大合力，汇聚建设新龙岩的强大力量。

同志们，再上新台阶、建设新龙岩的光荣使命，鼓舞我们砥砺奋进；全市人民的信任与期盼，鞭策我们勇往直前。让我们紧密团结在以习近平同志为总书记的党中央周围，在省委的坚强领导下，不忘初心、继续前进，从古田再出发，为奋力夺取建设创新型工贸旅游强市、全面建成小康社会的伟大胜利，谱写中华民族伟大复兴中国梦的龙岩篇章而不懈努力奋斗！

附：名词解释

三张清单：权力清单、责任清单和负面清单。

精准扶贫“九到户”：生存救助、就业辅助、生产扶持、住房援助、医疗援助、就学资助、科技帮扶、社会捐助、结对帮扶等九项精准扶贫到户工作措施。

土楼三部曲：大型原生态客家风情歌舞集《土楼神韵》、大型交响乐《土楼回响》及歌剧《土楼》。

“两个责任”：落实党风廉政建设责任制中，党委负主体责任，纪委负监督责任。

监督执纪“四种形态”：党内关系要正常化，批评和自我批评要经常开展，让咬耳扯袖、红脸出汗成为常态；党纪轻处分和组织处理要成为大多数；对严重违纪的重处分、作出重大职务调整应当是少数；而严重违纪涉嫌违法立案审查的只能是极极少数。

四种意识：政治意识、大局意识、核心意识、看齐意识。

双中高：中国经济长期保持中高速增长，迈向中高端水平。

“五位一体”总体布局：经济建设、政治建设、文化建设、社会建设、生态文明建设。

“四个全面”战略布局：全面建成小康社会、全面深化改革、全面依法治国、全面从严治党。

五大发展理念：创新、协调、绿色、开放、共享的发展理念。

工业强基工程：全面提升工业基础能力设立的专门工程，是《中国制造2025》明确提出的支撑制造强国建设的五大工程之一，被列入“十三五”规划。

“365”产业：龙岩市大力培育发展的机械制造、有色金属、文化旅游3大主导产业，烟草、建材、纺织、建筑与房地产、能源精化、农产品加工等六大重点产业，光电与新材料、生物医药、互联网、现代物流、健康养老等五大新兴产业。

农业“五新”：在农业生产过程中推广应用新品种、新技术、新肥料、新农药、新机具。

一区两园：上杭国家级现代农业示范区、漳平永福国家级台湾农民创业园和福建连城农民创业园。

闽西八大干、八大珍、八大鲜：八大干指豆腐干、肉脯干、地瓜干、老鼠干、萝卜干、笋干、猪胆肝、菜干等八种干制食品；八大珍指漳平水仙茶、武平绿茶、武平金线莲、龙岩咸酥花生、永定万应茶、冠豸山铁皮石斛、龙岩山茶油、杭晚蜜柚；八大鲜指河田鸡、连城白鸭、上杭槐猪、通贤乌兔、永定牛肉丸、龙岩蜂蜜、汀江大刺鳅、漳平毛蟹。

全域旅游：把一个行政区当作一个旅游景区，是旅游产业的全景化、全覆盖，是资源优化、空间有序、产品丰富、产业发达的科学系统旅游。

“121”高端人才引进培养工程：到2019年，全市引进和培养100名领军型科技创业人才、200名高端创新人才，培养100名科技创新型企业家。

机关企事业人才引进“千人计划”：到2019年，引进1000名机关企事业高素质人才。

双一流：世界一流大学和一流学科建设。

“千村整治、百村示范”工程：在全省整治1000个以上村庄，每个设区市安排推进130个以上村庄整治，树立100个以上美丽乡村示范村，打造一批特色景观带。

“五证合一、一照一码”登记制度：建立统一登记流程、统一编码和赋码规则等，组织机构代码证、税务登记证、社会保险登记证、统计登记证不再发放，由工商行政管理部门核发加载法人和其他组织统一社会信用代码的营业执照。

“双随机、一公开”监管模式：随机抽取检查对象，随机选派执法检查人员，及时公布处理结果。

“三红”精神：老一辈无产阶级革命家在“红色土地、红军故乡、红旗不倒”的地方进行革命实践，留下的“继续传承传统，发扬革命精神、艰苦努力、不懈奋斗”的精神。

“五大工程”：公民素质提升工程、基础设施改造提升工程、市容提升工程、交通秩序优化提升工程、公共环境提升工程。

“八大环境”：廉洁高效的政务环境、公平正义的法治环境、诚信守法的市场环境、健康向上的人文环境、有利于青少年健康成长的社会文化环境、舒适便利的生活环境、安全稳定的社会环境、可持续发展的生态环境。

VR：Virtual Reality的简称，译为虚拟现实。该技术利用计算机生成一种模拟环境，是一种多源信息融合的交互式的三维动态视景和实体行为的系统仿真。

AR：Augmented Reality的简称，译为增强现实。是一种实时地计算摄影机影像的位置及角度并加上相应图像、视频、3D模型的技术。

两不愁、三保障：稳定实现扶贫对象不愁吃、不愁穿，保障其义务教育、基本医疗和住房。

司法“五器”：全市法院生态审判工作整合为：生态整治的“助推器”、生态保护的“稳压器”、生态经济的“服务器”、生态和谐的“调节器”、生态管理的“预警器”。

生态检察“三位一体”：“专业化法律监督+恢复性司法实践+社会化综合治理”的打击、修复、整治“三位一体”工作机制。

社区“网格化”服务管理：依托统一的城市管理以及数字化的平台，将城市管理辖区按照一定的标准划分成为单元网格。

农村“168”：“168”农村基层党建工作模式，核心内容是建立一套村党组织领导下的组织“目标管理”、个人“设岗定责”机制，实行征求意见、议事决策、任务分解、公开承诺、组织实施、考评奖惩的“六步工作法”，发挥村级各类组织和各支队伍的“八个方面作用”。

社区“135”：“135”社区党建工作模式，即强化社区党组织一个领导核心，建设社区工作者、党员和志愿者三支队伍，建立健全共同参与组织机制、民主管理监督机制、基本建设保障机制、服务群众长效机制、党建责任落实机制五项工作机制。

非公企业“三五”：“五个引领”“五个双向”“五个保障”。“五个引领”指引领企业政治方向，引领企业和谐发展，引领企业先进文化，引领企业人才工作，引领企业党群共建；“五个双向”指班子建设双向进入，党务干部双向选聘，党员队伍双向培养，党建经费双向投入，党企任务双向落实。“五个保障”指领导管理层级化，工作推动系统化，组织覆盖网格化，资源整合区域化，责任落实常态化。

机关“1263”：围绕走在党的基层组织建设的前头“一个目标”，紧扣服务中心、建设队伍“两大任务”，抓好一岗双责、促进履职、思想作风、党内监督、文明和谐、基层组织"六个重点",坚持省、市、县"三级联创",提升机关党建科学化水平。

四点工作法:以"民情收集点、政策宣传点、互助帮扶点、纠纷调解点"为主要内容的服务群众工作方法。

四个必:干部档案"凡提必审",个人有关事项报告"凡提必核",纪检监察机关意见"凡提必听",反映违规违纪问题线索具体、有可查性的信访举报"凡提必查"。

发展党员"联审联鉴"制度:在发展党员工作中,通过征求监察、公安、综治、计生、法院等10个执法执纪部门的意见,强化党员政治审查力度,防止"带病入党"。

五抓五看:看党委(党组)有没有抓加强教育,看有没有抓制度建设,看有没有抓"一把手",看有没有抓查处,看有没有抓部署、检查、落实。

一案双查:在严肃追究当事人违纪违法责任的同时,严肃追究地方或部门领导班子、领导干部失察失管的责任。

林兴禄在市五届人大一次会议上政府工作报告

(2017年1月8日)

一、2016年和过去五年工作回顾

2016年,在省委、省政府和市委的坚强领导下,龙岩市各级政府积极践行新发展理念,扎实推进供给侧结构性改革,全力打好项目落地、脱贫攻坚、生态环保"三大战役",经济社会保持稳中有进的发展态势。预计全市地区生产总值1891亿元,增长8%;一般公共预算总收入266.1亿元,地方一般公共预算收入131.4亿元、增长5.5%;全社会固定资产投资2245亿元,增长16.2%;社会消费品零售总额729亿元,增长14%;外贸出口160亿元,与上年持平;实际利用外资2.76亿美元,增长6%;内联引资实际利用市外资金210亿元,增长7%;城镇居民人均可支配收入30616元,增长8.5%;农民人均可支配收入14535元,增长9.5%;居民消费价格总水平上涨1.6%;城镇登记失业率2.52%;年度节能减排降碳任务预计可以完成。

主要工作和成效是:

(一)打好"三大战役",重点攻坚成效明显

项目落地全面提速。滚动实施"五个一批"项目,实行挂图作战、按单销号,推动项目加快落地建设,投资增速保持全省前列。全年新开工建设10亿元以上项目44个、新竣工投产10亿元以上项目37个。省市重点项目共完成投资807亿元,占年度计划的133%。对接六批国家专项建设基金项目138个、争取资金67.6亿元。开展"政民外"重大项目对接活动,落地项目172个、完成投资91亿元。

脱贫攻坚精准扎实。制定脱贫攻坚系列政策,完成贫困户建档立卡,组织市县乡干部挂钩帮扶,逐户落实脱贫措施。组建扶贫开发投融资平台和扶贫小额信贷担保基金,完成造福工程扶贫搬迁3.17万人,帮扶1.92万贫困户各发展1个以上增收项目,实施辅助就业1.75万人。加强兜底保障,提高贫困人口低保标准和新农合报销比例、大病保险报销封顶线。年度脱贫5.5万人,其中国定对象3.45万人。

生态环保有力有效。制定流域环境保护、重点乡镇水质考核管理等措施,全年共投入5.7亿元开展养殖业污染治理,关闭拆除养猪场1.2万户、削减生猪110万头,中心城市内河水质达标率为100%。完成水土流失治理54万亩、造林绿化13万亩,治理废弃矿山82万平方米。淘汰黄标车1万多辆,建成大气污染治理项目12个,城市空气质量优良天数比例达98.6%。

(二)深化供给侧结构性改革,产业转型步伐加快

五大任务全面落实。出台推进供给侧结构性改革措施,"三去一降一补"取得实质性进展。坚定不移去产能,淘汰煤炭产能136万吨、水泥产能30万吨。加快房地产去库存,全年销售商品房275万平方米、增长23%,商品住房去库存期为12个月、比上年下降5个月,处于合理区间。强化债务"控新化旧",开展非法集资专项整治,全市不良贷款率为1.88%,信贷资产质量居全省较好水平。大力帮扶企业,开展"进企业、送服务、解难题、促增长"活动,为250家企业提供38亿元应急周转资金,为1195家企业提供75亿元贷款担保,减轻企业税费负担26.5亿元。策划实施两批29个投资工程包,完成投资283亿元,加快补齐基础设施、产业发展、社会事业、民生保障等领域短板。

产业结构进一步优化。实施产业兴市战略,推进"365"产业集聚发展。九大工业重点产业实现产值1968亿元、增长11.2%,光电与新材料、生物医药等新兴产业产值增长20%以上,高新技术产业增加值增长10.5%。特色农业加快发展,闽西"八大珍""八大鲜"产值增长34%。文化旅游、商贸物流等现代服务业提速发展,探索形成农村电商"龙岩模式"。全市第三产业增加值增长10.1%,所占比重比上年提高1.3个百分点。

新动能加快孕育。互联网+、矿业+等新模式、新业态加快兴起,龙马环卫"制造业+服务"模式逐步在全省、全国推广,龙净环保从产品制造向工程总包拓展。大力推进创业创新,新认定省级众创空间5家,市科技创业园获批为国家级科技企业孵化器。军民多领域合作模式正加快形成,全年与部队、军工企业新签约项目52个、总投资330亿元,民品参军销售额超过10亿元,成功创建省级军民融合新型工业化产业示范基地。

(三)推进新型城镇化,城乡环境持续改善

基础设施日益完善。研究出台综合交通一体化规划。浦梅铁路建宁至冠豸山段、厦蓉高速龙岩东联络线、古武线永定至上杭高速公路、小池至古田快速通道等项目开工建设，中心城区至高新园区快速通道、双永高速龙岩北互通连接线等项目建成通车。完成国省干线建设改造90公里，农村公路提级改造、生态路建设230公里。西气东输正式接通龙岩。

城市功能持续提升。实施中心城市道路畅通、市政提升、旧城改造等重点工程，西外环、龙岩大道南段一期、龙岩大道高架桥等主干道路实现通车或部分通车；黉门前、莲花山交通节点可在2017年春节前实现部分通车；龙岩火车站北站房开工建设，龙津湖片区改造、东肖新城开发等项目有序推进。新增公共停车位2804个，新建人行天桥7座。开通中心城市至永定城区公交线路，积极推动基础设施、公共服务等同城配置。

乡村建设力度加大。实施新型城镇化和美丽乡村建设三年行动计划，124个美丽乡村和133个省级“千村整治、百村示范”工程全部开工建设，农村家园清洁行动深入开展。古田镇列入国家首批特色小镇试点，14个村列入第四批中国传统村落名录，67个村列入全国乡村旅游扶贫重点村。

（四）办好惠民利民实事，社会保持和谐稳定

社会保障更加有力。全市公共财政用于各类民生支出217亿元，增长6.5%，占地方公共预算支出的79%。完成25件为民办实事项目。新增城镇就业2万人，农村劳动力转移就业4.5万人。保障性安居工程新开工1.7万套，基本建成7711套。党政军民合力抗灾救灾，最大限度降低损失，受灾重建户可在2017年春节前全部迁入新居。

社会事业加快发展。农村薄弱学校改造、城区中小学扩容扎实推进，新建公办幼儿园10所。医药卫生体制改革深入推进，公立医院全面实行药品、耗材零差率，“互联网+分级诊疗”正式运营。在全省率先推行医保卡购买健身服务模式。成功举办全国女子举重锦标赛和首届环土楼国际山地马拉松赛。举办纪念红军长征胜利80周年系列活动，反映闽西子弟兵浴血湘江的电视剧《绝命后卫师》在央视热播，十大群众文化活动、文化惠民工程深入开展。

社会治理不断改进。创建全国文明城市成效初显，城市管理、社区建设和市民素质进一步提升。法治龙岩、平安龙岩建设深入推进，涉麻制毒、电信诈骗专项治理得到公安部充分肯定。抓好安全生产重点整治，安全生产形势持续稳定好转。深入开展“餐桌污染”治理，启动建设食品药品安全放心市三年行动，食品药品安全得到有效保障。

（五）加强政府自身建设，行政效能进一步提高

深入开展“两学一做”学习教育，牢固树立“四个意识”，加强党风廉洁建设，严格落实中央“八项规定”精神，政府作风进一步转变。推进简政放权，实现市县乡三级政府权责清单全覆盖，在全省率先推行投资项目告知承诺预审批，建成全省首个市县乡一体化网上办事大厅。党政机关公务用车改革全面完成。自觉接受市人大及其常委会的法律监督、工作监督和市政协的民主监督，办理人大代表建议279件，办复率、满意率均为100%，办理政协提案573件次，办复率、满意率分别为100%、99.8%。政府与法院、检察院、工会联席会议制度更加完善。机关效能建设、行政监察和审计监督不断加强。

各位代表，2016年各项任务的完成，标志着本届政府任期目标基本实现。过去的五年，是龙岩发展历程中极不平凡的五年，习近平总书记两次对长汀水土流失治理作出重要批示，亲自决策并主持的“新古田会议”在龙岩市召开，中央、省出台促进苏区老区振兴发展的政策，给我们极大的鼓舞和支持；我们主动适应经济发展新常态，积极应对增速换档、结构调整、动能转换带来的困难和挑战，危中求机、稳中求进，各项事业取得长足进步，谱写了龙岩发展新篇章。

五年来，经济发展迈上新台阶。人均地区生产总值突破1万美元，固定资产投资、社会消费品零售总额等主要指标实现年均两位数增长。有色金属、机械等传统产业优化升级，光电新材料等新兴产业及现代服务业快速提升，新模式、新业态孕育成长。企业创新能力和竞争力明显增强，新增上市企业10家、累计12家。三次产业结构由2011年的12.3∶56.5∶31.2调整为12.1∶50.8∶37.1。

五年来，人民生活实现新提升。城乡居民人均可支配收入年均分别增长9.9%和10.5%，贫困人口减少14.8万人。完成造福工程危房改造3.7万户，建成保障性安居工程3.7万套，解决170.6万农村人口饮水安全问题。合作医疗实现市级统筹，在全省率先实现城乡居民养老保险和市（县）福利中心、乡镇敬老院全覆盖。全面完成义务教育发展基本均衡县创建，文化、卫生、体育等事业协调发展。

五年来，城乡建设展现新面貌。新增高速公路通车里程339公里、累计662公里，新增铁路171公里、累计625公里，高速公路和铁路密度分别为每百平方公里3.5公里和3.3公里，居全省前列。永定撤县设区，形成“一市多区”发展格局，中心城市建成区面积扩大13平方公里、达55平方公里。打造一批美丽乡村典型，共有106个村镇获得国家级、省级历史文化名镇名村等称号，位居全省前列。全市常住人口城镇化率提高5.6个百分点、达53.1%。

五年来，生态环境彰显新优势。成功创建国家园林城市、国家森林城市、全国绿化模范城市，顺利通过省级生态市考核验收。节约集约利用资源，连续17年实现耕地占补平衡，森林覆盖率提高到77.9%，保持全省首位。治理水

土流失面积268万亩,水土流失下降率居全省首位,“长汀经验”在全国推广。重点流域水环境持续改善,城市环境空气质量居全省前列。

五年来,改革开放取得新成果。行政审批制度、基层医药卫生体制、集体林权制度、“三农”综合保险、不动产统一登记、关检合作“三个一”等改革走在全国、全省前列。与厦门共建全省首个山海协作经济区,龙岩陆地港建成投入使用。一批优势企业加快“走出去”,国际友好城市合作不断拓展。

此外,国防动员和后备力量建设成效明显,“双拥”共建持续深化。人事、统计、民族宗教、外事侨务、库区移民、水文、气象、地震、地灾防治、人防、档案、地方志、科普、邮政管理、无线电管理、对口援建、老年人、妇女儿童、青少年、残疾人及慈善事业等工作进一步加强。

各位代表,成绩来之不易,这是省委、省政府和市委正确领导的结果,是全市上下团结一心、奋力拼搏的结果,是各位市人大代表、政协委员和社会各界大力支持的结果。我代表龙岩市人民政府,向全市人民,向各民主党派、工商联、各人民团体和各界人士,向中央和省驻岩单位、驻岩部队和武警官兵,向关心支持龙岩发展的港澳台同胞、海外侨胞和国际友人,表示衷心的感谢!

同时,我们清醒看到前进中的困难和挑战:龙岩市经济总量仍然较小,产业结构不合理,自主创新能力不强,产品供给质量不高;新旧动能转换接续不快,一些行业、企业生产经营困难,面临稳增长、促转型的双重压力;发展不平衡、不协调问题仍然突出,城市规划建设管理有待加强,农村基础条件比较薄弱,脱贫攻坚任务艰巨,生态环保压力较大;基本公共服务和社会保障水平不高,社会治理存在薄弱环节,一些群众关注的热点、痛点问题尚未得到有效解决;政府职能转变还不到位,一些干部服务意识、创新意识、担当意识不强,存在不作为、不善为、慢作为的现象。对此,我们将坚持问题导向,下决心解决。

二、新一届政府工作目标任务和2017年工作建议

今后五年,是全面建成小康社会的决战决胜期。我们将认真贯彻落实市第五次党代会提出的“再上新台阶、建设新龙岩”各项决策部署,扎实推进各项工作。

今后五年,政府工作的总体要求是:高举中国特色社会主义伟大旗帜,全面贯彻落实党的十八大以来党中央一系列决策部署,深入贯彻习近平总书记系列重要讲话精神和来闽来岩重要讲话精神,紧紧围绕“五位一体”总体布局和“四个全面”战略布局,牢固树立和践行新发展理念,认真落实市第五次党代会部署,以推进供给侧结构性改革为主线,全面实施“三大战略”,深入打好“三大战役”,全力建设创新型工贸旅游强市,为加快建设机制活、产业优、百姓富、生态美的新龙岩,全面建成小康社会而努力奋斗。

今后五年,要全面完成“十三五”规划确定的各项任务,顺利实现市第五次党代会确定的“一个确保、五个突破、五个再上新台阶”目标,在建党100周年前全面建成小康社会,经济总量、综合实力显著提升,改革创新、城乡发展、生态环保、人民生活水平等方面取得新进展,实现更高质量、更有效率、更加公平、更可持续的发展。

围绕实现上述目标,我们将突出创新驱动,以科技创新为核心带动全面创新,加快集聚各类高层次人才,推动大众创业万众创新,以高效率的创新体系支撑高水平的创新型龙岩建设。突出项目带动,围绕发展抓项目,围绕项目抓落实,坚持工作项目化、项目责任化,滚动推进重大项目建设,扩大有效投资,强化发展支撑。突出结构优化,从供给侧发力,推进产业转型升级,培育形成3个千亿级产业集群、10个百亿级领军企业、10个百亿园区,基本建成现代工业体系和现代服务业体系。突出脱贫攻坚,现行标准以下贫困人口全部脱贫,城乡基本公共服务均等化水平进一步提高,建成公平可持续的社会保障体系,不断增进民生福祉。突出生态宜居,统筹生产、生活、生态布局,加快以人为核心的新型城镇化,全面建设国家生态文明试验区,构建功能互补、特色鲜明、环境优美、布局合理的现代化城镇体系。突出安全稳定,深化社会治理创新,推进平安龙岩、法治龙岩、诚信龙岩建设,社会更加安定和谐。

各位代表,2017年是新一届政府履职的第一年,是实施“十三五”规划的重要一年,挑战与机遇并存。我们将按照中央、省、市经济工作会议精神,坚持稳中求进工作总基调,全面做好稳增长、促改革、调结构、惠民生、防风险各项工作,促进经济社会平稳发展。

今年发展主要预期目标是:全市地区生产总值增长8.6%;一般公共预算总收入增长3%,地方一般公共预算收入增长6%;全社会固定资产投资增长16%;社会消费品零售总额增长12%;外贸出口占全省的份额稳中有升,实际利用外资增长6%;城镇居民人均可支配收入增长9%,农民人均可支配收入增长9%;居民消费价格总水平涨幅控制在3%左右;城镇登记失业率控制在4.2%以内;完成省下达的节能减排降碳任务。在实际工作中,力争完成得更好更快些。

为此,重点做好以下六个方面工作:

(一)着力创新驱动,加快动能转换

1.深入推进“三去一降一补”。稳妥有序关闭年产9万吨以下地方煤矿,淘汰煤炭落后产能128万吨以上。鼓励合理自住购房和农民进城购房,培育发展住房租赁市场,推动商业地产根据市场需求转型,缩短非住宅类商品房库存去化周期。鼓励金融机构加大对实体经济支持力度,推动企业市场化、法治化债转股,力争新上市1家以上、“新三板”挂牌5家以上。切实减轻企业税费负

担，降低企业物流、融资、用能、人工等成本，促进企业降本增效，激发实体经济市场活力。完善“一包一策”和“五个一”推进机制，策划实施更多投资工程包，加快补齐短板，增加公共服务和产品供给。

2.持续推进改革。深化“放管服”改革。推行“互联网+政务服务”，探索行政审批事项全市范围内跨区域办理，实现“一站式”受理、“全流程”服务，让群众和企业好办事、不添堵、少跑腿。充分激发市场活力。落实“先照后证”“五证合一”“一照一码”制度，全面推行“双随机一公开”，让企业充分享受市场经营的自主权和获得感。深化国资国企改革，完善治理、强化激励、突出主业，增强国有经济活力和竞争力。深化农村产权制度改革，完成农村土地承包经营权确权登记发证，推进农村土地“三权分置”，鼓励农业适度规模经营。抓好社会事务改革。加快公立医院综合改革，完善分级诊疗制度，鼓励和规范社会力量办医。完成生态文明试验区建设重点改革任务，开展林业碳汇交易、汀江—韩江跨省流域生态保护补偿、长汀自然资源资产负债表编制等试点工作，争取在资源资产产权制度、绿色发展绩效考核等方面先行示范；培育环境治理和生态保护市场主体，加快发展绿色环保产业，探索形成生态文明建设“龙岩模式”。

3.增强创新能力。强化企业创新主体地位，加大对科技型初创企业、科技小巨人领军企业扶持力度，支持小微企业创新活动，力争研发经费投入增长15%，新认定高新技术企业10家、科技小巨人领军企业10家以上。鼓励企业与科研院所联合开发产学研合作项目，组建科技创新重点战略联盟，加快战略性新兴产业创新平台建设，争取新建省级企业工程技术研究中心2家、重点实验室1家、众创空间5家以上。建立完善科技项目收益分配、科技成果处置收益、知识产权保护等制度，探索实行股权激励、分红激励等办法，加快科技成果转化应用。

4.激发人才活力。实施“121”高端人才引进培养工程和机关事业人才引进“千人计划”，创新柔性引才引智模式，加快引进一流人才。建立完善海外高层次人才引进工作站、北京高层次医疗卫生专家精准帮扶工作站等平台。推行产教融合、校企合作，加强龙岩学院、闽西职业技术学院等示范性院校和实训基地建设，培养优秀实用型人才。建立完善人才流动、人才评价激励、人才服务保障机制，鼓励科研人员创新创造，实施大学生返乡创业、农村青年创业富民行动，保护企业家精神，让一切人才的知识、技术和创业创新活力竞相迸发。

5.以开放促创新。对接国家“一带一路”和省21世纪海上丝绸之路核心区建设，加大“引进来”与“走出去”步伐，推动更多企业参与国际合作，增创竞争新优势。加强与厦门市和福建自贸区的对接，完善厦龙经济区共建机制，创新管理方式，实现山海互动、优势互补。提高龙台合作水平，深化产业对接和特色文化、民间基层交流。加强龙港龙澳经贸合作及赣州、梅州等周边区域协作，推进闽赣产业合作区建设、跨区域生态保护。加强国际友城交流，拓展开放新空间。扎实做好对口援建工作。

(二)着力项目带动，扩大有效投资

1. 持续推进“五个一批”。围绕“365”产业发展和补齐短板，推动项目滚动接续，全年新谋划项目200个，新签约项目200个，新开工项目80个以上，新投产项目80个以上，新增资项目50个以上，全社会固定资产投资完成2600亿元以上。

2. 全力抓好重大项目。全年安排300个省市重点项目，完成投资705亿元以上。全力攻坚30个“重中之重”产业项目，突出抓好龙岩锂离子动力电池、新龙马年产10万辆乘用车技术改造等重大项目。全力攻坚15个“重中之重”基础项目，突出抓好南三龙铁路、福广高铁龙岩段、厦蓉高速扩建工程龙岩段、漳武线南靖至永定高速永定段、龙岩一中分校等重大项目。全力攻坚15个“重中之重”城建项目。

3.健全项目落地攻坚机制。每个项目一名领导协调指挥、一个工作专班负责运作、一套政策激励、一笔经费保障，建立健全正向激励、定期协调、督查通报等推进机制，强化资金、用地、审批等要素保障，强化一线考评干部，形成全社会齐心协力抓项目、支持项目建设的浓厚氛围。完善招商引资优惠政策和奖惩办法，开展定位、定点、定向精准招商，精心办好“11·8”机械博览会等经贸活动，争取在引进先进制造业和现代服务业重大项目上有新突破。优化PPP模式，运作产业股权投资基金，鼓励更多社会资本投入文化旅游、基础设施、公用事业、扶贫开发等领域。

(三)着力结构优化，推进产业升级

1.培育壮大工业产业。实施九大工业重点产业行动计划，推动产业加快向中高端迈进。做大做强主导产业。发挥紫金矿业、紫金铜业龙头带动作用，拉长铜、稀贵金属、循环经济产业链，发展稀土新材料及应用产业，力争有色金属产业实现产值465亿元以上。以龙工、龙净环保、龙马环卫、新龙马等企业为龙头，加快打造工程机械、环保装备、新能源汽车和专用车全产业链，推广“制造业+服务”，力争机械制造产业实现产值350亿元以上。培育发展新兴产业。推进智能终端产品、光学板材加工、医疗器械产业园等项目建设，推动光电与新材料、生物医药等新兴产业延长产业链、提升价值链。规划建设云计算大数据产业园，带动发展下游应用产业。推进军民深度融合发展，创建军民融合国家新型工业化产业示范基地和全国应急产业示范基地。改造提升传统产业。以100项重点工业技改项目为抓手，推动纺织、建材等传统产业加快技术装备更新、智能化改造和新产品开发。实施百亿企业培育工程、中小微工业企业培育计划，全年新增规模以上工业企业100家、亿元企业30家以上，培育一批百亿企业。

2.加快发展现代服务业。全面实施现代服务业11个重点行业三年行动计划，推进"五大幸福产业"服务消费提质扩容，力争2017年服务业增加值占GDP比重达到39%。文化旅游产业。积极引进知名企业，设立产业基金，加强资源整合、景区提升、产品开发、品牌培育和业态融合，建设以大古田旅游区为龙头的红色文化旅游长廊和以大客家文化为纽带的闽粤赣客家旅游文化长廊，推进珠宝文化产业园、文化创意产业园等项目，发展文化消费、动漫游戏等新业态，打造文化旅游全产业链，争取文化旅游产业收入500亿元以上。商贸物流业。重点推进龙岩公路港等项目建设，争取设立陆地港保税物流中心和跨境快件监管中心，大力发展冷链物流、第三方物流、快递服务业等现代物流业。加强线上线下互动，发展体验消费、新零售，推动实体店转型，推进商贸流通业创新发展。健康产业。加快构建以居家为基础、社区为依托、机构为补充、医养结合的多层次、全覆盖的养老服务体系，大力发展养老产业。发挥体育资源和品牌优势，培育发展体育产业。教育培训产业。充分发挥古田会议品牌效应，以古田干部学院为依托，整合各类红色资源和教学资源，打造全国党员干部教育基地。规划建设现代物流、旅游休闲、电子商务等现代服务业集聚区，争取创建1家以上省级服务业集聚示范区。

3.促进农业提质增效。深入推进农业供给侧结构性改革，推行绿色生产方式，狠抓农产品标准化生产、品牌创建、质量安全监管，增加绿色优质农产品供给。稳定粮食生产，落实粮食播种面积273万亩，总产量稳定在100万吨以上。以闽西"八大干""八大珍""八大鲜"为重点，加强地方特色农产品保护开发，加快发展设施农业、精致农业、生态养殖业，做大林下经济、花卉苗木等特色产业。深入实施农产品加工产业行动计划，推进种养加一体、农业"接二连三"融合发展，提高农业全产业链效益和竞争力。

（四）着力脱贫攻坚，加强和改善民生

1.推进精准脱贫。落实脱贫责任。健全挂钩帮扶、资金运作、督查考评和贫困人口"进、退"动态管理等制度，统筹扶贫资源，做好脱贫后续保障，提高脱贫的质量和可持续性，确保年度减贫5万人以上、现行国定标准以下贫困人口全部脱贫、造福工程扶贫搬迁3万人以上。落实脱贫项目。有效运作扶贫小额信贷平台和扶贫开发融资平台，帮扶每个有劳力的贫困户发展好1个以上的种植、养殖、加工、电商、服务业等脱贫增收项目，加快构建县级有龙头企业带动、乡镇有特色产业支撑、村级有合作组织运作、贫困户有生产项目增收的产业扶贫体系。加快易地扶贫搬迁，建设10个百户以上、10个50户以上省级集中安置区和30个市级集中安置区。大力推进长（汀）连（城）武（平）扶贫开发试验区建设，加大对革命基点村、民族村等扶持力度。落实脱贫政策。推进教育扶贫，确保每个贫困家庭的孩子不因学费问题而失学。实施健康扶贫行动计划，提高贫困人口医疗费用报销比例，加大医疗救助力度，探索试行商业医疗保险，减少贫困人口因病致贫、返贫。整合各类扶贫资金，探索农村资产收益扶贫、涉农项目投资收益扶贫等新模式。鼓励和支持企业、社会组织、个人参与扶贫开发，合力打赢脱贫攻坚战。

2.扎牢民生保障网。要把群众的安危冷暖时刻挂在心上，对特殊困难群体要格外关心、格外关注，多为他们分忧解难。实施就业促进计划和创业引领计划，加强企业用工服务，重点抓好高校毕业生、农民工、就业困难人员等群体就业，全年新增城镇就业1.9万人。扩大社会保障覆盖面，将符合条件的各类群体纳入社会保障制度覆盖范围，基本医保制度实现全市统筹，推进机关事业单位养老保险制度改革。提高城乡低收入家庭保障水平，实行农村低保与国定贫困标准"双线合一"，加大对特殊困难群体的救助。大力发展志愿服务、社会福利和慈善事业。建立完善社会救助体系和农村留守儿童、妇女、老年人关爱服务体系。

3.改善基本公共服务。解决群众热点痛点问题。全力推进畅通工程，优先发展公共交通，开展城市交通堵点综合整治，新增公共停车位1500个以上，投放一批城市公共自行车，改造提升农村公路230公里，努力解决"出行难、停车难"问题。深化"餐桌污染"治理，建立覆盖从田间到餐桌全过程、可追溯的监管体系，全面推进食品药品安全放心市建设，确保"舌尖上的安全"。建好保障性安居工程，新开工建设4000套、建成3500套。提高社会事业发展水平。全面实施中心城区教育重点项目建设三年行动计划，开工建设28个项目；全面改善农村义务教育薄弱学校基本办学条件，新建11所公办幼儿园，扶持发展普惠性民办幼儿园；实施教育质量提升行动计划，推进教育强县、教育名城创建；规范和支持民办教育发展。推进健康龙岩建设，加快补齐产科、儿科、康复、老年护理等短板，加强乡村医生队伍建设，缩小城乡基本卫生与健康服务差距。广泛开展全民健身活动，办好龙岩市第十五届运动会。推进国家级客家文化（闽西）生态保护实验区建设。加强闽西中央苏区革命旧址群保护与开发。完成70%的基层综合文化服务中心建设，深入开展"文化下乡"等活动。做好"双拥"工作。落实好拥军优属政策，抓好国防动员和后备力量建设，支持武警、消防部队建设，努力实现创建全省双拥模范城（县）"满堂红"。

（五）着力生态宜居，推进城乡协调发展

1.强化环境治理。深入实施水、大

气、土壤污染防治行动计划，全面落实省环保督察整改要求，下大力气解决环境突出问题。强力推进水环境整治。全面推行“河长制”，落实最严格水资源管理制度，深入开展九龙江、汀江、闽江等重点流域及50条小流域综合治理，坚决清理整治非法排污、设障、养殖、采砂等活动，抓好畜禽养殖、污水垃圾等污染专项整治，推进畜禽养殖废弃物处理和资源化。实施万里安全生态水系、防洪工程、蓄水工程、引调水工程、烟草援建水源工程、城市内涝防治等一批水利工程。狠抓大气污染防治。推进重点企业清洁生产和工业园区循环化改造，开展道路扬尘、矿山扬尘、垃圾焚烧等城市面源污染治理，淘汰黄标车5269辆，全部淘汰10蒸吨及以下燃煤锅炉，确保空气质量保持在全省前列。持续提升“长汀经验”。加强生态修复，稳步推进二重山、三重山和山顶、山脊等区域水土流失治理，确保完成治理面积40万亩，坡耕地综合整治13万亩。加强危险废物和土壤污染治理，抓好马坑太保林矿区、东宫下高岭土矿区和龙津河流域等矿区生态修复治理。推进湿地公园建设，加强生态公益林、天然林保护，完成造林绿化11.5万亩、封山育林43万亩。

2.提升城市规划建设管理水平。高标准编制完善各类规划，加快推进“多规合一”，统筹开发地上地下空间，强化土地节约集约利用。做活“山”“水”文章，提升交通、市政、旅游、工业园区配套、社区服务等专项规划，打造文脉传承、天人合一的宜居宜业宜游城市。推动永定区、经开区加快融入中心城市，在产业协同发展、基础设施对接、公共服务共享、体制机制创新等方面迈出更大步伐，加快市区一体化联动发展。集中力量攻坚龙津湖片区改造、龙岩大道高架桥、龙岩大道北段四期、北三环、罗龙路改移等一批“重中之重”城建项目，积极推进东肖新城开发和城中村改造。建立城市管理服务的长效机制，强化职能整合、部门联动，对违法建设、交通秩序、建筑渣土、占道经营、环境卫生等进行常态化整治，提高城市精细化、智能化管理水平，让城市更美观、更宜居。

3.打造特色小镇和美丽乡村。推进古田红色小镇、永福花香小镇、培田草药小镇等特色小镇建设，支持各县(市、区)、经开区分别打造1个以上休闲旅游、民俗文化传承、先进制造、创客集聚等特色小镇。实施第二批124个市级美丽乡村建设和第四批省级“千村整治、百村示范”工程，整治村庄100个以上，培育美丽乡村示范村12个。深化农村家园清洁行动，全面完成380个农村垃圾治理和550个农村改厕任务，健全农村卫生保洁长效机制，开展乡风文明建设，打造文明村镇。

(六)着力安全稳定，构建平安和谐的社会环境

1.创新社会治理。建设更高水平的平安龙岩。推进法治龙岩建设，开展“七五”普法，建立健全公共法律服务体系。认真履行综治维稳责任，落实综治激励惩戒机制，推进互联网+社会综合治理，建设网格化服务管理信息平台。健全社会治安立体化防控体系，实施“雪亮工程”；严厉打击各类违法犯罪活动，全力抓好涉麻制毒、电信诈骗、涉爆涉矿等突出问题整治。健全社会矛盾纠纷多元化解机制，建立专业调解组织，及时有效排查和化解矛盾纠纷。依法处置信访事项，落实“三到位一处理”。推动社会组织多元健康发展，发挥工会、共青团、妇联等群团组织在社会管理服务中的积极作用。加强城乡社区服务机构和人才队伍建设，提升社区公共服务水平。

2.防范化解风险。强化红线意识，完善“党政同责、一岗双责、失职追责”安全生产责任体系，夯实安全生产基层基础，加强对道路交通、民爆器材、矿山、人员密集场所等重点行业、重点领域的监管和整治，坚决遏制重特大事故发生。加强对饮用水源、矿区、污水垃圾处理等环境监管，抓好尾矿库“头顶库”整治，严防发生环境污染事故。完善灾害监测预警应急体系，增强防灾减灾救灾能力。加强政府债务风险管控，加快建立“借、用、还”相统一的地方政府举债融资新机制。严厉打击非法集资等非法金融活动，促进民间金融和互联网金融规范发展，有效防范和及时处置企业信贷风险。

3.创建文明城市。紧紧围绕争创全国文明城市，深化群众性精神文明创建活动，培育社会主义核心价值观，传承和发扬红色文化、客家文化、闽南文化，加强未成年人思想道德建设，引导市民自觉遵守社会公德、职业道德、家庭美德和个人品德，提高文明素质，让文明成为一种习惯。加强社会信用建设，强化守信激励和失信惩戒，形成诚信守信的社会风尚。实施社区基础设施提升工程包，加强城区农贸市场、公厕、人行通道、绿道等市政公用设施建设，打造城市文化景观，进一步美化市容市貌。

三、建设人民满意的政府

牢固树立政治意识、大局意识、核心意识、看齐意识，坚决维护以习近平同志为核心的党中央权威，不折不扣把中央、省委省政府和市委的各项决策部署落到实处，对人民负责、受人民监督、让人民满意。

勤政务实。坚持发展第一要务，围绕发展抓产业，围绕产业抓项目，围绕项目抓服务。坚持实事求是，坚持“三严三实”，以实绩论英雄，以实干促发展，以“钉钉子”的精神一抓到底、抓出成效。继承和发扬苏区干部好作风，一心一意为人民服务，以人民群众满意不满意衡量工作实效。加强机关效能建设，大力倡导“马上就办、真抓实干”，坚决克服“不冷不热、不急不忙、不疼不痒”现象，真正服务好企业、服务好基层、服务好群众。

廉洁干净。加强党风廉洁建设，严格遵守《中国共产党廉洁自律准则》《中国共产党纪律处分条例》和中央八项规定精神，严格落实“五抓五看”要求，不

触底线、不逾红线。坚决反对以权谋私，深化政务公开，加大行政监察和审计监督力度，加强土地出让、工程建设、产权交易、政府采购等重点领域廉洁风险防范，构建“亲”“清”新型政商关系。

勇于担当。以改革的思维和创新的办法破解发展难题，遇到问题不回避、面对阻力不退缩，多为闽西发展尽心尽责、冲锋在前、攻坚克难。建立正向激励机制，为敢于担当的干部担当、为敢于负责的干部负责，营造干事创业、比学赶超的浓厚氛围。

依法行政。把政府工作全面纳入法治轨道，办事依法、遇事找法，解决问题用法、化解矛盾靠法，自觉运用法治思维和法治方式推动工作，真正做到法定职责必须为、法无授权不可为。自觉接受市人大及其常委会的法律监督、工作监督和市政协的民主监督，欢迎社会公众监督和舆论监督。

各位代表！新起点、新征程、新使命。让我们紧密团结在以习近平同志为核心的党中央周围，在中共龙岩市委的坚强领导下，不忘初心、继续前进，团结一心、真抓实干，全力建设创新型工贸旅游强市，再上新台阶、建设新龙岩，以优异成绩迎接党的十九大胜利召开！

2 大事记

1 月

1月4日，福建省委书记尤权深入长汀县调研，重点围绕扶贫开发、企业发展等听取基层干部群众意见；参加县委常委班子专题民主生活会，指导推进“三严三实”专题教育深入开展。

1月12日，“中国龙岩网”头条号荣膺“2015年度最具区域影响力政务头条号（市域）”，最全省设区市中唯一上榜的政务头条号。

1月14日，国家卫计委卫生发展研究中心研究员应亚珍率国务院综合医改试点工作调研组在龙岩市调研医改工作，听取龙岩市医改工作情况汇报。

1月15日，国家发展和改革委员会批复同意建设浦梅铁路建宁至冠豸山段项目，项目总投资110.96亿元。

1月17—20日，中国人民政治协商会议第四届龙岩市委员会第五次会议在龙岩人民会堂举行。

1月18—21日，龙岩市第四届人民代表大会第五次会议在龙岩人民会堂举行。

1月25日，市委中心组在龙岩人民会堂举办第三十四期“中央苏区发展大讲堂”，听取省委统战部部务会议成员、省社会主义学院党组书记、常务副院长、省政协副秘书长李韧作题为《人心·智慧·力量——学习贯彻中央和省委统战工作会议精神》的专题报告。

1月25—27日，斐济共和国驻华大使约阿尼·奈法卢拉到龙岩考察访问。

1月28日，以福建省级农业科技园区漳平台创园为核心区的龙岩农业科技园区申报创建“国家农业科技园区”正式获科技部批准，成为全国第七批国家农业科技园区。

1月28日，龙岩市委书记李德金在北京拜访中央军委委员、军委装备发展部部长张又侠。

2 月

2月4日，南非侨领、南非飞力通讯科技有限公司董事长、全非洲和平统一促进会原会长、南非洲粤港澳总商会会长吴少康到龙岩访问。

2月15日，国研科技集团、国能电动汽车瑞典公司、福建省汽车工业集团、龙岩市龙马汽车工业公司重组福建新龙马汽车股份有限公司框架协议签约仪式在古田举行。

2月25日，中央国家机关爱国主义教育基地授牌仪式在上杭古田会议纪念馆举行。

2月25日，全国党史系统先进集体和先进工作者表彰会在北京召开。中共龙岩市委党史研究室被人力资源和社会保障部、中央党史研究室授予“全国党史系统先进集体”荣誉称号。

2月25—26日，国家发展改革委环资司调研组到到龙岩市调研生态文明先行示范建设工作。

2月29日，龙岩市文化旅游发展集团有限公司（文旅集团）举行揭牌仪式。

3 月

3月3日，闽西林权流转运营中心成立揭牌仪式在龙州工业园区举行。

3月3日，国家税务总局总经济师任荣发，国务院法制办财金司司长刘长春到龙岩市就国家税收征收管理法修订进行专题调研，并召开座谈会。

3月4日，在泰国曼谷举行的2016年射击世界杯比赛中，龙岩市运动员张靖婧夺得女子25米运动手枪赛冠军。

3月4—9日，环保部国家级生态县建设技术评估组到龙岩市，分别对长汀、上杭、漳平创建国家生态县(市)进行技术评估。长汀、上杭、漳平先后通过评估。

3月10日，中国人民解放军陆军第31集团军、武警福建总队等驻闽部队官兵到龙岩市长汀县、连城县参加水土流失治理暨植树造林活动。

3月13日，林丹夺得全英羽毛球公开赛男单冠军。

3月16日，永定区湖雷镇发现一例人感染H7N9禽流感病例。

3月18日，以中央红色交通线为题材的微电影《血脉》，在当年“永定交通大站”所在地永定区金砂乡开机拍摄。

3月20日，市委书记李德金会见电视连续剧《绝命后卫师》总制片人、中国电视剧制作中心有限责任公司副总裁苟鹏和该剧总策划袁锦贵一行。

3月20—21日，财政部、环保部在上杭古田召开部分省份流域上下游横向生态补偿机制建设工作推进会。

3月22—24日，福建省省长于伟国到龙岩市武平县、长汀县、连城县等3个省级扶贫开发工作重点县调研脱贫攻坚工作。

3月23日，福建省第二批优秀人才“百人计划”人选评选揭晓，龙岩市林煜春、赖智渊、华锦先、丁晓红入选，获评为“优秀农村实用人才”。

3月24日，长汀县获阿里巴巴“2015年度最具活力县域”称号。

3月24日，龙岩市第一医院举行新门诊综合大楼开诊仪式。该综合大楼是省重点项目和市委、市政府“为民办实事项目”，每日可满足1万人次门诊需求。

3月25日，福建省表彰31位杰出人民教师，永定第一中学高级教师李秀菊、武平县象洞中心学校高级教师陈伟光和连城县实验小学校长、高级教师童远铭获殊荣。

3月25—27日，文化部部长雒树刚带队到龙岩市调研考察革命老区文化建设工作。

3月26日，文化部司局级领导干部加强党性修养专题培训班在上杭古田开班。

3月27日，福建省政府副省长李红到龙岩市调研医改工作。

3月27—28日，中国农业发展银行总行副行长林立率团到龙岩考察。

3月28—29日，全国人大常委会副委员长、民盟中央主席张宝文到龙岩市进行视察指导工作。

3月29日，全国“6·27”工程推进会暨禁毒新媒体平台建设现场会在长汀县召开。

3月29日，龙岩市委中心组在龙岩人民会堂举办“中央苏区发展大讲堂”(第三十五讲)。听取中央政策研究室经济局局长冯海发作题为《准确认识和把握供给侧改革》专题报告。

3月30日—4月1日，中国科学院院士、中国光学学会理事长、中国物理学会副理事长、北京大学教授龚旗煌；中国科学院院士、解放军总医院教授顾瑛携北京大学教授李焱、北京大学博士生导师施可彬到龙岩调研。

3月30日，首批25辆新能源纯电动公交车式“上岗”。纯电动公交车每台满容量充约需4小时，一次充电营运里程近100公里。

3月31日，龙岩市科技局科技创业园列录2015年度国家级科技企业孵化器名单。

3月31日，龙岩市公安局、福建边防部门与台湾警方密切协作，成功破获部督“2015—1260”涉台走私制毒物品案，这是龙岩市警方首次与台湾警方联合侦破的走私制毒物品案。

3月，闽西职业技术学院国家骨干高等职业院校建设项目正式通过教育部、财政部验收，成为福建省四所国家骨干高职院校之一。

4　月

4月1日，陈丕显诞辰100周年纪念活动上杭县举行。

4月1日，龙岩旅游创客工场揭牌仪式举行。

4月7—9日，全市领导干部“学习贯彻十八届五中全会精神”专题研讨班在龙岩人民会堂举行。

4月8日，全国绿化委员会授予龙岩市“全国绿化模范城市”称号。

4月8日，由省科技厅组织、福州大学等单位承担的“十二五”国家科技支撑计划“南方红壤水土流失治理技术研究与示范”项目，在长汀通过专家组现场验收。

4月8日，国家行政学院副院长杨克勤带领调研组到龙岩调研。

4月9—12日，2016年全国举重锦标赛暨里约奥运会选拔赛在龙岩市体育公园综合馆举行。

4月10日，龙岩市委中心组在龙岩人民会堂举办第三十一期“中央苏区发展大讲堂”，听取国家减灾委专家委员会委员刘玉辰作题为《提高民族防灾意识 努力减轻灾害损失》的专题报告。

4月11日，举办中韩中澳自贸协定政策宣讲培训班。

4月11—12日，中央统战部副部长、国家民族事务委员会党组书记巴特尔到龙岩市调研民族工作。

4月12日，2016厦门工博会暨第20届海峡两岸机械电子商品交易会“龙岩馆”开馆。

4月12日，福建省政府在深圳举办政府和社会资本合作(PPP)项目推介会。龙岩市成功签约52.05亿元、达成投资意向94.57亿元。

4月13日，福建省国资委、省属企业与龙岩市项目合作对接会签约仪式在闽西宾馆举行，龙岩市政府与福建省国资委签订战略合作框架协议书。

4月15日，“闽西汉剧非遗传承保护场馆”建设项目列入中央预算补助投资项目筛选名录。

4月16日，“拳星时代”世界极限格斗系列赛之中日明星对抗赛在湖南省长沙市开战，新罗区运动员林云丽夺得中日明星对抗赛女子52公斤级自由搏击比赛冠军。

4月19—21日，由台北市永定县同乡会暨中华福建闽西客家文化交流协会理事长黄建兴与台北市苗栗县同乡会理事长苏文龙共同组织的“两岸客家文化交流团”到永定区参访交流、寻根探亲。

4月19—21日，第七届中国国际现代农业博览会暨第三届北京国际优质农产品展示交易会在北京举办，闽西八大干、八大珍、八大鲜参加展销。

4月20日，国际射联射击世界杯里约热内卢站暨里约奥运会测试赛女子25米运动手枪项目，龙岩女将张靖婧为中国队夺得一枚银牌。

4月20日，国家淘汰落后和过剩产能第四考核组组长李豪峰一行到龙岩市检查指导工作。

4月22日，由香港中联办新界工作部、香港福建社团联会新界东西分会、香港福建侨民会共同组织的香港新界闽籍社团联合访问团到龙岩开展培训考察。

4月22—28日，18家中央主要新闻单位和10家全国性行业报、15个省（区、市）媒体的夜班编辑到龙岩，开展全国新闻单位夜班编辑“重温长征史，重走长征路”主题走基层活动。

4月24日，江苏常州2016中国羽毛球大师赛中，林丹夺得男子单打冠军。

4月25日，来自中东欧16个国家和地区的作曲家们到龙岩开展采风创作活动，了解闽西民间艺术。

4月26日，110千伏北团变电站完成投运前验收并正式投运。

4月26日，龙岩市与菲利普斯塔德市签订友好城市关系协议书。

4月29日，闽粤赣十三市旅游局长联席会议在江西赣州召开，明确将在开发旅游产品、对外宣传、搭建自驾旅游平台等方面深化合作。

4月30日，首届江山斜背茶王大赛在新罗区江山镇举行。

5 月

5月1日，武平客都汇文化创意产业园正式开园。

5月3日，为纪念“五四”运动97周年、中国共产党建党95周年、中国工农红军长征胜利80周年，团福建省委、福建省学联组织全省各行业团员青年代表前往闽西革命老区上杭县、长汀县、宁化县等地，开展“高举团旗跟党走红色基因代代传”主题教育实践活动。

5月6日，新罗区与微医集团签订战略合作框架协议，双方将共建闽粤赣边互联网医院，将全国20多万名医疗专家资源引入老区，为闽粤赣边千万百姓带来更优质、更便捷的医疗服务。

5月6—8日，以全国政协副主席马飚为组长的全国政协“繁荣社会主义书画艺术”调研组到龙岩市调研考察。

5月9日，由中央苏区（闽西）历史博物馆和云南省保山市博物馆联合举办的“中国抗日战争中印缅战场滇西战役纪实展”在中央苏区（闽西）历史博物馆开展。展览展出时间持续至7月9日。

5月9—10日，山东省青岛市党政考察团到龙岩市考察。

5月11日，市委书记李德金主持召开市委常委会暨市委常委“两学一做”第一专题学习会。

5月12日，瑞典智慧共生城亚洲研究院院长、教授刘瑞宸到龙岩开展项目考察活动。

5月12日，《中国烟草》、《东方烟草报》《滴水缘》、《福建烟草》等杂志和《海峡烟草报》《福建日报》及福建电视台等7家国家、省级新闻媒体到上杭开展精准扶贫专题集中采访报道。

5月14日，中国人民解放军南京炮兵学院现地教学基地揭牌仪式在古田会议纪念馆广场举行。

5月15日，龙岩市连城冠豸山提档升级旅游景区项目、福建土楼梦幻剧场建设项目、龙岩·海西生态文化旅游集散体验中心项目和上杭县太拔镇院田村国家传统村落旅游景区开发建设项目入选“2016全国优选旅游项目名录”。

5月15日，全国铁路实行新的列车运行图，南昌铁路局在赣南闽西地区增开5对始发动车组列车，分别是：赣州至深圳北D2357/8次，龙岩至南昌西D6513/6 D6515/4次、龙岩至厦门D6475/6次、龙岩至蚌埠南G1663/2 G1661/4次、龙岩至深圳北D2355/6次。

5月16—17日，新加坡驻厦门领事馆总领事池兆森到龙岩考察访问。

5月17日，纪念朱德诞辰130周年“人民的光荣——朱德生平事迹展”在古田会议纪念馆举行。

5月17—18日，泰国前副总理、泰中文化促进委员会主席披尼·扎禄颂巴到龙岩考察访问。

5月20日，瑞典皇家工程院院士、乌普萨拉大学医学院前院长、前CEO雷纳德·佩尔森和瑞典智慧共生城亚洲研究院执行院长刘瑞宸到龙岩考察。

5月20日，质检总局专家组到龙岩调研指导国家级出口环保机械装备质量安全示范区建设工作。

5月24日，中央电视台《中国民歌大会》栏目组来到永定区对客家山歌进行采风拍摄。

5月27日，2016年香港闽西联会社会事务工作骨干培训班在古田举行开班仪式。

5月27日，龙岩市首部实体法《龙岩市古民居古村落保护条例（草案）》经市四届人大常委会第34次会议完成第一次审议。

5月31日，中国航天科技集团新长征电动汽车公司总经理毛家伟到龙岩市考察军民融合项目。

6 月

6月2日，福建省人民政府闽政文〔2016〕174号批复，同意连城县撤销四堡乡、林坊乡，设立四堡镇、林坊镇。

6月3日，中国电子科技集团纪检组长毛远建到龙岩市考察，推进军民融合项目，共商深化合作事宜。

6月4—6日，央视《来自扶贫一线的报道》采访组到上杭县采访。

6月11日，《传承·记忆——龙岩市"非遗"摄影大赛》获奖作品在龙岩市博物馆展出。

6月12—16日，公安部消防局在上杭古田举办公安消防部队总队政治领导干部培训班。

6月13日，市委中心组在龙岩人民会堂举办第三十六期"中央苏区发展大讲堂"，听取中央党校科学社会主义教研部孟鑫教授作题为《深入学习习近平总书记系列重要讲话精神——以新的发展理念引领新的实践》的专题报告。

6月13日，第八届海峡论坛·海峡客家(上杭)族谱文化风情节开幕仪式在上杭县客家缘文化中心举办。

6月13—14日，水利部副部长田学斌到龙岩市调研农村饮水安全工程建设工作。

6月15—16日，全国政协副主席陈晓光率国家特邀国土资源监察专员考察团，到龙岩市考察稀土资源开发利用管理工作。

6月18日，龙岩市代表团举行龙岩市产业项目推介会暨"6·18"项目签约仪式，共有36个项目进行现场签约，总投资57.73亿元。

6月18日，福建高速公路网漳武线永定至上杭段工程建设动员会在上杭举行，标志着龙岩市首个高速公路PPP项目正式开工。

6月19日，中国作家"重走长征路"暨福建作家艺术家闽西红土地采风活动出发仪式在上杭古田举行。龙岩市委书记李德金会见前来参加"重走长征路"采风活动的中国作协副主席白庚胜和全国政协委员高洪波一行。

6月19—20日，由新华社、光明日报、经济日报、中新社等10多家中央驻闽主要新闻单位和省市主要新闻单位组成的采访团，在长汀开展集中采访。

6月21日，龙岩能化共轨循环冶金项目筹建处成立。项目总投资30亿元，主要发展以合成气制备清洁能源产品。

6月21—22日，福建省人大常委会副主任叶双瑜深入武平县调研扶贫开发、"两学一做"学习教育、县乡两级人大换届选举等工作，看望慰问部分贫困户。

6月22日，刘忠将军故居及生平事迹展揭幕仪式在才溪镇才溪村举行。

6月23—24日，福建省人大常委会副主任陈桦到龙岩市调研《福建省城市供水条例(草案)》。

6月24日，龙岩"动车4S店"正式投用，龙岩动车组运用所位于龙岩火车站西侧，是福建境内第3个动车所，也是全国第52个动车所。

6月24日，龙岩市商务局与苏宁云商集团股份有限公司战略合作协议签约仪式暨龙岩农产品"网上行"启动仪式在龙岩人民会堂举行。

6月24—25日，中央文献研究室主任冷溶到龙岩市考察调研。

6月26日，龙岩市首开龙岩至蚌埠南间的G1661/4、G1663/2次直达动车组列车，这是龙岩市首部"G"开头的动车组列车。

6月27日，在2016中国国际电子商务博览会上，龙岩市获评"'互联网+'2015年度中国网络零售百强城市"称号，名列第九十七位。

6月29日，龙岩市"走进闽西·携手发展"项目对接会暨签约仪式在北京举行。共对接项目97项，总投资1191.94亿元，其中86个项目现场签约。

6月29日，古田会议纪念馆和四川南充罗瑞卿纪念馆联合举办的"内卫铁拳——罗瑞卿生平事迹展"，在古田会议纪念馆开展。

7 月

7月1日，龙岩市禁毒情报中心举行揭牌仪式。

7月6日，福建省100家景区启动"福建省智慧景区示范项目建设"，其中龙岩市有10家景区进入建设试点：福建土楼(永定)旅游景区、古田旅游区、连城冠豸山、新罗龙洞风景名胜区、漳平水上茶乡九鹏溪、连城培田古村落旅游区、上杭梅花山华南虎园生态旅游景区、长汀汀江源龙门风景区、永定下洋中川景区、新罗竹贯古村落。

7月7—8日，中国工程院院士张建云率专家团队到龙岩市调研城市防洪工作。

7月14日，由人民日报社、中央党史研究室、全国红色旅游工作协调小组共同主办的"我最向往的党史纪念地"评选结果正式揭晓，"古田会议旧址"综合排名第三，成为福建省唯一进入榜单的党史纪念地。

7月14日，项目落地攻坚战役中心城市城建项目集中开竣工仪式在华莲西路一期项目陈陂村隧道施工现场举行。开工项目11个，总投资36.51亿元；竣工项目5个，总投资11.72亿元。

7月21—22日，文化部副部长董伟率队到龙岩调研指导龙岩市红色文化保护与艺术精品创作工作。

7月21—8月10日，中国东方歌舞团到龙岩市开展以"重走长征路唱响东方情"为主题的慰问演出。

7月22日，斐济共和国等国的留学生中式烹饪结业仪式在龙岩技师学院举行。斐济驻华大使约阿尼·奈法卢拉携夫人亲临结业考试现场。

7月23日，中国印刷博物馆福建（连城）分馆在连城县四堡镇举行揭牌仪式，正式对外开放。

7月25—28日，澳门福建同乡会“青年红色寻根之旅”参访团到龙岩考察，并围绕龙澳联谊交流及青年创业合作等方面进行座谈交流。

7月26—27日，中央党史研究室主任曲青山带领调研组到龙岩市调研基层党史工作。

7月26日，市委书召开市委常委会议，学习贯彻《中国共产党问责条例》。

7月29日，市委召开全委（扩大）会议，省委组织部常务副部长、省委非公企业党工委书记袁毅宣读省委决定：林国耀任中共龙岩市委委员、常委、副书记；池秋娜不再担任中共龙岩市委副书记、常委、委员职务。

7月31日，张晓剑、韩京京等老革命后代，出席在古田会议纪念馆举行的“古田会议代表——韩伟将军生平事迹展”开展仪式并观展。

8 月

8月1日，龙岩市城市天然气利用工程——红坊门站建设项目开工。红坊门站是对接国家重点项目中石油“西气东输”的入闽首站，是龙岩管道燃气的枢纽工程。

8月2—11日，由两岸记者、青年学生及专家组成的参访团进行重走客家先民迁徙路的文化之旅。

8月3日，福建省政协副主席陈向先到三明市，就“互联网+医疗”重点提案工作进行督办调研。

8月3日，福建省“两学一做”先进事迹报告团到龙岩市宣讲。

8月4日，龙岩市人民政府和华为公司在深圳签署战略合作协议，双方就共建云计算平台、共同打造龙岩市云计算产业等领域达成全方位、深层次战略合作。

8月11—12日，香港特区政府驻福建联络处主任潘婉慈到龙岩考察调研。

8月13日，国道357线永定区湖坑镇新南村路段发生台湾旅游大巴突遇山体滑坡灾害事故。

8月16—17日，纪念邓子恢同志诞辰120周年活动在新罗区举行。

8月17日，龙岩市永定籍著名作家张胜友受聘为中央文史研究馆馆员。

8月18日，中外合资福建新龙马汽车股份有限公司重组交接仪式在龙岩经开区（高新区）举行。重组后的新龙马为中瑞合资企业，原股东福汽集团与龙岩市分别保留20%和15%的股权，共同出让65%的股权给国能电动汽车瑞典公司和国研科集团。

8月18日，龙岩市人民政府与厦门海关签署合作备忘录。

8月19日，中共龙岩市第四届委员会第十一次全体会议在龙岩人民会堂召开。审议通过《关于实施创新驱动发展战略推进创新型龙岩建设的决定》《关于实施产业兴市战略的决定》和《关于实施人才强市战略的决定》，讨论《龙岩市推进供给侧结构性改革实施方案（2016—2018）》及其相关配套文件。

8月20日，由中国邮政集团公司、中华全国集邮联合会在全国开展的以“弘扬长征魂，同筑中国梦”为主题的纪念中国工农红军长征胜利80周年龙岩站集邮巡展活动启动仪式在闽西革命历史博物馆举行。

8月21—23日，中央文明办二局局长吴向东带领调研督导组到龙岩市调研指导和检查督促全国文明城市创建工作。

8月22日，龙岩市永定区首个民主党派基层支部——民盟龙岩市永定支部正式成立。

8月24日，市委中心组在龙岩人民会堂举办第三十七期“中央苏区发展大讲堂”，听取中央党校教授严书翰作《学习贯彻习近平总书记关于做好意识形态工作重要讲话精神》专题报告。

8月25日，全市特色小镇和美丽乡村建设现场推进会在上杭古田召开。

8月26日，西藏自治区党委常委、常务副主席丁业现考察团到龙岩市考察脱贫攻坚工作。

8月29日，福建省美丽乡村建设暨农村危房改造和污水垃圾整治现场会在龙岩市召开。

8月29日，以“治理水污染、保护水环境”为主题的龙岩市2016年中华环保世纪行宣传采访活动启动，为期一周。

8月29日，上杭110千伏麒龙变电站扩建工程正式投产运行。这是福建省第一个竣工投运的电网租赁项目工程。

8月30—31日，中科院院士、北大研究生院常务副院长龚旗煌带队到龙岩市开展“院士专家八闽行——龙岩行”活动。

9 月

9月3日，由厦门市委宣传部指导、厦门广电集团主办、长汀县委宣传部协办的“风展红旗山海行”大型主题采访活动在长汀县南山镇中复村举行启动仪式。

9月4日，国家卫计委组织的中山大学附属第一医院专家团到龙岩市开展大型义诊（龙岩站）活动正式启动。12位专家到龙岩开展为期7天的大型义诊活动。

9月5日，全国红色旅游与自驾休闲旅游高峰论坛暨“纪念长征胜利80周年——重走长征路”活动启动仪式在上杭古田景区举行。

9月5，由中央文明办、国家旅游局、福建省人民政府主办，福建省委文明办、福建省旅游局、龙岩市人民政府承办的“弘扬长征精神·传承红色记忆”纪念中国工农红军长征胜利80周年大型文艺晚会在红军长征出发地——长汀汀州客家剧院举行。

9月5日,福建省委宣传部和厦门大学、福建师范大学联合主办“青年新闻人重走长征路”大型联合采访活动。百人采访团分为三明、龙岩两个分队,探寻长征路上可歌可泣的故事,感受伟大的长征精神。

9月6日,国家卫计委副主任金小桃到龙岩市开展慰问活动。

9月6日,由中央文明办、国家旅游局、福建省人民政府主办,福建省文明办、福建省旅游局、龙岩市政府承办,纪念红军长征胜利80周年红色旅游系列活动在长汀福建省苏维埃政府旧址启动。

9月6—7日,福建省委常委、宣传部部长高翔深入长汀县调研考察文化资源保护与开发工作。

9月7日,参加第十九届中国国际投资贸易洽谈会的龙岩市代表团在厦门举行龙岩市重点产业项目推介活动,对接并现场签约44个项目,总投资超160亿元。

9月10日,国家环境保护电力工业烟尘治理工程技术中心成立暨技术研讨会在福建龙净环保股份有限公司举行。

9月10日,龙岩冠豸山机场“北京—武汉—连城”航线首次开航。

9月11—12日,福建省省长于伟国,副省长梁建勇、周联清带领厦门、漳州、泉州、三明等地市党政主要领导和省直有关部门负责人到龙岩市开展工作检查。

9月12日,由福建省委宣传部和福建省委教育工委设立的福建省马克思主义新闻观国情教育实践基地(龙岩基地)在上杭古田会议纪念馆举行揭牌仪式。

9月12日,由刘忠将军亲属、中共龙岩市委宣传部等联合主办的刘忠将军回忆录《从闽西到京西》(新版)发布会暨电影《绝地先锋》开机仪式在国防大学举行。

9月16—17日,由中央电视台七频道、闽西日报社主办,志高神州欢乐园冠名的“CCTV全国少儿才艺选拔赛暨龙岩市首届居家文化节”在志高神州欢乐园举行。

9月18—23日,21世纪中心和科技部直属机关团委联合组织科技部系统的8名青年干部代表赴龙岩市进行调研。

9月19日,龙岩市委中心组在龙岩人民会堂举办第三十八期“中央苏区发展大讲堂”,听取省政协提案委副主任马照南做《学习习近平总书记关于精神文明建设的重要论述》专题报告。

9月19日,由龙岩市政府新闻办主办的今日头条“龙岩发布”正式上线。

9月19日,《龙岩市烟花爆竹燃放管理条例(草案)》经市四届人大常委会第37次会议第一次审议。这是龙岩市获得立法权后制定的第二部实体法。

9月19—20日,全国“12328”电话系统建设与运行管理工作现场推进会在龙岩召开。

9月21日,江苏中远助学帮老基金会捐资设立的福建省龙岩第一中学“圆梦班”启动仪式在龙岩一中举行。此次基金会资助龙岩一中“圆梦班”120万元,入选“圆梦班”的60名学生从高一到高三,每年将获得5000元资助。

9月21日,由福建省侨办与龙岩市政府共同举办的2016年龙岩市省级扶贫开发重点县内外架桥暨精准扶贫对接会在武平县举行,来自16个国家和地区的54位侨商参会,胡仙博士出席并代表侨商讲话。

9月23日,龙岩市政府与中国电信福建公司战略合作框架协议签约仪式在市行政办公中心举行。根据协议,中国电信福建公司将在龙岩市投入和采购超过了23亿元,贡献通讯业务收入超32亿元,带动地方信息消费65亿元。

9月23日—11月25日,由福建省文化厅、中共龙岩市委、市政府主办,福建省文物局、中共龙岩市委宣传部、龙岩市文化广电新闻出版局、中央苏区(闽西)历史博物馆承办的“铁血长征——福建儿女长征史迹展”在中央苏区(闽西)历史博物馆展出。

9月26日,福建省首批28个特色小镇创建名单公布,上杭古田红色小镇、连城培田草药小镇、漳平永福花香小镇入列。

9月26—27日,中国共产党龙岩市第五次代表大会在龙岩人民会堂召开。

9月28日,2016年海峡技术转移专场——福建“一带一路”国际技术和产能合作推介对接会在龙岩学院举行。

9月28日,龙岩市获得“2015年度国家知识产权试点示范城市工作先进集体”称号。

9月30日,由中国社会科学院城市发展与环境研究所及社会科学文献出版社共同主办的《城市蓝皮书:中国城市发展报告》发布会在北京举行。蓝皮书指出,2015年,全国288个地级市中,包括福建省福州、厦门、龙岩三市在内的28个城市处于相对健康的发展,“亚健康”城市占全国城市九成以上。

10 月

10月8日,上杭县老年活动中心大楼落成。这是福建省规模最大的县级老年活动中心大楼,占地面积8007平方米、建筑面积17194平方米,将免费对老年人开放。

10月8日,“张胜友文学馆(北山书院)”揭牌仪式和“张胜友文学创作座谈会暨《张胜友评传》首发式”在龙岩市举行。

10月9日,龙岩市新罗区演出队展演的“采茶扑蝶”及龙岩斜背茶技艺展示作为福建省代表之一亮相中央电视台综合频道黄金档及综艺频道播出的《中国民歌大会》节目中，成功将国家级非遗“龙岩采茶灯”带上央视舞台，向全国观众展示新罗独特文化魅力。

10月11日，项目总投资42亿元，规划用地面积42.67公顷的龙津湖公园项目开工，主要建设内容包括人工湖及园林景观工程等。

10月11日，由福建省少年儿童图书馆与龙岩图书馆共同打造建设的盲文图书馆在龙岩图书馆正式揭牌成立。

10月11日，龙岩学院、福建龙净环保股份有限公司签约仪式暨龙净（环保）产业学院揭牌仪式在龙岩学院学术报告厅举行。

10月12日，在位于连城县朋口镇的中央红军长征前夕东线最后一役——松毛岭战役遗址上，松毛岭战役纪念碑、纪念广场落成并举行揭碑仪式。

10月12—14日，由全国政协副主席卢展工率队在龙岩市考察调研基层公共文化建设情况并开展送文化下基层活动。

10月12—13日，福建省委书记尤权赴长汀县瞻仰革命旧址，看望慰问老红军，与干部群众共同探讨如何加快水土流失治理和脱贫攻坚，推动老区经济社会持续健康发展。

10月12—13日，青海、贵州、重庆、宁夏、甘肃、吉林、陕西等7个代表团的24名全国人大代表到龙岩考察工作。

10月12—14日，全国政协教科文卫体委员会“送文化下基层”文艺演出先后在革命老区长汀县南寨社区、新罗区西安社区举行。

10月13日，中共中央政治局委员、中央书记处书记、中宣部部长刘奇葆到长汀调研，强调要弘扬伟大长征精神，传承红色基因，紧紧抓住中央支持老区苏区发展的机遇，加快脱贫攻坚步伐，加快老区苏区发展。

10月16日，寻根客家首府汀州暨世界客属第22次公祭客家母亲河大典，在长汀汀江母亲河畔的“客家母亲缘广场”举行，来自马来西亚客家居銮公会等海内外41家客属社团的800名代表和长汀县33个姓氏祭祖团共计2000多人相聚一起，寻根祭祖，祈福祝愿。

10月18—19日，福建省人大常委会副主任苏增添率调研组到龙岩市调研市县乡人大换届工作。

10月20日，龙岩市委中心组在龙岩人民会堂举办第三十九期“中央苏区发展大讲堂”，听取省纪委常委陈国建作题为《〈中国共产党问责条例〉及省委〈实施办法〉学习辅导》的专题报告。

10月21—23日，由海西商(协)会秘书长联盟、厦门市商帮经济文化交流协会主办的纪念红军长征胜利80周年“中央苏区行”公益活动在龙岩举行。

10月25日，福建省委常委、政法委书记陈冬带队到龙岩市调研社会治安综合治理创新工作。

10月25—26日，国家质检总局策划开展的“质量提升推动供给侧改革——中央媒体‘走质检、进企业、看质量’采访报道活动”走进龙岩市，新华社、中央电视台、工人日报、新华网、中国国门时报、中国质量新闻网等中央媒体对国家级出口环保机械装备质量安全示范区创建工作开展采访报道活动。

10月26日，刘少奇与中央苏区”学术研讨暨刘少奇思想生平研究会2016年年会在长汀县举行。

10月31日，龙岩市两批货值分别为24863.26美元、16200美元的红糖姜茶，经龙岩检验检疫局检验合格后出口加拿大、巴拿马。这是龙岩市，也是福建首次出口红糖姜茶产品。

10月31日—11月4日，省委省政府精准脱贫第七督查组到龙岩市开展专项督查工作，并召开龙岩市扶贫攻坚座谈会。

10月31日，新材料产业论坛(龙岩)暨第十六次鼓岭科学会议在龙岩召开，会上还举行项目对接、签约仪式，共有118个项目对接，其中，高性能磁性材料生产项目、3D打印创新基地等17个项目现场签约，项目总投资50.7亿元。

11　月

11月2日，山东大学党建实践基地揭牌仪式在古田会议纪念馆举行。

11月2日，龙岩市委副书记、代市长林国耀在闽西宾馆会见到龙岩市考察的瑞典韦姆兰省菲利普斯塔德市市长帕·格鲁伯格一行。

11月3—4日，龙岩市委书记李德金率领党政代表团赴江西赣州学习考察。

11月4日，第九届海峡两岸(厦门)文化产业博览交易会在厦门国际会展中心开幕。龙岩共有四个参展商参与本届展览。

11月5日，由市政府主办、新罗区政府承办的第七届世界龙岩同乡恳亲联谊大会在龙岩人民会堂举行。来自马来西亚、印尼、新加坡、澳大利亚等18个国家和中国香港、澳门、台湾地区，及北京、上海、南京等城市的32个社团780名龙岩乡亲参加。

11月6—7日，全国政协副主席陈元率全国政协考察团到龙岩市开展调研活动。

11月8日，2016海峡两岸（龙岩）青年创业合作发展论坛在龙岩市举行。

11月8—9日，福建省委常委、省纪委书记刘学新到龙岩，就学习贯彻中共十八届六中全会精神、落实全面从严治党要求开展调研。

11月8—10日，由国务院台湾事务办公室、福建省人民政府指导，中国机械工业联合会主办，龙岩市人民政府承办，海峡两岸四地24家单位共同协办的第七届界海峡两岸机械产业博览会暨第九届中国龙岩投资项目洽谈会举行。

11月11日，民盟中央传统教育基地在上杭古田会议纪念馆举行揭牌仪式。

11月14日，市委、市政府出台《关于推进精准扶贫打赢脱贫攻坚战的实施意见》(岩委发〔2016〕1号)精神，龙岩市脱贫攻坚的总体目标是：到2018年，现行国定扶贫标准的农村贫困人口全部脱贫，实现不愁吃、不愁穿，义务教育、基本医疗和住房安全有保障。到2020年，省定扶贫标准的农村贫困人口全部脱贫，同时实现农村低保标准与国定扶贫标准相衔接；实现3个省级扶贫开发工作重点县、31个市级扶贫开发重点乡镇全部摘帽，380个贫困村全部整村脱贫，与全市同步实现小康。

11月20—21日，国家新闻出版广电总局党校党性教育专题班开班暨战略合作协议签字仪式在古田干部学院举行。

11月21日，位于福建连城县罗坊乡的华电石壁山风电项目开工建设，这是首个落户革命老区连城的央企项目。项目总投资5亿元，安装21台2.3兆瓦风电机组，总装机容量48.3兆瓦。

11月24日，2016年中国政府网站绩效评估结果在京召开“2016中国智慧政府发展年会”上揭晓。“中国·龙岩”政府门户网站绩效再创佳绩，在299个地级市中名列第七，较上年上升4位。

11月24日，由全国妇联争取河仁基金会支持捐建的“儿童快乐家园”在长汀县童坊镇彭坊村建成并投入使用。

11月25日，龙岩市召开浦梅铁路全线开工暨共建规范廉洁铁路建设工程动员大会。浦梅铁路(龙岩段)线路全长约41公里，总投资约24.5亿元。

11月25日，省绿化委员会、省林业厅公布第四批福建十大树王评选结果：“蓝果树王”被新罗区江山镇新田村摘得；“钩锥王”“细柄蕈树王”“格氏栲王”分别被武平县民主乡民主村、十方镇梅坑村、大禾乡上湖村摘得。

11月26日，省第十次党代会上，省长于伟国在龙岩市代表团专门听取长汀、连城、武平3个省级扶贫开发工作重点县的工作汇报，与代表们座谈交流，共商有效推进精准扶贫、精准脱贫之策。

11月26—29日，国家文物局副局长刘曙光到长汀、上杭、连城开展革命文物保护利用工作调研。

11月29日，全国政协常委、民建中央副主席吴晓青一行到龙岩市调研民建市级组织建设情况。

11月29日—12月1日，中国工程院孟伟院士等院士专家11人到龙岩开展“生态文明建设(二期)项目调研，专题调研“福建省九龙江流域综合治理与生态补偿制度设计”。

12 月

12月2日，2016年华东地区党校、行政学院信息化和图书馆科学发展合作会议在上杭古田召开，围绕“党校、行政学院信息化和图书馆创新发展，建设‘智慧校院’，助推校院姓党”主题，开展经验交流，共同探索新思路、新举措、新模式。

12月2日，北京大学新闻与传播学院和省新闻出版广电局，在连城县签订福建印刷文化保护基地建设合作协议，推进福建印刷文化保护基地建设。

12月4日，省委常委、组织部长王宁到龙岩市调研干部队伍建设。

12月4日，福建首届志愿服务项目大赛决赛落幕，龙岩市“从心启航”公益项目获金奖。

12月5日，“红土骄子　红心向党——纪念八位闽西籍开国功臣诞辰百年联展”在中央苏区(闽西)历史博物馆开展。

12月6日，龙岩市工人文化宫项目举行开工奠基仪式，项目总投资2.5亿元。

12月6—7日，江西省委常委、赣州市委书记李炳军，赣州市长曾文明率考察团到龙岩市考察。7日，两市举行现场签约仪式，在铁路项目、网络信息安全、矿山生态保护治理、旅游开发合作等领域签订4份具体的合作协议。

12月7日，市委中心组在龙岩人民会堂举办“中央苏区发展大讲堂”(第四十讲)。听取省委宣讲团成员、省政府发展研究中心副主任黄端做《学习贯彻省第十次党代会精神报告会》宣讲报告。

12月8日，泰国驻厦门总领事馆总领事邱塔泰到龙岩市考察。

12月12日，第一届全国文明家庭表彰大会在北京举行。龙岩市新罗区中城街道北关社区兰华雄家庭入选首届全国文明家庭，受到习近平总书记的会见。

12月15日，文化部调研组到龙岩市开展文化市场综合执法工作调研。

12月19日，福建省首个开放式智能化供电所在雁石镇建成。

12月20日，由中宣部等12个部委与福建省委、省政府共同举办的2017年全国文化科技卫生“三下乡”集中示范活动启动仪式在长汀县举行。

12月20日，以“追梦土楼，醉美永定”为主题的中国·永定环土楼首届国际山地马拉松赛在永定举行，共设全程马拉松、半程马拉松、土楼风情跑三个项目，来自中国、加拿大、韩国、日本等国家和地区的4000多名选手参赛。

12月22日，新罗区西陂司法所陈如金所长作为全省司法行政系统和龙岩市政法系统唯一英模代表在厦门参加福建省政法系统英模代表座谈会，受到中共中央政治局委员、中央政法委书记孟建柱接见。

12月22—23日，全国县级医院肾科核心能力建设与规范化培训班在龙岩市召开。

12月26日，国务院扶贫办主任刘永富到龙岩调研。

12 月 27 日，福建上杭太阳铜业年产 15 万吨低氧铜杆生产项目签约仪式在龙岩市行政办公中心举行。上杭县政府、上杭太阳铜业有限公司、紫金矿业集团有关负责人上台签约。

12 月 29 日，市委召开全委（扩大）会议，省委常委、组织部部长王宁到会作讲话，李德金主持会议，省委组织部常务副部长杨国豪宣布省委决定。经省委研究决定：林国耀任中共龙岩市委书记；林兴禄任中共龙岩市委委员、常委、副书记；李德金不再担任中共龙岩市委书记、常委、委员职务。

12 月 30 日，由中央文明办在广西钦州举办全国道德模范与身边好人现场交流活动，龙岩市黄银富以“基层民警扎根社区 20 余年　办好百姓‘烦心事’”的感人事迹入选 2016 年 12 月“中国好人榜”敬业奉献类好人，成为龙岩市第三十二位入选“中国好人榜”的好人。

3 龙岩概况

自然概貌

【地理】 龙岩市位于福建省西南部，通称“闽西”，地处北纬24°22′31″—26°2′35″，东经115°50′56″—117°44′15″。境域东至漳平吾祠陈地，南至永定湖山杨山，西至武平东留兰畲，北至长汀铁长鸡公岽，东西长190.3公里，南北宽182.6公里，总面积19052平方公里。属亚热带海洋性季风气候。

地处武夷山脉和博平岭山脉之间，地势东高西低，北高南低。境内武夷山脉南段、玳瑁山、博平岭等山岭沿东北—西南走向，大体呈平行分布，控制全市地势。低山、中山面积占全市总面积78.55%。由于流水切割强烈，以致地形破碎，岭谷相间，丘陵、河谷平地交错分布。全市平均海拔652米，千米以上山峰571座。最高峰为玳瑁山区的狗子脑主峰，海拔1811米；最低点位于永定县仙师乡芦下坝永定河口，海拔69米。

境内河道属汀江、九龙江、闽江和长江四大流域，其中汀江流域面积10955平方千米，占57.5%；九龙江流域面积6690平方千米，占35.1%；闽江流域1220平方千米，占6.4%；长江流域185平方千米，占0.97%。主要河道有0级河九龙江，境内河道总长147千米；一级河如汀江、石窑河、松源河、雁石溪、新桥河、溪南河、浙溪、罗口溪、文川溪等17条，总长1069千米；二级河濯田河、旧县河、庙前溪、平川溪、中赤河、丘山溪、陈陂溪、林邦溪、九鹏溪等60条，总长1954千米；三级河51条，总长1014千米；四级河4条，总长91千米。河道总长度4128千米，河网密度0.22千米/平方千米，径流总量187.24亿立方米。

境内最大的河流为汀江，主河道总长285千米，流域面积9077平方千米，平均流量283立方米/秒，主要支流有濯田河、小澜溪、旧县河、黄潭河、永定河等。

【气候】 2016年，龙岩市基本气候概况：年平均气温20.4℃、属显著偏高，年降水量2624.4毫米，属异常偏多，日照时数1490.1小时，属偏少。与气象站建站以来历年相比，年降水量历史最多，平均气温历史第三高，日照时数历史第三少。

受超强厄尔尼诺影响，2016年全市极端天气气候事件频发，其中1月下旬中前期的强寒潮天气过程、3—6月前汛期多次暴雨或持续性强降水过程以及后汛期的4个台风过程，造成较严重的经济损失。主要气象灾害有暴雨、台风、寒潮、强对流、冰冻雨雪、倒春寒、低温阴雨、高温等。全年气候异常、气象灾害造成的损失重，气候年景偏差。

气温。2016年，全市平均气温为20.4℃，异常度1.5，与常年相比，属显著偏高，位列历史第三高（第一为1998年20.6℃，第二为2015年20.5℃）。各县（市、区）年平均气温介于19.5℃（长汀）—21.4℃（漳平）之间，异常度1.0—2.0，与常年比较，连城和新罗正常，其余县（区）偏高至异常偏高。从各季气温分布看，冬季全市均属正常，春季长汀和漳平偏高、其余属正常，夏季新罗和永定正常、其余偏高至显著偏高，秋季连城正常、其余显著偏高至异常偏高。

全市年极端最低气温介于-6.2—-2.9℃之间，均出现在1月25日。全市霜日数在1—13天之间。上年度终霜日长汀出现在3月1日，其余出现在2月9日；年度初霜日出现时间：长汀出现在12月16日，连城和武平出现在12月17日，其余县（市、区）未出现初霜；年无霜期全市289—326天。

年极端最高气温介于36.6—39.4℃之间，极端最高气温出现时间：全市均出现在7月24日。35℃以上高温日数：漳平44天、上杭32天、其余县（市、区）12—25天，漳平出现3天38℃以上的高温天气，高温日数与常年比较：漳平与常年持平，连城偏少3天，其余偏多4—8天；高温强度与常年比较：武平和永定偏弱，漳平略偏强，其余县(市、区)基本正常，35℃以上的高温日数主要分布在6—8月。

“23型”秋寒：全市出现在10月8—9日，与常年比较，北部偏迟、南部正常。“20型”秋寒：长汀、连城出现在10月9—10日，接近常年，其余出现在11月1—2日，属偏迟。

降水。2016年全市平均年降水量为2624.4毫米，与常年相比偏多58%，属异常偏多，突破历史年降水量最大值，其中1月、3月、9月、10月和11月的月平均降水量也均异常偏多。各县(市、区)年降水量介于2352.0毫米(上杭)—2875.4毫米(新罗)之间，与常年相比，全市均属异常偏多，除上杭外，其余县(市、区)均突破历史年降水量最大值。从各季分布看，冬季和秋季均异常偏多，春季偏多至显著偏多，夏季正常。年雨日175—197天，较常年相比，全市偏多17—40天；各县(市、区)年暴雨日数为5—14天，累计出现74场次暴雨，较常年相比，上杭与常年持平，其余偏多5—9天，除2月和12月未出现暴雨外，其余月份均出现暴雨。全市暴雨场次突破历史最多年暴雨场次，长汀(10天)、武平(12天)、漳平(13天)、新罗(14天)均破历史最多年暴雨日数。

日照。2016年全市平均年日照时数为1490.1小时，异常度为-1.3，与常年比较属偏少，为历史第三少(最少为1997年的1422.4小时，第二少为2005年1429.5小时)。各县(市、区)全年总日照介于1327.6小时(连城)—1612.5小时(新罗)之间，异常度-0.4—-2.0，与常年比较，武平和新罗正常，其余县(市、区)显著偏少至异常偏少。从各季分布情况看，冬季显著偏少，春季连城偏少、新罗偏多、其余正常，夏季正常，秋季全市均异常偏少。

寒潮、冰冻雨雪、倒春寒和低温阴雨。2016年1—3月及11—12月受冷空气影响，先后出现8次的全市性(或区域性、局部性)寒潮以及低温阴雨天气过程，霜冻和结冰天气主要出现在1—2月和12月。1月22—25日，受极涡南下影响，出现强寒潮天气，全市大部分地区出现小雪或雨夹雪，部分乡镇有积雪，高海拔山区出现雾凇。此次寒潮过程最低气温过程降幅达12.3—14.7℃，极端最低气温出现在25日早晨，全市有霜和结冰，最低气温西北部-7—-5℃、东南部-5—-3℃，高海拔山区低于-10℃，以新罗莲台山-14.3℃为最低。此次强寒潮天气造成较严重的经济损失。据市农业局、林业局、龙岩供电公司等相关部门统计：全市农作物累计受灾18353.33公顷，成灾8160公顷，减产29382.68吨，经济损失约11390.9万元；全市林业经济损失合计4784.2万元，其中林区道路、桥梁塌方、损毁20余处，造成经济损失约200万元；寒潮还对输电线路造成损失，有2条220千伏输电线路轻微覆冰，27条10千伏配电线路覆冰。另据市烟草公司反映：由于气象部门及早做出预警服务，此次强寒潮天气对大棚烟苗没有产生影响，仅部分大田早春烟叶面冻伤；2月14日起，受强冷空气南下影响，有1次小到中雨的降水过程，气温自北而南明显下降，16日早晨全市出现霜冻、北部有结冰，极端最低气温北部-0.4—0.3℃、南部3.0—4.4℃，高海拔山区低于0℃，以长汀五雷山-3.3℃为全市最低，最低气温过程降温幅度10.6—14.9℃、连城达19.2℃，全市均达寒潮天气标准；2月21—27日，受冷空气不断南下和高空槽、低层切变共同影响，全市多阴雨，天气阴冷，新罗、永定、漳平、上杭、武平出现5—7天日平均气温≤12℃不利春播的低温连阴雨天气；3月10日，受强冷空气影响，全市气温明显下降，最低气温过程降温幅度10.3—15.3℃，极端最低气温出现在11日，西北部2—4℃、东南部4—6℃，局部高海拔山区低于0℃(以莲台山-2.0℃为全市最低)，长汀、连城、武平和上杭达寒潮天气标准；10—16日气温持续偏低，全市出现4—7天日平均气温≤12.0℃不利春播的低温阴雨天气，上杭和武平出现“倒春寒”；3月24—29日，受冷空气补充南下影响，长汀、连城、武平出现3—5天日平均气温≤12.0℃不利春播的低温天气，长汀出现“倒春寒”天气，其中27—29日转为晴冷天气，早晨气温低，最低气温西北部2—4℃，南部4—6℃，局部高海拔山区低于0℃，以莲台山-1.2℃为全市最低；11月22日，夜里起受较强冷空气活动影响，全市气温自北而南明显下降，过程最低气温降温幅度达8.3—14.7℃，极端最低气温北部4—6℃、南部8—11℃，高海拔山区低于3℃，以长汀五雷山-1.2℃为全市最低，长汀和连城达寒潮标准；12月15日起，受强冷空气影响，过程降温幅度达10—13℃，16—17日早晨西北部(长汀、连城、武平)出现初霜，17日早晨最低气温0.1—3.4℃，长汀、新罗达寒潮天气标准；12月26日夜里起，受强冷空气影响，气温明显下降，武平27日伴有冷空气大风，过程降温幅度达7—12℃，28日早晨北部最低气温西北部0.6—4.5℃、东南部4.3—8.1℃，北部出现霜或结冰，永定达寒潮天气标准。28—31日长汀连续出现4天的霜日(28日出现结冰)。

暴雨。2016年各县(市、区)暴雨日数5—14天，共74场次，除2月和12月未出现暴雨外，其余月份均出现暴雨，其中1月出现9场次，3月17场次，4月7场次，5月6场次，6月8场次，7月3场次，8月6场次，9月7场次，10月5场次，11月6场次，各县(市、区)暴雨日数较常年相比，上杭与常年持平，其余偏多5—9天。3月18—23日，受低层切变南北摆动影响，本市出现降水集中期，19日夜里至21日全市普降暴雨到大暴雨，据龙岩市区域气象自动站资料统计，19日20时至21日

20时，全市共有156个站点累积雨量≥100毫米，以永定金砂的178.5毫米为全市最大,20日永定区气象观测站日降水量97.8毫米突破历史3月日降水量极值。23日全市普降暴雨,据龙岩市区域气象自动站资料统计,全市共有147个站点雨量≥50毫米，以长汀三洲99.1毫米为最大。4月17日午后到夜里,受高空槽东移和低层切变南压影响,全市出现暴雨、局部大暴雨。据龙岩市自动气象站资料统计,17日12时至13日08时,全市有179个站点降水量≥50毫米，其中20个站点超过100毫米，以连城朋口129.0毫米为最大。据漳平市防汛办统计，漳平有8个乡(镇)、1345人,房屋倒塌32间,农作物受灾150.93公顷;直接经济损失2402.4万元;4月26日午后到27日凌晨,受低层切变东移南压影响,全市普降大雨到暴雨,局部大暴雨。据区域气象自动站资料统计,26日12时—27日03时,全市有108站雨量≥50毫米，其中21站≥100毫米，以连城铁山罗地146.8毫米为最大。据各县(市、区)防汛办统计,全市共有连城、上杭、长汀、新罗、漳平5县(区)41个乡(镇)、6.0777万人受灾,倒房174间,转移人口4515人,农作物受灾572公顷；直接经济损失12487.1万元;5月9—10日，受高空东移和低层切变南压影响,全市普降大雨到暴雨，据龙岩市区域自动站资料统计,8日20时—10日20时全市有49站雨量≥50毫米，以长汀举河90.6为最大。据各县(市、区)防汛办统计,新罗、长汀2县(区)6个乡(镇)、830人受灾，直接经济损失297万元;2016年6月，全市共出现8场次暴雨，仅6月12—17日受高空槽、低层切变和低空西南急流共同影响，出现了7场次暴雨,为当年雨季最明显的1次降水集中期,给部分乡镇造成较严重的经济损失。据龙岩市区域自动站数据统计,11日20时至17日20时，全市共有215个站雨量≥100毫米,其中27个站雨量≥250毫米，以连城珠地388.3毫米为最大。据各县(市、区)防汛办统计,全市共有连城、上杭、新罗、漳平、永定5县(市、区)约50个乡(镇)、1.337万人受灾,转移人口931人,倒塌房屋78间,直接经济损失6658万元。

强对流。2016年,强对流天气主要是冰雹、强雷电、短时大风等,尤其是春季强对流天气频发,局部乡(镇)出现8—9级大风、冰雹、短时强降水等强对流天气,给果树、烤烟等经济作物带来了较大危害,造成了不同程度的经济损失。4月3—4日,受高空槽和低层切变东移影响,全市出现小到中雨、部分大雨的降水过程,雷雨时局部乡(镇)伴有强雷电、短时强降水、大风等强对流天气,4日09—10时长汀、连城出现飑线、部分乡(镇)风力≥8级,以长汀庵杰24.4米/秒(9级)为最大;4月7日夜里,受切变南侧西南急流影响,长汀、连城局部乡镇出现8—9级大风、长汀北部局部有小冰雹;4月8日午后到夜里,受高空槽和低层切变南侧西南急流影响，全市自西向东出现较强雷雨天气,部分乡(镇)风力≥8级、以漳平新桥29.9米/秒(11级)为最大,其中连城17时20分出现24.4米/秒(9级)大风,长汀、连城和永定的部分乡(镇)出现1小时大于20毫米的短时强降水,18—19时永定南部大溪、湖坑等乡(镇)出现冰雹。据永定区防汛办统计,受冰雹和暴雨影响,永定湖坑和大溪2个乡镇受灾,农作物受灾面积794公顷,其中烤烟受灾110.67公顷、绝收82公顷；柿子等其它农作物受灾683.33公顷；湖坑镇公路塌方一处,造成直接经济总损失400万元;4月16日受低空西南急流影响，午后对流明显，连城08时53分出现17.4米/秒(8级)大风;4月17日午后到夜里,受高空槽东移和低层切变南压影响，部分乡镇出现飑线、7—9级大风、强雷电、短时强降水等强对流天气，其中连城20时34分出现18.3米/秒 (8级) 大风;4月26日午后到27日凌晨，受低层切变东移南压影响,全市普降大雨到暴雨,局部大暴雨,局部乡镇伴有冰雹、短时大风等强对流天气，全市有7个自动站极大风速超过17米/秒，以长汀濯田28.7米/秒为最大,风力达11级;长汀河田晨光、寒坊、露湖、明光等村14时38—44分出现1厘米—2厘米的冰雹;连城林坊、文亨、宣河15时20分左右出现冰雹;5月3日凌晨,受低层切变南压和低空西南急流影响,长汀和连城2县出现明显雷雨天气，雷雨时局地伴有较明显的强雷电、短时强降水、大风、冰雹等强对流天气。其中,3日0时49分连城气象站出现8级大风(风速为20.6米/秒),2时18分漳平气象站出现8级大风 (风速为17.5米/秒);5月6日午后到夜里,受低层切变南压影响,全市出现明显雷雨天气，雷雨时局地伴有较明显的强雷电、短时强降水、大风、冰雹等强对流天气,21时05分连城气象测站出现8级大风(风速为18.3米/秒)。其中,5月6日16时—17时,据当地村民反映,长汀县童坊镇长坝村、双桥村、下坑村出现了黄豆大小的冰雹。据长汀县烟草站统计，受强对流天气影响，童坊镇共有10.17公顷烟叶受灾，其中中度受灾面积为8.95公顷、严重受灾面积为1.22公顷;6月3日午后到夜里，受副热带高压边缘西南气流、低空西南急流和低层切变南压共同影响,全市自北而南出现强雷雨,部分乡镇并伴有8—10级大风，全市共有67个自动站出现8级以上大风,以上杭中都25.1米/秒为最大,17时左右新罗莲东、曹溪出现小冰雹;6月26日午后到夜里，受副热带高压和低层弱切变影响,全市大部分乡镇出现了雷雨,局部并伴有短时强降水、8—9级大风等强对流天气,部分乡镇出现大雨、局部暴雨，其中以漳平和平的76.8毫米为最大;7月9日，受第1号台风“尼伯特”外围云系影响,8日白天起全市风力明显加大,据区域气象站统计,7月8日20时至9日20时以新罗红尖山出现10级风(24.9米/秒)为最大，新罗莲台山出现9级风(23.6米/秒),新罗云顶山、上杭紫金山、长汀五雷山、新罗区江山、漳平大深均为8级风。

台风。2016年影响龙岩市的台风有5个，分别为1号台风“尼伯特”、8号台风“妮妲”、14号台风“莫兰蒂”、17号台风“鲇鱼”和22号台风“海马”。其中,1号台风“尼伯特”、14号台风“莫兰蒂”、17号台风“鲇鱼”和22号台风“海马”严重影响龙岩市,造成重大损失。台风“莫兰蒂”是1949年以后登陆闽南的最强台风,也是历史上进入龙岩市强度最强的台风(台风级);“鲇鱼”台风紧随其后,在龙岩市停留长达13小时,是在龙岩市停留时间最长的台风,其强降水落区与台风“莫兰蒂”重灾区重合,影响严重。7月9—11日,受第1号台风“尼伯特”登陆后减弱西行的低压环流影响,全市普降大雨到暴雨,漳平中北部、新罗北部、连城东北部出现大暴雨、漳平局部出现特大暴雨。据龙岩区域气象站统计,7月8日20时至11日20时,有197个乡(镇)降水超过50毫米,63个乡(镇)超过100毫米,10个乡(镇)超过150毫米,5个乡(镇)超过200毫米,以漳平象湖上德安283.9毫米为最大。受“尼伯特”外围云系影响,8日白天起全市风力明显加大,部分乡镇出现8级以上短时大风。据各县(市、区)防汛办统计,“尼伯特”造成上杭、漳平、连城、新罗、永定、武平受灾,直接经济损失合计113480.1万元(漳平损失最严重,经济损失达105280.5万元),受灾30267人、转移安置10932人,漳平失踪1人。其农林牧渔业直接经济损失20340万元，水利设施直接经济损失23544.7万元，工业交通经济损失34052.2万元,其他经济损失11577.5万元;9月14—15日，受2016年第14号台风“莫兰蒂”影响,全市普降大雨到暴雨,漳平、新罗北部以及连城东北部的部分出现大暴雨。据龙岩区域气象站统计,9月14日08时至15日17时,有55个站降水超过50毫米,8个站超过100毫米，分别为漳平溪南镇前坪村150.8毫米、连城赖源149.8毫米、漳平市象湖镇上德安村142毫米、连城郭地村127.9毫米、连城邱家山林场124.5毫米、漳平文星村108.5毫米、漳平市东洋村101.6毫米、漳平市拱桥镇100.1毫米。受台风影响,全市阵风6—8级,最大达9—11级,以新罗红尖山雷达站15日05—06时的阵风29.9米/秒(11级)为最大,连城和漳平测站出现大风。据龙岩市防汛办9月15日21时统计,受第14号台风“莫兰蒂”影响,连城、新罗、漳平3县(市、区)51个乡镇受灾,直接经济损失5614.1万元;水利设施直接经济损失1077.2万元);9月27—29日，受2016年第17号台风“鲇鱼”影响,全市出现暴雨,部分乡镇大暴雨。据龙岩市区域气象自动站统计,9月27日18时至29日08时全市共有78个站雨量超过100毫米,17个站雨量超过150毫米,其中有5个站雨量超过200毫米,分别是连城赖源乡邱家山林场243.6毫米、连城曲溪乡大东溪村240.8毫米、连城赖源乡240.6毫米、连城曲溪乡蒲溪村210.6毫米、连城赖源乡郭地村203.2毫米;全市平均风力4—6级,阵风8—12级,以新罗区红尖山33.8米/秒(12级)为最大,连城、武平、漳平测站出现大风。据各县(市、区)防汛办初步统计,受“鲇鱼”影响，全市66个乡镇、1.07万人受灾,倒塌房屋12间，全市转移人口共计2.4万人,农作物受灾457.53公顷;直接经济损失4802.62万元(其中:农林901.42万元；水利设施直接经济损失1020.5万元);10月21—22日,受第22号台风“海马”登陆前后的外围螺旋云带及减弱后的低压环流影响,市东部、南部普降大雨到暴雨,西北部普降暴雨到大暴雨，据龙岩区域自动站统计,10月21日4时到22日10时,全市有111个站超过50毫米,其中47个站点超过100毫米,以武平城厢镇云礤村196.7毫米为最大。据各县(市、区)防汛办统计,受“海马”影响,共有上杭、漳平、武平、连城、长汀共5个县(市、区)54个乡镇,直接经济损失6869.93万元。

高温。2016年,35℃以上高温日数:漳平44天、上杭32天、其余县(市、区)12—25天，其中漳平出现3天38℃以上的高温天气,与常年比较:漳平与常年持平,连城偏少3天,其余偏多4—8天;极端最高气温36.6—39.4℃,出现时间:全市均出现在7月24日,高温强度与常年相比,武平和永定偏弱,漳平略偏强,其余县(市、区)基本正常,35℃以上的高温日数主要分布在6—8月,主要高温时段:6月21—27日、7月21—31日、8月4—8日、8月20—26日。

（张红梅　撰稿）

【环境】 空气质量保持优良。城市环境空气质量综合指数排名全省第三,优良天数比例为98.6%，高于97.9%的省年度考核要求。染物浓度水平总体下降,二氧化硫、二氧化氮、可吸入颗粒物和细颗粒物平均值均低于去年同期水平。

水环境质量。全市3条主要河流Ⅰ–Ⅲ类水质比例为91%，同比提高6.7个百分点；Ⅰ–Ⅱ类水质比例为31.8%，同比提高13.2个百分点。中心城市内河水质显著提升,4个断面水质达标率100%；Ⅰ–Ⅲ类水质比例为50%,同比提高37.5个百分点。市、县饮用水源水质达标率均为100%。

【水环境】 根据2016年1月至12月的监测数据对实测的76个水功能区(包含17个国家级水功能区,59个省级水功能区)进行水质评价。水功能区水质评价依据《地表水环境质量标准》(GB3838–2002)，采用单因子评价法。评价项目为水温、pH、溶解氧、五日生化需氧量、氨氮、高锰酸盐指数、氟化物、挥发酚、氰化物、六价铬、汞、砷、硒、铜、铅、镉、锌、总磷、总氮(湖、库)、阴离子洗涤剂、硫化物共21项,对照水功能区水质类别管理目标，进行水质达标评价。重点城市主要供水水源地评价项目增加硫酸盐、氯化物、硝酸盐、铁、锰 5 项，共 26 项，对照《地表水环境质量标准》Ⅲ类标准，进行水质合格评价。

在监测的 76 个水功能区中，水质达到水功能区水质管理目标的个数按全指标评价有 69 个，占 90.8%，按双指标评价有 70 个，占 92.1%。

全指标评价的水质类别中达到Ⅰ、Ⅱ类水质的有 47 个，占 62%，Ⅲ类水质的有 20 个，占 26%，Ⅳ类水质的有 5 个，占 6%，Ⅴ类水质的有 2 个，占 3%，劣Ⅴ类水质的有 2 个，占 3%。

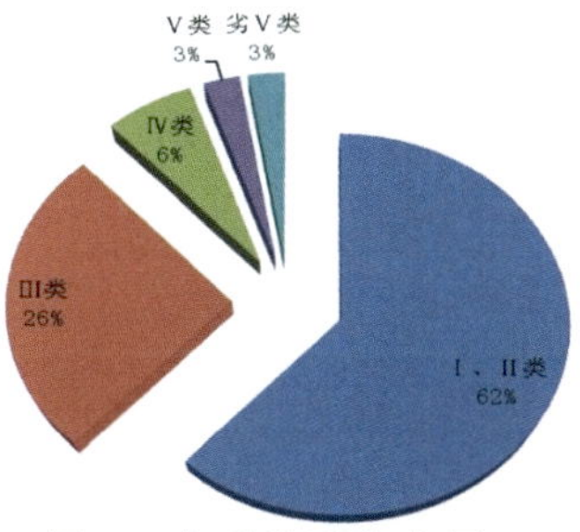

图 1　水质类别分布图

全市 7 个县(市)区，按照水质监测断面所在的县级行政区进行水功能区的达标评价。

表 1　各县级行政区水功能区达标情况

行政区	水功能区个数	全指标评价		双指标评价	
		达标数(个)	达标率(%)	达标数(个)	达标率(%)
新罗区	19	18	94.7	18	94.7
永定区	9	8	88.9	8	88.9
漳平市	8	7	87.5	7	87.5
长汀县	8	8	100	8	100
连城县	12	10	83.3	11	91.7
上杭县	9	8	88.9	8	88.9
武平县	11	10	90.9	10	90.9
合计	76	69	90.8	70	92.1

说明：双指标为相近时期限制纳污红线控制指标即氨氮和高锰酸盐指数

闽江、九龙江、汀江、韩江等主要流域的 76 个水功能区中，水质达到水功能区水质管理目标(全指标评价)的 69 个，占 90.8%。水功能区评价河长 1916.12 公里，达标河长 1707.83 公里，占 89.1%。

表 2　主要水系水功能区达标情况

河流	水功能区个数	达标数(个)	达标率(%)	评价河长(千米)	达标河长(千米)	达标率(%)
闽江	7	6	85.7	164.58	158.59	96.4
九龙江	26	24	92.3	742.51	696.61	93.8
汀江	34	31	91.2	864.82	724.44	83.8
韩江	9	8	88.9	144.21	128.19	88.9
合计	76	69	90.8	1916.12	1707.83	89.1

说明：水功能区评价河长不包含湖库站点

(林晓芳　撰稿)

【水文】　降水量。2016 年，全市年平均降水量 2675.5 毫米，折合水量为 509.68 亿立方米，比上年多 37.8%；比多年平均值多 55.5%，属丰水年。全市各县年降水量最多的是连城县 2819.3 毫米，最少的是漳平市 2550.5 毫米。全市年降水量主要集中在 1 月和 3—6 月，五个月合计降雨量 1506.9 毫米，占全年降水量的 59.2%，比正常年份偏大 1.5%；8—11 月降雨量 837.9 毫米，占全年降水量的 32.9%，比正常年份偏多 79.0%。全市站点降水量距平为 30.1 至 83.5%。总体看全市降水特点是时空分布不均。与多年平均相比，各县区(市)均偏多，偏多最大的是连城县，最少的是漳平市，属丰水年。

2016年龙岩市各县(市、区)降水情况

表3

市、县	新罗	漳平	永定	上杭	武平	连城	长汀	全市
年降水量(毫米)	2657.4	2550.5	2720.4	2624.3	2786.5	2819.3	2611.4	2675.5
折合水(亿立方米)	71.17	75.88	60.47	74.74	73.28	73.19	80.95	509.68
与上年比较(%)	36.6	44.1	39.5	30.5	45.4	33.6	36.3	37.8
多年平均降雨量(毫米)	1729.3	1651.7	1702.2	1717.0	1728.4	1720.9	1712.9	1720.7
与多年比较(%)	53.7	54.4	59.8	52.8	61.2	63.8	52.5	55.5

洪水。2016年，全市水文站点发生超过警戒以上洪水共89站次，超保证水位以上洪水0站次，其中九龙江控制站漳平水文站2016年4月18日出现年最高水位159.69米，超警戒水位1.69米，相应流量为2700立方米/秒；汀江控制站上杭水文站2016年4月27日出现年最高水位180.56米，超警戒水位0.56米，相应流量为3710立方米/秒。其他，东兴水位站2016年8月14日出现最高水位319.98米，超警戒1.38米。

2016年龙岩市主要水文(位)站点最高水位情况

表4

站名	观音桥	上杭	桃溪	永定	杨家坊	东兴	漳平	麦圆	龙门
最高水位(米)	307.28	180.56	274.75	179.21	292.10	319.98	159.69	297.84	348.23
出现时间	6月16日	4月27日	10月22日	3月23日	4月18日	8月14日	4月18日	4月18日	8月14日
相应流量(立方米/秒)	191	3710	—	433	621	—	2700	614	161
与警戒水位差(米)	-0.52	0.56	1.75	-0.09	1.60	1.38	1.69	2.34	-0.07

说明：表中水位为黄海高程，相应流量单位：立方米/秒

【地震】 龙岩市的地质构造经历多次的地质构造运动，形成了多种构造体系。控制本区山脉走向和河谷分布的主要构造有华夏系、新华夏系和南岭东西构造带，另外还有经向构造，北西向构造，龙岩山字形构造。同时，有2条地震构造带经过我区，东南部有一条经大田——漳平——龙岩东进入广东大埔的政和——海丰构造带，西北部有一条经宁化——长汀——武平进入广东的河源——邵武构造带。由于地质构造错综复杂，龙岩市被国务院列为全国25个地震重点监视防御区之一，全市所有县(市、区)均被列为全国地震重点监视防御的县(市、区)。

2016年，龙岩市辖区内共发生地震44次，其中最大地震2.90级，发生于7月1日20时29分，位于龙岩市连城县(东经117.17，北纬25.57)境内。

（市地震局　供稿）

资　源

【土地资源】 龙岩市土地面积19052平方公里，占全省陆地面积15.7%，居省内各设区市的第三位。土地资源具有：绝对数量大、人均占有量少；类型多样、区域差异显著；难以开发和质量不到的土地面积较多的特征。龙岩7县(市、区)中，长汀县土地面积最大，永定县土地面积最小。

按地貌类型划分，全市山地面积14964平方公里，丘陵面积3101平方公里，平原面积985平方公里。

【水资源】 2016年，全市水资源总量为345.07亿立方米(不包括入境水量)，比上年偏多67.9%，比多年平均偏多80.9%，人均水资源量约为11753立方米，全市平均径流系数0.677，平均径流模数181.1万立方米/平方公里。各市、县中水资源量最多的是长汀县，占全市总量的16.3%。

2016年龙岩市各县(市、区)水资源总量

表5　　单位:亿立方米

市、县	新罗	漳平	永定	上杭	武平	连城	长汀	全市
地表水资源量	49.25	49.47	40.64	49.70	49.69	50.06	56.26	345.07
地下水资源量	11.99	12.64	10.25	12.55	12.49	12.51	13.57	85.99
水资源总量	49.25	49.47	40.64	49.70	49.69	50.06	56.26	345.07
多年平均水资源量	28.43	27.04	21.41	28.67	25.64	28.13	31.43	190.75
与上年比较(%)	66.4	78.6	73.3	56.1	80.2	58.1	66.7	67.9
与多年平均比较(%)	73.2	83.0	89.8	73.4	93.8	78.0	79.0	80.9

【矿物资源】 龙岩市素有“金山银水”的美称,矿物资源相对丰富,是福建省的主要矿产地。矿产资源有以下特点:一是矿种较齐全。涵盖了能源、金属、非金属和水气类型矿产,关系到国计民生的主要矿产中除石油、天然气等少数矿种外在龙岩市均有发现,为龙岩发展能源、冶金、建材等行业提供了原料基础;二是储量相对丰富。全市有煤、铁、锰、铜、金、银、稀土、钼、白云岩、耐火黏土、硫铁矿、膨润土、水泥粘土、高岭土、石灰岩等15种矿产储量位居全省第一,有7种矿产储量占全省的70%以上,有13种矿产储量占全省的40%以上。紫金山金铜矿、马坑铁矿、东宫下高岭土矿等都是享誉全国的大型矿床;三是开发利用的难度较大。小矿床多,大中型矿床少;四是矿产分布较分散,不平衡。新罗、漳平、永定、上杭的资源总量相对丰富,但漳平、永定、上杭的矿种较单一,武平、连城的矿种较全,但资源总量不大。

龙岩市已发现64种矿产(其中能源矿产3种、金属矿产18种,非金属矿产40种,其他矿产3种),有35种矿产进行过普查—勘探工作,大多数矿产已被开发利用。探明资源储量的矿产地300处,其中特大型矿床1处,大型矿床10处,中型矿床44处,小型及以下矿床245处,探明资源储量的潜在价值超过5千亿元。龙岩马坑铁矿的储量、品位,均居华东地区的前列;东宫下高岭土矿为国内有名的大型优质矿;白沙南、高陂、昌福山等煤井田驰名省内外;漳平岭兜石灰岩储量1.89亿吨,在省内具有较高的知名度;紫金山铜矿系国家“七五”期间发现的最主要的有色金属矿产地之一。

【生物资源】 龙岩市地跨中亚热带和南亚热带两个气候带,加上境内山川纵横、河流交错、地形地势复杂,造就了自然生态条件多样、植物地带性分布特点明显、生物资源丰富、区系复杂的生物多样性特点。

动物资源。龙岩市野生动物资源种类繁多,品种多样。至2016年,全市共有陆生脊椎动物79科227属380种,其中兽类20科40属70种,鸟类81科135属211种,爬行类10科40属70种,两栖类8科12属30种,鱼类20科74属92种,贝类27种,浮游动物170种,微生物大型真菌29科73属116种,藻类4门30科218种。其中国家一级重点保护物种5种:蟒、黄腹角雉、白劲长尾雉、云豹、黑麂;国家二级重点保护物种有44种。

植物资源。据2013年统计,全市有高等植物233科879属2741种。其中国家一级保护植物有:银杏、水松、南方红豆杉、伯乐树等4个物种;国家二级保护植物有:金毛狗、长叶榧、福建柏、浙江楠、闽楠、榉树、巴戟天、厚朴、凹叶厚朴、观光木、短萼黄莲、红椿、半枫荷、花榈木、红豆树等15种;省重点保护植物有油杉、南方铁杉、沉水樟、福建樱桃、福建假稠李、乐东拟单性木兰、福建青冈、吊皮锥、福建酸竹等9种。

【旅游资源】 龙岩是福建旅游的新亮点。奇山、秀水、幽洞,民居、民俗、民风,名城、名乡、名人交相辉映,构成一幅绚丽风情画卷。旅游资源具有种类多、品位高、规模大、保存好的特点。龙岩市有1个世界文化遗产地(福建土楼永定景区),2个国家AAAAA级旅游景区(福建土楼永定景区、古田景区),10个国家AAAA级旅游景区(连城冠豸山、新罗龙硿洞、长汀红色旧址群、漳平九鹏溪、连城天一温泉旅游区、连城培田古村落景区、梅花山华南虎园生态旅游景区、梁野山景区、才溪乡调查纪念馆、永定天子生态旅游区),14个国家AAA级旅游景区(闽西革命历史博物馆、武平定光佛祖庙、武平文博园景区、永定下洋中川景区、永定金砂红色旧址群景区、新罗东肖红色旧址群、新罗竹贯古村落、上杭李氏大宗祠文化旅游区、长汀汀江源龙门风景区、长汀汀江国家湿地公园、漳平象湖红色旧址群、新罗培斜福海龙乡、连城星光农场、武平刘亚楼将军故居红色旅游区),1个国家级风景名胜区(冠豸山),1个国家工业旅游示范点(上杭紫金工业旅游区),1个国家农业旅游示范点(新罗云顶茶园),3个国家水利风景区(新罗梅花湖、永定龙湖、漳平九鹏溪景区),1个国家矿山地质公园(上杭紫金工业园区),1个国家历史文化名城(长汀)、3个国家历史文

化名乡(镇)(上杭古田镇、武平中山镇、永定湖坑镇),7个国家历史文化名村(连城宣和乡培田村、三洲乡三洲村、适中镇中心村、庙前镇芷溪村、新罗区万安镇竹贯村、长汀县南山镇中复村、漳平市双洋镇东洋村),4个国家森林公园(龙岩国家森林公园、上杭西普陀国家森林公园、漳平天台山国家森林公园、永定王寿山国家森林公园),2个国家自然保护区(梅花山、梁野山),4个全国特色景观名镇(村)(永定湖坑镇、上杭县古田镇、连城县宣和乡培田村、漳平市赤水镇香寮村),3个全国休闲农业与乡村旅游示范县(漳平市、上杭县、连城县),2个全国休闲农业与乡村旅游示范点(上杭五龙村农家乐、永福高山农业旅游区),10个全国红色旅游景区,13处(39个点)国家重点文物保护单位。福建旅游十大品牌中,龙岩占2个,即“神秘的客家土楼”和“光辉的古田会址”。全市有3A级以上旅行社38家,其中出境业务资质社5家,赴台资质旅行社1家;星级饭店32家,其中五星级1家,四星级17家,三星级14家。

（市旅游局　供稿）

建制沿革

【古近代时期】 闽西古为闽越地,周时属“七闽”,秦属闽中郡。西晋太康三年(282年)置新罗县(县治在今长汀县东南),属晋安郡。南朝宋泰始四年(468年)改晋安郡为晋平郡,废新罗县,原新罗县地属晋平郡。梁天监年间(502—519年)析晋平郡地增置南安郡,龙岩地域属南安郡。大同六年(540年)南安郡增置龙溪县,闽西隶属该县。唐开元二十四年(736年)置杂罗县(一说新罗县,治今龙岩市),同年置汀州,辖长汀、黄连、杂罗3个县。天宝元年(742年)汀州改为临汀郡,杂罗县改名龙岩县,黄连县改名宁化县。乾元元年(758年)临汀郡复名汀州。大历十二年(777年)龙岩县改属漳州。原建州所属沙县改隶汀州。五代南唐保大六年(948年)划沙县归剑州。汀州管辖长汀、宁化2个县。北宋淳化五年(994年)上杭、武平升场为县,元符元年(1098年)置清流县,南宋绍兴三年(1133年)置莲城县,时汀州辖长汀、宁化、上杭、武平、清流、莲城6个县。元至元十五年(1278年)升为汀州路。元至正六年(1346年),改莲城为连城。明洪武元年(1368年)改为汀州府,成化六年(1470年)置归化县,成化七年(1471年)置漳平县,成化十四年(1478年)置永定县,时长汀、上杭、武平、清流、连城、归化、宁化、永定通称“汀属八县”。隆庆元年(1567年)析龙岩、永安、大田3个县地置宁洋县。清雍正十二年(1734年)升龙岩县为直隶州,辖漳平、宁洋2县。清末汀州府、龙岩州均属汀漳龙道。

【民国时期】 民国2年(1913年)废州、府,复龙岩为县,属西路道。民国15年废道制,各县直属省辖。民国22年12月,中华共和国人民革命政府(即“福建人民政府”)成立时属龙汀(龙漳)省。民国23年7月,分属第七行政督察区(驻龙岩,辖龙岩、永定、上杭、武平、漳平、宁洋、华安7个县)和第八行政督察区(驻长汀,辖长汀、连城、宁化、清流、明溪、永安6个县)。民国24年10月,分属第六行政督察区(辖龙岩、漳平、大田、永定、上杭、华安、宁洋7个县和峰市特种区)和第七行政督察区(辖长汀、连城、宁化、明溪、清流、武平、建宁、泰宁8个县)。民国36年,以龙岩、长汀、永定、上杭、武平、漳平、连城7县为第七行政督察区,驻龙岩。1949年8月至11月,各县相继解放。

【中华人民共和国时期】 中华人民共和国成立初期,福建省下设8个专区,闽西各县属第八专区。1950年4月第八专区改称龙岩专区。1956年3月划入永安、宁化、清流、宁洋4县,7月撤宁洋县。1963年永安、宁化、清流3县划归三明专区。1970年龙岩专区改称龙岩地区。1981年撤销龙岩县,设立县级龙岩市。1990年撤销漳平县,设立县级漳平市。1997年3月,撤销县级龙岩市,设立新罗区。1997年5月1日,撤销龙岩地区,设立地级龙岩市,市人民政府驻新罗区。

（市方志委　撰稿）

行政区划

【概况】 2016年,连城县四堡乡、林坊乡撤乡设镇。截至2016年底,龙岩市辖新罗区、永定区和上杭、武平、长汀、连城4个县,代管漳平市。各县(市、区)共辖13个街道、85个镇、36个乡(含2个民族乡)。各乡(镇、街道)共辖1783个村委会、140个社区居委会。

2016 年龙岩市行政区划

表 6　　单位:个

县级行政单位	土地面积(平方公里)	人口(万人)	乡级行政单位(个)				村(居)委会(个)		
			合计	乡	镇	街道办事处	合计	村委会	居委会
全市	19052	313.76	134	36	85	13	1923	1783	140
新罗区	2679	52.40	20	0	10	10	337	282	55
永定区	2224	50.89	24	11	12	1	279	261	18
上杭县	2859	52.67	22	5	17	0	344	331	13
武平县	2638	39.60	17	5	12	0	219	214	5
长汀县	3100	53.89	18	5	13	0	299	290	9
连城县	2576	34.57	17	7	10	0	247	232	15
漳平市	2976	29.74	16	3	11	2	247	173	25

【连城县四堡乡、林坊乡撤乡设镇】 6 月 2 日,福建省人民政府闽政文〔2016〕174 号批复,同意龙岩市连城县撤销四堡乡、林坊乡,设立四堡镇、林坊镇,以原四堡乡、林坊乡的行政区域为四堡镇、林坊镇的行政区域,政府驻地不变。

(丘永红　撰稿)

人　口

【概况】 据龙岩市公安局统计,2016 年末全市总户数为 95.44 万户,总人口 313.29 万人,净增 3.90 万人,增加 12.46‰。其中,女性人口 150.75 万人,性别比(以女性为 100)为 107.82;城镇人口 130.28 万人,占总人口的 41.58%。全年出生人口 63777 人,人口出生率为 20.35‰;死亡人口 14610 人,人口死亡率为 4.66‰;人口自然增长率为 15.69‰。与上年相比,人口出生率、自然增长率均呈上升态势,死亡率有所下降。从户籍迁移情况看,全年迁入人口 4.91 万人,迁出人口 5.92 万人,净迁入-1.01 万人,户籍人口仍呈现净流出态势。

2016 年人口变动情况抽样调查结果:全市 2016 年常住人口 263 万人,占全省的 6.79%,常住人口规模在全省 9 个设区市中居第八位。调查人口出生率为 15.9‰,居全省首位;死亡率为 6.9‰,居全省第三位;人口自然增长率为 9.0‰,居全省第二位。城镇化水平为 53.8%,比上年提高 1.2 个百分点,居全省末位,比全省平均水平低 9.8 个百分点。

【人口分布】 全市常住人口 263 万人,城镇常住人口 141.49 万人。分县(市、区)来看,中心城市(新罗区)常住人口 72.5 万人,城镇常住人口 51.55 万人;漳平市常住人口 24.2 万人,城镇常住人口 13.12 万人;长汀县常住人口 40.2 万人,城镇常住人口 19.46 万人;永定区常住人口 36.3 万人,城镇常住人口 16.44 万人;上杭县常住人口 37.4 万人,城镇常住人口 17.13 万人;武平县常住人口 27.7 万人,城镇常住人口 13.13 万人;连城县常住人口 24.7 万人,城镇常住人口 10.67 万人。

【人口年龄构成】 根据人口抽样调查测算,2016 年全市常住人口中,少儿组(0—14 岁)人口占总人口的 20.93%,成年组人口(15—64 岁)占 68.06%,老年组人口(65 岁及以上)占 11.01%。不满周岁婴儿(0 岁)占 1.50%,学龄前儿童(1—6 岁)占 10.16%,小学学龄组(7—12 岁)占 7.30,初中学龄组(13-15 岁)占 2.91%。总人口中,育龄妇女(15-49 岁)占 25.26%;劳动年龄组人口(男性 16—59 岁,女性 16—54 岁)占 59.59%。

【人口变动特点】 户籍人口数呈增长趋势,主要原因是出生率稳增,死亡率略降。“全面两孩”政策受众面比“单独二孩”更广,极大促进 2016 年出生率稳中有增,且计划生育政策已不再影响新生儿出生申报落户,户籍政策宣传较到位,外出务工流动人口的新生儿也及时回户籍地落户,群众及时出生申报落户已成常态,全市近 6 年的平均出生率为 17.88‰,2016 年出生率为 20.35‰,高于平均值,而近 6 年的平均死亡率为 6.07‰,2016 年的死亡率为 4.66‰,低于平均值。人口外流情况依然存在。2015 年以后,龙岩市出台了一系列落户优惠政策,户政服务环境进一步优化,落户政策进一步放宽,准入门槛进一步降低,全市户籍人口迁移仍呈现农村人口向城镇迁移、县市人口向龙岩中心城区迁移、全市人口向外地经济发达地区迁移的态势,全市除新罗区迁入人口略大于迁出人口外,其余各地均是迁出人口大于迁入人口,全市机械变动整体负增长。全市已连续 6 年出现迁出人口大于迁入人口的情况,2016 年机械变动减少10123人，机械变动率负增长3.23‰，较上年有所缓和，但基本维持历年迁移态势。劳动适龄人口减少，抚养负担加重。按照国际通用劳动适龄（15—64岁）人口划分标准统计，2016年龙岩市常住人口中，劳动适龄人口占比68.06%，较2010年下降5.42个百分点，全市人口红利消退开始显现，劳动力供给减少，后随着劳动适龄人口占总人口比重的逐年减少，这种趋势将更加明显。少年儿童（0—14岁）抚养比30.75%，较2010年提升8.52个百分点；老年人口（65岁及以上）抚养比16.18%，较2010年提升2.32个百分点；总抚养比46.93%，较2010年提升10.83个百分点。（张丽慜　撰稿）

经济社会发展

【经济综合实力】 2016年，全市实现地区生产总值1895.7亿元，增长8.1%；人均地区生产总值72354元，增长7.3%。其中，第一产业增加值223.6亿元、增长3.7%，第二产业增加值967亿元、增长7.4%，第三产业增加值705.1亿元、增长10.5%。三次产业比例由上年的11.5:52.7:35.8调整为11.8:51.0:37.2。

【财政金融】 一般公共预算总收入266.1亿元，下降1.4%，其中地方一般公共预算收入131.4亿元，增长5.5%；财政支出274.2亿元，增长6.3%。年末金融机构本外币各项存款余额1763.9亿元，增长11.6%；金融机构本外币各项贷款余额1454.1亿元，增长5.6%。全市保险企业各项保费收入50.74亿元，增长16.8%。

【固定资产投资】 500万元以上固定资产投资2188亿元，增长15.2%。按三次产业分，第一产业投资157.6亿元，增长73.4%；第二产业投资979.5亿元，增长4.5%；第三产业投资1051亿元，增长20.5%。工业投资969亿元，增长5.4%；房地产开发投资180.1亿元，下降6.8%。

【工业经济】 规模以上工业总产值2052.3亿元，增长10.3%；规模以上工业增加值766.3亿元，增长7.5%。机械、有色金属、烟草、能源精化、纺织、建材、光电新材料、生物医药、农产品加工等九大工业重点产业实现总产值1968.3亿元、增长10.6%。全年新上规模以上工业企业49家，累计1134家；净增亿元以上企业53家，累计400家。新增省级（企业）工程技术研究中心1家、累计26家，新认定高新技术企业35家、累计90家，新增省级创新型企业3家、累计35家（国家级1家）。

【农业经济】 农林牧渔业完成总产值378亿元，增长3.8%。粮食播种面积273.2万亩，粮食总产量109.8万吨、下降0.1%。蔬菜产量202.4万吨，增长2.0%；肉蛋奶总产量51.5万吨，增长2.6%；水产品总产量8.1万吨，增长6.8%。

【第三产业】 社会消费品零售总额729亿元，增长14.0%。全年销售商品房277.2万平方米、增长24.3%。全年接待旅游总人数3059.1万人次，增长20.8%；旅游总收入253.4亿元，增长29.1%。年末公路通车总里程为14314公里，其中高速公路662公里；年末铁路通车里程486公里。年末机动车保有量93.9万辆，增长6.4%。年末邮政业务总量7.38亿元，增长40.9%。年末固定及移动电话用户总数达317.43万户，新增14.16万户；互联网用户183.3万户，新增119.1万户。全年电子商务交易总额345亿元，增长86.5%，形成农村电商“龙岩模式”。

【城市体系】 中心城市建成区面积扩大3平方公里，达55平方公里。中心城区绿化覆盖率达42%。实施中心城市道路畅通、市政提升、旧城改造等重点工程，西外环、龙岩大道南段一期、龙岩大道高架桥等主干道路实现通车或部分通车；龙岩火车站北站房开工建设，龙津湖片区改造等项目有序推进。新增公共停车位2804个，新建人行天桥7座。新开通公交线路3条，延伸优化公交线路13条，开通中心城区至永定城际公交。城市污水集中处理率达89.2%，生活垃圾无害化处理率达99.6%。

【对外经贸】 进出口总额248.5亿元，增长8.0%。其中，进口92亿元，增长30%；出口156.5亿元，下降1.8%。新批外商投资企业35家，实际利用外资2.95亿美元，增长10%。

【社会事业】 长汀、连城、漳平顺利通过“义务教育发展基本均衡县”国家评估验收，农村薄弱学校改造、城区中小学扩容扎实推进，新建公办幼儿园10所。总结提升基层医改“长汀经验”，实施公立医院院长聘任制和院长年薪制，市、县两级公立医院药占比分别降至33.87%和31.83%。十大群众文化活动、文化惠民工程深入开展，广播电视实现村村通。举办纪念中国工农红军长征胜利80周年系列活动，反映闽西子弟兵浴血湘江的电视剧《绝命后卫师》在央视热播。成功举办全国女子举重锦标赛和首届环土楼国际山地马拉松赛，取得两项3人次世界冠军。创建全国文明城市成效初显，城市管理、社区建设和市民素质不断提升。法治龙岩、平安龙岩建设深入推进，涉麻制毒和电信诈骗专项治理得到公安部充分肯定。抓好安全生产重点整治，安全生产形势持续稳定向好。深入开展“餐桌污染”治理，启动建设药品安全放心市三年行动，食品药品安全得到有效保障。国防动员和后备力量建设进一步加强，“双拥”共建持续深化。援藏援疆工作扎实推进。

【人民生活】 居民人均可支配收入22142元,增长8.0%。城镇居民人均可支配收入30408元,增长7.8%;农民人均可支配收入14429元,增长8.7%。城镇居民人均消费性支出20784元、增长5.9%,其中食品支出占35%;农民人均生活消费支出10748元、增长7.9%,其中食品支出占39.8%。年末参加城镇基本养老保险人数(不含退休)45.24万人,比上年增加0.54万人;参加城乡居民社会养老保险人数132.05万人,比上年增加0.57万人。年末全市养老机构床位数1.56万张。城乡居民享受最低生活保障救助人数分别为0.52万人、4.76万人。

(章丹丹　撰稿)

4 原中央苏区与革命老区建设

中央苏区发展论坛

【第三十四讲：学习贯彻中央和省委统战工作会议精神】 1月25日，市委中心组在龙岩人民会堂举办“中央苏区发展大讲堂”(第三十四讲)。听取省委统战部部务会议成员、省社会主义学院党组书记、常务副院长、省政协副秘书长李韧做《人心·智慧·力量——学习贯彻中央和省委统战工作会议精神》专题报告。市领导饶作勋、温锡浩、李成荣、王金福、邓菊芳、魏东、郭舒帆、杨闽、谢细忠、赵汀生、张树溪、廖德槐、蔡蔚荻、王龙、李新春、张菊兰、张子平、姚植华、邱玉燕，市中级人民法院院长林玫瑰、市人民检察院检察长罗辉和其他市委中心组成员，市直有关单位和部分驻岩中央、省属单位负责人等参加学习会。市委常委、宣传部部长、教育工委书记王金福主持学习会。

李韧将中央和省委统战工作会议精神融于历史、现实中，从“中央和省委统战工作会议的重大意义”“新时期统战工作的形式与任务”“正确处理好‘五大关系’”“贯彻落实《条例》和我省实施细则”“做好统一战线方法方式”等五个方面深入、系统、详细地解读中央和省委统战工作会议精神和《中国共产党统一战线工作条例(试行)》精神。报告联系实际、思想深邃、学理深厚，对落实好新形势下统战工作的各项任务要求，推动龙岩统战工作再上新台阶，具有十分重要的指导意义。

李韧长期从事统战研究与领导工作，是一位学者型领导，是厦门大学兼职教授，对统一战线理论研究颇有建树。他学养深厚，工作之余笔耕不辍，先后出版个人专著多部，就两岸关系、统一战线等领域均有著述。

【第三十五讲：准确认识和把握供给侧改革】 3月29日，龙岩市委中心组在龙岩人民会堂举办“中央苏区发展大讲堂”(第三十五讲)。听取中央政策研究室经济局局长冯海发做《准确认识和把握供给侧改革》专题报告。市领导温锡浩、王金福、严志铭、邓菊芳、魏东、杨闽、赵汀生、廖德槐、郭丽珍、蔡蔚荻、张子平、赖招源、姚植华，市人民检察院检察长罗辉和其他市委中心组成员，市直有关单位和部分驻岩中央、省属单位负责人等参加学习会。市委常委、宣传部部长、教育工委书记王金福主持学习会。

冯海发结合国际国内经济发展大环境，从自身的长期研究和个人感悟出发，围绕“供给侧改革的内在要求、主要任务、政策之处”三个方面，进行全面、系统、深入的阐述和解读。报告旁征博引、论述精炼、立意高远，对龙岩市领导干部更好地理解和把握供给侧改革，从供给侧发力，加快产业转型升级，推进经济转型发展有很强的针对性和指导性，对我市全力打好项目落地、脱贫攻坚、生态环保“三大战役”，建设机制活、产业优、百姓富、生态美的新龙岩具有重要的指导意义。

冯海发曾任中国农科院农业经济所所长助理、教授、博士生导师，曾到荷兰做高级访问学者，参与中共十八大报告，十八届三中、四中、五中全会文件，十三五规划建议和中央一号文件、中央经济工作会议文件的起草工作。他著述颇多，如《农村城镇化发展探索》《农村工业化问题探索》等。

【第三十六讲：深入学习习近平总书记系列重要讲话精神】 6月13日，市委中心组在龙岩人民会堂举办“中央苏区发展大讲堂”(第三十六讲)。听取中央党校科学社会主义教研部孟鑫教授做《深入学习习近平总书记系列重要讲话精神——以新的发展理念引领新的实践》专题报告。市领导饶作勋、温锡浩、李成荣、严志铭、郭舒帆、郭丽珍、李新春、张琼珊、郑玉琳、张子平、赖招源、邱玉燕，市人民检察院检察长罗辉和其他市委中心组成员，市直有关单位和部分驻岩中央、省属单位负责人，全市理论宣传骨干等参加学习会。市委常委、秘书长严志铭主持学习会。

孟鑫结合当前发展大环境，从“新发展的背景和意义”“新发展的内涵和要求”“新发展的落实和原则” 三个方面，对深入学习习近平总书记系列重要讲话精神，自觉以新的发展理念引领新的发展实践，进行全面、系统、深入的阐述和解读。报告政治信念坚定、内容丰富、站位高远、思路清晰，具有很强的现实指导意义。

孟鑫是中央党校社会主义发展史教研室副主任，博士生导师，是中央党校省部班、地厅班主讲教师，主要研究中国特色社会主义理论和执政党建设，在中国特色社会主义理论的形成和发展、四个全面战略布局的理论与实践等课题研究中，有着深厚的理论和独到的见解。

【第三十七讲：学习贯彻习近平总书记关于做好意识形态工作重要讲话精神】 8 月 24 日，市委中心组在龙岩人民会堂举办“中央苏区发展大讲堂”(第三十七讲)。听取中央党校教授严书翰做《学习贯彻习近平总书记关于做好意识形态工作重要讲话精神》专题报告。市领导李德金、林国耀、温锡浩、何明华、李成荣、王金福、张天洲、詹昌建、邓菊芳、魏东、赵汀生、郭丽珍、蔡蔚荻、张斌、李庆刚、张菊兰、郑玉琳、姚植华、陈晓东，市中级人民法院党组书记施平，市政府党组成员谢海波、张朝阳和其他市委中心组成员，市直有关单位和部分驻岩中央、省属单位负责人等参加学习会。市委常委、市委秘书长、宣传部长詹昌建主持学习会。

严书翰从“充分认识做好意识形态工作的极端重要性”“巩固马克思主义在意识形态领域的指导地位”“新的历史特点下做好意识形态工作的基本着眼点”“理直气壮地宣传中国特色和中国道路”“坚持党性和人民性的辩证关系”“坚持团结稳定鼓劲、正面宣传为主的方针”“讲好中国故事、传播好中国声音”“树立大宣传的工作理念”等八个方面，对意识形态工作和宣传思想工作进行全面、系统、深入的阐述和解读。报告政治信念坚定、内容丰富、站位高远、思路清晰，对全市领导干部更好地学习领会习近平总书记系列重要讲话精神，深刻认识宣传思想工作的重要性，把好政治方向、政治导向，把握意识形态工作重点，讲好龙岩故事，传播好龙岩声音具有十分重要的现实意义。

严书翰是中央实施马克思主义理论研究和建设工程课题组首席专家，中央党校科学社会主义教研部原主任，博士生导师，长期从事社会科学理论研究，研究领域主要集中在马克思主义理论、科学社会主义和中国特色社会主义理论体系等方面，先后主持并完成 4 项国家社科基金课题，在国内外发表论文 500 多篇，出版专著 8 部，主编论著十几部。

【第三十八讲：学习习近平总书记关于精神文明建设重要论述】 8 月 23 日，市委中心组在龙岩人民会堂举办“中央苏区发展大讲堂”(第三十八讲)。听取省政协提案委副主任马照南做《学习习近平总书记关于精神文明建设的重要论述》专题报告。市领导林国耀、何明华、李成荣、张天洲、詹昌建、邓菊芳、毛高良、黄庆辉、张子平、姚植华，市政府党组成员张朝阳和其他市委中心组成员，市直有关单位和部分驻岩中央、省属单位负责人等参加学习会。市委常委、秘书长、宣传部长詹昌建主持学习会。

马照南从“社会主义精神文明建设的主要历程”“精神文明建设的经验和启示”“习近平总书记关于精神文明建设的重要论述”“当前精神文明建设面临的良好机遇”等四个方面，对精神文明建设进行全面、系统、深入的阐述和解读，并就龙岩市争创全国文明城市工作讲述好经验、好做法，提出指导性、针对性很强的意见建议。报告内容丰富、脉络清晰、立足实际、深入浅出，对全市领导干部更好地学习领会习近平总书记关于精神文明建设的重要讲话精神，深刻认识精神文明建设的重要性，汲取精神文明建设的工作经验，把握工作重点、方法路径，进一步推进龙岩市文明创城工作很有帮助、很有促进。

马照南是省炎黄文化研究会常务副会长，省委宣传部原副部长、文明办主任，长期从事宣传文化和精神文明建设工作，对中华文化、福建文化，尤其是朱子学有较深的造诣，是福建农林大学兼职教授，武夷学院研究员，闽江大学客座教授，全国社会科学普及优秀专家，先后为各级党委中心组、机关、高校作辅导宣讲累计超千场次，发表理论和社科普及文章 300 多篇，主编 10 多部社科普及读本。

【第三十九讲：《中国共产党问责条例》及省委《实施办法》学习辅导】 10 月 20 日，市委中心组在龙岩人民会堂举办 “中央苏区发展大讲堂”(第三十九讲)。听取省纪委常委陈国建做《〈中国共产党问责条例〉及省委〈实施办法〉学习辅导》专题报告。市领导李德金、林国耀、温锡浩、何明华、李成荣、王金福、詹昌建、邓菊芳、魏东、毛高良、王龙、赵汀生、廖德槐、郭丽珍、孙秋霞、赖永龙、黄庆辉、张朝阳、李新春、郑玉琳、姚植华、邱玉燕等市四套班子领导，市法院党组书记、代院长施平，市检察院检察长罗辉和其他市委中心组成员，各县（市、区）党委书记、纪委书记，龙岩经开区(高新区)、厦龙山海协作区党工委书记、纪工委书记，市直有关单位和部分驻岩中央、省属单位负责人等参加学习会。市委常委、市纪委书记李成荣主持学习会。

陈国建紧扣工作实际，从"《条例》的出台背景""《条例》和《实施办法》的主要内容""抓好《条例》《实施办法》的学习宣传和贯彻执行"三个方面进行深入的阐述和解读。报告既把握全局，又联系实际、释疑解惑，具有很强的理论性、实践性和针对性，对龙岩市进一步学习贯彻具有重要的指导作用。

【第四十讲：学习贯彻省第十次党代会精神】 12月7日，市委中心组在龙岩人民会堂举办"中央苏区发展大讲堂"(第四十讲)。听取省委宣讲团成员、省政府发展研究中心副主任黄端做《学习贯彻省第十次党代会精神报告会》宣讲报告。会前，市委书记李德金、代市长林国耀会见宣讲团一行。市四套班子领导，市法院、市检察院领导，厅级老干部代表，市直有关单位负责人等在主会场听取宣讲报告。各县(市、区)、乡镇(街道)设分会场听取宣讲报告。

黄端从省第十次党代会的主题、过去五年的工作成绩和经验、今后五年的总体要求和奋斗目标、今后五年工作的中心任务和重点工作、坚定不移推进全面从严治党等五个方面，全面准确地对省第十次党代会精神进行认真解读，深刻阐释再上新台阶、建设新福建的深刻内涵和发展方向。报告内容丰富、视野开阔、阐述透彻，对于更好地学习贯彻省第十次党代会精神，推动龙岩市全面从严治党，再上新台阶、建设新龙岩具有重要的现实意义。

（市委宣传部　供稿）

重要纪念活动

【纪念中国工农红军长征胜利80周年系列活动福建起航】 9月6日，由中央文明办、国家旅游局、福建省人民政府主办，福建省文明办、福建省旅游局、福建省龙岩市人民政府承办，福建省龙岩市委文明办、福建省龙岩市旅游局、福建省长汀县人民政府执行的"弘扬长征精神·传承红色记忆"纪念中国工农红军长征胜利80周年红色旅游系列活动仪式启动，在红军长征出发地——福建省龙岩市长汀县隆重举行。中央文明办专职副主任夏伟东，国家旅游局副局长魏洪涛，福建省委常委、宣传部长高翔出席仪式并讲话。福建省副省长梁建勇主持仪式。龙岩市委书记李德金致欢迎词。

老革命后代、模范代表、民兵预备役、红色旅游企业代表、媒体记者、当地群众等千余人在长汀县福建省苏维埃旧址集合。全体参会人员饱含深情唱响《中华人民共和国国歌》，拉开仪式的序幕。少先队员们着校服，带红领巾，宣读《红色旅游征文倡议书》；齐声朗诵《七律·长征》，为即将出发重走长征路的自驾队伍、骑游队伍、徒步队伍壮行。中央文明办专职副主任夏伟东，国家旅游局副局长魏洪涛，福建省委常委、宣传部长高翔，龙岩市委书记李德金，龙岩市代市长林国耀，长汀县委书记廖深洪分别为重走长征路的6支队伍分别授予旗帜。国家旅游局领导宣布出发，中央文明办领导鸣枪，由千人组成的6支队伍踏上重走长征路。

夏伟东在启动仪式上强调，"长征铸就了伟大的长征精神。"希望以此次活动为契机，进一步突出思想内涵，挖掘思想道德内涵，突出融入结合，加强革命传统教育和理想信念教育，进一步坚定中国特色社会主义的理论自信、道路自信、制度自信、文化自信，为实现中国梦凝聚精神力量。

魏洪涛指出，"长征是宣言书，长征是宣传队，长征是播种机。"活动集中一个月的时间，组织广大游客走进红色景区重走长征路，感受红色文化、体验长征精神；评选发布长征主题红色旅游精品线路、长征沿线红色旅游驿站，进一步提升长征沿线红色旅游品质；开展中小学生长征主题红色旅游征文活动，让中小生更加深刻认识长征，接受红色精神洗礼。

高翔指出，"发展红色旅游是弘扬革命传统、传承红色基因的重要途径，每一个红色旅游景点都是一个常学常新的生动课堂。"福建以这次活动为契机，进一步加大红色资源保护开发力度，深入发掘红色旅游景点的文化内涵和革命精神，引导人民在瞻仰革命旧址、缅怀革命先烈中感悟革命精神、汲取营养成分，把包括长征精神在内的革命精神转化为建设新福建、实现中国梦的强大动力。

龙岩市委书记李德金表示，"闽西丰富的红色资源，正在成为全国开展革命传统教育、爱国主义教育的重要阵地。"唱响红色文化、塑造红色旅游品牌，打造出一批红色旅游精品。

徒步队伍出发后，与会领导、专家、老革命后代，参观福建省苏维埃旧址，解说员全方位介绍长汀县有关红军长征的光荣历史和感人故事。

龙岩市为开展好纪念中国工农红军长征胜利80周年红色旅游系列活动，从9月下旬至10月初，开展"追忆长征路上的故事"长征精神传播暨"清新福建·欢乐龙岩"推介活动，组织自驾车队伍重温长征路，传播长征精神。在沿途的广西兴安、贵州遵义、甘肃会宁、陕西延安等地举办"清新福建·欢乐龙岩"旅游推介活动，借助重走长征路活动提升龙岩旅游的影响力。

【"刘少奇与中央苏区"学术研讨暨刘少奇思想生平研究会】 10月26日，中共福建省委党史研究室、刘少奇纪念馆主办的"刘少奇与中央苏区"学术研讨暨刘少奇思想生平研究会2016年年会在长汀县举行。中央文献研究室副主任、中国中共文献研究会副会长、刘少奇思想生平研究会会长张宏志，刘少奇女儿刘潇潇，省委党史研究室副主任汪一朝出席会议并作讲话。中央文献研究室有关部室领导，市领导李德金、詹昌建，长汀县各套班子领导，以及来自全国各地的党史研究专家、学者代表等出席会议。

市委书记李德金代表市委、市政府和闽西老区人民，向刘少奇的亲属致以亲切的问候，对各位领导、专家、学者的到来表示热烈欢迎。他说，一代伟人兴华夏，九州赤子仰花明。闽西是原中央苏区核心区域，是毛泽东思想的重要发祥地。闽西是刘少奇曾经战斗和生活过的地方。闽西的山山水水，留下了刘少奇的光辉足迹，如今在闽西、在长汀，我们仍然能够透过书本上的文字、工作过的旧居，感受刘少奇在闽西革命斗争期间的风骨。这次会议在闽西长汀召开，对于开展刘少奇思想生平研究，深入挖掘刘少奇在闽西留下的思想宝藏，弘扬伟大的长征精神，推进原中央苏区各项事业发展都具有重要的意义。高风亮节垂青史，光耀千秋励后人。刘少奇在闽西从事的伟大革命实践，为闽西留下了宝贵的遗产。一直以来，闽西人民用感恩之心、敬畏之情，精心守护革命历史积淀和宝贵精神财富。今天，大家相聚在这里，一起致敬刘少奇信念坚定、对党忠诚的政治品格；一起追寻刘少奇求真务实、开拓进取的实干精神；一起感悟刘少奇牢记宗旨、以人为本的为民情怀；一起传承刘少奇贪腐必肃、刚正不阿的崇高风范。接下来，还将进一步深化红色文化内涵研究，大力实施红色文化保护、传承和弘扬工程，高起点高标准打造全国一流的革命传统教育、爱国主义教育重要阵地，让红色基因融入血脉，薪火不息、代代相传，凝聚起闽西儿女不忘初心、继续前进，实现中华民族伟大复兴中国梦的强大精神力量。

研讨会后，参加活动的领导、嘉宾还在长汀先后参观考察瞿秋白烈士纪念碑、杨成武将军纪念广场、省苏旧址、福建省职工联合会旧址暨刘少奇旧居、中共福建省委旧址、福音医院、毛泽东休养所等红色旧址。

【纪念陈丕显诞辰100周年活动】 4月1日，陈丕显诞辰100周年纪念活动在上杭县举行。福建省政协党组副书记、副主席刘可清，上海警备区副政委孙进少将；龙岩市和龙岩军分区领导李德金、池秋娜、饶作勋、温锡浩、严志铭、彭新良；陈丕显亲属代表陈东棋、叶葳葳、陈珞珈；党史研究工作者代表以及部分省直机关、市直有关部门负责人，上杭县各套班子领导，陈丕显母校师生代表、家乡代表，社会各界人士代表等参加纪念活动。参加纪念活动的领导、嘉宾先后前往上杭县南阳镇龙田中学，向陈丕显铜像敬献花篮；到南阳镇官余村陈丕显故居，参观陈丕显生平事迹陈列展；并出席龙岩市纪念陈丕显诞辰100周年座谈会。座谈会上，省委党史研究室主任、省中共党史人物研究会会长逄立左介绍陈丕显光辉的一生；陈丕显亲属代表陈东棋、上杭县领导谢海波先后在会上发言，深情追忆、深切缅怀陈丕显。

市委书记李德金代表市委、市人大常委会、市政府、市政协和闽西老区人民，向出席座谈会的各级领导、各位前辈长期以来关心支持闽西老区发展表示衷心感谢和崇高敬意。他说，陈丕显是从闽西这片红土地上走出去的一位杰出代表，他为民族独立和人民解放，为社会主义革命、建设和改革开放事业奉献毕生精力，建立不朽功勋，为闽西人民留下极其宝贵的精神财富。陈丕显是闽西的优秀儿女，是闽西人民的共同骄傲。

李德金说，拳拳报国心，悠悠思乡情。陈丕显始终对故土闽西怀着深深的眷恋，始终挂念着家乡的建设发展和父老乡亲的冷暖安危。闽西人民永远忘不了陈丕显对家乡发展的亲切关怀；闽西人民永远忘不了陈丕显对家乡人民生产生活的关心。纪念陈丕显，就是要永远记住革命先辈所创造的伟大事业，永远记住革命先辈创造事业所付出的牺牲和不懈的追求，让历史延续，让革命传统、革命精神、优秀品质代代相传。

李德金说，伟大的征程催人奋进，光辉的事业薪火传承，把闽西老区建设好、发展好，是陈丕显等革命先辈的殷切期盼。要学习陈丕显忠诚于党的政治品格，学习他忠诚于信仰的崇高品质，学习他忠诚于事业的执著追求，学习他忠诚于人民的赤子情怀。要紧密团结在以习近平为总书记的党中央周围，在省委的坚强领导下，按照四个全面战略部署，以求真务实的作风，打赢项目落地攻坚、脱贫攻坚和生态环保攻坚三大战役，不断开创闽西老区新的辉煌、不断书写闽西历史的新篇章。

【纪念邓子恢诞辰120周年活动】 8月16—17日，纪念邓子恢诞辰120周年活动在其家乡新罗区举行。省委党史研究室主任、省中共党史人物研究会会长逄立左，市领导李德金、詹昌建、李庆刚，老红军谢毕真，邓子恢亲属邓芳梅、邓淮生、邓运，党史研究专家学者代表，龙岩市、新罗区相关部门负责人，邓子恢家乡代表等参加有关活动。座谈会上，逄立左介绍邓子恢光辉的一生；老红军谢毕真、邓子恢亲属代表邓运、新罗区领导刘友洪分别在会上发言，深情追忆、深切缅怀邓子恢。

受市委书记李德金委托，市委常委、市委秘书长、宣传部长詹昌建代表市委、市政府和闽西老区人民，向邓子恢的亲属致以亲切的问候，向前来参加活动的领导嘉宾表示热烈的欢迎。他说，邓子恢是从闽西红土地走出去的伟大的共产主义战士、忠诚的无产阶级革命家、农村工作的卓越领导人，是龙岩人民的自豪和骄傲。我们纪念和学习邓子恢，就要像他那样不忘初心、坚定信仰，传承好“听党的话、跟党走”的闽西红色基因，深入开展“两学一做”学习教育，牢固树立“四种意识”，始终为党和人民的事业英勇奋斗。要像他那样坚持真理，一身正气，自觉加强党性修养和党性锻炼，始终保持共产党人的政治本色和革命气节。要像他那样求真务实、勇于创新，始终坚持理论联系实际、一切从实际出发的探索精神，推动龙岩发展再上新台阶。要像他那样心系百姓、亲民爱民，始终把人民放在心中最高的位置，以坚强的凝聚力、战斗力、执行力，确保闽西老区与全省、全国同步实现全面建成小康社会。

纪念活动期间，还举行龙岩邓子恢研究会成立授牌仪式和《邓子恢闽西文稿》新书首发式，召开邓子恢生平思想研讨会。参加纪念活动的领导和嘉宾参观邓子恢纪念馆。

【“中央苏区行”公益活动走进龙岩】 10月21—23日，由海西商（协）会秘书长联盟、厦门市商帮经济文化交流协会主办的纪念红军长征胜利80周年“中央苏区行”公益活动在龙岩举行。活动沿着闽西各红色旧址、景点开展，包括红四军整训地、松毛岭保卫战地遗址公园、长征出发第一村、瞿秋白纪念馆、原中央苏区福建党政军机关和部队上湖战斗红军烈士陵园、刘亚楼上将纪念馆、毛泽东才溪乡调查纪念馆、古田会议会址等。活动期间，慰问部分苏区老兵，向革命基点村捐赠小型图书馆，并创立海西商（协）会联盟红色文化公益基金，用于今后采访报道老红军事迹、慰问贫困老红军及其后代、为苏区群众义诊送药等。

【中央苏区廉政建设史主题展览开展】 12月27日，“苏区精神、廉政丰碑”中央苏区廉政建设史主题展览开展仪式在古田会议纪念馆广场举行。展览充分挖掘中央苏区红色文化资源，汲取历史养分，突出正面引导和思想思想教育，深刻诠释了牢固树立理念信念对拒腐防变的强大作用，突出展示了定制度立规矩的普遍约束效果，把“中央苏区各级党政机关是中国历史上最为清廉的政权机关、各级党政军群的工作人员是中国历史上最为清廉的官员”的历史印迹予以全景式再现，填补全省乃至全国中央苏区廉政建设史主题展览的空白，是迄今为止史料最全、脉络最为清晰的苏区廉政建设史主题展览。

展览由龙岩市纪委主办，古田会议纪念馆承办，分“清除腐败建新政”“惩防并举保清廉”“精神永存铸丰碑”三部分，展出照片、文物、视频等展品380多件。福建省纪委、省委党史研究室领导和老一辈革命家王荷波、邓子恢、谭政、刘型的亲属参加开展仪式。

【市委常委会审议通过湘江战役和松毛岭战役红军烈士祭奠活动方案】 10月24日，市委书记李德金主持召开市委常委会，审议通过湘江战役和松毛岭战役红军英烈祭奠活动方案。根据方案，每年清明期间，龙岩市组织人员前往广西桂林湘江战役烈士纪念地和长汀、连城松毛岭战役烈士纪念地，祭奠红军英烈。

会议指出，湘江战役是红军长征中最为惨烈悲壮的一次战役，闽西将士在湘江战役中做出了突出的贡献和巨大的牺牲。松毛岭战役是第五次反“围剿”的最后一次战役，红9军团、红24师和闽西地方武装近万名红军壮烈牺牲。每年由市组织祭奠湘江战役和松毛岭战役红军英烈的活动，形成制度、固定下来，体现了铭记历史、缅怀先烈的共同意志，体现了敬仰革命英雄、传承红色基因的红土担当，有利于弘扬伟大的长征精神，鼓舞和激励闽西老区人民不忘初心，为建设机制活、产业优、百姓富、生态美的新龙岩奋勇前进。

【赴桂林祭奠闽西籍湘江战役红军烈士】 3月27日，受市委书记李德金、市长池秋娜委托，市领导严志铭、毛高良带领市直有关部门负责人一行，带着闽西儿女的深切思念和崇敬之情，前往湘江战役主战场广西桂林，寻访烈士遗迹，祭奠烈士英灵。在灌阳县和兴安县，按照闽西习俗，用从家乡带来的土特产、客家米酒等祭扫红三十四师无名烈士墓，祭奠福建籍湘江战役红军烈士，并向无名烈士纪念碑、红军长征突破湘江战役烈士纪念碑敬献花篮，以表达家乡人民对烈士的深切缅怀。市领导一行还参观湘江战役纪念馆，追思闽西子弟兵浴血奋战的英勇事迹。

（市方志委　供稿）

对接中央苏区政策

【长连武扶贫开发试验区建设】 12月，省政府办公室下发《关于支持长（汀）连（城）武（平）扶贫开发试验区发展有关事项的复函》，从加大脱贫攻坚力度、完善重大基础设施、支持试验区社会事业发展、加大旅游推介支持力度、推动产业发展及加大资金扶持力度等六方面给予支持，并设立长（汀）连（城）武（平）扶贫开发试验区建设专项资金，省级财政2017—2020年每年安排2000万元，其中省财政厅安排1500万元，省发改委安排500万元，专项用于试验区特色产业发展、农村基础设施、民生工程和生态环境保护等建设。

【“赣闽产业合作区”建设】 10月14日，龙岩、赣州两市领导在泛珠三角区域合作行政首长联席会议上举行《江西省赣州市与福建省龙岩市合作框架协议书》签约仪式，明确提出“共同打造具有世界影响力的稀土金铜钨产业平台、合力共建赣闽产业合作区、协力完善基础设施建设、推进跨区域生态保护、拓宽区域旅游合作、开展产业对接经贸互动、打造区域性农林业品牌”等7个方面10项合作事宜，开启两市全面战略合作的大门。12月，两市签定《关于加强铁路项目合作协议书》《关于加强网络信息安全合作发展协议书》《关于跨区域矿山生态保护与治理合作协议书》《关于加强旅游开发与合作协议书》等4份合作协议书。这四个方面的协议，是对双方合作框架协议书的深化细化、具体化、项目化，是双方"优势互补、资源共享、深度合作、互利共赢"协作理念的结晶，是双方积极探索、解放思想、先行先试的结晶，进一步推动两市各级各部门深化交流合作，共同探索区域合作新路径，共创苏区发展新辉煌。

（简永娟　撰稿）

精准扶贫

【概况】 龙岩贫困面广、贫困人口较多、贫困程度较深。全市建档立卡贫困人口39212户、110700人，有3个省级扶贫开发工作重点县，贫困人口比重全省最高。2016年，市委、市政府按照党中央、国务院和省委、省政府统一部署，把脱贫攻坚作为全市"三大战役"之一，围绕"精准脱贫、不漏一户、不落一人"的总要求，全力推进脱贫攻坚工作，取得阶段性成效。农村居民收入持续增长。全市农村居民可支配收入14429元，增长8.7%，增幅与全省平均水平持平。减贫任务超额完成。全市贫困人口脱贫人数55863人。其中在国网系统中标识脱贫人数55109人，完成省下达任务5万人的111.73%；国定标准34193人，完成省下达任务3.25万人的105.21%；省定标准21697人，完成省下达任务1.75万人的123.98%。扶贫搬迁任务超额完成。全市完成造福工程扶贫搬迁51939人，完成省下达任务31700人的163.85%。其中国定对象27318人，完成省下达任务26408人的103.4%，省定对象7152人，占任务的137.56%。

【精准识别】 严格把关。按照"县为单位、规模控制、分级负责、精准识别、动态管理"的要求，坚持"农户申请、村级评议、乡级审核、县级认定"的程序，坚持"两公示一公告"(初选名单公示、乡镇审核名单公示、县级复审名单公告)制度，做到认定过程透明公开，认定结果客观公正，防止"瞒报"、"虚报"现象。全面实行"五查五看"(查家庭收入，看经济来源；查家庭资产，看消费水平；查家庭劳力，看劳动观念；查居住条件，看生活环境；查致贫原因，看贫困程度)的识别方式，严防优亲厚友、人为拆户并户和平均分配三种错误行为，做到应进则进、应退则退。有效衔接。做好农村低保对象和建档立卡贫困户比对衔接工作，做到应扶尽扶、应保尽保。截至2016年4月，全市24710户、49582个农村低保对象中，纳入农村贫困人口建档立卡13799户、31534人。加强指导。采取县(市、区)、乡(镇)分管领导、市脱贫办干部分别调查1个村的办法，解剖麻雀，分析成因，找准方向，提高质量，做到"一个不漏"。建立龙岩市精准扶贫信息平台，实现扶贫、住建、公安、人社、公积金中心等有关部门信息互联互通，逐一比对，甄别认定，力争"一个不错"。截至2016年4月，全市完成建档立卡农村贫困人口39212户、110700人，并全部录入国网。

【精准施策】 精准分类。在建档立卡的基础上，按照"三因三缺"(因病、因学、因灾，缺资金、缺技术、缺劳力)分析法，找准致贫原因。全市因病致贫17059户、50091人，占比43.5%；因学致贫2332户、7965人，占比5.95%；因灾致贫577户、1791人，占比1.47%；缺资金致贫4473户、14505人，占比11.41%；缺劳力致贫7874户、17419人，占比20.08%；缺技术致贫3836户、12428人，占比9.78%；其他原因致贫4972户、11580人，占比12.68%。

精实项目。对照"两不愁三保障"的脱贫基本要求，把建档立卡贫困户分成保障兜底和扶贫开发两类。对无法通过发展生产和就业实现脱贫的，实行保障兜底方式，提高低保标准，2016年实现农村低保标准与国定贫困标准"双线合一"，为国定标准贫困户实现保障兜底脱贫提供条件；对扶贫开发对象，把产业发展和就业创业作为实现脱贫的最有效、最直接途径来抓，把贫困户脱贫措施精细到种、养、加、商和就业等具体的脱贫项目上。在2016年计划脱贫对象20421户、55863人中，生产扶持10992户、34076人，占脱贫对象的61%，其中：从事种植5415户、17328人，占50.85%；从事养殖4058户、12581人，占36.92%；从事加工与商饮等农村二三产业1519户、4167人，占12.23%。

精细政策。梳理整合并制定出台脱贫攻坚8个方面、68条政策，明确建档立卡贫困户享受相关扶持政策至2020年。落实贫困人口基本医疗资助参合参保政策，实现贫困人口基本医疗有保障；提高学前教育阶段学费补助标准，出台贫困大学生在校期间每生每学年学费补助2000元的资助政策，并把义务教育阶段贫困家庭孩子不辍学作为脱贫实不实的衡量标准之一，做到义务教育有保障；落实扶贫搬迁补助政策，出台搬迁用地用林政策，并对照农村危房信息库，逐户落实，应搬则搬，做到住房安全有保障。

【精准帮扶】 精准项目帮扶，突破"增收难"。制定产业精准扶贫行动计划，突出优势产业和特色产品，挖掘传统产品和传承手艺，推行"企业+基地+贫困户"等生产发展模式，引导贫困户采取土地流转、土地入股、资金入股等方式，扶持建设一批贫困人口参与度高的特色农业基地，让贫困户更多分享农业全产业链和价值链的增值收益。把就业创业作为贫困户稳定脱贫的最直接、最有效途径，围绕"一人就业、全家脱贫"的目标，实施"春潮行动"和免费创业培训，出台农业新型经营主体带动就业和政府购买就业岗位奖励政策，让贫困户就业到企到岗，在年度计划脱贫对象中，就业辅助6182户、19161人，占脱贫对象的34.3%。

扶贫搬迁，突破“建房难”。出台差异化用地用林政策，把最好的土地用于造福工程扶贫搬迁集中安置，推行理事会民主管理运作模式，采取代建、统建等方式，加快推进建设进度。在全省率先完成县级扶贫开发投融资平台组建工作，并按搬迁建房进度预拨资金，解决好搬迁建房缺资金问题。全年，全市承接中央、省建房补助资金102136.9万元。15553户、51939人造福工程扶贫搬迁对象春节前入住新居，其中国定对象易地扶贫搬迁8562户、27318人，占任务的103.4%，省定对象造福工程2203户、7152人，占任务的137.56%，同步搬迁4788户、17469人。

健康扶贫，突破“治病难”。完成国定对象因病致贫病种调查，推行“资助参合参保、基本诊疗费用减免、特殊门诊定额救助、住院医疗救助、重病慈善救助”五位一体的医疗救助模式。2016年起，全市贫困人口住院报销比例提高5个百分点、大病保险报销封顶线从20万元提高到30万元。落实贫困人口参合参保保费资助政策，全市补助17.16万人、1554.85万元；落实医疗保险政策，全市新农合住院补偿27.74万人次、6.79亿元，普通门诊166.2万人次、3686.42万元，特殊门诊53.4万人次、7500.8万元，大病补偿支出8059人次、4919.87万元；加大社会救助力度，全市医疗救助18.46万人次、5447.84万元。

金融扶贫，突破“贷款难”。在全省率先完成县级小额信贷风险担保机构组建工作，县级风险担保基金足额配套到位，全市风险担保基金规模达8400万元。鼓励和引导辖区内各类金融机构参与扶贫小额信贷，引入竞争机制，促使合作银行降低贷款利率，降低贫困农户贷款成本；规定合作银行承担风险比例，促使合作银行强化贷款用途监管，降低基金风险；把小额信贷纳入市对县绩效考评，促使各县加大力度，扩大贷款覆盖面。全市发放小额信贷1.83亿元，其中向4521户贫困户放贷1.58亿元，向68家新型经营主体放贷2440万元，有效解决贫困户发展生产“贷款难”问题。

【精准机制】 实行挂钩帮扶机制。实现干部挂钩帮扶贫困户、市(厅)级领导挂钩联系贫困乡镇、部门挂钩帮扶贫困村、驻村工作队派驻、村级聘用扶贫协理员“五个全覆盖”，落实干部挂钩帮扶摸清一个底子、找准一个项目、每季走访一次、办好一件实事、记好一本日记“五个一”要求，制定挂钩帮扶“三大纪律、八项注意”。

建立精准管理机制。出台《龙岩市完善精准扶贫管理机制的意见》，对贫困村、贫困户脱贫和新增或返贫对象认定标准、认定程序、识别方法等作出明确规定，建立起精准扶贫管理机制。

建立“党政同责”机制。市对县、县对乡、乡对村，层层签订《脱贫攻坚责任书》，构建市级推动、县抓落实、工作到村、责任到人的工作机制。在贫困人口进退识别、建档立卡等关键环节，乡(镇)书记、乡(镇)长签字确认，县(市、区)委书记、县(市、区)长签字审核，构建“党政同责”的脱贫攻坚领导机制。

建立成效考评机制。下发《干部挂钩帮扶贫困户工作成效考核办法》《县级党委政府扶贫开发工作成效考核办法》《市直单位和中央、省属驻岩单位扶贫开发工作成效考核办法》等3个考核办法，把脱贫攻坚列为市对县、对部门、对干部绩效考评内容，建立覆盖全市各级、各部门和每个干部的考评机制。

建立督查巡查机制。印发《龙岩市脱贫攻坚督查巡查工作方案》，实行半年一督查、年终一考核制度，由市委、市政府督查室、市效能办、脱贫办组织开展督查，确保工作落实。

建立末位约谈机制。对脱贫项目实施、易地扶贫搬迁、扶贫小额信贷三项脱贫攻坚重点任务进展情况实行每月抽查、排名、通报，对综合排名末位的，由市委、市政府主要领导约谈其党政主要领导。组织开展建档立卡“回头看”、干部挂钩帮扶、“两个平台”建设、重点任务落实等6次专项督查，有效推动各项工作深入开展。

建立社会参与激励机制。组织动员民营企业和商会挂钩帮扶贫困村、结对帮扶贫困户，引导各类办学基金、奖学基金把扶贫对象子女上学纳入资助范围，开通精准扶贫信息平台，及时发布扶贫需求、资源供给等权威信息，搭建社会各界参与扶贫互动平台。全市73家企业(商会)挂钩帮扶65个贫困村。全市希望工程资助641人、384.6万元；春蕾计划资助316人、62.06万元，光彩助学资助2371人、603.98万元。

【精准保障】 强化组织领导。成立由市委书记和市长分别担任第一总指挥和总指挥，市政府分管领导为常务副总指挥的脱贫攻坚战役指挥部。2016年，市委常委会5次研究脱贫攻坚工作，市委、市政府主要领导主持召开4次专题会议、4次现场推进会。

强化工作力量。县级脱贫办专职工作人员达到10名以上，从2017年起至2020年，在全市1781个行政村每村聘用一名村级扶贫协理员，实现村级扶贫协理员全覆盖。

强化政策支持。市委、市政府制定出台《关于推进精准扶贫打赢脱贫攻坚战的实施意见》《关于印发脱贫攻坚战役实施方案的通知》《关于印发〈龙岩市脱贫攻坚帮扶工作方案〉的通知》《关于印发脱贫攻坚若干政策措施的通知》《关于农村建档立卡贫困户搬迁建房用地用林有关政策的通知》等政策性文件，构建起“10+15”的政策支撑体系，“10”即考核机制、投入机制等10个保障机制，“15”即行业部门实施就业创业、教育扶贫等15个政策方案。

加大财政投入。市级财政一般预算由原来每年安排3500万元提高到1.12亿元。按照每个重点乡(镇)100万元、每个市级重点村20万元的标准，全市统筹3820万元重点乡(镇)、村项目帮扶资金,用于培植财源和带动贫困户发展生产。

【2016年龙岩市脱贫任务完成情况】

2016年龙岩市脱贫任务完成情况

表7

县别	任务数(省下达)			完成情况					
	国标	省标	小计	国标		省标		合计	
				人数	占比	人数	占比	人数	占比
新罗区	2900	1405	4305	2950	101.72%	1962	139.64%	4912	114.10%
永定区	4094	1176	5270	4914	120.03%	1096	93.20%	6010	114.04%
上杭县	4251	4748	8999	4365	102.68%	6112	128.73%	10477	116.42%
武平县	5791	2247	8038	6154	106.27%	3055	135.96%	9209	114.57%
长汀县	7498	1950	9448	7648	102.00%	2644	135.59%	10292	108.93%
连城县	2999	4083	7082	3146	104.90%	4438	108.69%	7584	107.09%
漳平市	3478	1043	4521	3319	95.43%	1406	134.80%	4725	104.51%
经开区	1489	848	2337	1670	112.16%	984	116.04%	2654	113.56%
合计	32500	17500	50000	34166	105.13%	21697	123.98%	55863	111.73%

【2016年龙岩市造福工程扶贫搬迁完成情况】

2016年龙岩市造福工程扶贫搬迁完成情况

表8

县别	任务数(省下达)			完成情况					
	国标	省标	小计	国标		省标		合计	
				人数	占比	人数	占比	人数	占比
新罗区	2030	707	1500	2030	100.00%	728	102.97%	3339	222.60%
永定区	4122	0	3500	4135	100.32%	555	/	5861	167.46%
上杭县	474	105	1800	510	107.59%	163	155.24%	2615	145.28%
武平县	4059	1681	4500	4504	110.96%	1804	107.32%	8919	198.20%
长汀县	6491	1903	6700	6905	106.38%	2293	120.49%	14678	219.07%
连城县	5693	467	8300	5695	100.04%	1082	231.69%	9089	109.51%
漳平市	2482	279	4000	2482	100.00%	280	100.36%	5818	145.45%
经开区	1057	57	1400	1057	100.00%	247	433.33%	1620	115.71%
合计	26408	5199	31700	27318	103.45%	7152	137.56%	51939	163.85%

(市农业局　供稿)

老区扶建

【革命基点村扶建】 联合市交通运输局对2016年度革命基点村101.075公里硬化道路进行验收，下达革命基点村道路硬化市级补助资金505.375万元，有49个革命基点村、12391人受益。2016年，全市争取到老区切块指标扶建资金442万元和追加指标资金243万元，总计685万元。其中新罗区83万元、长汀县102万元、永定区121万元、上杭县130万元、武平县100万元、连城县95万元、漳平市54万元。各县（市、区）根据《福建省财政厅　福建省老区办关于下达2016年度老区扶贫建设资金的通知》精神，将60%以上资金用于革命基点村基础设施建设和社会发展项目。扶建项目涵盖道路建设、人饮工程、排洪沟建设、村部建设、桥梁建设等，让有限的老区扶建资金用在刀刃上。长汀县采取以奖代补形式，维修道路40多公里，开通竹山便道30多公里，解决人饮水工程5处，维修校舍60平方米，进一步改善老区村和基点村群众的生产生活条件。

【革命基点村调研】 与市老促会联合七县（市、区）老区办、老促会开展革命基点村脱贫攻坚情况调研和革命基点村特色产业发展情况调研，形成《龙岩市革命基点村脱贫攻坚调研报告》《龙岩市革命基点村特色产业调研报告》，呈送市委、市政府。全市有人居住的521个革命基点村完成贫困户精准识别工作，有3.14万户12.85万人，其中建档立卡贫困户2879户8123人，分别占总户数和总人口的9.1%和6.3%。

【科技示范】 组织实施新罗区江山镇老寨村黄岭山生态农业斜背茶种植、新罗区适中镇兰田村樱桃种植、永定区仙师镇西洋村久久红蜜柚种植与推广、漳平市新桥镇云墩村豪猪特种养殖、上杭县才溪镇溪西村葡萄二次结果种植推广、长汀县童坊镇龙坊村油茶基地水利灌溉、连城县文亨镇田心村红心火龙果种植与推广、连城镇揭乐乡揭乐村巨玫瑰葡萄种植与推广等8个老区科技示范扶贫项目，目前各个项目实施进展顺利，因地制宜，充分结合当地特色已初显成效。

【老区革命遗址维护】 做好老区革命遗址挂牌工作，聘请专业摄影人员为2014—2015年度老区革命遗址挂牌项目拍摄编纂《福建革命老区遗址汇编》画册第二册所需照片，并编写有关革命遗址史料。2016年争取到110万元革命遗址专项维修经费，分别对新罗区白沙镇岩下村闽粤赣边代表大会旧址、上杭县白砂镇早康村“早康会议”旧址、上杭县稔田镇连四村永安楼、永定区仙师镇兰岗村石子岽庵革命遗址维修、永定区湖雷镇西华山庵革命遗址、漳平市象湖镇杨美村红四军出击闽中纪念馆、连城县新泉村红四军司令部旧址（于溪公祠）等7个革命遗址维修项目进行重点修缮保护。武平县县委、县政府还出台《武平县红色旧址群维修保护实施方案》，县财政每年安排500万元专项资金，对刘亚楼将军故居、林默涵故居等红色革命遗址进行维护，创建一批红色旅游线路和红色旅游景点。

关怀“五老”人员

【提高革命“五老”人员定补标准】 按照《福建省民政厅　福建省财政厅关于提高全省革命“五老”人员定期生活补助标准的通知》精神，从2016年10月1日起，全市1697名革命“五老”人员提高定期生活补助标准，在原生活定补标准每人每月930元基础上每人每月增加100元，调整后革命“五老”人员生活定补标准每人每月1030元。连城县革命“五老”人员生活补助分别按照每人每月1130元（普通）和1630元（特别困难）两个标准发放，以解决革命“五老”人员生活中存在的特殊困难。

【优待革命“五老”人员】 在医疗补助、生活资助和其他方面努力做到把党和政府对革命“五老”人员的亲切关怀落到实处，确保革命“五老”人员安度晚年。市级配套医疗补助经费52万元，定期生活补助经费575.5万元及时足额下达各县（市、区），确保革命“五老”人员补助资金及时足额发放；配合各级领导不定期对革命“五老”人员进行慰问。春节期间，配合省老区办、省老促会、市委、市政府领导深入乡村慰问革命“五老”人员，发放慰问金22万元。

（市民政局　供稿）

老区宣传

【弘扬伟大的长征精神】 结合脱贫攻坚宣传弘扬伟大的长征精神。市老促会、市老区办、闽西日报社联合在《闽西日报》开辟“革命基点村·精准扶贫”专栏，开展革命基点村精准扶贫系列宣传报道活动。组织记者、通讯员深入14个革命基点村采访，刊发图文并茂专栏文章，多方位、多角度宣传报道革命基点村在精准扶贫，精准脱贫中的典型做法和突出成绩；各级党委政府的关心重视和社会各级的帮扶；基点村干部群众发扬伟大长征精神，自力更生，开拓创新的崭新精神面貌和老区新气象，为革命基点村实施脱贫攻坚营造良好的舆论氛围。

【老区“三红”相传报道活动】 贯彻落实习近平总书记关于“要把红色资源利用好、把红色传统发挥好、把红色基因传承好”的重要指示精神，配合省老促会开展老区“三红”相传报道活动。8月，市老促会配合省电视台《金秋》栏目组分别到龙岩七县(市、区)采访拍摄，走访红色遗址;讲述红色故事，用镜头记录闽西红色历史；追寻红色记忆，回顾闽西儿女在峥嵘革命年代，跟着共产党，为中央苏区和红军的发展壮大立下的丰功伟绩，缅怀为革命抛头颅、洒热血的闽西英烈；展示闽西老区发扬长征精神，勇于改革创新，在建设新农村和脱贫攻坚及全面建成小康社会中的新探索，取得的新成就。同时，栏目组还分别专访市老促会和七县（市、区）老促会领导，介绍市、县老促会在“三红”宣传，推动老区特别是革命基点村精准脱贫等方面所发挥的积极作用。节目制成专题片分7期在省电视台《金秋》栏目中播出。

【拓宽老区宣传途径】 市老促会联合连城县委宣传部，在《闽西电视报龙岩新闻周刊》上，分100期连载由张永和、项建坤撰写的《项南传》，缅怀项南一生清正廉洁，克己奉公，一心为民的“人民公仆”崇高风范；学习传承他改革创新、实事求是精神和离休后仍为老区、山区摆脱贫困发挥余热，奋斗终身的优秀品质，为闽西老区脱贫攻坚建成全面小康凝聚精神力量。充分发挥《中国老区建设》《红土地》老区宣传重要阵地作用。继续向市政府争取资金支持，将《中国老区建设》征订量增加到1066份，向全市七县（市、区）各级各有关部门领导、重点乡（镇）和革命基点村赠阅。加大老区宣传报道力度，充分调动“两刊”通讯员和各方力量向《中国老区建设》《红土地》等媒体写稿、投稿，全年在《中国老区建设》发表文章29篇，在《红土地》上发表文章77篇。市老促会、上杭县老促会荣获中国老促会授予年度全国老区宣传工作一等奖，漳平市、新罗区、永定区、长汀县、连城县老促会荣获三等奖，上杭县老促会钟巨藩荣获优秀通讯员称号。市老促会、老区办联合对2010—2015年度全市老区宣传工作先进单位和个人予以表彰，授予长汀县通联站老区宣传先进单位一等奖，上杭县、漳平市通联站二等奖；授予高顺辉（上杭县)、黄启元（长汀县）老区宣传先进个人一等奖；邓招福（上杭县）等4位通讯员二等奖；余兴辉(连城县）等11位通讯员三等奖。

（市老促会　供稿）

5 生态建设

生态文明试验区建设

【龙岩生态文明试验区顶层设计】 2016年8月，中央确定将福建省列为全国首个国家生态文明试验区，开展生态文明体制改革综合试验，龙岩市及时研究部署，全面启动国家生态文明试验区建设工作。11月下旬，出台《龙岩市贯彻落实〈国家生态文明试验区（福建）实施方案〉的实施意见》，紧紧围绕打造“建设国土空间科学开发的先导区”“生态产品价值实现的先行区”“环境治理体系改革的示范区”“绿色发展评价导向的实践区”四大战略定位，重点实施生态环境建设提升、生态文明制度创新、生态环保产业发展、生态文明风尚引领等“四大工程”，切实体现“龙岩模式”“龙岩经验”“龙岩途径”等生态文明建设特色内容，进一步将生态文明理念融入全市经济发展全过程，通过探索生态文明建设新模式，培育加快绿色发展新动能，进一步开辟实现绿色惠民新路径。强化组织领导。龙岩市委、市政府多次召开会议专题研究生态文明建设相关工作，成立由市委、市政府主要领导亲自挂帅的龙岩生态文明试验区建设领导小组，及时协调解决生态建设各种困难和问题，为推进龙岩生态文明试验区建设提供有力保障。明确改革目标。到2018年，全面落实和完成《实施意见》中提出的34项改革任务，进一步提升推广具有龙岩特色的改革成果，推动龙岩生态文明试验区建设各项工作取得新成效，为全省乃至全国探索更多可复制、可推广的好经验、好做法。在部分重点领域形成一批可复制、可借鉴的“龙岩模式”。

【打造生态特色改革品牌】 制定实施《龙岩市2016年生态文明体制改革实施方案》，着力推动生态环保重点领域、关键环节的制度建设和机制创新，确保各项改革任务取得突破和成效。提升总结“长汀经验”方面，健全水土流失治理多元化治理机制和治理模式，探索水土保持生态效益补偿机制，编写的《福建长汀县牢记习近平总书记重托全力打造“长汀经验”升级版取得突出成效》获得国务院副总理汪洋的肯定。深化水土流失治理参与主体改革，制定出台《关于进一步加强水土保持工作的实施意见》等政策文件，鼓励社会民间资本参与水土保持工程建设。2016年，全市企事业单位投入资金达9165万元、群众自筹5028万元。重点流域生态补偿机制方面，积极开展九龙江、闽江、汀江流域水污染综合治理“十三五”规划研究及节水型社会建设“十三五”规划研究，突破了国家发改委重点流域水污染综合治理专项对龙岩市重点流域水污染治理项目支持的开放。2016年3月，国家财政部、环保部在龙岩市联合召开部分省份流域上下游横向生态补偿机制建设工作推进会上，正式签署《汀江—韩江流域水环境横向生态补偿协议》，并得到国家相关部委在政策和资金上的大力支持。武平林改经验方面，2016年，武平县共完成重点生态区位商品林赎买面积266.67公顷，租赁等形式完成2460.13公顷，超额完成省下达的目标任务，成效显著。重点生态区位商品林赎买有效地化解重点生态区位商品林保护和林农利益的矛盾，更好地保护生态，改善民生、保障林权所有者的利益。在自然资源资产负债表编制试点方面，长汀县于10月底全面完成基础资料的搜集、整理、审核等试点第一阶段工作，编制出的2014年、2015年自然资源资产负债表上报省统计局。

【推动产业转型】 在生态文明试验区建设过程中，大力实施创新驱动战略，严格执行石化等七类重点产业发展布局，强化资源环境倒逼机制，转方式、调结构、促转型，着力构建绿色环保、低碳节能的生态环保产业体系。加快传统产业转型升级。应用新技术、新装备、新材料,改造提升烟草、能源精化、纺织、建材等传统产业,重点推进新一轮技术改造和技术创新,安排市级重点技改项目96项,2016年,完成投资126.2亿元,完成年度投资计划的207.2%;省级重点技术改造项目95项,2016年,完成投资112.3亿元,完成年度投资计划的178.3%。发展节能循环经济。严格落实国家关于建设项目节能评审有关政策,严把项目准入关。制定出台《关于落实投资项目审批(核准)工作有关事项的通知》,推动项目按照新规定进行节能评审。2016年,对全市28家重点用能企业开展现场节能监察工作,推动企业实施锅炉改造、电机节能等重点节能改造工程以及节水、节电、节材等循环经济项目32个,年可节约标煤约3万吨,单位GDP能耗下降6.07%左右。推动龙雁、蛟洋和岩前等工业区开展循环化改造工作,进一步完善循环经济产业链。重点发展环保装备制造业。努力建设国家级环保装备制造产业基地。全市有环保装备制造及配套企业50多家,2016年实现产值110亿元。全市基本形成以龙净环保、东源环保、卫东环保为龙头的电除尘器、袋式除尘器、电-袋除尘器、脱硫产品、气力输送产品、脉冲除尘等为主的大气污染治理环保装备制造产业雏型,在除尘、干法脱硫等方面的生产技术居国内领先地位,成功开发出一系列具有国际水平的拳头产品。龙岩市还以服务业带动制造业发展,装备制造企业龙马环卫和龙净环保在推进"制造+服务"方面取得较好成效。

【生态改善提升难度加大】 水土流失治理进入攻坚阶段,尚未治理的12.67万公顷水土流失区大多处于二重山、三重山和山顶、山脊,且部分已治理区域树种单一、林分结构较差,生态普遍比较脆弱,巩固提升的难度加大。龙岩市是福建省最大的畜牧生产地区,有5个县是国家生猪调出大县(全省共8个),猪肉产量超过全省的1/4。虽然近年来加大了整治力度,特别是2016年以来,全市共投入7.07亿元,关闭拆除生猪养殖场23349户、共消减生猪243.9万头,养殖业污染治理取得阶段性成效,但仍需进一步加大力度进行整治。

新一轮水土流失治理

【水土流失治理工作呈现"三少三多"】 "十二五"以来,龙岩市始终牢记习总书记"进则全胜 不进则退"的嘱托,进一步总结提升"长汀经验",以"坐不住,等不及"的工作态度,通过采取强化组织领导、部门配合、项目带动、典型示范、科学治理、监督执法等措施,扎实推进水土流失治理工作,"十二五"时期累计治理水土流失面积16.83万公顷,其中攻坚治理二重山水土流失面积6.43万公顷。通过努力,全市水土流失治理呈现"三少三多"新成效。

"三少":一是水土流失面积逐年减少。按照"低成本、大面积、可持续"的治理原则,围绕消灭水土流失斑安排项目资金,确保治理一片、成功一片。据遥感调查,全市2015年水土流失面积、水土流失率分别由2011年的15.84万公顷、8.4%下降至13.28万公顷、6.98%,下降率位居全省第一。二是光秃秃的红帽子山头越来越少。全市强度以上的水土流失面积由2011年3.4万公顷减少为2.35万公顷,水土流失程度明显减轻,如长汀河田、三州、策武等严重水土流失乡镇由昔日的"火焰山"变成了绿满山、果飘香;素有"第二河田"之称的永定仙师摘掉127个光秃秃"红帽子",成了年产500多万公斤的蜜柚之乡;上杭湖洋、稔田、临城一带过去的"癞痢山"变成了花果山。同时,对崩岗严重侵蚀区积极探索改"崖"为"坡",变崩岗区为生态种养区、工业园区、生态移民安置区,"十二五" 累计治理崩岗位614座,不但有效消除崩岗的地质危害,保护耕地上千亩,还按削坡造地的方法新增经济林地19.4公顷,新增工业、农村宅居地等26公顷,新增养殖用地4公顷,建立年出栏生猪万头的现代养猪场一座。三是针叶林占造林面积的比例明显减少。水保部门在针叶树种为主的疏林区或纯针叶林中度水土流失区,通过大量补植枫香、木荷、杜英等优良乡土阔叶树种,改良林分结构,提高林地水源涵养能力;林业部门也在公路沿线一重山、生态断弱带、防火林带等区域大量补植大苗阔叶林,形成针阔混交,针叶林占总造林面积的比例由过去的80%减少为20—50%,林分结构有所改善。

"三多":一是水土流失区群众收入增多。积极引导农民发展大田经济、林下经济、花卉经济、观光农业等生态产业,"十二五"以来,全市水土流失区累计新植经济果木林0.55万公顷,开发林下经济3.85万公顷,建成一批油茶、无患子、蓝莓、金茶花和金银花等特色产业基地。同时各地充分利用水土流失区治理成果举办生态游活动,如长汀举办杨梅、上杭举办蜜雪梨采摘节,漳平永福举办樱花节等,年吸引旅游观光人数约上百万人次,水土流失区群众每人年均增收1476元,策武南坑、仙师务田等严重水土流失区农民人均纯收入分别由2009年的5869元、5678元提升至2015年的14102元、11080元。二是参与水土流失治理的群众增多。水利部印发的《鼓励和引导民间资本参与水土保持工程建设的实施细则》和省政府办公厅《关于印发推进水土流失治理企业化运作实施方案的通知》等政策出台进一步释放红利,社会各界积极参与水土流失治理,实现由政府主导、群众参与转为政府引导、群众主体的转变。据统计,"十二五"期间,企业、社会、团体、群众等民间资本参与龙岩市水土流失治理资金达28317万元,综合治理水土流失面积0.97万公顷,其中:承包、租赁治理的农民大户412户，公司+农户25个，农村合作社形式22个，独立出资形式452个，股份合作形式51个，其它挂钩帮扶出资或捐赠等形式255个。三是水土保持生态清洁型小流域和生态村增多。全市按照山、水、田、林、路、河统一规划，山上山下综合治理，“消灭水土流失斑与建设万里安全生态水系”统筹兼顾的治理新思路，2015年，新建生态清洁型小流域20条、水土保持生态村4个，新建安全生态水系71公里。“十二五”时期累计建设生态清洁型小流域61条、水土保持生态村18个。

【“南方红壤水土流失治理技术研究与示范”项目通过验收】 4月7—8日，省科技厅组织有关专家在长汀县分别对福州大学承担的“南方红壤水土流失综合监测”、福州福大经纬信息科技有限公司承担的“南方红壤水土保持评估与决策”和福建省空间信息工程研究中心承担的“南方红壤水土流失治理技术示范”等三个课题进行技术和财务验收。

“南方红壤水土流失治理技术研究与示范”，是“十二五”国家科技支撑项目，由高校、科研院所等11家单位共同合作完成，历时3年，项目补助资金达1758万元。主要创新成果和效益：完成省组尺度、县级尺度、重点区域不同时期水土流失相关因子遥感综合监测方法研究，完成长汀县12个地面径流小区的升级改造和监测数据自动传输系统、研发水土保持群测群防系统移动端和服务端系统，并在长汀县进行试运行；体现南方红壤区典型流域水土保持措施空间交互作用的情景分析方法，可为南方红壤水土流失治理提供决策支持工具；完成长汀县水土流失敏感性分区与风险分级，进行水土保持措施适宜性评价，并对长汀县水土保持措施进行优化配置，开展水土流失辅助决策研究，构建水土保持一体化业务综合云管理平台等；获得国家发明专利授权1项、申请专利2项、申请地方标准立项1项、计算机软件著作权登记9项、软件著作权2项，发表研究论文71篇，培养博士研究生8人、硕士研究生62人，各类专门技术人员400余人。

专家组通过检查部分现场试验示范样点、听取课题组汇报、审阅有关资料等方式，确定三个课题完成任务书规定的各项任务和经济技术指标，项目验收获通过。同时标志着福建的水土地流失治理技术研究已升至国家水平。

【部分省份流域生态补偿机制建设推进会在龙岩召开】 2016年3月20—21日，部分省份流域上下游横向生态补偿机制建设工作推进会在上杭古田召开。财政部副部长刘昆，环保部副部长李干杰，福建省委常委、常务副省长张志南出席会议并讲话，福建省政府副省长郑晓松，江西省政府副省长郑为文，广东省政府副省长许瑞生，广西壮族自治区政府副主席黄世勇，市领导李德金、池秋娜、张天洲、严志铭、王龙，20个省份财政、环保部门负责人参加会议。

刘昆强调，要充分认识建立流域上下游横向生态补偿机制的重要意义，推进流域上下游建立横向生态补偿机制是党中央、国务院作出的一项重要决策部署，建立横向生态补偿机制是促进流域治理的有效措施，是践行绿色发展理念的重要财政制度创新。当前，横向生态补偿机制建设工作取得积极成效，扩大试点范围工作进展顺利。要准确把握流域上下游横向生态补偿机制建设的总体要求。突出地方为主，中央财政给予适当奖励引导；严格水质考核，将水质改善情况作为财政支持的基本依据；实施梯级奖励，强化补偿机制的激励与约束作用；强化共同治理，确保重点流域水质持续改善。要加大支持，狠抓落实，不断推动横向生态补偿取得新的成效。支持试点流域完善补偿机制，深入开展流域保护和治理；积极推动开展协商，扩大试点范围；统筹资金渠道，进一步加大对建立横向生态补偿机制流域的支持。

李干杰强调，要认真学习贯彻习近平总书记重要批示指示精神，加快建立健全流域生态补偿机制。习近平总书记在福建工作时就身体力行生态文明建设和绿色发展实践。破解保护和发展的矛盾，实现两者的统一，就要在具体工作中，向总书记学习，向总书记看齐，以总书记为榜样，牢固树立和落实“绿水青山就是金山银山”理念，通过生态补偿等体制机制创新，加快解决突出环境问题，推动环境质量改善，让人民群众在良好环境中生产生活。要积极推广和借鉴流域生态补偿的好做法好经验，树立正确的发展观、政绩观，强化上下游协作，建立污染防治联动机制，全民参与，社会共治。把流域上下游横向生态补偿机制落实好。对于全国而言，各流域都要积极行动起来，上下游省份应增强大局意识和协作意识，主动沟通协商，共同治理和保护流域生态环境，共享发展成果。对于已开展试点的流域，要坚持以改善环境质量为核心，强化地方政府环保责任，建立联防共治机制，积累经验及时推广。

受福建省委书记尤权、省政府省长于伟国委托，张志南代表福建省委、省政府向各位领导的到来表示热烈欢迎，向财政部、环保部和兄弟省区长期以来对福建经济社会发展的大力支持帮助表示衷心感谢。张志南说，作为全国首个生态文明先行示范区，福建生态文明建设起步早、力度大。在推进生态文明建设中，福建省积极创建体制机制，探索建立健全从“水源头到水龙头”的全链条水质管控机制、激励与约束相结合的机制。我们将认真落实本次会议精神，认真落实签署的流域生态补偿协议，积极借鉴兄弟省区的好经验、好做法，以更高的标准、更严的要求、更实的举措，保护好、治理好汀江流域水环境，积极深化生态文明体制改革，坚持绿色发展，探索建立统一规范的国家生态文明试验区。

恳切希望财政部、环保部等国家部委和兄弟省区继续给予福建更多的指导、支持和帮助，多到福建走走看看，多为福建经济社会发展提出宝贵意见。

会上，广东省、广西壮族自治区、福建省、江西省领导分别发言，安徽省、浙江省作经验介绍，广西壮族自治区与广东省签署九洲江上下游横向生态补偿协议，福建省与广东省签署汀江—韩江上下游横向生态补偿协议。参会人员瞻仰了古田会议会址和毛泽东主席雕像，实地察看了紫金铜业有限公司、瓮福紫金股份有限公司、长汀水土保持科教园、长汀县嘉波污水处理厂、策武镇南坑村和汀江流域生态修复工作。会后，李干杰前往长汀县，实地调研龙岩市流域水环境整治工作。

【全市生态环保攻坚战役推进会议召开】 11月30日下午，全市生态环保攻坚战役推进会议在市行政办公中心召开。市委副书记、代市长林国耀出席会议并讲话，市领导王龙、黄庆辉，市政府党组成员谢海波，市直有关单位和各县(市、区)政府、龙岩经开区(高新区)管委会、省级以上工业园区管委会主要负责人参加会议。

会议强调，要盯紧目标，落实责任。各级各部门要对照年初确定的目标任务，坚持问题导向，认真梳理问题，深入寻找差距，逐项检查整改，逐项督导落实，倒计时推进各项工作。要突出重点，全力整改。着力抓好养殖业污染整治、污水处理设施建设、饮用水源地保护、燃煤锅炉淘汰、企业用地土壤污染排查、危废污染处置设施建设等工作，尽快完成既定目标。要持续攻坚，扩大成果。进一步建立完善“河长制”、第三方治理模式等工作机制，进一步用好用活养殖标准化改造、生态补偿等政策，多渠道筹措建设资金，进一步扩大宣传，在全社会营造自觉保护生态环境的良好氛围，巩固和扩大环保攻坚取得的成果。

会议要求，要围绕推进国家生态文明试验区(龙岩片区)建设的部署和要求，认真谋划好明年生态环保工作，列出详细工作计划和具体项目清单，建立定期专项协调、督查通报等机制，持续打好生态环保攻坚战役。

会上，市环保局、生态环保攻坚战役部分市直牵头责任部门和各县(市、区)、龙岩经开区(高新区)分别作了工作汇报。

【发挥林业优势推进水土流失治理】 10月，龙岩市林业局出台《关于发挥林业优势加快推进水土流失治理的指导意见》，提出林业部门要充分发挥在水土流失治理中的主力军作用，不断总结经验，提高林地水土保持能力，加快推进水土流失治理。

《意见》提出，大力实施封山育林，水土流失区实行全面封禁，坚持封育并重，“封、管、造”结合，丰富植被种类，增强土壤涵养水源、水土保持的功能；不断改善林分结构，通过树种结构调整和补植，建设山脊防火林带、林中空地造林，逐步将水土流失区的马尾松纯林改造为复层混交林，增强森林蓄水固土能力；实施天然林保护工程，全面实施天然林保护工程，停止天然林商业性采伐；2016年起，停止天然林商业性采伐，对天然商品乔木林每年每亩给予14.75元管护补助。加大生态公益林保护力度，将水土流失区纳入重点生态区位管理，逐步将水土流失区的人工商品林调整为生态公益林，生态公益林补偿标准由每年每亩19元提高到22元；不断完善护林员管理体制改革，把水土流失区的商品林作为生态公益林来管护；实行水土保持“燃补”政策，全面推广燃煤使用、沼气池建设，实施煤球补贴、用电补贴；加强林业灾害防控，加强森林防火，全面禁止炼山造林，加快推进电力走廊防火林带建设；加强林业有害生物防控，确保林业有害生物成灾率控制在3‰以下，无公害防治率达到86%，种苗产地检疫率达到100%。

【龙岩中院出台服务保障国家生态文明试验区龙岩片区建设意见】 12月1日，龙岩市中级人民法院出台《关于进一步发挥生态环境审判职能　全面服务保障国家生态文明试验区龙岩片区建设的意见》。

《意见》明确了龙岩司法服务保障国家生态文明试验区龙岩片区建设的重要定位、价值导向和目标任务，要求全市法院充分发挥审判职能作用，以生态“五器”工作法和“三三”机制为抓手，强力推进公正高效审判，确保国家生态文明试验区龙岩片区建设稳步开展。在服务保障龙岩推进生态环境建设提升、生态文明制度创新、生态环保产业发展、生态文明风尚引领等四大工程建设中，要注重发挥司法规范指引功能，积极引导不符合产业政策的水污染企业依法关闭、中心城区大气污染企业搬迁改造，推动资源产业升级转型。要积极探索、创新环境治理和生态保护市场体系建立过程中新类型案件的处理方式，确保试验区龙岩片区自然资源资产产权制度、用能权、碳排放权、排污权交易市场体系和绿色金融体系建设稳步进行。要致力探索环境资源司法保护体制机制创新，充分发挥最高法院环境资源司法实践基地优势，因地制宜推进生态环境修复、生态环境专家参与等机制完善，形成可复制可推广的环境资源司法保护机制，不断增强服务保障试验区建设能力水平。

【龙岩市法院加强环境资源审判】 创新审判模式。推行以“庭前三调查、判前三落实、判后三督促”为重点的生态审判机制，选聘73名林业、环保专家陪审员，2016年以来审结各类生态案件788件。推进公益诉讼。细化生态公益诉讼审判操作规程，网络直播公益诉讼案件庭审4件，其中1件水土保持案例入选全国法院典型环保案例。落实生态补偿。联合司法、林业部门细化工作意见，新增生态修复基地 14 个，共建绿色矿山 6 个，适用生态修复 85 件，复绿补植 370.6 公顷。深化品牌创建。长汀法院生态审判“三三”机制被最高法院简报刊发，连城法院被省法院确定为推进环境公益诉讼审判工作重点法院，中院被确定为全国环境资源司法实践基地。

【中级人民法院设立 10 个环境资源司法实践基地联系点】

4 月 15 日，为充分发挥龙岩市中级人民法院作为“最高人民法院环境资源司法实践基地”的典型引领、示范带动作用，进一步加强法院与环境资源保护及开发利用单位的联动，为创新完善生态资源司法保护工作提供有力的实践支持，切实推动龙岩生态文明先行示范区建设，更好地服务市“三大战役”，龙岩市中级人民法院决定设立 10 个环境资源司法实践基地联系点：市环保局、福建梅花山国家级自然保护区管理局、梁野山国家级自然保护区管理局、汀江源国家级自然保护区管理局、紫金矿业集团股份有限公司、福建马坑矿业股份有限公司、长汀县水土保持站、漳平五一国有林场、连城县林业局、永定区水利局等。

【龙岩警方打响生态环境保护攻坚战】

为进一步加强生态环境保护工作，积极开展红土生态警务活动，从 5 月 6 日开始，市公安局在全市开展生态环境保护攻坚战。此次行动的重点围绕三个方面，加强城区道路管理，严管渣土运输车、水泥搅拌车，严厉打击“滴、洒、漏”违法行为；强化推进机动车尾气污染防治，完成黄标车年度淘汰任务，加大催告力度，督促黄标车主及时申报淘汰车辆，按规定程序及时办理注销手续；进一步扩大黄标车禁行区域，加大黄标车禁行、限行等查处力度。

警方专门成立生态环境保护攻坚战领导小组，交警等部门完善道路交通设施，进一步完善扩大高污染及未取得环保标志机动车辆限行区域，加强路面管控，做好宣传发动，全力打赢生态环境保护攻坚战。

【市公安局开展植树造林暨红土生态警务系列活动启动仪式】 3 月 16 日，市公安局组织全市公安机关 120 多名党员民警代表深入全国水土流失治理重点区域长汀县河田镇，开展植树造林暨红土生态警务系列活动启动仪式。副市长、市公安局局长张斌参加活动。

在活动现场，龙岩公安举行了红土生态警务系列活动启动仪式，张斌为“红土生态警务突击队”授旗。张斌提出，要发扬“不进则退、滴水穿石”的长汀精神，实施“三红三最”工程，为生态文明建设保驾护航。他强调，要保护好“绿水青山”，建设生态公安局、生态派出所和生态警务室，严厉打击各类破坏生态环境违法犯罪行为；要保卫好“绿色餐饮”，持续深化整治“四黑四害”行动，建立打击食品安全违法犯罪联动执法机制；要保障好“绿色出行”，积极参与大气污染治理，开展“报废车、拼装车、尾气超标车”专项整治行动，扩大黄标车限行区域和线路，严格车辆排污标准注册登记制；要开展生态警营创建活动，把警营建成生态警营，注重提升广大民警的生态文明意识。

【上杭县创建国家水土保持生态文明综合治理工程通过省级初评】 11 月，省水利厅组织有关专家到上杭就创建国家水土保持生态文明综合治理工程进行初级评审。与会专家和代表先后考察湖洋镇观音井坡改梯治理、临城镇九洲将军林、旧县水东溪小流域和泮境上坊小流域生态护岸等生态建设现场，观看了专题片，听取上杭县创建国家水土保持生态文明综合治理工程工作汇报。专家组对上杭县创建工作给予高度评价，认为：上杭县委、县政府高度重视水土保持工作，将水土保持纳入国民经济和社会发展规划，建立水土保持政府目标责任制，形成政府统一领导、多部门协作、群众参与的水土流失防治机制，实施“九大治理工程”，经过长期不懈的治理，改善了生态环境，创新了“五大”管理机制模式，培育发展了生态农业、生态产业、生态旅游等特色产业，人居环境、生产水平不断提升，形成了保护与开发并重、生态效益与经济效益兼顾的发展路子。上杭县的经验和成效，对同类地区的生态环境建设具有示范带动作用。同时，就进一步总结上杭水土保持治理工作经验做法、补充修改完善相关材料和加大宣传工作力度等方面提出了意见建议。

专家组认为，上杭县高度重视水土保持生态文明建设，思路清晰、目标明确、机制完善、基础工作扎实、建设成效显著、示范作用明显，达到了国家水土保持生态文明综合治理工程评定标准，同意通过省级初评并向水利部申报国家水土保持生态文明综合治理工程。

【武平中山河国家湿地公园获批试点】

1 月，国家林业局批准同意福建武平中山河国家湿地公园开展试点工作。

福建武平中山河国家湿地公园是目前福建省唯一一个跨省流域的湿地公园，地理位置、作用非常独特，涉及 6 个乡镇，湿地公园以“两河、三库”为主体，两河是指中山河及其支流平川河，三库是指中山河上的东留水库、卦坑水库和下坝水库 3 座河流型水库，规划总面积 1529.3 公顷，其中湿地面积为 707.7 公顷，湿地率为 46.3%。公园内湿地生态系统以河流和库塘为主，与两岸典型的地带性常绿阔叶林、水岸竹林等形成协同共生的湿地—森林复合生态系统，生态特征典型，水生态过程自然，在我国中亚热带山地丘陵地区具有典型性，湿地保护示范意义突出。

6 客家文化

海峡两岸客家交流

【两岸客家文化交流团到永定参访交流】 4月19—21日，两岸客家文化交流团到永定区参访交流、寻根探亲。在永定土楼，交流团观看土楼结构，欣赏客家楹联，询问客家历史、文化、建筑、民俗，了解土楼建筑奥秘和文化符号。台湾乡亲不时用手机拍下土楼美景，无不惊叹土楼风格独特、结构精巧的建筑艺术，土楼先人的智慧和土楼承载的客家文化底蕴。参访期间，交流团还回到祖籍地古竹乡，和父老乡亲们一起敲锣打鼓祭拜祖宗。台湾宗亲与古竹本地的乡亲，欢聚一堂，畅叙乡情和家乡发展变化。

【龙岩与台港澳客属联谊交流】 4月22日，台北永定同乡会理事长黄建兴、苗栗县同乡会理事长苏文龙、中华世界民族和平展望会秘书长江彦震一行80人返大陆探亲，拜会闽西客联会，商议会务及两岸交流事宜。5月2日，(台湾)中华福建闽西客家文化交流协会会长黄建兴，带领家族30余人回永定祭祖，拜会闽西客联会。6月11日，香港客属社团首长联谊会理事长黎国威到访闽西客联会，向闽西客联会赠送其编著的《孙中山台湾足迹行》，邀请闽西客联会出席在广州召开的《孙中山台湾足迹行》首发式。6月14日，台湾大高雄观光协会理事长钟新富一行到访闽西客联会。7月17日，应香港闽西联会邀请，龙岩市闽西联会第十届会董会就职典礼，赠送“乡贤荟萃”书法作品。7月18日，出席香港长汀同乡会第四届理事会就职典礼，赠送“情系桑梓”书法作品。7月19日，拜访澳门闽西同乡总会、澳门闽西商会。9月9日，台北市蓝姓宗亲会理事蓝秀珍一行3人到访。

【龙岩台湾客家文化交流】 2016年，海峡之声广播电台与福建省委宣传部、台湾导报共同合作开展“闽台走亲乡镇行”系列采访报道活动，以纪实报道和情感体验相结合的方式，生动展示龙岩市深厚的历史文化积淀、两岸交流交往现状以及信仰亲缘联系，在台湾导报刊发50多篇涉岩相关报道，8个龙岩专版宣传；龙岩人民广播电台、龙岩电视台加强龙台广播电视节目合作，全年共制作53小时客家话广播节目《两岸客家》，10集客家姓氏源流专题片《客家族谱演义》，10集客家民俗系列访谈节目《客韵》，7集客家美食互动节目《美食美客》等入岛宣传广播电视节目；组织做好《环球客家》等10家刊物和乡讯的入岛宣传工作。积极传递乡音乡情，扩大龙台文化交流，增进互信合作。

客家民俗活动

【开展“闽西十大经典民俗活动”评选活动】 8月至12月，为进一步弘扬和保护闽西传统文化，加强非物质文化遗产的保护力度，推进民俗文化品牌打造，促进文化旅游事业发展，由市委宣传部牵头在全市范围内开展“闽西十大经典民俗活动”评选工作。由市文广新局、市旅游局、市文联、龙岩学院等单位和市民间文艺家协会等有关专家组成考评组深入各地，通过召开座谈会、查看资料、实地观看民俗表演等形式对各地申报的民俗活动进行认真考察评选，评选出“闽西十大经典民俗活动”和“闽西十大经典民俗活动(提名)”。市财政对十大经典民俗活动给予一定的资金扶持，获选“闽西十大经典民俗活动”的每个奖励2万元，获选“闽西十大经典民俗活动(提名)”的每个奖励1万元。

“闽西十大经典民俗活动”包括新罗区适中“盂兰盆会”、永定区湖坑“作大福”、永定区陈东“四月八”、上杭县官庄、庐丰畲族“三月三”民俗文化节、武平县永平中湍村“上刀山下火海”民俗文化节、长汀县濯田升平村“百壶宴”、长汀县童坊“闹春田”、连城县姑田“游大龙”、连城县罗坊“走古事”和漳平市永福“妈祖文化节”。

“闽西十大经典民俗活动（提名）”包括：新罗区雁石“苏邦元宵灯会”、上杭县白砂“田公元帅信俗”、武平县岩前“定光佛文化”、武平县万安“魏侃夫”民俗文化节、长汀县濯田美溪村“百鸭宴”、长汀县童坊“彭坊刻纸龙灯巡游”、连城县北团“游大粽”、连城县庙前“芷溪花灯”、漳平市新桥“花灯龙”和经开区坎市“打新婚”。

【元宵节闽西传统民俗】 元宵节是闽西客家民间最重要的民俗节日之一，更是一年中各种民间文艺活动最集中、最丰富的一个节日。

长汀四都渔溪村抬石佛风俗。每年的正月十四，几个身强力壮的村民抬着石圣祖师冲田坎，十几位未婚青年手持毛竹竿劈头盖脸地打来，并将轿子推倒。就这样，倒了又起，起了又倒，直到将“石佛”抬到村中大坪，供全体村民敬奉。

闹春田则是长汀县童坊镇举河、举林村传承上百年的习俗。2月19日，农历正月十二，村民们抬着关帝圣君菩萨到一丘当年收成最好的农田中，疯狂地转着圈子，推拉挪搡，互摔泥巴，纵情狂闹，直至个个成为满头满身是泥浆的泥人。

流行于罗坊的“走古事”，是一项在欢娱中取乐、在竞赛中健身、别有风味的全民性的民间体育娱乐活动，被誉为“山区的狂欢节”，也被称为连城版的“速度与激情”。姑田游大龙则是在正月十五下午至晚上，二百多节、千米长的大龙，蜿蜒于乡间村野，穿行于大街小巷，腾挪起伏，活灵活现。还有新泉烧炮、林坊游龙、北团游大粽、芷溪游花灯，漳平新桥的炸龙、永福的抬宝塔，永定抚市的走古事、坎市打新婚，新罗区东肖天子庙的过关、万安竹贯村的纸花灯等一大批精彩的元宵民俗活动。

【连城罗坊“走古事”】 2月22日，农历正月十五，一年一度的客家乡村狂欢节——连城罗坊“走古事”活动进入高潮。在蒙蒙细雨中，七棚古事从云龙桥先后下水，抬着“古事”的壮汉们在青岩河中奔跑追逐，场面激烈，吸引了1万多名国内外摄影爱好者和游客前来观看。

【连城姑田“游大龙”】 2月22日元宵佳节，在连城县姑田镇，“天下第一龙”——姑田游大龙欢腾上演。在百余米融入党风廉政、综治平安、计生国策宣传的彩旗队、灯箱队的引领下，十余支十番乐队、鼓乐队奏响欢乐的曲调，一千多名当地中青年壮汉抬着“天下第一龙”出游。长达数公里的游龙队伍蜿蜒于村落田野间，穿行于大街小巷，腾挪起伏，活灵活现。虽然春雨淅沥沥地下个不停，依然吸引数万海内外游客、海峡两岸客家乡亲前来共游大龙、喜闹元宵。

天下第一龙在田野间蜿蜒盘旋

该年姑田游大龙轮到中堡华氏担纲。大龙长120多节、近600米，龙头专门请上年姑田大龙游台湾的制龙师傅华登林制作，龙身则有出龙的家家户户自行制作，大年初一就开始动工制作。

“姑田游大龙”始于明代，已有四百多年历史，意在祈求风调雨顺、五谷丰登。当地客家人以村为单位，按习俗每年由被轮到的一姓氏家族主办游龙活动。大龙选用当地著名的“姑田宣纸”为材料，最主要的龙头及龙尾由当年主办家族承担制作，龙身则以姓氏为单位，由各家各户分别制作，尺寸一般高2.4

文艺演出现场

米，长 4.2 米，最终出游的大龙就是由这一节节龙身相接而成。

【庐丰举行“三月三”乌饭节】 4 月 9 日，正值农历“三月三”，是畲族的传统节日，当天，上杭县庐丰畲族乡隆重举行“三月三”乌饭节暨庐丰畲族乡革命史陈列馆开馆仪式，来自福建、广东、江西、贵州等 10 余个省份的蓝氏宗亲、畲族民俗文化爱好者约一万多人参加活动，共同感受独特的畲乡文化和浓浓的畲族风情。

乌饭节主要活动有庐丰畲族乡革命史陈列馆开馆、文艺演出、蓝氏族谱展、图腾展、特色美食展销等，立体展示了畲族历史悠久的红色文化、独具特色的民俗文化和源远流长的蓝氏族谱文化。

革命史陈列馆展示出畲民英勇不屈、顽强抵抗外来侵略者的光辉历史；舞狮、武术、舞蹈、山歌、快板、树叶吹奏等节目展示了“多彩畲乡，魅力庐丰”的特色；乌饭、麦芽糖、糍粑等富有浓郁畲乡特色的美食吸引了许多游客。

【连城县庙前镇芷溪村举行首届客家民俗文化节】 10 月 2 日，连城县庙前镇芷溪村举行首届客家民俗文化节，进行“游花灯”“红龙缠柱”“客家十番音乐”等非物质文化遗产和民俗活动展示，场面热闹非凡，八方宾客云集，把素有“千烟之家”的中国历史文化名村芷溪熔成花灯盏盏、鞭炮声声、锣鼓声声的的民俗喜庆海洋之中。

芷溪，历史悠久，宗祠林立，民居蔟拥，民俗独特。每年正月都有花灯、红龙缠柱、犁春牛、十番音乐、走古事、闽西汉剧演出等丰富多彩的民俗活动，其中，芷溪花灯堪称客家民俗文化的奇葩。芷溪花灯源自苏州，保留了古苏州的花灯艺术和锣鼓音乐，300 年来代代传承着“纸包火”的奇迹。每个花灯有 99 盏火，由琉璃杯装棕油点亮，通透澄莹，熠熠生辉，多时达百余个花灯，组成一支花灯长队，首尾相接、明烛夜空、花团锦簇、琳琅满目、十分壮观。

客家文化研究

【协助办好京交会·世界客商论坛】 2016 年 2 月 10 日，“京交会 2016 世界客商一带一路经贸文化论坛”组委会一行专程到龙岩，向龙岩市政府和闽西客联会发出参会邀请，双方就办好“京交会·2016 世界客商一带一路经贸文化论坛”活动座谈交流。5 月 27—30 日，龙岩市派员赴京出席“世界客商论坛”，并在论坛最后阶段《北京宣言》讨论审议中提出重要建设性意见。此次论坛扩大了客家的影响面，是客家大型活动在首都北京首次亮相，旨在于办成一个世界客商对接国家“一带一路”战略的高端盛会，在首都北京宣传了客家，扩大了客家的影响面。论坛对强化客家联络机制起了重要推动作用。论坛最后阶段审议通过并发布《北京宣言》，极大地促进了各客家社团之间的联系、联谊、联络。

【上杭建成全国唯一收藏客家族谱专题博物馆】 2015 年 11 月，上杭县客家族谱博物馆新馆该馆展览主要由 3 个展厅组成，各展厅通过实物、图片、模型、科技手段，全面展示客家族谱及其功能价值、客家民系的形成及特征、客家姓氏源流、两岸客家同宗同源一脉相承的血脉亲情等内容，是全国唯一收藏客家族谱的专题博物馆。

【重走客家先民迁徙路活动】 8 月 1—11 日，海峡两岸记者、青年 30 余人参加“重走客家先民迁徙路”活动，行程历经河南、江西、福建、广东 4 个省 11 个有代表性的客家迁徙地，了解客家先民从中原南迁，从福建、广东迁往台湾的历史过程，深刻感受两岸客家同源同脉的浓浓亲情。

【客家文艺演出精品创作】 2016 年 3 月 17 日，龙岩市在连城召开打造闽西客家优秀剧目座谈会，各县（市、区）宣传部长及有专家学者参加。会议就大型歌舞《千年客家梦》创作进行座谈。5 月 31 日到 6 月 8 日，闽西客联会和连城县组成考察小组，赴云南和贵州观摩学习综艺晚会，先后观摩学习了贵州的《多彩贵州风》、云南的《云南映像》《印象丽江》《丽江千古情》《丽水金沙》《醉美香格里拉》等6台综艺晚会，形成《打造客家题材舞台精品　为文化旅游注入新动力》的学习考察报告。

【首届汀州伏虎文化研讨会在长汀举行】

10月13日，由龙岩学院闽台客家研究院、龙岩市民间文艺家协会主办的首届汀州伏虎文化研讨会在客家首府、国家历史文化名城长汀县举行。市委宣传部、长汀县政府领导，有关专家学者、社会志愿者代表计60多人参加研讨会。与会专家学者围绕“伏虎信俗的文化内涵”“伏虎信俗的历史传承”“伏虎信俗的保护利用”“伏虎信俗的传说记忆”等四个方面的专题进行研讨。研讨会上，共有15位专家学者报告论文并进行点评。

伏虎文化是闽西传统文化，乃至整个客家文化的重要组成部分，是传承千年的民间信俗，在闽西发展史上有着重要影响，受到民间的拥戴和膜拜，极具人民性和参与性。伏虎文化主张和、善、孝、义，与新时期社会主义核心价值观一脉相承，异曲同工。

【编辑出版《守望·探索》文集】　为推进客家学研究和客家文艺题材创作，总结荟萃四届闽西客联会(2012—2017年)理事成果，2016年11月起，闽西客联会着手编辑《守望·探索——第四届闽西客联会理事作品选(2012—2016年)》。该文集共三卷，由中国言实出版社出版，汇集200余篇文章，约150万字，收录2012—2016年闽西客联会部分客家学论文、文史作品、文学作品和正式出版的著作信息等，具有存史、资政、育人的历史价值和人文价值，集中展示理事们的最新客家研究成果。

（邹文清　撰稿）

7 农业经济

综 述

【概况】 2015年，全市农林牧渔业总产值378.03亿元,比上年增长3.8%;农林牧渔业增加值228.32亿元，比上年增长3.7%；农村居民人均可支配收入14429元,比上年增长8.7%。均达到全省平均水平；农产品加工业产值323.6亿元（计划300亿元），比上年增长10.9%;闽西“八大珍八大鲜”产值28.44亿元,比上年增长33.5%。农产品电子商务交易额16.5亿元，比上年增长37%。

主要农产品平稳发展。全年粮食播种面积18.21万公顷，总产109.96万吨,与上年持平;全市蔬菜产量202.41万吨，比上年增长2.0%；茶叶2.29万吨,比上年增长5.4%;园林水果43.17万吨，比上年增长7.3%；生猪出栏488.75万头,比上年减少0.2%;家禽出笼6499万羽,比上年增长10.5%。水产品产量8.11万吨,比上年增长6.8%。

脱贫攻坚战役首战告捷。全年实现脱贫5.59万人，其中国定对象3.42万人,完成造福工程搬迁5.36万人。

农村面貌进一步改善。水利设施投资超额完成省下达任务,“一区两园”和设施农业建设步伐加快,启动实施新型城镇化和美丽乡村建设三年行动计划，“千村整治,百村示范”工程全部开工建设，古田镇列入国家首批特色小镇试点,永福镇和培田村列入省级第一批特色小镇。农村改革步伐加大。农村土地确权登记颁证工作完成省下达任务,全省第一本新版农村土地承包经营权证在漳平市颁发;林改“武平经验”进一步提升,武平县在全省率先成立林权流转运营中心。

【脱贫攻坚战役】 开展建档立卡“回头看”，全市精准识别建档立卡农村贫困户39212户、110700人，并全部录入国网。其中,国定标准贫困人口62140人，占56.13%，省定标准贫困人口48560人,占43.87%。在完成贫困户致贫原因分析的基础上,压实责任,层层签订责任状,组织市、县、乡30383名干部挂钩帮扶39212户贫困户,实现所有建档立卡贫困户挂钩帮扶全覆盖。坚持分类施策,因人施策,实施“九措到户”,按种、养、加、商、就业、教育、医疗、住房、社会兜底等方面,逐户落实脱贫项目,全年实现脱贫20421户、55863人。其中,国标贫困人口34193人、省标贫困人口21697人。超额完成省下达全市5万人的脱贫任务。全市全年完成造福工程扶贫搬迁15558户、53620人。其中,国标贫困人口27309人、省标贫困人口7633人。超额完成省下达全市3.17 万人的任务。完成雨露计划培训7454人次。

【农业领域项目会战】 下发实施方案,开展一季一督查、一月一通报,55个会战项目全部开工，完成投资80.04亿元,占投资计划60.1亿元的133.2%。其中，农业项目22个完成投资35.67亿元,占计划27.75亿元的128.5%。

【农业生态环保领域会战】 开展生猪养殖场关闭拆除“回头看”,全市投入资金4.85亿元,关闭拆除猪场1.39万户,面积331.7万平方米;持续推进标准化猪场改造提升，市级安排补助资金1500万元,各县(市、区)投入改造资金1.68亿元,完成可养区标准化猪场改造任务794户。建设户用沼气3800户,完成沼气服务网点建设13个。做好病死猪无害化处理,下达病死猪无害化处理机械补贴资金375万元,全市有病死猪集中无害化处理厂26个，规模养殖场无害化设备70台(套)、规模场无害化处理池3332个，无害化处理病死猪98.04万头，病死猪乱丢乱弃现象得到有效控制。

【培育“八大珍八大鲜”产业】 制定实施闽西“八大珍鲜”产业总体发展规划和16个产业规划,制定出台特色产业发展扶持政策，组织实施一批产业发展项目。组织闽西“八大珍、八大鲜”产品参加“北京农交会”“北京军民融合项目招商会”、昆明第十四届中国国际农产品交易会和马来西亚“国际食品与饮料展”等大型展会，展示闽西“八大珍、八大鲜”产业发展成果；编发专题宣传手册4000册，拍摄4集电视专题片在省、市电视台播出，在农业部主办的《农产品市场周刊》上全方位宣传，提高产品知名度和影响力。“八大珍鲜”特色产业发展步入快车道，全年全市“八大珍鲜”产值28.44亿元，比上年增长33.5%。

【现代农业项目建设】 “一区两园”建设。永定区升格为“十三五”福建农民创业园，全市有2个福建农民创业园(连城、永定，全省有16个)、5个福建农民创业示范基地(新罗、上杭、武平、长汀、漳平，全省50个)，实现全覆盖。2016年，中央、省下达龙岩市“一区两园”建设资金3500万元，实施项目42个(其中在建19个，建成23个)，完成投资12.04亿元，占计划投资9.3亿元的129.44%。其中国家级现代农业示范区实施项目7个，完成投资2.15亿元，占计划投资1.8亿元的119.56%；福建农民创业园及示范基地实施项目32个(省下达任务25个)，其中在建16个，建成16个，完成投资8.37亿元，占计划投资6亿元的139.49%；国家级台湾农民创业园实施项目3个，完成投资1.52亿元，占计划投资1.5亿元的101.07%。

设施农业建设。全市新增设施温室大棚省补项目28个，完成建设面积65.28公顷。

设施渔业建设。全年新建设渔业项目11个，建设陆上工厂化养殖池3.24万平方米。

对台农业合作项目建设。组织参加第八届海峡论坛·两岸特色乡镇交流暨休闲农业对接活动。开展3次海峡两岸农业技术交流活动，深入推进闽台农业重点项目建设，推进漳平台湾农民台创园3个项目和新罗蓝田闽台农业合作项目的建设。全市有台资(含合资)农业企业48家，其中台创园22家。全市新批办台资企业4家。

【农产品加工业呈两位数增长】 印发《龙岩市农业产业化信息化发展扶持资金使用办法》，安排专项资金继续扶持龙头企业做大做强。全年固定资产投资1000万元以上的新开工企业16家，完成投资32883万元；新竣工企业6家，完成投资21880万元；扩建项目5个，完成投资12600万元。全市农产品加工产值323.6亿元，比上年增长10.9%。有国家级龙头企业2家、省级龙头企业46家、市级龙头企业152家。

【农业科技推广】 组织2012—2015年乡(镇)农技推广机构条件建设项目验收。组织1.4万人次参加全省农村实用技术远程培训。推广农业新品种16个3.87万公顷、新技术11项3.55万公顷、新农药9个0.53万公顷、新肥料3个5万公顷、新增农机具8936台套，使用农机购置补贴资金1728.9万元。加快农机推广应用，机耕作业面积16万公顷，比上年增长4.35%；机收作业面积5万公顷，比上年增长8.70%；机插作业面积2.6万公顷，比上年增长10%。全市主要农作物耕种收机械化水平47.65%，比上年提高2.6个百分点。

【农业信息化工作】 农业物联网示范点建设。制定下发《龙岩市农业物联网试点建设方案》，安排150万元，全市建成7个农业物联网示范点，示范效果明显，走在全省前列。

农产品电子商务。全市从事农产品电子商务6154人，农产品电子商务交易额16.5亿元，比上年增长37%；其中新型经营主体中，农产品电子商务交易额13.4亿元，占全市总交易额的67%；有52个龙头企业、41个农业示范企业、41个家庭农场触网。

信息进村入户工。长汀县和永定区被列为省级农村信息进村入户示范县，建立村级站266个，开展便民服务0.82万人次、各类代缴费用74万元、电子商务成交额387万元。

【重大动植物疫病防控】 市政府与各县(市、区)政府签订《龙岩市重大动物疫病防控工作目标管理责任书》，市级财政拨付动物疫病防控经费369.94万元。按要求做好应急物资储备、应急演练、动物疫病监测、疫苗监管等各项工作，组织221支防疫专业队进行拉网式防疫，全市免疫生猪289.76万头，家禽1184.89万只，畜禽重大动物疫病强制免疫密度100%，抗体合格率80%以上。检测能力建设持续加强，农产品质检中心建设项目加快推进，完成仪器设备招投标，获得省质量技术监督局动物疫病等8大类232项的检测资质认证，在省农业厅、海洋与渔业厅举办的检测技能竞赛中分获第二、第三名，全年检测各类样品样本12443份，了项33616个。实行动物检疫合格证明电子出证，严把动物产品检疫关，全市产地检疫生猪310万头、牛羊6.5万头、家禽4035万羽，检出病猪数149头、病家禽数961只；屠宰检疫生猪58.19万头、牛羊0.75万头、家禽3817.42万羽，检出病害猪肉25.41吨、病禽7万只。检出的病死畜禽及产品全部无害化处理。

【农产品质量安全监管】 推进“三品一标”认证。新获认证农产品75个，其中无公害农产品68个、绿色食品5个、有机食品1个、农产品地理保护标志1个。全市“三品一标”有效用标数229个。新申报认证“龙岩山麻鸭”地理保护标志农产品1家。农业部绿色食品原料基地建设0.77万公顷。漳平永福樱花茶园被认定为全国首批绿色食品一二三产融合示范园。推进农产品质量安全示范县建设，开展农业生产主体备案和可追溯体系建设,全市新增649家共有2070家农业生产主体进行备案,有144家企业列入可追溯体系建设平台,列入农药监管162家,完成标准化示范场建设1316个。全市可追溯二维码产品在全省特色农业现场会上作为观摩使用。加强农产品监测工作,省农业厅抽检种植业样品合格率96.73%,市级定量检测总体合格率99.2%,市、县快检合格率分别为98.8%、99.1%。规范生猪屠宰行业管理,加强对辖区7家定点屠宰场和2家定点屠宰点的监管,开展生猪定点屠宰“扫雷行动”专项整治,严打违法行为。

【农业综合执法】 全市培训执法人员358人次和农资经营人员881人次;印发宣传资料9.49万份;出动执法人员9882人次,检查农作物种子、农药、肥料、兽药668个次农资市场,检查农资经营企业5075个次,检查标签1236个、标签不规范39个,农资产品质量执法抽检299个样品,30个样品不合格;受理农民农资问题的投诉18起,查处63件案件,立案查处60件,结案41件,案件公开45件,查获假冒伪劣等违法农资1593公斤,货值13.21万元;受理农资调解16件,组织现场调查63场次,成功调解16件,为群众争取协议补偿款25万元,挽回经济损失59万元。

【农业安全监管】 落实安全生产“党政同责、一岗双责”规定,重点开展渔业、饲料、沼气等行业安全监管。全市开展渔业安全各项执法检查266人次,出动执法人员931人次,登临检查渔船241艘,纠正渔业违法行为18起,发现涉渔违法行为43起,查处电鱼19起,没收电鱼机80台,拆除违法网具380张,销毁鱼笼、地笼21个,罚款7150元。全市225艘渔船全部完成年检,累计回收切割老旧渔船718艘,更新改建渔船39艘,新建渔船51艘。开展饲料行业检查4次,检查企业35家,沼气安全检查生产检查6次,检查沼气点65个。全年没有发生农业安全生产重大事故。

【农业面源污染控制】 全面推广测土配方施肥技术,实施化肥农药零增长行动。实施测土配方施肥23.43万公顷,安排田间肥效试验41个;秸秆还田18.83万公顷(其中稻草还田8.13万公顷),还田率81%;种养绿肥3.87万公顷。在武平、长汀、上杭等绿色防控技术示范区,设立28个示范点,示范面积213公顷;推广专业化统防统治面积1.33万公顷。开展农产品产地环境监测工作,安排监测点405个。继续在万安、白沙和棉花滩水库设置17个监测站点,开展水环境监测。开展增殖放流活动10次,投放9种水产苗种375.9万尾(只)。

【休闲农业】 组织开展休闲农业示范创建活动,申报省级休闲农业示范点5个,福建省最美休闲乡村3个,中国重要农业文化遗产4个,报送乡村旅游精品路线19条。全市休闲农业经营主体771个(农家乐496个、休闲观光农园(庄)275个),从业人数13367人。

【家庭农场】 修订《龙岩市农业示范企业(农场)评选管理办法》,继续评选市级示范家庭并加大扶持力度,新增市级示范场50家,总数149家;新增省级示范场26家,总数48家;全市家庭农场总数7019家。

【2016年龙岩市农林牧渔业总产值及主要农产品产量】

2016年龙岩市农林牧渔业总产值及主要农产品产量

表9

指　　标	计量单位	本季止累计	比上年同期增长(%)
一、农林牧渔业总产值	万元	3780310	3.8
#农业产值	万元	1639213	3.6
#粮食	万元	357338	-0.1
蔬菜	万元	495040	2.0
花卉	万元	131651	24.4
茶叶	万元	156944	5.4
林业产值	万元	466180	5.0
牧业产值	万元	1444926	3.1
#猪	万元	901245	-0.1
禽	万元	371476	12.8
渔业产值	万元	146708	6.7
服务业产值	万元	83283	5.5

续表 9

指　　标	计量单位	本季止累计	比上年同期增长(%)
二、主要农产品产量			
粮食	万吨	109.96	–0.1
烟叶	万吨	4.01	3.1
蔬菜	万吨	202.41	2.0
食用菌	万吨	4.12	3.0
水果	万吨	47.22	7.4
茶叶	万吨	2.29	5.4
商品材产量	万立方米	69.31	45.5
毛竹	万根	7698	7.0
生猪出栏	万头	488.75	–0.2
家禽出栏	万羽	6499.17	10.5
肉类总产量	万吨	49.12	2.4
禽蛋产量	万吨	2.39	6.8
水产品产量	万吨	8.11	6.8
三、农作物总播种面积			
# 粮食	万亩	273.16	–0.2
油料	万亩	13.11	1.7
蔬菜	万亩	118.58	1.3
花卉	万亩	3.92	5.6

说明：农林牧渔业总产值按当年价格计算，增长按可比价格计算

（市农业局　供稿）

种植业

【四举措推进现代种植业发展】　加强技术培训。全市举办以新品种为主导的技术培训班 25 场，培训人员 1527 人次，促进新品种与新技术组装配套，做到良种良法一起推，充分发挥良种的增产、提质与增效作用。

协调种子供应。市农业局对各项目承担单位所需的种子进行调查摸底，及时联系有关种子生产、经营企业，做好调运与供种工作，确保项目实施所需的种子数量充足、品种对路、质量优良，满足各项目县对优质种子的需求。

展示示范片建设。全市各类农作物新品种推广面积 14.27 万公顷，建立各类农作物新品种展示示范片 112 个，示范片面积 0.28 万公顷，与种子企业合作开展杂交水稻、玉米、蔬菜新品种的展示、示范与推广，建立各类新品种展示示范片 73 个，以点带面推广新品种 0.52 万公顷。

加强产后服务。制定产业发展战略，组建专业合作社或联系有实力的销售大户，对种植的地方特色品种实行订单生产，规模种植，优质优价收购，做到“推一个良种、兴一个产业、带一方经济、富一方农民”。

【落实中央及地方政府粮食扶持政策】　种粮农民直补采取储备订单粮食直接补贴办法发放，农作物良种补贴、农资综合补贴取消，以农业支持保护补贴取而代之，资金主要用于耕地地力保护及粮食适度规模经营，耕地地力保护每公顷补贴 907.2 元，粮食适度规模经营对种粮 2 公顷以上的粮农每公顷补贴 450 元，全市发放农业支持补贴资金 1.52 亿元；储备订单粮食直接补贴在不低于省公布最低收购价的市场收购价基础上，给予每 50 公斤 12 元的直接补贴，早籼和中晚籼稻谷（质量三等）最低收购价价格分别为 133 元和 138 元，全市发放储备订单粮食直接补贴资金

1432.18万元。农机购置补贴对新购机械补贴30%以内，全市新购机械8680台套,发放补贴1820万元。水稻种植保险每公顷收取保费180元,保险金每公顷6000元,制种每公顷收取保费1260元,保险金每公顷1.8万元;全市全年水稻种植投保面积14.75万公顷,收取保费2655.79万元，出险理赔金额2939.22万元；水稻制种投保面积0.08万公顷,收取保费95.64万元,出险理赔金额53.17万元。

【实施水稻绿色高产高效创建及全程社会化服务试点县项目】 武平、上杭、长汀等3个县实施农业部水稻绿色高产高效整建制创建项目,武平、上杭等2个县实施全程社会化服务试点县项目。水稻绿色高产高效整建制创建项目每县安排资金400万元,全市1200万元,占福建省1/2；全程社会化服务试点县每个县安排资金1000万元,全市2000万元,占福建省1/3。水稻绿色高产高效整建制创建项目建立65个水稻绿色高产示范区,示范总面积0.43万公顷。创建区全面推广“一增二改三推”(增加种植密度、改重施蘖肥为重施穗肥、改串灌漫灌为湿润灌溉，推广优质品种,推广病虫专业化统防统治、推广机械插秧）技术。水稻品种重点推广T78优2155、全优2689、全优1093、金优2155、谷优232（早稻）、中浙优8号、两优616、宜优673、广两优676、深优9775(中晚稻)等高产优质品种,栽培技术重点推广早播早插、适时收获、测土配方施肥、病虫综合防治等增产技术,绿色生产重点示范安装太阳能灭虫灯、性诱捕器、安放黄色粘虫板以及利用生物农药(苦参碱等)防治病虫害及田园清洁(农药、化肥、种苗等包装物垃圾回收）等内容。武平、上杭全程社会化服务试点县重点支持建设工厂化育秧中心、烘干储藏中心、水稻机械化插秧、病虫害统防统治4个环节,耕种收综合机械化水平较上年提高5个百分点以上。

【实施福建省粮食产能区增产模式攻关与推广项目】 永定、上杭、武平、长汀、连城、漳平等6个县(市、区)实施福建省粮食产能区增产模式攻关与推广项目,省下达资金2236万元。项目重点建设工厂化机插育秧示范点与“五新”集成技术示范片,全年新建成工厂化机插育秧示范点11个,“五新” 集成技术示范片2.26万公顷。工厂化机插育秧示范点实现播种、育秧全程机械化,培育一批种粮大户,示范推广塑盘暗化育秧技术;产能区增产模式攻关示范片全面推广统一品种、统一育秧、统一技术、统一施肥、统一病虫防治、耕种收综合机械化等措施,实现良种覆盖、主推技术、测土配方施肥、病虫害综合防治“四个100%”。项目建设有效提高种粮科技含量,提升机械化、集约化生产水平,也为抵御自然灾害,提高秧苗素质、农民增长增收提供有利条件。全年产能区有效克服多雨、多台风的不良影响,平均每公顷产7.33吨，完成省农业厅要求每公顷产高750公斤的目标任务。比同等田块每公顷增加472.5公斤,增加产量9038吨,增加产值2711万元。

【粮食生产“五新”技术推广】 全市全年推广超级稻3.30万公顷，优质稻12.89万公顷，再生稻0.19万公顷,抛秧5.10万公顷,旱育秧1.62万公顷,机插秧1.82万公顷，集中育秧0.78万公顷，免耕栽培1.03万公顷，根外施肥12.61万公顷，测土配方施肥12.03万公顷,脱毒马铃薯0.21万公顷,脱毒甘薯0.29万公顷，甘薯标准化栽培0.80万公顷,特种玉米0.08万公顷,病虫草鼠综合防治9.36万公顷。其中，优质稻、集中育秧、根外施肥、甘薯标准化栽培、病虫草鼠综防面积比上年有所增加，分别比上年增加0.97万公顷、0.17万公顷、2.16万公顷、0.24万公顷和0.82万公顷。永定区进行机收低留桩再生稻品种试验及技术示范,品种试验表明甬优2640再生率高,抗倒高产,头季稻每公顷产10.45吨，再生季每公顷产5.54吨；建立机收低留桩再生稻示范片46.67公顷，平均头季稻每公顷产8.41吨，再生季每公顷产5.01吨，合计每公顷产13.42吨,每公顷增收节支7455元。

【“菜篮子”工程】 组织、协助永定“六月红”芋合作社、长汀南山大脚合作社申报2016年蔬菜省级标准园建设（每个项目50万元);组织、协助长汀策武蔬菜合作社申报2017年蔬菜省级标准园建设项目。协助种植业科发展现代农业蔬菜设施大棚建设。配合相关部门、单位切实抓好农产品（特别是蔬菜)质量安全相关生产技术指导,让消费者吃上安全、放心的农产品。全年全市建立标准化蔬菜园32家。把秋冬季蔬菜生产作为重要一季来抓,全市安排秋冬种蔬菜指导性面积4.4万公顷,确保冬春季蔬菜平稳供应。

【水果产业】 全市新植果树1525公顷,水果面积4.85万公顷,总产43.17万吨,比上年增加2.93万吨,比上年增长7.3%,水果总产值11亿元,比上年增加0.9亿元,比上年增长8.91%。全市面积一百到两百亩的果园535个,两百到五百亩的果园204个,五百到一千亩的果园61个，一千亩以上的果园23个；全市有水果专业合作社280个,种植水果面积0.77万公顷。果业发展呈现四个特点:地方特色优势品种得到较快发展。全市新植果树1525公顷中连片百亩以上的42个,面积473.2公顷。主栽品种为特早熟蜜柑、脐橙、杭晚蜜柚、三红蜜柚、黄金蜜柚、脆皮金柑、柠檬、百香果、芙蓉李、早熟甜柿、蜜雪梨、葡萄、锦绣黄桃、蓝莓等。休闲观光果业快速增长。在城郊、旅游景点周边休闲观光果园及自采休闲果园得到较快发展。新罗区周边种植西番莲、葡萄等农户越来越多,供城市居民自采、休闲。以种植百香果、葡萄等结果早、见效快的品种为主。栽培技术明显提高。由于消费者越来越重视产品品质，市场质好价高，果农在品种选择、无公害栽培技术、病虫害综合防治、有机肥施用等栽培技术方面明显提高。果实采后处理明显加强。果农开始由传统的统货销售向分级、包装、品牌销售转变，果品网上销售和加工也在逐步增加。全市水果加工企业450家，电商企业122家，果品采后商品化处理线12台（套）、处理量7.0万吨、果品采后商品化处理率15%。

【茶产业】 围绕生态、质量、品牌、市场等要素，建设一批标准化生态茶园，发展具有龙岩特色的茶叶产品，着力打造“海西绿色生态茶区”。全市新植茶园217公顷，其中连片百亩以上的2个，面积15.67公顷。主栽品种为水仙、梅占等，大多以农户零星种植为主。全市茶叶面积1.61万公顷，毛茶产量2.29万吨，比上年增加1180吨，比上年增长5.4%，茶叶总产值14.6亿元，比上年增加0.6亿元，比上年增长4.29%。2016年，开展全市茶叶生产情况调查，全市茶叶无公害农产品认证3家，认证面积463公顷；绿色食品认证12家，认证面积531公顷；有机食品认证6家，认证面积122公顷。全市有79个茶叶品牌，其中3个中国驰名商标，14个省著名商标。全市采茶机有355台(套)，机采面积1722公顷。全市有工商注册的茶叶企业999家，有QS认证企业数31家，龙头企业总数33家(省级6家、市级27家)。全市茶叶专业合作社数126家，家庭农场425家，茶农人数(种植为主)68705人，茶农户数17650户，茶产业从业人数(流通加工为主)19230人。

【食用菌产业】 全市食用菌栽培2.3亿袋，床栽97万平方米，鲜菇产量15.8万吨，比上年增加3200吨，比上年增长2.1%，产值10.1亿元，比上年增加2000万元，比上年增长2%。其中工厂化栽培鲜菇产量1.7万吨，产值17000万元，占总产值的16.8%，主要以鸡腿菇、杏鲍菇、金针菇、秀珍菇、真姬菇、双孢蘑菇等珍稀食用菌工厂化栽培为主，全市有工厂化栽培场19家，日产鲜菇46吨。食用菌工厂化生产企业的设施化、专业化水平有明显提高，武平县英源食用菌有限公司对生产基地进行改造升级，武平县久和菌业有限公司省级现代菌业项目完成投资380万元投入使用，央企华润集团旗下的五丰农业开发（中国）有限公司“年产万吨食用菌工厂化生产及保鲜加工”项目正式投产。

【中药材产业】 以发展地方特色中药材为主，推广新型实用的无公害标准化栽培技术，逐步建立道地中药材GAP生产基地。全市中药材新植面积413公顷，其中连片一百亩以上的12个，面积267公顷。以规模化、专业化生产为主主要种植品种为巴戟天、仙草、金线莲、铁皮石斛、九节茶(草珊瑚)、薏米等传统道地品种。全市中药材总面积0.47万公顷，总产值3.5亿元。种植中药材规模以上企业40家，省级龙头企业2家，省级示范社1家，注册商标20个，其中“采善堂”“可馨绿”“连天福”获评“福建省著名商标”；“采善堂+图形牌万应茶”“可馨绿仙草”获得福建省名牌产品称号；永定万应茶被列入“国家级非物质文化遗产”；永定巴戟天、武平金线莲、冠豸山铁皮石斛、永定万应茶取得地理标志认证。

【茶事活动】 4月，新罗区江山镇举办龙岩斜背茶首届茶王赛茶叶鉴评会，有41个茶样参与鉴评，评出一等奖1个、二等奖2个、三等奖3个；5月，“武平绿茶”参加第八届“中绿杯”全国名优绿茶评比，荣获8个金奖13个银奖。“武平绿茶”被推荐为第八届“中绿杯”中国名优绿茶评比10个绿茶公共品牌之一。6月，漳平市举办“生态杯”漳平水仙茶春季茶王赛，收到样品192个，评选出水仙王子“茶王”、水仙公主“茶王”各1个，一等奖2个、二等奖4个，优质奖20个。10月29日至11月6日，漳平市在南洋镇举办茶文化节；11月16—18日，组织5家企业参加第十届海峡两岸茶业博览会，漳平水仙、武平绿茶、保健茶等受到与会者的青睐。

（市农业局　供稿）

林　业

【概况】 全市有林业用地面积157.67万公顷，占土地面积82.7%，其中有林地面积149.2万公顷。森林覆盖率77.91%，长期居福建省第一位、全国前列；活立木蓄积量1.2亿立方米，居全省第三位。有生态公益林47.47万公顷，占林地面积30.1%；商品林110.2万公顷，占林地面积69.9%。天然林105.47万公顷；人工林52.2万公顷。竹林面积21万公顷。油茶林面积3.27万公顷。2016年，全市实现林业产业总产值321.2亿元，比上年增长13.1%。

龙岩是全国集体林权制度改革策源地。2001年，在全省率先开展集体林权制度改革试点。武平在全国第一个出台林改规范性文件、颁发第一本新式林权证，是全国最先开展林改的地区，创造了林改“武平经验”。龙岩市林改中坚持的“依法依规、分类指导、尊重民意、利益兼顾”基本原则和“县(市)直接领导、乡镇组织实施、村组具体操作、部门搞好服务”工作机制，被写入中共中央、国务院《关于全面推进集体林权制度改革的意见》，使龙岩市成为全国林改策源地，为中国农民耕山探路。

龙岩是全国林业生态文明建设的先行区。以林业生物措施为主的长汀水土流失治理模式被誉为中国南方水土流失治理的一面旗帜。建立梅花山、武平梁野山、长汀汀江源3个国家级自然保护区(全省14个)，龙岩、上杭、永定王寿山、漳平天台4个国家级森林公园(全省29个)，长汀汀江、漳平南洋、武平中山河3个国家湿地公园建设试点(全省7个)。在全国率先启动华南虎拯救工程，建立华南虎繁育及野化训练基地。被评为国家森林城市(全省4个)、全国绿化模范城市、全国十佳生态文明城市、全国首批创建生态文明典范城市、中国最具生态竞争力城市。

龙岩是全国林业富民产业的示范基地。建立武平、连城2个国家林下经济示范县。有国家林业重点龙头企业3家，林业上市公司3家，中国驰名商标4件。龙岩是全国马尾松主产区和优良种源区，在全国马尾松种源试验中25年生表现最好的前8个品系龙岩占4个；建立漳平五一国有林场、上杭白砂国有林场2个国家重点林木良种基地和漳平五一国有林场国家级马尾松种质资源保护库，马尾松良种繁育研究水平处于全国领先。龙岩是全国重要竹产区，是全国重要的盆花生产基地，西洋杜鹃、国兰、蝴蝶兰、富贵籽四大特色盆花在全国占有重要地位。漳平被评为“中国花木之乡”，永福被评为“中国杜鹃花之乡”；连城朋口被评为“中国兰花名镇”，连城兰花公司是全国最大的国兰生产基地，被评为全国十佳花木种植企业；武平是全国重要的野生花卉生产基地；新罗蝴蝶兰品质居全国前列。

【造林绿化】 全市完成植树造林1.44万公顷，占任务的212.3%，其中完成市委、市政府为民办实事项目生物防火林带建设0.40万公顷，重点生态区位林分修复0.24万公顷。完成森林抚育3.47万公顷，封山育林2.55万公顷。3月，龙岩市被全国绿化委员会评为全国绿化模范单位。在全省率先探索开展电力走廊生物防火林带建设。启动实施龙岩中心城市森林景观美化(2016—2018年)三年行动计划。全面提升主城区环城及重点交通沿线一重山的森林植被圈，计划总投资2.5亿元，建设面积1026.67公顷，其中2016年完成43.53公顷。完成县城一重山森林生态景观提升108.2公顷，乡村生态景观林51.53公顷，分别占任务的108.2%和110.4%。

【森林资源保护】 全市49.47万公顷天然商品林纳入国家天然林保护工程，全面停止天然林商业性采伐。完成8821个森林资源二类样地的外业调查。加强森林防火，在全国率先应用多普勒雷达监测山火，取得明显实效。全市发生13起森林火灾，受害面积42公顷，分别同比下降7.1%和79.1%，未发生重大森林火灾、未发生人员伤亡事故、未发生“隔夜火”，山火当日扑灭率100%，是近20年森林防火形势最好的一年。加强森林病虫害防治，全市林业有害生物发生面积3.07万公顷，发生率2.1%；防治林业有害生物面积3.03万公顷，防治率99.1%。严厉打击违法破坏森林资源行为，全市查处森林三类案件1903起，其中刑事案件168起、治安案件52起、行政案件1683起。

【生态富民产业】 实现林业产业总产值321.2亿元，增长13.1%。林下经济经营面积59.69万公顷，实现产值144.59亿元，同比增长19.3%。有林下经济合作组织666个，惠及林农14.27万户。建立武平、连城2个国家林下经济示范县。种植花卉苗木1.3万公顷，实现产值55.5亿元，分别同比增长2.6%和11%。建设木荷、枫香、闽楠等阔叶树育苗面积51.67公顷。森林旅游接待游客624万人次，同比增长18.6%；实现直接收入7.08亿元，同比增长5.0%；实现社会总产值24.96亿元，同比增长18.6%。林产工业保持稳定增长态势。全市生产商品材69.3万立方米，同比增长45.6%。实现林业工业产值179.5亿元，同比增长7.9%。生产竹材1.2亿根，实现产值60.16亿元，分别比上年增长5.1%和7.5%。2016年，漳平木村和连城茗匠等2家木竹加工企业获“国家林业标准化示范企业”荣誉称号。完成水土流失综合治理1.33万公顷。

【林业精准扶贫】 在全市17个村开展林下经济整村推进示范建设，规模发展林药、林果等林下经济项目。聘用30名贫困人员为生态公益护林员，人年均工资1.1万元以上。实施竹业精准脱贫工程，专项安排100万元在全市49个贫困村、280户贫困户实施竹林施肥170.73公顷，建设笋干烤房14座，预计每年户均可获得收益1.73万元。编印发放《林业实用技术手册》5000本。将治理水土流失与治穷相结合，推行山林租赁、承包、合作等模式，实行“谁种谁有、谁治理谁受益”和送种苗、送肥料、送资金、送技术“四送”政策，对水土流失区发展种养业、森林旅游、特色经济林等给予税费减免、资金补贴等扶持。积极推进扶贫挂钩工作。

（市林业局　供稿）

畜牧业

【概况】 全市生猪存栏256万头比减16.4%，生猪出栏470万头，比减4.3%；能繁母猪存栏量30万头，比减20.3%，肥猪调出量285万头，比减7.5%，牛存栏13.5万头，比增3.8%，出栏6.1万头，比增1.6%；羊存栏6.76万头，比增13.04%，出栏6.48万头，比增1.58%；家禽存栏2133.7万羽，比增0.65%，出栏6615.3万羽，比增0.27%；兔存栏361.4万只，比增0.26%，出栏719.9万只，比增1.9%。肉蛋奶总产量51.8万吨，比增0.09%。

【地方优良品种养殖】 全市列入省级遗传资源保护名录8个品种(2头猪、2只鸭、2只鸡、2只兔)发展势头良好，槐猪存栏0.95万头，出栏1.5万头；官庄花猪存栏350头，出栏420头；河田鸡存笼252.3万羽，出笼410万羽；武平县象洞鸡存笼35万羽，出笼100万羽；闽西南黑兔存栏34.28万只，出栏142万只；福建白兔存笼20万只，出栏45

万只;龙岩山麻鸭存笼 29.9 万羽,出笼 40 万羽;连城白鸭存笼 132 万羽,出笼 300 万羽,蜜蜂 6.2 万箱,产量 968 吨。

【生猪标准化升级改造】 生猪产业按照“减量提质、扶大限小”的原则,切实做好存栏 1500 以上生猪养殖场标准化升级改造工作。2015—2016 年完成存栏1500 头以上生猪养殖场升级改造 42 个,争取省级补助资金 4000 多万元,业主投入 5000 多万元; 指导新罗区开展畜牧业绿示范区创建工作,创建方案上报省农业厅。

【草牧业转型升级】 2016 年争取畜禽标准化养殖项目资金 350 万元,畜禽养殖重大技术推广项目 290 万元,通过县级推荐、现场审核、专家评审、公示等程序, 扶持全市 18 个草食动物和特色畜禽养殖发展,其中肉牛场 2 个,养兔场 3 个,养羊场 10 个,养鸡场 2 个,养鹿场 1 个,每个场给予 35 万元—40 万元补助。项目资金主要用于牛羊兔养殖场改善生产设施条件、加强质量安全监管、推广健康养殖技术和粪污无害化处理等方面。重点用于养殖场进行标准化改扩建,包括节水措施、清粪设施、漏缝地板、标准化场舍改扩建,以及自动化环境控制设施和粪污无害化处理设施建设。

【地方品种保护】 争取地方畜禽品种资源保护选育配套技术推广项目 160 万元,安排给龙岩山麻鸭(新罗区)、河田鸡(长汀县)、闽西南黑兔(上杭县)、福建白兔(武平县)。每个场补助 40 万元。用于推广畜禽遗传资源家系等量随机选配法或大群体随机保种法保护技术,保护和扩大种群数量,完善设施设备, 提高地方畜禽品种资源保护水平,为实现畜牧业持续健康发展提供有力支撑。

【标准化养殖示范场创建】 推荐 21 个畜禽规模养殖场创建部、省级标准化示范场,对照《示范创建验收评分标准》做好创建场指导、督查、培训,因场制宜对每个场提出整改意见。全市 3 个创建部级示范场经过省级专家验收,17 个创建省级示范场经过市级组织验收。360 个畜禽规模养殖场推行按标准化生产,发放宣传小册子和《给养殖场(户)的一封信》3 万多份,并通过短信、微信等平台宣传推行“按标”生产的重要性和必要性,在入场指导标准化示范创建和按标生产中,指导养殖户规范使用饲料和兽药等投入品,并要求做好生产、免疫、用药、销售、病死畜禽无害化处理等各种记录。

（市农业局 供稿）

水产业

【惠渔项目管理】 完成2015 年中央财政现代农业生产发展 (渔业标准化养殖)项目申报和审批工作,批复下达 4 个项目,210 万元专项补助经费。组织前往三明、南平调研学习惠渔项目管理的经验,实地参观项目点。制定《龙岩市惠渔项目专家评审制度(试行)》和《龙岩市惠渔项目专家评分办法》,组建《龙岩市惠渔项目评审专家库》, 组织开展“2016 年度渔业结构调整 (设施渔业)项目”和“2016 年中央财政现代农业生产发展(渔业标准化养殖)项目”的申报和评审工作,并将专家意见提交局务会研究确定项目。确定龙岩市鑫禾水产养殖有限公司等 11 个建设单位实施 2016 年度渔业结构调整(设施渔业)项目, 合计下达项目补助资金 500 万元。确定福建金荣达水产发展有限公司等 4 个建设单位实施 2016 年中央财政现代农业生产发展 (渔业标准化养殖)项目,合计安排项目补助资金 210 万元。

【增殖放流】 全市累计开展 10 次增殖放流活动,投入资金 66.3 万元,投放草鱼、花骨鱼、棘胸蛙、鳙鱼、鲢鱼、黄颡鱼、鲫鱼和中华绒毛蟹等 9 种水产苗种 375.9 万尾(只),全市累计完成年度资金任务的 76.7%。

【病害防控应急体系建设】 严把病害测报质量关,优化构建病害防控应急体系,启用《全国水产养殖动植物病情测报系统》,全市设 43 个监测点,10 个监测品种,监测点池塘 127 公顷,监测点网箱 4023.01 平方米。至 12 月底,完成 9 期病害测报任务, 编发 6 期彩印版《龙岩市水产病害监测与预报》。每一期《测报》均发往省级主管部门、市直有关部门、县(市、区)渔业主管局和相关乡(镇)政府以及各测报点,并刊登在“龙岩农业信息网”。借助“龙岩市水产技术信息短信服务平台”向广大养殖户和其他渔业相关从业人员适时发送鱼病防控信息。

【重点水环境监测】 印发《龙岩市 2016 年重点渔业水域生态环境监测预警工作方案》,协调新罗区、永定区和上杭县调整和落实检测单位。由市站牵头,新罗区、永定区和上杭县水技站配合,继续在万安、白沙和棉花滩水库开展环境监测工作,设置 17 个监测站点,每月 10 日各开展 1 次监测工作,其中,4 月、9 月分别开展一次趋势性监测工作。至 12 月底,完成 12 次重点养殖水域渔业水环境监测与预警和 2 次趋势性监测工作,刊发 4 期彩印版《龙岩市重点渔业水域水环境质量状况通报》。突击抽查委托检测的龙岩龙津环境检测有限公司, 并详细查看其检测资质、实验室条件、人员和历史备案材料等情况,评估检测单位的检测能力。

【无公害产地认定与产品认证】 完成对新罗区、漳平市各 1 家单位的现场检查、材料汇总和复查换证的组织申报工作。组织并配合检测单位对连城、长汀等5家养殖单位进行产品和水质抽检，及时审查申报材料，按时网络提交。派2名技术人员参加在厦门举办的2016年福建省无公害水产品认证工作骨干人员培训班。分别指派1名技术人员参加在北京举办的全国无公害农产品师资培训和检查员培训以及在漳州举办的全省无公害认证工作交流会。组织连城县2家单位(第六批“农业部水产健康养殖示范场”)开展复查换证工作。全市累计创建水产无公害产地22家，认证无公害产品28个。创建“农业部水产健康养殖示范场”单位18家。

【试验示范先进养殖模式】 由市水技站牵头，武平、连城水技站配合，吸收有关养殖企业参加，结合“大宗淡水鱼土池节水养殖技术集成研究与示范推广”项目的实施，开展不同形式的池塘节水养殖草鱼等大宗产品的试验和示范推广工作。项目自2015年7月始，2016年12月止，投入资金155万元，开展试验示范133公顷，辐射推广应用667公顷，培训养殖户500户，节约养殖用水667万吨，新增渔业总产量1000吨，降低养殖成本300万元，减少药物投入60万元，渔民增收400万元。

(市农业局　供稿)

水　利

【概况】 2016年，全市水利系统抓住“民生、生态、发展”三个根本，统筹做好防汛抗旱防台风、重大水利项目建设、水资源管理等各项工作。落实市委、市政府项目落地攻坚战役工作部署，按照策划一批、委托开展前期一批、报批开工一批、建成一批、验收一批的工作要求，重点抓好55个重大水利项目(在建项目29个、新开工项目14个、推进前期项目12个)建设。全市全年累计完成水利投资35.7亿元，占省下达指标33.92亿元的105.3%，比2015年完成的30.15亿元增长18.4%。实现全市水利改革发展新跨越。全市重视抓好水资源管理与保护工作，深入落实最严格水资源管理制度，扎实做好“河长制”工作，着力营造良好的水利发展环境，被省政府办公厅评为“十二五”期间实行最严格水资源管理制度设区市先进市。

【防汛减灾】 全市受极强厄尔尼诺事件影响，气候异常，暴雨、强对流天气频发，出现74场暴雨，发生民房受淹、倒塌、群众洪水围困等灾情。特别是在“5·08”“5·20”“6·11”强降雨和“尼伯特”“莫兰蒂”“鲇鱼”等台风影响期间，全市按照市委、市政府的工作部署，围绕“不死人、少损失”的目标，压实责任、重点防范、合力防御，防抗工作有力有序有效开展，把灾害损失降到最低限度。

防汛备汛工作。市委、市政府主要领导和分管领导多次就防汛备汛和减灾工作做出重要批示，在暴雨和台风影响期间，亲自靠前指挥，确保全市防汛工作有序开展；全面落实以行政首长负责制为核心的各项防汛责任制，落实市、县、乡、村四级和重要城镇、水库和矿山等重点部位、薄弱区域等的防汛责任人1.8万人；入汛后，结合台风防御工作，连续4次开展安全隐患的排查、检查，并落实隐患检查和整改工作；市、县对指挥中心水利信息一体化、卫星云图和水库群联合调度等各类防汛指挥决策系统进行全面的检查、维护，并全面加强对防汛从业人员的培训，市、县、乡三级共举办防汛培训79场，参训人员超过万人。

落实应急工作机制。优化方案预案，做到有备无患。对村级预案的修编，完成全市460座水库和电站的汛期运用调度计划及防洪应急预案的审查审批工作；落实物资队伍。全市落实抢险队伍493支15042人，储备冲锋舟79艘、橡皮艇37艘和救生衣、编织袋等一批抢险救灾必需物资；强化监测会商。加强对全市各地降雨和洪水的实时监控，及时召开会商，及时部署防范，及时对出现强降雨和预报可能出现强降雨的县、乡、村和工程点进行点对点预警指挥，指导督促各地及时开展防范。

强化防汛工作基础。按照国家和省要求的时间节点要求，切实做好山洪灾害防治项目非工程措施的补充完善、重点山洪沟和山洪灾害调查评价等各项目的实施工作，抓好洪水风险图和作战图的编制，提升全市山洪灾害防御能力。

【省重点骨干工程建设】 全市列入省重点在建水利工程分别为新罗区坪坑水库完成投资1.2亿元，占年度计划的100%。长汀县荣丰水库完成投资1.16亿元，占年度投资计划的116%，长汀水土保持与乡村发展项目涉及水利、水保、林业、农业、交通、土地、环保等7个部门13个子项目，综合治理水土流失面积9170公顷，完成投资3.67亿元，占年度投资计划的111.2%。

【民生水利项目建设】 “五江一溪”防洪工程。九龙江防洪工程龙岩段(一期)、汀江防洪工程(一期)、闽江上游连城段防洪工程全面完成投资1.2亿元，占总投资100%。

中小河流治理重点县工程。长汀县为中小河流综合整治重点县，有11个项目区建设任务，完成投资1.02亿元，占总投资102%。

水库水源地建设工程。引调水工程涉及3个项目，年度计划投资0.75亿元，完成0.75亿元，占计划任务100%。其中龙岩中心城区、万安溪引调水工程通过省水利厅组织召开《可研报告》的复审；长汀陂下水库引调水工程已完成可研报告审查和前置审批；龙岩原中央苏区水资源配置工程委托编制规划报告；在建烟草援建水源工程19个，总投资16.31亿元，争取烟草援建资金11.28亿元，2016年完成投资4.29亿元，占年度投资 96.4%。

水库除险加固项目。中型水库除险加固。任务为续建 2015 年未完的漳平大坂、长汀陂下 2 座中型水库，年度完成投资 1008 万元，占年度投资 100%；水库常态化除险加固项目。全市任务 7 座，实际完成 2476 万元，占计划任务 100.5%。

农村饮水安全工程。第一批拾遗补缺工程建设任务涉及长汀、永定、上杭、连城等 4 个县（区）完成投资 707.4 万元，解决人口 1.4 万人，解决率 100%，占投资计划 108.8%。

中央小型农田水利重点县建设。2015—2016 年度项目为永定、漳平、武平和上杭等 4 个县（市、区），完成投资 2680 万元，占总投资 100.3%。2016 年度项目为新罗、上杭和武平等 3 个县（区），完成投资 7190 万元，占总投资 86.9%。

中型灌区节水配套改造项目。长汀县陂下灌区节水配套改造项目，完成投资 1150 万元，占总投资的 64%（要求 2017 年底完成项目）；永定区金丰灌节水配套改造项目，完成投资 526 万元，占总投资的 100%。

万里安全生态水系。万里安全生态水系建设项目 7 个，建设总长度 90 公里，项目总投资 1.17 亿元，完成总长度 90 公里，完成投资 1.18 亿元，占计划任务 100.8%。另外，永定区新策划 1 个万里安全生态水系建设项目，总投资 6.2 亿元，完成时间为 2016—2019 年，2016 年实施完成投资 2970 万元。

农村水电增效扩容改造项目。继续实施 54 座改造项目建设，新增装机 10250 千瓦，完成主要机电设备招标的 54 座，占比 100%，完成省水利厅下达的 53 座年度任务。

冬春修水利建设。2016—2017 年冬春水利任务计划投资 9.81 亿元。完成投资 7.92 亿元，占计划任务的 80.7%，累计投入劳动力 1707 万工日、完成土石方 1274 万方，占计划任务的 80.7%，各项指标均按时间节点超额完成。其中修复水利水毁工程 2397 处，占计划任务的 73%；完成村级供水工程 50 处，解决 1.4 万人农村饮水安全问题。

【全面落实“河长制”】 全市深入落实中办、国办《关于全面推行河长制的意见》，分管水利、住建、环保副市长分别担任汀江、九龙江、闽江河长，建立市、县、乡、村四级“河长制”管理体系。扎实做好汀江流域上下游生态补偿整治工作，深入开展生猪养殖业污染防治，全面加强城乡污水垃圾处理，集中开展河面漂浮物专项整治。汀江、九龙江流域相继召开 3 次“河长制”现场联席会议，并建立“河长制”工作机制和考核机制。积极探索建立智慧型“河长制”信息管理平台，逐步完善“河长制”工作体系。

【流域管理与保护】 出台《龙津河流域水环境综合整治行动计划》《龙岩中心城区饮用水安全保障工作行动计划》和《关于进一步加强水资源管理与保护行动计划》，进一步明确目标任务，细化分解责任，强化综合执法，严格监督考核，激发各方管理、保护水资源的积极性，并 4 次牵头组织开展龙津河流域水环境专项整治，流域内工矿企业污染源、生活污染源、养殖业污染源得到有效控制，水生态、水环境质量明显改善，龙岩中心城区水质达到四类水标准。

【打击违法采砂行为】 抓好《福建省河道采砂管理办法》等法律法规的贯彻实施，狠抓辖区内河道采砂管理工作，维护正常的河道采砂秩序，全市全年出动执法人员 1417 人次，开展河道巡查 481 次，拆除（摧毁）无证砂场 31 家（次），捞砂船 4 只、运砂船 6 只，立案查处违法采砂案件 43 件（其中依法申请法院强制执行 3 起），取缔非法采砂场 24 家。

【水资源管理系统建设】 提高全市水资源管理能力、应对供水突发事件和推进最严格水资源管理制度，全市投资 2870 万元完成龙岩市水资源管理系统建设，对全市重要区域水质和取水户流量数据实行及时监测监控。

【规费征收】 全市重视抓好各项规费征收，超额完成征收任务。其中，市本级完成征收水资源费 575 万元、堤防管理费 3100 万元、征收水土保持补偿费 1043 万元。

【龙津河流域及龙湖库区水葫芦综合整治】 制定《龙津河流域管理条例》，围绕创建全国文明城市的工作要求，对中心城区小溪河后门前桥到挺秀三角桥河段及溪南桥附近河段进行清淤，对河道弃土、淤积物和高干植物等进行全面整治，有效地改善中心城区河段的水环境；做好龙湖库区水葫芦综合整治工作。累计投入 1500 万元完成打捞清理龙湖库区水葫芦 1447 公顷、306 万吨，占任务 98.6%。

（市水利局　供稿）

库区移民开发

【水库移民后期扶持（扶助）项目】 全市有 31 座大中型水库，涉及 7 个县（市、区）62 个乡（镇），252 个建制村，530 个自然村，移民人口 87998 人（含接收安置三峡移民 440 人）。已建小型水库 449 座，移民人数 3.8 万人，涉及 7 个县（市、区）的 115 个乡（镇）、228 个村。2016 年度，大中型水库移民后期扶持项目 314 个、总投资 17187.52 万元，截至 12 月 31 日，完成项目总投资 5784.1 万元，拨付移民资金 4049.86 万元，正在实施的项目 135 个，占 43%，已完成项目 126 个，占 40%，已验收项目 99 个，占 7%。2016 年度，小型水库移民扶助项目 33 个、计划总投资 919 万元，截至 12 月 31 日，已完成项目 25 个，占

75.8%,已验收 11 个,正在实施 8 个。

【库区移民生产开发】 为移民创业贴息贷款。在武平和长汀县开展移民创业贴息贷款试点。2016 年,贴息 105.21 万元(其中:武平 59.7 万元、长汀 45.51 万元),为 234 户(其中,武平 126 户、长汀 108 户)移民撬动 2042.81 万元(其中,武平 1145 万元、长汀 897.81 万元)贷款,用于发展蔬菜、花卉、食用菌、油茶等种植和电子商务。为移民购置商业店面。在连城和上杭县为移民购置商业店面。2016 年,投入 5279.41 万元,其中,连城 1482.17 万元、上杭 3797.24 万元。购置 3833.96 平方米,其中,连城 829.09 平方米、上杭 3004.87 平方米。产权归移民所有,租金每年分配 1 次给移民。

【水库移民安置】 指导和服务连城县福地水库、新罗区富溪水库和中甲水库等 3 座拟建中型水库的移民安置规划编制、淹没实物调查、安置点选址、补偿标准确定及移民安置规划审批等前期工作。完成连城县八军坑、永定区淑雅溪、武平县石径岭和陈田等 4 座在建小型水库移民安置验收工作,对长汀县荣丰水库 426 人 109 户、新罗区坪坑水库 29 人 9 户移民安置工作进行督导。

【移民矛盾纠纷调处】 全年,市本级移民来信 3 件,来访 2 批次 4 人,排查调处移民矛盾纠纷 4 件,全市库区没有发生进京到省非正常集体上访事件,以及在全国、全省、全市造成较大社会影响的移民群体性事件。同时,坚持每月 15 日参加市领导信访接访日活动。

【移民就业培训】 投入 86.25 万元为 345 名移民提供小车驾驶职业技能培训,完成培训 315 人,占 91.3%。投入 57 万元为 475 名移民提供“互联网+库区人才发展”培训,完成培训 382 人,占 80.4%。

(市库区移民开发局　供稿)

农业机械

【概况】 全市全年机耕作业面积 16 万公顷,比增 4.35%;机收作业面积 5 万公顷,比增 8.70%;机插作业面积 2.6 万公顷,比增 10%。全市主要农作物耕种收机械化水平 47.65%,比上年提高 2.6 个百分点。全市使用农机购置补贴资金 1600 万元。农机安全生产形势总体保持平稳。

【农机人员教育培训】 组织开展全市农机化人才队伍培训,全年培训 2012 人,其中新型职业农民(水稻生产全程机械化、旱地作物机械化生产)培训 850 人,大中型拖拉机驾驶员培训 87 人,农机修理工技能鉴定培训 25 人,其他农机培训 1050 人。抓好辖区内农机企业(拖拉机驾驶培训机构)安全生产标准化提升工程三年行动工作,加强拖拉机驾驶培训监管,重视安全检查和隐患排查治理,确保培训安全无事故,2 家培训机构 100%在规定时间内达标。

【农机安全监管】 落实农机部门安全监管权力和责任“两张清单”制度,严格按制度办事。推进农机本质安全建设活动。要求各县(市、区)健全农机本质安全工作机构,明确职责分工,制定具体实施意见,推进农机本事安全各项工作措施落实到位。推进拖拉机驾驶培训机构安全生产标准化建设提升工程三年行动。开展安全标准化督导工作,加快未达标培训机构达标创建步伐,促进已达标培训机构开展巩固提升工作。完成漳平市和兴拖拉机驾驶培训有限责任公司、上杭县兴农拖拉机驾驶培训有限公司 2 家培训机构 100%实现三级达标创建任务。开展拖拉机安全专项整治工作。从 3 月至 5 月,全市开展为期 2 个月的拖拉机安全专项整治工作,市、县、乡三级农机部门联动,在安检、公安交警的支持下,重点查处拖拉机违法载人、人货混装、无牌无证行驶等违法违规行为。上杭县对擅自违法改拼装拖拉机进行强制切割,恢复原样。在专项整治期间,全市组织 34 个检查组,出动执法检查人员 213 人次,检查拖拉机 456 台,其中查处无牌无证拖拉机 19 台,非法改拼装拖拉机 22 台,违法载人 29 起,逾期未检拖拉机 38 台,达到报废年限拖拉机 41 台,无证驾驶、证驾不符 19 人,其他违法行为 57 起,签发整改通知书 103 份。加大农机安全宣传教育工作力度。进村入户开展农机安全宣传教育与咨询系列活动,努力营造安全生产的良好氛围。

(市农业局　供稿)

8

新农村建设

美丽乡村建设

【新型城镇化和美丽乡村建设】 2016年，全市列入省级“千村整治、百村示范”项目实施133个村(其中示范村12个)，计划实施185个项目，计划投资14亿元。完成开工项目185个，完成投资14.88亿元，完成年度计划106.3%。示范村计划投资5929万元，累计完成6854万元，占115.6%。15个新型城镇化重点镇计划实施180个项目，计划投资91.8亿元，完成投资96.66亿元，完成年度计划105.3%。各县(市、区)、经开区政府高度重视，多次研究讨论新型城镇化和美丽乡村建设事宜，出台具体实施方案和项目资金管理办法，成立项目公司。县级累计到位资本金16659万元。新罗、长汀、永定主要领导亲自到镇村指导，新罗区采取人大和政协各1000万元负责分片挂钩美丽乡村建设。武平岩前镇不等不靠完成创业大道景观提升建设，十方镇加快富坊街道三线下地及白改黑改造。古田镇实施步云梅花山虎园道路，雁石镇实施集镇穿衣戴帽工程，永福镇加快集镇出入口整治，新泉镇实施红军路拓宽改造推进重点镇建设。新罗区苏坂镇黄地村实施道路拓宽和引水工程，白沙镇官洋村引入市场团队打造古村落，雁石镇益坑村加快农村危旧房改造，万安镇竹贯村加快旅游慢道建设。武平县中山镇城中村加大力度整治臭水塘及陈年垃圾有序推进美丽乡村建设。

【农村危房改造】 全市“十三五”期间计划完成农村危房改造20994户。2016年省下达龙岩市5300户（其中为民办实事项目1500户），到12月20日，全市完成投资17051万元，以修缮加固为主，省政府为民办实事的1500户任务全面竣工，完成省下达危房改造任务。中央下达的3800户任务，全面开工，竣工率61%。经开区竣工率100%，新罗区、永定区、长汀县、上杭县、武平县竣工率60%以上，连城和漳平市竣工率60%以下。上杭县危房改造力度大，在上级每户补助0.92万元的基础上，县财配套每户补助2万元，并与推广农村示范房建设结合起来。

【乡(镇)污水垃圾处理设施建设】 市政府为民办实事24个乡(镇)污水处理设施和44个垃圾中转站全面启动。乡(镇)镇污水处理建成49座，日处理能力6.9万吨。2016年，省下达龙岩市新建36个乡(镇)污水处理项目，计划投资35767万元。完成投资17140万元，占47.92%。完工9个，在建10个，未开工17个，永定区、武平县、连城县进度较为滞后。乡(镇)垃圾中转站建成52座，2016年，全市安排新建75个垃圾中转站(含压缩车辆)，计划投资8201万元。完成投资4655.4万元，占56.77%。完工22个、占29.33%，在建36个、占48%，未动工17个、占22.67%。

【传统村落保护】 2016年，全市列入省级重点改善提升的历史文化名镇名村2个，分别是武平县中山镇，永定区湖坑镇南江村。计划投资4600万元，完成投资4811万元，完成计划投资的104.6%。全市有20个中国传统村落，在获得国家补助6300万元的基础上，2016年又有14个村被列入第四批中国传统村落名录，累计有34个国家级传统村落。2016年，市级安排800万元补助72处古民居、古建筑维修项目，完成95.6%。上杭县基本完成9处古建筑古民居修缮工作，完成《院田中国传统村落档案》和《中国传统村落上杭县太拔镇院田村保护发展规划》编制，正在组织编制中都镇罗溪村、田背村、兴坊村等传统村落保护发展规划。

【特色小镇培育建设】 加快特色小镇申报培育工作。古田镇被列入国家级第一批特色小镇名单（福建5个、全国127个）。红色小镇古田镇、花香小镇永福镇和草药小镇培田村被列入省级第一批特色小镇名单(全省28个)。市级组织实施8个特色小镇建设工程包,分别是新罗区江山镇、永定区下洋镇、上杭县古田镇、武平县岩前镇、长汀县河田镇、连城县宣和乡、漳平市永福镇、经开区东肖镇。各县(市、区)积极培育不同类型特色小镇,白沙的水上乡愁小镇、客家山寨丁屋岭影视特色小镇、土楼美食特色小镇等。河田客家风情小镇获国家第一批专项资金扶持，扶持金额5000万元;高陂专用车特色小镇获省发改委认可支持,申报第二批国家专项金。

【村镇住宅小区建设】 因地制宜,结合农村实际,建设产业带动型、新村建设型、旧村整治型、传统村落型、历史文化保护型、生态宜居型、乡村旅游型等形式多样、风格不同的住宅小区,增强村镇承载力和竞争力。2016年11月,新罗区雁石镇礼邦住宅小区、小池镇培斜住宅小区被列入第十八批省级村镇住宅小区建设试点。全市累计有57个小区被列为省级村镇建设试点。其中12个小区被列为省级村镇住宅优秀小区,涌现出如洋畲、培斜、黄地、培田等美丽乡村建设典型。

【2016年龙岩市新型城镇化和美丽乡村建设项目清单】

2016年龙岩市新型城镇化和美丽乡村建设项目清单

表10

县(市、区)	资本金注入农发行			农村危房改造				乡镇污水(36个)			乡镇垃圾中转站(75个)		
	任务(万元)	到位	到位率%	任务	开工	竣工率%	为民办实事	在建	未动工	已完成	已完成	在建	未动工
合计	36000	13069	36.3	5300	4738	51.8	85.6	10	17	9	22	36	17
新罗区	4800	3049	63.5	400	374	64.3	90	岩山镇	大池镇	万安镇	—	—	—
永定区	4800	3720	77.5	600	576	45.3	90	抚市镇 湖坑镇 城郊镇 龙潭镇	堂堡乡 湖雷镇 仙师镇 峰市镇 下洋镇 高头乡	—	堂堡乡 大溪乡 下洋镇 龙潭镇 古竹乡 仙师镇 高头乡 峰市镇	湖雷镇 陈东乡 城郊镇 湖山乡 (2座)	岐岭乡 合溪乡 洪山乡
上杭县	4800	1500	31.3	1040	955	66.9	83.8	稔田镇	—	洋境乡 下都镇 南阳镇	南阳镇 下都镇 稔田镇 通贤镇	湖洋镇 太拔镇 溪口镇 茶地镇 洋境乡 步云乡	—
武平县	4800	0	0	1067	904	43.1	100	—	十方镇 岩前镇 中山镇 中堡镇 东留镇	湘店乡	象洞镇 平川镇 万安镇 东留镇 岩前镇 永平镇	桃溪镇 武东镇 中堡镇 中山镇 湘店乡 城厢镇 下坝乡 中赤乡 大禾乡	—
长汀县	4800	1800	37.5	840	783	58.3	88.8	—	—	河田镇 古城镇 童坊镇	庵杰乡 宣成乡	红山乡	—
连城县	4800	0	0	800	680	39.6	55	朋口镇 曲溪乡 庙前镇	莒溪镇 新泉镇 姑田镇 文亨镇 宣和乡	—	—	北团镇 莒溪镇 庙前镇 宣和乡 曲溪乡 隔川乡 文亨镇 罗坊乡	塘前乡 四堡乡 揭乐乡 赖源乡 林坊乡
漳平市	4800	1500	31.3	503	466	50.7	95.3	赤水镇	—	西园镇	菁城街道(2座)	溪南镇 灵地乡 新桥镇 南洋镇 双洋镇 象湖镇	和平镇 拱桥镇 官田乡 芦芝镇 吾祠乡 赤水镇 西园镇 永福镇
经开区	2400	1500	62.5	50	50	100	76	—	—	—	—	虎岗镇	红坊镇

(市住建局　供稿)

村镇规划建设

【新型城镇化和美丽乡村规划编制】 深入贯彻中央和省关于新型城镇化和新农村建设的系列重大决策部署和中共龙岩市委、市政府关于《龙岩市新型城镇化和美丽乡村建设三年行动计划》精神，按照机制活、产业优、百姓富、生态美的要求，切实补短板、惠民生，全力推动龙岩市新型城镇化和新农村建设不断向纵深发展，市城乡规划局制定并印发《龙岩市新型城镇化和美丽乡村建设三年行动计划指导实施意见》，明确三年行动计划的规划编制目标任务和规划编制要求，并制定严格的保障措施，确保新一轮村庄规划修编工作。至2016年底，全市完成新型城镇化重点镇规划编制15个、美丽乡村规划编制124个。

【县域乡村规划试点】 加强改革创新乡村规划理念和方法，树立一批符合农村实际、具有较强实用性的乡村规划示范点，带动乡村规划工作。武平县被列入龙岩市县域乡村建设规划试点，选出武东镇张畲村、五坊村，东留镇黄坊村，中山镇龙济村等4个村庄规划作为乡村规划试点。试点规划已完成规划编制方案。

【长汀历史文化名城保护规划编制】 长汀县政府委托南京大学城市规划设计研究院有限公司开展名城保护规划编制，完成规划方案并报福建省住建厅审查。规划以保护“大美汀州”为总体目标，维护名城自然山水的完整性，保护和彰显“一川远汇三溪水，千嶂深围四面城”的自然山水格局，注重生产与生活的生态保护，追求人文与自然的协调共存，构建和谐人居环境格局。

【划定历史文化街区】 加大对历史文化街区和历史风貌区的保护力度，加紧保护规划的编制和修订工作。截止2016年底，各县（市、区）根据自身实际情况，结合总规要求，划定四大历史文化街区，10片历史风貌保护区。其中，四大历史文化街区为长汀县东大街历史文化街区、水东街历史文化街区、店头（建设）——五通街历史文化街区和南大街历史文化街区，面积55公顷；10片历史风貌保护区为上杭县解放路西段历史风貌区、临江楼历史风貌区、瓦子街历史风貌区，漳平市赤水镇田头村风貌区、赤水镇香寮村风貌区、双洋镇东洋村风貌区、溪南镇东湖村风貌区、象湖镇朱德率红四军出击闽中纪念馆风貌区、永福镇吕坊村铁厂风貌区，武平县桃溪镇桃溪村桃地坝历史风貌区，面积总计101公顷。

【传统村落保护发展规划编制】 至2016年底，全市有国家级传统村落33个，省级传统村落批29个，市级传统村落84个。其中，已编制保护规划国家级传统村落有17个，分别是新罗区适中镇中心村、万安镇竹贯村，永定区湖坑镇洪坑村、湖坑镇南江村、高头乡高北村、下洋镇初溪村，漳平市双洋镇东洋村、赤水镇香寮村，武平县岩前镇灵岩村，连城县庙前镇芷溪村、宣和乡培田村、莒溪镇壁洲村，长汀县三洲镇三洲村、红山乡苏竹村、南山镇中复村，上杭县太拔乡院田村。

【历史建筑公布与保护】 2016年，为有效保护优秀乡土建筑，规范历史建筑的管理与维护，各县（市、区）历史建筑经镇（街道）初审，县（市、区）住建局、文广新局等部门审查后报县（市、区）政府同意，公布历史建筑351处。其中，新罗区公布白沙营边村、田洋厝等87处首批历史建筑，永定区公布岩太村永福楼等35处历史建筑，漳平市公布赤水岭兜村等处历史建筑107处，长汀县公布红山乡山阳村上圭阳村潘氏祠堂等40处历史建筑，武平县公布城厢南通村曾氏民居等72处历史建筑，上杭县公布才溪镇王集成将军故居等10处历史建筑。各地公布历史建筑对进一步保护优秀历史文化建筑奠定扎实基础。

（谢兴昌　撰稿）

农村保障

【提高农村低保标准】 市政府决定，2016年起，龙岩市各县（市、区）的农村低保标准与国家扶贫标准相衔接，确保无法通过发展生产或就业创业实现脱贫的农村低保对象，通过兜底保障实现脱贫。2016年7月1日起，永定、上杭、武平、长汀、连城、漳平6个县（市、区）农村低保标准由家庭年人均收入2650元提高到3026元，新罗区继续执行家庭年人均收入3110元标准；2017年1月1日起，全市7个县（市、区）农村低保标准统一按家庭年人均收入3210元执行。

为确保低保资金确实惠及困难群众，全市各级民政部门加快完善制度、规范程序、健全机制、强化整改，做好这项“民心工程”。首先，规范保障对象的认定，把户籍状况、家庭收入和家庭财产作为低保对象认定的三个基本条件，加强动态管理，建立低保家庭人口、收入和财产状况定期报告制度。其次，全面实行农村低保村级民主评议票决，把“评议权”交给群众，使低保工作在“阳光”下民主操作，在“票决”中体现民主。对单亲家庭，家庭主要成员因重灾、重病、重残导致贫困的家庭，儿童患有严重疾病和困难学生家庭，重点纳入民主评议对象予以保障。另外，将明确申请人、村（居）、乡（镇、街道）、县级民政部门的责任和行为规范，加强信息公开，接受社会和群众监督。

【城乡居民医保并轨】 市政府出台《龙岩市人民政府关于城乡居民基本医疗保险政策一体化实施意见》。从2016年起，全市新型农村合作医疗和城镇居民基本医疗保险政府补助标准，由每人每年380元提高至410元。现行新农合和城镇居民医保政策将逐步整合，实现“六统一”。统一经办管理，统一参保登记，统一缴费水平，统一药品目录、诊疗项目和服务设施目录，统一待遇水平，统一结算办法。

【“三农”综合保险“龙岩模式”添新内容】 引入市场管理模式，进行差异化考核，提升服务站管理水平。新开发推出设施花卉种植保险、生猪价格指数保险等特色农业新险种。对务工农民意外保险，在保费不变的情况下，将保障金额由每人3万元提高到5万元。对贫困户实行保费补助翻倍政策，贫困户农业产业保险保费补贴由30%提高到60%，其他险种保费补贴由20%提高到40%。

（市农业局 供稿）

村庄整治

【农村家园清洁行动】 在新一轮农村家园清洁三年行动中，市财政2016年安排专项经费2300万元（专职保洁员工资补助1300万元、专项奖励经费1000万元）。建立“村收集、镇转运、县处理”的工作目标和年度目标。各县（市、区）、经开区出台《农村家园清洁三年行动实施方案》；新罗区雁石镇益坑村、雁江村和白沙镇南卓村、岩下村等4个村开展农村生活垃圾减量化处理试点；新罗区农村卫生整治工作开始由“大包大揽”向“行政监督管理”转变；武平县东留乡全面推广农村垃圾收费制，全县有42个村实现村民缴交垃圾费，占20%，涌现东留、永平、城厢等乡（镇）和湘坑村等农村垃圾综合治理先进典型；长汀县持续深入开展“六清六美”活动，全县农村卫生环境呈现新气象；永定湖坑镇南江村实行村主干、党员沿河垃圾保洁分段包干责任制，取得明显治理成效。

【库区村庄综合整治】 推进第二批新罗区西陂街道紫阳村，永定区城郊镇书岭村、万美村、彩霞村、峰市镇峰市街社区、信美村、仙师镇华坊村、洪山乡樟罗村、西溪乡硕杰村和凤城街道龙角村，上杭县稔田镇长滩村、镇岐村、南阳镇下车村、矶头村（红新组）、庐丰乡下坊村（德里安置点）和中坊村（渡上安置点），武平县东留镇小溪村、中赤乡下营村等18个大中型水库移民村环境综合整治建设。截至12月31日，完成永定区城郊镇万美村、彩霞村、峰市镇峰市街社区、信美村、仙师镇华坊村、西溪乡硕杰村，上杭县稔田镇镇岐村、南阳镇下车村、矶头村（红新组）、庐丰乡下坊村（德里安置点）、中坊村（渡上安置点），武平县东留镇小溪村等12个村的环境综合整治工作。

（市住建局 供稿）

农村改革

【土地流转规范有序】 全市7个县（市、区）、128个乡（镇）成立农村土地流转服务中心，1792个村成立土地流转服务站，分别占全市乡（镇）和村总数的100%、97.7%。全市耕地流转面积5.76万公顷，流转比例46.6%，连片流转耕地在十亩以上3.48万公顷，占耕地流转总面积60.5%。

【农村土地确权基本完成】 完成航摄面积19029平方公里，完成率100%；完成权属调查审核公示1038个村，完成率56.6%；完成确权登记颁证合同签订635个村，完成率34.6%。漳平市颁发福建省第一本新版农村土地承包经营权证。

【漳平颁发福建省首批农村土地承包经营权证书】 2016年8月23日，在漳平市和平镇菁坑村农村土地承包经营权确权登记颁证仪式上，172户农户拿到农村土地承包经营权证书。这是福建省开展农村土地承包经营权确权登记以来，首批分发到农户手上的土地经营权证书。

【林业改革不断深入】 生态公益林护林员选聘模式由“村聘、村管、村使用”改为“乡聘、站管、村监督”，管护费由县级统筹；由驻站、驻村护林员组成护林小组，建立网络监管指挥平台，形成联动互助的护林网络。实行分类补助，取消利用迹地营造竹林、经济林、蚕食阔叶树发展毛竹的所有者补助费，多出部分，由县级统筹用于管护费。成立闽西林权流转运营中心。新增林权流转面积0.5万公顷，累计20.8万公顷。构建“评估、担保、收储、流转、贷款”五位一体的林业金融服务平台，全市新增林业贷款4.5亿元，其中林权抵押贷款0.69亿元，累计分别达44.8亿元和13.39亿元。开展重点生态区位商品林赎买。省级试点县武平县完成赎买266.67公顷、租赁0.25万公顷；新罗区重点启动龙岩中心城区周围一重山商品林赎买。全市新建生态公益林“占一补一”储备库700公顷，累计1653.33公顷。培育新型林业经营主体。全市规模经营的家庭林场350家，经营总面积1.45万公顷；林业专业合作社338个，经营面积4.03万公顷，农户数1.49万户。其中，武平众森等4家林业专业合作社被评为全国林业专业合作社示范社。扎实推进国有林场改革。解决市管国有林场通工区道路列入全市交通路网规划建设问题，全面办理职工的“五险一金”、落实职工的住房补贴政策。上杭、永定、武平、漳平等4个县（市、区）属国有林场改革方案获福建省林业厅批复。

【水利简政放权和审改工作】 做好三张清单的清理和编制。完成权力清单、责任清单、公共服务事项清单和权力运行流程图的编制；做好行政审批事项的下放、承接和衔接。将非行政许可事项--设立水利旅游项目审批，下放至设区市水行政主管部门并转为其他行政权力事项。同时，取消水利工程开工审批；规范中介(技术)机构服务。涉及水利基建工程的设计、施工、咨询、招投标等方面中介机构，做好备案登记，规范服务行为；优化公共资源交易管理体制。全市水利工程建设项目全部必须进入龙岩市工程建设招投标中心进行招投标；创新机制，完善制度。全面推行在线审批、并联审批工作机制，建立即办制度和办理时限承诺制度，对每一个事项的审批、办件过程都实行“阳光操作”、落实“马上就办”。全年完成审批及公共服务事项109件，做到100%办结，无一投诉，达到群众满意。

【小型水利工程管理体制改革】 扎实推进上杭县深化小型水利工程管理体制改革试点工作；开展河道管护体制机制创新试点工作。通过落实责任、分工和经费，全面推进河湖管理体制机制创新；开展水权交易试点工作。以上杭县为试点进一步将流域保护管理、保障水安全工作纳入各级政府绩效考评内容，明确部门职责，分年度细化、量化目标任务，加强效能督促，促进工作落实。

（市农业局、林业局、水利局　供稿）

农村人力资源开发

【新型职业农民培育】 全年累计完成新型职业农民培训2901人，占年度目标的145.1%。其中生产经营型1813人、现代青年农场主238人、农机专业技能型850人；引导扶持110名大中专生回乡从事农业创业，占年度目标的110%；扶持210户农业“五新”示范户开展“传帮带”活动，占年度目标的105%；颁证认定1500人，占年度目标的150%。组织238名新型职业农民参加农业部现代青年农场主培训。

【新型职业农民政策扶持】 按照“实际、实用、实效”的要求，扎实抓好扶持政策的落实。认真梳理强农惠农富农政策，把政策交给新型职业农民。市财政安排300万元专项资金，引导扶持110名大中专生回乡从事农业创业，扶持210户农业“五新”示范户开展“传帮带”活动，培育20名大中专生农业创业典型与农业五新示范典型，鼓励县(市、区)组建农业规模经营担保基金3980万元，为新型职业农民担保贷款129笔1847万元，鼓励县(市、区)开展贷款贴息264人149万元。争取把获证的新型职业农民优先作为评选示范农场、示范合作社的优先条件，对评定为示范农场、示范合作社的新型职业农民给予3万元-8万元的奖励。向新获证的新型职业农民赠送2016年度《农民文摘》。

（市农业局　供稿）

9 工业经济

综　　述

【概况】 2016年，龙岩市工业运行总体呈缓中趋稳的发展态势。全市规模以上工业实现增加值579.62亿元，增长7.4%，位居全省第七位。全市规模以上工业企业累计实现产值突破2000亿元，达2052.3亿元，现价增长10.3%。完成工业固定资产投资969亿元，同比增长5.4%，其中企业技术改造投资631亿元，同比增长9.1%；全市单位GDP能耗下降6.07%。规模以上工业生产呈现以下特点：亿元企业达400家。全市产值超亿元企业共有400家，比2015年增加53家，累计实现产值1715.6亿元，现价增长11.9%，对规模以上工业增长的贡献率达95.7%。行业基本面向好。全市36个行业大类中，有26个行业的总产值保持增长，增长面达72.2%，其中21个行业实现两位数增长，工业发展基本面良好。"365"重点工业产业贡献突出。2016年，有色金属、机械、光电新材料等产业保持平稳较快发展，再加上下半年以来，由于煤炭、水泥等产品价格回升，能源精化和建材产业增速逐月提升，重点产业对全市工业发展支撑作用明显。全市规模以上工业"365"产业实现总产值1968.35亿元，增长10.6%，拉动全市规模以上工业产值现价增长10.2个百分点，对规模以上工业增长的贡献率高达98.9%。新投产企业拉动力强。全市共有49家新投产企业纳入规模以上工业统计，比2015年增加21家，完成总产值131.07亿元，拉动全市规模以上工业产值现价增长7.0个百分点。出口交货值高速增长。全市规模以上工业企业实现销售产值2007.26亿元，同比增长10.1%。其中，实现出口交货值52.17亿元，增长27.4%，比2015年提高45.6个百分点。

【着力稳增长】 2016年，龙岩市全力落实稳增长政策。加强对促进工业企业发展政策的解读，让企业知晓读懂用好政策。全年兑现政策共分批下达市级工业创新转型稳增长资金5909万元、省级切块资金7227万元。根据工业运行情况变化，适时出台水泥、铁合金行业电价补贴等稳增长措施，稳定企业生产。积极培育新增长点。加强重点工业新增长点项目和"百家千户"培育工程的跟踪服务，落实各项要素保障，全市186个新增长点项目实现预期目标，新增产值160亿元；新增亿元企业53家，超额完成任务；快报新增规模企业49家，比去年增加38家。支持企业开拓市场。落实省鼓励企业开拓市场政策，并出台配套措施，累计帮助企业争取省、市开拓市场奖励资金1300多万元。开展电力、不锈钢、化肥和两化深度融合促转型等4场"手拉手"活动。

【制造模式创新】 牵头制定并由市政府下发《龙岩市中心城区环卫保洁一体化市场化工作方案》，推广"制造+服务"发展模式。制定智能制造专项行动计划，开展重点行业企业智能制造试点示范，紫金铜业、金龙稀土入选省智能制造样板工厂(车间)示范项目。

【深化"两化"融合】 积极指导企业申报"两化"融合示范企业、重点项目，97个项目列入省级"两化"融合重点项目；评定6家市级"两化"融合示范企业；紫金矿业等5家企业通过国家级"两化"融合管理体系评定。

【工业园区建设】 做好省级新型工业化产业示范基地综合评价工作，长汀稀土工业园区顺利通过复核。摸底上报全市工业园区PPP项目10个，上报省工业园区改造升级工程包实施项目7个。

【企业创新】 龙净环保荣获"2016年国家技术创新示范企业"称号，是获认定的福建省3家企业之一。新认定省级企业技术中心1家(紫金铜业)、市级企业技术中心6家；省级工业设计中心1

家（喜鹊纺织）、市级工业设计中心5家。“6·18”期间，征集推介企业技术需求31项、项目成果14项，对接项目达35项。

【发展大数据产业】 推动华为云计算数据中心项目在龙岩市落地实施。临时机房已安装完成20个机柜，10个机柜已验收完毕、投入运行。

【专用车产业发展】 11月，龙岩市举办全国商(专)用车检测技术管理研讨暨龙岩“专用车之城”宣传推介会，共策划推介专用车招商项目20个，初步形成具备签约及在谈项目8个。

【项目落地攻坚战】 全市工业科技领域共有233个项目列入攻坚战计划，项目总投资2614亿元，当年计划完成投资299.9亿元。全年累计完成投资456.9亿元，占年度计划152.4%，居七大领域会战第2位。其中，新开工项目91个，占年度计划144.4%，居七大领域会战第一位；实现新投产项目115个，占年度计划的194.9%，居七大领域会战第四位。三项指标均提前超额完成年度计划任务。

【企业技术改造】 市、县两级财政出资1.06亿元，参与省企业技术改造基金，已获得4.6亿元基金扶持，约占全省$\frac{1}{5}$。全年争取各级技改扶持资金3492万元，支持企业扩产增效。96项市级重点技改项目全年累计完成投资126.2亿元，完成年度目标207.2%，实现竣工投产或试投产65项，完成年度目标180.6%。

【民企产业项目对接】 全市共成功对接永定鑫华通智能终端产业园、太阳铜业船用电缆及数据缆、连城以晴手机平板电脑电子终端产品等民企合同项目174项，项目数居全省第一位；项目计划总投资497.6亿元，居山区市第一位。

【去产能】 2016年，全市共淘汰煤炭企业25家，产能136万吨/年；水泥产能1000吨/天旋窑水泥熟料生产线1条，产能30万吨。全程参与新龙马重组洽谈对接工作，8月新龙马公司举行了交接仪式，项目重组进展顺利。

【企业质量品牌】 开展工业企业质量标杆和品牌培育示范工作，2016年，佳丽斯实施品牌培育建设的实践经验被确定为省级质量标杆；龙马环卫、盛丰机械、佳丽斯和长汀盼盼等4家企业列为2016年福建省工业企业品牌培育试点企业，占全省总数的20%。

【企业降本增效】 2016年全市累计降低企业成本约31亿元，其中，降低用电等生产要素成本约1.2亿元；落实小微企业税收优惠政策减税约15.5亿元，“营改增”减少税收负担约3.36亿元；落实“绿色通道”免收高速公路通行费、推行“一体化”通关等降低企业物流成本约1.17亿元；降低工伤、失业保险费率等人力资源成本约0.39亿元。

【节能降耗】 实施节能改造工程和节水、节电、节材等循环经济项目32个，年可节约标煤约3万吨。开展燃煤锅炉节能环保提升工程，累计完成锅炉整治252台，完成总整治任务的91%，超额完成2016年目标任务；城市建成区在用燃煤小锅炉完成淘汰66台。督促指导13家水泥企业、2家火电企业实施节能量交易。

【融合互动】 在全国军民融合发展高科技成果展上，梟龙汽车接受习近平总书记、李克强总理等党和国家领导人视察检阅；海德馨3款车型列入公安部专业技术用车协议供货目录；侨龙应急排水车被杭州G20峰会作为防汛领域指定用车；成功举办福建省军民两用技术成果(龙岩)推介会，对接技术需求40余项；解放军海军装备部驻上海军代局与上杭签订军民融合产业共建协议。

【军民融合体制探索】 编制军民融合“十三五”规划；出台促进军民融合产业发展十一条措施；成功创建省级军民结合产业示范基地；成功举办6·29“走进闽西·携手发展”项目对接会。

【军民融合项目合作】 全市累计与部队、军工企业新签约项目53个，总投资332.7亿元。全年续建、新开工项目21个，全年完成投资21.5亿元，完成年度计划111.2%。办理3本国军标质量体系证书、2本保密资格证书；7家企业进入行业供应商库；民品参军年销售额11亿元。

【“进企业、送服务、解难题、促增长”活动】 截至12月底，累计摸排企业困难问题1223个，已办结968个。与《闽西日报》、《龙岩新周刊》签订宣传协议，刊登专版信息6篇，简讯30多篇，大力宣传各地服务企业的典型事例和推动重点产业、重点企业、重点项目建设的成效。

【缓解企业融资难】 举办全市政银企担合作对接洽谈会，共有14家银行与29家企业签订合作协议，涉及贷款额163亿元。全市25家融资担保公司为1746户企业提供74.2亿元的贷款担保。继续用好还贷应急资金，全年为250家企业提供485笔共40.6亿元的还贷周转金。

【简政放权】 推进“放、管、服”，建立“双随机一公开”机制，实行“一口受理、同步审批、限时办结、信息共享”审批机制，委窗口行政许可和公共服务事项办结率100%，满意度位居前列。

【公共服务能力】 加强中小企业服务平台建设,市中小企业窗口服务平台投入运行,金铜、机械、不锈钢产业集群公共服务窗口平台通过验收。开展企业管理提升培训,全年举办21期培训班,参训人员1969人。

【安全生产】 明确安全生产目标责任。重新修订安全生产责任制,制定民爆(生产销售)行业安全生产责任清单和权力清单,做到日常照单监管,失职照单追责。切实加强民爆(生产销售)企业安全监管。省民爆物品企业安全生产标准化建设提升工程3年行动全面完成。全市6家民爆物品生产、销售企业全部达标,其中5家被评为“优秀”。排查整治重大安全隐患,雁石洋城村炸药库和物华龙岩园田塘炸药库(302库)安全距离不足问题得到圆满解决。开展油气管道设施保护隐患排查整治。起草加强石油天然气管道保护及隐患整治工作意见,督促辖区内两家油气输送管道企业开展自查自纠。组织各县(区)做好通气试运行前的清占检查工作,共排查出占压隐患8处,并提出相应的整改措施。持续开展电力设施保护与电力安全专项整治。通过加大巡视力度、缩短巡视周期、加强现场安全检查和危险作业时段现场旁站等方式,有效防范和遏制电力设施保护区内各种外破事件的发生。全年共协调处理外力破坏电力设施事件3起、协调处理窃电案件2起、发放《限期整改通知书》35份、制止违章作业8起。

重点产业

机械产业

【概况】 2016年,全市机械产业全年实现产值306.5亿元,占全市规上工业产值比例15.57%左右。

汽车产业。全市汽车整车制造和零部件加工已形成一定的产业规模,具备较好的产业发展基础。全市拥有整车企业1家、专用车生产企业10家及环海环保、双富等两个在建专用车项目,配件企业100多家,主产品种类包括多用途乘用车、客车、(环卫车、应急电源车、排水防涝车、自卸车、警用执法车、邮政物流车、挂车等)专用车和载货车产品,以及车桥、缸套、轮毂、线束等汽车零部件产品。

环保装备产业。全市现有环保装备制造及配套企业50多家。基本形成以龙净环保、东源环保、卫东环保为龙头的电除尘器、袋式除尘器、电-袋除尘器、脱硫产品、气力输送产品、脉冲除尘等为主的大气污染治理环保装备制造产业雏型,在除尘、干法脱硫等方面的生产技术居国内领先地位,成功地开发出一系列具有国际水平的拳头产品。

工程机械产业。全市现有工程机械及配件生产企业30多家。龙工集团是全球工程机械行业第50强,自主开发和制造了装载机等整机产品,并配套建设了桥箱、液压油缸、精密铸锻件等零部件生产线。

【新龙马重组】 新龙马近年一直处于困境之中,产销量持续低迷,经济效益极不理想,基本上处于越做越亏。究其原因,企业的产品较单一,附加值低,没有盈利能力;没有品牌影响力,从零开始培育一个新品牌,很难得到市场和消费者认可与接受;企业技术研发能力较差,与竞品同质化严重,没有核心竞争力。因此,新龙马公司寻找合适合作伙伴成为新龙马走出困境、实现转型升级的唯一出路。国能电动、国研科技、福汽集团、龙马工业公司等四方携手重组新龙马公司,积极打造新能源汽车生产基地。

新龙马公司成功完成交接工作后,导入瑞典萨博凤凰平台EV系列车型,启动年产10万辆乘用车技术改造项目,产品定位为前置前驱MPV及SUV的纯电动车与汽油车,项目总投资20.9亿元(其中固定资产投资13亿元),项目立项报备已完成,并确定列入省重点项目库。新产品预计2017年2月造型冻结,年底试制样车完成,2018年6月第一款新车将正式量产上市,随后将每半年推出一款新车。

【专用车产业发展】 积极推进龙马环卫实施“制造+服务”协同发展的商业模式并示范推广,做大做强环卫装备制造产业。制定《龙岩市中心城区环卫保洁一体化市场化运作实施方案》,并印发实施。中心城市环卫保洁一体化市场化运作的实施,将为龙马环卫在全省、全国推广“制造+服务”商业模式提供样本,推动我市环卫装备制造产业加快发展,实现龙马环卫在2020年前达到百亿企业的目标。

积极推进专用车产业“十三五”规划编制工作。委托汉阳专用汽车研究所编制《龙岩市专用汽车产业发展“十三五”规划》,并于2016年5月7日组织召开了规划评审会通过。

承办“全国商(专)用车检测技术管理研讨暨龙岩“专用车之城”宣传推介会”。为进一步宣传展示龙岩产业发展环境,增进企业对外交流合作,推动龙岩企业做强做大、产业转型升级,打造龙岩“专用车之城”。2016年11月25日,龙岩市会同中汽中心汉阳所、福建省汽车工业行业协会成功承办“全国商(专)用车检测技术管理研讨暨龙岩“专用车之城”宣传推介会”。会上进行了“龙岩专用车之城”、“新罗区应急装备产业”“经开区(高新区)专用车产业宣传推介”。汉阳所表示今后将继续依托现有资源,加强与龙岩市企业在项目、技术、资本、人才方面的交流与合作,全心全意为企业提供最优质的服务。

【新能源汽车推广应用】 2016年9月,根据福建省经信委、发改委、财政厅《关于下达2016年省级新能源非公交汽车推广应用和充电设施建设奖补资金的通知》(闽经信计财〔2016〕439号）精神，为加快2016年新能源汽车推广应用和加强新能源非公交汽车推广应用补助资金管理,龙岩市出台《龙岩市2016年新能源非公交汽车推广应用补助资金实施细则》。

【新龙客车生产资质及新能源客车补贴】 为加快推进新龙客车项目的落地建设并解决生产合规化问题,我委协调福汽集团和新龙马公司让新龙客车使用新龙马整车生产资质平台。3月份，国家4部委委托财政部驻福建专员办对新龙马新能源汽车生产销售情况进行专项核查,认为新龙客车100台纯电动客车生产一致性不规范,龙岩市与省经信委、财政厅和财政部驻福建专员办协调“客车生产一致性不够规范”问题，争取使新龙客车100台纯电动客车中央及省级8000万元财政补助的到位不受影响,并使新龙马公司生产经营和重组工作不受影响。

为落实《福建省经济和信息化委员会　福建省发展和改革委员会　福建省财政厅关于下达2016年省级新能源非公交汽车推广应用和充电设施建设奖补资金的通知》(闽经信计财〔2016〕439号）精神及加强2016年新能源非公交汽车推广应用补助资金管理,龙岩市明确新能源汽车的补助对象、产品和标准,落实补助政策,针对省级下达资金可能无法覆盖300辆标准车问题,市财政专门预算配套补助资金超过218万元。

11月8日，第七届海峡两岸机械博览会期间,组织多家新能源汽车企业参展,吸引大批龙岩市民参观并试乘试驾，扩大新能源汽车在市民中的影响。11月底，与厦门潮人新能源租车公司对接,推动在龙岩市动车站、上杭古田会址、永定土楼景区开通纯电动汽车分时租赁业务。

按国家新能源汽车补贴政策,各整车企业按照扣除国补、地补资金后价格向消费者销售新能源汽车。

龙马环卫制定“环卫装备制造+环卫服务产业”协同发展的战略,依托在环卫装备领域已经建立的竞争优势,努力成为极具竞争优势的城市环境卫生整体解决方案提供商,并先后承揽福建省、广东省和辽宁省等多个城市的区域环卫运营项目。其中,2015年12月龙马环卫与海口市龙华区签订的全区环卫一体化服务PPP项目，服务时限15年,成交金额2.4亿/年,是全国最大的环卫服务PPP项目;2016年5月与沈阳浑南区签订的浑南老城区环境卫生作业项目，服务时限8年，成交金额1.45亿/年，是国内市场化外包最大的单一环卫服务项目。龙马环卫在手的环卫一体化项目订单19个，合同总金额达50亿元，已成为最具有竞争力的环卫系统服务供应企业之一。

龙净环保为用户提供烟气治理产品及工程从设计、制造、安装、调试、到验收的一条龙、定制的服务,近年来,龙净环保积极拓展环保工程BOT、海外工程总包、催化剂再生等新业务。龙净环保积极推进燃煤电厂烟气协同治理“环保岛”工程总包模式,如印尼加里曼丹2×66MW电站总承包项目和福建华电邵武电厂三期2×660MW机组烟气环保岛项目；通过甄选部分优质脱硫项目，推进由传统的EPC(工程总承包)模式转向BOT(特许运营)模式(即龙净环保出资建设,然后对建成的项目运营合同规定的时间之后再把项目移交给用户)，为龙净环保发展注入稳定的利润增长点,其中已建成华电乌鲁木齐热电2×330MW机组和特变电工新疆硅业2×350MW机组脱硫BOT项目(龙净环保分别投资1.04亿元和0.9亿元,经营20年后移交电厂)。

烟草产业

【概况】 2016年，龙岩市烟草产业总体低迷,市场状态疲软,卷烟产销下降、税利下降，库存高位运行经营压力较大。全年实现产值133.4亿元,同比下降7.9%。全年生产卷烟88.2万箱,较上年减少13.6万箱。

【产销存情况】 龙烟公司产、销量同比减少,销售结构有所回升,库存高位运行。生产卷烟88.22万箱，同比减少11.61万箱，下降11.63%。销售卷烟89.49万箱,同比减少8.94万箱,下降9.11%。其中,一类烟下降11.2%,二类烟下降1.65%,三类烟下降1.19%,四类烟下降26.21%,五类烟下降9.59%。1–3类烟比重提升4.06个百分点。卷烟库存8.58万箱,同比减少1.27万箱,环比减少4.76万箱。

【经济指标下降】 2016年，龙烟公司实现销售收入128.21亿元，同比下降7.63;实现税利103.38亿元,同比下降8.58%;实现利润7.55亿元,同比下降20.63%。

有色金属产业

【概况】 2016年，实现产值411.4亿元,比增16.3%。其中:金铜产业366.6亿元,比增17.3%;稀土产业44.8亿元,比增8.5%。全年预计完成产值448亿元,比增18.8%,其中,金铜产业400亿元,比增20.1%;稀土产业48亿元,比增8.1%。

【重大项目建设】 2016年，龙岩市加快重大项目建设。金铜产业方面。“紫金铜冶炼工程挖潜增效项目”“太阳铜业船用电缆及数据电缆生产项目”“铜杆系列产品生产项目”等一批重大项目已竣工投产。正按项目序时进度积极推动紫金山罗卜岭铜矿采选工程项目、铜矿浮选厂建设项目、太阳铜业船用电缆及数据缆生产项目、鸿航有色金属及五金水暖卫浴产品生产项目、紫金顺安综合物流园项目加快建设。稀土产业方面。长汀金龙稀土有限公司钕铁硼元器件配套年产2500吨表面处理项目于6月底竣工投产，年产6000吨稀土特种金属及合金项目、信越科技钕铁硼磁性材料扩产1500吨项目于11月底正式投产。金龙稀土稀土永磁材料二期生产线项目（年产3000吨)9月正式开工建设。中石油福建长汀催化剂项目，各种行政审批等前期工作均已完成，待中石油总部投资决策评审通过后正式开工建设。

【举办全国铜加工论坛】 9月27—29日，在上杭县成功举办2016年(第十一届)中国铜加工行业发展论坛，其间，举办上杭县金铜产业项目签约会及上杭县金铜产业发展研讨会，共签约13个项目，其中，生产性项目4个，综合性合作项目2个，技术合作项目2个，资本合作项目3个，人才合作项目2个；金铜产业发展研讨会围绕我市金铜产业重点发展领域及发展对策、稀贵金属的提纯与应用、废杂铜回收利用、铜合金新材料、电线电缆、虚拟经济、军民融合等7个专题进行研讨。此次论坛的召开，为全市金铜产业发展寻找了新思路、新重点和新路径，对促进产业转型升级和跨越发展、实现金铜产业的千亿目标具有重要指导意义。

【全国稀土工作推进会在长汀召开】 3月29日，全国稀土工作推进会在我市长汀县召开。全国稀土六大集团的负责人及部分省市(自治区)经信部门的领导参加会议，国家稀土办主任贾银松出席会议并讲话。会议总结推广了源于龙岩市的福建稀土产业发展经验：“福建省在稀土产业发展中，采取“分散采、集中炼、深加工、园区化”的模式，是一条成功的经验，应进行很好的总结和推广”。此次会议的召开有助于扩大龙岩市稀土产业在全国的影响力，为下一步开展稀土下游应用产业招商奠定了基础。

能源精化产业

【概况】 2016年，全市能源精化产业累计产值为332亿元，比增4.4%。电力方面。全市发电装机容量364万千瓦，其中，火电装机187.4万千瓦；水电装机174.7万千瓦；其余生物质发电、光伏发电合计装机1.9万千瓦。全年发电量128亿千瓦时，比增26%；全市全社会用电量113亿千瓦时，比增1.5%。煤矿情况方面。全市现有地方煤矿102家，其中新罗区47家(含市北山煤矿、陆家地煤矿)、永定区33家、漳平市10家、连城县5家、武平县7家，合计产能(含设计能力)809万吨/年。其中核定生产能力（含设计能力)9万吨/年及以上煤矿30家，9万吨/年以下煤矿72家。在省经信委下达龙岩市2016年关闭退出煤矿指标14家，淘汰产能72万吨/年的基础上，经调查摸底，通过加大对小煤矿关闭退出的宣传力度，进一步引导煤层赋存条件较差、安全投入难以保证及达不到环保要求等煤矿主动退出，增补11家煤矿(产能64万吨/年)列入2016年度关闭退出。22处煤矿已停止井下生产和火工品供应，且在相应产煤县(市、区)地方政府网站上进行公告关闭。22处煤矿产能合计118万吨/年。化工产业方面。全市化工石油生产经营企业200多家，规模以上化工企业105家，亿元产值以上化工企业50家；产业涉及石油化工、精细化工、农药化工、无机化工、生物医药化工、氟化工、食品化工、日用化工等二十大类。基本形成上杭化工循环经济产业区、龙雁精细化工产业园、漳平化工产业集中区、连城化工产业区等四大化工产业园区。化工石油行业突出抓好总投资16.3亿元的瓮福紫金10万吨磷酸20万吨磷铵、总投资12.4亿元的龙化异地二期技改以及豪迪涂料、力浩新能源、卓越生物柴油三期、漳平正盛高分散白炭黑三期、红炭山炸药异地技改一期等项目建设。

【重点项目建设】 龙岩(永定)核电项目。开展项目前期工作，还未列入国家相关发展规划。

漳平抽水蓄能电站项目。市政府与华电福建分公司签订了协议，正式确定华电福建分公司为项目建设业主；已列入福建省抽水蓄能电站规划布点之一；完成了电站项目的选址、工程地形测量、工程地质勘测、钻探、水文资料调查分析、工程地震地质灾害性评估，以及工程的枢纽布置等工作；福建水利水电勘测设计研究院已编制项目预可行性研究报告；但尚未列入国家“十三五”重点建设项目规划。

永定湖坑风电场项目。项目使用林地审核同意书已获批，进入升压站的道路林业砍伐证已办理，土地征收及清表工作进行中。项目进入施工设计，风力发电机组主机采购合同已签订，9月12日，永定湖坑风电场项目正式开工。

中石油福建长汀催化剂项目。注册成立中油(长汀)催化剂有限公司进行项目建设。6月下旬，项目基础设计经中石油集团公司批复；6月29日上午，长汀县人民政府与中油(长汀)催化剂有限公司在北京签订投资合同；正在进行设备选型工作。由于按照中石油集团公司项目工作流程，项目投资决策报告要由相关部门审查并经集团公司规划计划部审核后，报集团公司董事会研究批复方可开工建设。

纺织产业

【概况】 2016年，龙岩市纺织产业规模效益稳定增长，结构调整不断深化，在全省纺织产业中地位进一步巩固。全市共有规上纺织企业97家，其中亿元以上企业32家。纺织产业规模以上工业实现产值109.2亿元，比增13.5%；共生产纱22万吨，同比增长12.5%；服装6493万件，同比增长8.2%。

【产业发展】 长汀纺织产业集群是福建省重点发展的5个纺织产业集群之一，占全市纺织产业业近八成的产值，已成为长汀县工业的主导支柱产业。全县拥有纺织企业172家，其中规模企业达66家，拥有已投产50万纱锭、签约及在建80万纱锭，168台喷气织布机、940台喷水织布机，5条无纺布生产线，46台经编、花边、织布机，500台剑杆织布机，2万台电平车，1060台全自动电脑针织横机，从业人员4万余人的产业规模。产品不断品牌化、高端化，累计获得卡鑫隆、鸿程、宏鑫、雨燕、绅士鲸等5个福建省名牌产品，卡鑫隆、鸿程、绅士鲸、雨燕等4个福建省著名商标，海华、宏鑫等2个龙岩市知名商标，卡鑫隆、福丰服饰已加入军需物资采购供应商入库。长汀纺织产业集群已初步形成了“纺织纤维—纺纱—织布—服装加工—市场”和“针织机械—纺线—织片—缝合—后整—洗烫—市场”的产业链，上下游关联度不断提高。

漳平轻纺基地主要产品为超纤革、高档面料、纱线、各类无纺布、服装等产品。漳平有重点轻纺企业18家，总员工数2500余人。现轻纺企业共拥有国家高新技术企业1家，省级技术中心1家，省级知识产权优势企业2家，省级著名商标6个，龙岩市技术中心6家，授权专利213件。

【产业转型升级】 加大企业技改力度，加快结构调整，促进纺织产业升级。长汀县针织行业规模企业全部实现由手摇针织机向全自动电脑针织机转型升级；纺纱企业实施紧密赛络纺新工艺，采用清梳联、细纱长车、自动络筒、全自动抓管等先进技术，实现由每万纱锭用工100多人向减少至每万纱锭60多人、50多人、40多人转型升级，生产高档纱线；织布业由剑杆织机向喷气、喷水、经编织布转型升级，生产高档面料，产业链向上游化纤原料延伸升级，大大地提高了劳动生产率和产品附加值。

【项目工作】 长汀纺织企业新建项目投产。经纬亿来1号厂房5万纱锭项目3月投产，承东纺织72台喷水织机织布项目8月投产。企业增资技改项目扩产，提高竞争力。宏鑫纺织精梳纱技改、天守文兴经编加弹技改、南祥针织技改项目等新增产能投产，天连化纤新上一条无纺布生产线9月投产，伟益新上高速纺生产线安装设备。在建、扩建项目建设持续有力推进。经纬亿来2号厂房已完成外装修，进入内装修，5万纱锭设备陆续到位；天守文兴已预订4台经编机和1台加弹机；金怡丰二期无纺布项目已完成设计和图审；荣耀纺织新上5万纱锭项目已完成设计；华平纺织计划新上5万纱锭项目已完成钻探；联辉纺织计划扩建210台喷水织机织布项目准备钻探；南祥针织计划实施140台日本全自动电脑横机技改项目已获总部同意。新罗喜鹊毛巾生产项目至2016年9月已完成投资1.27亿，完成土地报批，进入征地拆迁阶段。成冠纺织“优二进三”技改项目进行纱锭车间的主体建设及设备选购。

农产品加工产业

【概况】 2016年，龙岩市农产品加工产业规模效益稳定增长。全市共有规模以上农产品加工企业264家，其中亿元以上企业75家。全市规模以上农产品加工企业实现产值323.6亿元，增长10.9%。

【举办食品工业企业诚信管理体系建设培训班】 3月，按照国家工信部及省经信委工作部署，组织各县(市、区)经信局及食品工业企业举办培训班，邀请省食品工业协会及高等院校博士后等专家讲授食品工业企业诚信管理体系建设标准和发展趋势，对通用要求、原则、诚信方针、策划等结合案例进行解读，就如何建立诚信管理体系进行培训，并对申请的森宝等食品工业企业进行现场指导，对促进食品工业健康发展，提高企业诚信意识、规范企业诚信经营行为、营造行业诚信环境具有积极意义。其中，福建正大食品有限公司(原森宝)省食品工业协会对食品工业企业的诚信管理体系(CMS)现场评价工作，已在国家食品工业企业诚信信息公共服务平台上公示。

【食品安全宣传】 6月17日，在龙岩万宝广场现场开展食品安全周现场集中宣传活动。开展对《中华人民共和国食品安全法》《中华人民共和国广告法》等相关法律法规的学习宣传。积极回应、主动发布食品安全热点问题和科普知识。

【食品安全工作督查】 8月，对永定区、连城县和长汀县食品安全工作开展情况进行半年督查。重点检查各地治理“餐桌污染”、建设“食品放心工程”及“饮用水”监管情况。听取工作汇报，查阅有关内业资料，现场检查食品安全日常监管具体工作，对部分环节监管落实不到位的地方及时提出整改。

生物医药产业

【概况】 医药产业保持较高增长速度，2016年生物医药产业规上企业实现产值25亿元，同比增长21.1%。实现主营业务收入22.8亿元，比增27%，实现利润总额1.41亿元，比增40.7%，税金总额0.44亿元，下降1.3%。

【医药企业GMP技改工作】 医药企业GMP是提高企业生产能力和效益，推进企业转型升级的重要手段，全市共推进天泉药业、中合医药、采善堂制药等3家医药企业的3条通过GMP审核，并获得国家食药监局颁发的GMP证书。为提高企业开展生产线GMP改造的积极，对通过GMP审核的企业进行固定资产投资补助，组织专家对以上3家医药企业的对应生产线进行项目审核，并进行现场核查，共对3家企业进行125.3万元的补助，有效减轻企业负担。

【企业与高校、科研机构密切合作】 企业加大研发力度，天泉药业通过国家博士后科研工作站，加强引进各类高端人才提升企业创新实力，创建企业技术中心。中合医药于4月同科研机构签订3类新药地氯雷他定口服溶液和小儿碳酸钙D3颗粒等新产品开发合作协议，投入2000多万元用于上述新产品的研发。

电子信息产业

【引进华为大数据产业】 2016年8月，市政府与华为软件技术有限公司签署《战略合作框架协议》和《龙岩市云计算服务项目合同》，华为龙岩云计算中心项目规划机房面积20000平米(根据云计算产业发展需要，分二期建设，一期建设10000平方米，部署1000个机柜，二期建设10000平方米，部署1000个机柜)，部署2000个机柜，未来远景规划将达到50000平米，部署5000个机柜。机房地址选在龙州工业园区，2016年10月举行开工典礼仪式，进行机房图纸设计，其他前期工作尚在逐步开展过程中。华为数据中心老市政府临时机房布置40个机柜，20个机柜安装完成;10个机柜验收完毕。

【发展光电产业】 抓好连城县光电园区的发展、德晖光电产业园区的发展和武平新型显示产业发展。

连城光电产业园园区光电产业从无到有、从小到大、从起步到夯实，已成为连城最具特色、最有生命力的主导产业，在优化产业结构、创新驱动发展、促进经济增长中所发挥的作用凸显，规模以上光电企业9家，2016年1—11月，光电产业规模以上总产值实现16.4亿元，同比增长6.8%;税收447.23万元。

武平新型显示产业以福建正德光电科技有限公司为基础，整合已落户武平的大岩电子、星河电路、福隆电子等一批关联企业，充分发挥武平的生态、区位、人文、环境等优势，进一步招商引资发展相关联企业而形成的新一代电子信息产业，新型显示产业园区建设已初见雏形。新型显示产业园区入驻新型显示产业及关联企业共18家，其中规模以上企业15家，全年产值18.6亿元，同比增长30.3%，税收2264.8万元，同比增长18.9%。

【项目建设】 正德光电公司的光学材料项目二期于5月28日正式动工，其中1号厂房基础已开挖完成，钢构工程完成过半，进入搭模浇注阶段，食堂已封顶完成，年底投入使用，项目设备采购合同已签订并预付定金，连城达米拉电视整机及系列家用电器生产项目一期工程共4.33公顷已完成摘牌等手续，总评审核已过，待开工许可手续完善;福建中晶科技有限公司图形化蓝宝石衬底项目5月中旬试产以后，已试产图形化蓝宝石近150万片，工艺水平逐步提升，主生产设备到年底全部调试量产。

【企业“两化”深度融合】 做好省级两化融合重点项目库建设工作，实施项目建设驱动、加速融合进程的发展战略。全市列入省级两化融合重点项目97项，投资总额168亿元。项目建成后年新增销售收入287亿元。加快企业两化融合进程。在已有的11家省级、7家市级两化融合示范企业的基础上，2016年，又评定6家市级两化融合示范企业。紫金矿业集团股份有限公司等5家企业已通过国家级两化融合管理体系评定。

【数字家庭示范村建设】 按照“上下协同，集中连片，分步实施，梯度推进”的方式，开展数字家庭示范村建设，建设数字家庭示范县1个、示范镇7个、示范村31个，全年下达补助资金401万元。信息化工作进一步向农村延伸。

重点企业

紫金矿业

【概况】 2016，紫金矿业集团实现销售收入788.51亿元，同比增长6.12%(上年同期为743.04亿元);实现归属母公司股东净利润18.40亿元，同比增长11.12%(上年同期为16.56亿元)。截至2016年12月底，集团总资产为892.18亿元，较年初增长6.32%(年初为839.14亿元);净资产为311.17亿元，其中归属母公司股东净资产为277.62亿元，较年初为增长0.82%(年初为275.37亿元)。

【金矿业务】 2016年，集团生产黄金214604千克(6899674盎司)，同比下降13.24%(上年同期为247365千克)。其中，矿产金42551千克(1368045盎司)，同比增长14.50%(上年同期为37162千克)。冶炼加工及贸易金172053千克(5531628盎司)，同比下降18.15%(上年同期为210203千克)。黄金业务销售收入占报告期内营业收入的59.99%(抵销后)，毛利占集团毛利的39.28%。[1盎司=31.1035克]

【铜矿业务】 全年产铜561270吨，同比增长35.44%(上年同期:414393吨)。其中:矿产铜154,958吨(其中矿产阴极铜25671吨)，同比增长3.09%(上年同期：150307 吨）。冶炼产铜 406312 吨，同比增长 53.86%（上年同期：264086 吨）。铜矿业务销售收入占报告期内营业收入的 19.11%（抵销后），毛利占集团毛利的 25.29%。

【铅锌矿业务】 全年产锌 464537 吨，同比增加 11.42%（上年同期：416938 吨）。其中：矿产锌精矿含锌 250013 吨，同比增长 26.17%（上年同期 198156 吨）。冶炼生产锌锭 214524 吨，同比下降 1.95%（上年同期：218782 吨）。生产铅精矿含铅 35944 吨，同比增长 49.11%（上年同期：24105 吨）。铅锌矿业务销售收入占报告期内营业收入的 6.48%（抵销后），毛利占集团毛利的 16.61%。

【白银、铁矿等业务】 全年产银 588689 千克，同比增长 45.94%（上年同期：403380 千克），其中：冶炼副产银 368606 千克，同比增长 91.65%（上年同期：192335 千克）；矿山产银 220083 千克，同比增长 4.28%（上年同期：211045 千克）。生产铁精矿 63 万吨，同比下降 68.02%（上年同期：197 万吨）。白银等其他产品销售收入占报告期内营业收入的 14.42%（抵销后），毛利占集团毛利的 18.82%。

【地质勘查及资源储量】 2016 年，公司及权属企业累计投入地质找矿勘查资金 2.05 亿元；完成钻探 20.89 万米，坑探 0.23 万米，槽探 1.5 万立方米；勘查新增 333 以上类别资源储量（部分未经评审）金 50.72 吨，铜 420.64 万吨，银 30.15 吨，铅锌 0.98 万吨。其中，境外刚果（金）Kamoa 铜矿 Kakula 矿段、Kolwezi 铜钴矿、澳大利亚诺顿金田 Paddington 金矿、巴布亚新几内亚波格拉金矿等项目找矿成果丰硕，国内山西繁峙义兴寨义联金矿、甘肃礼县李坝-杜家沟金矿等项目找矿也取得重大突破。截至 2016 年底，集团共有探矿权 202 个，面积 2768.05 平方公里；采矿权 235 个，面积 771.27 平方公里。

龙岩烟草工业有限责任公司

【概况】 截至 2016 年底，公司拥有总资产 106 亿元，其中，固定资产 21 亿元、流动资产 76 亿元，资产负债率为 33.08%。公司占地面积 35.48 万平方米，从业人员 1739 人。全年销售卷烟 446.87 亿支（89.37 万箱），同比下降 9%，实现卷烟销售收入 128.21 亿元，同比下降 7.63%；实现税利 103.35 亿元，同比下降 8.59%，其中利润 7.53 亿元，同比下降 20.85%。单箱税利 11563.81 元，同比增长 0.45%。全年公司生产卷烟 440.5 亿支（88.1 万箱）（不含出口），同比增长 11.63%。

【主要产品】 公司生产的卷烟品牌有“七匹狼”“石狮”“妙香”等，代加工生产的卷烟品牌有“万宝路”。“七匹狼”在产规格 17 个，生产 384.6913 亿支（76.93826 万箱），同比增长-12.44%。生产“石狮”44.1073 亿支（8.82146 万箱）；生产“妙香”5160 万支（1032 箱）；生产金桥 800 万支（160 箱）；生产“万宝路”11.0035 亿支（2.2007 万箱）。

【优化生产】 建立以卷烟市场订单拉动需求为导向的物料需求机制，提高辅料质量，2016 年，烟用材料进货抽检合格率 99.41%。优化卷包排班模式，由每周 5 个大夜减为 4 个大夜，制定卷包“四班三运转”模式实施方案。批次质量管理系统正式上线运行，提升产品质量，2016 年，公司质量指数从 90 分提高至 92.37 分，制丝一区质量指数从 1 月的 75 分提升至 12 月的 84.68 分。导入“卷烟工厂设备卓越绩效管理”模式，提升设备管理水平。2016 年，设备综合效率为 61.86%，比年初目标高出 1.29%。组织开展“设备高空保养规范及标准”“基于单元高速机组运行状态数据跟踪分析”“降低整体物流设备故障时间”等课题攻关。与 2015 年相比，制丝设备故障停机率从 0.19% 下降到 0.12%；卷包机台有效作业率从 95.47% 提升到 96.18%；物流设备运行可靠率从 99.92%提升到 99.95%。修订《安全生产责任制》《安全绩效考核管理制度》。通过安全安全生产标准化一级企业复审。

【精益管理】 完善精益 2.0 管理平台，初步建立数据分析应用机制，申请获得工信部两化融合管理体系贯标试点企业资格。推动降本增效工作，2016 年，累计节约金额 3079 万元，卷烟综合能耗 2.29kgce/万支，同比下降 3.38%。立项流程优化项目 46 项、管理创新项目 23 项、科技项目 11 项，评奖 34 个 QC 小组成果；2016 年情报系统提报创意人数 788 人，创意参与率 49%，累计提报创意 2851 条，输出日常改善成果 1114 项，累计上传知识 2412 篇。公司“精益生产绩效指标模型设计及应用”和蒋景强同志分别获得了行业“精益十佳”课题和个人。在公司内部通过微信公众号、视频、展板等方式宣传精益管理，在行业精益管理培训班作了题为《打造一个平台、强化三个抓手，助推龙烟精益管理持续优化升级》的现场交流，在行业媒体投稿 50 篇精益稿件。规范化公司管理，制定《办事公开民主管理实施办法》《公开目录》《职工各类假期及其待遇的管理规定》《关于加强全资子公司财务与审计监管的意见》《业务外包管理办法》。

【队伍建设】 完善用工分配机制。深化干部人事制度改革，修订《中层干部选拔任用管理办法》，非行政高级别岗位《聘任办法》和三大岗位类别《聘任实施细则》。构建员工职业成长积分体系，编写《员工职业成长关键竞争要素表》《职业成长积分计算标准设计方案》《员工职业成长积分管理办法》。加强员工技能培训。组织选送管理、技术人才参与各类外部培训班133批次，合计696人次；围绕精益管理开展各种内部培训，授课总课时约373课时，授课人次达1909人次。截至2016年底，公司中高级专业技术资格人员占管理团队比例达到64.81%；国家三级以上职业资格人员占生产团队比例达到27.26%。

【技术改造】 做好一区生产线技术改造项目总体竣工验收的相关准备工作。做好红坊片烟醇化库建设项目的各项前期工作，通过了国家局组织的专家论证，并根据专家组意见对立项报告进行优化后呈报国家局审批。

（廖美莲　撰稿）

国网龙岩供电公司

【概况】 国网龙岩供电公司是国网福建省电力有限公司直属的国有大Ⅱ型企业，下辖7个县公司，共有员工5052人，其中县公司3490人；共设立90个供电（营业）所，118个营业厅，2235个邮政代缴网点。供电营业总面积1.9万平方公里，供电用户达129万。公司先后荣获全国文明单位、全国五一劳动奖状、全国模范职工之家、全国企业文化建设先进单位、全国民主管理先进单位、全国五四红旗团委，连续九年获全国“安康杯”竞赛优胜单位等重要荣誉。公司企业负责人业绩考核在全省排名逐年实现新突破，其中2015年、2016年公司企业负责人业绩考核由2013年的全省第八提升至全省第四(2014年位居第六)。

“十二五”期间，共完成龙岩电网建设投资52.85亿元，是“十一五”时期(42亿元)的1.26倍。新建500千伏变电站1座、线路160公里；新(扩)建220千伏变电站9座、线路551公里，110千伏变电站20座、线路113.3公里，35千伏变电站18座、线路196公里。

截至2016年底，龙岩电网有35千伏及以上变电站172座，其中500千伏变电站1座（主变容量75万千伏安），220千伏变电站14座，110千伏变电站64座，35千伏变电站93座，35千伏及以上变电总容量934.48万千伏安、输电线路6216公里（含用户专线513公里、电厂出线719公里）。全市发电总装机容量312万千瓦，其中：水电装机容量174.7万千瓦，占比55.99%，其中棉花滩水电站60万千瓦时；火电装机容量133.45万千瓦，占比42.76%，其中坑口电厂60万千瓦（坑口一期装机容量54万千瓦已关停）、漳平电厂60万千瓦；新能源发电容量3.90万千瓦，占比1.25%。龙岩电网通过两回500千伏线路（卓三Ⅰ路、伍卓Ⅰ路）分别与三明、漳州电网联络，实现500千伏单环网供电。全市各县均至少有一座220千伏变电站，并全部实现环网或双回路供电，每个乡镇工业集中区均有1座110千伏及以上变电站，龙岩电网形成了以500千伏卓然变电站为中心，220千伏网络环绕市中心城区辐射东部（漳平）、环绕西北部（长汀、上杭、连城）和西南部(武平、上杭、永定)的“一个中心三个环网”电网格局。

【全社会用电情况】 2016年，全市电力供需平稳，没有发生拉闸限电情况，全社会累计用电113.87亿千瓦时，同比增长1.72%，增幅低于全省4.58个百分点，累计用电量全省第7位，累计增长率均居全省第8位。第一、三产业用电同比分别增长11.47%、8.20%，第二产业用电同比下降-2.02%，城乡居民生活用电同比增长11.65%。

长汀县、新罗区、武平县、漳平市、上杭县、连城县全社会用电量同比分别增长，8.47%、3.05%、1.83%、1.56%、0.93%、0.39%。永定区全社会用电量同比下降3.95%。

2016年全市分区用电量

表11

名称	全市	市辖区	漳平市	长汀县	永定区	上杭县	武平县	连城县
2015年用电量（万千瓦时）	1119382	402453	116744	76956	136986	216200	96979	73064
2016年用电量（万千瓦时）	1138676	414740	118569	83473	131576	218208	98758	73352
累计同比（%）	1.72	3.05	1.56	8.47	-3.95	0.93	1.83	0.39

【工业用电情况】 2016年，全市工业用电累计74.94亿千瓦时，同比下降2.05%，增幅低于全省6.40个百分点，累计用电量居全省第七位，增长率居全省第八位。轻工业全年累计用电量9.89亿千瓦时，同比增长6.10%；重工业累计用电量65.05亿千瓦时，同比下降3.18%，其中工业用电量下降的主要原因为制造业和采矿业用电量下降。经开区(高新区)、漳平市、长汀县工业用电量累计同比分别增长9.65%、3.11%、2.99%；永定区、连城县、武平县、上杭县、新罗区工业用电量累计同比分别下降12.74%、8.51%、2.54%、1.85%、0.21%。

2016 年全市工业用电量分区情况

表 12

名称	全市	市辖区	漳平市	长汀县	永定区	上杭县	武平县	连城县	经开区
2015 年工业（万千瓦时）	765082	259662	79487	37866	100229	175711	68004	44123	16309
2016 年工业（万千瓦时）	749398	251986	81962	38999	79460	172463	66276	40369	17883
累计同比（%）	−2.05	−0.21	3.11	2.99	−12.74	−1.85	−2.54	−8.51	9.65

【实施“业扩提速”工程】 实施业扩提速行动，全面实行业扩受理“一证办理”和“一次性告知”服务，对供电受限项目实行“先接入、后改造”，对 630 千伏安及以下项目免审批，2016 年业扩全流程时长同比下降 12.9%。优化业扩配套电网项目管理，设立 35 千伏及以下电网基建和生产技改项目包，在项目包年度综合计划和预算额度内，优先安排业扩配套电网项目投资；对业扩工程接入引起的公共电网新建、改造由电网公司出资建设；对电能替代项目、电动汽车充换电设施，其红线外供配电设施由电网公司投资建设。优化停送电管理，根据客户书面确定的接电时间，倒排受电工程施工进度和竣工检验时间节点，加强跟踪检查。对 T 接入 10 千伏线路的业扩项目优先安排带电作业，提供免费接电服务。对临时调整的业扩项目，按“随报随批”和满足停电通知公告时限的原则进行周计划滚动。

【实施“领导挂钩”工程】 市、县公司领导一对一挂钩全市 73 个重点项目，每季度主动上门走访，解决客户提出的用电需求或建议 24 条，有效促进重点项目早投产、早送电。主动对接市政重点项目，联合市交通部门、城投公司召开市属交通在建重点项目杆线迁改、城投公司 2016 年高压迁移改线工程专题协调会，逐一研究项目存在问题，明确责任单位及整改期限；开辟绿色通道，指定专人负责，建立周跟踪协调机制，及时解决项目推进中存在问题。公司领导挂钩对接工业园区，主动靠前了解园区用电需求，优化调整用电政策方案。对新增省级及以上园区内的客户，实行直供到户，公司投资界面延伸至客户产权红线。各类工业园区、开发区内新增的 35 千伏及以上变电站、10 千伏开关(环网)站所等公用的供配电设施，由电网公司出资建设。加快园区业扩配套电网建设，实行园区业扩配套电网建设契约管理。

【实施“用电惠企”工程】 积极推进大客户直购电。加强大客户直购电政策宣传，积极支持马坑矿业、紫金铜业、紫金矿业、长汀金龙稀土等 4 家企业参与电厂直购电，累计兑现 10 亿千瓦时电厂直购电量，助力企业减少电费支出 4333 万元。落实电价优惠政策。严格执行各级政府部门出台的调峰生产奖励和鼓励制造业企业增产增效等用电优惠政策，对我市符合条件的 33 家企业谷时段 8 小时延长至 11 小时、8 家企业在 2016 年全年执行弃水期电价，累计为相关企业降低电费成本 6852 万元。提供用电方案策划服务。建立对接机制，为重点项目、重点客户配备客户经理，优化内部流程，提升客户办理业务的便捷性；提供延伸服务，为客户提供电工培训、预防性试验等增值业务；对 35 千伏及以上的重要电力用户每年开展一次深度安全检查。开通企业减容快速响应通道，主动为调整生产规模企业开展负荷分析，量身设计减容方案，助力企业减少电费支出。

【实施“精益管理”工程】 着力建设坚强电网。精细项目计划节点过程管控，实行“每周跟踪、半月通报、月度考核”，扭转历年项目结算“年底突击竣工、集中结算”被动局面。2016 年完成电网投资 19.7 亿元，新开工 220 千伏星邦输变电等 40 项工程，投产 220 千伏和春输变电等 33 项工程，其中上杭龙翔 220 千伏输变电工程、新罗中城 110 千伏输变电工程提前半年投产；220 千伏莲冠—冠豸山线路获评“国网公司创优示范工程”，龙翔变电站等 21 项工程通过优质工程验收。大力减少停电时间。以供电可靠性提升为抓手，实施配电线路综合治理，开展线路通道攻坚治理，推行跨行政区域运维协作机制；规范各县专业抢修队伍，优化抢修业务流程，逐步实行“先复电后抢修”，减少线路故障停电。组建连城、上杭、武平、永定、长汀 5 个带电作业分中心，实现 110 千伏带电作业县公司全覆盖，全年累计开展带电作业 2876 次、电缆旁路作业 18 次。全面提升应急抢险能力。认真总结防台抗灾工作经验，反复修订应急处置预案和应急处置卡，成功应对“尼伯特”“莫兰蒂”“鲶鱼”台风，公司系统反应迅速、组织有力，快速恢复受灾地区供电，并克服自身受灾的困难，迅速集结队伍到厦门、泉州、永泰支援抢修，获厦门、龙岩市政府及社会各界的一致好评。

【实施"电能替代"工程】 创新服务新能源项目。创新分布式能源接入项目方案制定和内部审查机制，开辟绿色通道，提高服务效率。推进电动汽车充电网络建设，完成城区布点规划，建成24座充电站，车联网接入率100%。积极推动"多表合一"。主动承担技术研究、通信联合测试等相关工作，实现与水、气公司数据共享，推广"多表合一"8500户。全面推广电子服务渠道。加快手机APP、微信、95598互动网站等网上营业厅推广应用，建设全天候网上营业厅，完成微信绑定户号36.1万户、APP注册用户12.7万户，互动网站注册用户4.14万户。不断完善电子渠道功能开发，实现"拇指营业厅"、网上营业厅覆盖客户52万户。

（龙岩供电公司　供稿）

福建新龙马汽车股份有限公司

【概况】 2016年，公司共下线成车6194台、提车5884台、实销6961台。自2014年1月公司首款产品上市以来，累计下线成车28211台、累计提车25609台、实销24012台。公司销售网络遍及全国28个省级行政区、98个地级市，累计开业85家一级经销商、104家二级经销商、13家海外经销商。2016年，公司营业收入1.88亿元，利润总额-2.97亿元。

【重组改制】 为转变新龙马发展困境，借力战略合作者在技术、资金等方面优势，推动产品转型升级，充分发挥新龙马现有产能，打造具有核心竞争力的新能源汽车生产基地，根据省委省政府和市委市政府的战略部署，2016年2月15日，公司两大股东同国研科技集团有限公司、国能电动汽车瑞典有限公司在古田签署关于公司重组的框架协议。根据框架协议，重组完成后国能电动汽车瑞典有限公司占股50%、福建省汽车工业集团有限公司占股20%、国研科技集团有限公司占股15%、龙岩市龙马汽车工业有限公司占股12.85%、其他股东占股比2.15%，重组后的新龙马将作为国能瑞典在南方唯一的生产凤凰平台EV系列车型、MINI巴士和物流电动车的新能源汽车生产基地，未来3年的投入将超过27亿元，目标在2017年企业扭亏为盈，到2020年实现销售收入达200亿元以上。

8月18日，在福建省副省长周联清、省国资委党委书记刘捷明、福汽集团董事长黄莼以及龙岩市委市政府主要领导的见证下，中外合资福建新龙马汽车股份有限公司重组交接仪式举办，标志着公司重组工作进入新的阶段。

10月8日，经福汽集团和龙岩市委市政府相关领导多次沟通协调发改部门及商务部门，福建省发改委下发复函，同意新龙马股权并购重组，并于2016年10月19日获得福建省商务厅的批文及外商投资企业批准证书。

11月14日，福汽集团和龙岩工发集团办理股权出质注销登记手续，于11月15日到福建省工商局办理新龙马重组准迁手续，取得《企业迁移登记调档通知函》。

【安全管理】 公司坚持"安全第一、预防为主、综合治理"的方针和"以人为本"的原则，夯实基础，细化责任，标准化、规范化、体系化推进安全生产管理，2016年公司安全生产工作总体上实现了福汽集团下达的"零事故"安全生产目标，即无工伤死亡、无重伤、无火灾、无环境污染和无重大财产盗失事故。公司积极开展安全文化示范企业建设，并于4月通过省安委会考核，获得省安全文化建设示范企业称号。

【经销商网络】 公司重组期间，经销商退网数达26%，经销商大多数处于观望状态且由专营改为兼营。为保证公司销售渠道畅通，销售部门制定"奖惩人宣车册"六位一体的渠道拓展策略，迅速成立开渠尖刀组，并取得较好成效。

随着生产经营秩序逐步恢复正常，经销商网络总体已进入良性运转状态。11月9日，公司举行重组后首次经销商年会，在网84家经销商中的75家派110余名代表参加。12月底，公司一级网络渠道90家，二级网络可达115家。

【首款SUV车型V60上市】 为进一步丰富公司的产品线、抢占国内火爆的SUV市场，11月8日，新龙马公司推出首款SUV车型启腾V60。自上市以来，启腾V60市场总体反应良好，2016年累计提车447台。作为一款针对年轻消费者需求打造的车型，V60具有较好的边际贡献，同竞品相比亦存在一些优势，在助推公司销售目标达成、提振经销商信心、稳定供应商网络方面发挥了积极的作用。

为做好V60新车上市的品质宣传，提升客户购买信心，促进终端销售，公司在2016年11月9日至2017年1月31日开展"购启腾V60全系车型，享受5年20万公里免费保养"活动。

【新能源汽车销售】 全年可销售新能源汽车约1600台。公司通过开发战略合作大客户、充分响应对接其它整车厂需求实现车身总成销售、积极借助三电零部件供应商优势进行三电零部件整车匹配与车辆包销等自身努力，已取得6800台意向订单。

【产品升级换代】 公司已启动EX80和V60改款车型及新能源车型的设计研发工作，新能源车型计划于2017年8月上市，汽油车升级改款车型计划2017年10月上市。

【新车型导入】 根据重组产品规划，公司导入瑞典萨博凤凰平台EV系列车型，打造更具优势及定位更高的前置前驱MPV及SUV的纯电动车与汽油车(即S1项目)已正式启动，项目总投资

20.9 亿元。为更好的推动项目进展，对项目进度协调、成本目标等各项工作进行有效管控，公司从各部门抽调专业人员成立 S1C-EV 项目组，专项负责 S1 项目各项工作的推动。S1 项目申报福建省重点技改项目已于 11 月 30 日在省经信委备案完成，现入库材料已提交至开发区经发局，省经信委将于 12 月底公布省重点技改项目名单。

【售后服务】 2016 年，公司合计新开发 20 家服务网点，其中经销商服务站 2 家、二级网络 16 家、特约服务站 2 家，服务网络覆盖经销商销售区域。公司售服部门严格执行公司的商务政策，在保护客户合法利益的基础上，严格审核经销商提交的索赔单据，2016 年共向 117 家供应商进行二次索赔，金额为 105.21 万元。同时，结合品质专案执行状况，公司规划并执行 5 月“清凉一夏，畅行无忧”福汽启腾车辆健诊服务活动，提升用户满意度。12 月，开始执行“启腾冬季送温暖，安心过大年”服务活动，强化客户安全意识，宣传启腾安全口碑。通过开展服务活动，更好地回馈老用户，借助老用户对品牌的认可，促进新车销售及提高用户满意度。

【降本增效】 在重组工作期间，公司内部采取多项举措实现降本增效，开源节流：内部持续开展合理化改善、目标管理、精细化管理等活动，鼓励广大员工集思广益，为企业降本增效出谋划策；通过商务降本、B 点开发、配置优化等措施努力推进整车成本低减工作；2016 年自主开发系统完成 24 项，覆盖业务主体含人力资源管理、企划管理、后勤管理、安全管理、生产管理等各个方面，规范了各业务的流程体系，并有效地提高了相关业务单位的作业效率。

依公司精简、高效的营运要求，整合公司资源，优化人力资源配置，结合重组后公司业务的发展需要，对公司现行组织架构及岗位编制进行整合调整，由原 15 个部门、56 个组，调整为 13 个部门、52 个组，编制由 1512 人减少为 1474 人。同时，为利于推动相关车型项目的工作开展，加强重要车型开发项目的进度管理和资源整合，分别成立 S1C—EV 项目组和启腾项目组。

【资金运转】 重组期间，各金融机构都持观望态度，暂停对我司的融资授信审批，为保障公司重组顺利进行、确保资金需求，公司将资金筹措当作首要任务，努力拓展融资渠道，创造有利的外部工作环境。2016 年共获得股东紧急借款 2 亿元、贷款延期 1 亿元、政府扶持资金申请到位 3.1 亿元、向金润保理办理无担保贷款 1 亿元。同时，合理的安排资金收支，优先支付银行贷款还本付息、员工薪酬及对有法律风险的供应商支付部分货款，从而维持了公司的正常运转，稳定了供应链系统，较好的保障了公司顺利重组。

【政府补贴】 2016 年，共收集了 42 项国家、省、市、区各级、各部门出具的各项资金申报政策，组织公司相关部门进行了 18 项资金申报材料的准备，跟进落实两项原有的优惠政策，最终共获得 13 项的补助资金，实际到账金额累计达 33192.1256 万元(其中 3 亿元项目落地补贴，1000 万元项目建设扶持资金，1000 万元土地出让金返还款，其他补助 1192.1256 万元)，有效地补充了公司的现金流。

（福龙马　供稿）

福建龙马环卫装备股份有限公司

【概况】 公司营业收入比上年同期增长 44.80%，归属于上市公司股东的净利润比上年同期增长 40.16%，经营活动产生的现金流量净额比上年同期增长 32.01%，基本每股收益比上年同期增长 31.67%，扣除非经常性损益后的基本每股收益比上年同期增长 34.55%。

公司固定资产增加 12,26113 万元，同比增长 241.06%，在建工程增加 9,68.78 万元，同比增长 12,416.40%。

【品牌建设】 公司自成立以来就十分重视品牌建设，经过持续不懈的精心培育，以及在产品质量及性能、技术水平、客户服务等方面的综合优势，在行业内获得了较高的品牌知名度和美誉度，并树立了值得信赖的企业形象。公司“福龙马”商标被认定为中国驰名商标、福建省著名商标，“福龙马”牌产品被认定为福建省名牌产品，“福龙马”品牌已成为公司进一步巩固行业地位并扩大市场份额的重要优势之一。根据汽车技术研究中心发布的报告，2011—2016 年，公司在中高端环卫清洁及垃圾收转装备领域的产量连续 6 年均名列前 3 位，且每年市场占有率均有所上升，市场竞争地位较高。

【研发工作】 公司在环卫装备行业深耕细作，在环卫清洁及垃圾收转装备的研发和技术创新方面取得了显著成效，拥有雄厚的技术与研发实力，处于行业领先地位。公司所处行业系技术密集型行业，产品涉及的跨度范围广、学科交叉多、综合性强，通过长期的投入和反复的实践，已经具备较强的持续创新能力，可以较好地把握行业技术发展趋势并引领行业技术潮流。公司还建立了一套较为系统、全面、有效的持续性创新机制：由技术中心负责前沿技术研究、新产品开发和技术创新工作；将“求新求变、永续经营”的创新精神融入日常工作中，营造了勇于创新、尊重创新、激励创新的文化氛围。截至 2016 年 12 月 31 日，公司共有 142 项已授权专利，其中发明 12 项、实用新型 127 项、外观 3 项，拥有丰硕的自主知识产权成果。

公司推陈出新先进的环卫装备产品，在专用性能、质量可靠性、环境保护能力、使用领域广泛性等方面有明显优势，建立了较为完整的产品体系，涉及环卫清洁装备、垃圾收转装备、新能源及清洁能源环卫装备 3 大类共 30 个系列产品，能较好地满足不同客户群体的个性化需求和产品组合需求。公司清洗扫路车为国家火炬计划项目产品，并先后获得省优秀新产品二等奖、省科学技术三等奖等荣誉；扫路车获得市科学技术进步一等奖。另外，公司固定式中转站获得省优秀新产品三等奖；压缩式垃圾车产品获得市科学技术进步三等奖；公司已有 177 个型号的产品被列入福建省自主创新产品目录。

福建龙净环保股份有限公司

【概况】 福建龙净环保股份有限公司(简称“龙净环保”)是中国环保产业的领军企业，为全球最大的大气环保装备制造企业，四十余年来专业致力于大气污染控制领域环保产品的研究、开发、设计、制造、安装、调试、运营，先后引进美国、德国、澳大利亚、日本等国家最先进的除尘、脱硫、物料输送等烟气治理技术。经过消化吸收再创新和自主研发，为电力、冶金、建材等行业提供除尘、脱硫、脱硝、物料输送、电控装置等五大系列产品，产品技术全面达到国际先进水平，部分达到国际领先水平。产品产销量连续十余年全国同行业第一，遍销全国所有省、市、自治区，并出口日本、土耳其、巴西、印度等四十多个国家和地区。

龙净环保 A 股股票于 2000 年 12 月在上海证券交易所成功上市(股票代码 600388)，成为全国大气环保装备制造企业首家上市公司。公司现有总资产达 140 亿元，2016 年，公司销售收入 80 亿元，拥有员工 6000 多名。在北京、上海、西安、武汉、天津、宿迁、盐城、新疆等地建有研发和生产基地，构建了全国性的网络布局。

公司在全国环保行业建立了首个“国家级企业技术中心”和“国家地方工程联合研究中心”、“企业博士后科研工作站”、“国际科技合作基地”等技术创新平台，近年先后承担国家级、省部级科研攻关项目 62 项，主持、参与制修订国家和行业标准 92 项，获授权专利 500 多项，获国家重点新产品认定 19 项，获省部级以上科技奖励 45 项，综合实力居全国同行之首。近年成功开发具有自主知识产权的多项高效治霾“超低排放”新技术，在众多大型示范项目成功投运，为国家治理雾霾发挥重要作用。

龙净环保始终秉承“净化环境、造福人类”的崇高使命，朝着“打造国际一流的创新型环保工程总包产业集群”的目标奋进，努力为我国的环境保护事业做出更大贡献。

2016 年，上市公司实现销售收入突破 80 亿元，净利润 6.7 亿元，缴纳税费 6.3 亿元，其中龙岩本部实现销售收入 68.3 亿元，净利润 4.4 亿元，缴纳税费 4.2 亿元。2017 年 1—4 月份龙岩本部实现产值 21.6 亿元，同比增长 4%。

【核心优势】 品牌优势。“龙净”牌电除尘器获得全国环保行业首个“中国名牌产品”称号，“龙净”商标获得“中国驰名商标”称号，品牌知名度与美誉度享誉全国，在国内外市场中享有很高的声誉。产品质量稳定可靠，在众多重点工程和出口项目中长期稳定应用，深受用户欢迎和好评。

人才优势。公司聚集了一批国内环保行业顶级专家和海外环保领域的科研开发学术带头人，拥有包括享受国务院特殊津贴专家、教授级高级工程师和外籍博士在内的各类专业技术人员，形成一支技术研发能力强、能吃苦、能开拓的人才队伍。

技术优势。公司在除尘、脱硫、脱硝、物料环保输送等环保主导产品上积累丰富的专业开发经验，保持在大气污染治理领域的技术领先优势。“电袋复合除尘技术及产业化”获国家“科技进步二等奖”。循环流化床干法多污染物协同净化集成技术、余热利用低低温电除尘、湿式电除尘、超净电袋、电袋加湿式电除雾、单塔多区脱硫除尘等超净排放技术获得客户及环保部门的认可和重视，成为国内大气污染治理领域技术及产品类型最全的环保企业。

研发平台优势。公司建立了全国环保行业首家“国家级企业技术中心”，设立了“企业博士后科研工作站”“工业烟尘净化国家地方联合工程研究中心”“国家环境保护电力工业烟尘治理工程技术中心”等科研机构和平台。被科技部授予“国际科技合作基地”“国家级创新型试点企业”。设立实验研究中心、除尘设备设计研究院、脱硫脱硝设计研究院、电控设备设计研究院等研发部门，配备一批国内领先的除尘、脱硫、脱硝、物料输送产品试验、检测及设计仿真装置，专业开展各种大气污染控制技术试验研究和产品开发。

产品及规模制造优势。公司产品在电力、建材、冶金、化工、轻工等众多行业中得到广泛应用，销往全国各地，并出口日本、俄罗斯、巴西、泰国、菲律宾、印度尼西亚等四十多个国家和地区。生产基地的全面布局及数十年的环保产品设计、制造、安装、运营经验为客户提供质量可靠、性能稳定的环保产品，并通过规模化经营实现低成本制造优势。

【“国家环境保护电力工业烟尘治理工程技术中心”获环保部批准】 2016 年 6 月，龙净环保建设“国家环境保护电力工业烟尘治理工程技术中心”获环保部批准同意，成为该领域唯一的国家级工程技术中心，进一步展现了公司在环保行业的影响力，有利于承接国家重大环境科技创新项目开发和成果转化，搭建公司与行业顶尖专家、高校科研单位的合作交流平台。

【863 计划课题通过科技部技术验收】 2016 年 6 月，龙净承担的“燃煤烟气循

环流化床脱硫脱汞一体化及多污染物协同净化技术研究与示范”“燃煤电站PM2.5新型湿式电除尘技术与装备”2项863计划课题先后通过科技部技术验收，突破诸多超低排放技术瓶颈，引领行业发展。

【“WBE型湿式电除尘系统”通过国家工信部鉴定】 2016年5月，龙净自主研发的“WBE型湿式电除尘系统”通过国家工信部鉴定，成为同类产品中首个通过国家部级鉴定的设备，为国内首创，不仅稳定达到超低排放，还能协同脱除三氧化硫、重金属汞等多污染物，总体达到国际先进水平，部分技术达到国际领先水平。

【SuPulse型脉冲高压电源通过中国环保产业协会专家鉴定】 2016年7月，龙净历时3年成功研制的SuPulse型脉冲高压电源，通过中国环保产业协会组织的专家鉴定，该产品填补了国内空白，为电除尘器配套提供了一种高效节能的新型产品，在同类产品中达到国际先进水平、部分技术指标国际领先。

【“LSC烟气余热利用高效低低温电除尘器”获福建省科技进步一等奖、福建省专利奖一等奖】 2016年6月，龙净自主研发的“LSC烟气余热利用高效低低温电除尘器”及其核心专利“一种烟气除尘系统及其电除尘器”在全省众多科技成果中脱颖而出，分别荣获福建省科技进步一等奖、福建省专利奖一等奖，成为本年度全省唯一同时获两项一等奖的企业。

金龙稀土有限责任公司

【概况】 2016年，公司紧紧围绕年初制定的经营思路，实施事业部制改革创新，成效初显：生产管理有所进步，质量安全运行良好，投资技改有序推进，技术研发成果显著，市场营销水平提高，激励机制持续优化，职能监督不断加强，制度流程建设、信息化建设、企业文化建设全面提升，各项工作呈现良好发展态势，公司经过3年连续亏损后实现扭亏为盈。全年生产稀土氧化物2037.56吨，生产稀土金属1136.19吨，生产荧光粉498.74吨，生产钕铁石磁性材料1540.71吨。

【事业部制改革】 2016年初，面对低迷的外部市场，公司全面推进事业部制改革，完成了公司组织结构变革、职责重新分配、分产品净利核算、制度流程调整、激励机制设计等工作，事业部制改革基本完成，整体运行顺畅，并初见成效，实现扭亏为盈。

【新型晶界扩散技术取得进展】 4月21日，新型晶界扩散技术在厦门钨业技术中心稀土磁性材料研究所取得突破性进展，以永田浩博士为中心的研发团队采用重稀土晶界扩散技术开发的高综合性能钕铁硼永磁材料，其矫顽力与最大磁能积之和达到80以上，达到世界领先水平。

（金龙稀土　供稿）

10 重点产业园区

龙岩经济技术开发区（龙岩高新区）

【概况】 2016年，是实施“十三五”规划的开局之年，也是龙岩经开区（高新区）一体化运作的起始之年。全年实现地区生产总值147.5亿元、比增9.5%；财政总收入完成8.34亿元、比增34.2%，其中地方财政收入4.73亿元、比增38.1%；规模以上工业总产值265.5亿元、比增17.5%，规模以上工业增加值58.5亿元、比增9.1%；500万元及以上固定资产投资134.5亿元、比增21.9%，其中工业固定资产投资50.2亿元、比增22.8%；外贸出口3.31亿美元，与上年持平；实际利用外资2500万美元、比增19.1%。社会消费品零售总额30.78亿元、比增12.3%；城镇居民人均可支配收入33000元、比增7.2%；农民人均可支配收入16200元、比增8.9%。

【项目落地】 全面完成市下达“五个一批”、七大领域会战任务，成效位居全市前列。16个省市重点项目完成投资37亿元，完成年度计划112.1%。列入2014—2018“行动计划”重大投资项目39个，完成投资38.2亿元，完成年度计划128.6%。新龙马、国研“四方重组”基本完成，首款SUV车型启腾V60正式上市。中晶蓝宝石衬底、安通线束、紫荆SCR脱硝催化剂、易动力新能源电池、富田标准厂房等一批项目正式投产。龙马环卫扩建、环海环保、新龙客车、15亿安时锂电池、中农批物流交易城、中外运综合物流中心、培丰福能绿色小镇等一批项目开工建设。龙岩公路港、红炭山健康医养等一批项目顺利签约。粮食储备直属库、奇迈创客空间等项目有序推进。发挥“新古田会议”后续效应，签约12个军民融合项目，投资总额72.5亿元，签约项目数、投资总额均位居全市前列。获批国家专项建设基金项目4个，争取资金补助3亿元。

【脱贫攻坚】 按照“一个不漏、一个不错”的原则，集中实施“九措到户”政策，精准识别全区范围内贫困户1897户5174人，实现扶贫挂钩全覆盖；完成年度脱贫2404人，占市下达全年脱贫任务102.87%、占全部贫困户人数46.5%。设立扶贫开发和融资担保“两大融资平台”，累计发放小额贷款793万，腾出220套安置房源用于易地安置，基本完成培丰、高陂3个集中安置点建设，全面完成省市下达易地扶贫搬迁、小额信贷任务。充分发挥开发区“一户一就业”特色优势，采取举办培训班、劳务供需会、村企共建等模式，共培训460户800人次，组织企业42家，提供60个工种，近千个就业岗位，约1300位贫困人员参加，达成就业意向563人；实现6家龙头企业与区内6个贫困村挂钩结对帮扶，实施就学资助38人、就业援助45人。

【生态环保】 深入开展“大干90天，全面完成关闭拆除生猪养殖业综合整治任务”活动，投入资金2195万元，完成市下达36家规模养殖场升级改造任务，关闭拆除省环保厅督办养殖场17家，全年共拆除关闭生猪养殖场1120家，面积38.1万平方米，生猪减栏38.04万头。落实汀江流域、九龙江流域河长制，完成13公里流域治理、9公里雨污管网建设，永定河高陂段、坎市清溪段水质已达到三类水质标准。全面关停黄岗水库29家农家乐，东肖、高陂等5个镇已完成垃圾中转站建设。淘汰黄标车1346辆，整治燃煤锅炉5家。实施水土流失治理2000公顷、造林绿化240公顷，均超额完成市定任务。

【产业发展】 编制实施“333”产业发展规划，实施智能制造、发展“互联网+”经济，推动供给侧结构性改革、产业高端化发展，全年产值达190亿元；其中专用车、光电与新材料、生物医药等产业均比增30%以上，新增亿元企业8家、规模以上企业32家。龙马环卫“环卫装备制造+环卫产业服务”模式逐步在全省、全国推广成功，连续五年营业收入复合增长率达30%以上，荣获中国上市公司最具成长价值奖。光电与新材料产业加快调整升级，德晖实业向光电全产业链延伸，钰辰微电子与阿联酋公司签订1000万美元订单，龙生第二代透皮短肽技术加快研发。龙马环卫、龙合智能机械成功进入第五批军队设备供应商库，强龙金属产品运用于长征五号运载火箭。通过省级新型工业化产业示范基地（军民结合）验收。

【创新驱动】 出台中小科技企业培育扶持政策，落实各项科技专项支出1400万元。强化创新主体培育，龙净环保被授予国家技术创新示范企业称号（全国仅2家），新增国家高新技术产业9家、省战略新兴产业骨干企业1家，“科技小巨人”6家。帕特纳与中船重工合作研发脱销技术荣获首届中国军民两用技术创新应用大赛优胜奖。龙生生物获省第四届创新创业大赛一等奖，4家企业获市第三届创新创业大赛奖项，获奖总数居全市第一，其中易动力电子获一等奖。设立“龙岩市机械装备产业集群窗口公共服务平台”，共孵化科技创新型企业（项目）53家。整合重组经开区（高新区）下属国有企业，设立南方总部实业集团，推进国有资产保值增值。加强政产学研用合作，与北京大学研究生院共建研究生实习基地，与龙岩学院共建奇迈众创空间。成功举办龙岩市第三届汽车产业发展顾问座谈会。

【要素服务】 出台工业稳增长、产业龙头培育、小微企业减负等惠企政策，组织开展“进企业、送服务、解难题、促增长”、帮扶工业企业“降成本”、政银企对接洽谈等活动，全年共为33家企业提供1.3亿元贷款担保，为8家企业提供融资授信4亿元、发放融资款1.2亿元。设立5000万元企业还贷应急资金，累计为5家企业提供过桥资金9990万元。全年兑现各类财政奖励6542万元，举办各类技能培训班6期，为园区企业招聘普工2000多人。采取债券转换、争取政策性贷款等多元融资模式，筹措低息长期融资贷款27.3亿元。新兴产业创业引导投资基金完成3家科技型企业投资。全年获批城市建设用地56.31公顷，累计征收土地55.47公顷，集中清理供而未用土地、闲置土地26宗共170.91公顷。扎实开展“两违”专项整治行动，拆除违建面积68.5万平方米，“两违”分类处置率99.2%，腾出可利用土地54.5万平方米，腾出土地利用率达97.5%。

【基础设施】 南方总部城一期A标（珠江花园）完成部分销售，B标（珠江大厦）完成主体工程建设。完成国道319线改造工程（培丰至东肖段）、城际快速通道三期（黄田至大水坑段）、双永高速坎市互通等项目工审，高虎公路二期、坎湖公路开工建设，永丰大道（平在段）、西外环、南环桥及引线工程实现通车，高陂南北环路一期、红田路一二期、快速通道二期基本建成，龙岩大道南段、厦蓉扩容、高陂北环路二期进入扫尾阶段。启动实施汀江防洪堤工程一期（培丰段）、灌洋水库综合治理，加快推进大坑水库、双坑口水库项目前期工作，高陂自来水厂及配套管网开工建设，永定第二污水处理厂主管网、坎市碧溪河污水支线管网实现竣工通水，高陂西陂水利风景区项目通过省水利厅审查。完善城区配套设施，基本完成东肖南路提级改造以及片区主干道路交通标线、停车线的布设工作。

【综合承载】 实施新型城镇化和美丽乡村建设3年行动计划，委托市城乡规划设计院规划编制，计划投资17.7亿元，用于高陂专用车特色小镇、东肖新城91个项目建设。集中投入11.1亿元资金重点发展6个市级美丽乡村产业项目，实施农房改造及新村建设项目9个，完成投资9200万元。实施宜居环境建设行动，大力推进“三边三节点”整治，完成村道路面硬化9100米、村庄新增绿化面积4.86万平方米，新建村级公园7个、集中污水处理设施1个、污水管网1200米。

【城乡治理】 全面实施“平安三级联创”工作，完成高陂、坎市境内治安视频监控卡点设置。涉麻涉毒、涉爆涉矿、精神病患者救治救助、进京非访等专项整治有序开展。深入实施创建全国文明城市工作，抓好镇容镇貌综合整治，共整治主干道16条，查处或清理占道、店外店经营1000余起。加强企业安全生产、无证矿硐巡查，强化食品安全检查及消防网格化建设，安全生产环境明显改善。开展道路交通安全整治，完成41处道路交通安全隐患点整治。有效应对“莫兰蒂”“鲇鱼”超强台风侵袭，抢险救灾工作组织有力，实现安全度汛。

【社会保障】 公共财政用于各类民生支出4.72亿元，占财政总支出的75.3%。启动兴业安置小区二期主体建设，莲花二期安置小区全面建成、完成安置房613套涉及476户回迁工作。开通市区至红坊陆地港公交车专线，新增途经经开区（高新区）公交车路线5条。城乡劳动就业形势保持稳定，被征地农民养老保障、农村五保供养、城乡最低生活保障等标准稳步提高，全面推进农村土地承包经营权确权登记颁证工作，“三农”综合保险实现全覆盖，城乡居民社会养老保险、新农合参保率达95%以上，城市低保对象由原来的144人核减到76人。全区入伍新兵59人。

【教育卫生】 全年教育事业投入3.8亿元，已编制“十三五”教育、卫生事业发展规划，龙岩三中、溪连小学、东肖中心幼儿园上划龙岩学院附属学校，启动东肖中心小学、红坊中心小学改扩建项目,永高小学、坎市实验幼儿园开工建设,九年一贯制学校完成选址规划,坎市中心小学建成使用。实施“名师名校长培育工程”,公开招聘补充小学教师30人,中小学校级领导班子调整充实到位。深入开展创建卫生计生综合监督行政执法工作示范镇活动,投入2923万元用于改造提升卫生服务中心、标准化卫生所以及其他卫生事业,乡镇疾病防控、卫生监督工作全面推进。

【文化旅游】 完成经开区(高新区)旅游发展专项规划,投入500万元用于东肖、虎岗等5个镇46个闽西中央苏区革命旧址群申报点建设,东肖红色旧址群国家3A级旅游景区持续提升,高陂镇西陂村入选第四批中国传统村落名录,《红色虎岗》由中共党史出版社发行。策划申报的龙岩特色土楼、四角崁火山口地质公园等项目进入国家项目库。积极推荐申报国家、省级文物保护单位12处,规划申报非物质文化遗产3个,东肖咸酥花生传统加工技艺、“正月十二”民俗文化庙会省级、市级非物质文化遗产品牌持续提升。群众文化生活不断丰富,成功举办经开区(高新区)首届中小学生田径运动会、“筑梦新区”迎新春职工文艺汇演、坎市首届美食文化节、张胜友文学馆(北山书院)开馆及文学创作座谈会、第七届恳亲会溪连小学笑萍楼落成、第31届“金龙杯”篮球赛等活动。

(经开区 供稿)

厦门龙岩山海协作经济区

【机制创新】 2016年,合作区做好山海协作文章,发挥好两地互补优势,积极探索“政府引导、市场运作、产业协作、管理合作”的区域协同发展新模式,实现双方共赢。这种区域合作新模式引起国家、省市广泛关注。2015年6月14日,《人民日报》头版头条刊发文章进行全面介绍;2015年12月,福建省参照厦龙合作区模式批复成立了厦门泉州(安溪)经济合作区;2016年2月,国家发改委到合作区专题调研生态建设;2016年3月,国务院发展研究中心到合作区考察,对合作区区域协同发展新模式给予高度赞赏。在厦门、龙岩两市的推动和福建省经信委的协调支持下,省政府明确合作区视同省级开发区,正出台扶持合作区产业发展的专门意见。

【规划引领】 坚持五位一体、产城融合生态文明示范区定位,高标准、高起点编制各类规划。编制完成十三五规划。聘请厦门大学专业团队,完成合作区第一个5年规划编制工作,支持合作区发展的相关内容已写入省和两市“十三五”规划。编制完成雁石产业园规划。雁石片区3.5平方公里的控规和启动区41.53公顷详规已获批复,正在实施,重点发展机械制造、新材料、新能源等产业。编制白沙—苏坂片区规划。白沙—苏坂片区54平方公里的总体规划已通过龙岩市规划委审议,规划建设行政办公、商业金融、高端制造、物流仓储、现代农业、休闲旅游、养老养生等产业,着力打造集生产、生活、生态为一体的宜居宜业新城。

【招商引资】 高度重视项目招商工作,挂图作战,每周督导。采取节会招商、以商招商等办法,走出去、请进来,着力突破招商难题,提升招商实效。2015—2016年,合作区主动走访企业330多家,接待来访企业近700家,签约项目13家、投资总额44.3亿元;意向项目18家、投资总额82.4亿元。2016年,合作区管委会全力抓好“五个一批”任务的落实,完成谋划一批项目4个,分别为高远消防车项目、高端休闲养生项目、建筑产业化与物流园区项目等,年度谋划率80%;完成签约一批项目7个,分别为三梅现代农业项目、中铁科建项目、北大未名生物经济园项目等,签约率100%;开工一批项目5个,分别为龙齿机械项目、省级盐库项目、星邦变电站项目等,开工率166.7%;完成建成一批项目1个,启动区通用厂房及综合楼项目完成投资1.85亿元,占年度投资计划1.92亿元的96.4%。

【雁石启动区建设】 全力推进雁石启动区通用厂房及综合楼建设,一期4栋6.4万平方米标准厂房和综合楼基本满足使用要求,基源医科医学检验所项目、厦门理工学院生物科技生产项目入驻。梳理启动区周边市政、水、电等基础设施及文化、教育、医疗配套项目,对接龙岩市发改委、新罗区,力争列入龙岩中心城市基础设施配套项目建设总盘。重点推进雁安路、雁石水厂、星邦220千伏变电站、快速通道等项目以及供水管网、通讯网络建设。协调推进雁石启动区(41.55公顷)未征未批约6.67公顷的征地拆迁和报批工作,新增完成征地1.07公顷。

【市场化运作】 合作区范围内完成固定资产投资5.02亿元,其中,厦门市投入2.5亿元,其余2.52亿元为龙岩市财政和市场化运作投入。应对国家营改增税务改革,确定将合作区已投入部分按营业税缴纳方案收缴税收。与中建五局、中冶十七局、中铝集团、福建省城投、厦门特房集团等单位接洽,讨论进行PPP开发模式。积极与国开、农发、厦门银行等金融机构对接合作区融资和设立产业投资基金方案,推进合作区市场化运作,与厦门银行初步拟定合作方案。合作区雁石园区基础设施项目、白沙-苏坂园区基础设施项目列入省PPP项目库,已上报争取国家建设专项资金。与龙岩市供电部门签订合作协议,“十三五”期间龙岩供电公司将在合作区范围内投资2.4亿元用于电网建设改造。

【水源地保护】 结合保护好九龙江重要水源地，积极推动合作区生态环境保护。推进雁石产业园和白沙—苏坂产业园规划环评工作，已通过招标确定编制单位，正在组织编制。严把环评关。来自沿海地区的一些化工企业主动与合作区对接，合作区管委会从保护生态角度出发，婉言谢绝入驻请求。落实和坚持“协调、绿色、共享”的发展理念，引导发展现代农业、休闲旅游、康复养生的绿色产业。加大对重点水源地的保护力度，推动合作区范围内农村环境综合整治和禁养区生猪退养工作。

【合作交流】 打造龙岩东进沿海的桥头堡。发挥合作区土地、资源、环境优势，通过合作区对接东南沿海，融入厦漳泉龙城市联盟。借力“一带一路”和厦门自贸试验区的发展，参照执行自贸区在行政效率、推行多规合一等政府服务方面的举措，支持企业实施在自贸区设立总部、在合作区建立生产和物流基地的模式。发挥厦门长期对台交流与合作的优势，积极吸引台农、台商、现代农业入驻投资，厦门旅游集团打造的两岸青年车友文化旅游交流基地已落户黄地村。组织开展各种考察与交流活动，各层面互动频繁，与同安区、华侨大学、厦门理工学院等单位签订框架合作协议，形成工作联动格局，凝聚发展合力。

（厦门龙岩山海协作经济区 供稿）

漳平台湾农民创业园

【概况】 2016年，漳平台湾农民创业园实施《龙岩市漳平台湾农民创业园区产业发展总体规划（2012—2020）》，发展茶叶、花卉、蔬菜、休闲旅游等四大特色产业，种植台湾高山乌龙茶3667公顷、铁观音茶1467公顷，名优花卉苗木2667公顷、高山蔬菜2000公顷。园区建成台湾高山乌龙茶标准化生产基地、台湾东方美人茶生产示范基地、花卉新品种试验基地、龙车蔬菜无土栽培试验示范基地、花博汇电子商务平台、新型职业农民培训中心等，重点实施“农业公共技术服务平台建设”项目，引进花、茶、菜新品种、新技术100多个（项），开发茶叶新产品6个，认定有机产品1项，制定技术标准1项。扩大特色农业规模，入驻台资企业66家，到台创园参观考察的台胞达30多批次3600人次，交流合作领域由农业逐步向工业、文化、科技领域拓展，在园区工作生活的台湾青年达60多人。

该园是大陆最大的高山乌龙茶生产基地、中国最大的杜鹃花生产基地，相继获得“国家级海峡两岸科技产业合作基地成员单位”“全国休闲农业与乡村旅游示范点”“国家级农业科技园区”“国家级水利风景区”“国家农综特色产业园区”“台湾青年创业示范基地”“台湾青年产业融合创业示范基地”等品牌；核心区永福镇被评为“中国杜鹃花之乡”“全国环境优美乡镇”。

【产业发展】 园区抓住获批“国家级农业科技园区”的契机，围绕“生态立园、产业强园、科技兴园”目标，推广农业“五新”技术，加强“花、茶、菜”等传统农业产业与台湾精致农业高效嫁接，重点推动铁观音茶园转型升级。与龙岩市农办联合创办龙岩市新型职业农民培训中心，至2016年底，有1238名农民获得新型职业农民资格证书。2016年，新增十里花街合作社、鸿浩园2家市级新型职业农民实训基地，至2016年底，园区农民实训基地增至11家，其中花卉实训基地8家、茶叶实训基地3家。推进现代精致农业和旅游产业融合互补，加快推进旅游景区建设，培育家庭农场等农民增收新亮点，带动当地生产发展、生活水平提高、农村环境改善。台资茶企—漳平鸿鼎现代观光体验式茶厂被列入福建省首批33家观光工厂名单，全年园区接待游客60多万人次，旅游收入8000多万元。

【两岸交流】 农业技术交流方面。园区成立专门工作对接小组，指定专人负责做好闽台特色乡镇智慧农业项目对接及台湾农民、优秀农村实用人才、台湾农业专家、杰出农民的邀请。促成签订智慧农业合作意向2个。通过引进蔬菜集约化育苗技术、生菜等叶菜类水培技术，建设台湾农业新品种蔬菜基地22公顷。民间交流方面。台湾村里长联合总会、台湾农村发展基金会、台湾金门县工业会、台湾“中华艺术学会”、台湾“中华经济研究院”、南投县民间乡管理制茶业公会、台湾宜兰县冬山乡农会、台湾虎尾科技大学文理学院等组团来园区考察；台湾“地区行政管理机构所属”农业委员会茶业改良场前场长、台湾茶叶学会理事长陈右人到园区开展考察、交流；福建漳平闽台缘高山茶产销专业合作社邀请台湾高级茶艺师开展茶艺培训；携手海峡导报社，与当地台商联合发起赈灾义卖高山茶公益活动，筹集善款100237元，支援漳平象湖、溪南2个重灾区灾后筹建；做好第八届海峡客家族谱文化风情节台湾嘉宾50余人的考察接待及农业部总农艺师孙中华一行到园区调研工作。举办“3·23”妈祖文化节，来自广东、台湾等地及当地信众10万人次到此祈福；举办园区关帝文化节、台湾农民大陆行暨农民画交流活动等活动，推动两岸农民文化互动交流。会展交流方面。借助“海峡论坛”“6·18”项交会、海峡两岸茶业博览会及农业博览会、长春农业博览会、云南农交会、“11·8”海峡两岸青年创业合作发展论坛等平台，举办茶文化节等交流活动，加强互动交流。

【提升“永福高山茶”影响力】 借助新闻媒体、大型展会和全国全省各类赛（茶）事活动等平台，加强品牌宣传，帮助台企搭建展销平台。园区茶企先后荣获2016“中国好茶叶”评比获得3个金奖、第3届（漳州）茶会茶王赛中金奖、台湾鹿谷乡合作社2016年度春茶乌龙组评比3个头等奖。台企鸿鼎茶场和央企中粮集团合作,在园区建立大陆首个“海峡两岸茶产业优势整合示范基地”。举办“中国樱花美,漳平最先开”“大陆阿里山”旅游推介、“樱花节”活动,台品樱花茶园成为中国国家地理杂志封面(2016·4期),台创园被网友评为“全国十大赏樱基地”,提升园区休闲观光旅游知名度。策划举办实施一系列茶事活动,对“永福高山茶”进行营销宣传。鸿鼎公司、台品公司先后获得出口茶叶卫生注册备案企业资格;园区市级农业产业化龙头企业12家,省级龙头2家。“台品”“官田铁冠”“永福”“永福鸿鼎”先后荣膺福建省著名商标,“永福高山茶”正申报中国弛名商标。

福建龙州工业园区

【概况】 2016年,园区现有入园企业350家,其中投产企业293家,规模企业194家,亿元以上企业81家,实现百万元以上税收企业61家。全年完成工业总产值281.6亿元,比增13.7%;完成工业增加值66.7亿元,比增7.6%;完成固定资产投资68.2亿元,实现税收4.5亿元。园区主要经济指标增长速度高于全市省级工业园区平均水平。当年园区拥有1家上市公司、3家新三板挂牌公司、5家上市公司子公司、5个博士后科研工作站、22家国家级高新技术企业、5家省知识产权试点企业、14家市知识产权试点企业、6个省级以上企业技术中心、30个市级企业技术中心、1个中国名牌产品、3个中国驰名商标、8个省名牌产品、30个省著名商标。

【产业布局】 园区规划总面积12.1平方公里,由核心区、高新区、东宝工业集中区、龙池工业集中区、龙丰新型建材产业园、龙泰新材料产业园等“一园多区”格局组成。核心区已初步发展成为工程机械、运输机械、环保设备及硬质合金加工组成的机械制造产业特色园区,着力发展应急装备产业,加快推进专用车及应急装备产业园建设;在园区核心区域规划建设龙岩大数据产业园,利用华为云计算数据中心项目落地的有利契机,整合多方资源,促进云计算、大数据、物联网、移动互联网与传统产业融合发展;利用在建的龙泰新能源产业园、龙丰新型建材产业园、龙池工业集中区发展新材料产业;东宝工业集中区以农副、林产品加工业为主。

【项目建设】 全年园区共有项目落地攻坚战役项目63个,计划投资约60.9亿元,含省市重点项目7个,计划投资约8.2亿元,全年完成投资83.5亿元,占全年计划数的137.2%。龙岩市万腾车桥制造有限公司湿式制动桥总成、威尔特年产250万件汽车动力部件生产线等项目已竣工投产。

福建龙雁经济开发区

【概况】 2016年,龙雁经济开发区以开展“四大战役”为核心,重点围绕“2+3”产业,打好项目落地攻坚战役,推动园区建设上新台阶。全年开发区完成总产值73.5亿元,比增5.8%(不含神华为68亿元,比增16.5%);完成固定资产投资24亿元。完成税收1.2亿元,比增7%。工业用电量达4.32亿千瓦时,比增3.8%。

【项目引进】 重点围绕喜鹊毛巾、龙化氯化橡胶、龙齿、日平工贸、省级储备盐库等18个项目落地开展工作,龙齿、省级储备盐库项目土方平整即将完成;龙化氯化橡胶项目(中央专项资金)完成厂房设计,开始主体厂房建设;省重点项目喜鹊毛巾土地报批和征拆完成。园区正在全力做好省建工集团的建筑产业现代化生产基地项目和省福能集团的危固废处置中心(填埋)项目的土地报批和征前期服务工作。

【环境生态治理】 编制完成龙雁工业园区循环化改造实施方案;完成26家涉水排放企业污水排放收集治理工作;引进危固废处置中心,实现园区危固废综合处置;完成植树造林13.33公顷,恢复园区填方区植被;推进神华公司135000千瓦机组“上大压小”项目,完善一期机组关停计划并落实部分人员分流工作。神华公司2X300000千瓦汽轮机通流部分改造完成技术协议书、商务合同会签手续,并召开第一次技术联络会,设备正在加工。

【征地拆迁】 完成喜鹊毛巾4.67公顷项目用地的征地拆迁任务。扎实推进建工项目及雁安东路排洪排污通道征地的前期分户测量工作。完成雁安西路一栋民房拆迁,为雁安西路道路的完整建设扫除最后障碍;完成标准化厂房等项目约3.33公顷用地的征地扫尾工作。

【基础设施建设】 完成华润水泥至省道203线连接线改造工程;完成雁安东路道路设计;完成泰龙路二期道路建设方案设计。完成雁安东路至坷溪溪的排洪排污设计及工程招标,施工队开始进场建设。完成厦龙2.87公顷扫尾土地报批材料,报批建工项目13.61公顷、危固废项目12.18公顷、厦龙扫尾1.83公顷及金龙能源15.2公顷等4个项目共42.8公顷。着手喜鹊毛巾项目3公顷土地的招拍挂工作,完成喜鹊毛巾2.93公顷项目用地的征迁工作;完成标房等项目的征地及扫尾3.33公顷。

【福建力浩新能源有限公司重组成功】

因国际油价暴跌,造成福建力浩新能源有限公司负债严重,企业生产经营难以为继,迫不得已停产。2015年下半年至2016年,在区领导积极斡旋、搭桥牵线下,成功引进龙岩市环闽投资有限公司,注入资金3000万元,促使福建力浩新能源有限公司重新焕发生机，经过2个多月设备整修，于4月15日成功实现点火。恢复生产后，开发区管委会积极帮助协调企业做好续贷工作，协助处理好环保问题，争取增值税退税及再生油品免征消费税政策。

（新罗区方志委　供稿）

永定工业园区

【概况】　永定工业园区位于永定城区西南3公里处，总体规划用地面积13.68平方公里，沿永梅出省公路两侧拓展，均属低矮丘陵地貌，利用耕地少，主要由平山造地形成，是城区西拓及全区“三区两园”管理体制调整后工业再造的主要承载平台。园区规划定位以高科技型、环保型、劳动密集型及轻工业为主，按照“以产促城、以城兴产、产城融合”思路建设新型园区。园区一期规划6.32平方公里，二期规划7.36平方公里。一期规划分A、B、C三个组团，A组团规划用地139.27公顷，规划建设用地109.63公顷；B组团规划用地355.79公顷，规划建设用地245.35公顷，现已平整80公顷；C组团规划用地137.84公顷，规划建设用地129.74公顷，已平整106.67公顷。

【基础设施建设】　2016年，主干道西环路两侧已完成亮化工程（C组团部分），两侧的绿色景观带的建设已完成（绿化面积6万平方米），佳源自来水厂的供水管网已铺设至西环路沿线及C组团支路。同时，对西环路C组团1公里道路常态化管理建设，清理西环路全线两侧排水沟及清除全长4.3公里的杂草，疏通西环路C组团段污水管道298米，修复西环路人行道彩砖450平方米，疏通309线东段雨水管道26米，清理309线接垃圾处理场排水沟120米；清理309线东西两段排洪沟及四座沉砂池；清理横三路路口及西环路最低点临时挡土墙70米。

【项目建设】　光电信息产业园是园区重点打造的产业平台之一，是2016年省重点项目。该项目总投资4.9亿元，规划用地10.15公顷，规划建设16.58万平方米，包括建设14万平方米的标准工业厂房、研发中心和2.72万平方米的企业职工服务中心。项目分两期进行，其中，第一期建设16幢厂房(7.22万平方米)、4幢商住办公楼(2.72万平方米)。项目由中建海峡承建，2015年9月开工建设。园区签约项目有灿丰玻璃、辰辉新能源光伏逆变器、恒亮旅游用品、铭鑫护栏、百世供应链、公交首末站、大朗厨房电器、华润光伏屋顶发电等8个项目。在建项日有海莲纸业搬迁技改、昌宁燃气化站建设、金叶纸品搬迁技改、鑫华通智能终端等4个项目。

（永定工业园区　供稿）

上杭工业园区

【概况】　2016年，上杭工业园区(以下简称园区)有落户企业75家，实现工业总产值180亿元；完成固定资产投资20亿元（其中园区基础设施建设投资1.5亿元）。在建项目有科技创业园建设项目、年产75吨黄金生产项目、年产1000吨耐磨钢球生产项目和永承机械汽车刹车泵生产项目。新竣工项目有太阳铜业中低压电线电缆生产项目、鸿航科技卫厨产业用有色金属生产建设项目。本年，新增规模企业2家，培育龙头企业1家。

【征地、拆迁安置和林地土地报批】　2016年，园区共拆除房屋11户，拆除面积约1913平方米，拨付补偿资金约149万元，完成安置5户(龙翔3户，黄竹2户)。完成交地约280亩，完成园区征控范围内所涉坟墓56座迁移补偿工作。完成“鸿航科技卫厨产业用有色金属生产建设项目”等8个土地报批项目共计25.73公顷。

【合署办公】　2016年，园区与县工贸公司合署办公以后，累计完成自主融资6.2亿元，确保园区征地拆迁和基础设施建设资金需求。欣杭电子商务公司在县委县政府大力支持下，参与政府采购等相关工作，降低政府采购成本，确保政府采购有序开展，全年比财政预算节省326.74万元。开展“临江楼”品牌注册与推广工作，打造本县农产品品牌。全年完成约2100万元营业额；欣杭物业公司实现主营业务收入约119万元，利润约25万元。同时，整合园区资源，着手创建园区科技创业园，推进创新园区建设和吸引科技型中小型企业入驻园区。

【安全生产】　园区深入开展企业安全生产标准化创建工作，坚持“安全第一、预防为主、综合治理”方针，围绕年初确定的工作目标和任务，落实安全生产目标责任制，推进企业安全生产各项工作。以微信形式将各级安全生产工作会议精神发至各企业负责人和安全生产管理人员以及管委会全体干部职工微信群。开展企业安全生产标准化建设工作，年底，通过验收42家。开展消防安全整治，举办消防演练活动，开展消防安全专项整治。本年，园区没有发生安全生产事故。

【服务企业】　切实加大对重点企业的指导、协调、服务和监管力度，在引导企业依法经营，规范管理前提下，采取综合措施，帮助企业解决存在的实际困难和问题。引导企业创新转型升级，实施技改和技术创新，争取补助资金，壮大企业资本，做强做大企业。加快入园项目用地土地、林地报批力度，加快项目用地征地、拆迁扫尾工作，为入园项目尽早开工建设创造条件，继续做好项目跟踪督查和配套服务工作。

【蛟洋工业园区建设】 2016年，上杭蛟洋工业区新增规模企业1家(福建联福工贸有限公司)，年底入园企业达35家，其中正式投产企业24家(工业企业21家，物流业3家)，从业人员3000人。全年实现工业总产值215亿元(其中规模以上工业企业实现产值214亿元)，实现税收1.4亿元，比增27.27%，完成工业固定资产投资14.18亿元。

2016年，园区新入园项目有：年产10万吨纳米生物肥和2万吨农用微生物制剂外资项目；年产50万吨建材助磨剂外资项目；建辉园砂业有限公司年产50万平方米透水砖及110万平方米新型墙体材料建设项目；瓮福紫金磷酸盐深加工项目。新开工项目有：瓮福紫金磷酸盐深加工项目和紫金铜业有限公司能源管理中心平台建设项目。新竣工项目有：瓮福紫金磷酸盐深加工项目和紫金铜业有限公司能源管理中心平台建设项目。其中，紫金铜业有限公司能源管理中心平台建设项目于2月完成联合调试，3月竣工；瓮福磷酸盐深加工项目于6月15日竣工投产。完成《上杭(蛟洋)金铜产业园总体规划》和《上杭（蛟洋）金铜产业园产业规划(2015—2030)》《上杭(蛟洋)金铜产业园总体规划环境影响报告书》的编制工作。年底三项规划获市政府批复，推进省级金铜产业园区申报工作。

(上杭县方志委 供稿)

武平工业园区

【武平(青云山)工业园区】 2016年，武平(青云山)工业园区共有企业70家(其中外资企业4家)，项目总投资83.31亿元。正常生产企业42家（含8家非工业企业)，规模工业企业34家(其中投资亿元以上企业11家)，企业员工2900人。全年实现工业总产值51.61亿元，同比增长9.21%；规模工业总产值50.51亿元，同比增长11.97%；规模工业增加值12.38亿元；税收4258.91万元，同比下降32.89%；用电量3972.48万千瓦时，同比增长9.08%；外贸出口总量1192万美元；固定资产投资18.88亿元。不锈钢产业项目20个(其中投资超亿元项目12个)，总投资49亿元，固定资产投资约31.18亿元。已(试)投产不锈钢企业11家，规模工业企业9家(双兴、钢泓、奥华、吉美、百家达、希科、康图、新鑫盛、万达)，在(续)建企业4家(金鲨、进达、嘉汇、物流园)。以不锈钢加工为重点的机械制造产业实现产值28.06亿元 (其中规模以上企业产值达27.86亿元)，同比下降14.74%；纯不锈钢企业产值达24.22亿元，同比增长1.47%，纯不锈钢税收839万元，同比增长63.64%。

项目建设。全年，签约落户园区项目4个(嘉汇、贝特、宇田汽配、鑫茗茶叶)，新开工项目3个(贝特、宇田汽配、嘉汇)，新投产项目4个(康图、拜耳、奥华二期、世能科泰)，新增规模以上企业7家(鑫茗茶叶、康图、拜耳、闽窖酒业、万达、华源轩、贝特)，在(续)建项目8个(金鲨、进达、嘉汇、物流园、娱洁二期、新洲林化三期、宇田汽配、贝特)，新增年产值亿元企业1家(龙兴木业)，新增年纳税百万元以上企业3家 (双兴、宇田汽配、三达水务)，达成投资意向项目4个 (厦门不锈钢医疗器械生产项目、新能源汽车电池硫酸锰生产项目、揭阳胜宇电线电缆生产项目、宇田汽配智能制造技术升级生产项目)，驰达网络生产项目于2016年10月开工建设。

平台建设。实施新洲路、新景路一期、新宇路等道路约3.6公里，完成H05、H08、H09、H10-2等地块土方平整约70万方，完成不锈钢产业园区基础设施项目一期、二期绿化工程(含南环路、新达路人行道透水砖铺设，花岗岩路沿石安装，垃圾箱安装、斑马线划线)，产业园基础设施投入约8000万元。2016年完成鸿晟、万达2个项目约7.47公顷用地报批；完成南二环路凹坑养鸭场搬迁，林木补偿5.27公顷，坟墓迁移45座，蓝塘征地1.33公顷。

企业培育。助推投产企业达产达效。1月，钢泓科技在“新三板”上市，成为“不锈钢家具第一股”，并被列入2016年省级科技小巨人领军企业培育库；引导企业不断加大技术中心建设和研发投入，加强新产品开发及产业化，福建双兴不锈钢有限公司技术中心被认定为龙岩市2016年(第十六批)市级企业技术中心，“钢泓科技真空沉积装饰板”“吉美汽车高科技环保型效应器新工艺”2项成果被授予2016年度武平县科学技术一等奖，钢泓科技、奥华被评为2016年度省级工业和信息化高成长企业；助推传统装备业智能化改造，福隆电子技改项目已引进14台智能化机台，完成2016年度技改目标任务，双兴不锈钢完成2套生产线设备技改。

生态环保。全力打造武平绿色生态工业园区，《福建武平工业园区(含高新区)总体规划环境影响报告书》于2016年10月11日通过省环保厅批复；扎实做好园区燃煤锅炉节能环保提升工程，已完成标冠、龙兴木业、武平巾康仕洗涤部等3家企业锅炉改造；园区污水处理设施不断完善，现有企业生产污水由企业内设环保设施处置达标后收集至三达水务污水处理厂处理。

园区服务。围绕转变工作作风，提升服务水平，不断优化园区服务软环境，提升园区整体形象。完善制度提升效率。进一步建立健全各项规章制度，加强公务用车管理，完善《武平工业园区管理委员会公务用车管理制度》；严格按照园区干部与入园企业挂钩服务工作责任制，积极推行“一线工作法”“工作目标倒逼法”，使园区干部职工真正把心思用在干事创业上，把精力放在解决问题上。抓好项目管理服务。认真做好“一企一档”，记录“项目跟进服务周誌”，了解掌握项目建设进度及存在困难；充分发挥民情工作站的作用，建立民情收集点，加大企业跟踪服务力度；积极对接金融、供电、县直等相关职能机构、部门，召开银企、电企对接会，帮助园区企业解决融资、用电困难。为双兴、钢泓、奥华、百家达、中天、吉美、新洲林化、喜浪等企业争取融资担保及应急资金1.6亿元。优化人才发展环境。要求园区各企业按照相关要求缴交“五险一金”，提高企业的参保率；切实帮助协调解决企业高管、优秀人才子女入学和员工申请廉租住房等问题，如：帮助安排奥华不锈钢水槽职工子女就读武平县城郊中学、第二附小和城厢中心幼儿园，审核推荐89名企业职工申请公租房和经济适用房，解决企业用人用工的后顾之忧。激发企业发展活力。引导企业加快自主创新步伐，加强研发机构建设，依靠创新提质增效，如新洲林化的平川牌聚合松香、练家香牌食用菌（灵芝）被评为福建省名牌产品；武平县龙兴木业有限公司被确定为龙岩市产权试点单位（试点期2016年6月–2019年6月）。维护园区和谐稳定。武平（青云山）工业园区管委会积极争创市级文明单位、省级劳动关系和谐园区，全面落实安全生产责任制，深入开展安全生产隐患大排查大整治活动，确实履行安全生产和环境保护“一岗双责”制度。充分发挥园区流动人口管理站的作用，开展流动人口清查，做好企业计生服务管理工作。加强法制教育工作，适时开展法治园区创建、工伤保险法律法规政策宣传普及活动，加强园区治安巡逻，创建和谐园区。

【十方工业集中区】 截至2016年底，十方工业集中区共有项目31个，其中竣工投产企业31家，规模以上工业企业18家，建成一批如中恒通、创隆纺织、安兴食品、荣华木业等领军型、成长型企业。实现工业总产值11.80亿元，比增–28%。完成固定资产投资13.18亿元（同比增长–15.3%）。完成税收807.23万元，比增–24%（其中，国税完成659.88万元，增长–16%；地税完成147.35万元，比增–47%）。全年消耗工业用电3104.07万千瓦时（增长–16%）。外贸出口累计完成996.7万美元，比增–35.57%，其中福建安兴食品有限公司出口520.2万美元；武平县欣兴竹木制品发展有限公司出口476.5万美元。

项目建设。新竣工投产项目2个，新鑫盛金属制品项目于2015年3月开工建设，已完成1号、2号厂房建设，2016年底竣工投产；义精木业公司生态板生产项目于2015年11月6日开工建设，2016年年底竣工投产。

企业培育。开展“进企业、送服务、解难题、促增长”活动，认真落实“马上就办，办就办好”的服务理念，对新建、续建项目实行园区干部挂钩服务制，全程跟踪服务，针对企业实际生产经营情况制定培育方向，助力企业上规模，助推企业达产达效。截至2016年底，十方工业集中区共有规模以上工业企业18家（8月新上1家规模企业：武平县新鑫盛金属制品公司）。创隆、荣华木业、安兴食品等企业投产以来不断进行技术改造、产品研发和创新，拥有国家发明专利5项，实用新型专利13项。

基础设施建设。投资800多万元，建设完成排洪沟工程，完成北支线人行道硬化及路灯新建工程、福建省储备粮管理公司武平直属库项目用地。

发展环境。编制《企业入驻服务指南》，制作项目入园流程图，建立“一企一档”，记录“项目跟进服务周誌”，同时形成项目建设工程推进每周例会制度，有效推进园区项目建设，及时了解掌握项目建设进度及存在困难；积极对接金融、供电、县直等相关职能机构、部门，召开银企对接会，帮助企业解决融资、用电、用水困难，为中恒通、创隆、安兴、茂增等企业向银行争取贷款约8000万元；充分发挥民情工作站的作用，建立民情收集点，加大企业跟踪服务力度，帮助企业答疑解困，为企业解决用水、用电、用气及证件办理等问题。积极支持骨干企业技术创新、技术改造和节能改造，提升企业核心竞争力。增强骨干企业自主创新能力的培育，完善以企业为主体、市场为导向、产学研相结合的技术创新体系。同时，鼓励荣华创隆、安兴等企业进行扩建和技改，积极为创隆、、荣华、茂增、安兴等企业争取扶持资金约5000万元，帮助企业做强做大，增产增效。推动园区企业开展安全生产主体责任落实自查自改工作，及时与各入园企业签订年度安全生产目标责任书，落实安全生产目标管理责任；同时，加强安全管理和教育培训、隐患排查和台账建设，努力推进安全生产标准化建设和职业卫生基础建设。在园区大道新制作安全警示牌22块、宣传栏张贴宣传画60张，发放宣传资料2000份、悬挂横幅标语4条、群发手机安全短信3000条，营造了良好的企业经营环境和园区发展环境。

【岩前工业集中区】 2016年，岩前工业集中区共有40多家企业，其中规模以上企业31家，产值亿元以上企业11家，纳税超百万企业12家，有4000多名员工，项目总投资约100亿元。园区实现工业产值43.9亿元，同比增长10.29%，其中规模以上工业企业实现产值43.5亿元，同比增长10.22%；缴交税收1.76亿元（含塔牌），其中不含塔牌缴交税收3584.48万元；完成固定资产投资19.23亿元。

项目建设。扎实推进重点项目。正德光电科技项目总投资35亿元，一期厂房建成，4条扩散板、4条导光板生产线完成安装，扩散板2条生产线已进入量产，导光板2条生产线已经进行正式生产；正在开发带微结构导光板和PS导光板，产品得到客户认可，即将投放市场；公司产品顺利通过ISO9001:2008管理体系认证、SGS和UKAS检测认证等，为开拓市场奠定良好基础。坤孚镁合金项目总投资25亿元，项目一期累计投资约8亿元，完成53.33公顷用地土方平整;1号型材挤压车间、4号镁合金熔铸车间已经全面投入使用,进行批量生产;2号挤压车间建成并实现试产;5号热处理车间建成,已进入设备选型阶段;检测中心1号大楼已投入使用,检测中心2号大楼建成。新型显示产业园基础设施建设及产业集聚项目总投资50亿元,完成了信用联社柜员机的安装使用、兴达路北段市政道路工程建设、永安小区市政道路工程路基建设、永富小区市政道路工程路基建设、物流中心项目土方平整、合信创展项目土方平整、铭阳建材二期土方回填工程、创业大道、工业垃圾与生活垃圾处理中转站工程已完成并投入使用。合信创展公司光学板材裁切、印刷、网板制作和模组组装生产项目总投资10亿元,于2016年8月竣工投产,已初步打开电视和照明应用市场,与广东创佳、珠海金品、深圳创维、惠州TCL、深圳彩迅、阳光照明等企业建立合作关系,与厦门冠捷、京东方等行业龙头企业建立了联系。新签约的项目2个,工业脱硫石膏及其循环利用项目,已与县政府签订项目投资合同,落户岩前工业区西区(科宝新材料项目用地北侧),总面积约0.8公顷,固定资产投资3000万元,主要生产工业脱硫石膏产品;年产2000辆专用汽车挂车生产项目,与县政府签订项目投资合同,落户岩前工业东区B09-4地块,固定资产投资7500万元,建设年产2000辆专用汽车挂车生产线。原在建项目4个有序推进,铝铜线和网络通信线缆等电信网络领域用材生产项目、合信创展生产线项目、润营有机硅系列产品生产项目、扩散板PS粒子材料生产线项目。新竣工投产项目2个(合信创展生产线项目、创业大道提升工程项目)。新开工项目1个(年产2000辆专用汽车挂车生产项目落户岩前工业东区B09-4地块,固定资产投资7500万元),正在办理工商营业执照等项目前期工作。

创建省级高新技术产业园区。与驻地村两委、岩前镇党委政府加强沟通联系,与群众友好协商,收集并处理民情、信访接待,大力实施安置小区基础设施工程、项目用地后临时道路工程等为民办实事项目,为征迁工作顺利推进营造良好氛围。加强环境保护工作。做好园区已建成道路、生活区的绿化养护工作,鼓励引导企业技术改造,转型升级,推动企业由末端处理向全过程控制转变,做到资源的"减量化、再利用、再循环",并积极做好企业生产时大气、噪声、废水等环境影响周边群众矛盾的解释和消除工作。加强综治维稳工作。进一步提升园区辅警人员整体素质,做到有警必接、接警必处、出警必速,加强与岩前镇派出所、园区企业保安联防协作,提高安全防范力度。加强群团组织建设。积极组建企业工会和团组织,通过群团组织桥梁纽带作用,促进园区劳动关系和谐企业创建活动推向深入,结合节假日开展文体活动、慰问企业特困职工活动,让园区企业职工感受"家"一样的温暖,增强园区主人翁的自豪感、成就感和归宿感。加快推进高新科技园区中小企业服务中心办公大楼装修工程,完善创客中心等基础和配套设施建设,着力引进、培育一批科技创新、企业孵化、物流贸易、工程咨询等社会化、专业化配套服务公司,进一步完善高新科技园区公共服务功能。

(武平县方志委　供稿)

龙岩高新区长汀产业园区

【概况】 2016年,龙岩高新区长汀产业园区管委会严格落实项目目标管理责任制和县级领导干部联系重点项目制度,健全完善重大项目储备库管理机制、协调联动推进机制和激励考评通报机制,增加项目带动实效,增强跨越发展后劲,强化引导、服务和督查,对准标尺因情施策,完成各项经济指标和项目攻坚任务。园区经济平稳增长,实现工业产值168.18亿元,比增4.1%;规模工业产值157.48亿元,比增4.1%。其中纺织服装产业完成规模工业产值82.36亿元,比增5.6%;机械电子产业完成规模工业产值14.5亿元,比上年减少13.8%;稀土精深加工产业完成规模工业产值45.85亿元,比增7.9%;农副产品加工产业完成规模工业产值14.28亿元,比增5.9%;其他产业完成规模工业产值0.47亿元,比上年减少1.7%。上缴税金2.222亿元。完成新签订项目3个,新开工项目6个,增资项目3个,建成投产项目2个,谋划10亿元以上项目1个。项目建设逆势开展,完成固定资产投资7.975亿元,比增64%。至2016年底,园区共落户企业336家,其中规模以上工业企业103家,亿元以上企业34家,从业人员近4万人。共有中国名牌产品5个,中国驰名商标6件,省名牌产品15个,省著名商标10件,市知名商标22件,省新产品1个,省级高新技术企业5家,市级企业技术中心11个。全年受到市级以上单位表彰的企业3家,共取得10个荣誉称号;受到市级以上表彰的个人7位,分别取得荣誉称号5个。

【重大项目】 立足当前,着眼长远,深入实施项目带动,策划生成一批和推进一批符合科学发展要求的项目,同时又突出具有战略性、前瞻性和全局性,对全县未来发展具有重大支撑作用的项目。年内谊瑞公司成功嫁接瑞祥钢构公司,盼盼食品二期、天乐卫生二期、联辉纺织、华平纺织、荣耀纺织、闽兴汽车等一批增资扩产项目进展顺利。5月,长汀盼盼食品有限公司食品饮料二厂成功嫁接长汀铭郎服饰有限公司。该项目在经济下行形势下逆势增资扩产的省重点项目,共占地6.47公顷,计划投资10亿元以上,拟新建厂房8万平方米,引进国内外先进的饮料、食品生产线和专业设备25台套。项目建成投产后可年产各类食品饮料20万吨,新增产值

6 亿元以上，新增就业岗位 500 个，年创税费 2000 万元以上。

【园区建设】 园区内共建设有第三方产业综合服务区、金融服务区、物流配送片区、信息服务区、研发设计区、检测检验区、教育培训区、企业展示区等 8 个为园区企业提供各项服务的区域。其中第三方产业综合服务区有服务企业 28 家，主要提供针纺织产业综合服务、物流服务、信息化服务，以及科技中介、法律、金融、审计等第三方综合服务，为企业减少大量的生产管理成本和相关费用。

【生态保护】 推动盼盼食品、中意铁科，金龙稀土、南祥针织等企业共 6 台锅炉“煤改气”环保设备升级，拆除利郎公司锅炉 1 台。强化工业废水达标排放，腾飞区的生活污水和工业污水集中到城区污水处理厂集中处理，要求松洋电子、金龙稀土、苏菲纺织等企业自建污水处理设施，处理后的水排放口接受市环保信息监测网适时监控。加强危险废物规范化管理，督促松洋电子、金龙稀土、闽兴汽车等存在固体废物的企业实现危险废物定点存放，并由有资质的单位定期接收处理。保证园区空气质量，果决淘汰辖区内黄标车 12 辆。对企业绿化建设实行严格考核制度，根据企业用地绿化情况每年下达种植任务，对不重视、不执行绿化要求的企业通报批评。对公共园林绿化养护承包人进行一月一检查，一年一考核，实行优胜劣汰上岗。

福建（龙岩）稀土工业园区

【概况】 2016年，福建（龙岩）稀土工业园区把握新机遇，激发新功能，以项目工作为抓手，全力打好项目落地攻坚战，围绕打造“全国稀土产业基地”目标，加快推进园区开发建设和产业集聚发展，招商引资进展顺利，项目工作成效显著，全年签约合同项目 4 个，开工项目 4 个，建设项目 4 个，谋划项目 3 个，增效项目 2 个，完成或超额完成县下达任务。产业配套日臻完善，园区开发建设提速增效；内务工作全面加强，管理水平显著提升。全年稀土产业产值实现 48.2 亿元，比增 9%；固定资产投资完成 6.9 亿元，比增 38%。

【中油（长汀）催化剂重点项目】 2016 年 12 月，中石油炼油与化工公司审批通过中油（长汀）催化剂项目。至此，该项目已走完所有审批流程，预计 2017 年春节后开工建设。

中油（长汀）催化剂项目是稀土工业园区重点项目，长汀县委、县政府抓住重点，突出重点企业，突出龙头企业、拳头产品，提高产业集约集群发展水平，多次派员赴北京、兰州协调推进项目落实。1 月 27 日，促成中石油集团公司在北京召开项目基础设计审查会。4 月底，经过修改的基础设计及概算上报中石油集团公司规划计划部审批。5 月，中石油集团公司规划计划部审批通过。6 月，项目组完成项目投资决策报告并上报集团公司。12 月底，中石油炼油与化工公司审批通过。至此，中油（长汀）催化剂项目走完所有审批流程，预计 2017 年春节后开工建设。投产后，该项目可年产 5 万吨石油催化裂化剂。

【永磁材料生产线签订协议】 稀土工业园区紧紧把握军民融合深度发展的契机，积极争取军工企业支持，采取请进来、走出去的方式，倾力牵线搭桥，深化项目对接。2016 年，稀土工业园区帮主金龙稀土公司与相关军工企业和央企建立产品销售合作关系，全年增加销售金额近 2 亿元。其中，洽谈对接长汀金龙稀土公司与中电科第九研究所合作建设永磁材料生产线。6 月 29 日，永磁材料生产线军民合作项目在北京签订投资合作协议。该生产线投产后可年产 3000 吨钕铁硼永磁材料。

【钕铁硼元器件表面处理项目正式投产】 长汀金龙稀土公司建设稀土精深加工园，2016 年 10 月，年产 2500 吨钕铁硼元器件配套表面处理项目正式投产。该项目是磁性材料产品的后续深加工，它技术先进，绿色环保，有利于提高产品的耐腐蚀性，并改善产品外观质量，提升产品附加值，相对传统的表面处理工艺有明显的优势。该项目于 2015 年 4 月动工建设，规划园地 6.67 公顷。

【产业配套建设】 园区建设方面。稀土工业园区管委会配合园区开发公司做好园区规划建设工作，按照工程建设法规及标准要求，从项目前期规划设计至建成投入使用，围绕工程质量、安全、进度及投资控制等各个环节，对园区基础设施项目实施全过程监管。至 2016 年底，园区累计获林地审批 359.14 公顷，农转审批 269.33 公顷，供地 143.4 公顷，园区中心大道建设项目完成下穿铁路约 100 米的道路工程建设，实现通水、通电、通路，满足入园企业的基本要求。

服务提升方面。对稀土产业项目实行“绿色通道”，制定挂钩服务企业（项目）责任制度，从项目洽谈、签约、开工建设到相关手续办理，实现一条龙“保姆式”服务。严格执行各类优惠政策，积极为企业争取上级政策支持及资金扶持。主动为入园企业排忧解难，协调解决企业供水水压不稳、路灯运转不正常等问题。

资源保障方面。推进相关证照延续及资源接续工作，与国土局等部门配合，帮助企业全力推进杨梅坑稀土采矿证到期延续登记，帮助中坊稀土采矿证的申报办理，帮助长兰、曾坑探矿权延续登记。推进晋江（长汀）工业园区压覆性稀土抢救回收的前期工作，完成资源的调查摸底，提出工作方案分步推进。

推动相关企业加大外购稀土资源，为县财增加税收来源。

【安全环保】 强化安全环保工作责任制落实，制定完善一系列安全生产、环境保护工作管理制度。狠抓宣传教育，全年共组织稀土企业在职人员安全培训62批次855人。继续开展安全生产标准化建设提升工程三年行动工作。金龙稀土公司、信越(长汀)科技公司分别被县政府评为先进安全生产标准化二级、三级达标企业。做好环保日常监管，协助环保部门对相关企业环保设施及排放情况开展监督检查。

【陈晓光考察长汀稀土工作】 6月15日，全国政协副主席、民盟中央常务副主席陈晓光率国家特邀国土资源监察专员考察团一行10人莅汀考察稀土资源工作。国土资源部副部长曹卫星参加考察。

考察期间，陈晓光一行先后察看了龙岩(长汀)金龙稀土工业园区及部分稀土加工项目，详细了解稀土工业园区规划建设和运营情况。陈晓光对长汀加大稀土资源开发利用的保护力度、延伸稀土产业链和发展稀土精深加工等工作给予充分肯定。他强调，稀土是稀缺的自然资源和重要的战略资源，是国务院规定实行保护性开采的特定矿种之一，要把稀土资源保护和合理开发利用作为一项需要长期坚持和不断加强的战略性工作。要继续加强管理，从国家战略的高度做好顶层设计和统筹规划，树立全国"一盘棋"的思想，真正将稀土这一战略资源保护好、利用好，造福子孙后代。要优化稀土产业结构，将资源优势、产业优势转化为发展优势，做大做强稀土产业，促进其持续健康发展。要建立完善合理的开发机制，继续坚持在保护中开发、在开发中保护的原则，加强环境资源保护，推进生态文明建设。要研究完善相关政策、法律法规，加大执法监管力度，推广好经验好做法，推进稀土资源的高效利用和产业升级。

晋江(长汀)工业园区

【概况】 2016年，晋江(长汀)工业园区围绕打造"龙岩市加工贸易梯度转移重点承接地核心区""军民融合产业园""省级农副产品加工示范园区建设"目标，大力推进"三大攻坚战"和"两个专项行动"，全面开展"进企业、送服务、解难题、促增长"活动，持续推进山海协作共建园区健康、快速发展，全年实现规模产值57965.5万元，比增96.4%；投入基础设施建设资金8.95亿元，比增10.5%；实现税收总额3878.08万元，比增4.77%，完成进出口总额3465.88万美元，比增16.06%。完成农转土地报批25.33公顷，土地征用17.33公顷、林地征用10公顷，拆迁房屋1500余平方米，迁移坟墓36座。

【项目建设】 根据园区产业定位及"十三五"产业发展方向，强化项目接续、储备，谋划生成STN—ITO透明导电膜玻璃制造项目，总投资10.02亿元。加大招商力度，整合招商资源，完善招商机制，参与"6·18"等招商活动，提高项目对接、招商引资的实效，与厦门豪裕丰电子有限公司签订高频变压器生产性项目合同，金怡丰工贸有限公司与东华大学签订科技合作协议书新上生态复合抗菌再生聚酯短纤维生产项目。进一步明确工作计划，分组管理、分类推进、集中力量、全力攻坚，加快审批、征迁及用林、用地保障等进度，突破项目建设瓶颈，努力营造项目落地建设氛围，全力推进亿来实业2号厂房、汀府远山食品、金怡丰二期无纺布等4个项目开工建设。围绕节点目标进度，服务先行，勇于突破，全面推行标准化管理、无障碍施工，确保园区企业服务中心、东园路、河田大道一二期、园区北一路等项目建成投入使用，亿来实业40万锭项目1号厂房5万纱锭4月初竣工投产，2号厂房生产设备安装中。钜诚汽配增加投资0.3亿元。

【基础设施建设】 完成河田大道杆线迁移改造及亿来实业5万纱锭用电线路架设，完成亿来实业一号厂房排洪管道工程建设，完成金怡丰二期用地及远山农业项目用地挡土墙建设，完成钰丰双喜米业项目用地填土。"两横两纵"路网建设有序推进，晋汀大桥竣工，晋江大道、东园路有序建设。山海协作晋江市援建项目进展顺利。晋江(长汀)工业园区企业服务中心、消防站、警务站项目工程竣工验收。园区周边中、小学校、医院改扩建项目全面开工建设。河田二中塑胶运动场建成，朱溪小学、河田医院改扩建项目建设有序推进。

【重点项目建设】 经纬亿来实业40万纱锭生产项目总投资15亿元，2016年完成投资2.76亿元，一期20万纱锭一号厂房及两栋宿舍楼、职工食堂投入使用，一号厂房5万纱锭2月底投入正试生产。二号厂房5万纱锭设备10月开始安装调试。总投资3亿元的福建省泰成针纺有限公司，一期年产360吨高级蕾花边针织产品生产线投入生产。总投资6.4亿元的金怡丰工贸公司，一期第一条年产2万吨化纤生产线投入生产。总投资2.3亿元的建豪食品公司，一期年生产3万吨糯米粉生产线顺利通过QS认证，提前投入批量生产。汀红木业有限公司办公大楼顺利竣工；育庆槟榔芋生产项目、福建省远航农业发展有限公司、裕福农产品加工项目正常生产。钜铖汽车配件公司荣获"国家高新技术企业"称号。

【生态环保】 以建设生态园区为目标，重视生态保护和园内环境整治。加强对排污企业的监管工作，促进企业达标放。对排放污染物超过规定标准或总量控制要求，存在严重污染环境且拒不自行治理的违法排污企业，实施强制委托第三方治理的措施。完成园区5家企业燃煤锅炉的调查摸底、建档立案工作。积极引导园区各企业做好垃圾收集点的规划选址及建设。制定《晋江（长汀）工业园区循环化改造工作方案》，按照生态环境保护攻坚战役工业领域重点企业技改节能降耗安排要求，督促园区4家企业按照方案与技改时间节点做好建设。积极配合划定全县生态红线，并严格执行。

（游焙章　陈李萍　供稿）

连城工业园区

【概况】 2016年园区实现产值82.7亿元，税收12667万元，完成固定资产投资49.5亿元。

海峡光电产业园8号路、14号路、15号路正式通车使用，海峡光电产业园职工食堂、职工超市及文化活动中心装修工程建设完工；蓝宝石产业园四期用地内土方平整工程完成土方量约56万立方米；食品加工专业园4、4-1、4-2号、4-3号道路投入使用，4号桥已开工建设，5号道路及地下管线工程项目完成部分地下管线铺设；配套项目：第二污水处理厂正常运行，完成园区三期控制规划方案编制并通过专家评审，规划方案经修改完善后完成报批工作，园区垃圾中转站建设项目完成基础工程和设备采购，园区职工棒球训练场完工。

【产业特色】 海峡光电产业园。是福建省八大光电产业园之一，园区入驻福建达米拉数码科技有限公司（电视机整机和液晶电视项目）、龙岩市中触光电有限公司（触摸屏及LED灯饰生产项目）、福建爱得瓦照明电气有限公司（创新型LED照明产业集群暨LED照明灯具自动生产线项目）等30多家企业，初步形成了较完整的光电产业链。其中2016年新签约了福建冠睿电子科技有限公司（手机、平板等电子终端产品及相关元器件生产项目）、福建汇东光电有限公司（精密超薄电子玻璃的研发、设计、生产和销售项目）、福建日月明光电科技有限公司（LED封装及LED应用项目）等多家企业。生产正常的企业有爱得瓦、中触光电、达米拉、汇东、盛威高科。

蓝宝石产业园。园区入驻福建鑫晶精密刚玉科技有限公司（人造蓝宝石晶体制造加工项目）、福建晶诚光电科技有限公司（蓝宝石应用材料加工生产项目）、福建鑫腾光电科技有限公司（蓝宝石双抛光学片生产加工项目）等3家专业从事蓝宝石材料应用生产和销售的高科技企业。晶诚光电、鑫晶刚玉已生产正常，鑫腾光电筹建中。其中鑫晶公司于2016年9月13日取得龙岩市第二家、连城县第一家持有武器装备科研生产保密单位的企业。

新材料产业园。位于园区北部，总体规划面积为1.51平方公里。园内福建赛特新材股份有限公司主营真空绝热板（“VIP”）的研发、生产及销售，为冰箱冰柜冷冻设备、建筑墙体保温、交通冷链运输等下游制造企业提供系统化的绝热节能解决方案。公司一期项目占地9.13公顷，总建筑面积约88000平方米，投资2.3亿元；二期项目占地24.33公顷，投资6.2亿元。

食品加工专业园。食品加工专业园区为福建省连城农民创业园产业集中区，总体规划面积为1.14平方公里。园区利用连城丰富的红心地瓜、连城白鸭等具有品牌特色的农产品资源，引导食品加工龙头企业向园区集聚。园区入驻项目14个，其中2016年新签约东燃生物、恒瑞来食品、景兴食品等企业。目前原态农业生产线生产正常，紫心生物薯业在新加坡上市。

海峡生物医药产业园。园区发挥政策优势、人才优势、地域优势、终端优势、机制优势与服务优势，2016年新签约福建力传生物有限公司（中药饮片生产及天然植物提取加工项目）、福建启盛实验设备科技有限公司（医疗病理设备及耗材生产项目）、中澳康迈（福建）药业有限公司（贴剂乳膏生产项目）等多家企业。国通生物研发的数码眼底机通过中国食品药品检定研究院预评价检测，准备申报生产许可证。

【招商引资】 2016年城关片区新签约项目达15个，新开工项目12个，新建成投产项目5个；朋口工业集中区新开工项目4个，新投产项目2个，庙前工业集中区新签约项目4个，新开工项目4个，新竣工项目4个。

【政策兑现】 2016年，园区落实“一园两区”28家企业的政策兑现工作，其中，基础设施建设补助6家，厂房补助5家，税收奖励6家，电费补助1家，转借为拨款1家，其他类政策兑现9家，兑现总金额达5458万元。

【企业服务】 每月定期收集企业需求员工信息，将信息免费发布在微信平台、园区网站、人社局以及城区内各大LED显示屏上，组织开展招聘会，全年提供就业岗位2150个；做好“一园两区”职工子女就学工作，2016年完成“一园两区”计20家企业64名职工子女就学的安排；帮助企业融资，协调各部门对福建鸿和生物科技有限公司生产流动资金进行融资，为该公司在兴业银行固定资产贷款转为流动资产贷款提供600万元以内的担保；定期举办园区企业家座谈会及培训会，邀请相关的专业的讲师为企业提供免费的培训和讲座，给园区企业提供一个发展交流的平台。

【土地管理】 加强巡视管理。按照每周一巡视的要求，做好土地报批遗留工作和已征收地块巡查防护工作；盘活低效利用土地。对有关企业进行调查摸底，配合有关部门采取嫁接转让、以商引商等方式，盘活低效利用土地或厂房。宝丽金企业成功嫁接转让给启盛公司建设医疗病理设备及耗材生产项目。泰德视讯公司通过以商招商引进4个项目盘活闲置土地和厂房。

【环境整治】 园区第二污水处理厂已投入使用，完成污水管网建设13.5公里，建成区内做到全覆盖，入园企业污水全部接入污水管网，统一由污水厂处理达标排放，并加快垃圾中转站建设；秉承"建设生态园区"的理念，加大园区主干道等区域绿化美化。

【联防调解】 围绕服务园区的宗旨，园区联防队、警务站、司法办共同抓好治安联防和纠纷调解，2016年，处理综治各类事务16起(其中调处纠纷3起，处理群众求助6起，参与涉麻涉毒排查3次，参与安全检查4起)，重要活动安全保卫5场(次)。

【以晴连城生态科技园】 2008年5月21日，以晴集团以晴连城生态科技园项目签约入园，致力于打造一个与冠豸山优良的旅游环境相适应的集科研、生产、销售和自然、历史、人文为一体的多功能、多行业的高科技生态园。科技园项目总投资10亿元，占地面积25.33公顷，建筑面积20余万平方米。园区涵盖标准厂房，10万级现代化高洁净车间，电子信息技术科研中心等一系列科研项目。2016年9月，以晴集团在连城科技园投资12亿元建设以晴连城手机、平板电脑等电子终端产品及相关元器件产业项目，并围绕该项目计划引进触摸屏、液晶显示模组、集成电路、摄像头、电池、手机耳机、充电器数据线、金属外壳、注塑五金、包装彩印等手机、平板电脑智能终端产品及相关元器件配套项目10个，将以晴连城生态科技园打造成智能手机、平板电脑全产业链生产基地。已引进超薄玻璃和注塑五金2家配套企业。

子公司福建冠睿电子科技有限公司。主要从事手机、平板电脑的研发、生产、销售等，计划投资12亿元人民币，新建1万多平方米洁净厂房，建设10条手机、平板电脑等电子终端产品及相关器件整机组装生产线。设计年产能1000万台4G智能手机、100万台平板电脑，是以晴集团打造全球化光电产业链的重要环节。项目于2016年6月动工建设一期5条组装生产线、2条全自动西门子SMT生产线、4条全自动包装生产线；二期5条组装生产线基本安装完毕。

子公司福建连城盛威高科开发有限公司。专业从事电容式触摸屏的关键部件-感应sensor(功能片)的设计研发、生产与销售。拥有电容式触摸屏功能片全自动进口(第三代)生产线，公司拥有进口光刻生产线三条、酸刻生产线两条、全自动真空磁控溅射镀膜线一条、进口端面研磨设备8台、激光蚀刻机10台、CNC精雕机30台、激光切割机2台、刀轮切割机2台等主要生产设备。产品类型主要有玻璃功能片、Film功能片、集成式一体化功能片，产品主要应用于智能手机、平板电脑、个人游戏机、高端笔记本电脑等智能终端设备上，为三星、苹果、HTC、黑莓、小米、华为、中兴等国内外知名企业配套。

配套企业福建汇东光电有限公司。2016年8月1日签约入园，主要从事光电产品、镀膜产品的研发、设计、生产、销售，以及为精密电子玻璃相关技术、解决方案提供与技术服务。公司注册资本1000万，计划投资1.2亿，建设3条"精密超薄电子玻璃"生产线，公司已建成第一条生产线。

配套企业福建中塑电子科技有限公司。2016年12月20日签约入园，公司租用连城以晴生态园3号厂房作为项目生产厂房，投资建设注塑五金精密加工项目，项目计划总投资8000万元，固定资产投资4500万元，主要从事手机壳、平板电脑壳、电视机框和五金配件、光电子器件及其他电子器件的生产与销售。

【朋口工业集中区】 连城县朋口工业集中区于2002年开始规划建设，2003年成立连城县朋口工业园区建设指挥部，2006年6月经市委、市政府批准，成为全市第一批15个乡镇工业集中区之一，2007年4月成立朋口工业集中区管委会。朋口集中区现有事业编制6个，在岗事业干部5人。

朋口工业集中区规划面积4.47平方公里，分为沈坑工业园区(2.05平方公里)、北部工业园区(1.36平方公里)、中部工业园区(0.26平方公里)和官厅背工业园区(0.8平方公里)。完成《朋口工业集中区产业发展与布局规划》《朋口工业集中区总体规划（2014-2030年)》《朋口工业集中区总体规划环境影响报告书》的编制。2016年征地面积1.45平方公里，已开发建设面积1.1平方公里，入驻企业34家，总投资21.1亿元，初步形成以百花、连润新能源为代表的化工产业，以航凯、丰海为代表的竹木精深加工产业，以天利、紫雄能源为代表的新材料新能源产业。2016年，集中区工业总产值实现27.11亿元，其中17家规模以上工业企业产值实现24.39亿元（产值亿元以上企业8家)；固定资产投资完成12.53亿元，实现税收1480万元。

【庙前工业集中区】 2016年，19家规模以上企业实现产值24.4亿元（集中区规模以上企业15家)，比增10.3%；税收2742.9万元(国税2001.4万元、地税741.5万元)，比增190.9万，比增7.5%；固投完成18.1亿元，比增36.6%；产值超亿元企业7家；纳税超100万元企业4家。新纳入规模以上企业管理1家。

新策划锰产品系列加工项目4个：年产2万吨锂电池及软磁用高纯四氧化三锰项目、年产1.5万吨改性锰酸铝项目、年产1万吨动力电池用镍钴锰锂三元正极材料项目和年产1万吨高锰酸钾项目。新签约项目2个：年产2000万平方米石膏板项目和年产6000万吨海绵铁项目。新开工项目5个，总投资6.2亿元，分别是：总投资1.5亿元的高纯度硫酸锰项目、总投资1.9亿元的钕铁硼废料及荧光粉废料综合回收利用项目、总投资6000万元的台迈消毒剂项目、总投资1.5亿元的佰诚机制竹炭项目和总投资7000万元的海绵铁项目。新竣工项目2个：总台迈消毒剂项目和佰诚机制竹炭项目。其他：久和运动器材有限公司投资2200万元，新建一条生产线和一栋建筑面积800平方米的办公大楼；新奥生物科技有限公司新上总投资1000万元的脂肪酸混合油项目；台迈三略制药有限公司将建阳无菌和非无菌原料药和成品药生产线项目搬迁至集中区内。

（连城县方志委　供稿）

漳平工业园区（台商投资区）

【概况】 2月25日，漳平工业园区管委会与漳平台商投资区管委会合并，实行“一套人员、两块牌子”合署办公，合并后的管委会下设党政办公室、规划建设部、产业发展部、财务部、环保部、公共事业部、企业服务部、安监部、综合管理中队9个科室和工业园区企业服务中心、漳平富山工业园区开发公司2个挂靠机构。全年完成规模以上工业产值98.7亿元，同比增长14.5%，完成固定资产投资28.15亿元，用电总量1.4亿千瓦时，增长2.5%，完成园区税收收入9070万元。

【项目建设】 至2016年底，园区入驻工业企业113家，投产工业企业92家，在建企业8家，规模以上工业企业77家，其中实现逆势增长22家，产值上亿元以上企业有21家，产值上10亿元以上企业1家，新增规模以上企业10家。2016年，签约项目8个，即美利达卫浴、国宏建材、福疆木制品、瑞森RPC材料、万山木业、中宏新型材料、正盛白炭黑技改项目和城市天然气管道供气项目，总投资7.14亿元；实现新开工项目9个，总投资8.97亿元，实现新竣工项目4个，即铜雕工艺、德诺三期、木村三期、福尔金生物科技。

【基础设施】 重点推进登榜工贸新区改造提升工程，完成通宇物流、长竑科技、青晨二期等项目12.94公顷的土地报批，推进木村三期4公顷、国宏建材2公顷、福疆木业0.8公顷、国强二期0.67公顷等土地报批；完成和安小区9公顷地块和华滨后地块（工业路北侧）3.33公顷林地报批；完成天守A、B标土石方工程建设、康榜北路延伸（协龙西出口）和青晨竹业排水工程等项目工程建设；推进正盛三期、东方雨虹和福建中宏等地块的土石方平整和安工业小区安坑路道路建设。

【盘活闲置低效用地】 针对一些企业和项目存在建设项目资金不足等问题，园区重点突破项目退出工作，收回正华机械、东园重工等未动工地块；完成万山竹业收购汇港机械，菁丰饲料收购农正天成等；完成德诺林业租用大井工贸、乐登轻工、和龙木业及兴达轻工停产企业地块。34家企业通过租赁其他停产企业，盘活园区闲置和低效用地和厂房。

【提升服务水平】 做好项目审批和开工前期准备工作，组织企业总平及建筑方案审查，全年组织审查会7次，完成汇创科技、金富山、福疆木业、中宏新材料等10个项目的总平方案审查及奥世、国联玩具、天守二期等10个项目建筑方案审查；帮助企业解决用工短缺问题，组织大型招工4次，联合人社局在乡镇开展“送岗位、促就业”招聘活动；降低企业运营成本，开展企业铁路货运摸底工作，邀请漳平火车站到园区给企业讲解利用铁路物流政策及物流成本；落实惠及企业工人的各项优惠政策，全年帮助149个企业员工子女解决入学问题，帮助24名企业员工申请公共租赁房，组织企业工人参加企业人才管理提升培训班等各类培训。

（陈龙林　陈波秀　供稿）

11 城乡建设与环保

规划与管理

【专项规划日益健全】 龙岩市城乡规划着力补齐短板，助力“生态攻坚战役”，加强生态文明、城市基础设施等方面的规划编制工作，完成龙岩市城市片林、保护城市湿地、城市地面透水率研究、绿色建筑行动、龙岩市动植物园总体规划、奇迈公园规划、龙岩洞文化公园规划、西锦公园概念规划、东山湿地公园概念规划、生态龙岩战略规划等一系列生态文明规划，以及《龙岩中心城市步行和自行车交通系统规划》《龙岩中心城区主城区公共文体设施专项规划》《龙岩市通信基础设施专项规划(主城区、永定城区分册)》《中心城区电动汽车充电基础设施专项规划》《龙岩中心城区综合管廊专项规划》和《龙岩中心城区主城区建筑垃圾消纳场选点布局规划》等城市基础设施专项规划编制工作，努力推进专项规划全延伸，科学指引各领域城市设施建设。

【重点片区规划高效推进】 为响应龙岩市城市发展，龙岩市城乡规划局加快重点片区规划的编制和报批工作。根据市委市政府领导批示精神，基本完成《龙津湖片区规划》和《东肖新城规划》的规划编制工作，并向市委市政府作专题汇报，为龙津湖片区和东肖新城规划建设提供及时的科学规划指引，有利于重点项目早开工、早建成、早见效。开展重点片区景观整治，以四个高速出入口和城市棚户区改造为核心，组织开展《四个高速出入口整治规划》《龙岩西高速至龙门塔整治规划》和龙岩市主城区棚户区改造规划(包含苏溪、后门前、溪南、翠屏山、干休所等5个社区)，其中《四个高速出入口景观提升规划》和《后门前棚户区改造规划》已完成规划成果，华龙、苏溪棚户区正在组织实施。

【“多规合一”取得阶段成果】 2016年，龙岩市城乡规划局将“多规合一”试点工作作为推进新型城镇化综合改革试点工作的重要内容，坚持部门联动，强化沟通协调，完成《龙岩市“多规合一”技术报告》和多规合一“规划一张图”编制工作。

【交通规划研究】 前瞻性谋划对外交通规划。针对城市长远发展和旅游产业发展的实际需要，会同有关部门提前开展《铁路总图规划研究》和《民用航空机场选址研究》，联合市交通部门组织编制《龙岩市综合交通运输一体化规划》，为构建区域性综合交通枢纽城市，促进民用航空机场、城市轨道交通、高速铁路等一批重大交通基础设施项目的策划、引进及实施提供科学的规划指引。系统性提升骨干路网功能。积极顺应“一市两区”发展新格局，深入开展“一市两区”和古田旅游区城市交通一体化规划研究，努力推进龙岩市域交通体系一体化进程，提出“中心城市(含高坎、龙雁、古蛟)区间高速路网市政化管理”的建议。可行性疏导重要交通节点。组织开展并完成《莲花山路口、佳宝路口等五个交通拥堵节点改善研究》，提出五个交通拥堵节点交通疏导方案；组织开展《龙岩中心城区内环路规划研究》，提出新老城区快速连接、提高城市内部交通通行效率的建议方案。莲花山路口和南环路—溪南南路项目已开始实施，建成后，将有效缓解该片区交通拥堵。

【规划服务】 2016年，紧紧围绕“便民、规范、优质、高效”的服务宗旨，深入推进规划行政审批改革，精心服务城市发展大局，努力实现“服务更优、效率更高、为民更便、形象更佳”的服务宗旨。制定出台《深化行政审批制度改革推进审批服务再提速的实施意见（暂行）》，探索推行“通过式”规划审批新模式，最大化简化审批事项，努力实现规划审批再提速。会同龙岩市行政服务中心出台《龙岩市投资项目并联审批方案设计和工程规划许可阶段实施细则》，并在市人民会堂举办的项目审批培训会上派出技术骨干进行专题讲座，实现政府部门和服务对象双向提升业务办理知识和水平。出台落地项目领导挂钩责任制度、2016年重点项目规划服务工作计划等多个文件，实行项目组织“四个一”、项目受理“三个类”、项目协调“两个早”、项目审批“一个站”等措施，全面提速规划项目审批。全年共核发龙岩中心城区主城区各类建设项目选址意见书75件，总用地981公顷；核发建设用地规划许可证95件，总用地1056公顷；核发建设工程规划许可证105件，计容总建筑面积153万平方米；审批建设工程设计方案65件；办理建设工程竣工规划条件核实56件，计容总建筑面积126万平方米；办理收储用地43件，总用地215公顷。

【重大社会事业项目专题研究】 2016年，龙岩市城乡规划局着力解决上学难、就医难问题，开展中心城市教育、卫生及社会事业项目专题研究，制定优化方案，提交市政府领导决策。优化后中心城市共规划设置龙岩一中分校、龙岩二中等9所完中，龙岩一中1所独立高中，龙岩初级中学、龙岩七中等10所初中，莲东、小洋等9所九年一贯制学校，实小、松涛等52所小学，合计高中班级数506班、初中班级数984班和小学班级数2022班，可覆盖服务近130万人；优化后共规划设置各级医疗机构共56所，床位数共计15338张，共设置21处社区卫生服务中心，医疗服务能力提升25%以上，基本实现每个片区市民都能享受到便捷的城市公共服务，确实提升城市生活幸福指数。

【中国城市规划学会山地城乡规划学术委员会2016年年会在龙岩召开】 2016年12月17日，中国城市规划学会山地城乡规划学术委员会2016年年会在龙岩召开。省住房城乡建设厅领导、全国山地城乡规划学术委员会委员、省规划建设系统领导，以及来自全国多个省份规划院、设计公司等30余家单位的规划管理和技术人员参加会议。年会围绕“山地城镇规划与文化遗产保护”开展主题学术报告和自由论坛讨论，具有很高的理论价值和实践价值，尤其为龙岩山城龙岩今后的规划发展指明方向。

【龙岩中心城区主城区城市步行和自行车交通系统规划（2015—2030年）】 规划范围：龙岩市中心城区主城区范围，东至翠屏山、南至东肖、西至龙门、北至江山，总面积120平方公里。规划结构：构建“一心”(指由龙腾路、人民路、莲庄路、金鸡路围合而成步行和自行车交通核心区)、“双轴”(指由龙腾路、解放路—莲庄路、东肖路围合而成的城市南北向的步行和自行车通勤交通主轴和由人民路—龙川路、金鸡路围合而成的东西向步行和自行车通勤交通次轴)、“双环”(指依托登高山——莲花山栈道和沿龙津河、苏溪、红坊溪建设的以休闲、健身为主要功能的活力慢行内环，依托主城区外围沿线的绿化带、山体水体、自然景观区形成的生态慢行外环)的步行和自行车交通系统结构。步行交通系统规划：主城区步行交通设施分为城市步行道(指沿着城市道路两侧设置的步行道，主要承担通勤功能)、步行专用路(指设置于滨河、山边、城市公园内，承担休闲、健身、游览功能)。自行车交通系统规划：主城区自行车交通设施分为城市自行车道(城市自行车道指结着城市道路设置，主要承担通勤功能的非机动车道)、自行车专用路(指设置于滨河、山边、城市公园内，承担休闲、健身、游览功能的道路或通道空间)两类。

【开展龙岩市新型城镇化和美丽乡村建设行动】 2016年，为深入贯彻中央和省关于新型城镇化和新农村建设的系列重大决策部署和中共龙岩市委、市政府关于《龙岩市新型城镇化和美丽乡村建设三年行动计划》精神，按照机制活、产业优、百姓富、生态美的要求，切实补短板、惠民生，全力推动龙岩市新型城镇化和新农村建设不断向纵深发展，市城乡规划局制定并印发《龙岩市新型城镇化和美丽乡村建设三年行动计划指导实施意见》，明确三年行动计划的规划编制目标任务和规划编制要求，并制定严格的保障措施，确保新一轮村庄规划修编工作。至2016年底，全市完成新型城镇化重点镇规划编制15个、美丽乡村规划编制124个。

【县域乡村规划试点】 2016年，为加强改革创新乡村规划理念和方法，树立一批符合农村实际、具有较强实用性的乡村规划示范点，带动乡村规划工作，龙岩市将武平县列入县域乡村建设规划试点，精选出武平县武东镇张畲村、五坊村，东留镇黄坊村，中山镇龙济村等4个村庄规划作为乡村规划试点。试点规划已完成规划编制方案。

【长汀历史文化名城保护规划编制】 为进一步加强国家级历史文化名城保护，妥善处理+名城保护、利用和发展的关系，实现三者协调发展，长汀县政府委托南京大学城市规划设计研究院有限公司开展名城保护规划编制工作，完成规划方案并报省住建厅审查。规划以保护“大美汀州”为总体目标，维护名城自然山水的完整性，保护和彰显“一川远汇三溪水，千嶂深围四面城”的自然山水格局，注重生产与生活的生态保护，追求人文与自然的协调共存，构建和谐人居环境格局。

【划定历史文化街区】 2016年，龙岩市不断加大对历史文化街区和历史风貌区的保护力度，并加紧保护规划的编制和修订工作。截至2016年底，各县

(市、区)根据自身实际情况,结合总规要求,划定四大历史文化街区,10片历史风貌保护区。其中,四大历史文化街区为:长汀县东大街历史文化街区、水东街历史文化街区、店头(建设)—五通街历史文化街区和南大街历史文化街区,面积总计55公顷;10片历史风貌保护区为:上杭县解放路西段历史风貌区、临江楼历史风貌区、瓦子街历史风貌区,漳平市赤水镇田头村风貌区、赤水镇香寮村风貌区、双洋镇东洋村风貌区、溪南镇东湖村风貌区、象湖镇朱德率红四军出击闽中纪念馆风貌区、永福镇吕坊村铁厂风貌区,武平县桃溪镇桃溪村桃地坝历史风貌区,面积总计101公顷。

【龙岩市传统村落保护发展规划编制】 至2016年底,全市有国家级传统村落33个,省级传统村落批29个,市级传统村落84个。其中,已编制保护规划国家级传统村落有17个,分别是新罗区适中镇中心村、万安镇竹贯村,永定区湖坑镇洪坑村、湖坑镇南江村、高头乡高北村、下洋镇初溪村,漳平市双洋镇东洋村、赤水镇香寮村,武平县岩前镇灵岩村,连城县庙前镇芷溪村、宣和乡培田村、莒溪镇壁洲村,长汀县三洲镇三洲村、红山乡苏竹村、南山镇中复村,上杭县太拔乡院田村。

【历史建筑公布与保护】 2016年,为有效保护优秀乡土建筑,规范历史建筑的管理与维护,各县(市、区)历史建筑经镇(街道)初审,县(市、区)住建局、文广新局等部门审查后报县(市、区)政府同意,共公布历史建筑351处。其中,新罗区公布白沙营边村、田洋厝等87处首批历史建筑,永定区公布岩太村永福楼等35处历史建筑,漳平市公布赤水岭兜村等处历史建筑共计107处,长汀县公布红山乡山阳村上圭阳村潘氏祠堂等40处历史建筑,武平县公布城厢南通村曾氏民居等72处历史建筑,上杭县公布才溪镇王集成将军故居等10处历史建筑。

(谢兴昌　撰稿)

城市建设

【概述】 2016年,龙岩住建部门围绕供给侧结构性改革和“三去一降一补”重点任务,全力打好项目落地、生态环保、脱贫攻坚三大战役,精心组织城乡基础设施建设,强化房地产去库存,加快保障性住房建设步伐,促进建筑业转型升级,提升城市管理水平,各项工作取得新成效。全市住建领域共完成固定资产投资392亿元,占全市固投总量的17.5%,实现税收36.19亿元,占全市地方财政收入的27.5%。

城市建成区新增绿地面积122.3公顷,绿地面积达2185公顷,绿地率38.54%;新增绿化覆盖面积87公顷,绿化覆盖面积达2275公顷,绿化覆盖率40.63%;新增公园绿地面积7公顷,公园绿地面积达435公顷,人均公园绿地面积达12.21平方米。城市污水处理率89.9%,城市生活垃圾无害化处理率99.71%。

【宜居环境建设】 深入推进宜居环境建设。2016年,省宜居办对龙岩市下达投资任务164亿元,全市宜居环境实施项目1159个。全市宜居环境建设完成投资211.97亿元,完成省下达年度目标的129.25%,排名全省第二。

【中心城市路网建设】 先后编制印发《龙岩中心城市“十三五”城乡基础设施建设专项规划》《龙岩中心城市建设三年(2016—2018)行动计划》《龙岩市2016年城市建设行动计划》,布局远、中、近期龙岩中心城市城建项目建设。2016年,中心城市龙岩大道南段一期、龙腾南路二期等39个项目新开工建设,双永高速龙岩北互通连接线、铁山保障房、莲东滨河绿道等25个项目实现竣工或通车,龙岩大道高架桥、北三环等项目实现年度节点目标,城市面貌明显提升改善。新开工地下综合管廊项目2个,莲东片区停车场项目完工,新建等人行天桥。至2016年底,中心城区城市道路达391.92公里,比上年增加30.85公里,建成区面积扩展到56平方公里,比上年扩大3平方公里。

【中心城市管理】 城市环境卫生保洁。2016年,中心城市道路的清扫保洁面积达到326万平方米,主次干道机械化清扫率达95%;新建并投入使用独立公厕1座(横山路公厕)、完成登高电影院、解放北路等10座公厕和交易城、华龙等5座垃圾转运站改造工作;在主次干道、各公交站点安装、更换果皮箱167套、内筒528个。龙岩市固体废弃物综合处理中心有序推进。城市生活垃圾无害化处理率达99.71%。

市政设施维护和管理。城市道路、桥梁维修养护及时到位,全年共维修道路7.17万平方米、人行道3.64万平方米,完成二道栏维保改造5000米。检查更换井盖865套、路灯7000盏。定期巡查、及时清理隧道雨水沟、桥梁泄水孔、下水道等部位的淤泥,共清淤泥6535立方米,全年未发生重大积涝灾害。

园林绿化管理。园林绿化水平持续提升,小溪滨河绿道4号线建设、小溪河东岸、莲东F地块城市片林和莲东片区滨河绿道景观工程完成建设,登高山与莲花山两山连接栈道绿化持续完善,龙津湖公园、东山湿地公园一期项目开工。至2016年底,中心城区建成区绿地面积2158公顷,绿地率达38.54%,绿化覆盖率达40.63%;人均公园绿地面积达12.21平方米。

燃气安全生产管理。开展打击非法运营液化气联合大行动,排查整治安全隐患397项,检查中心城区燃气企业及抽查各县(市、区)燃气企业76家次,供应站68家次,下发整改通知书83份,完成9家不符合规定的瓶装液化气三级供应站地址搬迁工作。

城市供水和污水处理。中心城区供水达5051万吨，水质综合合格率达99.94%,完成一户一表改造6361户。启动黑臭水体整治工作,编制龙岩中心城市黑臭水体整治专项规划,2016年推进5条黑臭水体整治,其中中城九一路排洪沟和曹溪浮蔡村及月山村水沟均已完工,另外3条正按计划开展前期工作。南翼污水处理厂及配套管网工程实现竣工,新增污水处理能力1万吨/日，污水处理率达89.9%,保持全省前列。

【村镇建设】 在全省率先制定并出台《龙岩市新型城镇化和美丽乡村建设三年行动计划》及配套的项目资金管理办法，重点抓好15个新型城镇化重点镇(特色小镇）和372个美丽乡村建设。2016年，完成政府投资22.89亿元。8月,全省美丽乡村建设现场会在龙岩市召开,对加快全省新型城镇化(特色小镇）和美丽乡村建设起到较好的作用。积极培育特色小镇。古田红色小镇被列为国家级特色小镇试点;培田、永福被列入省级特色小镇试点。农村危房改造按时开竣工。5300户全面开工建设,竣工3990户，占75.3%,其中省政府为民办实事的1500户任务已全面竣工。制定出台《龙岩市农村家园清洁三年行动实施方案》,全市各乡镇以“家园清洁行动”为载体,普遍开展农村垃圾集中整治专项活动,垃圾乱倒乱丢现象得到初步遏制。

【党风廉政建设】 严格执行中央八项精神规定,开展三公经费和公车管理专项督查,完成局机关公务用车改革。开展了住建行业“潜规则”整治示范工作，共查找出“潜规则”隐患点七大类22个隐患点，制定实施30项具体可操作的整改措施。开展利用公款存储谋私逐利整治工作,共清理取消23个银行账户。下放住房维修基金管理权限。完成12个行业协会和主管部门脱钩。

【简政放权】 深化行政审批制度改革，建立权力清单动态调整机制和“双随机一公开”事后监管机制,探索“互联网+行政审批”服务模式,全流程网上审批办理357件，全年共办件37814件,提前办结率99.9%。

（黄财金　撰稿）

城市管理

【城市执法体制改革】 根据中央、省关于深化城市管理执法体制改革、改进城市管理工作的意见,启动龙岩市城市管理执法体制改革工作，按照“执法+管理+服务”的模式启动大城管体制改革。

【“两违”综合治理三年行动】 2014年以来,全市调查摸底录入“两违”面积2216万平方米,拆除“两违”面积2120万平方米，完成三年目标任务1080万平方米的196.3%,保障发展空间,保护生态环境,维护公平正义。

【中心城市户外广告管理】 中心城区户外广告专项规划经市政府颁布实施，完成龙岩中心城区四个高速出入口附近高立柱广告拆除工作和曹溪路沿街店招改造提升工程。

（市城市管理行政执法局　供稿）

【中心城市市容卫生保洁】 截至2016年底,纳入中心城市主次干道环卫保洁的道路51条,面积328万平方米;管理公厕124座(含乡镇);垃圾转运站38座(含乡镇);管理停车场1座;监管日处理600吨的生活垃圾焚烧发电厂1座和黄竹坑生活垃圾卫生填埋场1座(飞灰处置场和渗滤液处理站);机械化清扫水平达95%以上。

环卫一体化运营。以构建“大环卫、一体化”格局为目标,将龙岩市中心城区范围内主次干道清扫保洁服务、垃圾收集清运、垃圾转运站及公厕运营管理整合为一体化运营项目。该项目由福建龙马环卫装备股份有限公司中标,中标金额6.966亿元,承包期限8年,12月1日正式实施。

环境卫生基础设施建设。新建并投入使用独立公厕1座(横山路公厕);在建的独立公厕2座(南公园、中山公园公厕)、垃圾转运站及公厕3座(登高东路、龙潭、莲塘垃圾转运站及公厕)、移动公厕3座;正在办理前期准备工作的垃圾转运站1座(解放北路垃圾转运站及公厕)、停车场1座(解放北路环卫停车场)。完成中心城市主次干道243套分类果皮箱的安装更换。按全国文明城市的检查标准，先后完成登高电影院、解放北路等10座公厕和交易城、华龙、石粉、莲东市场、高陂5座垃圾转运站改造工作;完成交易城、大洋2座转运站渗滤液技改工作。积极与水发集团配合,加快龙岩市固体废弃物综合处理中心建设步伐。

【黄竹坑生活垃圾填埋场监管】 黄竹坑生活垃圾填埋场已处于封场状态,终场封场绿化工程已竣工验收,不再接收生活垃圾进场填埋。由于垃圾焚烧发电厂配套灰渣填埋场尚未建成,焚烧飞灰经过固化稳定后进入黄竹坑填埋场进行填埋处置。根据省、市环保部门的要求,对填埋场的渗沥液处理工艺进一步完善,采用较先进的“MVR”蒸发技术进行升级改造。该项目于2015年12月通过市住建局组织的土建验收;2016年1月,进行设备清水试调,4月,完成设备验收并投入试运行。经有资质的第三方检测机构检测，处理后出水水质达到《生活垃圾填埋场污染控制标准》(GB16889-2008）中的排放标准。2017年3月,通过市环保局组织的环保竣工验收。

【生活垃圾焚烧发电厂运营】 2016年,龙岩市生活垃圾焚烧发电厂日处理量约为653.97吨(含永定区63.70吨),处理总量约为26.18万吨(含永定区2.24万吨),生活垃圾焚烧发电量约为7772.79万千瓦时,上网售电量为6497.9万千瓦时,折合标准煤7985.9吨,中心城市生活垃圾无害化处理率100%。该厂于2015年5月22日通过项目最终验收,正式投入商业运营,7月31日,通过项目环保验收。

(龙岩市环境卫生管理处　供稿)

建筑业

【概况】 2016年,全市资质内企业累计完成建筑业总产值734亿元,比增10.8%,全省排名第三;完成建筑业增加值200.67亿元,比增6.6%,全省排名第四。其中,一级总承包企业和专业承包企业完成产值416亿元,占全市总产值56%;省外完成产值386亿元,占全市总产值52%。

【建筑企业】 企业在晋升资质、创建品牌、拓展市场方面成效稳步提高,重点企业向轨道交通、公路、石油化工等领域"做大做强";专业企业向设备安装、园林绿化等方向"做专做精"。全年新增一级资质企业1家,二级资质8家。制定全市2015—2020年建筑产业现代化发展规划,重点推进龙岩建筑产业(新罗区)、上杭绿色建筑产业、国强建材公司漳平新型环保建筑材料等建筑产业现代化基地(园区)建设。

【建筑市场监管】 严格执行招标文件备案程序,不断完善施工招投标管理;开展建筑施工企业合同履约信用评价,建筑施工转包、违法分包等违法行为得到一定程度遏制,依法查处违法案件4起,共罚款37万元;认真组织清理规范建设领域各类保证金和拖欠农民工工资工作,共清理违规收取保证金230万元,协调处理农民工工资投诉29件,涉及项目工程款及有关农民工工资2491万元。

【建筑材料运输及建筑废土处置】 牵头组织开展全市建筑垃圾消纳场隐患排查和检查指导,共清查隐患16处,发出整改通知书6份;加强渣土车路面巡查监管及建筑工地源头管控,牵头组织联合执法3次,对乱倾倒、未封闭运输、"滴撒漏"等违法违规运输建筑材料及处置建筑废土进行严厉查处。

【工程质量管理】 严格落实五方主体项目负责人质量终身责任和企业质量安全生产主体责任,深入开展建筑工程安全生产大检查和"打非治违"行动,发现质量安全隐患10189条,全年共发出整改通知单2591份,已整改9789条;推进企业安全生产标准化和施工质量安全标准化,创建省级优良项目39个,省级优质工程16个。

房地产业

【概况】 2016年,全市完成房地产开发投资180.1亿元,同比减少6.8%,其中中心城市完成130.7亿元,同比减少11.3%。全市销售商品房277.21万平方米,同比增加24.3%,其中中心城市销售商品房160.46万平方米,同比增加9.6%。

【房地产市场监管】 帮助企业降成本,下调房地产开发企业所得税行业利润率预警值,中心城市由15%下调至10%,各县由12%下调至8%,减轻开发企业的税费负担。加强房地产市场管理,开展房地产市场检查,进一步规范企业经营行为,维护房地产市场秩序;制定预售资金管理办法,规范商品房预售资金监管,保障商品房交易双方的合法权益,预防出现"烂尾"楼。同时,开展存量房资金监管工作,确保交易双方的权益;开展市级物业管理示范项目考评,新增10个市级物业管理示范项目,进一步发挥物业管理示范引导作用,促进抓点带面工作,提升物业管理水平。支持新市民和农民进城购房,与农行龙岩分行、建行龙岩分行签订《支持新市民购房合作框架协议》,从2016年起,3年内两家银行将发放个人住房贷款120亿元,支持农民在城镇购买、建造、大修商品住房。简化农业转移人口购房落户手续,对新市民和农民进城购买新建商品房的,由公安部门给予办理居住证或户籍落户手续,子女可就地就近入学,较好地调动农民工进城购房热情,此举措得到住建部肯定,并在全国范围推广。

住房保障建设

【概况】 保障性安居工程扎实推进。全市37个项目开工16912套,开工率为100%;基本建成7711套,基本建成率达154.53%,完成投资26.8亿元,完成年度计划的223%,超额完成年初目标。全市货币化安置率为29.1%,比上年增加6.1个百分点,其中中心城市货币化安置比例达50%。

【配租配售】 放宽申报标准,使更多住房困难家庭获得申请资格,全年新增保障对象2128户,公租房(含廉租房)累计配租18933套,配租率为95.4%。实行动态管理,全年有113户退出经济适用房保障,有185户退出公租房保障。

(黄财金　撰稿)

公积金管理

【概况】 2016年,住房公积金管理中心围绕供给侧结构性改革和去库存大局,加快制度创新,发挥政策优势,全力支持职工住房消费,优化服务,加强风险防范，各主要业务指标达到预定计划，实现“十三五”良好开局。

住房公积金归集。全年实缴单位5107家，实缴职工19.69万人，比上年净增2332人。全年缴存住房公积金25.75亿元，同比增长7.47%。住房公积金缴存总额178.3亿元，扣除提取后的缴存余额70.55亿元。

住房公积金提取。全年提取19.33亿元，同比增长10.41%；提取占当年缴存额的比率75.06%，比上年同期增加1.98个百分点。截至2016年底，提取总额107.75亿元，同比增长21.86%。

【住房公积金贷款】 全年发放个人住房贷款8536笔32.54亿元，同比增长11.68%、24.87%。回收个人住房贷款10.35亿元。截至2016年底，全市累计发放个人住房贷款9.84万笔150.4亿元，贷款余额85.91亿元，同比分别增长9.5%、27.61%、34.82%。个人住房贷款率为121.77%，比上年同期增加22.41个百分点。逾期个人住房贷款162.86万元，个人住房贷款逾期率0.19‰，住房公积金风险控制处于安全的运行状态。

全年支持职工购建房97.65万平方米，年末个人住房贷款市场占有率为25.97%，比上年同期增加1.79个百分点。通过申请住房公积金个人住房贷款，可节约职工购房利息支出64488.27万元。

职工贷款所购住房套数中，90(含)平方米以下占30.99%，90-144（含）平方米占58.36%，144平方米以上占10.65%；新房占74.85%，二手房占25.15%。贷款职工中，低收入群体占41.4%，中等收入群体占55.35%，高收入群体占3.25%。

【住房增值收益】 全年实现住房增值收益1.216亿元，同比降低21.75%。在央行2015年5次下调贷款利率和2016年上调职工住房公积金账户存款利率的背景下，2016年增值收益率1.79%，比上年减少0.76个百分点。

全年提取贷款风险准备金7056.35万元，提取管理费用1071.10万元，提取城市廉租房(公共租赁住房)建设补充资金4027.56万元。上交财政管理费用1071.10万元。上缴财政的城市廉租房（公共租赁住房）建设补充资金8608.22万元。

截至2016年底，贷款风险准备金余额31343.58万元。累计提取城市廉租房（公共租赁住房）建设补充资金41780.81万元。

2016年，通过向银行贷款、个贷资产证券化等形式融资25亿元，当年使用融资额17.95亿元，归还0.8亿元，融资余额17.15亿元。

（市住房公积金管理中心　供稿）

环境保护

环境质量

【水环境质量】 全市3条主要河流Ⅰ－Ⅲ类水质比例为91%，同比提高6.7个百分点，Ⅰ－Ⅱ类水质比例为31.8%，同比提高13.2个百分点；出境交接断面水质较大幅度提升，汀江流域上下游横向生态补偿机制考核的三个出境断面均达到考核目标，武平象洞溪羊角电站上半年为劣Ⅴ类水，9月、11月分别提升至Ⅴ类水、Ⅲ类水，武平中山河水质稳定在Ⅲ类，新罗黄潭河大池段水质上半年为劣Ⅴ类，9月、11月分别提升至Ⅳ类水、Ⅴ类水，漳平顶坊断面Ⅲ类水质达标率同比提高66.7个百分点，华安西陂断面Ⅲ类水质达标率100%，适中柳溪河下合溪断面上半年为劣Ⅴ类、Ⅴ类，7月、9月、11月分别达到Ⅲ类、Ⅴ类、Ⅳ类水，罗王村断面Ⅱ类水质达标率同比提高66.7个百分点，黄坊断面Ⅲ类水稳定达标，永安山峰电站下游断面Ⅱ类水质达标率83.3%。全市17个集中式生活饮用水水源地水质达标率100%；中心城市内河水质显著提升，4个断面水质达标率100%；Ⅰ－Ⅲ类水质比例为50%，同比提高37.5个百分点。

【大气环境质量】 中心城市环境空气质量在全省综合排名第三，达标天数比例98.6%，高于全省平均比例0.3个百分点，高于全省年度考核标准0.7个百分点；污染物浓度水平总体下降，二氧化硫、二氧化氮、可吸入颗粒物和细颗粒物平均值均同比下降。所有县（市、区)空气环境质量优良天数比例达97%以上；连城、上杭在全省58个县级城市排名前十位。

环境治理

【生态环境保护力度持续加大】 2016年，龙岩市委、市政府按照习近平总书记对推进长汀水土流失治理“进则全胜、不进则退”等一系列生态环境保护重要指示精神，贯彻省委省政府关于生态文明先行示范区、试验区建设部署，把生态环境保护摆上更加重要和突出的位置，把生态环保与项目落地、脱贫攻坚列为“全市中心工作三大攻坚战役”，出台《全市生态环保攻坚战役实施方案》，成立以市委书记、市长为第一总指挥、总指挥的战役指挥部，生态环境保护力度持续加大。全年先后召开4次市委常委会和市政府常务会，研究通过“十三五”环保规划、重点乡镇水质考核办法、汀江流域水环境补偿方案、生态环保战役实施方案、市直部门环保目标管理考评办法、省委省政府环境保护督察问题整改方案等，全市生态环境质量得到改善，环境保护各项工作取得新的进展。全力推进生态工程创建，龙岩市通过省级生态市考核验收，上杭、长汀、漳平等3个县(市)通过国家级生态县(市)考核验收。

【市委、市政府领导调研环保工作】

市委、市政府主要领导、分管领导多次调研环保工作,亲力亲为推动环保责任落实和工作落实。市委书记李德金4月7日调研紫金山矿区、紫金铜业、黄金冶炼厂时提出,要处理好产业发展与生态环境关系,确保区域环境安全;4月10日调研武平象洞溪时提出,必须实现禁养区全面清退、限养区整治提升,确保实现水质明显提升;5月29日在调研汀江流域时提出,要坚决贯彻落实部分省份流域上下游横向生态补偿机制建设工作推进会精神,保护好沿江生态资源;7月5日调研九龙江流域时提出,"五个一"工作机制,即:"一条河一人负责、一个标准一次行动、一竿子插到底",下大力气彻底治理九龙江流域生猪养殖污染。市长池秋娜、副市长王龙6月份多次召开黄标车淘汰专题会议强调部署,强化追责,短短一个月就跃居全省第一,彻底扭转前五个月连续倒数第一的局面,确保龙岩市黄标车年度淘汰任务提前完成。常务副市长张天洲、副市长赖永龙、副市长王龙分别专题调研闽江、九龙江和汀江流域水环境整治工作,强调要加大流域水环境保护与治理力度,确保流域水质得到提升。11月市领导分工调整后,代市长林国耀11月30日召开专题会议推进全市生态环保攻坚战役,农历十二月二十八日又专题研究生态环保工作。副市长黄庆辉11月24日现场调研生态环保攻坚战役水环境整治工作并召开九龙江流域新罗区段水环境整治工作调研座谈会;12月9日召开汀江流域河长制现场会暨河段长述职会;12月20日召开永定区洪山乡石板材污染整治专题会议;12月21日召开2017年度中心城区大气污染专项整治工作专题会议;12月22日调研漳平市生态环保攻坚战役工作;12月30日,召开新罗区小溪河中甲区域环境整治工作专题会议以及《省委省政府环保督察反馈问题整改实施方案(讨论稿)》专题会议。副市长张朝阳11月17日,召开九龙江流域河长制工作会议。

【全力打好生态环保攻坚战役】

2016年,环境保护任务异常繁重,工作量大面广。市环保部门牢固树立新发展理念,统筹把握发展与保护的关系,全力打好生态环保攻坚战役。坚持"一月一通报",每月编发并通报《战役通报》,分管副市长主持召开战役推进会议,分析、协调解决战役推进过程中遇到的困难问题;坚持"一季一协调",协助市委办、市政府办筹备好市委、市政府主要领导每季主持召开的专题会议,进一步督促、协调解决困难问题;坚持"一季一督查",会同市委督查室、市政府督查室、市效能办等部门组成联合督查组,对战役实施情况进行专题调研督查。全力攻坚水、大气、土壤污染整治、生态环境修复与建设、产业转型升级等五大攻坚领域和汀江—韩江流域生态补偿等十大重中之重整治任务,补齐龙岩市生态环境的主要短板。

【推进流域上下游横向生态补偿】 3月,全国部分省份流域上下游横向生态补偿机制建设工作推进会在龙岩市召开,汀江–韩江流域成为全国第二批上下游横向生态补偿试点,补偿资金每年5亿元,在福建、广东两省两年协议的基础上,成功争取再延续一年,到期后再签订三年。市环保局牵头制定流域综合整治五年总体规划、两年总体实施方案以及项目、资金管理办法,确保流域生态补偿有力推进,全面完成2016年重点整治工程任务,出境的3个考核断面水质均达到目标任务。

【环保项目建设】 强化项目抓手推动污染治理,加大环保领域投资力度,扎实推进环保基础设施建设。全市生态环保战役安排的环保基础设施建设项目63个,完成投资22.3亿元,完成年度计划投资的117.6%。汀江水环境综合整治安排的重点项目31个,完成投资9.5亿元,完成年度计划投资的103%。扎实推进危险废物污染防治、汀江流域、三江流域工程包项目建设。

【水污染防治】 实行重点乡镇单列管理。制定《龙岩市各县(市、区)及重点乡镇水质考核管理办法(试行)》,从7月起,对全市35个重点乡镇51个水质监控点实行单列管理,每两月监测、考核、通报1次,并集体约谈水质考核不达标的重点乡镇,强化属地管理责任。加强小流域整治。制定《龙岩市小流域及农村水环境整治计划(2016–2020年)》,开展小流域水环境质量监测点位增设及水质普查工作,完成50条小流域的前期监测点位踏勘、水质普查及相关基础资料收集等。重点抓好列入省级考核和列入战役的小流域水质提升。武平县集中抽调260名后备干部脱产驻点,开展象洞溪、中山河流域水环境综合整治"百日会战"。加强生猪养殖业污染防治。全市生猪出栏452.4万头,比减8.94%;投入4.85亿元,关闭拆除禁养区猪场及可养区存栏250以下不达标猪场13901户,削减生猪151万头;可养区存栏250头以上猪场改造提升任务数792户,竣工率100%;累计建成病死猪集中无害化处理厂29个,全市无害化处理病死猪97万头。新罗区、漳平市在2015年实施养殖业污染整治"百日行动"基础上,再次组织开展"百日攻坚",九龙江流域生猪养殖污染得到有效治理。加强工业污染治理。完成全市年产3万吨及以下造纸生产线整合提升,省级以上开发区(工业园区)均已完成污水集中处理设施建设,园区工业废水均已接入园区污水管网,实现污水集中处理。

【大气污染防治】 牵头制定《龙岩市大气污染防治行动计划2016年度实施方案》《中心城市轻微污染天气应对工作方案》。开展大气臭氧成因研究,针对臭氧污染问题，制定下发《加强夏季臭氧防治工作实施方案》，委托中国环境科学研究院开展大气臭氧成因研究。推进工业污染治理，严控新上产能过剩行业，加强淘汰落后产能，积极推进重污染企业环保搬迁，督促29家重点行业企业完成强制清洁生产审核评估和核查验收工作，完成252台锅炉节能环保综合提升整治，完成整治总任务的91%，超额完成全年75%目标任务。推进城市面源污染治理，加强机动车尾气污染防治，全市完成黄标车淘汰10361辆，完成市定任务的100.66%，完成省定任务的114.12%。针对垃圾焚烧等造成轻微污染天气问题，制定《龙岩市中心城区扬尘污染专项防治工作方案》，下发《中心城市轻微污染天气应对工作方案的通知》和《关于扎实做好今冬明春大气污染防治工作的通知》，从源头加强中心城市大气污染防治。

【土壤污染防治】 完成《龙岩市土壤污染防治行动计划工作方案》编制，按照要求完成生态红线划定的征求意见。完成《龙岩市土壤污染防治规划》大纲编制，确定基本方案，着手调查编写。推进九龙江铁锰超标治理，安排2016年中央土壤污染防治专项资金各400万元，启动新罗区中甲矿区、漳平市大深矿区潜在污染地块的摸底调查及评估和土壤污染修复与治理试点。新罗区编制完成《新罗区水体含铁、锰治理项目设计方案》，漳平市正加快推进。

环境管理

【环保督察】 积极对接服务好省委省政府环境保护督察组来岩督察和国家环保部华东督查中心来岩调研的各项工作。督察期间，全市环保部门办结督查组转办群众信访举报案件136件，实施行政处罚41起，涉案金额111.74万元，查封扣押19起，限产限停16起，移送公安机关行政拘留3人。履行市委市政府整改工作领导小组办公室职责，牵头制定督察反馈问题整改实施方案，并督促市直各部门、各县(市、区、经开区)坚持问题导向，举一反三，认真抓好整改。

【落实党政生态环保目标责任书】 市委书记、市长与各县(市、区、经开区)党政"一把手"签订党政领导生态环保目标责任书，并要求各县(市、区、经开区)与各乡镇党政"一把手"签订责任书。将环保工作纳入市对县(市、区、经开区)和市直部门绩效考评，力度一年比一年大，推动环保党政同责、一岗双责落实。

【环境执法检查】 2016年，全市共出动执法人员10169多人次，深入开展流域巡查检查、畜禽养殖执法检查、重点区域专项执法检查、饮用水水源地巡查检查、大气污染执法检查、建设项目清理整顿等现场执法检查工作，检查污染治理设施3294多台套，排查清理建设项目1310个，查处环境违法案件278起，处罚金额1065.27万元。深入开展"清水蓝天"专项执法。分别开展"查处危险废物污染行为""严查流域环境违法问题""打击危险废物违法犯罪行为"等3个"清水蓝天"专项执法行动及环境执法大练兵活动，共检查企业1340家次，发现涉嫌环境违法企业426家次，实施行政拘留68家，查封扣押139家，立案处罚241家，依法取缔38家，责令整改170家，责令停止建设生产等违法行为66家。

【环保网格化监管】 下发《关于进一步加强网格化环保监管工作的通知》，纳入地方党政领导综治责任书和生态环境保护目标责任书考核。召开全市环保系统网格化环境监管工作会议，细化乡镇、村(居)三、四级网格划分，制定完善"五定"机制。加快网格化环保监管信息平台建设，于2017年开始试点运行，确保全市环保监管网格的全面建立和有效运作。

【环评审批】 严格落实主体功能区规划，划定生态保护红线，强化源头管控。简化环评审批，优化项目服务，全市全年共完成建设项目环评审批538个。推行"双随机、一公开"制度，强化事中事后监管，营造规范、高效、公正、公开的环境监察执法环境。

【环保宣传教育】 充分发挥微信等新兴平台作用，创建龙岩市环境保护微信公众号，在省级媒体中发表龙岩市生态环境保护报道15余篇，与新闻、报刊等媒体积极沟通联络，在龙岩电视台、《闽西日报》等主流媒体刊播?101多篇。强化企业信息公开，全市189家次企业进行信息公开。全市全年共受理12369投诉信访件1314件，查处率100%。

【存在困难和问题】 环境质量仍有隐忧。部分国省控断面个别月份水质存在超标现象，永定尚迳溪、新罗岩山溪、黄潭河、适中溪等小流域断面水质未达战役目标要求。大气臭氧问题日益显现。重点区域、重点行业环境污染问题仍然存在。养殖业污染治理不够到位。新罗小溪河、漳平大深溪流域水环境综合整治以及永定洪山石板材行业整治不够到位。环境风险隐患不容忽视。龙岩市资源型企业较多，环境风险隐患较大。企业主体责任意识和全民环保意识有待进一步提高。环保邻避效应引起高度重视。保持良好环境质量的压力更大。

（陈　斌　陈　憋　供稿）

12 商贸　物流

商业贸易

【概况】 2016年，全市实现社会消费品零售总额729亿元，同比增长14%，高于全省2.9个百分点，增速居全省第一位。扣除价格因素，实际增长12.3%。其中：限额以上企业零售总额426.53亿元，同比增长18.1%；限上大类商品零售总额399.09亿元，同比增长17.5%；限额以下企业零售总额302.47亿元，同比增长8.7%。网络零售增长迅猛。全市限额以上批零企业实现网上零售额9.27亿元，同比增长77.2%，比全省平均水平高30.5个百分点，比限上零售额增速高59.1个百分点，拉动限上零售额增长1.1个百分点。从零售业态看，无店铺零售业态的增速远高于其他零售业态，实现零售额7.3亿元，比上年增长46.1%，其中网上商店实现零售额6.35亿元，同比增长55.2%。汽车销售保持较快增长。受居民消费升级需求、年底汽车促销力度加大以及小排量汽车购置税优惠政策等多重因素叠加影响，在限上批零企业零售类值中占比最高的汽车类商品（占比为34.3%）实现零售额136.76亿元，同比增长18.6%，高于全省平均水平6.9个百分点，拉动全市限上零售额同比增长5.9个百分点，对限上零售额贡献率由上年同期的30.9%提高到32.9%。限额以上批零企业全年共销售汽车18.15万辆，比上年增加2.19万辆，同比增长13.7%。文化型、信息型消费备受青睐。消费升级类、文化消费类商品销售状况良好、增长较快，商品消费结构得到进一步调整优化。以书报杂志、电子出版物、通讯器材为代表的商品逐渐成为消费新宠。全市书报杂志类商品同比增长44.1%，比上年同期提高31.7个百分点；电子出版物及音像制品类商品同比增长增长64.4%，比上年同期提高33.9个百分点；通讯器材类商品同比增长21.5%，比上年同期提高6.4个百分点。批发业销售额843.52亿元，同比增长22%，增速居全省第一位；零售业销售额720.58亿元，同比增长14.3%，增速居全省第二位；住宿业营业额8.48亿元，同比增长19.8%，增速居全省第一位；餐饮业营业额74.2亿元，同比增长15.4%，增速居全省第一位。

【培育限上企业】 积极扶持商贸流通企业成长壮大，继续促进和催生一批具有发展活力、增长潜力、竞争实力的商贸流通业骨干企业。加大对新开业限上法人企业的跟踪力度，及时将其纳入统计。加强与个体工商户的联系沟通，积极创造环境条件，鼓励支持规模较大、有发展潜力和条件具备的个体户转登记为法人企业。鼓励支持工业企业剥离销售部门，组建由工业企业全额出资、经工商注册登记的商贸业法人批零兼营企业，提升龙岩市批发零售业发展水平。2016年，新上限上企业235家，全市限上企业到2016年底达到2320家，限上企业社会消费品零售总额达到426.5亿元，同比增长18.1%，占全市社会消费品零售总额的比重达到58.5%。

【实施投资工程包】 根据市委、市政府项目落地攻坚战役要求和工作安排，按照《龙岩市人民政府办公室关于实施投资工程包的意见》（龙政办〔2016〕129号），认真做好商贸流通领域农产品交易市场建设工程包，形成《商贸流通领域农产品交易市场建设工程包项目汇总表》，具体由韭菜园市场改造、新罗区铁山镇洋头农贸市场、新罗区西陂镇张白土农贸市场、永定区城南综合市场、永定区中心市场、上杭县东二环市场、上杭县东门综合体项目、上杭县溪口镇农贸市场、武平县十方新农贸商城、武平县东留农产品批发市场、武平县中堡镇农贸市场、长汀县羊牯乡农贸市场、连城县莲花市场升级改造、连城县莒溪镇农贸市场、漳平市赤水镇农贸市场等15个项目构成。项目总投资额13.791亿元，2016年完成投资额2.84亿元，占年度计划的89%。

【现代物流园区投资工程包】 根据《龙岩市人民政府办公室关于实施2016年第二批投资工程包的意见》(龙政办〔2016〕287号)精神，推进现代物流园区投资工程包，具体由中国(龙岩)农产品物流交易城项目、中外运龙岩陆地港综合物流中心、龙岩泰华实业冷链物流二期、连城红丰农业冷链物流二期、永定区物流配送中心等5个项目构成。2016年，完成投资9.17亿元，占年度计划的151.86%。

【集贸市场改造工程】 根据2016年市委、市政府为民办实事工作项目安排，下发《关于做好2016年市委、市政府为民办实事工作项目之城乡集贸市场建设改造项目工作的通知》，确保有效推进2016年城乡集贸市场建设改造项目。全市新罗铁山洋头、西陂张白土、上杭溪口、武平中堡、连城莒溪、长汀羊牯、漳平赤水农贸市场和永定区中心市场等8个城乡集贸市场建设改造为民办实事工作项目。全年完成投资额1458万元，占计划总投资1458万元的101.10%。

【市场监督服务】 强化市场监管公共服务体系建设。健全举报投诉服务网络体系，加强"12312"商务举报投诉服务网络日常管理，畅通举报投诉渠道，确保举报投诉中心正常运转。推进永定区市场监管公共服务体系试点建设。永定区被确定为2016年商务市场监管公共服务体系建设试点单位。推进商务领域追溯体系建设。贯彻落实《福建省关于加快推进重要产品追溯体系建设实施方案》下发《关于做好2016年度商务流通领域追溯系统试点建设资金项目申报工作的通知》(岩商务综财〔2016〕21号)，并对申报的企业进行积极的业务指导，引导消费者主动选购可追溯产品，提升追溯体系综合服务功能。抓好肉品追溯系统日常运行管理，保证追溯体系可持续运行。精心抓好商贸行业安全生产工作，下达《2016年商贸行业安全生产工作要点》及《2016年市商贸行业安全生产目标责任》，明确全年安全生产工作目标任务，确保全年安全生产工作有序开展。超额完成安全生产标准化建设提升工程三年行动任务。全市商贸企业安全生产标准化建设提升工程三年目标总任务数为69家，截至12月底，已完成80家，其中三级达标48家、小微达标32家，达标率为116%，超额完成三年目标任务。

【成品油市场供应与监管】 在大同油库限量储存的情况下，不间断关注了解中石化、中石油两大集团龙岩销售机构的油品供应和油库储存情况，确保全市成品油市场平稳供应。2016年，两大集团供应成品油50.65万吨，比降18.49%，其中：汽油28.41万吨，同比比增7.04%；柴油22.24万吨，比降37.52%。推进龙岩铁山油库项目建设。应项目业主中石化森美(福建)石油有限公司要求，市商务局积极筹备召开龙岩铁山油库建设工程基础设计审查会议，印发《龙岩铁山龙岩铁山油库建设工程基础设计审查会议纪要》执行，为加快推进龙岩铁山油库项目建设奠定了基础。该项目正加快推进中。推广国Ⅴ汽柴油置换使用到位。龙岩市发改委、龙岩市商务局等6家单位依照闽发改工业〔2015〕572号文件联合转发《关于国家加快成品油质量升级工作方案的通知》(龙发改工交能〔2015〕61号)，对国Ⅴ汽柴油升级置换使用及时部署并抓好落实，确保本地区国Ⅴ标准的车用汽、柴油置换供应到位。编制完成《龙岩市成品油分销体系"十三五"发展规划》，并正式行文(岩商务业〔2016〕105号)上报省商务厅。下发《关于印发龙岩市成品油市场专项整治工作方案的通知》(龙政办〔2016〕169号)，成立龙岩市成品油市场专项整治工作领导小组及其办公室(设在市商务局)。通过专项整治，全市成品油市场秩序得到有效维护和规范。

【成品油经营】 2016年，中石化森美龙岩分公司认真贯彻落实总部的经营决策和战略部署，牢牢把握"安全、稳定、有进步、可持续"的发展目标，积极开展机制体制改革，聚焦提质增效、转型升级，保安全、防风险，推改革、增活力，进一步优化结构，积极应对市场竞争，打造中国石化品牌，不断做强做优做大，公司安全、经营及管理等各项工作均取得了较好成效。截至2016年年底，中石化在岩各分支机构拥有在营加油站122座、在营油库1座、拟建油库1座，员工1029人。全年经营总量40.19万吨，全年缴纳各种税费6100余万元。

【加油站品牌建设】 为提高企业品牌形象，进一步提高企业的核心竞争力，公司继续对部份加油站及新收购、租赁加油站进行形象改造，统一中石化品牌标识，开设富有特色的、高品位的便利店，积极完善加油站公共卫生间等配套服务设施，不断扩展服务项目和范围，各县公司(片区)着力打造"样板站"和"精品店"。同时，持续做好加油站"加油八步法""销售六步操"等标准化服务工作，规范加油、开票等操作流程，进一步提升加油站基层管理者及基层员工服务意识，为客户提供更加优质服务。通过对加油站进行硬、软件两个方面的持续建设，不断增加便利店商品花色品种，满足消费者需求，为消费者提供"一站式"服务，提供优质服务环境，创造"快捷、舒适、便利"的最佳客户体验，客户消费满意度不断提高。

【优质服务】 龙岩分公司始终以客户为中心，持续开展"为民服务创先争优""青年驿站""优质服务月""开展移动发卡进社区、企事业单位"等活动，提升加油站管理服务水平，努力使客户满意、政府满意、社会满意。主要措施是：延长IC卡网点营业时间，利用移动办卡设备，在人流量大的超市、社区等开展加油卡业务，尽量满足客户需求；设立服务小推车，公开便民服务项目；大力宣传"每一滴油都是承诺"活动，向社会宣传中石化品牌责任和服务意识，受到社会及政府的高度认可。2016年2月，龙岩罗桥加油站被共青团福建省委授予2015年度"福建省青年突击队"荣誉称号；2016年5月，张怡攀、董银河被共青团福建省委授予2015年度"福建省（杰出）青年岗位能手"荣誉称号；2016年7月，漳平综合加油站被共青团龙岩市委授予"市级青年文明号"荣誉称号；2016年12月，漳平综合加油站被中国石化集团公司授予2016年度中国石油化工集团公司油品销售企业"文明服务示范窗口"荣誉称号。

IC卡网点覆盖面广，市区、国省道及部分乡（镇）站有条件的均有设立发卡充值网点，为客户提供快捷周到的办卡充值服务，客户持卡消费明显增加。加油IC卡具备业务管理功能，协助客户跟踪管理用油情况，更能享受"油中感谢"积分增值服务。中石化森美公司自营的集"充值、商城、道路救援"于一体的"车e族"APP，为车主提供网上充值、手机加油等九大服务功能，是车主汽车生活的掌上"加油管家"，真正为消费者打造"快捷、舒适、便利"的最佳客户体验。同时，对加油站洗车点进行升级改造，让客户在加油站加完油后即可享受到洗车服务，还与银行、保险等各行业开展相关合作，使中石化加油站由单一的提供油品销售服务向提供多种服务的综合服务商转型，为龙岩市民提供更加方便、快捷的增值服务。

【油品管理】 龙岩分公司遵循"源头把关，过程监控，应急到位"的原则，狠抓加油站油品数质量管理工作，做好油品"进、销、存"，严把进出油验收关，加强加油机计量精度的检测，确保数量精确达标，严密监控油罐库存管理。在每月做好加油机自检的同时，接受技术监督局（计量所）监督。2016年，在国家和地方技术监督部门检查中，油品质量和数量两项指标都100%达标。龙岩分公司秉持"质量是企业的生命"的经营宗旨，坚持"质量永远领先一步"的质量方针，实施全员、全方位、全过程的质量管理，确保油品质量安全。

【安全生产】 龙岩分公司认真贯彻中共中央、国务院关于安全生产指示精神，全面落实集团公司、销售公司、总部HSE（安全、健康、环境）工作总体部署，坚守"发展决不能以牺牲人的生命为代价"这一条红线，强化主体责任，筑牢安全防线，认真贯彻执行中国石油化工集团公司安全生产"十大禁令"和中国石化销售企业"八大纪律""零缺陷、零违章、零事故"安全管理目标以及省、市安全生产条例，积极推进HSE管理体系建设，严格落实安全环保责任制，细化安全管理目标，层层签订安全生产责任状，加大安全考核力度，积极主动与地方政府密切配合，落实好企业安全主体责任，全面开展"我要安全""我为安全做诊断"等活动和"平安单位"建设工作，营造浓厚的安全生产氛围。全面推进安全生产化标准化建设，2016年2月，长汀中心站、长汀南山站被长汀县政府评为安全生产标准化建设先进三级达标企业；积极开展安全生产月各项活动，2016年7月，分公司被龙岩市安全生产协会授予2016年安全生产月活动"优胜单位"荣誉称号；漳平综合站被福建省总工会、福建省安全生产监督管理局2015年度福建省"安康杯"竞赛先进班组荣誉称号。

加强安全管理。进一步提高全员危害识别能力和风险防范意识，落实安全防范措施和应急预案演练，加大隐患排查、整改、治理力度，坚决杜绝"三违"（违章作业、违章指挥、违反劳动纪律）现象，确保油品进、销、存各个环节的安全，建立"三基"扎实的安全生产长效机制，大力推进"双百"基层建设，漳平综合站和连城江坊站分别获得中国石化销售公司2016年度优秀安全班组和绿色基层单位荣誉称号，漳平综合站和连城江坊站站长分别获得中国石化销售公司2016年度优秀安全班组长和绿色基层先进个人表彰。

持续加大环保投入。及时按照国家要求对加油站油品进行升级，2016年起，全面销售符合国五标准车用汽油及车用柴油；所有在营加油站均有安装液位仪，对加油站储油罐进行实时监测，有效避免油品渗漏；不断完善加油站油水分离池，防止油品外流；持续推进二次油气回收系统建设，对卸油及加油过程中产生的油气进行回收，确保安全的同时避免了环境污染；持续加大吸油毡等应急物资配备投入，增强一线环保处置能力。

（罗锦权　撰稿）

【参展办会活动】 围绕独具龙岩市地方特色的"闽西八大干、八大珍、八大鲜"的促销推广，利用平台优势，做足展会文章。组织企业参加"5·18"福州·国际食品展。该展会共组织68家龙岩企业参展，现场销售额达70余万元，签订单680多万元。积极组织企业参加闽货华夏行系列展销活动。全年，先后组织企业参加北京站、西安站、上海站、武汉站等地的展销活动。其中，北京站和西安站的展销活动得到省政府和省商务厅领导的肯定。积极组织企业"走出去"到境外参展。2016年5月25日至29日，组织连城县4大类16种地瓜干参加了泰国曼谷国际亚洲世界食品博览会，会上，首次参展的连城地瓜干备受青睐，部分国际知名企业还主动与连城参展企业洽谈合作。积极组织63家企业参与厦门食博会。现场销售额达95万元，意向合作金额1200万元。

2016年龙岩市社会消费品零售总额一览表

表13

县(市、区)	限上(亿元)				限下(亿元)				总计(亿元)				拉动百分点	贡献率(%)
	2016年	占全市比重(%)	增速(%)	排位	2016年	占全市比重(%)	增速(%)	排位	2016年	占全市比重(%)	增速(%)	排位		
全市	426.53	100.00	18.1		302.47	100.00	8.7		729.00	100.00	14.0		14.00	100.00
新罗区	219.70		16.0		92.63		9.1		312.32		13.9			
新罗(除高新区)	216.05	50.65	16.0	7	85.96	28.42	9.1	1	302.01	41.43	14.0	4	5.80	41.34
永定区	32.99		20.2		43.26		8.2		76.25		13.1		1.01	
永定(除高新区)	25.44	5.97	19.6	5	30.34	10.03	8.2	6	55.78	7.65	13.1	5	1.27	7.24
漳平市	29.70	6.96	22.0	3	35.87	11.86	8.3	5	65.57	9.00	14.1	3	1.33	9.06
长汀县	36.80	8.63	19.2	6	32.31	10.68	8.8	2	69.12	9.48	14.1	3	1.82	9.54
上杭县	46.88	10.99	22.4	2	38.81	12.83	8.7	3	85.69	11.75	15.8	2	1.82	13.06
武平县	38.94	9.13	28.4	1	27.59	9.12	8.0	7	66.53	9.13	19.1	1	1.67	11.92
连城县	21.52	5.05	5.2	8	32.00	10.58	8.7	3	53.52	7.34	7.3	8	0.57	4.06
高新区	11.19	2.62	19.7	4	19.59	6.48	8.5	4	30.78	4.22	12.3	7	0.53	3.77

2016年龙岩市批发零售业销售额一览表

表14

县(市、区)	批零业(亿元)				批发业(亿元)				零售业(亿元)			
	2016年	上年同期	增速(%)	增速排位	2016年	上年同期	增速(%)	增速排位	2016年	上年同期	增速(%)	增速排位
全省					20589.70		11.6		11507.46		12.4	
全市	1564.10	1322.18	18.3		843.52	691.68	22.0		720.58	630.50	14.3	
新罗区	802.47	692.19	15.9		476.99	406.50	17.3		325.48	285.68	13.9	
新罗(除高新区)	716.86	613.80	16.8	7	402.79	338.51	19.0	6	314.07	275.30	14.1	4
永定区	116.85	99.90	17.0		45.02	36.81	22.3		71.83	63.09	13.9	
永定(除高新区)	87.09	74.14	17.5	4	35.28	28.61	23.3	4	51.81	45.53	13.8	5
漳平市	133.08	112.35	18.5	3	75.79	63.06	20.2	5	57.301	49.29	16.3	2
长汀县	109.96	94.09	16.9	6	52.44	44.43	18.0	7	57.52	49.66	15.8	3
上杭县	171.29	137.96	24.2	2	104.66	79.31	32.0	2	66.63	58.65	13.6	6
武平县	144.30	113.49	27.2	1	91.01	68.37	33.1	1	53.29	45.12	18.1	1
连城县	95.82	81.77	17.2	5	53.64	42.86	25.2	3	42.18	38.91	8.4	8
高新区	116.43	105.09	10.8	8	82.84	75.23	10.1	8	33.59	29.86	12.5	7

2016年龙岩市限上大类商品零售一览表

表15

指标名称	2016年（亿元）	比重(%)	占全省大类商品零售额比重(%)	占全市社消比重(%)	增速(%)	拉动社消百分点	贡献率(%)
合　计	399.09	100.00	7.17	54.75	17.5	9.28	66.39
其中：通过公共网络实现的商品销售额	9.27				77.2	0.63	4.52
1.汽车类	136.74	34.26	2.457	18.76	18.6	3.36	24.03
2.粮油、食品类	54.33	13.61	0.98	7.45	28.5	1.88	13.47
3.石油及制品类	43.52	10.91	0.782	5.97	–10.2	–0.78	–5.55
4.服装、鞋帽、针纺织品类	16.24	4.07	0.29	2.23	22.5	0.47	3.33
5.建筑及装潢材料类	15.74	3.94	0.283	2.16	31.9	0.59	4.258
6.家用电器和音像器材类	15.67	3.93	0.282	2.15	18.7	0.39	2.76
7.烟酒类	14.72	3.69	0.26	2.02	22.0	0.42	2.97
8.文化办公用品类	12.59	3.15	0.236	1.73	28.8	0.44	3.15
9.金银珠宝类	12.38	3.10	0.222	1.70	71.2	0.80	5.76
10.日用品类	12.31	3.08	0.221	1.69	29.2	0.44	3.11
11.饮料类	11.34	2.84	0.20	1.56	37.8	0.49	3.48
12.家具类	10.24	2.57	0.184	1.41	29.2	0.36	2.585
13.其他类	9.41	2.36	0.169	1.29	4.7	0.07	0.469
14.机电产品及设备类	8.45	2.12	0.152	1.16	28.8	0.29	2.113
15.五金、电料类	7.69	1.93	0.138	1.05	40.0	0.34	2.46
16.通讯器材类	6.79	1.70	0.122	0.93	21.5	0.19	1.344
17.中西药品类	3.76	0.94	0.067	0.52	–45.5	–0.49	–3.51
18.化妆品类	3.25	0.81	0.06	0.45	–16.5	–0.10	–0.72
19.煤炭及制品类	2.43	0.61	0.044	0.33	19.4	0.06	0.44
20.体育、娱乐用品类	1.17	0.29	0.02	0.16	29.1	0.04	0.295
21.电子出版物及音像制品类	0.25	0.06	0.004	0.034	64.4	0.015	0.11
22.书报杂志类	0.04	0.01		0.006	44.1	0.002	0.016
23.棉麻类	0.01			0.001	109.4	0.002	0.006

2016年龙岩市商贸限上企业一览表

表16　　单位：户

县市（区）	限上企业数					限上法人企业数					限上个体工商户库里数				
	合计	批发业	零售业	住宿业	餐饮业	小计	批发业	零售业	住宿业	餐饮业	小计	批发业	零售业	住宿业	餐饮业
全市	2320	897	1007	83	333	1918	858	844	59	157	402	39	163	24	176
开发区	104	39	46	3	17	95	38	44	3	10	9		2		7
新罗	737	360	263	26	88	655	349	241	23	42	82	11	22	3	46
漳平	291	86	168	8	29	212	85	111	4	12	79	1	57	4	17
长汀	209	59	106	11	33	183	58	90	7	28	26	1	16	4	5
永定	201	25	116	6	54	178	25	115	6	32	23	0	1	0	22
上杭	268	122	101	11	34	212	115	88	7	2	56	7	13	4	32
武平	343	148	141	8	46	275	136	114	4	21	68	12	27	4	25
连城	167	59	66	10	32	108	52	41	5	10	59	7	25	5	22

副食品供应

【副食品基地建设】 组织“菜篮子”基地建设验收。牵头组织市、区相关部门对2015年度龙岩中心城市大棚蔬菜及蛋鸡基地建设申报企业进行验收，在商务局网站上公示补助标准及金额后，会同市财政办理下拨2015年“菜篮子”工程建设验收合格项目补助资金。做好新一轮省控基地推荐审核申报和协议签订工作，按照《福建省城市副食品调控基地管理办法》(闽经贸市场〔2011〕163号)有关规定条件，结合实际认真对龙岩市签约到期的省控生猪基地、蛋禽基地及蔬菜基地等进行重新申报审核，完成推荐并上报省商务厅同意龙岩市16家，(比上轮新增1家)企业与省签订协议，使龙岩市省控基地得到进一步的调整优化。推进龙岩中心城区蔬菜基地直销平价店建设，由市商务局制定并联合市财政局出台《关于推进蔬菜基地龙岩中心城区直销平价蔬菜店建设工作试行方案》(岩商务综财〔2016〕43号)，完成制定《龙岩中心城区蔬菜基地直销平价店考核办法》，并依此做好龙岩中心城区直销平价蔬菜店建设的相关配套工作，分期分批推进龙岩中心城区蔬菜基地直销平价店建设，全年建成蔬菜基地龙岩城区平价蔬菜店4家。

【食盐经营】 2016年，龙岩盐业公司销区全年食盐销售总量23391.08吨，其中小包装食盐销售9993.95吨，食品加工用盐销售8842.15吨，饲料用盐3056.25吨，小工业盐销售1060.6吨。实现利润525.5万元，同比增加104.8万元。

提升服务质量，保障食盐市场稳定。为有效应对盐业体制改革，公司自上而下转变观念，加强食盐营销渠道管理，细分市场，不断提高服务水平，逐步形成以一级直达终端配送、二级批发销售共存的销售网络，与各级网点签订销售合同，及时跟踪网点报货情况，确保合格碘盐供应正常。同时，因地制宜开展多品种盐推广，丰富盐产品市场，满足群众多元化用盐的需求。

加强市场监管，确实维护市场经营秩序。针对第一季度食盐销量明显下滑问题，盐政部门加大市场检查和市场规范力度，防止非碘盐、私盐流入小碘市场，采用一定手段制止跨区域冲销盐。组织人员全面走访各乡(镇)的网点、批发商、零售商和餐饮店、食品加工用盐企业，检查了解是否擅自购入、销售、使用外区域的盐产品或是假冒食盐、非碘盐，要求网点、批发商、用盐企业务必规范经营。按照省盐务局要求积极开展边界市场专项检查，防控外省盐冲销福建省市场，确定长汀县、武平县、新罗区为专项整治的重点，对所有边界市场进行全面宣传、检查整治，建立台账。根据省、市《关于加强食盐市场安全管理打击制贩假冒食盐专项治理行动工作方案的通知》精神及省盐务局的安排部署，由经信系统牵头，工商、食药监、质监、卫计委、盐务局等多个单位配合，在全市范围内开展食盐市场专项治理检查联合行动，扩大食盐安全管理的社会影响，对各类违法行为起到震慑作用。根据盐改新规，开展专项宣传，配合龙岩经信委出台“关于加强全市食盐市场经营管理的通告”。

加大品牌宣传力度，提升福建海盐品牌知名度。福建海盐历史悠久，集传统、天然、健康、美味、珍稀五福于一身，是名副其实的有福之盐，健康之源。为提升福建海盐的品牌知名度,公司印制宣传材料3万份,充分利用"3·15""5·15"以及集市圩天等时机摆摊宣传;在广播电视报、公交车身等相继投放广告,树立产品品牌形象;利用自有店面设立形象店,展示产品。

(游青青 撰稿)

粮食储备与供应

【概况】 2016年,全市粮食产量1098022吨,省市外购进(调进)粮食1426238吨。国有粮食企业订单收购计划59674吨。全年粮食消费1767485吨,其中:城乡口粮消费668677吨,饲料用量932158吨,工业用粮165128吨,种子用粮1522吨;全年销往(调出)省市外粮食770466吨;全市国有粮食购销企业实现利润393万元,连续14年实现盈利;全年完成粮食工业(包括饲料)总产值392162万元,利税总额达7092万元。

【粮食安全体系建设】 进一步建立健全粮食安全保障体系。全市新增市县两级粮食储备规模1万;完善粮食风险基金制度,2016年,全市市县两级粮食风险基金到位23216万元,支出23281万元,年末结余8949万元;继续实施订单粮直补政策和最低收购保护价政策,全年对各级储备订单粮食实行直接补贴政策,在收购价基础上再给12元/50公斤的直接补贴,2016年早籼稻最低收购保护价为133元/50公斤、晚籼稻138元/公斤;完善粮食应急预案,并组织粮食应急供应视频演练,全市确定粮食应急供应加工企业14家,粮食应急供应粮店19家;全面实行危仓老库改造,争取中央补助资金4440万元,市县级财政和企业自筹1716元,共投入6156万元,完成全市50个库点维修改造。

【首年度开展粮食安全行政首长责任制考核】 根据国务院部署,自2016年始,国务院对各省(区、市)人民政府粮食安全省长责任制落实情况进行年度考核,相应省政府对市县逐级开展粮食安全行政首长责任制考核。考核的主要内容,确保耕地面积基本稳定、质量不下降,粮食生产稳定发展,粮食可持续生产能力不断增强。保护种粮积极性,财政对扶持粮食生产和流通的投入合理增长,提高种粮比较收益,落实粮食收购政策,不出现卖粮难问题。落实地方粮食储备,增强粮食仓储能力,加强监督管理,确保地方储备粮数量真实、质量安全。完善粮食调控和监管体系,保障粮食市场供应和价格基本稳定,不出现脱销断档,维护粮食市场次序,完善粮食应急保障体系,及时处置突发性事件,确保粮食应急供应。加强耕地污染防治,提高粮食质量安全检验检测能力和超标粮食处理能力,禁止不符合食品安全标准的粮食流入口粮市场。按照保障粮食安全的要求,落实农业、粮食等相关行政主管部门的职责任务,确保责任落实、人员落实。考核内容涉及市发改委(粮食局)、农业局、财政局、国土局、环保局、水利局、工商局、物价局、统计局、食药监局、出入境检验检疫局国家统计局、龙岩调查队、农发行龙岩分行等13个部门。

市政府成立粮食安全行政首长责任制考核工作组,副市长张朝阳任组长,市政府副秘书长、市粮食局局长任副组长,涉及的13个单位分管领导为考核组成员。考核工作组在市粮食局设考核工作办公室,由市粮食局分管领导兼办公室主任,承担牵头日常工作。考核办在做好省政府对我市考核有关工作的同时,详细制定考核具体方案和考核办法,组织实施对7个县(市、区)开展粮食安全责任制考核工作。

(市粮食局 供稿)

餐饮服务

【概况】 2016年,全市实现住宿餐饮业营业额82.7亿元,同比增长15.9%;其中住宿业营业额实现8.48亿元,同比增长19.8%;餐饮业营业额实现74.2亿元,同比增长15.4%;住宿业、餐饮业营业额增幅均居全省第一位。2016年,成功申报龙岩国际美食城为福建省美食城。龙岩市烹饪协会完成换届,并先后组建龙岩市家庭服务业协会、龙岩市旅馆住宿业协会、龙岩市美发美容行业协会、龙岩市烘焙与饮品协会、龙岩市洗涤与洗染业协会等6家居民和家庭服务业行业协会,并统一集中入驻龙岩侨中办公,初步实现"一业一会"目标,龙岩市居民和家庭服务业协会建设力度空前,居全省九个设区市第一。

有效开展行业活动。举办职业技能竞赛。2016年,市商务局联合市人社局、总工会、妇联等市直有关部门,先后于二季度举办福建省家庭服务业职业技能电视大赛(龙岩选拔赛),三季度组织参加福建省烹饪职业技能竞赛,四季度组织举办2016年龙岩市美发师职业技能竞赛等三场行业技能赛事活动。其中,在福建省家庭服务业职业技能电视大赛中获得团体第三名、个人第二名;在福建省烹饪职业技能竞赛中收获8金3银2铜,同时,市烹饪协会获评2016年"中国梦·劳动美"福建省"绿进杯"烹饪职业技能竞赛优秀组织奖。创建家政示范站。2016年累计建成百师帮、安恩宝、优生活和好月嫂等4家省级示范性家政服务示范站,另有龙慷家政等10个市级示范性家政服务站正在推进建设。三是组织参加省、市""十大名菜"系列评选活动。2016年,组织申报福建省"十大名菜"系列评选活动,并授权龙岩市烹饪协会牵头,组织开展"闽西十大名菜、名小吃、名厨、名店"等"四个十"系列评选活动。其中,连城新泉九门头、长汀白斩河田鸡被评为福建十大名菜，永定芋子包被评为福建十大名小吃；新泉芋饺、长汀鸡肠面被评为福建百道名小吃；并评出胡洋干蒸鸡等10道闽西十大名菜、武平簸箕粄等10道闽西十大名小吃、饶鑫程等10位闽西十大名厨、独一处等10家闽西十大餐饮名店。服务贸易方面，漳平市国联玩具礼品有限公司被认定“2016—2017年度福建省文化出口重点培育企业”。同时，积极推动与龙岩华侨职业中专学校开展校企合作，共建服务贸易人才培训基地建设，共建服务贸易公共平台。

锐意创新协会建设。2016年，按照“一业一会”思路，加快组建有关居民和家庭服务业行业协会，其中，7月8日，完成市烹饪协会换届，8月23日，组建成立市家庭服务业协会，8月30日，组建成立市美发美容行业协会，10月31日，组建成立市旅馆住宿业协会，12月30日，组建成立烘焙与饮品协会2016年，龙岩市居民和家庭服务业协会建设力度空前，居全省九个设区市第一。其中，龙岩市旅馆住宿业协会是全省首家组建成立的星级以下住宿业地（市）级行业协会。同时，积极推动与中心城区公办职业技术重点学校——龙岩华侨职业中专学校开展职业技术教育与行业协会的共建合作。开创职业技术教育与行业协会建设在“统一办公、共建基地、技能培训、竞技交流、解决就业”的“五位一体”发展新模式。

2016年龙岩市住宿餐饮业营业额一览表

表17

县(市、区)	住餐业(亿元)				住宿业(亿元)				餐饮业(亿元)			
	2016年	上年同期	增速(%)	增速排位	2016年	上年同期	增速(%)	增速排位	2016年	上年同期	增速(%)	增速排位
全省					239.26		5.9		1313.45		9.9	
全市	82.71	71.38	15.9		8.48	7.08	19.8		74.23	64.31	15.4	
新罗区	18.35	15.40	19.2		4.19	3.73	12.5		14.16	11.67	21.3	
新罗(除高新区)	17.23	14.47	19.1	2	3.85	3.44	11.8	7	13.38	11.02	21.4	2
永定区	12.97	10.94	18.5		1.34	1.21	10.6		11.63	9.73	19.5	
永定(除高新区)	9.93	8.42	18.0	4	1.11	1.01	9.6	8	8.83	7.41	19.2	3
漳平市	5.64	4.84	16.4	8	1.85	1.61	14.8	5	3.79	3.24	17.2	4
长汀县	7.87	6.70	17.5	6	1.50	1.26	19.1	3	6.38	5.45	17.1	5
上杭县	9.81	8.33	17.8	5	1.98	1.55	28.2	1	7.83	6.78	15.4	7
武平县	10.60	8.96	18.4	3	1.41	1.24	13.6	6	9.20	7.72	19.2	3
连城县	7.79	6.64	17.3	7	1.29	1.01	27.6	2	6.50	5.63	15.5	6
高新区	3.10	2.51	23.5	1	0.58	0.49	18.6	4	2.52	2.03	24.7	1

物流业

【概况】 2016年，根据《龙岩市“十三五”现代服务业发展规划》要求，通过市、县两级物流主管部门的积极推动以及广大物流企业的共同努力，全市物流业运行呈现稳步发展态势，物流项目建设投资任务完成较好。据不完全统计，2016年全市物流增加值约137亿元，同比增长7.2%，物流业增加值占全市GDP比重为7.2%，同比增长0.14个百分点。物流业总收入约206亿元，同比增长7.6%。物流总费用与GDP的比率为16.57%，与上年基本持平。

【物流企业发展】 据统计，全市物流企业登记注册数量达到1000家，中小微物流企业占总量的75%。现有国家A级物流企业14家（由中国物流与采购联合会审定），其中AAA级物流企业11家(新罗10家、漳平1家)、AA级物流企业3家(新罗、永定和上杭各1家)。A级物流企业数仅占全省A级物流企业总数的4.84%，未培育或引进4A级及以上的大型物流企业。全市有福建省星级冷链物流企业1家(福建信运冷藏物流有限公司)，占全省总量的20%。

【物流项目建设】 全年实施物流项目11个，完成总投资29亿元，占年度投资计划任务的111%，投资额比上年16个项目投资18亿元上升61%，物流项目建设投资额度明显上升。

（市经信委　供稿）

【邮政概况】 全市邮政行业业务总量完成7.38亿元，同比增长40.86%。业务收入完成5.72亿元，同比增长26.93%。其中，快递业务量完成2879.81万件，同比增长71.07%；快递业务收入完成3.19亿元，同比增长58.61%；快递业务投递量完成5101.88万件，同比增长50.82%，增速均全省排名第一。连续三年圆满完成市委、市政府下达的邮政业务总量增速指标，2016年10月，市邮政局被评为2011—2015年全市法治宣传教育先进集体。同年，被评为区级文明单位。

全市有提供邮政普遍服务的邮政营业场所141处，网点法定业务开办率100%，1760个行政村实现直接通邮。共有邮筒(箱)831个，邮政专用标志车辆141辆，其中龙岩市邮政分公司41辆，机要通信专用投递车6辆，EMS94辆。有20个快递品牌在龙岩设有分支机构或加盟商，其中，独立法人快递企业37家，分支机构147家，快递网点乡(镇)覆盖率达100%，带动就业2500人以上。全年组织1295人参加快递业务员职业技能鉴定考试，持证816人。龙岩技师学院新设邮政服务专业。

【优化行业发展环境】 2016年7月，推动市政府办印发《龙岩市邮政业发展"十三五"专项规划》，成为福建省首个正式发布的市级"十三五"邮政业发展专项规划，这也是龙岩市第一部邮政业发展规划。2016年12月5日，推动市政府出台《关于支持快递业加快发展八条措施》，对邮政快递业从八个方面提出具体的扶持措施，行业发展获得重大利好。市委、市政府和有关市领导对邮政业的发展越来越重视，市委常委、政法委书记对全市寄递安全管理工作取得的成效给予肯定，要求市编办、交通、财政等部门支持邮政管理局贯彻落实"闽七条"的意见建议。市人大常委会在全市禁毒工作调研报告中明确建议市政府"要充实邮政业的监管力量，特别是建立县级监管机构，延伸监管触角，强化行业监管水平"。原分管副市长在邮政管理局两次呈报的《呈阅件》上分别作出批示，要求财政部门给予经费支持。

【邮政普遍服务监管】 开展邮政普遍服务日常监督检查、投递服务质量监督检查和建制村通邮现状检查等，全年共出动检查人员254人次，检查单位127个，下发检查通报3份，下发责令改正通知书2份。组织邮政社会监督员开展监督活动131次，监督网点131个，反馈报告书131份，走访和听取1005位用户意见与建议，提出意见与建议3条。开展新修订的《邮政普遍服务监督管理办法》的学习宣传和贯彻活动，发放《邮政普遍服务监督管理办法》178册。

【快递市场监管】 开展快递市场清理整顿专项行动，加强事中事后监管，遏制无证经营快递业务等违法违规行为，坚决打击扰乱快递市场经营秩序的行为。督促企业落实主体责任，强化自律意识，深入下设分支机构和末端网点开展现场检查和指导。2016年，开展快递市场、集邮市场和邮政用品用具市场检查199次，出检570人次，纠正和查处违法违规行为102次，下达整改通知44份。行政处罚15起，罚款28.2万元。其中，快递服务质量监管类1件，快递业务经营许可类3件，邮政行业安全监管类11件。

【落实"三项"制度】 开展安全生产三年行动计划、"平安快递"和寄递安全管理专项治理检查，进一步推动"收寄验视、实名收寄、过机安检"三项制度落实。收寄验视方面，将落实收寄验视作为执法办案的重点，2016年，办理不执行收寄验视制度案件占全局行政处罚案件总数的40%。实名收寄方面，实现许可、备案网点100%接入"快递到家"APP的目标，2016年7月，对龙岩顺丰速运有限公司未按规定实名核实寄件人信息进行立案查处，在全行业引起较大反响。过机安检方面，截至2016年底，全市安检机已配备到位26台，11个配备生产流水线的处理场所已全部完成安检设备的上线，为实现快件"出龙岩必安检"既定目标提供设备保障。

【安全生产】 开展寄递渠道安全管理专项治理，发挥部门协作机制，将整治行动纳入市公安局的"红土安民""红土飓风"专项行动中，借势借力加强寄递渠道安全监管。联合交通部门牵头寄递物流安全管理联席会议成员单位组成督导组，对全市7个县(市、区)开展专项治理督导检查，推动县以下的寄递渠道安全监管属地责任落实。圆满完成全国两会、G20杭州峰会、"9·8" 厦洽会、亚欧博览会和首届丝绸之路 (敦煌)国际文化博览等重大活动的安全保障工作，全市未发生通过寄递渠道引发的涉恐、涉暴事件。强化应急管理，开展应急演练，有效应对寒潮、"莫兰蒂"超强台风等极端恶劣天气，全行业未发生因灾受损情况。

【试点快递"三集中"】 围绕"创新、协调、绿色、开放、共享"的发展理念，创新工作思路和举措，针对山区县域快递企业规模小，业务量少，生存能力差，市场竞争无序，安全管理薄弱，服务质量低下，行业形象较差的状况，因势利导，鼓励快递企业抱团发展，通过整合人、财、物等要素资源，采取"集中运输、集中分拣、集中揽投"方式，开展集约经营，进行集中管理，并在武平县试点成功。企业实现降本增效、内部管理进一步加强，行业实现高速增长、服务质量进一步提升，安全生产得到强化，监管效率得到提高，企业、消费者和监管部门都成为"三集中"的赢家。福建省邮政管理局局长揭光武多次肯定龙岩武平"三集中"模式，并在省局工作会报告中明确

2017年要在全省推广。

【建设快递物流园区】 协调推动物流、电商、快递园区按照“三园合一”的建设思路,同步规划,同步建设。龙洲股份公司已对原有物流园区进行功能调整,增加快递服务功能,2016年底,已正式立项,项目总投资3.03亿元。副市长王龙主持召开专题会议,市政府也出台备忘录原则同意邮政快递物流项目纳入公路港建设内容。各县(市、区)纷纷提出快递物流园区建设思路。

【推进快递“六进”工程】 积极推进快递进社区、商区、校区、机关、园区、企业,全市2所高校均已解决快递进校园问题,龙岩学院建成面积近800平方米的快递服务中心,并配置安检机;闽西职业技术学院校内设立菜鸟驿站。大力推广“人工+智能”快递末端模式,全市机关单位、社区、园区、企业内共布设智能快件箱92组,格口数达13461个。

(龙岩市邮政管理局　供稿)

电子商务

【概况】 2016年,龙岩市电子商务发展势头良好,据统计,全市注册登记成立的电子商务企业约1100家,电商、物流、仓储、配套关联企业等从业人员13万人左右。电商企业自设平台或依托第三方平台开设网店近8600家,全年,龙岩市电子商务交易额约260亿元,同比增长70%,网络零售额约90亿元。2016年“双11”购物节,龙岩市电商企业表现不俗,实现网络交易总额约4亿元,快递包裹数量同比增长60%。全市入驻“正统网-福建电子商务与服务外包统计公共平台”电子商务应用企业共730家。根据中国国际电子商务中心与中华全国商业信息中心联合权威发布2015中国区域网络零售发展综合指数和年度报告,龙岩市荣获“‘互联网+’2015年度中国网络零售百强城市”第九十七名),已经连续第四年入围全国百强。

【垂直电商平台作用凸显】 漳平市恒鸿发花木有限公司建设的“中国花都网”、龙岩市南龙电子商务公司“隆商网”电子商务平台、福建花博汇电子商务有限公司建设的花卉园艺电商园等项目做强做大,截至2016年年底,有5200多家企业、个体入驻“中国花都网”,4865家企业入驻花博汇,80多家企业入驻“隆商网”。本地一些电商企业致力于O2O形式的区域电商平台初见成效。如“四季三餐网”“建筑帮”“蚁人APP互联网家装平台”等。

【社群经济发展迅速】 伴随着微信微博等基于移动的社群APP的迅速发展,龙岩市也涌现出一大批依托社群平台的网上商城和第三方服务公司,传统电商平台企业也依托社群电商、直播电商和网红电商等拓展市场,2016年,通过社群营销的电商销售占电商总销售额的15%到20%,并在不断扩大中。

【电商企业聚集发展】 全市基本形成一县一园区的格局,龙岩电子商务西城、西陂产业园、长汀县电子商务中心、漳平市电子商务孵化中心、永定互联网产业孵化园、连城县莲冠电子商务产业园、武平县客都汇电商创业园等若干专业电商园区陆续建成开园,通过优惠的条件、良好的配套吸引电商企业、创业者及电商配套企业入驻,初步形成了聚集发展态势。市电商协会等承办的“腾云众创空间”1月29日开业,为当地创业的企业和项目提供孵化的优质服务,激发年轻人创业热情,支持本土创业项目。武平县首个众创空间“智农青创”于5月31日正式运营,为县域互联网及电商创业项目孵化及人才培训提供平台。经开区奇迈众创空间、中山路互联空间创业孵化器等众创空间也都陆续开业,为电商初创企业聚集孵化提供平台。截至年底,全市共有挂牌的众创空间约10家。新罗区小池培斜连续3年被阿里研究中心评为中国淘宝村,现有实体店20多家,线上网店120多家,从业人员200多人,主要销售竹席、茶叶、服装、鞋帽、工艺品,全年销售额1亿元。

【跨境电商逐渐走上正轨】 邮政跨境电商创业基地“海卖宝”线上平台入驻企业近百家,2016年累计产生订单13.75万单。上杭县引进欧壹国际跨境电商运营中心项目,以出口县域企业产品为基础,整合相关优势供应链产品,让海外消费者直接购买到公司的优质产品,已经开业。

【引进知名电商平台和项目】 农村淘宝活跃农村经济,惠民惠农作用凸显。至2016年年底,全市已开业的村淘服务站517个。农村淘宝解决了村级最后一公里物流问题,创造近1000个创业机会(含淘帮手),其中大学生返乡创业比例近40%。解决村民买难的问题:2016年各县代购业务总和近3.1亿元,近200万笔订单,占整个福建总业务量的1/4。同时,村淘服务点的惠民、惠农作用逐渐显现,村淘服务站正在向生态服务、创业孵化、文化公益三位一体的3.0版本迈进。2016年双11购物节,全市农村淘宝共完成交易额2400万元,同比增长30%,排名全省第二。长汀县大同镇南里村跻身村淘全国十大“土豪村”。连城县有60个村淘合伙人获得阿里巴巴旺农贷项目授权,累计放贷35笔,放贷120万元。2016年3月24日,长汀县荣获阿里巴巴“2015年度最具活力县域”称号。

与苏宁开展战略合作、引进京东、1号店等平台。2016年6月24日,市商务局与苏宁云商集团签订战略合作协议,借助苏宁易购O2O平台,通过在全市范围内建设苏宁易购直营店、苏宁易购授权服务站、中华特色馆形式等加速农产品上行，实现销售在当地，纳税在当地、就业在当地、服务在当地、造富在当地的农村电商新模式。现龙岩苏宁总店13家，2016年总销售额23597万元，其中线上15159万元。京东在武平县已设立158个村级服务点，综合达标率排在福建南区第二名。1号店特产中国漳平馆于2016年4月20日正式上线开馆。

邮政电商抢占农村市场。1–12月，邮政全市农村电商累计建成邮掌柜加盟商2061户，全市累计建成县级运营中心2个；乡(镇)邮乐购旗舰店50家；工业品下乡交易额1988万元。创展平台、优惠购可选售产品3747个，产生订单10621单，助力农品返城精准扶贫(闽西“八大珍””八大鲜“，武平十大农产品，武平东留芙蓉李，上杭九州密雪梨，连城兰花、百香果，漳平宁洋古城莲子）累计产生订单2550单，累计金额238万元。

供销社大力发展电子商务。市县供销社均成立供销电商公司或电商服务中心，推广当地农产品，全市共有32个供销电商服务中心，通过市县镇三级实现联动。如：上杭供销电商已成立农村电子服务中心5个，已联系本县的农特产品生产加工专业合作社（公司)180家，进驻的主要农特产品300多种，同时引进一批食品安全检测设备，为上杭供销电商农产品提供安全保障。武平供销电商完成淘宝、苏宁易购、京东三个平台特色馆建设及上线运营，县级运营中心暨O2O体验中心建成并投入运营。长汀县供销社与福建农一、福建省汀州凤河田鸡、大美姜山公司于2016年3月正式合作成立福建省供销一家电子商务有限公司，着力打造“网上供销社”，采用“县级工作站+村级供销综合服务站+专业合作社+种养专业户”的组织形式。

【传统企业转型步伐加快】 建设地方产品特色馆。借助知名电商平台建设地方产品特色馆，通过电商将龙岩地方特色产品推向全国，强化农产品上行。淘宝·特色中国龙岩馆，累计入驻商家超过300家，上半年参加线上推广活动10多场，实现营业额2740万元。2016年“双11”全馆一天营业额1003万元，同比增长30%，其中干货类、床上用品、茶具、泡鸭爪、花卉花苗等产品排名同类类目前列，销售额均超百万。已上线运营的还有苏宁易购中华特色龙岩馆、武平馆、上杭馆，京东·中国特产龙岩馆、武平馆、连城馆、永定馆，1号店特产中国龙岩馆、漳平馆等。

借助知名平台资源开展地方产品上行。举办“互联网+农业”项目对接会，给电商企业和传统农业之间搭建了交流平台、营造发展环境，促进农产品走向标准化和品牌化，助力传统农业与互联网的融合、互促发展。其中:永定的柿子饼和泡鸭爪上行(通过农村淘宝乡甜频道)300多万元；连城依托阿里巴巴聚划算平台，连城地瓜干在三天时间内实现交易2700多笔成交金额近10万元，兰花2600多笔成交金额近10万元；漳平通过村淘“农耕节”和“家装节”，推动当地农资产品的上行（共五家企业入驻，在农村淘宝上成交近1000万元)；新罗、永定做了饲料的本地上行，成交金额1000万元；武平县有7家农资农具企业、汽贸企业入驻村淘平台，完成村淘上行交易额约650万元；漳平市漳平木村美丽家园控股有限公司和漳平佰益健生物科技有限公司两家企业产品入驻农村淘宝平台。12月底，“阿里年货节”本地招商7家企业进农村淘宝平台，例如远山集团等。长汀县启动微店长汀官方店项目建设，进行微店助农项目及官方店运营的对接，4月，长汀通过微店平台在厦门举办三场O2O河田鸡产品体验活动，半年时间，通过O2O模式顺利销售近30万只河田鸡，由于严格把控质量，实现全程的产品追溯，一只河田鸡卖320元，是过去单价的三倍，参与的农户收入也得到极大提高。

推动行业龙头企业通过电子商务平台开展B2B贸易，形成线上产业集群。如龙岩市首个阿里巴巴1688平台连城特色站点，商务部“全国农产品商务信息公共服务平台”等。

【举办“11·8”龙岩产业发展(高峰)论坛】 11月8日上午，2016龙岩产业发展(高峰)论坛在龙岩人民会堂举行。著名经济学家、国税总局原副局长许善达，华为企业云副总裁、商业生态合作部部长郭峰，十一维度(厦门)网络科技有限公司联合创始人赵新杰，市四套班子有关领导林国耀、饶作勋、张天洲、王金福、詹昌建、邓菊芳、魏东、毛高良、王龙等，公检法、龙岩学院、闽西职业技术学院和市直有关部门、各县(市、区)、龙岩经开区(高新区)负责人，参加“11·8”活动的嘉宾出席论坛。市委常委、常务副市长王龙主持论坛。许善达、郭峰、赵新杰三位嘉宾紧扣“2016龙岩产业发展”这个主题，从“新常态下的财税战略调整”“云计算助力龙岩产业发展”“VR与产业未来”等方面，分别作了精彩的主题演讲。三位嘉宾从不同的角度、不同的侧面，对龙岩产业发展进行深入探讨，提出许多宝贵的意见和建议，让与会人员受益匪浅、收获良多。与会人员表示，将认真吸收各位嘉宾的演讲精神，将其中的新思想、新理念、新提议转化为推进龙岩产业发展的新举措、新策略，着力推动龙岩“365”产业做大做强。

【培育电商网军】 依托市县电商协会、知名电商平台认证培训机构、地方高校、职校等开展针对性强的电商实操和理论培训。11月下旬，省商务厅和市商务局在闽西宾馆共同举办2016年农村电商示范培训，课程丰富实操性强，吸引全市农村电商企业经营者、返乡创业青年、大学生村官、农村专业大户等230人参加，学员反映良好。连城县、漳平市与阿里巴巴渠道商厦门慧成信息技术有限公司合作，开展对县域企业电商化培训，已举办总裁培训班、聚商营等四期，参训企业超过100家。

【开展示范创建】 2015年长汀县、武平县列为国家级电子商务进农村综合示范县，连城县、漳平市列为省级农村电子商务示范县。各示范县主要从建立完善县、乡、村三级物流配送机制，建设改造县域电子商务公共服务中心和村级服务站点，建设农产品和农村特色产品的品牌培育和质量保障体系，农产品标准化、分级包装等设施，大力开展农村电子商务培训等方面开展创建。

【开展电商扶贫】 根据市委、市政府实施脱贫攻坚战役部署，积极开展电商扶贫工作。已出台电商扶贫有关政策措施，支持建设电子商务扶贫村级服务站，拓展农村淘宝服务到所有贫困乡、村，支持贫困户电商创业。2016年从市县两级财政中拨出专款，全市共50个用于评定村级电子商务扶贫服务站。

【扶持电商企业】 按照《龙岩市加快电子商务发展实施意见》，2016年，有17家单位（企业）获得2015年电商发展专项资金扶持，合计185万。

（市商务局　供稿）

供销合作

【概况】 全市供销合作社在推进供销社综合改革、农业社会化服务、农村电商服务、农村合作金融服务、农村城乡社区综合服务等方面，作积极有益的探索和实践，取得明显成效。在全省各设区（市）供销社综合业绩考评中荣获总分第一名。2016年，全市供销系统完成销售总额196亿元，同比增长31.54%，完成计划的113.4%，其中：生活消费品零售额106亿元，完成计划的104%；农业生产资料销售额21.13亿元，完成计划100.5%；连锁销售额42亿元，完成计划的102.2%；农产品市场交易额21.9亿元，完成计划的116%；农产品购进额77.67亿元，完成计划的104%；再生资源购进额9.12亿元，完成计划的107.7%。全市供销系统实现利润6043.57万元，同比增长1146.98万元，同比增长23.42%，完成年计划的109.23%。

【供销社综合改革】 2016年初，召开全市供销工作会议，深入学习贯彻中发〔2015〕11号和闽委发〔2016〕6号文件精神，研究部署在全市系统深化供销社综合改革的措施办法。通过积极争取，市委市政府《关于深化供销社综合改革的实施意见》于2016年5月正式出台，并在《闽西日报》上全文发布。市供销社综合改革试点方案经省社审核后获市政府批准实施。长汀县社、连城县社、永定区社、新罗区社、武平县社的《实施意见》已正式出台。全市系统以构建农产品现代流通服务体系、农村合作金融服务体系等为工作重点，全面深化全市系统综合改革，取得了初步进展。如在发展合作社金融方面，成立4家供销农业服务公司，与市农行签订“助农贷款协议”，设立供销信贷风险基金。在长汀、连城设立2家农民合作社资金互助部。在社有企业改革方面，市社与省社联合组建了福建供销百农汇农产品有限公司和龙岩供销农业服务公司。在发展农村电商促进农产品流通方面，全市系统共组建了9家电商公司，在重点集镇布局兴建农村电商经营服务网点等等。

【助力“三大战役”】 紧紧围绕打好项目落地、脱贫攻坚、生态环保“三大战役”的工作要求，制定出台并组织实施市供销社《关于切实做好项目落地工作的通知》《关于发挥供销系统优势参与脱贫攻坚战役的实施意见》《关于开展化肥农药零增长行动推进生态环保实施方案》。大力实施“项目兴社”战略。2016年，供销社系统列入省社系统重点项目有7个，2016年度投资计划8995万元，至12月底，完成投资1.58亿元，占年度投资计划的176.5%。深入开展“精准扶贫”工作。市供销系统发挥农民专业合作社及示范社在资金、人才、项目、信息、管理、技术、营销等方面的优势，与精准扶贫对接，以建档立卡的贫困户为帮扶重点，采取吸纳贫困户加入合作社、提供系列化服务、提供金融贷款服务、专项资金扶持等措施，增强贫困户的“造血功能”，扶持贫困户发展生产脱贫致富。全市供销系统通过精准帮扶126户，引领农民合作社结对帮扶330多户，开设养蜂技术、电商技术等培训班6期，培训人员1290多人次，赠送生产资料和扶持资金达5.8万元。市社机关帮助落实朋口镇张家营村水利建设资金2万元，并争取相关部门帮扶资金30万元。积极参与和推进“生态环保”战役。实施“八个推进”，推进测土配方施肥进村入户到田；因地制宜推进化肥机械深施、机械追肥、种肥同播等技术；推进新肥料应用，加强高效、环保、新型肥料的供应服务；推进有机肥替代化肥，倡导秸秆养分还田和因地制宜种植绿肥；推进科学用药，打造绿色供应链；推进统防统治，推广高效现代植保机械；推进回收利用，推广农药包装废弃物和废弃农膜回收利用。推进化肥农药减量化，开展“科学施肥用药进万家”主题宣传活动。

【发展农民合作社】 全年全市新发展农民专业合作社353个，其中供销社系统领办创办农民合作社84个，联合社10个。截至2016年底底，全市农民专业合作社累计发展3107个，入社农户12.98万户，带动农户30.95万户，年销售额48亿元，帮助农民增收8.6亿元以上。全市农民合作社共注册商标450个，无公害认证236个，绿色食品论证48个，有机食品认证35个，QS认证33个。积极开展农业社会化服务。总结推广武平中山供销社依托百家姓农民合作社联合社和长汀河田供销社依托融万家农民合作社联合社开展农业社会化服务的做法和经验,带动全市供销系统通过土地流转、土地托管、订单服务等形式,为农户和农业新型经营主体提供耕、种、管、收、加、销等系列化服务。引导和促进农民合作社规范发展。市社出台《关于进一步引导和促进农民合作社规范发展的意见》,上年全市系统共培育推荐市级农民合作社示范社 40 家,省级示范社 4 家,国家级示范社 4 家。大力发展农民合作社服务中心。武平、长汀、连城等县社在农民合作社聚集的重点乡镇设立农民合作社服务中心,为当地农民合作社及社员提供政策咨询、会计代理、电子商务、营销信息、合作金融、项目申报、教育培训等服务,深受当地群众欢迎。积极发展土地流转和托管合作社。全市供销系统领办、联办的 118 个专业合作社参与土地流转,组建土地流转 (托管股份) 专业合作社 24 个,流转土地面积 4038 公顷,开展土地托管服务面积 1235.07 公顷,开展统防统治面积 1866.2 公顷, 开展农机作业面积 3219.33 公顷。

【基层组织建设】 积极探索基层社“三位一体”的经营服务模式。建立“为农利社富民”的利益联结机制,密切与农民在组织上和经济上的联系,让基层社与农民融合为利益共同体。规范提升基层社建设。年初制定加强供销社基层组织建设的指导意见,明确基层供销社规范提升的目标任务和具体措施,突出吸纳农民入社、强化民主管理、规范利益分配等要求,引导基层社规范发展。2016 年, 全市系统完成基层社提升改造 10 个,完成全年目标任务 100%;新建农村综合服务社 109 个,完成全年目标任务的 156%; 完成农村综合服务中心 14 个,完成全年目标任务的 100%。

【现代流通服务网络建设】 2016 年,全市供销系统新建农资配送中心 3 个,完成目标任务的 300%; 新增农资网点 21 个,完成目标任务的 105%;新建农产品配送(批发)中心 3 个,完成目标任务的 150%;新设“闽西特色农产品直销点”2 个; 新建日用消费品配送中心及超市 2 个,完成目标任务的 100%;新增日用消费品网点 26 个, 完成目标任务的 104%;新建再生资源分拣中心 1 个,完成目标任务的 100%。市社与省社联合投资 2000 万元组建了福建供销百农汇农产品公司,分别在福州、古田上杭和龙岩市区兴建了直销中心,主营闽西特色农产品,2016 年,实现农产品销售 450 万元。

【发展农产品电子商务】 着力运营好“淘宝·特色中国”龙岩馆。2016 年,龙岩馆实现网上销售额 8405 万元。持续运营好福建农产品网上超市。入驻商家 710 家,展示展销农产品 4800 多种,全年实现网上交易额达 1.3 亿元。积极拓展网上销售业务。市县电商公司陆续进驻总社供销 e 家、市社龙岩馆,以及淘宝、苏宁易购、京东、1688 等电商平台,开拓网上销售业务,将闽西特色农产品销往全国各地。着力构建覆盖市县乡三级的农村电子商务服务网络。全市已建立市级电商公司 2 家,县级供销电子商务有限公司 7 个,乡(镇)农村电商服务中心 32 个,其中,在重点景区建成农产品电商直销中心 5 个,帮助农户网上购物和网上推销农产品。加强电商培训工作。全市供销系统举办电商培训班 8 期,累计培训人员达 600 多人次。

【农村合作金融服务】 成立市、县两级供销农业服务公司,设立供销信贷风险基金。市社与省社共同出资 2000 万元成立龙岩供销农业服务有限公司,作为供销信贷风险基金的投资运营主体。龙岩公司先后与长汀、连城、武平、永定县社共同出资成立 4 家县级供销农业服务有限公司,各家供销农业服务有限公司,累计基金规模达 2316 万,助农贷款授信额度达 2.316 亿元, 至 2016 年底,市县级供销农业服务公司实现助农贷款 8007 万元。市社与金融部门联合创新助农贷款服务新模式,签订《龙岩市“农行+供销社” 服务农户贷款合作协议》,破解农业新型经营主体融资难,融资贵问题, 扶持特色农业产业发展,助力产业扶贫和精准扶贫。组建农民合作社资金互助部。已在长汀、连城试点设立 2 家农民合作社资金互助部,资金规模分别为 200 万元和 45 万元, 按照社员制、封闭制原则,在不对外吸储放贷、不支付固定回报的前提下,开展资金互助合作,切实帮助社员解决生产经营方面的资金困难。积极探索建立“村口银行”。长汀县社与建行长汀支行合作,签订“助农金融合作框架协议”,在供销社所属网点设立 6 家便民金融服务平台——村口银行, 为农民群众提供方便、快捷的金融服务。

【农资技物服务】 强化监管保证质量。各县级社积极启动农资质量监管平台,健全农资商品管理责任制,完善农资商品进货检验、仓储保管、进销台帐等制度,在进、销、存三大流转环节把好质量关,确保农资质量。强化农资供应保春耕。截至冬储结束日,全市供销社系统冬储化肥 7.87 万吨, 完成发改委下达的全市化肥冬储计划 5.1 万吨的 154.3%,满足我市春耕农业生产用肥需要。开展多种形式的农资服务。2016 年 4 月与省社联合在连城隔川乡开展“春耕农资科技下乡宣传周活动”,现场发放农资农技知识和农业法律法规宣传资料近 3 万份, 免费发放新化肥、新药和捕捉果蝇器具等,现场指导农户掌握农业科技、高产栽培、病虫害防治、科学用肥用药等知识。

(李思庚　黄雪娟　撰稿)

【农资供应与服务】 福建省农资集团闽西公司(以下简称闽西农资公司),以服务“三农”为宗旨,针对农产品价格普遍下滑、运营成本增大、市场持续低迷和恢复开征增值税等严峻形势,按照集团“以业务为中心,一手抓管理,一手抓创新”的经营方针,立足主业,狠经营,提服务,狠管理,控支出,不断提升企业为农服务功能和水平,促进企业健康稳步发展。2016 年,闽西农资公司共配送供应化肥 8.5 万吨,农药 2500 吨,农膜 450 吨,实现销售收入 9300 万元,基本确保龙岩市农业生产的需求,做到保量稳价,保质应季,质优价廉,优质服务。

立足主业经营,确保农资供应。针对 2016 年农资市场的严峻形势,闽西农资公司加强市场调研,分析产品走势,了解客户动态,早计划、早布置、早落实,走访省内、外化肥、农药厂家,协调厂商互动,采取多批次少批量进货、货到付款和要求厂家实行保价政策,积极应对价格下行的严峻形势,努力克服市场风险的影响。针对龙岩市农业种植结构调整及土地流转状况,闽西农资公司努力适应市场,进行供给侧改革,优化产品结构,化肥由低浓度、低含量品种向高浓度、高端产品转变,农药向高效、低毒、低残留及生物农药拓展,积极响应国家化肥农药零增长的政策,增加有效供给,发展总经销总代理业务,巩固和提高上游资源保障,提高企业的核心竞争力。

创新营销方式,提升服务水平。闽西农资公司为适应新农业和新型经济组织的需求,以提高农化服务为抓手,以服务特色农业为切入点,创新营销方式。通过转变传统营销模式,采取技物结合,咨询问诊、连锁配送等服务,针对农业生产各农事季节推出系列解决方案。利用药企的技术力量,深入农场、基地,召开现场观摩会、农民会、街头摆摊等形式,布置实验示范,进行宣传推广和促销。为解决农村劳动力不足,急农户所急,想农户所想,引进高端高利产品,推出除虫、施肥一次性解决方案,省时、省力、省钱,千方百计帮助农户解决生产上各种难题。开展“放心农资下乡进村”活动,严把进货质量关,采取“先检验、后进入市场”的原则,做到一批一送检,确保质量安全。同时开展下点沟通、电话预约、短信平台沟通、送货下乡到村、到田头等系列活动,实行首问责任制和 24 小时服务制,方便用户,服务农民,以优质服务促销扩销。

规范资产管理,确保保值增值。闽西农资公司针对经济下滑、企业资产设施陈旧、不便停车、部分租户要求退租、降租等问题,进一步明确物业资产管理职责,创新物业资产管理,实行目标责任制管理,进一步明确任务,明晰核算,增收节支,确保效益。同时利用法律手段,以合同法律文书规范运作,依法维权,耐心做好细致的沟通工作,帮助租户克服困难,共渡难关。

实施项目工程,增强发展后劲。闽西农资公司认真实施项目带动战略,积极争取省“新网工程”项目优惠政策,筹集资金,将牛坑危旧仓库改造为“福建省农资集团闽西公司新罗配送中心”,提升公司农资储运能力。同时,大力推进总投资近 3000 万元的“福建省农业生产资料闽西(龙门)物流中心”项目,该项目已完成招拍挂、土地备案、预审、环评等工作,正协调有关部门办理开工建设前的各项手续。项目建成将极大提升公司农资经营实力,促进传统经营网络的改造升级,对增强农资连锁配送,保障农资商品供应和质量,促进海峡西岸经济区的重要经济增长具有重大现实意义。

发展连锁经营,健全配送网络。闽西农资公司加强物流配送科学管理,针对配送率低、配送半径小、配送品种单一的现状,强化基层网络建设,先后在龙岩全市建立连锁经营网点 185 家,县城配送中心 3 家,基本上实现每个乡(镇)、大行政村都有连锁店,并与全市 350 家农资经营户建立业务往来。同时加强社会车辆的配送合作,帮助客户代办运输中转等,健全完善连锁经营配送网络。

(傅林斌　撰稿)

13 对外经贸及对港澳台经贸

利用外资

【外资概况】 2016年,龙岩市新批外商投资企业32家,新增总投资13.66亿美元,合同外资6.82亿美元。实际到资27768万美元,同比增长6.8%。上报省厅实际到资29540万美元,同比增长10%,增速居全省第三位,总量居全省山区地市首位。新批的32家外商投资企业有27家来自港台地区,合同外资金额3.7亿美元,占新批合同外资金额总量的76%。

全市新批总投资千万美元以上项目23个,总投资13.8亿美元,合同外资5.4亿美元。其中,总投资亿美元以上项目4家,分别是:长汀县的福建阿卡迈能源科技有限公司,总投资2.9亿美元,合同外资9506万美元;经开区的福建新龙马汽车股份有限公司,总投资1.87亿美元,合同外资6159万美元;上杭县的龙岩市通鑫珠宝文化发展有限公司,总投资1.6亿美元,合同外资5500万美元;新罗区的鑫元盛世(龙岩)养老服务有限公司,总投资1.5亿美元,合同外资5000万美元。

【招商引资】 出台《进一步加强招商引资工作的实施意见》《2016年龙岩市招商引资考评办法》等文件,对全市招商工作体制机制、任务措施等作系统创新安排。设立龙岩市投资促进中心,统筹协调全市招商工作。龙岩市组建北京、上海、深圳、福州、厦门5个招商联络组,各县(市、区)也相应派出招商人员赴厦门、深圳等地开展驻点招商。积极组织参加“6·18”“9·8”等重大招商活动,组织赴北京、珠三角、长三角等地开展专题招商。成功举办“11·8”投洽会及“走进德国”“走进非洲”投资贸易推介交流会。全年引进投资超亿元产业项目157个、总投资722.6亿元,新开工超亿元产业项目53个,新竣工超亿元产业项目34个。华为云计算中心、正大食品、龙泰新能源、华润风电、国能电动汽车等重大项目成功落地。

【开发区(工业园区)管理】 2016年,全市开发区(工业园区)工业总产值实现1592亿元,比增13.7%,占全市工业总产值73%,规模以上工业总产值1556亿元,比增18%,占全市规模以上工业总产值75%。全市开发区(工业园区)出口总额实现149278万美元,比增5.6%,占全市出口总额的50%。园区税收入累计35.6亿元,比增12.4%。财政收入累计24.1亿元,比增23.1%。固定资产投资总额实现523.9亿元,比增36.9%,其中,园区基础设施投资总额实现75.6亿元,比增87%。新批外商投资项目数6个,新批外资项目注册资本金57994万美元。新注册内资企业数393个。

表 18

2016 年全市利用外资一览表

单位：万美元

指标 县别	新批企业家数		总投资(万美元)	合同外资(万美元)				实际到资(万美元)			
	目标	实绩		本年目标	本年实绩	完成%	比增%	本年目标	本年实绩	完成%	比增%
全市	35	32	136627	50000	68238	136	21	27560	27768	101	6.8
市属	1	–	–	1000	–	–	–	3060	–	–	–
新罗	5	4	25899	8000	10574	132	486	5000	5403	108	8.13
永定	4	4	11844	5000	4870	97	196	2000	2593	130	10.2
上杭	4	4	16227	6000	7261	121	117	3000	3845	128	9.89
武平	4	4	7398	5500	6070	110	–79	2500	2507	100	19.04
长汀	4	3	32798	5500	12431	226	48	4000	4330	108	9.29
连城	4	4	2805	5000	13471	269	158	2500	3390	136	3.29
漳平	4	7	14063	6000	6333	106	4	3000	3200	107	6.67
经开区	5	2	25593	8000	7228	90		2500	2500	100	19.05

对外贸易及对港澳台贸易

【对外贸易】 全市累计进出口 248.5 亿元，比增 8.0%，增幅居全省第三。其中出口 156.5 亿元，比降 1.8%，增幅居全省第六，完成市目标任务的 95%；进口 92.0 亿元，比增 30%，增幅居全省第二。连续六年入围全省外贸百强城市。

出口类型。从企业性质看，三资企业出口 213013 万元，占全市出口的 14%；内资企业出口 1314085 万元，占全市出口的 86%。从企业类型看，流通企业出口 1046721 万元，比增 4%，占全市出口的 69%；生产企业出口 480378 万元，比降 8%，占全市出口的 31%。

从贸易方式看，一般贸易出口 1391224 万元，比降 9%；加工贸易出口 135769 万元，比增 109%；其他贸易出口 106 万元，比增 127%。

从产品结构看，贱金属及其制品出口 240159 万元，比增 30%；矿物材料制品、陶瓷品出口 238891 万元，比降 5%；机电产品出口 233305 万元，比降 20%；纺织原料及其制品出口 173830 万元，比增 13%；以家具、寝具为主的杂项制品出口 169629 万元，比降 28%；鞋伞帽出口 99809 万元，比增 17%；化学工业出口 111315 万元，比增 40%；高新技术产品出口 66815 万元，比增 6%。

从出口市场看，对香港出口 115398 万元，比降 30%；对韩国出口 102082 万元，比增 22%；对日本出口 56486 万元，比增 6%；对美国出口 195021 万元，比降 28%；对非洲出口 106153 万元，比增 7%；对拉美地区出口 56974 万元，比降 37%；对欧盟出口 202691 万元，比降 7%；对“一带一路”沿线国家出口 617848 万元，比增 13%，其中对东盟出口 371031 万元，比增 41%；对南亚出口 58135 万元，比增 6%；对中亚出口 16035 万元，比增 418%。

重点企业。出口超亿元企业 46 家，合计出口 116.8 亿元，占全市出口总量的 77%。其中，紫金铜业出口 96461 万元，比增 2591%；龙工控股出口 41614 万元，比降 34%；漳平木村出口 33131 万元，比增 14%；金鑫钨业出口 14716 万元，比降 31%。

【加工贸易】 加工贸易取得飞跃发展，进出口总额 35.3 亿元，比增 176%。其中，进口 21.7 亿元，比增 246%；出口 13.6 亿元，比增 109%，其中紫金铜业有限公司大力开展铜精矿加工贸易业务，实现进出口 97.3 亿元，比增 55%，进口 87.7 亿元，比增 41%；出口 9.6 亿元，比增 2591%。

【港口运输】 2016 年，陆地港进出口 7037 个标箱，同比增长 49.5%，其中进口 3515 个标箱，出口 3522 个标箱；总货值 74292.7 万美元，同比增长 29.8%；实现税收入库 3.1 亿元；直通量明显上升，2016 年陆地港完成直通 4249 个标箱，同比增长 131%，直通货值 24153 万美元，同比增长 57.4%。

【境外经济技术合作】 全年境外投资新备案企业 6 家，其中，新设 3 家，并购 1 家，增资 2 家；中方投资总额 1832 万美元；投资国别或地区为新加坡、英国、澳大利亚、印度等国家和中国香港地区；从事房地产开发经营、影视制作技术支持及海外发行服务、国际贸易、对外工程承包等业务。具体为：龙岩市龙澳贸易发展有限公司在澳大利亚合资设立“圣灵岛中国城投资有限公司”，中方投资额 729.1 万美元，占股 10%，从事圣灵岛中国城开发和经营项目。福建金银海文化传媒股份有限公司,在香港独资并购成立“海玫(香港)文化传媒有限公司”,总投资12.9万美元,从事影视制作技术支持及海外发行服务。龙合智能装备制造有限公司在英国独资设立“龙合英国有限公司”,总投20万美元,从事机械产品的国际贸易业务。龙合智能装备制造有限公司增资“新加坡龙合亚洲私人有限公司”,增资96万美元,从事机械产品的国际贸易业务。龙岩市汇金发展集团有限公司在香港独资设立“昌华企业有限公司”,总投899万美元,从事商品的进出口贸易业务。福建龙净环保股份有限公司增资“龙净工程印度私人有限公司”,增资75万美元,从事环保设备的工程承包项目业务。

2016年龙岩市境外投资项目一览

表19

序号	批准年度	境外企业名称	国别或地区	国内投资主体	批准投资额(中方投资额)	企业类型	经营范围
1	2016	圣灵岛中国城投资有限公司	澳大利亚	福建龙岩市龙澳贸易发展有限公司	729.1万美元	新设	房地产
2	2016	龙合亚洲私人有限公司	新加坡	龙合智能装备制造有限公司	96.16万美元	增资	重型机械及该国未限制商品的进出口业务
3	2016	昌华企业有限公司	中国香港	龙岩市汇金发展集团有限公司	899.4万美元	新设	建立并经营包括进口商、出口商、代理商、经销商、生产商、委托人;运输商和批发零售商或经营其分公司所有业务

截至2016年底累计批准境外企业31家(其中境外机构3家),投资总额240472万美元。

2016年龙岩市本地生产性超千万美元出口企业名录

表20　　金额单位:万美元

企业名称	累计出口	企业名称	累计出口
紫金铜业有限公司	14351	瓮福紫金化工有限公司	1303
龙工(福建)国际贸易公司	6309	福建省三达纤维股份有限公司	1289
福建省漳平木村林产有限公司	5023	福建省长汀金龙稀土有限公司	1217
信越(长汀)科技有限公司	4178	福建华平纺织服装实业有限公司	1146
福建金鑫钨业股份有限公司	2229	福建漳平德诺林业有限公司	1118
福建省龙岩市进出口公司	2199	长汀南祥针织有限公司	1116
龙岩卓越新能源股份有限公司	1790	福建赛特新材料股份有限公司	1061
漳平市国联玩具礼品有限公司	1525	福建省卡鑫隆服饰制造有限公司	1042
长汀长诚鞋业有限公司	1412	福建荣耀纺织有限公司	1041
福建正盛无机材料股份有限公司	1402	—	—

(杨福建　供稿)

经济技术协作

【内联引资】 2016年,龙岩市共签订内联项目109项,项目总投资330.92亿元,合同利用市外资金330.39亿元,实际利用市外资金(含结转)213.46亿元,同比增长9.47%,完成年度预期目标任务102.31%,比序时进度增长2.31个百分点。主要特点有:亿元以上项目比重大、三次产业投资比重相对合理、省外项目占有一席之地等特点。总投资1亿元以上的项目112项,占总数的47.46%;客方实际到资(含结转)159.03亿元,占总数的74.50%。三次产业投资的比例结构为8.09:54.14:47.07,比重相对合理。第二产业客方实际到资(含结转)115.57亿元,占总数的54.14%,其中制造业实际到资(含结转)100.47亿元,占总数的47.07%;第三产业到资比重下滑,客方实际到资(含结转)达80.62亿元,占比达到37.77%,其中房地产客方实际到资(含结转)49.48亿元，占比达到 23.18%。省外到资项目 78 项，占总数的 33.05%，客方实际到资（含结转）61.2 亿元，占总数的 28.67%。

【闽粤赣十三市党政领导第二十次联席会召开】 11 月 21-22 日，以“一带一路、合作创新”为主题的闽粤赣十三市党政领导第二十次联席会议在广东省揭阳市召开。龙岩市政府副秘书长温万章率领市发改、经信、商务、交通、文化、外事、旅游等部门分管领导参加会议。会上，各市领导围绕会议主题发言，温万章在发言中提出以现代化交通体系引领、以龙头企业带动、以国际市场拓展，对接好“一带一路”战略的建议。会议充分肯定闽粤赣十三市党政领导第十九次联席会议以来区域合作所取得的成效，对今后一段时期的合作工作进行部署，审议通过《闽粤赣十三市区域合作工作报告》，发布《深化闽粤赣十三市对外合作创新意见》，提出下一阶段区域合作工作。

【闽粤赣十三市区域合作】 引进协作区各市资金。2016 年，龙岩市签订闽粤赣十三市协作项目 58 项，项目总投资 75.87 亿元，合同利用各市资金 74.78 亿元，实际利用各市资金（含结转）128.84 亿元，占全市实际利用市外资金的 60.36%。其中签订闽西南五市项目 53 项，项目总投资 56.65 亿元，合同利用各市资金 55.56 亿元，实际利用各市资金（含结转）119.24 亿元，占全市实际利用市外资金的 55.86%。

环保合作。汀江-韩江流域上下游横向生态补偿安排资金 3.56 亿元。5 月 29 日，龙岩市委、市政府印发《龙岩市汀江流域生态环境保护与治理总体实施方案》，确定实施 31 个重点整治工程，总投资 20.1 亿元，其中 2016 年计划投资 9.26 亿元，实际安排生态补偿资金 3.56 亿元。31 个项目完成投资 9.52 亿元，占年度计划的 103%，其中 24 个项目已完成。经过整治，汀江干流、武平梅江水质得到明显改善，3 个出境断面水质达到考核要求。大埔青溪水质全年稳定达到Ⅲ类，水质达标率为 100%；象洞溪（多宝水库上游）羊角电站水质达到Ⅲ类水；石窟河（中山河）园丰大桥水质全年稳定在Ⅲ类以上，水质达标率为 100%。汀江水质有明显改善，达到了汀江-韩江流域上下游补偿机制的水质改善预期目标。

九龙江流域生态补偿。新罗区重点流域生态补偿资金项目 4 个，补助资金 3725.33 万元。漳平市获得九龙江流域分配资金为 3312.79 万元，完成投资 3177.79 万元。补助资金主要用在畜禽养殖业污染整治、城乡污水垃圾处理设施建设、九龙江藻类防控、水质监测能力建设及污染治理工作等重点项目上。

联合督查执法。省环保厅抽调省环境监察总队和厦门、漳州、泉州等地的环保执法人员组成 3 个省级督查小组，从 5 月底开始与我市环保执法人员在龙岩市范围开展为期一个月的联合督查执法。省级督查组依托厦门市环保局带来环保执法新型武器无人机，这是龙岩市在环保执法检查中首次使用无人机，快速了解污染情况，获取违法证据。无人机飞行高度达 500 米，可对烟气排放口和流域周边污染源的各项参数、指标进行实时监测传输。无人机还预先设定飞行轨迹，飞行结束后结合飞行地区卫星测绘图合成区域图像。

联合跨省执法检查。11 月初，市环保局还与梅州市环保局组织联合跨省执法检查，对跨界流域水环境污染问题进行检查，重点检查企业环保设施运行情况和省际交接断面半径溪水质情，打掉一批“插花地”环境违法窝点，并对洪山半径片区 9 家石材加工企业废水处理设施安装视频实时监控。

跨省联防联控共护清水蓝天。11 月，龙岩市与梅州市环保局组织联合执法检查，共同预防应对跨界突发环境事件以及污染纠纷问题，并就水环境管理问题进行协商，加强两市对环境风险排查、环境应急联合预警和联合协作处置，减少跨界环境污染纠纷。永定区洪山乡与梅州市梅县区松源镇等地交界，由于交界山区监管薄弱，洪山乡又主要以石板材加工企业为主，部分石板材加企业环境管理不规范，环境违法时有发生，对两市跨界河流半径溪和松源河的水环境造成影响。

蕉岭县到武平学习生猪养殖污染整治工作经验。11 月 12 日，梅州市蕉岭县副县长徐杞文率领考察团一行来到武平县象洞镇，就武平县生猪养殖污染整治工作进行学习考察。

旅游合作。龙岩市根据闽粤赣十三市区域旅游合作相关要求，本着资源共享、优势互补、市场共拓、信息共通、客源互送、互利双赢的原则，全力推进十三市旅游合作，努力实现合作区域共赢，在协作区的大力支持下，取得良好的成果。

积极搭建平台，共筑合作机制。长汀县与江西瑞金缔结旅游联合体，签订了旅游区域合作协议，实现了资源共享、信息共联、市场共建、利益共谋的良好发展局面。4 月 29 日，2016 闽粤赣十三市旅游局长联席会议在赣州举行。本次联席会主题为《深化区域合作，推动全域旅游》，着力做好规划衔接，完善合作机制；推动媒体融合，完善信息平台建设；推进旅游便利化，完善服务体系等方面进行努力。联席会议现场，十三市旅游局分别作了《2015 年闽粤赣十三市旅游合作总结》，就如何“深化区域合作，推动全域旅游”等话题建言献策、交流经验、分享心得，并共同在《闽粤赣十三市区域旅游市场推广合作框架协议》上签字。2017 年闽粤赣十三市旅游局长联席会议将在龙岩举行，现场举行了授旗仪式。

整合区域资源，共推旅游品牌。龙岩市与协作区成员单位共同推出龙岩—漳州—厦门—汕头—梅州—赣州、龙岩—三明—鹰潭—抚州—梅州—潮州等旅游线路，受到游客青睐。同时，指导各县(市、区)积极进行线路整合,共推精品。如,上杭县与江西赣州、广东梅州等周边地区共同推出的赣州—瑞金—于都—会昌—长汀—上杭—古田红色精品旅游线路和泰宁—三明—宁化—上杭—蕉岭—梅县—大埔客家之旅线路备受海内外旅游界的关注,经过资源整合和线路延伸,古田成为闽粤赣地区的一颗耀眼明珠,并成为红色旅游精品线路上的中转站和发散点。长汀县与闽粤赣周边地区共同开发“中央苏区之旅”“重走长征路”“古田会议丰碑,万里长征起点”“蓝海洋红土地之旅”等多条红色精品线路,使长汀红色旅游持续升温。

加强营销互动,借机开拓市场。一方面,充分发挥独特的自然和人文资源优势,精心打造海峡客家、红色文化、绿色生态三大旅游产品,适时推出“清新福建·欢乐龙岩” 精品游、“神秘东方古城堡”世遗土楼探秘游、客家故里寻根游、古田圣地探寻伟人足迹游、奇山丽水天然氧吧游、赏大陆阿里山休闲农业乡村游等经典旅游线路;另一方面,充分利用龙厦、龙深动车开通的契机,与协作区成员单位加强营销互动,拓展市场。如,龙岩市组织旅游企业前往梅州、莆田、广州等地开展旅游促销活动。特别是12月29日下午,由市旅游局主办的“清新福建·欢乐龙岩”旅游推介会在梅州市举行,两市旅游局就品牌互推、客源互送、建立长期紧密型旅游合作关系方面进行探讨。同时还协助配合厦门、莆田、汕尾、赣州、揭阳来龙岩市举办联合旅游推介会,并就动车开通后在线路设计、客源互送等方面的合作与推介团进行沟通,签订合作意向。

构筑载体阵地,实现信息互通。进一步改造和完善龙岩旅游网,共同建立微信交流平台和闽粤赣十三市区域合作信息网站积极对接,发布交流区域旅游合作信息;与厦门、漳州、泉州、三明四地市达成旅游同城化共识,未来将通过进一步健全完善长效机制、加强联合捆绑促销、完善旅游体系保障、加强人才与质量管理等举措,努力实现闽粤赣十三市的同城化旅游链接工作目标。

汕尾市旅游推介团到龙岩市推介。11月2日,广东省汕尾市旅游推介团到龙岩市举办“海陆丰景·滨海汕尾”旅游推广活动,向龙岩旅游业界推介“好山好水·蓝色汕尾一日游”“动感汕尾·激情浪漫二天游”“红色汕尾·乡村风情二天游”等具有汕尾特色的旅游线路。

警务协作。闽粤赣边省际警务协作交流会议举行。2月5日,武平警方、梅州市平远县差干警方、赣州市寻乌县项山警方在武平县下坝乡开展省际警务协作交流,就进一步加强闽粤省界信息资源共享、治安联防联治协作机制进行沟通,探索省际警务联防联治工作,筑牢省际平安长廊,建立省界警务联勤制度、强化边界治安形势互通、重大案件零距离通报、紧急警务24小时联动制等工作联系制度,在调处省际边界矛盾纠纷,打击流窜犯罪方面,搭建起一体化的治安防控网。

梅州市警务考察团到龙岩市考察交流警务工作。4月22日,梅州市副市长、市公安局局长史明锋率梅州市警务考察团到龙岩市开展警务考察交流活动,考察了龙岩市古田派出所,市公安局出入境大厅、情报合成中心和反诈骗中心。座谈会上,双方认为,梅州与龙岩两市公安部门应进一步增强协作意识、拓展协作内容、完善协作机制,在完善情报信息共享、快速反应联动、便民服务协作等机制方面进一步密切合作,让群众切实享受到警务协作带来的高效和便利,为两地经济社会发展提供更加坚强的平安保障。

武平县蕉岭县两地警方开展协作交流。8月25日,武平县公安局组织县局指挥中心、刑侦、治安、长深高速交警等警种负责人,与蕉岭县相邻的岩前、十方、中赤、象洞等地派出所负责人前往梅州市蕉岭县公安局,就进一步加强两地警务协作进行座谈交流。

龙岩三明警方联手破获公安部挂牌督办特大盗窃炸药案。12月24日,三明市大田县的鑫城水泥有限公司停放在矿山矿部门口的一辆易爆物品运输专用车上的408公斤炸药被盗,随后运往龙岩倒卖。案件发生后,此案引起公安部领导的关注,被列为公安部挂牌督办案件。福建省副省长、公安厅长王惠敏坐阵指挥,龙岩、三明两地警方立即成立专案组全力以赴开展案件侦破工作。26日上午,专案组民警在龙岩市新罗区抓获涉嫌盗窃炸药的黄某等犯罪嫌疑人3名。通过警方循线追踪,专案组民警分别在龙岩市新罗区和上杭县等地抓获涉嫌介绍、购买炸药的袁某等8名犯罪嫌疑人,并成功将被盗的17件408公斤的炸药全部追回,及时消除社会隐患。

龙岩学院与汕头企业签订校企合作协议。5月16日,龙岩学院与广东德兴食品股份有限公司签订校企合作协议。根据协议,广东德兴出资200万元,作为与龙岩学院生命科学学院的横向合作经费,主要用于动物医学及动物科学人才培养和健康养殖科研等。龙岩学院优先推荐优秀学生到广东德兴实习、工作,将学校生命科学学院第一实验楼冠名为“德兴楼”。

边界矿产资源联合执法。根据2015年龙岩、梅州两市国土资源部门制订的《关于共同构建边界矿产资源联合执法机制的实施意见》,永定区国土资源监察大队在两省边界的下洋、湖山与广东大埔西河交界区域严厉打击非法采矿取得显著成效,先后捣毁5个非法开采稀土矿点。

市政府与华侨大学签订战略合作协议。8月17日,龙岩市委书记李德金,市委副书记、代市长林国耀在龙岩会见华侨大学校长贾益民、党委书记关一凡一行,并共同出席龙岩市人民政府与华侨大学战略合作签约仪式。林国耀、贾益民分别代表龙岩市人民政府和华侨大学签订战略合作框架协议书。同时，厦门龙岩山海协作经济区与华侨大学签订全面战略协同发展协议书、龙岩市旅游局与华侨大学旅游学院签订旅游全面合作协同发展协议书、福建龙马环卫装备股份有限公司与华侨大学产品创新设计研究所签订环卫装备工业设计全面合作协同发展协议书也在会上签约。双方希望以此为新的起点，进一步发挥优势，在人才培养、学科建设、科学研究等方面加强合作，为龙岩建设发展培养急需的人才，做出应有的贡献。

厦漳泉武平中山文化联谊会奖学奖教慈善基金发放。8月21日，厦漳泉武平中山文化联谊会在武平县中山中学举行2016年奖学奖教慈善基金发放仪式，表彰了11名优秀中小学教师、5名考上“双一流”大学的高考学生、26名考上一中的中考学生、18名优秀中小学生，以及资助了23名贫困高考学生，发放奖学奖教助学金9万元。

龙岩三明两市协办大型主题采访活动。8月22日，龙岩市委网信办、三明市委网信办协办的“长征路上奔小康”福建网络媒体“走转改”大型主题采访活动在红军长征出发地--长汀县南山镇中复村观寿公祠前启动。启动仪式结束后，采访团成员采访考察了“长征从这里出发”陈列馆，红军长征第一村——中复村的红军桥、红军街以及松毛岭战斗烈士纪念碑。22–28日，新华网、人民网、中国日报网、中金在线及东南网、闽西新闻网、福州新闻网、厦门网等20多家网络媒体从长汀中复村出发，深入长汀、上杭、连城等地，追忆红军长征伟大历程，反映革命老区为全面建成小康社会而进行的伟大奋斗及辉煌成就。

龙岩供电公司抢修队驰援厦门泉州灾区。台风“莫兰蒂”给福建电网带来严重损失，厦门、泉州地区受灾尤为严重，为响应全省电力统一部署，龙岩供电公司于9月15–17日先后集结1支电气抢修队和14支线路抢修队前往泉州和厦门灾区全力支援抢修。

泉州作家做客武平“作家讲坛”。9月23日，泉州市作家协会副主席蔡芳本、泉州市丰泽区文联副主席蔡飞跃做客武平，“文化武平·全民共享”作家讲坛在县文博园开讲，就两地文学创作和现状交换看法，并深入中山、湘店、平川等地，探访武平客家文化。

闽粤赣三市六县打击“三非”边界协作交流会举行。9月27–28日，闽粤赣三市六县打击“三非”(非法鉴定胎儿性别、非法选择性别终止妊娠、非法行医)边界协作交流会在武平县举行。福建省卫计委副巡视员刘腾发，福建、广东、江西三省卫计委相关领导、三市(即梅州、赣州、龙岩)六县(即蕉岭、平远、会昌、寻乌、上杭、武平)卫计单位负责人、武平县交界的乡(镇)党政主要领导、龙岩市各县(市、区)卫计局领导等有关人员参加活动。闽粤赣三市六县的卫计部门领导分别作了经验交流发言，并签订《打击“三非”边界协作协议书》。

龙岩市考察团赴梅州学习考察。11月1日，龙岩市委副书记、代市长林国耀带领考察团赴梅州市学习考察。在梅州期间，龙岩市考察团先后考察了粤东医院、梅县文体中心、曾宪梓体育场、中国客家博物馆、归读公园、江南新城路网管廊、梅州市客天下旅游产业园等项目。梅州市在推进“一区两带”建设等方面的做法，让考察团成员深受启发。大家表示，将认真学习、吸收梅州的好经验、好做法，进一步开拓思想、锐意进取，全力建设创新型工贸旅游强市。梅州市希望双方建立更加友好、紧密的合作关系，推动经济协作、项目合作、交通基础设施无障碍施工、区域旅游合作、生态环境保护等工作，实现两市更好更快发展，造福两市人民。

龙岩学院开展教育合作。12月20日，龙岩学院闽台客家研究院张佑周教授到赣南师范大学做学术讲座。认真贯彻落实《推进闽粤赣十三市区域经济合作行动纲领》，加强区域内亟需的物流、机械、汽车、电子商务等专业人才培养。2016年，学院分别在江西省录取了环境工程技术、金融管理、会计、电子商务、物流管理、环境工程技术、建筑室内设计、机制工程技术、市政工程技术、电气自动化技术、电气工程技术等13个专业共28人；在广东省录取了了空中乘务、旅游管理、药品质量与安全、汽车智能技术等4个专业17人。

粤闽赣三省边际运管协作会议召开。12月29日，2016年度粤闽赣三省边际运管协作会议在梅州市梅县区交通运输局召开。与会代表充分肯定长期以来运管协作对促进三地道路运输行业健康发展积极作用，分别介绍本地运管工作情况和经验及做法，提出下一步工作意见和建议，并达成相关协作事宜。一是简化省际客运班线行政许可流程。对省际班线许可事项，按照最新修订的《道路旅客运输及客运站管理规定》(交通运输部令2016年第34号)要求，由三市运管部门直接征询，于许可时限内尽快给予办理许可手续。积极鼓励企业开辟新班线，对新增班线改变以往双方对开的观念，允许有条件的一方先行开通。二是规范经营行为，强化运输安全管理。要加大源头稽查力度，遏制客运车辆不进站经营及随意揽客等违法行为。三是根据三方实际情况，扩大运政管理服务方向协作内容。研究应用三地市交通物流信息公共平台，初步实现三地市交通物流信息集成共享。

【龙岩、赣州协作】 两市签订合作框架协议书。10月14日，龙岩市政府与赣州市政府签署《江西省赣州市与福建省龙岩市合作框架协议书》。协议书拟定，双方就共同打造具有世界影响力的稀土、金铜、钨产业平台，合力共建赣闽产业合作区，协力完善基础设施建设，推进跨区域生态保护，拓宽区域旅游合作，开展产业对接经贸互动，打造区域性农林业品牌，建立保障机制。

市长池秋娜带队前往赣州学习考察。1月29–30日，市长池秋娜、副市长毛高良率领市直相关部门和上杭县、长汀县负责人前往江西省赣州市学习考察。在赣州期间，池秋娜一行实地察看了稀土精深加工项目，与江西省委常委、赣州市委书记李炳军，市长冷新生和赣州市相关领导、部门、稀土企业负责人座谈交流，深入了解赣州发展稀土产业的做法经验，探讨龙岩与赣州如何共建闽赣产业合作区。

龙岩市党政代表团赴赣州学习考察。11月3–4日，市委书记李德金率领龙岩市党政代表团赴赣州学习考察。代表团考察了瑞金市叶坪乡黄沙村华屋小组、赣州市城市规划展示馆、郁孤台历史文化街区、章江新区滨江公园、赣州城市中央公园、江西中烟工业公司赣州卷烟厂、赣州澳克泰工具技术公司等项目和企业，参观了瑞金红井革命旧址群、于都中央红军长征第一渡纪念园，并在叶坪革命旧址群向红军烈士塔敬献花篮。召开了座谈会上，两市分别介绍了市情及经济社会发展有关情况。李德金表示，10月14日在南昌签署合作框架协议更为双方开启了全面战略合作的大门。希望以这次考察为新的起点，两市进一步抱团取暖、合作互补，一起把框架性、方向性的协议变得具体化、项目化，着力推动交通基础设施、赣闽产业合作区、闽粤赣连片扶贫开发合作区、中央苏区红色旅游和客家文化旅游、生态文明试验等领域深入合作和加快建设，共同推进双方经济社会发展，共创苏区发展新辉煌。

寻乌县老干部到武平县参观考察。11月17日上午，赣州市寻乌县委老干部局组织部分副处以上离退休干部一行24人来到武平县，先后参观考察了武平县医养结合示范基地—颐养家园、儿童乐园、滨河文化公园、钢泓不锈钢产品展示园、文博园、电商产业园等工农业生产和社会事业建设项目，增进互动交流。

赣州市考察团到龙岩市考察。12月6–7日，江西省委常委、赣州市委书记李炳军，赣州市长曾文明率考察团到龙岩市考察，先后考察了紫金铜业、瓮福紫金化工、福建龙马环卫装备、中国龙工、龙净环保、紫金山体育公园等企业和项目；并瞻仰了古田会议会址，参观了古田会议纪念馆，在主席园向毛主席雕像敬献花篮。座谈会上，两市举行现场签约仪式，签订了《关于加强铁路项目合作协议书》《关于加强网络信息安全合作发展协议书》《关于跨区域矿山生态保护与治理合作协议书》《关于加强旅游开发与合作协议书》。这四个方面的协议，是对双方合作框架协议书的深化细化、具体化、项目化，是双方“优势互补、资源共享、深度合作、互利共赢”协作理念的结晶。

【龙厦山海协作】 引进厦门资金。2016年，龙岩市与厦门市签订协作项目21项，项目总投资31.02亿元，合同利用厦门资金31.13亿元，实际利用厦门市资金（含结转）69.38亿元，占全市实际利用市外资金的32.5%。

龙岩厦门打造山海旅游协作“升级版”。7月21–23日，厦门旅游部门走进龙岩，积极探索山海旅游协作深度交流，为两市拓展山海协作新机遇开创有利条件。22日下午，两地旅游主管部门举办座谈会，双方就加强两地旅游招商投资互动；加强两地旅游市场联合宣传营销，精心对接旅游线路；加强区域旅游品牌培育，共同培育海峡旅游品牌等方面交流经验。23日上午，2016美丽厦门旅游推介活动在龙岩万宝广场火热启动。从7月起，龙岩旅游行业在厦门加大广告营销，龙岩旅游宣传覆盖了厦门机场、厦门火车站、中山路、SM城市广场、轮渡码头等人流量密集区；“清新福建·欢乐龙岩”宣传折页、“龙岩厦门旅游手绘地图”全面覆盖悦华酒店等厦门45家星级酒店，展示龙岩旅游品牌的独特魅力。

教育协作。根据2013年4月厦门大学、龙岩学院签订的对口支援合作协议，2016年，厦门大学选派了多名教授先后来校讲学，为龙岩学院师生带来先进的教学思想、教学方法和学术前沿动态，师生数千余人次受益。厦门大学5名教授受聘为龙岩学院客座教授。2016年，龙岩学院与厦门聚英文化传播有限公司签订校企合作协议，在人才培养、科研项目开发等方面达成合作意向。

联合举办大学生创新创业大赛。4–8月，龙岩学院团委、教务处、学生处等联合厦门思明团区委、厦门市思明区人才服务中心联合举办龙岩学院首届海峡两岸“互联网+”大学生创新创业大赛，大赛共收到竞赛作品145件，推荐参见省赛6件，其中一件获得省赛铜奖。

诠释“现代学徒制”合作育人方式。2013年，闽西职业技术学院与喜达屋集团旗下(厦门喜来登酒店、厦门艾美酒店、厦门威斯汀酒店)三家酒店共同创办“喜达屋人才班”，2016年，校企双方在人才培养、理论教学、实训指导、教材编写、酒店员工培训、技能考证、继续教育、社会培训等方面开展多渠道多层次的合作交流。三家酒店安排专家、管理人员来校讲学，实现校企优势互补、资源共享、互利双赢。

厦门磐基皇冠假日酒店为闽西学院困难学生发起“房款一日捐”。为鼓励闽西职业技术学院旅游系困难学生自强不息，勤奋学习，感恩社会，2016年12月，厦门磐基皇冠假日酒店发起“房款一日捐”慈善助学活动，提供“爱心房”售卖，慈善款项纳入厦门磐基皇冠假日酒店“一千零一夜助学”基金，从2017年至2020年，每学期评比一次，专门用于奖助该院旅游系酒店管理专业品学兼优和家庭经济困难的学生。

厦门学小筫笃国际学堂连城基地落户培田古村落。1月1日，厦门学小筫笃国际学堂连城基地正式落户连城县培田古村落景区。该学堂落户培田古村落，让国际友人及都市民众领略“九厅十八井”客家古建筑文化，以及耕读传家的文化底蕴，亲身体验工笔画、写生、游龙、打糍粑、拔萝卜、古雕版印刷及宣纸制作等活动，必将极大推动文化与旅游融合发展，加快打造“旅游+文化”样板；同时依托连城“机场、高速铁路、高速公路”等便捷的立体交通网络，以及丰富的旅游资源优势，必将吸引更多学堂国际友人及小朋友走进连城游冠豸山水、读培田古村落、沐天一温泉、品客家美食，进一步提升连城旅游知名度和影响力，加快连城旅游国际化步伐。

“音乐厦门·文化连城”文艺演出在连城县举行。3月5日，“音乐厦门·文化连城”文艺演出在连城县举行，活动由厦门市和连城县有关单位主办连城县木偶艺术中心带来的舞蹈《客家武韵》拉开序幕，让观众欣赏武术和舞蹈元素完美结合，当地特色的节目《地瓜飘香的地方》、《丰收谣》、《春到冠豸》，立足闽西风情，将连城之美娓娓道来。厦门表演团队表演了去年城市之歌全国原创作品大赛代表作品《员当渔火》和《海之梦》，让大家领略灯火璀璨、水清绿萦、白鹭翱翔的美丽厦门；配乐诗朗诵《项南的故事》，表现项南同志在福建省及厦门经济特区的改革与发展中倾注的心血和取得的成绩，让年轻一代充分了解项南的人格魅力，而技巧杂技节目《喜迎亲》，则展现闽南高甲戏风趣幽默的特点。整场活动精彩而热烈，由闽南风情的歌舞与闽西特色的节目一轮接着一轮，为近千名游客、群众送上了一场精彩绝伦的视听盛宴。

厦门市湖里区到新罗区营边村精准扶贫。3月29日，厦门市湖里区区委常委、统战部长陈岚一行8人，到龙岩市新罗区白沙镇营边村开展精准扶贫工作。陈岚一行先后听取了省派驻村书记对营边村的耕地状况、特色产业、旅游资源和村民主要收入来源等情况的介绍；走访了20户结对帮扶的贫困户，对他们的生活现状和家庭情况进行详细的了解。随后，湖里区工商联组织与营边村签署“民企联村”精准扶贫行动企村结对帮扶协议书，双方在平等、自愿、协商的基础上发挥各自特点和优势，精诚合作，力求村企互惠共赢。

厦门工博会“龙岩馆”开馆，两市联合举办两岸机电产品发布会暨龙岩工业名优产品推介会。4月12日上午，2016厦门工博会暨第20届海峡两岸机械电子商品交易会“龙岩馆”开馆，厦门市委常委、副市长林文生，龙岩市副市长王建生出席开馆仪式并共同启动开馆水晶球。当天下午，厦门工博会组委会和龙岩市政府共同主办的两岸机电产品发布对接会暨龙岩工业名优产品推介会，龙岩市向两岸嘉宾着重介绍了龙岩重点产业发展和产业结构转型升级情况，龙马环卫等五家龙岩企业和两家台湾企业举行推介活动，企业家们进行深入交流、对接洽谈。发展中的龙岩引起来宾的广泛关注，与会嘉宾充分肯定龙岩良好的投资环境，对蕴藏的无限商机充满浓厚的兴趣，表示要进一步考察龙岩、投资龙岩，共同推动两岸创业创新发展。依托厦门工博会这个大平台，“龙岩馆”共组织福建龙马环卫装备股份有限公司、福建新龙马汽车股份有限公司、福建威廉爱得瓦光电产业发展有限公司等22家机械、光电类企业参展，展览面积1200多平方米。本次工博会将促进龙岩与台湾等地机械、光电类企业的交流合作，进一步促进龙岩机械产业的发展。

市领导带队到厦门走访。7月5日，龙岩市委书记李德金、市长池秋娜带队前往厦门，拜访厦门海关、福建中烟公司和厦钨公司等单位、企业，希望厦门海关继续发挥优势，扶持龙岩外贸企业发展壮大，将自贸区的成功经验带到龙岩来复制推广，积极支持帮助龙岩外向型经济发展；希望福建中烟公司一如既往地支持龙岩烟草产业稳生产、上销售、塑品牌、保税源，支持龙岩脱贫攻坚、医疗、卫生、教育等各项事业发展；希望厦钨公司与龙岩进一步深化合作，共建完善合理的开发机制，推进稀土资源的高效利用，促进相关产业快速有序发展。厦门海关领导表示，服务老区是义不容辞的责任，厦门海关将全力推动厦门自贸区的成功经验在龙岩进行复制、推广，不断提升监管服务水平，为龙岩进出口企业提供高效、便捷的服务。希望双方尽快签署《合作备忘录》，建立起更加紧密的合作机制。福建中烟公司领导表示，将认真落实中央支持福建加快发展、支持原中央苏区振兴发展的有关精神，全力支持龙岩各项事业发展，为加快建设机制活、产业优、百姓富、生态美的新龙岩作出应有贡献。同时希望龙岩市继续给予福建中烟公司关心与支持。厦钨公司领导表示，将坚定不移地把龙岩作为厦钨稀土产业发展的基地，进一步发挥厦钨公司资金、技术、人才等方面的优势，不断加强与龙岩的合作对接，加大在龙岩的投资力度，加快在建项目的建设进度，努力实现共同发展、互惠双赢。

市政府与厦门海关签署合作备忘录。8月18日，龙岩市人民政府与厦门海关签署合作备忘录。龙岩市委书记李德金，市委副书记、代市长林国耀在签约仪式前会见了厦门海关关长柏华冰一行，并一同出席签约仪式。签约仪式上，林国耀、柏华冰分别代表龙岩市人民政府和厦门海关签署合作备忘录。根据备忘录，厦门海关将从九个方面支持和促进龙岩发展，加快自贸区海关政策全面落地龙岩；同时，龙岩市政府也将从七个方面支持海关加快建设和发展。柏华冰表示，龙岩外向型经济持续向好发展，产业转型步伐快而稳健。厦门海关将以此次备忘录签署为新的起点，不断深化与龙岩的合作对接，更好地服务龙岩，努力为老区经济社会发展作出新的更大贡献。

联办“风展红旗山海行”大型采访活动。9月3日，由厦门市委宣传部指导、厦门广电集团主办、龙岩市长汀县委宣传部协办的"风展红旗山海行"大型主题采访活动在长汀县南山镇中复村举行启动仪式。厦门市委常委、宣传部长叶重耕向"风展红旗"栏目组授旗，并宣布纪念红军长征胜利80周年大型采访活动正式启动。厦门广电集团推出的大型系列报道《风展红旗》是对红军长征精神的进一步宣传和贯彻落实，其中第一季《起点》重点讲述长征出发前，发生在闽西这片红色土地上"收拾金瓯一片，风展红旗如画"的故事。报道将展现闽西儿女对长征做出的巨大牺牲与贡献，发掘厦门与闽西的红色基因和纽带，展现特区与老区在新一轮山海协作当中谋求共同发展的新篇章。此次，站在长征出发点上的大型主题采访活动的策划，也是厦门龙岩两地新闻协作的一个新起点。

参加厦门"9·8"投洽会。9月7日，参加第十九届中国国际投资贸易洽谈会的龙岩市代表团在厦门举行龙岩市重点产业项目推介活动，顺利对接并现场签约44个项目，总投资超160亿元。

龙岩伐木工人参加厦门灾后清理。9月17日开始，来自我市七个国有林场的165名伐木工组成7支服务队来到厦门市分片参加灾后风倒木清理工作。在不久前的"莫兰蒂"超强台风中，厦门全市共有40万株树木被大风刮倒，急需砍伐清理，保证道路畅通。这些来自山里的伐木工没有到过鼓浪屿这个国家5A级风景区及美丽的厦门市，但他们没有去游玩参观，而是立刻投入了紧张的清理工作中。在鼓浪屿福建路46号，建筑物边的两棵巨大的榕树在台风中被连根拔起，并排横倒在人行道上，不仅影响居民出行，还给这座房屋的主人带来安全隐患，龙岩应急服务队的伐木工人正在现场实施清理。一位伐木工人说："我是第一次到鼓浪屿来，鼓浪屿那么漂亮，我们要快点清理掉倒树，让鼓浪屿早日恢复美丽。"

厦门"知青"赠书武平。12月2日，在武平县三中阶梯教室举办的《情铸梁野》首发暨赠书仪式上，来自"厦门五中"的知青代表郭志超饱含深情地说，把承载着武平人民与厦门老知青深情厚谊的书籍《情铸梁野》赠送"第二故乡"，意在延续一种文化自信，激励两地人民在山海敲响创业篇章。1969年3月至11月，七千多名厦门"知识青年"分批来到武平县插队落户。在共同工作生活长达10多年之久的艰涩日子里，武平乡亲与厦门知青相濡以沫，结下了深厚的情谊。今年4月至10月，以"厦门五中"老三届为主体的276位老知青开启了"寻梦之旅"大型活动，并将他们感受到第二故乡不变的情怀和生活的沧桑巨变，以文字的形式凝结下来，结集出版《情铸梁野》。该书由厦门、武平两地作家联袂创作，分重返、情缘、创业、山水及附录后知青生活五个章节，从不同侧面记录了那段艰涩的历史印记，讲述着那段动人的故事。当日下午，厦门知青代表和武平县相关单位及部分乡镇领导举行了座谈，双方就延续山海情缘、加强山海协作发表了建议。

【武平县—思明区山海协作】 1月30日武平县人民政府、厦门市思明区人民政府签订《共建山海协作产业园区协议书》。3–12月武平县派出招商团前往厦门市开展驻点招商工作。7月15日武平县人民政府、厦门市思明区人民政府共同印发《武平县思明高新园区联席会议制度》。7月15日武平县人民政府、厦门市思明区人民政府共同"成立武平县思明高新园区领导小组"。9月1日思明区科技和信息化局拨付给武平县山海协作对口帮扶项目资金1200万元。分别用于"山海协作共建产业园提升工程"项目470万元、"贫困村光伏发电"项目725万元、"贫困母亲救助资金"项目5万元。9月6日武平县党政代表团于"9·8"期间前往厦门市思明区考察学习，双方就山海协作相关事宜进行了深入交流。11月至12月完成武平思明山海协作人才培训工作，培训武平县工业园区企业工人200人。

【龙厦山海协作帮扶资金使用】 2016年，厦门市财政山海协作资金用于市体育局市青少年足球运动平台等14个社会公益事业建设项目，共安排资金160万元(已完成5个项目)，引出项目单位的配套资金507.778万元；新罗区西彼街道龙腾社区等5个乡(镇)精神文明活动中心建设项目，安排资金50万元(已完成3个项目)，引出项目单位的配套资金达400万元；7县(市区)、龙岩开发区工业园区(电子商务园区)技术工人，旅游酒店服务员、乡村旅游导游管理人员的培训，安排资金84万元(已培训1600人)，取得较好的经济效益和社会效益。

(陈　育　撰稿)

14 旅游业

综　　述

【概况】　全年累计接待游客3059万人次、实现旅游收入253亿元，同比分别增长20.8%和29.1%，两项主要经济指标增幅继续保持全省前茅，年度目标实现“双超”，为“十三五”旅游发展开好头、起好步打下坚实基础。

龙岩市有1个世界文化遗产地(福建土楼永定景区)，2个国家AAAAA级旅游景区(福建土楼永定景区、古田景区)，10个国家AAAA级旅游景区(连城冠豸山、新罗龙硿洞、长汀红色旧址群、漳平九鹏溪、连城天一温泉旅游区、连城培田古村落景区、梅花山华南虎园生态旅游景区、梁野山景区、才溪乡调查纪念馆、永定天子生态旅游区)，14个国家AAA级旅游景区（闽西革命历史博物馆、武平定光佛祖庙、武平文博园景区、永定下洋中川景区、永定金砂红色旧址群景区、新罗东肖红色旧址群、新罗竹贯古村落、上杭李氏大宗祠文化旅游区、长汀汀江源龙门风景区、长汀汀江国家湿地公园、漳平象湖红色旧址群、新罗培斜福海龙乡、连城星光农场、武平刘亚楼将军故居红色旅游区)，1个国家级风景名胜区（冠豸山)，1个国家工业旅游示范点(上杭紫金工业旅游区)，1个国家农业旅游示范点(新罗云顶茶园)，3个国家水利风景区(新罗梅花湖、永定龙湖、漳平九鹏溪景区)，1个国家矿山地质公园(上杭紫金工业园区)，1个国家历史文化名城(长汀)、3个国家历史文化名乡（镇)(上杭古田镇、武平中山镇、永定湖坑镇)，7个国家历史文化名村(连城宣和乡培田村、三洲乡三洲村、适中镇中心村、庙前镇芷溪村、新罗区万安镇竹贯村、长汀县南山镇中复村、漳平市双洋镇东洋村)，4个国家森林公园（龙岩国家森林公园、上杭西普陀国家森林公园、漳平天台山国家森林公园、永定王寿山国家森林公园)，2个国家自然保护区(梅花山、梁野山)、4个全国特色景观名镇(村)(永定湖坑镇、上杭县古田镇、连城县宣和乡培田村、漳平市赤水镇香寮村)，3个全国休闲农业与乡村旅游示范县（漳平市、上杭县、连城县)，2个全国休闲农业与乡村旅游示范点（上杭五龙村农家乐、永福高山农业旅游区)，10个全国红色旅游景区，13处(39个点)国家重点文物保护单位。福建旅游十大品牌中，龙岩占2个，即“神秘的客家土楼”和“光辉的古田会址”。全市有AAA级以上旅行社38家，其中出境业务资质社5家，赴台资质旅行社1家；星级饭店32家，其中五星级1家，四星级17家，三星级14家。

旅游开发

【旅游品牌创建】　古田旅游集团被评为全国旅游系统先进集体。全市成功创建国家AAAA级旅游景区1家(永定天子生态旅游区)、AAA级旅游景区5家(长汀汀江国家湿地公园、漳平象湖红色旧址群、新罗培斜福海龙乡、连城星光农场、武平刘亚楼将军故居红色旅游区)、AA级景区1家（武平中湍畲寨景区)；永定、连城、武平入选全国全域旅游示范区；新罗区被评为“中国传统建筑文化旅游目的地”，永福樱花园被评为“全国十大赏樱基地”；全市成功创建省级乡村旅游休闲集镇2个(连城县新泉镇、长汀县庵杰乡)，乡村旅游特色村20个(新罗区岩山镇玉宝村等)，福建省观光工厂2家（新罗区星宇竹制品厂、福建金丰酿酒厂)。连城县、古田旅游集团、华美达龙州酒店和中元国际旅行社4家全省首批旅游标准化试点单位通过终期评审，为全省最多。

【旅游项目建设】　永定土楼AAAAA级景区综合提升、上杭步云索道、冠豸山争创国家AAAAA景区、长汀“一江两岸”旅游景观工程等重点项目完成年度投资计划。列入落地攻坚战役的35个旅游项目完成投资63.38亿元,完成年度投资计划132.57%;旅游工程包完成投资3.23亿元,完成年度计划107.6%,在商服领域和市政府投资工程包建设中排名前列。其中,上杭县完成率190%。此外,连城冠豸山提档升级旅游景区项目等4个项目入选2016年全国优选旅游项目,永定客家土楼文化休闲自驾游营地等5家露营地入选国家旅游局露营地项目表。全市争取到景区提升、全域旅游、厕所革命、财政贴息、休闲集镇、特色乡村、旅游扶贫、红色旅游国家及省级旅游扶持资金2237万元。武平梁野山生态旅游区建设完成年度投资计划,七彩蓝田生态农业休闲观光度假村成功创建福建省四星级乡村旅游经营单位,连城县梅花寨生态园、永定区泽东楼红色生态旅游景区、武平县“水墨阳民”休闲旅游村、长汀县松毛岭红色山庄成功创建福建省三星级乡村旅游经营单位。在市委、市政府“三大战役”绩效考评中,市旅游局被评为“一等次”并受到表彰。

【旅游营销】 在活动策划上,成功举办“5·19”中国旅游日龙岩分会场活动,持续推进“月月有活动·季季有高潮”近百场各类民俗、采摘、节庆活动,“欢乐龙岩”旅游氛围日益浓厚。

在广告宣传上,沿着铁路、公路、机场开展“铁公机”立体宣传。在南京、深圳、上海、厦门动车站投放LED视频广告,在福厦、龙深、龙上动车上投放广播、车载视频、平面广告、海报、头枕巾广告;在厦门、福州、深圳公交车体和北京公交车候车亭投放平面广告;在北京首都国际机场和福州、厦门机场投放视频与平面宣传广告。永定土楼作为“中国名片”亮相纽约时代广场;连城县在动车和幸福航空航班上冠名“冠豸山号”等等,真正实现全方位广告覆盖。

在影视创作上,落实省政府办公厅《关于制播乡村旅游专题宣传片的通知》,率先完成14个乡村旅游点拍摄任务并在东南电视台播出;在福建电视台、海峡卫视和赣州、梅州、龙岩等电视频道滚动播放龙岩旅游风光片。借助《大鱼海棠》《虎见龙岩》《古田会议》《血脉》《绝命后卫师》《千秋功业》等影视作品的影响力,龙岩旅游品牌迅速传遍全国。“追鱼”宣传、追星效果、青春效应带来大量游客。

在赛事营销上,冠豸山塘前村跑、环土楼马拉松比赛、环冠豸山自行车大赛、梁野山全国山地自行车爬坡赛受到跑步和自行车爱好者的好评。龙岩电视台、永定天子万林水上乐园、龙岩新中国际旅行社全新打造休闲娱乐新产品——大型水上冲关项目《活力大闯关》,受到游客青睐。选派100名学生参加在金门举办的两岸成人礼,推进两岸青少年文化交流。开展“最美赣龙线,清新福建行”旅游达人龙岩采风和“行走赣瑞龙,动姐带你游”等系列落地营销推广活动。全年在北上广和武汉、成都、桂林、长征沿线以及欧美、中东等城市举办旅游推介会28场。通过丰富多彩的创新营销活动,“清新福建·欢乐龙岩”品牌影响力明显提升。

【旅游扶贫】 出台全市旅游扶贫若干政策,评定市级旅游扶贫示范户120家、旅游扶贫示范合作社15家,下达市级旅游扶贫资金52.5万元。全市67个村列入国家旅游扶贫重点村,新罗区培斜生态乡村旅游专业合作社、漳平市拱桥蕉山莲子专业合作社入选全国“合作社+农户”旅游扶贫示范项目,永定区汤湖旅游开发有限公司入选全国“公司+农户”旅游扶贫示范项目,永定区富川一甲土楼休闲农家乐经营户胡军入选全国“能人带户”旅游扶贫示范项目,为全市14个国家旅游扶贫试点村争取旅游富民建设资金280万元。安排自有资金23.9万元,支持挂钩帮扶的武平县大禾乡帽布村防洪堤、光伏发电项目建设,完成9户脱贫任务。

【旅游公共服务建设】 初步建成智游系统。引进社会资金1511万元、争取省级财政旅游专项补助资金204万元,为全市12家景区20个景点统一建设电子售票、智能检票、自助取票、网络售票、电子商务、移动电商、全员营销、数据采集、旅游年卡、综合管理等系统,建成龙岩市旅游目的地O2O平台(线上线下一体化的区域型旅游电子商务平台)。完善景区视频监控系统,新增电信“全球眼”60路景区视频监控在龙岩旅游应急指挥中心汇聚并统一接入公安共享平台。建成龙岩市旅游大数据网评系统,全市7个县(市、区)、12家3A以上景区、30家星级饭店全部纳入网评监测。全市10家景区列入省级智慧旅游示范景区建设,已完成景区数据采集、电子地图、语音导览制作。厕所建设任务超额完成。新改扩建旅游厕所75座,完成当年计划的108%。66座厕所争取省级旅游专项资金和国家旅游发展基金补助312万元。集散中心平稳运营。龙岩旅游集散服务中心全年累计发送旅游直通车2161班次,发送旅客12624人次(其中10条旅游专线,累计发车1170班次,发送旅客9235人次;5条机场快线,发车991班次,发送旅客3389人次),另有16条客运班线每天常态化运行。永定土楼洪坑旅游集散服务中心建成投入运营,连城县、永定区旅游集散服务中心完成主体建设。

旅游活动

【纪念中国工农红军长征胜利80周年红色旅游系列活动启动】 由中央文明办、国家旅游局、福建省人民政府主办,福建省文明办、福建省旅游局、福建省龙岩市人民政府承办,福建省龙岩市委文明办、福建省龙岩市旅游局、福建省长汀县人民政府执行的“弘扬长征精神·传承红色记忆”纪念中国工农红军长征胜利80周年红色旅游系列活动启动仪式在长汀县举办。红色旅游与自驾休闲旅游高峰论坛、“追忆长征路上的故事”长征精神传播暨“清新福建·欢乐龙岩”推介等活动圆满举办。系列活动的成功举办受到全国红办、省旅游局的认可。

【旅游环境建设】 旅游安全管理。按照“党政同责、一岗双责”的要求，开展旅游客运业专项检查；推行“三级联动”检查机制，不断加强旅游安全宣传教育和应急演练，确保全年旅游安全无责任事故的良好态势。

旅游标准化建设。制订并实施《龙岩市旅游标准化建设三年行动计划(2014—2016)》，永定土楼景区通过国家级旅游标准化项目验收，“一县四企业”(连城县和永定土楼景区、龙岩市古田旅游集团有限公司、龙岩市中元国际旅行社有限公司、龙岩龙州大酒店)被列为全省旅游标准化试点单位。

规范行政审批。龙岩市旅行社、星级饭店、导游IC卡办理等13个相关审批及服务项目在全省率先进驻市行政服务中心，规范了服务，缩短了办事流程。

行业文明诚信建设。举办《中华人民共和国旅游法》专题讲座、“3·15”维权宣传活动，开展文明与旅游同行活动，强化提升行业文明旅游意识。深入开展诚信旅游建设活动，评选出全市十佳星级饭店和十佳诚信旅游购物商店。

旅游质监工作。组织跨区域、跨部门联合执法，加大旅游市场的检查力度。全市检查导游2009人次，居全省第二，检查团队6747个，居全省第三，检查率27.65%，居全省第二。开展全市旅游质监所所长执法交流活动，提高旅游一线执法人员现场执法水平。

旅游景区

【福建土楼·永定景区】 世界文化遗产、国家AAAAA级旅游景区。福建土楼·永定客家土楼位于龙岩市永定县，以其历史悠久、多姿多彩、规模宏大、结构奇巧、功能齐全、内涵丰富著称于世。2008年7月以永定客家土楼为主体的福建土楼被列入《世界文化遗产名录》，2010年春节，胡锦涛视察永定土楼时指出：“客家土楼是中华文化瑰宝，是大家庭小社会和谐相处的典范，希望一定要把祖先留下的这份珍贵遗产守护好、传承好、运用好。”2010年4月，永定土楼荣获“最古老、最多、最大、最高”等四项基尼斯纪录，2011年8月，荣膺国家AAAAA级旅游景区。2014年，永定土楼成功植入姜文大片《一步之遥》，引起热烈反响。

【古田会议会址景区】 国家AAAAA级旅游景区、全国爱国主义教育基地。1929年12月底，中国工农红军红四军第九次代表大会(史称“古田会议”)在这里召开。会议确定思想上建党、政治上建军的原则，成为建党建军具有里程碑意义的会议。景区由古田会议会址、古田纪念馆、主席园、红军司令部政治部等景点构成。2014年，全军政治工作会议在古田召开，被称为“新古田会议”。成为福建省“十大”精品景区和红色旅游龙头，是全国红色旅游十大精品线路的核心景区。古田会议会址景区申报国家AAAAA级旅游景区通过国家旅游局景观价值评审，于2015年获评国家AAAAA级旅游景区，系福建省首个国家AAAAA级红色旅游景区。

【新罗龙硿洞】 国家AAAA级旅游景区、国家森林公园。龙硿洞景区位于新罗区雁石镇，属武夷山脉南段，素有“洞中桂林”“华东第一洞”的美誉。景区面积10平方公里，其核心景点龙硿洞，形成于3亿年前的古生代，为海洋经三次地壳运动和间歇演变而成。洞内总面积为5.4万平方米，有8个大厅，16个支洞，分上、中、下三层，洞中有山，山中有洞，层层叠叠。洞中奇异绚丽的石钟乳、石笋、石柱、石幔、石花、云盆等让人流连忘返，周边原始森林富含富氧离子。

【梅花山·华南虎园景区】 国家AAAA级旅游景区、国家级自然保护区、国家首批生态旅游示范区。梅花山·华南虎园景区位于上杭步云乡，与古田会议会址景区相连。景区内有千年红豆杉、华南虎等五十多种珍稀动植物，被誉为“北回归线荒漠地带上的一颗绿色翡翠”，是集绿色生态、科研科普、休闲度假于一体的特色景区。

【永定天子生态旅游区】 国家AAAA级旅游景区。天子生态旅游区邻近世界历史文化遗产“永定土楼”，位于龙岩永定县城郊，总占地面积107公顷，拥有大片异域风情浓郁的东南亚园林景观，是一家集温泉养生、休闲度假、商务会议、餐饮购物和生态观光于一体的国家AAAA级旅游景区，是极佳的天然氧吧，也是戏水、避暑、纳凉胜地。

【上杭才溪红色景区】 国家AAAA级旅游景区。才溪红色景区位于素有“模范之乡”“将军之乡”“建筑之乡”美誉的上杭县才溪镇。景区包括毛泽东才溪乡调查纪念馆、毛泽东才溪乡调查旧址、光荣亭和列宁台，以及上杭廉政教育基地红色影视展播馆。现为“全国爱国主义教育示范基地”、全国红色旅游经典景区和全国红色旅游三十条精品线路之一。

【长汀红色旧址群景区】 国家AAAA级旅游景区、国家历史文化名城。长汀红色旧址群位于长汀县城。长汀于唐开元24年(公元736年)置汀州，为福建五大州之一。自盛唐到清末,长汀均为州、郡、路、府的治所。其中,古韵悠长的明清古街店头街为“中国十大历史文化明街”。长汀是客家人最具代表性的集散地,被称为“世界客家首府”,是第二次国内革命战争中央苏区经济文化中心、被誉为“红色小上海”。

【连城冠豸山景区】 国家AAAA级旅游景区、国家重点风景名胜区、国家地质公园。冠豸山位于连城县城东1公里,以其主峰形似古代獬豸而得名,寓含刚正廉明之意。景区主要由冠豸山、石门湖、竹安寨、九龙湖、云霄岩组成,集雄、奇、俊、秀、险、幽等特点于一身,与武夷山并称为“北夷南豸、丹霞双绝”,被誉为“放大的盆景、缩小的仙境”。

【连城培田古村落景区】 国家AAAA级旅游景区、中国最美村镇。培田古村落位于连城宣和乡,其建筑群由30幢高堂华屋、21座古祠、6家书院组成,为国家重点文物保护单位。2005年被评为“中国历史文化名村”,被誉为“民间故宫”“客家大庄园”,是客家人三大特色民居之一,是研究客家历史、文化、民风民俗的特色人文景区。

【连城天一温泉旅游景区】 国家AAAA级旅游景区、龙岩首家五星级酒店。天一温泉度假村是龙岩首家按国家五星级旅游饭店标准设计的集养生保健、度假休闲、商务会议、餐饮住宿、旅游地产等为一体的大型综合性旅游度假区,是福建省规模最大的温泉度假村。该温泉由54种对人体有益的天然微量元素构成,被誉为“天赐养生之汤,一品度假天堂”。

【漳平九鹏溪景区】 国家AAAA级旅游景区、国家森林公园。九鹏溪景区位于漳平天台山国家森林公园核心,距漳平市区28公里,面积1800公顷,主要特点为奇山、秀水、茶园、密林、珍禽(鸳鸯),集观光、休闲、度假、会议、娱乐等功能为一体,具有茶山水景,依山筑景,傍水生趣等特色。

【中央苏区(闽西)历史博物馆】 国家AAA级旅游景区、全国爱国主义教育示范基地、全国红色旅游十大景区。中央苏区(闽西)历史博物馆原名闽西革命历史博物馆,是龙岩市唯一全面反映闽西革命史、重点凸显中央苏区(闽西)历史的综合性专题馆。1986年建馆,1989年对外开放,2009年5月被国家文物局评定为国家二级博物馆,2014年4月改名中央苏区(闽西)历史博物馆。建馆30年来,累计接待观众近千万人次,馆藏文物9374件/套(14283件)。成为覆盖全市、辐射全国的爱国主义教育和革命传统教育的重要场所,是龙岩市“红色文化”的重要品牌、展示龙岩市精神文明建设的重要窗口。

【东肖红色旧址群】 国家AAA级旅游景区。“东肖红色旧址群”由后田暴动旧址、邓子恢纪念馆、新四军第二支队司令部旧址、华侨历史博物馆等景点构成。1928年3月4日,为贯彻中共八七会议精神,中共龙岩县委罗怀盛、郭滴人、邓子恢等领导后田农民举行武装暴动,打跨国民党军阀陈国辉支持的地主武装,破仓分粮、焚烧田契债约。后田暴动,打响福建农民武装暴动第一枪,揭开福建农民武装暴动的序幕,在福建革命史乃至中国革命史上具有重要和深远的意义,为闽西革命根据地的形成奠定基础。1938年1月,根据党中央命令,闽西南和汀瑞红军游击队改编为国民革命军陆军新编第四军第二支队,张鼎丞为司令员、谭震林为副司令员、邓子恢为新四军政治部副主任,新四军二支队司令部、政治部设在二支队纪念馆对面的仕峰厝。

【新罗竹贯古村落】 国家AAA级旅游景区。竹贯村地处国家A级自然保护区梅花山南麓,四周群山环抱,森林茂盛,保存着较好的自然生态环境。村内有1处省级文物保护单位(温氏家庙),4处县级文物保护单位(观音庵、关公庵、浪门金锁桥、节孝坊)。村庄人文典故丰富,文化底蕴深厚,是古时乡镇的要道和驿站,方圆1公里内,元代温氏家庙、明代观音宫、清初关帝庙、积灵宫、双合桥、廊桥、节孝坊、清代澎湖总督温兆凤的故居以及蔡廷锴将军率部驻留的遗迹10多处古迹保存完好,是福建省古迹群保存最完好的村庄之一。

【新罗培斜福海龙乡】 国家AAA级旅游景区。培斜福海龙乡景区地处新罗区小池镇培斜村,为全国文明村及中国特色村、省级生态村,市、区美丽乡村建设示范村。景区内林地0.09万公顷,林木覆盖率94.2%,生态环境良好、生态文化繁荣、生态产业兴旺、人与自然和谐、示范作用突出。这里山秀水美、人杰地灵,是集吃喝玩住于一体、体验乡村旅游的胜地。旅游线路编排合理,内容丰富。景区风景美如画,旅游活动具有较高的观赏性、参与性和体验性。

【永定金砂红色旧址群】 国家AAA级旅游景区。福建省爱国主义教育示范基地、全国红色旅游重点拓展培育景区等。“金砂红色旧址群景区”包括“永定暴动”旧址、福建省第一支红军部队成立和溪南区苏维埃政府旧址——金谷寺、永定暴动兵工厂旧址——邹公庙、张鼎丞故居、中共永定县委成立旧址和永定暴动陈列馆、张鼎丞纪念馆、张锦辉纪念园等景点,红色旅游资源丰富、人文特色鲜明、观赏游憩价值高,初步具备综合类旅游景区的功能,是集教育、科研、收藏、旅游观光为一体的综合性红色旅游景区。

【永定下洋中川景区】 国家AAA级旅游景区。下洋中川景区位于永定县南部，地处福建省著名的侨乡下洋镇，是爱国侨领胡文虎的故里，有“中国第一土楼侨村”的美誉。景区面积3.5平方公里，由中川古村落、客都国际温泉度假村和富川一甲土楼度假村三个部分组成，有中川古村落区、虎豹别墅观光区、汤子阁朝圣区、温泉度假区、土楼度假区等五个主题园区。是融“土楼观光、文化探秘、温泉养生、宗教朝圣”为一体海西著名的文化旅游景区，是土楼文化、侨乡文化完美结合的典范，是不可多得的研究侨民下南洋、商贸大变迁和建筑文化艺术的瑰宝。被誉为“中国土楼最美的侨乡”“一个浓缩的客家土楼侨乡文化博物馆”。

【上杭李氏大宗祠】 国家AAA级旅游景区。李氏大宗祠始建于清道光十六年(1836年)。是李氏后裔为纪念其入闽始祖李火德公建造的宗祠。从李火德入闽800余年来，其后裔遍布闽、台、粤、赣、桂及东南亚各国。海外李氏子孙到此寻根谒祖者络绎不绝。李氏大宗祠坐落在上杭稔田镇官田村河谷盆地，四周群山叠翠，风景秀丽。李氏大宗祠系三进四落式的砖木结构建筑。有大厅2栋、大小客厅26间，住房104间，占地5600平方米。这座结构严谨、气势非凡的宗祠造型，充分体现客家宗法制度的建筑艺术，在八闽极为罕见。

【武平刘亚楼将军故居红色旅游区】 国家AAA级旅游景区。刘亚楼将军是中国第一任空军司令，其故居位于武平县湘店乡湘洋村，建于清代，座北朝南，主体建筑由大厅、门楼、照壁、侧房、门坪等组成，核心部分是众厅，由上下众厅、通道、天井、东西厢房组成。1999年刘亚楼故居重新修缮之后，在大厅两边挂刘亚楼生前事迹照片，使整个厅堂更加庄严肃穆。

【武平定光佛祖庙景区】 国家AAA级旅游景区。定光佛祖庙位于武平县岩前镇集镇。景区以定光佛像寺庙为核心，由狮岩、出米石等景点构成。定光佛祖庙是定光佛肉身(姓郑，名自严，今厦门同安区人)修炼转世成佛之地，圆寂前因保护客家人幸福安康而受到客家人敬仰，被奉为客家人的“守护神”，是定光佛信仰的发源地。

【武平县文博园景区】 国家AAA级旅游景区。文博园景区位于平川镇西厢村，包括文博园馆、客家演艺中心、青少年宫及青少年校外体育活动中心、客家文化广场、马头山公园等。其中，文博园展馆由刘亚楼将军纪念馆、武平历史博物馆、中央苏区·武平纪念馆、海峡两岸客家艺术馆、情缘馆和中央苏区红色票证、闽西邮路发展特色展室等展馆组成。

【长汀汀江源龙门风景区】 国家AAA级旅游景区。汀江源龙门风景区位于客家母亲河—汀江的发源地，是长汀十二胜景之一，是“客家之源、生态之乡、旅游胜地”。它拥有全国仅有的江河穿洞自然景观——“独我龙门跨汀江”；有久负盛名的闽西佛教发源地——八宝峰；还有全县第一高峰——大悲山、千亩红豆杉群等。整个景区客家文化底蕴深厚，生态环境优越，旅游资源丰富。被许多人称为龙岩的“九寨沟”，是山、水、洞、岸、庙、人等多种景观元素集合地，也是欣赏田园风光最佳目的地。

【星光生态旅游度假区】 国家AAA级旅游景区。星光生态旅游度假区位于连城县文亨镇，距离连城县城仅9公里，距冠豸山机场3公里，景区总占地214公顷。以发展铁皮石斛、果园、梅花鹿等林下种养殖业为依托，以生态体验为主题，融观光、娱乐、休闲、健身、科普及农家生活体验于一体的龙岩乡村休闲旅游新景区。

【志高神州欢乐园】 志高神州欢乐园位于龙岩市区龙腾南路，景区涵盖大型动漫科技主题公园、八闽娱乐城、星级酒店群、志高国际SHOPPING MALL、广场商业街等景点，具有娱乐、历险、科普、教育、商业、餐饮、住宿等功能，旅游要素齐全，年设计接待能力300万人次以上，是福建省最大的旅游综合体之一。

【古田五龙村农家乐】 全国休闲农业与乡村旅游示范点。五龙民俗广场，“年年好，节节高”舞的欢乐节拍不停流淌，一个朴实神奇的客家小山村，灰瓦白墙，客家客栈，红军客栈，知青客栈错落有致，营造出浓郁客家风情和红色经典。听神奇五龙传说，品特色客家小吃，饮纯正红军米酒，唱红色歌曲，感受着总书记牵挂老区人民温暖情怀。

【漳平永福高山农业旅游区】 全国休闲农业与乡村旅游示范点、福建省四星级乡村旅游经营单位。永福高山农业旅游区位于漳平市永福镇，平均海拔780米，是福建省最大的高山盆地，它的山地气候与台湾文山、南投等茶业专区相同，被台商誉为“大陆的阿里山”。沿着山势蜿蜒而上，一望无际的高山茶园，构成远方优美的天际线，蓝天白云触手可及，让你有置身台湾阿里山的感觉。

（市旅游局　供稿）

15 交通运输

综 述

【交通基础设施】 公路方面。龙岩市公路里程14314公里，比上年增加92公里。公路等级：高速公路662公里，比增0公里；一级公路15.8公里，比增8.8公里；二级公路1487公里，比增81公里；三级公路1286公里，比增-17公里；四级公路8967公里，比增112公里；等外公路1896公里，比增-93公里。水路方面。龙岩市水路内河航道10条，588.16公里，七级以下航道376.8公里。全市铁路通车里程625公里（其中快速铁路171公里），在建铁路里程160公里（其中快速铁路120公里）。龙岩机场2016年累计实现运输起降1450架次。

【交通建设投资】 2016年，龙岩市共完成交通建设投资91.54亿元，占年度计划85.2亿元的107.4%。

高速公路完成41.4亿元，占年度计划35.1亿元的117.9%。其中：古武高速公路永定至上杭段完成投资10.9亿元，漳永高速公路龙岩境内段完成投资2.5亿元，厦蓉线漳州天宝至龙岩蛟洋扩容工程完成24亿元，厦蓉线漳州天宝至龙岩蛟洋高速公路新增小池互通工程完成0.5亿元，龙岩高速东环线完成投资3.5亿元。

普通公路完成投资44.89亿元，占年度计划41.5亿元的108.2%。其中：国省道建设与改造18.5亿元、国省道路面改造3.4亿元、农村路网工程建设（镇镇有干线）11亿元、危桥改造0.83亿元、社会投资11.7亿元。

站场建设及运输装备5.18亿元；交通支持保障系统与信息化建设0.07亿元。

另外，龙岩市铁路累计完成投资近40亿元。

公 路

【运力结构】 截至2016年底，全市拥有营运货车14976辆，169603吨位，营运客车1086辆，26514座位（不含出租车）；旅游客车141辆，总座位数5458座；公交车辆539辆；出租车719辆；危货运输车587辆。

【运输服务】 全市公路客运班线399条，其中跨省线路35条，跨地（市）线路75条，跨县线路114条，县内线路175条。全市农村客运班线322条，通达乡（镇）124个，通达率100%，通行政村1732个，通达率97.14%。全市道路客运企业28家，其中100辆以上企业1家，50-99辆企业7家，10-49辆企业10家，10辆以下企业交通运输10家。道路货运经营企业281家（普通货运263家、危货运输18家）。全市拥有客运站98个，其中一级站3个、二级站6个、四级站1个、五级站56个，简易及招呼站32个。客运站平均日发3954班次，平均日旅客发送量69742人次（其中一级站30995人次，二级站31458人次）。全市机动车维修企业511户，其中：一类机动车维修42户，二类机动车维修171户，三类机动车维修259户，摩托车维修39户。

【驾驶培训】 截至2016年12月底，全市拥有机动车驾驶培训机构56家，其中，摩托车培训机构6家。汽车培训机构50家（含兼营摩托培训机构8家），新罗区16家、永定县5家、上杭县6家、武平县6家、长汀县7家、连城县6家、漳平市4家。有汽车类教学车辆2476辆，其中大型客车7辆、大型货车31辆、小型汽车2436辆、残疾人专用小型自动档汽车2辆。另有摩托车教学车辆264辆。有汽车教练员4697名，其中，理论教练员78名、实操教练员4619名。全年全市驾培机构共培训大小车学员61171人（其中残疾人学员33人）；培训摩托车学员13595人。全市有船员培训机构1家。举办三类船舶驾驶员培训班 3 期，培训船员 73 名。

【中心城市公共交通】 2016 年，新开通中心城市公交线路 4 条，中心城市共有公交车 383 辆(含 100 辆纯电动公交车)，公交线路达 36 条，线路总长度 469 公里，日发公交近 4000 余班次，年客运量达 7000 多万人次。

【道路运输管理】 截至 2016 年底，全市县内班线 468 辆、县际班线 275 辆、市际班线 104 辆、省际班线 48 辆。同时，全市 141 辆旅游客车全部实行公车公营，全市出租汽车公车公营全部实行。积极发展农村客运，提高建制村通客车率。农村客运站、候车亭建设任务全面落实。至 2016 年底，完成农村客运站点建设投资 1060 万元，建成农村客运站 1 个。农村客运网络拓展延伸。至 2016 年底，全市共开通农村客运班线 322 条，有车辆 617 辆，通达乡(镇)124 个，通达率 100%，通行政村 1732 个，通达率 97.14%。

发展旅游客运。截至 2016 年底，全市拥有 8 家专业旅游客运企业，中高级旅游客运车辆 141 辆，总座位数 5458 座。

全面开展运输企业质量信誉考核。在全市道路客、货运输企业、维修企业及驾培机构进行质量信誉考核工作。评出 AAA 级客运企业 21 家、货运企业 22 家、维修企业 61 家。

【专养公路建养】 2016 年，龙岩市公路局完成公路建养投资 3.9 亿元，路况水平明显提升，结构物养护年活动成效显著，公路安全保障能力不断提升，养护工程管理更加规范，公路路政管理全面加强，公路应急保障及时有力，挂钩帮扶成效明显，党建和文明建设再创佳绩，全面完成年度各项工作目标。

路况水平。巩固迎国检成果，推进路面大中修项目，完成 G205、S204 线等 8 条国省干线公路路面改造 92.6 公里；推进精细化、标准化小修养护，国省干线公路路面使用性能指数达 91.3，干线公路优良路率达 97%。在“十二五”期普通公路迎国检考核中获得全省公路养护管理综合第一名。

结构物养护年活动。以建设“三化五优”公路为目标，着力开展“构造物养护年”活动，全年完成桥梁整治 333 座、涵洞整治 3620 道，标准化养护水平明显提升。

公路安全保障。完成公路安全防护工程 30 公里，危桥改造 5 座，隧道整治 2 座，灾防工程 45 公里，标线划设 2647 平方米，标志 1359 面，公路安全保障能力进一步提升，安全隐患得到及时消除；着力开展“平安公路”创建和“安全文化走廊”建设，公路行业安全稳定。

养护工程管理。修订完善养护工程管理办法，规范养护工程招投标行为；推进养护工程标准化管理，制定养护工程建设管理流程，强化合同管理，实现工程计划、招投标、质量监督、工程监理、验收等环节的流程管理，养护工程合格率达 100%。

公路路政管理全面加强。编印《路政管理制度汇编》和《路政管理文件汇编》，编制《非公路标志审批年审信息登记表》，规范路政许可和管理行为；深入开展路政“两创”活动，加强路政巡查和业务协作，纠正制止违章 4159 起，受理审批路政许可案件 131 起，办结率 100%。

公路应急保障。完善突发事件应急预案，加强养护中心和应急基地建设，加强应急抢险救灾装备配备，新增装载机 7 台、卫星电话 11 部、无人机 1 架及钢桥机械辅助机具。推进各分局路网监控室建设，提升应急抢险联动处置能力，有效应对“尼伯特”等台风灾害，为救灾打通生命通道。

挂钩帮扶成效明显。认真落实市委决策部署，制定帮扶方案，提供帮扶资金，开展用工帮扶、专业技术帮扶、种养资金帮扶、协调相关政策落实帮扶等，取得良好成效。

【农村公路养护】 2016 年，龙岩市交通部门管养农村公路里程为 11829 公里，其中：群养国省道及县道 2431 公里，乡道 5935 公里，村道 3463 公里。

按照“管事不养人”的思路，积极探索多元化、行之有效的养护管理模式，专业化、社会化和群众化相结合的养护管理新机制逐步建立。县道由县（市、区）交通局向社会公开招标，选择具有养护经验(或养护资质)的公司或人员进行养护，实行合同管理；乡道由乡(镇)公路工作站负责养护，按每 5 公里—6 公里路组建养护管理班组，落实养护责任；村道以村一级为主体，聘请护路员负责日常养护。实行“统一领导、分级负责、以县为主、乡村共管、注重实效、全面养护、保障通畅”的农村公路养护管理体系。

建立健全农村公路管养机构。市级管理机构：市交通局将县乡公路工作站更名为农村公路养护管理所，人员保留原 5 名事业编制，为差额拨款事业单位；县级管理机构：各县(市、区)设立事业编制农村公路养护机构，人员经费由财政核拨。乡级管理机构：新罗、上杭、武平、长汀、连城 5 个县(区)在乡(镇)政府设事业编制农村公路养护管理站，人员经费由财政核拨；永定、漳平二县(市)乡(镇)公路站为聘用人员，由一名乡(镇)负责人分管农村公路养护。村级管理机构：每村配备 1 名农村公路养护协管员，负责农村公路养护管理工作。

探索建立“国家扶持引导、政府主体投资、群众捐资投劳”的养护资金筹集机制。农村公路养护资金除省补助外，市级对小修保养按县道 1750 元/年.公里、乡道 875 元/年·公里、村道 250 元/年·公里标准给予补助。此外，在政府投入的基础上，鼓励乡、村两级以投工投劳、公路沿线受益单位和个人自愿捐资、“一事一议”等方式筹资，弥补养护资金不足问题。2016 年，全市农村公路养护地方配套资金达5870万元，超过省政府规定的标准，其中：市级配套1584万元（小修保养943万元、水毁保险补助641万元），县级配套4286万元。

高速公路

【古武高速公路】 永定至上杭段全年完成投资10.9亿元，占年度投资计划10亿元的109%，累计完成投资10.9亿元，占项目总投资52亿元的20.9%。

【漳永高速公路】 龙岩境内段全年完成投资2.5亿元，占年度计划投资2.5亿元的100%，累计完成投资75.05亿，占项目总概算74.28亿元的101%。

【厦蓉线漳州天宝至龙岩蛟洋扩容工程】 全年完成投资24亿元，占年度计划投资22亿元的109.1%，累计完成投资48亿，占项目总概算88.79亿元的54.1%。

【厦蓉线漳州天宝至龙岩蛟洋高速公路新增小池互通工程】 全年完成投资0.5亿元，占年度计划投资0.5亿元的100%，累计完成投资0.5亿，占项目总概算1.5亿元的33.3%。

【龙岩高速东环线】 全年完成投资3.5亿元，占年度计划投资10亿元的35%，累计完成投资3.5亿，占项目总概算55.6亿元的6.3%。

铁　路

【概况】 2016年，龙岩市铁路累计完成投资近40亿元，完成年度计划的143%，年度完成投资总额全省排名第二。浦梅铁路建宁至冠豸山段、龙岩火车站北站房开工建设。龙岩动车组运用所建成投入使用，南三龙铁路加快征迁扫尾和工程建设，福广高铁龙岩至龙川段、厦渝高铁龙厦四线、长永泉铁路连城至长汀段等项目前期工作加快推进，龙岩铁路地区总图规划、福州经龙岩至广州高铁通道规划、龙岩城市轨道交通线网规划、龙岩市铁路发展规划扎实开展。截至2016年底，全市铁路通车里程625公里（其中快速铁路171公里），在建铁路里程160公里（其中快速铁路120公里）。

【浦梅铁路建宁至冠豸山全线开工】 1月15日批复可研，4月21日先期段工程在连城县上园隧道开工建设，10月25日全线开工建设。

项目线路起自向莆铁路建宁县北站，经三明市建宁县、宁化县、清流县和龙岩市连城县，终至赣龙铁路冠豸山站，正线长度约162公里，共设16座车站，其中连城境内线路长度约35公里，设连城、文亨、冠豸山等3座车站，同时修建7.1公里的冠豸山站联络线等相关工程。主要技术标准为：国铁Ⅰ级，单线，设计速度每小时160公里，电力牵引，建设工期4.5年，2020年建成。该项目总投资110.96亿元，其中龙岩市境内投资约24.5亿元。

该项目南与赣龙、龙厦铁路相连，北与向莆铁路衔接，进一步延伸与鹰厦铁路连接，在中部宁化至清流段与规划建设的兴泉铁路共线，将福建西北部山区市县有机地连接起来，填补了闽西北地区的铁路网空白。

【南三龙铁路龙岩段工程建设】 全年累计完成投资近30亿元，完成年度投资计划的124%。自开工以来，路基土石方累计完成设计的78%，桥梁累计完成设计的95.11%，涵洞累计完成设计的99.50%，隧道累计完成设计的97.62%，投资累计完成总投资的97.41%，红线内征迁累计完成100%，临时用地拆迁累计完成98.6%。

【龙岩火车站北站房开工建设】 2月14日批复初步设计，7月12日批复施工图设计，10月21日开工建设。站房型式按线侧式+高架候车室设计，共6站台13线，项目批复面积2.5万平方米，建成后实际总面积为3.45万平方米，总投资3.92亿元，由龙岩市人民政府和中国铁路总公司共同出资建设。北站房部分工程2017年底建成投入使用，2018年全部投入使用。项目建成后，龙岩将成为福建省唯一设有高架候车室的山区市。

【龙岩动车组运用所建成使用】 1月6日批复可研，3月11日开工建设，6月23日建成投入使用。该所是福建省境内的第3个动车所，也是全国第52个动车所，这将进一步提升龙岩火车站动车组始发、终到的开行能力，更加凸显龙岩在全国的铁路交通枢纽地位，为闽西老区人民出行提供了更为便捷的条件。2016年，龙岩火车站每日办理客车36对，其中动车29对。

【福广高铁路龙岩至龙川段】 项目已被列入2016年公布的《国家中长期铁路网规划》、《交通基础设施重大工程建设三年行动计划》。中铁工程设计咨询公司已编制完成预可研报告。

（市铁办　供稿）

【龙岩车务段经营情况】 铁路车务段位于人民路166号，成立于2007年1月。随着12月26日赣瑞龙线的开通，该段正线运营里程增加为553.126公里（赣龙线为国家Ⅰ级单线线路158.718公里、漳龙线为国家Ⅱ级单线线路143.037公里、龙漳线为国家Ⅰ级双线线路单线111.336公里、赣瑞龙线为国家Ⅰ级双线线路单线136.585公里、龙东支线3.45公里），主要办理客货运输发出和到达业务，年底图定开行客货列车102对（旅客列车41对、货物列车54对、快速货物班列4对，动检列车 3 对）。

下辖 29 个车站中，龙岩、龙岩东、铁山洋 3 站为二等站；冠豸山、古田会址、上杭 3 站为三等站；长汀南、南靖、龙山镇、长汀、永定、坎市、雁石、坂尾、红炭山、富岭 10 站为四等站；金峰山、河田、中复、新泉镇、苎园、小池镇、基太、苏坂、苹林、象牙村、仙师、马坑、草坂 13 站为五等站。

2016 年，该段牢固树立“安全第一”思想，持续深化“三点共识”和“三个重中之重”意识，全年消灭了一般 D 类及以上责任事故，截至 12 月 31 日 18 时顺利实现运输行车安全 1723 天。

年内，该段面对上半年管内大宗货物运输持续下滑局面，通过“抢、夺、稳、争”和“总对总”等方式稳定并拓展市场份额，不断提升服务质量和市场竞争力。全年完成运输收入 61322 万元，同比增收 7062.6 万元，增幅 13%，为年度计划的 105.4%。其中，客运收入完成 44562.8 万元、货运收入完成 16759.2 万元。另客发完成 579.6 万人、货发完成 249.2 万吨、装车完成 52451 车、卸车完成 58887 车；非运输收入完成 762 万元、同比增加 91 万元，实现毛利 667 万元、同比增收 99 万元。

按照“大品牌、小包件、多业态、分档期”思路，做大经营开发，对古田会址、冠豸山、长汀南 3 站的商业点位组织招标完成招租 2 批次，落地项目 11 项合同金额 217.0 万元；，在长汀南、古田会址 2 站广告招租项目流标后，主动协调新罗南铁广告公司参与招标等完成招租 2 批次，落地项目 7 项合同总金额 338.7 万元；重新组织长汀、龙岩东站闲置资源公开招租完成招租 2 批次落地 6 项合同金额 157 万元。

扎实推进民生工程建设，在完成路局计划工程同时，自筹完成生产生活整改项目 66 项 52.43 万元。其中 57 项 39.93 万元主要整治货运站货场和营业厅标准化、信息科办公室、龙东信息机房、指挥中心及洽谈室地面等，9 项 12.5 万元主要完成龙岩东伙食团整修、现场部分间休室家俱更新、古田会址站新单身宿舍增设纱窗、金峰山和长汀南两站厨房增设净水器、中复站单身宿舍一楼卫生间整修等。

2016 年龙岩车务段主要运输指标

表 21

项　目	单位	计划	实际	完成
运输收入	万元	28200	61322	105.4%
客运收入	万元	42900	44562.8	103.9%
货运收入	万元	15300	16759.2	109.5%
发送旅客	万人	560	5789.6	103.5%
发送货物	万吨	228	249.2	109.3%
装车数	车	41610	52451	126.1%
卸车数	车	—	58887	同比增卸 1982
停　时	小时	15.3	13.6	压缩 1.7
中　时	小时	—	4.2	同比增加 0.4

（伍尚松　撰稿）

水　路

【水路运输管理】 2016 年，全市水上交通持续保持安全平稳。市水运和地方海事机构联合交通行政综合执法支队，全年共出动安全检查 855 人次、执法次数 231 起，出动执法车辆 231 辆次，共检查渡运站点 85 次、查处安全隐患并落实整改 32 项。水路旅客运输完成 50.5 万人次，周转量 550.9 万人公里，同比分别增长 1.5%和 1.68%。农村渡口安全渡运 8 万人次。举办船员培训班3 期、培训船员 73 名。应检船舶检验率 100%。

【内核航运管理】 龙岩航运搜救“海巡 501”建成下水，完成市级应急物资储备库建设，启动龙湖搜救基地建设。依法落实“三长”责任状签订和报备工作，做好法规宣传，让县、乡、村水上交通管理者明确责任。按省、市安全目标责任印发水运、海事“工作要点”和“安全生产管理目标责任”，并制定考评办法，开展督查，促进各项工作的落实。运用海事短讯群发平台，开展安全巡查，落实领导带班和值班制度，市县值班人员手机 24 小时开通，精准掌握水上交通安全动态，及时发出通航警告、通知。关键时刻，将海事管理关口前移，深入渡运站点帮助开展船舶系泊，督促船舶按既定的制度要求进入避风停靠点系靠紧固。落实各项安全防范措施，做好应急人员、车辆、物资的准备安排，做好应急预案启动各项准备。

【水上交通安全管理】 制定2016年度内河水上安全生产监督检查计划表，每月开展水上交通安全巡查，及时发现、整改隐患。落实采砂船舶的定点避风停靠制度。督促建立了海事、气象部门协调联络机制，下发《龙岩市地方海事局龙岩市气象局关于建立健全气象联系机制的通知》，构建辖区水域恶劣天气检测预警预控协作，应用历史数据，科学地开展安全防御管理。推广开展主要水域设立水上交通安全劝导站工作机制，由当地乡镇、所在地村经水上交通安全培训人员为主，县地方海事处以工作指导和定期蹲点办事的方式，开展水上交通安全劝导、纠违、宣传教育工作，在重要节假日期、群众性活动渡运高峰期、学生集中过渡期和极端恶劣天气期时段作为现场值守及水域巡查落脚点。

【安全月水上交通安全宣传】 联合教育部门，开展小学生安全知识竞赛活动，印制安全宣传学生笔盒、作业垫板、便携式饮水瓶、《小学生水上交通安全教育读本》等安全宣传品，开展水上交通安全知识讲座、安全宣传摆摊设点、专题会议、发放宣传品、微信、短讯等多种形式的安全宣传，不断提升水上交通从业人员安全意识。

机　场

【机场运输管理】 龙岩机场2016年累计实现运输起降1450架次，同比增长14.53%；完成旅客吞吐量11.72万人次，同比增长10.76%，

【“北京—武汉—连城”航线开通】 9月10日，龙岩机场开通“北京—武汉—连城”航线，打通东至上海，南至桂林，西至成都，北至北京，中至武汉的空中通道，大大增强机场通达性、中转性和选择性。

（市交通局　供稿）

16 财政 税务

财 政

【概况】 2016年，龙岩市各级财政部门围绕全面实施创新驱动、产业兴市、人才强市“三大战略”，认真落实市四届人大五次会议的各项决议，全力支持打好项目落地、脱贫攻坚、生态环保“三大战役”，深化财政改革，优化服务助推经济发展，预算执行情况总体良好。2016年，龙岩市一般公共预算总收入266.07亿元，下降1.4%，其中：地方一般公共预算收入131.41亿元，增长5.5%。全市一般公共预算支出274.22亿元（含上级转移支付），比上年增加16.26亿元，增长6.3%。2016年，全市政府性基金收入52.07亿元，比上年增加8.42亿元，增长19.3%；全市政府性基金支出58.29亿元，比上年增加2.41亿元，增长4.3%。

【挖掘财政增收潜力】 依法征税组织收入。在经济增速放缓、政策性减收因素较多、卷烟税收大幅下降的情况下，全力支持重点行业、重点税源、重点企业的生产发展，加强分析，强化征管，落实好全面实施“营改增”、资源税从价计征等减税政策，加快推进第三方信息采集、交换和共享协作，提高重点税源监控水平，促进地方财政收入平稳增长。强化政策对接落实。主动对接国家支持福建、闽西原中央苏区发展的一系列政策，出台《龙岩市争取上级资金和培育新增税源的考核办法》，调动县（市、区）、市直各部门向上争取项目资金的积极性。全市争取上级转移支付资金116.5亿元（快报数），增长7.8%，已到位公开招标地方政府债券转贷资金119.62亿元，其中：在建项目后续融资债券资金5.55亿元，新增债券资金30.5亿元，置换债券资金83.57亿元。按债券存续期和银行贷款利差测算，每年可节省融资成本15亿元。促成汀江—韩江流域上下游横向生态补偿机制建立，两年内中央和省将投入龙岩市汀江—韩江流域生态治理资金9亿元。新增中央财政对连城机场等特殊困难财力补助4600万元/年。省财政对龙岩市北京—连城航线补助1350万元，一补三年。

【财力支持“三大战役”】 支持项目落地攻坚。筹资161亿元，支持打好项目落地、脱贫攻坚、生态环保“三大战役”。主动对接国开行、农发行等政策性银行，创新融资98.58亿元，争取专项建设基金42.83亿元，加大对城建环保、交通、社会事业等“七大领域”会战项目支持力度，为重大基础设施和攻坚项目建设提供大额、长期、低成本的信贷融资支持。PPP(政府和社会资本合作)模式推广运用已取得阶段性成果，储备项目35个，总投资319.42亿元。海西高速永定至上杭段、乡镇污水处理厂网一体化、连城县福地水库和永丰水库等3个总投资70.36亿元的PPP项目已落地，列入财政部示范项目。加大生态环保投入。支持推进国家生态文明建设示范区创建，加强水环境治理投入，建立完善农村环卫保洁长效机制。拨付资金4.3亿元推进汀江、九龙江等重点流域治理，投入2300万元开展家园清洁行动，安排1700万元支持黄标车提前淘汰报废，投入2160万元支持开展养殖业污染治理，支持加快城乡污染治理和污水处理，汀江干流、武平象洞溪等水质得到明显改善，出境断面水质达到考核要求。积极助力脱贫攻坚。加强财政扶贫资金筹措力度，市级财政统筹扶贫开发资金1.04亿元，推进造福工程，支持重点乡镇(村)扶贫开发，扶持贫困户发展生产、培育和壮大带动贫困化发展的特色优势产业等。积极推进农业综合开发与扶贫攻坚相衔接，落实精准扶贫各项政策。

【推进供给侧结构性改革】 加大减税降费力度。落实收费清理改革，市级分两批公布83个可收费的行政事业性收费单位和 129 项行政事业性收费项目，全面清理涉企收费，激励大众创业、万众创新，服务实体经济。加大企业技术改造等奖励，促进企业增产增效。全面实施“营改增”减税政策，覆盖四大行业 2.8 万纳税户，确保新增试点行业总体税负只减不增。扶持实体经济发展。兑现工业帮扶奖补政策 3.79 亿元，支持重组新龙马汽车项目尽快落地，支持企业技术改造、扩大市场，帮扶企业“降成本”。统筹资金 1.63 亿元，支持煤炭行业化解过剩产能。市级拨付 1000 万元支持闽西“八大珍”“八大鲜”等特色农业，出台农产品加工业固定资产投资市级补助政策，推进农产品加工产业加快发展。拨付资金 378 万元，扶持军民融合产业加快发展。把经银行认可的出口信用保险项下贸易融资纳入“助保贷”范畴，发放“助保贷”企业 4 家，发放贷款总额 2044 万元。充分发挥企业应急还贷资金作用，扩大还贷应急资金使用地域范围和产业范围，为 19 家企业办理 5.18 亿元的应急转贷业务。促进新兴业态发展。运用现代金融工具，撬动社会资金投资新兴产业。与中国风险投资有限公司合作设立 16 亿元新兴产业基金，重点投资龙岩市节能环保、新材料、生物医药、新型显示、光电、软件等新兴产业。出资 1.1 亿元参与设立福建省企业技术改造基金，参与福建省产业股权投资基金共同合作设立兼并重组基金，支持龙岩产业转型升级。优先保障创业创新政策支出，着力培育“科技小巨人”领军企业，支持科技创新平台建设。实施“补短板”工程包。多渠道筹集资金 16.25 亿元，支持第一、二批工程包项目建设。支持实施各类棚户区改造 16912 套（户），基本建成 7618 套（户），完成投资 43 亿元。拨付 7.99 亿元，用于异地扶贫搬迁、城市公共停车场和公厕、城市路网、污水处理和供水设施项目建设。拨付公积金增值收益 8608 万元，助建公共租赁住房。

【增加供给保障和改善民生】 优化城乡公共资源布局。增加农村公路建设养护投入。筹措资金加快推进龙岩高速东环线建设，双永高速龙岩北互通连接线、中心城区至高新园区快速通道等项目建成通车。加速推进中心城区“一环一轴四纵五横”路网建设，筹融资 50.6 亿元用于龙岩大道高架桥、龙岩大道四期等主干路网项目建设，推进中心城市交通治堵工程。拨付补助资金 4700 万，用于弥补公交公司政策性亏损、公交场站及新能源公交充电设施建设。支持传统村落保护、抗震防灾等规划编制和“多规合一”试点。创新财政投入方式，2016—2018 年，市级将筹措资金 1.2 亿元，撬动金融资本 4.8 亿元，筹融资 6 亿元，引导县、乡（镇）投入 54 亿元，支持实施新型城镇化和美丽乡村建设三年行动计划。支持实施人才强市战略。拨付首期人才专项资金 7000 万元，不断优化、简化人才专项资金拨付程序，加强与有关职能部门无缝对接，确保人才专项资金安全、快捷拨付到位，为各类人才来岩发展提供优质、便捷服务，营造优良的引才用才氛围。拓宽公共服务供给渠道。设立公共资源交易中心，整合工程建设项目招投标、政府采购、国有产权交易、土地使用权和矿业权出让等五项交易职能，推进政府购买服务，覆盖教育文化、市政维护、社工服务、助残养老等领域，有效增加多层次民生需求供给。出台财政奖补政策，鼓励民间资本进入医疗、养老等领域。首次采取商业银行授信 10 亿元及资产证券化融资 5 亿元，缓解公积金信贷紧张状况。不断提升民生保障水平。全市民生支出 217 亿元，同比增长 6.5%，占一般公共预算支出总额的 79.1%。及时拨付资金 6049 万元，有效应对尼伯特等台风带来暴雨洪灾，支持受灾群众生活救助和灾后重建。认真落实各项惠农政策，推进“三农”综合保险，开展农村土地承包经营权确权登记颁证工作，支持粮食生产与粮食安全。提高学前教育贫困幼儿财政补助标准，完善城乡义务教育经费保障机制，建立公办普通高中生均公用经费拨款标准制度，提高公办中等职业教育生均公用经费定额标准。巩固扩大基本医保覆盖面，提高基本医疗保障水平。新型农村合作医疗和城镇居民医保政府补助标准从 380 元/人·年提至 420 元/人·年。基本公共卫生服务经费由年人均 40 元提至 45 元。出台乡村医生养老保障政策，政府给予缴费补助或发放养老生活补助。创新扩大职工医保个人帐户使用范围，满足参保人员多层次、个性化医疗保险需求。全面实施机关事业单位养老保险制度。继续实施城乡居民养老保险和企业退休人员养老金待遇提标工作，将城乡居民基础养老金标准由每人每月 110 元提高到 125 元；完善困难残疾人生活补贴和重度残疾人护理补贴制度，困难残疾人生活补贴每人每月 50 元，重度残疾人护理补贴一级每人每月 100 元、二级每人每月 50 元。支持开展“银龄安康保险”试点工作。兑现“首套房”契税奖励 4164 万元，推动住房保障向“以公租房为主”、征迁补偿向“以货币为主、实物为辅”转变，支持中心城区公租房、经济适用房配租配售和棚户区改造，逐步建立多层次、多方位覆盖的新型保障房体系。

【创新财政管理机制】 改进预算管理制度。完善市级基本支出预算编审标准，细化转移支付预算编制，试编财政中期规划，提前下达对县（市、区）转移支付，有效加快财政支出进度。进一步拓宽预决算公开渠道，在全省率先将本级政府预算、部门预算在财政门户网站上集中公开，方便社会公众查阅和监督，比规定时间提早一年，实现了政府预决算体系公开的全覆盖。严格政府采购预算编制，市级部门使用财政性资金采购市级政府集中采购目录以内或者采购限额标准以上的货物、工程和服务，均应编制政府采购预算。推进国库管理改革。在全省率先开展国库集中支付电子化改革试点，103个乡(镇)已实施国库集中支付改革，占全市乡镇总数的77%。全市共撤销财政专户102个，财政专户清理整顿取得实质性成效。在全省率先开发政府综合财务报告和政府部门财务报告编报系统，试编全省首份地市级综合财报，选取9个乡(镇)开展政府综合财务报告的试编工作，走在全国、全省前列。全市财政决算管理连续两年获得全省考评第一名。全面加强库款管理，在省财政厅每月对地市财政库款综合考核中多次位居第一。加强政府债务管理。实行政府债务预算管理全覆盖，建立"借、用、还"相统一的地方政府举债融资新机制。根据省财政厅核定的限额，市四届人大常委会第三十五次会议审议批准2016年市本级政府债务限额288.12亿元，安排举借新增政府债务7.3亿元。规范政府债务管理，企事业单位举借债务不得纳入政府债务范围。根据政府债务风险评价指标体系，落实2016–2018年政府性债务风险化解规划和应急处置预案，在严控债务增量的同时，积极采取措施，逐步降低债务风险。加强财政监督管理。实现绩效目标管理全覆盖，完成绩效目标批复单位266家、批复资金25.1亿元。开展会计信息质量检查，查处违规企事业单位22户、问题资金3387万元。组织开展涉农资金"最后一公里"专项督查工作，查处违规金额3015万元。开展"三公"经费、会议费、培训费等开支情况"1+X"专项督查。完成工程预结算审核项目共713个，送审金额61.49亿元，审定金额56.68亿元，审减金额4.81亿元、审减率约为7.82%。加强政府采购管理，全市完成政府采购预算金额20.4亿元，实际采购金额19.2亿元，节约财政资金1.2亿元，节约率为6%。

（张飞燕　供稿）

国家税务

【国税收入】 2016年，市国税局共组织税收收入162.92亿元，同比增收7.01亿元，增长4.5%。扣除海关代征后，国税部门组织税收收入159.83亿元，增收6.48亿元，增长4.23%，完成年度税收收入计划155亿元的103.12%。分级次看，中央级税收收入完成125.16亿元，减收6.29亿元，下降4.78%；地方级税收收入完成34.67亿元，增收12.77亿元，增长58.3%。按照财政口径计算，全年实现税收收入148.98亿元，同比增收4.29亿元，增长2.96%，完成年度收入计划153.15亿元的97.28%。全年共组织非税收入584万元，同比减收15万元，下降2.5%。其中，征收文化事业建设费504万元，税务部门罚没收入68万元。

2016年市国税局各征收单位税收收入完成情况

表22　　单位：万元

单位	累计入库			免抵调库			直接收入		
	税额	比上年同期增减		调库额	比上年同期增减		税额	比上年同期增减	
		税额	%		税额	%		税额	%
全市	1598322	64808	4.23	8959	–6041	–40.27	1589175	72793	4.80
新罗区国税局	1181281	1591	0.13	1000	–1923	–65.79	1180284	3681	0.31
其中：龙岩卷烟厂	900104	–53735	–5.63						
永定区国税局	76225	11850	18.41	2500	–30	–1.20	38639	12939	50.35
上杭县国税局	63592	8980	16.44	397	–203	–33.81	75707	11931	18.71
武平县国税局	39704	4350	12.3	1087	134	14.04	62436	10728	20.75
长汀县国税局	41139	12909	45.73	0	–380	–100.00	39704	4731	13.53
连城县国税局	29714	7231	32.16	773	–564	–42.19	28943	7797	36.87
漳平市国税局	42374	1702	4.18	2200	–440	–16.65	40174	2142	5.63
龙岩经济技术开发区国税局	124291	16194	14.98	1003	–2636	–72.44	123288	18844	18.04

【服务地方经济发展】 发挥税收职能作用,落实省国税局《关于服务创新驱动发展战略 助推供给侧结构性改革的意见》,积极为企业减税负、降成本,营造良好营商环境。落实税收优惠政策。针对不同行业、不同规模纳税人,特别是围绕市重点发展的产业,开展各有侧重的税收政策宣讲和辅导,确保"应享尽知"。狠抓小微企业减免税政策督查,确保"应享尽享"。全年累计办理各类减免税12亿元,促进产业结构调整和大众创业、万众创新。及时办理出口退税。每周至少办理一次出口退税,公开承诺一类企业2日内、其他企业无疑点的5日内办结审批。推行网上申报退免税,24户企业试行无纸化申报管理。发布"龙岩版"《出口退(免)税风险指南》,实行柔性执法,引导企业规范经营。全年办理出口退免税4.01亿元。助力区域经济发展。专题向省国税局汇报厦龙山海协作区和经开区有关征管体制调整有关事项。按时完成涉及910户纳税人的管户迁移,助力国家级经开区发展壮大。

2016年龙岩市国税局减免税情况

表23 单位:万元

序号	项目	合计	税收收入							其他收入合计	企业所得税月(季)预缴减免
			小计	增值税	其中:改征增值税	消费税	企业所得税	城市维护建设税	车辆购置税		
1	总计	123899	120288	68574	4933	6095	30226	3452	11941	3611	29822
2	其中:征前减免	114242	110631	58928	4930	6095	30215	3452	11941	3611	29813
3	退库减免	9646	9646	9646	3						9
4	抵顶欠税	11	11				11				
5	一、改善民生	14154	13713	12699	130	0	466	548	0	441	63
6	1.救灾及重建	80	79	32	1		45	2		1	59
7	2.再就业扶持	1	1	1	1						
8	3.社会保障	4573	4562	4128	81		421	13		11	4
9	4.提高居民收入	8724	8331	7842	47			489		393	
10	5.其他	776	740	696				44		36	
11	二、鼓励高新技术	4525	4525	34	0	0	4491	0	0	0	2852
12	1.技术转让	223	223	5			218				170
13	2.科技发展	12	12	12							
14	3.自主创新	17	17	17							
15	4.投资创业	2459	2459				2459				2682
16	5.高新技术	1814	1814				1814				
17	三、促进小微企业发展	22217	20952	18274	1956	0	1535	1143	0	1265	3240
18	1.未达起征点	12739	11834	11137	956			697		905	
19	2.免征增值税和营业税政策	7943	7583	7137	1000			446		360	
20	3.其他	1535	1535				1535				3240
21	四、节能环保	15208	14893	6522	82	6095	1964	111	201	315	4584
22	1.环境保护	710	696			258	219	18	201	14	343
23	2.资源综合利用	14498	14197	6522	82	5837	1745	93		301	4241

【编辑《税收执法案例评析》】 11月，市国税局组织本系统法规、稽查部门业务骨干和公职律师，编纂出版《税收执法案例评析》。《税收执法案例评析》汇编近年来龙岩市国税系统在税收执法过程中办理的纳税评估案例、税务稽查案例、行政复议案例和税务诉讼案例，分析各案例长处和不足，选定30个经典案例，从基本案情、争议焦点、法理分析、解决思路、案例启事、政策依据等6个方面，系统、精确、详细地解剖税收执法盲点、差距和经验教训，提示在税务执法案件诉讼时应注意问题和方法。

【税务登记】 全市税务登记户数25740户，包括企业17439户、个体工商户8301户，其中增值税一般纳税人961户。

【纳税申报与税款征收】 全市纳税人申报619366户次，其中：增值税431032户次，企业所得税97080户次，消费税1850户次。

【"营改增"试点工作】 接收省国税局下发市地税局移交纳税人名单及相关数据，并做好逐户确认工作。3月16日，接收省国税局清册共下发"营改增"（营业税改为增值税）户27706户（其中：本地登记17608户、外来经营10098户），核实后全市本地登记户为17603户，其中正常户13481户（共管户4118户、非共管户9363户）。做足基础工作。全市完成试点纳税人信息补录11922户，手工录入纳税人登记信息962户，完成税种登记12748户，申报方式确认12084户，占应完成比例100%；重新签订税库银扣款协议7778户。完成"营改增"普通发票印制。3月24日，根据《省国税局建筑业等"营改增"试点纳税人发票票种衔接对照表》，要求各单位结合本轮"营改增"纳税人信息，测算相对应票种印刷量，并填写《龙岩市2016年营改增普通发票需求统计表》，确保发票供应。4月14日提交印制单位印制，4月28日印制完毕并送达各单位。完成二手房征收管理模块布局与测试工作。完成全市二手房征收管理模块安装数量64个，税控盘安装数量69个，所有模块均通过测试，未出现问题。

【国地税征管合作】 根据《福建省国家税务局 福建省地方税务局关于印发〈国地税合作县级示范区建设方案〉的通知》精神，龙岩市"县级国地税合作示范区"建设单位，确定为上杭县国税局、上杭县地税局，并印发《龙岩市国地税合作县级示范区建设方案》。2016年6月30日前，全面落实基础合作事项；2016年12月31日前，全面落实创新合作事项。国税、地税部门通过在办税服务大厅（办税服务中心）互设窗口和派驻人员，在征收税款、代开发票的同时，相互代征税费。当年，国地税联合办理税务登记13538户，联合办理变更登记20679户次，协同办理注销登记1527户。市国税局联合市地税局推动市政府印发《龙岩市人民政府办公室关于建立财税管理互动协调及信息共享工作机制的通知》，建立财税管理互动协调及信息共享工作机制、联席会议及龙岩市涉税信息交换平台，并确定34个成员单位。通过共享涉税信息并开展信息比对，国税部门增加税款3371.59万元，地税增加税款1769.21万元。市国税局、市地税局共同确定133户高风险纳税人，并对其开展风险应对，通过协同实施风险应对，增加税款2489.34万元。市国税局全力创建"国地税合作县级示范基地"的做法得到省国税局领导肯定。

【金税三期优化版应用系统上线运行】

历时9个月完成金税三期工程技术基础环境搭建、系统初始化、数据迁移、异常数据清理、定向演练、双轨试运行、人海压力测试、预约办理业务等项目推广工作。7月8日，金税三期优化版应用系统在市国税局正式上线运行。当日受理税务登记97户（含外来报验31条），发票发售663户次，各类申报1534户次（含车购税363户次）。全市系统各办税服务厅各项涉税业务开展顺畅，系统运行平稳。

【消费税管理】 贯彻落实国家化妆品消费税政策调整及超豪华小汽车加征消费税政策。2016年10月1日起，取消对美容、修饰类化妆品征收消费税，应征税"高档化妆品"税率调整为15%。2016年12月1日起，对超豪华小汽车在零售环节加征10%消费税，及时落实消费税税种登记及2016年11月30日（含）前已签订的超豪华小汽车销售合同备案工作要求。落实消费税涉税数据采集要求，及时采集上报相关数据，做好月度、季度消费税税源分析工作。

【车辆购置税管理】 根据《财政部 国家税务总局关于减征1.6升及以下排量乘用车车辆购置税的通知》规定，对纳税人自2015年10月1日至2016年12月31日期间购置的排气量在1.6升及以下的乘用车，暂减按5%的税率征收车辆购置税（以下简称车购税）。全年办理减半征收车购税车辆17995辆、减免税款683万元。组织开展2013—2015年度车购税专项检查工作，检查工作分自查，省国税局、市国税局抽查和落实整改等阶段，至年底追缴入库车购税税款52万元，加收滞纳金23万元。

【办税大厅建设】 办税大厅设置。上杭县国税局与上杭县地税局、长汀县国税局与长汀县地税局在当地行政服务中心联合共建办税服务厅，其中，上杭县国税局、长汀县国税局是能办理"落实标准"明确的5项业务联合办税服务场所。市国税局有2个办税服务厅在市地税局办税服务厅互设窗口，市地税局有6个办税服务厅在市国税局办税服务厅互设窗口，市国税局、市地税局有6

个单位进驻政府政务大厅。市国税局、市地税局各有26个联合办税服务窗口。“营改增”扩围后，新罗区国税局在新罗区龙门镇、新罗区曹溪社区，进驻地税办税服务场所，新增4个办理国税业务窗口。办税大厅服务管理监控系统。全市8个单位12个办税服务厅共安装137个视频摄像头，对应每个全职能窗口均安装摄像头，实现对各办税服务厅全方位、无死角视频监控。全年评价率8.71%，满意度99.95%，窗口开通率37.84%，窗口饱和度86.09%，平均等待时长16.09分，平均办税时长11.97分。

【首家国地税联合办税大厅建成】 3月30日，龙岩市首家国地税联合办税大厅在上杭县建成。上杭县国税局、上杭县地税局联合办税大厅，是在国税、地税办税服务厅整体入驻上杭县行政服务中心基础上，整合资源，分设一体化咨询辅导区、导税预审区、办税服务区、填单示范区、自助办税区等功能区域，设置30个综合办税窗口，采取“一人双机双网双系统” 业务办理模式，为纳税人提供税务登记、发票代开、纳税申报、发票发售等涉税服务，实现国地税业务同窗通办，方便纳税人“取一次号，到一个窗，办两家事”。

【打击发票违法活动】 市国税局会同公安、地税、通信管理等部门联合开展打击发票违法犯罪专项行动，将发票检查纳入税收检查总体工作中，做到“查税必查票”“查票必查税”。把发票使用情况检查作为税收检查的必经环节和必查项目。重点部署对发票违法问题高发、频发的房地产、建筑安装、药品与医疗器械、商业批发与零售、电信、交通运输等行业的发票使用情况开展检查；利用增值税发票管理升级版资源，加强风险防控和数据比对应用，实现对发票违法犯罪标本兼治。共查处涉税违法企业97户，查处非法发票3089份，涉及金额26670.26万元，查补税款1839.50万元，加收滞纳金80.62万元，罚款118.53万元。

【公安派驻税务联络机制办公室成立】 11月7日，龙岩市公安局派驻市国税局联络机制办公室在市国税局稽查局挂牌成立，标志着公安、税务机关形成常态化、制度化、规范化派驻工作机制。税警联络机制办公室，主要承担联络沟通、组织协调、分析研究、情报研判和督导指挥等职能，实现公安与国地税三部门之间第一时间传递信息、交流案情和立案查处，形成打击涉税违法犯罪整体合力。

【国税文化建设】 市国税局将2016年确定为“加强文化建设年”，按照“系统推动、全员参与、注重过程、突出特色”思路，挖掘闽西红色文化、客家文化资源，打造龙岩国税“融和”文化品牌，推进各项工作上台阶。凸出实施“五大工程”（凝心聚力工程、素质提升工程、监督自律工程、人文关爱工程、文明创建工程）。部分基层单位初步提炼出本单位特色文化品牌。如新罗区国税局“传聚文化”（传承经典，聚财聚力），永定区国税局“筑梦文化”（方正圆融，崇德尚善），上杭县国税局“红航文化”（勇立潮头，成功通济）；连城县国税局“豸风文化”（豸品清廉，和风兴税）。提升文化建设总体形象。重抓“五位一体”物态文化建设：打造一个“闽西税韵”文化展厅、编撰一本文化图册、拍摄一部宣传片、办好一本刊物、搭建一条文化走廊。打造“融和”文化品牌。加强与国家行政学院专家团队协作，提炼出“崇德、尚法、融和、精进”的龙岩国税核心价值观，即龙岩“融和”文化品牌。在实际工作生活中践行好“五大理念”：“以人为本，追求卓越”管理理念，“规范文明，公正理性”执法理念，“至精至诚，高效便捷”服务理念，“洁身如莲，善始善终”廉洁理念，“持之以恒，分享共进”学习理念。

【教育培训】 市国税局坚持“缺什么补什么”宗旨，有针对地举办稽查工作规范、“营改增”政策业务、金税三期培训演练、纳税服务、绩效管理、行政系列岗位大练兵师资、信息技术、“两学一做”学习教育等培训班近30余次，培训1500余人次，提高全员依法行政意识和工作能力。开展“岗位大练兵，业务大比武”活动，选拔省国税局“专业骨干”2名、市国税局“岗位能手”13名、市国税局“专业人员”28名。倪晓勇代表省国税局到税务总局参赛，取得好成绩。

（傅林清　供稿）

地方税务

【税收收入】 2016年，全市地税系统共组织各项收入119.96亿元，同比减收14.7亿元，下降10.92%。其中：税收收入77.43亿元，同比减收17.64亿元，下降18.55%；财政总收入77.15亿元，同比减收15.3亿元，下降16.55%；地方级财政收入59.51亿元，同比减收12.36亿元，下降17.19%。社保费收入34.17亿元，同比增收3.8亿元，增长12.5%。

【税收征管】 实施全面“营改增”试点，全市共向国税部门移交“营改增”试点税源户28719户，实现5月1日新旧税制平稳转换。认真做好代征二手房交易和私房租赁增值税和代开增值税发票工作，全市系统共代开增值税发票22727份，代征增值税4172.86万元。全面实施资源税从价计征改革，8月1日，全省资源税从价计征全面改革后的第一笔税款在龙岩成功申报入库。完善税费征管机制，健全税费管理体系，夯实征管基础，成功上线金税三期系统。深入推进“一照一码”相关工作，全年共办理“一照一码”新设立登记企业14135户。加强税收风险管理，开发完善“税收风险预警服务平台”，认真做好内部风险识别和应对，全年全市共推送风险纳税人总户数1932户，入库税款9796.7万元，同比增长176.52%。全面推进“以地控税，以税节地”工作，开展房产税和城镇土地使用税税源数据清理、核实。全市查补入库城镇土地使用税、房产税及其他税费1191万元。组建企业所得税风险管理团队，加强企业所得税事中事后管理，发现有效风险点59个，查补企业所得税3218.51万元。全年全市完成汇算自行申报企业4973户，汇算清缴面达99.22%，补缴企业所得税1.8亿元。圆满完成年所得12万元以上个人所得税自行申报工作，共受理纳税人自行申报11283人，同比增长9.55%。做好股权转让个人所得税管理，深化与工商部门协作，全年共入库股权转让个人所得税3.68亿元。

【税务稽查】 完善稽查运行机制，拓宽案源信息渠道，建立查前分析机制，规范稽查执法文书，加强自查辅导，做好积案清理和案件的动态跟踪，实施稽查质量评价管理机制，全面提高办案质效。深入开展发票专项整治，与国税、公安部门联合，形成打击合力，共查处发票违法案件40户，查获各类非法发票3802份。全年全市稽查共组织稽查收入1.04亿元。

【纳税服务】 继续开展“星级办税服务厅（窗口）”争创活动，梳理《纳税服务规范》，调整表证单书和填写范本，建立导税、领导值班工作流程与标准，推进办税服务标准化、规范化。升级完善首问责任、限时办结、预约办税、延时服务、“二维码”一次性告知、24小时自助办税等便民服务机制。全年全市系统共为纳税人提供预约服务1200余项次，延时服务870余次，“容缺”受理涉税业务395项（次）。积极推进联合大厅办税服务，上杭、长汀国地税大厅联合进驻行政服务中心，实现税务登记、纳税申报、发票办理等八大类涉税业务的“一窗通办”。其他县（市、区）局共派员16人进驻国税办税厅，负责发票代开、涉税受理、证明开具和咨询服务等服务，实现纳税人“进一家门、办两家事”的办税新模式。全面升级“12366”热线服务，新增纳税服务投诉流转业务，实现纳税服务投诉多渠道接受，统一平台处理、全程监控督办。2016年，共接听纳税人来电24894人次，答复各类问题2.7万条，网评满意率99.5%，咨询回复率达100%。落实促进小微企业、重点群体就业创业、研发费用加计扣除、支持兼并重组及节能环保等新兴产业发展等税收优惠政策。2016年，全市系统共为1354户企业落实小微企业所得税优惠政策，减免企业所得税1048万元；为6户盈利高新技术企业减免企业所得税6600.07万元；为17户企业落实2015年度研发费用加计扣除1.09亿元。

（姚　佳　撰稿）

17 金　　融

综　　述

【金融运行】 2016年，龙岩市金融部门主动适应经济发展新常态，继续贯彻落实好稳健的货币政策，切实为供给侧结构性改革提供更好的金融服务，较好地支持地方经济发展。至2016年年末，全市金融机构本外币各项存款余额1763.93亿元，同比增长11.59%；本外币各项贷款余额1454.14亿元，同比增长5.62%，金融运行的主要特点：

各项存款波动增长，增幅位次后移。全市金融机构本外币各项存款在上年快速增长的基础上有所回调并呈波动增长，全年新增183.27亿元，同比少增11.65亿元。各项存款季末冲高仍明显，其中3月6月9月12月份各项存款分别增加49.3亿元、113亿元、28.3亿元、38.8亿元，4个月增量占全年全部增量的125%，其中6月存款增量创全年最高为113亿元。至12月末，全市各项存款增速仍高于全省平均水平(全省为9.88%)，但幅差有所收窄，至年末位列全省第三位，较上年后移1位。

不同区域、机构存款增长分化明显。中心城市存款少增，县域存款多增。中心城市（新罗区）新增存款为67.25亿元，占全部新增的36.7%，同比少增41.68亿元，份额比上年同期大幅下降22.3个百分点。其他6个县(市、区)存款新增116.02亿元，同比多增30.03亿元，其中上杭县新增最多为40.25亿元。存款少增的机构大量增加，四大行存款份额回升。全市23家金融机构(数据汇总单位）中有14家金融机构存款比上年同期少增，较上年增加9家。四大国有商业银行(工、农、中、建)存款新增65.92亿元，同比多增41.55亿元，占36%，份额比上年同期回升23.5个百分点。

贷款低速增长，下半年持续回升。2016年，全市金融机构本外币各项贷款新增77.37亿元，同比多增8.61亿元。全年四个季度分别增加80.54亿元、减少40.79亿元、增加11.09亿元、增加23.01亿元。本外币各项贷款同比增长5.62%，比上年同期略低0.36个百分点，其中6月增幅创历史新低为1.54%。贷款增速在6月触底后，在下半年逐月回升(10月除外)。至年末，全省贷款增速12.15%，龙岩贷款增速低于全省平均水平6.53个百分点，增速居全省第八位，排位与上年持平。

行业投向变化明显，个人贷款投放明显增加。从行业分布看，贷款新增量前五位的行业分别是水利、环境和公共设施管理业17.77亿元，交通运输、仓储和邮政业7.99亿元，租赁和商务服务业7.06亿元，金融业6.57亿元，建筑业3.76亿元，此5个行业新增贷款43.15亿元，占全部行业新增贷款的64.57%。同时，房地产业、交通运输业、采矿业、电力业等行业贷款少增明显，同比分别少增24.92亿元、14.66亿元、9.08亿元、8.24亿元，其中房地产行业贷款收缩最为明显，全年该行业贷款减少2.17亿元。个人贷款及透支大量增加，全年新增43.33亿元，占全部新增贷款的56%，同比多增19.56亿元，其中个人购房贷款新增43.13亿元。

重点领域和薄弱环节的信贷支持力度有效提升。实施金融精准扶贫。至2016年年末，中心城区20家银行机构796名工作人员与大池镇等4个贫困乡（镇)、42个贫困村建立信贷扶贫挂钩帮扶机制。全市扶贫小额担保基金规模达8800万元，至12月末，发放扶贫小额贷款9967万元。积极探索建立扶贫再贷款示范点。建立长汀、连城、武平三个省级贫困县和永定、漳平等市(区)的支农(扶贫)再贷款示范点。稳步推进“两权”抵押贷款工作。至12月末，农民住房财产权抵押贷款余额6619万元，比年初增加4025万元；农村土地承包经营权抵押贷款新增2234.2万元。

【外汇管理】 2016年，出口14.32亿美元，同比下降10.67%；进口13.73亿美元，同比下降0.86%，贸易呈现顺差，差额为0.59亿美元；银行结汇5.56亿美元，同比增长3.28%；售汇16.59亿美元，同比增长43.21%；逆差总额为11.03亿美元，逆差规模同比扩大4.83亿美元。

外汇领域贸易投资便利化改革和服务。继续做好紫金矿业集团外汇资金集中运营管理和工作。至年末，该公司外汇试点通道净流出金额1.73亿美元。主办企业与境外5家成员企业分币种(美元、港元)签订外债合同，合计签约金额折美元7.44亿元，提升集团企业资金使用效率，有效规避汇率风险。

防范跨境资金流动风险。强化国际收支双向监测，全力做好"控流出、扩流入、缩缺口"工作。约谈6家外汇指定银行，并对辖内企业资本项下跨境资金流出实行分类管控，对有实际流出需求的企业要求在审核真实性的情况下为企业办理购汇汇出。加强监管，促进涉外主体依法合规经营。继续推进非现场监管劳动竞赛，开展跨境分析系统现场操作竞赛。强化国际收支监测与风险预警。全市共开展100次非现场监管，发现各业务系统数据质量问题、企业贸易融资比例过高等类型异常情况20个，查处案件3起，罚款9万元人民币。

【金融服务】 国库改革与创新。准确及时办理预算收入的收纳、划分、报解和库款的支拨和退付工作。完成TCBS系统和TIPS系统内相关预算收入科目共享分成参数的维护工作，推动营改增试点工作平稳有序开展。积极推动乡(镇)国库集中支付改革，打通国库集中支付的"最后一公里"。武平县率先完成试点。大力推动国库集中支付电子化管理试点工作，市本级财政的国库实拨资金业务实现电子化管理，4家银行代理国库集中支付完成电子化管理试点工作。

优化支付结算环境。夯实支付清算系统运维基础工作。顺利完成ACS系统升级换版、综合前置子系统推广、信息管理子系统上线及资金归集工作。修订支行网点会计核算工作考评办法，提高了ACS业务处理成功率。进一步完善便民取款服务点建设，建立农村支付体系建设长效机制。积极开办电子商业汇票，至年末，成功办理电子商业汇票1637笔，金额67.54亿元，电子化率为71.11%。加强银行卡风险管理，有效打击当地电信网络新型诈骗等违法犯罪。

征信业务运用发展。大力推进诚信文化教育，全辖各县(市、区)均建立诚信文化教育基地，开展形式多样的征信文化教育宣传活动。推进公共信用信息平台建设，大力推动政务信息公开和公共信用信息的交换共享。"信用龙岩"数据库采集2.87万户非金融企业信息和部分政务司法、公共事业信息。推动发展"征信+"模式。如，武平县支行采用"征信+信贷"精准扶贫模式有效提升辖区贫困农户信用意识和贷款获得率。开展"征信信息安全监管年"活动。组织辖内县市两级所有银行机构签订《征信信息安全责任状》，对辖内25家银行机构开展征信业务现场检查，处罚5家机构和相关责任人8人，罚款43万元。对3家银行开展征信管理业务风险评估，进一步完善风险评估体系，此外，还组织开展全市银行业金融机构征信业务知识竞赛，提升辖内银行机构征信业务素质和水平。

普惠金融和消费权益保护工作。扎实开展"普惠金融建设年"活动，通过便捷普惠、阳光普惠、创新普惠、民生普惠、教育普惠"五大行动"，不断提高全市金融产品和服务的覆盖率、可得性和满意度。做好金融消费权益保护评估工作。10月，完成金融消保环境评估各项数据的收集，认真编写《2015年龙岩市金融消费权益保护环境评估报告》，针对全市金融消费权益保护环境存在的薄弱环节，提出相关建议，有效促进辖区金融消费权益保护工作的提高。构建金融基础教育长效机制。龙岩中心支行积极探索普及金融基础知识做法，针对全市中小学生每年都要到社会实践基地开展社会实践教育的特点，中心支行要求各支行积极与当地社会实践基地合作，建立中小学生金融基础教育基地；同时，还编写通俗易懂《金融知识简明读本》3000册，分送各实践基地；并在教育基地中制定固定的金融知识宣传展板，按期不断更新。同时，依托教育基地扎实开展"三个一"活动，即开展"一场培训、一场演讲、一场征文"，激发学生对金融知识的求知兴趣。

【金融改革】 稳步推进利率市场化改革。建立市县两级金融机构利率定价自律机制，实现利率定价自律机制县域全覆盖和各金融机构全覆盖。建立健全利率监测制度，强化对全市金融机构利率水平的监测分析，维护市场竞争秩序。扎实推进存款保险工作。成立评级审核工作小组，成立存款保险费率审核工作小组，根据投保机构评级结果，确定风险差别费率，做好费率核定工作。促进跨境人民币业务持续发展。全年，全市银行机构共办理跨境人民币结算144.50亿元，同比增长1.06倍，完成全年目标总量的2.06倍。

【金融稳定】 重点领域和行业风险监测。按月监测辖区农村合作金融机构、村镇银行、小额贷款公司、财务公司的稳健性运行状况。做实、做深涉外企业、民间融资与非法金融活动、融资性担保业、典当业、小额贷款公司、商业银行理财产品等常规项目的定点监测。对辖内5家通过互联网跨界从事金融业务的企业开展摸底排查，初步掌握辖内互联网金融企业经营及风险状况。依法规范开展"两管理、两综合"工作，约谈16家制度执行不力的金融机构，并1家银行开展综合执法检查，发现支付结算等5类违规问题，要求其限期整改。扎实开展稳健性评估工作。全年对5家金融机构分别开展不良资产真实性专项现场评估、同业业务督查及保险业稳健性现场评估。

（江瑜玲　撰稿）

【银行监管】 推进监管法治建设。开展"银行业监管法治建设提升年"活动,着力强化监管法治建设基础工作。持续建立健全法律工作机制，规范执法程序、执法行为。完善查处分离的行政处罚工作机制,规范行政处罚行为。加大政务公开力度,推进监管工作阳光化、透明化。加强监管法律工作人员配置和履职能力建设,开展监管法规培训,提升监管队伍的法治意识和依法监管能力。

夯实监管基础工作。深化"放管服",推进市场准入简政放权,优化市场准入流程管理，提升市场准入工作质效;强化统计分析和监测预警,做实"四盯",把好"原材料""初加工""深加工"等三道工序,发挥非现场监管的"精确制导"作用;制定《现场检查实施细则》,举办检查业务和 EAST 系统应用专题培训，全面加强现场检查过程控制,把好现场检查三关。

加大违法惩戒力度。坚持"三铁三见",提高查处效率,严格处罚标准,实行罚管挂钩，严肃查处违法违规行为。在对银行业机构进行处罚的同时,对相关责任人一并进行问责，做到违法必究、执法必严。2016 年,共发出 4 份行政处罚决定书,其中,处罚机构 1 家,处罚相关责任人 3 名。

【金融服务】 积极支持供给侧结构性改革。支持去产能、去库存,全年从"两高一剩"行业退出贷款 9.46 亿元,2016 年增加个人住房贷款投放,贷款余额同比增长 22.2%。支持重点项目建设,重点项目融资余额比年初增长 20.45%,推动辖内 11 家机构积极参与 PPP 项目,拟融资金额合计 79.06 亿元。

普惠金融服务取得较好成效。搭建普惠金融服务网络。在全市基层乡(镇)设立 127 家具备"宣传、服务、维权"三位一体功能的"普惠金融工作站",推动泉州银行在扶贫开发重点县长汀、武平设立支行,农合机构小额便民点总数达 1846 个。强化小微企业金融服务。加强单列小微信贷计划和"三个不低于"工作考核,至 12 月末,小微企业贷款同比增速高于各项贷款增速 4.79 个百分点,贷款户数较上年同期增加 9803 户,申贷获得率较上年同期高出 0.81 个百分点,实现"三个不低于"目标。

金融扶贫工作成效明显。制定下发扶贫攻坚行动方案,围绕精准制定扶贫工作方案、精准扶持重点地区发展、精准对接担保基金、精准服务扶贫信贷需求、精准对接政府专项工程、精准开展结对帮扶等"六个精准"积极开展金融扶贫开发工作,取得明显成效。全面完成建档立卡贫困人口信用建档工作,贫困户信贷投放持续增长，至 2016 年年末，向贫困户发放贷款比年初增长 467.52%,大幅高于农户贷款增速。三个扶贫开发重点县信贷投放稳步增长,超额完成百亿投放目标,三县贷款增速均高于全市水平。产业扶贫取得实效,至 2016 年末,对贫困地区电商业务、特色农业和农产品加工业贷款比年初增长 13.22%。

"金融与企业信息平台"应用更加深入。加大信息平台应用和推介力度,有效缓解银企信息不对称问题。

【风险防控】 严防信用风险。继续加大风险防控力度,紧紧围绕"真实反映、加快处置"和"三个两手抓"的总体思路,强化沟通联动,持续推进辖区信用风险化解。推动市政府出台以物抵贷缴纳税费财政奖励政策,并建立"政银司"联席会议制度,形成防控合力。前移防控关口,组建 174 家债委会,推动债委会由议事团变为行动队，协调共同进退、分类施策、形成合力,切实有效缓释信用风险,全年通过债委会为 102 家企业办理增贷、续贷、展期,金额 82.56 亿元。加大不良处置力度，累计清收处置 33.97 亿元,比上年多清收处置 4.27 亿元。至 2016 年末,信贷资产质量居全省前列。

严防操作风险。保持案防高压态势。部署开展"案防成果巩固年"活动,推动各银行业机构认真落实案防主体职责,加强薄弱环节风险管控,提升内审监督质效,增强案防制度执行力。加强从业人员管理。围绕"管人、管事"主线,落实高管交流、近亲属回避、重要岗位轮岗、强制休假等四项制度,加强对从业人员的监督管理,堵住违规人员带病提拔、带病流动。

严防社会金融风险。督促银行业机构加强社会金融风险防范,开展防范打击非法集资宣传月活动,增强公众辨别防范能力;开展 P2P 网络借贷专项整治活动,为后续监管奠定基础。在全省率先开展警银协作试点,支持打击新型网络电信诈骗犯罪活动,2016 年,配合公安机关冻结涉案银行账户 768 个,阻截、止付资金 406.9 万元。

此外,加强流动性风险、信息科技风险等领域风险防范,守住不发生系统性区域性风险的底线。

（黄哲　撰稿）

银　行

龙岩工行

【概况】 截至年末,工行龙岩分行实现拨备前利润 4.04 亿元，增加 2200 万元;实现净利润 2.25 亿元,增加 2.61 亿元;实现中间业务收入 2.18 亿元。人民币全部存款余额 157.39 亿元，较年初增加 18.93 亿元。其中,储蓄存款 80.17 亿元,比年初增加 6.96 亿元;对公存款 66.69 亿元，比年初增加 6.87 亿元;人民币同业存款 10.53 亿元,比年初增加 5.10 亿元。本外币各项贷款余额 183.48 亿元,比年初增加 8.09 亿元。不良贷款余额 43288 万元，比年初减少 8187 万元;不良率 2.36%,比年初下降 0.58 个百分点，不良贷款余额及不良率实现“双下降”。2016年，龙岩分行经营绩效考评系统第一，比2015年上升4个位次；跻身全国二级分行综合排名进步30强中的第五名，较上年前进131位。

【存款份额提升】 2016年，龙岩分行储蓄存款增量同业第一。通过外拓营销，夯实客户基础，至年底，个人客户总数91.31万户，较年初增长5.8万户。其中个人中高端客户5.64万户，比年初增长2636户；私银达标客户94户，比年初增加33户，增幅54%；机构存款超额完成任务。新开机构账户111户，新增户存款余额9004万元，其中竞争性客户20户，完成省分行目标任务100%。新增养老金企业客户24户，实现养老金业务的全覆盖；公司存款有效增长。利用公司金融大数据平台、大额资金流向监控平台、总行资讯平台工商注册信息及省行下发的目标客户清单，实施精准营销；对日均金融资产5万元以上公司客户进行分类管理，对日均金融资产50万元以上客户配备相关客户经理进行跟踪维护，确保存量优质客户的服务质量。

【优化信贷结构】 抓项目扩增量。实行名单制动态管理和“三大梯队”管理，落实人员、时间、进度，全年共投放项目贷款15.7亿元，认真做好项目储备；抓个贷促提升。加强对优质一手楼盘的营销力度，个人住房贷款余额47.33亿元，较年初增加3.03亿元；累计发放按揭贷款9.12亿元；抓票据创优势。累计直贴1188笔，金额24.82亿元，完成省分行任务的165%，同比增加763笔，金额18.32亿元，增幅282%。根据近年来客户累计贴现情况，围绕目标客户，发挥票据团队优势，实行动态管理，每周定期通报；抓国业增效益。紧紧抓住重点客户，同时积极拓展客户，通过在重点支行设立产品经理、成立分支行国际业务专营团队、加大产品培训力度等，形成“全行办”的格局。

【因户施策】 推进“两支队伍三类人员”建设。对分行“两支队伍三类人员”方案进行修订完善，全面固化人员工作职责，实现两支队伍的优化分离；与清收处置团队签订《龙岩分行不良贷款清收处置团队绩效合约》。制定《龙岩分行不良贷款清转处置团队（客户经理）考评管理细则》；促进管户精细化。认真研究细化形成信贷业务“三个十”和“五到位”的具体要求，在分行层面健全强化风险评价监管体系，建立全辖“不良资产家底表”，每月适时更新；强化常规清收，因户施策创新处置方式。

【网点优化升级】 新增投产15家智能网点，自动柜员机、离行式自助银行数量均位居当地同业前列；对全辖21个支行进行优化，管理型支行由原来的21家合并为13家，明确整合后的支行所负责的区域；制定下发《龙岩分行2016年网点帮扶实施细则》，实施一行一策的帮扶措施，增加3家竞争力达标网点，至2016年末，竞争力达标网点达13家。

【优质服务】 深入开展“服务面貌专项整治季”和“新服务、心满意”活动，实现网点靓化达标率100%和专职大堂经理配备100%；实现服务态度类投诉和恶性服务事件零发生；超时网点数量和超时等候客户数下降均达到30%；规范服务流程，严格落实“窗口服务六严禁”。落实窗口服务日常巡检机制“日监控、旬通报、月检查、季考核、年评比”，及时发现所存在的问题并督促实时整改；积极推进“千佳网点”和星级网点建设，岩城支行顺利通过“千佳网点”验收，中银协四星级以上网点2个，总行级四星级网点5个，三星级网点14个。

（市工行　供稿）

龙岩农行

【概况】 2016年，面对严峻的内外部经济金融形势，农行龙岩分行主动融入地方经济发展大局，精准对接服务好市委、市政府“三大战略”和“三大战役”，深化金融创新，加快经营转型持续增强服务能力，各项业务继续保持良好发展态势。至12月末，本外币各项存款余额255.25亿元，比年初增加25.14亿元。各项贷款余额207.3亿元，实际新增投放达26.96亿元。不良贷款余额3.97亿元，控制在省分行计划内，不良占比1.92%。

【服务地方经济】 根据市委、市政府确定的重点项目及产业布局，对重点建设项目优先配置信贷规模，有力支持龙津湖片区棚改项目、市委党校迁建项目、龙岩漳永高速、华润风电项目等一批省市重点项目，服务覆盖率和信贷支持力度居全省农行系统内前列和全市金融机构第一。认真贯彻落实省、市政府“五不”政策（不减少信贷规模、不釜底抽薪、不提高续贷门槛、不随意抽贷、不随意压贷），积极运用政府还贷资金，缓解企业资金紧张状况。并通过采用债务转移、优惠利率、重新约期等重组政策，重组盘活不良贷款5700余万元，使企业能够正常经营。坚持在脱贫攻坚中当“先锋队”。全年累计发放建档立卡贫困户贷款1136户，金额3450.69万元，全面完成监管部门和上级行下达的信贷扶贫任务。积极开展“百村千户”帮扶，制定实施26个“一村一金融”差异化的金融扶贫服务方案，支持村级特色农业发展。积极创新金穗快农贷烟农产品，推动烟农产业发展，增强“造血”功能。对烟农贷款利率实行优惠，充分平抑市场利率，让烟农得到实惠，一年可为全市烟农节省1000多万元的成本，解决烟农担保难及市场利率高的问题。坚持在生态环保中当“表率”。在全省农行和龙岩当地成功办理首笔农村土地整治贷款、首笔新农村建设贷款。积极配合当地政府山地开展利用。全力支持水利建设。支持红色旅游和客家之旅等生态旅游资源开发。

【服务“三农”】 积极创新“三农”业务管理模式，围绕分行制定出台的龙岩白羽肉鸡、武平富贵籽、漳平水仙茶、食用菌等一系列高优农业产业链的综合金融服务方案，大力支持新型农业经营主体。创新推广“政银保”和“合作社+农户+电商”模式，积极支持绿色有机农业、特色高优农业及“种养销”全产业链发展；积极创担保模式，稳步推进长汀林权抵押贷款，积极开展两权抵押贷款试点工作，积极推进“农行+供销社”农户贷款风险补偿模式，有效缓解全市广大农户融资难、融资贵的问题。同时，加大渠道建设，为客户提供综合性、全方位金融服务。着力创新服务渠道，优化现有物理网点布局，在重点乡(镇)增建金融便利店，在农村大力实施“金穗惠农通”工程。2016年，“惠农通”工程电子机具覆盖乡(镇)122个，覆盖行政村879个，乡(镇)覆盖率达100%。

【风险管理】 积极争取政府、金融办、法院、公安等支持，加快不良贷款清收处置。实行多层次、多岗位的立体清收。对法人不良贷款由分行管控到户，实施“一户一策”；对个人不良贷款落实岗位清收和责任清收，逐户制定处置方案；对当年新增个贷不良逐笔分析原因，落实清收责任人，制定化解措施，明确化解时间，保证清收实效。连续八年保持“内控评价一类行”。全面落实安全生产，全市农行“平安农行”创建优秀率达100%；支行、网点、金库“三化三达标”优秀率达100%；

（游宗洪　撰稿）

龙岩中行

【概况】 2016年，中国银行股份有限公司龙岩分行（以下简称龙岩中行）面对复杂的经济环境和严峻的经营形势，迎难而上，以“担当社会责任，做最好的银行”为目标，紧紧围绕“绩效、市场、风险、敬业”四大导向，坚持求真务实、开拓创新，在不良资产化解、核心存款攻坚、强化风险控制、加强内部管理等工作方面取得良好成绩。全年全行共实现本外币各项存款日均余额91.26亿元，较上年末增加4.24亿元；本外币各项贷款余额102.14亿元，较上年末减少8.19亿元；不良率1.65%，比年初降低0.13%。

【资产质量管控】 龙岩中行始终把化解不良资产作为经营管理工作的重中之重，通过设立不良资产清收处置中心，成立不良资产清收化解攻坚领导小组，开展“资产质量保卫战”，实施“清收抓降”一把手工程、强化问责和挂钩考核，实施“一户一策”和“一户多策”等办法来攻坚克难，取得一定成效。全年分行共计实现表内不良资产化解23855万元，表外不良资产化解884万元。

【支持实体经济】 2016年，分行统筹调配信贷资源，加大对重点项目、基础设施及民生领域的信贷投入，将全行经营管理工作主动融入地方经济转型和社会进步的整体格局，不断加大支持实体经济力度，努力寻找业务发展和扶持经济的契合点，在支持政府、服务社会中不断发展和壮大自己，争做龙岩市全方位发展路上的“好拍档”。持续推进富有地方特色的“甘薯通宝”及“通宝”系列支农信贷产品和福农卡特色分期贷款等业务，积极推广长汀工会卡，进一步强化小微、三农金融服务。

【提升金融服务水平】 2016年，分行将提升渠道效能作为夯实发展根基的着力点，优化物理渠道布局，推动网点战略转型，创新传统服务模式，陆续启动网点智能化、“亮窗工程”等，提倡培育简单清新企业文化，在提升品牌形象的同时进一步提升金融服务水平。同时，强化电子渠道主动营销与精准营销，加快网络金融业务布局，个人电子银行和手机银行交易客户数同比增幅较大。

【营造安全经营环境】 2016年，分行认真落实内控案防的各项要求，在全辖组织开展“两加强、两遏制”专项检查和回头看自查整改工作，揭示违法违规行为，排除案件风险隐患；统筹做好案件风险排查、员工异常行为排查、民间借贷专项查处、“双十禁”检查和安全风险隐患排查等，全面推进案件防控综合治理。全面推进“蓝天工程”行动，从行动上增强狠抓合规内控、守住风险底线的责任感和紧迫感，提高内控案防工作的主动性与自觉性。

（罗水娇　撰稿）

龙岩建行

【概况】 2016年，中国建设银行股份有限公司龙岩分行(简称建设银行龙岩分行)持续发力转型发展，全力管控资产质量，做细做实支持保障，各项业务稳健发展。至年末，实现税前利润4.04亿元，完成全年计划任务的193.44%；实现经济增加值1.57亿元，与上年同期相比增长6.28%；实现中间业务净收入2.76亿元，自2011年以来，收入总量连续六年在当地四行(工行、农行、中行、建行，下同)中排名第一。一般性存款日均余额166.84亿元，当年日均新增17.81亿元，完成全年计划任务的153.5%。各项贷款余额183.33亿元，当年新增10.83亿元，在当地四行中新增占比62.3%，排名第一。风险管控成效明显，不良贷款、逾期贷款和表外垫款控制在计划目标内，不良率 1.36%，当地四行最低，自 2011 年以来，资产质量指标连续 6 年在当地四行中排名第一。转型创效多点开花，为当地大型企业提供全方位的综合金融服务，公司业务、国际业务、投资银行业务等多轮驱动，合作关系全面深化，全年投放股权加债权投资项目 5 亿元、承销短期融资券 15 亿元。在全省建行系统率先实现“悦生活”外嵌应用“零”的突破，烟草跨行支付结算量保持当地同业第一；个人交易类贵金属达标客户完成率、账户商品当年有效客户新增户数及点均交易额在全省建行系统排名第一；个人手机银行日均交易量同比增幅、企业手机银行客户新增、善融商务 B2C 订单数计划完成率在全省建行系统排名第二。

【服务实体经济】 坚持服务实体经济基本方向，综合运用贷款存量和增量资源、信贷和非信贷手段，进一步扩大信贷规模和综合融资范围，加大对龙岩经济社会发展重点领域的支持力度。全年累计发放各项贷款 66.4 亿元，其中人民币贷款 62.5 亿元、外币贷款 5737 万美元。主动对接重点项目。在上级行信贷政策和当地区域经济特色之间找准结合点，围绕龙岩市政府“三大攻坚战役”，积极向上级行争取更多的信贷资源。至年末，已审批大中型贷款项目储备 113 亿元。全力扩大融资渠道。以投行、资管、信托、租赁、基金等非信贷综合投融资服务，多渠道引导金融活水注入实体经济，全年累计为龙岩市企业和重点项目提供直接融资 30.3 亿元。加大小微支持力度。大力发展普惠金融，创新小微企业和“三农”金融服务，至年末，小微企业贷款余额 38.92 亿元，小微企业客户数 893 户，申贷获得率 92.99%，全面完成“三个不低于”监管目标。

【发展个人贷款业务】 完善激励考核办法，财务资源和人力资源向个人贷款业务倾斜，提高买单激励标准，促进所辖分支机构发展个人贷款业务的积极性。将城区合作楼盘向城区支行全面放开，打破壁垒，通过建立城区支行客户经理业绩评价制、每日对同业数据和支行营销数据进行定期通报等措施，加大督促推进力度。在保障风险和合规的前提下，抓住回执放款、担保生效放款等新政策契机，抢占优质合作楼盘项目资源，并针对客户需求采取逐个上门收集资料等差别化服务措施。创新工作机制，与法院开展司法拍卖按揭合作业务合作，准入担保公司合作机构，深化“二手房”业务合作。开办龙岩城区网点型支行个人贷款前端业务，打通网点优秀人员转型个人贷款客户经理通道，实现龙岩城区所有营业网点均能办理个人贷款业务。至年末，个人贷款余额 94.92 亿元，当年新增 12.04 亿元，四行新增占比 80.66%，居第一位。

【构建网络金融生态圈】 建设银行龙岩分行顺应“互联网+”的发展趋势，积极构建网络金融生态圈。实施移动金融优先发展战略，以手机银行免费为契机，开展“建行手机银行，转账全免费，流量全免费”宣传活动和“用善融商务客户端，1 元体验扫好礼”“用建行手机银行，9.9 元看精彩大片”“移动金融真时尚　一元体验享好礼”等电子银行营销活动，进一步扩大电子银行客户规模，提升移动客户端应用。优化网点自助发卡二次营销流程，对发卡机和柜员同步率每日通报，挖掘存量代工、单位网银目标数据，开展精准营销，促进电子银行同步率提升。积极关注互联网智慧城市、互联网医疗体系改革等特色场景，拓展互联网+政务领域应用；与当地中小学、幼儿园等开展全面业务合作，拓展“学易收”缴费业务；与“龙岩公共服务网”签订《中国建设银行“悦生活”外嵌商户合作协议》，实现移动话费充值、固话充值、电费、水费、交通罚款、有线电视以及学杂费七大民生缴费业务的外嵌，有效延伸服务半径，构建起客户、建行、第三方共赢共生的网络金融生态圈。通过采取善融商务优质商户座谈会、开展平台营销活动以及加强部门联动等措施，积极推进善融商务和平台业务的发展。

【金融知识宣传】 加快推进金融知识普及，有效解决金融服务“最后一公里”问题。不断延伸服务网络，在不断完善物理网点服务的同时，以“助农取款点”“三农天地”“百姓空间”“丝路空间”“红色金融”“在线金融”等本行特色服务平台为抓手，大力发展手机银行、网上银行等电子银行业务，组织服务队廾展圩天宣传活动，构建“助农取款点+电子银行+驻点宣传”的金融服务模式，加大对乡（镇）地区现代支付结算渠道的推广运用，不断创新、丰富金融宣传服务的模式与内涵，延伸金融服务半径。至年末，累计建设景区智能银行 1 个（古田智能银行），布设助农取款点 44 个，覆盖 36 个行政村。积极开展金融知识宣传活动，以“金融知识进万家”“金融知识普及月”“金融知识宣传月”及“学雷锋”志愿服务、“3·15”金融消费者等主题宣传活动为契机，大力宣传现代金融产品和金融工具，有针对性地开展“安全用卡”“金融防范”“理性投资”等金融知识下乡宣讲活动。搭建宣传互动平台，积极与农民合作社、供销社、乡（镇）村委会等组织合作，通过设立助农取款点、组建“金融教育培训志愿服务队”，通过举办“金融知识讲座”、主题户外宣传等方式，为乡（镇）居民提供金融咨询服务，开展专项金融教育培训。

（蓝玉兴　撰稿）

龙岩农发行

【概况】 2016年，中国农业发展银行龙岩分行（以下简称农发行龙岩分行）认真落实市委市政府和上级行工作部署，以“五个全力服务”为工作重点，加大支农力度，严格基础管理，提升队伍素质，各项工作平稳有序开展。至年末，各项贷款余额69.93亿元，比年初增加9.24亿元，增幅15.23%；累计投放贷款39.75亿元，同比多放1.84亿元。各项存款（含同业）余额29.76亿元，比年初增加7.45亿元，增幅33.41%。实现账面利润1.23亿元，同比增加0.23亿元，增幅22.5%。

【服务大局】 按照总行“五个全力服务”战略部署，分行围绕服务革命老区、原中央苏区振兴发展大局，抢抓机遇，主动落实省分行与市政府签订的战略合作协议，不断深化政银合作，提升金融服务水平。一是全力服务粮食安全。突出粮食主业地位，累放粮食收储贷款2.10亿元，积极支持粮油收购、储备、轮换工作。发放粮食仓储设施贷款1.3亿元，用于标准化现代仓储设施建设。二是全力服务脱贫攻坚。坚持把扶贫工作作为履行职能的重点，成立扶贫开发工作领导小组，设立扶贫业务部，积极参与龙岩市新型城镇化、特色小城镇和美丽乡村建设等规划及脱贫攻坚政策的制定，把省级扶贫开发重点县作为主战场，分别签订战略合作框架协议，向扶贫重点地区倾斜信贷资源，以易地扶贫搬迁为重点，通过支持造福工程、落实交通扶贫、扶持美丽乡村、推动市属国有重点企业承接扶贫重点县农村公路项目等措施，在精准扶贫中发挥农业政策性银行的职能作用。全年，累计向长（汀）连（城）武（平）片区发放贷款5.63亿元。三是全力服务城乡发展一体化。围绕农村路网建设、涉农棚户区改造、水利建设、农业综合开发等重点，加大信贷投放力度，积极支持我市农业农村基础设施建设。全年共获批中长期贷款项目23个、金额83.51亿元（其中PSL项目9个、金额35.91亿元），累放中长期贷款36.08亿元，重点支持龙岩城区至高新园区城际快速通道、双永高速龙岩北互通连接线、华莲西路二期、龙腾南路二期、永定下黄水库、永定一河两岸滨水生态休闲绿廊、龙盛小区、经开区自来水厂及供水管网等一批重点工程项目建设。四是全力服务区域发展战略。用好用活革命老区政策，分别与市直有关部门及各县区政府联合召开12场农发行项目专题对接会，改进金融服务，突出发展区域，巩固业务发展较好、财力较强的市本级、经开区（高新区）和永定区；在财力较好，但业务发展还有待于进一步拓展的新罗区和上杭县，寻求新的业务增长点；在业务发展进展较慢的漳平市、连城县和武平县，寻求新的突破。五是全力服务农业现代化。紧扣农业供给侧改革主旋律，按照“五好”原则，积极支持粮食加工、养殖、木业加工等农业产业发展，累放自营性贷款0.27亿元。六是积极支持灾后重建。累计发放1.3亿元救灾应急中期贷款，用于支持新罗区和连城县道路、电力设施、房屋等工程设施灾后重建。七是做好基金投资和债券置换工作。加强与市县区政府、发改委的沟通对接，抓好项目申报、评审、投放和投后管理等工作。全年共完成3批26笔、金额9.16亿元的专项建设基金投资工作。同时，完成龙岩市土地收购储备中心等12家企业20个项目的债券置换工作，置换金额16.43亿元，其中2017年以后年度到期贷款11.62亿元。

【内部管理】 加强存款组织。坚持一体化营销策略，拓展多元服务，多渠道推进存款组织工作，抓好贷款资金、企业自有资金、财政存款、同业存款的组织工作，积极营销非贷企业存款。全年各项存款日均余额27.29亿元，比上年增加11.19亿元、增幅69.52%。累计引存同业存款4笔、金额1.63亿元。拓展中间业务。积极拓展国际结算业务，挖掘现有客户潜能，促进国际结算业务有效增长，全年累计委托办理国际业务126笔、金额321.5万美元。累计实现中间业务收入356.6万元，同比减少233.8万元。加强财务管理。在严格遵守中央八项规定和各项财经纪律的基础上，均衡合理列支财务费用，增收节支，勤俭办行，严控经营成本。推行坐班主任异地交流，强化二代综合业务系统、大小额支付系统、账户管理系统和反洗钱系统管理，规程操作流程，防范和化解操作风险。加大财会检查辅导力度，按季对辖内营业机构开展财会现场检查辅导，同时利用会计远程监控系统、综合业务系统前台查询功能等方式，开展非现场检查，对重要业务、重要岗位、重点环节进行重点检查，切实发挥检查辅导对规范操作、防范风险的监督作用。做好“营改增”和基建工作。强化营运管理。加强资金计划管理，抓好信贷计划管理，实行贷款计划分类管理，加强对中长期贷款投放、收回计划的双线管理，积极协调落实PSL项目资金投放和用款管理，用好用足信贷计划，促进贷款结构优化。全年中长期贷款计划执行率为94%。强化考核管理。完善经营绩效考评、稳存增存等相关考核办法，加大对基层行的考核力度，开展“百日会战”“PSL贷款专项考核”“加快业务发展、向建党95周年献礼”“稳存增存”百日行动、信贷支农集中推进等活动和冲刺一百亿，实现新跨越”贷款项目营销劳动竞赛，激发发展活力。

【风险防控】 狠抓信贷基础管理。扎实推进“贷后管理年”活动，全面推行信贷全流程标准化管理，认真查找办贷管贷过程中存在的问题，狠抓问题整改和责任追究，不断补齐信贷管理工作中的短板，提高办贷质效。累计整改内外部检查发现问题62个，整改率100%。着力防控化解风险。狠抓信贷制度的落实，加强风险排查和预警监测，抓好重点企业的日常监管，注重对政府财力、债务变化及还贷预算情况的跟踪了解，积极协调还贷资金提前到位，全年共收回贷款 30.51 亿元。千方百计清收不良贷款，对不良贷款以及存在风险隐患的企业，按照“一企一策”的原则，提前制定有针对性的风险防范化解预案及措施。积极协调当地党政和担保公司，综合运用多种手段合力化解贷款风险，共清收不良贷款 1590 万元。强化合规管理。落实从严治行管理，积极配合监管部门监督检查，做好问题整改和责任追究。强化法律和内控合规管理，开展年度内控评价工作，配合做好内部审计工作，抓好信贷业务和非业务合同审查管理。扎实开展以合规文化、消费者权益保护和非法集资、普及金融知识为主题的各种学习宣传活动，强化金融消费者的权益保护意识，提升员工合规意识。做好案件防控工作。强化案件防控主体责任，健全案防工作机制，落实“无理由接管”“四项制度”“五道防线” 等要求，开展“两个加强、两个遏制”回头看自查，加强员工日常教育管理，抓好《员工违规违纪行为处理办法》的学习和落实，定期开展员工行为排查，抓好薄弱环节存在问题整改，提升案防工作水平。加强安全管理。强化信息科技支撑，做好 CM2006 系统、办公、业务系统日常维护管理，开展信息系统技术应急演练，提升信息系统突发事件的防范与处置的能力。抓好安全保卫和安全生产，落实安全保卫工作责任制，加强物防建设和人防建设，建立“微型消防站”，组织开展“三防”应急预案演练，提高应对突发事件的能力。

（何芳　撰稿）

龙岩市农村信用社
农村商业银行

【概况】 龙岩市农村信用社、农村商业银行(以下简称农信系统)，坚持发展为第一要务，加快业务转型，提升金融服务水平，支持实体经济，践行普惠金融，防范化解信贷风险、提高经营效益和风险抵御能力。全面加强领导班子和队伍建设，致力于建设“以农为本、让人信赖、受人尊重、队伍优秀”的“四好银行”。至 2016 年年底，各项存款余额 444.41 亿元，比年初增加 63.18 亿元，比年初增长 16.57%。市场占有率为 26.85%，存款总量和市场占有率、存款增量和增量占比均持续六年位居全市银行业第一。各项贷款余额 252.51 亿元，比年初增加 8.29 亿元，比年初增长 3.39%。贷款市场占有率为 18.1%。贷款总量、市场份额持续位居全市银行业第一。全年实现营业收入 317319.96 万元，实现利润总额 115759.83 万元，净利润 83772.98 万元。全辖缴纳各类税金 6.13 亿元，辖内有四家行社纳税人围前二十强，社会贡献度不断提升。资产总额 523.84 亿元，比上年增加 6.44 亿元。资本充足率、贷款拨备率居全省前列，风险抵御能力持续增强。全市电子交易占比为 88%，比上年同期增长 2%。普惠金融卡授信额度 51.62 亿元。全市在编在岗人员 1717 人，大专以上学历共有 1601 人，占比 93.24%，有助师以上职称员工 916 人，占 53.34%，员工素质进一步提高。

【坚持支农支小】 持续推进 “三大工程”为抓手，加强服务和渠道建设，提高农村金融服务的普惠度和便利度。坚持服务“三农”和小微企业市场定位，坚持把“支农支小”作为信贷资金投放的主要方向。积极支持县域农业结构调整优化，推进现代农业行动计划项目的实施，积极发放扶持种植加工、饲养业等设施农业贷款 6008 户，金额 13.2 亿元，促进农业增产、农民增收。推出并推广“惠农卡”“灵活卡”“公职卡” 等普惠金融卡专项系列产品。通过农户信息和资金集中代理发放平台免费为农户发放低保、种粮补贴、移民补助、五老人员补助、生态林补贴、拆迁补偿等惠农资金，积极开展生源地信用助学贷款业务，全年累计发放生源地信用助学贷款 22001 笔、金额 15362 万元，支持 9860 名贫困学子圆大学之梦。

【推进转型发展】 创新服务理念，积极探索“互联网+”发展之路，大力发展移动金融服务。全市有手机银行用户 56.4 万户，网上银行用户 6.20 万户，微信公众号关注客户 61.5 万户，电子业务替代率 88%以上。合理布设自助设备，保持基础金融服务行政村全覆盖。优化服务流程，强化客户服务和业务营销，增强服务亲和力，促进营业网点转型升级。开通无卡取款功能，积极推广网上申贷及微信业务申请业务。加快管理转型，有效应用绩效薪酬考核系统。

【强化信贷管理】 牢固树立风险意识，坚持把风险管理摆在更加突出的位置，积极应对，调整结构，强化管理。全年辖内不良贷款余额 4.69 亿元，不良贷款占比 1.86%，保持低位水平。加强对网点信用风险防控工作的指导，加强风险监测。充分利用风险监测系统、二代审计系统的各项风险提示信息，提前识别各类风险，及时、有效处置各类贷款风险隐患。加大不良资产的清收、盘活、处置力度，加强重点业务领域风险管控。

【拓展电银业务】 全年全市电子电子交易占比为 88%，比上年同期增长 2%。做好农信系统“刷卡中奖，快乐消费”等活动，组织好辖内特约商户的培训及参加银联组织的竞赛活动。着力加强科技服务。积极做好社保卡的制发卡工作。持续推进银医通项目建设，有效提高了社保卡的使用率和社会形象。加强信息科技技能、风险防控的培训和检查，提升科技服务金融的水平。

（丘文学　撰稿）

兴业银行龙岩分行

【概况】 2016年，兴业银行龙岩分行围绕“控大盘、稳效益、调结构、促转型、夯基础、强队伍”的基本主线，结合当地经济金融特点，灵活调整经营策略，准确把握业务发展节奏，继续巩固提升本地市场，各项业务平稳增长。截至2016年末，资产总额197.52亿元，新增9.03亿元，同比增长4.8%；各项存款余额150.08亿元，新增3.69亿元，同比增长2.52%；各项贷款余额131.17亿元，新增2.23亿元，同比增长1.73%；各项存款市场占比9.5%，各项贷款市场占比9.02%。实现各项收入10.27亿元，账面利润0.9亿元，考核利润3.24亿元。分行营业收入实现多元化增长，效益符合预期。

【业务转型升级】 持续加大业务结构调整和转型升级步伐，资产负债结构进一步优化，业务结构更加合理，业务基础得以夯实。在资产负债结构上，企金业务，建立分层、分级立体营销机制，完善利率市场化下负债考评办法，运用上线电子招投标系统、智慧云平台等系列产品，提高市场竞争能力，以交易银行理念拓展低成本结算型存款。不断扩大、创新客户融资业务渠道，紧盯省内重大项目、补短板项目、国开专项基金项目和技改项目，跟进主流市场，抓好优质资产投放。零售业务，2016年，零售条线以“盈利”为业务导向，以跨界营销理念为统领，做实做强零售业务。通过跨界合作、市场活动、代发工资、商户拓展，吸收低成本存款，负债结构进一步优化，优化贷款结构，实现业务转型。为适应客户需求和技术变革，率先搭建“金融互联网+”平台——兴业惠商城，打造银行、商户、小区以及消费者相融合的普惠金融生态圈。

在客户结构上，企金业务。健全营销推进机制，跟踪落实各类营销沙盘，注重扩量提质。零售业务创新思维，跨界营销理念初见成效，客户规模进一步扩大。在产品结构上，企金条线通过产品与渠道的创新，进一步扩大市场份额和影响力。零售条线加快“大财富”业务发展，财富规模快速增长，创利能力大幅度提升。2016年，综合考评在四类行中排名第二。

金融市场条线，把握市场和政策机遇，不断加大产品结构转型步伐，收益同比稳步增长。实现税前利润1.72亿元，同比增加8000万元，市场影响力进一步扩大。2016年，综合考评在四类行中排名第二。

【不良资产管控】 从组织架构设置、责任落实、考核评价、报告与反馈制度等方面入手，深化风险管理体制机制建设，建立扁平化、垂直化、专业化的体系，通过成立押品作业中心、检查监督中心、分行作业中心，归集小企业信用业务审查，落实风险内控的集中管理要求。建立授信经营责任人制度，加强全员、全流程风险管理，重塑风险理念。持续推进分行各类风险内控管理，积极稳妥处置各类风险。2016年，分行内控合规与案防考评位列类区行第一。

【资产质量管理】 更加强调稳健发展，进一步明确信贷投向，严格准入门槛，强化授信尽职履责，坚决执行统一授信、结构调整政策。坚持“控新”与“降旧”并重，健全资产质量管控机制，明确资产质量管控目标，落实督导责任制，全力以赴抓好资产质量管控工作。通过强化信用业务存续期及关键领域风险管控，严格风险排查和预警处置，开展全员协助清收竞赛活动，灵活运用各种不良资产处置方式。2016年，结构调整107户，金额61080万元，其中退出46户、金额31393万元；压缩信贷客户53户、金额18104万元；增强担保8户，金额11583万元。清收重组不良资产本金35165万元，其中现金清收20193万元，重组14972万元。

【风险内控管理】 强化内控合规与案防管理。进一步完善内控合规考核指标体系，加强内控检查质效管理，督促内控检查监督落实到位。深入开展“两个加强、两个遏制”回头看专项检查工作，持续推进操作风险“三项管理”整合项目的落地实施，扎实开展内控自评工作，有效防范案件风险、合规风险和声誉风险。

构建员工异常行为管理的系统化、常态化工作机制。印发年度员工异常行为管理工作实施方案，强化员工异常行为统筹管理和排查工作。开展形式多样的《员工行为十三条禁令》宣贯落地活动、开展“兴风向—风险综合培训项目”线上学习活动，提升员工风险意识，重塑风险文化。2016年，分行获得兴风向-风险综合赛训项目“最佳组织奖”。

【运营保障】 夯实会计结算基础管理，强化账户实名制，防范电信网络新型违法犯罪活动。完成核心系统V3项目上线运行工作，上收社区支行及营业网点节假日远程授权，集中保管箱、同城机构预留印鉴管理，提高分行集中作业水平，有效防控操作风险。完善分行物理网点建设，改造新罗、永定2家传统支行，新增1家社区支行，搬迁3家自助银行，网点分布更为合理。加大科技信息系统运维和风险管理，积极配合业务条线做好新系统上线服务工作。继续从制度建设、系统完善、督查落实方面入手，加强安防和后勤保障工作，提高安全保卫和后勤保障水平。

（谢　颖　撰稿）

其他金融机构

【海峡银行龙岩分行】 至2016年年底，福建海峡银行龙岩分行时点存款余额253788万元，较年初增加42629万元，增幅为20.19%；分行各项贷款余额252822万元，较年初增加33360万元，全年实现营业收入23229.37万元，净利润1897.29万元。

做大规模，推动公司业务快速发展。依托并融入龙岩当地“十三五”规划，发挥公司金融主力军作用，通过公私联动，梳理存量授信客户，大力营销代发工资、资金结算等业务；积极开展公司理财销售，进一步盘活存量客户。抢抓市场机遇，加大项目营销和已批未放的投放力度。秉承做大规模的思想，积极开展大项目营销活动，截至年末，分行累计审查国有项目34个、金额40.57亿元。

服务小微，大力发展零售业务。个人贷款余额78279.94万元，较年初增长1293.50万元，增幅19.17%。通过支持实体、服务小微，助力“三农”服务，向漳平永福、新罗培斜村林农累计发放363笔，贷款余额5484万元；积极拓展二手房按揭业务，个人住房按揭业务快速增长，大力发展“优职贷”业务，累计审查发放优职贷167户、金额4100万元。

创新金融业务发展。在产品创新方面，创新开展“个人赎楼”业务，推进“同名转按揭+业主贷”业务模式，实现海峡银行全辖首笔由合作机构担保的个人赎楼业务发放，为解决龙岩按揭客户的资金需求提供一项新的选择。

保持信贷平稳增长，满足实体经济资金需求。结合龙岩当地经济特点及政府“365”产业规划，重点介入旅游行业、专用汽车、水务等行业，截至年末，已投放16.57亿元。推进国有授信项目的审批工作，全年累计审查国有项目34个、金额40.57亿元。保障存量授信安全，在原有续贷通仅限于公司客户的基础上，新增零售续贷通业务。2016年年末，分行累计审批对公续贷通58笔，金额4.69亿元；零售续贷通24笔，金额0.72亿元。

严控风险，化解不良。拓展清收化解工作思路，多措并举，多管齐下，实行一户一策制，按月推动，加快不良清收化解工作。加强诉讼管理，加快案件执行进度；推进诉讼风险代理机制，提高办案效率。按月跟踪推进续授信工作，逐户落实到期对公授信业务还款、续办情况，推动续授信工作的有序开展。

增强合规意识，加强风险管理。加强员工对各项规章制度的学习，灌输纪检监察与内控合规知识，强化员工合规意识；明确“有章必循”，加强职业道德教育与业务培训严防违规操作。强化案件防控工作力度，以“案防成果巩固年”活动为载体，组织开展案件防控活动，强化内部监督制约机制，防范各类案件和重大违规事件发生；以查促改，以查带升，提升日常经营管理水平；结合“两个加强、两个遏制”回头看工作开展全面检查及整改，检查覆盖率100%，并对存在的问题牵头组织整改，对相关责任人员进行问责。

（叶昭雯　撰稿）

【邮蓄银行龙岩分行】 中国邮政储蓄银行股份有限公司龙岩市分行（简称邮储银行龙岩市分行，原名中国邮政储蓄银行有限责任公司福建省龙岩市分行）于2008年4月18日正式挂牌成立，下辖新罗、长汀、永定、上杭、连城、武平、漳平等7个县（市、区）支行，本部龙川东路、九一南路、龙腾路、经济开发区、北城、永丰及长汀卧龙共7个二级支行，代理网点80个。市分行内设办公室、人力资源部、纪检监察部、计划财务部、风险管理部、法律与合规部、授信管理部、会计与营运部、个人金融部、公司业务部共10个部门。

2016年，邮储银行龙岩市分行以建设一流大型零售商业银行为目标，坚持稳中求进总基调，锐意进取、奋发有为，转型发展取得实效，资产规模达127亿元，利润增幅37.6%，优于同业平均水平。积极融入龙岩经济发展大局，围绕民生、扶贫、“三农”、小微等领域，不断加大金融支持力度，广泛参与龙岩能源、交通、主导新兴产业等重大项目建设，得到市政府领导和社会各界的高度肯定，全年新增各项贷款13亿元，列全市23家银行业金融机构第三名，增幅31.34%，比同业平均水平高近26个百分点。完善全面风险管理体系，加大信用风险和案件风险管控力度，不良贷款率保持在0.8%，资产质量优于同业。致力提供更优质的基础金融服务，不断优化业务流程，提升服务质量，百万笔投诉率全省第三低，服务水平保持全省邮储银行系统前列。

（邮储银行龙岩市分行　供稿）

【中信银行龙岩分行】 2016年，中信银行龙岩分行按照“保持战略定力，深化经营转型，加强改革创新，守住风险底线，努力实现业务经营全面、协调和可持续发展”的总体要求，直面挑战，迎难前行，较好地完成各项经营管理任务。至年末，一般性存款余额183928万元，比年初减少30526元。其中：对公存款余额151007万元，比年初减少16439万元；个人存款余额32921万元，比年初减少14087万元。各项贷款230046万元，比年初减少22297万元。其中：对公贷款余额130130万元，比年初减少43381万元；个人贷款余额99916万元，比年初增加21084万元。实现扭亏为盈，实现账面利润1285万元，同比增加18591万元。

员工队伍保持稳定，至年末，全行在册员工54人，大学本科以上学历人员超过90%。下辖营业部和新罗支行两个网点，设有离行式自助银行及自助设备6处。

公司业务。围绕“三大一高”发展战

略,不断夯实公司业务基础。全年共向上级行申报授信项目52个，总金额151亿元，申报项目比上年大幅增加。其中向总行申报厦蓉高速、永杭高速等重点大项目5户,总金额58.2亿元,已批复4户,金额56.2亿元。

零售业务。积极贯彻总行零售业务“四三三”发展战略，夯实零售客户基础,实现个人贷款和管理资产的稳定增长。2016年,以房抵贷、个人信用消费贷款、司法拍卖贷款、代发工资网络贷、公积金网贷等为抓手,大力发展个贷业务。至年末,新增个人贷款21084万元,同比增长25.5%;零售管理资产余额达89869万元,同比增长1137万元,零售业务稳步提升。

加强风险管控,全力组织不良贷款的清收化解。每周召开风险分析会,加强风险预警和防控,严控新发放贷款成为不良贷款。加强风险文化建设,召开风险反思会,举办合规业务宣讲,对风险案例进行剖析,举一反三,警示教育全行员工要强化风险意识,时刻紧绷风险管理这根弦。加强与上级行、法院、律师事务所沟通与联系，取得各方支持，从而加快核销和诉讼处置进度。至年末,贷款不良率为3.71%。

加强内部管理，提升支持保障作用。全面加强内部管理,提升支持保障作用。运营条线认真落实以“三强”促“三铁”要求和组织柜面标准化流程业务学习,增强合规意识,提升服务技能。加大会计业务检查，规范业务操作,按上级行工作部署认真开展营改增工作,营改增工作顺利推进。重视安全保卫工作,投入40多万元改造监控中心,全行物防、技防能力进一步加强。

(张彩旺　撰稿)

【光大银行龙岩分行】 中国光大银行股份有限公司龙岩分行(以下简称光大银行龙岩分行)认真落实上级行的发展战略,坚持稳中求进、内涵发展,强化合规风险管控，提高内部管理与服务水平。截至2016年12月31日,龙岩分行各项贷款余额21.10亿元,比年初减少1.75亿元(其中,对公贷款13.06亿元,比年初减少2.82亿元；个人贷款8.04亿元,比年初增加1.07亿元);一般存款余额18.40亿元，比年初减少0.2亿元(其中,对公存款9.81亿元,比年初减少0.53亿元;储蓄存款8.60亿元,比年初增加0.33亿元)；不良贷款余额5023万元,不良贷款率2.38%;实现账面利润6208万元,拨备后利润2653万元。

公司条线。新增授信客户6户,新增投放2.46亿元，其中高收益1.1亿元;龙津湖、万达经营性物业、融侨房地产等重点项目获批,金额达32亿元。与辖内所有农信社农商行建立业务关系,累计销售同业盈系列34.5亿元，活期盈21.1亿元，前三季度实现中收158万元;

零售条线。率先提出“厦门房产龙岩贷”理念,全年累计投放28户7600万元;优化按揭全流程,专人对接,以效率及服务赢口碑,2016年新增投放万达按揭贷9167万元。成功与龙岩市住房公积金管理中心实现公积金大数据对接,合作开展公积金网络信用消费贷及信用卡项目发卡,2项目均已得到总行批复，公积金网贷正在投产测试阶段,计划2月上线;信用卡项目发卡也计划2月投产。与水务集团签订合作,实现光大通道支付宝代缴新罗区水费功能。

授信化解及不良清收。受经济持续下行,万达开发贷到期造成全行表内贷款较年初下降、当年新增中兴盛、明锦德两户企业不良贷款合计2481万元的影响，分行不良贷款率较年初新增1629万元，不良率新增0.9个百分点。面对严峻形势,分行在不良贷款催收化解工作加大力度，在分管行长的带领下,通过加大与福州资产保全部、外聘律师、法院执行部门的沟通工作,多管齐下,全力做好现有存量不良、关注类贷款清收转化处置工作，全年累计处置、转化问题贷款30户,金额5764.68万元;其中:通过房产带押过户手续等方式收回个贷有可能出现风险授信17户,金额合计2360万元。用好用活光银通〔2016〕46号文《关于加强信用风险防控，提升服务实体经济质效的通知》精神，累计为13户企业办理借新还旧贷款27笔，并一举收回欠息62.27万元,压缩贷款本金267.9万元。派专人与外聘律师、法院执行部门直接对接,通过与借款人进行沟通,争取与借款人达成调解,尽快推进在诉案件进入执行及拍卖程序、同时通过多种平台推广拍卖信息,多方联系有意愿的买受者等手段，全年通过拍卖方式现金清收7笔，金额1299.98万元。根据上级行的核销管理办法,对符合条件的贷款向上级行申报核销通过3笔,金额1836.8万元。

网点及社区银行柜员督导检查。全年柜面共堵截风险事件共50起。其中:堵截伪信用卡1起,堵截使用假身份证开户1起，堵截2笔假冒他人开户,2笔假冒他人修改信息,2笔假预留印鉴办理业务,堵截42笔其他风险事件(手机号码非本人或开卡用途不明等)。

案件防控。把纪检工作与全行合规内控和案件排查相结合,按照分行统一安排对全体员工在私售理财产品、参与非法集资和民间借贷、内外勾结盗用资金、违规担保、违规发放贷款等行为进行排查并对部分员工进行家访、约谈,及时堵塞违规、违章的漏洞。加强内控制度建设。结合业务发展需要,不断修改完善业务操作规程与实施细则,层层签订案防目标责任书,落实案防工作责任制,确保规章制度符合相关监管法规要求;着力加强业务操作行为的检查与辅导,对违规行为及时整改规范,并落实责任,确保全年安全运营无重大差错事故。

(项东雷　撰稿)

【招商银行龙岩分行】 至2016年年末，招商银行龙岩分行时点存款余额为23.91亿元，各项贷款余额29.83亿元，各项业务稳健发展。

直接融资业务持续发力。分行以短融为主打产品，不断拓宽融资渠道，持续为龙岩优质企业开展直接融资，成功为企业直接融资7亿元，为龙岩市各项经济建设提供动力。

零售业务稳步发展。通过持续开展“惊喜授权服务”、“周三五折”“周四水果惠”“十元观影”等各项活动，不断加强用卡环境建设，夯实零售客群基础。截至年末，银行卡总数突破12万张，其中一卡通数7.28万张，较年初新增23253张，同比增长20.7%、代发客户7798人，较年初新增3763人，是过去四年总和的93%。

提升财管水平。分行通过集中培训、财富夕会、复杂产品考试等形式，不断提升理财人员的专业水平。结合“高端客户投资报告会”“港股投资报告会”“阳光私募论坛”“私募股票基金交流会”“高端客户专场观影”“‘母亲节’商户特惠+康乃馨”“亲子财商成长营”等形式多样的活动，大幅提升分行客户的资产配置率。

提升服务水平。积极参加福州分行各项服务竞赛活动，通过服务检查、监控调阅、岗位履职、惊喜授权服务等，有效改善零售服务水平，提升零售客户满意度。通过不断完善硬件服务环境和提升服务水平，分行营业部荣获“中国银行业文明规范服务千佳网点”称号。

强化资产质量管理。坚持对全辖信贷资产的分类情况、贷款质量动态变化情况、潜在风险贷款情况进行全方位监测、分析和重点跟踪。对已出现不良的信贷资产，分行及时反应、研究制定保全策略，并抓紧时机实现清收。同时，分行加大不良贷款处置力度，通过不良贷款的转让、核销等方式，大大降低不良贷款指标，确保资产质量稳定。

（招商银行龙岩分行　供稿）

【民生银行龙岩分行】 民生银行龙岩分行秉承“开动脑筋办银行、规规矩矩银行、扎扎实实办银行”的经营理念，积极推进产品创新和服务创新，陆续推出一系列特色产品和优质服务。截至2016年12月31日，民生银行龙岩分行各项存款20.13亿元，其中，对公存款余额14.23亿元，储蓄存款余额5.90亿元；各项贷款35.15亿元，其中，对公贷款余额25.78亿元，个人贷款余额9.37亿元。

在零售业务方面。陆续推出永续贷、自助循环贷、互助基金等创新产品，支持小微实体经济，尤其是2016年以来，在福州分行的领导下，推出“抵押贷款零费用”的零售贷款新政策，进一步降低客户的融资难度，市场美誉度逐步提高。

在对公业务方面。龙岩分行一直秉持着为客户着想，替客户节约资金成本的原则，除大力推出传统流贷、固贷等信贷产品外，还根据不同的客户配套不同的产品。如：理财直融工具产品、同业账户直投产品、股票收益权质押产品、动产融资、票据包买业务、融资租赁、投行发债等产品。在丰富的公司产品配套下，切实的为企业节约资金成本，服务范围包括上市公司、国企、民营企业、中小企业在内40余家企业，赢得客户的一致好评。

在网点建设方面。民生银行龙岩分行已在龙岩市区设立三家传统支行及一家社区支行，分别为分行营业部、北城支行、新罗支行及水韵华都社区支行。同时，在闽西交易城、城市桂冠、五洲财富、人民医院等地设立离行式自助银行，为广大市民提供高效、便捷的金融服务。

（民生银行龙岩分行　供稿）

证　券

【兴业证券龙岩分公司】 2016年，兴业证券盯准战略目标，本着“持续增长、对标管理、优化资源配置”原则，从行业对标、市场对标、战略对标、纵向对标4个维度，推进分公司业务转型。在全年证券市场整体行情下滑的情况下，注重执行力和精细化管理能力的提升；积极围绕六大核心竞争策略和五大关键性措施，坚定不移的执行总公司的战略，朝公司下达的经营目标而努力。

业务发展模式。2016年初，分公司成立“私财业务小组”负责分公司各项业务发展的规划、协调、统筹，最大限度地发挥业务骨干的作用，每月召开小组会议拟定分公司的私财业务整体规划及绩效政策，检查点评各项业务的进展程度，提出改进方案。在全公司首先提出“借力”开户，首先在两融开户、余额增长进行绩效奖励，针对市场低迷积极引导客户开展两融业务，提出要提升客户两融使用的有效率，同时降低两融杠杆。2016年，龙岩分公司在新增开户、新增资产、两融开户方面做得比较好，在同类分公司里名列前茅。

服务企业。龙岩分公司综合业务部自年成立以来，在业务开拓中不断的分析、总结，现已培养出能独立完成企业初步尽职调查，实现优秀及符合新三板要求企业甄别工作的专业团队。同时分公司综合业务部积极与公司总部固收、投行、资管、兴全基金等部门沟通，引导各类创新业务和产品落地。2016年协助推动海峡股权交易中心龙岩运营中心业务工作，促进海交和汇金集团(龙岩市国投)合作成立子公司，进一步为老区企业做好服务工作。

网点建设。2016年11月初，完成中心营业部的搬迁由龙岩九一南路证券营业部搬迁至龙岩金融中心主楼16楼并顺利开业，公司的形象得到提升，员工的精神面貌也有很大的改观，为业务的发展提供更大的便利。截至2016年年底，分公司的网点数由原来的2家增加至6家。全年，完成4家微型网点的设立，标志着分公司在网点建设上取得重大的进展。

队伍建设。22016年分公司有21名新员工入职，选送4名新人参加金牛十三期培训，并摘得“优秀学员”称号；选送2名优秀投顾参加公司高投培训；5人次参加MiniMBA培训；选送4名优秀的高投参加新设网点负责人的培训；组织分公司核心骨干人才公开竞聘，有13名各项素质相对较高的人员被聘为分公司的核心骨干，并给予相应的核心骨干津贴，为分公司树立核心骨干标杆，营造积极向上的竞争氛围，促进理财顾问营销和专业方面能力共同提高。年底，分公司申报了经纪人政策试点，进一步深化分公司人才队伍的改革，有效提升分公司财富管理业务的营销拓客和专业化服务能力。解决“理财顾问不理财，营销人员不营销”的局面。把招聘理财顾问转向招募经纪人，逐步走向理财顾问负责提供专业化服务，经纪人负责营销服务的准合伙人制，不断提升队伍的专业化能力和整体产出水平。

（江树怡 撰稿）

【华福证券龙岩分公司】 2016年，华福证券龙岩分公司下辖龙岩、上杭、漳平、长汀、永定5家营业部，有员工87人。龙岩分公司全年主要围绕总部经纪条线的指导方针，分别根据经纪业务各项考核指标以及两融业务考核指标开展营销工作。

PB业务拓展。传统经纪业务转型的重要突破口是推动主经纪商业务发展，引进私募投资基金等各类高端客户，2016年分公司成立专项业务小组并为了鼓励各营业部走出去拓展PB业务，先后下发两次开展PB业务专项营销竞赛活动的通知，设置按照规模匹配费用、首发奖、规模先锋奖、优秀组织奖等多项政策来激励各营业部积极开发PB业务。

传统营销部署。分公司每季度下发全体营销人员的营销竞赛方案，主要涵盖新增资产、新增有效户、理财产品销售、融资融券业务、期权业务等专项竞赛，同时下达保底季度新增资产以及两融开户数指标，并于季度末及时通报表彰全员拓展业务情况，奖励先进并处罚落后员工。每月分公司月度分析会针对各营业部的各项经营情况数据进行通报，针对经营指标落后的项目进行交流探讨业务的突破方向。

营销举措。分公司为提高有效客户开发率，制定拓展交易达人的营销方案；根据10家成熟分公司有效户进度完成率的平均水平测算各营业部需增长的有效户数制定专项营销方案与年终绩效零售考核分挂钩；针对提高两个新增以及银行理财销量下发2016年下半年零售业务专项指标竞赛方案并成立专项督导小组，分别制定阶段目标任务及考核政策，按周跟踪通报营销进度；2016年9月再次下发提高新增有效户指标年末攻坚战的专项营销方案；10月，根据公司开展的融期专项营销活动，制定分公司对应的营销方案。

投资经理管理。关于投资经理考核期的督导，零售部定期核查投资经理业绩完成情况，了解投资经理升降级结果，2016年下半年通过调研投资经理关于新的考核制度的意见进行答疑解惑，通过了解投资经理在全司的积分排名情况进行提示。关于投资经理日常工作的监督，分公司为引导投资经理加强客户服务，特制定投资经理工作量考核的制度，要求从电话回访、户外展业、理财沙龙以及信息传导服务等方面加强工作量，并通过抽查服务记录等形式来督导投资经理细化客户服务工作。

运营保障。分公司电脑部、财务部、合规组等部门共同保障分公司平稳、顺利地运营。电脑部负责设备与网络的运行、维护及记录，协助分公司处理IT方面的问题。财务部主要负责分公司及辖下营业部的会计核算、预算管理、报表编制、数据报送、纳税申报等会计工作。为确保分公司持续规范经营，分公司综合部合规组检视分公司制度体系，及时更新分公司各项规章制度，确保分公司的规章制度符合法律、法规、准则、公司制度和内控的要求；对辖下各营业部的规章制度、重大决策、产品和业务方案、合同事务、拟报送监管部门的所有材料、拟报送总部的重要材料的合法合规性进行审查；督促辖下各营业部至少每月组织一次对本营业部经营管理和执业行为的合规性的检查，分公司合规组每季度对检查结果进行复查，检查范围包括但不限于外部监管、柜台管理、营销管理、客服管理、综合管理、信息技术管理及反洗钱等方面，对在检查中发现的不合规情况，采取合规问责，对于苗头性、倾向性行为及时作出合规提示。

（陈丽红 撰稿）

保 险

人保财险

【概况】 2016年，中国人民财产保险股份有限公司龙岩市分公司（简称人保财险龙岩市分公司）深化改革创新，主动服务大局，着力推进车险费改，加快商业非车险变革，巩固提升“三农”保险，创新服务内涵，强化依法合规，持续加强党的建设，深化企业文化建设及争创全国文明单位建设，经营业绩和各项事业呈平稳发展态势。全年实现保费收入8.23亿元，市场份额为44.90%，继续处于市场领先地位。坚持有效益发展经营理念，在遭遇“世纪寒潮”“尼伯特”“莫兰蒂”等大灾的情况下，全年实现报表利润6377万元，利润总额全省排名第一。

【行业领先持续引领】 积极参与市场竞争，继续引领行业健康有序发展。坚持对标市场，积极应对商车费改，强化指标管理，落实发展责任，加快车险转型升级，全年车险实现保费收入5.29亿元，同比增长4.57%；市场份额36.72%，保持市场第一。稳步推进商业非车险改革，强化重点项目巩固、重要客户续保、新增项目拓展等承保服务；坚持抓大不放小，积极发展分散性业务和新兴领域产品，全年商业非车险实现保费收入1.57亿元(不含农险、专项健康险)，继续保持行业领先。

【服务大局持续强化】 围绕中心服务大局，积极为闽西经济社会发展保驾护航。紧密对接政府购买社会服务需求，主动承保2016-2020年度龙岩市城镇职工大额医疗补充保险和城镇居民大病保险项目、汽油机助力自行车(超标电动车)保险业务等重大项目、政府大型采购和统保项目。全年提供保险保障5667.36亿元，同比增长5.74%；缴纳各种税金10003万元，同比增长13.50%；赔付支出5.02亿元，同比增长8.76%，为促进闽西老区经济发展社会和谐做出积极贡献。

【民生品牌持续深化】 深化政企合作联动，"三农"综合保险持续推进创新发展。龙岩市政府印发《关于2016年"三农"综合保险有关事项的通知》，部署全年推进工作，并将"三农"综合保险列入市政府脱贫攻坚战役政策措施。公司着力抓好队伍建设，出台"三农"保险服务体系管理办法，建立健全评价和考评机制，探索管理新模式引领发展；重抓创新源泉，农村小额人身、小额家财、农民务工险等业务进一步挖潜拓面的同时，新开办生猪价格指数保险、能繁母猪DNA保险和肥猪全生命周期保险；助力精准扶贫，上杭率先在全省办理健康扶贫保险。全年涉农保费收入13253万元，其中务工险保费收入641.36万元，同比增长26.22%。

【服务水平持续提升】 坚持服务领先战略，服务体系不断升级完善。加强车险理赔"五个一"服务和"快查勘、快定损、快结案"工作，简化小额理赔索赔单证，缩短理赔周期，全年小额5日结案率77.95%，万元以下赔案周期8.65天，均全省排名第二；全年直接赔款4.80亿元，同比增长9.98%。常态化开展服务标准化视频监测、明察暗访和培训，有效推动"服务标准化"落地。发挥"人保之友"俱乐部职能，完善增值服务，主动回馈广大客户。推进"三农"保险承保与理赔协作机制，进一步完善"三农"保险代查勘制度，成立龙岩市农业保险专家小组，"三农"保险承保理赔服务不断优化。

【精细管理持续增强】 坚持依法合规，强化成本管控，管理更加精细，效益持续增强。持续推进基层内控体系建设，不断健全完善合规内控体系、风险管理机制和内控管理制度，切实降低合规风险，有效堵塞合规漏洞。加强理赔关键环节、重大案件和特殊案件的管控，强化法律管控，规范车险理赔追偿，抓好小额人伤快速处理和精准理赔定价，着力降赔增效。优化成本约束机制，降低公司经营成本。强化财务预算管理和资产管理，提高费用资源和资产配置效率。

【企业文化持续弘扬】 坚持"以人文本·和谐奋进"的企业文化理念，公司企业文化昂扬向上。深入开展"两学一做"学习教育和"不忘初心 继续前进"系列党员活动，教育引导党员干部坚定理想信念。加强队伍建设，继续推进机关人员下基层锻炼及理赔人员与销售人员双向交流工作，完善员工评价机制和业绩考评办法及经营单位班子绩效考核与专项履职考核办法，干部员工工作效能不断提升。推进学习型组织建设，开展多种形式的学习和全员培训，教育培训工作位列全省第一。深化全国文明单位创建，在2016年全国文明单位创建初评中列全市5个培育对象第一名。

（市人保财险 供稿）

龙岩国寿

【概况】 中国人寿保险股份有限公司龙岩分公司(以下简称龙岩分公司)，系统上下认真贯彻落实总、省公司年度工作会议精神，紧紧围绕"重价值、强队伍、优结构、稳增长、防风险"的经营思路，牢固树立"预算是底线，发展无上限"的经营理念，坚持队伍驱动战略，保持公司持续快速健康发展。2016年，在全省经营绩效考核中荣获AAA最高评级，连续五年荣获AAA最高评级。龙岩公司荣获全省"2016年度双文明优胜单位"市级公司第一名。全年实现股份总保费12.61亿元，同比增长22.15%，市场份额41.43%，高出第二位的同业公司近29个百分点，稳居行业首位。全市共受理各类型案件累计17427件，赔付金额7346.98万元。

【提升客服水平】 客户服务工作不断增强。全力推进e宝账、微回执、微回访、微理赔、微通知等一系列电子化服务，其中e宝账推广完成率101.33%，保全服务电子化率达30.01%，均居全省第一位。通过开展"牵手国寿、健康同行"名师大讲堂活动、第六届少儿绘画、第十届6.16客户节等一系列增值服务活动。2016年，公司再次荣获省公司客户服务质量金奖，连续四年荣获省公司客户服务质量金奖。

【风险管控不断增强】 持续强化对关键风险的管控，持续抓好非法集资专项治理、销售误导专项治理及反洗钱各项工作，积极管控风险。公司2016年度反洗钱考核评分位列全市82家市级金融机构第三名，列全市32家保险机构第一名。扎实做好满期给付和退保工作，2016年，全市股份满期完成给付10845件，给付金额1.67亿元；集团满期完成给付11399件，给付金额3397万元。

（吴秋梅 撰稿）

其他保险机构

【平安人寿龙岩中心支公司】 2016年，龙岩平安中心公司以价值经营为核心，大力加强产品创新，不断提升客户体验，整体业绩保持稳定增长。公司寿险累计总规模保费36608万元，较上年同比增长23%，新增寿险新契约保费11468万元，较上年同比增长32%，个人寿险代理人数1666人，较上年同比增长39%，代理人数稳步提升。App注册用户数13.8万，月活跃用户数5万，成为App平台升级、重装上市以来取得的又一历史突破，通过平安App客户可以随时查询在平安投保的寿险保单，

平安人寿龙岩中支坚持以个人客户为中心，构建多元化核心金融产品线及互联网服务线，并通过“任意门”实现公司用户、客户、服务和产品的协同共享，同时，公司按照既定战略、不断搭建、完善互联网平台，持续提升传统金融渠道和互联网渠道的服务能力，真正实现“平安在你身边”。

平安寿险公司继续把“简单便捷，友善安心”的理念贯穿到理赔服务的每一个细节，全年，为4893位客户送去2859.3万元的保险赔付，豁免保费357.2万元，理赔标准案件两日结案率96.4%，理赔满意度95.6%，让客户感受到“足不出户，上门理赔服务”所带来的便捷，

平安人寿保障旗舰产品“平安福”迎来重磅升级，“平安福”(2016)为健康保障打造涵盖100种疾病种类的综合健康保计划，同时，平安健康推出“健康行平安Run健行天下”(以下简称“平安Run”)持有平安福(2016)有效保单的被保险人，通过平安金管家App健康活动版块，即可参与平安Run活动，或约定的运动目标，平安福(2016)从第三个保单年度开始实现主险及重疾险保障额度增长10%，同时根据运动目标的达成情况获得丰富奖励，此次升级后的平安福(2016)健康保障计划延承原来的产品优势，继续提供身故，重疾，281项以外伤残、自驾车以外双倍医疗、保费豁免等全面保障。

公司继续紧跟集团步伐贯彻“科技引领金融”的理念，围绕广大用户的“医、食、住、行”需求，不断丰富金融，生活场景，加强互联网用户经验，提升体验，推动互联网用户及客户迁徙，最终实现“一个客户，多种产品，一站式服务”，让平安成为客户的“财富管家、健康顾问、生活助手”。

公司继续丰富“专业?价值”内涵，推出“专业创造价值”“专业，让生活更简单”的内外宣传口号，加强各系列文化的一致性。围绕专业文化适时推出新司歌，并号召“专业，从我做起、从领导做起、从提升客户体验做起、从每件事做起、从每一天做起”，针对一线员工和管理人员分别开展“职业技能奥运会”和“5+1”工程，提升平安人的专业性；完善企业文化内涵，强化危机意识；不断升级服务举措，提升客户体验NPS值。并且利用报刊、晨会、新媒体等传播渠道，加强对专业公司文化传播声量，强化文化理念认知、文化表现和文化执行的一致性，通过刊物进驻、晨会频道开播、文化理念系统宣导等措施加速银行文化的融合。

（刘秋月 撰稿）

【太平洋人寿龙岩中心支公司】 中国太平洋人寿保险股份有限公司龙岩中心支公司（以下简称“龙岩中心支公司”）截至2016年12月31日，龙岩中心支公司拥有合同制员工70人，营销业务员1270人，全年实现保费2.23亿元，其中个险渠道实现保费19986.27万元；银邮渠道实现保费453.03万元；团险渠道实现保费1909.69万元；累计赔付件数为4864件，赔付金额893.19万元。

坚持“以客户需求为导向”，通过持续的产品创新和服务创新，满足客户多方面的需求，产品覆盖人寿保险、年金保险、健康保险、意外伤害保险等多个领域。在产品策略方面，公司优先发展保障型、长期储蓄型产品，并通过数据分析与客户洞见开发客制化产品；公司构建具有市场优势的产品体系，推出“人生四季，有保障，真幸福”的产品品牌主张。在客户策略方面，致力于完善客户服务体系，积极探索和实践基于新技术应用的模式创新和流程再造，在行业内打造并推出“神行太保”“中国太保”、太平洋寿险APP等智能移动保险服务系统，率先实现基于社交化的客户关系管理平台与智能化、标准化移动保险销售平台，率先利用电子签名技术实现“投保全程无纸化”；强化承保合规管理，实施承保、理赔透明化举措，为客户提供主动、亲切、规范的信息服务；“中国太保”官微平台、太平洋寿险APP不断完善功能，在原有官微平台已实现“微回访”“微贷款”“微领取”等功能应用的基础上，再次实现微领取、飞鸽传书(异地投保)、保单交费等新功能，进一步提升客户服务体验。

（廖碧荣 撰稿）

18 信息业

政务信息化

【概况】 2016年，“数字龙岩”建设乘推进“互联网+政务服务”东风，借大数据、云计算等新技术应用之翼，围绕改善公共服务、加强社会治理、服务科学决策和提升行政效能，以智慧城市建设、信息惠民工程，积极推进信息技术在政府管理和公共服务各个领域的广泛运用，基础设施更加完善，电子政务公共平台基本建成，信息共享和业务协同水平明显提高，政务服务线上线下深度融合，“一站式”网上政务服务向基层延伸，信息网络安全平稳运行，政务信息化迈向深化应用的新阶段。根据国家信息中心2016年6月发布的《2016年福建省信息社会发展报告》，龙岩市ISI指数（信息社会指数）名列全国第七十二位，省内排在厦门、福州、泉州之后居第四位，信息化发展在省内处于中上水平。“中国龙岩网”政府网绩效在全国299个地级市政府网站中名列第六，在“2016年中国优秀政务平台推荐及综合影响力评估”中获得“中国政务网站领先奖”。

【信息网络基础设施】 龙岩市被工信部列入第二批电信普遍服务试点地市，成为全国89个试点城市之一。全市487个行政村列入原中央苏区农村超高速无线局域网应用试点，解决偏远农村地区无线宽带上网难问题，让广大农村用户共享优质上网服务。全年信息网络工程包完成8.59投资亿元，完成计划6.98亿元的123%。移动4G网络和宽带工程完成668个小区建设；电信完成光纤到户OBD端口8.8万个；铁塔全年完成2219个基站建设，8个室内分布系统的建设。单位网络资费降低70%。

【信息惠民工程】 建成全省首个市县乡一体化全流程网上办事统一平台。2016年上半年，七个县级网上办事大厅全部上线运行，年底所有乡（镇、街道）网上办事大厅上线试运行。全市全流程网上办事大厅入驻市级单位53家，事项1351项，累积受理办件83862件；入驻县级单位270家，事项6430项，累计受理办件32万件。

龙岩公共服务网用户数大幅提升。平台接入公积金、社保、医保、水电费、车辆违章、实时公交、汽车订票、银联支付、通信缴交、医院挂号预约等与市民生活相关基础数据，提供账单服务、生活服务、政民互动等“一站式”服务。“市民网页”总注册用户达13.1万，其中实名用户10.7万。浏览量为16598206+，IP数为1226932+，独立访客(UV) 2382448+；“龙岩公共服务网”微信公众服务号粉丝115235人。

龙岩市公共信用信息平台（一期）建成。实现法人信用信息检索、法人信用信息公示、法人信用信息归集输出、法人行业信用评价功能和与省级平台的对接，为构建社会信用体系，提升社会诚信建设水平提供信息化支撑。

电子证照入库生成量大增。全年组织42个市直部门梳理政务信息资源目录，配置电子证照和证照存量数据整理入库，已梳理232类证照，采集入库62类证照124261本。审批系统配置255个事项86类证照同步生成，入库证照提供复用。

【电子政务】 电子政务公共平台基本建设。基于云计算的电子政务公共平台建设和应用试点顺利推进，项目集约化建设和信息共享水平不断提高。统一的数据中心和容灾备份中心已经部署148个标准机柜、物理服务器181台、虚拟服务器231台、存储354T，承载了93个单位共150个应用(业务)。

协同办公系统建设和应用水平居全国前列。龙岩市协同办公系统二期项目建设深入推进，全市党政机关协同办公自动化水平保持全省领先。市县乡三级单位接入和利用全市统一协同办公平台办公的单位数1200多家，用户数2.2万多人，月公文流转量达5.2万多件。市级实现电子公文传双向输，武平、连城等县实现全县电子公文应用。

政府网站集约化建设水平全省领先。市级政府网站统一平台得到优化，市级政府网站群形成1个主站和91个子站规模，成为全省规模最大的设区市政府网站统一平台。全市永久关停22家网站，武平县率先完成政府网站整合迁移。

公共平台建设深入推进。完成龙岩市精准扶贫信息平台系统开发，进入数据采集录入阶段，助力全市精准扶贫攻坚战。制订《龙岩市"多规合一"基础信息平台建设工作方案》，完成技术方案编制并通过专家评审和公开招标采购。

【信息网络安全】 统一的政务数据中心和同城容灾备份中心建设不断完善，形成"一地两中心"数据存储备份格局。对协同办公系统、政府网站、信息融合服务平台等重要信息系统推行三级等保。统一IT运维管理体系已形成。

（市数字办　供稿）

通信业

龙岩电信

【概况】 2016年，中国电信股份有限公司龙岩分公司全面深化改革，促进市场化转型和差异化运营，加强移动业务和宽带业务发展，强化服务和网络支撑保障，积极创新，助力闽西信息消费转型升级。截至2016年底，全年主营业务收入5.76亿元，总用户规模数144万。

【千兆光小区建设】 为进一步巩固电信高速率光纤宽带领域的主导地位，强化带宽差异化优势，实现宽带速率从百兆向千兆迈进，龙岩分公司于9月启动新罗万宝广场、新罗万达广场等6个千兆小区试点工作，11月底完成建设；同年11月又启动全市36个千兆小区试点，2016年12月底全面完成建设任务，截至年底，全市完成42个千兆小区建设，千兆能力覆盖超3万户。

【打造精品天翼网络】 龙岩分公司以建设无线宽带城市为目标，致力于打造天翼精品网络，天翼无线网络覆盖好、上网速度快、绿色健康（低辐射）、通讯保密性强等优势已得到社会各界的接受和认可。加快天翼4G网络建设，在4G网络已覆盖大部分行政村的基础上，完成高校、火车站、大型集会场所4G+网络建设，提供高速上网服务，推进800M4G网络建设，实现"村村通"4G，提供完善覆盖4G网络。积极致力于Wi-Fi网络建设，已基本覆盖龙岩卖场、宾馆、酒店、学校、会所、图书馆、医院、火车站、汽车站、连城机场、商务楼等热点场区，为市民带来极大方便。

【数字龙岩信息化建设】 平安城市建设。借助中国电信全球眼业务，构建"平安城市"视频监控应用。全市共有2000多个全球眼监控点遍布城市主要道路、重点场所、学校、小区、企业及乡村，实行不间断监控，有效降低治安成本，提高公安系统对突发事件的处置效率，同时，协助雁石、白沙、适中等多个乡（镇）打造"大联勤"系统，得到省政府领导的认可。智慧旅游平台建设。承接建设冠豸山智慧旅游平台建设，实现景区监管、指挥调度、WiFi覆盖等多项功能，助力旅游区和城市旅游服务产业化、规模化、多元化协调发展；助力文旅集团实现美食城WiFi覆盖，提升游客感知，全面提升旅游城市品牌形象。智慧农村建设。助力经信委打造智慧农村示范村项目，2016年，龙岩分公司负责1个示范镇、12个示范村的建设，建设娱乐宝、亲情宝、村级监控、WiFi覆盖等，让农村也赶上信息化发展的大浪潮，助力农村电商的发展。四是居家养老项目。积极联合社会资源协助政府打造"互联网+养老"信息化服务平台，已与合作伙伴禾康承建上杭居家养老项目，电信将积极助力政府加快推进全市平台建设，协助政府建设一个运营高效、民生认可的综合性居家养老信息化服务平台。

【灾后通信抢通】 2016年7月8日，受台风"尼伯特"影响，龙岩大部分地区出现大到暴雨，重点影响漳平中北部（尤其是象湖、溪南、芦芝、吾祠、灵地、南洋、双洋、赤水、新桥），长汀、连城大部，新罗、上杭北部，特别是造成漳平象湖镇通信全阻，郎车、灶头、长塔等11个接入网全阻。7日起，龙岩分公司要求各县市公司落实灾前防范准备工作，做好应急油机、油料、抢修材料、抢修队伍等保障，并要求各县市网络部骨干人员取消双休日，到各县市机房待命指挥。7日9时启动防汛防台风四级应急响应以来，省、市、县公司三级联动，保障即时沟通、调度防抗台风工作。龙岩市公司应急指挥调度中心24小时监控全区防汛抗灾实时情况，通过工作群及时发布相关通知及保障要求，各级领导实时密切关注台风及网络保障情况，各县市分公司、各专业维护中心及时响应，全力组织防台备战工作。

灾害发生后，龙岩分公司应急指挥调度中心采取市县联动、快速调度1辆应急通信车、2部海事卫星赶往现场进行卫星应急通信支持保障。网运部门及时进行跟踪通报和安排调度，确认抢险救灾顺利完成。

【与龙岩市政府签订"十三五"时期战略合作协议】 9月23日，中国电信福建公司与龙岩市政府签署共同推动《"十三五"数字龙岩智慧城市建设暨加快发展互联网经济战略合作框架协议》。双方将在"十二五"信息化战略合作的基础上，进一步推进"互联网"六大工程全面合作，促进龙岩互联网经济加快发展。龙岩市市委副书记、代市长林国耀，中国电信福建公司总经理高金兴出席签约仪式。龙岩市副市长赖永龙与中国电信福建公司副总经理乐朝平代表双方签署协议。按照协议，中国电信福建公司将主动对接地方重大项目建设，积极做好重点项目信息化服务支撑响应，加大在龙岩市的投入和采购。五年内，福建公司在龙岩市投入和采购超过23亿元，做好服务支撑工作响应，打造覆盖全区，有线、无线“双百兆”的高速宽带网络，协助地方政府共同拓展信息应用、促进产业升级。“十三五”末龙岩城区全面实现100M带宽接入并部分具备1000M带宽接入能力，在乡（镇）全面实现50M以上宽带接入。

（林晟　撰稿）

龙岩移动

【概况】 中国移动通信集团福建有限公司龙岩分公司（以下简称龙岩分公司）深入贯彻国家“互联网+”、“宽带中国”战略，加快转型升级步伐，构建大数据、云计算产业链，助力“产业兴市”战略实施，服务闽西经济社会信息化发展，成为全市客户规模、收入规模最大的通信运营商，其中客户规模170万户，年运营收入超14亿元，并先后获得“全国‘安康杯’竞赛优胜单位”“龙岩市诚信鼎传递活动示范单位”等荣誉，公司直属所有党支部被市直机关党工委授予“五个好”支部。公司内设12个部门，下设市区营销中心及长汀、上杭、漳平、武平、连城、永定等6个县（市、区）分公司，员工1100人。

【通信信息网络全面升级】 打造4G精品网络，龙岩分公司致力于加快推进4G普及、让更多人享受4G发展成果，已建成全市规模最大、覆盖最广的4G网络，全年新增4G站点3400余个，累计近6900个，行政村覆盖率和人口覆盖率提升至98%以上。4G+网络再提速。“开通移动4G+高清语音业务，接通时间更短，语音效果更逼真，上网时也能打电话，费用还不变！”随着4G+网络改造升级完毕，越来越多的人们开通VoLTE功能，畅享“低时延、高速率”的优质通话。光纤宽带进入千家万家。经过6年建设，全市城区及乡（镇）100%覆盖宽带网络，人口覆盖率达85%，做好应急通信保障，全力做好“两会”“11·8”机械博览会、全国“三下乡”集中示范活动启动仪式等重大活动及各类突发事件的通信保障，特别是面对“尼伯特”“莫兰蒂”“鲇鱼”超强台风袭击，有效保障全市通信网络畅通，得到各方点赞。

【打击通讯信息诈骗】 根据市委、市政府及上级公司提出的防范打击通讯信息诈骗相关工作要求，积极开展防范打击通讯信息诈骗专项行动，维护广大客户权益。全力配合协助案件侦破，入驻龙岩市实体化反诈骗中心，为公安机关开辟绿色通道，提升协作效率，建立“快速查询、快速关停、快速降网”工作机制，确保公安机关随时能查询、随时能处置。专项行动期间，配合公安机关查询涉案电话、IP地址、基站等百余人次；关停本地语音号码5个；协助侦破网络购物诈骗案50余起，破获伪基站案件11起，缴获伪基站设备11套，抓获犯罪嫌疑人14名。落实责任、标本兼治，严格落实实名制管理要求，实名制率达100%，认真整顿规范语音专线、“400”等重点电信业务经营秩序，通过10086短信群发提醒、微信、营业厅等渠道发布防诈骗技巧警示信息，有效引导客户提升风险防范意识。

【移动“互联网+”】 “互联网+政务”，带动政府效能提升，由龙岩分公司助建的龙岩市协同办公系统和全流程网上办事统一平台是龙岩“互联网+政务”的两张闪亮名片，已成为全省电子政务标杆。协同办公系统让机关工作人员摆脱“纸笔”束缚，实现无纸化办公，是全省首个市、县、乡三级一体化建设的协同办公系统，接入龙岩市各级单位数达1200余家，系统月公文流转量达5.3万件，累计公文收发量达141万件，用户数突破2.2万人。全流程网上办事统一平台让市民和企业通过电子渠道实现行政审批和公共服务事项的在线申报、查询、反馈，已接入全市424家政府单位超2万条审批事项，受理办件近70万件，办结率达99.7%。“互联网+”，多点开花，“互联网+社会管理”，助力社会治安立体化防控体系建设，2014年以来，龙岩分公司与市、县两级公安局开展“平安城市”视频监控项目合作，并为市公安局建设全市统一的市级视频监控共享平台，视频监控以其高质、稳定的品质和技术功能，得到市、县公安局的高度认可。“互联网+智慧城市”，拥抱万物互联新时代，通过云管端模式在数字城管、医疗卫生、环保水利等行业推动物联网标杆工程建设，打造数字城管联勤协作平台、居民健康远程医疗平台和智慧环保网格化监督管理平台，全面提升为民办实事服务效率。此外，移动“互联网+”在旅游、交通、电商、酒店等行业也得到了积极的运用。

【企业文化建设】 宣传造势，助力创城，积极响应市委、市政府全民参与创城的号召，结合行业特点，发挥行业优势，充分利用自有营业厅户外或门楣LED广告牌，以及核心城区沿街基站设备机柜、光缆交接箱，通过滚动播放或张贴写真的方式宣传争创全国文明城市标语、社会主义核心价值观等内容，并积极协调上级公司，配合市创城办向广大市民发送创城公益短信40多万条，进一步提升市民群众对创城工作的知晓率。志愿服务，共建家园，建立志愿者服务队，下设社区服务志愿者服务队、应急通信保障暨抢险救灾志愿者服务队、义务献血志愿者服务队、文明风尚网络文明传播志愿者服务队等8个分队，进社区、进学校、进农村开展困难帮扶、美化环境、义务献血等学雷锋志愿服务活动40余场，参与人数800多人次。与新罗曹溪街道天马社区开展“结对子，种文化”共建活动，“六一”儿童节前夕前往石粉小学开展“好书共享·放飞希望”好书进校园书籍捐赠活动，还组织30名志愿者并投入资金协助社区开展“携手争创全国文明城市·至善天马　你我共建”创城文艺晚会活动。（林莫汐　撰稿）

龙岩联通

【概况】 2016年，中国联通龙岩市分公司以“聚焦资源，迅速推动4G发展上规模”为经营主线，围绕“再上新台阶、建设新龙岩”的新龙岩建设目标，以客户为中心，围绕客户感知，持续推动网络提速降费，着力打造4G精品网络，拓展服务渠道、丰富服务产品，保障客户权益，践行企业社会责任，各项工作取得较大进展。客户规模51万户，年运营收入超2.57亿元。

抓好党风廉政建设，积极投入到文明城市创建工作中。全年开展新罗区中街小学助学活动，组织永定、武平、上杭、长汀、连城挂钩干部参与各县精准帮扶贫困户，号召员工开展市文明交通志愿服务、义务献血等服务，积极配合完成打击通讯信息诈骗工作，为文明龙岩的建设贡献一份力量。特别是成立的“抗洪抢险”党团员先锋队，在抗击“尼伯特”“莫兰蒂”等台风的抢险工作中，走在前头。共出动抢修人员608人次、车辆232台次、油机326台次，圆满完成救灾抢险工作。

【提升网络能力】 2016年，中国联通龙岩市分公司全面完成全市光纤改造工作，为提速增效打下良好基础。全年新建4G基站233个，4G在市区、县城、校园全覆盖、重要交通干线（高铁）实现了100%连续覆盖，100%乡（镇）实现点覆盖；3G进行广覆盖建设，新建基站923个，人口覆盖率达到99%。2016年底基站总数达6770个，网络规模同比15年增加38%，3G广覆盖能力提升效果显著。4G网络的MR良好率达到91.77%，排名全省第三，同时，网优团队在技能竞赛中获得中兴区域团体一等奖和全省团体三等奖。全年深入开展网优大会战，圆满完成“两会”、国际网联男子网球巡回赛、全国女子举重锦标赛、龙岩“机博会”等重大社会网络保障工作。

龙岩联通与龙岩广电网络公司签署战略合作协议

【助力龙岩信息化事业】 2016年，中国联通龙岩市分公司积极推进“互联网+”及“大数据”工程，助力“智慧龙岩”城市建设。依托先进完善的4G和宽带网络，运用云平台和大数据等先进技术，打造更强的系统集成能力，以开放共赢的合作模式，聚合上下游产业链，聚焦“信息强政、信息惠民、信息惠业”，全面推动武平数字城管，长汀林业三防信息化和禁毒平台建设，政务移动办公，智慧教育、智慧医疗以及智慧工地等项目的落地实施，为龙岩信息化跨越发展做出积极贡献。全年投入突破3000万元，成功建设新罗区教育局幼儿园监控项目、智慧校园一卡通项目、智慧工地项目等60余个重点信息化项目建设，为实施“信息强政、信息兴业、信息惠民”提供坚实基础。

【与龙岩广电网络签署战略合作协议】 12月16日下午，龙岩联通与龙岩广电网络联合举办战略合作签约暨“沃爱家”融合创新产品上市发布活动。开启双方战略合作的一个重要里程碑，也是龙岩通信和龙岩广电网络运营商开展深度合作的首次尝试。据了解，“沃爱家”融合创新产品集广电网络“爱家”品牌和联通“沃”品牌的优势于一身，涵盖了高清互动电视、4G上网通话和高速光宽带服务，具有“网络更快、电视更好、流量更多、价格更低”四大特点。市民从12月下旬开始，可前往全市各地的广电网络营业厅或者是联通营业厅办理该项业务，实现一站式便捷服务的同时，价格还比分别办理单项业务降低了50%。

【企业文化】 2016年，中国联通龙岩市分公司以倡导“快乐工作　激情干事”的企业文化建设为牵引，组织开展“三八”女职工参观古田会议旧址，“五四”青年红色教育活动，端午节“包粽子筑温馨”活动，“六一”亲子活动以及纪念建党95周年暨“我为党献礼”文艺晚会等活动，加强员工凝聚力和企业归属感。全年公司员工以“苦干、实干+硬干”的工作精神，主动作为，立足岗位做出显著成绩，市分公司客服部员工杨珍获工信部“全国用户满意电信服务明星”荣誉。运维部员工杨永祯荣获集团“中国联通技术能手”。

（陈祯　撰稿）

邮政业

【概况】 2016年，中国邮政龙岩分公司以提升通信服务质量和客户满意度为目标，抓实邮件安全、时限管理、质量管控、服务投诉、经营纪律等工作，全市邮政通信运营平稳、质量稳定，服务水平稳步提升，通信时限达标率98.85%，位于全省前列。公司能力提升，建成投入新的邮区中心，实行邮区中心、投递局和包裹快递处理中心的大平面作业，增配分拣皮带机等流水化工艺设备，减少中间驳运环节，提升邮件处理时限；优化网运作业计划，上杭、武平、长汀、永定4县（区）域增开二频邮运车辆，加快邮件传递。推行投递片区经理制改革，提升投递效能。全市邮政实现业务收入26551万元，比增7.1%。员工收入稳步增长，总体经济运行平稳。

【举办《丙申年》特种邮票首发式】 2016年是农历丙申年，龙岩邮政分公司于1月5日举行《丙申年》特种邮票首发式，并现场提供免费加盖生肖纪念邮戳服务。《丙申年》邮票是邀请中国第一枚生肖邮票《庚申年》特种邮票的创作者黄永玉再执画笔创作设计。共两张邮票图案，第一图，猴子手托寿桃，面带笑容，形象活泼可爱，生动传神，第二图，一只金猴抱着两只橘色的小猴象征亲情，也寄托着阖家团圆、福寿双至的吉祥寓意。

【发售《中国邮政开办一百二十周年》纪念邮票】 3月20日，《中国邮政开办一百二十周年》纪念邮票在邮政大楼一楼莲庄集邮门市部正式开售。该票一套四枚，全套邮票面值为4.80元，邮票图案内容分别为：信达天下、便民服务、速递物流、普惠金融。画面将邮政历史和现实融合，展示百年邮政“信达天下”的历史使命和作为现代服务业集团“一体两翼”的经营发展战略。

【构建农村电商服务平台】 以“邮掌柜”平台为抓手，利用“三农”综合服务站、便民服务站等网络渠道，积极构建集农村网络消费服务、农产品网络销售服务、农产品信息服务、综合便民服务、农村物流服务于一体的农村电商服务生态系统。共建成2个县级运营中心、50家“邮乐购”旗舰店和2061家加盟店。

【举办首届跨境电商直客沙龙见面会】 4月7日，由龙岩市邮政分公司主办，市商务局、团市委等相关部门协办的首届跨境电商直客沙龙见面会在市商务板块青年创业大厦举行，旨在促进龙岩跨境电子商务积极、健康、蓬勃发展，同时搭建一个跨境电商交流、沟通的平台。

【参与国际禁毒日主题活动】 6月26日上午，由新罗区禁毒委、区公安局主办，龙岩市邮政分公司承办的“青春在禁毒中出彩”国际禁毒日主题活动在街心花园成功举办，活动充分利用“新媒体+现场活动+邮政业务”的综合解决方案，向广大群众宣传禁毒知识。

【携手电信共谱合作新篇章】 7月1日上午，龙岩邮政分公司与电信公司举行战略合作签约仪式，决定在更广的领域、更高的层次开展合作，共同谱写邮电合作的新篇章。根据协议内容，双方将以优势互补、资源共享、注重实效、共同发展为基础，充分发挥各自在金融、电子商务、包快物流、业务宣传和电信服务行业优势，共同促进双方的业务发展和产品延伸。

【集邮教育实践活动】 为纪念中国工农红军长征胜利80周年，继承革命光荣传统，加强新时期爱国主义教育，8月20日上午，由中国邮政集团公司、中华全国集邮联合会主办，福建省邮政分公司、龙岩市政府、福建省集邮协会协办的“弘扬长征魂，同筑中国梦”纪念中国工农红军长征胜利八十周年全国青少年集邮教育实践活动（福建龙岩站）暨《长城》特种邮票首发活动在中央苏区（闽西）历史博物馆隆重举办。

活动共展出邮集38部共计100框，歌颂老一辈无产阶级革命家的丰功伟绩、赞美峥嵘岁月的长征精神，体现了中国共产党的光辉历程，展示了中国特色社会主义建设成就和改革开放成果。龙岩市邮政公司还在活动现场设立临时邮局，为广大市民和集邮爱好者提供巡展纪念封、明信片、《长城》首发纪念封、邮折、邮册等系列邮品销售及盖戳等服务。

【完成G20峰会安全保障任务】 严格执行邮件收寄环节3个百分百，要求邮件处理的各单位和各个环节对进浙邮件落实检查制度，从源头堵截违禁物品进入邮政渠道流入重点地区，确保圆满完成G20峰会邮政安全保障工作任务。

【举行《纪念中国工农红军长征胜利80周年》邮票首发仪式】 为纪念中国工农红军长征胜利80周年，缅怀革命前辈的丰功伟绩，弘扬伟大的长征精神，10月22日上午，龙岩邮政分公司隆重举办《中国工农红军长征胜利八十周年》纪念邮票首发仪式。此次发行的《中国工农红军长征胜利八十周年》纪念邮票1套6枚，图案内容分别为：长征出发、遵义会议、四渡赤水、过雪山草地、胜利会师、缅怀先烈　不忘初心　走好新的长征路。全套邮票面值7.80元。

【法治宣传】 借“12·4”国家宪法日契机，成功运用邮政新媒体运作法治宣传活动。开展现场活动，向群众发放法治宣传手册、宣传年画、职工维权咨询等活动，为群众解疑释惑。以微信朋友圈宣传的形式，重点将国家宪法日由来、龙岩普法依法治理工作情况等向全市微信用户进行宣传。

（杜维娜 撰稿）

无线电管理

【概况】 2016年，全市台站数据库中共约2万个台站，比增48.5%。共办理行政许可审批事项收文并办结33份，到期换照3750份，核发电台执照7130张。收取频占费15.34万元，占任务数的94.1%。全年，开展监督检查52次、出动175人次，共监督检查72家单位，开展“双随机”检查3家单位，联合公安部门开展执法检查2次，立案并结案2起，没收无线电对讲机4部。受理并办结无线电干扰投诉案件3起。全年，开展无线电日常监测和频段占用度测试约9630小时，编制及上报《龙岩市无线电频谱监测统计报告》11份。考试保障方面，完成研究生、公务员、高考等11场重要考试防无线电作弊保障任务。

【优化台站管理模式】 根据省、市关于简政放权改革工作要求，制定方案分解任务、明确职责、严格时限；进一步梳理行政审批事项一项（含6子项）及公共服务事项2项；优化设台程序，对申报材料进行再清理，所有非必要申报材料一律取消；进一步压缩事项办理环节及时限，将原“受理—审查—审核—决定”四环节，压缩至“受理—审核—决定”三环节，并将原承诺时限压缩至法定时限的25%。根据省经信委安排做好“双随机、一公开”工作，完成委抽取2个单位的监督检查任务，加强事中事后监管，提升监管效能。

【推进频谱评估专项工作】 制定全市频谱使用评估专项活动实施方案，成立以局长为组长，分管领导、基础电信运营商及铁塔公司分管副总为副组长的领导小组，以公众移动通信系统、通信卫星及卫星通信网为重点，充分利用无线电管理局已建成的片区管理工作机制，齐抓共管、协力推进专项活动。全面完成卫星地球站实地核查和辖区主要城市道路频谱数据采集路测任务，形成全市频谱使用评估报告和市、县（区）频谱使用图表。

【重拳打击伪基站违法设台】 监测分站充分发挥技术优势，利用伪基站侦测设备不定期在新罗区闹市区和人口密集区进行“伪基站”信号移动巡查监测，同时配合公安部门开展“伪基站”定位和设备排查工作，查获违法设备。日常开展通信基站ID测试，督促基础电信运营商加强蜂窝基站管理。我局主动牵头，联合市公安、工商、质监、电信、移动、联通和铁塔龙岩分公司共8家单位建立龙岩市打击整治伪基站联合工作机制。1月29日，利用这一机制在新罗区龙门镇某民宅查获一起犯罪分子利用远程遥控伪基站进行违法活动的案件，当场查获一套还在向周围散发伪造工商银行“95588”特服电话发送积分兑换诈骗短信的伪基站。当场查扣伪基站发射机1台、板状发射天线1副、网络传输设备一套、定时器1个、网络摄像头1个。2016年，市无线电管理局先后两次与公安部门联合设点咨询宣传，在龙岩市无线电管理网设置“防范电信网络新型诈骗”宣传专栏，曝光市无线电管理局近年来查处的伪基站案件。

【无线电安全保障】 2016年4月9—12日，全国女子举重锦标赛暨里约奥运选拔赛在龙岩市举行。市无线电管理局开通绿色通道做好央视直播团队所需2个中继频率和5个对讲机频率的指配。2016年高考前，6月3日在漳平市举办“龙岩市防范高考无线电作弊宣传与演练”，高考期间未发现无线电作弊信号。同时，全力做好G20杭州峰会、第七届海峡两岸机械产业博览会的无线电安全保障。取消双休、全员上岗，做好防抗强台风“尼伯特”“莫兰蒂”“鲇鱼”等无线电安全保障。

【优化通信基站管理模式】 年初，市无线电管理局领导到各通信运营商进行深入调研，在征询各运营商意见建议的基础上，将原通信基站管理长效机制内容形式由普通协议改为正式文件，使这一机制更具权威性、规范化。该机制对提升基站规范化管理水平起到很大作用。通过这一机制，市无线电管理局开展ID路测8次，推进龙岩市4G基站建设，已建成4G通信基站5717个。

【排查无线电干扰查处】 3月底，市无线电管理局接中国联通龙岩分公司干扰投诉后，迅速查处了新罗区万安镇高林村2户村民在私宅内安装使用的手机信号放大器导致设在该镇中学的联通基站受到干扰的案件。6月中旬，迅速排查武警部队龙岩市支队在支队驻地设置使用的警用对讲机受到的不明信号严重干扰。9月2日，查处龙岩移动公司设置于新罗区曹溪街道办事处坑头村的蜂窝通信基站受到正印担保有限责任公司公司安装使用的手机信号屏蔽器的干扰。

【无线电管理宣传活动】 市无线电管理局宣传形成“强化组织抓宣传、突出重点抓宣传、内外结合抓宣传、纵横联动抓宣传”的工作格局。年初，受长汀一中第22届科技节组委会邀请，市无线电管理局组织科普宣传团到该校参加技校节活动。6月3日，在漳平市政府广场开展无线电科普知识进机关活动。9月无线电管理宣传月期间，开展无线电管理“进社区、进山区、进学校、进机关、进用户、进住户”系列活动，在社区制作无线电科普与文明知识展示牌和宣传栏等。12 月，新修订的《无线电管理条例》颁布后，立即通过 LED、横幅、微信群等开展宣传，下发学习宣传新《条例》的通知。全市开展广场宣传活动 4 场次，制作科普展示牌、宣传专栏 12 块，发放宣传折页、画册 3100 余份，发放无线电管理宣传衫 200 件、毛巾 300 条、购物袋 600 个，向群众宣讲并接受群众咨询无线电知识 3000 余人。

【举办闽粤赣边际三市无线电管理协调会暨监测技术演练】 11 月 23—24 日，在武平县举办闽粤赣边际三市无线电管理工作协调会暨监测技术演练。会议以打击伪基站、黑电台和边界地区无线电频率协调为主题，就新形势下加强区域联动，完善快速反应机制，实施信息共享，协同打击伪基站、黑电台等问题进行了深入探讨。其间，三市联合组织无线电监测技术演练活动，主要有边界通信基站信号测试和比对分析、查找伪基站、黑电台三个方面内容。演练其间混合编组，所参演人员比业务、比技术、比水平，取长补短、互相学习，展现闽粤赣边际三市无线电管理工作者良好的精神风貌和精湛的技术技艺。

（林启华　供稿）

19 经济管理

发展与改革

【“十三五”发展蓝图规划】 2016年1月21日，龙岩市四届五次人大审议通过《龙岩市国民经济和社会发展第十三个五年规划》。该规划明确了未来五年龙岩市经济社会发展的总体目标和战略任务，是龙岩市进一步加快闽西老区科学发展跨越发展的重要指南。其中，到2020年龙岩市经济社会发展的主要目标是：地区生产总值年均增长9%左右，第三产业增加值占GDP比重达到43%，城乡居民人均可支配收入年均增长9%。

【项目落地攻坚战役】 2016年，全市全力打好项目落地攻坚战役，全年实现“五个一批”项目1198个，“七大领域”会战攻坚项目完成投资1200亿元，超额完成“两个一千”目标。其中：实现谋划项目307个、签约项目453个、开工建设项目232个、建成投产项目206个、增加投资263.2亿元。

【扩大有效投资】 2016年，全市完成500万元以上固定资产投资2188亿元，同比增长15.2%。其中：第一产业完成投资157.6亿元，同比增长73.4%；第二产业完成投资979.5亿元，同比增长4.5%；第三产业完成投资1050.9亿元，同比增长20.5%。

【招商引资】 在北京举办“走进闽西·携手发展”项目对接活动，共对接97个项目、总投资1194.57亿元，其中，合同项目37个、总投资329.14亿元。第十四届6·18累计对接合同项目869项(位居全省第二)，总投资137.9亿元。

【资本市场建设】 2016年，全市共有上市企业10家，省上市重点后备企业63家，上市待审企业2家，新增香港上市递表企业1家；新增“新三板”挂牌企业6家，累计达到8家；新发行1支8亿元企业债券。10家上市、“新三板”挂牌企业及后备企业通过股权或债权融资137亿元。

【公务用车制度改革】 11月28日，市直参改单位车辆进行全面封车，全市公务用车制度改革工作正式实施；12月20日，各县(市、区)、市经开区、厦龙山海经济区车辆进行全面封车。此次车改全市涉改单位961家、人员21378人、车辆5418辆，车改后保留车辆2819辆、保留比例52%，保留司勤人员1213人，车改后节支率达到7.15%。

【争取政策、资金、项目支持】 省政府办公厅出台《支持长(汀)连(城)武(平)扶贫开发试验区发展有关事项》的批复，与赣州市签订《福建省龙岩市与江西省赣州市合作框架协议书》；上杭县列入第三批国家新型城镇化综合试点地区，古田、永福、培田入选福建省第一批特色小镇等；争取到中央、省预算内资金9.86亿元。

【开展国家生态文明试验区建设】 出台《龙岩市贯彻落实〈国家生态文明试验区(福建)实施方案〉的实施意见》，实施生态环境建设提升、生态文明制度创新、生态环保产业发展、生态文明风尚引领等“四大工程”，将生态文明理念融入经济建设全过程，为龙岩生态文明建设奠定坚实基础。同时，出台《龙岩市生态文明体制改革2016年工作要点》，扎实推进“打造长汀经验升级版”等14项生态文明体制改革任务取得实效。

(市发改委　供稿)

国有资产管理

【国有经济发展】 龙岩市国资委和市属国有企业认真贯彻落实市委、市政府的决策部署，在改革、发展、稳定等方面做了大量工作，国资国企整体规模和效益有新的提升。至 2016 年 12 月底，市属国有企业资产总额达 960.32 亿元，同比增长 17.09%；所有者权益 379.04 亿元，同比增长 17.78%。实现营业收入 97.73 亿元，同比增长 12.05%；实现利润总额 7.40 亿元，同比下降 20.01%；实现净利润 5.82 亿元，同比下降 25.47%；已交税费总额 6.19 亿元，同比增长 28%。国有资产保值增值率达 113.71%。

【国企改革】 支持、鼓励市属企业加强与大型央企、省企、外企、民企和军工企业对接合作。市属国有企业分别与省能源集团、中石油、中建路桥集团、省建工集团等企业建立合作关系，生成一批项目。工发集团与省能源集团所属福能股份合资设立龙岩市配电售电有限责任公司，试点开展售电侧改革相关业务；所属龙马汽车工业公司与民营企业无锡丰晟科技有限公司、福建易动力电子科技有限公司合作建设年产 15 亿安时锂离子动力电池生产项目并参股民企福建易动力电子科技有限公司；交发集团与中建路桥集团有限公司合作建设漳武高速永定至上杭段项目；城发集团、交发集团与省建工集团所属建工环海发展有限责任公司以及福建永强岩土股份有限公司、成森集团等民营企业合资成立福建省建豪科技有限公司，合作建设龙岩建筑产业现代化生产基地项目；汇金集团与龙岩紫荆研究院合作共同建设年产 10000 立方米 SCR 脱硝催化剂生产项目；新龙马公司顺利完成资产重组。2016 年 4 月举办的省国资委、省属企业与龙岩市项目合作对接会，共签约 32 个项目，总投资 449 亿元。铁建开发公司所属铁投公司与西安经济合作社合作成立龙岩铁建房地产开发有限公司，合作开展铁路安置地块房地产开发业务。

【坚持项目带动】 认真贯彻落实市委、市政府关于打好“项目落地、脱贫攻坚、生态环保”三大战役的决策部署，着力构建创业创新、投资融资、人才聚集“三大平台”，着力在项目落地攻坚战役中当“主力”、打“前锋”。2016 年，市属国有企业共实施项目 178 项目，计划总投资 621.61 亿元，年度计划投资 119.94 亿元，完成投资 144.58 亿元，占年度投资的 120.54%。在 2016 年全市实施的项目攻坚重中之重项目中，由市属国有企业承担或参与的项目有 6 个，总投资 340.9 亿元，年度计划投资 66.97 亿元，完成投资 86.407 亿元。

【强化融资保障】 充分发挥市属国有企业投融资主体作用，紧紧围绕重点项目融资金，着力为政府性投资项目和重大产业项目建设提供资金保障。2016 年，市属国有企业新增融资 167.05 亿元，其中：工发集团新增融资 34.65 亿元，成功发行定向债务工具 2 亿元，超短期融资券 6 亿元，短期融资券 4 亿元，龙净环保股票质押 2.8 亿元；交发集团新增融资 44.13 亿元，发行中期票据 6 亿元，取得国开行项目贷款 9.37 亿元，农发基金 4.1 亿元，政府性债务置换 16.63 亿元；城发集团新增融资 40.54 亿元，取得国家开发银行贷款 9.6 亿元，农业发展银行贷款 7.9 亿元，政府性债务置换 10.63 亿元。水发集团新增融资 2.02 亿元。汇金集团新增融资 32.98 亿元，成功发行短期融资券 10 亿元。铁建公司新增融资 12.43 亿元，成功发行 16 铁建企业债券 8 亿元，期限 5+2 年。

【国有企业整合重组】 根据企业主业情况对市属国有企业进行梳理分类，重新界定市属国有企业的功能定位，同时，按照“产业相关、业务相近、资源相同”的分类、整合原则，对市属国有企业进行整合重组。根据市委、市政府部署要求，2016 年，先后组建文化旅游发展集团、人才发展集团。同时，积极探索对现有市属国有企业中产业相关、业务相近、资源相同的企业（如贸易、物业等企业）进行再分类、再整合，力求形成一批主业突出、规模较大、实力较强的企业集团。

【国资监管】 强化产权监管。严格规范产权交易行为，确保国有产权交易公开、公平、公正进行。组建龙岩市产权交易中心有限公司，进一步规范企业产权转让、资产租赁等行为。强化财务监管。突出监管重点，加强对企业资产运行情况的动态监测，进一步做好国有资产统计、分析和监管企业财务预决算数据的审核工作；制定《2016 年所监管企业经营业绩考核指标》和《所监管企业负责人经营业绩考核评议指标评分细则》《龙岩市国资委所监管企业负责人经营业绩考核暂行办法》《关于印发 2016 年度绩效管理实施方案的通知》，进一步提高企业经营业绩考核的针对性和精准性。推行以财务信息化建设平台为基础的财务中心管理运作模式，采用“人员集中、资金集中、重大财务事项集中统一管理”的管理体系，提高资金使用效率，降低财务成本，防范财务风险。强化审计监督和监事会监督。制定出台《所出资企业内部审计管理暂行办法》《龙岩市国资委监管企业监事会年度考核评价暂行办法》《关于进一步加强所监管企业审计工作的意见》等制度，促进审计监督和监事会监督规范化、制度化；制定企业执行“三重一大”决策制度、企业内审工作情况等报告制度；建立经济责任审计工作联席会议。强化监管严控风险。制定下发《关于强化国有企业监管严控企业经营风险的通知》，切实采取有效措施，强化企业风险防控。加强大额资金调度管控，严格应收款项管理，建立债务人资信调查制度、企业债权清收责任制度，制定严格的债权核对和催收办法，增强风险防范意识，维护国有资产安全。规范投资管理。认真贯彻落实《龙岩市国资委所出资企业投资管理暂行办法》，进一步规范市属国有企业的投资行为。强化安全生产监管。制定下发《2016年度所监管企业安全生产目标责任考核暂行办法》，并与企业签订安全生产责任状，强化安全生产目标责任的落实。深入开展安全生产大检查，对各监管企业安全生产工作采取“双随机”和“四不两直”的方式进行督查。累计组织检查100余场次，发出整改通知书86份；在监管企业中全覆盖开展“企业安全生产标准化建设提升工程三年行动”，达标率100%，建立健全了以安全生产标准化建设为基础的企业安全生产管理体系。市国资委连续五年被市政府评为龙岩市非专项整治优秀牵头单位。理顺监管职责。认真贯彻落实市委、市政府制定下发的《市国资监管机构和行业主管部门分别对“四大集团公司”监督管理和业务指导职责的意见》，进一步明确国资监管部门和行业主管部门的职责，理顺行业主管部门与市属国有企业的关系。

【党风廉政建设】 全力推进市属国有企业纠正“四风”工作，不留盲区；深入开展市属国有企业潜规则排查整治，进一步规范企业公款存储、物资采购、工程招投标、用人制度、档案管理等；持续开展市属国有企业领导班子及领导干部廉洁自律情况巡查；组织开展国有企业落实党风廉洁建设责任制情况检查；组织开展市国资系统公款存储“潜规则”排查和企业领导干部为配偶、子女及其亲属经商办企业提供便利、与民争利专项整治，强化对权力运行的监督和制约；深刻吸取近年来国资系统发生的腐败案件的教训，加强警示教育，做到警钟长鸣；综合运用好监督执纪“四种形态”，坚决查处腐败案件。2016年，查处违法违纪案件11件，其中党纪立案9件9人，移交市纪委立案1人，移送司法机关2人。查处13起12人违反中央八项规定精神和龙岩2号文件精神案件。

（卢建国　撰稿）

【龙岩城市发展集团有限公司】 龙岩城市发展集团有限公司（以下简称城发集团）面对新形势、新任务、新要求，城发集团牢固树立企业、项目、效益、责任、协作意识，着力做好市政基础设施建设、拓展经营性项目、加快商品房去库存、强化内部管理，推进筹融资、安全生产和廉政建设，全力推动集团各项工作上新台阶。截至2016年12月底，集团总资产239.82亿元（其中：经营性资产43.61亿元、非经营性资产196.21亿元），总负债139.45亿元，净资产100.37亿元，资产负债率58.15%（经营性资产负债率319.77%）。全年完成融资授信审批96.28亿元（实际到资40.54亿元），占计划融资50亿元的192.56%；实现营业收入9.66亿元，占计划10亿元的96.60%；实现利润总额8281万元，占计划8000万元的103.51%。

推进项目落地攻坚展现作为。通过做实项目前期、加快项目征拆、落实项目资金、抢抓项目进度，各项目稳步推进，项目落地攻坚展现作为。截至2016年12月底，集团合计完成项目建设总投资约89亿元。市政基础设施项目。2016年中心城市城建路网项目新开工19个，新完工项目9个，实现通车或局部通车项目6个，市政基础设施项目全年完成投资约53亿元。采用逐级扩孔、钢护筒跟进施工方案攻克龙岩大桥地下大型溶洞成桩技术难题，成为龙岩市道路桥梁建设史首例；邮政交通节点桥桩基遭遇地下溶洞、北三环隧道部分土方坍塌等施工难题得到有效解决。龙岩大道高架桥南段顺利通车，北段地面道路半幅通车；邮政及海关两个交通节点下穿通道实现通车；双永高速龙岩北互通连接线项目实现全线通车。安置房、保障性住房项目。顺利推进安置房、保障性住房项目建设，全年完成投资约11亿元。安置房方面，新开工莲塘小区五期、龙辉小区、龙盛小区、紫金名苑、西安金融小区A、C地块等5个项目，竣工月山小区、排头安置房、小洋新城一二期、金鸡小区B地块、莲西小区南区、纷阳小区等6个项目，同时推进卧龙小区一期、曹溪美苑、莲庄小区一期、双永高速红坊紫安征迁安置房等5个项目的扫尾与验收工作。保障房项目方面，铁山佳苑A、B地块进行主体工程施工；铁山保障性住房小区已完成综合验收，于2016年10月交付使用。代建项目。景冠、警苑小区项目已完成竣工验收，进入交房阶段；市委党校迁建项目完成主体工程建设，进行二装工程施工，关键节点工期目标与计划基本吻合；兴业银行G幢进行各专项工程施工；妇幼保健院项目后勤楼、综合楼外墙装修工程基本完成，开展各专项工程及二装施工等相关工作；龙津湖公园总体方案及施工图设计已完成，建筑废渣清运基本完成，进行1#—3#地下停车场基坑支护施工。房地产开发推进顺利。金融一期B区、二期H幢、I幢已进入扫尾阶段，市行政服务中心入驻金融中心B3幢已完成各专项验收，具备交付条件；“城发福郡”项目一期桩基工程已全面完成，正进行基础底板及地下室施工，部分已施工至±0.00地面，二期已完成图纸审查工作，正办理相关前期报建手续。

延伸产业，提升集团生产经营效益。集团公司积极拓展新业态，改善经营结构，努力提高生产经营效益。积极谋划建筑工业化布局。集团公司与省建工集团等六家企业合作成立“福建省建豪建筑科技有限公司”，占20%股权，投资建设建筑工业化生产基地，建成投产后可承接龙岩地区的装配式建筑和市政管廊、管沟等工程。推进施工企业组建工作。组建施工企业有利于拓展集团产业链、增加经营性现金流、提升盈利能力，可作为工程技术人才培养基地，锻炼工程管理队伍，提升工程建设管理水平，同时可以应对临时性、突击性及特殊项目的施工需要。已完成施工企业组建工作，正进行施工企业资质申报及机构设置等相关工作，逐步进行业务拓展。拓展城市经营服务链。城投公司加快抢占城市地下空间资源，推进地下管廊(管线)运营公司的组建，并筹划组建建筑土石方填埋和垃圾循环利用处理厂；国城置地公司推进中心城市停车场建设与经营管理，加快推进商务板块停车场建设，并以金融中心停车场为试点推进龙岩中心城区智能化停车平台建设；集团公司出资收购工发集团持有的昆润天然气公司29%股权，参与燃气全行业一体化运营管理。做好原有产业延伸项目。天润龙城新型建材公司建成年产20万立方米透水砖和透水混凝土生产线并投入生产，成功铺设兴业路约4000平方米。自行车道面层透水混凝土；利安物业公司经营总收入稳步上升，除承接市政道路的清扫工作及铁山保障房的物业管理工作外，还开展安置房、保障房的质量修缮业务，并着力于物业管理资质的提升；贸易公司在做好钢材、电梯等主营业务外，积极拓展铝合金模板、HDPE缠绕增强管在工程项目上的运用，并与永定林业总公司对接，谋划竹缠绕管项目的合作，努力谋求做大贸易现金流；苏区公园公司充分利用好园林绿化三级资质，承接了六一广场绿化改造项目，取得了一定的突破。

多措并举，持续推进商品房去库存。加大营销推广力度，积极寻求大客户营销，积极争取政府支持，采取平价快销、小步快走的策略，加快办公用房及商品房去库存力度。金融中心办公用房去库存取得阶段性进展，人社局、不动产登记局、荣建集团、龙盛担保等单位购买入驻B2幢14—20层，汇金置业公司增加购买A4幢3、4层，龙岩农商行整幢购买入驻H幢，国税局置换入驻A3幢1—3层及3层连廊，库存去化总面积约为4.38万平方米，可回笼资金约3.5亿元。宝晟公司采取与电商合作、购房送车位等促销模式，东岳花园剩余商品房全部销售完成。安居公司大力推进铁山保障房沿街店面和莲滨小区经济适用房的租售工作。

融资工作成效凸显。全年集团累计新增融资授信额度96.28亿元，为房地产开发、市政基础项目建设及经营性项目拓展提供强有力的资金保障。集团及各所属企业积极拓宽融资渠道，创新融资模式。市政道路等项目建设通过政府购买服务及融资租赁方式取得融资授信50.98亿元；安置房、保障房建设通过“棚户区改造”专项贷款授信8.40亿元；积极开拓各银行流贷授信工作，新增流贷授信21.30亿元；积极参与发行公司债、PPT、短融、发展基金等融资工作，招商银行短期融资债券已获得审批额度6亿元；积极开展“城发福郡”项目开发贷授信工作，经公开比选招标确定建设银行为项目开发贷款银行，授信8亿元；苏区公园公司取得农发行新型城镇化及美丽乡村建设项目授信1.60亿元。优选融资方案，降低融资成本。集团本部根据“按需融资、高效使用、方案最优”的原则，对已放贷银行的贷款利率进行谈判，并以借新还旧方式提前归还较高利率贷款，降低融资成本。

（龙岩城市发展集团有限公司　供稿）

【龙岩工贸发展集团有限公司】 龙岩工贸发展集团有限公司（以下简称工发集团）2016年，全面完成上级下达的各项任务，实现合并营业收入26亿元；利润总额2.3亿元；净利润2亿元。至2016年末集团合并资产总额92亿元，净资产36亿元。涉及投资、矿业、机械、能源、旅游、IT等多个领域，拥有全资企业16家、控股公司8家、参股企业34家。

2016年，工发集团认真贯彻落实“产业兴市”战略，围绕龙岩市“365”产业发展重点和转型升级要求；主动对接市委、市政府产业发展战略布局，积极推进集团有关重点项目。

矿业板块方面。龙高公司股份制改造工作全力推进；中油(长汀)催化剂项目最终投资决策(FID)申请报告已取得批复，项目落地指日可待。全力推进东宫下高岭土矿12—22线东部露采扩帮项目。

汽车及新能源板块方面。新龙马汽车顺利重组，完成外资企业变更登记手续，重组后新规划建设双班年产10万辆技术改造项目，项目已批准为省重点技术改造项目；龙马工业公司与无锡丰晟全力推进建设年产15亿安时锂离子动力电池生产项目，一期项目正在进行环控及二装施工；龙马工业公司参股易动力公司，易动力公司完成股改工作。

能源板块方面。由工发集团与福建福能配售电有限责任公司合资成立的龙岩市配电售电有限责任公司，正式办理工商登记，首期注册资本金2000万元已到资，直购电业务进入试营业阶段，光伏发电项目前期工作落地，承试承修工作也进入资质申请流程。

旅游板块方面。梅花山索道项目。完成索道线路方案选定、土地征控、项目报批等工作，签订工程建设总承包合同，完成27个支架基础槽开挖（其中16个支架完成垫层浇筑），完成投资2000万元；步云游客服务中心项目总平面设计图、施工图及单体建筑方向图纸均已通过预审，基本完成游客中心单体建筑所需的土地征控工作，尖峰顶栈道已铺水泥地板约1400米，红豆杉园栈道完成约800米的基础工程。步云游客服务中心项目完成预算初稿。

光电板块方面。PSS项目一期项目第一阶段月产30万片产能基本稳定，正在完善第二阶段工程(30万片/月)的相关前期工作；多措并举，在降本增效上取得显著成绩，通过不断优化工艺技术，降低各项成本，稳步提升产品品质，产品良率达90%以上；“纳米压印”技术上取得突破，实现产业化，大幅度提升产能。

IT产业方面。信产公司于2016年9月13日与华为软件技术有限公司签订《项目补充协议》及《云服务产品订单》，积极推进华为龙岩市云计算中心项目建设;龙岩市信息融合服务平台获省互联网经济新增引导资金补助公共服务平台专项资金300万元;为打好全市脱贫攻坚战役,龙岩市精准扶贫信息平台于2016年11月正式上线使用;通过省保密局专家组审查,于2016年11月获得涉密信息系统集成资质证书。

其他产业方面。佰盛地产挺秀花园项目,项目主体于2016年11月顺利封顶。

(龙岩工贸发展集团有限公司　供稿)

【龙岩交通发展集团有限公司】 龙岩交通发展集团有限公司(以下简称交发集团)落实全市经济工作、"三大战役"和国有企业提质增效等工作部署,围绕构建海峡西岸经济区重要交通枢纽的总体目标,凝心聚力,抢抓机遇,奋发有为,大力实施项目攻坚,深入推进产业转型升级,持续加强企业党组织建设,不断增强企业的市场竞争力和可持续发展能力,继续打造"交发"品牌,为龙岩市经济社会发展作贡献。

项目攻坚扎实有力。2016年,交发集团实施项目总计16项,年度计划总投资24.85亿元,截至12月底,全年完成投资27.97亿元,占当年计划投资的112.55%。交通项目中,永杭高速公路PPP项目全线动工;西外环路、高新园区快速通道二期项目按市委、市政府下达的目标任务,于8月完成全部工程,截至2016年年底,西外环项目已完成交工验收工作,快速通道二期项目已完成质量评定;龙岩火车站综合客运枢纽项目桩基及基坑支护工程正加紧施工;国省干线武平县境内文溪至半岭段公路工程项目已开工。房建项目中,交发?龙岩风景项目主体工程建设和项目营销工作正按计划有序推进;莲北商住组团项目施工现场已具备"三通"条件,基本达到开工条件;武平商贸城二期项目正按计划进行主楼体施工;东方威尼斯项目于2016年底完成低层住宅的综合竣工验收,正进行剩余商品销售工作;赤水人居板块房地产开发项目已完成征地测量和初步设计工作。代建项目中,莲塘小区项目桩基施工与土方开挖已完成约95%;一中食堂、安置房及教师周转房项目正进行土方开挖。

交通运输取得新突破。公交服务全面提升,大力推广新能源、新材料在公交领域的运用。2016年,先后投入运营100部新能源公交车。并在曹溪、森宝、紫金山体育公园、龙岩技师学院首末站建设充电桩。曹溪和交易城的充电场站于2016年底投入使用。莲东公交首末站已完工。2016年新开通1条公交线路,优化调整12条公交线路。2016年4月《公交成本规制方案》正式出台,将有利于公交的可持续发展。龙洲股份重大资产重组进展顺利。省国资委正式批复同意龙洲股份以发行股份及支付现金的方式收购兆华领先100%股份,并同意龙洲股份通过锁价方式向交通国投等非公开发行股份募集配套资金不超过人民币5.8亿元,方案已上报证监会审批。

商贸物流效益体现。始终坚持"风险防控第一,适度控制流量"的工作原则,在原有贸易业务基础上进一步提升风险防控机制。小洋农场积极拓展玉米及稻谷等大宗贸易和大米粮油贸易业务,全年实现营业收入2.36亿元。龙物公司继续开展石油化工产品、煤炭等大宗商品贸易业务,全年实现销售收入3.46亿元。中龙天利公司积极与国企、央企和有实力的民企对接,探索开展供应链贸易业务,并认真研究自贸区相关政策,探索融资租赁业务。

农业产业化加快推进。海西生态肉牛产业化项目,耕地部分已签约25.33公顷,完成约60%。总平图及土方工程方案已优化并确定,积极推进项目环评、土地流转及设计、用地报批等工作。同时加强政策对接,该项目已申报第三批重大基金项目及革命老区项目。闽西红土地水土保持生态园项目,已在永定区湖坑镇山下村(集团挂钩贫困村)选定1000亩山地开发生态茶油种植项目,项目首期投资1000万元,采取"公司+合作社+农户"的经营模式。

融资工作成效突出。按照"资金为先"的总体战略,不断创新融资模式,拓宽融资渠道。2016年,共取得融资88亿元,取得政府返还国资收益3.43亿元,完成政府性债务还本付息23.83亿元。融资工作保障项目建设和经营生产,维护平台的安全运行。继续发挥资本市场融资主渠道作用。6月,取得中国银行间市场交易商协会超短融15亿元注册批文。7月,成功发行中票6亿元,年利率3.89%,创造龙岩市AA级企业历史以来中期票据的最低发行利率,既补充了中长期资金需求,又对短期流动性提供有效支撑。在争取政策资金上有新成效。取得政府债券置换资金16.67亿元。取得古武高速永杭段专项基金贷款7.81亿元,厦蓉扩容项目获得国开行专项建设基金2.98亿元,有效节约融资成本。深化银企合作。交发集团及所属企业共取得项目贷款、融资租赁、综合授信等额度20亿元。5月,交发集团与交行福建省分行签订全面战略合作协议,交行将优先向交发集团提供总额为100亿元的综合授信支持。另外,已启动城市发展基金二期前期工作。

内控管理不断增强。全面修订完善各项规章制度,印制集团《制度汇编》,形成更加有效的管理体系。继续推进扁平化管理。不断完善财务中心管理机制,明确责任分工,细化管理,大力提升财务管理水平。加强业务监督。充分发挥审计、纪检监察和法务部门的监督职责,着力加强对资金管理、工程招投标、对外投资、重要人事任免等关键领域的监督管理。加强大宗商品贸易的过程跟踪和风险防控,较好地防范了经营风险。加强人力资源管理。按照"能岗匹配""择优选拔""满负荷工作"的原则,合理定岗定员,制定集团各部门职责和岗位说明书。安全生产常抓不懈。按照

“党政同责、一岗双责”总体原则，制定《安全生产年度工作计划》，明确工作重点和工作步骤，并按计划部署，紧张有序开展隐患排查、宣传教育、应急演练等各项工作。同时，继续实施安全生产标准化提升工程，保持安全生产的持续稳定。

（龙岩交发集团　供稿）

国土资源管理

【国土资源部出台政策支持龙岩扶贫开发】　年初，福建省政府恳请国土资源部支持龙岩原中央苏区扶贫开发工作的政策请求获国土资源部批准。2015年12月，市国土资源局紧紧抓住“新古田会议”带来的机遇，专门给国土资源部部长姜大明写信，请求国土资源部全力支持龙岩发展。2016年6月，国土资源部科技与国际合作司领导到龙岩调研，同年10月，部长姜大明率调研组到龙岩调研土地制度改革和老区扶贫开发中的国土资源政策工作。其间，省政府和市委、市政府积极与国土资源部沟通汇报，恳请国土资源部尽快出台支持龙岩原中央苏区扶贫开发工作的政策。国土资源部提出的八条新政策包括：支持龙岩市开展土地利用总体规划调整完善；支持龙岩市开展山垄田整治试点；支持龙岩市开展农村危旧土坯房改造；支持龙岩市开展低丘缓坡土地开发利用试点；支持长汀县结合水土流失治理的土地整治；支持龙岩市稀土资源接续工作；支持龙岩市紫金山综合利用示范基地建设；支持龙岩市地质灾害防治和矿山生态环境恢复治理。

【不动产登记机构挂牌】　3月10日，龙岩市不动产登记机构揭牌和颁发第一批不动产权证书仪式在市国土资源局机关大院举行。自2015年下半年以来，市委、市政府主要领导对龙岩市不动产统一登记工作多次作出重要指示批示。10月14日，市政府印发《关于推进市县不动产登记职责和机构整合的意见》，明确在市国土资源局对外加挂“龙岩市不动产登记局”牌子，增设“不动产登记科”为市国土资源局内设机构，组建“龙岩市不动产登记中心”。2016年3月1日，市政府新闻办公室召开新闻发布会，向社会各界通报市不动产统一登记工作情况。伴随着第一批不动产权证书的颁发，龙岩市不动产统一登记工作正式步入运行轨道，并全面实现“新开旧停”。市民无需多部门跑动，只需到市、县不动产登记窗口即可申请不动产信息的登记与查询。

截至12月底，全市完成首次登记19587件，转移登记14339件，更正登记97件，变更登记916件，出具不动产登记证明31480份，缮证29709本。完成不动产登记资料查询10229件，开具家庭住房套数查询证明9620件，二手房证明查询5377件，个人保密信息查询13500件，不动产产权档案归档23075件。

【超额完成省下达补充耕地和高标准农田建设任务】　全年，省下达龙岩市补充耕地任务653.33公顷，国土资源部门高标准基本农田建设任务0.26万公顷。市国土资源局多措并举，加大土地整理复垦开发力度，挖掘新增水田潜力。全市完成补充耕地0.09万公顷，国土资源部门验收高标准基本农田建设任务0.31万公顷。全市连续17年实现耕地占补平衡目标。

【农村土地整治与城乡建设用地增减挂钩工作】　全年，全市新批复旧村复垦项目21个，规模55.19公顷，新增耕地54.02公顷，产生挂钩指标53.75公顷。已批复农村土地整治旧村复垦项目399个，规模0.11万公顷，预计新增耕地0.1万公顷。省国土资源厅共核定增减挂钩指标712.62公顷，已结算指标440.15公顷。市成功交易土地增减挂钩指标683.48公顷，获得增减挂钩指标有偿使用费34.11亿元，其中2016年交易指标40.17公顷，交易金额2.47亿元。全市已完成拆旧638.75公顷，完成复垦620.78，竣工610.47公顷，完成市级验收项目287个，新增耕地面积534.84公顷。

【率先启动山垄田整治综合试点工作】　针对市辖区内山垄田和高山远山田多，自然条件差，耕作条件恶劣，极易受干旱、台风、暴雨等自然灾害的影响，资源利用率、土地产出率和经济效益低下的现状，市国土资源局结合精准扶贫、精准脱贫工作，开展山垄田后备资源调查，编制山垄田整治试点实施方案。积极向省国土资源厅、省财政厅申请山垄田整治试点项目专项补助资金。市选定新罗区大池镇大东村、苏坂镇瓦洋村，永定区城郊镇桃坑村，上杭县古田镇赤坑村，连城县姑田镇城兜村、塘前乡水源村，武平县象洞镇官坑村、城厢镇长居村，长汀县大同镇建明村、宣成乡下畲村、宣成乡寨背村，漳平市新桥镇双溪村和吾祠乡吾祠村等13个贫困村作为2016年试点，整治山垄田577.67公顷，总投资4200万元。市已下达新罗、武平、长汀、上杭4个县（区）试点首期资金2210.65万元。

【地质灾害防治】　全市有481个地质灾害隐患点列入各级地质灾害防治方案，与上年相比，新增19个，核销68个。其中新罗区47个，永定区79个，上杭县70个，武平县93个，长汀县55个，连城县68个，漳平市69个。按地质灾害类型划分：滑坡413个，崩塌51个，泥石流4个，地面塌陷13个。各地灾隐患点乡（镇）均编制《村（居）汛期地质灾害防御群众转移预案》，更新落实防灾明白卡、避险明白卡和“一点一牌”，市共发放“两卡”6536份，设置警示牌514块，落实防灾责任人、监测人966人。全市建立健全地质灾害防治网络和群防群测体系，把地质灾害危险点的监测和防治任务落实到各有关部门及村级组织。明确省第八地质大队、省121地质队为市地质灾害防治技术支撑单位。每当地质灾害气象预警等级达到三级以上时，通知应急专家手机保持24小时开机，在岗待命。全年，全市累计开展巡查监测44296人/次，转移群众23056人，发布地质灾害预警42次，向各级防灾工作人员发送预警短信64875条。

【开展对委托使用中介机构监督】 年初，对新进入和退出的中介机构进行审核，88家社会中介机构进入储备库。全年，市级委托开展土地价款评估45个，地质灾害危险性评估1个，安置房价格评估4个，矿业权评估3个，房地产收购价格评估2个。委托测绘机构测量8个，委托会计师事务所进行专项审计2个，委托拍卖机构5个。驻局监察室全程参与监督，确保公开公平。

【永定农村地籍和房屋调查试点成果通过验收】 8月10日，永定区下洋镇觉川、东山等2个市级试点村农村地籍和房屋调查项目成果，顺利通过省、市专家组验收。由福建经纬测绘信息有限公司承担的永定区下洋镇觉川、东山等2个市级试点村农村地籍和房屋调查项目成果，提交工作方案、技术方案、工作报告、技术报告等文字材料；地籍工作底图、地籍图、宗地图、房产分户图等图件资料；地籍调查外业记录手簿、地籍控制测量原始记录和平差资料、地籍测量原始记录、地籍调查表册、各级质量控制记录资料等簿册资料以及不动产权籍调查数据库、数字地籍图、数字宗地图、数字房产分户图、电子表格数据、文本数据、界址点坐标数据等电子数据成果。经本市农村集体土地确权登记发证工作领导小组办公室邀请省内专家联合组成验收组，采取听汇报、现场质询、内业查看资料、外业实地抽查等方式，对作业单位提交的试点成果逐一进行核实检查，验收组一致同意该项目成果通过验收。

【建立不动产执行联动协作机制】 12月21日，市国土资源局与市、区人民法院联合召开不动产执行联动协作座谈会。为保障不动产权利人利益，推进不动产登记机构与法院执行联动协作机制的有效融合，市国土资源局主动作为，多次与市、区两级法院沟通协调，共同就不动产登记行为的性质、登记机关责任认定、登记机关审查方式，不动产登记案件诉讼主体资格认定、查封登记、协助执行等问题进行深入探讨与交流。共同促进该市不动产登记遵循法定程序，操作查封、解封业务，减少因程序缺失造成的违法行为。同时认真做好网络执行查控系统建设，建立惩戒失信被执行人信息共享、网络查控机制。

【挂钩帮扶建设光伏发电】 由市国土资源局出资550万元、十方镇政府和中赤乡政府各出资100万元建设的光伏发电精准帮扶项目，2016年11月21日在武平县十方镇并网发电。该项目按照“公司化运作，产权归公司，收益用于帮扶”的模式，通过整合扶贫资金，实施精准扶贫。项目分两期实施，第一期在十方镇政府主楼屋顶安装光伏发电设备108.6千瓦，10月18日实现并网发电；第二期利用十方镇政府附属楼、十方中学、十方中心学校、十方中心幼儿园等13幢楼顶安装光伏发电设备共计836.46千瓦，11月21日并网发电。预计年发电量97万千瓦时，可实现电费收入95万元。所得利润将全部分配给该局挂钩帮扶贫困户。

（吕洪荣　撰稿）

审　计

【概况】 2016年，全市审计机关紧紧围绕市委、市政府的决策部署，紧扣“主题”“主线”，以全面履行法定职责、完善国家治理为目标，突出保障民生为重点，自觉把审计工作融入龙岩经济发展大局中来筹划和考虑，较好地完成各项审计工作任务，有效地发挥审计监督在维护财政经济秩序、促进廉政建设、保障国民经济健康发展等方面的积极作用。全年全市共审计（调查）单位（项目）263个，审计查出主要问题金额172.60亿元，其中：违规金额8.94亿元，损失浪费金额0.18亿元，管理不规范金额163.48亿元；审计处理处罚金额28.12亿元，其中：应上交财政7.42亿元，应减少财政拨款或补贴1.17亿元，应归还原渠道资金3.99亿元，应缴纳其他资金0.35亿元，应调账处理金额15.19亿元；移送处理事项5件，移送处理人员4人，移送处理金额301万元；提出审计建议714条，被采纳237条；提交审计专题、综合性报告和审计信息912篇，被批示采用180篇。

【同级预算执行和财政决算审计】 2016年全市共对65个部门单位预算执行情况开展审计，查出主要问题金额86.37亿元。市局对财政、发改、经信、商务、粮食等部门开展的预算执行和其他财政收支审计，提出进一步加强和规范政府公共资金管理的五个方面审计建议，为做好市级决算审批工作提供依据，提交的“同级审”结果报告得到市政府领导批示，审计工作报告得到市人大常委会的充分肯定。同时，加强审计整改跟踪督查，认真开展市级预算执行和其他财政收支审计项目的后续审计工作，及时向市政府提交整改落实情况报告，市人大常委会听取和审议市政府关于审计发现问题整改落实情况的专项报告，审计发现问题得到有效整改落实。同时，在“同级审”中，专门部署开展全市2015年度“社会保障和就业支出”审计。揭露就业补助资金不到位、就业政策落实不够到位等问题，提出进一步完善政策制度、加强就业保障资金的管理等建议，推动社会保障和就业事业的良性发展。

【固定资产投资审计】 全市审计机关把政府投资审计的重点放在服务政府重大项目建设，规范建设市场秩序，综合分析经济效益、社会效益和环境效益，促进发挥政府投资对结构调整的引导作用以及查处招投标、物资采购、投资控制、土地征用、环境保护、工程质量等方面存在的突出问题，推动政府和相关部门及时完善制度、加强管理和堵塞漏洞。2016年，全市共完成投资审计项目1019个，送审工程造价62.66亿元，核减造价5.52亿元(其中：送审结算造价38.70亿元，核减造价3.31亿元；送审预算控制价23.96亿元，核减预算造价2.21亿元)，同时开展援藏援疆项目跟踪审计等。

【经济责任审计】 2016年，全市审计机关完成经济责任审计项目87个，被审计领导干部107人，审计查出主要问题金额66.90亿元，其中违规金额1.57亿元，管理不规范金额65.33亿元。市局受省审计厅授权开展永安市原市委书记、市长经济责任审计，结合“同级审”和其他财政财务收支审计，对市发改委、商务局等7个市直部门单位主要领导人员进行经济责任审计，对市发改委、粮食局的经济责任审计结果报告得到原市长池秋娜和分管副市长赖永龙的批示，针对“财政资金私存、报销手续不完整、虚列经费收支”等问题，责成有关部门严格按财务制度规范、及时整改到位。

【“民生”项目专项审计】 对全市2015年底有建档立卡贫困人口的8个县(市、区、经开区)精准扶贫开展情况进行专项审计调查，揭示了龙岩市在扶贫政策执行、扶贫资金管理使用方面以及精准扶贫开展过程中存在的主要问题，提出加大省扶贫开发重点县转移支付力度、强化扶贫资金的监管等审计建议，引起市政府领导和相关部门的高度重视，市政府主要领导作出批示，要求有关部门和各县(市、区)政府、经开区管委会按照审计建议限期整改，市政府还召开专题会议听取整改情况汇报，推进整改工作落到实处。开展涉农资金“最后一公里”专项督查，抽查42个乡(镇)、123个行政村2280个农户和6个国有林场以及梅花山国家级自然保护区管理局，涉及金额7531.56万元，摸清森林生态效益补偿资金和林下经济利用资金的基本情况，揭露分析了资金使用管理存在的主要问题，提出督查建议，及时向省审计厅和市纪委提交专项督查情况报告。开展全市保障性安居工程跟踪审计，对全市2015年保障性安居工程及配套基础设施的计划、投资、建设、分配、运营等情况跟踪审计，查出的10个大类23个问题得到比较全面的整改纠正，进一步规范完善保障性安居工程及配套基础设施的建设管理。

【“重点专项”和政府性资金专项审计(调查)】 对坎市、培丰、高陂、虎岗、东肖、和红坊6个乡(镇)截至2015年12月31日的债权债务认定情况进行审计，揭露乡(镇)财务管理方面存在的问题并提出针对性的审计建议，提交的审计报告得到原市长池秋娜和分管副市长赖永龙的批示，针对审计建议，要求经开区督促有关乡(镇)及时整改到位。对上杭农村商业银行、长汀县农村信用合作社联合社2015年度资产负债损益情况进行审计，审计结束后提交《农村信用合作社联合社（农村商业银行)审计发现存在的主要问题及其建议》的专题分析报告被省审计厅评为优秀审计统计分析。开展古田小城镇建设资金专项审计调查。

根据省委巡查工作要求和市纪委的委托，组织开展县级纪委监察局2013—2015年度的财务收支审计，重点对“三公”经费年度预算、支出、涉案款项管理等情况进行审计，进一步促进纪检监察部门规范财务管理，同时还派出专业人员参加省委、市委巡查工作。

【政策措施贯彻落实跟踪审计】 开展稳增长政策落实情况跟踪审计，重点对市推进简政放权、“生态文明示范区”政策落实以及支持原中央苏区（龙岩)各种政策落实、精准扶贫开展情况、产业转型升级扶持实体经济等方面进行专项审计。第二、第三和第四季度的跟踪审计结果均引起市政府重视，市政府主要领导和分管领导作出批示，要求有关部门积极整改审计发现的问题，推进全市经济平稳增长。同时，开展市本级贯彻国家支持原中央苏区(龙岩)各种政策落实情况专项审计调查，审计调查报告引起市政府领导的高度重视，时任市政府代市长林国耀作出“请各相关职能部门把握审计报告中提出的问题，及时梳理跟进，积极争取落实”的批示，相关部门单位针对审计反映的问题，积极采取措施，加以整改，促进国家支持龙岩市发展的各项政策落到实处。此外，2016年10月，根据时任市政府代市长林国耀批示精神，抽调业务骨干开展全市产业转型升级扶持实体经济政策落实情况专项审计调查。

【审计管理】 增强质量精品意识。认真贯彻落实《龙岩市审计局优秀审计项目培育办法》，通过完善优秀审计项目奖励办法，提升优秀审计项目评选水平，提高审计干部创先争优的积极性。市审计局组织开展2015年度全市优秀审计项目的评选活动，评选出4个优秀审计项目和4个表彰审计项目，促进各项审计质量管理制度的落实，进一步提升审计工作的质量和水平。努力开发审计成果。市审计局注重发挥审计工作在规范财政经济秩序、推动改善民生、保障社会公平正义、促进社会和谐、制约和监督权力运行等方面的建设性作用，通过培养审计人员宏观意识、大局意识和责任意识，注重从体制、机制、制度层面揭示问题、分析问题和解决问题，提出有针对性、建设性的审计意见和建议，促进审计整改的落实，不断提升审计成果的综合开发利用水平，为推动经济社会发展和领导决策提供有效服务。2016年，向市政府提交综合报告12份，向有关部门发出审计《建议函》39份，其中：被市政府领导批示11人(次)、促进市政府和有关部门出台相关制度6项。提交《政策措施落实情况跟踪审计浅探》科调研论文，得到省审计厅好评。报送的《浅谈如何规范档案管理促进民生审计》论文入选国家级优秀档案论文。强化审计整改落实，认真执行以落实责任为中心的分阶段审计处理结果跟踪落实制度和审计调查结果整改跟踪落实制度，继续推进完善审计结果公告制度，提高审计工作的执行力和公信力。此外，全市审计机关扎实开展脱贫攻坚挂钩帮扶等专项工作。

【党建和精神文明建设】 深入开展“两学一做”学习教育，加强思想政治建设，坚持以上率下，严守政治纪律和政治规矩，更加强化“四个意识”特别是核心意识和看齐意识，自觉在思想上政治上行动上同以习近平同志为核心的党中央保持高度一致。加强业务培训学习，提高审计干部综合素质，市审计局举办了计算机知识培训专题讲座三场240多人次参加，选派30多人次参加审计署、审计厅组织的项目审计，采取以审代训方式抽调县级审计机关50多人次参与市级审计项目审计，制定审计业务电子数据管理办法和电子数据分析团队管理办法，组建非专职跨行业数据分析团队，探索大数据审计，进一步推进审计能力建设。认真履行主体责任，把全面从严治党要求落到实处，市审计局修订关于落实党风廉政建设主体责任和监督责任的实施意见，层层签订党风廉政责任状落实“一岗双责”，并将单位“公款存储”及“三公经费”情况列入财政财务收支审计和经济责任审计必审内容，开展“1+X”专项督查，开展审计干部及其配偶、子女经商办企业、党员干部“三种不良行为”暨部门行业“潜规则”以及审计干部违规接受宴请和收受礼金问题等专项整治活动，打造忠诚干净担当的审计队伍。

（市审计局　供稿）

统　计

【调查工作】 认真学习贯彻落实中央领导对统计工作的重要指示批示精神，严格执行国家统计局、福建调查总队各项统计调查制度，组织实施居民收支、流通与消费价格、工业生产者出厂价格、农产品价格、固定资产投资价格、规模以下工业、规模以下服务业、小微建筑业、限额以下商业、新设小微企业个体、采购经理、农产品集贸市场、畜禽监测、播种面积、农产量、农户投资、产品市场占有、劳动力、农民工市民化、中间消耗、产业预警等23项统计调查工作。应用现代信息技术和智能调查手段，着力推进统计调查基础数据生产智能化，居民收支调查率先全省实施电子记账并在省推广，流通与消费价格调查手持电子采价器全市铺开，规下服务业、畜禽监测等专业应用“互联网+”开展调查，结束传统纸介质调查时代。开展全国第三次农业普查，首次运用遥感测量技术、无人机、PDA等现代信息技术圆满完成全市35个村127个样方农作物面积调查，取得精准普查数据和清晰影像图片。2016年，在福建调查总队工作考评中保持全省先进行列，5个调查专业获优秀、4个获良好等次，其中政务信息全省排名第一，为历史最好水平。长汀、上杭、永定等国家队，武平县城调队、农调队和新罗区农调队等地方队在总队工作考评中再创佳绩。

【基础工作】 创新举措，筑牢基础，围绕开展“基础工作提升年”活动，制定细化活动方案，推进调查工作有序有效开展。修订工作考评办法，加强县级调查队管理，针对基层基础工作存在问题，实施精准帮扶，认真梳理，建档立卡，分门别类，分类施策，跟踪落实。采取集中培训、小班化培训、“一对一”跟班、边检查边培训等方式，提高调查业务水平。制定《数据质量评估管理办法》，规范调查业务工作流程，规范企业台账和专业调查台账标准，统一专业调查工作日志、访户(企)记录，拓展延伸专业台账及数据指标横向纵向、跨地区、跨年度对比。强化基本信息库建设，初步建成图文并茂、影像清晰的规下工业、限下商业、规下服务业等企业类样本信息库、流通与消费价格专业规格品信息库和辅调员基本情况信息库。紧密结合调查工作，开展程序设计、excel应用等计算机技术应用培训，训前征集问题、制作培训课件，训中讲深讲透、答疑解惑，训后测试考试、检验成效。运用现代信息技术和“互联网+智能化审核”优势，开发居民住户、畜禽监测等专调查业审核补丁程序，有效解决专业基础数据采集、传输、审核、汇总、加工中人工审核难、监控发现难问题，大量减轻人工审核工作量、极大减少数据差错，基础数据质量得到提升。

【服务型统计建设】 坚持以改革创新为引领，加强“数库+智库”服务工作机制创新，推动现代服务型统计事业发展。围绕“三去一降一补”“365”重点产业、“十二五”时期经济发展、脱贫攻坚等开展“促发展、惠民生”系列专题调研，打造精品，主动服务地方党政领导及有关部门决策，成绩斐然，效果显著。2016年，完成1个市委重点课题、3个市政府重点课题、17个总队信息专报、4个市统计学会课题、5个队调研课题、10个“十二五”专题分析。印发《龙岩调查分析》64期，专题分析被国家统计局、福建调查总队分别采用12、11篇，位居全省前列；《龙岩市生猪产业发展新趋势及路径探析》《龙岩市加快发展红色旅游的路径探析》分别被市委书记、市长批示。6篇调研文章获龙岩市优秀调研成果奖，其中《龙岩市生猪产业发展新趋势及路径探析》获特别奖，《龙岩市小微企业生存与发展环境调查》《龙岩市工业企业降成本路径探析》获二等奖，《“十二五”时期龙岩市农村居民收入情况分析》《加快推进龙岩统计法制建设的若干思考》《龙岩市农村电商发展模式初探》获三等奖，获奖篇数居全市参评单位第一名，为历史最好水平。《为民调查　砥砺前行》《对话身边榜样　汲取前行力量》《似曾相识燕归来》等28篇统计文化在国家统计局、福建调查总队等各级平台采用，30篇工作交流信息被国家统计局内网采用，市“两办”、市直部门刊物采用17、11篇，获龙岩市党委系统信息工作优秀单位，连续八年获市政府信息工作先进单位。在《闽西日报》开辟“依法调查、服务发展”专栏，围绕基层基础、数据解读、统计服务、统计法治等工作主题，为党政领导、调查对象和社会各界提供内涵丰富、有声有色的统计产品。《中国信息报》、《闽西日报》分别采用24、17篇，被人民网、光明网、东南网等媒体转载20余篇次，采用量比上年增加1倍。出版《龙岩调查年鉴—2016》，与市统计局共同编印《龙岩统计年鉴》《龙岩统计提要》、《龙岩统计月报》《龙岩统计参考》等资料书。构建市、县、乡、村四级垂直联动统计新闻宣传机制，借力新闻电视、《闽西日报》、微信、网络视频等媒体对各级领导、社会公众和调查对象关注的城乡居民收入、CPI、PPI等主要调查数据解读、统计法治知识、“三农普”调查等工作进行宣传，《闽西日报》刊登调查人事迹11篇、数据解读7篇、调查指标解释5篇，5批8人次接受闽西日报社及龙岩、长汀、连城、武平电视台等多家新闻媒体采访。组织开展市直部门、市对县党委政府绩效公众评议、公众安全感、创建文明城市等专项调查；全力做好龙岩经开区高陂镇平在村、先富居委会脱贫攻坚挂钩村32户贫困居民家庭帮扶，制定精准帮扶措施，分类施策，17户家庭实现脱贫。

【统计法治】 全面贯彻落实中央领导关于防范统计造假的重要批示指示精神，紧扣“全面推进依法统计依法治统，加快建设法治统计”主题，创新统计普法宣传，夯实法治工作基础，强化法治队伍建设，加强调查工作规范化和统计执法检查监督。以《中华人民共和国统计法》颁布纪念日、统计开放日、国家宪法日和法治宣传月为重要时间节点，开展统计法治进机关、单位、农村、社区、学校、企业等“六进”活动，在街心广场、后盂社区、华莲社区等居民区、龙岩学院设立统计法治咨询点，张贴、悬挂彩虹门、横幅、海报、展板、猜谜，邀请新闻媒体现场报道和宣传等。2016年，编发《统计法律法规汇编》口袋书3000册，发放统计科普、统计法治知识宣传单、统计宣传纪念品等4000余份，向市领导、人大代表、政协委员、市直部门处级以上领导、辅调员、调查对象、调查系统干部及社会公众等发送宣传短信8500多条。举办调查对象、辅调员统计普法讲座21、25场，1317人接受培训。开展“恪守统计职业道德，扎实推进依法治统”主题征文、统计法治知识竞赛、《统计警钟长鸣》、“抵制以数谋私、以数敛财”大讨论等活动，首次将《中华人民共和国统计法》编入纳入“七五”普法《龙岩市公职人员学法读本》学习书及全市公职人员学法考试和党校教育培训课程。夯实法治工作基础，制定《“七五”统计普法规划》《执法检查推广双随机抽查实施方案》，严格落实统计调查行政义务告知、统计报表签领、催报、查询及法律文书登记等制度。开展市直统、新罗区调查企业统计执法及业务工作规范化检查，严肃查处各种统计违法行为。全年发出统计调查行政义务告知书873份，检查96个单位，下发责令改正通知书12份，立案查处统计违法行为2起，罚款1.03万元。公开曝光典型统计违法案例1起，震慑各类统计违法行为。

【队伍建设】 搭建平台，多措并举，激发全队干部干事创业热情，着力打造纪律严明、素质过硬、严谨务实的现代化复合型统计调查队伍。加强班子自身建设，严格落实党要管党、从严治党、从严治队要求，扎实开展“学党章党规、学系列讲话，争做合格党员”学习教育。依托福建调查总队苏区调查精神教育实践基地、革命红色学习教育基地，组织党员干部到上杭县才溪乡、漳州市东山县等革命红色学习教育基地学习，开展“学党章党规，提高党的意识，做遵规守纪合格党员”“以先进典型为榜样，提高先锋意识，做积极进取合格党员”等主题活动，党员干部深入“三农普”等调查一线实践，提高教育实效。加强党风廉政建设，严格贯彻落实“两个责任”，推进惩治和预防腐败体系建设，开展警示教育、违反中央八项规定典型案件通报、统计法治强化培训班、“抵制以数谋私、以数敛财”大讨论等党性党风党纪廉政教育，筑牢反腐倡廉思想防线底线，做到守土有责、守土尽责。加强党员干部教育培训，以中心组理论学习、上党课、集中研讨、读书班、青年论坛、道德讲堂为载体，强化党的政治思想理论引领。突出青年干部创新能力培养，投入教育经费10余万元，举办全市国家调查队系统青年干部论文交流会、调研分析点评会、调查业务轮讲、邀请龙岩学院教授讲课，全力支持青年干部在职学习深造、继续教育。选派青年干部内部轮岗5名、挂职锻炼5名，选拔和任用青年干部6名。加强辅调员业务能力建设，以提高数据质量和规范业务调查为重点，集中与分散培训相结合，分批分次开展辅调员调查技能和业务培训，全年开展培训30余场次，受训人员786人。加强辅调员管理和考评，建成辅调员智能化管理平台，制定辅调员星级管理办法，为全市621名辅调员办理人身意外保险，提高调查工作补贴标准，激励表彰先进，激发辅调员工作积极性和荣誉感。

（项腾荣　撰稿）

统计监督

【常规统计调查】　高质量完成各项常规统计和专项调查任务。认真组织实施全市GDP核算、农业、工业、建筑业、贸易业、住宿餐饮业、房地产业、服务业、固定资产投资等专业的2015年统计年报和2016年统计月报工作；顺利完成2015年文化产业调查、高新技术产业调查、妇女儿童发展纲要监测等专项调查；配合开展省统计局“四众”企业专项调查、基本公共服务体系建设情况调查、非公人才资源抽样等专项调查、个体商户电子商务交易情况调查等。圆满完成2016年人口抽样调查业务培训、入户登记工作。

【第三次农业普查前期准备工作】　第三次全国农业普查各项前期准备工作进展顺利。市、县、乡三级农业普查机构组建完毕，普查员、普查指导员选调完毕，在《闽西广播电视报》开辟农业普查宣传专栏，开展“农业普查　福到农家”统计开放日主题宣传活动，普查业务培训、普查试点工作全面展开，PDA及各项普查辅助物资准备就绪。

【推进统计改革】　继续规范企业联网直报统计。切实贯彻落实年初市政府提出的“平时跟进、及时上报、即时审核、限时整改”要求，不断加强对联网直报单位的跟踪、检查、指导，加强联网直报数据审核，及时将新增“四上”企业纳入联网直报，2016年新增“四上”企业368家，累计4145家。全面开展统计数据质量检查。组织开展县、乡两级农村统计数据质量自查，对季度农村统计数据进行核查；组织开展投资统计、基本单位名录、劳动工资统计、城乡划分、正统网等基础数据质量抽查。主动加强与部门统计的沟通协调。进一步完善与农业、工业、建设、交通、商贸、财政、金融等主管部门在统计数据、运行分析和政策措施方面的共享机制，组织相关部门按月开展统计数据预测、分析。认真贯彻落实全省统计调查制度改革。在全省率先实行固定资产投资与建筑业统计、贸易业统计、服务业统计“入库”分级审核责任制度；在长汀县组织开展全省自然资源资产负债表试点工作；继续做好“正统网”统计平台建设，2016年，龙岩市新入驻平台343家，累计757家。持续推进地方统计管理体制改革。全面落实市辖区与龙岩经济技术开发区统计事权调整工作，经开区、厦龙山海协作经济区的统计工作进一步加强。

【统计法治建设】　深入贯彻落实习近平总书记等中央领导关于统计工作的重要批示精神，组织开展“数据造假、以数谋私”专项治理工作；建立健全“双随机”抽查机制。制定《龙岩市统计局推广随机抽查机制规范事中事后监管实施方案》，建立统计执法人才库和执法检查人员名录库；继续开展统计监督检查，强化统计违法案件查处。7月，对新罗区2个乡镇、30家调查对象开展监督检查。2016年，全市统计执法检查单位298家，立案17起、查处17起；实施统计法制培训全覆盖。积极组织参加全省统计法制培训，开展县（市、区）统计法制培训，县（市、区）也实现对乡（镇）、部门的统计法制培训全覆盖；深化统计普法宣传，在国家宪法日、统计开放日和社科普及宣传周上开展多种形式的统计法治宣传，适时在统计门户网站上对统计违法典型案件进行曝光。

【统计服务】　及时做好各项统计资料收集整理。先后完成《龙岩统计提要2016》《龙岩统计年鉴2016》的编辑出版，按月编印《统计月报》，及时加工整理市委、市政府主要领导决策所需的各项分析表，坚持市、县经济运行情况月度通报制度，继续在市行政办公中心大堂发布主要统计指标图；重点加强经济预警预测。每月25日前完成主要统计指标预测分析并报市委市政府主要领导，及时开展月度经济运行和社会发展情况分析，围绕重点领域、先行指标积极做好经济运行调度的建言献策。至2016年年底，全局累计撰写《统计分析》50篇，编发《专报件》《呈阅件》17篇，其中11篇分析报告获李德金等市委市政府领导批示。

【重点企业专题调研】　开展重点调研活动。组织开展重点企业专题调研活动、就业形势调研等，形成“稳增长、调结构”系列专题分析。在全市统计系统下达《新常态下龙岩经济竞争发展动力研究》《供给侧结构改革与龙岩工业经济发展》等14个重点调研课题，其中有3篇课题列入2016年度市委市政府重点调研项目。以统计学会为平台组织开展重点调研项目公开招标活动，下达课题14个。2016年，市统计局共编发《决策参考》39篇。

【统计咨询服务】　继续做好统计咨询服务。1月初为人大、政协“两会”提供统计参阅材料，积极配合做好省对市、市对县、对市直部门绩效评估工作，积极做好《政府工作报告》相关资料整理工作，积极做好生态文明先行示范区建设及各类规划编制等重点工作的统计资料保障服务；积极拓展面向社会公众的统计服务。及时在“中国龙岩”“龙岩市统计局”门户网站及《闽西日报》发布主要统计数据及相关统计信息。与龙岩人民广播电台新闻综合频道联合制作《统计之窗》，普及统计知识和发布统计信息。

（张奕梅　撰稿）

工商行政管理

【深化商事制度改革】　靠前服务龙岩市“七大领域”会战，及时出台促进项目落地精准服务10条举措，及时对接“五个一批”项目，适时跟进指导。开展重点项目挂钩服务，帮助解决问题45个，服务各类省、市重点项目500余次，促成全市签约项目378个，占年度计划的171.6%。2016年4月，市工商局被市委、市政府评为服务项目建设先进单位。顺利推进“一照一码”登记。全市有3.77万户内资企业、1.2万户个体工商户领取“一照一码”营业执照，换照率位居全省第二位。全力推进企业年报公示工作，企业年报公示率89.34%，位列全省第二；个体工商户93.78%，位列全省第四；农民专业合作社年报公示率91.36%，位列全省第三。

【优化市场准入环境】　实行一照多址、一址多照、集群注册等系列登记创新举措，将原先即办件与承诺件并行的受理方式改为全部即办件形式受理，工商环节的办件时间由5个工作日提速至当日2小时内办结。在全省率先探索推行登记事项“负面清单”和“容缺预审”制度，方便市场主体准入。2016年，全市共新增内资企业7019户、个体工商户26964户，分别比上年增长29.9%、11.9%。加快实行电子营业执照和企业注册全程电子化，全市有26223户企业领取电子营业执照，占比69.5%。

【多措并举帮扶企业】　推进商标品牌战略。提请市政府出台推进商标品牌工作若干措施，积极构建龙岩市“市场主导、企业主体、政府主推、工商主力、部门协同”的商标工作格局。2016年龙岩市有1.81万件有效注册商标、17件中国驰名商标、236件福建省著名商标、321件龙岩知名商标、28件地理标志商标，马德里国际注册59件。其中，2016年新注册商标2567件，新注册地理标志商标5件；新申请驰名商标2件、地理标志商标13件。

发挥职能助企融资。运用职能搭建企业融资平台，2016年办理股权出质登记401件，同比增长78.2%，被担保债权数额121.3亿元，同比增长105%。办理动产抵押登记181份，涉及债权数额19亿元。

助力“诚信龙岩”建设。开展争创“福建省诚信市场示范点”活动，以点带面，不断带动龙岩市其他市场积极参与。市工商局市场科被工商总局表彰为全国工商系统创建诚信市场工作先进单位，新发地农产品有限公司九一南农贸市场被省工商局评为2015年度福建省诚信示范市场；提请市政府出台进一步扶持守合同重信用企业发展壮大若干措施，有力促进龙岩市守重企业发展壮大，省工商局以工作情报通报的形式在全省系统推广市工商局做法。现已认定福建龙净环保股份有限公司等国家级守重企业17家，省级守重企业75家，市级守重企业233家。

【强化事中事后监管】　抓住社会关注的热点问题，持续开展“八闽红盾出击”系列执法行动。2016年，全市工商系统共立案873件，有效净化龙岩经商环境。其中查处反不正当竞争案件81件，罚没166万元，同比增长9.2%。查处网络违法行为案件128件，罚没173万元，其中2件被推荐为国家工商总局网络监管特色案件。市工商局创建“无传销县（市、区）”活动顺利通过省打传办验收，并在全省创建工作总结会上作重点发言。

推进全省“一张网”建设。下发《龙岩市推进建设国家企业信用信息公示系统（福建）实施方案》，采取以会代训的方式对市直34个涉企信用信息归集联络员、各县（市、区）市场监管局分管领导及业务骨干进行业务培训。全市各级各部门向“一张网”归集各类企业信息5.95万条。持续加强对市场主体异常经营行为的监管，并通过企业信用信息公示系统进行公示。全市有3328户企业、217户农民专业合作社被列入经营异常名录，有8434户个体工商户被标注为经营异常状态。经责令整改后，已移出经营异常名录企业1761户、农民专业合作社134户，恢复正常经营状态个体工商户3404户。全年配合各级法院对失信企业实施股权冻结并公示14户次、信用预警1户次；协调税务部门对1416户连续两年未年报企业进行调查，清理确实已无法救活的僵尸企业；对存在违法失信记录的企业，取消其申报知名、著名、驰名商标资格，逐步推动形成“一处失信、处处受限”的监管格局。

开展市场主体“双随机”抽查。依法随机抽取1959户企业为检查对象，委托7家具有相应资质的会计师事务所对其中298户待查企业的年报和即时信息实施专项审计。此外，还抽查个体工商户2192户、农民专业合作社49户。抽查中存在问题的180户企业、5户农民专业合作社和254户个体工商户及时列入经营异常名录和标记为经营异常状态并责令限期整改。通过整改，现已移出经营异常名录企业61户，恢复正常经营状态个体工商户14户。

【打造消费维权品牌】　持续推进“12315”“五进”工作，完善首问责任和先行赔付制度，加强内部管理，优化工作流程，增强“12315”热线承接消费者咨询、申诉、举报的能力。2016年，全市

"12315"申诉举报系统共接到消费者申诉咨询举报 12337 件,其中答复消费者咨询 9608 人次、受理消费者申诉 2322 件,涉及争议金额 1222.75 万元,为消费者挽回经济损失 544.67 万元,受理消费者举报 407 件。一次接通率 93.3%,咨询回复率 100%,诉求办结率 98.15%,调解成功率 83.2%,"诉转案" 210 件。

【夯实工商基础建设】 深入开展"两学一做"学习教育,坚持边学边改和建章立制,学习教育和中心工作两手抓、两促进。与复旦大学联合举办消费维权培训班,全市系统 38 人参加培训,在全国工商系统尚属首次。深入推进法制建设,进一步完善行政权力和公共服务事项清单,全面推广"1+N"版案管系统。制定局机关二级绩效考评方案,修订完善效能管理等 12 项制度,坚持用制度管人管事。进一步落实党风廉政建设责任,严格贯彻落实中央八项规定和市委 2 号文件精神,开设"廉文月送"专栏,引导广大党员干部读廉文,进一步树立党规党纪意识。组织机关青年干部前往龙岩监狱反腐倡廉警示教育基地接受警示教育,增强青年干部廉洁自律意识。打好精准扶贫攻坚战役,在永定县湖山乡漳溪村投入 34 万元,帮助其建成 46 万 KW 的光伏发电项目,解决了村财无收入和挂钩贫困户无稳定收入来源问题,实施具有造血功能的扶贫。

(市工商局　供稿)

个体私营经济

【市场主体情况】 截至 2016 年年底,龙岩市市场主体突破 17 万大关,达 178606 户,注册资金总额 25170402 万元,同比增长 14.27%、22.07%。其中内资企业 34305 户,注册资金 21935428.59 万元,同比增长 18.45%、22.91%;外资企业 661 户,注册资金 301310.63 万美元,同比增长 4.75%、16.77%;个体工商户 140380 户,注册资金 1798746.69 万元,同比增长 13.37%、18.47%;农民专业合作社 3260 户,注册资金 1134916.10 万元,同比增长 12.96%、13.89%。

【企业发展情况】 2016 年,龙岩市新登记市场主体 34700 户,注册资金总额 3855303.07 万元,同比增长 1.41%、39.05%。其中,新登记内资企业 6575 户,注册资金 3262922.97 万元,同比增长 18.47%、57.04%(其中新登记私营企业 6286 户,注册资金 2685043.57 万元,同比增长 18.72%,54.32%);新登记外资企业 52 户,注册资金 32533.68 万美元,同比增长 0%、-42.37%;新登记个体工商户 27647 户,注册资金 413318.32 万元,同比增长-2%、-18.62%;新登记农民专业合作 426 户,注册资金 146528.10 万元,同比增长 5.19%、12.26%。新登记内资企业、农民专业合作社等市场主体、注册资金数等都稳步增长。

【个体私营经济】 截至 2016 年年底,龙岩市个体私营经济从业人员达到 78.9677 万人,同比增长 49.13%。新增个体私营经济从业人员 11.8262 万人,同比增长 13.70%,其中,新增私营企业从业人员 5.1499 万人,个体工商户从业人员 6.6763 万人,同比增长 49.22% 和-3.94%。

(市工商局　供稿)

价格管理

【居民消费价格】 2016 年,龙岩市居民消费价格指数较上年同比累计上涨 1.5%,比全省平均低 0.2 个百分点。位居全省设区市第?五位。服务项目价格累计同比上涨 2.0%,消费品价格累计同比上涨 1.3%。八大类商品服务价格"5 升 3 降",其中食品烟酒类、居住类、教育文化和娱乐类、医疗保健类、其他用品和服务类价格分别上涨 3.3%、1.4%、0.6%、3.3%、1.8%;衣着类、生活用品及服务类、交通和通信类价格分别下降 1.1%、0.3%、0.3%。2016 年 1—12 月,龙岩市居民消费价格指数运行情况。

2016 年龙岩市居民消费价格变动表

表 24　　单位:%

	1月	2月	3月	4月	5月	6月	7月	8月	9月	10月	11月	12月
同比	100.7	102.0	101.7	102.3	101.2	100.9	101.1	101.1	101.8	101.7	102.0	101.9
环比	100.2	101.7	99.4	100.5	99.5	100.0	100.3	100.0	100.6	99.8	99.9	99.9
累计比	100.7	101.3	101.5	101.7	101.6	101.5	101.4	101.4	101.4	101.5	101.5	101.5

【落实稳价措施】 全市价格总水平基本稳定，主要采取以下措施：加强价格监测分析预警。严格执行价格监测报告制度，新增全国劳动力市场价格、食盐价格监测点18个，全年汇总各种价格数据10万余条，完成价格监测日报3万期，编印《龙岩价格监测》12期，为各级领导掌握市场价格动态，制定宏观价格调控政策提供决策依据。发挥调控措施的协同作用。会同市财政、人社、民政等有关部门，修订完善《龙岩市关于进一步完善社会救助和保障标准与物价上涨挂钩联动机制的实施意见》。针对2016年1月、2月大面积的低温雨雪天气，生产基地和农田蔬菜大部份绝收，市场供应短缺，价格大幅上涨的异常情况，市物价局快速反应，依托中心城区15家农副产品平价商店、北市场19个平价蔬菜摊位及时启动平价商店平价销售机制，按照"先控后补"原则，安排市级价格调节基金100万元对平价商店和平价蔬菜摊位予以适当补助，切实保障市场价格的基本稳定。积极探索建立农产品目标价格保险试点工作，2016年8月人保龙岩分公司与龙岩市众远生态农业公司成功签订生猪价格指数保险业务，实现龙岩市农产品目标价格保险试点的零突破。不断加大"价比三家"影响力度。增加价格比对的品种、范围和发布频率，制定价格信息发布品种目录包括粮、油、肉、禽、蛋、水产品、蔬菜和水果等58种；参与的经营超市4家、集贸市场5家；每日在市物价局门户网站发布"每日行情"，每周二、五在门户网站、"龙岩物价"微信、龙岩有线电视、报纸和部分农贸市场LED屏发布"价比三家"价格信息，合理引导消费预期。

【价格改革】 价格改革持续深化，按时完成居民污水处理收费标准调整任务。自2017年1月1日起，全市污水处理收费标准调整到位，龙岩市中心城市、漳平市居民污水处理收费标准由0.80元/吨调整至0.95元/吨，其他各县(区)居民污水处理收费标准由0.80元/吨调整至0.85元/吨。出台实施非居民用水超定额累进加价制度。为保护水资源，建设节水型社会，经报市政府同意，自2016年8月抄见水量起，龙岩中心城市继续实行非居民用水超定额累进加价制度。开展电力直接交易，加快电力市场化改革，全市有紫金矿业、紫金铜业、马坑矿业、金龙稀土等4家企业参与电厂直购，全年累计降低企业用电成本4333万元。推进销售电价分类改革，自2016年1月1日起，一般工商业用电价格每千瓦时降低2.04分钱，全市一年累计降低企业用电成本1900万元；2016年6月1日，趸售县电网"商业、非居民照明和非工业、普通工业用电价格合并为一般工商业及其他用电价格"政策过渡到位。完善小水电上网电价管理，生态电价补偿机制探索取得突破。核定上杭县溪口大洋坝电站等18家水电站上网电价，全年累计增加企业收入53万元。其中，按照发电企业承担一点、有关部门向上级争取补助一点、上网电价提高一点的原则，核定长汀县溪源水库工程管理处生态上网电价加价0.05元/千瓦时，为建立龙岩市生态电价补偿机制迈出重要的一步。

【价费监管】 认真落实医疗服务价格改革。调整目前基层卫生医疗机构开展的医疗服务项目493项，其中调增体现医务人员技术劳务价值的项目237项，调减检查检验项目183项，保持原价格水平项目71项，总体上，检查检验费、手术费、治疗费、诊查费和其他费用等项目价格水平占现行县级公立医院价格水平的85%。落实减负政策。全面停征价调基金，全市取消、降低、暂停和免除土地登记费、房屋所有权登记费、林权证工本费、计量检定收费等16项收费，涉及金额共计850万元左右。取消收费许可证制度，建立收费单位情况、收支状况年度报告制度，先后分3批次公布82个可收费的行政事业性收费单位和126项行政事业性收费项目。编制并公布龙岩市涉企行政事业性收费、实行政府定价管理的涉企经营服务性收费、中介服务收费、行政审批前置服务收费等一批目录清单，把收费的知情权和监督权交给企业和社会。完善龙岩市中小学教材、学校培训、幼儿园、医疗服务价格等方面价格政策，规范龙岩市机动车安全技术检验和工况法排气检测、国有产权交易、公共停车场机动车停放服务等收费标准，切实保证了政府定价依法、科学、规范、公开、公正。

【价格监督检查】 全力推行"网格化"监管模式，强化市场监管。在元旦、春节、"五一"、中秋、国庆等重大节日期间，开展以商贸、景区、交通、旅游等领域为重点的节日市场价格检查。全年共派出检查人员435人次，检查各类经营者2500多户，纠正市场不正当价格行为75余起，调处化解价格纠纷36起，较好营造社会和谐氛围。开展专项检查，规范价格行为。根据全省统一安排部署，开展涉企行政事业性和中介服务收费、景区门票价格、医疗服务收费和药品价格、农业生产资料价格等专项检查工作，检查各类收费服务单位170余家，查处各类价格违法案件36件，实现经济制裁198.31万元。用好监管平台，维护群众合法权益。2016年，全市价格举报中心共收到价格举报1142件，同比增长6.93%。已办结1130件，办结率98.95%；经济制裁32.28万元，其中：罚款14.32万元，没收违法所得16.61万元，退还群众1.35万元。

【成本调查监审】 落实各项成本监审管理办法，全年完成景区门票价格、污水处理、机动车检测服务收费等28个成本监审项目，核减不合理成本6650万元，核减比例28.5%，较好地提升成本监审依法行政水平。完成秋花生及蔬菜8个品种常规调查，农户种植意向、农资购买、农户存粮3项专项调查，早稻、晚稻、烤烟3项直报调查，烤烟、晚籼稻2项成本预测调查。

【价格认证】 开展涉案、涉税价格认证，全年完成涉案价格认定案件455件，标的金额813.07万元，其中刑事涉案件432件，标的金额732.32万元，价格认证案件18件，标的75.72万元；中心城区交易存量房等涉税价格认定共计7700户，成交金额267757.78万元，征税金额18011.452万元。

2016年2月23日根据岩编办〔2016〕29号文件（该文件2016年2月23日印发），龙岩市价格认证中心自文件印发之日起由自收自支事业单位转为全额拨款事业单位。

（市物价局　供稿）

食品药品监督管理

【"放心市"建设】 按照省委、省政府关于建设食品安全放心省的工作目标，由市食品药品监管局建议并得到市政府同意，提出建设食品药品安全放心市"三年行动"。2016年9月，经市委常委会、市政府办公会审议通过，并由市委办、市府办联合下发《关于印发〈龙岩市建设食品药品安全放心市三年行动工作方案〉的通知》（岩委办〔2016〕119号），正式启动建设食品药品安全放心市三年行动。总目标为：实现龙岩市食品药品安全管理水平全面提升，食品药品质量安全有效保障，人民群众对食品药品安全的满意率80%以上，全市不发生较大以上的食品药品质量安全事件。

【服务经济】 主动服务项目落地战役、服务创建全国文明城市等中心工作，进一步简政放权，许可审批前移至监管所一线，突破性实施小餐饮经营备案管理，精简各类申报材料23份，总缩短办结时间60天，总办结时间比法定时间提速90.52%，群众满意度100%。全年受理各类行政许可13183件，新增各类食品药品生产经营户9252家，同比增长15.2%。公布实施《第三批食品生产加工小作坊允许生产食品品种目录》；通过开展"明厨亮灶"、助推"八大珍、八大鲜"评选活动等，推动全市食品医药产业发展。完成全国女子举重锦标赛、"两会"、各级领导来岩调研视察等107次重大活动食品安全保障任务，累计保障人数28600人次，有效预防重大活动期间食物中毒和食品污染事件的发生，确保各项重大活动顺利进行。

【市场监管】 2016年，全市食品药品监管系统采取双随机、交叉执法、飞行检查、跟踪检查、暗访突查等方式，对食品药品经营单位严格按照GMP、GAP、GSP、SC管理规范的要求进行监管，累计出动执法人员1.75万人次，对检查中发现的问题，一律整改，全年提出限期整改1958家次，上报整改报告1795份，整改发出后一律回头看，涉及违法的一律立案，做到监管一家、规范一家，处罚一家、警示一片的效果。加强企业诚信体系建设，实施"黑名单"制度，对失信企业加大监管力度。

【专项整治】 全市食品药品监管系统按照食品药品安全"四个最严"的要求，聚焦人民群众的焦点、热点问题，先后开展两节期间的"迎春"、校园及周边"春雨"、肉制品"溯源"、多部门联合执法"百日攻坚"及"农村集体聚餐""年夜饭""小饭桌""涉麻涉毒"等专项整治行动26次。立案查处各类食品药品违法案件414件，其中食品251件，药品55件，医疗器械107件，化妆品2件，罚没款1296.84万元，比增348.7%，罚没入库716.45万元，比增168.4%，查扣过期、"三无"等不合格食品货值金额27.9万元，捣毁"黑作坊""黑工厂""黑窝点"11个，移送公安部门15件16人。

【风险防控】 充分发挥监督抽检的靶向作用，以农村、超市、食堂、药店等为重点抽样渠道，以食用农产品、酒类、乳制品、中药材等为重点抽样品种，全年共监督抽检食品（含保健食品）1300批次，不合格28批次，不合格率2.15%，低于全省的2.4%；监督抽检药品、化妆品、医疗器械1086批次，不合格11批次，不合格率1.01%，低于全省的3.3%；2016年7月起，启动食品安全快速检测，每周3次，共检测样品1213批次，阳性率4.2%，极好地达到初筛的效果。全面提升食品药品突发事件应急处置能力，组建市县两级食品药品安全事件应急处置突击队伍，举办培训班，邀请专家授课，开展应急处置示范企业创建，开展突发事件实战演练或桌面推演8次，与市卫计委联合制定《食品安全事件应急沟通协调制度》，增强应急处置的科学性、及时性和有效性。提升药械不良反应监测水平，上报ADR报告4386份，MDR报告618份，收集并录入化妆品不良反应报告33份，收集并录入《药物滥用监测调查表》207份。

【电子监管】 按照手段现代化要求，加强信息化建设，提升监管科技水平，完善电子监管平台建设。该系统设置实时动态监管和监管相对人基础信息两大板块，打造流通监管、信息预警、信息管理、档案管理、综合查询、监督管理六大监管平台，系统具备食品药品流向查询、企业流向查询、实时数据查询、从业人员信息管理等40余项功能，从而实现企业档案信息化、品种监管动态化、日常监管实时化。强化"互联网+食品"监管，充分运用《龙岩市食品药品生产经营单位名录库》平台实时掌握辖区监管户数、分布情况、经营规模。

【示范创建】 以示范创建作为建设放心市工作的有力抓手，指导长汀县顺利完成第一批省级食品安全社会共治示范县的考核验收和永定区第二批示范县的迎检准备工作，指导完成1条食品安全示范街、9家小作坊示范点、11家“明厨亮灶”示范单位、14条餐饮服务食品安全示范街、19家食品流通示范店等省级示范单位的考核验收；开展新罗区中城街道创建食品药品安全先行街区，新罗区莲新社区创建食品药品安全示范社区，龙岩国际美食城创建食品药品安全示范城，以及一批市级、县级食品安全示范街、示范店等示范创建活动，形成“市-县-街道-企业”多层面的示范带动效应。

【普法宣传】 与《闽西日报》、龙岩电视台、龙岩人民广播电台、闽西新闻网、《龙岩新周刊》、龙岩KK网等本土媒体全面开展合作，开辟专栏全方位宣传食品药品法律法规、监管动态、科普知识等，共报道600余篇。在龙岩人民广播电台每天轮播食品药品科普知识、公益广告20次、全年1200分钟。在龙岩电视台每天轮播公益广告1次、全年700分钟。开展食品药品安全知识“进学校、进社区、进企业、进农村”四进活动65场次，发放宣传材料7.5万份；开展“3·15”消费者权益保护日、食品安全宣传周、安全用药月等现场宣传活动，受理咨询1250人次，发放材料4200份。利用经营户电子显示屏轮播食品药品安全知识标语22500余条，在市局门户网站发布监管动态、消费警示552条。依托“食安龙岩”微信公众号，开辟建立全市系统微信公众号和“今日头条”号的宣传矩阵，全年发布信息400余条。

【社会共治】 市委、市政府连续16年把治理“餐桌污染”，建设“食品放心工程”列入为民办实事项目并安排专项经费350万元，比增34.6%。各级党委政府均把食品药品安全工作纳入政府工作报告、政府议事日程、政府财政预算、政府绩效管理考核。食安委成员单位联合开展应急演练，建立联席会议制度。与市检察院、中级人民法院、公安局等单位建立行刑衔接互动机制，完成公安部门提请的假药认定44件、200多种产品，通报案件线索13起，与公安机关联合办案25件。市人大常委会开展《食品安全法》专题调研，市府办印发《龙岩市食品药品违法行为举报奖励办法》，畅通社会监督渠道；开展“代表委员议食安”“代表委员参与监督抽检”等活动，成立食品药品专家委员会壮大社会共治力量。全年受理投诉举报及咨询1003件，比增18.6%，回复率100%，诉转案15件，罚没款140.07万元。

（市食品药品监管局　供稿）

质量技术监督管理

【科技兴检战略】 “国家空气污染治理设备产品质检中心”被列入《福建省国民经济和社会发展第十三个五年规划纲要》科技创新重大工程提升平台，其新增的室内空气净化装置项目和机动车排气后处理装置项目已列入龙岩市“十三五”规划，“福建省电光源产品质检中心”已取得检验检测机构资质认定证书，“福建省有色金属产品质量检验中心”建设进展顺利，质检中心建设位居全省前列。2016年，科研项目达到5个，《无线婴儿培养箱自动校准装置的研判》荣获国家实用新型专利。申报国家质检总局能力建设储备项目2个，上报省质监局技改项目24个。

【产品质量监督】 完成102家工许和食品相关产品获证企业的年审书面审查工作。部署开展危化品专项检查、钢铁和水泥获证企业监督检查。以产品质量监督抽查为主要手段，加大不合格后处理力度，努力消除产品质量安全隐患。2016年，龙岩市工业产品省级监督共抽检23大类59小类共计426批次产品，合格420批次，产品质量合格率98.59%，全省排名第一。

【宏观质量管理】 推荐龙岩市龙马环卫装备股份有限公司申报并获得第五届福建省政府质量奖，龙岩市获奖数量进入全省前3名。做好省政府对龙岩市政府质量工作考核的准备，龙岩市连续2年考核获A级。完成19家企业20个产品申报福建名牌产品。推动市政府出台《龙岩市发挥品牌引领作用推动供给侧结构性改革实施方案》，明确夯实品牌建设的质量基础、推动供给结构升级、引领需求结构升级三项重点工作。协调全市20多个政府职能部门完成市政府对各县(市、区)政府质量工作的现场考核。

【标准引领战略】 以市政府名义出台《关于深化标准化工作改革的实施意见》，建立企业产品和服务标准自我声明公开和监督制度，简化企业标准备案程序，2016年新增公开执行标准352项，企业产品标准305项。指导推荐龙合智能制造有限公司申报全国工业车辆标准化技术委员会属具工作组。龙岩市龙净环保、龙马环卫分别获得福建省标准贡献奖一、二等奖。

【特种设备安全监察】 全市出动特种设备安全监察人员3811人次，现场监察生产使用单位1333家，签发特种设备安全监察指令书269份，立案查处特种设备案件29起。特种设备使用登记率98.31%、定期检验率98.38%、作业人员持证率100%、隐患整治率94.59%。全市16家液化石油气气瓶充装站充装系统实现自控连锁充装，覆盖率达98%，气瓶数字化工作走在全省前列。深入开展“电梯安全监管攻坚战”、“燃煤锅炉节能减排攻坚战”“油气管线隐患整治攻坚战”和危险化学品、电站单位特种设备安全检查等专项整治行动，全市未发生特种设备伤亡事故。在全省率先开展电梯维保单位质量安全诚信体系建设工作，对龙岩市50家电梯维保单位进行综合评定，实行“不良信用记录”登记管理，及时将电梯施工单位的诚信情况通过《闽西日报》等媒体向社会公示。深入开展创建电梯安全示范小区活动，成功举办电梯职业技能竞赛活动。

【创新审批服务机制】 取消2项许可事项、调整1项非许可审批事项，行政许可审批事项减少20%，取消行政确认事项2项。实行审批权限下放，将“特种设备使用登记”监督检查权事项下放县级局，方便企业就近办理审批业务。将进驻行政服务中心的9个行政审批服务事项充分授权，各审批事项承诺时间在法定时间的基础上缩短50%以上。推行“行政审批绿色通道”制度，对量大面广的特种设备使用登记、特种设备作业人员资格许可审批事项走绿色通道，压缩审批时限至承诺时限的50%以下，全年走绿色通道共办理1481件，占总办件数的85%。

【计量服务保障民生】 结合“世界计量日”活动，发送计量宣传短信共20000余条，发放宣传资料1200余份，接受群众咨询150余人次。免费检定电子秤7078台、血压计1034台。着力加强“民用三表”检定，共检定水表29739个、电能表6846个、燃气表33576个。对全市16家液化气充气站的71台可燃气报警器进行检定。深入厦蓉高速扩建工程、南三龙铁路、龙岩高速互通等重点建设项目工地，了解检定需求，开辟快速检定绿色通道。共检定电子汽车衡328台、混凝土搅拌机检定186台，经纬仪28台，压力机、抗折机285台，配料秤91套，压力表6299个。积极落实工业制造企业优惠政策，对工业制造企业的计量器具检定在省物价局核定的标准上降低30%收费。共检定压力表、精密压力表、工业用电子秤4230台件，降低收费15.3万元，得到工业制造企业的一致好评。积极开展生产企业定量包装商品净含量监督抽查工作，抽查企业25家。进一步加强机动车安检机构监督管理。在全省率先开展全市营运车辆车载卫星定位装置检定和监管。

【质监执法专项检查】 深入开展“质检利剑”和“双打”等专项行动，共出动执法人员260人次，检查企业120家，立案26起。开展农资质量咨询进乡村活动暨农资打假专项活动，出动执法人员78人次，车辆36台次，检查农资经营单位52家次，接受消费者咨询58人次，立案查处农资案件2件。开展检验检测机构专项检查，已检查17家，立案查处11起。“12365”咨询电话总数478件，受理有效咨询总数459件，申诉案件32起，已办结27起；举报案件7起，已办结6起。

（钟麟　撰稿）

安全生产监督管理

【概况】 2016年，全市安全生产监管部门着力推动安全生产责任落实、防范遏制重特大事故、安全生产大检查、重点行业领域专项整治、宣传教育培训等工作，全市安全生产形势持续稳定向好，实现“十三五”时期安全生产工作的良好开局。2016年，全市发生各类事故115起、死亡67人，同比分别下降76.33%、37.38%。发生1起较大事故，各项指标均控制在省政府下达的目标序时范围内。全市交通运输和仓储业死亡59人（铁路运输业死亡4人、道路运输业事故死亡55人）、商贸制造业事故死亡4人、采矿业事故死亡2人、其他事故死亡2人。

【强化组织领导】 2016年，市委、市政府主要领导多次对安全生产工作作出批示，多次召开市委常委会、市政府常务会议、安全生产专题会议、季度防范安全生产事故会议、安委会主任会议，传达贯彻总书记习近平、总理李克强等领导关于安全生产工作的重要指示批示和全国全省安全生产工作会议精神，研究解决存在的问题，推动各项工作落实。市委、市政府主要领导以及各分管副市长都能按照“党政同责、一岗双责”要求，带头检查、调研安全生产工作；市政府将安全生产工作纳入政府及部门绩效考核内容，对在安全生产监督管理方面存在突出问题的县（市、区）和部门严格实行“一票否决”；市政府效能办和督查室将安全生产工作落实情况列入跟踪督查内容；各级党校把安全生产内容纳入干部培训课程；各县（市、区）均对乡（镇）换届后新任职的分管领导和安监站长进行专题培训。

【强化责任落实】 健全完善“党政同责、一岗双责”。下发《关于认真贯彻落实福建省安全生产党政同责一岗双责工作机制及我市十项工作机制的通知》，进一步细化安全生产议事协调、学习调研、通报、新闻发布、预警约谈、巡查、考核、责任倒查、隐患举报奖励、责任追究等十项工作机制。全市7个县（市、区）、134个乡（镇）、1915个村居均全部制定出台安全生产“党政同责、一岗双责”规定，实现市、县、乡、村四级“全覆盖”。市、县、乡三级党委均已确定一名领导成员负责联系安全生产工作，市、县、乡三级安委会主任均为政府主要领导担任，各分管副职领导任安委会副主任。各级党政领导均全部逐级签订安全生产“一岗双责”责任书；市、县两级政府及部门均按照“管生产经营必须管安全、管行业必须管安全、管业务必须管安全”要求，明确各部门和领导的安全生产职责。

完善工作机制，推动部门按照“三个必须”履行安全监管职责。对龙岩经开区、水上漂流、垂钓、皮筏艇以及校园周边托管等新业态、新领域的安全监管职责进行专题研究，明确了监管部门，消除监管盲区。制定出台《龙岩市十三五安全生产专项规划》，建立安全生产议事协调、宣传教育、新闻发布、挂牌督办、预警约谈、巡查、通报、考核、事故责任追究、隐患排查整改和隐患举报奖励等长效工作机制，全面推动各负有安全监管职责的部门制定安全生产权力清单和责任清单，做到日常照单监管、失职照单追责。

严格落实安全生产目标责任。层层细化分解年度目标责任，坚持每月对全市目标管控情况进行分析通报，并将通报抄送给同级纪检监察、组织、综治、绩效、文明等部门及各县(市、区)党政主要领导。及时修订完善考评办法，严格开展年度目标责任考评，加大奖罚力度，2015 年度市政府安排 260 万元用于奖励安全生产先进单位。落实失职追责机制，对上年发生 1 起较大事故的县(市、区)政府、市直单列考核单位不予评奖。2015 年，共有 2 个县级政府和 2 个市直单列考核单位被定为不予评奖。

加强源头风险管控。严格安全准入和安全设施“三同时”审查，2016 年，非煤矿山、危化品、职业健康共实施安全生产许可(含换证)及“三同时”审查项目 102 家。着力推进涉及“两重点一重大”的危险化学品生产、储存企业进行自动化改造，全市 16 家企业总计投入 650 万元，已全部完成改造。大力推进 2 座“机械化换人、自动化减人”示范矿山建设，紫金集团和马坑矿业累计投入 3675 万元。推动位于中心城区安全间距不足的化工企业搬迁，截至年底，有 8 家不符合安全条件的危化生产企业进行搬迁或关闭。推动道路交通事故隐患多发路段和农村道路交叉口整治，全市计划实施道路安全隐患 30 处和列入省、市、县为民办实事项目的隐患路段和农村交叉路口 846 处已全部完成整治。长汀县试点设立烟花爆竹零售经营规划区，将零售网点从人口密集的集镇迁出，初步形成较为有序安全的烟花爆竹零售经营市场。

严肃追究事故责任。严格执行预警、约谈、挂牌督办等制度，针对上杭县短期内连续发生多起一般生产安全事故，市政府安委会及时对上杭县人民政府实施安全预警，并对一般事故频发的紫金集团进行约谈。市政府安办对存在严重安全隐患的连城鸿泰化工有限公司实施安全预警，对 6 起一般工矿商贸事故、新罗区宏欣矿业有限公司大池选矿厂尾矿库和龙岩市恒鑫矿业有限公司尾矿库重大事故隐患进行挂牌督办。严格较大事故调查处理，及时公开事故调查报告，强化警示教育作用。2015 年新罗区“12·16”阿古餐厅燃爆事故，31 人受到党政纪处分或追究法律责任，4 家单位受到行政处罚。2016 年，新罗区“8·28”较大道路交通事故，9 人受到党政纪处分或追究法律责任，3 家单位受到行政处罚。

【推进达标创建】 积极推动企业安全生产主体责任“五落实五到位”，全市 841 家规模以上工业企业 100%做到“五落实五到位”。督促企业完善落实隐患排查治理制度，建立隐患排查治理自查、自报、自改的闭环管理机制，实行安全风险等级管理。如：市质监局组织开展电梯施工单位等级评定工作，对评为丁级的 20 家单位列入重点监管对象名单；市国资委根据所属企业安全生产风险程度和行业特点，将监管企业分为 A、B、C 三类，设定不同的考核指标；紫金矿业集团紫金山金铜矿根据岗位特点，分成蓝、黄、橙、红四个风险等级，并制作“风险告知及应急处置书”，提高全员安全意识和应急处置能力。持续推进安全生产标准化建设提升工程三年行动，通过举办业务培训班、召开现场会、组织专家深入企业指导创建等方式，督促企业扎实开展标准化创评工作，全市煤矿、非煤矿山、建筑施工、交通运输、医疗机构、教育机构等 30 个行业共 4900 家企事业单位完成达标，达标率 100%。

【强化监管执法】 从严开展安全监管执法。建立安全生产“双随机”抽查制度，制定随机抽查工作实施方案，并将“双随机”抽查机制纳入年度安全生产监管执法工作计划，要求抽查比例不低于 30%。建立了市、县两级行政执法人员和随机抽查对象名录库，梳理编制了《随机抽查事项清单》，7 个部分 103 个抽查项目。加大执法力度，严格落实“四个一律”“六个一批”，采取联合执法、专项执法、交叉执法等方式，及时查处并公开曝光各类非法违法行为。2016 年，全市安监系统执法人员共监督检查生产经营单位 3195 家次，查出一般隐患 5915 项，已完成整改 5915 项，整改率 100%，实施行政处罚 53 次，责令停产停业整顿和关闭取缔生产经营单位 3 家，处罚罚款 415.62 万元。

深入开展安全生产大检查。大检查期间，各级党政主要领导、政府各分管领导均带队开展安全生产大检查，各有关部门按照有关部署要求，扎实开展本行业领域安全生产大检查，并落实整改。市住建局对辖区内所有建筑工程项目和施工作业现场进行全面拉网式排查；市消防支队于 12 月上旬对全市消防部队安全大检查工作及冬防工作进行督导考评；市旅游局部署开展了星级饭店旅行社及大型旅游活动易燃易爆物品大检查大排查大整治专项行动。市政府安办组织四个督查组开展安全生产大检查综合督查结合，并结合 2016 年度市政府安全生产年度目标责任考评工作，将大检查开展情况作为督查重点，开展“回头看”，巩固大检查成效。大检查期间，全市共组织检查组 1453 个，受检企业 5931 家次，排查一般隐患 5830 个，应整治 5740 个，已整治 5740 个，按期整改率 100%；排查重大隐患 1 项，已整治 1 项，整改率 100%。打击非法违法行为 633 起，整治违规违章行为 1651 起，停产整顿 108 家，关闭取缔 105 家，处罚罚款 77.64 万元。

不断深化安全生产专项整治。持续

开展道路交通、煤矿、非煤矿山、消防等15项重点行业领域专项整治活动。道路交通:扎实推进道路交通安全综合整治三年提升工程,先后组织开展春运突出交通违法行为集中整治和“红土安民”“红土春雷”“红土飓风”专项行动及集中整治城市工程运输车、农村学生接送车辆、摩托车、货运车辆及渣土车交通违法行为等各类专项行动20次,并针对查纠不利的地区组织10次异地用警。累计共出动警力84000余人次、警车16800余辆次,查处“五类十项”严重交通违法行为400136起,查处酒(醉、毒)驾3907起,追逃交通肇事嫌疑人26人。非煤矿山:深入开展非煤矿山分类分级监管工作,全市109家生产运行的非煤矿山和尾矿库企业已完成风险等级评定,其中A级11家,B级62家,C级21家,D级15家。着力推进尾矿库整治,已确定的10座“头顶库”企业已全部制定具体的治理方案。煤矿:深入开展瓦斯防治、水害防治、打击超能力生产、安全投入、安全培训、矿用设备安全等6项专项监管检查,检查煤矿企业328家次,发现各类隐患和问题624个,责令停产停建整改5家,停止作业工作面4处,立案查处1家,隐患按期整改率100%。加强巡查暗查和煤炭经营管理督查力度,严厉打击煤矿领域非法违法开采行为。危险化学品:定期召开危险物品专项治理联席会议,部署开展危险化学品储存场所安全专项整治和危化行业安全大检查,检查危险化学品企业698家次,发现隐患932个,全部按期整改到位。积极推进危险化学品和化工企业进区入园,蛟洋工业集中区化工园区已完成规划。成立龙岩市油气管道设施保护及隐患整治工作协调小组,组织全市范围内天然气管道进行试运投产前占压隐患全面排查,排查出占压隐患8处,正在整改落实中。职业健康:认真开展职业病危害用人单位摸底调查、基础建设及“六类企业”粉尘危害专项治理工作,完成摸底调查企业708家,摸底调查企业数比2015年增加216家,同比增加43.9%。有621家企业完成申报,申报率87.7%(省下达年度目标80%)。306家企业开展职业卫生基础建设活动(省下达年度目标200家),加大职业健康违法违规行为处罚力度,建立请托说情登记制度,有效减少执法阻力,全年实施行政处罚2起,处罚金额3.5万元,实现职业健康“零处罚”的突破。烟花爆竹:组织开展烟花爆竹专项治理行动,发出责令整改指令书322份,发现隐患422个,按期整改率100%。大力开展烟花爆竹“打非治违”,查处案件533起,扣押收缴各类烟花爆竹3507件。消防安全:以冬春火灾防控和夏季消防检查工作为抓手,以人员密集场所、劳动密集型企业、高层地下、易燃易爆危险化学品企业等为重点,加强居民区电动车火灾防范工作,抓好常态化火灾隐患排查工作。全市累计检查单位1.2万家,督改火灾隐患9700余处,下发行政处罚决定书370份,查封101家,三停81家,罚款334万元,拘留9人,检查发现并督促整改重大火灾隐患15处。建筑施工:全面加强在建项目的监督检查,大力推进建筑起重机械、外脚手架、模板“一体化”建设,严厉打击无资质施工行为,整治层层转包、违法分包问题,共检查工程项目1680家次,发现问题隐患9166个,发出各类整改通知书2281份,隐患按期整改率100%。特种设备:开展“燃煤锅炉节能减排”“油气管线隐患专项整治”“电梯安全专项整治”等专项整治,累计检查特种设备生产使用单位1333家次,发出指令书343份,立案查处特种设备案件21起,处罚金额58.81万元。强制报废和淘汰不合格的各类特种设备1064个(台)。学校安全:全市1126所学校隐患自查覆盖率达100%,共排查出一般隐患923个,按期整改率为100%,落实隐患治理资金19.68万元。此外,民爆物品、旅游、水上交通等其他重点行业领域,都结合各自实际,认真开展本行业专项整治活动,及时消除各类隐患。

【创新安全监管监察方式】 建立并落实安全生产不良记录“黑名单”制度,强化企业安全生产诚信约束,全市共有21家企业(车辆)纳入市级黑名单,并在媒体上进行曝光。市安监局在高危行业开展专家问诊、监管人员与企业负责人谈心对话活动,积极探索非煤矿山治理新思路,努力挖掘尾矿库、采空区整治产业链,打造了如小娘坑矿业有限公司尾砂处理综合利用项目、紫金山金铜矿风险分级管控及班组安全标准化、马坑矿业废渣利用充填采空区等典型,得到了省安监局的充分肯定。新罗区积极推进乡(镇)安监站特色品牌建设,并建立由区政府专家库成员、中介机构专家、辖区内较大企业负责人、区安监局和镇街安监干部组成的“红土安全互助联盟”,成为政企之间相互沟通交流的平台。永定区开展非煤矿山、危险化学品“合约式”监管,做到监管与服务并重。上杭县、长汀县采取政府购买服务的方式,引入“第三方”专业机构,对工业园区内企业开展综合检查,定期“会诊”。上杭县率先在全省开展危险化学品生产经营单位“一图一卡一册”活动,得到全省推广。武平县对道路交通实行网格化管理,确保责任落实到人、到岗,道路交通事故得到有效控制。

【安全生产行政审批改革】 全面梳理安全生产前置审批和中介服务事项,依法取消“建设项日职业卫生三同时审查”等3个事项,增列“储存烟花爆竹建设项目安全设施设计审查”1个事项,18个行政审批事项下放至县(市、区),组织市、县两级工作人员开展承接委托下放事项业务集中培训办,确保放权事项放得下、接得住、管得好。按时完成安全生产权力、责任、公共服务事项“三张清单”的梳理公布工作,认真落实并联审批和“三集中”,清单上的审批和服务事项全部入驻“龙岩市行政权力和公共服务事项系统”和“福建省网上办事大厅”，逐步实现全流程网上办理和“无纸化”审批；对审批事项申报材料进一步梳理，简化申报材料18份；进一步压缩办理事项和审批时限，将所有行政审批事项的审批环节压缩到4个以内，审批时限压缩到法定时限的50%以内，重点项目审批承诺时限再减半；全年受理办件2947件，其中即办件2831件，承诺件116件，未发生超时和群众投诉现象。

【安全生产投入】 加强安全生产投入和科技支撑。市政府设立500万元安全生产专项资金，各县（市、区）政府也按不低于200万元标准设立，并出台专项资金管理办法。新罗区还规定各乡（镇、街道）按不低于20万元标准设立安全专项资金。加强科技成果和信息技术运用，建成市、县两级重大危险源监控平台、视频会议系统，积极推进市、县两级安全生产综合信息平台建设，实现与省级平台互联互通。开发“龙岩一安监”微信、微博平台和安全隐患随手拍APP，以及教育部门学校安全教育网站、旅游部门智慧旅游平台、住建部门安全隐患排查治理信息平台、水利部门防汛PDA应用、国土部门地灾在线监控、煤矿和非煤矿山人员定位系统和渣土车、客车、公交车、出租车监管管理信息平台。

【安全生产应急管理能力建设】 制定印发《龙岩市较大以上生产安全事故灾难应急预案》，修订完善非煤矿山、危险化学品等行业生产安全事故应急预案，并精心组织事故应急救援演练活动，全市共举办各类安全生产应急演练128场次，参演单位517家，参与演练人员11.75万人次。督促抓好龙岩市矿山救护队、马坑矿业股份有限公司矿山救护队和紫金山金铜矿矿山救护队等应急救援队伍建设，顺利通过国家检查组年度救护队质量标准化考评工作。依托上杭县蛟洋工业区消防站（危险化学品应急救援队伍），组建市级危险化学品应急救援队伍，增强危化方面专业应急救援力量。全面推广上杭县危险化学品生产经营单位“一图一卡一册”经验，实现辖区内所有危险化学品生产经营单位“一图一卡一册”全覆盖。建立旅游防汛预警发布机制，科学指挥调度全市景区有效防汛。建立道路气象信息交换和发布制度，通过手机短信平台和路况显示屏发布路况信息和天气信息，引导车辆分道行驶，确保了恶劣天气下的道路交通安全畅通。

【安全监管机构队伍建设】 市、县两级均已完成职业卫生和烟花爆竹安全监管职能划转。其中，市、县两级安监部门新增职业卫生监管执法人员编制24名，保留市疾控中心和新罗区疾控中心2家职业卫生技术服务机构，并对省内外6家服务机构进行备案。市、县两级安监部门新增烟花爆竹安全监管执法人员编制12名。通过邀请专家授课、举办业务培训班、开展安全知识竞赛等方式，不断提高安监队伍素质，组织了全市范围的非煤矿山领域、冶金工贸行业、职业健康监管、安全生产行政审批等多项专题培训班，累计培训基层安监干部和从业人员4000余人次。

【宣传教育培训】 立足提高全民安全意识，重点抓好安全法制和安全知识的大宣传、大教育、大培训工作，建立宣传教育联席会议制度，坚持每半年召开1次联席会议，开通“龙岩一安监”微信、微博公众号，全年推送各类安全生产新闻资讯、工作动态、警示教育信息1200多条。深入开展安全生产宣传教育“七进”活动，集中开展第十五个安全生产月系列宣传教育活动，举办各类安全讲座、培训889场；开展安全知识、技能竞赛209场；悬挂、张贴各类安全生产标语、海报1.01万幅；市、县两级出动宣传车开展巡回宣传160多辆（次），举行各类应急预案演练128场；开展警示教育219场次，制作专题宣传栏、板报3048版；发送各类安全宣传短信3.3万余条，发放安全生产教育光碟2.16万套；全市受教育群众达到36.15万余人次。龙岩市安全资格考试和龙岩市安全培训网络练习（模拟）平台顺利投入使用，全年累计完成“三岗人员”安全生产资格考试8487人次，安监执法资格考试200人次。

（市安监局　供稿）

口岸管理

【检验检疫】 龙岩检验检疫局紧贴龙岩市委市政府“365”产业发展格局，主动站位，深入融入地方经济社会发展大局，积极谋划服务经济发展新举措，先后出台新常态下加大惠企减负帮扶力度促进外贸稳定增长15条措施和稳定外贸增长促进优进优出12项措施，积极复制对接自贸区政策，大力实施通关便利化措施，在全国普降的严峻外贸形势下，保障出入境检验检疫业务保持稳定增长。2016年，共检验检疫出入境货物7329批，金额3.13亿美元，同比增长15.05%、-7.07%，批次增长高出福建检验检疫系统15.12个百分点。其中，检验入境货物53批，2835万美元，同比增长120.83%、84.25%；检验出口货物7276批，2.84亿美元，同比分别增加14.65%、-11.45%。

【建成首个国家级出口环保机械装备质量安全示范区】 建成首个国家级出口环保机械装备质量安全示范区。考核组认为该示范区公共检测平台基础较好，在环保机械装备及相关产品的检验检测上形成很强的技术支撑；地方政府高度重视，以政策联动资金扶持等手段积极推动国家级示范区建设；龙头企业行业带动作用突出，主导和参与多个行业标准的制定；多部门联动推进有效，形成互补共赢的管理机制，有效助推环保机械产业加速转型升级，促进产品质量水平整体提升；外贸竞争优势显现，带动企业走出去，拓展海外市场，工业产值与出口总额逐年递增。

【扶持连城兰花产业发展】 落实总局局长支树平批示精神力促原中央苏区国兰实现自主出口。2015年，福建连城突遭“百年一遇”特大暴雨，当地兰花企业直接经济损失逾6亿元，总局局长支树平对此专门作出批示，要求“从质检服务发展角度予以支持援助”。龙岩局对受灾企业实施“一对一”帮扶，按照“边建设边注册”方式，力促该公司获得该省首张国兰出境种苗花卉生产经营企业检疫注册登记证书；按照《国际植物保护公约》《濒危野生动植物种保护国际贸易公约》等要求推进栽培基地重建；推动企业建立产品质量管理体系、疫情疫病防控体系、安全风险预警体系、质量诚信体系，扶持产业重新做大做强。2016年，经检验检疫合格，龙岩连城共3批寒兰出口至日本名古屋，将国兰之美传向世界。

【局市协作新成效】 2016年，成功争取总局支持龙岩创建国家级出口环保机械装备质量安全示范区，批准在龙岩筹建国家质检总局农林产品安全区域性中心实验室。促成质检总局干部教育中心与福建古田党员干部教育基地首批签署协议，在闽西设立党性教育基地，47个班次、1800多名全国检验检疫系统领导干部到龙岩接受党性锻炼，展现闽西苏区红色资源和苏区检验检疫干部良好形象。争取省局支持设立古田国检办和机关服务龙岩分中心。

【全国文明单位创建】 考评组对龙岩检验检疫局文明创建工作给予充分肯定。领导班子高度重视。在连续获得五届省级文明单位后，班子队伍更强，精神面貌更好，有条件、也有基础成功争创全国文明单位。创建工作扎实有效。按照文明创建各项工作要求，做到认识到位，氛围浓厚，工作扎实，成效显著。各项活动丰富多彩。开展“食品安全宣传周”“质量月”等富有检验检疫特色活动，很好地凝聚人心，树立形象。四是文化品牌效应明显。打造“树红土检风、建国检铁军” 国检文化品牌取得很好成效，获得地方主要领导高度肯定和服务对象高度赞誉。服务地方发展成果显著。主动融入地方发展大局，服务能力、服务水平、服务质量持续提升。

工作人员帮扶连城兰花加强疫疫病情防控

【改革模式创新】 深化事业单位改革，完成清理干部混岗问题，实施事业单位财务独立核算，充分调动干部积极性，增强创新动力和发展活力，事业拓展取得新突破。成立专业协作组，破解人力不足难题，整合人力资源，集中力量办大事。加强分类管理、技术支持，创新出口电商监管模式帮促稀土产品出口连续2年高速增长；牵头组团代表省局赴台开展茶叶检测技术交流，上报考察交流报告，提出意见建议被省局对台办肯定转发；成功做好E-CIQ主干网顺利、平稳、安全、有效运行，提高通关、检验等环节的办事效率，大幅降低辖区企业制度性交易成本。

【建成福建首个国检文化展厅】 通过文字、图片、视频、样品等形式和平台展示龙岩检验检疫事业开展27年来，在抓质量、保安全、促发展、强质检等方面做出的卓越成效。该展厅回顾龙岩检验检疫事业的光辉历程，呈现广大干部职工的良好精神风貌，展现了检验检疫部门在服务地方经济社会发展中不可替代的作用，坚定“小局办大事，小局奔强局”的信念。展厅开展以来，已经接受1000多人次参观检查，很好地展示福建、龙岩检验检疫形象。

（市检验检疫局　供稿）

【海关】 2016年，龙岩海关累计报关单1902份，同比增长62.41%，其中进口报关单241份（实际进口报关单131份，形式结转报关单110份）；出口报关单1661份（实际出口报关单1542份，形式结转报关单119份）；1—12月进出口货运量合计40.25万吨，同比增长1.15倍，进出口货值合计约51.03亿元人民币，同比增长51.92%。其中，进口货运量36.29万吨，同比增长1.16倍，进口货值约41.77亿元，同比增加54.41%；出口货运量3.96万吨，同比增长1.2倍，出口货值约9.26亿元人民币，同比增加41.59%；进出口标箱共计

6873个，同比增长60.66%；其中进口3513个，同比增加29.05%，出口3360个，同比增长1.17倍；1—12月查验31票，可查验报关单1673份，查验率1.85%，查获3票，查获率9.67%?；其中，进口查验9票，查验率6.87%；出口查验22票，查验率1.42%。1—12月保税仓库境外入库货物量130.8吨，货值15.43万美元（约107.23万元）；出库货物征税内销货运量105.1吨，货值21.92万美元（约152.34万元）；库存货物量47.66吨，9.13万美元（约63.45万元）。全年征收税款3.1亿元，同比增长20.19%，其中（关税147.95万元，增值税3.10亿元）。新增企业注册193家，与上年同比增长75.45%；加工贸易合同备案31份，与上年同比下降14.81%，备案金额9.35亿美元，与上年同比增长1.37倍；核销手册28本；减免税审批81份，审批货值为3045万美元（约21162万元人民币），减免关税759万元，与上年同比增长7.89倍；减免增值税为3522.4万元，与上年同比增长13.50倍。

【服务龙岩经济发展】 2016年是龙岩海关新一届领导班子上任开局之年，龙岩海关深化“服务担当”，促进闽西革命老区经济健康发展。推动关市合作。8月，厦门海关关长柏华冰与龙岩市代市长林国耀成功签署《合作备忘录》；启动“一行一策”“一企一策”精准帮扶。通过紫金铜业、木村等龙头企业带动，助力龙岩加贸进出口逆势增长。全年龙岩市外贸进出口总值248.5亿元，创历史新高，并连续6年被评为外贸百强城市；助力龙岩产业兴市战略，帮助闽西老区用好用足税收优惠政策，帮助龙岩市医疗科研机构减免税金额达4116万元，创历史新高。

（胡梦羲　撰稿）

20 人事管理

公务员队伍管理

【公务员队伍建设】 坚持凡进必考，认真贯彻公务员考录相关制度规定，组织8505名考生参加福建省2016年考试录用公务员笔试，完成2016年度政府系统录用153名公务员工作。认真落实干部教育培训工作条例，大力实施公务员四类培训，组织开展2期科级干部任职培训班、2期公务员初任培训班，349人参加培训；继续组织市直机关公务员参加在线学习，并将培训范围扩大到党群口及龙岩经济技术开发区下辖乡（镇），2016年，报名参训人数2757人，参训率99.75%，完成人数2497人，完成率90.34%。承接举办全省公务员面试考官初任资格培训班，来自6个设区市350名培训对象参加培训。认真做好公务员登记和任免等工作，政府系统共登记政府机关共登记公务员197人，"参公"登记43人，公务员和"参公"工作人员考录审批165人，审批科级非领导职数105人；扎实做好全市公务员信息数据的管理、更新和维护工作，强化全市公务员队伍的管理和服务。

【年度考核】 全市各级行政机关、及参公管理事业单位工作人员和工勤人员参加2016年度考核64443人，被确定为优秀的占16.46%，称职（合格）的占80.13%，基本称职（基本合格）的占0.04%，不称职（不合格）的占0.05%，不定等次的占2.23%。市直行政机关工作人员参加考核2987人，被确定为优秀569人，占19.05%，称职（合格）2363人，占79.11%，基本称职（基本合格）的占0.03%，不称职（不合格）的占0.07%，不定等次的占1.57%。

【任免奖惩】 代市政府起草203名处级以上干部任免材料若干份。严格规范评选表彰工作，旅游等28个系统推荐上级表彰共69个集体，164名个人，另有10人享受市级劳模待遇。2016年市直机关及参公单位年度考核嘉奖509人，年度连续三年考核优秀（2013—2015年）记三等功共77人；认真做好惩戒工作，2016年，市直机关向该局惩处备案33份，其中开除党籍7份、党内警告3份、党内严重警告1份，开除公职15份、行政撤职2份、行政记过1份、行政警告5份，降低岗位等级1份（工勤）。另有刑罚备案6份。按规定影响单位的年度考核比例和个人年度考核等次。报送龙岩市公务员诚信红黑名单9人。

事业单位人事制度改革

【规范机关事业单位补充工作人员】 规范事业单位人事考试规章制度，坚持全程监督与公开，全年市直事业单位共发布招聘计划350名，办理聘用手续人员305人。加强对各县（市、区）及市直事业单位招聘方案的审核，杜绝基层事业单位违规招聘行为的发生。2016年，共核准全市事业单位公开招聘计划1953个，其中：全市教育系统中小学幼儿园公开招聘新任教师727人，全市医疗卫生事业单位公开招聘卫技人员458人，全市其他事业单位公开招聘工作人员768人。改进公开招聘方式方法，充分体现事业单位行业、专业及岗位特点，对医疗卫生、高校等事业单位招聘高层次人才、学科带头人等专项公开招聘等方式公开招聘，对省级扶贫开发重点县和"招人难、留人难"的事业单位适当放宽政策，准予直接到高校公开招聘优秀应届毕业生，2016年度，共指导教育、卫生、科技、文化、农业等部门10余家市直事业单位自主开展公开招聘工作。严格执行《关于进一步加强市直机关事业单位用编用人管理的意见》等规定，严肃工作纪律、规范工作流程，2016年度，共审核办理人事关系调配手续696人次。高标准、严要求，做好干部人才对口支援工作。2016年，共推荐福建省第八批援藏干部人才人选3名，推荐福建省第七批援疆干部人才人选7名。

【收入分配】 推进机关事业单位工资制度改革。根据国家和省统一部署，龙岩市全面完成在职人员基本工资标准和增加离休人员离休费的审批工作，其中：市直单位共办理在职人员调整基本工资标准14000人，月增资330元；事业单位办理9632人，月增资355元；离休人员164人，月增资545元。制定印发《关于规范公务员津贴补贴和事业单位实施绩效工资专项督查的工作方案》，推动中央八项规定精神和市委〈意见〉精神的深入落实，组织市直单位和各县(区、市)做好对照自查工作，并及时上报督查材料。及时调整市直机关事业单位工作人员退休安家补助费的工作，由原标准3000元调整为本人退休当月列入工资基金的月应发工资1倍。对全市691个机关单位开展公务员薪酬制度调查，完成2015年度全市工资统计工作，全年共办理工资日常服务16200多次。市直机关单位按省定项目发放“2015年度未休年休假报酬”，市直事业单位按人均5700元统筹追加2015年度绩效工资总量。落实专项工资调整审批工作，完成县以下机关公务员(含参公)职级并行工资的审批和兑现工作，市直单位经主管单位确认职级可以享受政策121人，人均增资510元。完成人民警察警衔津贴标准调整工作，其中市直公安、法院、检察院等单位已完成公安干警警衔津贴标准调整审批1315人，人均月增资780元。根据省人社厅《关于机关事业单位从非公有制单位和临时工中招(聘)用的工作人员工龄计算等有关问题的通知》(闽人社文〔2016〕133号)精神，做好从非公有制单位和临时工中招录人员的工龄认定审批工作，对工资相应要做调整的，给予及时审批兑现，共办理512人工龄调整认定，工资相应做调整68人。布置检察官、法官职务套改审批工作，市检察院共审批54人，月人均增发105元，共补发250251元；市法院共审批46人，月人均增发110元，共补发228204元。加强企业工资宏观调控，组织开展企业薪酬调查工作，调查样本企业312户。推进国有企业负责人薪酬制度改革，出台指导意见，规范国有企业负责人薪酬。加强最低工资标准调查研究，组织全市105家具代表性的企业问卷调查，为下一步最低工资调整做好准备。

【军队转业干部安置】 制定下发《关于进一步做好军队转业干部安置工作的通知》，对省下达龙岩市31名军转安置任务(其中计划安置24人，自主择业军转干部7人)，科学编制计划，并首次对营职及以下军转干部首次采取“公开职位、依序择岗”的安置办法进行安置，计划分配的军转干部100%安置在机关或参公单位。加强自主择业军转干部管理，按时完成52名自主择业军转干部登记工作，2次调整提高自主择业军转干部退役金标准，人均增发1100多元，帮助3名自主择业军转干部协调创业扶持金申报工作。做好企业军转干部维稳解困工作，全年发放市属企业军转干部慰问金、生活困难补贴、医疗补助、健康体检补贴等共计290万元，并通过在春节、全国“两会”和G20峰会等期间，落实分管领导带班和工作人员值班制度，做好企业军转干部思想工作，维护龙岩市企业军转干部队伍的安定稳定。

【专业技术人才管理和服务】 认真贯彻落实《中共龙岩市委关于实施人才强市战略的决定》，全面实行“评聘结合”制度，2016年，共办理264家单位的岗位职数审批工作；深化基层医疗机构职称制度改革，对县级医院、基层卫生院、社区卫生服务中心专业技术人员实行更加简捷有效的招聘政策和更加优惠的岗位设置政策，制定出台符合县级及以下公立医疗机构和社区卫生服务中心特点的职称评定办法；全面推进中小学教师职称制度改革，全市26733名教师顺利过渡到新职称体系。严肃职称评审纪律，规范职称评审工作，2016年共推荐省评高级职务733人、中级44人，评审卫生、会计、工程等各系专业技术高级职务任职资格490人（其中正高62人)、中级职务任职资格1372人、初级职务任职资格853人、确定初级职务1596人，取消4名不符合评审条件人员的评审资格。抓好事业单位人员管理，完成全市市直事业单位领导人员岗位情况调查摸底，扎实做好年度考核审核，共完成264家事业单位年度考核优秀指标审批工作。严肃考风考纪，规范各类职称资格考试，完成2016年卫生专业、全国职称外语、全国经济职称、全国会计专业、一级二级建造师、经济师、一级注册消防工程师考试考务工作，2016年，各系列职称考试初级通过1254人，中级通过1720人。做好2016年度市直事业单位年度考核工作，6540人参加考核被确定为优秀1171人，占11.9%，称职5253人，占80.32%，基本称职2人，占0.03%，不称职3人，占0.04%，不定等次111人，占1.69%。

人才队伍建设

【实施人才强市战略】 配合制定出台《关于实施人才强市战略的决定》，率先在福建省提出实施“121”高端人才引进培养工程和实施机关企事业人才引进培养“千人计划”的两大工程，于2016年9月初在清华、北大等高校开展政策推介宣讲会，并会同组织、教育、卫生等部门成立人才招聘工作组分赴北京、上海、南京、武汉等高校聚集地，通过现场宣讲、网络报名等多种渠道广泛宣传发动国内双一流高校优秀毕业生报名。截至12月底，“千人计划”吸引2400余名优秀毕业生报名，经资格筛选入围面试人选564人，预签录用合同人数258人。定期征集发布企事业单位人才岗位需求信息，组织3批次企事业单位参加“福建海外人才创业周、海外留学博士海峡西岸行、赴省外招聘”等活动，并邀请海内外人才深入龙岩市园区和企事业单位开展技术指导和项目对接。编制实施龙岩市及长汀、连城、武平县等省级扶贫开发工作重点县2016年度紧缺急需人才引进指导目录，并对照目录新增引进人才人数25人；做好人才评价认定，共确认引进高层次人才(B、C类)12人，发放安家补助775万元；确认工科类青年专业人才27人，发放企业聘用补助349.5万元；着力培养高端人才，推荐8人上报享受政府特殊津贴人选、推荐龙净环保股份有限公司的廖增安申报百千万工程领军人才遴选、推荐13人申报青年拔尖人才遴选。推荐龙岩学院3人为2016年访学进修人员并发放访学进修补助5万元、推荐2名百千万工程人才参加专家休假、及时足额发放2016年国务院政府特贴和龙岩市引进人才补贴。

【人才服务体系建设】 加强博士后科研工作站建设，2016年，进站博士后3人；着力发展人力资源服务业，支持人力资源服务企业开展就业创业指导、职业指导、职业介绍、高级人才寻访招聘、人才测评、人力资源管理咨询等人力资源服务，2016年，共核发7本人才中介服务许可证；贯彻落实福建省《人力资源劳务中介管理服务暂行规定》，加强人力资源机构事中事后监管，规范职业中介机构招工行为；加大农村实用人才服务站建设，实现各县(市、区)建站全覆盖，为农村开展实用人才公共服务，促进当地经济社会发展。

【专家对接和服务】 组织专家赴基层开展技术帮扶活动，分5批次组织农业、医疗等专家团队深入永定区大溪乡莒溪村、上杭县蓝溪镇载厚村、武平县岩前镇杨坑村、双坊村、峰贵村开展精准扶贫和专家服务基层工作；推荐市第一医院等6家单位申报福建省级专家服务基地；报送市环保局提出的解决空气质量疑难问题等3个项目为专家服务基层需求信息。做好海外高端智力对接服务工作，龙岩市山嘛鸭高产选育、仿野生灵芝种植等5个项目申报革命老区重点引智项目，获得省引智经费30万；做好2016年度国家引进境外技术、管理人才项目工作，龙岩市红龙禽业有限公司等3家企业的3个项目分别入选，获得省引智经费55万元；组织10多家企业参加第十四届中国国际人才交流大会，协助做好法国退休专家罗杰、美国专家格伦深入新罗区嘛鸭场、森宝股份公司开展技术指导工作，做好外国专家来华工作许可、外国专家证办理工作。

【高技能人才队伍建设】 组织制造业高技能人才培训2000人，其中，高级工以上发证650人。组织2个制造业工种市级竞赛。承办第七届全国数控技能大赛省选拔赛，龙岩市选手在8个比赛项目中获得6个项目第一名，一名选手在第44届世界技能大赛数控车工全国选拔赛中获第六名。加强技师学院高技能人才培养基地和产业技工培养基地建设，开设数控、工业机器人应用与维护等先进制造类专业，年培养高技能人才600人以上。

（市公务员局　供稿）

21 中共龙岩市委

重大决策

【概况】 2016年，中共龙岩市委深入贯彻落实中共十八大和十八届三中、四中、五中、六中全会精神，认真贯彻习近平总书记系列重要讲话精神和来闽来岩重要讲话精神，按照“四个全面”的战略布局，团结带领全市干部群众，乘“新古田会议”召开的东风，积极应对宏观经济持续下行的挑战，全市经济总体呈现“弧底回升、稳中向好”的运行态势。全市实现地区生产总值增长8.1%，地方一般预算收入增长5.5%，固定资产投资增长15.2%，城镇居民人均可支配收入增长7.8%，农民人均可支配收入增长8.7%。同时，全市社会事业建设、生态文明建设、党的建设和民主法制建设全面推进。

【供给侧结构性改革】 全面实施创新驱动、产业兴市、人才强市“三大战略”，着力提升供给体系质量和效率。坚定不移去产能，淘汰煤炭产能136万吨、水泥产能30万吨。加快房地产去库存，全年销售商品房275万平方米，增长23%，商品住房去库存期为12个月，比上年下降5个月。强化债务“控新化旧”，开展非法集资专项整治，全市不良贷款率为1.88%，信贷资产质量居全省较好水平。大力帮扶企业，开展“进企业、送服务、解难题、促增长”活动，为250家企业提供38亿元应急周转资金，为1195家企业提供75亿元贷款担保，减轻企业税费负担26.5亿元。策划实施两批29个投资工程包，完成投资283亿元，加快补齐基础设施、产业发展、民生事业等领域短板。

【项目落地攻坚战役】 滚动实施“五个一批”项目，实行挂图作战、按单销号，投资增速保持全省前列。全年新开工建设10亿元以上项目44个、新竣工投产10亿元以上项目37个。省市重点项目共完成投资807亿元，占年度计划的133%。对接六批国家专项建设基金项目138个、争取资金67.6亿元。开展“政民外”重大项目对接活动，落地项目172个、完成投资91亿元。

【脱贫攻坚战役】 建立脱贫攻坚挂钩帮扶、责任落实、投入保障、政策引领、动态管理等“五项机制”，完成造福工程扶贫搬迁51939人，帮扶1.92万贫困户各发展1个以上增收项目，实施辅助就业1.75万人。加强兜底保障，提高贫困人口低保标准和新农合报销比例、大病保险报销封顶线。年度脱贫5.5万人，其中国定对象3.45万人。

【生态环保攻坚战役】 制定流域环境保护、重点乡镇水质考核管理等措施，全年投入5.7亿元开展养殖业污染治理，削减生猪110万头，龙岩中心城市内河水质达标率100%。超额完成省下达水土流失治理、植树造林和淘汰黄标车任务，森林覆盖率77.9%，继续居全省首位，空气质量综合指数排名全省第三。

【深化改革扩大开放】 调整前置审批事项26项、减少84项，精简33.6%，取消行政审批事项42项。实行“规划代立项”项目审批新机制和告知承诺制审批新模式，率先在全省完成县级小额贷款风险担保机构组建，全市风险担保基金规模达8400万元，推进汀江—韩江流域上下游生态补偿机制建设，探索与广东省签订生态补偿协议，推进人民陪审员制度改革试点，在全省率先设立具有独立编制的人民陪审员管理机构。积极参与“6·18”“9·8”等专题招商会，成功举办第七届海峡两岸机械产业博览会暨第九届中国龙岩投资项目洽谈会，共签约项目79项，其中外资项目5项，总投资1.9亿美元，内资项目74项，总投资230.7亿元。

【城乡环境持续改善】 研究出台综合交通一体化规划。浦梅铁路建宁至冠豸山段、厦蓉高速龙岩东联络线、古武线永定至上杭高速公路、小池至古田快速通道等项目开工建设,中心城区至高新园区快速通道、双永高速龙岩北互通连接线等项目建成通车。西气东输正式接通龙岩。西外环、龙岩大道南段一期、龙岩大道高架桥等主干道路实现通车或部分通车,龙岩火车站北站房开工建设。新增公共停车位2804个,新建人行天桥7座。实施新型城镇化和美丽乡村建设三年行动计划,124个美丽乡村和133个省级"千村整治、百村示范"工程全部开工建设。上杭县被列为国家新型城镇化综合试点地区,古田镇被列入国家首批特色小镇试点,14个村被列入第四批中国传统村落名录,67个村被列入全国乡村旅游扶贫重点村。

【惠民生促和谐】 全市公共财政用于各类民生支出增长6.5%,占地方公共预算支出的79%。新增城镇就业2万人,农村劳动力转移就业4.5万人。保障性安居工程新开工1.7万套,基本建成7711套。农村薄弱学校改造、城区中小学扩容扎实推进,新建公办幼儿园10所。公立医院全面实行药品、耗材零差率,"互联网+分级诊疗"正式运营。在全省率先推行医保卡购买健身服务模式。成功举办全国女子举重锦标赛和首届环土楼国际山地马拉松赛。举办纪念红军长征胜利80周年系列活动,反映闽西子弟兵浴血湘江的电视剧《绝命后卫师》在中央电视台热播。深入开展"餐桌污染"治理,启动建设食品药品安全放心市三年行动,食品药品安全得到有效保障。

【依法治市】 紧紧围绕"五个不发生"底线要求,建立维稳形势专题分析研判制度,连续14年实现零进京、零聚集、零插播"三个零"目标。持续深化"平安龙岩"建设,三项指标均居全省第一、二名。涉麻制毒、电信诈骗专项治理得到公安部充分肯定。3月29日,全国"6·27"工程推进会暨禁毒新媒体平台建设现场会在长汀召开,6月28日,国家禁毒办、公安部禁毒局联合打击涉麻制毒犯罪专项工作暨情报交流会议在龙岩召开。

【加强党的建设】 持续提升"红土先锋""红土清风"党建品牌,全力推动管党治党的主体责任落实。实施"基层党组织带头人培养工程",倒排151个软弱涣散基层党组织,实行"一支一策""销号式"集中整顿。创新党建典型培育机制,抓好50个市级党建综合示范点建设。优化"党员e家"管理服务平台,建立两新党组织1193个,非公企业党组织覆盖率72.6%,社会组织党组织覆盖率64.3%,园区党组织覆盖率73.1%。出台综合运用"四种形态"10条举措和责任追究实施办法及责任制市级检查办法等,全面推进信访"零暂存",保持反腐败高压态势,全市纪检监察机关共立案959件、同比上升26.52%,追究履行"两个责任"不力的责任人242名,查处违反八项规定精神问题225起、374人。同时,对800余名存在不良习气的党员、干部进行纠正处理,整治公款存储利益输送潜规则工作得到中央领导批示。

重要会议

【市纪委四届七次全会】 1月22日上午,中共龙岩市纪委四届七次全会在龙岩人民会堂召开,会期半天。市委、市人大常委会、市政府、市政协、龙岩军分区领导,市中级人民法院院长、市人民检察院检察长,市纪委委员,各县(市、区)委书记、县(市、区)长,龙岩经济技术开发区(龙岩高新区)、厦龙山海协作经济区党工委书记、管委会主任,派驻市直单位纪检组长(纪委书记、纪工委书记),市直各单位和中央、省属在岩单位副处级以上领导干部参加会议。市纪委书记李成荣作工作报告。

会议的主要任务:深入学习贯彻中共十八大和十八届三中、四中、五中全会及十八届中央纪委六次全会、省纪委九届七次全会精神,回顾总结2015年党风廉政建设和反腐败工作,研究部署2016工作。

会议指出,习近平总书记在十八届中央纪委六次全会上的重要讲话,站在时代发展和战略全局高度,充分肯定深入推进党风廉政建设和反腐败斗争取得的新成效,深刻分析依然严峻复杂的形势,明确提出当前和今后一个时期工作的总体要求和主要任务,强调要坚持全面从严治党、依规治党,创新体制机制、强化党内监督,体现了坚强的党性原则,彰显了党中央的责任担当,是指导我们加强党的建设的又一重要纲领性文献。全市各级党组织和广大党员干部要以高度的政治自觉,认真学习、深刻领会习总书记重要讲话精神,切实把思想和行动统一到中央和省委的要求部署上来,学思践悟、融会贯通,内化于心、外化于行,切实抓好贯彻落实。

委九届七次全会和市委四届九次全会部署,协调推进"四个全面会议指出,过去一年,市委坚决贯彻"四个全面"战略布局,对推进全面从严治党领导有力,坚定不移推进党风廉政建设和反腐败工作。各级党组织和党员领导干部落实管党治党责任,抓好党风廉政建设各项任务落实。各级纪检监察机关切实履行党章赋予的职责,着眼增强人民群众对党的信心,着眼建设风清气正的政治生态,强化监督执纪问责,各项工作取得新进展、新成效。

全会强调,2016年党风廉政建设和反腐败工作要全面贯彻中共十八大和十八届历次全会精神,深入贯彻落实习近平总书记系列重要讲话精神,按照十八届中央纪委第六次全会、省纪"战略布局,全面加强纪律建设,加强党内监督，综合运用“四种形态”，坚决维护党规党纪严肃性；坚持“一案双查”，从严问责追责，夯实全面从严治党主体责任；驰而不息纠正“四风”，坚决纠正不良习气，高标准树立引领清风正气，持续深入推进作风建设；坚持“无腐不可反”“无众不可责”“无往不可咎”，保持遏制腐败高压态势，努力实现不敢腐目标；坚决整治侵害群众利益的不正之风和腐败问题，推动全面从严治党向基层延伸，让人民群众从正风反腐中有更多的获得感；深化纪律检查体制改革，坚决贯彻落实市委《关于加强全市纪检监察队伍建设的若干意见（试行）》，打造忠诚干净担当、具备优良政治素质和业务素质的执纪“铁军”。

【市委四届十一次全会】 8月19日，中共龙岩市委四届十一次全会在龙岩人民会堂召开，会期1天。市委委员、候补委员出席会议，市人大常委会、市政府、市政协党员领导，担任过副厅级以上领导职务的老同志，市中级人民法院党组书记、市人民检察院检察长，各县（市、区）党委、政府和龙岩经济技术开发区（龙岩高新区）、厦龙山海协作经济区党工委、管委会主要负责同志，市纪委常委，市直各单位和中央、省属驻岩单位党组（党委）主要负责同志，市各民主党派负责人，部分专家学者、科研院所和企业负责人参加大会。市委书记李德金作主题报告。

会议的主要任务是：深入学习贯彻习近平总书记系列重要讲话精神和来闽来岩重要讲话精神，全面落实全国科技创新大会精神、中央关于推进供给侧结构性改革要求和省委九届十六次全会精神，审议通过《关于实施创新驱动发展战略推进创新型龙岩建设的决定》《关于实施产业兴市战略的决定》和《关于实施人才强市战略的决定》，讨论了《龙岩市推进供给侧结构性改革实施方案（2016—2018）》及其相关配套文件。

全会强调，实施创新驱动、推进供给侧结构性改革是适应经济发展新常态的必然要求，是推动新旧动能转换的关键所在，是全面深化改革的重要着力点。全市各级各部门要认清形势，切实把思想统一到中央和省委的决策部署上来，不断深化对创新驱动、供给侧结构性改革重要性和紧迫性的认识，切实增强责任意识、危机意识，加快实现龙岩经济转型、产业转型、城市转型。

全会明确，龙岩市推进创新驱动和供给侧结构性改革的总体要求是，牢固树立和贯彻落实五大发展理念，全面实施“创新驱动、产业兴市、人才强市”三大战略，以推动科技创新为核心，以加快产业转型升级为主线，以加强人才队伍建设为保障，围绕“三去一降一补”五大任务，做好“破”与“立”、“加”与“减”的文章，优化存量、引导增量、主动减量，全面推进自主创新、协同创新、融合创新，大力发展新经济、培育新动能、增创新优势，促进经济增长从粗放低效向集约高效转变，从要素驱动向创新驱动转变，建设创新型城市。主要目标是，到“十三五”期末，创新型经济格局初步形成，创新能力显著提升，区域创新体系逐步完善，创新创业环境更加优化，科技创新指标位于全省中上水平；供给侧结构性改革取得重大进展，供给能力和水平显著提升，新的产品供给体系和服务供给体系基本形成。

全会指出，创新驱动和供给侧结构性改革是我市当前和今后一段时期经济工作的主线。各级各部门要用辩证的思维、系统的方法来推进创新驱动和供给侧结构性改革，注意处理好五大关系：一是有效供给与有效需求的关系，既要继续保持投资增幅高于全省平均水平，又要增加中高端产品供给和优质服务供给，切实增强持续增长能力。二是“加”与“减”的关系，立足转型升级“减”，为新产能腾出生态环境容量，为创新要素腾出作为空间；抓住要害“加”，补强基础设施、公共服务的短板，化解释放落后产能，化解房地产库存。三是政府与市场的关系，加强政府和市场的有效配合，充分发挥市场在资源配置中的决定性作用，让劳动力、资源、资本、技术等生产要素实现最优配置；发挥政府弥补市场不足的作用，释放市场主体活力。四是改革与开放的关系，在产权、财税、金融、管理等改革领域加快突破，以制度的创新释放出巨大红利；建设好“引进来”“走出去”平台，全方位对外开放，激活外部动力。五是技改提升与创新求变的关系，既要加快实施新一轮技术改造，将落后产能转化为高端产能；又要敢于无中生有、高端引进，大胆创新创造，培育发展新动能。

全会要求，各级各部门既要注重总体谋划，又要突出关键环节，确保创新驱动和供给侧结构性改革相互配合、相互促进、相得益彰。要重创新，用创新的思维、创新的办法来抓创新，突破自主创新优势领域，强化协同创新，探索融合创新路径，推动龙岩制造向龙岩“智”造转变，全力打造创新型城市。要聚人才，全力引进高端人才，优化人才培养模式，强化人才服务保障，有效突破人才发展的瓶颈，大力建设才智新龙岩。要强产业，围绕“365”产业格局，高层次做强主导产业，高端化改造传统产业，高起点培育新兴产业，高水平发展现代服务业，全力打造产业升级版。要活机制，建立现代创新体制机制，营造创新生态，降低企业税负、融资、人工、物流、能源等显性成本，降低制度性交易和时间成本等隐性成本，让企业轻装上阵，抢占先机，为创新驱动和供给侧结构性改革提供有效制度供给。要补短板，选准最薄弱、最关键、最紧要的短板发力，提升基础设施供给，优化公共服务供给，完善民生保障供给，全力增创发展新优势。

全会强调，全市各级各部门要提振战斗精神、战斗意志，凝心聚力把创新驱动和供给侧结构性改革落到实处。要合力攻坚，牢固树立全市“一盘棋”的思想，调动方方面面的积极性，因地施策、因产施策、因企施策，凝聚改革攻坚合力。要精准发力，强化问题导向、目标导向，集中优势资源，打造一批走在全省乃至全国前沿的产业、企业和品牌，全力打好去产能、去库存的“歼灭战”、补短板的“攻坚战”、培育新动能的“持久战”。要勇于担当，强化正面激励，强化纪律约束，营造唯改革创新者上、唯改革创新者进的氛围，鼓励全市各级党员干部投身改革创新事业大潮。要转变作风，在提升素质、实干实效、持之以恒中转作风，以“十三五”目标逐年得到实现来检验成效，以创新驱动、产业兴市、人才强市战略的有效落实来检验成效。

全会号召，全市广大党员干部要更加紧密团结在以习近平同志为总书记的党中央周围，在省委的坚强领导下，开拓创新，埋头苦干，坚定不移地把创新驱动和供给侧结构性改革推向前进，为全面建成小康社会，建设机制活、产业优、百姓富、生态美的新龙岩而努力奋斗。

【中共龙岩市第五次代表大会】 9月25日，中共龙岩市委第五次代表大会在龙岩人民会堂召开，会期3天。各县(市、区)代表团，政法系统、驻岩部分代表团，经开区(高新区)及部分市直代表团等11个代表团共419名党代表参加本次大会。大会邀请市级非中共党员领导和各民主党派、工商联的主要负责人参加，邀请历任地委、行署、市委、市人大委员会、市政府、市政协的党员领导及地厅级离退休老同志列席大会。不是市第五次党代会代表的第四届市委委员、候补委员、市纪委委员，龙岩军分区司令员和龙岩海关关长，市直党政群机关、企事业单位主要领导和市人大常委会、政协各委室主要负责人列席大会。市委书记李德金作主题报告。

会议的主要任务是：深入学习贯彻习近平总书记系列重要讲话精神和来闽来岩重要讲话精神，审议通过市委《再上新台阶，建设新龙岩，为全面建成小康社会而努力奋斗》的报告，市纪委《不忘初心、忠诚履职，为建设风清气正的政治生态而努力奋斗》的报告，选举第五届市委委员、市候补委员和市纪委委员，选出出席省第十次党代会代表，通过《中国共产党龙岩市第五次代表大会关于中共龙岩市第四届委员会报告的决议》《中国共产党龙岩市第五次代表大会关于中共龙岩市第四届纪律委员会工作报告的决议》。

大会认为，第四届委员会向大会所作的《再上新台阶，建设新龙岩，为全面建成小康社会而努力奋斗》的报告主题鲜明，目标明确，鼓舞人心，催人奋进。大会完全赞同报告对过去五年发展成就和经验启示的总结。大会认为，五年来，在省委的坚强领导下，市委团结带领全市人民，认真贯彻落实中央和省委一系列决策部署，深入学习贯彻习近平总书记对长汀推进水土流失治理工作的两次重要批示精神和来闽来岩考察重要讲话精神，先后组织开展“生态建设年”“项目建设年”活动，打响项目落地、脱贫攻坚、生态环保“三大战役”，综合实力明显提升，军民融合深度发展，生态建设成效显著，新型城镇化统筹推进，改革开放步伐加快，民生福祉明显改善，闽西特色文化繁荣发展，党的建设持续加强，圆满完成了市第四次党代会提出的各项目标任务，圆满完成了市第四次党代会提出的各项目标任务。

大会一致同意报告提出的今后五年工作总体要求、目标任务和主要举措。大会强调，要高举中国特色社会主义伟大旗帜，全面贯彻落实中共十八大以来党中央一系列决策部署，深入贯彻习近平总书记系列重要讲话精神和来闽来岩重要讲话精神，全面落实省委的各项决策部署，以“五位一体”总体布局、“四个全面”战略布局、“五大发展理念”为指引，充分发挥红色文化、客家文化及生态资源优势，以供给侧结构性改革为主线，全面实施创新驱动、产业兴市、人才强市“三大战略”，深入打好项目落地、脱贫攻坚、生态环保“三大战役”，全力建设东接厦漳泉大都市区、西拓中西部腹地的创新型工贸旅游强市，为加快建设机制活、产业优、百姓富、生态美的新龙岩，全面建成小康社会而努力奋斗。

大会要求，全市上下要围绕上述目标和任务，大力实施创新驱动战略，以观念创新推动思路创新，以科技创新构筑高端优势，以管理模式创新提升发展效益，以体制创新营造良好创新生态，加快培育发展新动能。大力实施产业兴市战略，实施“千百十培育工程”，推动“龙岩+”融合发展，加快发展新兴产业，建设特色产业集聚园区，显著提升综合实力。大力实施人才强市战略，引进和培养一流人才，构建一流用人机制，营造一流人才工作环境，不断提升核心竞争力。加快推进新型城镇化，构建现代化城镇体系，打造红色客家名城，建设宜居宜业之城，着力强化发展集聚力。全面深化改革扩大开放，围绕构建服务型政府深化改革，围绕互联互通提升全域开放水平，进一步激发发展活力。大力弘扬闽西特色文化，建设精神家园，唱响红色文化，坚持文化事业和文化产业双轮驱动，不断增强发展软实力。着力增进民生福祉，坚决打赢脱贫攻坚战役，持续打好生态环保战役，扎实推进民生改善工程，深化社会治理创新工程，汇聚人民群众向心力，让龙岩的发展更有“温度”，让苏区人民的幸福更有“质感”。

大会强调，实现大会确定的各项目标任务，关键在党、关键在人。各级党组织要大力弘扬古田会议精神、才溪乡调查精神，全面落实党要管党、从严治党，提振精气神，提升凝聚力、战斗力、执行力，让党的事业在闽西大地薪火相传、继往开来。要传承红色基因，不断增强政治意识、大局意识、核心意识、看齐意识，坚定龙岩自信；打造坚强堡垒，层层压紧压实党建工作责任，提升龙岩品牌；锻造战斗队伍，坚持好干部标准，树立龙岩担当；净化政治生态，让讲纪律守规矩成为苏区干部的鲜明特征，弘扬龙岩正气；加强党的领导，凝聚推动发展的龙岩力量。

大会号召，全市各级党组织和全体共产党员要更加紧密团结在以习近平同志为总书记的党中央周围，在省委的坚强领导下，不忘初心、继续前进，从古田再出发，为奋力夺取建设创新型工贸旅游强市、全面建成小康社会的伟大胜利，谱写中华民族伟大复兴中国梦的龙岩篇章而不懈努力奋斗。

【市委五届二次全会】 12月13日，中共龙岩市委五届二次全会在龙岩人民会堂召开，会期半天。市委委员、候补委员出席会议，市人大常委会、市政府、市政协党员领导，担任过副厅级以上领导职务的老同志，市中级人民法院、市人民检察院领导，各县（市、区）党委、政府和龙岩经济技术开发区（龙岩高新区）、厦龙山海协作经济区党工委、管委会主要负责同志，市直各单位和中央、省属驻岩单位党组（党委）主要负责同志，市各民主党派、工商联负责人参加大会。市委书记李德金作主题报告。

会议的主要任务是：深入学习贯彻中共十八届六中全会和省第十次党代会、省委十届一次全会精神，听取和讨论了市委书记李德金代表市委常委会所作的工作报告和在第一次全体会议上的讲话。

全会指出，十八届六中全会是在我国全面深化改革、决胜全面小康进入关键阶段召开的一次重要会议。全会正式确立了习近平总书记在党中央和全党的核心地位，制定了新形势下党内政治生活的若干准则、修订了党内监督条例，通过了明年下半年召开十九大的决议，取得了极为重要的政治成果、思想成果和制度成果。习近平总书记成为党中央的核心、全党的核心，是在领导和推进伟大事业、伟大工程、伟大斗争的实践中形成的，是众望所归、名副其实、当之无愧。

全会强调，全市各级党组织和广大党员干部要传承“听党的话、跟党走”的红色基因，始终与以习近平同志为核心的党中央保持高度一致。要牢固树立“四个意识”，特别是核心意识、看齐意识，在增强核心意识上走前头，坚决维护以习近平同志为核心的党中央权威，把服从大局、维护大局作为服从核心、维护核心的具体行动，作为最大的政治，努力实现“再上新台阶、建设新龙岩”的目标任务。要在增强看齐意识上立标杆，坚定不移向党中央看齐，向党的理论和路线方针政策看齐，向党中央决策部署看齐，加快建设机制活、产业优、百姓富、生态美的新龙岩。

全会要求，要净化党内政治生态，积极探索加强和规范党内政治生活、强化党内监督的“闽西实践”。要下大力气加强和规范党内政治生活，把贯彻落实《关于新形势下党内政治生活的若干准则》，作为教育改造党员干部的重要利器，强化理论武装，发挥思想建党的发源地优势和红色文化、客家文化的教化作用，常态化开展“两学一做”学习教育，坚定龙岩自信。要严明纪律规矩，持续探索运用监督执纪“四种形态”，推动管党治党不断从“宽松软”走向“严实硬”，弘扬龙岩正气。要践行为民宗旨，始终坚持群众路线，贯彻落实中央八项规定，深入纠正不良习气、树立清风正气，传承苏区作风。要坚持好干部标准，锻造一支有凝聚力、战斗力、执行力的新时期苏区好干部队伍，树立龙岩担当。要强化党员观念，自觉落实党的组织生活制度，探索提升“党员e家”“闽西党旗红”等互联网党建模式，营造批评与自我批评的良好风气，严肃组织生活。

全会强调，要抓好《中国共产党党内监督条例》的贯彻执行，从严从实抓好党内监督。要全面提升党内监督意识，正确认识监督，敢于开展监督，自觉接受监督。要切实强化党内监督责任，各级党委（党组）、纪委、党的工作部门和全体党员要把责任放在心上、扛在肩上，织密党内监督责任这张大网。要着力增强党内监督实效，强化制度约束，突出监督重点，加强执纪问责，凝聚各方合力，确保监督不留盲区。

全会要求，要把全面从严的要求落实到党的思想、组织、作风、反腐倡廉和制度建设全过程，让闽西苏区红土更红、清风更清。要健全从严治党责任体系，各级党组织要知责明责、尽责负责，推动落实从严治党责任由“软约束”真正变成“硬任务”。党员领导干部要当好表率，自觉做加强学习的模范、自觉践行的模范、敢抓敢管的模范。要统筹抓好全面从严治党各项任务落实，着力抓好领导干部素质提升、基层提升、人才提升、作风提升，推动从严治党实现全方位、全过程、全覆盖。

全会号召，全市各级党组织和广大党员干部要更加紧密团结在以习近平同志为核心的党中央周围，不忘初心、继续前进，以从严治党再上新台阶，推动龙岩发展再上新台阶，全力打造创新型工贸旅游强市，以优异成绩迎接党的十九大胜利召开。

附：重要文件（目录）

1.《中共龙岩市委、龙岩市人民政府关于推进精准扶贫打赢脱贫攻坚战的实施意见》（岩委发〔2016〕1号）

2.《中共龙岩市委、龙岩市人民政府关于落实发展新理念建设特色现代农业实现全面小康目标的实施意见》（岩委发〔2016〕2号）

3.《中共龙岩市委关于进一步加强和改进党的群团工作的实施意见》（岩委发〔2016〕3号）

4.《中共龙岩市委、龙岩市人民政府关于实施“产业兴市”战略的意见》（岩委发〔2016〕4号）

5.《中共龙岩市委关于实施创新驱动战略推进创新龙岩建设的决定》（岩委发〔2016〕 7号）

6.《中共龙岩市委关于实施人才强市战略的决定》(岩委发〔2016〕8号)

7.《中共龙岩市委、龙岩市人民政府关于印发龙岩中心城市建设三年(2016~2018)行动计划的通知》(岩委发〔2016〕10号)

8.《中共龙岩市委、龙岩市人民政府转发〈市委宣传部、市司法局关于在全市公民中开展法治宣传的第七个五年规划(2016~2020)〉的通知》(岩委发〔2016〕13号)

9.《中共龙岩市委、龙岩市人民政府关于进一步加强水土保持工作的实施意见》(岩委发〔2016〕16号)

10.《中共龙岩市委关于印发〈中共龙岩市委巡察工作实施办法(试行)〉的通知》(岩委发〔2016〕17号)

11.《中共龙岩市委、龙岩市人民政府关于印发〈龙岩市文化旅游产业发展三年行动计划(2016~2018)〉的通知》(岩委发〔2016〕18号)

12.《中共龙岩市委、龙岩市人民政府贯彻落实〈国家生态文明试验区(福建)实施方案〉实施意见的通知》(岩委发〔2016〕19号)

13.中共龙岩市委印发《关于贯彻〈中国共产党问责条例〉的实施细则》(岩委发〔2016〕20号)

14.《中共龙岩市委、龙岩市人民政府关于印发〈2016年市委、市政府为民办实事工作项目〉的通知》(岩委〔2016〕2号)

15.《中共龙岩市委、龙岩市人民政府关于印发〈龙岩市新型城镇化和美丽乡村建设三年行动计划〉的通知》(岩委〔2016〕26号)

16.《中共龙岩市委、龙岩市人民政府关于深化供销合作社综合改革的实施意见》(岩委〔2016〕41号)

(市委办　供稿)

“两学一做”学习教育

【概况】 2016年,中央部署开展“两学一做”学习教育,龙岩市发挥红色资源优势,把“两学一做”学习教育作为党建工作龙头任务,将弘扬古田会议、才溪乡调查精神贯穿学习教育始终,坚持领导带头、学用结合,抓准抓实“学”“做”载体,严格落实“三会一课”、领导干部带头讲党课制度,开设《闽西老区的历史贡献》等特色精品课程30多门,在“党员e家”推出15个专题2000多个学时的“课程菜单”,常态化开展理想信念和党性教育。全年累计受众24万多人次,全市6550个党支部全部完成第一、第二专题学习研讨,不断增强闽西党员干部“听党的话,跟党走”的理想信念,提振党员干部干事创业精气神。

【把“红色基因”融入党员血脉】 坚持把深入学习党章党规和习近平总书记系列重要讲话精神与加强红色文化教育相结合,把《古田会议精神读本》《星星之火可以燎原》《才溪乡调查》等党内经典作为必读书目,组织拍摄《龙岩客家家训系列专题片》《血脉》红色微电影,印制《八个红小鬼》小人书等作为本地特色教材,引导党员干部融会贯通抓好学习。市委常委会坚持先学一步、学深一层,带头将本地特色课程纳入中心组学习,真学深学原文原著,并到所在支部与党员一起学习交流。在市委常委会的带动下,各级党委(党组)普遍以中心组学习为主要形式,采取个人自学、分头领学、集中研讨的办法,引导党员干部深入领会总书记系列重要讲话精神和红色经典的精神内涵。与此同时,全市用好由古田干部学院和8个市级、97个县级(市直)党性教育基地构成的思想建党理论教育培训基地群,各级党组织组织党员就近到基地开展体验式现场教学累计14万余人次。

【学习教育融入日常】 坚持把“处方权”往下放、让基层当“小郎中”,推动党支部把学习教育抓在经常。加强对基层落实“三会一课”等制度的指导,组织了4期市级基层党支部书记示范班培训,带动县、乡两级组织开展支部书记培训。坚持以支部为单位组织党员集中学习党章党规、学习系列重要讲话,各基层党支部普遍开展专题学习3次以上,并结合实际探索行之有效的学习方式,通过设立巡回党校、民言宣讲团、组建“党员大妈”草根志愿宣讲队等深入一线宣讲、送学上门;制作动漫宣传片、微型党课,编印发放“口袋书”;开设“学习教育大讲堂”“夜间课堂”,组织党校老师面对面辅导农村党员学原著、学原文。依托“党员e家”组织线上学习,引导党员即时、错时选学;在“闽西党旗红”微信公众号设计“10分钟轻松学党章测成效”“中央苏区(闽西)革命史知识竞赛”等主题活动,阅读数365.8万人次,公众号影响力稳居全国党建类微信前列。结合纪念建党95周年评选表彰“两优一先”,集中组织一批受表彰对象深入基层讲党课、作报告,与党员交流互动,让党员学有标杆。

【知行合一融入工作实践】 注重把学习教育与推动闽西改革发展稳定结合起来,引导党员干部把学习成果转化为履职尽责、服务群众的实际行动。防抗台风期间,广大党员干部放弃双休、坚守岗位、严阵以待,200多名市、县领导靠前指挥,8000多名镇村干部夜以继日,全力打好防汛抗灾硬仗,展现出优良精气神,成为广大群众最可依靠的“脊梁柱”和“主心骨”,党员干部“舍小家顾大家”的事迹不断涌现。各地各单位把学习教育与落实市委中心工作、重大项目、重点工作结合起来,引导党员发扬吃苦耐劳、勇于争先的精神,在推进工作中勇于担当、主动作为,一大批多年悬而未决的“硬骨头”项目、“老大难”征拆项目迎刃而解。脱贫攻坚战役快速推进，选派3万余名在职党员干部与3.92万户贫困户结对帮扶，帮助困难群众理清发展思路，选定致富项目，坚持不脱贫不脱钩。一些地方还尝试了“合作社党员+贫困户”“协会党员+贫困户”等帮扶模式，发挥产业党员带富致富作用、促进扶贫开发，带动贫困户增收致富。2016年，实现5万余名贫困人口脱贫。

（市委组织部　供稿）

组织工作

【市、县、乡换届选举工作】 做好市、县、乡党委换届工作，扩大换届中的党内民主，制定体现正确政绩观的要求、符合实际的干部实绩考核办法，严格照章办事，确保选准用好干部。换届中，既注意严肃纪律，又注意加强思想政治工作，形成风清气正的换届环境。新一届“两委”委员、常（党）委会成员普遍高票当选，较好地实现省委和市、县委的人事安排意图。精心做好市第五次党代会的各项筹备工作，全市19个选举单位的代表选举工作，均符合省委和市委规定的程序；选出的419名代表的条件和构成比例均符合省委和市委提出的要求，扎实做好大会各项组织和服务工作，保证大会圆满成功。积极配合省组做好市委换届人事安排有关工作，加强对县、乡人大、政府和县政协换届工作的指导，统筹做好人大、政府、政协换届选举工作。换届过程中，集中时间与县（市、区）219名处级干部、市直单位710名处级干部逐个开展谈心谈话，各县（市、区）同步组织对乡镇班子成员及县直单位领导干部开展谈心谈话，得到了大量的“活情况”，谈话中注重把话谈开，把心谈透，解开“心结”，安心安业。从严落实“凡提四必”要求，对292名拟继续提名和新提名处级干部人选逐一“体检”。注重选拔优秀年轻干部，乡镇班子中，35岁以下班子成员占比23.6%，县级班子中，80后常委5名（含博士4名）。自始至终保持严肃换届纪律的高压态势，采取警示教育、派出督查组、明察暗访组，加大监督和查处力度，以“零容忍”的态度营造风清气正的换届环境，信访举报件与2011年换届相比下降35%。中组部《组工信息》、省委《八闽快讯》和省委组织部《组工信息》《组工通讯》也分别对我市加强领导班子建设提振干事创业精气神相关经验做法进行了专题刊发。

【干部教育培训】 制定出台《关于组织系统学习贯彻〈干部教育培训工作条例〉的通知》（岩委组通〔2016〕2号），强化宏观指导。以“围绕红古田，唱响主旋律，打造精品牌”为方向，从闽西实际出发，深入挖掘古田会议等红色资源优势，通过信息化、科学化、精准化调训方式，围绕提升领导干部引领科学发展和履职能力，把握整体、突出重点、抓住难点，积极完成各项调训任务，切实打造龙岩市干部教育培训品牌。2016年，完成中央、省级调训70人次，市级培训25批次调训近2200人次；举办全市十八届五中全会轮训班，全市县级党政领导干部培训班，全市乡镇（街道）党政领导班子主要负责人培训班和全市基层党支部书记培训示范班等专题培训班次，培训领导干部900人；依托古田红色教育基地承接全国各地党员干部来岩培训385期33600人次。

【干部宏观管理】 树立从基层一线考察识别、培养选拔“忠诚、干净、担当”好干部的用人导向，以选贤任能凝聚干事创业正能量，使战役攻坚主战场成为我市考察识别干部的主阵地。在县乡两级新提拔干部中，近60%从攻坚战役及基层一线产生。坚持把干部考察与平时了解有机衔接，重在平时，做在日常。按照“忠诚干净担当”的好干部标准，围绕“德、能、勤、绩、廉”等方面内容创新设计谈话提纲，集中时间与市管干部逐个开展谈心谈话，要求被谈话人每题必答、谈话人每谈必记，面对面深入了解掌握班子结构配备、存在问题和领导干部德才表现等各方面情况，逐一记录，建成台账。针对少数乡镇班子学历偏低、年龄偏大，以及部分市直机关科级干部基层经验不足，不适应经济发展新常态的现状，选派14名市直单位35岁以下、第一学历大学本科以上优秀科级干部交流到乡镇担任党政正职，把12名优秀乡镇书记、乡（镇）长交流到市直部门，畅通市直机关优秀年轻干部与乡镇干部的交流渠道，双双提振机关、基层精气神。从“六类人员”“老乡镇”“老黄牛”中选任165人充实乡镇领导班子，对同一岗位同一层级工作满10年的班子成员共139名全部予以交流，对5890多名基层干部享受县以下机关公务员职务与职级并行制度。

【干部监督】 认真落实领导干部个人有关事项报告制度，严格按照干部提拔任用“凡提必核”的要求，形成了组织填报、信息录入、汇总综合、抽查核实等一套完整规范的操作流程，对拟提拔考察对象、换届继续提名、“两代表一委员”提名推荐人选的个人有关事项进行抽查核实。同时，按10%的比例随机抽查核实领导干部个人有关事项。2016年，共对667名领导干部的个人有关事项进行了抽查核实，对不如实填报或隐瞒不报的4名同志进行了相应处理。并下发《关于领导干部个人有关事项随机抽查核实的情况通报》，要求领导干部对照近年来随机抽查核实中存在的问题进行自查自纠，早发现早整改。持续抓好“三超两乱”专项整治工作，全面完成了全市超配非领导职数的整改消化任务。认真做好全市科级干部“带病提拔”的倒查工作，经过筛选排查，对4名科级干部“带病提拔”的选拔任用过程进行了倒查。扎实做好干部监督举报、历史遗留问题审理和干部学历学位更改、出国出境政审等有关工作。

【基层党建】 实施基层党建和脱贫攻坚"双推进"计划,安排市县乡30383名干部挂钩联系39212户贫困户、11.07万贫困人口,实现全市建档立卡贫困户挂钩帮扶全覆盖;实施"基层党组织带头人培养工程",先后举办3期村党组织书记示范培训班和4期贫困村驻村"第一书记"培训班,并对全市105名女村主干进行集中培训,选派190名贫困村党组织书记参加异地挂职锻炼;大力整顿软弱涣散党组织,重新倒排确定151个(136个村、7个社区、8个非公企业)软弱涣散党组织,进行分类整顿、"销号式"整顿;研究起草《发展壮大村集体经济实施意见》,补齐村集体经济短板;创新党建典型培育机制,抓好50个市级党建综合示范点建设,提升"红土和生态"两条党建长廊建设水平。持续推进在职党员进社区为民服务工作,初步解决报到难到位、活动难组织、作用难发挥、工作难持续问题,在全省社区党组织书记示范培训班上作经验交流,被省委组织部作为"党员进社区为群众服务"工作试点市(全省仅龙岩和福州市);推动大部分社区工作经费翻一番,达每年10万元;大部分社区干部工资增长50%以上。组织学习贯彻全国、全省国有企业党建工作会议精神;召开全市国有企业党建工作会议;举办全市国企党组织书记培训班;开展党建工作交叉检查。实行领导挂钩非公企业联系点制度;投入264万元支持联系点和园区建设,培育打造了龙马环卫、龙净环保、海德馨等一批"龙字号"非公党建品牌;共建立两新党组织1193个,非公企业党组织覆盖率72.6%,社会组织党组织覆盖率64.3%,园区党组织覆盖率73.1%,党的工作实现100%覆盖。

【党员管理】 推进"党员远教进万家"广电高清互动云电视拓展工作,扩大《闽西党旗红》党建品牌覆盖领域,电视专栏改版为每半月一期,增加一倍播出量,在广播电台、闽西日报开设专栏;优化"党员e家"管理服务平台,开发"党员e家"手机APP;开展"两优一先"表彰活动;开展党员关系集中排查,排查出失联党员747名,经查找取得联系683名,占失联党员91.43%;开展党费收缴工作专项检查,30917名党员补交党费445.9万元;开展党代表和党员违法违纪未给予处理的排查清理,全市各级党代会代表中,应当终止资格、停止执行职务的80人,已处理77人;各级人大代表、政协委员中,被终止人大代表资格、暂停执行人大代表职务和撤销政协委员资格的党员104人,已处理85人;受到刑事责任追究、行政处罚的党员1452人,已处理1312人。

【发展党员】 健全完善发展党员工作联审联鉴制度,形成征求公安部门意见新机制;积极与党员e家、非公企工委、流动党员党组织合作,探索流动人员入党新途径;深入发展党员相对滞后的基层党组织对发展党员工作进行督查,纠正发展党员工作不平衡问题,2016年新发展党员2924名;乡镇党委换届后,督促各级及时举办培训班,深入各级各单位上发展党员专题党课,共上党课6场次,培训党务干部1000人;修订《发展党员工作实用手册》,增加发展党员工作50问等内容。

【组织部门自身建设】 扎实抓好机关党建工作,深入开展"两学一做"学习教育,坚持从严治部,着力打造"讲政治、重公道、业务精、作风好"的模范部门和过硬队伍,始终保持强烈的政治意识、大局意识、核心意识、看齐意识。开发"闽西党旗红"微信平台,受到广大党员群众的积极响应和真心喜爱;继续办好《组工信息》,加强组织工作新闻和网络宣传工作。扎实做好信访接访工作,部领导深入基层询访18次,接待来访人员266人次,解决了一些基层干部群众的实际困难和问题。重视做好扶贫挂钩点的帮扶工作,协调解决挂钩驻村基础设施扶贫项目。配合做好创建"全国文明城市"工作任务,在"创城"工作中走前头、作表率。切实做好行政管理,强化财务管理核算和监督,为机关各项工作提供保障和服务。

（市委组织部　供稿）

宣传工作

【把好正确导向】 深入学习领会习近平总书记系列重要讲话和来闽来岩视察重要讲话精神,特别是关于宣传思想文化工作的重要论述,明确宣传思想文化工作的根本要求、方向目标,统一思想和行动,增强"四个意识""四个自信",坚定政治方向,坚决维护以习近平同志为核心的党中央权威。一是认真贯彻中央和省委关于党委(党组)意识形态工作责任制实施办法,及时召开会议研究部署,制定出台了我市的实施意见和考核办法,把落实意识形态工作责任制纳入党委、政府的绩效考评指标体系,纳入全面从严治党主体责任落实情况检查内容,推动意识形态工作责任制的有效落实。二是深入宣传阐释习近平总书记系列重要讲话精神和治国理政新理念新思想新战略,开展习近平总书记"七一"重要讲话、中共十八届六中全会和省、市党代会等主题宣讲200多场,引导广大干部群众增强"四个意识",坚定"四个自信"。依托"中央苏区发展大讲堂",健全市委中心组学习制度,强化理论学习和武装。共组织市委中心组学习18场次,居全省前列。三是提升"红土学风"品牌,加强学习型党组织建设,设立40个学习型党组织建设工作联系点,每年召开两次全市学习型党组织建设工作观摩会,形成"比学赶帮超"浓厚氛围。持续办好"中国·龙岩"网、闽西新闻网"红土学风"专栏。四是创新宣传形式和载体,组建业余宣讲团,吸收民间"名人、文人、能人"为宣讲骨干,以"百姓讲、讲百姓、百姓听"宣讲模式，让群众易于理解、乐于接受、入脑入心。全市共组建各类宣讲队伍50多支，宣讲骨干500多人，开展宣讲活动1200多场，受众10多万人次，福建日报、福建电视台作了专题宣传报道。

【红色品牌打造】 认真贯彻习近平总书记“把红色资源利用好、把红色传统发扬好、把红色基因传承好”的指示精神，充分发挥闽西红色文化资源优势，大力推进红色文化保护、传承和弘扬工程，努力在全省红色文化工程建设中走前头、作表率。建立健全红色文化工程联席会议制度。出台红色文化保护、传承和弘扬工程实施方案，明确全市红色文化保护传承、研究整理、弘扬传播、文艺精品、旅游品牌、保障措施等6个方面30项重点工作，并纳入全市意识形态工作责任制、宣传思想文化工作目标管理和精神文明单位考评体系，着力打造以古田会议旧址为核心、以古田为龙头的闽西红色文化品牌。积极探索制定红色文化保护地方性法规，形成《龙岩市红色文化遗产保护条例（草案）》，并列入市人大2017年度立法项目。积极创作红色文化精品。从龙岩丰富的红色资源中挖掘素材、激发灵感、创作作品，全程策划并积极协助拍摄了《绝命后卫师》《闽西：红色记忆》等优秀影视作品。反映6000闽西儿女浴血湘江的32集电视连续剧《绝命后卫师》成为中宣部确定的纪念中国工农红军长征胜利80周年重点剧目，成功在央视一套黄金时段热播，全国上下好评如潮；全面记录和反映闽西光辉革命历史的五集文献专题片《闽西：红色记忆》即将在中央电视台播出。拍摄完成系列红色微电影，积极推进电视连续剧《红色交通线》、电影《王牌狙击》《绝地先锋》策划拍摄，策划编写《古田精神》《苏区精神》《红色少年故事》丛书。加强红色资源保护。组织开展《中央苏区（闽西）旧址保护利用规划》编制工作，推进长汀革命旧址群、松毛岭战役遗址等一批红色文物保护、修缮和提升工程。对全市境内老一辈无产阶级革命家和68位开国将军故居进行规划保护和陈列展示。加大红色文化宣传教育。以“七一”“八一”、国庆节、古田会议周年纪念等重大党史事件为切入点，组织好红色文化进机关、进企业、进社区、进农村、进学校、进军营等活动。以纪念建党95周年和红军长征胜利80周年为契机，成功举办“重走红军路”启动仪式、“新长征：从古田再出发”特别党课、《绝命后卫师》观后征文等系列活动，新华社、人民日报、中央电视台、福建日报等50多家中央和省级主流媒体，刊发、刊播龙岩市红色文化原创新闻200多篇。大力培育发展红色培训产业。充分发挥以古田为轴心、97个红色现场教学点、26个市级现场教学点为一体的闽西干部教育红色培训基地，4个全国爱国主义教育基地、15个省级、25个市级、120多个县级革命传统基地作用，依托古田干部学院，开展“走红军路、唱红歌、吃红饭”等体验式情景教学活动。全市承接对外红色培训700多期4万多人次。研究出台湘江战役和松毛岭战役红军英烈祭奠办法，实行每年清明节，由市委、市政府、龙岩军分区领导带队前往湘江战役和松毛岭战役旧址，开展祭奠红军英烈活动，继承革命传统。持续打造红色旅游品牌。以红色文化为核心内容，融合闽西客家、生态等特色文化，突出“红色+客家人文”“红色+绿色生态”“红色+文化遗产”“红色+美丽乡村”等“红色+”品牌，全力打造“百里红色旅游文化长廊”、红色闽西圣地游等红色旅游精品路线。2016年，全市红色旅游接待人数750万人次，同比增长25%。古田会议旧址以第三名成绩入选全国20个“我最向往的党史纪念地”，成为福建省唯一一个进入榜单的党史纪念地。

【文化资源整合】 以创新发展理念为引领，持续深化文化体制改革，挖掘文化产业发展潜力，不断完善公共文化服务体系，进一步提升闽西文化创新力、竞争力和软实力。文化产业不断壮大。围绕打造文化旅游千亿级产业的目标，注重红色文化、客家文化、闽南文化与文化产业融合发展，加快文化产业转型升级。全市规模以上文化企业135家，文化产业产值达117亿元。文化事业加快发展。国家级客家文化（闽西）生态保护实验区获文化部批准设立，成为全国第19个国家级文化生态保护实验区。中央苏区（闽西）历史博物馆获评国家一级博物馆，成为福建省第5家、龙岩市第2家国家一级博物馆；龙岩市艺术馆获评国家二级博物馆。上年有6项、累计32项市级非物质文化遗产代表性项目列入省级非物质文化遗产代表性项目。三是常态化开展公益演出活动。配合在长汀开展全国文化科技卫生“三下乡”活动，组织开展“闽西十大经典民俗活动”评选、“文化龙岩2016年群文十大活动”“三下乡”集中示范、文艺志愿服务等活动，全年开展“周周有戏”文化惠民活动308场次。著名男高音歌唱家温鸿祥获第二十一届“罗兰多·尼克罗西”国际声乐比赛银奖，实现龙岩市歌手在国际专业比赛中获奖“零的突破”。市委宣传部荣获全省茶文化艺术创作调演活动组织奖，选送的《木偶茶艺》获最佳表演节目。

【营造舆论环境】 深入学习贯彻习近平总书记在党的新闻舆论工作座谈会上的重要讲话精神，坚持团结稳定鼓劲、正面宣传为主，精心组织重大宣传战役，为“再上新台阶、建设新龙岩”营造良好氛围。围绕中央和省、市的重大决策部署，积极跟进龙岩市实施创新驱动、产业兴市、人才强市“三大战略”，打好项目落地、脱贫攻坚、生态环保“三大战役”，分专题、分阶段，推出一批有规模、有声势的宣传报道。人民日报、中央电视台等中央媒体用稿300多篇（条、幅），福建日报等省级媒体用稿3000余篇（条、幅）。其中，不乏有整版《人民日报》和中央电视台整期的“焦点访谈”等重量级文章和专题节目，集中宣传我市社会经济发展取得的新成效。深化新闻战线“走转改”活动，建立健全深入基层、转变作风工作机制，开辟“来自基层一线的报道”“记者走一线”“记者走基层，说百姓故事”等专题专栏，宣传报道更接地气。积极适应移动互联网时代新闻舆论工作的新形势新要求，发挥龙岩互联网业界精英优势，9月，与今日头条客户端合作，开通今日头条“龙岩发布”头条号，将各县（市、区）发布和市、县两级各新闻网站头条号、政务网站头条号集纳在“龙岩发布”头条号矩阵中，进一步拓展新闻舆论宣传阵地。全年“龙岩发布”订阅用户1.8万多人，发布新闻信息1.2万多条，阅读总数1200多万人次，荣获今日头条2016年度“端·政大会”特别贡献奖。加快媒体改革。2016年元旦《闽西日报》全新改版，龙岩人民广播电台推行频率总监负责制，LYTV进行了版面、模块重新设计展示，加快手机APP、掌上客户端、微博、微信等平台开发步伐，着力提高办报办台办网水平。发挥闽西客家祖地的独特优势。推进《我们客家人》《客从何处来》等广播电视节目入岛宣传，节目覆盖台湾85%以上区域。加大对“闽台走亲乡镇行”、第八届海峡论坛?海峡客家（上杭）族谱文化风情节等活动宣传，进一步打响客家品牌。不断提升龙岩影响力。以“6·18”“9·8”“11·8”、龙岩籍互联网新锐高峰论坛等为平台，精心组织策划，积极宣传推介世界文化遗产土楼、古田会议旧址、“全军政治工作会议”、水土流失治理“长汀经验”等名片，加大对龙岩产业优势、发展政策、历史文化、投资环境、生态文明宣传力度，不断提升龙岩影响力。龙岩网信办选送“新罗新闻网刊播的《竹贯元宵灯会》”“红土视频网刊播的《清明节龙岩人怎么过？》”两作品荣获2016“网络中国节”优秀网络文化内容推选展示活动网络优秀节日作品，全省5件作品入选。

【网上舆论引导】 认真学习贯彻习近平总书记在网络安全和信息化工作座谈会上的重要讲话精神，落实中央关于党委（党组）网络意识形态工作责任制实施细则，不断加强网络宣传和管理。建立健全网络舆情监管机制。成立市委网络安全和信息化领导小组及办公室，制定《龙岩市关于规范重大突发事件信息发布工作实施办法》《关于进一步完善突发事件新闻应急处置机制的办法》《网络舆情处置工作“路线图”》等制度，健全全市网络宣传与管理工作季谈会机制，确保网络宣传和管理工作规范开展。加强网络舆情值班制度。强化舆情收集、分析和研判，严格落实24小时双岗值班制度，及时排查处置重要敏感舆情，积极营造网络清朗空间。共举办13场新闻发布会，编发121期《网络舆情动态》《网络舆情周报》《网络舆情提示函》。有效处置突发网络舆情。妥善处置“8·13”台湾旅行大巴在永定突遇山体滑坡灾害事故，“11·11”9名村民到市行政中心喝乐果等突发事件舆情，防止负面炒作。集中开展“净网”“清源”等专项行动。加大对网络谣言、淫秽色情等不良信息打击力度，净化网络空间，处置不良信息200多条。

【深化文明创建】 坚持在贯彻结合融入、落细落小落实上下功夫，加强核心价值观宣传教育和实践养成，更好地用核心价值观凝聚精神力量。开展“讲文明树新风”“图说我们的价值观”公益广告宣传，常态化开展“我推荐、我评议身边好人”和“道德模范”评选活动。兰华雄、徐淑英家庭入选首届“全国文明家庭”，并受到习近平总书记等中央领导接见，在表彰会上作典型发言；3人入选“中国好人榜”，17人入选“福建好人榜”；成功举办第一届龙岩市道德模范评选表彰活动，评选出10名道德模范。以龙岩市列入全国文明城市提名城市为契机，广泛宣传发动，层层压实创建责任，完善10多项城市管理规章制度，实施“五大工程”，营造“八大环境”，全力争创全国文明城市。开展精神文明创建，大力弘扬古田会议精神、才溪乡调查精神，开展中华优秀文化“进教材、进课堂、进头脑”“三进”活动、“三红”精神哺育我成长等主题教育实践活动，打造红色土地、红军故乡、红旗不倒“三红”精神引领文明风尚品牌。开展乡（村）规民约征集评选。收集整理203条乡（村）规民约，评选“十佳族规家训”“十佳乡（村）规民约”，并编印《文明家风》。

【宣传队伍自身建设】 加强理论学习。深入学习贯彻中共十八大和十八届三中、四中、五中、六中全会精神，习近平总书记系列重要讲话精神，特别是习近平总书记关于宣传思想文化工作的一系列重要论述，大力传承闽西苏区“听党的话、跟党走”的红色基因，大力弘扬古田会议精神、才溪乡调查精神，进一步增强“四个意识”，特别是核心意识、看齐意识，坚决维护以习近平同志为核心的党中央权威，自觉在思想上政治上行动上同以习近平同志为核心的党中央保持高度一致。深化作风建设。扎实开展“两学一做”学习教育，认真组织开展三个专题学习教育，举行工作交流会，开展“两学一做”知识测试，提升学习实效。认真学习贯彻《关于在新形势下党内政治生活的若干准则》《中国共产党党内监督条例》和中央“八项规定”精神等廉洁从政规定，深入开展纠正不良习气树立清风正气等活动，推动“走转改”和“四下基层”常态化开展，确保全市宣传思想文化系统风清气正。强化制度约束，健全完善了请假审批、财务管理、后勤接待、用车管理、办文办会、廉政建设等一整套规章制度，切实做到用制度管人管事管作风。加强干部队伍建设。认真贯彻执行《党政领导干部选拔任用工作条例》，结合市县乡换届，加强对宣传思想文化战线干部的选拔、任用和管理，进一步选齐配强宣传思想文化工作部门领导班子。及时组织开展学习贯彻落实习近平总书记系列重要讲话精神培训班、网络引导暨网评员培训班、第九期全市宣传系统干部培训班、新闻工作者"走转改"培训班，有效提升队伍素质和专业化水平。

（市委宣传部　供稿）

统战工作

【统一战线系列重大决策部署落实】 认真组织学习习近平总书记系列重要讲话精神特别是关于统一战线的新论断、新理论、新理念、新要求，传达省第十次党代会、市第五次党代会精神，引导全市统一战线成员进一步增强政治意识、大局意识、核心意识、看齐意识，坚定道路自信、理论自信、制度自信、文化自信，衷心拥护以习近平同志为核心的党中央。强化党对统战工作的领导，市、县两级党委都成立由"一把手"任组长的统一战线工作领导小组，做到"五个纳入"，即：纳入党委重要议事日程、纳入党建目标考评内容、纳入党委宣传工作计划及中心组学习内容、纳入各级党校教学内容、纳入督查落实。2016年，市委主要领导28次对统战工作作出批示。3月，龙岩市在全省率先开展落实中央统一战线工作"条例"和省委"实施细则"情况专项督查工作，深入全市7个县(市、区)和经开区开展调研检查，对标准、查问题、拉清单、补短板、促整改，促进"条例""实施细则"的再学习、再宣传、再部署、再落实，有效推动全市大统战工作格局的形成。

【民主党派和党外代表人士工作】 率先在全省制定出台《关于加强政党协商的实施意见》《2016年政党协商计划》，召开党外人士座谈会、通报会、征求意见会等，就《关于实施"产业兴市"战略的意见》、市第五次党代会报告、《关于实施"人才强市"战略的意见》等重大问题不定期向各民主党派、工商联负责人以及无党派人士通报情况、征求意见，不断拓展党外人士的知情权、参与权，为科学决策提供依据，促进多党合作和政治协商更加规范有序。进一步拓宽民主党派履职尽责渠道，建立民主党派直接向市委反映意见建议的"直通车"制度，市委、市政府党员领导联系党外代表人士制度，市委常委以及政府部门对口联系民主党派、工商联制度。推进党外人士特约监督员队伍建设，民主监督工作进一步加强。组织、引导统战系统和各民主党派、工商联和无党派人士聚焦龙岩市"十三五"规划和"三大战略""三大战役"等事关全市发展大局和民生的重大问题，积极参政议政、建言献策。2016年，全市统一战线提交政协提案221件，人大建议案113件，完成课题调研和理论研究成果117篇，获得省、市领导批示16件。认真做好各民主党派、工商联和市、县、乡三级换届工作，与市委组织部、市人大常委会党组、市政协党组密切合作，做好党外代表人士的发现、储备、教育、培养、推荐、使用等工作，特别是加强与法院、检察院、卫计委等15个部门的沟通协作，扎实做好非公经济代表人士综合评价工作，进一步规范有关人选的推荐使用，各民主党派、工商联换届和市政协委员的推荐、考察、提名及市人大非中共党员代表的推荐工作圆满完成。全市及7个县(市、区)人大、政府、政协班子党外领导干部和各民主党派市委会、工商联领导班子全部配齐配强，顺利完成政治交接，市政府组成部门配备2名党外正职，市、县党外人大代表、政协委员以及常委配备全部达到省委"实施细则"规定要求。换届提拔的党外干部有16名，其中：正处实职3名，副处13名，占提拔总数的36%，后备干部中党外干部占22%。

【民族工作】 认真学习贯彻中央、全省民族工作会议精神，深入开展民族团结进步创建活动，认真落实少数民族优惠政策，会同有关部门加强对2个少数民族乡、51个少数民族村的扶持力度，51个少数民族村实现市直单位挂钩帮扶全覆盖，市级民族补助款由100万元增加至200万元，并列入年度预算，帮助改善民族乡和民族群众的生产生活条件。市委、市政府主要领导分别挂钩联系上杭县庐丰畲族乡、官庄畲族乡。加强少数民族群众精准扶贫，推进实施"民族乡村特色经济发展扶持增收工程"，引导民族乡村走"一乡一优势产业、一村一优势产品"的发展路子；帮助实施"少数民族文化'双十一'繁荣发展工程"，加强少数民族文化惠民工程和民族特色村寨建设，做好少数民族文化保护、传承和发掘工作。加大少数民族干部培养，牵头制定出台《龙岩市2016—2020年培养选拔少数民族干部工作规划》。

【宗教工作】 认真贯彻落实全国、全省宗教工作会议精神，牵头制定出台《关于加强和改进新形势下宗教工作的实施意见》，建立党委领导、政府主抓、部门联动的宗教工作新格局，做到守土有责、守土负责、守土尽责。利用佛教法眼宗传承地的优势，成立福建省法眼宗佛教文化交流促进会，进一步挖掘佛教在促进经济发展和社会和谐中的有利因素，带动经济发展和社会和谐稳定。深入开展"创建和谐寺观教堂""宗教政策法规学习月""宗教慈善周"等活动，部领导带头主动走访调研宗教场所，引导宗教界人士和信教群众爱国爱教，合法开展宗教活动，积极参与脱贫攻坚、生态环保战役，参与缉毒禁毒，为维护社会安定和谐发挥积极作用。精心组织开展"宗教慈善周"活动，树立宗教界良好社会形象。2016年，全市宗教界为社会捐款、捐物200余万元。

【非公经济工作】 把促进非公经济"两个健康"作为重大政治任务抓紧抓实，积极构建"亲""清"新型政商关系，进一步坚定领导干部和民营企业家"两个信心",调动干部队伍和企业家"两个积极性"。深入了解非公企业的运行情况,听取非公经济人士意见建议,为市委市政府出台扶持非公企业发展的优惠政策提供参考。推动出台《关于促进水泥工业发展若干措施的通知》《关于印发龙岩市电子商务三年行动计划》《关于印发龙岩市商贸流通服务业三年行动计划》《关于印发龙岩市居民和家庭服务业三年行动计划》等文件政策,进一步优化企业发展环境。先后召开非公经济人士新春恳谈会、"亲清新型政商关系"专题座谈会、全市纳税大户及非公企业家代表座谈会,对企业反映的意见建议梳理汇总,并以市委办的名义进行跟踪督办,切实帮助民营企业解决实际问题,特别是推动税务部门2016年起暂不执行46个行业的税收预警值管理,有效减轻企业负担。认真落实市四套班子领导联系商会、党员市领导联系重点企业家和"企业直通车"等制度,努力为企业家排忧解难。争取市委、市政府的重视和支持,成立龙岩市龙商服务中心,核定财拨事业编制4名。持续打造"红土同心"品牌,在"7·8"龙岩企业日,市委、市政府主要领导带队"进企业、摸实情、解难题",2016年,非公企业家反映的23个问题都得到有效解决。中央统战部《统战工作》专门刊发《福建省龙岩市"五心"构建"亲清"政商关系》。

【新的社会阶层人士工作】 充分发挥美团网CEO王兴、今日头条创始人兼CEO张一鸣、雪球创始人兼CEO方三文等龙岩籍互联网精英众多的优势,定期或不定期进行走访,联络乡情,鼓励他们回乡创业、共赢发展,促进大众创业、万众创新。从2016年开始,每年正月初三,举办闽西籍互联网乡贤新春茶话会暨"互联网+"龙岩经济沙龙,助推龙岩互联网经济发展。2016年,吸纳16位年纪轻、社会影响较大的新媒体从业人员,担任新知联会的副会长、理事等职务,推荐16名优秀新阶层代表人士担任新一届市政协委员。今日头条、美团网将业务辐射到龙岩7个县(市、区);永定区设立互联网产业孵化园,并被列入福建省众创空间。

【港澳台及海外联谊工作】 以新时期新生代为重点,进一步团结壮大爱国爱港爱澳新生力量,香港闽西联会青年委员会会长陈昆当选福建省海外联谊会香港青年会首任常务副会长兼秘书长。推动成立北美上杭同乡会暨上杭一中北美校友会,会员近300名。全年接待"香港新界闽籍社团联合访问团""福建省港区政协委员联谊会访闽团""台湾夏潮联合会访问团"及澳门"青年红色寻根之旅"等到龙岩学习的团体、单位12个,1000余人次。组团赴香港参加香港闽西联会第十届会董会就职典礼,开展联络联谊和招商引资工作。加大港澳海外政协委员安排力度,有38名港澳海外优秀代表性人士担任新一届市政协委员,比上一届增加5名。按照中央、省委统战部统一部署,扎实开展香港有关工作,完成上级赋予的任务,得到中央统战部和省委的充分肯定,市委主要领导先后6次对海外联谊和港澳工作作出批示。香港闽西联会的各项工作也得到香港中联办和香港福建社团联会的充分肯定和表扬。

【社会服务工作】 以成立"市光彩事业促进会"为契机,扎实做好脱贫攻坚战役九举措之一"社会捐助到户"牵头工作,深入开展海西春雨、光彩事业、温暖工程、"民企帮村"等"红土同心"系列活动,整合统一战线各方面的资源力量,鼓励广大统一战线成员积极参与扶贫攻坚,为打赢脱贫攻坚战贡献力量。龙岩市光彩事业促进会2016年2月成立以来,已募集冠名基金1.48亿元,资金1473万元。2016年,全市统一战线资助大学生1071人、367万元,中小学生1308人、236万元。被市委、市政府授予2016年度"服务脱贫攻坚战役成绩突出单位"。

【自身建设】 扎实开展"两学一做"学习教育,领导班子及成员从自身实际出发,突出问题导向,重点从理想信念、政治纪律和规矩、作风、担当作为、组织生活、落实全面从严治党责任6个方面查找突出问题,剖析产生问题的原因,共征求党外人士对领导班子及成员的意见建议4类15条。加强统战系统干部队伍建设,选派1名处级干部参加省委党校培训,选派1名处级干部和3名科级干部参加市委党校学习培训,完成省委统战部调训16人次。举办2016年乡镇(街道)统战委员培训班、民主党派骨干成员培训班、无党派代表人士培训班,培训151人次。认真开展争创第十三届(2015—2017年)省级文明单位活动,结合创建"全国文明城市""平安单位",开展"道德讲堂"、志愿者服务等活动,不断提升党员干部职工综合素质。

(傅凌鹏　供稿)

精神文明建设

【概况】 2016年,龙岩市精神文明建设认真贯彻落实中共十八大和十八届三中、四中、五中、六中全会精神,深入学习习近平总书记系列重要讲话精神特别是关于精神文明建设的重要论述,围绕市委、市政府"志在必得、务求必胜"目标要求,全力争创全国文明城市,扎实开展社会主义核心价值观宣传教育,深化群众性精神文明创建活动,为打好全市"三大战役"激发新活力、凝聚正能量,为"再上新台阶、建设新龙岩"提供强大的精神力量和丰润的道德滋养。

【全国文明城市创建】 推动市委、市政府制定出台创城绩效奖惩暂行办法,明确创城实行"一把手"负总责,对成绩突出的单位给予绩效奖励,对创城不力的单位给予黄牌、红牌警告,直至效能问责。推动市创城指挥部、市文明委先后出台提升“五大工程”工作方案、宣传工作方案、中心城区主次干道、背街小巷、农贸市场管理办法、公园广场环境卫生和秩序管理办法等10多个创城相关文件。对照2015年度中央对龙岩市暗访初评结果,分析梳理存在的问题和薄弱环节,坚持对标补差,分解具体项目,制定薄弱环节项目攻坚实施计划,对所有扣分点项目分解至相关责任单位并一一整改落实。同时,根据《全国文明城市测评体系》标准,制定下发创城责任分解清单。

大力营造创城氛围。在闽西日报、龙岩电视台、龙岩人民广播电台、龙岩政府网、新闻网、文明网开设创建全国城市专题专栏，刊发1000多期创城的新闻、专题消息、评论等,同时设立曝光台,对创城工作不力和群众反映强烈的问题给予曝光。通过街道、社区和窗口单位发放创城宣传资料15万份，组织在职党员进社区进小区进家庭,广泛开展“两宣传一调查”活动,大力宣传创城基本知识,提升群众对创建全国文明城市支持度、知晓度、参与度。

全面开展创城督查。市创城指挥部将督查工作列入常态,多次深入窗口服务行业、创建薄弱点、市场、街道、社区、学校、建设工地等重点部门和单位实地调研和督查指导,及时研究解决存在的薄弱环节和突出问题。建立日常巡查督导机制,指挥部组建7个创城工作督查组,每组督查一个街道,按照属地管理和“谁主管、谁负责”的原则,对所有创建点开展常态巡查和项目指导工作。

【社会主义核心价值观宣传教育和道德实践活动】 把培育和践行社会主义核心价值观列入文明城市(村镇)、文明单位(学校、行业)等群众性精神文明创建的重点内容。4月,在武平县召开全市培育和践行社会主义核心价值观工作推进会,强化价值引领作用,推动教育实践活动落细落小落实。

公益广告更加靓丽多彩。全市共在中心城区制作安装“讲文明树新风”“图说我们的价值观”等主题性公益广告300多块(次),在建筑围挡和文化墙制作5万多平方米，在30多条主次干道3500多根路灯灯杆道旗安排制作安装公益广告,200多部公交车身、公交TV、500多部出租车和单位、商户LED显示屏、楼宇电持续滚动播放各类主题性公益广告。闽西日报每周至少刊发一个整版公益广告,龙岩电视台、龙岩广播电台、主要网站每天滚动播放公益广告。通信部门定期通过短信等形式发送社会主义核心价值观和创建全国文明城市公益广告。组织开展全省“讲文明树新风”公益广告征集评选和龙岩市第七届公益广告大赛，共向省办推荐作品100多部,有8部作品获奖,其中一等奖1部,二等奖4部,三等奖3部。

媒体、网站传播文明故事。持续在闽西日报、龙岩电视台、龙岩人民广播电台等主要媒体,开设专栏,常态化开展社会主义核心价值观宣传教育,各媒体每周刊发消息或专栏均不少于10条。依托中国文明网地方联盟龙岩网、文明闽西网、微信、微博,提升社会主义核心价值观网络宣传实效。在中国文明网发布信息150多篇，在龙岩文明网、文明闽西网发布信息3691篇,制作13个专题,撰写45篇文明评论文章,发布微信信息451条，微博信息140条,还开设《红色交通线》、“好人365”专栏头条报道,并与中国文明网、精神文明报、福建省文明风、闽西日报、东南网、龙岩政府网等新闻媒体互动,线上线下同步宣传社会主义核心价值观主题实践活动。

道德模范彰显榜样力量。贯彻落实习近平总书记对第五届全国道德模范表彰活动的重要批示精神,广泛开展道德模范、身边好人推荐评选和宣传点赞活动。做好中央文明办首届“全国文明家庭”推选工作,龙岩市农科所兰华雄、徐淑英家庭入选首届“全国文明家庭”,并得到习近平总书记等中央领导的亲切接见,在中央表彰会上作典型经验发言。7月,市文明委启动龙岩市第一届道德模范评选表彰活动,从112名候选人中评选表彰了郑彩坤等10名龙岩市第一届道德模范和廖红莲等10名提名奖。9月和11月,先后在龙岩城区和武平县举办两场“道德模范与身边好人”现场交流活动。持续用好中央、省委文明办“我推荐,我评议身边好人”平台,开展“身边好人”推选工作。2016年,龙岩市有3名入选“中国好人榜”,17名入选“福建好人榜”。

主题活动引领文明新风。全力做好中央文明办、国家旅游局9月在长汀县举办的纪念红军长征胜利80周年红色旅游系列活动启动仪式的各项筹备和后勤保障等工作,得到中央文明办的书信致谢。举办龙岩市未成年人“学长征精神,做红色传人”主题教育活动,用长征精神激励、鞭策未成年人争做“四有”新人。与市直机关党工委、市档案局等多个单位联合举办龙岩市《长征中的闽西儿女》档案图片展,组织各级文明单位参观学习。广泛开展“我们的节日”主题活动,弘扬中华传统文化。春节、元宵期间,组织开展文化“三下乡”和客家民俗文化活动，清明节广泛开展文明祭祀、网上祭英烈和中华经典诵读活动,缅怀先辈,增进爱党、爱国情感。端午节,举办第二届“我们的节日·端午”龙岩中心城区“文明家庭”包粽子比赛暨家风家训知识竞答活动。开展文明旅游、文明交通、文明餐桌、诚信建设等道德实践活动，大力营造文明、有礼、和谐、干净、顺畅的社会环境,推动社会主义核心价值观内化于心,外化于形。

【未成年人思想道德建设】 突出立德树人根本任务,以迎接全国未成年人思想道德建设年度测评为抓手,努力构建“家庭、学校、社会”三结合教育网络,提升未成年人思想道德建设水平。

强化机制保障。召开龙岩市未成年人思想道德建设工作联席会议，贯彻落实中央、省加强和改进未成年人思想道德建设工作有关精神，分析全市未成年人思想道德建设工作中存在的问题和短板，明确全年工作重点及方向。与市教育局联合深入各校和中小学生社会实践基地对未成年人思想道德建设工作及乡村学校少年宫配套设施建设情况进行专项检查。组建龙岩市未成年人心理健康辅导中心，增加人员编制和经费投入，用于配备专职心理咨询人员和工作人员，从机制上保障未成年人校外心理健康活动的开展。

开展主题活动。深入开展“我的中国梦”教育实践活动。通过主题班(队)会、演讲征文、歌咏比赛等，组织广大未成年人开展“向国旗敬礼”签名寄语等活动，教育引导未成年人爱党、爱国、爱社会主义的深厚感情，树立远大志向，树立正确的人生观、世界观和价值观，在社会主义核心价值观的沐浴下健康成长；充分发挥乡村学校少年宫的作用，创造未成年人快乐生活、健康成长的校园文化环境。广泛开展爱学习、爱劳动、爱祖国活动，增强孩子们的社会责任感、创新精神和实践能力。组织开展“网上祭英烈”活动。清明期间，全市以各种形式参与“网上祭英烈”签名寄语活动的中小学生、未成年人达21000多人次，网上寄语、留言18000余条。全市各级文明单位、各中小学校有10万多名干部和师生利用烈士陵园、纪念碑、爱国主义教育基地等资源，参加祭扫烈士墓，瞻仰烈士纪念碑等活动。发挥榜样示范引领作用，广泛开展学习和争做美德少年活动。在龙岩文明网开设专栏，展示22名美德少年优秀事迹。全市各中小学校积极组织未成年人学习点赞“美德少年”先进事迹。举办“诵读国学经典、弘扬中华美德”主题中华经典诵读活动。全市各学校通过举办诵诗会、开辟“经典区”“经典墙”等形式，充分利用课堂教学、班团队会、兴趣小组和课外实践等活动平台，将经典诵读活动，融入教学课程，提升传统文化的涵养。举办2016年龙岩市“童心向党”歌咏展演活动，通过传唱歌颂党、歌颂祖国、歌颂红军、歌颂中国梦的优秀歌曲，教育引导未成年人心向党、感恩党，自觉培育和践行社会主义核心价值观。组织永定区和武平县各录制1台节目报送省委文明办参加“童心向党”歌咏活动网络展播。结合纪念中国工农红军长征胜利80周年活动，大力弘扬“三红”精神，在全市未成年人中组织开展“学长征精神、做红色传人”主题班会、系列征文、演讲比赛等，组织慰问老红军、听老红军讲故事活动。在连城县举行启动仪式，开展“唱童谣、学童谣、编童谣、画童谣、演童谣”传唱活动，营造广泛传唱社会主义核心价值观为主题的优秀童谣的良好氛围。

优化育人环境。开展社会主义核心价值观“进教材、进课堂、进头脑”教育实践“三进”校园活动，按全国未成年人思想道德建设工作测评要求，在校园内统一悬挂社会主义核心价值观12个关键词，提升未成年人感知、认知水平。深入开展“家风家训进校园”，通过组织一次寻访征集活动、开展一次讲述活动、举办一场大阅读活动、举办一次手抄报或黑板报比赛，让未成年人了解、熟悉中华民族和闽西优秀传统文化，提高道德素质。深入开展“文明办网、文明上网”宣传教育活动，持续开展“黑网吧”等专项治理，整肃不良社会文化环境。推进“乡村学校少年宫建设”，全市共建有乡村学校少年宫122所，其中承建44所，自建78所，覆盖率达100%，提前实现乡村学校少年宫全覆盖目标。

【志愿服务】 以社会基层为重点，以关心关爱为主题，以完善机制为保障，推动志愿服务活动与创城工作、与社会主义核心价值观深入融合。

深化各类主题志愿服务活动。围绕传统节假日及特殊纪念日，开展主题活动，打造专业志愿服务品牌。春节期间组织开展“邻里守望，情暖闽西”和“快乐返乡”主题志愿服务活动，3000名志愿者走访慰问空巢老人、困难户，为困难群众送去节日问候和祝福，发放慰问品、慰问金，帮助返乡农民工十万余人；3月，组织开展以“弘扬雷锋精神.建设生态文明家园”为主题学雷锋服务一条街活动，130多家市、区机关、企事业单位1300多名志愿者结合各自行业特色，为群众提供了理发、配钥匙、擦鞋、电工修理以及免费法律维权咨询、就业咨询、科技服务咨询、健康咨询等便民服务志愿活动。创城期间，市、区妇联牵头组建55支“创城大妈”草根志愿服务队，每队由社区巡查员、信息员、宣讲员等妇女姐妹组成，以创新“蒲公英”式管理覆盖整个社区网络，倡导“身边人为身边人”服务，通过“大妈”身份亮一亮、精神文明说一说、文明行为带一带、志愿服务做一做、遇上纠纷调一调等多种形式，把社会正能量传播到千家万户。团市委成立龙岩市青年志愿者服务队，将100名志愿者列入常态化管理，为龙岩市的重大活动提供优质志愿服务。全市各级党组织广泛开展“党员进社区服务群众”志愿活动，开展“文明单位与社区结对共建”志愿服务活动，围绕政策法规宣传、济困帮扶、社情民意收集、基层纠纷调解、平安社区创建、小区卫生整治等多项内容开展志愿服务活动。

培育志愿服务文化。深入挖掘富有闽西特色的志愿服务文化作品，积极向省志愿者协会推荐作品。广泛开展“四个一百”先进志愿服务的参评工作，林添福、李海霞、王庆彬以及长汀县巾帼爱心超市、上杭县茶地乡精神文明建设促进会、武平南门社区和新罗区中城街道北门社区等12个先进典型获省最美志愿服务系列。其中，李海霞、武平南门社区入列中央文明办学雷锋志愿服务“四个一百”先进典型活动候选单位。启动开展福建省首批志愿服务示范驿站建设工作，成立新罗区街心广场志愿服务驿站、莲东夏商百货志愿服务驿站等多个驿站，各驿站广泛开展信息查询、交通指导、法律咨询、手机应急充电等便民利民免费服务志愿服务活动，成为文明城市创建的新品牌、市民参与志愿服务的实践基地，以及民生公共服务便民窗口、市民奉献爱心的集散平台。

加强志愿服务培训。龙岩市红十字会举办志愿者应急救护培训班，共45名基层和市直红十字志愿服务队骨干参加培训。新罗区举办志愿服务驿站志愿者培训班，通过集中讲授、观看短片及互动实操等方式对志愿者们展开全方位培训，并组织志愿者针对新罗区志愿服务驿站如何运作为主题进行深入的讨论。市文明委还出台《2016年龙岩市推进志愿服务制度化的工作意见》，进一步加强志愿者和志愿服务组织的注册登记、服务管理、权益保障、表彰激励、网络文明传播等方面的制度，同时推动成立龙岩市医疗志愿者协会、龙岩市青年志愿者协会、交通志愿服务队等新的行业协会。2016年，全市注册志愿者人数88754人。

【助力“三大战役”主题活动】 突出市委、市政府打好“三大战役”工作中心，制定市委文明办《开展“助力‘三大战役’、服务闽西发展”主题实践活动方案》，充分发挥全办党员干部和各级各类文明创建单位发挥先锋模范作用，为争创全国文明城市，推动闽西发展，提振精气神、提升战斗力、激发正能量。

当好“文明先锋”，助力项目落地攻坚。发挥精神文明建设组织、协调、督查、考核作用，大力弘扬“三红”精神、传承红色基因，在服务项目建设、创城工作中当先锋、走前头、争上游。把项目落地攻坚、创建全国文明城市纳入各单位文明创建2016年度考核工作全过程，列入动态考评重点内容，积极组织各级各类文明单位、文明行业踊跃参与，主动投入经济建设主战场，全力助推项目落地攻坚。把文明示范岗、志愿服务站、文明行业示范点、党员先锋岗等评选与服务项目落地攻坚有机结合，通过典范示范带动，凝聚发展合力。

抓好“挂钩帮扶”，助力脱贫攻坚。坚持每季度组织全办党员干部深入连城县莒溪镇莒莲村开展干部挂钩帮扶结对工作，与贫困户“结亲戚”，与镇、村干部共同“把脉会诊”，探讨脱贫攻坚工作的思路和举措，及时跟踪了解帮扶进度，全办党员全年共走访四次贫困户，每次每户均送上300元慰问金，并按要求每户给予1000元的补助，全年给予挂钩贫困村4.28万元。结合文明村镇创建活动，把做好干部脱贫挂钩帮扶工作列入文明创建动态管理考核内容，推动各级各类文明单位认真落实脱贫攻坚“五个一”“九到户”等工作要求。发挥厦龙山海协作区域共建作用，扶持5个文明村（社区）建设精神文明活动阵地，主动帮其争取政策、资金、项目的支持，帮助拓宽农民致富渠道，做好文化惠民服务，加强公民道德教育，转变村民落后观念，努力提升村民素质，确保目标实现。

打造“生态文明创建品牌”，助力生态环保攻坚。把开展生态文明建设宣传教育活动与创建全国文明城市、培育和践行社会主义核心价值观紧密结合起来。把保护生态环境，加强生态文明建设主题宣传列入“讲文明树新风”公益广告重点宣传内容之一，大力倡导文明、节约、绿色、低碳新生活，给市民以潜移默化的教育和感化，营造生态龙岩、美丽龙岩、文明之城良好环境和浓厚氛围。积极组织广大党员干部和志愿者深入街道、社区，进村入户开展政策法律宣传，大力宣传生态龙岩、文明龙岩创建的重要意义，大力宣传水土生态环境保护的重要意义，培育生态文明理念，增强市民文明意识、文明行为、文明习惯。

附一：

2016年龙岩市入选中国好人榜和福建好人榜名单

一、中国好人榜

1.助人为乐

李成祥（武平县城厢镇下东村村民）

2.诚实守信

邱清盛（武平县武绿宝农业发展有限公司董事长）

3.敬业奉献

黄银富（龙岩市公安局东城派出所警务八队队长）

二、福建好人榜

1.助人为乐

林长宣（龙岩市永定区“康明眼镜店”经理）

汪登法（紫金铜业有限公司黄金冶炼厂保卫科副班长）

胡林英（长汀县童坊镇新畲村党支部书记）

2.见义勇为

陈福伟（漳平市拱桥镇拱桥村村民）

陈易声（上杭县官庄畲族乡新风村村民）

陈国洪（上杭县人民法院法警大队辅警）

3.诚实守信

李俊扬（漳平市国联玩具礼品有限公司董事长）

黄聚贤（漳平市新桥镇云墩村支部书记）

4.敬业奉献

许东波（龙岩市第一医院胃肠肛门外科科主任）

童长智（龙岩市连城县国家税务局纳税服务科科长）

5.孝老爱亲

阙银梅（上杭县通贤镇通贤村村民）

蓝善强夫妇（武平县十方镇白土村

村民）

邓仁枝（漳平市象湖镇土坑村村民）

卢琴英(龙岩市永定区交通运输局财务股股长)

沈笑珍(龙岩市永定区堂堡乡河坑村村民)

罗三凤(龙岩市烟草公司武平分公司工会副主席)

附二：

第一届龙岩市道德模范与提名奖人员名单

一、助人为乐模范

郑彩坤　武平县中堡镇岭头村民营企业家

林学富　龙岩高速交警支队监控指挥中心负责人

提名奖：

廖红莲(女)　长汀县新桥镇廖家村支部书记

余亿明　龙岩市关爱协会秘书长

二、见义勇为模范

郭唐荣　上杭县临城镇九洲村村民

刘长富(已故)连城县莲峰镇姚坊村村民

提名奖：

陈永辉　永定一中学生

张德明　新罗区红坊镇东阳村村民

三、诚实守信模范

钟亮生　武平县梁野仙蜜养蜂专业合作社理事长

林长宣　永定区康明眼镜店经理

提名奖：

林仲梁　漳平市城关良友五交化商店经理

沈海荣　福建龙洲运输股份有限公司出租客运分公司出租车驾驶员

四、敬业奉献模范

陈明达　漳平市官田中心学校小学高级教师

饶瑛浩　龙岩市公安局交警支队新罗直属大队大队长

提名奖：

戴寿传　国网龙岩供电公司配电抢修班班长

吴旭涛(女)　龙岩市人民检察院公诉处副处长

五、孝老爱亲模范

胡细妹(女)　上杭县珊瑚乡村民

包承源　长汀县国税纳税服务科副科长

提名奖：

宋香春(女)　新罗区苏坂镇易家邦村村民

黄四华(女)　连城县莲峰镇姚坪村村民

（黄银秋　供稿）

机构编制

【推进“放管服”改革】　接放事权到位。在全省率先制定印发《关于规范取消、下放(委托)、调整行政审批和公共服务事项承接落实工作的通知》,采取“四个规范”措施(即规范事项承接、业务对接、事项运作、信息公开),及时做好国务院、省政府取消、下放(委托)行政审批事项的承接落实工作,严格规范市直部门放权程序,确保权力衔接顺畅。同时,组织开展“回头看”,有效解决长期以来市县部门在接放权过程中不及时、不规范、“一放了之”等问题。全年共承接上级下放、委托事项36项,取消行政审批事项48项、调整20项,并根据法律法规调整情况取消、调整14个市直部门28项行政权力和公共服务事项。梳理了13项市级行政审批事项下放(委托)县级管理。清单管理到位。提前完成前置审批和中介服务事项清理公布工作，市级保留前置审批事项217项，调整26项，减少84项，精简33.6%；保留中介服务事项152项,调整、取消62项,精简29%。全面完成全市乡镇权责清单编制工作,全市7个县(市、区)和龙岩经开区(高新区)134个乡(镇、街道)共保留权责事项37029项，县直派驻机构权责事项共83096项,平均每个乡(镇)保留权责事项281项、每个街道办事处保留权责事项213项、各县(市、区)派驻机构权责事项10387项,实现市县乡三级政府权责清单全覆盖。同时,调整公布公共服务事项清单，市级保留公共服务事项119项,年检事项29项;取消、调整审核转报类公共服务事项98项，取消年检事项1项。优化提速到位。以市政府办名义印发《进一步规范行政审批行为改进行政审批有关工作的通知》，制定全面落实“一个窗口”受理、推行并联审批和“三集中”审批改革、规范办理规程等13项具体措施，着力打造我市行政审批服务标准化升级版。同时,起草并由市政府办印发《龙岩市进一步加强和推进网上行政审批服务实施方案》，推进行政审批“全程网办”,加快实现“一窗一网一号”政务服务新模式。监督规范到位。会同市效能办、市行政服务中心管委会对50个具有行政管理职能的市直单位开展行政审批“三集中、三到位”改革落实情况专项督查,并在全市行政执法部门推行“双随机、一公开”检查机制，对市场主体实行宽进严管。各县(市、区)已制订实施方案并组织实施;37个市场监管职能部门实施方案已报市协调办备案,组织抽查863次。同时,将“放管服”改革任务纳入年度绩效考核范围,建立“7+1”行政审批制度改革工作绩效管理体系,确保各项审改工作落实到位。组织保障到位。为市住建局增设政法科，增加正科级领导职数1名；为做好外国专家行政审批相关工作,为市人社局内设的专家工作科加挂“龙岩市外国专家局”牌子；在市民宗局、科技局、司法局、外侨办、执法局、体育局相关内设科室加挂行政审批科牌子,理顺了工作机制。均已完成市直32个部门行政审批科的设立和内部科室职能调整,市级各部门行政审批及服务均已集中到行政服务中心开展运行，并完成相关人员向行政服务中心的进驻工作。

【服务保障三大战役】 服务项目落地。向省委编办申请增核龙岩市行政编制8名，并获到批准；将原市政府职数的市军民融合项目工作办公室承担的军民融合项目对接、落地及后续监督管理等工作职责划由市经信委承担；市经信委机关增设军民融合工作科（加挂军民融合工作办公室牌子），增加相应的行政编制和领导职数。整合组建市投资促进中心，在市国有资产管理中心加挂“龙岩市政府和社会资本合作（PPP）管理中心”牌子，增加市政府投资项目评审中心事业编制2名；在市中级人民法院民事审判二庭加挂清算与破产审判庭牌子，加强龙岩市公司强制清算与企业破产案件的审理工作等。确实为项目顺利落地、经济社会平稳发展提供体制机制服务保障。保障脱贫攻坚。深入了解市级和各县（市、区）扶贫机构设置及编制配备情况，适时增加市农业局（农办）副科级领导职数2名，并积极向上申报副处级领导职数专门用于加强“脱贫攻坚”战役领导力量。根据贫困户不同情况制定针对性的帮扶措施，制定印发《市委编办关于脱贫攻坚挂钩帮扶工作措施》，并结合挂钩贫困户实际，组织挂钩干部分别为26户贫困户制定相应的扶贫计划与扶贫措施，确保帮扶到位。并先后开展入户摸底、保春耕慰问、防洪抗灾走访、金秋助学、项目入户、年终走访等6次主题帮扶活动，下达27万元全力推进光伏发电项目建设等。助力生态环保。省委编办批复“福建汀江源国家级自然保护区管理局”为副处级机构；在市农业局单独设立市农业生态环境与能源技术推广站，增加市水库管理中心2名事业编制和3名政府购买聘用人员控制数，通过加强农村生态环保能源建设、提升自然保护区规格、扩大水库管理人员队伍等方式，确保生态环保战役打好打赢。按照中央、省部署，积极服务保障好省以下环保机构检测监察执法垂直管理制度改革期间的编制管理工作。挂牌成立市不动产登记中心新罗分中心，明确其机构设置及职责，顺利完成全市的市县两级不动产登记职责、机构整合和人员划转。同时，加强市国土局（不动产登记局）干部队伍管理工作，同意市国土局增设人事教育科，增加正科级领导职数1名。

【优化行政体制机制】 全面理顺特殊区域管理机构。圆满完成对经开区和高新区资源的整合，设立经开区（高新区）党工委、管委会。完成组建经开区（高新区）行政服务中心、企业服务中心和土地收储中心。制定关于管委会内设机构设置和编制、6个乡镇行政编制委托、城市管理行政执法机构、组建经开区（高新区）国土、规划、公安分局等的建议方案，并牵头梳理第一批拟赋予经开区（高新区）涉及企业项目投资、生产经营核准和重要社会民生等方面160项市级行政权限，待市委常委会研究审定后印发。调整并撤销原新区园区管委会及其下属事业单位，相应收回行政编制85名、事业编制41名及科级领导职数，并积极配合市委组织部，妥善做好“三区两园”挂靠行政人员的分流安置，累计办理处级干部13人、科级及以下37人的用编。稳妥推进部门行业改革。根据龙岩市市县两级禁毒、网安、食品安全和环保保护等工作态势，着力强化网安、食安违法犯罪侦查专门机构队伍建设，在市禁毒支队加挂市禁毒办牌子，调增政法专项编制和公安文职人员以充实工作量，并按1:1比例为新罗分局、永定分局精确核算协警人员数462名，强化公安系统一线执法力量。扎实推进纪检监察体制改革，新设市委巡察办作为党委工作部门，组建市委巡查组，配齐配全编制和职数；制定印发《关于县（市、区）级纪委内设机构规范设置的通知》，促进纪检监察回归监督执纪问责的主业。对市工商、质监、食药监三个机构的派驻新罗分局、开发区分局的法人主体资格进行明确，会同市审改办对市区两级市场监管事权责划分和派驻机构法律地位进行研究，提出建议意见报市政府审定，对工商、质监和食药监局市区两级权责划分问题，进行调整，并核定市质监局副处级总工程师领导职数1名，加强市质监部门的领导班子专业技术力量。强化行使地方立法权能力，与政府立法工作机构协调沟通，厘清其与市人大法工委职责权限、理顺工作关系、明确工作程序。进一步深化市医药卫生体制改革，制定印发《龙岩市医保管理体制改革机构组建方案》，推动医保体制改革顺利完成。“龙岩市旅游局”更名为“龙岩市旅游发展委员会”，在连城冠豸山景区设立景区派出所；整合组建龙岩古田红色资源保护与发展管理中心，明确产业涉及相关事务主管部门职责权限、明细各部门工作协调运转关系，不断完善红色旅游体制机制。主动助推社会民生发展。为市民政局、红十字会分别核定政府购买聘用人员控制数3名和2名，保障救灾物资储备仓库、应急物资储备、救护培训等工作。加强学前和中小学教育发展开展调研，并撰写《关于进一步加强我市中小学幼儿园机构编制管理的意见建议》，得到市领导高度肯定及多次批示。联合市教育、财政、人社等部门共同起草《龙岩市公办中小学、特殊教育学校、幼儿园聘用编外教师管理办法》，提交市编委会研究并通过。顺利完成市妇幼保健院和市计划生育服务站的整合和人员编制重新核定工作，组建“龙岩市妇幼保健院”（加挂“龙岩市计划生育服务中心”牌子），进一步提高市妇幼计生保健水平。连城县委编办通过开展推进市场监管执法领域改革、深化城市管理行政执法体制改革、推进农业领域综合行政执法改革等“三项改革”，积极推进开展全省综合行政执法改革试点县工作。扎实推进小城镇机构改革。广泛开展《关于进一步深化小城镇机构改革试点工作的意见》《福建省小城镇机构改革试点工作总体评价机制(修订)》的意见建议征求工作,并结合省编办《试点工作评分表》,赴雁石镇、高陂镇、河田镇进行走访调研,深入分析发展现状,思考破解问题方法,为其“量身打造”配套文件,指导助推市试点小城镇个性化发展。其中,新罗区创新设立“雁石镇行政综合执法管理办公室”,建立大联勤指挥中心平台,运用“互联网+”的信息化技术支撑,实行联勤联动管理新模式,得到省市领导的充分肯定。

【机构编制管理】 控编减编统筹科学。在保障中心上,按照市委人才强市和“千人计划”相关部署,对涉及的三年内控出300名行政编制问题,深入调研并提出相关建议意见,同时对省组明确的人才试点县武平县人才办的领导力量进行加强,专门核定副科级人才办专职副主任1名。在制度规范上,首次开展年度计划用编,科学合理安排市直各单位2016年度用编计划。向重点项目建设、产业发展和社会管理、公共服务、民生事业发展等领域中紧缺急需人才,高学历和高职称人才用编予以倾斜,全年共办理市直机关事业单位各类岗人员用编880多名,其中教育156名、卫生242名、公安71名、环保15名。会同人社、财政等部门分两组深入各县(市、区)开展控编减编等工作的专项督查,并在认真梳理分析督查情况基础上,及时向各县(市、区)下发专项督查情况反馈,针对存在的问题提出限时整改要求,确保2017年底前圆满完成控编减编的工作任务。在科学控减上,拟定龙岩市党政群(含人大政协)控编减编方案,完善巡视组整改涉及的处科级职数收减计划。全年市本级共收回部分事业单位人员编制309名、撤销4家无在编人员的事业单位,其中收回14家生产经营类事业单位自给事业编制286名。整理市本级财拨事业单位可精减编制情况,形成测算统计表并提出精简建议。统编核编精准高效。按照中央和省委编办要求,零差错做好2015年年终统计汇总,并通过省机构编制管理信息系统,完成机构编制年终统计的在线报送。凡机构、编制、人员等信息发生变动时,均即时相应更新机构编制信息管理系统及机构编制管理台账,同步上传机构编制数据库,确保客观、准确、完整收集数据,做到与台账一致。累计办结人员进减编1300余人次、用职数申请300余人次。创新事业单位登记管理。认真落实行政审批制度改革,运用“图片二维码”方式开展事业单位法人年度报告及日常登记管理,全面共办理法人登记事项66次。全面实施事业单位法人年度报告分类公示,分别于6月、8月在“中国龙岩”政府网、市委编办网站开展市直312家事业单位年度报告公示工作。扎实开展“双随机”抽查,10月随机抽取9家市直事业单位开展现场核查,对抽查中存在的问题发出整改通知,要求立即整改,加强事业单位法人事中事后监督。赋码换证迅速到位。全面完成市级309家事业单位法人全部完成改码换证工作,比中央、省规定的2017年底全面完成的目标提早18个月。扎实推进党政群机关统一社会信用代码赋码发证工作,市直完成赋码发证112家,占应发证单位的100%。同时,积极做好网上名称管理,将域名注册费用纳入财政统一支付,实现中文域名和网站挂标两个全覆盖。

【“龙岩市机构编制网”开通】 “龙岩市机构编制网”以“深化管理体制改革、透明机构编制管理、普及机构编制知识”为宗旨,重点突出“信息公开、在线服务、公众参与”三大功能,面向社会提供机构编制常识、工作动态、办事指南、政策法规等信息的查询服务,开创机构编制监督管理新渠道。

(王传煌　供稿)

机关党建

【机关思想理论建设】 制定下发《关于在市直机关党员中开展“学党章党规、学系列讲话,做合格党员”学习教育的指导意见》(岩市直党工〔2016〕28号),组建6个督导组,分阶段进行了四轮的督导,召开了100多场座谈会,抽查了300多个党支部,举办了280人参加的骨干培训班和82个市直单位246名党员参加的知识竞赛,9393人参加了在线平台学习考试。推动领导干部带头上党课,219名市直机关领导干部、840名党支部书记带头上了党课。举办了24场六中全会、省市党代会精神巡回宣讲报告会。组织开展了党建理论重点课题调研,收到调研文章124篇,评选出优秀调研文章30篇,其中3篇获省机关党建研究会表彰。

【创先争优活动】 开展佩戴党徽、亮明身份、增强党员意识活动,发放了党徽27000多枚。“七一”前夕,龙岩市直机关工委表彰先进基层党组织53个、优秀共产党员138人、优秀党务工作者52人。推荐福建省委、龙岩市委表彰的先进基层党组织8个,优秀共产党员7人、优秀党务工作者7人。向福建省直机关工委、福建省人力资源和社会保障厅推荐全省工委系统先进典型,龙岩市直机关工委、新罗区直机关工委获评全省工委系统先进集体,4名党务干部获评先进工作者。

【服务改革发展】 组织开展“助力‘三大战役’、服务闽西发展”主题实践活动,推动市委中心工作的落实。在窗口党员中开展“争当服务先锋,助力项目落地攻坚”活动,完善“一站式服务”,打造全流程网上办事大厅,按时办结率达100%,群众企业满意率99.16%。开展“党建+精准扶贫”活动,引导机关党组织与挂钩村党支部“结对帮扶”，实现了党建和脱贫攻坚的“双赢”。开展争做“生态文明使者”活动，结合创国家级生态文明示范市，组织党员开展生态文明理念的宣传和志愿服务。龙岩市直机关工委注重发挥闽西红色资源优势，在福建省直机关工委支持和促成下，国家机关工委将古田会议纪念馆和长汀水土保持科技园列为中央国家机关爱国主义教育基地，国家机关党校及中直机关党校将龙岩作为其教学调研基地。

【基层组织建设】 开展市直机关党组（党委）书记抓机关党建述职评议工作。印发《关于开展市直单位党组（党委）书记抓机关党建工作述职评议的通知》（岩委办发〔2017〕20 号），制定下发 2016 年的述职评议方案。配合抓好市直单位党员领导干部民主生活会。开展失联党员、基层党组织换届、未及时得到相应处理的违纪违法党员及党代表等基层党建七项重点工作排查。督促基层党组织完成补交党费工作。认真做好省市党代表、市人大代表候选人的推荐考察、选举，推荐选举产生 96 名市五次党代会代表，向市委推荐 20 名省第十次党代会代表候选人初步人选，推荐考察市五届人大代表候选人 5 人。

【服务型党组织建设】 持续深化开展在职党员进社区为群众服务，并与创全国文明城市相结合，动员在职党员主动开展入户宣传、文明劝导、清洁家园等志愿服务，推动创城工作开展。市直机关 132 个单位 7180 名在职党员全部参与，认领服务岗位 7039 个，征集微心愿 2790 多个，帮助群众解决实际困难 310 多件。

【党风廉政建设】 持续开展落实中央“八项规定”和市委 2 号文件专项治理，推进作风建设“闽西实践”，组织未派驻纪检组 31 个单位开展公款存储中谋私逐利问题集中整治及党员干部职工经商办企业、投资入股清理工作，排查清理“潜规则”46 项，联合公安、工商、税务等部门开展公车管理、公款吃喝问题明察暗访，发现问题线索 5 个并及时报市纪委处理。开展《中国共产党廉洁自律准则》《中国共产党纪律处分条例》的学习督查，深化述廉示范点创建活动，评选出 26 个示范点。发挥警示教育基地作用，组织党员干部参观“大道之行”廉政书画展。强化监督执纪问责，立案查处市交警支队串案窝案等，市直纪工委全年共审理案件 29 件，给予党政纪处分 25 人，廉政提醒谈话、诫勉谈话 8 人次。

【党务干部队伍建设】 开展纪念建党 95 周年和长征胜利 80 周年系列活动。联合有关部门举办并组织党员干部参观“长征中的闽西儿女”“辉煌壮丽的史诗”等大型图片展。加强党务干部履职能力建设，委托复旦大学和中国人民大学举办了 2 期党务干部培训班，培训党务干部 106 人。加强对县（市、区）直机关工委工作的指导，召开市、县（市、区）机关工委书记联席会，组织工委系统党务干部参加在中央党校举办的“两学一做”学习教育示范班培训。

【和谐文明机关建设】 深入开展群众性精神文明创建活动，持续深化机关文明单位创建。推荐 17 名市直机关道德模范参选市道德模范。会同市委办等单位征集、制作 360 多幅摄影书画作品，在行政办公中心建设“机关文化走廊”。与市文广新局等部门联合开展“书香龙岩”全民读书月活动，在“红土先锋网”开设“学习园地”专栏，搭建党员干部学习交流平台，及时推荐优秀书目。

【党建带“三建”工作】 举办市直机关干部职工运动会、“庆三八·扬风采”等全民健身活动，丰富机关干部精神文化生活。广泛开展志愿服务，开展困难党员职工慰问关怀行动，建立了困难党员、困难职工信息库，下拨慰问金 24.76 万元，基层组织配套慰问金 16.78 万元，走访慰问 517 人。落实“党建带群建”要求，加强和改进机关工青妇和关心下一代、老体协工作。

（范炳发　撰稿）

老干部工作

【概况】 截止 2016 年底，龙岩市健在的离休干部 700 人，年龄最大的 102 岁，平均年龄 88.9 岁，其中：老红军 2 人，抗战时期入伍的离休干部 65 人，厅级离休干部（含享受）19 人。“5·12”退休干部 208 人，厅级退休干部（含享受）51 人。

【中办发 3 号文件精神贯彻落实】 全市各地普遍采取召开常委会、专题会议、座谈讨论、举办培训班等多种形式认真学习《关于进一步加强和改进离退休干部工作的意见》（中办发〔2016〕3 号）文件精神，研究贯彻落实措施。龙岩市、漳平市、上杭县、新罗区、武平县、长汀县、永定区相继成立离退休干部党工委。龙岩市委常委会还研究同意增设党建工作科（正科级），同意增加 3 名行政编制、1 名副处级领导职数和 2 名科级领导职数；龙岩市编办发文分别核定各县（市、区）委离退休干部工作委员会专职副书记副科级领导职数各 1 名。全市 7 个县（市、区）均解决老干部局长兼任同级组织部副部长的问题。积极探索离退休干部党支部建设工作机制，市老年大学，漳平市、武平县、上杭县、连城县老年大学和老年社团成立临时党支部，制定工作职责，广泛开展活动，推进党建工作。

【“两项待遇”落实】 以“两学一做”学习教育为抓手，突出抓好离退休干部的思想引领，组织离退休老同志深入学习贯彻中共十八届三中、四中、五中、六中全会精神和习近平总书记系列讲话精神，不断扩大学习教育的覆盖面。组织广大离退休干部积极参与建党95周年、长征胜利80周年系列纪念活动。举办各类学习报告会、工作通报会、读书班、业务培训班30多场次，参与老同志3000多人次。认真落实中央、省、市有关老干部政策，做好老年节、元旦春节走访慰问和特困帮扶工作，积极为老同志办实事，解难事。2016年，共办理老同志重病护理费138人次发放60多万元；审核上报市直困难企业老干部“两费”1900多万元。

【正能量活动彰显特色】 全面贯彻福建省出台的组织离退休干部开展正能量活动的指导性意见，以“展示阳光心态、助力龙岩发展”为主题，开展“诗书画影”展，组织老同志参观学习考察，畅谈发展变化。依托关工委、老科协、老促会、扶贫基金会等涉老组织与老年社团，充分发挥离退休干部积极作用；积极打造“红土桑榆”品牌，组建红色宣讲队伍、志愿者队伍和网络宣传员队伍，创新服务平台，引领离退休干部为助力龙岩发展献计献策。全市老同志志愿者3500多人、服务9000多人次，收集老同志助力龙岩发展建议意见100多条。

【为离退休干部办实事】 为市直单位首批50名离退休老干部办理《医疗保健卡》，加强保健门诊部建设，推进家庭医生签约服务，方便离退休干部就医。长汀县建立健全“五种医疗保障机制”，帮助“双高期”老干部解决生活、医疗等特殊困难；漳平市设立健康奖励金制度，老干部年度医疗费报销总额低于15000元的，节余部分按50%的比例奖励给老干部；新罗区建立矛盾纠纷处理机制，与乡镇司法所和市、区法院联系，协调区机关社保公司把老同志死亡抚恤金转到局里，首开全国少有、该区依照法律程序分配老干部死亡抚恤金先例。

【学习活动场所拓展】 划转市财政局、市人大原办公大楼室内外场所6000多平方米给市老年大学和市级老干部活动中心，拓展学习活动场所。投入86万元完善设施设备，提升服务保障和管理水平。继漳平市、武平县之后，上杭县、长汀县、连城县老干部活动中心被评为全省老干部示范性活动中心。各地充分发挥老年大学、活动中心的功能作用，使学习活动场所成为凝聚正能量的重要平台。积极适应老干部队伍结构、需求变化，大力推进学习、活动和社区阵地建设，促进老干部文化养老工作。

（钟　俊　供稿）

对台工作

【龙台经贸合作新提升】 2016年，台商投资继续呈增长势头。全市新批办台资企业10家，总投资18979万美元，合同利用台资6375万美元。成功举办“11·8”第七届海峡两岸机械产业博览会和2016海峡两岸（龙岩）青年创业合作发展论坛，活动期间签约涉台项目2个，总投资4050万美元，拟利用台资3410万美元。在海峡论坛期间举办的“投资上杭推介会”上签约台资意向项目4个，总投资6000万美元。大力支持和鼓励台湾青年到龙岩创业就业，制定出台《关于鼓励和支持台湾青年来岩创业就业的实施办法》，从资金补助、项目辅导、金融、社会保障等多个方面支持和鼓励台湾青年到龙岩创业就业。发挥“大陆阿里山”品牌优势，持续推进闽台农业重点合作项目建设，以漳平台湾农民创业园为龙头，推进国家级海峡两岸青年创业示范基地创建工作。建立健全四个台商台胞服务及权益保障工作机制，组织召开2016台商中秋恳谈会和全市台胞权益保障工作会议，为在岩台商台企解决困难和问题23件。

【海峡两岸交流基地建设】 全面实施龙岩市政府出台的《龙岩市海峡两岸交流基地发展总体规划》，永定作为交流基地核心区，着力打造“一心四组团”建设格局，扎实推进总投资78.8亿元的28个基地重点项目建设；武平县以创建新的国家级海峡两岸交流基地为抓手，推动实施“一心三区”和“五大工程”建设；新罗“福建蓝田闽台生态城”，上杭客家缘文化中心以及客家族谱馆，武平文博园，连城台商会所、海峡光电产业园区及棒球产业基地，长汀闽台文化合作园，漳平台湾农民创业园、台商投资区等场馆、园区、基地建设持续推进。

【民间交流新热潮】 龙岩市充分发挥客家文化优势，积极推进龙台两地文化交流。“海峡客家”品牌成为两岸文化交流的一大亮点。成功举办了第八届海峡论坛配套子活动——海峡客家（上杭）族谱文化风情节、“祖地寻源”两岸记者、学生重走客家先民迁徙路、寻根客家首府汀州暨世界客属第22次公祭客家母亲河大典等大型涉台交流活动。入岛文化宣传有新进展，龙岩电视台、龙岩人民广播电台客语节目继续在岛内播出，受众遍布全岛，反响热烈。2016年，台湾到龙岩旅游人数4.82万人次，同比增长12.36%。教育合作及青少年交流内容丰富，组织高校师生参与了“闽台菁英领袖营”“2016年海峡两岸暨港澳大学生中华文化研习营”等青少年交流活动，龙台两地青少年交流持续深化，龙岩学院闽台高校联合培养人才项目稳步推进。

【大陆“阿里山”品牌效应凸显】 国家级漳平台湾农民创业园现有台农投资经营主体61家，以种植、加工、销售台湾高山茶为主，参与投资台商台农500多人，种植台湾高山乌龙茶3667公顷、铁观音1467公顷，年产茶叶1600多吨，累计实现茶业产值6亿多元。园区内现有“台二代”“台三代”共64人在创业园就业创业，其中8名青年成为国家级“高级品茶师”，争创国家级海峡两岸青年创业示范基地。漳平永福台湾农民创业园以产业最聚集、特色最凸显、台农最集中、投资环境优质，走在全国29个国家级台湾农民创业园前列，成为海峡两岸农业合作的一大亮点，并以“大陆阿里山”和樱花茶园美景享誉全国。

（朱龙飞　撰稿）

党校工作

【培训工作】　党政干部培训。组织举办各类培训班32期，培训学员2686人次。其中，一个月以上的主体班11期，培训学员419人；各类专题班21期，培训学员2267人。新开办龙岩市领导干部学习贯彻十八届五中全会精神专题研讨班、龙岩市县级领导干部综合素质提升专题培训班、龙岩市乡镇（街道）党政领导班子主要负责人能力提升专题培训班、全市乡镇纪委书记专题培训班、龙岩市女村主干培训班、龙岩市社区党组织书记培训班、龙岩市贫困村党支部书记示范培训班等。教务处被市政府授予“2016年龙岩市教育系统先进集体”荣誉称号。

企业培训及继续教育培训。稳定企业培训与继续教育培训规模。举办企业成长培训班3期，培训260人次；举办专业技能人员继续教育培训班4期，培训521人次，同比增长69%。

对外培训。充分利用闽西特有的红色资源，积极拓展对外培训。对外培训班次和人数继续大幅增加，共举办对外培训班228期，培训9926人次。培训覆盖面拓展到中直机关和内蒙古、辽宁、江苏、安徽等10多个省（市、区）。

研究生教育。在职研究生教学点工作有序开展。新招收2016级经济学——中国经济转型与治理专业在职研究生48人；2014级、2015级研究生班面授、考试等管理工作进一步规范。在校在职研究生总人数159人。

【科研工作】　全年组织申报各级各类课题25项，获得立项16项。完成并办理省校院系统中特理论体系研究基地2015年度课题结项3项；2016年各级各类课题结项10项。获得各级各类奖项共10项，其中：获省第十一届社科成果“青年佳作奖”1项；获省校院系统中国特色社会主义理论体系研究基地2015年度优秀成果3项；获得2015年度龙岩市优秀调研成果一等奖2项，二等奖1项，三等奖1项；获省机关党的建设研究会2015年度重点课题调研成果三等奖1项；获龙岩学院学报优秀论文奖1项。全校教研人员发表论文共75篇，其中在省级以上CN刊物发表27篇。共编辑发行《闽西论坛》4期，刊用文章68篇，新开设“两学一做学习教育”等专栏2期。鼓励支持教研人员参加省内外举办的各种学术交流活动，全年有19人次参加省校院系统学术年会征文、省社院研讨会、纪念红军长征胜利80周年暨中共党史学科建设学术研讨会、全国党校系统国际战略研讨会、第三届“红船精神与科学发展”理论研讨会、广东原中央苏区历史文献研讨会等相关学术研讨会。对科研工作的规章制度重新进行修订，调整科研工作重点，突出课题调研和决策咨询，7月修订出台《科研工作量考核办法（试行）》。

【党建工作】　扎实开展“两学一做”学习教育。全年组织中心组学习12次，“两学一做”学习教育专题学习研讨3次，举办市党代会精神宣讲报告会1次。开展现场体验式教育，参观邓子恢、后田暴动、谷文昌、东山保卫战等革命纪念馆以及图片展；赴广西兴安、灌阳重走湘江战役之路，到连城、长汀接受红色传统教育。组织参加“两学一做”知识竞赛，校代表队荣获市直机关工委“两学一做”知识竞赛三等奖。《全面从严治党必先严肃党内政治生活》一文章被市机关党的建设研究会评为2016年度机关党建重点课题调研成果一等奖。

健全党员管理制度，落实党建工作责任、每月一次学习、“三会一课”、民主生活会、组织生活会和民主评议党员等制度。4个支部全部完成换届选举工作；开展党组织关系集中排查，健全党员管理台账；第三党支部被市直机关党工委授予“先进基层党组织”荣誉称号。

深化机关作风建设，全力推进脱贫攻坚。全校挂钩干部53人，挂钩贫困户66户，2016年实现脱贫30户，发放生产扶持资金3.5万元；入户走访均在4次以上；开展春节前慰问走访、共送慰问金4.15万元。落实在职党员进社区为群众服务，进社区报到率100%，在职党员人人参与创城宣传，参加其他服务活动人均2.5次以上；与共建单位中街社区先后开展4次共建活动；组织开展无偿献血，13人次献血4500毫升。

【校园迁建】　重点抓好建设方案调整、设计工作推进、用地征迁扫尾、建设资金筹措、主体工程建设、专项工程招标、开办工作启动等工作。到2016年12月止，项目累计完成投资约3.44亿元，占总投资额的61.5%，其中2016年完成投资约2.49亿元，占年度计划投资额的93.8%；C区部分建设工程已于4月底竣工验收，A、B区主体工程已于9月22日全部封顶，各专项工程陆续开展招投标工作及进场施工。

【队伍建设】　通过公开遴选、招考、招聘等多种渠道充实干部教师队伍，充实人员8名；积极选派教师外出参加进修培训；大力支持中青年教师提高学历层次；选派中青年教师、干部援疆挂村、驻村蹲点、多部门轮岗锻炼、跟班学习；聘请40多名有较深理论功底和丰富实践经验的领导干部、知名专家学者担任兼职教师，不定期来校讲学。

【后勤服务】 严把财务报批程序,提高资金使用效率,全年总收入2947.31万元,总支出2810.36万元。规范收费公示制度,严格按照收费公示规定的项目、标准、范围进行收费。改进并逐步规范外培班次收支管理方式,规范支付审核、审批程序,加强监控,全面过渡到“一班一结”。依法依规,完成固定资产采购33.32万元。做好资产管理工作,全年出租收入39.76万元。开展2016年国有资产清查工作,提高资产使用效益。改善条件,提升服务,做好学员楼管理工作,学员楼全年住宿收入59.95万元。坚持标准,因地制宜,做好校园绿化和卫生保洁工作。加强巡查和维护,确保校园供电、供水及相关设施的正常运转。

【援疆驻村】 继续选派俞桂海作为第六批援疆专业技术干部中期轮换人员,对口支援新疆呼图壁县委党校;陈经富作为市派第四批驻村任职党员干部继续到上杭县兰溪镇歧滩村挂职任村党组织第一书记;陈善奎作为市派驻村蹲点干部继续到上杭县兰溪镇岩华村驻村蹲点;选派黄益珊到上杭县下都镇佛坑村驻村蹲点。学校给予呼图壁县委党校对口支援10万元,给予岐滩村“幸福苑”建设项目补助资金3万元,启动乡村旅游游泳池项目;支持岩华村饮水工程改造2万元;组织骨干教师深入美丽乡村建设挂钩村上杭县蓝溪镇梅永村开展专题调研、出谋献策。

【党校系统建设】 积极参加中央党校、国家行政学院、省校院组织的教学、科研、文体活动,协助省校院做好在古田召开的“2016年华东地区党校行政学院信息化和图书馆科学发展合作会议暨党性教育培训”的会务工作。积极参加省校院组织的教学精品课竞赛,参赛教师王咏梅、吴兴河分别获得二、三等奖。开展第六届全市党校系统教学精品课评选活动,评选出一等奖2名、二等奖4名、三等奖5名。鼓励教师到基层党校授课,为教师到县级党校授课提供便利,吸收县级党校教师到我校跟班学习。全年共有10余位教师到县级党校授课30多场次,同时吸收新罗区、长汀县等校教师3人到校教务处、企业培训与继续教育处跟班学习。

【对外交流合作】 在深化与已建立交流合作机制的国防大学、国家行政学院、中直机关党校、省校院、大连市校院等的高校、科研机构的交流与合作的基础上,加大与省内外兄弟校院的合作交流力度。全年共接待来自中央党校、国家行政学院、上海中医药大学、省校院来校交流84批次,844人次。

(李丽香 撰稿)

党史工作

【党史征集研究】 完成《中共龙岩市历史二卷本(1949—1978年)》(初稿)、《邓子恢生平思想研讨会论文集》《纪念红军长征胜利80周年理论研讨会论文集》和《党和国家领导人在闽西》画册初稿的编撰;出版《闽西统战史》(新民主主义革命时期)、《“中央苏区·红色闽西”学术研讨会论文集》和《苏区干部好作风》画册;完成《中央革命根据地历史资料文库·群团卷》的编辑工作。与民政部门联合开展《闽西中央苏区双拥工作资料汇编》并开展相关专题研究;与龙岩市经开区(高新区)联合开展“太平苏区”项目研究工作。撰写的《关于在长汀设立中央红军纪念园的历史依据和若干建议》受到省、市领导的多次批示和充分肯定。对市委、市政府关于祭奠湘江战役和松毛岭战役红军英烈办法提出以史实为依据的具体意见。及时落实完成市委安排的众多红色文化和党史革命史督办件,参与松毛岭战地遗址保护、纪念办法的起草等。加大研究力度,一批较高质量的文章在中央、省级报刊上发表或入选全国、省相关部门主办的理论研讨会,取得了显著成绩,被中央党史研究室、人力资源与社会保障部联合授予“全国党史系统先进集体”;编辑出版的《闽西中央苏区图志》获全国党史部门党史优秀成果著作类三等奖。两位业务骨干的社科研究课题入选2016年龙岩市重点社科课题。

【党史宣传教育】 承办纪念红军长征胜利80周年理论研讨会、陈丕显诞辰100周年纪念座谈会、陈丕显诞辰100周年生平事迹展、魏金水诞辰110周年纪念座谈会、邓子恢诞辰120周年纪念座谈会、邓子恢生平思想研讨会、“刘少奇与中央苏区”学术研讨会等系列活动;承办“不朽的史诗·火红的记忆”毛泽东像章主题展览、“辉煌壮丽的史诗——庆祝中国共产党成立95周年”、“长征从这里出发”为主题的福建省纪念红军长征胜利80周年等系列图片展;主办“长征中的闽西儿女——纪念红军长征胜利80周年档案”图片展和“弘扬长征精神,助推三大战役”书法作品展;参与举办“陈丕显同志生平事迹展(故居)”。完成“闽西:共和国法制摇篮”陈列展览改版和“闽西籍开国元勋”陈列展览的方案撰写。开展党史宣传教育“六进”活动并参加龙岩市文化科技“三下乡”的集中服务活动。出版《闽西党史》期刊4期近30万字。参与电视连续剧《绝命后卫师》、纪念陈丕显诞辰100周年电视专题片等史料提供、剧本研讨及审片等工作。

【《闽西中央苏区图志》获“全国党史优秀成果奖”】 由龙岩市委党史研究室选送的《闽西中央苏区图志》一书,获全国党史部门党史优秀成果(2012.11-2015.12)著作类三等奖。

为了凸显闽西中央苏区在中国革命和党史上的贡献和地位,根据市委提出的“进一步提升闽西、古田在全国的知名度和影响力”的目标要求,龙岩市委党史研究室编写《闽西中央苏区图志》一书。该书由中共党史出版社正式出版，共31万字。全书围绕中央苏区历史主线，以文为纲，以图为辅，是一本融合史、志研究之长的党史图书，开创“以图写史”“以图说史”的党史研究与宣传的新思路。

【纪念陈丕显诞辰100周年座谈会】 4月1日上午，陈丕显同志诞辰100周年纪念活动在其家乡上杭举行。福建省政协党组副书记、副主席刘可清，上海警备区副政委孙进少将；龙岩市和龙岩军分区领导李德金、彭新良等；陈丕显同志亲属代表陈东棋等；党史研究工作者代表以及部分省直机关、市直有关部门负责人，上杭县各套班子领导，陈丕显同志母校师生代表、家乡代表，社会各界人士代表参加纪念活动。

座谈会上，省委党史研究室主任、省中共党史人物研究会会长逄立左介绍陈丕显同志光辉的一生；陈丕显同志亲属代表陈东棋、龙岩市委书记李德金、杭县委书记谢海波先后在会上发言，深情追忆、深切缅怀陈丕显同志。

陈丕显同志1916年出生于福建上杭，是中国共产党的优秀党员、久经考验的忠诚的共产主义战士，无产阶级革命家。曾任中国共产党第十二届中央委员会书记处书记，中央政法委员会书记，第六届全国人大常委会副委员长，原中共中央顾问委员会常务委员。

【“辉煌壮丽的史诗—庆祝中国共产党成立95周年”图片展】 在全国上下隆重庆祝中国共产党成立95周年之际，由省委宣传部、省直机关工委、省委党史研究室、省委教育工委，中共龙岩市委、龙岩市人民政府、新华社福建分社共同主办，市委宣传部、市直机关工委，市委党史研究室、市委教育工委、新罗区委、新罗区人民政府、龙岩市博物馆共同承办的“辉煌壮丽的史诗—庆祝中国共产党成立95周年” 大型图片展6月30日在市博物馆举行。展览分为“党的创立与新民主主义革命时期”“社会主义革命和建设时期”“改革开放和社会主义现代化建设新时期”和“全面建成小康社会决胜阶段，实现中华民族复兴的中国梦”等四个部分。展出时间持续至7月30日。

市领导李德金、池秋娜等分别前往市博物馆，参观图片展。市直各单位、新罗区直各单位领导、干部职工、学校师生以及社会各界群众近万人前往参观学习，不忘初心，继续前进。

【纪念邓子恢同志诞辰120周年座谈会】 8月16日，纪念邓子恢同志诞辰120周年座谈会在龙岩举行，中共福建省委党史研究室主任、福建省中共党史人物研究会会长逄立左；中共龙岩市委常委、秘书长、宣传部长詹昌建；市政府副市长李庆刚；老红军谢毕真；新罗区领导委书记刘友洪以及邓芳梅、邓淮生、邓运等邓子恢同志亲属、亲友参加座谈会。会议由市委党史研究室主任苏俊才主持。

邓子恢同志1896年出生于福建龙岩，1926年12月加入中国共产党，历任中共闽西特委书记、闽西苏维埃政府主席、红十二军政委、中央工农民主政府财政部长、闽西南军政委员会副主席、新四军政治部主任、华中分局书记兼华中军区政委。全国解放后，曾任中共中央农村工作部部长，国务院副总理。邓子恢同志一生经历了辛亥革命以来风云变幻的漫长岁月，不仅是历次伟大社会变革的目击者和参加者，而且在许多重要历史时期是某一地区以至于全国新民主主义革命、社会主义革命和社会主义建设的领导人之一。他对中国革命和建设作出了巨大的贡献。

座谈会上举行了龙岩邓子恢研究会成立授牌仪式和《邓子恢闽西文稿》新书首发式。座谈会后还在龙岩学院举行邓子恢同志生平思想研讨会。

【纪念中国工农红军长征胜利80周年理论研讨会】 10月19日，由中共福建省委党史研究室、中共龙岩市委主办，中共龙岩市委宣传部、中共龙岩市委党史研究室、中共长汀县委、县政府承办的纪念中国工农红军长征胜利80周年理论研讨会在红军长征出发地之一的长汀举行。

中央党史研究室第一研究部原主任、研究员，中共党史人物研究会副会长兼秘书长黄修荣，国防大学军队建设与军队政治工作教研部教授、大校董志铭，福建省委党史研究室主任逄立左，龙岩市委常委、市委秘书长、宣传部部长詹昌建，以及来自全国各地的知名专家、学者50余人出席研讨会并参加相关活动。

1934年10月至1936年10月，中国工农红军粉碎国民党几十万大军的围追堵截，克服无数艰难险阻，途经15个省，完成举世闻名的万里长征，书写了气壮山河的伟大史诗。当时，被誉为“红色小上海”的龙岩长汀，为前线提供了大量的物力、财力，是红军前线的重要物资供给基地。

研讨活动共征集论文80多篇，入选论文56篇。在研讨会上，来自中央党史研究室、中央党校、国防大学及省内外11位专家学者在会上进行交流发言，中央党史研究室第一研究部原主任黄修荣就闽西人民对红军长征的重大贡献作主旨发言。

【举办“刘少奇与中央苏区”学术研讨会】 为纪念中国工农红军长征胜利80周年，深入学习习近平总书记重要讲话，弘扬伟大的长征精神，深化刘少奇思想生平研究，10月26日，“刘少奇与中央苏区”学术研讨会暨刘少奇思想生平研究会2016年年会在长汀召开。

来自中央文献研究室、各地专家学者以及刘少奇同志亲属代表，约50人参加研讨会。中央文献研究室副主任、中国中共文献研究会副会长、刘少奇思想生平研究会会长张宏志做主旨发言，中共福建省委党史研究室、中共龙岩市委领导以及刘少奇家属代表分别致辞，11位专家做大会发言交流。

刘少奇于1898年出生于湖南，是伟大的马克思主义者，伟大的无产阶级革命家、政治家、理论家，党和国家主要领导人之一，中华人民共和国开国元勋，是以毛泽东同志为核心的党的第一代中央领导集体的重要成员。

闽西是刘少奇同志曾经战斗和生活过的地方。从1932年冬到1934年10月，刘少奇同志在闽西苏区进行了伟大的革命实践，为中央苏区的经济建设、武装斗争、工人运动和党的建设做出卓有成效的贡献。

研讨会共收到论文40余篇。研讨会上，与会专家围绕"刘少奇与中央苏区"这一主题，就刘少奇对苏区工人运动的发展、经济建设、动员工人群众参军参战、开展反腐肃贪工作、加强对地方工作的领导等等，进行深入研讨。与会专家还围绕刘少奇在长征中的重要贡献，刘少奇与中央苏区法制建设、调查研究、党性修养、军事斗争、工会理论等方面展开交流研讨。

（罗兰英　撰稿）

信访工作

【概况】 2016年，龙岩市深入贯彻中央、省关于信访工作的决策部署，按照"三到位一处理"要求，坚持运用法治思维和法治方式解决信访突出问题，打好信访积案化解、整治非正常上访和破解"三跨三分离"难题三场攻坚战，落实初信初访、阳光信访、分类处理、"三无"创建等四项重点工作，全市信访态势总体平稳可控。信访总量、到省上访同比分别下降18.3%、64.6%，没有因信访问题处理不当引发重大群体性事件、个人极端事件和负面舆论炒作。

【强化源头预防】 压实信访工作责任。各县(市、区)、经开区落实"属地管理责任、分级负责，谁主管、谁负责"的信访工作责任，通过采取矛盾纠纷调解、专班打击、疏导稳控和督导问责等形式，从源头上预防和减少信访问题的发生。开展领导干部接访。严格执行市、县领导每月15日和每周一到市信访局接待群众来访制度，解决了一大批信访突出问题。2016年，市、县领导共接访处理信访事项645批2055人次，均及时办理答复。加强矛盾纠纷排查。各县(市、区)、经开区坚持普遍排查与重点排查、面上排查与内部排查有机结合，立足抓早、抓小、抓苗头，及时排查各类矛盾纠纷。对排查出的各类矛盾纠纷，及时剖析问题症结，制定切实可行的工作措施，第一时间予以调处化解。提升转交办工作水平。信访工作人员热情接待每一位来访群众，及时转交办相关信访事项。全年共接待群众来访1207批9698人次，及时处理率100%。

【打好"三大战役"】 打好化解信访积案攻坚战。2016年，办理省级信访积案5件，已办结5件，办结化解率100%，其中签订息访协议3件，息诉息访率60%；市级排查信访积案64件，已办结64件，办结率100%，其中签订息访协议书58件，息诉息访率90.6%。打好整治非正常上访攻坚战。依法打击进京非正常上访人员的违法行为，督促新罗区政法机关批捕李某某、林某某等2名进京非正常上访挑头人员；督促各县(市、区)公安机关训诫和治安拘留45名进京非正常上访人员。2016年9月以后，全市进京非正常上访势头得到有效遏制。打好破解"三跨三分离"攻坚战。全年办结化解2件涉及龙岩市的"三跨三分离"信访事项。

【落实信访四项工作】 抓好初信初访。全面推行信访突出问题实行市分管领导负责挂钩联系化解工作责任制，实行市分管领导负责挂钩联系化解制度，推动及时就地解决群众合理合法诉求。督促各县(市、区)创新调解工作方法，充分发挥基层司法所、公安派出所、人民法庭、镇村干部等各种组织和个人的作用，提高基层一线定分止争、案结事了、息诉罢访的调处水平。完善信访事项交转办的方式方法，提升初信初访首办效能，确保初信初访交必办、办必果、果必报。抓好网上信访。加大网上信访办理质量的审核力度，对答非所问、问题没有得到解决的给予清退，并重新办理。对纳入群众满意率度评价的信访件实行逐件跟踪回访，提高群众参评率和满意度。2016年，受理网上信访事项2060件，及时受理率99.6%，按期办结率99.7%。抓好依法分类处理。制定信访部门与职能部门相互衔接、协同推动的分类处理文件，推动相关职能部门主动对接省直对口部门抓好法定途径职责清单的落实。严格实行诉访分离，按照"属地管理、分级负责，就地解决问题与疏导教育相结合"的原则，引导信访群众通过法律程序解决其合理诉求。抓好"三无"创建。制定下发《关于开展信访"三无"县乡村创建活动实施方案》，把"三无"县乡村作为评选平安县乡村的先决条件，依托平安县乡村对城乡居民的3个10%激励机制，调动基层干部群众做好信访工作的积极性。通过扎实创建，全市5个县(武平、连城、长汀、漳平、永定)、106个乡（镇、街道)、1884个村(居、社区)达到信访"三无"创建标准。

【规范信访业务办理受理】 推进阳光信访，及时改进信访事项受理办理程序，引导依法信访、逐级走访，推行信访事项办理程序的公开化、程序化和法制化，基本实现信访事项办理情况在信访信息系统实现全录入。对逾期、即将逾期、不规范办理答复的相关信访事项，及时列出清单，告知相关责任单位，督促整改。

（谌耿春　撰稿）

保密工作

【宣传教育】 坚持“做好保密工作宣教要先行”的理念,推进保密宣传教育工作广泛深入开展。发挥市委党校干部培训教育主阵地作用,在党校举办的各班次主体培训班上开设保密教育专题内容。开展新媒体宣传,不定期在市行政办公中心宣传视频终端播放相关保密工作常识和保密技术防范知识,向各单位发送保密“两识”或违法违规保密案例剖析宣传内容;通过组建全市保密干部微信群,积极开展“保密观”微信公众号关注学习教育,适时开展群内保密知识竞答,宣传和动员全市机关党员干部特别是保密兼职干部、网络管理员关注“保密观”微信公众号,不断强化保密观念,增强防范能力。加强《保密工作》订刊工作,促进部门单位以刊物为载体主动开展自学,发挥专业刊物的教育、指导和警示作用;永定区、武平县连续11年被评为《保密工作》通联工作全国先进单位;永定区《保密工作》“订学用”工作位列全省县级第一名;武平县把《保密工作》上刊登的案例通报文章复制分发给机关单位干部学习,扩大保密教育覆盖面。积极采写报送工作信息,龙岩市局和永定、上杭、武平、长汀县局都受省局通报表扬。

【规范保密管理】 根据新《中华人民共和国保密法》《保密法实施条例》和中保委的最新要求,结合实际,对保密管理制度和操作规程进行修订和完善,印发给机关单位参照完善和执行,提高保密管理的规范化、制度化和管理效率。强化对干部的保密管理,落实领导干部履行保密工作情况年度述职。对列入市绩效考评的保密工作项目进行修改调整,在年终做好对市直机关、单位保密工作的考核评价;持续多年对新提任副处级领导进行保密提醒,印发《保密提醒函》,随函赠阅有关保密学习材料,及时提醒新走上领导岗位的干部绷紧保密之弦、强化保密责任、落实一岗双责。新罗区、武平县在县(市、区)中首批将保密工作纳入对县(区)直机关单位的绩效考评。

【保密检查】 以保密检查结果推动警示教育,推进机关单位抓学习、促管理、求规范,现场辅导单位保密办主任和保密管理员进一步理解保密规定,完善管理制度,注重督查检查与惩处教育并重,督促问题单位整改落实。各级保密部门开展高考统一考试和文印店、印刷厂等专项保密检查,并结合检查开展法规宣传。

(苏新星　撰稿)

政策研究

【概况】 2016年,龙岩市委政研室组织实施49个重点调研课题,其中被龙岩市委主要领导批示5篇,一些重要课题进入领导决策视野。创办政策咨询刊物《当前信息》131期,被市委主要领导批示10期。在龙岩市第五次党代会召开之前,政研室的2位同志被抽调提前参与党代会《报告》的起草撰写工作,将调研过程中收集的有关内容融入《报告》当中。根据市委的要求在6月份召开全市政研工作座谈会,研究部署政研工作求。根据市委领导的指示,在全国“两会”召开之前,为龙岩市的全国人大代表章联生提供在代表团讨论《报告》发言时的部分参阅材料,帮助其建言献策。全年组织报送的调研文稿被省委政研室采用5篇,居设区市前列。

【调研成果转化应用】 通过《龙岩发展研究》刊发组织实施49个市级重点调研课题,调研文稿中十多条意见建议成功转化为国家、省、市有关文件的部分政策条款,有十多条建议被市直有关部门应用到具体工作中。部分被国家和省级吸收转化的建议:龙岩学院实施的市级重点调研课题“汀江流域治理与推进汀江流域生态补偿机制建立的建议”部份内容被龙岩市委市政府采纳,经向省政府专门请示文件(龙政综〔2016〕278号),转报国家有关部门后,国务院办公厅于2016年出台《关于健全生态保护补偿机制的意见》(国办发〔2016〕31号),省政府也相应出台《关于健全生态保护补偿机制的实施意见》(闽政〔2016〕61号),国家和省的政策文件吸纳了龙岩市提出的意见建议。由龙岩市委政研室组织实施的市级重点调研课题“推进旅游+的若干思考”,提出设立“龙岩市旅游发展委员会”建议被龙岩市政府采纳,经向上请示,省政府在吸纳龙岩市建议的基础上,对成立旅发委工作进行统筹全盘考虑,2月份正式批复漳州、南平、龙岩、宁德四市成立旅游发展委员会(闽政文〔2017〕57号)。部分被龙岩市吸收转化的建议:由龙岩市委政研室组织实施的市级重点调研课题“推进军民融合深度发展的若干思考”中提出的“通过财政补贴、税收优惠等扶持政策支持民品参军”“把军民融合深度发展作为一把手工程”等建议,被龙岩市人民政府《关于印发促进军民融合产业发展十一条措施的通知》采纳转化。由龙岩市委政研室组织实施的市级重点调研课题“保护农村生态环境,推进农业可持续发展的若干思考”中提出治理农村水污染的意见建议,被龙岩市人民政府《关于进一步加强农村污水垃圾处理工作的通知》吸收转化;提出创建一批生态村镇的对策措施,被纳入龙岩市政府《工作报告》相关内容。由龙岩市委政研室组织实施的市级重点调研课题《以整合优化为契机推动龙岩经济技术开发区转型升级的若干思考》中提出的“规范理顺体制机制”的建议,被纳入市委编办调整优化龙岩经济开发区“三定”方案政策建议内容。

【政研咨询刊物】《调查研究与决策咨询》围绕市委市政府的中心工作，每月一个主题，比如产业发展、项目工作、城市建设、生态环保、扶贫攻坚等，每期围绕主题安排专题调研、主题阅读、资料链接、观点、市外动态，相关政策权威性强，内容丰富，信息量大，每期印发1700多份。同时，编发《龙岩经济社会发展研究报告》《重要政策摘编》《经济社会发展资料专辑》3个综合性刊物，为领导提供政策咨询和参阅。

（林传堡　撰稿）

督查工作

【强化督查工作权威】市委对督查工作高度重视，市委督查室自觉把市委特别是市委书记李德金对督查工作的高度重视和严格要求，当作抓督查的最大权威，进一步明确工作的方向和要求，充分发挥抓落实的职能作用，对市委作出的决策部署、市委主要领导所提要求、涉及群众切身利益的问题，坚持以“踏石留印、抓铁有痕”的劲头，敢于碰硬，真督实查。比如，严格开展对“三大战役”工作的督查，对市直部门及干部脱贫攻坚挂钩帮扶、走访慰问贫困户等情况的督查，对落实不到位或不落实的部门和人员进行通报批评，并根据情节由市纪委、效能办进行诫勉谈话或问责，起到很好的警示效果，更有力地发挥督查抓落实的关键性作用。

【着力推动市委决策落实】市第五次党代会决策部署督查。党代会召开后，及时督促各级各部门学习宣传贯彻好党代会精神，制定下发党代会重要工作任务分工方案，督促各责任部门认真研究制定贯彻落实细化方案，年底收集整理初步落实情况。“三大战略”“三大战役”督查。对实施创新驱动、产业兴市、人才强市“三大战略”分别制定下发分工落实方案，年底收集整理初步落实情况。牵头研究制定《龙岩市“三大战役”督查工作机制》，对牵头负责的脱贫攻坚战役多次组织开展专项督查，并会同市政府督查室、市效能办不定期开展对项目落地和生态环保攻坚战役的督查，推动“三大战役”目标任务的落实。重要会议部署督查。市委全会、常委会议、专题会议、全市经济工作会议或经济形势分析会召开后，及时对会议部署的工作任务进行分解立项，制定下发分工落实方案，认真抓好督促落实。2016年，跟踪督办市党代会、市委全会重点工作任务共242项，市委常委会议、市委专题会议议定事项共696项，市党政主要领导会商会议建议事项共217项，每季度经济运行督导调研各地提请市委市政府协调解决事项共93项。重大项目工作督查。对市委、市政府主要领导赴北京、深圳、福州对接项目，龙岩市与省属企业签约合作项目定期开展督查通报，及时提供市委、市政府决策参考。对福州—广州高铁、龙岩新机场等项目工作以及市委重点项目专题会议议定事项多次开展专项督查，督促推动工作落实。重要事项督查。全力抓好市委、市政府2016年为民办实事25个项目的推进落实，从6月起每月进行督查通报和协调推进，到年底，除1个子项目因上级补助政策尚未出台未按年度计划实施外，25个项目均完成或超额完成年度目标任务。加强对信访维稳、国企改革发展、古田红色发展、项目投资工程包、文化旅游产业发展、龙津湖片区和东肖新城规划建设、打击电信网络违法犯罪、漳平灾后重建、一中分校建设、市委党校迁建等重要事项的督促检查，多次开展“回头看”“再督查”，推动工作落实。积极做好“十三五”专项规划编制、中心城区道路交通管理、中心城区纯电动新能源公交车生产运营、福建龙泰实业有限公司请求协调解决事项、长汀县提请省委省政府协调解决事项、全市纳税大户及企业家代表座谈会企业反映意见建议、台商中秋恳谈会在岩台商台企反映问题和建议、市委议军会议驻岩部队提请研究解决事项以及省委尤权书记挂钩新罗区信访积案化解督促落实。对市直挂钩单位2016年春节前走访慰问贫困户、市直部门及干部脱贫攻坚挂钩帮扶等情况，开展专项督查，助推脱贫攻坚。2016年，编发决策督查《落实与反馈》《督查通报》《督查呈阅件》共107期。

【从严从实抓好批示办理】严格规范办理。办理工作严格按照《市委领导同志批示件办理工作细则》实施，指定一位同志专门负责日常办理工作，科室负责人严格审核把关，没有出现违规办理、延迟办理和转办不到位等情况，办理工作严谨规范。加强督促落实。对每一件领导批示都明确承办单位、办理要求和办结时限，严格按照规定时限进行督促落实，重要情况以《落实与反馈》形式专题向领导报告。每周对批示办理情况进行汇总，尚未办结的进行分类督办。批示办理情况实行月报告制度，做到“件件有落实、事事有回音”。2016年，共办理领导批示928件，其中省领导批示及省直部门转办13件，市领导批示915件，编发专项查办《落实与反馈》42期，当年度市领导批示办结率99.7%、平均办结周期12天，省领导批示办结率100%、平均办结周期5天，省领导批示办结周期保持在全省各设区市中最短、办结率最高。

【督查调研】配合上级调研。积极配合中办开展龙岩市贯彻落实习近平总书记到龙岩考察重要指示精神情况的第二次回访调研，配合省委办开展省委书记尤权来岩调研有关事项落实情况的回访调研以及全面深化改革、落实党和国家机关基层组织工作条例、统战工作、民宗工作、依法治省工作和环保工作等情况的专项督查，特别是在中办回访调研要求高、时间紧、任务重的情况下，各项衔接保障工作有序有力，得到中办和省委办领导同志的充分肯定。工作调研。中办、省委办开展有关工作的回访调研前，深入开展有针对性的前期调研，了解和掌握上级领导调研时的讲话内容、重要指示、工作要求，为迎接中办和省委办的回访调研做好前期工作。在自行开展督查调研的同时，牵头或配合有关部门开展深化改革、项目落地、脱贫攻坚、生态环保、文明创城、项目审批服务改革、办公用房清理、重要时期值班应急等工作的督查调研，取得良好效果。

【其他督查工作】 严格抓好中央"八项规定"精神的贯彻落实。落实对贯彻中央"八项规定"精神进行督促检查的分工负责、情况收集、实地督查、协商会商、汇总报告和情况通报等6个机制，在会同市纪委（监察局）开展不定期实地督查的同时，上半年和年底分别对各级各部门贯彻落实情况进行督查通报，常态长效开展督促检查。牵头抓好绩效管理察访核验督查考评。研究制定《2016年度市直机关绩效管理察访核验督查考评办法》，在单独开展对市委决策部署落实情况进行考评的同时，牵头组织市委总值班室开展对紧急信息按时报告率的考评、市保密局对保密工作执行情况的考评、市政协办对政协提案办理情况的考评。扎实抓好市委常委民主生活会征求意见建议的整改落实。研究制定《2015年度市委常委"三严三实"专题民主生活会征求意见建议整改落实工作分工方案》，在3月份制定整改落实方案的基础上，加强日常的督促检查，推动整改落实工作。同时，积极做好对2016年度市委常委班子民主生活会前征求的意见建议进行分类整理、分解立项，研究制定整改落实方案。认真抓好省委巡视组所提意见建议的整改落实。对2015年3月省委巡视一组对龙岩市为期2个月巡视所提问题和建议进行督促整改，整改情况及时向省委巡视一组及市有关领导报告。重视抓好人大代表建议和政协委员提案的办理工作。研究制定市委书记李德金参加人大代表团审议时代表所提建议的分工落实方案，督促抓好建议的落实并及时向代表反馈。积极配合市政协提案委开展政协提案办理工作，2016年负责督办的政协提案49件已全部办结。积极抓好民情督办工作。对县（市、区）、经开区提请市委督查室协调办理的民情，参照领导批示办理方式，认真做好转办督办工作，2016年办理的民情均已督促落实。

【制度建设】 在2015年出台《关于进一步加强党委督促检查工作着力提速提质提效的意见》的基础上，2016年，对决策督查、督查调研、专项查办、会议纪要跟踪督办、人大代表建议和政协委员提案办理等制定，详细的工作规则及流程图，形成工作制度汇编，进一步科学规范督查各项工作。5月，省委办公厅印发《省委领导同志批示件办理工作细则》后，结合龙岩实际及时制定《市委领导同志批示件办理工作细则》，进一步细化规范领导批示办理工作。市委督查室制定的提速提质提效加强党委督查工作的意见、加强绩效管理察访检验督查考评办法等制度文件在全省各地市及县级党委督查室推广借鉴。

（市委督查室　供稿）

信息工作

【概况】 2016年，信息工作紧扣中央和省委决策部署，围绕市委、市政府打好项目落地、脱贫攻坚、生态环保"三大战役"等中心工作，积极报送全市经济社会发展的新思路、新举措，新成效、新经验，努力做好党委的"千里眼、顺风耳"和"参谋助手"。全年上报信息1418余条，共被《八闽快讯》各类刊物采用181条，获得省领导批示9条；共编发《闽西快讯》正刊93期、增刊99期、专报件41期、《龙岩信息》214期，刊发信息近2800条，获得市领导批示15条。

【围绕中心信息】 跟进中央、省委重要会议精神、重大决策部署，及时上报闽西老区科学发展跨越发展的新思路、新举措和新成效，以及龙岩市项目落地、脱贫攻坚、生态环保战役等中心工作的做法和进展情况，积极宣传龙岩、推介龙岩，扩大龙岩的美誉度和知名度。龙岩市发挥红色资源优势部署先学先行"两学一做"后，立即上报《龙岩市先学先行抓好"两学一做"学习教育》，3月31日被《八闽快讯》头版头条采用；2月19日，龙岩市召开全市项目落地攻坚战役千人动员大会后，立即上报《龙岩全市总动员打响 "项目落地攻坚战役"》；全国"两会"后，立即上报传达贯彻落实全国"两会"和省委常委（扩大）会议精神的专报件《龙岩市强化"四轮联动"打好"三大战役"》。

【策划专题信息】 围绕市委重大决策部署的落实情况、重点工作的进展情况进行专门研究、专题约稿，刊登系列专题栏目，注重落实反馈，推动工作落到实处。开设"各级各部门贯彻落实全市经济工作会议精神""贯彻落实项目落地攻坚战役动员大会精神""贯彻落实脱贫攻坚挂钩帮扶电视大会精神""贯彻落实全市纳税大户和企业家座谈会精神""供给侧结构改革""贯彻落实省第十次党代会、市第五次党代会精神"等系列专题，让市领导和各县（市、区）、市直各部门及时全面了解掌握市委决策部署推进情况。

【总结经验信息】 及时提炼总结具有指导借鉴意义的典型经验，为领导决策提供参考，为市直各部门、各县（市、区）提供借鉴。《我市产业转型升级中亟需培育的发扬 "工匠精神"》《林改再出发——武平县"四个转变"持续深化集体林权制度改革》《长汀县多管齐下精准服务中小企业降成本》《新罗区借“网”发力加快推进产业转型升级》等，分别以专报件或增刊刊发和报送。

【谋划对策信息】 跟踪社会关注的热点难点，努力做到反映情况及时、分析问题深入、对策建议可行、预测预警准确。如根据“创城”情况，及时整理上报专报件《市场化保洁、品牌化提升、精细化管理——新罗区积极创新背街小巷环卫治理方式》；针对网上热议的“魏则西事件”，专报《“魏则西事件”警示我们必须加强网络违法广告监管》；根据群众和企业关心的几个突出问题，专报《建议我省饮用水源地实施库区清淤改善水质》《建议加大对老区革命基点村精准扶贫力度》《关于加快龙岩市稀土产业发展的建议》等建议性信息，被《八闽快讯》专报件采用，获得省委办信息处肯定。

（张开荣　撰稿）

组织机构　负责人名单

【中共龙岩市委书记、副书记、常委、秘书长、副秘书长】

中共龙岩市委

书　记　李德金（12月免）
林国耀（12月任）
副书记　池秋娜（女）（7月免）
林国耀（7月任）
何明华（7月任）
林兴禄（12月任）
常　委　李成荣　王金福
张天洲　王乃谦
严志铭（7月免）
林兴禄（4月免）
詹昌建（7月任）
邓菊芳（女）
魏　东　毛高良（7月任）
王　龙（9月任）
秘书长　严志铭（7月免）
詹昌建（7月任）
副秘书长　赖双奇（10月免）
张树淳　王德堂
邹方清
江勋善（7月任）
范奎文（10月任）

【中共龙岩市委所属正处级机构、负责人名单】

市委办公室

主　任　赖双奇
副主任　陈俊明　江桂生（5月免）
江敬荣
肖宝琴（女，6月任）
赖永刚（10月任）

市委政研室

副主任　范奎文（10月免）
竭锦洲 （11月免）
高营光（挂职）

市委组织部

部　长　魏　东
副部长　周春盛（9月免）　钟冬桂
陶以宁（女，兼）　李小平
赖才魁
陈文清（10月任）

市委宣传部

部　长　王金福（4月免）
詹昌建（7月任）
副部长　林剑明（兼）（9月免）
傅柒生　尤建源
罗桥德　吴福文

市委统战部

部　长　邓菊芳（女）
副部长　王咸柜（8月免）卢敏云
朱彪仁　曾光书

市委政法委员会

书　记　林兴禄（4月免）
副书记　陈粤闽（9月免）　廖继清
张　斌（兼）　易秀荣
政治部主任　章江华

市社会管理综合治理委员会办公室

主　任　廖继清

市委台湾工作办公室

主　任　钟群妹（女，8月任）
俞开建（8月免）
副主任　任志勇（兼）
周任昌　兰增辉
黄和芳

市委机构编制委员会办公室

主　任　张飞开
副主任　詹兴龙　王启宏
李建斌

市委市直机关工作委员会

书　记　魏　东
副书记　曾繁光　陈才文
卢象亨
纪工委书记　陈才文

市委老干部局

局　长　陶以宁（女）
副局长　邓辉明　李志栋

信访局

局　长　李达武（副局长　主持）
副局长　丁荫豪　张友生
吴文祥

市委文明办

主　任　林剑明（6月免）
王德堂（6月任）
副主任　侯小丽（女）
刘洪华　林树遥

市委党校

校　长　魏　东
副校长　江维力（10月免）
曾汉辉（10月任）
吴寿勤
陈耀华（11月任）

市委党史研究室

主　任　苏俊才
副主任　吴升辉　高营光

闽西日报社

社长、党委书记　朱廷彬
总编辑　范启麟
副社长　石飘芳
副总编辑　江　瑾　林　琳
陈燕棠
纪委书记　李吉湖

【各县（市、区）委领导人名单】

中共新罗区委

书　记　刘友洪

副书记　钟勇强(6月免)
肖华鑫(5月免)
陈金龙(6月任)
钟有亮(挂职)　郑金国
常　委　王永忠(5月免)
谢永华　陈庆日
邱清宇(4月免)　王信南
郭育坚(女,5月免)
张伟明(5月任)
陈清俊(5月任)
邱笑玲(女,5月任)
陈淮杰(5月任)
林振辉(7月任)
俞成鸿(5月免)

中共永定区委

书　记　刘先裘(3月免)
王金福(3月任)
副书记　陈荣水(6月任)
姜林芬(5月任)
廖方顺(5月免)
常　委　姜林芬　张金滨(9月免)
吕素梅(女,6月免)
章溧斌　黄华凤(女)
王小庆　曾佑繁
陈文操(5月任)
曹伯田　蓝富雁(5月任)
江峻伟(5月任)

中共上杭县委

书　记　谢海波(6月免)
傅藏荣(6月任)
副书记　傅藏荣
王　波(6月任)
詹崇仁(5月任)
陈学良(5月免)
庄　莉(女,挂职)

常　委　钟爱华　吴锦添
詹崇仁　徐　峰
杨　葵
林英锋(女,5月免)
阙春林(5月免)
兰　新(5月任)
胡长松(5月任)
罗小洪(女,5月任)
胡　滨(5月任)
徐浩然(挂职)
张毓章(5月任)
张北阳(5月任)
卢桢模(5月免)
梁八生(5月免)

中共武平县委

书　记　陈厦生
副书记　廖卓文　陈荣水(5月免)
张丽华(5月任)
常　委　陈晓玲(女,5月免)
王云川　胡长松(5月免)
钟日朝(5月免)　吴宇川
傅衍华(5月任)　董爱群
丘善辉　蔡东阳
方　刚(6月任)
钟建生(5月任)
饶　辉(5月任)

中共长汀县委

书　记　廖深洪
副书记　马水清　丘发添(5月免)
王汝彬(5月任)
常　委　王汝彬　上官兵(5月免)
罗小波(5月免)
吕　莉(女,5月免)
吕金森　江桂生(5月任)

卓国志　李　强
丁俊峰
郭育坚(女,5月任)
刘演昌
吴　蓉(女,5月任)

中共连城县委

书　记　林英健(5月免)
钟勇强(6月任)
副书记　吕素梅(6月任)
蓝凯英(女,5月免)
邱伟勤(5月任)
刘广祥(5月免)
常　委　谢松华(5月免)
丘国辉(5月免)
赖李林　邱桥荣(7月免)
邱振生　张前茂(5月任)
郑煌泰(5月任)
陈　雷(6月免)　王传龙
蓝富雁(5月免)
陈荣斌　邹学伟(4月任)
陈清木(5月任)
吴克辉(7月任)

中共漳平市委

书　记　陈论生
副书记　蓝福元(5月免)　马　勇
赖进益(6月任)
常　委　张丽华(女,5月免)
罗　剑(5月任)
陈天彩　陈文东
曾庆永　邱大武(5月免)
吴伯理　赖胜兴
张　锋
林　艳(女,5月任)

（市委组织部　整理）

22 龙岩市人大常委会

综 述

【概况】 2016年，市人大常委会召开11次常委会会议、21次主任会议，制定并颁布实施地方法规2项，作出决议决定32项，组织或配合上级人大对11部法律法规的实施情况进行检查或调研，听取审议"一府两院"专项工作报告12项，对16项工作开展专题调研或视察，开展1次专题询问和2次满意度测评，督办代表建议286件，审查规范性文件74件，依法任免国家机关工作人员69人次，接受辞职5人次，决定代理3人次，许可对2名市人大代表采取强制措施，组织了由常委会任命的国家机关工作人员宪法宣誓13人次。

【地方立法】 2015年7月，龙岩市获批行使地方立法权。全年，在市委高度重视和有关部门大力支持下，常委会积极对接、有序推进地方立法工作。市四届人大五次会议表决设立市人大法制委员会，审议通过《龙岩市人民代表大会及其常务委员会立法条例》，经省人大常委会批准，于2016年4月公布实施。这是龙岩市制定的第一部地方性法规，具有里程碑意义。设立常委会法制工作委员会，成立法律研究中心，制定《龙岩市人民代表大会法制委员会工作规则》《龙岩市人大常委会地方立法联系点工作规定》，建立立法起草、论证、协调、审议机制。加强立法专业人员配备，组织参加立法培训、跟班学习，提升立法能力。按照"质量为上、急需为先、特色为重"的要求，坚持开门立法、民主立法，及时、广泛征集社会各界对2016年立法计划和未来五年立法规划项目建议，制定《龙岩市人大常委会2016年立法计划》。充分发挥人大及其常委会立法主导作用，顺应百姓呼声，本着为民立法的理念，起草《龙岩市烟花爆竹燃放管理条例(草案)》，经市四届人大常委会两次审议后表决通过，并经省人大常委会批准，于2017年3月1日实施。这是龙岩市公布实施的首部实体法。为更好地保护传统村落和古建筑，起草《龙岩市历史建筑和传统村落保护条例(草案)》，已经市人大常委会两次审议。

【依法监督】 常委会坚持围绕全市改革发展稳定的重大问题和人民群众普遍关心的热点问题，认真行使宪法和法律赋予的监督职权，推动市委重大决策部署贯彻落实，保证法律法规有效实施。法律监督方面，先后开展《中华人民共和国档案法》《中华人民共和国森林法》《中华人民共和国食品安全法》执法检查和《中华人民共和国消防法》执法调研，推动法律法规在龙岩市的贯彻实施。工作监督方面，先后听取审议市政府计划预算执行和审计工作、审计发现问题整改落实情况、优化企业发展环境、"三大战役" 实施等专项工作报告，及时作出了批准政府债务限额等多项决定决议，提出10多项审议意见，积极支持政府有效应对经济下行压力，促进全市经济平稳健康发展。开展农村土地流转、文化产业发展、少数民族乡村全面建成小康社会情况等专题调研，组织代表开展中心城区物业管理、中心城区基础教育工作视察，提出意见建议，推动社会事业健康发展。听取审议市中级人民法院行政审判工作、市人民检察院刑事执行检察工作专项报告，开展执行攻坚"雷霆"行动等专题调研，促进公正司法。提升监督实效方面，全年，常委会探索建立重大财政政策和重大专项审计情况向市人大常委会报告或备案制度，完善预算执行在线监督平台。加强和改进规范性文件备案审查工作，实现备案审查全覆盖。重视常委会决议决定和审议意见落实情况的跟踪和督查，先后对"两违"整治、中心城区社区卫生服务中心建设审议意见落实情况进行满意度测评，开展重点流域水环境治理保护工作专题询问，提升监督刚性，推动常委会审议意见的落实。认真做好信访工作，畅通信访渠道。全年，共受理群众来信来访 499 件次，其中来信 316 件次、来访 180 件次，接待上访群众 288 人次，跟踪督办上级人大转办、交办的信访件 78 件次，推动群众信访问题依法及时解决。

【依法行使决定权】 常委会紧紧围绕市委的重大决策部署，依法讨论决定重大事项，积极推动市委重大决策部署的落实。依法决定重大事项。全力推进市委重大决策部署的贯彻落实，作出《关于促进实施创新驱动、产业兴市、人才强市“三大战略”的决定》《关于凝心聚力、开拓进取，为加快建设创新型工贸旅游强市而努力奋斗的决定》，通过法定程序及时把市委的决策部署转化为全市人民的共同意志和自觉行动。审议批准《福建龙岩国家农业科技园区总体规划（2016—2018）》，为加快提升农业产业层次、创建龙岩市农业领域首张“国”字号科技园区名片提供了保障。加强法治宣传教育。听取审议“六五”普法工作情况和“七五”普法工作意见的报告，依法作出“七五”普法工作决议，推进法治龙岩建设。

【发挥代表主体作用】 拓宽履职渠道。坚持邀请代表列席常委会会议，参加视察、调研、执法检查活动，坚持向代表通报常委会会议情况，重要工作征求代表意见，不断扩大代表对常委会工作的参与。全年，列席常委会会议的代表 100 多人次，参加常委会组织的各项活动的代表 300 多人次。强化建议办理。完善重点建议督办工作制度，继续将代表建议办理情况列入市直机关绩效管理考评，加大对代表不满意建议办理的跟踪督查力度，着力提升办理质量，市四届人大五次会议以来代表提出的 286 件建议均已办理，推动解决诸如开通龙岩中心城区到永定区城际公交等一批群众关心的热点难点问题，提高办成率和代表满意率。依法做好换届选举工作。认真贯彻中央、省委和市委的部署要求，坚持把党的领导、充分发扬民主、严格依法办事贯穿于市县乡三级人大换届选举全过程，把严肃纪律、严明规矩落实到换届选举各方面，及早谋划、精心组织、加强指导，开展专题调研、召开工作会议、建立分工联系指导制度、举办业务培训班、开展形式多样的宣传活动，切实履行换届选举的政治责任、组织责任，依法做好换届选举工作。在各级党委领导下，县乡人大换届选举工作依法有序、风清气正、顺利完成。新一届市县乡人大代表中基层代表特别是一线工人、农民和专业技术人员代表的比例得到提高，结构进一步优化。

1 月，龙岩市第四届人民代表大会第五次会议召开

重要会议

【市四届人大五次会议】 1 月 18—21 日，龙岩市第四届人民代表大会第五次会议在岩召开。大会应到代表 351 人，实到代表 335 人。在岩的全国、省人大代表、市四届政协全体委员、市人民政府组成人员等列席会议。会议听取和审议市人大常委会、市人民政府、市中级人民法院、市人民检察院工作报告；表决通过“十三五”规划纲要；审查和批准 2015 年国民经济和社会发展计划执行情况的报告及 2016 年国民经济和社会发展计划；审查和批准 2015 年全市预算执行情况的报告及 2016 年全市预算草案的报告；审议和表决通过《龙岩市人民代表大会及其常务委员会立法条例》；大会依法补选罗发信、邱长青、张华玉为市四届人大常委会委员，选举郭舒帆为市四届人大法制委员会主任委员，选举刘汉勤、李聪贤、邱长青、张华玉、陈铁成、罗秀文、罗发信、赖抡新为市四届人大法制委员会组成人员。大会选举的国家工作人员在当次会议上进行宪法宣誓。

【全市“两违”整治工作满意度测评】 5 月 27 日，在市四届人大常委会第三十四次会议上，市政府副市长王龙作关于全市“两违”整治工作审议意见办理落实情况的报告，常委会采取无记名投票表决的方式，对市政府及有关职能部门办理落实全市“两违”整治工作审议意见情况进行满意度测评，测评结果为基本满意。会后发出审议意见交由市政府及有关职能部门研究落实，持续推动

“两违”整治工作。

【中心城区社区卫生服务中心建设工作满意度测评】 2016年7月21日,在市四届人大常委会第三十五次会议上,市人民政府副市长赖永龙作关于中心城区社区卫生服务中心建设工作审议意见落实情况的报告,市人大常委会采取无记名投票表决的方式,对市政府及有关部门办理落实审议意见情况进行满意度测评,测评结果为基本满意。会后发出审议意见交由市政府及有关职能部门研究落实,持续推动中心城区社区卫生服务中心建设工作。

【龙岩重点流域水环境保护专题询问】 2016年11月29日,在市四届人大常委会第三十九次会议上,听取和审议市人民政府副市长黄庆辉所作的关于龙岩重点流域水环境保护工作情况的报告,并结合审议该报告开展专题询问。13位常委会组成人员和市人大代表先后就我市重点流域水环境保护、四大专项整治情况、重点矿区环境整治、城市污水管网建设、生猪养殖污染治理、小流域及农村水环境整治等十多个群众关心的热点问题进行询问。到会应询的市、县(区)政府和龙岩经开区(龙岩高新区)、厦龙协作区分管领导,市环保局、农业局、住建局、水利局、国土资源局等部门负责人一一作了回答。专题询问结束时,副市长黄庆辉代表市政府作了表态发言。市人大常委会主任饶作勋讲话,对进一步做好重点流域水环境保护工作提出要求。

【常委会会议综述】 2016年,市人大常委会共举行11次常委会会议,即市四届人大常委会第三十次至第四十次会议。

四届人大常委会第三十次会议 1月8日上午在龙岩召开,会期半天。会议听取和审议关于市四届人大五次会议安排意见的报告、关于提请审议龙岩市人民代表大会及其常务委员会立法条例草案议案的说明、关于《龙岩市人大常委会关于宪法宣誓的组织办法(草案)》的说明、关于提请任免市四届人大财经委员会组成人员情况的说明、关于市四届人大代表变动情况和补选市四届人大代表资格的审查报告;审议关于市四届人大四次会议以来代表建议、批评和意见办理情况的报告。表决通过关于提请龙岩市人民代表大会及其常务委员会立法条例(草案)的议案以及提请市四届人大五次会议审议的相关文稿;表决通过《龙岩市人大常委会关于宪法宣誓的组织办法》和人事任免等其他事项。

龙岩市人大常委会重点流域水环境保护工作专题询问会

四届人大常委会第三十一次会议 3月25日在龙岩召开,会期一天。会议听取了十二届全国人大代表、新罗区西城街道西安社区党委书记章联生传达的十二届全国人大四次会议精神;听取和审议市人民政府关于优化企业发展环境的报告,市财政局关于《龙岩市人民政府关于提请审议批准2015年市级政府债务限额的议案》的说明,关于市政府提请审议批准2015年市级政府债务限额议案的审查结果报告,关于检查《中华人民共和国档案法》实施情况的报告,关于2015年度规范性文件备案审查情况的报告;表决通过关于批准2015年市级政府债务限额的决议(草案)以及人事任免等事项。

四届人大常委会第三十二次会议 4月13日上午在龙岩召开,会期半天。会议听取和审议关于人事安排的说明,关于2014年度市本级预算执行和其他财政收支审计发现问题整改落实情况的报告、关于提请李庆刚任职议案的说明;表决通过并决定任命李庆刚为龙岩市人民政府副市长。

四届人大常委会第三十三次会议 5月6日上午在龙岩召开,会期半天。会议听取市公安局新罗分局关于提请对违反《中华人民共和国治安管理处罚法》的市四届人大代表李鹏采取行政拘留措施许可的报告,关于市人大常委会许可对市四届人大代表李鹏采取行政拘留措施决定(草案)的说明,审议并表决通过该决定。

四届人大常委会第三十四次会议 5月27日上午在龙岩召开,会期一天。会议听取和审议市人民政府关于全市“两违”专项整治工作审议意见办理落实情况的报告,并在此基础上进行满意度测评,测评结果为基本满意。会议听取和审议关于《龙岩市古民居古村落保护条例(草案)》的起草说明;听取关于人事任免事项的说明和关于提请市人大常委会机关工作人员任职议案的说明，审议并表决通过关于接受谢细忠辞去龙岩市人大常委会副主任职务请求的决定和其他人事任免事项等。

四届人大常委会第三十五次会议　7月21—22日在龙岩召开，会期一天半。会议对龙岩中心城区社区卫生服务中心建设工作审议意见落实情况进行满意度测评，测评结果为基本满意。会议听取并表决批准《福建龙岩国家农业科技园区总体规划(2016—2018)》；听取并表决通过关于批准2015年度市级决算的决议、关于批准2016年市级地方政府债务限额和举借计划的决议；听取并审议关于中心城区社区卫生服务中心建设工作审议意见落实情况的报告、关于龙岩市2016年上半年国民经济和社会发展计划执行情况的报告、关于龙岩市2016年上半年预算执行情况的报告、关于检查《中华人民共和国森林法》实施情况的报告以及关于龙岩中心城区物业管理情况的视察报告。审议并通过关于接受林玫瑰辞去龙岩市中级人民法院院长职务请求的决定，任命并决定施平为市中级人民法院副院长、代理院长。

四届人大常委会第三十六次会议　7月30日在龙岩召开，会期半天。会议审议并表决通过市人大常委会关于接受池秋娜辞去龙岩市人民政府市长职务请求的决定、关于接受毛高良辞去龙岩市人民政府副市长职务请求的决定；任命林国耀、黄庆辉为龙岩市人民政府副市长，决定林国耀为龙岩市人民政府代理市长。

四届人大常委会第三十七次会议　9月19日在龙岩召开，会期一天。会议听取和审议市人民政府关于全市“三大战役”实施情况的报告、关于深化行政审批制度改革情况的报告、关于“六五”普法工作情况和“七五”普法工作意见的报告，市人大常委会执法检查组关于检查《中华人民共和国食品安全法》实施情况的报告，市人大常委会代表资格审查委员会关于个别代表的代表资格终止的报告；审议并表决通过市人大常委会关于促进实施创新驱动、产业兴市、人才强市“三大战略”的决定，关于开展第七个五年法治宣传教育的决议、关于许可对龙岩市四届人大代表郑振欣采取强制措施的决定，关于接受陈铁成辞去龙岩市人大常委会委员职务请求的决定和相关人事任免事项。

四届人大常委会第三十八次会议　10月26日在龙岩召开，会期半天。会议传达学习习近平总书记在纪念红军长征胜利80周年大会上的重要讲话精神、龙岩市第五次党代会精神。审议通过市人大常委会《关于凝心聚力、开拓进取，为加快建设创新型工贸旅游强市而努力奋斗的决定》、关于接受张天洲辞去龙岩市人民政府副市长职务请求的决定、关于接受林旭(武平籍)辞去龙岩市人大常委会秘书长职务请求的决定，审议并表决通过《龙岩市烟花爆竹燃放管理条例》，审议并通过相关人事任免事项。

四届人大常委会第三十九次会议　11月29—30日在龙岩召开，会期一天半。会议传达学习省第十次党代会精神，审议关于召开市五届人大一次会议的决定(草案)、市人民政府关于提请审议龙岩市2016年收支预算调整方案(草案)的议案；听取和审议市人民政府关于市四届人大五次会议以来代表建议、批评、意见办理情况的报告、市人大常委会视察组关于龙岩中心城区基础教育工作情况的视察报告、市中级人民法院关于行政审判工作情况的报告、市人民检察院关于刑事执行检察工作情况的报告、龙岩市第四届人民代表大会常务委员会代表资格审查委员会关于个别代表的代表资格终止的报告、市人民政府关于龙岩重点流域水环境保护工作情况的报告，并开展专题询问；审议并通过关于调整龙岩市第四届人民代表大会常务委员会代表资格审查委员会名单(草案)、关于接受郑贵豪辞去龙岩市第四届人大常委会委员职务请求的决定(草案)和相关人事任免事项。

四届人大常委会第四十次会议　12月30日在龙岩召开，会期半天。会议听取关于人事安排的说明，关于提请任命政府组成人员议案的说明，关于补选福建省第十二届人大代表候选人情况的说明和关于代理市长人选的说明。会议审议并表决通过市人大常委会关于接受李善昌、沈满云因工作需要辞去福建省第十二届人大代表职务请求的决定，补选张天洲、林兴禄、林国耀为福建省第十二届人大代表，关于接受林国耀辞去龙岩市人民政府副市长职务请求的决定；任命并决定林兴禄为龙岩市人民政府副市长、代理市长。

主要工作

【优化企业发展环境调研】　2月，以市人大常委会主任饶作勋为组长、副主任张树溪为副组长的调研组专题调研龙岩市优化企业发展环境情况。调研组听取市政府关于龙岩市优化企业发展环境情况的汇报，并分赴新罗区、龙岩经济技术开发区(龙岩高新区)等开展实地调研，召开部分行业和企业负责人座谈会。形成了调研报告，针对存在问题，提出全面深化改革、为企业发展营造良好政务环境，注重精准发力、为企业发展营造良好政策环境，强化创新驱动、为企业发展营造良好创新环境，完善功能配套、为企业发展营造良好生活环境，规范市场秩序，为企业发展营造良好人文环境等意见建议。

【《中华人民共和国档案法》执法检查】　2月底3月初，由市人大常委会主任饶作勋为组长、副主任赵汀生为副组长的执法检查组对龙岩市贯彻实施《中华人民共和国档案法》以及《福建省档案条例》进行执法检查。执法检查组深入永定区、上杭县的档案局(馆)和部分乡(镇)，以及龙岩城市发展集团、龙岩交通发展集团和市档案局(馆),检查各级人民政府贯彻实施档案法律法规情况,形成执法检查报告,针对存在的档案法治意识较薄弱、档案管理发展不平衡、档案事业经费保障不到位、档案信息化建设滞后、档案工作队伍力量薄弱等问题,提出切实增强法治理念,加快依法治档进程;保障经费投入,为档案事业发展提供基本条件;优化队伍建设,牢固档案事业发展的人才支撑;加强督促指导,提升基层档案事业的建设水平;适应形势发展,推进档案事业内涵拓展与质的提升等意见建议,依法推动档案法律法规的实施和档案事业的发展。

【消防“一法一例”实施情况调研】 3月中旬,市人大常委会成立由主任饶作勋为组长的调研组,对龙岩市贯彻实施《中华人民共和国消防法》和《福建省消防条例》(以下简称消防“一法一例”)情况进行调研。调研组采取实地走访、现场察看、座谈会等方式进行调研,形成了执法调研报告,提出抓宣传、强化消防安全意识,补短板、增强防火救灾能力,常整治、努力消除火灾隐患,严监管、完善消防责任体系,建队伍、提升消防服务水平等意见建议,促进消防法律法规的有效实施。

【县乡两级人大换届选举工作调研】 3—4月,市人大常委会成立以主任饶作勋为组长的调研组,在全市7个县(市、区)开展县乡人大换届选举工作调研。先后深入新罗区、永定区、上杭县,走访了四个乡(镇、街道),召开5场座谈会,听取部分市、县人大代表、乡(镇)人大主席、部分村主干的意见。还前往莆田、平潭综合实验区考察。在充分了解情况的基础上,形成调研报告,提出切实加强党的领导、充分发挥人大职能作用、广泛而深入地宣传发动、严肃换届纪律、统筹兼顾的建议。还针对开发区人大换届选举、代表素质把关问题、补贴发放问题、人大干部队伍建设问题、经费问题等具体问题提出针对性、可操作性强的意见建议,得到市委肯定,调研报告被市委办公室转发各县(市、区),用于指导县乡换届选举工作。

【全市“两违”整治工作审议意见落实情况调研】 4月,市人大常委会成立以副主任廖德槐为组长、部分市人大常委会组成人员和市人大代表为成员的调研组,于4月21—22日,会同市直相关部门深入新罗、永定开展“两违”整治工作调研,并委托其他5县(市)人大常委会开展配合调研,重点了解2015年代表视察后“两违”整治工作进展情况和对市人大常委会提出的审议意见的落实情况。针对存在的治违形势不容乐观、占用林地违建未得到妥善解决、住宅小区内违建问题日益凸显、部门联动执法乏力等问题,提出持续整治、防止反弹,加强联动、抓好落实,扩大宣传、营造氛围,正视问题、敢于问责等建议,要求市政府及相关部门要引起高度重视,保持对“两违”行为的高压打击态势,确保中心城区建设环境不断改善。

【全市农村土地流转情况调研】 5月,市人大常委会成立以主任饶作勋为组长,副主任谢细忠、秘书长林旭为副组长,部分市人大常委会委员组成的调研组,深入长汀、连城县调研农村土地流转情况,并实地察看长汀县南山镇、河田镇和连城县林坊乡、罗坊乡土地流转示范片建设情况。在深入调查研究的基础上,形成调研报告,提出认真学习贯彻中央政策精神,积极做好引导服务工作;抓好土地确权登记颁证工作;发展多种形式适度规模经营;加大政策扶持力度;健全服务保障机制;加强农村经管机构队伍建设等建议,促进政府及其职能部门进一步贯彻中央一号文件精神和市委“三大战役”决策部署,加快推动农村土地流转进程。

【龙岩洞保护工作调研】 5月,市人大常委会副主任杨闽组织市、区人大相关委室和市、区政府有关部门对龙岩洞保护工作开展调研,形成调研报告,在深入调研、分析龙岩洞在历史文化方面的重要价值、地位以及保护现状、存在问题的基础上,提出将龙岩洞保护和开发利用工作摆上议事日程,尽快落实对龙岩洞实施抢救性保护工程、开展抢救性考古发掘和周边环境整治等保护措施等建议。并建议市政府回应龙岩市民关切,将“龙岩洞保护”项目列入“十三五”龙岩城市建设专项规划和为民办实事项目,予以组织实施。

【森林法“一法一例”执法检查】 6月,市人大常委会成立由主任饶作勋为组长,副主任廖德槐为副组长、部分市人大常委会委员和人大代表为成员的执法检查组,开展森林法“一法一例”执法检查。14—20日,检查组先后前往武平、上杭、漳平,听取了三县(市)政府专题汇报,召开了市林业局机关、国有林场、乡(镇)林业站负责人及造林大户、护林员等3场座谈会,实地查看10个项目,并召开执法检查会议,听取市政府及市直相关单位的汇报。同时,委托新罗、永定、长汀、连城四县(区)人大常委会同步开展执法检查。针对执法检查发现的破坏森林资源行为屡禁不止、林业产业效益不明显、改革创新成效不突出、林业保障机制不健全、林业法律法规有关条款滞后等问题,提出抓宣传教育,形成保护森林资源的浓厚氛围;抓保护培育,守护好林业生态红线;抓执法机制,严厉打击违法占用林地破坏森林资源行为;抓治理提升,走出水土流失治理可持续发展新路子;抓改革创新,增强林业发展活力;抓工作保障,健全林业发展长效机制;抓立法调研,完善林业法律法规体系等建议,要求市政府及有关部门要牢固树立新发展理念和绿水青山就是金山银山意识,进一步推动“一法一例”贯彻实施,确保生态建设金字招牌不能丢、森林覆盖率不能掉，持续提升水土流失治理“长汀经验”和林权改革“武平经验”，为打好生态环保攻坚战役，建设机制活、产业优、百姓富、生态美的新龙岩作出应有的贡献。

【龙岩中心城区物业管理视察】 7月，市人大常委会成立以主任饶作勋为组长、副主任廖德槐为副组长，部分市人大常委会组成人员、市人大代表组成的专题视察组，开展龙岩中心城区物业管理情况代表视察。视察组深入中心城区的万达城市广场、东岳花园、皇冠国际名苑、建发上郡等住宅小区察看物业管理情况，分别召开由街道、居委会、业委会，中心城区物业企业，市、区政府及相关部门负责人参加的三场座谈会，全面了解龙岩中心城区物业管理基本情况、存在的困难与问题，认真听取业主、物业企业和管理部门对进一步提升龙岩市物业管理水平的意见建议。针对龙岩市物业管理起步较晚，基础较差，存在管理体制机制亟需改革完善、住宅小区规划建设缺陷影响物业管理、业主自治意识不高、物业企业服务水平较低等困难和问题，提出强化宣传，营造物业管理良好氛围；加强领导，落实部门物业管理责任；健全制度，规范物业行业监管工作；勇于探索，创新社区服务管理模式；综合治理，全面解决小区遗留问题；持续关注，增强人大依法监督实效等建议。要求市政府及相关职能部门充分认识物业管理工作的重要性，切实增强责任感和紧迫感，从完善物业管理的体制、机制入手，全面提升物业管理水平和服务质量，切实维护业主和物业服务企业的合法权益，推动龙岩中心城区物业管理健康发展。

【中心城区社区卫生服务中心建设工作审议意见落实情况调研】 7月，市人大常委会成立以主任饶作勋为组长、副主任杨闽为副组长、部分市人大常委会组成人员和市人大代表组成的调研组，对市政府落实市人大常委会中心城区社区卫生服务中心建设工作审议意见情况开展专题调研。调研组实地察看了曹溪、西城、东城、中城、南城5个社区卫生服务中心，召开座谈会，广泛听取意见建议，形成调研报告，针对存在问题，提出加强宣传，科学引导群众就医观念；完善规划，健全社区卫生服务网络；统一标准，扎实推进规范化建设；深化改革，创新体制机制；培养人才，加强队伍建设；强化领导，形成齐抓共管格局等建议，推动中心城区社区卫生服务中心建设，让社区居民享有更加便捷的家门口卫生医疗服务。

【禁毒工作调研】 7月，市人大常委会主任饶作勋带领调研组对龙岩市禁毒工作开展调研，听取市公安局、市禁毒办工作汇报，与市禁毒委部分成员单位领导、公安干警座谈，实地察看了东肖镇社区戒毒康复（集中）管理工作站和市公安局强制隔离戒毒所。在深入调研、广泛听取意见的基础上，形成调研报告，针对存在的禁毒形势依然严峻、合力还未形成、基层基础较为薄弱、相关法律有待完善等突出问题，建议市政府及相关部门要坚持问题导向，认真研判当前毒品犯罪的新情况、新特点，加大宣传力度，坚持严打管控，夯实基层基础，始终保持对毒品“零容忍”的态度和决心，全面打击涉毒违法犯罪，提高禁毒工作的实效。要加强领导，落实责任，把禁毒工作纳入经济社会发展总体规划来部署，置于改革发展稳定大局中来推进，坚持综合治理、系统治理、源头治理、依法治理，建立健全党政主导、部门主责、公安主力、群众主体的机制，形成齐抓共管、全社会共同参与的禁毒工作新格局。

【少数民族乡村全面建成小康社会工作调研】 7月上中旬，市人大常委会主任饶作勋、副主任赵汀生带领调研组，对龙岩市少数民族乡村全面建成小康社会工作情况开展调研，听取市县政府相关情况汇报、与市直有关部门进行座谈、深入上杭县官庄乡、漳平市双洋镇的民族村实地察看，形成了调研报告，针对民族乡村经济发展相对缓慢、基础设施仍显薄弱、社会事业相对滞后、民族特色文化传承亟待加强等问题，建议政府及有关部门立足实际，因地制宜，加强规划指导，帮助民族乡村转变经济发展方式，优化产业结构；加大财政扶持力度，健全和完善民族乡村基础设施建设；加快发展少数民族特色文化产业；实施精准扶贫，扎实做好挂钩帮扶民族乡村工作，确保少数民族乡村与全市同步全面建成小康。

【龙岩文化产业发展调研】 7月，市人大常委会成立由主任饶作勋为组长，副主任杨闽、赵汀生为副组长，市人大常委会部分组成人员和相关委室及市直有关部门负责人组成的调研组，对龙岩市文化产业发展情况进行专题调研。在充分调查研究、并积极吸收市外先进文化产业发展经验的基础上，形成调研报告，剖析龙岩市文化产业发展存在的困难和问题，提出强化意识，抢抓机遇，做好龙岩市文化产业发展的上层设计；发挥优势，创新发展，做大做强龙岩市文化产业；集中力量，重点突破，务实解决龙岩市文化产业发展中的实际问题等建议，提交市委、市政府决策参考。

【龙岩市重点流域水环境保护工作调研】 8月，市人大常委会组成调研组，对龙岩市重点流域水环境保护工作情况开展调研。调研组深入新罗、永定、上杭、武平、长汀、漳平6个县（市、区），实地察看汀江、九龙江等重点流域水环境整治保护情况，形成调研报告，指出龙岩市重点流域存在的部分流域水质不稳定、部分专项整治和治污项目建设推进缓慢、小流域及农村水环境水质不容乐观等问题，提出加大宣传力度、树立环保意识，坚持问题导向、加大执法力

8 月 1—3 日，省人大代表视察中心城区饮用水水源保护情况

度，健全治理机制、巩固治理成效的建议，提交政府及相关部门研究落实。

【《中华人民共和国食品安全法》执法检查】 8月，市人大常委会成立由主任饶作勋为组长，副主任杨闽为副组长，部分常委会委员和市人大代表组成的执法检查组，对龙岩市实施《中华人民共和国食品安全法》情况进行检查。检查组深入新罗区、永定区和长汀县的部分基层食品生产、加工、销售、服务及监管单位进行实地检查，听取市政府、新罗区及相关职能部门的专题汇报，同时委托上杭、武平、连城、漳平四个县(市)人大常委会开展执法自查。通过广泛听取意见建议、认真研究分析存在困难问题，形成执法检查报告，提交市四届人大常委会第三十七次会议审议，并提出不断增强食品安全意识、强力推进食品安全监管、切实提高食品检验检测能力、着力加强食品安全队伍建设、努力形成监管合力、全力推进食品安全社会共治、严厉打击食品安全违法行为的建议，交由市政府及有关部门研究落实，确保广大人民群众“舌尖上的安全”。

【全市“三大战役”实施情况调研】 8月中下旬，市人大常委会成立以主任饶作勋为组长、常委会其他领导为副组长的调研组，对全市“三大战役”实施情况开展专题调研。通过听取市县政府及相关部门汇报、实地察看、座谈，全面了解“三大战役”实施进展情况，形成调研报告。在充分肯定“三大战役”取得显著成效，为稳增长、调结构、促改革、惠民生起到重大作用的基础上，分析“三大战役”实施中存在困难和问题，提出要坚定信心，强化重点攻坚、持久攻坚、立体攻坚意识，推进“三大战役”有效实施；要突破项目落地、脱贫攻坚、生态环保等重点，确保实现战役目标；要围绕国家重大战略部署、新旧动能转换、有效推进新型城镇化进程、加快服务业发展、发展现代农业、生态文明先行示范区建设、创新投融资体制，以更高的站位谋划项目；要创新体制机制，继续深化行政审批制度改革，深入实施“人才强市”战略，为打好“三大战役”营造良好环境等建议，要求政府及相关部门坚持问题导向，着力解决战役推进中的突出问题，确保“三大战役”顺利实施。

【深化行政审批制度改革专题调研】 8月底9月初，根据省人大常委会三级联动监督要求，市人大常委会成立由主任饶作勋为组长、副主任张树溪为副组长的调研组，听取市直有关部门情况汇报，深入市行政服务中心和永定区、漳平市开展专题调研，形成调研报告，充分肯定我市深化行政审批制度改革工作谋划早、措施针对性强、推进力度大、政务效率得到明显提升。同时指出存在简政放权不够到位、后续监管有待加强、服务水平还需提升等问题。提出深化“放管服”改革，进一步加大行政审批制度改革的推进力度，进一步加大督办落实的工作力度，进一步加速出台改革配套的有关措施，进一步提升服务效率，进一步加大对阻碍改革和有违改革行为的处置力度，努力使广大企业和群众感受到行政审批制度改革带来的获得感等建议。

【龙岩中心城区基础教育工作视察】 10月中旬，市人大常委会成立以主任饶作勋为组长、副主任杨闽为副组长、部分市人大常委会组成人员和市人大代表组成的视察组，对龙岩中心城区基础教育工作情况组织代表视察。视察组深入龙岩北大附属实验学校等13所学校实地察看，召开汇报座谈会，全面了解中心城区基础教育工作情况、存在的困难与问题，形成视察报告。指出：市人大常委会连续五年把中心城区基础教育工作列为常委会的重要监督议题，采取专题询问、满意度测评等方式，强化监督刚性，持续跟踪问效，有效推动中心城区基础教育工作的长足进步。但是随着中心城区的不断发展壮大，中心城区基础教育事业与经济社会发展和人民群众的需求还有不小差距，诸如新区教育规划建设滞后、新区优质教育资源严重不足等问题日益显现。建议市区两级政府切实加强领导、加强联动，形成合力，进一步落实教育优先发展战略，优先教育规划、用地、资金的统筹保障，优化中心城区基础教育资源配置,确保“有学上、上好学”。

【行政审判工作调研】 10月，市人大常委会成立由主任饶作勋任组长、副主任郭舒帆任副组长的调研组,开展全市法院行政审判工作情况调研,听取龙岩市、新罗区和漳平市法院行政审判工作情况汇报,实地察看了法院诉讼服务中心,召开座谈会,广泛听取意见建议,形成调研报告。针对存在的审判质量效率、审判力量、审判环境及依法行政方面存在的问题，提出加强法治宣传,注重宣传实效，努力增强全民法治意识；坚持问题导向,创新体制机制,不断提高行政审判质效;延伸审判职能,规范行政执法,扎实推进法治政府建设；提升司法能力，改进工作作风，加强行政审判队伍建设；强化监督支持，形成工作合力，不断优化行政审判环境等建议。

【刑事执行检察工作调研】 10月,市人大常委会成立由主任饶作勋任组长、副主任郭舒帆任副组长的调研组,开展全市检察机关刑事执行检察工作情况调研。通过实地察看、召开座谈会等方式,听取龙岩市和新罗区、漳平市、青草盂人民检察院的工作汇报,分别与龙岩市、漳平市相关部门和闽西监狱、龙岩监狱、市人大代表、律师代表座谈,广泛听取意见建议,形成调研报告。针对存在的司法理念相对滞后、检察手段缺乏刚性、监督机制有待完善、超量关押问题凸显、工作保障还需加强等困难和问题，建议检察机关要认真履行法定职责,加大监督力度,着力推进刑事执行检察工作全面深入开展;进一步加强对刑罚执行各项工作、各个环节的监督，继续深化减刑、假释、暂予监外执行等同步监督工作，依法监督社区矫正工作，更好地促进刑事执行机关依法、文明、规范执法,不断增强司法公信力和维护社会公平正义。

组织机构　负责人名单

【市人大常委会主任、副主任、正副秘书长名单】

主　任:饶作勋
副主任:郭舒帆　杨　闽(女)
谢细忠(4月退休)
赵汀生　张树溪
廖德槐
秘书长:林　旭
副秘书长:赖抡新　郑剑萍(女)

【市人大财政经济委员会主要负责人名单】

主任委员:张树溪
副主任委员:郑贵豪

【市人大法制工作委员会主要负责人名单】

主任委员:郭舒帆

【市人大常委会各委、室及主要负责人名单】

办公室
主　任:赖抡新
研究室
主　任:邱长青
人事代表联络委
主　任:张兰萍(女)
内务司法委
主　任:陈铁成(9月退休)
陈晓文(女)(10月起)
财经工委
主　任:郑贵豪
教科文卫委
主　任:张华玉(女)
农经委
主　任:罗发信(1–3月)
钟木林(5月起)
民族宗教与外事侨台委
主　任:刘汉勤
城建环保委
主　任:李聪贤
法工委
主　任:罗发信（3月起）

【各县(市、区)人大常委会主任、副主任名单】

新罗区
主　任:林韶立
副主任:吕仁安　李加冰
黄　丽(女)　张咏兰(女)
永定区
主　任:苏贤添
副主任:胡　健(女)　吕国文
孔晓荣
詹萃芳(女)(7月调离)
上杭县
主　任:陈思忠(12月退休)
梁八生(12月起)
副主任:张跃龙
黄晓兰(女)(12月退)
李维广(12月起)
蔡永华　刘如才
武平县
主　任:王民发
副主任:童跃华(12月退休)
刘苏平(女)
石登峰(12月退休)
聂耀洪　修金华(12月起)
梁昌和(12月起)
长汀县
主　任:陈日源(6月退休)
副主任:王　华　卢　彬(女)
张明松　修　华
连城县
主　任:江维民
副主任:林百坤
赖海英(5月调离)
刘保生　吴开达
漳平市
主　任:陈金文
副主任:张晓玲(女)
席海勤　郭志敏(7月调离)
陈晓兰(女)

（林娇妮　撰稿）

23 龙岩市人民政府

施政概要

【打好“三大战役”】 2016年1月9日，市委、市政府召开全市经济工作会议，明确提出全力打好项目落地、脱贫攻坚、生态环保“三大战役”，推动经济社会持续平稳发展。

项目落地战役。滚动实施“五个一批”项目，实行挂图作战，按单销号，推动项目加快建设，投资增速保持全省前列。全年谋划项目307个、占年度任务数的153.5%，签约项目453个、占年度任务数的226.5%，开工建设项目232个、占年度任务数的122.8%，建成或部分投产项目206个、占年度任务数的202%，171个增资项目增加投资263.2亿元、占年度任务数的165.3%。300个省市重点项目完成投资807.4亿元，占年度计划的133%，同比增长22.5%。全市新开工建设10亿元以上项目44个、新竣工投产10亿元以上项目37个。共对接七批国家专项建设基金项目145个，争取资金76.11亿元。

脱贫攻坚战役。完成3.9万户、11.1万贫困人口建档立卡，制定脱贫攻坚系列政策，组织市县乡干部挂钩帮扶，逐户落实脱贫措施。组建扶贫开发投融资平台和扶贫小额信贷担保基金，完成造福工程扶贫搬迁5.2万人，帮扶1.92万贫困户各发展1个以上种养加项目，实施辅助就业1.75万人。加强兜底保障，提高贫困人口低保标准和新农合报销比例、大病保险报销封顶线。年度脱贫5.5万人，其中国定对象3.42万人。

生态环保战役。制定流域环境保护、重点乡镇水质考核管理等措施，加大大气、水、土壤等环境治理力度。全年共投入4.85亿元开展养殖业污染治理，关闭拆除养猪场1.3万户、削减生猪151万头，建设安全生态水系45.8公里，九龙江、闽江、汀江流域达到或优于Ⅲ类水质比例达95.5%，中心城市内河水质达标率100%，17个集中式生活饮用水水源地水质达标率100%。完成水土流失治理3.6万公顷、造林绿化0.87万公顷，崩岗治理100个、坡耕地综合整治3.60万公顷、治理废弃矿山82万平方米。淘汰黄标车1万多辆，建成大气污染治理项目12个，开展化工、有色金属等七大行业碳排放权交易。城市空气质量优良以上天数361天、占98.6%，综合指数居全省第三位，监测值均达国家二级标准。

【供给侧结构性改革】 围绕“三去一降一补”（去产能、去库存、去杠杆、降成本、补短板），有效提升供给体系质量和效率。淘汰煤炭产能136万吨、水泥产能30万吨。全年销售商品房275万平方米、同比增长23%，商品住房去库存期为12个月、比上年下降5个月，处于合理区间。开展非法集资专项整治，全市不良贷款率为1.88%，信贷资产质量居全省较好水平。开展“进企业、送服务、解难题、促增长”活动，为250家企业提供38亿元应急周转资金，为1195家企业提供75亿元贷款担保，减轻企业税费负担26.5亿元。策划实施两批29个投资工程包，共完成投资283亿元，加快补齐基础设施、产业发展、社会事业、民生保障等领域短板。

【加快新动能孕育】 实施创新驱动、产业兴市、人才强市“三大战略”，组织实施市“十三五”总体规划及工业发展与转型升级、军民融合深度发展等19个重点专项规划，推动“矿业+”“互联网+”等融合创新。龙马环卫“制造业+服务”模式逐步在全省、全国推广，龙净环保从产品制造向工程总包拓展。光电与新材料、生物医药两大新兴产业分别增长25.4%、21.1%，高新技术产业增加值占GDP比重达11.4%、同比提高0.2个百分点。大力推进创业创新，新增19家国家高新技术企业、3家省级创新型企业、39家省级科技小巨人领军企业、5家省级众创空间，市科技创业园获批为国家级科技企业孵化器。军民多领域合作模式正加快形成，与部队、军工企业新签约项目52个、总投资330亿元，民品参军销售额超过10亿元，成功创建省级军民融合新型工业化产业示范基地。

【发展现代农业】 林下经济和竹业、茶叶、花卉苗木等特色农业加快发展，农产品加工业实现产值323.6亿元，同比增长10.9%。加强规划、打造品牌，推进闽西“八大珍”“八大鲜”产业快速发展，全年实现产值28.4亿元，同比增长33.5%。推进农业与旅游融合，发展休闲农业经营主体771个，实现营业收入8.7亿元；“互联网+农业”加快发展，农产品上线品种200多种，电子商务交易额达20亿元、增长69.5%。永定区农民创业示范基地升格为福建农民创业园。

【推进城乡建设】 全市城镇化率53.8%，比上年提高1.2个百分点。制定实施综合交通一体化规划，浦梅铁路建宁至冠豸山段、厦蓉高速龙岩东联络线、古武线永定至上杭高速公路等项目开工建设，中心城区至高新园区快速通道、双永高速龙岩北互通连接线等项目建成通车。完成国省干线建设改造90公里，农村公路提级改造、生态路建设230公里。西气东输正式接通龙岩。开展城市建设三年行动计划，实施“六大工程”，罗龙路改移、龙腾南路二期、华莲西路一期等项目实现开工。实施新型城镇化和美丽乡村建设三年行动计划，124个美丽乡村和133个省级“千村整治、百村示范”工程全部开工建设，农村家园清洁行动深入开展。上杭县被列入第三批国家新型城镇化综合试点地区，古田镇被列入国家首批特色小镇试点，古田红色小镇、永福花香小镇、培田草药小镇入选福建省第一批特色小镇创建名单，14个村被列入第四批中国传统村落名录。

【深化改革开放】 建立“三张清单”（权力清单、责任清单、公共服务事项清单制度）动态调整机制，探索推进市场准入负面清单制度，组建网上中介超市，全面实行并联审批。加强投融资机制改革，设立龙岩市新兴产业基金，加大PPP项目推介力度，发行1支8亿元企业债券，新增6家“新三板”挂牌企业。深入推进医药卫生体制改革，公立医院全面实行药品、耗材零差率，“互联网+分级诊疗”正式运营。完成公务用车制度改革，公务交通实现从实物保障向货币化购买转变。积极参与“一带一路”建设，支持和推动机械、环保、矿业等行业龙头企业“走出去”。开展“政民外”重大项目对接活动，新签约招商项目192项、总投资643亿元，落地项目172个、完成投资91亿元。

【推进民生事业发展】 民生投入不断加大，全市公共财政用于各类民生支出217亿元，同比增长6.5%，占地方公共预算支出的79%。25件为民办实事项目全面完成。城镇登记失业率2.54%，新增城镇就业2.04万人，农村劳动力转移就业4.67万人。城乡居民参保覆盖率98.85%，医疗保险参保覆盖率99.6%，平均每千名老人拥有养老床位33.1张。打通市民医保健身通道，在全省率先推行医保卡购买健身服务模式。新开工保障性安居工程1.7万套、基本建成7711套。党政军民合力抗灾救灾，最大限度降低损失，受灾重建户在2017年春节前全部迁入新居。加强公共安全体系建设，群众安全满意率100%，居全省前列。

重要会议

【市政府全体会议】 1月11日召开。会议主题是“提升政务服务、强化工作落实”，要求各级政府及政府各部门要贯彻落实好市“两会”精神，以“钉钉子”精神狠抓各项工作落实，确保完成市委确定的各项目标任务。

对党忠诚。要讲政治。牢固树立政治意识、大局意识、核心意识、看齐意识，坚决维护以习近平同志为核心的党中央权威，坚持在市委统一领导下开展工作，认真落实市委确定的实施“三大战略”、打好“三大战役”等各项决策部署。要守规矩。要严格遵守党的政治纪律和政治规矩，真正用手中的权力为人民谋利益。要重学习。按照中央要求持续开展“两学一做”学习教育，进一步健全学习制度，让学习成为一种习惯和自觉。

勤政务实。要坚持求真务实、实事求是，倡导讲真话，鼓励干实事，坚持高效率运作。要坚持以项目为抓手，将市委市政府实施“三大战略”、打好“三大战役”落实到一个个具体项目上，做实做细项目前期，主要领导亲自协调推进60个“重中之重”项目（30个产业项目、15个基础项目、15个城建项目），确保项目按计划顺利推进。要下力气解决群众痛点堵点问题。加快推出一批投资工程包，解决交通出行难、社区停车难、就学难等问题。要加强政府效能建设，建立完善重点工作专班机制、效能考评机制、信息化工作机制。

廉洁干净。要坚守干净干事底线，严守党纪国法和中央八项规定精神，严格教育管理好身边工作人员和亲友，坚决反对以权谋私。要落实党风廉政建设主体责任，主要领导要切实履行好“第一责任”，领导成员要坚持“一岗双责”，抓好班子、带好队伍。要加强政府监督机制建设，加大政务公开力度，加强重点领域廉洁风险防范。

敢于担当。要分级负责、分工负责，按时保质完成每项工作。要防范安全生产风险，严格按照“一岗双责、党政同责、失职追责”要求，加强重点领域、重点行业监管，依法依规抓好安全生产工作。要强化监督问责，确保市委、市政府确定的各项工作任务顺利完成。要正向激励、逆向惩戒,营造干事创业、比学赶超的浓厚氛围。

依法行政。要切实增强法治思维,真正做到办事依法、遇事找法、解决问题用法、化解矛盾靠法。以法治方式推动政府各项工作,认真办理人大和政协的意见建议,不断提高政府工作水平。

【市政府常务会议】 第五十三次常务会议　1月6日市长池秋娜主持召开,3个议题:研究《政府工作报告》(送审稿)《龙岩市国民经济和社会发展第十三个五年规划纲要》(送审稿)和《关于龙岩市2015年国民经济和社会发展计划执行情况及2016年国民经济和社会发展计划草案的报告》(送审稿)《关于龙岩市2015年预算执行情况和2016年预算草案的报告》(送审稿);审议《关于推进精准扶贫打赢脱贫攻坚战的实施意见》(送审稿);听取2016年市委、市政府为民办实事建议项目遴选情况汇报。

第五十四次常务会议　2月4日市长池秋娜主持召开,4个议题:审议《龙岩市开展工业企业"降成本"活动实施方案》(送审稿);研究中心城市商业综合体项目履约保证金退还事宜;听取审计工作汇报;研究龙岩市千名名师、百名名校长(第三批)评选事宜。

第五十五次常务会议　2月13日市长池秋娜主持召开,专题研究国能集团、国研集团重组新龙马公司事宜。

第五十六次常务会议　3月3日市长池秋娜主持召开,10个议题:审议《龙岩市生态环境保护攻坚战役方案》(送审稿);审议《关于加强招商引资工作的实施意见》《2016年龙岩市招商引资考评办法》(送审稿);审议《2016年龙岩市促进外贸出口扶持办法》(送审稿);研究2015年市对县(市、区)和市直单列考核单位安全生产目标责任考评结果;研究中心城市2016年第一批五幅国有建设用地使用权公开出让事宜;审议《龙岩市东肖新城规划建设实施方案》(送审稿);审议《龙岩市2016年城乡建设"六大工程"和"十大亮点"项目实施方案》(送审稿);审议《苏溪社区棚户区(危旧房)改造工作实施计划》(送审稿)和《华龙社区棚户区(危旧房)改造工作实施计划》(送审稿);审议《龙岩市中心城区环卫保洁一体化市场化工作方案》(送审稿);研究2015年龙岩市项目工作考评和先进集体、先进个人、优秀企业家初步评选结果。

第五十七次常务会议　4月14日市长池秋娜主持召开,8个议题:研究禁毒工作;审议《龙岩市市属公立医院管理委员会工作规程》(送审稿);审议《龙津湖片区规划设计方案》(送审稿)和《龙津湖片区改造项目建设实施方案》(送审稿);审议《龙岩市新型城镇化和美丽乡村示范点建设三年行动计划》(送审稿);审议《关于深化供销合作社综合改革的实施意见》(送审稿);审议《龙岩中心城市公交客运服务成本规制方案》(送审稿);审议《龙岩市黄标车提前淘汰报废补贴方案》(送审稿);审议《龙岩工发集团投资图形化蓝宝石衬底(PPS)产品生产线项目方案》(送审稿)。

第五十八次常务会议　5月5日市长池秋娜主持召开,6个议题:研究确定9月18日为龙岩市防空警报试鸣日事宜;研究"北京—武汉—连城"航线《航班固定补贴协议》相关事宜;审议《龙岩市单列重点乡镇水质考核管理办法(试行)》(送审稿);审议《龙岩市汀江流域生态环境保护与治理总体实施方案》(送审稿);审议《关于加快发展现代职业教育的实施意见》及其《工作细则》、《关于建立龙岩市职业教育工作联席会议制度的通知》(送审稿);审议2015年度各层面绩效管理考评结果及2016年度各层面绩效管理工作方案修订情况;研究建立便民服务"马上就办"热线平台工作;研究新龙马汽车公司重组工作。

第五十九次常务会议　6月2日市长池秋娜主持召开,11个议题:审议《龙岩市"十三五"扶贫开发专项规划》(送审稿);审议《龙岩市"十三五"科技发展和创新驱动专项规划》(送审稿)和《龙岩市创新驱动发展战略行动计划实施方案》(送审稿);审议《福建龙岩国家农业科技园区总体规划(2016－2018年)》(送审稿);审议《龙岩市"十三五"工业发展与转型升级专项规划》(送审稿);审议《龙岩综合交通运输一体化规划》(送审稿);审议《关于实施"产业兴市"战略的意见》(送审稿);审议《龙岩市创建全国文明城市工作绩效奖惩暂行办法》(送审稿);研究《龙岩市"十三五"教育发展专项规划》(送审稿);审议《龙岩中心城市"十三五"城乡基础设施建设专项规划》(送审稿);审议《龙岩市"十三五"环境保护规划》(送审稿);审议新龙马重组项目涉及土地资产处置相关事宜。

第六十次常务会议　7月1日市长池秋娜主持召开,14个议题:审议《龙岩中心城区环卫保洁服务项目一体化运营采购方案》(送审稿);审议《龙岩市新型城镇化和美丽乡村建设行动计划项目与资金管理办法》(送审稿);研究收购龙岩大道原高速公路收费站部分国有土地使用权事宜;研究收购龙岩象屿物流园区开发有限公司国有土地使用权事宜;审议《龙岩市"十三五"旅游业发展专项规划》(送审稿);研究市工发集团向龙岩市龙马汽车工业有限公司增加注册资本事宜;研究市交建集团参与国省干线武平县境内文溪至半岭段公路工程项目投标事宜;研究交通国投公司参与龙洲股份重大资产重组配套融资及认购股份事宜;审议《关于加快推进"互联网+"行动实施方案》(送审稿);审议《龙岩市"十三五"军民融合深度发展专项规划》(送审稿);审议《龙岩市"十三五"现代农业发展专项规划》(送审稿);审议《龙岩市"十三五"水利建设专项规划》(送审稿);审议《龙岩市"十三五"安全生产专项规划》(送审稿);研究继续执行刚需购房契税优惠政策有关问题。

第六十一次常务会议　8月13日代市长林国耀主持召开，11个议题：审议《关于实施创新驱动发展战略推进创新型龙岩建设的决定》（送审稿）；审议《关于推进供给侧结构性改革的实施方案（2016－2018年）》（送审稿）；审议《龙岩市化解部分行业过剩产能的实施意见》（送审稿）；审议《龙岩市补齐发展短板扩大有效供给实施意见》（送审稿）；审议《龙岩市有序降低杠杆率水平防范化解金融风险的实施意见》（送审稿）；审议《厦门海关　龙岩市人民政府合作备忘录》（送审稿）；审议《关于加快推进残疾人小康进程的实施方案》（送审稿）；审议《关于印发飞地工业项目税收分成管理办法的通知》（送审稿）；审议《龙岩市争取上级资金和培育新增税源的考核奖惩办法（试行）》（送审稿）；审议《龙岩中心城市环城森林景观美化（2016－2018）三年行动计划》（送审稿）；研究食品药品安全工作。

第六十二次常务会议　8月31日代市长林国耀主持召开，10个议题：审议《对部分审批事项实行告知承诺制的若干规定》（修订稿）和《涉及投资项目审批事项实行告知承诺制操作办法》（送审稿）；审议《龙岩市网上中介超市组建工作方案》及相关配套文件（送审稿）；审议《龙岩市人民政府关于鼓励和支持台湾青年来岩创业就业的实施办法》（送审稿）；审议《龙岩市化解房地产库存的实施意见》（送审稿）；审议《关于在全市公民中开展法治宣传教育的第七个五年规划（2016－2020年）》（送审稿）；研究全市道路交通安全综合整治工作；审议《关于深入推进淘汰汽油机助力自行车整治工作的实施方案》（送审稿）；审议《龙岩市全面推进公务用车制度改革实施方案》等5个方案（送审稿）；研究福建龙洲运输股份有限公司并购重组天津兆华领先股份有限公司相关事项；听取龙岩市第三届杰出人民教师评选等情况汇报。

第六十三次常务会议　9月2日代市长林国耀主持召开，5个议题：审议《第七届海峡两岸机械产业博览会暨第九届中国龙岩投资项目洽谈会总体方案》（送审稿）和《第七届海峡两岸机械产业博览会暨第九届中国龙岩投资项目洽谈会展务工作实施方案》（送审稿）；审议《龙岩市人民政府关于家政服务业补短板实施方案》（送审稿）；审议《龙岩市2016年"三大战役"工作考评办法》（送审稿）、《龙岩市市直机关项目落地攻坚战役绩效考评办法》（送审稿）和《龙岩市项目落地攻坚战役工作绩效奖惩办法》（送审稿）；研究龙岩中心城市2016年第二批十幅拟公开出让地块有关事宜；研究华润水泥（龙岩曹溪）有限公司铁路专用线补偿有关事宜。

第六十四次常务会议　9月29日代市长林国耀主持召开，3个议题：研究市汇金集团出资参与设立产业并购基金事宜；审议《龙岩市"十三五"现代服务业发展专项规划》（送审稿）；传达全省提升质量推进供给侧结构性改革工作会议精神，审议《龙岩市发挥品牌引领作用推动供给侧结构性改革实施方案》（送审稿）。

第六十五次常务会议　10月19日代市长林国耀主持召开，4个议题：审议《龙岩市人民政府关于深化改革推进出租汽车行业健康发展的实施意见》（送审稿）和《龙岩市网络预约出租汽车经营服务管理办法（试行）》（送审稿）；审议《龙岩市2016—2020年森林防火责任书》（送审稿）和《龙岩市2016—2020年森林防火责任书考核办法》（送审稿）；研究第四批龙岩市荣誉市民评选工作；审议《关于每年清明节期间组织祭奠湘江战役和松毛岭战役红军英烈活动方案》（送审稿）。

第六十六次常务会议　12月8日代市长林国耀主持召开，11个议题：听取全市安全生产、地方煤矿安全生产工作情况汇报；听取漳武线南靖至永定高速公路永定段工程路线方案调整、建（建宁）长（长汀）武（武平）高速公路龙岩段前期工作安排的情况汇报；审议《龙岩市关于进一步鼓励和支持民间投资实施意见》（送审稿）；讨论《政府工作报告》（征求意见稿）；审议《关于推进教育改革创新发展的意见》（送审稿）、《龙岩中心城区教育规划布局方案（2016－2030年）》（送审稿）和《龙岩中心城区教育重点项目建设三年行动计划》（送审稿）；审议《龙岩市人民政府关于进一步完善中心城区征迁安置政策鼓励货币补偿的实施意见（试行）》（送审稿）；研究卓鹰卓龙"优二进三"项目土地出让合同履约涉及的土地开发建设调整方案、东山综合体A地块（房地产转型项目）国有建设用地使用权补充出让事宜；审议《龙岩市产业股权投资基金暂行管理办法》（送审稿）；审议《关于深化龙岩市国有企业改革的实施意见》（送审稿）和《市委管理企业负责人履职待遇和业务支出管理暂行办法》（送审稿）；审议《龙岩市人民政府关于贯彻落实〈福建省实施〈居住证暂行条例〉办法〉的实施意见》（送审稿）；研究成功抓获4名A级通缉令逃犯的集体和个人报功事宜。

第六十七次常务会议　12月18日代市长林国耀主持召开，专题审议《政府工作报告》（送审稿）《关于龙岩市2016年国民经济和社会发展计划执行情况及2017年国民经济和社会发展计划草案的报告》（送审稿）《关于龙岩市2016年预算执行情况和2017年预算草案的报告》（送审稿）。

附：重要文件（目录）

1. 关于进一步做好城镇棚户区和城乡危房改造及配套基础设施建设工作的实施意见（龙政综〔2016〕10号）

2. 关于印发促进军民融合产业发展十一条措施的通知（龙政综〔2016〕26号）

3. 关于印发龙岩市开展工业企业"降成本"活动实施方案的通知（龙政综

〔2016〕28 号)

4. 关于取消 33 项中央指定地方实施行政审批事项的通知(龙政综〔2016〕33 号)

5. 关于印发龙岩市中心城区环卫保洁服务项目一体化市场化运营工作方案的通知(龙政综〔2016〕47 号)

6. 关于贯彻落实省“五个一批”项目工作的实施意见(龙政综〔2016〕55 号)

7. 关于取消 32 项第二批中央指定地方实施行政审批事项的通知(龙政综〔2016〕60 号)

8. 关于印发龙岩市黄标车提前淘汰报废补贴方案的通知(龙政综〔2016〕70 号)

9. 关于印发龙岩市服务项目落地攻坚战役优化投资项目审批实施方案的通知(龙政综〔2016〕80 号)

10. 印发关于进一步完善城乡义务教育经费保障机制实施方案的通知(龙政综〔2016〕91 号)

11. 关于加快发展现代职业教育的实施意见(龙政综〔2016〕92 号)

12. 关于印发 2016 年龙岩市宜居环境建设行动实施方案的通知(龙政综〔2016〕93 号)

13. 关于印发龙岩市农村家园清洁三年行动实施方案的通知(龙政综〔2016〕102 号)

14. 关于印发龙岩市“十三五”科技发展和创新驱动专项规划的通知(龙政综〔2016〕110 号)

15. 关于印发龙岩市创新驱动发展战略行动计划实施方案的通知(龙政综〔2016〕116 号)

16. 关于公布市级前置审批事项的通知(龙政综〔2016〕118 号)

17. 关于公布市级行政审批中介服务事项的通知(龙政综〔2016〕119 号)

18. 关于印发龙岩市新型城镇化和美丽乡村建设三年行动计划项目与资金管理办法的通知(龙政综〔2016〕121 号)

19. 关于印发龙岩市培育科技小巨人领军企业实施方案(2016—2020 年)的通知(龙政综〔2016〕126 号)

20. 关于印发加快推进“互联网+”行动实施方案的通知(龙政综〔2016〕130 号)

21. 关于继续实施刚需购房契税优惠政策的通知(龙政综〔2016〕142 号)

22. 关于印发龙岩市降低企业成本减轻企业负担的若干措施的通知(龙政综〔2016〕146 号)

23. 关于印发龙岩中心城市环城森林景观美化(2016—2018)三年行动计划的通知(龙政综〔2016〕155 号)

24. 关于有序降低杠杆率水平防范化解金融风险的实施意见(龙政综〔2016〕158 号)

25. 关于补齐发展短板扩大有效供给的实施意见改革的实施方案(2016—2018 年)的通知(龙政综〔2016〕163 号)

26. 关于印发龙岩市化解部分行业过剩产能实施意见的通知(龙政综〔2016〕164 号)

27. 关于印发龙岩市化解房地产库存实施意见的通知(龙政综〔2016〕169 号)

28. 印发关于深入推进淘汰汽油机助力自行车整治工作的实施方案的通知(龙政综〔2016〕170 号)

29. 关于印发龙岩市项目落地攻坚战役“百日会战”活动实施方案的通知(龙政综〔2016〕188 号)

30. 关于印发龙岩市发挥品牌引领作用推动供给侧结构性改革实施方案的通知(龙政综〔2016〕191 号)

31. 关于印发龙岩市网络预约出租汽车经营服务管理办法(试行)的通知(龙政综〔2016〕210 号)

32. 关于深化改革推进出租汽车行业健康发展的实施意见(龙政综〔2016〕211 号)

33. 关于取消调整、保留市级公共服务和年检事项的通知(龙政综〔2016〕219 号)

34. 关于印发龙岩市“十三五”现代服务业发展规划的通知(龙政综〔2016〕224 号)

35. 关于印发龙岩市鼓励和支持台湾青年来岩创业就业的实施办法(试行)的通知(龙政综〔2016〕249 号)

36. 关于印发进一步鼓励和支持民间投资实施意见的通知(龙政综〔2016〕255 号)

37. 关于印发龙岩市电子商务发展三年行动计划(2017—2019 年)的通知(龙政综〔2016〕264 号)

38. 关于印发龙岩市商贸流通服务业三年行动计划(2017—2019 年)的通知(龙政综〔2016〕265 号)

39. 关于印发龙岩市居民和家庭服务业三年行动计划(2017—2019 年)的通知(龙政综〔2016〕266 号)

40. 关于印发龙岩中心城区教育重点项目建设三年行动计划(2016—2018 年)的通知(龙政综〔2016〕267 号)

41. 关于印发龙岩中心城区教育规划布局方案(2016—2030 年)的通知(龙政综〔2016〕268 号)

(市政府办　供稿)

公共行政服务

【概况】 2016 年,龙岩行政服务中心市本级完成办件 20.32 万件,当日办结率 88.40%,比省定要求高 28.40 个百分点;窗口授权率 96.64%,比省定要求高 11.64 个百分点;对外承诺提速率 62.21%,比省定要求高出 22.21 个百分点。省对市行政服务质量绩效考评排名第二名,被市委、市政府评为 2016 年度服务项目落地攻坚战役绩效考评成绩突出单位,被省妇联授予“福建省三八红旗集体”荣誉称号。

【行政审批改革】 推进“三集中、三到位”改革。新进驻 74 个事项,其中新增市财政局、市国安局、市外侨办、市水文局、市梅花山保护管理局、市农业局6个单位28个事项入驻。规范省、市两级下放、取消、委托、调整事项232项，简化投资项目办事手续69项，降低市场准入条件和简化办事手续110项，市本级共压缩时间741个工作日，简化申报材料124份，简化审批环节162个。部分投资项目实行告知承诺制审批。将不涉及环境敏感区、市级审批权限内的投资项目分成三类制定告知承诺事项目录，制定具体操作办法，将立项前耗时较长的由中介组织依法依规编制的环境影响评价、水土保持方案审查等评价报告，由立项前报批延迟至施工许可前报批，缩短项目报批时间，提高项目审批效率。共有76个投资项目报批实行了容缺预审批。组建完成网上中介超市。将审批服务链条延伸至中介机构服务领域，破解立项前期需编制各类中介评价报告和评审等耗时较长的瓶颈障碍，有效加快投资项目审批速度。网上中介超市合并在市公共资源交易中心运行管理，2017年1月1日正式上线运行。

【项目审批服务】 以市政府名义出台《龙岩市服务项目落地攻坚战役优化投资项目审批实施方案》《关于对部分审批事项实行告知承诺制的若干规定》《龙岩市网上中介超市组建工作方案》《龙岩市投资项目审批中介超市管理暂行办法》等文件。在项目审批服务过程中，设立“项目审批服务窗口”，实行“一窗式”服务，实现一号管控、动态跟踪、全程监督，省投资项目在线监管平台项目赋码523个。实行分阶段分领域并联审批，分别就审批类、核准类、备案类编制基本流程图，固定项目立项、方案设计和用地审批、施工图设计和施工许可四个审批阶段，联合水利、经信、交通等部门分领域就水利水电、工业技改、公路交通建设等领域，制定各阶段各领域并联审批操作实施细则，15个部门87个事项纳入了并联审批。市本级投资项目实行并联审批办件720件，开展联合踏勘、会审162次。

【互联网+行政审批】 2016年8月，县级网上办事大厅上线运行，2016年12月134个乡（镇、街道）网上办事大厅上线运行，实现网上申报、网上查询、网上咨询、网上投诉、网上评价、网上预约等功能。完成与市规划局系统、市国土局不动产登记系统、省投资项目监管平台等系统的数据对接。市、县、乡三级共有467个单位部门，20404项（细项）行政审批和服务事项入驻网上办事大厅，入驻率100%；开通全程网办的事项13201项（细项）、占入驻事项的64.69%。2016年，全市全程网办办件5843件，同步生成电子证照12858本。

【行政服务标准建设】 参与起草的《政务服务中心标准化工作指南》《政务服务中心运行规范》两大系列6项国家标准释义教材读本出版；继续参与《政务大厅投诉处置规范》国标的起草工作；参与国标宣贯工作，中心3名干部被国标委聘为全国首批《政务服务中心运行规范》等7项国家标准宣贯培训班教师。

【“12345”便民服务】 6月，市行政服务中心管委会开始负责“12345”便民服务平台建设管理。出台《龙岩市“12345”便民服务平台组建方案》和《龙岩市“12345”便民服务平台运行管理办法》（龙政办〔2016〕355号），加强平台建设和运行管理，梳理各单位职能职责和便民服务事项，建立知识库。投诉类和咨询类办件办结时限从原来的10个工作日，分别缩短到3个和2个工作日，分别缩短70%和80%，群众满意率从79%上升至93%。

（行政服务中心　供稿）

防灾减灾

【救灾工作】 2016年，龙岩市气候复杂多变，先后出现低温寒潮、风雹、暴雨洪涝、台风等自然灾害，特别是第1号“尼伯特”、第14号“莫兰蒂”台风，给漳平市造成严重损失。据统计，全市7个县（市、区）、133个乡（镇）17.18万人受灾，紧急转移安置群众7.89万人，因灾死亡4人；因灾倒损房屋2088户、6463间，其中：倒塌600户、2276间，严重损坏414户、1441间，一般损坏1074户、2746间；农作物受灾面积4067.3公顷，其中：成灾面积2506.6公顷，绝收面积969公顷；直接经济损失14.9亿元。面对灾情险情，市民政局强化责任意识，加强组织领导，进一步完善应急值守、应急响应、协调联动和灾情信息报送等机制，认真落实值班值守制度，加强救灾物资储备和调运，切实做好灾后应急救助和过渡期生活救助工作，切实保障受灾群众基本生活。加强灾情信息管理，组织全市60个乡（镇、街道）民政办工作人员参加省民政厅举办的乡（镇）网络报灾培训，从7月起，龙岩市按照按省民政厅部署要求，所有乡（镇）全部实现网络报灾，进一步增强灾情报送质量和时效。扎实做好灾后应急救助和受灾群众过渡期生活救助工作，按照每人每天补助20元、救助期限3个月（最长不超过6个月）的标准实施过渡期生活救助，全市受灾群众过渡期生活救助2855人，发放救助金332.23万元。组织开展冬春期间因灾生活困难群众调查摸底工作，全市冬春期间因灾生活困难需救助人数为77609人，其中：需口粮救助68856人、需衣被救助24325人、需医疗救助1932人、需其他生活救助18275人。龙岩市将按照上级部署要求，按照“分类救助、重点救助”原则，抓紧发放救灾救助款物，确保受灾群众安全温暖过冬。修订完善《龙岩市自然灾害救助应急预案》。会同市财政局、人保财险公司下发自然灾害公众责任保险框架协议，将保额从6万元提高到10万元，保险费每人每年1.5元。灾情稳定后，龙岩市迅速启动农村住房灾后恢复重建工作，加强组织领导，落实工作责任，强化政策扶持，扎实有效推进，取得阶段性成效。截至12月底，全市集中重建5个点、122户全部已建一层及以上，已竣工51户、占41.8%；761户分散重建户已全部开工建设并完成基础，已建一层及以上752户、占98.8%，已搬迁298户、占39.2%；138户进城购房户已全部签约。市委、市政府制定出台《关于扎实做好灾后恢复重建工作的通知》（岩委〔2016〕64号），农村住房灾后重建方面，提出"2017年元旦前基本完成受灾住房重建工作，春节前受灾重建户全面搬入新房"的目标要求，结合省级灾后重建扶持政策，龙岩市制定了6个方面的扶持政策，其中政府补助方面，在省政府对一般重建户补助2万元/户、贫困重建户补助2.5万元/户的基础上，市政府对一般重建户补助8000元/户、贫困重建户补助10000元/户，同时要求县（市、区）政府也相应安排补助资金。加强资金保障。2016年"尼伯特"台风发生以来，省财政厅、民政厅共下拨龙岩市自然灾害生活补助资金3670万元，已全部分配下拨。市级下拨补助资金978.8万元，其中灾后重建补助资金878.8万元已全额下拨。各县（市、区）民政局已下拨灾后重建补助资金2993.24万元（含县级配套补助）。市委、市政府领导先后多次赴漳平市、连城县等地检查指导灾后重建工作，市民政局领导带队先后开展救灾资金管理使用情况和重建进展情况督查，督促各地落实工作责任，强化推进措施。加强进度管理，建立农村住房灾后重建进展情况报送制度，9—10月实行半月报，11月实行旬报，12月起实行周报。市民政局向各县（市、区）人民政府和民政局发了5期进展情况通报，分析存在问题，督促加快进度，确保实现预期目标。

市民政局、市财政局、人保财险龙岩市分公司制定《关于加快推进政策性农村住房保险工作的通知》，要求加快推进龙岩市政策性农村住房保险工作，市财政2016年下半年应补助农房叠加保险保费19.6657万元已拨付市人保公司，2017年补助资金40万元报市财政列入预算。各县（市、区）保险协议签订和政府保费补贴拨付工作正在落实中。

【防灾减灾基础设施建设】 上杭县救灾物资储备库已投入使用，市救灾物资储备库改扩建工程基本完成；武平县救灾物资储备库利用原救助站改建，连城县、漳平市救灾物资储备库已完成图纸设计、预算，近期将招投标，该三个项目预计明年上半年建成。省下达18个自然灾害避灾点建设任务，其中永定、上杭、武平、长汀各3个，新罗、连城、漳平各2个。认真做好"全国综合减灾示范社区"创建工作，2016年共推荐申报新罗区北城街道红梅社区、长汀县汀州镇新民社区、上杭县临江镇镇西社区、永定县凤城街道金凤社区等4个社区，9月初，省厅、市局组织开展考评验收，红梅社区、新民社区、镇西社区通过考评验收，上报民政部审批。

（游奇汀　撰稿）

【防灾减灾工作】 贯彻实施防震减灾法律法规，推进龙岩市防震减灾法制建设。将法制宣传教育列入年度重点工作，与市法制办等有关部门联合，开展大规模法制宣传活动，促进全社会法制意识提升。加强宣贯指导，落实抗震设防新要求。联合市住建局印发《关于贯彻执行〈中国地震动参数区划图〉（GB18306-2015）的通知》，组织专题业务培训，并在政府访谈节目重点宣传，使建筑物设计从业人员及民众了解工程建设抗震设防新要求。主动作为，提升行业服务社会能力。全力支持龙岩市重大工程项目建设，为"十三五"龙岩市水利规划编制、中铁一局南龙铁路和龙岩新机场规划建设等提供优质服务。部门联动，推进示范创建取得新格局。先行先试，开展防震减灾示范县建设和地震安全示范企业试点工作。示范县创建前期工作正有条不紊地开展，同时确定5家企业为首批示范企业创建对象。组织开展防震减灾科普示范学校和地震安全示范社区创建工作，全市共8所学校被授予"龙岩市防震减灾科普示范学校"称号，5个社区获得"国家级地震安全示范社区"称号。整合资源，兴建科普宣传阵地。先后指导推动武平县防震减灾科普馆、上杭县地震科普教育基地等一批科普宣教场馆建设。补齐短板，助力农村房屋抗震设防水平提升。加快推进农村民居地震安全工程，联合市住建局印发《关于加快推进农村民居地震安全工程的通知》，配合开展农村建筑工匠抗震技术培训。

政府有关部门的应急处置能力逐步提高。成功举行龙岩市2016年地震应急桌面演练，此次演练由市政府分管副市长任总指挥，市直抗震救灾指挥部各成员单位负责人参与演练，各县（市、区）政府分管领导和地震办主任参加观摩，原中国地震局刘玉辰副局长等国家局和省局领导到场指导演练，有16家新闻媒体先后报道了此次演练活动。民众的应急反应能力得到提高。认真搞好地震应急疏散演练，先后在龙岩师范附属小学等28家单位举行应急疏散演练，不断增强广大市民地震灾害防范意识。完善市抗震救灾指挥机构。及时调整龙岩市人民政府抗震救灾指挥部成员单位，并根据服务经济社会发展的实际需要，及时修改地震应急预案。地震应急基础设施逐步完善。扎实推进地震应急避难场所建设，全市完成25个乡（镇、街道）级地震应急避难场所建设。地震灾害救援队伍业务水平得到提高。组织县级专业救援队参加省"闽动—2016"地震应急救援联合演练，顺利完成生命搜索、破拆救援等任务，提升专业应急救援能力。专业地震灾害救援队伍的装备水平得到提高。积极完成救援装备配备任务，市、县地震部门积极争取资金，不断完善专业地震灾害紧急救援队的救援装备配备。全市地震系统的地震应急快速反应能力逐步提高。各县（市、区）均安装地震与烈度速报服务系统，并已正式投入使用。

【防震减灾宣传】 积极开展“防震减灾宣传加强年”系列活动。注重融合，联合有关部门开展日常防震减灾宣传活动。联合市农业局印发《农村服务安全手册》；联合市科协在《科圃》杂志开设宣传专栏；联合市民政局开展“幸福社区行”公益宣传活动；联合市机关事务管理局、市数字办开展政府楼宇视频宣传；向市直部门发放近2万册的《龙岩市机关、事业单位干部防震减灾手册》，向社会群众发放10万多份宣传材料；继续推广防震减灾宣传标准课件，助推各县（市、区）成立宣讲团，统一宣传口径，提高效率。创新“互联网+防震减灾”模式，举行大型防震减灾主题宣传活动。在“5·12”“7·28”等重大地震纪念日期间，在部门网站、龙岩移动、龙岩联通等微信平台宣传地震避险知识，推送防震减灾公益宣传片，开展防震减灾有奖知识竞赛；通过在市政府网站举办“纪念唐山大地震40周年”在线访谈，向市民推送宣传短信等方式，有效开展防震减灾宣传活动。运用新闻媒体，积极开展防震减灾宣传报道工作。先后在《闽西日报》《龙岩新周刊》《福建法制报》等新闻报刊杂志及电视台、广播电台、红土新闻网等媒体上宣传报道近40多条新闻。向国家、省局官网报送信息180多条，在市局网站更新防震减灾信息259条，取得较好的社会宣传效果。此外，中国国际救援队微博、台海网、东南网等新闻媒体也先后报道龙岩市防震减灾系列宣传活动的做法和成效。

（市地震局　供稿）

对口支援

【对口支援新疆呼图壁县三年工作】
2014—2016年，龙岩市35名援疆干部（其中：中长期18名、短期17名）到新疆开展对口支援呼图壁县工作。2014年9月指挥部被昌吉自治州党委、州人民政府评为“民族团结进步先进集体”，2016年12月指挥部被新疆自治区党委、自治区政府评为“第八批省市援疆工作先进集体”。

项目援疆。龙岩市各级各部门投入援疆资金5051万元，实施援疆项目12个（农村安居工程抗震安居房1189户、游牧民定居工程327户、五工台镇十户新村、百泉村文化活动中心、党校附属工程、曲子传承基地、一中综合楼和报告厅、社区卫生服务中心、三工湖回民风情村、雀儿沟哈萨克牧民创业园、丽璟和兰溪社区服务中心和克孜勒塔斯村村民文化服务中心）。2014年度援疆项目700户抗震安居房和327户游牧民定居房及暖圈均已竣工投入使用；2015年度489户抗震安居房、十户和百泉两个村文化活动中心、党校附属工程均已竣工投入使用；2016年度启动的“十三五”援疆项目曲子传承基地、一中综合楼和报告厅、社区卫生服务中心、三工湖回民风情村、雀儿沟哈萨克牧民创业园、丽璟和兰溪社区服务中心和克孜勒塔斯村村民文化服务中心等均已超计划完成建设任务。同时，科学制定“十三五”援疆项目规划，计划安排援疆资金1.1亿元，实施卫生、医疗等民生社会项目8类13个。

产业援疆。三年来，8个产业援疆项目为呼图壁贡献利税1.2亿元，解决用工2000多人。其中，新竣工投产项目2个（投资5亿元的新安特钢项目和投资2亿元的华美伟业新型材料项目），新开工项目3个（投资26亿元的缘祺纺织项目、投资5亿元海汇龙盛石化项目和投资1.5亿元科洋新型建筑材料项目），新签订投资框架协议项目1个（投资100亿元的厦门科华光伏光电产业园）。目前，再谈项目6个，涉及纺织、光伏光电、食品加工、葡萄酒加工、物流商贸和矿产品加工等行业。同时，金融单位落实企业贷款4500万元，帮助航峰金属铸造、新福鑫和阳光碳素等援疆企业落实了本地建设生产项目优先使用其产品的政策，指定专人协助华美伟业和新安特钢两家企业办理土地和房产等证照，引导帮助新安特钢使用新型冷轧国家专利技术，进一步提高企业效益和竞争力。

援智育才工程。在呼图壁县一中建立物理名师（王辉）工作室，在县中医院建立了平衡针灸（张汉卿）工作室、中医整脊工作室、韦以宗名医工作室，实施平衡针灸“百万”工程援疆项目（培训昌吉州百名平衡针灸人才，义诊万名少数民族群众），2014年8月22日，指挥部联系国家中医药管理局在呼图壁成功举办为期一周的昌吉州平衡针灸适宜技术培训班，全州138名医务工作者参加了培训；在呼图壁中医院建立全国第四家、新疆首家“平衡针灸临床治疗基地”。2015年6月5—7日，经指挥部积极争取，国家中医药管理局《中医常见病诊疗指南》新疆推广高级研修班在呼图壁县举行，培训全区各地州216名医务工作者。全疆首次引进并推广中医整脊技术，创建新疆首个中医整脊临床示教基地。2016年8月，中华中医药学会第十二次整脊分会学术交流大会暨“一带一路中医整脊行专家义诊”活动在呼图壁举行，这是呼图壁中医院首次承办全国性学术会议，进一步扩大援疆成果，受到全县各族人民群众的欢迎和好评。发挥三个“双一百”优势，援疆干部充分发挥自己的专业特长，在繁忙工作之余自己编写教材，开办卫生保健、畜禽养殖、高考咨询、经济管理等专题讲座60余场次，培训受援地干部群众达6000多人次。多次组织呼图壁党政及专技骨干赴福建、江西和上海等内地省份学习培训，三年来在福州、龙岩、井冈山和复旦大学举办各类培训班12期，培训人员320人次。

互动交流。筹措落实帮扶资金318万元，组织开展各类活动，加强与受援地的沟通交流。组织援疆干部参加"滴滴热血情、浓浓援疆爱"无偿献血活动。组织援疆干部到呼图壁河滩和青年渠戈壁参加春、秋季义务植树活动。组织援疆干部到军医训练大队基地开展兵地联谊活动，为500多名军医训练大队学员开展了平衡针灸适宜技术和创新理论讲座和义诊。多次组织龙岩援疆医生先后到农区、牧区乡镇慰问各族群众，到各主要治安防恐卡点慰问特警，并进行义诊，义诊群众6000多人。到挂钩乡(镇)、社区(村)，开展援疆情、社区(乡村)行服务居民(群众)面对面系列活动，上门为各族困难群众检查身体，三年累计服务患者500余人次，免费发放各类药品价值3.8万元。帮助呼图壁中医院到北京牵线搭桥，为中医院引进平衡针灸、中医整脊、针刀治疗小儿脑瘫等新技术、新项目。开展"龙岩天山助学金""扶贫帮困送温暖"活动，利用"六一""十一"为结对的30名贫困少数民族学生和25户贫困户送去节日礼品、助学金和慰问金；为20户哈萨克族群众每户送上一台绣花机；给予哈萨克族福海新村30万元扶贫发展资金。开展各种形式民族团结活动。开展上民族团结党课、参观民族团结图片展、邀请南疆干部挂职班学员一起徒步、学讲新疆话学唱新疆歌学跳新疆舞、到民族乡镇开展"卫生、教育、科技"三下乡、与困难少数民族群众"结穷亲"、同过肉孜节、古尔邦节等"民族团结手拉手"系列活动，增进了民族群众对援疆工作的理解和支持。

两地交流合作。促成昌吉、龙岩两地共建农特产品双向流通机制，2014年7月1日分指挥部在全省九地市第一个完成昌吉名特优农产品龙岩直销中心的建设任务，2014年8月12日，在全州七县市第一个建成龙岩名特优农产品呼图壁直销中心。创新开展基层党建援疆工作，促成龙岩新罗区西陂街道党工委与呼图壁镇水晶社区党总支结对联谊，开展了"苏区边疆心连心、西陂水晶结远亲"党建援疆交流活动，赠送水晶社区党建交流经费5万元及一批办公设备。连续三年陪同呼图壁党政代表团顺利完成参加厦门"9·8"投洽会任务。同时，邀请昌吉州、呼图壁县领导共计25批次260多人到龙岩市考察，并到新罗、永定、上杭、武平和连城等县参观。促成龙岩卫生中医、针灸等特色科室与呼图壁中医院相应科室结对，通过远程网络平台给予技术帮扶，并给予呼图壁中医院8万元扶持补助资金。促成龙岩市妇联在呼图壁县启动以"闽昌姐妹携手、共建美好家园"为主题的妇女儿童共创共建"三牵手"行动(与贫困妇女儿童牵手、与当地妇女组织牵手、与创业女性和女企业家牵手)；在哈萨克族独山子村和回族园户村村建立龙岩市妇联援建"妇女儿童之家"示范点，同时，龙岩市保育院与呼图壁第二幼儿园结为姐妹园，还为独山子村双语幼儿园捐赠了100床冬季被褥，为呼图壁解决贫困妇女救助金10万元、妇女创业金10万元。促成龙岩团市委到呼图壁开展希望工程捐赠活动，给予呼图壁第四小学20万元希望工程帮扶资金。扶持哈萨克游牧民脱贫就业，给予全县游牧民专业合作社就业提升工程帮扶资金20万元。加大两地文化交流力度，给予文化宣传交流经费20万元，举办两地交流交往交融书画作品展。多方奔走，积极协调，帮助乌鲁木齐龙岩商会于2015年10月顺利完成换届。

援疆典型。龙岩市中医院的余裕昌、古田中学的邹寿华和指挥长罗剑被评为自治区党委、政府"第八批省市优秀援疆干部人才"记"二等功"一次；龙岩二院的张汉卿医生被评为"最美昌吉人""昌吉最美援疆干部"，永定区的援疆干部游正勋被评为呼图壁首批"四强"干部。龙岩援疆干部共计20人次获得州以上表彰。

加强宣传。在《新疆日报》《福建日报》《昌吉日报》《闽西日报》及天山网和新疆、福建各级广播电视媒体刊发、播发新闻稿件120多篇，进一步扩大龙岩老区援疆工作在新疆的知名度和影响力，树立龙岩老区援疆良好形象。

【对口支援西藏米林农场六年工作】 2011年11月，龙岩市开始对口支援西藏米林农场，至2016年6月结束，先后派遣援藏干部4名。2011年11月，除全面落实龙岩市计划内的第六、第七批援藏资金3535万元外，还通过多渠道争取了龙岩市的各类计划外支援资金830万元，争取国家项目资金7424万元，投入招商资金5200万元，累计超过1.69亿元。现农场已发展成为西藏最大的高原优质水果生产基地、水果苗木繁育驯化基地和无公害畜禽养殖基地。2012年被评为"自治区农牧业产业化经营龙头企业"，2013年企业首次实现"扭亏增盈"，2014年企业固定资产总值首次突破亿元，2015年被自治区党委政府评为"全区农牧业产业化先进企业"。

实现企业"扭亏增盈"。提前实现"163"的目标("1"是做大"一个龙头"：充分发挥"西藏自治区农牧业产业化经营龙头企业"的优势作用，逐步走出了一条集实验、示范、推广及服务于一体的发展新模式；"6"是打造"六个基地"：建立了92公顷的高优苹果种植示范基地、6.67公顷的高原瓜果蔬菜种植基地、5.33公顷的高原特色花卉驯化繁育基地、150个单体大棚的优质果苗繁育基地、年出栏生猪1.5万头和存栏10万羽蛋鸡的规模化养殖基地及200亩藏药材种植基地；"3"是建好"三个中心"：建好市区果蔬营销中心、优质果苗繁育供应中心及农业科技培训推广中心)，为可持续发展提供强劲动力，极大地提高农场的经济效益和职工的生活水平。2015年，米林农场职工人均收入达25890元，企业经营收入达624万元，固定资产总值达1.12亿元，分别为援藏前1994年的102.6倍、33.7倍、32.3倍。

提高职工生活水平。全面改善职工的居住条件。2012年7月启动实施重点援建项目——“嘎玛花园”职工住宅小区，项目总投资2600万元，其中援藏资金投入1600万元，为米林农场援藏20年来投资规模最大的建设项目，于2014年7月全面建成并投入使用，全面改善了全场职工的居住条件和生活环境。着力提高职工的收入水平。2015年为机关干部职工平均每人每月增加工资1900元，管区职工的务工工资上调150%，全面提高了农场干部职工的收入水平；2015年职工种植瓜果蔬菜的收入达400余万元。大力实施“温暖职工”工程。出台干部职工慰问、体检、探病、生日等福利制度，设立职工专项“互助金”，加大职工子女奖学助学金和职工困难救助金的发放力度，加快完善农场保障体系，每年为职工增加支付120万元的“五险一金”。2011年以来，累计向职工（含退休职工）发放各类形式的慰问金73.15万元和价值39.2万元的生活物资，为职工子女发放奖学助学金24.1万元，受到广大职工的一致好评。

转变企业经营机制。打破单一的资金来源渠道。在确保计划内对口援藏资金及时足额到位的前提下，把目光和精力放在争取国家项目资金、盘活企业资产资源、加大招商引资力度等方面，第六批援建项目5个，投入资金3990万元；第七批援建重点项目13个，投入资金达1.6亿元，投资量接近前六批援藏投入的总和。打破单一的产业格局。大胆突破农场的地域空间和资源瓶颈，实施“走出去”和“跳出来”战略，走出农场谋发展，跳出“一产”求拓展，大力培育“二、三”产业，呈现出“一产”稳步发展，“二产”提质增效，“三产”做大做强的良好态势。大峡谷酒厂三年内产值将突破5000万元，风情大酒店、全国连锁商务酒店、果蔬营销中心、冷藏保鲜库等企业固定资产超过亿元。打破“大锅饭”经营模式。积极探索企业集体经营、对外承包经营、农场职工领办、入股合作经营等多种经营模式，改变过去企业集体大包大揽的管理格局，充分用好用活现有土地资源、大棚设施和企业资产，使农场步入资源变资产，资产变资本，资本变资金的发展轨道，探索出一条符合市场经济发展规律和农业产业化发展方向的兴场新路。

【对口支援西藏边坝县】 福建省对口支援边坝县工作队一行10人（龙岩5人、漳州5人）于2016年7月14日到达工作受援地边坝县，各项工作取得较显著成效。

广泛调研，科学谋划。科学编制援藏规划。突出改善民生，补齐发展短板，做到输血、造血、扶贫相结合，因地制宜制定规划，实事求是选好援藏项目，并严格按照中央要求“援藏资金80%以上用于县及县以下基层、用于保障和改善民生”的要求全部用于教育、医疗、精准扶贫和新农村建设，实现援藏资金集中使用、集中显现。“十三五”时期边坝县援藏资金计划总量为9887万元，计划安排援助项目6项，其中教育项目3项，援藏资金1850万元；卫生项目2项，援藏资金4710万元；筹建福建新村1个，援藏资金3327万元。在确定五年规划资金拼盘后，援藏队多次与县委、县政府主要领导汇报沟通协调。

注重民生，聚焦难点。聚焦扶贫攻坚。积极响应县委、县政府的号召，全体援藏队员全部挂钩一户以上建档立卡贫困户，认真参与结对帮扶脱贫工作。10—12月，援藏队员通过开展组织捐款捐物、主动送去生活必须品、冬令物资等活动。此外，援藏队积极争取福建莆田红十字会和厦门天特实业有限公司资助，捐助鞋子9000双、衣服100套，价值192万元，并全部发放到全县五保户、贫困户、学生手中。聚焦医疗事业。针对边坝县长期以来非常滞后医疗卫生状况，积极开展医疗卫生专项调研，提出创建二级乙等医院的目标，并在草卡镇选址15亩作为县医院新址，由龙岩城乡规划局援助县医院前期规划设计工作，计划安排4310万元援藏资金重点援助新县医院建设。充分整合福建援藏医生、广东中山医院技术支援以及国家医疗队的帮扶等资源，发挥出各自的技术特长和团队优势，开展医学知识培训讲座、乡（镇）巡回义诊、建立远程医疗平台等一系列活动，有效传播医学先进理念、前沿技术和宝贵经验，通过逐步完善医院核心制度，规范诊疗，有力提升了边坝县卫生服务中心的“造血功能”，至2016年年底，累计就接诊（含义诊）病人8000人次，免费发放药品价值3万多元，大大提高边坝县群众本地就医的信心。聚焦产业拉动。积极组织参加“9·8”投洽会，已签约投资5000万元的边坝县高原牦牛藏羊精深加工项目，项目选址已明确。

主动对接，探索新路。率先启动福建区县对口支援西藏乡（镇）、内地乡镇对口支援西藏村（居）的工作。10月16—20日，副市长蔡蔚荻带领龙岩市代表团到边坝县调研指导对口帮扶工作，代表团一行深入乡（镇）、农村、企业、医院等一线开展调研，并召开座谈会，探索加强两地对口协作、促进两地优势互补、共同发展的思路、举措，并就做好脱贫攻坚、产业对接、医疗卫生以及规划修编等重点领域的对口协作达成了初步意见，并初步确定“新罗区结对帮扶边坝县边坝镇”作为龙岩市首个结对帮扶区县。同时，提出加大专业人才援藏力度，组建技术强硬的医疗、教育、专业技术等人才队伍援建边坝，通过在龙岩市专业学校建立边坝籍医疗卫生、建筑、水利等各类专业技术人才培训班，选送边坝籍学生到龙岩市各类学校跟班学习以及选派教育、卫生人才赴边等方式，培养组建一批扎根边坝、技术过硬的人才队伍。

加强交流，拓展领域。开展人才交流培养。经援藏队积极协调，9月10日至11月10日，边坝县选派第一批30名素质好、有培养前途和发展潜力的科级干部赴漳州、龙岩两市进行为期两个月挂职锻炼，共涉及组织、人社、扶贫、民政、招商引资等岗位30个。开展部门间结对共建。12月9日，边坝工作队与边坝检察院举行结对共建启动仪式，双方签订结对共建协议，就结对共建机构、结对共建目标、结对共建内容等方面签署了协议，进一步加强了援藏队与县检察院的交流、交融、交往，实现资源互补、优势共享，开创部门共建的新模式，得到边坝县委、县政府主要领导的充分肯定。

（陈　育　撰稿）

机关事务管理

【概况】　增强管理意识，认真履行机关事务管理职能。继续认真做好停止新建楼堂馆所和清理办公用房的工作，牵头组织对各县（市区）各套班子领导办公用房和市级机关单位办公用房全面开展清理整改督查工作，认真贯彻落实《龙岩市党政机关办公用房使用管理实施细则》，起草制定《龙岩市机关事务管理局直管周转房管理暂行办法》。高度重视机关安全保卫工作，把机关安全保卫工作当作一项重要工作常抓不懈，努力提升消防安全"四个能力"建设，不断完善安全、消防监控设备设施。认真做好市直机关公务用车制度改革工作，制订市直机关车队公务用车使用预约派车制度和车队管理制度，进一步严格机关车队公务车辆的使用管理；继续做好公共机构节能工作，积极推动政府节能采购工作，促进节能产品和技术的推广使用。认真实施《龙岩市行政办公中心和龙岩人民会堂后勤服务保障监管考核方案》，确保行政办公中心的正常运转。认真做好龙岩会堂和各类会议室的使用安排管理工作；认真完成上级交办的工作，如期完成市政府、各县（市、区）政府驻外办事机构的清理整治工作。

【后勤服务保障】　认真完成各项基建修缮任务，积极做好办公区和生活区的水电保障工作，加强对供水供电等设备设施的维护保养，协助信访机关妥善处置群众上访工作，个体访160批次（560人）、集体访156批次（6100余人），百人以上42批次（4500余人），车队全年安全行车约100万公里，圆满保障各类会议考察调研用车，顺利保障各类会议400余场次，进一步做好市行政办公中心和原市政府大院机关食堂的服务保障工作，指导汽车维修站认真做好市直机关事业单位300多辆公务车的维修保养工作。

（市机关事务管理局　供稿）

组织机构　负责人名单

【龙岩市人民政府市长、副市长、秘书长、副秘书长名单】

龙岩市人民政府

市长　池秋娜（女，7月免）
　　林国耀（7月任）
副市长　张天洲（7月免）
　　郭丽珍（女）
　　毛高良（7月免）
　　赖永龙　蔡蔚荻
　　张　斌（5月任）
　　王　龙（7月任）
　　王建生（10月任）
　　孙秋霞（9月任）
　　游　晔（5月免）
　　黄庆辉（7月任）
　　李俊伟（10月免）
　　李庆刚（2月任）
　　张朝阳（10月任）
秘书长　阙朝阳（10月免）
副秘书长　张亮春（7月任）
　　兰如明
　　罗初辉（9月免）
　　钟木林（5月免）
　　温万章
　　赖进益（6月）
　　陈泽亮（4月免）
　　张龙泉（6月任）
　　苏炎洪（6月任）
　　刘铭文（8月任）

【龙岩市人民政府所属正处级机构负责人名单】

市人民政府办公室

主　任　张亮春
副主任　黄爱学
　　张龙泉（6月免）
　　林庆昌　陈明生
　　苏碧莲（聘任）
纪检组长　曾庆腾

市发展与改革委员会

主　任　苏立波（10月免）
　　林旭（10月任）
副主任　黄　明（女10月免）
　　蔡宝鉴（11月免）
　　吕廷明
　　余德辉（3月免）
　　陈健生
纪检组长　雷国勇

市经济和信息化委员会

主　任　林　旭（9月免）
　　卢奇祥（9月任）
副主任　温能全
　　王为民（9月免）
　　廖伟平
　　张少华（3月免）
　　林诗锋（科技9月免）
　　蓝　东（4月任）
　　兰　光（科技，9月任）
纪检组长　沈从荣（9月任）

市教育局

局　长　朱瑞虹（11月免）
　　罗初辉（11月任）

副局长　温寿春　林小洪(女)
邱贞礼　王莉武(女)
刘仰星
纪检组长　叶鸿兴

市科学技术局

局　长　谢强伦
副局长　修仰旭　郭浠恒
谢军忠
纪检组长　陈杭芹

市民族与宗教事务局

局　长　罗良丁(10月免)
张树淳(10月任)
副局长　蓝建英(女)
兰尚信(8月任)

市公安局

局　长　张　斌
副局长　姜福建　孙崇雄
黄寿林　康小伟
黄德周
游文杰(挂职,8月免)
纪委书记　苏全藩(9月任)
政治部主任　林有富

市监察局

局　长　沈觉新
副局长　修　洪(女)
张伟明(5月免)
黄佐清(9月免)
卢朝暉(8月任)
陈龙仁(8月任)

市民政局

局　长　王汉高
副局长　余松辉
邱远梁(12月免)
林振铭　兰瑞龙
饶祥林(10月任)
纪检组长　江伟翔

市司法局

局　长　王辉明(6月免)
余德辉(6月任)
副局长　郑　林　张炳明
罗培辉
纪检组长　黄金炳
政治部主任　张锦伟

市财政局

局　长　郑锦兴
副局长　邱思敏　刘建生
陈永河(11月免)
苏雄丰(11月免)
邱文华(挂职)
邓升贵(科技)
纪检组长　王春英(女)

市人力资源和社会保障局

局　长　郑立信
副局长　陈亚人　沈海铭
林理玉(女)　陈　健
吴小化
纪检组长　徐明新

市国土资源局

局　长　冯添桂(10月免)
陈学良(10月任)
副局长　章惠阳(11月免)
张辉雄　苏文欣
林培新　李新涛
纪检组长　苏全藩(9月免)

市环境保护局

局　长　陈达兴
副局长　游建华　王伟林
范松树(6月免)
关力(6月任)
纪检组长　李彤辉
总工程师　王伟(6月任)

市住房和城乡建设局

局　长　郑　洪
副局长　李金波(11月免)
钟有亮　林祝荣
罗小波　吴红斌
总工程师　王　健
纪检组长　傅衍华(5月免)
王焕安(8月任)

市交通运输局

局　长　邓振春(10月免)
俞开建(10月任)
副局长　林跃进　陈清如
谭学平　李兆松(兼)
总工程师　胡善华
纪检组长　范乔棠

市农业局

局　长　廖汉铭
副局长　蔡鼎辉　王培兰
陈　懿　陈　建(兼)
杨先和(11月免)
郑小兵　张定照
罗龙群　温文学
纪检组长　江茂生

市林业局

局　长　张田华
副局长　吴学静(11月免)
张金良　许志光
刘春贵(11月任)
温文良(11月任)
纪检组长　温伟华

市水利局

局　长　黄建新(10月免)
林旭(11月任)
副局长　丁勇明(11月免)
苏永全(11月免)
陈天琦
兰杭生(11月任)
总工程师　杨　闽
纪检组长　阙占光

市商务局

局　长　郑志强
副局长　黄锦泰
邱伟勤(5月免)
陈长帮
张继光(6月任)
纪检组长　王秀玲(女)

市文化广电新闻出版局

局　长　卢伟耀
副局长　黄庆添　李史明
林学进　陈金照
纪检组长　傅　兰(女)

市卫生和计划生育委员会

主　任　张美昌(3月免)
蓝福元(8月任)
党组书记　钟群妹(8月免)
副主任　易小钧　林国清
谢国忠　张寿应
陈宝洪　林　莹(女)
纪检组长　翁雪花(女)

市审计局

局　长　邱河清(11月免)
　　　　郑贵豪(11月任)
副局长　钟江泓　黄文安
　　　　王思水　陈振书
　　　　程建茂(挂职)
总审计师　赖日章
纪检组长　傅　闽

市外事侨务办公室

主　任　卢　滇
副主任　饶华昌　张树廷(兼)
　　　　林金庭　胡丰林
纪检组长　吕大平

市国有资产监督管理委员会

主　任　阙明龙
副主任　吴永荣　章景淇
　　　　郭龙龙
纪委书记　杨旭华

市体育局

局　长　邱应龙(10月免)
　　　　黄华祥(10月任)
副局长　童作祯
纪检组长　钟红娟(女)

市安全生产监督局

局　长　钟永生
副局长　陈水添　李建木
　　　　赖剑锋
纪检组长　刘铭文(8月免)
　　　　　郭德喜(8月任)

市统计局

局　长　卢奇祥(10月免)
　　　　黄明　(女,10月任)
副局长　邝接源(11月免)
　　　　郑田基　李　苗(挂职)
总统计师　郑庆辉
纪检组长　罗权旺

市旅游局

局　长　徐建国
副局长　王永忠(8月任)
　　　　罗炳崇(8月免)
　　　　游秋春(女)　陈太坤
纪检组长　许敏强

市城乡规划局

局　长　苏汇敏
副局长　温　永　袁伟天
　　　　林文勇(6月任)
总规划师　林文勇(6月免)
　　　　　陈柏辉(6月任)
纪检组长　陈松寿

市人民防空办公室

主　任　林联锦
副主任　钟金香(女)　吴滨德
纪检组长　邓加添

市粮食局(并入市发改委)

局　长　李文砫
副局长　范启有

市工商行政管理局

局　长　卢春平
副局长　郑　荧　吴开红
　　　　林新鸿　刘如旺
纪检组长　李玉飞

市质量技术监督局

局　长　陈日标
副局长　王维林　陈建荣(6)
纪检组长　邓永华

市食品药品监督管理局

局　长　苏湘汉
副局长　黄远大　邱永华
　　　　陈慧娟(女)
食品安全总监　熊海清
药品安全总监　谢永华
纪检组长　陈交华

龙岩行政服务中心

主　任　钟寿宁
副主任　黄爱勤(女)　刘增升
纪委书记　江庆南

市机关事务管理局(并入市政府办)

局　长　郭大丰

档案局(档案馆)

局　长　黄　玲(女)
副局长　刘公懿

龙岩经济技术开发区

书　记　李善昌(10月任)
主　任　阮满昌(4月免)
　　　　陈泽亮(4月任)
副主任　林　钦　刘永富
　　　　陈家明　章　银
　　　　王波(6月免)
　　　　安超(科技)
　　　　林从汉(8月任)
　　　　林澄海(8月任)
纪委书记　王焕安(8月免)
　　　　　包建生(8月任)

市地方志编纂委员会

主　任　蓝国华

市重点项目办

主　任　余德辉(3月免)
　　　　张少华(9月任)
副主任　钟荣汉

市铁路建设办公室

主　任　邓　颖
副主任　李祥才
　　　　方　刚(6月免)
　　　　李坤康(8月任)

市供销合作社

主　任　陈金龙(6月免)
　　　　刘广祥(8月任)
副主任　姜乃煌
　　　　叶忠建(4月免)

市地震局

局　长　林　勇
副局长　刘景忠　王德福

龙岩学院

书　记　林和平(7月免)
　　　　王耀华(9月任)
副书记
院　长　王耀华(9月免)
　　　　凌启淡(9月任)
副书记　朱闽　陈开明
副院长　李源江　刘国买
　　　　邹　宇
　　　　杨小燕(9月任)
纪委书记　周春盛(9月任)

闽西职业技术学院

党委书记　马春延
党委副书记、院长　来永宝
副院长　吴新业　刘路永
　　　　卢兆梅
纪委书记　李贞鑫

【各县(市、区)人民政府领导人名单】

新罗区人民政府

区　长　钟勇强(6月免)
陈金龙(6月任)

副区长　邱清宇(4月免)
陈清俊(5月免)
邱笑玲(女,5月免)
邹学伟(4月免)
陈淮杰　童章平
张春燕(5月任)
林　晖　郑　涛(6月任)
陈　阵(5月任)
江小胤(5月任)
曾咏发(科技,9月任)

永定区人民政府

区　长　陈厦生(10月免)
陈荣水(10月任)

副区长　姜林芬(5月免)
赖秀金(女,5月免)
江峻伟(5月免)
陈文龙(5月免)
乐丁畈(挂职,7月免)
饶祥林(科技9月免)
蓝富雁(5月任)
阙洲荣
詹萃芳(5月任)
陈　昌　卢文阶
马　越(科技)
张学滨(6月任)
林寿杨(5月任)
刘元刚(科技,9月任)

上杭县人民政府

县　长　傅藏荣(6月免)
王波(6月任)

副县长　陈在慧(5月免)
詹崇仁(5月免)
张毓章(5月免)
蓝　新(5月免)
罗小洪(女,5月免)
胡　滨　王尧华
李永涛(5月任)
袁静(女,5月任)
阙生华(5月任)
卢家荣(5月任)
徐卫清(6月任)
林谷丰(挂职)
朱冠东(挂职)

武平县人民政府

县　长　廖卓文

副县长　王云川(5月免)
罗剑(5月免)
钟建生(5月免)
连祥伟(5月免)
张春艳(女,5免)
饶　辉(5月免)
邱振光(挂职,7月免)
陈文颖(科技,10月免)
潘维斌(科技,6月免)
蔡东阳　张旭东
蔡铭泉(5月任)
许仁贵(5月任)
钟发贵(5月任)
王秀金(女,5月任)
蔡鹏(5月任)
安瑞英(女,5月任)

长汀县人民政府

县　长　马水清

副县长　上官兵(5月免)
陈建荣(5月免)
陈阿卿(女,5月免)
蔡铭泉(5月免)
魏　武(挂职)
李强(5月任)
兰思义　黄　剑
詹可聪(5月任)
林楠荣(5月任)
廖月英(女,5月任)
吴昊(科技,8月任)
刘伯锋(科技,9月任)

连城县人民政府

县　长　蓝凯英(女,6月免)
吕素梅(7月任)

副县长　邱国辉(5月免)
吴大智(5月免)
罗建新(5月免)
陈荣斌(5月免)
邹学伟(5月任)
罗丽琴(女)
连祥伟(5月任)
罗晓波
陈俊雄(5月任)
邱　毅(5月任)
储著斌(科技7月任)
郑　翔(科技,9月任)

漳平市人民政府

市　长　蓝福元(6月免)
马勇(6月任)

副市长　苏炎洪(6月免)
官　达(5月免)
詹可聪(5月免)
陈发鸿(挂职,7月免)
张　锋　朱彩泰
王达(5月任)
陈菲菲(女)
张如春(5月任)
陈良斌(5月任)
张辉(6月任)
李小飞(科技)
欧阳钦丛(科技9月任)

(市组织部、市方志委　整理)

24 政协龙岩市委员会

重要会议

【市政协四届五次会议】 2016年1月17—20日，中国人民政治协商会议第四届龙岩市委员会第五次会议在龙岩人民会堂召开，大会应到委员336人，实到委员316人。受第四届市政协常委会委托，市政协主席温锡浩向大会作四届市政协常委会工作报告，回顾市政协2015年工作情况，提出2016年工作意见。副主席赖招源作关于市政协四届四次会议以来提案工作情况的报告，市政协各专门委员会向大会书面报告2015年工作情况。委员们列席市人大四届五次会议，听取市人民政府、市中级人民法院、市人民检察院工作报告和计划、预算报告。10名市政协委员在会上代表市各民主党派、工商联及有关界别发言。会议以无记名投票方式，补选邱玉燕为政协第四届龙岩市委员会副主席。闭幕会上，审议通过《中国人民政治协商会议第四届龙岩市委员会第五次会议决议》，听取《龙岩市政协提案委员会关于市政协四届五次会议提案初审情况的报告》(书面)。市政协主席温锡浩主持闭幕会，中共龙岩市委书记李德金在会上讲话。

1月，召开中国人民政治协商会议第四届龙岩市委员会第五次会议

【市政协常委会议(综述)】 2016年，四届市政协常委会分别于1月17日、1月18日、1月20日召开第二十次常委会第一、第二次、第三次全体会议，分别于7月22日、10月20日、12月6日召开第二十一次、第二十二次、第二十三次常委会议。在岩省政协委员、各县(市、区)政协主席、市政协机关各委室负责人列席会议。

四届市政协常委会第二十次会议第一次全体会议。会议在四届五次全会期间召开。会议审议通过市政协四届二十次常委会议议程；协商提出补选四届市政协副主席候选人人选建议名单(草案)；协商通过市政协四届五次会议《选举办法》(草案)；协商提出选举大会总监票人、监票人建议名单(草案)。

四届市政协常委会第二十次会议第二次全体会议。会议在四届五次全会期间召开。会议听取各组召集人关于相关草案协商酝酿情况的汇报；审议通过补选四届市政协副主席正式候选人名单；通过《选举办法》和总监票人、监票人名单；确定了总计票人、计票人名单。

四届市政协常委会第二十次会议

7 月，召开四届龙岩市政协常委会第二十一次会议

10 月，召开四届市政协常委会第二十二次会议

第三次全体会议。会议在四届五次全会期间召开。会议听取各组讨论“两院”工作报告和审议提案初审情况报告（草案）、大会决议（草案）的情况报告；审议通过提案初审情况报告和市政协四届四次会议决议（草案）。

四届市政协常委会第二十一次会议。会议围绕“大力发展特色农业产业，有效带动精准脱贫”议题进行专题协商，5 名委员紧扣主题进行发言，5 个市直部门负责同志就调研组和委员提出的建议意见作积极回应。市委书记李德金，市政府副市长赖永龙应邀出席会议并分别作讲话。会议审议通过《关于撤销张美昌市政协委员资格的决定》及《市政协经济委员会主任名单》。

四届市政协常委会第二十二次会议。会议围绕“降低企业成本”议题进行专题协商，12 名委员进行发言，5 个市直单位负责同志到会认真听取意见，并提出推动工作的具体思路举措。市委副书记、代市长林国耀，市政府副市长黄庆辉应邀出席会议并分别作讲话。会议审议通过《关于不再担任副秘书长名单》。

四届市政协常委会第二十三次会议。会议传达学习省第十次党代会精神；协商讨论《市政府工作报告》（征求意见稿）；听取市政府关于政府系统办理市政协四届五次会议提案情况的通报；听取市中级人民法院、市人民检察院 2016 年工作情况通报；讨论《市政协常委会工作报告》（讨论稿）《市政协常委会关于提案工作情况的报告》（讨论稿）《市政协各专门委员会工作情况报告》（讨论稿）；协商通过第五届龙岩市政协委员名单；审议通过关于召开市政协五届一次会议的决定；审议市政协五届一次会议议程（草案）、日程（草案）；审议通过四届市政协常委会工作报告报告人和四届市政协常委会提案工作情况报告报告人名单，大会秘书长、副秘书长名单（草案），关于四届市政协常委会第二十三次会议未尽事宜的决定。

【全市政协宣传信息工作会议】 3 月 24 日，全市政协宣传信息工作会议在上杭县召开。市政协副主席赖招源出席会议并讲话。会议回顾总结 2015 年全市政协宣传信息工作，安排部署 2016 年宣传信息工作，表彰 2015 年度宣传信息工作先进单位和先进个人。永定区、上杭县政协和农工党龙岩市委作交流发言。

【市政协“两学一做”学习教育第一专题学习会】 5 月 18 日，市政协党组书记、主席温锡浩主持召开市政协党组（扩大）会议暨机关党员“两学一做”学习教育第一专题学习会。市政协党组副书记、副主席张菊兰、赖招源，党组成员、副主席邱玉燕，党组成员、秘书长吴奋强出席会议。会上，大家认真听取市委讲师团团长冯岳作的专题讲座，围绕“坚定理想信念，增强‘四种意识’”主题，进行深入学习和思考，温锡浩、吴奋强作重点发言。市政协党组其他同志结合实际畅谈学习体会和思考认识。市政协机关党员一起参加学习。

【市政协提案办理“三结合”座谈会】 7 月 27 日，市政协联合市人力资源和社会保障局召开提案办理“三结合”座谈会。市政协副主席赖招源，市人社局及 25 名市政协提案委员出席会议。会议听取市人社局负责人关于龙岩市人力资源和社会保障事业发展情况及 2016 年市人社局所承办的提案办理情况的通报。与会人员就提案办理情况进行探讨，分析当前提案办理工作存在的问题与不足。

全市政协系统宣传信息工作会议

【市政府与市政协联席会议】 12月14日，市政府与市政协召开2016年度联席会议。市政府代市长林国耀、市政协主席温锡浩主持会议并分别讲话。市委常委、常务副市长张天洲，副市长黄庆辉、郭丽珍、孙秋霞、赖永龙、王建生、李庆刚，市政协党组书记黄福清，副主席张琼珊、郑玉琳、张子平、赖招源、姚植华、陈晓东、邱玉燕，市政协有关委室负责人出席会议。会上，市政府与市政协分别通报2016年以来工作情况和明年工作安排。市政府还征求市政协对政府工作和即将提交市五届人大一次会议审议的《政府工作报告》(征求意见稿)的意见。

主要工作

【全国政协到龙岩调研考察】 5月6—8日，以全国政协副主席马飚为组长，全国政协委员、中国美术家协会主席刘大为，全国政协常委、中国文联副主席覃志刚为副组长的全国政协“繁荣社会主义书画艺术”调研组到龙岩市调研考察。省政协副主席陈向先，市领导李德金、池秋娜、温锡浩、王金福、赖招源等陪同调研考察。副主席马飚希望龙岩市继续发挥特色优势，把红色、客家和生态文化传承好、发扬好、运用好，打响“文化龙岩”品牌，为推动社会主义文化大发展大繁荣作出新贡献。

6月15—16日，全国政协副主席、民盟中央常务副主席陈晓光率国家特邀国土资源监察专员考察团，到龙岩市考察稀土资源开发利用管理工作。国土资源部副部长曹卫星参加考察。副省长洪捷序，省政协副主席郑兰荪，市领导李德金、池秋娜、温锡浩、王龙、张琼珊分别参加相关活动。考察期间，陈晓光一行先后察看了长汀金龙稀土有限公司、龙岩稀土工业园区及部分稀土加工项目，深入了解金龙稀土公司生产经营情况，详细了解龙岩稀土工业园区规划建设和运营情况。在16日上午召开的考察交流座谈会上，副省长洪捷序、市长池秋娜分别汇报福建省、龙岩市稀土资源开发利用管理情况，8位国家特邀国土资源监察专员对改进稀土矿产资源开发利用和保护等工作提出了意见建议。

10月12—14日，由全国政协副主席卢展工率队，以全国政协教科文卫体委副主任胡振民为团长的全国政协考察团一行，在岩就“加强基层公共文化服务体系建设”开展专题调研，结合纪念红军长征胜利80周年到龙岩市革命老区开展“送文化下基层”活动。卢展工一行深入新罗区西安社区，察看基层公共文化建设情况，与基层干部群众、文化工作者亲切交流。省领导张昌平、高翔陪同调研。考察团成员梁绮萍、苏士澍、李羚、杨承志、陈晓光、曹育民等参加调研。市领导李德金、林国耀、温锡浩、詹昌建、王龙、姚植华陪同参加有关活动。

11月6—7日，全国政协副主席陈元率全国政协考察团来岩开展调研活动。省政协副主席陈荣凯陪同调研，龙岩市领导温锡浩、何明华、王乃谦、张朝阳、邱玉燕，长汀县领导廖深洪、马水清、丘发添等陪同参加有关活动。

【省政协到龙岩调研考察】 3月8—9日，省政协副主席张燮飞、陈向先带领“打造文化与生态相融合的大武夷旅游圈”调研组到龙岩开展专题调研。调研组一行瞻仰古田会议会址，实地考察连城游客服务中心、九龙湖、连城客家博物馆，详细了解古田和连城旅游发展情况，并召开座谈会，听取龙岩市旅游工作情况，提出许多具有建设性的意见建议。市领导温锡浩、王龙分别陪同有关活动。

3月30—31日，省政协副主席陈绍军带领调研组，到龙岩市开展“化解福建省部分产业的产能过剩问题”重点提案督办调研。其间，调研组一行实地察看了福建煤电股份公司、龙麟水泥集团、漳平化肥厂、正盛化工等企业，深入了解企业在去产能、兼并重组、推动转型升级等方面情况，并召开调研座谈会，听取龙岩市化解过剩产能工作情况汇报，与会人员就存在的困难和问题深入探讨，提出许多有针对性的意见和建议。市领导温锡浩、毛高良、姚植华陪同有关调研活动。

4月11—12日，省政协党组副书记、副主席刘可清率省直有关部门、福清市负责人来到挂钩联系的连城县，开展脱贫攻坚工作调研。刘可清一行到塘前乡上琴村光伏扶贫项目，四堡乡田茶村贫困户百香果种植项目，罗坊乡梁峰葛根种植专业合作社、地红家庭农场，文亨镇金土地食品厂、田心村众志城花卉种植专业合作社等地深入调研，了解贫困户生产发展和农业龙头企业、专业合作社带动贫困群众脱贫致富有关情况。市政协主席温锡浩、副主席郑玉琳参加相关活动。

5月3—4日，省政协副主席张帆率调研组到龙岩市开展“加强小流域水质监测和治理工作”专题调研。调研组一行实地察看了新罗区苏坂镇雁石溪美山段小流域、白沙镇小吉溪小流域和雁石镇陈坑溪小流域治理情况，以及雁石溪北河村俊源养猪场治理情况，详细了解龙岩市小流域水质监测和治理有关工作。随后召开调研座谈会，调研组就小流域水质监测、治理，水利工程建设对生态环境的影响等方面提出相关建议、意见，与会人员就共同关心的问题进行交流探讨。市政协副主席、市工商联主席郑玉琳参加调研。

5月21日，福建省港区政协委员联谊会访闽团在中央人民政府驻香港特别行政区联络办公室协调部副部长张强的陪同下，莅临龙岩开展为期两天的考察。访闽团由省政协常委、省港区政协委员联谊会会长、团长刘与量，厦门市政协常委、省港区政协委员联谊会监事长、常务副团长王少华，福建省政

福建省港区政府政协委员联谊会访闽团

协常委、省港区政协委员联谊会首任会长颜纯炯等70多人组成。市领导李德金、温锡浩、邓菊芳、王建生、张菊兰会见了访闽团一行。

8月2日，以省政协委员、社法委副主任郑伟为组长的省政协调研组到龙岩市专题调研“法治助力生态福建建设”课题，市政协副主席赖招源主持召开专题调研座谈会。

8月11日，省政协副主席、致公党省委主委薛卫民带领重点提案督办调研组到龙岩市，就改善城市非机动车及行人通行条件情况开展专题调研。调研组一行先后前往龙岩中心城区龙川路、街心天桥、莲东路、登高西路等地现场察看，详细了解龙岩中心城区主次干道路网建设和非机动车、行人通行路权保障工作情况。随后召开座谈会，专门听取工作汇报。市政协主席温锡浩，副市长、市公安局局长张斌，市政协副主席赖招源陪同调研。

8月17日，省政协副主席、民建福建省委主委郭振家带领调研组一行，到龙岩开展降低物流成本专题调研。调研组先后深入龙岩陆地港、福建信运冷藏有限公司等园区和企业，详细了解物流信息化建设、物流网络体系建设、物流业人才培养、物流成本和融资成本等情况。在随后召开的专题座谈会上，调研组认真听取了龙岩市物流业发展情况汇报和关于降低物流成本融资成本的意见建议，探讨存在的困难和应对措施。市领导温锡浩、李庆刚、姚植华、陈晓东陪同调研。

12月19日，省政协党组副书记、副主席刘可清率省直有关部门负责人来到挂钩联系的连城县，开展脱贫攻坚工作调研。刘可清一行先后到连城县级易地扶贫搬迁集中安置点、林坊镇陂桥村鲜切花种植基地、朋口镇张家营村幸福院安置点、宣和乡黄沙村等地深入调研，实地查看易地搬迁、农业产业、光伏产业等扶贫帮扶项目，详细了解造福工程扶贫搬迁，以及特色产业带动贫困户脱贫致富情况。市政协主席温锡浩和连城县党政主要领导陪同调研。

【陕西省政协副主席郑小明到龙岩考察】 11月18—19日，陕西省政协副主席郑小明一行到龙岩考察，考察团一行参观了永定土楼、古田会议会址、毛主席纪念园、古田会议纪念馆、省苏维埃旧址、福音医院、瞿秋白烈士纪念馆和杨成武将军纪念馆。市政协副主席陈晓东、邱玉燕陪同考察。

【市政协重点视察调研】 6—7月，市政协组成由主席温锡浩为团长，副主席张子平、姚植华为副团长的视察团，对“盘活工业用地”开展视察活动。视察团组织28位市政协委员，深入到市经开区(高新区)和各县(市、区)工业园区实地察看29家企业，分别召开由县(市、区)有关部门领导和企业负责人参加的8场座谈会。形成《关于盘活工业用地的视察报告》，报告从扶持引导，鼓励盘活、健全机制，引导盘活、精准施策，分类盘活、把好源头，减少空置等四个方面提出了针对性、操作性强的对策建议。

4—7月，市政协成立以主席温锡浩为组长，副主席李新春、张琼珊、赖招源为副组长的调研组，带领部分市政协委员和市直有关部门负责人，就“大力发展特色农业产业有效带动精准脱贫”重点调研和协商议题，深入到各县(市、区)开展调研。通过实地察看部分农业龙头企业、农民合作社、家庭农场和特色农业产业生产基地，召开10场次座谈会，听取各方意见，认真收集情况，反复研讨磋商，提出建议意见。

6月下旬，市政协成立以主席温锡浩为团长、3位副主席为副团长、48位政协委员参与的视察组，开展全市学前教育情况专题视察，先后召开5场座谈会，实地察看19家幼儿园，并学习借鉴厦门经验。视察组认为，当前龙岩市幼儿园发展的重点、难点和着力点在中心城区，只有补足中心城区短板，增强中心城区示范带动作用，才能引领和推动全市学前教育优质普惠发展。

8月，市政协组成以主席温锡浩为组长，副主席李新春、姚植华为副组长的专题调研组，开展降低企业成本专题调研深入到市经开区（高新区)、各县(市、区)开发区，与38家企业负责人进行沟通交流，召开有相关职能部门、行业商会、企业家代表参加的10场次座谈会，并前往浙江温州学习考察。

11月2日，由市政协主办、市教育局和市司法局协办的“法律进校园”系列活动走进龙岩二中，当天举行赠书、“法律进校园”巡讲、法律援助等活动，共有700多名师生参加。市政协副主席张琼珊出席活动仪式并讲话。

11月22日，市政协主席温锡浩、副主席邱玉燕一行赴漳平市南洋镇暖州村、红林村调研扶贫攻坚工作，漳平市政府代市长马勇、市政协主席于新远陪同。温锡浩一行实地察看暖州村易地搬迁集中安置和红林村枫林家庭农场助推脱贫攻坚情况。调研组一行还分别深入到联系挂钩的贫困户，交流情况，分析问题，研究对策。

11月24日，由市政协主办，长汀县政协、长汀县南山镇政府和长汀县南山中学协办的"禁毒法律知识宣传"系列活动在南山中学开展。市政协副主席邱玉燕参加活动。活动期间，市政协向南山中学师生们赠送《龙岩市法律进校园读本》600本，并请了市政协常委黄家焱、谢瑞钦等5名律师参加禁毒法律咨询和援助活动。

【市政协常委暑期读书班】 7月19—21日，市政协在古田党员干部教育基地举办2016年政协常委暑期读书班。市政协主席温锡浩，副主席张菊兰、赖招源、李新春、张琼珊、郑玉琳、张子平、姚植华、陈晓东、邱玉燕，秘书长吴奋强，以及副市长郭丽珍等部分在岩省政协委员、市政协常委、各县(市、区)政协主席等参加读书班活动。其间，市领导池秋娜、毛高良看望学员，并与学员座谈，听取学员意见建议。学员们听取市委、市政府上半年工作情况通报，以及《地缘政治之中国崛起："一带一路"与"中国突破"》《习近平治国理政思想在福建的孕育与实践》《以理念变革确保如期全面建成小康社会》《经济发展形势与政策走势》等专题讲座。

【第五届市政协委员培训班】 12月19日，第五届市政协委员培训班在新罗区举办。市政协主席温锡浩出席开班式，市政协党组书记黄福清主持开班式，市委常委、纪委书记李成荣，市委常委、组织部长魏东出席开班式并讲话，市政协副主席赖招源、郑玉琳、姚植华、陈晓东、邱玉燕，党组成员刘友洪参加培训班。为期一天的培训中，全体委员观看了《警钟》《镜鉴》警示教育片，进行人民政协基本知识、如何撰写提案和社情民意信息等专题辅导。

第五届龙岩市政协委员培训班

【打牢共同思想基础】 始终把思想政治建设摆在首要位置，紧密团结在以习近平为核心的党中央周围，通过党组理论学习中心组学习会、党组会议、主席会议、常委会议、专题报告会、机关干部会议等形式，深入学习贯彻中共十八大和十八届三中、四中、五中、六中全会精神，总书记习近平系列重要讲话及省委、市委有关会议精神，扎实开展学习党章党规、学习系列讲话、做合格党员的"两学一做"学习教育，把加强政治学习与深化履职实践相结合，进一步增强党性观念，牢固树立"四个意识"，坚守政治品格，强化大局意识，不断提高政治素质和履职能力。不断夯实团结奋斗的共同思想政治基础，确保政协工作保持正确的政治方向。

【服务大局建言献策】 牢固树立创新、协调、绿色、开放、共享五大发展理念，紧紧围绕龙岩市"十三五"发展规划和年度计划，打好项目落地、脱贫攻坚、生态环保"三大战役"，献计出力供给侧结构性改革、产业转型升级和生态龙岩建设，深入调查研究，重点组织开展推进龙岩市专用车产业加快发展、降低企业成本、大力发展特色农业产业有效带动精准脱贫、发挥龙岩独特优势大力发展健康养老产业等6个课题的调研，形成一批有较高质量的调研报告。市委、市政府主要领导及相关领导对调研报告非常重视，及时批示有关方面研究落实。

【民主监督取得突破】 对市委、市政府研究出台的重大决策部署开展有针对性的视察、政情交流、民主评议等活动，促进党委政府决策部署落实到位。先后组织100多名委员参与盘活园区工业用地、加强幼儿园建设适应发展需求等2个课题考察，视察报告提出的意见建议得到市委市政府充分采纳吸收。全年，"提案之窗"栏目围绕推进医养结合、食品安全等10个专题，形成50多篇跟踪报道，提升民主监督实效和公众参与水平。先后推荐38名政协委员担任公检法、税务、交警等部门和行业的特邀监督员、行风评议员，促进评议单位转变作风，使民主监督变"被动"为

“主动”,进一步增强民主监督实效。

【聚焦民生反映民意】 围绕市委、市政府提出的保障和改善民生目标任务,通过社情民意信息、政协提案等形式,把各界群众的意愿与诉求反映上来,使政协真正成为体现民意、集中民智、的重要渠道。着力建言市委、市政府25项为民办实事项目的实施，助力把好事办实、实事办好。持续开展送医送教送文化下基层、法律援助、结对帮扶、爱心捐款等公益活动。完善社情民意征集、采编、交办、批示、办理落实、跟踪反馈等系列机制,建立特邀信息员队伍,使反映社情民意成为一项重要的、经常性工作。2016年,向省政协报送社情民意信息341篇,其中被全国政协和省政协采用36篇、省领导批示7篇;向市委市政府报送社情民意和“登高访谈”呈阅件27篇,其中“应高度重视龙岩市水泥产业竞争力弱化问题”等15篇得到市领导批示，推动取消石灰石地方规费,开展渣土车、水泥搅拌车专项整治,清理中心城区“僵尸车”等工作,委员、群众比较满意。

【协商民主有序推进】 从精心选择议题、深入调查研究、会前对口协商、现场交流互动、强化跟踪落实等5个方面改进协商模式,重点围绕大力发展特色农业产业有效带动精准脱贫、降低企业成本2个议题分别在四届市政协第二十一次、二十二常委会进行专题协商,达成广泛共识,推动更多协商成果进入决策程序。继续与闽西日报社联办“登高访谈”栏目,重点围绕市委市政府正在谋划、深化推进和社会各界关心关注的问题,搭建一个形式比较开放、氛围相对宽松的协商新平台。先后邀请50多名以政协委员为主的各界人士,围绕加快推进项目落地、打赢生态环保战役、创建全国文明城市、加大整治两江力度,变母亲河为生态绿轴、保护红色资源,传承红色基因,弘扬革命传统、打造龙岩人才高地等6个主题进行访谈,每期访谈观点在《闽西日报》刊登,让社会各界对访谈主题有更清晰的了解和认知,形成更广泛的共识和影响。

【围绕热点开展监督】 先后组织100多名委员参与优化税费环境促进实体经济发展、加快农村垃圾处置和污水处理设施建设2个重点视察,视察报告提出的意见建议得到市委市政府充分采纳吸收。开展优化税费环境促进实体经济发展的视察后，市政府下调16个行业的税收预警值,2016年起暂不执行46个行业的税收预警值管理，进一步规范和减免涉企收费,为实体经济发展营造良好税费环境。28位委员受聘于省、市属11个单位担任民主监督员,多次组织省、市政协委员参加政府相关部门及公检法机关工作视察、行风评议、听证会、效能监评、问卷调查、观摩庭审等活动,为聘请部门工作开展提出意见建议。

组织机构　负责人名单

【龙岩市政协主席、副主席,正副秘书长名单】

主　　席:温锡浩
党组书记:黄福清(8月任)
副 主 席:张菊兰(女)　赖招源
　　　　　李新春　张琼珊(女)
　　　　　郑玉琳(女)　张子平
　　　　　姚植华　陈晓东
　　　　　邱玉燕(1月任)
党组成员:刘友洪(10月任)
　　　　　赖双奇(10月任)
秘 书 长:吴奋强
副秘书长:朱明生(10月调离)
　　　　　吴小玲(女)

【市政协各委室主要负责人名单】

办公室
主任:朱明生(10月调离)

委员工作室
主任:王　俊(11月退休)
　　　李红莲(女,11月任)

提案委员会
主任:罗裕清

经济委员会
主任:邱大武(4月任)

人口资源环境委员会
主任:林庭芳(12月退休)
　　　章惠阳(12月任)

教科文卫体委员会
主任:苏增武(11月任)

社会法制和民族宗教委员会
主任:邱　雨

港澳台侨委员会
主任:傅雪惠(女)

文史和学习委员会
主任:倪广城

【各县(市、区)政协主席、副主席名单】

新罗区政协
主　席:张志佳
副主席:张学强(5月调离)
　　　　马晓红(女)　陈小萍(女)
　　　　刘　春

永定区政协
主　席:廖方顺(1月任)
副主席:简连章
　　　　熊　明(8月调离)
　　　　郑新彩(12月调离)
　　　　黄秀文
　　　　阙启旺(12月任)
　　　　翁海东(12月任)

上杭县政协
主　席:刘清祥(12月调离)
　　　　林英峰(12月起任)
副主席:蓝建杭
　　　　李维广(5月调离)
　　　　张富英
　　　　阙春林(12月任)
　　　　黄晓兰(女)(12月任)
　　　　胡金祥

武平县政协
主　席:邓穗明(12月调离)

王云川(12月起任)

副主席:吴兆荣　谢素英(女)

修金华(女)(12月调离)

梁昌和

童跃华(12月任)

石登峰(12月任)

长汀县政协

主　席:蔡金旺(8月调离)

丘发添(8月起任)

副主席:杨俊东(6月调离)

梁承发(2月退休)

袁跃华　马　骏(女)

黄　杭(12月任)

连城县政协

主　席:赖小香(女)

副主席:张小玲(女)(10月退休)

李水根　吴　蓉(女)

沈满云(女)(5月调离)

赖海英(12月任)

傅锡发(12月任)

漳平市政协

主　席:于新远

副主席:郭晓玲(女)

黄建新(7月调离)

朱华勤　李月娥(女)

(市政协　供稿)

25 纪检 监察

党风廉政建设

【落实全面从严治党主体责任】 中共龙岩市委始终以高度的政治自觉，把党要管党、从严治党当作最大的主业，认真落实省委“五抓五看”要求，规范化部署、常态化检查、长效化落实，真正把主体责任落到实处。制定“两个责任”问题清单管理办法，使责任内容更加清晰、目标更加明确、追责更加规范。市委常委带队到县（市、区）检查党风廉政建设责任制工作，突出问题导向和责任追究，以问题清单和问责清单“两个清单”倒逼“两个责任”落实。市纪委忠诚履行监督责任，通过调研督查、走访约谈、专题报告、责任追究和通报曝光等形式，把压力传导到市直单位、县乡及国有企业党组织，以有效落实监督责任推动主体责任落实。严格落实《中国共产党问责条例》和省委实施办法，强化问责追责工作，全市共对302名领导干部实施责任追究，给予党纪政纪处分72人，组织处理230人，其中追究主体责任281人、监督责任21人。

【深入贯彻中央“八项规定”精神】 紧盯重要节点，强化监督检查，坚持严查快办，点名道姓通报曝光典型案例，持续释放越往后执纪越严、处分越重的信号。2016年全市共查处违反中央八项规定精神问题296件、476人，给予党政纪处分163人，分别比增106.99%、92.71%、18.12%。

【纠正不良习气树立清风正气】 认真贯彻落实《关于在全市党员干部中纠正不良习气树立清风正气的意见》（简称“龙岩2号文件”），全市共开展专项治理70多项，对1264名党员、干部的不良习气问题进行纠正处理。率先对公款存储谋私逐利问题进行集中治理，把这一普遍存在的“潜规则”在龙岩捅开，制定出台《关于防止在公款存储中发生利益输送的暂行办法》，把“黑洞”堵死，把明规则亮开来，从制度设计上斩断利益输送链条和暗道。统一开展部门和行业“潜规则”排查，集中整治党员、干部违反信访工作纪律当“缠访户”“闹访户”，拒不执行党委政府决策部署当“钉子户”，规避执行或消极执行法院判决当“老赖”等“刺儿头”，强化纪律和规矩意识，净化社会风气。中央纪委和省委、省纪委领导对“龙岩2号文件”给予充分肯定，整治公款存储利益输送潜规则工作引起中央领导、中央纪委领导重视并作重要指示，中央纪委派出调研组到龙岩开展专题调研。

【严明换届纪律】 突出教育在先、警示在先、预防在先，先后多次召开严肃换届纪律视频会、座谈会、培训会，派出2个换届风气巡回督查组、3个暗访组开展监督检查，切实把严肃换届纪律工作落到实处。严把“党风廉政意见回复”关，对全市290多名市管干部和1600多名县管干部逐一“体检”，坚决防止“带病提名”“带病提拔”“带病上岗”。市纪委对1名处级领导干部给予“两规”立案审查，对1名处级领导干部给予党纪立案；提出4名处级干部不再提名县委常委、3名处级干部可继续提名但不予提拔使用的意见。全市46名乡镇党政领导干部，因受党政纪处分或诫勉谈话不再提名乡镇党政领导。

监督执纪

【保持惩治腐败高压态势】 坚持“无腐不可反”“无众不可责”“无往不可咎”，保持惩治腐败高压态势。2016年全市纪检监察机关受理检控类信访举报件1700件；立案1224件，其中县处级案件28件，乡科级案件195件；结案1225件，给予党政纪处分1198人，移送司法机关处理72人。抓好本级。坚决查处了龙岩学院、市交警支队、新罗龙门腐败窝串案，查办了市卫计委主任张美昌、漳平市公安局局长(副处级)赖杭南等重要岗位“一把手”,持续释放力度不减、节奏不变、尺度不松的强烈信号。压实县级。要求县(市、区)党委、纪委“查办大要案向市委、市纪委看齐”,绝不能“上面九级风浪、下面纹丝不动”。县(市、区)查处了16名重要岗位“一把手”严重违纪案件。“无禁区、全覆盖、零容忍”在闽西形成共识和氛围。延伸基层。加大力度查处侵害群众利益的不正之风和腐败问题,结合扶贫资金专项检查和县、乡换届,严惩小官贪腐等基层典型行为。2016年,全市共查处群众身边的“四风”和腐败问题351件513人,给予党政纪处分244人。严肃查处扶贫领域违纪违规问题,全市共立案60件,党纪政纪处分93人,问责252人。

【探索实践“四种形态”】 认真落实王岐山同志寄予闽西率先运用监督执纪“四种形态”要求,用心谋划、积极推进,坚定地在把握运用上走前头、作表率。建立健全谈话提醒机制,2016年全市共开展谈话函询1388人次。率先研究制定《关于对数种违反廉洁纪律错误的处理意见(试行)》,探索运用“四种形态”对纪律审查中涉及收送礼金行为党员干部落实处理。

【全面推进信访举报件办理“零暂存”】 把信访“零暂存”作为实践运用“四种形态”的重要抓手,促进问题线索及时处置到位,推动解决群众反映的突出问题。2016年,全市共办理检控类初信初访件1445件,其中拟立案32件、初核1065件、谈话函询348件、暂存0件。全市进京到省业务内上访人次比降53.3%,全市纪检监察机关受理检控类信访举报件比降42.3%,检控类重复件比降64.7%。

队伍建设

【纪委班子建设】 市纪委常委会率先垂范、以身作则,带头开展党的群众路线教育实践活动、“三严三实”专题教育、“两学一做”学习教育,切实加强思想建设、组织建设、作风建设和制度建设。选优配强基层纪委班子,严格把好廉政关、年龄关、学历关,新一届县(市、区)纪委班子成员平均年龄下降了2.7岁,第一学历为本科及以上提高8.4%;乡镇(街道)纪委(纪工委)书记平均年龄下降了3.1岁,第一学历为大学本科及以上提高37.3%。

【队伍素质能力建设】 采取新任谈话、初任培训、轮岗实训、业务轮训、挂职锻炼、继续教育等方式,提高纪检干部的综合素养。市纪委班子成员与换届后的134名乡镇纪委书记进行集体谈话,并举办专题培训班,开展纪检监察业务基础知识培训。

【锻造执纪铁军】 率先在全市开展纪检监察干部本人及其配偶、子女经商办企业、借贷和融资担保情况填报清理,对55名干部进行纠正处理。率先将县处级以上领导干部个人有关事项报告制度适用范围延伸到全市纪检监察干部,并将干部本人、配偶和共同生活的子女经商办企业、借贷款等情况纳入填报内容,按10%的比例进行抽查核实。率先对全市39名在职纪检监察干部配偶、子女经商办企业情况在当地报纸、电视及新闻网站公开,主动接受社会监督。设立100万元的全市纪检监察干部救急解困帮扶专项资金,开辟纪检干部因公受伤(致病)救急医疗“绿色通道”,为全市专司纪律审查人员办理人身意外保险。

组织机构　负责人名单

【市纪委、监察局负责人名单】

市纪委

书　记　李成荣
副书记　温国能(2月免)
杨主民(9月免)
沈觉新
邓伟斌(9月任)
张金滨(9月任)
常　委　陈晓文(9月免)
游　东(9月免)
石建新
邓伟斌(9月免)
黄佐清(9月任)
洪文林(9月任)
吕　莉(女)(9月任)
陈　雷(9月任)
秘书长　游　东(9月免)
陈　雷(10月任)

市监察局

局　长　沈觉新
副局长　修　洪(女)
张伟明(6月免)
黄佐清(8月免)

【各县(市、区)纪委书记名单】

新罗区纪委

书记　王永忠(5月免)
张伟明(5月任)

永定区纪委

书记　张金滨(5月免)
陈文操(5月任)

上杭县纪委

书记　钟爱华(5月免)
胡长松(5月任)

武平县纪委

书记　胡长松(5月免)
傅衍华(5月任)

长汀县纪委

书记　王汝彬(5月免)
郭育坚(5月任)

连城县纪委

书记　谢松华(5月免)
张前茂(5月任)

漳平市纪委

书记　张丽华(5月免)
罗　剑(5月任)

(周荣发　李冰　撰稿)

26 民主党派

民革龙岩市委

【概况】 民革龙岩市委下设13个支部，1个区工委，截至2016年底，共有党员233人。研究生学历18人、本科学历146人，高级职称71人；处级干部8人，科级干部23人；省政协委员1人，市人大代表2人(常委1人)，市政协委员10人(常委3人)。

【组织建设】 始终把加强思想建设作为自身建设的核心。通过召开会议，借助新媒体平台及选送骨干党员参加各类学习培训等形式组织理论学习，同时，结合民革中央部署的“坚持和发展中国特色社会主义学习实践活动”实践主题，开展形式多样、内容丰富的系列学习活动，如，组织党员前往古田会议会址、才溪乡调查纪念馆等地，开展“同心”爱国主义教育活动。组织党员参观“铁血长征——福建儿女长征史迹展”，弘扬长征精神。鼓励党员积极撰写学习实践活动征文、心得体会、理论研究文章等，取得良好成效。通过开展学习实践活动，不断增强全体党员对中国特色社会主义的道路自信、理论自信、制度自信、文化自信的认识，保持思想政治上的清醒和坚定，不断提升为实现全面建成小康社会，推进龙岩经济社会再上新台阶而努力奋斗的责任感和使命感。

以市委会及支部换届为契机，健全和完善工作、会议、学习等一系列规章制度，明确主委会议、市委委员会议等议事程序规则；12月15日，民革龙岩市第五次代表大会顺利召开，选举产生新一届市委会领导班子，王永昌再次当选主委；8月初，13个基层支部圆满完成换届，一批年富力强、参政议政积极性高、社会影响力大的骨干党员进入基层组织班子；选送10多名骨干党员参加省民革、市委统战部等举办的各类培训班。选派专职干部赴新罗区龙门镇连坑村开展为期1年的驻村蹲点工作，为优秀党员加强锻炼搭建平台、创造条件；2016年发展来自国企、医卫等系统的新党员5人，学历均为本科以上(其中硕士学历1人)，高级职称1人，平均年龄35岁，党员队伍结构更趋合理。利用春节、中秋节、国庆等重大节日，组织基层支部开展活动。入户走访70岁以上党员，慰问生病及困难党员，送上组织温暖。基层组织生活更加丰富，市委会及基层组织的感召力、凝聚力和向心力不断增强。

【参政议政】 “两会”期间，向市政协提交提案42件，委员提案27件、集体提案15件。其中郑作俐撰写的《利用电子商务实施精准扶贫的建议》，詹萃芳撰写的《关于加强我市贫困山区农村公路管养的建议》《关于重视解决林权纠纷的建议》，林洁红撰写的《关于建设龙岩中心城区自行车绿道的建议》，陈进撰写的《构建环境公益诉讼机制　助力龙津河整治工作》等5件提案入选政协大会发言。郑作俐撰写的《关于加快建设“医养结合型”养老护理机构的建议》和詹萃芳撰写的《关于高度重视山区农村公路管养问题的建议》获评市政协重点提案。围绕中共龙岩市委、市政府的中心工作，主动融入大局，走进农村、企业、社区，就农村电商、医养结合、企业降成本、林权改革等进行专题调研，形成《利用电子商务实施精准扶贫的建议》《加快推进社会信用体系建设的思考和建议》、《加快推进社会信用体系建设的思考和建议》《集体林权制度改革的现状与思考》、《试探宗亲认同对两岸同胞心灵契合的价值及启示》等调研文章。始终把反映社情民意信息工作作为参政议政、民主监督的重要抓手，全年提交50多篇社情民意信息，不少社情民意被中共省委办公厅、省政协、民革省委、龙岩市委、市政协等相关单位采用，如王永昌撰写的《进一步挖掘闽西传统文化精髓，发挥〈客家家训〉等在廉政建设中的作用》建议被《闽西快讯》(专报件)采用，并得到李成荣、王金福批示；郑作俐撰写的社情民意信息《利用电子商务实施精准扶贫的建议》被省政协专报件采用，并获得省政协副主席陈荣凯批示；詹萃芳提出的《关于在突发事件中及时有序引入民间公益组织的建议》被《闽西快讯》(专报件)采用，并获李德金，何明华、邓菊芳等领导批示；罗一婷撰写的《把龙岩中山公园打造成又一个重要的爱国主义教育基地》的建议被《闽西快讯》专报件、市政协社情民意信息专报件采用，得到李德金、林国耀批示。2016年年初，开通"龙岩民革"微信公众号，成为龙岩民革对外宣传的新窗口和民革党员沟通交流的新舞台。通过微信公众平台向各基层组织和全体党员宣传十八届五中全会、中央统战工作会议等相关会议精神，宣传市委会及各基层组织工作动态，扩大民革的社会影响。全年发布图文信息近50条，浏览量达4000多人次。

【祖国统一工作】 认真贯彻落实中共中央对台工作方针，牢牢把握两岸关系和平发展这一主题，做好扩大和台湾同胞和海外侨胞的交流和合作，增强两岸同胞之间的了解和沟通。6月，台湾艺术研究院等艺文界访问团到访并开展文化交流，双方建立常态化交流机制。王永昌受聘成为台湾艺术研究院院士。主动与回岩台商、台胞联系、交流，了解台湾民众意愿，关注台湾选情。1月，国民党原副主席詹春柏率台湾詹氏宗亲团回龙岩出席"海峡两岸詹氏经济文化交流大会暨中华詹氏福建省协会第三届代表大会"。开展纪念孙中山诞辰150周年系列活动，在民革中央社会服务部的大力支持下，携手青岛、西安、洛阳民革，决定共同举办"天下为公——四地民革纪念孙中山诞辰150周年书画联展"，首展于8月份在青岛开幕，后依次在西安、洛阳展出，于10月21日亮相龙岩，并在龙岩落下帷幕。在龙岩展出期间，还举办书画研讨会及联谊交流笔会；开展征文活动，共同缅怀孙中山先生。短短1个月时间，收到党员撰写的7篇征文。

【社会服务】 不断拓展社会服务渠道，整合社会服务力量，创新服务形式，力求社会服务活动有实效。走进经济技术开发区企业，了解经济下行压力下企业的生存状况，宣传中央、省、市的相关扶持政策，探讨如何攻坚克难，应对经济下行压力；前往网购诈骗的重灾区--适中镇，开展防范电信诈骗及扶贫宣传活动，与当地村干部座谈，走进农户家中，发放防范电信诈骗宣传手册，向村民们讲解防范电信诈骗犯罪相关知识，共同构筑防范诈骗第一道防线；春节前夕，联合长汀县统战部，组织民革党员及龙岩市、长汀县书法家志愿者，前往长汀县馆前镇义务书写春联。书法家们现场泼墨挥毫，送出春联近300幅，为群众送去猴年新春的祝福，受到群众的热情欢迎；联合举办"情系客家　爱心同行"艺术扶贫采风创作捐赠活动，王永昌率领的10位福建省著名书画家与河南书画家联袂在土楼之乡龙岩永定创作50余幅精彩的书画作品，全部捐赠给永定，用于扶贫义卖。在"国际大学生知识产权夏令营"活动中，安排来自芬兰、新西兰、印度、南非和伊朗的五对中外青年学生学习中国书法，体验闽西汉剧，亲身感受中国书法艺术和中国戏曲文化的魅力；紧紧围绕市委、市政府"打赢脱贫攻坚战，扎实推进精准扶贫"工作部署，组织机关干部深入上杭县蛟洋镇丘芳村开展贫困户走访慰问活动，发放慰问金1500元。同时，落实干部挂钩帮扶工作，与连城县隔川乡井坑村的4户贫困户进行结对帮扶，先后共走访慰问贫困户3次，发放帮扶发展资金4000元，为贫困户送去了关怀和脱贫信心。

（民革龙岩市委　供稿）

民盟龙岩市委

【概况】 截至2016年12月，全市有1个区工作委员会，15个基层支部，共有盟员403人，主要分布在文化、教育、医卫和科技界。其中，教育界292人、占72.3%，科技界22人、占5.6%；高级职称181人、占44.8%，中级职称174人、占43.1%；女盟员180人，离退休盟员106人。共有区工委1个，15个基层支部。2016年，共发展盟员12人，全市民盟有副厅级领导1名，处级干部8名，科级干部29名。成立"民盟中央美术院古田分院"及2处"盟员之家"。

【参政议政】 围绕民生、环保、生态及小城镇发展等方面的突出问题展开调研。民盟市委组织盟员深入调查，15人参加民盟省委2个重点课题调研；完成民盟市委重点调研课题11个，参与盟员30人；基层支部重点调研课题15个，参与盟员80人。其中，1篇调研报告入选省民盟优秀论文集，大部分的调研报告已转化为提案，由盟省委或市委提交政协会议，引起有关领导和部门的关注，得到领导的批示。主动融入中心发展工作，深入开展调查研究，不断提高提案质量，提出有前瞻性、针对性、建设性的意见建议，为推进地方发展献计出力。向省政协会议提交3件提案；提交市政协大会发言4件、集体提案13件、个人提案15件。其中，《关于加强我市中小学教师队伍建设的建议》，得到市委书记林国耀批示，《关于加快我市现代服务业的建议》，得到代市长林兴禄批示。8件提案引起相关部门重视并得到有效办理；5件提案被列为政协重点督办提案并得到有效解决。新罗区工委共提交区政协大会发言材料4篇、集体提案14件、个人提案11件；人大代表提交议案1件。其中郭颖聪委员代表民盟区工委在大会上的发言《深化老师队伍建设，助推教育名城创建》得到区委书记刘友洪批示。重视反映社情民意工作，多篇社情民意得到各级各部门高度重视并有效落实。社情民意信息被采用30篇次，中共福建省委办公厅9篇次，中共福建省委统战部4篇次，省政协9篇次，盟中央4篇次，民盟省委20篇次，中共龙岩市委办1篇次，市政协3篇次；获省领导批示3篇。盟市委2篇调研报告连续获得龙岩市委书记李德金的高度肯定和批示；9篇调研报告先后被编入民盟福建省委优秀论文集，23篇分别被省、市政协选作大会发言，大部分被列为省、市政协重点提案。其中，《关于加快推进我省新型城镇化“小城市”培育工作的建议》等被评为“民盟福建省参政议政优秀调研成果”一等奖。

【思想建设】 民盟市委高度重视思想政治建设，注重丰富学习内容，侧重加强革命传统教育，着重强化学习实践活动实效，进一步夯实思想政治基础。积极组织盟员参加各级各类学习培训活动，选送15名骨干盟员参加中央、省、市各级各类培训，及时掌握中央、省、市各项决策和最新动态，增强履行参政党职能的责任感和使命感。坚持开展“读书班”活动，邀请各级专家学者为盟员授课，举办各类专题讲座，参加盟员90多人次。完善丰富龙岩民盟网站平台和内容，创设民盟龙岩工作微信群，与各个基层组织微信群联合发挥重要的盟务传播交流作用，加强对内对外宣传。共有70件信息分别被福建民盟网站、福建盟讯，闽西日报及有关刊物采用。

【基层组织建设】 8月下旬，民盟龙岩市委举办2016年暑期读书班，民盟龙岩市委班子领导、市委委员、各支部支委、参政议政积极分子及新盟员和入盟积极分子90多人参加培训。10月上旬，组织离退休盟员50多人前往东肖邓子恢故居、邓子恢纪念馆、后田暴动纪念馆参观调研，庆祝全国第四个老年节。老年节期间，开展送温暖活动，慰问病残和贫困离退休盟员，给他们送上节日的祝福；开展祝寿活动，为70周岁以上盟员和80周岁以上高龄盟员送上生日蛋糕和生日祝福。

【换届选举】 12月17日，中国民主同盟龙岩市第八次代表大会在闽西宾馆召开，民盟福建省委会专职副主委刘泓，中共龙岩市委常委、统战部部长邓菊芳等市领导出席大会。刘泓高度肯定了龙岩民盟五年来在参政议政、社会服务、自身建设等方面所取得的成绩，希望民盟龙岩市委会以这次代表大会为契机，继续继承民盟奔走国是，关注民生等优良传统做好政治交接，引导广大盟员为党分忧，为国尽力，为民尽责，服务于中国共产党领导下的多党合作事业。市委常委、统战部部长邓菊芳代表市委充分肯定了5年来民盟龙岩市委会的工作，并对今后的工作提出具体要求。民盟龙岩市委会主委张琼珊作题为《不忘初心　继续前进　为再上新台阶、建设新龙岩作出新的贡献》的工作报告。与会代表认真听取并审议了张琼珊同志代表民盟龙岩市第七届委员会所作的工作报告。

大会选举产生民盟龙岩市第八届委员会委员19人。在八届一次全体委员会上，张琼珊当选主任委员。

【服务社会】 认真贯彻落实中央统战工作会议精神，充分发挥智力资源优势，助力龙岩科技进步、扶贫开发和教育文化卫生事业发展。

成功促成民盟中央“超天使工程”落地闽西。以低成本的价格为龙岩连城基层卫生机构提供“西门子”19台彩超、1台“DR”设备，有效补给该市乡镇卫生院诊疗设备的“短板”，同时通过培训，提高基层医疗卫生机构技术水平，让老百姓实现就近就医，从而缓解看病难、看病贵问题。持续对接做好“瑞之路万千眼镜·爱心助学在行动”的眼镜捐助爱心活动。充分发挥民盟中央美术院古田分院作用，民盟中央美术院古田分院组织美术家们一行13人走进上杭古田溪背村开展"新春送福"等文化进村活动。让基层百姓对民盟组织有了更加深刻的认识，也充分展现了民盟组织运用文化艺术升华基层百姓的生活。

（市民盟　供稿）

民建龙岩市委

【概况】 民建龙岩市委有会员162名，其中大专以上学历会员占96%　，企业界会员占88%，现设有新罗区基层委员会(下设新罗区企业支部和新罗区机关支部)、金融支部、法律支部、企业支部、学院支部和市直机关支部、综合一支部、综合二支部等基层组织。现有省人大代表1名、市人大代表4名(其中常委1名)，市政协委员10名(其中常委3名)、县（区）级政协委员6名(其中常委2名)。

【思想建设】 组织开展“回望古田、饮水思源”现场教学，带领民建会员前往红色革命基地—古田会议旧，重温革命光辉历史，接受思想启迪和精神洗礼；组织基层组织开展学习习近平总书记“七一”等系列讲话精神座谈会，引导广大会员不忘初心，把与中国共产党风雨同舟的民建优良传统传承好、发扬好。3月底，陈晓东带领9名龙岩民建会员参与“走进民建省委机关—会员活动日”活动，加强会员与福建省委机关的联系。5月初，民建龙岩市委与民建上海闵行区委在上海签订共建协议，建立两地民建组织定期互访机制，并在组织建设、社会服务、参政议政、机关建设等方面开展广泛深入的交流合作，同时搭建两地会员企业交流活动平台，加大双方“服务中心、服务会员、服务企业”的力度，提升组织凝聚力，展示民建风采，促进双方共同发展。

【组织建设】 坚持民主协商，严格组织程序，积极推进市级和基层组织换届工作。通过召开支部主任座谈会、走访沟通、个别约谈等方式充分协商，按计划、有步骤地整体推进基层组织换届和结构调整工作。12 月 11 日，中国民主建国会龙岩市第二次代表大会在龙岩人民会堂举行，会议选举产生了中国民主建国会龙岩市第二届委员会，陈晓东当选民建龙岩市第二届委员会主任委员，通过培育典型和发挥典型引路作用继续推进市级各基层组织“一支部一品牌”建设，大力发展支部品牌特色建设。民建龙岩市委法律支部被评为民建“全国社会服务先进集体”建设民建“会员之家”，有 3 个“会员之家”，解决了民建基层组织无固定活动场所的问题，其活动内容以参政议政为第一要务，以服务社会、服务会员为出发点，通过举办丰富多彩、主题鲜明的学习教育和文体娱乐活动，为会员营造民主亲和的氛围，搭建相互交流的平台，提供研究探讨问题和健身活动的场所。积极选送后备干部和骨干成员参加各级、各类党校社院培训共计余 80 余人次。同时，民建市委对接省民建，不断完善会员数据库，积极推进法律人才智库、新媒体人才、后备人才库等人才储备。

【参政议政】 把促进发展作为参政议政的第一要务，积极建言献策。定期邀请政府有关部门负责人、高等院校的专家学者、相关行业的代表性企业负责人，就龙岩地方经济和社会发展的重点问题开展讨论。7 月 17 日，民建市委在连城举办参政议政表彰会暨“议政沙龙(第三期)”活动。民建市委班子成员及参政议政骨干会员 30 余人参加活动，举办关于写好调研文章、提案、社情民意、信息的专题讲座，讨论 2016 年度下半年参政议政工作重点方向和课题。积极开展课题调研，开展加快推进医养结合融合发展工作专题调研，撰写的《关于尽快设立我市医疗专项培养基金的建议》被市政协《社情民意》专报件采用；积极参加提案督办，提出的《关于加强我市儿科医生队伍建设的建议》成为市政协重点督办提案之一。围绕“四个一”举措，即搭建一个平台、健全一支队伍、开展一系列活动、完善一套制度，建立参政议政工作室，发挥参政议政骨干会员、人大代表、政协委员、机关干部的人才优势，开展民建议政沙龙系列活动，围绕“选好题、有措施、出成效”进一步完善参政议政制度，规范调研程序，集中力量，深入调研，进一步提高市委会参政议政能力和水平。

【社会服务】 继续开展社会服务工作“三大工程”活动，在社会服务中展现作为。发挥会员企业优势，助推特色农业产业发展，通过完善“企业+农户”共同体和“企业+合作社+农户”联合体，助力精准扶贫，促进贫困户稳步增收，比如会员企业在长汀开展的“河田鸡养殖”合作扶贫项目，通过实施“委托贫困户利用竹林代养河田鸡”项目，提供种苗、饲料、技术指导并包销，仅此一项就让每位农户年内增收万元以上，达到脱贫目标并实现可持续发展。12 月 2 日，沈钊昌先生通过民建龙岩市委沈钊昌慈善教育基金为家乡捐赠爱心善款 21 万元，其中 15 万元捐赠给堂堡中心小学、坎市中学、湘店中学设立爱心图书室、美术室及心天地教室，3 万元为捐助给 3 所学校学生购买“爱心红书包”，3 万元捐赠给永定区堂堡乡河坑村 30 户贫困户。民建会员参加由市委宣传部、市委文明办、市总工会、团市委等单位在街心花园主办的“弘扬雷锋精神·建设美丽龙岩”主题志愿服务活动为社区干部及居民作解读反家庭暴力法的专题讲座。三是同心产业。组织会员参加“2016 中国(河南)非公有制经济发展论坛”，龙岩产业发展高峰论坛，努力创造条件为企业界会员提供学习、交流、考察的机会，促进企业间的相互联系与协作，引导企业做大做强。

（民建龙岩市委　供稿）

民进龙岩市委

【概况】 2016 年，民进龙岩市工委新发展会员 4 人。其中，教育界 1 人，政府部门 2 人，其他界别 1 人；其中研究生学历 2 人，本科学历 2 人；平均年龄 34.5 岁。截至 2016 年底，民进龙岩市工委共有会员 81 人，会员平均年龄 43.6 岁，其中男会员 45 名，女会员 36 名。民进龙岩市工委下设新罗区总支、龙岩学院支部、行政支部等 3 个支部和 2 个会员小组，会员分别来自教育界、经济界、法律界、医药卫生界、文化艺术界以及政府机关单位和其他界别，其中教育界占 54.5%。在学历方面，有研究生学历 10 人，本科学历 64 人，本科以上学历占会员总数的 91%。在职称方面，有正高级职称 3 人，副高级职称 25 人，中级职称 23 人。此外，有处级干部 2 人，科级干部 12 人，有 5 人担任龙岩市政协委员，3 人担任龙岩市新罗区政协委员，3 人担任永定区政协委员，1 人担任长汀县政协委员。

【思想建设】 2016 年，民进龙岩市工委多次组织会员深入开展学习习近平总书记系列重要讲话精神、中共十八届六中全会精神、民进中央主席严隽琪关于庆祝中国共产党成立 95 周年《不忘初心，同舟共进》的重要论述与指示以及省第十次党代会、市第五次党代会精神的重要内容，坚持不懈地引领全体会员牢牢把握中国特色社会主义理论体系的科学内涵和精神实质。选送骨干会员参加民进中央、中共福建省委统战部、民进福建省委、龙岩市政协、中共龙岩市委统战部举办的各类学习培训。8 月 20 日，在闽西宾馆举办参政议政工作培训班，邀请专家作专题讲座，民进龙岩市工委班子全体成员和骨干会员参加培训班。

【参政议政】 2016年，围绕经济社会发展大局，紧扣深化改革的时代主题，努力撰写提案，积极反映社情民意，深入开展调查研究，向各级各部门提供有益的建言献策。向龙岩市政协四届五次大会报送提案53篇，向新罗区政协报送提案3篇。其中，大会书面发言《关于打造经典旅游品牌的几点建议》得到池秋娜批示，提案《关于加快我市医疗和养老服务结合的建议》被定为2016年度市政府领导督办重点提案，提交提案的积极性和质量再次得到了充分的认可。通过民进福建省委、龙岩市政协、中共龙岩市委统战部、中共新罗区委统战部等单位，向党政机关报送社情民意信息29篇，报送新闻简讯(动态信息)30篇。据统计，有1篇社情民意信息被中央统战部采用，有1篇社情民意被民进中央采用，1篇被省委办公厅采用，6篇社情民意被省政协采用，1篇社情民意信息被《八闽快讯》采用，22篇社情民意信息被民进福建省委采用。有9篇动态信息被民进中央官网报道，11篇动态信息被市委统战部报道，4篇动态信息被《闽西日报》报道。其中，社情民意信息《关于在龙岩市设立福建省专用车辆检验检测中心的建议》得到梁建勇、李德金批示；社情民意信息《关于在全国范围内普遍推行“庭前证据送达”制度的建议》《人民法院实施诉讼材料签收制度亟待加强》得到马新岚批示。调查并撰写中共龙岩市委统战部的课题《把握科学分析方法　精准参政议政》《关于闽台高校联合办学深度融合的思考》《龙岩小城镇建设发展思路》；同时《因地制宜促进我省大数据产业均衡发展》《发挥职业教育优势，精准帮扶贫困户脱贫致富》两个调研课题被民进福建省委的课题核准立项，其中《发挥职业教育优势，精准帮扶贫困户脱贫致富》被龙岩市委、市政府政策研究室采用，并刊登在龙岩发展研究，为党和政府决策提供参考。

【社会服务】 开展各项社会服务活动。自2013年3月起，龙岩民进组织就开始坚持在连城县文坊村“项南纪念馆”后山开展集体植树造林活动。2016年3月12日，民进龙岩市工委再次组织会员来到原中共福建省委书记项南同志故乡，栽下100株天竺桂，用实际行动建设“美丽龙岩”，打造民进品牌。2016年1月，民进龙岩市工委与民进漳州市委一道，前往连城县奉献爱心，为200名城市环卫工人捐赠手工围巾和优质手套。8月13日，工委组织会员前往大池镇西洋村实地调研，了解西洋村在改造农村人居环境，实现农民就地增收致富和加强生态文明建设等有关方面的情况，并对该村莲子加工项目给与支持。2016年重阳节来临之际，民进龙岩市工委联合下属新罗区总支、行政支部到新罗区东城东宫下“托老院”，开展“九九重阳关爱老人送温暖”主题活动，工委以及企业家会员共同为生活在“托老院”的老人捐赠185床，总计价值4万多元的羊毛毯。医疗专家会员热心地为老人们进行义诊，并给老人们介绍有关健康知识和保健知识。10月13日，工委下属新罗区总支与共建单位——新罗区中城街道北门社区开展“同心创城进社区”活动。与北门社区志愿者深入北门社区无物业小区进行了环境清理整顿，彻底解决小区居民几年来的烦心事。11月4日，民进龙岩市工委组织名师会员，前往白沙中心小学举行送教下乡暨为捷步小学捐赠图书活动。

（邱艳萍　撰稿）

农工党龙岩市委

【概况】 2016年发展党员10人，其中研究生学历2人，大学本科8人、高级职称2人，中级职称3人，平均年龄31岁。截至2016年12月，全市共有农工党员327人，其中医药卫生界占35.3%、人口资源和生态环境界占6.7%、文教界占28.9%、农业科技界占13.5%。市委会下设新罗区工作委员会，办公室、组织部、宣传部、社会服务部、参政议政委员会，老年工作委员会和16个基层支部组织。党员中担任龙岩市人民政府副市长1人，省政协常委1人，市政协副秘书长1人，市政协委员8人，其中市政协常委3人。新罗区人大代表1人，新罗区政协委员10人，其中区政协常委3人。农工党市委主办的《龙岩农工》刊出4期计1200份，分发各基层支部及各有关单位作为学习材料。同时，市委会积极向《福建统一战线》《农工闽讯》《闽西日报》《闽西政协》《统战简讯》等报送大量信息。

【思想建设】 2016年，市委会坚持把理论学习作为一项重要政治任务，认真开展政治理论学习，坚定理想信念。注重加强党员的理论学习，巩固思想建设成果，努力提高党员综合素质。除市委会领导班子成员定期组织专题学习外，还结合政治和当前形势，多次召开市委全委(扩大)会议，组织党员骨干和全体党员进行学习。传达学习中共十八届历次全会精神、习近平总书记来闽来岩重要讲话精神、农工党十五届中央常委会第十二次会议精神、中共福建省委九届十八次全会精神。会议认真学习并深刻领会了四中、五中、六中全会精神实质，把学习全会精神作为重要政治任务，通过专题学习结合个人自学等方式，把全会精神真正学深、学懂、学透，深刻把握中国共产党领导的多党合作制度的精髓，进一步贯彻“同心”思想，做到与中国共产党“在思想上同心同德、在目标上同心同向、在行动上同心同行”。全面落实“照镜子、正衣冠、洗洗澡、治治病”总要求，解决形式主义、官僚主义、享乐主义和奢靡之风这“四风之害”方面存在的问题。认真学习贯彻《党政机关厉行节约反对浪费条例》，加强作风建设，树立参政党的良好形象。

市委会班子成员统一思想，从自身

做起，带头学习社会主义核心价值体系理论，认真树立践行社会主义核心价值体系活动，切实使党员进一步树立中国特色社会主义共同理想，不断巩固共同团结奋斗的思想政治基础，增强党员推动龙岩科学发展、跨越发展的责任感和作为民主党派成员的光荣感和使命感，增强了党员自觉接受中国共产党的领导，坚定走中国特色社会主义发展道路的信念，为更好地履行参政党职能奠定良好的思想基础。

【参政议政】 市委会紧紧围绕中共龙岩市委、市政府关于加快龙岩科学发展、跨越发展的决策部署，主动融入大局，服务闽西建设作为参政议政重点，积极发动党员集思广益，精选课题深入调研，建睿智之言，献务实之策。调整充实参政议政工作委员会成员，将参政议政能力强的年轻党员骨干充实到参政议政的队伍中来，增强参政议政队伍的新鲜血液。在市政协第四届五次会议中，提交大会发言5篇，集体提案13篇，个人提案18篇。积极发动党员撰写信息，加强社情民意信息工作，选派10多位党员参加农工党省委、市委统战部等部门举办的信息工作宣传培训班。向农工党省委、市政协、市委统战部等部门报送社情民意信息200多篇。其中被全国政协采用1篇，农工党中央《信息专报》采用1篇，中共福建省委办公厅《八闽快讯》、《福建信息》采用2篇，省政协《政协信息专报件》采用18篇，农工党省委《福建农工信息》采用66篇，省领导批示1篇。其中2016年《关于军民融合》的信息获省委常委、省军区司令员熊安东的批示。

【换届选举】 9月，农工党龙岩市委会完成16个支部的换届选举工作和农工党新罗区工作委员会的调整工作，完成第七届领导班子述职、测评与人选推荐工作，做好准备换届的其他各项准备工作。12月18日，在龙岩闽西宾馆隆重召开农工党龙岩市第八次代表大会。提名代表和选举代表70人，实际出席大会代表57人。

与会代表以无记名等额选举方式进行投票选举产生农工党龙岩市第八届委员会委员15人和出席农工党福建省第十二次代表大会代表8人。随后，接着召开农工党龙岩市第八届委员会第一次全体会议，全体委员以无记名等额选举方式进行投票选举，产生了农工党龙岩市第八届委员会主任委员1人、副主任委员5人。

农工党龙岩市第八届委员会委员名额17名，选举15人，其中继续提名的9人，新提名的6人，占40%；男性10人，女性5人。农工党龙岩市第八届委员会领导班子职数1正5副，本次选举1正5副，其中男性5人，女性1人。一批年富力强，有代表性的新生力量进入新一届委员会，顺利实现了农工党龙岩市委会领导机构成员新老交替。

【组织建设】 市委会以制度建设为保障，加强领导班子建设，自觉执行民主集中制，坚持集中领导和分工负责制。市委会多次召开主委会议和全委会。领导班子成员思想建设、作风建设进一步增强，政治把握能力，参政议政能力、合作共事能力和组织协调能力进一步提高。按照《中国农工民主党组织发展工作规程》的要求，坚持“三个为主”的方针，坚持“发展是为了工作和在工作中发展”的原则，积极主动地与拟发展人员所在单位中共党组织、统战部进行协调沟通，稳妥做好组织发展工作，吸收一批政治较成熟，综合素质较高，有一定发展潜力，能与中国共产党通力合作地做好本职工作又能热心党派工作的年轻优秀人才。

坚持按照政治标准，注重德才兼备原则，积极培养推荐人才，并争取中共党组织和统战部门的支持并帮助，有计划有步骤地加强后备干部队伍建设，并加大推荐力度。选送1位党员参加陕西省社会主义学院学习培训，选送3名党员参加中央社会主义学院培训班，选送3名党员参加福建省全省基层骨干党员培训班学习，选送4名党员参加农工党全省2015年参政议政骨干培训，3名党员参加农工党全省宣传干部及《农工闽讯》通讯员暨网站编辑培训，选送3名党员参加市委统战部举办的第6期民主党派骨干成员培训班。

【社会服务】 2016年，市委会在认真开展坚持和发展中国特色社会主义社会主义学习活动的同时，注重联系实际，围绕中心服务大局，发挥党内科技人才的优势，更加注重在社会服务工作中求实效，做贡献，切实抓好科技扶贫工作，积极为新农村建设服务。发挥农业科技界党员特长，继续加强对上杭县众发蔬菜专业合作社的科技指导。改种秋葵、花椰菜、茄子、番茄等蔬菜新品种。加强科技指导。开展新品种科技培训6次，近1000人次；根据季节需要，深入田间地头现场指导10余人次。无偿赠送试验肥料。全年赠送“高乐”叶面肥料15件，价值5000元。建设集现代农业成果展示、物联网控制平台、蔬菜生产培训、蔬菜农残检测、休闲生态农家乐等为一体的多功能展示厅500平方米。全社种植总产量3600吨，产值2300万。同时，不断加强品牌建设，申请龙岩市著名商标的认定，番茄、大白菜、甘蓝、莱豆、茄子等通过无公害认证。同时，采取“手把手”、“面对面”的科技服务新模式，开展科技下乡活动。在全市10多个乡镇举办蔬菜、甘薯、茶叶、中药材等农业科技培训班10场次，培训基层技术人员100多人、种植大户100多户、农民1000多人，新技术快速运用于生产，积极发挥党员专业优势，深入田间现场指导100多人次。通过培训及田间现场指导相结合，进一步提高了科技人员、龙头企业、种植大户及农民的科技技能，全市现代农业发展提供科技支撑，保障农业增效、农民增收。

6月8日，农工党龙岩市委一行10人到新罗区东肖镇黄邦村，开展2016年（第九届）“中国环境与健康宣传周”活动。活动以“海洋环境与健康”为主题，本着讲究实效、精心组织原则，在东肖镇黄邦村举行医疗义诊、关注百姓生活等活动。医疗专家们在骨伤科、内科、妇产科、血液科等科别为患者进行细心诊治，前来求诊咨询者近50人次。此外，还现场发放海洋环境与健康，医保、新农合等宣传材料，广泛宣传农村孕妇和城市低保孕妇免费产前筛查诊断项目，关节痛的表现形式和治疗方法等知识。

（市农工党　供稿）

致公党龙岩市委

【概况】 2016年，致公党龙岩市委新发展党员7人，平均年龄31.6岁，均为大学以上文化。截至2016年底，全市共有党员155人，其中女党员94人，退休党员37人，归侨、侨眷属、港澳台属、留学及访问学者104人，大学以上文化121人，高级职称54人，中级职称49人，平均年龄48.6岁。从事基础教育47人，高等教育17人，政府机关23人，新的社会阶层人士12人。下设7个支部，1个工作委员会(新罗区)，以及1个组织部、参政议政工作部、宣传部、社会服务及海外联谊部、妇女工作部、老年人工作委员会。党员中有省政协委员1人，市人大常委1人，市政协副主席1人、常委1人、委员7人，新罗区政协常委2人、委员4人，永定区政协副主席1人。

【组织建设】 年初，将原综合支部、教育支部、龙岩二中支部三个支部分别更名为龙津一支部、龙津二支部、龙津三支部，将市直一支部、市直二支部、市直三支部、龙岩学院支部4个市属支部副主委职数由原来的2名调整为3名。截至7月底，各支部相继完成换届选举工作，新一届支部委员会产生。9月，对新罗区工委领导班子进行调整。结合开展坚持和发展中国特色社会主义学习实践活动，通过召开主委会、全委会、全体党员大会，举办暑期读书班，以及选送骨干党员参加各类学习培训等形式，组织广大党员深入政治理论知识、党章党史、参政议政要点等，党员素质得到进一步提升。先后选派11名骨干党员，参加省委会举办的中青年干部培训班、宣传骨干培训班、“一周课堂” 等学习培训，1名机关干部参加致公党中央参政议政干部培训；8月，举办2016年暑期读书班。12月10日，召开致公党龙岩市第六次代表大会，65名代表出席会议，大会选举产生新一届委员会委员11名。在致公党龙岩市第六次代表大会第一次全体会议上，张子平再次当选致公党龙岩市委主委。

【参政议政】 2月，市委会制定下发《关于参政议政及宣传信息工作的管理办法》《关于政协大会发言的提交及管理办法》《关于市政协委员人选的推荐及管理办法》，明确规定市委会领导班子、市委委员、各基层支部每年的工作任务、调研经费安排等，有效推动参政议政工作的开展。紧紧围绕中共龙岩市委打好“三大战役”、加快建设新龙岩部署，深入开展相关课题调研。张子平先后赴云南参加省政协组织的“打造文化与生态相融合的大武夷旅游圈” 调研，赴温州、宁德参加市政协的“盘活园区工业用地”及“降低中小企业生产经营成本”调研；按照省委会工作部署，组织开展山区农村文化建设专题调研；与厦门市委会赴广东联合开展调研，撰写的调研报告“借鉴广东经验，加快建设厦龙山海协作经济区” 得到李德金批示；各基层支部也相继开展乡村旅游发展、龙岩华侨历史等课题调研，并形成了一批调研文章。围绕经济社会发展和群众关注热点难点问题，积极建言献策，取得一定成绩。全年报送社情民意90多篇，调研文章10多篇，其中社情民意信息“基层干部反映我国农村宅基地制度亟需尽快完善”“不宜过度渲染海外政商界人士中华人华裔的华人属性”被致公党中央采用；“关于严厉打击农村赶圩市场销售假树苗行为的建议”被省政协专报采用并得到副省长黄琪玉批示。“台湾客家族群政治生态出现分化现象应引起高度重视”“基层反映非领导职务干部管理松懈应引起有关部门重视”被福建信息以及省政协专报采用；“建议严格执行‘限量装载、卸点付费’，遏制渣土车超载交通事故”被市政协社情民意专刊采用，并得到李德金批示；“重视和加强对少数民族乡村实施精准扶贫的建议”被闽西快讯采用。在市政协四届五次会议上，市委会共提交市政协大会书面发言3篇，团体提案9篇，委员个人提案20篇。其中，提案“关于提升产业项目策划生成工作实效的建议”被市委政协列为重点提案。

【海外联谊】 注重加强与涉侨部门的沟通联系，进一步增强服务意识，为侨胞支持家乡教育事业发展以及团结海外乡亲发挥应有的桥梁作用。5月12日，牵线搭桥祖籍新罗区东肖镇的香港同胞李景辉，为龙岩实验小学、白沙中心小学、捷步八一小学等捐赠助学款27.5万元，并在龙岩实验小学举办捐赠仪式；5月19日—23日，应菲律宾中国洪门联合总会邀请以及受致公党省委的委托，张子平率市委会组成的代表团一行6人赴菲律宾参加菲律宾中国洪门联合总会第八十三届职员就职典礼，开展为期5天的友好访问。在菲期间，拜会洪门联合总会“五属”，与当地华人华侨社团进行座谈交流，代表团一行还考察调研了华人企业，进一步了解在菲华人的生产生活状况，增进了友谊。

【社会服务】 立足农村现状，充分发挥龙岩学院支部动物医学研究所党员专业优势，通过开展技术讲座与培训、送医送药进农户等方式，将畜禽重大疫病快速诊断技术、疫病免疫监测和规模化畜禽养殖场重大疫病综合防制技术应用于生产。在福建省旺牧畜牧有限公司、上杭县顺昌猪场等地开展送养殖技术服务、养殖技术精英培训4次，受惠养殖场主、工人近500人。发挥市直三支部教学资源集中优势，3次组织教师党员前往各县(市、区)开展数学、物理、音乐学科教学指导培训，着力提高全市教学质量，受训教师近1000名。围绕市委、市政府“打赢脱贫攻坚战，扎实推进精准扶贫”工作部署，年初，组织机关干部前往上杭县庐丰畲族乡上坊村开展贫困户走访慰问活动，发放慰问金1500元；同时，落实干部挂钩帮扶工作，与连城县四堡乡双泉村的7户贫困户进行结对帮扶，先后4次走访慰问贫困户，发放一次性帮扶发展资金7000元，捐赠大米、食用油、衣物等折合人民币8000余元。

（刘翠琴　撰稿）

九三学社龙岩市委

【概况】 2016年，九三学社龙岩市委下设一、二、三、四支社、新罗区、龙岩学院等6个支社及永定区小组。主任委员温永。全年发展新社员8人，至年底，共有社员146人。其中，女社员54人。现有146名社员中，有高级职称75人、占51.37%，中级职称56人、占38.36%；现有省人大代表1人；市人大常委1人；市政协副主席1人、常委3人、委员4人；副厅级干部1名、处级干部7名、正科级干部21名、副科级干部6人。

【开展坚持和发展中国特色社会主义学习实践活动】 组织开展坚持和发展中国特色社会主义学习实践活动，并把其作为党派自身建设特别是社员思想道德建设的关键，践行“同心”思想，坚持将中国特色社会主义理论体系、以爱国主义为核心的民族精神、以改革创新为核心的时代精神以及中共龙岩市委、市政府的中心工作和重点工作，作为各支社开展系列学习实践活动的主要内容，进一步增强坚持中国共产党领导的自觉性和坚定性，坚定不移地走中国特色社会主义政治发展道路，巩固多党合作和政治协商的政治基础，明确九三学社作为中国特色社会主义参政党的性质、地位和历史使命，不断增强社组织的凝聚力、向心力和影响力。

【思想建设】 高度重视政治理论学习，积极组织社市委班子成员和社员全面深入地学习科学发展观，组织学习《中共中央关于加强统一战线工作的决定》等新时期多党合作和统战理论，学习中共十八大和十八届三中、四中、五中、六中全会精神以及习近平总书记系列重要讲话精神，学习九三学社的社章社史及优良传统，举办暑期读书班，开设社情民意信息讲座。通过学习统一战线方面的文件和相关知识，使广大社员更加理解中国共产党的统一战线政策，更加明确中国共产党领导的多党合作和政治协商制度的形成、发展及其历史必然性，更加坚定走中国特色社会主义道路的决心和信念。

【干部队伍建设】 按照德才兼备的原则，将政治素质好，年龄结构合理，能继承和发扬社的优良传统，乐于奉献，能担当起新世纪重任，符合《党政领导干部选拔任用工作暂行条例》的社员作为后备干部，积极推荐政治、实职安排，使一批德才兼备的社员得以脱颖而出。积极选送后备干部、骨干16人参加省、市社会主义学院和市委统战部举办的各种培训班学习，进一步提高政治理论水平，着力提高理论水平。

【提案工作】 研究制定参政议政和课题调研激励办法，凡承担九三学社省委下达的课题，社市委都给一定的经费补助。社员撰写提案被社省委、社市委采用的，按大会发言、团体提案、个人提案等分别给予不同等级的奖励。全年向市政协大会提交党派团体提案7件、委员提案6件。《关于完善东山农副产品批发市场建设的建议》等5篇提案获2014—2016年度优秀提案。

【调研工作】 充分发挥社员年轻且大多具有中高级技术职称，在工作单位上又是业务骨干的特点，发动广大社员，结合工作实际，积极参与调研，撰写调研文章，并注重把调研文章转化为市政协提案，以提案形式向有关部门提出意见和建议。全年向社省委提交调研报告3篇。

【信息工作】 《全面实施营改增应解决的几个问题》被全国政协、社中央信息采用，获国家领导人批示；16篇信息被省政协采用。

【特约监察】 社市委有6位社员分别担任市、区两级特约“五员”工作。社员认真履行职责，积极参加监察活动，深入基层明查暗访，客观、公正地提出意见和建议，推动有关部门依法行政，促进政府机关作风转变，在反腐倡廉、维护社会稳定等方面发挥积极作用。

【社会服务】 继续开展新农村建设规划服务活动，永定陈东乡古龙村通红片区的规划建设取得阶段性成果，36户村民已经搬迁入住，房屋的规划设计得到住户的一致好评；深入茶地中学、白砂中学、龙岩实验小学等学校为女生作“青春期保健”专题讲座；组织社员前往东宫下托老院、雁石镇坷溪村、白沙镇小溪村等地开展义诊和义务劳动。

（张茂华　撰稿）

27 社会团体

市总工会

【实施职工素质提升工程】 组织职工技能大赛和技术比武。联合相关部门单位在11个系统(行业)组织开展14场(次)职工技能大赛、技术比武,近万名职工参加。深入开展“名师带高徒”活动,实现师徒结对1758对,有效提高广大职工特别是农民工岗位技能素质。扎实开展职工技能培训。制定实施万名职工技术培训计划,举办各类职工技能技术培训119期,培训职工、农民工11225人（次)。一家培训点被命名为“全国职工教育培训示范点”。全年征集69项职工自主创新成果,促成58个项目实现对接转化,产生经济效益2068万元,推荐6个项目参加第十四届中国·海峡项目成果交易会海峡两岸职工创新成果展;征集职工“五小”创新项目203项参加省百万职工“五小”创新大赛。其中,71个项目获省总工会表彰。

【发挥劳模示范引领作用】 重点扶持23个劳模创新工作室示范点，培育一家全国示范性劳模工作室。评选推荐产生全国工人先锋号2家、全国五一劳动奖章2人；全国五一巾帼标兵1人、标兵岗1个;省五一奖状5家、劳动奖章15人、工人先锋号6家、五一先锋号14家,评选表彰100位市劳动模范。通过评选表彰先模，大力弘扬劳模精神、劳动精神和工匠精神,特别是联合海峡卫视推出《闽西客家工匠》大型电视宣传专题片,深入宣传9名闽西工匠,获得较大反响。

【企业职工文化建设】 推进“职工书屋”建设,申报全国级3家、省级5家,建设市级10家,推动自建、改建、扩建各类“职工书屋”和“电子书屋”30多家,为职工、农民工学习提供良好环境。深入开展“三送三进”活动,活跃职工文体生活。举办第二届“中国梦·劳动美”职工书画摄影展，通过网络投票的方式,30多万海内外人员参与其中。

【实施送温暖工程】 对全市建档困难职工进行全面核实调整，建立1822户困难职工档案。筹集“两节”送温暖慰问资金500多万元,慰问困难企业28个,慰问困难职工家庭3253户。筹集助学资金413.82万元，资助困难职工子女就学2662名。组织24.3万职工参加第九期职工医疗互助活动,9072人次获得补助,补助金额661.2万元。举办各类场招聘会26场,累计2037家企业提供3万余个岗位，近8000人实现就业再就业。关注职工心理健康,为5000多名职工提供免费心理咨询服务。开展防暑降温活动,建立110家“清凉驿站”,筹措350多万元,慰问奋战在高温作业一线职工。举办首届海峡婚博会暨相亲交友节和“金秋有约·缘来是你”等形式多样的联谊交友活动，为2000多名未婚青年职工搭建交友平台。积极推进公共场所“妈妈小屋”建设,1家成为全省“我最喜爱的妈妈小屋”,3家成为省级示范点。组建48支职工志愿者队伍,持续深入开展各类志愿服务活动。发动市本级75家党政、机关事业单位参与连心帮扶行动,结对帮扶139户困难职工家庭。组织全市350名在档困难女农民工免费健康体检。争取李新炎慈善基金会每年20万元资助在档困难职工。开展“暖冬行动、爱心家宴”等关心关爱环卫工人系列活动,让环卫工人充分感受到工会组织的温暖,获得省总的充分肯定。积极参与脱贫攻坚行动,通过落实帮扶项目、金秋助学、就业帮扶等举措,为连城县竹叶山村20户挂钩户实行精准帮扶。

【民主管理工作】 推进以职代会为基本形式的企业民主制度建设,实行集体协商要约行动。全市12516家企业建立职代会制度,12123家开展厂务公开民主管理工作,占企业数93%以上。12923家企业签订平等协商集体合同,覆盖职工近30万人。签订行业集体合同45份，覆盖企业1859家，签订区域集体合同141份，覆盖企业7525家。70家企业被省总工会授予“民主管理达标单位”，6家企业被省总工会授予“民主管理示范单位”。

【工会劳动保护】 深化“安康杯”竞赛、“安全生产月”等活动，全市2193家企业，14457个班组参加省级“安康杯”竞赛，参赛职工20多万人。1113家企业开展“一法三卡”工作。推进女职工权益保护专项集体合同签订工作，签约率和履约率保持在98%以上。

【职工合法权益维护】 深入开展工资集体协商“要约行动月”活动，发出要约书7168份，签订企业11623家。工资集体协商的建制率动态保持在85%以上。健全职工维权“110”和“一庭一室四制度”维权机制，畅通“12351”职工维权热线，加强职工来信来访、接待调处办理工作，实行职工欠薪、劳动安全事故、群体性事件报告制度，开展矛盾纠纷排查，发挥基层劳动争议调解组织作用，努力维护职工队伍稳定。受理各类信访件1767件，做到件件有回音，事事有落实，办结率百分百；实施法律援助1056件，援助1056人。通过中彩金受理376件农民工法律援助件，为农民工挽回经济损失380万元，获得全总、省总的充分肯定。

【工会基层组织建设】 坚持常年建会的工作格局，落实好党工共建机制，加强工业园区、建筑业等农民工集中的区域和行业基层工会组建，重点推进25人以上法人单位建会工作，创新组建形式，抓好集团工会联合会建设。全市有基层工会7204个，涵盖单位17772个，工会会员526351人，其中2016年新建工会组织1861个，发展会员14868人。提升基层组织规范化建设。重点规范完善职工50人以上的基层工会建设，不断提高工作水平，增强组织活力，切实履行职能；开展“争创模范职工之家，争做职工信赖娘家人”活动，有效激发基层工会的活力；深化职工之家“1+X”带创活动，建立带创活动103组，帮带237个基层工会；指导8家企业参与培育和创建全国工会工作先进单位，按创建要求，分类指导，推进创建，申报20个创建项目。加强镇街(园区)工会建设，深入贯彻省总《关于进一步加强镇街工会工作的若干意见》，组织开展街道(园区)工会达标考评，提升街道(园区)工会工作水平。曹溪街道工会获得省级示范镇(街)工会称号。

【市工人文化宫项目建设】 3月16日，市政府与市总工会召开第十三次联席会议，专题研究市工人文化宫建设问题。决定将市工人文化宫列入“十三五”民生规划项目，选址东山板块4月29日，市政府召开部分文化项目规划有关问题专题会议，会议明确市工人文化宫项目业主、代建单位和规划设计等事项。6月1日，市政府召开龙岩中心城市规划委员会第三次全体成员会议，会议采纳市总工会的建议，针对市工人文化宫建议项目用地需求的实际，同意将东山板块原先规划的茶文化园地块作为市工人文化宫建设项目用地。10月8日，市政府代市长林国耀主持召开市工人文化宫项目建设专题会议。会议进一步明确市工人文化宫项目建设用地面积、功能布局，资金拼盘、规划设计、代建单位、动工时间等相关事项，并决定成立工人文化宫项目建设领导小组，以推进项目建设。12月6日，市工人文化宫项目举行开工奠基仪式。省总工会巡视员江孝善，市委常委、统战部长、市总工会主席邓菊芳和市总工会领导班子成员出席奠基仪式。市政府党组成员谢海波主持奠基仪式。省人大常委会副主任、省总工会主席张广敏专门实地察看市工人文化宫项目选址，并表示在资金上给予大力支持，省总工会党组书记丁文清也多次听取相关情况专题汇报。12月底，省总工会拨补2000万元资金。

市工人文化宫项目位于莲南路与东外环交叉口，建设用地面积约2.93公顷，建筑面积4.3万平方米，总投资2.5亿元。主要建筑有中央苏区工运史馆、劳模风采馆、职工培训中心、书画展览馆等文体综合设施，是集文艺活动、教育培训、体育健身、便民服务等多功能一体的为民办实事项目。

（李　亮　撰稿）

共青团龙岩市委

【概况】 突出思想引领，广泛开展“与信仰对话”“奋斗的青春最美丽”“红领巾相约中国梦”等活动。承办团省委“高举团旗跟党走，红色基因代代传”“闽宁少儿手拉手红色基因共传承”和闽港澳青年“重走长征路”等活动。强化宣传舆论引导，“青年之声·龙岩”访问量超过1个亿，回答青年提问11.9万条，开展线下活动100多场，覆盖青年3万余人。直接联系、培养网宣骨干35名、外围成员100人，发展网络文明志愿者25546名，重点加强“龙岩青年”等23个团属微信建设，粉丝数超过7万人。

服务党政大局，助力全民创城，以“青亲岩城，文明有你”为主题拍摄微电影1部，在中心城区创建200个关爱环卫工人爱心饮水站，发放主题车贴3万多个，引导全市13万团员青年“五个一”助力创城。服务“三大战役”，青年众创空间入驻企业12家，注册专利18项，转化成果13项，年营业总收入超3000万元。深入开展“‘五心’走一线，送祝福”和关爱农民子女活动，发放慰问物资20余万元。希望工程2016圆梦行动筹集善款386.12万元，资助674位建档立卡贫困大学新生，基本实现全覆盖。启动“青亲岩城、护绿有你”植树活动，全市各级团组织开展活动57场，覆盖青少年2217人，植树8520株。

聚焦青年关切，围绕青年就业创业，成立龙岩市青年创新创业服务中心，整合青企协、青电商和社会资源，制定和落实“每周一沙龙，两月一论坛”工作要求。深化“银团合作”，全市发放创业青年小额贷款794笔、5090.9万元。围绕青少年维权和预防犯罪，联合民政、财政、人社局等部门出台《关于进一步加强青少年事务社会工作的意见》，开展龙岩市首届十佳社工评选，推进团属青少年社工队伍建设。开展“向毒品说不”网络禁毒宣传活动，微信微博阅读转发量超2万人次，组织千名青年免费观看禁毒电影《湄公河行动》，挂钩长汀县大同镇做好涉麻涉毒整治工作。

活跃基层团组织。继续深化数字共青团工作，全市团组织达标率31.5%，创建星级团支部531家。加强“青年之家”综合服务平台建设，新建平台39家，总数89家，长汀县青少年综合服务平台被评为全国示范性青少年综合服务平台。

【“高举团旗跟党走红色基因代代传”主题教育实践活动】 5月3日，为纪念五四运动97周年、中国共产党建党95周年、红军长征胜利80周年，团福建省委、福建省学联组织全省各行业团员青年代表前往闽西革命老区上杭县、长汀县、宁化县等地，开展“高举团旗跟党走红色基因代代传”主题教育实践活动。主场活动设在上杭古田，市委常委、统战部部长邓菊芳出席活动并致辞，团省委书记何明华和100多名团员青年代表参加在上杭县古田主场的活动。团员青年代表们参观古田会议旧址，瞻仰毛主席纪念园，举行重温入团誓词仪式，重温党和军队的成长历程，体悟革命先辈们的卓越风范，感受苏区时期青年人的火热青春。

【关爱环卫工人·共建爱心饮水站】 10月26日，由共青团龙岩市委主办，市义工协会、市青年志愿者协会承办的大型公益活动“青亲岩城，文明有你”——“关爱环卫工人·共建爱心饮水站”授牌仪式在街心广场举行。市委文明办、龙岩电视台台、闽西日报社、团市委、市广播电台、市环卫处等单位领导和环卫工人、爱心商家、义工和青年志愿者等300多人参加仪式。参加活动的部门单位领导为200家“爱心饮水站”网点代表授牌。“爱心饮水站”代表发言并集体承诺，合法经营，文明守信，爱护市容市貌，关爱环卫工人，共创文明城市。环卫工人代表在发言中表示，要将社会各界的关心关爱转化为动力，更好地为全体市民服务。市青年志愿者协会、义工协会会长殷世龙代表志愿者向广大市民发出倡议，共同营造和维护好的市容市貌，为争创全国文明城市尽一份力。

【2016海峡两岸（龙岩）青年创业合作发展论坛】 11月8日，由龙岩市人民政府、福建省闽台交流协会、福建省青年联合会共同主办，龙岩市台办、共青团龙岩市委和7家台湾社团联合承办的2016海峡两岸（龙岩）青年创业合作发展论坛在龙岩市举行。中共龙岩市委副书记何明华、福建省闽台交流协会副会长韦忠慈、福建省青年联合会常委陈怡和260多名来自台湾和龙岩的青年代表参加论坛。

受市委书记李德金，代市长林国耀的委托，中共龙岩市委副书记何明华出席论坛并致辞。他说，近年来，龙岩市发挥对台五缘优势，精心培育全国“海峡两岸交流基地”，着力打造“海峡客家”“大陆阿里山”两大交流合作品牌，龙台经贸文化交流合作不断深化，为两岸青年合作创业提供广阔的发展空间和更多的政策支持。希望与会的两岸青年肩负起历史的重托，以本次论坛为新的契点，把握机遇，锐意进取，加强交流合作，共圆创业梦想，成为合作打拼的好朋友、好伙伴。

台湾“橘二代”创办人黄文诣、龙岩惠生会计学校校长廖津茂、台湾青年创业合作论坛会员宋民惠、龙岩远山电商创始人刘凌、福建漳平来福茶叶有限公司总经理张朝渊等五位青年企业家在论坛上作主题发言，向现场青年嘉宾分享自己的职业生涯和创业历程中的成与败、得与失、光荣与梦想、经验与教训，心路历程和现实问题，引起现场的强烈共鸣。

本次论坛是龙岩市首次在11.8海峡两岸机械产业博览会期间举办海峡两岸青年论坛，也是近几年来龙岩市首次举办大型海峡两岸青年论坛。论坛结束后，台湾青年们前往漳平等地，走访在龙岩台商，实地了解龙岩市对台优惠政策，和当地青年进一步交流。

（团市委　供稿）

市妇女联合会

【妇女思想宣传教育】 联合市委文明办开展第十届福建省五好文明家庭推荐工作暨2016年龙岩市寻找“最美家庭”活动，联合市消防支队开展第一届龙岩市消防官兵“好妻子、好母亲”评选工作，举办“最美家庭”论坛暨2016年市“最美家庭”揭晓仪式，展播全市寻找“最美家庭”活动电视宣传片、邀请历届各级各类“最美家庭”典型代表现场与大家分享家庭故事、家庭感言，在广大家庭和妇女身边培树一批可看可学的先进典型。全市培育市级以上“最美家庭”17户，有6户家庭获得省级“五好文明家庭”称号，兰华雄、徐淑英家庭荣膺首届全国文明家庭。改造提升永定“家庭美德馆”。邀请省家庭教育讲师团专家在县(市、区)作主题讲座5场次，邀请省政协提案委副主任、省委宣传部原副部长马照南作《〈朱子家训〉与家风建设》主题讲座。联合市直机关党工委、市台办、团市委举办“传统文化与社会主义核心价值观”道德讲堂活动3次，培育理性平和、积极向上的社会心态。联合市纪委在全市党员干部中开展以“树

清廉家风　立崇廉家规”为主题的好家风建设系列活动，传播党员干部好家风，传扬党员干部家庭好故事，传递风清气正正能量。与闽西日报社新闻媒体中心合作，每周推送三至四期微信息，每期不少于4篇文章，内容涉及妇联工作动态、法规政策、家教时空、健康导航、生活时尚等妇女关注、喜欢的内容，提升闽西姐姐微信公众号的吸引力、传播力，闽西姐姐进入全国地市妇联微信公众号传播指数排行榜50强。

【妇女创业创新创优】　市、县两级妇联自办或联办家政服务、农村实用技术、“专家快车农村行”等各类培训班155期，受训妇女16297人；组织39名女致富带头人、经纪人、巾帼示范基地和巾帼美丽家园负责人参加省巾帼致富种子工程和新型职业女农民培训班学习；联办“海西招聘—春风行动”暨春季大中专毕业生大型人力资源现场招聘会等各类专场招聘活动32场次，促进4186名妇女实现就业；新增培育省级“巾帼示范基地”7个，巾帼专业合作组织192个，辐射带动6000余名妇女实现就近就地就业。联合团市委、商务局、龙岩学院举办首届中国(福建)女大学生创新创业大赛龙岩动员会，择优选送8个项目参加首届中国(福建)女大学生创新创业大赛，激发女大学生创新精神和创造活力。聘请14位优秀企业家、教授学者、行业专家为巾帼创业导师，为创业女性提供创业指导、培训和咨询。配合商务等部门推进成立龙岩市家庭服务业协会，联合市商务局、人社局、总工会举办家庭服务业职业技能大赛选拔赛，组队参加省家庭服务业职业技能电视大赛，代表队获团体第三名，队员陈兴敏获个人第二名，龙岩市获优秀组织奖。深入实施“建设生态家园三年提升行动”，发动妇女植树护绿、做好房前屋后家园清洁，创建省级“巾帼美丽家园”2个，种植各类树种10万株。

【维护妇女儿童合法权益】　全市妇联系统开展《中华人民共和国反家庭暴力法》和妇女权益保障法等法律法规咨询、宣讲、培训等活动122场次，覆盖群众2万多人次。联合市中级人民法院下发《关于构建多元化家事纠纷工作机制的实施意见》，细化针对家庭暴力等案件的办理流程。建立公安、法院、妇联和村(居)委会的分工合作机制，创新家事审判和妇女维权模式。争取武平县法院在武平县妇联挂牌成立全市首个家事审判巡回法庭，新罗区东城街道妇联与司法所联合成立全市首家家事调解委员会，上杭县才溪法庭在省人大代表、女企业家丁晓红企业办公楼设立家事案件调处室，从机制、机构、人员等方面为维护妇女儿童权益工作提供保障。融入市政府“12345”便民服务热线平台建设，实行“12338”妇女维权公益服务热线和“12345”便民服务热线两号并存24小时热线受理和在线服务，提升妇女维权公益服务效率。

【关爱留守流动儿童】　在新罗区阳光心晴心理咨询公司实施政府购买“社区家庭教育公益项目”，集聚社会力量参与服务妇女儿童工作。在永定区妇女儿童活动中心挂牌成立全省首个“互联网+留守儿童爱心家园”，引入社会工作理念和手法，整合线上线下资源，牵手爱心人士帮助留守儿童实现心愿。争取50万元在上杭县古田镇新生村、武平县平川镇河西居委会、长汀县汀洲镇新民社区、童坊镇彭坊村、连城县莲峰镇莲峰村各建立1个儿童快乐家园，推进关心关爱困境儿童群体工作落到实处。

【妇女基层组织建设】　争取将“巩固提升村妇代会主任保障和激励‘三项制度’”“乡镇妇联工作经费纳入县级财政预算”等重要内容写进市委《关于加强和改进党的群团工意见》。联合市委组织部制定下发《关于做好2016年乡镇妇联换届工作的意见》，明确在换届工作中“每个乡镇至少配备一名兼职副主席”“由乡镇党政领导兼任妇联主席的，应设专职副主席”，源头保障基层妇联班子配强，基层妇联有钱办事，2016年底，乡(镇)妇联换届全面完成，全市增配兼职副主席134名。联合人社部门共建女性人才信息管理系统，做好首批妇女工作专业人才的信息采集工作。抓住市县乡换届契机，开展优秀科级、处级女干部摸底登记和推荐工作。联合市委组织部、市委党校举办全市女村主干培训班，对在2015年村级组织换届选举中当选的女村书记、村主任进行集中培训。组织36人参加省妇联举办的各类妇女干部培训班学习。

【联谊交流】　组织市妇联交流团赴台湾开展以“探访妇女社团和大陆新娘(陆配)”为主题的妇女联谊交流活动，学习交流妇女组织在服务家庭、服务妇女等方面的经验做法，了解陆配在台湾的生产生活工作情况。邀请台湾农村美国际观光发展协会理事长黄翠文女士到新罗区龙凤食品厂、上杭鑫源乌龟专业合作社和永福镇实地考察并签定合作协议，促进女企业家合作共赢发展。接待香港闽西联会妇女代表团、台湾企业家代表团、新疆妇女组织和女企业家代表团来龙岩联谊交流，并为她们与市女企业家商会联谊交流牵线搭桥。

【妇女儿童活动中心建设】　2月，完成消防整改并通过消防验收。3月，完成项目综合竣工验收并成立“三馆一中心”业主委员会，建立龙岩市“三馆一中心”联席会议制度。6月，完成绿化验收，进行调整项目立项和投资概算等工作。8月29日，市委副书记何明华带领市直有关单位负责人，前往中心调研“三馆一中心”建设、布展、使用、开放情况，并主持召开专题会议。会议议定“三馆一中心”所涉及的四家单位(市文广新局、市科协、市妇联、市文联)楼层使用按市委专题会议纪要《推进全国文明城市基本公共服务设施规划专题会议纪要》文件精神执行；综合大楼工程保质期起算时间为2015年6月17日，保质期为两年；“三馆一中心”公共部分的装修及公共物业管理维护费用以政府购买服务的方式列入市财政预算；成立“三馆一中心“管理站，由管理站牵头公共使用场馆的二装及管理，四家业主委员会共同商议适合的装修格调，科学调配使用。为更好的开展管理和运营工作，8月，原在市儿童保育院挂牌的“龙岩市妇女儿童活动中心”改为单独设置，为市妇联管理的相当正科级事业单位(公益二类事业单位)。10月，中心设立“三馆一中心”管理站事业单位。12月，“三馆一中心”管理站全面接管综合大楼的公共物业管理，做好迎接创第五届文明城市检查的各项工作。根据市委同意市妇女儿童活动中心营运实行市场化运作的批示，中心努力探索，引进社会化投资，减轻财政负担，拟与有实力的国有优质企业合作共同打造龙岩市妇女儿童活动中心。

（市妇联　供稿）

市工商业联合会

【理想信念教育实践活动】 以市工商联常执委、商会负责人为主体，关注年轻一代企业家成长，联合党校、社会主义学院及其他社会资源，多形式、多渠道组织专题学习活动，加强世情国情党情、学法守法用法培训教育。选派市非公有制经济年轻一代代表参加“福建省青年企业家(北京大学)培训班”学习，提高非公经济代表人士的综合素质。联合市诚信促进会深入开展商会组织“红土诚信”宣传教育活动，打造守法诚信教育升级版。加强非公有制经济领域党建工作，扩大党的组织和党的工作在商会和民企中的覆盖面。昆明龙岩商会等成立党支部，以党建引领会务；永定区工商联创新商会党建工作机制，开展“异地永定商会与土楼e支部开展结对共建”活动，创造大学毕业生流动党支部建设的特色经验。福建恒基建设股份有限公司被评为“全省民营企业文化建设优势企业”，顺裕(龙岩)混凝土有限公司被确认为“闽商廉洁文化建设省级示范点”。开展“影响龙岩·民营经济十大创新人物”等系列评选表彰宣传活动，推荐符合条件的企业家参评各级劳模、优秀建设者，讲好龙岩故事，传播龙岩声音，弘扬龙岩正能量。龙工、龙净、龙马环卫、森宝、龙麟、德泓光电等民营企业成为行业领头羊；张桂丰、卢彩金、沈清全等8位企业家被评为“福建省非公有制经济优秀建设者”；林耿艺、陈远追等企业家获龙岩市荣誉市民称号。

【参政议政】 全市工商联商会组织围绕中心，深入调研，完成专题调研文章50多篇，在闽西通讯、龙岩发展研究、中华工商时报等报刊杂志发表28多篇，被省工商联收入《调研文集》9篇。开展“关于进一步做好企业上市工作”“关于推进龙岩公路港建设”等课题调研，调研报告分别得到省、市领导批示，4篇调研报告分获龙岩市优秀调研成果一等奖、二等奖。向省、市政协会议提交提案、建议11篇。市政协创新推出“大会发言预讲”形式，工商联界别2名委员被选上大会发言。注重收集和反映企业发展预警性、苗头性及行业共性问题，鼓励支持商会组织敢担当、建诤言、献良策。企业反映的企业融资、用地、用工、维权等方面23项建议，21项得到落实，2项正在推进中。房地产行业协会反映取消地下人防车位平战转换专项资金问题，得到有效落实，市政府取消收费的同时，退还企业6000万元。

【产业项目对接】 组织市内外企业家参加第十四届中国·海峡项目成果交易会“9·8”“11·8”等经贸活动。主动服务在北上广等地举办的招商考察活动，全力做好对外联络、项目推介、协调关系、跟踪服务等各项工作。10月29日，组织市军民融合有关企业赴北京参加第二届军民融合发展高科技成果展览，促进军民融合深度发展。组织厦门等地商会组团回乡考察，促进回归工程项目签约落地。近五年来，全市回归工程101个，总投资202.7亿元。

【搭建服务平台】 2月，举办“全市民营企业家新春恳谈会”，梳理上报企业家提出的10条重点意见建议，9条得到较好落实；3月，召开“纳税大户及企业家代表座谈会”，梳理出6个方面共13条意见建议，关于企业所得税行业利润率预警值管理的建议，通过持续呼议推动，下调16个行业的税收预警值，2016年起暂不执行46个行业的税收预警值管理，减轻企业负担。继续推动“龙岩企业日”工作，深入开展“进企业、摸实情、解难题、促发展”活动，市领导带头深入企业，做到一线服务、一线解决问题。7月，市纪委、市委统战部、市工商联联合召开“亲清新型政商关系”专题座谈会，举办“亲清润龙商，促进两健康”宣传教育活动。举办转型升级系列论坛。举办“物联网助力龙岩产业兴市”高峰论坛。邀请大连海事大学信息科学技术学院教授、中国信息化专家、中国系统工程协会信息系统工程专业委员会副主任高复先，从物联网发展、区域中小企业物联网云服务平台建设等方面作专题演讲。厦门市物联网行业协会会长赵善仁，向与会人员分享物联网技术下企业转型升级的认识和策略。举办《营改增之挑战与应对》专题讲座，邀请知名财税专家、注册会计师、《前沿讲座》特聘讲师方志祥就“营改增”政策进行解读，指导企业应对之策。建设中小微企业服务平台。开展政策、投融资、信息、科技、人才、法律服务，支持引导会员企业加快发展。新罗区工商联会同发改、经贸、司法等部门，建立服务非公企业联动工作机制，常设服务企业联合工作站和法律服务站。促进构建和谐劳动关系。参与工资集体协商和协调劳动关系三方会议,推动劳动关系协调机制建设。与市中级法院联合制定《关于建立涉非公有制经济主体民商事纠纷诉调衔接工作机制的指导意见》,鼓励扶持各级工商联商会组织积极参与民商事纠纷衔接调解工作。开展非公企业职称评价。全年,全市评审确认非公企业专业技术人员351人,其中高级专业技术职务人员23人,中级专业技术职务人员155人。

【光彩事业】 开展"红土同心·民企帮村"精准扶贫行动,市女企业家商会、混凝土商会,龙岩市南安商会、惠安泉港商会、漳州商会、江西商会、温州商会等70多家商会和民营企业参与"结对帮扶",通过产业发展、商贸帮扶、捐资助学等方式,助力贫困户脱贫。福建盼盼食品集团出资30万元支持新罗区大池镇大和村建设光伏发电站,长汀盼盼食品有限公司在长汀县新桥镇余陂村实施订单种植优质马铃薯10公顷,按保底价进行包销。同时,每年捐赠10万元作为帮扶贫困户专项资金。市工商联筹集100万元支持上杭珊瑚乡、武平县湘店乡发展光伏扶贫产业。2016年2月成立市光彩会,总捐赠现金1080多万元,冠名基金1.48亿元。开展"光彩助学·捐助百名贫困大学生"活动,累计资助贫困大学生1071人,捐助资金367.24万元;捐赠中、小学生1300人,捐助资金236.74万元;捐助校园建设1382万元;设立奖学奖教基金28个,总计1078.8万元。

【商会组织建设】 市工商联(总商会)第五届执委会执委163人,其中主席(会长)1人,副主席(副会长)38人,秘书长1人,常委39人。全市190个商会,其中行业商协会30个,乡镇社区商会71个,异地商会84个,其他商会5个,会员总数达13501个。与2011年相比,商会组织增加53个,提高30%,会员数增加3701个,提高37.8%。异地龙岩商会从2011年7个发展到2016年21个,翻3倍;新罗区实现乡(镇)、社区商会全覆盖。

(欧梅艳　撰稿)

市科学技术协会

【引智服务】 3月30日–4月1日,中国科学院院士、中国光学学会理事长、中国物理学会副理事长、北京大学教授龚旗煌;中国科学院院士、解放军总医院教授顾瑛携北京大学教授李焱、北京大学博士生导师施可彬到龙岩调研。市科协做好沟通联络和后勤服务工作。4月15日,市委书记对市科协呈报件《关于中国科学院院士龚旗煌、顾瑛来岩调研后续有关工作的请示》作出批示,指出要结合龙岩实际,积极与龚旗煌、顾瑛两位院士的专家团队对接,认真考虑院士一行提出的商请北京大学帮助龙岩培养在职研究生、设立全日制研究生实践基地的建议,充分考虑可依托的工业园区、高新区和企业,谋求建设博士点之类的工作站。8月30—31日,在省科协和市科协的牵线搭桥下,中科院院士、北大研究生院常务副院长龚旗煌带队到龙岩市开展"院士专家八闽行—龙岩行"活动,启动与龙岩经开区、古田管理中心分别共建研究生实践教育基地和学生红色教育基地,并与龙岩市对接落实"鸿雁计划",派送首批学生到龙岩相关企业学习。31日,龙岩市与北大共建基地启动仪式在闽西宾馆简朴而隆重举行。市科协做好服务院士专家工作。与院士专家、省科协相关部门的沟通联系,配合省科协对龙岩市院士工作站的调研考核工作。组织3家院士专家工作站参加福建省院士专家交流协会。搭建院士就医绿色通道。为进一步做好中国工程院院士的医疗保健工作,方便院士就医,经过协商,8月29日,市科协与龙岩市第一医院签署中国工程院院士医疗保健绿色通道合作协议书。

【实施创新驱动助力工程】 指导帮助企业引智。漳平木村公司专家工作站通过"机器换工",不仅降低生产成本,提升品质,对木材的利用率也增加7%以上。同时,木村公司与澳大利亚行业机构联合研发国内首条LOSP木材防腐生产线,研发出科技含量高、附加值高的第四代有机防腐木材,填补国内的空白。"机器换工"和"智能制造"让木村公司尝到甜头,实现逆势上扬,生产的产品远销欧美、日本等30多个国家和地区。2016年前三季度,木村公司实现产值7.68亿元,同比增长14.2%。继漳平后,龙岩市再成功推荐武平为省科协创新驱动助力工程示范区,获补助经费30万元。示范带动效应初显。"会企合作"深入开展。持续跟踪2015年中国植物营养学会、作物学会、针灸学会到龙岩调研考察后续工作,推动国家级、省级学会服务站建设。中国植物营养学会、省针灸学会与永定区科协、市针灸学会达成初步合作意向。福建瑞森新材料股份有限公司与中国纺织工程学会开展对接合作。

【科技(普)场馆建设】 市科技馆落实人员编制4名,确定法人并完成机构登记,争取启动资金550万元。完成一楼大厅及右侧装修,用作中国流动科技馆展出场地,创设科技馆经常性服务项目,制订相应的管理制度,12月1日起,对外免费开放,作为龙岩市创建第五届全国文明城市必检项目接受检查。武平县科协投资130万元,对县科技馆重新进行氛围营造并增设"地震小屋"。永定区科普馆实现常态化免费开馆。连城县落实科普馆建设场地。漳平市命名永福樱花园、花农园艺公司茶花基地等为"漳平市科普教育基地",补助创建经费15万元。

【青少年科技竞赛】 在新罗区莲东中学举办第九届市青少年科技创新大赛，吸引全市192所中小学2.6万名学生参加，收到学生创新项目148项，评奖120项；学生科技创意项目35项，评奖28项；科技实践活动项目28项，评奖19项；少儿科幻画117幅，评奖90幅；科技辅导员项目18项，评奖15项。推荐90个项目参加第三十一届全国与省青少年科技创新大赛，获省级以上一等奖5个，二等奖20个，三等奖35个，科技创意优秀奖6个，卢嘉锡青少年科技创新奖4个，龙岩二中荣获第三十一届全国创新大赛基层赛事优秀组织奖。组织龙岩实小、漳平二中等中小学校计12组24名选手参加第十四届省青少年机器人竞赛，获1银8铜。为提高办赛参赛水平，举办市级科技创新类、机器人竞赛类科技辅导员培训班14场，980名教师接受培训；组织开展科技辅导员论文征文与评选活动，选送8篇论文参评第二十五届福建省科技教育论文评选，有4篇被评为一等奖。组织青少年科学调查体验活动，全市14所中小学入选“2016年全国青少年科学调查体验活动推广示范学校”，较上年增加9所。在推广示范学校的引领下，全市30所中小学校2万名学生结合各自实际，将本年度“走近创客，体验创新”科学调查体验活动做实、做深、做精、做新。武平县象洞中心小学被中国科协、教育部、发改委、中央文明办、共青团中央授予2016年科学调查体验活动优秀活动示范单位。

【科普行动计划】 围绕龙岩市经济社会发展“十三五”规划，研究起草《龙岩市全民科学素质行动计划纲要实施方案（2016—2020年）》，由市政府印发。推荐11个协会、2个基地、2个带头人申报全国、省级表彰项目，其中龙岩生猪产业协会、漳平厚德蔬菜协会、长汀大同翠峰果业协会、上杭园艺产业协会、武平养禽协会、永定虎岗镇灌洋芙蓉李专业技术协会等6个协会，永定区万家兔业发展有限公司科普示范基地、上杭县临江镇镇中社区、上杭县通贤乡科普带头人丁晓红获全国先进表彰，获得奖补资金165万元。武平县建成7个科普惠农服务站。

【群众性科普】 组织流动科技馆、科普大篷车、青少年科技创新大赛优秀作品等到乡（镇）基层、农村中小学校巡展，接待学生、市民10万多人（次）；组织市科技馆、各县（市、区）科协、市心理卫生协会、气象学会、中医药学会、药学会等参与省科技人才活动周、全国科普日与文化科技卫生“三下乡”活动，吸引全市300多个单位（团体），3000多名科普工作者、志愿者参加，直接受众人数超过58万人（次）。12月20日，全国文化科技卫生“三下乡”活动在长汀举行，市科协配合中国科协、省科协设置了科普宣传咨询台、机器人表演展台；中国科协、全国政协科教文卫体委向河田中学捐赠“农村中学科技馆”；中国气象学会向长汀一中捐赠气象站、“云教室”，向长汀二中捐赠了“云教室”。上杭县科协被中国科协评为“2016年全国科普日活动优秀组织单位”和“2016年全国科普日特色活动优秀单位（‘科普助推促脱贫’实用技术培训活动）”。

【学会建设】 指导学会开展年检、换届、变更等工作，主动吸收机器人教育协会、茶花协会加入市科协，市中西医结合学会增设肛肠分会。组织开展星级学会评比活动，制定星级学会评比表彰办法，市老科协、市护理学会获评2015年度五星级学会，市煤炭学会、园艺学会获评2015年度四星级学会。支持学会承接政府职能，鼓励开展技术培训和项目咨询等活动，鼓励开展年会、学术沙龙、学术科普活动，拓展学术交流平台。推荐龙岩学院科协郑国诜讲师参加由福建省科学技术协会、福州大学、福建农林大学、集美大学、中华公共事务管理学会、台湾工商建设研究会、中华管理科学研究基金会、台湾科技产业协会联合主办的2016海峡两岸管理论坛，参与学术交流。选派人员参加省学会研究会、省科普作家协会会议，参与学会工作研究。

【建言献策】 围绕闽西经济社会发展的热点难点问题和市委、市政府中心工作，向学会征集课题和论文，确定龙岩学院科协申报的《经济发展新常态下龙岩市扶贫开发模式与路径创新研究》、市老科协申报的《在精准扶贫背景下的农村留守儿童的教育问题》、市水保学会申报的《建立龙岩水土保持生态效益补偿机制对策研究——以汀江流域为例》、龙岩第一医院申报的《龙岩市孕妇产前筛查调查与分析》等10个课题为市科协2016年度重点课题，推荐13篇论文申报省科协第十二届优秀论文奖。市科协《关于加强我市院士、专家工作站建设的建议》获评2014—2016年度龙岩市政协优秀提案。

【科协学术年会】 11月30日，福建省科协第十六届学术年会卫星会议暨龙岩市科协第十四届学术年会在永定区海峡两岸文化交流基地召开，优秀论文获奖者、市级学（协）会代表、各县（市、区）科协主席及学会部负责人130多人参会。龙岩市政协副主席李新春，市科协党组书记、主席朱明生，永定区委副书记姜林芬出席会议并讲话。

年会主题是“围绕创新驱动，助力打好项目落地、脱贫攻坚、生态环保三大战役”，广大科技工作者踊跃投稿，征集论文304篇，评选优秀论文一等奖10篇、二等奖50篇、三等奖90篇。会议表彰2015年度龙岩市科协系统星级学会和第十四届龙岩科协学术年会优秀论文获奖代表。台北天空信息科技有限公司教授黄国明、台湾科技大学医学工程研究所教授林上智在会上分别做创客教育、3D医疗方面的科普讲座。

（市科协　供稿）

市文学艺术界联合会

【文艺队伍】 龙岩文艺家队伍有国家级会员180人、省级会员758人，其中2016年新加入的国家级会员9人、省级会员52人。有10位作者获出书补助资金。2016年，成立龙岩市流行音乐学会、龙岩山歌艺术家协会。

【文艺平台】 开辟永定张胜友文学馆（北山书院）、长汀弄墨潭、福建省书法家协会书法创作培训基地、福建省舞蹈家协会创作基地（龙岩）、漳平东湖村山水画写生创作基地、上杭朦胧诗展示馆、龙岩市书法家协会书法培训示范点等新阵地。

【文艺活动】 5月7日，袁洪亮作品音乐会在上杭客家缘演艺中心剧场举行。是市内举办的首个个人作品音乐会，由著名指挥家张跃指挥，厦门歌舞剧院厦门乐团等参加演出。上杭白砂人、作曲家袁洪亮曾创作出多台歌剧及近百首各种体裁的歌曲，出版有学术著作《留住乡韵》。5月14日，市文联与市文广新局联合主办的2016“正能量·为唱将喝彩”《中国好声音》龙岩赛区总决选在龙岩举行，经过现场角逐，陈超超、马睿柔、邱佳佳等8位选手，以及范心仪和倪镇豪等2位人气选手分别获得进军福建赛区决赛阶段的资格。6月2日，市文联和永定区委、区政府联合主办的“情系客家爱心同行”艺术扶贫采风创作捐赠活动在沈钊昌艺术中心举行。河南省书画家13人和10位福建省著名书画家，联袂在永定创作50余幅精彩的书画作品，作品捐赠义卖所得全部投入堂堡乡艺术扶贫基金，基金会每年获得的收益用于帮扶贫困户脱贫致富。6月18—23日，市文联协办的中国作家、省文艺家“重走长征路”闽西红土地采风活动，有70位艺术家先后到上杭、连城、长汀、新罗等革命史迹实地参观、访谈，搜集创作素材、汲取创作营养，市委常委、秘书长严志铭全程陪同。10月8日，主办张胜友文学馆（北山书院）揭牌仪式、张胜友文学创作座谈会暨《张胜友评传》首发式，来自北京、广东、福州、厦门和龙岩的专家、学者、作家等80余人出席活动。文学馆的成立，对推动龙岩文学艺术创新、打造龙岩文化品牌具有重要意义。10月13日，“红色记忆·长征精神——纪念红军长征胜利80周年福建省美术作品展”展出省内57位画家80余幅美术作品，作品以不同视角和艺术表现手法，体现红军革命征程中的凝重之美、真实之美和红色之美。10月21日，市文联与市民革联合主办的纪念孙中山诞辰150周年书画展在市美术馆开展，全国政协常委、副秘书长，民革中央副主席何丕洁带领民革福建省委、民革青岛市委、民革西安市委、民革洛阳市委相关人员前来共襄盛举。

12月9日，《客家文学》创刊20周年座谈会暨海峡两岸作家采风活动在连城县举行。活动由市文联、连城县委宣传部主办，来自台湾、广东、江西、广西和龙岩各县（区、市）的近百位作家、学者参加活动。

【文艺创作】 书画方面：黄伟油画作品荣获由中国油画学会主办的“可见之诗——第二届中国油画风景作品展”优秀奖（最高奖），这是新罗区青年油画家首次在国家级油画大展获得最高奖，取得零的突破。

摄影方面：温学元作品《方圆有乾坤》从全球112万名摄影爱好者的221万幅投稿作品中脱颖而出荣获一等奖。孙畅作品《触摸世界的盲童》（组照）在2016年上海国际摄影节系列展暨国际残疾人日“无声留影?活力七彩”十城市（地区）听障人摄影展荣获一等奖。陈秀容作品《天意不及爱意》主题作品在2016第十六届中国平遥国际摄影大展入选并参展，实现龙岩市在大型国际摄影展中的突破。全年，市摄协有上百幅作品在全国摄影比赛中获奖，近200幅作品在国际各类赛事中获奖，在省级比赛中的获奖作品更是遍地开花。

文学方面：邱德昌长篇小说《郭公传奇》获国家新闻出版广电总局推介优秀网络文学原创作品（全国仅21部作品获奖），这是龙岩市近年来文学创作的又一重大突破。郭鹰散文《血色黎明中的往事》、邱德昌诗歌《重走长征路》获福建省作家协会、福建文学院、《福建文学》举办的“伟大的出发、伟大的胜利——纪念红军长征胜利80周年散文诗歌大赛”二等奖和优秀奖。唐宝洪诗歌《乡愁如海》获鲁黎诗歌奖。萧炳正长篇小说《萧家媳妇》获国家新闻出版总局推介优秀网络文学原创作品。全年，全市作协出版18本丛书，内容涵盖小说、散文、诗歌等。

影视方面：参与大型院线电影3部，新拍摄微电影86部，新创作各类电影剧本125部，获得各类奖项20余项，其中电影《衔香》在获得国家“五个一”工程奖、30届中国电影金鸡奖“最佳中小成本故事片”和“最佳男配角”提名奖两项大奖等重要奖项之后，又新获“第九届亚洲国际青少年电影节最佳女演员奖”“第二届伦敦国际华语电影节组委会特别奖”“第十一届中美国际电影节入围奖”“第二届丝绸之路国际电影节入围奖”等重要国际、国内权威奖项。高速交警题材微电影《蓝天》从国内外3258部微电影作品中脱颖而出，获第四届亚洲微电影艺术节金海棠优秀作品奖、第二届全国公安机关“三微”大赛三等奖。在全国、省、市级电视作品参评中，《我是龙岩人》栏目曾获中国广播电视协会电视社教专题二等奖。在第四届全国市县电视台推优活动中，《一位抗战老兵的眷恋》获评电视专题类一等奖。《2016福建龙岩新罗TV少儿春晚》获评综艺晚会类二等奖。王保卫创作的剧本《羊角儿》获福建省剧本征文一等奖等。

音乐、表演创作方面：刘少雄与邱德昌作词的《陪你走一程》获福建省文联“山水抒怀音乐征集”中优秀创作奖(最高奖)。市曲协拍摄的5个曲艺类节目参加全省“丹桂奖”少儿曲艺大赛，1个节目获三等奖，2个节目获演员三等奖，市曲协获优秀组织奖。

（市文联　供稿）

市社会科学界联合会

【社科宣传周活动】　围绕“传承红色基因、建设文明龙岩”主题，开好社科普及宣传周活动。突出红色，福建省社科普及基地中央苏区(闽西)历史博物馆举办的“铁血长征——福建儿女长征史迹展”、龙岩市社科普及基地市博物馆举办的“红色记忆——毛主席像章展”在社科普及周期间开展巡展。突出创城。举办“社会主义核心价值观”“做文明市民，创文明城市”“美丽龙岩”等创城主题展览。

【社科讲坛讲座】　做好福建省社科联的特色品牌“百场社科报告会”工作。邀请福建省委党校蒋伯英教授做“邓子恢农村思想”、福州大学法学院黄辉教授做“生态文明与法治”、福建师范大学李方祥教授做“传承福建红色文化，抵制历史虚无主义”报告；邀请龙岩学院教授徐维群教授做“传统人际关系模式的启示和变迁”、龙岩学院教授于年河做“汲取国学精华，助力厚德永定”专题报告会。继续提升“红土讲坛”。作为市社科联常规性的社科普及平台，与新罗区社科联、龙岩图书馆一起共同打造“红土讲坛”，将龙岩图书馆的报告厅升级包装，成为红土讲坛的主要场所。全年，市社科联举办16场讲座。

【社科课题规划】　继续做好2015年社科规划课题选题的结项工作，启动2016年社科规划课题工作。充分调动哲学社会科学工作者积极性、主动性和创造性，再次提高社科规划课题补助力度，重点课题每项补助提升到3000元。经过申报、初选、专家复审、公示等程序，最终立项课题40个，其中重点课题15项，一般课题25项。

【打造社科学术研究精品】　由社科联和龙岩市姓氏源流研究会共同编撰出版的《闽西姓氏大典》获全省第十一届优秀社科成果奖二等奖，是全省所有社区市社科联中的最高奖，也是近年来龙岩市社科界所获的最高奖。牵头编撰由中国社科文献出版社出版的《龙岩史话》。以史话的形式，简明扼要介绍龙岩客家祖地、红色圣地所走过的不平凡历程，展示龙岩独特的地理风貌、历史沿革、风土人情等。为讲好龙岩故事、普及龙岩历史知识、进行爱国爱乡教育提供一份教材。

【完善学术传播平台】　充分利用《闽西社科》《客家纵横》刊物宣传社科学术成果和传播客家学术文化，培育闽西良好的人文学术环境。《闽西社科》出版6期，以宣传贯彻中共十八届四中全会和习近平总书记系列重要讲话精神为主线，普及社会主义核心价值观，在选题策划、精品栏目建设、编校质量等方面有明显提升；《客家纵横》出版4期，在传播客家文化、推介客家研究成果，促进对外开放和文化交流。

（市社科联　供稿）

市归国华侨联合会

【贯彻市委领导批示精神】　4月1日，市委书记李德金对市侨联工作进行批示，指出“侨联工作对龙岩侨区十分重要，要认真总结、围绕“十三五”发展战略，创新龙岩侨联工作，开创新的局面。”紧接着，市委常委、统战部部长邓菊芳批示，“市委李德金书记高度重视侨联工作，并寄予厚望。请市侨联认真学习领会李书记的批示精神，抓好贯彻落实。”市侨联通过征求基层侨联意见，召开侨联委员、侨商代表座谈，走访归侨、侨眷，拜访海外侨胞等，就侨联工作创新征求各界意见，贯彻落实批示精神。《中国侨联改革方案》出台后，市委副书记何明华9月25日批示，“请市侨联认真学习文件精神，针对龙岩工作特点拟出当前急需解决的核心问题，充分拓展兼职和社会组织下属社团力量，有效延伸工作手臂，积极主动作为，争取在新时期发挥好侨界力量和作用。”市侨联在组织学习和讨论批示精神的基础上，提出发挥侨联兼职副主席的作用、依托现有下属团体会员延伸工作手臂、筹备成立市侨联青年委员会拓展侨界青年工作三项贯彻措施。

【海外联谊】　全市侨联参与接待海外来访30多批500多人次，包括新加坡新达科技有限公司董事局主席、新加坡厦门大学校友会会长蓝伟光，缅甸龙岩同乡会会长、缅甸华商商会永远荣誉会长、缅华基金会董事长赖松生，澳大利亚华人协会会长饶国辉，新西兰闽西同乡会会长李始明，马来西亚客家公会联合会荣誉会长萧光麟，新加坡永定会馆会长曾宪民，越南中国商会福建企业联会会长柯育，加拿大龙岩同乡联谊会会长林淑如，南非和平统一促进会福建分会会长商氢等重点侨界人士。上杭、长汀、新罗侨联分别参与海峡客家(上杭)族谱文化风情节、世界客属第二十二次公祭客家母亲河大典、第七届世界龙岩同乡恳亲联谊大会的外宾接待工作。

走出去开展联谊。7月，市侨联主席魏冬梅参加省侨联组团赴非洲的南非、纳米比亚、肯尼亚三国参访。在南非，拜访南部非洲华侨华人工商联合总会，调研“闽侨文化中心”建设情况；拜访全非洲中国和平统一促进会会长李新铸、南非中华工商总会会长叶北洋、南非约堡唐人街管委会主席蔡庆、南部非洲中华福建同乡总会会长杨天峙等侨领；走访开普敦中国商贸城和南非洲闽南总商会，拜访南非宋庆龄基金会会长陈清、全非洲华人妇女联合总会副会长许文新等闽籍海外杰出女性。在纳米比亚，拜访中华工商联合会总会和福建同乡会以及重林金淡等闽籍重要侨领，了解侨情，走访华侨家庭，以及福建同乡会组团参加省侨联“汉语桥”夏令营活动事宜，参加在温得和克举办的华侨华人“参与和支持中国‘一带一路’核心区建设”座谈会，推介中国(福建)自贸区建设情况、投资环境及相关政策，促进纳米比亚与福建的密切联系和经济文化交流合作。在肯尼亚，拜访华人华侨联合会，对接省侨联“网上丝绸之路”公共平台项目，调研侨情；参加“中肯文化教育中心成立仪式”，走访内罗毕一所华文学校，推介省侨联与哈兔公司联合展开的远程华人子女华文教育情况。武平侨联主席陈红赴加拿大探亲期间，拜访30多位武平同乡，发起建立“北美武平乡亲群”微信群联络平台。永定区下洋镇侨联主席曾宪乐赴缅甸、泰国探亲，拜访“2013年第二届中华之光”获得者——缅甸仰光汉语教师协会会长曾圆香等重点侨亲。

【服务招商引资】 支持市侨商会开展会务工作，完善侨商会各项工作制度，加强与侨商侨企的联系，促进侨商侨企之间的交流和合作。走访福建标致食品饮料有限公司、福建安泰三华房地产开发有限公司，了解生产经营中遇到的困难，商讨市侨商会可能给予的帮助。协助市侨商会举办新春联欢会和一届二次会员会议暨成立一周年庆典联欢晚宴。陪同越南中国商会福建企业联合会会长、越南福建闽南国际投资有限公司董事长柯育，抠抠(福建)电子商务有限公司高级策划经理张志坚一行，福建省侨联青年总会常委、北京文化创意产业投资商会副会长、博士兔动漫教育科技(北京)有限公司执行总裁杨纯财一行等人在龙岩的考察活动，为他们与相关部门的洽谈活动牵线搭桥，为助推龙岩产业“走出去”服务。联络邀请著名旅游专家、中国策划十大专家、河南省政协香港区委员杨力民教授到龙岩考察旅游项目，提出旅游项目策划，并举办“创意旅游”专题讲座，为龙岩旅游创意发展建言献策。为马来西亚客商萧光麟博士专利技术落地龙岩天泉制药有限公司牵线搭桥。

【新春慰问活动】 全市侨联系统向贫困侨属、挂钩村困难群众发放慰问金9.71万元，慰问210户。其中，市侨联发放慰问金2.65万元，慰问53户。参与“百侨百企科教扶贫助学”活动，先后在漳平、永定、连城、长汀等县(市、区)，向516位农村小学生捐赠“科教文体包”活动，价值18.9万元。做好“陈祖昌助学金”和“骏马育才计划基金”发放工作，6名学生获“陈祖昌助学金”，每人2500元；12名学生获“骏马育才计划基金”帮助，每人1500元。主动联络河南省侨联兼职副主席、省华侨书画院院长沈钊昌为家乡永定捐赠爱心善款21万元。协助由加拿大6个家庭的10名学生在新罗区、永定区开展结队交流活动，涵养侨力资源。组织东肖镇侨联侨声艺术团为同心圆(香港)护理院住院老人举行“三八”节慰问演出。

【侨情宣传】 编印《闽西乡讯》12期，寄送境外31个国家和地区。省出版物监测与研究中心肯定“《闽西乡讯》能坚持对外宣传的宗旨，坚持‘三贴近’，精心策划组织对外宣传，突出侨乡历史、文化和旅游的宣传，并且不做舆论监督，不做负面报道，以正面宣传为主，坚持正确的舆论导向。”主动联络市新闻媒体记者前往永定区陈东乡古龙村采访澳门闽西工商联合会会长苏有思义务为家乡百姓进行新农村建设的事迹。向上级侨联报送侨情专报6篇，《做好海外“重点人士”工作，提出四条建议》被省委办采用，《不宜过度宣染海外政、商界人士中华人华裔的华人属性》获副省长梁建勇和省侨联主席陈式海批示，省侨联采用3篇。向省侨联报送“我为建设美丽中国美丽福建献一策”征文25篇，被采用5篇，其中新罗区选送的《关于实施精准扶贫打赢脱贫攻坚战的建议》获三等奖，新罗区、上杭县侨联获省侨联“组织奖”表彰。

【推荐侨界优秀人才】 经市侨联推荐，新加坡新达科技有限公司董事局主席、新加坡国立大学理学院化学系兼职副教授、三达(厦门)环境工程有限公司总经理蓝伟光获中国侨联表彰“中国侨界贡献奖”创新人才奖；推荐美国纽约州立大学地球科学系研究员温联星等18人为省新侨人才联谊会理事和省海纳百川高层次人才库杰出人才；推荐陈玉庚博士为省电子商务领军人物；推荐俞如先、李贵海为省侨联《闽侨智库》首批成员；推荐20位侨界青年参加省侨界青年联合会。加拿大龙岩同乡联谊会会长林淑如参加“中国侨联2016海外侨领中国国情研修班”。澳大利亚华人协会会长、原籍汀州的饶国辉参加中国侨联成立60周年纪念大会及福建侨联举办的“海外侨胞故乡行——走进福建”活动。30名老侨联干部获中国侨联颁发“侨联工作20年”证书。市侨联秘书长李贵海7月被省客家研究院聘为“特邀研究员”，8月在北京召开的中国华侨历史学会第七次会员代表大会上当选理事。

【侨属学会换届】 9月14日，市侨联侨史学会在闽西宾馆召开第二次会员会议。中国华侨历史学会副会长、省华侨历史学会会长谢小建到位祝贺并讲话。会议听取筹备工作情况报告，审议通过《龙岩市侨联侨史学会章程》，选举产生第二届理事会，俞如先当选会长。11月12日，市华侨大学校友会召开第六次会员代表大会，华侨大学校友总会，福州、厦门、泉州、漳州、莆田、宁德和陕西省华大校友会，派代表到会祝贺。会议选举产生第六届理事会，马一见当选会长。

（李贵海　撰稿）

市红十字会

【应急救援】 推进备灾救灾中心项目建设，争取资金1300万元，完成征地0.87公顷、建筑面积4712平方米的一期项目工程。健全救灾物资储备制度，备灾救灾物资储备经费自2016年起列入市财政预算（每年拨付30万元），并以政府购买服务方式，解决编外聘用人员2名（每年拨付10万元）。完善备灾救灾网络建设，严格执行值班制度，积极应对台风洪涝灾害，市县联动开展灾害人道救助，做好捐赠救灾款物的接收和管理工作。全年接收中国红十字总会下发连城、长汀应急大米3645袋（价值27万元），用于慰问2015年度台风受灾群众。漳平市红十字会在“7·9”洪灾中及时报送灾情，开展专项募捐活动，筹募款物价值41.92万元，用于受灾群众人道救助。

【应急救护】 探索急救培训网络平台建设，运用微信、党员远程教育网络等新媒体开展网络培训，推广红十字急救掌上学堂，提高急救知识普及率。多种形式推动应急救护培训进社区、进农村、进学校、进企业、进机关，并结合在职党员进社区工作，以新罗区永兴社区、松涛社区为试点，开展在职党员和社区志愿者急救员培训，在华莲社区、双洋社区、西湖社区等城市中心社区开展居民急救普及培训。落实红十字总会《关于加强红十字应急救护培训基地建设的意见》和《应急救护培训标准化工作手册》，加强救护培训基地创建，严格执行“四统一”标准，规范教学课件，提升培训质量。全市培训急救员4441人，普及培训3.6万人（其中青少年教育实践基地普及培训2.4万人次）。

【人道救助】 开展省、市两级红十字大病救助项目，受理2015年省级大病救助申请736份，发放救助金682万元。受理市级大病救助申请110份，发放救助金14.7万元。“红十字爱心天使”行动，受理中国红十字基金会“天使阳光基金”和“小天使基金”申请23份。“红十字博爱送万家”活动，慰问特困家庭200户，发放博爱物资箱200份、棉被230床、食用油230桶，慰问武平“麻风村”人员29人，发放款物价值7.45万元。加强人道项目宣传策划，推介“1069999359”手机短信捐赠，组织开展母亲健康“1+1”募捐活动、救助贫困多胞胎家庭康乃馨义卖行动等人道救助活动5场次，全年市本级募集款物54.79万元。

【“三献”工作】 募集造血干细胞血样入库273份，再动员16人，高分辨采样2人，实现造血干细胞捐献1例。开展遗体和器官捐献宣传动员、报名登记、捐献服务等工作，全市报名登记24人，实现遗体捐献3人，眼角膜捐献1人。加强器官捐献协调员队伍建设，举办1期器官捐献协调员培训班，培训协调员59人。

【拓展生命教育活动】 联合市教育局下发《关于在红十字体验式生命教育示范校开展“开学第一课”活动的通知》，持续开展体验式生命教育专项督导、调研活动，召开生命教育工作推进会，表彰体验式生命教育工作先进单位，推动各示范校扎实开展体验式生命教育活动。加强红十字体验式生命教育基地建设，推动7个中小学生校外教育基地设立红十字生命教育体验学堂，全面落实红十字体验式生命教育“十个一基本动作”，7个基地2016年普及急救知识和红十字知识2.4万余人次，开展地震逃生演练160余场。创新红十字体验式生命教育的方式方法，联合市教育局、市禁毒办等6家单位，印制15万份暑期家庭安全作业发放给全市中小学生及家长，深化学生生命安全警示教育；持续开展关爱留守儿童红十字体验式生命教育公益活动，组织开展“珍爱生命？幸福生活”城区学校生命教育公益巡回活动，通过知识讲座、实操演示、情景剧表演、拓展训练等多样化形式，引导学生认识生命、尊重生命、珍惜生命，学习掌握呵护生命的知识和技能，得到学校师生和家长的充分肯定，形成市红十字会特有的生命教育品牌模式。各县（市、区）红十字会也结合各地实际推动红十字体验式生命教育工作，长汀县职专完善“生命教育体验学堂”建设，开展教职工和学生急救员培训，制定的校本教材《安全与救护》被定为“中等职业教育规划新教材”。漳平市职专将应急救护培训纳入学校课程管理，依托“生命教育体验学堂”培训学生急救员6期。漳平市实验小学依托科技馆建设“生命教育体验学堂”，开展亲子讲座和消防演练。武平县红十字会拨付1万元用于武平二中生命教育体验学堂建设。永定区红十字会先后在侨钦中学、永定二中、永定三中等学校开展了12场次的生命教育辅导课。

【打造志愿服务品牌】 健全完善志愿服务管理机制，持续开展星级志愿者认定表彰工作，市红十字会评选出2016年度一至三星级红十字志愿者85名，9名志愿者获得省红十字会四星级志愿者称号，举办志愿者应急救护培训班，召开志愿者座谈会，开展志愿者内部互助行动。坚持按专业、分领域组建各类志愿服务队，加大重点扶持力度，培育出以“关爱残疾人”“关爱留守儿童”“心理健康咨询”“应急救护进社区”“生命教育进校园”为主题的六大志愿服务队和志愿服务品牌，志愿服务工作呈现制度化、多样化、规模化、特色化、品牌化态势。市红十字健康关怀(心理咨询)志愿服务队长期深入儿童福利院、机关、学校社区开展团体心理辅导活动,并通过人民医院红十字心理咨询室接受社会心理咨询和求助;市红十字义工团、社区志愿服务队、文艺宣传志愿服务队联合龙岩义工俱乐部连续开展六届“百名志愿者牵手百名残友一日游”活动;市红十字文艺宣传志愿服务队第四次承办闽粤赣边老同志新春联谊会;市红十字应急救援志愿服务队分别深入机关、学校、社区开展急救培训和普及讲座;市红十字社区志愿服务队持续深入偏远农村小学开展“关爱留守儿童体验式生命教育”系列活动;市红十字衣加衣志愿服务队在30个社区和6所学校设立74个旧衣物回收箱,定期开展旧衣物回收再利用公益环保活动,从2015年12月至2017年3月,回收旧衣物约32吨,已分类衣物20吨,全年开展社区(学校、企业)旧物回收宣传活动80余场次,捐赠约8吨旧衣物。全市各级红十字会组织志愿服务活动300多场,参与志愿者4000余人次,涉及服务对象3000多人,各类网站、新闻、电台、报刊报道红十字志愿服务活动120条(篇)。

健全完善宣传传播机制。各级红十字会结合爱心公益日、世界红十字日、国家防灾减灾日等主题开展形式多样的宣传活动。市红十字会精心策划5.8博爱周系列活动,联合市移动公司、联通公司推送“1069999359”及“红十字急救掌上学堂”公益短信5万条;联合龙岩人民广播电台开辟公益访谈节目,向市民普及防灾避险及急救技能;联合市中心血站开展龙岩学院造血干细胞样本集中采集活动;联合市妇联开展“与爱同行,母亲健康1+1”公益募捐活动;组织开展街心广场“5·8”大型义诊、义卖宣传活动,现场设置义诊咨询、旧衣物捐赠、康乃馨义卖、急救演示、三献宣传等服务点,生命健康普及宣传丰富多彩,红十字精神主题宣传有声有色,人道救助便民服务广受欢迎。深化自媒体宣传,完善网站、微信、简报,加大《益起来》栏目宣传推广工作;强化媒体合作,注重专题策划,提升宣传质量,联合市委组织部电教办、市广电网络有限公司在广电网络开辟“党员远教–应急救护”栏目,加强与今日头条等新闻媒体的合作,市县两级红会均入驻今日头条客户端,拓宽宣传渠道,提升宣传质量。2016年市、县两级红十字会共在各级电视、报刊、网络媒体刊播新闻信息200余篇(条)。

【筹资管理】 坚持依法开展筹资募捐工作。市本级筹集善款54.79万元,其中与市妇联开展“与爱同行,母亲健康1+1”公益募捐活动,募集善款31.83万元;开展救助贫困多胞胎家庭“母亲节义卖康乃馨”活动,义卖1.23万元;接收龙岩经济技术开发区地税分局定向捐赠2.5万元用于开展关爱残疾人公益活动;接收一名社会爱心人士不定向匿名捐赠64755元;接收英湟教育机构图书、玩具义卖善款3026.1元;厦门旺圣进出口有限公司捐赠3.6万元用于人道助学;龙岩华映文化传播有限公司捐赠1.5万元资助龙岩一中5名困难大学生。加强与龙岩市成功筹电子商务有限公司的沟通协作,探讨建立互联网公益众筹平台,试水“互联网+筹资”模式。同时,严格执行信息公开制度,运用新媒体新技术及时发布筹资使用情况,切实保障捐赠人和社会公众的知情权和监督权,提升红会社会公信力。永定区红十字会人道救助筹资工作较为突出,2016年募集善款113.66万元,用于救助白血病、尿毒症等大病患者。漳平市红十字会在尼伯特台风后后发起募捐活动,筹募款物价值41.92万元用于灾区重建。

(市红十字会 供稿)

市台湾同胞联谊会

【参政议政】 增强台联系统参政议政协作体系和相关机制的活力,促进台情研究成果转化与运用奠定基础,为上级部门掌握台湾民情、制定对台政策提供服务。选派1人赴内蒙古海拉尔参加全国台联举办的“2016台联系统参政议政调研课题研讨会”和专题调研活动。推荐吴白桦代表市台籍台胞出席中国共产党福建省第十次代表大会。市台籍同胞积极参政议政,提交提案《关于加强基层中医药事业传承和发展的建议》《关于精准扶贫的建议》《关于把深陂水库列入休闲公园规划和建设的建议》等。

【两岸交流交往】 贯彻中央对台工作会议精神,通过走基层入部落,深入与台湾基层少数民族民众接触互动,积累互信,增进“两岸一家亲”共识。5–21日,由市文化广电新闻出版局、市旅游局、市台湾同胞联谊会等单位主办,湖南食在站餐饮管理公司、龙岩紫金山体育公园投资开发有限公司承办的“台湾美食文化节”在龙岩紫金山体育公园举行。有15家台湾美食企业和三大原住民表演团体“岩家班”20多位艺人全程参与。10月,选派高山族代表台籍同胞高建大赴台交流暨参加台湾东部少数民族丰收节。选派范一为、李权、谢泽德等3人参与由省台联牵头,省直“八台”及福建省海外交流协会等单位联合主办的“2016年海峡西岸台胞青年夏令营”。11月21—25日,接待台湾地区受难人互助会一行30人到长汀、连城、上杭参访。

【服务定居台胞】 做好定居台胞扶贫济困专项资金的摸底及发放工作。争取到55.56万元,惠及116位困难台胞及80位老年台胞。争取1.7万元助学金,受惠学生11人，其中2016年刚考上大学的台籍考生3人，每人资助3000元，其余台籍考生每人资助1000元。推荐台籍大学生李权和谢译德参加省台联举办的第三届海峡两岸台胞青年电子商务培训班，提高青年台胞从业素质和参与市场竞争能力。根据《龙岩市人民政府关于取消调整28项市级行政权力和公共服务事项的通知》文件精神，龙岩市大陆台籍同胞身份认定事项审批部门由市台办改为市台联。10月底，市台联服务窗口入驻市行政服务中心综合窗口。办理高考加分证明4份，台籍同胞户籍籍贯更改证明9份。

（市台联　供稿）

中国国际贸易促进会龙岩市支会

【开展经贸摩擦预警工作】　设立基层预警点4个，在《闽西日报》第一版、龙岩电视台《经济纵横》栏目、“11.8”机博会主展馆设立“龙岩市贸促会涉外商事法律服务——经贸摩擦预警·政策法律服务”宣传专馆。编发《涉外经贸预警信息》18期，并通过《龙岩贸促》季刊、《龙岩贸促》网站、QQ群等方式推送涉外经贸预警信息，提醒相关企业密切关注行业涉外商事有关动态，提早预防及做好经贸摩擦应对准备。

【出证认证工作】　1月，获得优惠原产地证业务授权。至此，市贸促会已获得除ATA单证册外的全部贸促出证认证业务，签发涉外商事证书1471份。

【项目推介和对接活动】　邀请境外有关投资促进机构和客商来岩开展项目推介和对接活动。澳大利亚Down to Earth公司董事长、西澳大利亚农协会副会长Carl先生一行，于4月、6月及10月，先后3次考察龙岩。在市贸促会的牵线搭桥和陪同下，卡尔先生一行前往漳平南洋考察檀香树的种植环境，探讨合作种植事宜。与数家贸易公司达成并开始开展进出口双向贸易。市贸促会与西澳大利亚农协会结成友好商协会。泰国驻厦总领事馆商务领事维达女士一行到龙岩考察泰资企业龙泰实业有限公司和泰国产品在龙岩的销售情况；参加2016年第七届海峡两岸机械产业博览会，达成与市侨龙公司、龙马环卫装备、龙净环保等公司进一步交流合作引进泰国市场的初步意向。加大与境外驻华机构或商协会组织的互联沟通工作。通过与境外驻华机构或商协会组织的互联沟通、信息对接，建立友好的日常联系互动机制，进而从更高层面为相关企业开拓国际市场做好服务。开展投资贸易促进活动，主要通过省贸促会投资促进活动平台和闽西南贸促机构联席会议机制，组织企业开展项目对接，推介产品，寻找商机，开拓市场。全年重点组织有关会员企业参加各类投资贸易促进活动8场次。累计参会企业200余家次。

【组织企业培训】　以获得国家贸促会优惠原产地证业务授权为契机，举办中—韩、中—澳自贸协定政策宣讲培训班和外经贸知识讲座，有50余家企业60余名代表参训。使龙岩进出口企业了解和掌握自贸区协定优惠政策和原产地证书申办流程等相关知识，帮助企业提升产品竞争力，开拓国际市场。

（市贸促会　供稿）

市关心下一代工作委员会

【“两史”“三爱”学习教育】　市关工委举办“两学一做”暨“党史国史”学习教育培训班，组织参会参训人员听党史课、瞻仰古田会议会址和“主席园”、瞻仰松毛岭战斗烈士纪念碑、参观红军长征第一村中复村和在长汀召开党史国史教育活动情况汇报会等形式，重温光辉历程，缅怀革命先烈，铭记红色历史，弘扬长征精神，接受思想洗礼，传承红色基因，推动学习教育活动全面深入扎实开展。推动“两史”“三爱”学习教育进校园、进班级、进团队。主动协调教育主管部门和学校，把“两史”“三爱”（爱学习、爱劳动、爱祖国）学习教育融入课堂教学、校园文化。配合团市委、市少工委联合主办龙岩市“五老牵手红领巾，共圆美丽中国梦”暨“红领巾讲坛——少年先锋说”主题教育活动，表达少先队员开展“先锋行动”，争做“美德少年”的决心。新罗区关工委和教育局组织编写《党史国史基础知识学习材料》读本，举行城区7所中学党史国史知识竞赛。市直机关关工委编写《小学生党史国史法律知识学习竞赛题》（50题）和《中学生党史国史法律知识学习竞赛题》（100题），分别印制1500份和2500份，发至市直机关、驻岩单位各关工委，供在读中小学生学习竞赛。上杭、武平、连城、永定等县（区）也从各自实际出发，分别编印宣讲材料或报告稿，发给乡（镇）、学校等基层用于开展“两史”“三爱”学习教育活动。全市开展党史国史教育活动612场，受教育青少年21.9万人（次）。10月26日，全省关工委弘扬长征精神开展党史国史教育经验交流会在龙岩召开，省关工委执行主任刘群英在报告中说：龙岩市关工委党史国史教育一直举红旗、作表率、走前头，是全省教育活动的典型和缩影。龙岩市党委政府重视，教育活动有“底气”；关工委主动作为，教育活动接“地气”；运用红土地资源，教育活动有“生气”的经验值得学习借鉴。

【关心关爱弱势青少年】　开展“关爱明天·普法先行”青少年普法教育活动，动员“五老”志愿者参与法制宣传教育，充分发挥报告团、关爱工作团的作用，把法治教育送进校园、送进基地、送进社区，充分发挥关爱工作团和学校法制副校长的作用，以创建“零犯罪村（社区）”

“零犯罪学校”为载体,广泛深入开展青少年法治宣传教育活动,通过举办“家风”“家训”讲座、家长学校、假日课堂、“校外辅导站”、知识竞赛、案例图片展示等途径,引导广大青少年学法、知法,提高遵纪守法的自觉性,增强抵御形形色色腐朽思想文化侵蚀的“免疫功能”。全市开展普法教育 590 多场(次),受教育青少年 23.9 万多人(次)。全市“五老”网吧督导员检查网吧 418 户,劝阻未成年人进入网吧 968 名。加强关爱帮扶,精准施策助困。帮教失足青少年 1259 人,转化各类关爱对象 2011 人。帮助家庭贫困需要完成学业的学生筹措资金 1059 万元,资助 7471 名贫困学生完成学业或圆大学梦。开展“爱心妈妈”“代理家长”“外来工子女节日慰问”等活动,协助学校、家庭解决留守儿童、“外来工子女”、失亲青少年亲情缺慰、生活缺助、心里缺疏、学习缺导、安全缺护等问题。

【开展“争当创业创新标兵”活动】 立足“扶志”,发挥老科技工作者的优势,抓好农村青年的科技创业思维引导和教育培训,组织“科技服务团”深入田间地头、种养基地,向创业青年传授农业新知识、新技术。打造“种子工程”升级版活动。联合市海峡两岸茶业交流协会、市老促会举办“种子工程”第三期茶业新型职业农民研修班,7 县(市、区)回乡创业大学生、青年茶农 80 多人参加研修。全年培训学员 33593 人,全市颁证认定生产经营型农民 3700 多人。继续发挥典型引领作用。市关工委把典型示范工作摆在突出位置,在原来抓29 个乡(镇、街道)、机关单位示范点建设。永定、武平、漳平等县(市、区)持续推进“一村一品”,在引领青年农民自主创业中培育一批种养植(殖)大户和专业户,在服务脱贫攻坚中发挥积极作用。

闽西客家联谊会

【联谊交流】 龙台港澳联谊交流。指导龙岩人民广播电台于 8 月 1—11 日主办“两岸记者、学生重走客家先民迁徙路”联合采访活动。两岸客家记者、学生和专家 30 余人参加活动,重点采访河南、江西、福建、广东 4 个省 11 个极具代表性的客家迁徙地,深入了解客家先民的漫漫迁徙路,感受客家文化的博大精深,感受两岸一家亲的浓浓亲情。应邀出席香港闽西联会第十届会董会就职典礼,出席香港长汀同乡会第四届理事会就职典礼,赴澳门拜访澳门闽西同乡总会、澳门闽西商会。参与市委统战部“发挥客家祖地优势,争取台湾民心工作”课题调研。多次与到访的台湾“中华海峡客家文经交流协会”副理事长丘英政,就“两岸记者、学生重走客家先民迁徙路”、台湾乡贤来闽西“怀旧之旅”商谈,达成合作共识。先后接待回龙岩探亲联谊的台北永定同乡会理事长黄建兴、苗栗县同乡会理事长苏文龙、中华世界民族和平展望会秘书长江彦震一行 80 人,台北市蓝姓宗亲会理事蓝秀珍一行,台湾大高雄观光协会理事长钟新富一行及香港客属社团首长联谊会理事长黎国威等。参与全球客属联谊交流。10 月,赴宁化、长汀参加“第二十二届世界客属石壁祖地祭祖大典”和“寻根客家首府汀州暨世界客属第二十二次公祭客家母亲河大典”活动。接待马来西亚新山客属总会会长萧光麟博士,发函致贺马来西亚居銮客家公会第三十一届暨居銮大埔同乡会第三十三届董事会产生,函致贺新加坡南洋客属总会第四十一届董监事会会议召开。发函致贺北美上杭同乡会成立大会召开。加强国内客属联谊交流。接待到龙岩的江西赣州市原政协主席、客联会会长赖联明一行,与龙岩市政协、赣州市客联会联合座谈商议开展“世界客家旅游文化高峰论坛”事宜。与到访的广东河源市客联会、三明市梅列区、武夷山市客联会来宾交流,发函祝贺三明市客家联谊会第四届会员代表大会召开及南平市客家联谊会换届选举大会召开。协助办好“第八届海峡论坛·海峡客家(上杭)风情节”。与到访的福州市闽都文化研究会《闽都文化》杂志执行主编黄文山商议两会交流事宜。

【“京交会·世界客商论坛”】 2 月 10 日,“京交会·2016 世界客商一带一路经贸文化论坛”组委会副主任兼秘书长、北京客家海外联谊会副会长兼秘书长于本城将军等一行专程到龙岩,向龙岩市政府和闽西客联会发出参会邀请。双方就办好“京交会·2016 世界客商一带一路经贸文化论坛”活动进行座谈交流。4 月 10 日,于本城将军等一行 5 人再次来龙岩,介绍“京交会·世界客商论坛”筹备情况。闽西客联会呈报《关于北京客家海外联谊会“京交会·2016 世界客商一带一路经贸文化论坛”组委会邀请我市组团参加相关活动的请示》。5 月 27—30 日,闽西客联会林仁芳等 3 人赴京出席“世界客商论坛”。论坛审议通过《北京宣言》,促进各客家社团之间的联系、联谊、联络。

【推动客家文艺演出精品创作】 3 月 17 日,会长林仁芳应邀出席在连城召开打造闽西客家优秀剧目座谈会,市、县(市、区)宣传部长及有专家学者参加。会议传达林开钦关于打造闽西客家优秀剧目的重要意见,着重就大型歌舞《千年客家梦》创作进行座谈。5 月 31 日到 6 月 8 日,由闽西客联会和连城方面组成考察小组,赴云南、贵州观摩学习综艺晚会,先后观摩学习贵州的《多彩贵州风》及云南的《云南映像》《印象丽江》《丽江千古情》《丽水金沙》《醉美香格里拉》等六台综艺晚会。形成《打造客家题材舞台精品,为文化旅游注入新动力》学习考察报告,并向市委呈报《闽西客联会赴云贵考察地方特色文艺的报告》。

【编辑出版《守望·探索》文集】 11月，闽西客联会编辑《守望·探索——第四届闽西客联会理事作品选(2012—2016年)》。文集三卷，由中国言实出版社出版，汇集200余篇文章，150万字，收录2012—2016年闽西客联会期间理事们的部分客家学论文、文史作品、文学作品和正式出版的著作信息等，具有存史、资政、育人的历史价值和人文价值，集中展示理事们的最新客家研究成果。

（邹文清　撰稿）

市计划生育协会

【组织建设】 县级计生协会班子全部按“三定”要求配备到位，永定、武平、连城等区县计生协按核定人数配齐配强人员。落实乡级计生协会有专人做事工作，长汀县率先在卫计机构改革中核定乡(镇)计划生育协会编制，6个县(市、区)核定乡级计划生育协会编制108个。协会制度更加规范。永定区统一更新242套制度牌，村级协会制度上墙统一规范。联合市卫生计生委下发《关于开展流动人口计划生育协会示范点创建工作的指导意见》，全市创建流动人口企业计生协会87个、企业计生协联合会8个、企业计生协会小组147个，并按照“四有”“五好”目标开展工作。8个流动人口计生协会按照中国计生协“四级示范创建”活动要求启动示范创建。7个县(市、区)计生协会经费均列入财政预算。

【计生家庭帮扶】 拓展“互联网+”，组织100位示范基地负责人、受表彰的幸福母亲及其他有项目有产品的计生母亲开展电子商务培训，并参观新罗区小池镇培斜淘宝一条街。确定第二批“生育关怀示范基地”35个、幸福母亲35位。为示范基地授牌，给幸福母亲颁发证书，并把示范基地、幸福母亲的基本情况、事迹汇编成图文并茂的小册子。联合市卫计委确定市级“计生家庭示范农场”50家，每家由县、乡两级给予5万元补助，把家庭农场建设项目打造成为深化农业经营制度改革工作中的重要品牌。全市投入幸福工程资金780万元，救助贫困母亲434人。累计筹集幸福工程项目资金1822.71万元，历年累计投入资金4102.27万元，救助贫困母亲4238人(户)，覆盖全市所有乡(镇)，惠及人口2万余人，受助母亲脱贫率98.6%。计生小额贴息贷款方面，投入贴息资金435.61万元，帮助2477户计生家庭贷款1.05亿元发展生产，资金到户率、脱贫率均100%。计生意外伤害保险投入保费441.24万元，参保83632户，入户率46.7%。开展紧急救助，对42户出现重大疾病、重大意外伤害对象补助3000元。关爱失独家庭，继续落实计划生育特殊家庭特别救助相关规定，组织对全市失独家庭开展精神慰藉、经济援助、项目扶持、医疗补助、养老保险等帮扶活动，在计生意外伤害保险中增设计生特殊家庭住院护理，每天补助50—120元不等补贴，推动建立帮扶长效机制。持续做好金秋助学，资助品学兼优的二女户、独女户的高中学生21人至高中毕业，并不定期一次性资助计生家庭高中贫困女生。安居工程，投入104万元，扶持3批53户计生低保无房户建造新房，其中长汀县为24户农村二女特困户实施安居工程。

【儿童早期发展】 下发《关于儿童早期发展项目工作的实施意见》，全面规范0岁—3岁儿童早期发展工作。依托省级“以奖代补”资金24万元，建立省级儿童早期发展示范点12个。推进全市44个村（居）儿童早期发展示范点建设，每村补助2万元—3万元，为示范点设置亲子活动室，添置早教包、早教手册等早教用品。开展百场讲座。在全市开展婴幼儿早期发展知识百场巡回讲座，全年开展讲座127场次，13949人受益。组织各县(市、区)计生协会干部和试点机构老师20人参加省计生协会婴幼儿及农村留守儿童早教师资培训班，接受人口早期发展指导。编印读本。编印出版儿童早期发展读本升级版《0岁—3岁婴幼儿身心发展与教养系列读本》3000套，免费发放至县、乡、村计生协会与各试点机构。

【启动青春健康教育】 制定发展规划。出台《关于开展“生育关怀—青春健康”项目工作的实施意见》，要求各县(市、区）将青春健康工作纳入议事日程，实现常态化管理，明确工作总体目标、具体目标和工作要求。搞好试点。七个县(市、区)全部成立青春健康教育试点并制定实施方案。市协会确定武平三中为市级试点单位并开好“生育关怀—青春健康教育进校园”活动现场会。组织全市计生协会、试点单位领导和武平县乡(镇)协会、相关学校业务骨干百余人学习武平三中试点经验介绍，现场观摩大课间活动、青春教育主题班会和青春健康俱乐部建设情况，为全面试点推广打好基础。重视师资建设。派员参加中国计生协在昆明举办的《青春健康主持人(初级)》南片培训班并着手组建生育关怀健康服务专家库。

【生殖健康和优生优育指导】 联合武平县计生协会为100位建档立卡的贫困母亲免费进行妇科普查、两癌筛查。对疑似癌前病变的6位母亲建议进一步确诊并跟踪病情资助治疗。做好不孕不育症治疗补助，给予20对夫妇每对3000元治疗补助，并做好跟踪随访工作。

【权益维护】 通过示范引路带动全面创建。将人口计生基层群众自治纳入卫生计生委重要工作内容，联合下发文件，共同开展计生基层群众自治评估督导。7月，根据考评结果，对130个计生基层群众自治示范村(居)和90个合格村(居)进行表彰和奖励，共下拨计生基层群众自治“以奖代补”资金共136.75万元，其中示范村(居)资金101.6万元、合格村(居)资金35.15万元。推进国家级、省级与市级计生基层群众自治示范县(市、区)创建活动。上杭县、长汀县分别被中国计生协会、省计生协会定为全国和省级计生基层群众自治示范创建县，其余县(市、区)被定为市级计生基层群众自治示范创建县。市计生协会下拨7个县(市、区)示范创建配套补助经费111.25万元。各县(市、区)根据实际制定示范实施方案，成立领导小组，召开示范项目启动大会暨业务培训会。推进计生基层群众自治“六好”示范村(居)创建。制定下发《2016年龙岩市计生基层群众自治“六好”示范村居考评表》，县级协会开展“六好”评估工作，全市“六好”示范村居达标率30.6%。法律援助。7个县(市、区)全部成立法律志愿服务队伍与法律援助站，5个县(市、区)将法律援助站点覆盖至乡、村级，为符合法律援助条件的困难、特殊计生家庭提供法律咨询和法律援助服务，维护计生户合法权益。全市开展活动30次，援助353人次，调解纠纷749人次，挽回损失498万元，发放宣传材料19250份。

(葛建华　撰稿)

市老区建设促进会

【调查研究】　开展革命基点村脱贫攻坚调研。6—7月，组织对13个乡(镇)的13个脱贫攻坚重点革命基点村开展调研。召开13场座谈会，走进26户贫困户家中面对面交谈。向市委、市政府呈送《龙岩市革命基点村脱贫攻坚调研报告》，提出将革命基点村的脱贫攻坚工作摆上更加突出位置；从全面建成小康社会的高度抓好脱贫攻坚工作；提高革命基点村生产组织化程度；抓住机遇解决好革命基点村住房安全问题；进一步加强脱贫攻坚政策宣传；进一步加强组织领导；利用红色资源，发扬红色传统，传承红色基因，为脱贫攻坚提供不竭精神力量等七点建议。开展革命基点村特色产业调研。10月，联合市、县老促会、老区办，对14个乡(镇)的14个革命基点村特色产业村调研。调研组进村召开座谈会，走访察看产业基地了解特色产业规划、发展现状、典型经验成效、存在问题困难和群众意见建议等情况，形成《龙岩市革命基点村特色产业调研报告》呈送市委、市政府，提出把培育发展特色产业作为革命基点村脱贫攻坚，推进建成全面小康的重要工作抓紧抓好；支持革命基点村道路等基础设施建设，改善产业发展条件；加大财政扶持力度，支持革命基点村发展壮大特色产业；把革命基点村特色休闲旅游纳入全市旅游规划并给予扶持等四条建议。

【兴办实事好事】　发放黄仲咸教育基金会奖学金94万元，奖励老区贫困高中生940人。9月，联合市茶叶协会、关工委举办“种子工程”第三期茶业新型职业农民研修班，80位种茶大户和经营大户参加培训。开展联系点工作。在全市革命基点村中，选定6个脱贫攻坚重点村和1个示范村作为联系点，了解、跟踪、掌握革命基点村脱贫攻坚动态，精准提供帮扶。争取资金35万元，帮扶7个联系点村完善道路设施、发展毛竹等特色产业。

(市老促会　供稿)

龙岩扶贫基金会
市扶贫开发协会

【省扶贫“两会”挂钩帮扶村建设】　省扶贫“两会”挂钩帮扶长汀县铁长村的整村推进和连城赤岭村的淡水养鱼项目。按省扶贫“两会”扶持资金1:1比例给予配套支持。长汀县铁长村发展现代竹业，成立绿源竹笋专业合作社，流转竹山2018公顷，建成石公坪丰产竹林示范片53.33公顷、新建30立方蓄水池5口、铺设管网5000米、安装喷灌2000个。村里实施股份合作制发展模式，与大美姜山公司合作种植台湾疏轮大肉姜5.33公顷，其中村集体55%股份、大美姜山公司45%股份。到10月，生姜全部出售，纯利润11.8万元，按合同村收入6.49万元。发展茶产业。采取公司+基地+农户+合作社的发展模式，以台企泳绿茶叶公司为龙头，通过优先用工、订单种植，技术统一指导等方式，发动28户村民种植茶叶6公顷多，上半年生产茶叶0.9吨，产值270万元。利用本村生态资源好，离荣丰水库近等优势发展其他经济作物，生态旅游等产业。利用国家扶贫优惠政策，争取社会扶贫资金投入。在光伏发电、交通、林业、耕地整治等领域，争取到项目资金356万元，促进各项扶贫项目发展。投资40万元兴建50千瓦光伏发电站，每年为村财增收5万元。连城县赤岭村淡水养殖产业达到“示范、带头”目的。建成标准鱼塘3.33公顷，在大坑口建造1处淡水鱼养殖示范基地，引进鲫鱼0.5万尾。

【科技扶贫】　4月，根据省扶贫开发协会、省农村专业技术协会《关于开展2016年科技扶贫“万名培训”工作通知》，及时与市农村专业技术协会联系共同制订培训方案，安排新罗区培训400名，漳平培训600名，连城培训1000名的培训计划，由相关县、市结合本地产业发展的实际情况进行培训。6月至12月，分别在连城县、漳平市、新罗区3个县(市、区)22个乡(镇)、33个村(居)举办紫地瓜、毛竹、油茶、蔬菜、果树、淡水鱼养殖等各类科技培训班33期，培训农民2052人次。漳平市新桥镇易坑村农民易永福通过茶油种植培训，按科学技术管理油茶，在遭遇冻害的情况，油茶仍获丰收，每公顷产油从往年的225公斤增至300公斤。连城县庙前镇吕坊村吴恒桂通过培训，提高百香果种植、管理技术，增加收入，种植0.47公顷百香果收入11万元。

【教育扶贫】 省扶贫“两会”资助龙岩市贫困乡村、贫困家庭子女解决就学困难资金15万元。按照公开、公正的原则评选品学兼优的贫困高中生100名，每人资助1000元，另外5万元继续拨给龙岩技师学院“富民班”。“两会”又配套划拨5万元，补助军烈属、五老人员后代贫困学生100名，每人资助1000元。

【社会扶贫】 2016年，省扶贫“两会”扶持龙岩市12个产业项目、36万元。市扶贫“两会”对每个项目都逐一深入调研，好中选优，经和产业项目带头人研究，着重解决购买优质种苗、道路硬化、蓄水灌溉等重点问题，增加专业合作社的服务功能等，使产业迈上更快更好的发展路子。新罗区苏坂镇美山村发展蜜柚220公顷，取得较好经济效益。武平象洞鸡林下养殖产业项目，扩建4栋现代化鸡舍5000平方米，笼养种鸡2.5万羽，年产蛋300多万枚，实现年供种鸡苗300万羽的养殖规模。长汀县涂坊乡河甫村槟榔芋项目争取省扶贫“两会”支持，落实槟榔芋集散中心项目的建设，解决储存和深加工的问题。12个种养产业项目都已融入当地主导产业，吸收农村劳动力，达到稳定当地农村和经济发展的良好社会效益。

完成省有关部门认领、认捐的5个项目。武平县中山镇上村道路硬化，由交通厅认领安排15万元；长汀县宣城乡畲心村道拓宽硬化由交通厅安排20万元；连城县朋口镇竹溪村安全饮水工程23万元；连城县莲峰镇赤岭村标准化鱼塘改造项目由省地税安排30万元；武平县中赤乡平沿村人饮安全水毁修复工程由省水利厅安排15万元。

【扶贫开发整村推进工作】 继续扶持连城林塘村、上杭文光村。从2010年以来，每年扶持资金20万元，其中“两会”10万元，县政府配套10万元。上杭文光村凭借水果种植打造成上杭县县城的后花园和乡村休闲旅游点，逢节假日游客络绎不绝。村民生活居住都得到很大改善，拆旧建新户90%以上，村财收入数十万元。林塘村“两委”理清发展思路，在扶持新鲜花项目和改换地瓜新品种上下功夫，用技术培训方法解决村民缺乏紫薯种植经验的问题。通过“合作社+农户+基地”，鲜切花由3.33公顷扩大到10公顷，生产过程全部实现机械化和自动化，合作社通过建立信息平台，按国内城市和韩日等国外订单规模化种植。全村78户参加花卉苗木专业合作社、68户参加甘薯等合作社，村民走上致富道路。2016年，村财收入44.8万元，90%以上的村民建楼房，家家门前屋后干净整洁，种上花草绿木，道路宽畅明亮。村民有自己的文化活动中心，形成讲文明、讲礼貌、互帮互助，和睦相处的新风气。

（市扶贫“两会” 供稿）

龙岩市商会大厦

28 商　　会

北京龙岩企业商会

【举办商会大型会务活动】 12月25日，北京龙岩企业商会10周年庆典大会在西国贸大酒店举行。北京方面有全国侨联原主席、庄希泉基金会主席庄炎林，全国工商联原副主席、中国民营经济研究会会长庄聪生，国防大学战略研究所原所长、少将赖铭传，美疆基金会理事长王小梅，全国工商联原秘书长、党组成员，中华红丝带基金常务副理事长谷彦芬，中国作协书记处原书记、中央文史研究馆馆员、北京闽西老促会常务副会长张胜友，北京福建企业总商会会长陈春玖，总参通讯部房地产管理处处长郭躬标；龙岩方面有龙岩市副市长黄庆辉，龙岩市政协副主席、工商联主席郑玉琳，龙岩市政府驻京联络处主任李耀华、广东龙岩商会理事长张永忠等领导嘉宾龙商会理监事会成员、龙岩驻京团工委、异地龙岩商会代表，在京兄弟商协会及乡亲、在京龙岩大学生代表等400多人出席。庆典大会由常务副会长兼秘书长张永福主持。大会播放了北京龙岩企业商会"爱心十年"公益事业回顾及商会成立十周年寄语。十年来，商会企业家为家乡各项公益事业累计捐赠上亿元，特别是会长卢彩金参与家乡振兴活动，捐建学校为家乡教育事业做出了积极贡献。

【举办首届北京闽商产品展示项目对接会】 2016年11月12日—13日，首届北京闽商产品展示与项目对接会举办。活动由北京泉州商会、北京厦门企业商会、北京漳州企业商会、北京龙岩企业商会、北京陶瓷商会、北京莆田企业商会共同发起。常务副会长兼秘书长张永福企业北京华沛德权律师事务所，副会长李天伶企业北京宝莲纳新材料技术有限公司、张德飞企业北京闪靓实惠贸易有限公司、兰福平企业北京华钢彩亮电子科技有限公司等近20家会员企业参加展示会。展示会主题为"整合闽商资源、促进合作发展"，通过推进项目对接合作，促进商品推广交易，共创合作机遇，切实落实商会间、企业间、政府与企业间的资源整合，扩大闽商影响力，铸造闽商品牌。

【商会沙龙活动】 3月31日，北京龙岩企业商会组织会员企业与来自在京各商会的200余位企业家齐聚大红门国际会展中心，参加由思培商学院主办的，著名企业管理专家、美国哈佛大学企业管理博士余世维主讲的"经济下行期的企业变革之道"大型论坛。4月16日，由商会常务副会长兼秘书长张永福带队到奥林匹克森林公园举行北京龙岩企业商会2016"我随春动"户外拓展活动。6月7日，北京龙岩企业商会联合大企培训在闽西酒店龙岩厅隆重召开"总经理如何企业中坚力量"讲座论坛，主讲特邀嘉宾为大企培训总裁刘永忠。培训讲座内容丰富、实用性强。7月23日，北京龙岩企业商会在北京闽西酒店龙岩厅召开《营改增变局下税收筹划新趋势与案例分享》专题讲座，特邀请全国知名战略咨询专家、全国著名税务筹划专家李记有教授主讲，增强企业家学员对"营改增"政策的认识。9月10日，北京闽西老促会、龙岩市政府驻京联络处、北京龙岩企业商会在北京闽西酒店召开纪念红军长征胜利80周年庆祝建军89周年座谈会。9月24日，龙岩市政府驻京联络处、北京闽西老促会、北京龙岩企业商会、龙岩驻京团工委在北京闽西酒店龙岩厅举行2016年龙岩在京大学生迎新座谈会。

同时，举行3次常务理事会、对外交流互访及走访企业达20余次、4次轮值会长工作交流会、5次融资座谈会，组织回乡参加龙岩市全市民营企业家新春恳谈会、"龙岩市工商联商会秘书长"培训班以及在京福建各商会换届会议、商务活动等，形成商会重大事务及时审议、会务活动有序推进、互访沟通交流定期进行的有效机制。

【参与慈善光彩事业】 9月6日上午，坎市彩金实验小学隆重举行新校落成开学庆典。坎市彩金实验小学总投资9300万元，其中会长、金腾集团董事长卢彩金捐资1200万元，故冠名彩金实验小学。新校园的落成，有效地缓解该镇小学就学压力，改善学校办学条件，提高教育教学水平。

8月25日，龙岩市举行“光彩助学·捐助百名贫困大学生”捐赠仪式。市委常委、统战部部长邓菊芳，市政协副主席、工商联主席郑玉琳，市教育局、市农业局(脱贫办)、各县(市、区)工商联、市直属商会负责人，捐赠企业代表及受助大学生代表出席捐赠仪式。捐助仪式上，商会理事单位刘天宝资助1名学生，会员单位陈龙强资助2名学生。

【开展走访企业活动】 2016年，商会开展每月走访1—2家会员企业的活动，全年走访会企业达20余次。通过走访工作更好的增进商会与会员企业之间的感情，让企业切实体会到商会大家庭的温暖，为会员服务工作做好铺垫。同时关心关注会员企业的发展状况，深入了解会员企业在当前新经济形势下的实际发展需求，帮助会员企业更好地转型升级。

【探索党团建设新路子】 7月10日，北京龙岩企业商会党支部召开庆祝中国共产党建党95周年暨深入开展“两学一做”学习教育活动，活动上，书记严德钢指出，商会党支部要按照“两学一做”的要求，认真学习党章，强化党章意识，提高商会党支部党员队伍素质；要认真学习习近平总书记系列讲话精神，特别是习近平总书记“七一”重要讲话精神，做到学以致用。同时，2016年商会党支部积极展开商会党建工作，参加上级党组织举办的各种培训活动、宣讲活动和答题活动等，积极开展党建活动，推进党建工作创新发展，为商会健康有序发展提供有力保障。

【扩大对外宣传】 2016年，商会在网站、北京闽西乡讯、商会微信公众平台商会微信群、短信五位一体的宣传平台基础上，微信每日更新，实时传递各类信息动态，发布各类会务通知、新闻动态、招商项目信息及会员企业动态等。商会参与主办《北京闽西乡讯》，通过专门版面，刊登商会活动动态、新闻快讯及企业家风采等。2016年，商会全新改版商会官方网站，整合商会内部资源，宣传商会特色和品牌形象。

（北京商会　供稿）

厦门市龙岩商会

【会员发展】 2016年，商会坚持正确的会员发展方向，在“自觉自愿、有所选择”的前提下，始终把乡贤中上规模、有影响、经济实力强的企业发展为会员的主要力量。商会凝聚力、影响力不断增强，商会队伍不断的壮大。商会拥有会员近400名，本年度新增副会长4名，副秘书长3名，理事3名，会员43名。

【组织活动】 按照商会工作计划，先后召开形式多样的秘书处例会4次、新春茶话会1次，成立厦门市龙岩商会医卫健康行业分会(中山医院分部)、厦门市龙岩商会房产中介分会。为了发挥会员企业的优势，商会深入考察走访企业9家，就如何发展商会经济、如何促进岩商回归，实现商会和会员企业又好又快发展等话题进行深入探讨；组织会员回龙岩考察交流1次；商会接待来访人数200余人，组织会员参加各类商务洽谈会、招商会、培训会等40余次；组织会员休闲娱乐活动3次；出席异地龙商活动6次、举办会员学习千龙大讲坛5次、组织各类筹备交流会5次；与龙岩政府、兄弟商会相互交流座谈会5次、龙岩各县商会会长联席会3次；帮助会员协调处理生产经营及项目对接30余次等。

【举办千龙大讲坛】 龙岩商会秉着务本立道，商旅同行的宗旨，每月与兄弟商会联合举办1期千龙大讲坛。邀请我国经济学界知名学者、法律界、政府机关、企业界高端人士、成功人士等，紧扣中国经济发展现实，结合当前热点、难点、企业管理、融资等问题提供权威性解读和针对性的诠释，为商会会员、各商协会、企业家及社会精英提供一个传递丰富的经济、法律、管理等相关知识，拓宽视野的平台。成功举办3期。

【发挥桥梁纽带作用】 为了更好地为在厦企业回龙岩发展提供更便利的项目对接条件、更快捷的沟通交流平台，主动与政府相关职能部门加强联系，并牵头组织大龙岩各县(市、区)兄弟商会企业家回龙岩考察交流团，建立起有效调和沟通机制，充分发挥商会桥梁纽带和助手作用。

“9·8”期间，龙岩市政府副市长蔡蔚荻、副市长王建生莅临商会指导，充分肯定在厦龙商的成绩及对家乡龙岩发展、招商引资等方面做的的贡献，希望商会继续发挥主体和桥梁作用，积极参与龙岩投资，多引荐回龙兴业人员。

【“千龙汇俱乐部”开业】 4月18日，依托大龙岩商会群体，以众筹方式设立“千龙汇俱乐部”，旨在创造一个企业精英们锻炼身心、学习交流、资源整合、抱团发展的会员制平台。

项目有众筹股东77个。俱乐部内设置多元化的健身、商务服务项目，包含“文、武、商、学”四大版块，具有健身、泡茶、台球、瑜伽、汗蒸、国学、培训、商品展示、商务交流、商务服务、项目推演等功能。

【成立商会行业分会】 近年来，龙岩籍在厦医卫行业人员众多，属于人才高峰期，据不完统计，中山医院就有300多人。为了凝聚和整合大龙岩乡贤在医卫行业的优势资源，结合“打造有凝聚力、有活力的大龙岩平台建设”，在商会众多顾问的指导下，成立“厦门市龙岩商会医卫健康行业分会（中山医院分部）”，促进行业间交流互动。

同步筹建龙岩商会房产中介行业分会及龙岩商会文教分会。

（厦门市龙岩商会　供稿）

龙岩市女企业家商会

【思想建设】　通过召开会长（扩大）会议、理事大会等，组织广大会员认真学习中共十八届五中、六中全会以及习近平总书记系列重要讲话精神，深入领会党中央治国理政的新理念、新思想、新战略。同时，认真传达学习全联女企业家商会，省女企业家商会，省女企业家联谊会有关会议精神，促进会员企业适应经济发展新常态，加快转型升级。

【发挥商会桥梁纽带作用】　为会员搭建政企沟通平台。组织企业家参加市委、市政府召开的“全市民营企业家新春恳谈会”和“龙岩企业日”活动，以及“新清新型政商关系”座谈会，进一步认清形势，增强企业战胜经济下行压力的信心，推动企业转型升级。

继续为会员提供学习交流平台。先后组织会员企业管理人员60多人，分别参加“营改增之挑战与应对”“物联网助力龙岩‘产业兴市’高峰论坛”“中高层管理执行力提升”“企业人才管理提升”等培训。关注年青一代企业家的成长，积极选派副会长企业家的下一代，参加由省委统战部、省工商联在清华大学举办的“福建省青年企业家培训班”学习。

坚持为会员提供政策服务。商会从2010年开始坚持为每位会员赠订1份《闽商报》，坚持办好每季1期内刊《龙岩女企商会》，及时报道党的方针、政策。同时，深入走访会员企业，为企业送政策，及时了解企业存在的困难与问题，并将企业家的心声、诉求及时向市委市政府及有关部门反映。

积极开展对外活动。先后与香港闽西联会副理事长、妇委会主任刘文英率领香港妇女企业家返乡代表团，台湾中国生产党主席卢月香率领台湾企业家交流团进行交流座谈会，增进相互了解和友谊。“6·18”期间，邀请台湾农村美国际观光发展协会理事长、台湾文创专家、省妇联特聘导师黄翠文到龙岩开展交流活动，黄翠文分别与会员企业新罗区龙凤食品厂、上杭鑫源乌兔合作社签订合作协议，促进共同发展。

【开展“庆三八”　国际劳动妇女节系列活动】　组织会员参加市工商联主办，会员企业龙岩超妍贸易有限公司承办的“关爱女性健康·提高预防‘两癌’——超妍在行动”大型公益性讲座。特邀“中华双丝带”公益事业的关爱天使谢欣彤教授到龙岩，为女企业家，部分市直机关的干部、职工，行业商(协)会的女性朋友180余人，讲解女性健康保健知识，以及优育优生相关知识。开展“龙岩女企畅游永泰云顶”2日游活动。组织会员参加市直党工委、市总工会、市妇联举办的“庆三八扬风采”莲花山栈道健身活动，增强会员健身意识。

【热心社会公益】　推动和引导企业家积极参加市委统战部、市工商联，省、市妇联举行的各种社会公益事业。在市光彩事业促进会上，副会长企业龙岩康豪贸易有限公司、龙岩市广龙物流有限公司各捐赠现金3万元，会长企业福建春驰集团有限公司捐赠冠名基金300万元；5月，商会与龙岩市妇联、市红十字会联合开展“龙岩女企杯”“与爱同行·母亲健康1+1”公益募捐，为“两癌”贫困母亲捐助善款20万元；8月，商会与6家会员企业(福建春驰集团有限公司12000元；龙岩市文翔矿业有限公司8000元；龙岩市荣顺国际大酒店4000元；新罗区顺达货运代理站4000元；龙岩市雪花工贸有限公司4000元；新罗区生活家装饰材料经营部4000元)参加市“光彩助学”捐赠4万元；9月，重阳节商会为龙岩市老年协会捐助0.3万元。据不完全统计，全年累计捐款330.6万元。

参加“红土同心·民企帮村”精准扶贫行动，商会与龙岩市连城县林坊乡李丰村签定“结对帮扶”协议。至12月，商会组织福建春驰、龙岩金鼎矿业、龙岩市周大星珠宝、龙岩超妍贸易、龙岩金鹏金属、华美达龙州酒店、闽西好食品、龙岩广龙物流、龙岩康豪贸易、龙岩源丰服饰、龙岩精博家电、龙岩市港鹏灯饰等12家会员企业，为该村建档立卡贫困户黄某元火灾重建，夫妻残疾人低保户李某林危房拆建捐赠水泥40吨，现金2万元，以及家用小电器和灯具。为该村建档立卡贫困户黄某水解决女儿上大学，一次性补助4000元，副会长林新玉为黄某水的儿子就读高中生活费资助每月150元，直至高中毕业。

此外，还积极协助副会长、龙岩市康豪贸易有限公司董事长章莲丽，以商引资方式，牵线落实湖北省劲牌有限公司在福建设立首个“劲牌公益慈善基金”“阳光班”，为长汀一中贫困学子带来福音。3年来，长汀一中高中部共有150名学子每年从劲牌公司领取4000元的生活资助，直至完成高中学业。

（龙岩市女企业家商会　供稿）

龙岩市房地产业协会

【概况】　2016年，龙岩市的房地产业克服市场低迷、资金短缺、经济整体下行等重重困难，取得销售新建商品房和二手房的历史最好成绩。全市销售商品房277.21万平方米，同比增加24.3%，销售新建商品住房233.2万平方米(22246套)，同比增加18.3%，二手房交易也明显增加，全市交易二手房145.05万平方米，同比增加22.71%。全市房地产行业实现税收入库20.2亿元（其中国税入库4.39亿元、地税入库15.81亿元）。

定期进行全市房地产市场运行情况分析。坚持每月1次简要分析，每季1次详细分析，内容包括：投资情况、销售情况、房价变动情况、市场发展预测及向政府和有关部门的建议等等。分析的详细情况用简报或微信形式发送给政府有关部门、金融单位及全体会员企业，供上述单位的领导及中层以上管理人员决策参考。

【建言献策】 积极向市政府及有关部门反映企业在开发过程中遇到的困难和问题，并提出协会对解决问题和困难的意见、建议。针对全市房地产市场、特别是中心城市房地产市场商业地产库存过高的实际情况，建议市政府严格控制新增商业地产土地供应。市国土部门、规划部门、建设部门等对此建议均作出答复。市政府对2016年中心城市商服用地供应量作出调整，实际供应量比2015年下降55%。深入市场和企业调研，向市政府及有关部门呈送《龙岩房地产去库存调研报告》，对2016年全市房地产市场库存情况进行调查和分析，提出2017年房地产市场去库存的意见和建议。

【协调高速公路东环线走向】 龙岩中心城市高速公路东环线原规划以高架桥形式从莲东居住板块穿过，在那个片区的几个房地产企业和广大业主反映高速公路从小区穿过，必然造成严重的噪音和尾气污染，影响居民生活和健康。协会积极向有关部门反映并提出改道建议，被市政府采纳，道路改为沿山布线，解决了企业和居民的后顾之忧。

【房地产信息】 2016年，协会采写的各类稿件被省工商联、市"两会"提案征集委、市工商联信息内刊、闽西日报等刊用论文、新闻信息稿件30多篇，被市工商联评为宣传信息先进单位。

（房地产业协会　供稿）

混凝土行业商会

【维护市场秩序】 3月初，商会针对经济持续下行、混凝土企业产能下滑、应收账款持续上升的情况，围绕"应对风险，共商对策，共同发展"的主题，召开龙岩中心城区10家混凝土企业董事长、总经理座谈会，大家畅谈分析混凝土企业面临的困境，积极建言献策，统一思想认识，达成共识，进一步树立"避免恶性竞争，合作共赢"的发展理念。龙岩中心城区10家混凝土企业负责人坚持每周或半个月召开一次例会，分析市场行情，加强企业间的沟通协调，加强行业自律，避免恶性竞争，促进龙岩中心城区混凝土企业健康有序发展。

【建言献策】 加强与政府职能部门的沟通与协调，帮助行业企业发展中遇到的困难和问题。以市人大、市政府两会提案形式反映企业的诉求。年初，针对企业反映个别县(市、区)城市建设工程采用(无资质)现场搅拌混凝土的现象，商会在调研的基础上，撰写《关于进一步严格禁止城区建设工程现场搅拌混凝土的建议》的提案，被市政协四届五次会议采用，并督促市住建局抓好整改落实，反馈提案办理情况的答复，有效遏制个别县(市)不再出现现场搅拌的现象。通过政协《社情民意》刊物，撰写反映行业企业突出问题。9月，商会根据中心城区企业反映城区附近有6个原高速、高铁建设遗留下来无证的混凝土搅拌站参与城区工程建设施工，不仅扰乱混凝土市场，而且极大影响工程质量，造成质量安全隐患，对此，商会撰写《关于整治拆除龙岩中心城区周边无资质条件的混凝土搅拌站的建议》并通过政协《社情民意》刊物发表，得到市委书记李德金、市长林国耀的高度重视，责成相关职能部门限期整改。以呈阅件的形式反映企业的诉求。9月底，针对龙岩中心城区3家混凝土企业水泥搅拌车因进城违规被新罗区交警大队处罚过重及通行路线审批不合理的情况，商会撰写《关于反映新罗区交警大队对水泥搅拌车进城违规处罚及通行路线审批方式不合理的情况》呈阅件报送市政府，引起市政府副市长、公安局长张斌的重视，要求交警深入调研，制定切合实际的措施，从而较好的解决此类问题。通过"龙岩企业日和有关论坛等"活动，反映行业企业的困难和问题。6月、7月，商会收集整理行业企业面临的融资难、融资贵的问题。撰写《关于中小企业融资难、融资贵的问题及建议》提供给市工商联。并由市工商联整理后呈报市政府决策参考。10月中旬，市政协举办"有效降低企业成本"专题论坛，会长郑长征代表商会就"关于降低企业融资成本的建议"在大会发言。

【增强社会责任】 积极参与"帮扶济困、精准扶贫"等活动。3月，商会响应市委统战部、市工商联"关于促进光彩事业发展"的号召，以商会名誉成立认捐300万市混凝土冠名基金会，并首次捐赠9万元，支持"光彩助学、扶贫济困"等。重视精准扶贫工作，4月，按照市委统战部的统一部署安排，商会积极参与"红土同心·民企帮村"精准扶贫行动。会长郑长征深入扶贫挂钩的武平县湘店乡七里村了解情况，与村干部座谈了解需要帮扶的项目内容，郑长征个人捐款8万元支持该村的扶贫建设项目。

（混凝土行业商会　供稿）

29

法　治

政法委及综治

【概况】 2016年，全市政法综治工作紧紧围绕"维护社会大局稳定、促进社会公平正义、保障人民安居乐业"的职责使命，按照"防控风险、服务发展，破解难题、补齐短板"的总要求，坚持一手抓当前、一手谋长远，一手抓突出问题整治、一手抓社会治理创新，持续深化平安龙岩、法治龙岩和政法队伍建设，有力维护了全市社会大局安定稳定。全市法院受理各类案件72473件，办结61681件，同比分别上升7.36%和10.66%；全市检察机关共批捕各类犯罪嫌疑人1926人、起诉4515人，公诉案件有罪判决率达99.98%，高于全省平均水平。全市公安机关破获刑事案件7664起，实现全部刑事案件、"八类"暴力犯罪案件、现行命案"三下降"，全年获公安部7次、省公安厅5次贺电表扬。全市司法行政工作取得新成效，市司法局被评为"2011-2015年全国法治宣传教育先进单位"，市法律援助中心荣获"第五届全国法律援助工作先进集体"，在省对市综治考核指标中司法行政系统的社区矫正、人民调解、公共法律服务体系建设和公证工作等四项考核指标均得满分。国家安全机关及时破获一批间谍、窃密案件，消除一批党政机关单位窃密隐患。民政部门主动履职，扎实做好边界平安共建、城乡社区治理，加强涉军群体的教育疏导稳控工作，筑牢第一道防线。

【专项治理】 紧紧扭住"三重一问题"(重要节点、重点人群、重大案事件和整体性倾向性问题)，市、县两级党委、政府全面建立社会稳定形势分析会制度和重大涉稳隐患排查化解分工责任制，加强滚动管理和跟踪督办，确保不漏管不失控。按照市委"打战役"的指导思想，针对龙岩区域性突出问题部署开展涉麻制毒、涉爆涉矿、电信网络诈骗和金融风险、严重精神障碍患者肇事肇祸、寄递物流安全管理、危险物品安全监管、执行难、群体性事件等涉稳突出问题八个专项治理，取得显著成效。涉麻制毒整治工作得到国家禁毒委和省委领导的批示肯定，被动局面得到扭转；涉爆涉矿违法犯罪问题得到有效遏制，危险物品、寄递物流治理取得成效，安全生产"四项指数"全面下降；严重精神障碍患者肇事肇祸致人死亡案件同比减少4起4人，下降66.6%；"执行难"治理经验被全省推广；群体性问题治理得到有力加强，全市未发生有影响的重大群体性事件；电信网络诈骗治理实现立案数、群众损失下降和破案数、刑拘数、逮捕数上升的"三升两降"目标，得到国务院部际联席会通报表扬。

【平安建设】 坚持把群众对平安的需求作为出发点和落脚点，全面推行"323"平安建设共建共享机制，依靠群众、发动群众，打造平安命运共同体，使平安建设的过程让群众参与、平安成效让群众评判、平安成果让群众共享。市委、市政府连续第四年进行命名表扬，市县两级财政每年安排3000余万元用于"平安乡村"奖励和兑现平安村居群众"三个10%"的激励政策，四年来累计有136个次的乡(镇、街道)、2746个次村居(社区)、252.1万人次乐享平安带来的实惠，全市大镇大村的平安达标率由2012年的10%上升到2016年的45%，形成平安建设人人参与、平安成果人人共享的浓厚氛围。2016年，平安建设"三率"(群众安全感率、平安建设知晓率、执法工作满意率)继续保持全省领先，其中纳入省对设区市党委、政府综合绩效管理考评指标的群众安全感率达95.42%，高于全省平均值1.52个百分点。2016年12月，中共中央政治局委员、中央政法委书记孟建柱到闽调研并召开座谈会，龙岩这一做法在会上作典型发言，得到孟建柱充分肯定。

【法治环境优化】 深入实施“七五”普法规划，广泛开展“法律六进”活动，扎实推进依法治市和法治龙岩建设。坚持把法治作为社会治理的最优模式，指导推动部门联动执法司法解决重点难点问题。研究出台关于依法处理因欠薪、房地产开发、交通事故、医疗纠纷等引发重大群体性事件违法犯罪等多份规范性文件，统筹行政执法、刑事司法资源，依法打击涉及群体性事件违法犯罪。按照习近平总书记提出的化解信访问题“三到位一处理”要求，各县(市、区)和市直有关部门采取有效措施解决信访突出问题，依法处理信访活动中的违法行为，严肃查处“11·11”借上访为名寻衅滋事犯罪案件，维护正常信访秩序，受到省信访联席办的通报表扬。统筹做好换届选举工作，严肃查处干扰、破坏换届选举的问题，营造风清气正的政治环境。加强执法监督工作，选择重点涉法涉诉信访积案开展案件评查，做好生态环保攻坚战役刑事案件查处牵头工作，有效服务全市经济社会发展大局。

【创新社会管理】 全市法院、检察院严格规范入额遴选标准和程序，遴选首批员额法官313名、员额检察官237名。法院系统实施立案登记制改革、以审判为中心的刑事诉讼改革、案件繁简分流改革、行政案异地管辖改革、人民陪审员制度改革，不断提升司法公信力。检察系统推行“阳光检务”，深化检务公开改革和涉法涉诉信访改革，首创执法办案风险评估预警机制，全市连续10年未发生涉检进京访，经验被最高检推广。公安机关出台刑事行政办案流程规范，推行执法监督清单“四化”管理，建立全省首个涉案财物管理中心，提升执法规范化水平。公检法机关还进一步深化户籍、出入境、消防、交通管理制度改革，加强诉讼服务中心、检察服务大厅建设，出台一批便民利民措施，赢得人民群众好评。积极创新社会治理，在全省率先整合利用群团组织资源力量，打造社会治理力量新的增长点；整合人民调解、行政调解、司法调解及信访资源，在7个县(市、区)建立多元衔接调解服务中心，实行联访联调工作模式，形成具有闽西特色的大调解服务品牌；在全国首创建立综治诚信信息系统，全面归集自然人、法人违法违纪负面信息，精准实施综治一票否决，这一社会治理创新模式被全省复制推广。

【政法队伍建设】 全市政法机关积极开展“两学一做”学习教育活动，着力打造“政治过硬、业务过硬、责任过硬、纪律过硬、作风过硬”的“五个过硬”队伍。加强政法干警教育培训，市委政法委举办县乡两级政法综治干部180余人参加的三天集中培训，政法各部门分级分类开展各种形式的集中培训、普遍轮训和岗位练兵、实战实训、技能比武等活动，有效提高政法干警业务素质和实战本领。注重发挥典型示范引领作用，组织开展向涂太阳同志学习和评选表彰“十佳法官、十佳检察官、十佳民警、十佳律师、十佳综治干部”活动，营造学习先进、争当先进、赶超先进的良好氛围。坚决落实全面从严治党要求，大力推进“正风肃纪”专项整治活动，坚决查处一批政法干警违法违纪案件，进一步提升政法队伍的整体形象和战斗力。

（陈裕璐　供稿）

法治政府建设

【依法行政工作】 贯彻落实《中共龙岩市委关于贯彻落实党的十八届四中全会精神全面推进依法治市的实施意见》以及党中央、国务院《法治政府建设实施纲要(2015—2020)》，制定下发《龙岩市2016年推进依法行政建设法治政府工作要点》。完善《龙岩市2016年度绩效管理依法行政工作考核标准》，细化考核指标及评分标准，改变单一考核方式，将自查、复查和日常考核相结合，增强考核科学性，2016年，龙岩市绩效管理依法行政考核成绩在全省位居第二。深化示范引领，充分发挥示范单位的引领带动作用。深入推进税务系统依法行政，扎实开展法治税务示范基地创建活动，长汀县地方税务局被确定为“福建省法治税务示范基地”。

地方立法工作。扎实做好龙津河流域管理立法工作。成立以市水利局局长为组长的《龙津河流域管理条例（草案）》立法起草小组，并引入闽西职业大学技术力量共同参与起草工作。该法规草案起草工作已基本完成。建立与市人大就立法工作协调沟通机制，配合市人大做好《龙岩市烟花爆竹燃放管理条例(草案)》《龙岩市古民居古村落保护条例(草案)》等地方性法规的制定工作。

【推进简政放权】 制定下发《2016年龙岩市推进简政放权放管结合优化服务工作要点》，从9个方面提出31项具体工作任务。同时，积极开展市场准入负面清单制度改革试点，印发《龙岩市开展市场准入负面清单制度改革试点实施方案》，明确对各类市场主体基于自愿的投资经营行为，凡涉及市场准入的领域和环节，都要建立和实行负面清单制度，并提出七项具体试点任务。制定出台《关于对部分审批事项实行告知承诺制的若干规定》，在全省率先推行投资项目告知承诺预审批。同时，依托“两单”制度建设，对行政审批涉及的中介服务事项进行深度清理。在市级行政审批中介服务事项方面，保留152项，调整62项。在市级前置审批事项方面，保留217项，调整26项；9月，龙岩市决定再下放、委托13项市级行政权力和公共服务事项（其中下放行政许可6项，行政确认2项，公共服务4项，委托行政许可1项），取消、调整28项市级行政权力和公共服务事项（其中取消19项，增列5项，调整4项）；11月，又决定取消调整审核转报类公共服务事项98项(其中取消3项,调整为内部管理事项1项，调整为其他行政权力94项),保留市级公共服务事项119项,市级年检事项调整为其他行政权力24项、行政监督检查5项,取消1项。

【规范行政决策机制】 认真执行《福建省人民政府重大行政决策十条规定》,加强规范性文件监督管理。2016年,市政府法制办审查本级规范性政策性文件154件,审核市政府重大合同(协议)15件次，出具书面法律意见书44件。加大规范性文件备案审查力度,加强规范性文件电子报备系统建设,实现规范性文件网上电子报备,提高规范性文件报备率和及时率,2016年,报送省政府和市人大常委会备案的规范性文件82件。做好规范性文件清理工作。对2014年12月31日以前龙岩市人民政府及龙岩市人民政府办公室现行有效的526件规范性文件开展清理。2016年5月,以市政府名义下发《龙岩市人民政府关于公布市本级规范性文件清理结果的通知》(龙政综〔2016〕83号),其中废止(或失效)155件,保留的371件。

【规范行政执法行为】 强化行政执法人员管理、执法主体审核、执法监督检查、案卷评查,加强执法监督。扎实做好福建省行政执法资格专业考试考务工作。2016年,先后组织市城市管理行政执法局、市文化综合执法支队、漳平市城市管理行政执法局、连城县市场监管局、武平县市场监管局、长汀县市场监管局、上杭县市场监管局、漳平市市场监管局参加福建省行政执法资格专业考试。严格实行行政执法人员持证上岗和资格管理制度,在全市范围内开展行政执法主体资格确认和行政执法人员清理工作。2016年8月,印发《龙岩市行政执法主体资格确认和行政执法人员清理工作方案》。12月,向社会公布清理结果。在行政执法主体资格方面,确认法定行政执法机关共32个，法律法规授权组织共30个,委托组织共21个;在行政执法人员方面,确认市本级持有福建省行政执法证件的行政执法人员1348名。深入开展行政执法案卷评查。2016年12月,会同市环保局深入各县(市、区)、龙岩经济技术开发区(龙岩高新区)对各类突出的环境问题查处到位情况进行考评,确保全市生态环境保护攻坚战役的顺利实施。

【社会矛盾化解】 依法受理复议案件。2016年，市政府共收到行政复议申请365件，受理行政复议申请163件,不予受理112件、告知15件、作其他处理75件。其中,审结155件,中止6件,未审结2件。审结案件中,维持115件、驳回申请7件、确认违法11件、撤销2件、终止17件、责令履行3件。

2016年，省政府受理市政府作为被申请人、第三人行政复议案件情况:总案件40件,已审结33件(维持9件,驳回11件,终止10件,被确认违法1件,告知2件)。

认真组织贯彻实施新修订的《中华人民共和国行政诉讼法》,制定出台《龙岩市行政机关负责人出庭应诉规定》。市政府法制办共协助办理以市政府为被告的一审行政诉讼案件59件，已审结35件(驳回起诉7件,驳回诉讼请求17件,撤诉8件,确认无效1件,撤销2件)。二审行政诉讼案件19件。

(胡秀华　撰稿)

公　安

【概况】 2016年，龙岩市公安机关以传承红色基因,构建红土警务,打造红心警队,把龙岩建设成为全国“社会最稳定、群众最满意、警队最清廉”的红色圣地之一为目标，全面启动“四基”建设，扎实开展“红土安民”“红土春雷”“红土飓风”“红土肃毒”等系列整治行动,全市群众安全感、执法满意率均居全省第一，全年共收到公安部7次、省公安厅5次贺电。

【维护社会稳定】 社会治安大局持续稳定。全年未发生暴恐案事件、重大政治性案件、重大群体性事件、重大治安灾害事故、恶性刑事案件、重大涉警舆情炒作事件等,守住了治安大局和维稳底线。连续保持17年邪教“法轮功”组织的“零插播、零聚集、零上访”;年内,组织8次反恐处突最小作战单元拉动演练;年内,排查出矛盾纠纷5936起,成功调处5759起，化解群体性上访苗头16件。确保了G20峰会、十八届六中全会、“9·8”投洽会等140批次重大警卫安保任务绝对安全,圆满完成连城姑田游大龙、新罗端午龙舟赛、适中盂兰盆等大型民俗、群众性活动安保工作25场次,做到万无一失。

【强化打击整治】 全年立刑事案件22609起，比降11.55%，破刑事案件7612起,其中命案发案比降48%,连续两年命案全破,八类严重暴力犯罪案件立案比降29.22%，破案率比升5.08%,侵财案件立案比降11.02%，破案率上升,两抢案件立案比降53.86%,破案率比升14.55%；公诉犯罪嫌疑人同比上升8.54%。历年上网逃犯抓获率达59.45%,位居全省第一。猎狐2016专项行动境外逃犯缉捕率达100%，名列全省第一。禁毒、电信诈骗、涉危涉枪涉爆等区域性治安重点整治工作得到国务院打击治理联席办、国家禁毒办、公安部的肯定。

【创新开启“全环节、全链条”打击模式】 增强大局意识和“全国一盘棋”思想,树立为民保平安、除恶务尽理念,对跨区域系列团伙案件,追根溯源,深挖扩线,立足本地,打出龙岩,打向全国。相继“3·19系列买卖黑卡案”“4·26系列帮助信息网络犯罪案”“6·11系列侵犯公民个人信息案”、破获“12·02”毒狗针案、等涉麻涉毒电信网络诈骗数十起特大系列专案，公安部刑侦局对我局全环节、全链条打击犯罪做法给予了充分的肯定。

【建立“两抢”案件必破机制】 将命案侦破机制延伸运用到“两抢”犯罪侦破，建立“三长负责多警联动”侦破机制。年内，全市共立“两抢”案件215起，比降53.86%；破获“两抢”案件172起，破案率80%，同比上升14.55个百分点。

【涉麻制毒犯罪打击整治】 成立全省首个禁毒外协工作领导小组及办公室，出台《龙岩市涉麻制毒重点整治工作领导责任追究暂行办法》等一系列强硬措施。全年，毒品刑事案件破案数比升6.27%(含部目标案件26起、省目标案件22起)，抓获毒品犯罪嫌疑人比升34.6%；本地上网毒品犯罪在逃人员抓获率87.87%。

【打击治理电信网络新型违法犯罪】 全年，电信网络诈骗立案比降16.1%，破案比升153.2%，逮捕犯罪嫌疑人比升133%。打击治理工作得到国务院打击治理联席办、公安部的肯定，新罗区打击治理工作经验和做法在全国推广。

【整治涉爆涉危违法犯罪】 组织开展缉枪治爆、百日枪爆整治。全市涉爆逃犯抓获率达100%，位居全省第一，全市缉枪治爆工作考评全省第一，实现不打响、不炸响的目标。

【打击防范经济犯罪工作】 年内，共立经济犯罪案件755起，破案525起，抓获逃犯116名。开展金融风险排查，妥善处置涉稳敏感案事件。猎狐2016专项行动境外逃犯缉捕率达到100%，名列全省第一，省厅先后二次发来贺电。

【持续推进打拐工作】 建立健全涉拐案件“一长三包制”、儿童失踪快速查找机制、来历不明儿童信息通报核查机制、反拐工作联席会议制度等各项打拐制度。年内，共立拐卖妇女儿童类案件15起，比降42%；破获涉拐案件6起，公诉涉拐犯罪嫌疑人31名，比升182%。

【提升执法质量】 健全执法制度。出台《刑事行政办案流程规范》，实施《龙岩市公安机关推行派驻法制员工作方案》。大力推进刑事案件法制部门“统一审核、统一出口”运行机制。加强复议应诉制度建设。年内，共受理行政复议案件34起,办结33起，正在办理1起。加强执法监督。定期召开执法监督联席会议，下发《全市公安机关执法监督四项清单》，实行执法监督清单“四化”管理，规范执法活动。建立检公部门刑事诉讼协作配合良性机制。严格执法检查。开展每月执法质量考评，实行执法质量考评“双排名”制度，开展每月执法办案场所网上使用检查。强化执法培训。全市146个执法勤务机构和136个派出所全部配备法制员。举办法制员、法制民警培训班1期、行政诉讼和国家赔偿诉讼应对能力培训班1次，执法勤务类民警专项培训3次。完善涉案财物管理。上杭县局建成全省首个党委政府主导、部门共用的涉案财物管理中心，并在全省推广。

【安全监管】 以创建全国文明城市为目标，以“三年提升工程”为抓手，实施“城市交通管理实施计划”，实行市区交通管理一体化改革，建成市县两级交通指挥中心。推进农村交通安全劝导站建设。年内，完成1393个农村劝导站建设。建成乡镇交管站128个，配备乡镇交通协管员579人，农村交通劝导员2134人。全年，交通事故四项指数“两升两降”起数1031起、比降3.91%，死亡人数224人、同比上升9.27%，受伤1100人、比降5.82%，经济损失938011元、同比上升1.42%。开展淘汰汽油机助力自行车专项整治工作。年内，受理机动车注册登记78654件，机动车转移登记29142件，机动车检验297540件，淘汰黄标车10220件，省厅下达指标完成率114.6%。登记挂牌燃油助力自行车(超标电动车)43463辆。

【服务经济发展】 推出第二批简政放权优化服务35项便民利民措施，全面推进“互联网+行政审批”服务，率先开通驾驶证考试报名“互联网+提交身体检查证明”业务。在全省首创县级公安机关涉爆“三证”许可事项“即批即办”业务；临时居民身份派出所现场制发立等可取等业务，年内，行政审批处、交警支队、出入境支队、消防支队等窗口共受理办结行政审批（含公共服务事项）84.45万件，受益群众近100万人，为企业、群众节省资金费用2200余万元。解决无户口人员落户举措被全省推广。

【文化育警】 先后策划开展“红土书香沫警营 读书评书荐书活动”“唱红歌颂祖国”纪念建党95周年暨迎国庆文艺活动等系列主题红色文化活动，开展一局一品牌、一所一特色、一警一爱好警营文化建设。《碎片》《蓝天》两部微电影入围公安部“三微大赛”。举办首届警察文化节。开展红土警务标兵工作室评选活动，涌现涂太阳、黄家华、黄银富、古田派出所等一批先进个人和单位。全年共有55个集体、482个个人受到各类表彰。年内，公安新闻宣传保持全省排名前列；警媒协作夯实电视、报纸、广播、网络等十大宣传阵地，刊播红土警务周刊44期，刊编红土警务报24期近15万份。

【破获公安部督办 2016“3·19”系列买卖黑卡案】 2016年3-6月，经前期线索摸排，龙岩市公安局抽调市区两级公安机关60余名精干警力，组成2016

"3·19"系列买卖黑卡专案组对该案开展攻坚会战。先后在福建龙岩、厦门,云南昆明,广东深圳成功抓获28名买卖黑卡的犯罪嫌疑人,黑卡开户地涉及云南、贵州、山东、内蒙古、海南、重庆等多个省份,彻底打掉了一条涉及云南、广东、福建等多个省份的灰产犯罪链条,共缴获手机卡6593张,身份证1379张,银行卡863张,黑卡376套等一大批作案工具,成功侦破公安部督办2016"3·19"系列买卖黑卡案。

【破获公安部集群战役毒狗针系列案件】 2016年4—5月,龙岩市公安局打击"毒狗针"专案组,对生产、销售、使用"毒狗针"犯罪活动进行全链条、全环节打击,并发起全国集群战役。5月12日,在江西新余市抓获犯罪嫌疑人2名,现场查扣成品毒镖近5000支,半成品毒镖近2万支,氯化琥珀胆碱粉2.5公斤,另查获账单及快递清单等单据2000多份。5月31日,专案组前往西安,抓获涉嫌生产"毒狗针"的犯罪嫌疑人任某,现场缴获疑似氯化琥珀胆碱41公斤。至此成功侦破"12·2"毒狗针案件。

【破获公安部"2016-284"号特大涉麻目标案件】 4月24日下午,龙岩市公安局长汀县局派出精干警力配合河南洛阳、福建厦门等地警方,摧毁特大生产制毒物品加工厂一个,全链条打掉一个涉及8个省15个地市的生产、运输、贩卖制毒物品麻黄素犯罪团伙,抓获犯罪嫌疑人8名,现场缴获制毒物品麻黄素2吨多、毒资200余万元及大型生产制毒物品设备若干套,一举破获公安部"2016-284"号目标案件。

【破获"12·24"三明炸药被盗案】 2016年12月25日,龙岩市公安局接到省公安厅通报:三明市大田一石灰石矿内储存的炸药被盗,被盗炸药17箱408公斤流向龙岩市。获悉后,龙岩市公安局立即抽调市、区两级公安精干警力百余人组成专案组,合成破案攻坚。经全体参战民警连续奋战,12月26日专案组先后抓获2名涉嫌盗窃买卖非法爆炸物的犯罪嫌疑人及8名涉嫌非法买卖爆炸物品案犯罪嫌疑人,并在上杭县查获被盗炸药17箱408公斤,至此,在短短12小时内大田县炸药被盗案成功破获,并悉数追回所有被盗炸药。

【成功捣毁特大网络赌博窝点】 5月6日,龙岩市公安局新罗分局成功在西城辖区捣毁涉案金额达200多万元的特大网络赌博窝点。新罗分局治安大队联合网安大队根据线索在西城某小区查获以王某为首的网络赌博的犯罪团伙,现场抓获犯罪嫌疑人9名,查扣作案电脑8台、账单3本。该犯罪团伙依托某网站招聘多名代理人员在该网站注册并发展下线会员参与网络赌博。

【侦破亿元特大网络销售假烟案】 5月24日下午,龙岩市公安局、长汀县公安局历经8昼夜抓获首批7个主要犯罪嫌疑人。至此,一起涉案金额达涉案总金额1.2亿元的特大网络非法经营烟草案成功告破。

2015年6月初,长汀县烟草稽查部门获悉,在长汀辖区,有人利用互联网销售非法生产的烟草专卖品。同年6月30日,市、县两级公安机关成立2015"6·30"特大网络非法经营案专案组。一年多来,专案组民警克服重重困难,对该制售假烟犯罪团伙人员结构框架基本摸清,并确定这是一个以网络交易平台为载体,涉案人数众多、涉案金额高达1.2亿元的非法经营假烟犯罪团伙。5月17—24日,警方兵分七路展开收网行动,成功抓获首批7名主要犯罪嫌疑人。共查扣、冻结涉案资金50余万元,查获假烟成品100余条及作案用的笔记本、台式电脑一批,银行卡50余张、物流清单票据一大批。目前,犯罪嫌疑人均被警方刑事拘留,案件仍在进一步审理中。

【销毁民爆物品】 11月16日,福建省龙岩市公安局新罗分局集中销毁了一批民爆物品,及时消除了安全隐患。此次集中销毁行动聘请福建某公司的专业技术人员,制定了科学详细方案并具体操作实施,新罗分局治安大队组织民警负责现场警戒,共销毁炸药2784千克、雷管52枚。

【举行防范打击"盗抢骗"犯罪宣传日暨退返赃大会】

龙岩市公安局新罗分局在涉案车辆管理中心举行防范打击"盗抢骗"犯罪宣传日暨退、返赃大会,51位车主现场领回被盗的机动车辆。

从2016年4月开始,新罗警方持续开展为期三年的打击"盗抢骗"犯罪专项行动。专项行动2个月来,成功破获"盗抢骗"案件363起,抓获涉案嫌疑人75人,打掉3个盗窃团伙,缴获被盗抢机动车51辆。龙岩市公安局通过官方微信公众号、地方论坛、群发短信等渠道发布追回赃车的信息,让市民第一时间知晓车辆信息,携带相关证明文件到指定地点领取。

【警务无人机助力电信网络购物诈骗打击整治工作】

2016年,龙岩市公安局新罗分局根据市局党委"三红三最"工程建设的统一部署,大力实施红土创意警务,不断加强科技强警建设,积极探索实践"无人机+"警务工作,充分利用无人机在高空侦察的优势,有针对性地对深山野外的电信网络购物诈骗和涉麻制毒可疑窝点开展空中巡查,并与地面警力协同配合,实施精确打击,有效震慑犯罪。下半年以来,新罗区白沙、雁石、小池、龙门等乡镇街道也加大科技强警装备资金投入,陆续给乡镇派出所购置了警务无人机,形成对电信网络购物诈骗和涉麻制毒等违法犯罪活动的立体防控格局，有效压缩违法犯罪空间。

【龙岩公安与厦门铁警建立联防联动机制】 7月24日，为进一步加强高铁沿线及周边安全保卫工作，有效提升高铁线路及周边治安防控和应急处突能力，龙岩市公安局、厦门铁路公安处决定实行高铁沿线及周边地方联防联动机制。成立龙岩市地方与铁路公安机关联防联动工作领导小组，领导小组下设办公室，具体部署、协调、指挥高铁沿线地方公安机关与铁路公安机关联防联动工作，定期分析研判高铁沿线及周边治安状况，及时发布治安预警，处置高铁沿线及周边的重大案（事）件。围绕高铁沿线及周边地方与铁路公安机关联防联动机制的工作任务，建立联席会议、应急处突、治安巡防、信息共享、常态化联合治安整治等机制，努力实现对高铁沿线和周边社会面治安的动态管控，保障高铁运输环境安全。

（谢晨晖　供稿）

检　察

【概况】 2016年，全市检察机关深入学习贯彻中共十八大和十八届三中、四中、五中、六中全会精神，按照服务发展、强化监督、公正司法、建好队伍的总体要求，全面提升检察工作能力水平，各项检察工作取得新进展。

侦查监督。受理各类刑事案件1709件2411人，经审查批准（决定）逮捕1408件1978人。不批准逮捕和决定不予逮捕犯罪嫌疑人448人。

要求公安机关说明不立案理由133件，公安机主动立案58件，向公安机关发出立案通知书2件。共批准逮捕监督公安机关立案案件17人，提起公诉57人，被作有罪判决52人。要求公安机关说明立案理由39件，公安机关已撤案34件。

建议行政执法机关移送涉嫌犯罪案件11件12人，行政执法机关移送公安机关12件13人，公安机关立案8件9人。

移交职务犯罪线索3件7人。

纠正漏捕犯罪嫌疑人34人。追捕后提起公诉56人，作出有罪判决53人。书面纠正侦查活动中的违法情形37件次，发出检察建议书21件次，采纳23件次。办理延长侦查羁押期限案件30件99人，均予以批准。

公诉。受理公安机关、国家安全机关移送审查起诉各类刑事案件3741件5014人，经审查，提起公诉3500件4515人，不起诉433人。受理自侦部门移送审查起诉各类刑事案件89件103人，提起公诉90件93人，决定不起诉案件0件。

追诉漏犯到案47人，追诉漏罪68起。

提前介入重大案件29起。向公安机关发出书面纠正违法通知书33份，回复采纳29份。

支持抗诉5件，法院决定改判或发回重审5件，采纳意见率为100%。两级院检察长共列席审委会会议讨论案件7件次。发出诉讼监督检察建议书23份，审判机关回复采纳22份；发出纠正违法通知书4份，回复率100%。

依法公开2952份法律文书；对做出不起诉、不抗诉处理的案件201件301人开展释法说理工作。

运用“客家祖训”开展庭审教育共计1214件1474人。

对40名法定代理人不能到场的未成年犯罪嫌疑人安排合适成年人到场。为137名没有辩护人的涉罪未成年人提供法律援助。对121名涉罪未成年人进行了社会调查。对140名未成年人犯罪记录予以封存。

反贪污贿赂。查办贪污贿赂职务犯罪案件86件98人，大案56件61人，要案10人，300万元以上重特大案件5件6人，涉案总金额6001万余元。科局级以上领导干部20人，村两委等部门“小官”案件56人。

查办窝、串案件17起67人。

查办扶贫领域职务犯罪案件15件18人，涉案金额670余万元，挽回经济损失40余万元，促进当地政府收回使用不规范的扶贫资金220余万元。

查办项目审批、资金使用等工程建设领域案件30件33人，涉案金额2936万余元。

反渎职侵权。受理各类渎职犯罪线索32条，初查17件，立案侦查渎职犯罪案件9件18人，涉案金额6167.49万元，其中重特大案件7件11人。侦查终结并移送审查起诉10件19人（含往年案件），撤案1件1人（犯罪嫌疑人死亡），提起公诉15人（含往年案件），判决18人（含往年案件），均为有罪判决。

查办专项补贴资金管理领域渎职犯罪案件4件11人。

查办重大责任事故所涉渎职犯罪案件4件5人。

刑事执行检察。受理羁押必要性审查149件，提出释放或变更强制措施建议128件，办案机关采纳116件。

开展看守所安全防范检察103次，召开联席会议69次，发出检察建议书13份、纠正违法通知书17份。

开展收押检察4583人次，体表外伤检察59人次，禁闭械具检察491人次，共提出纠正意见9次，均得到采纳。

开展生活卫生大检查144次，开展伙食费卫生费专项检察34次，

针对社区矫正工作中存在的违法违规或安全隐患发出纠正违法通知书7份、检察建议书30份，纠正社区矫正脱漏管6人。

开展强制医疗执行监督25件25人，提出书面意见4份，均得到采纳或纠正。

核查出审前未羁押判实刑未收监、未暂予监外执行罪犯34人，已清理纠正31人。

发出财产刑执行书面意见12份，督促法院财产刑执行案件立案8件，追

回罚金 5.3 万元。

受理控告申诉举报信件 23 人次，纠正刑期计算错误 7 件次，向法律援助机构发出书面通知指派辩护或转交法律援助申请 8 件 8 人。

民事行政检察。办理生效民事判决、裁定、调解书监督案件 31 件，提请省院抗诉 1 件，提出再审检察建议 2 件，作出不支持监督申请决定 29 件；终结审查决定 1 件。

审查民事执行案件 19 件，发出执行监督检察建议书 17 件（含往年受理案件），法院采纳纠正 17 件。

针对民事诉讼违法行为发出书面检察建议书 3 件，法院采纳纠正 3 件。

查处民事虚假诉讼案件 2 件。发出再审检察建议书 2 件，收到再审裁判 9 件(含去年抗诉)，均改判。

办理民事公益诉讼 1 件，已上报福建省人民检察院审批。

办理不服生效行政裁判案件 4 件，发出各类行政检察建议书 38 份，其中督促行政机关履行职责检察建议书 29 份，挽回国家损失 4698.8 万元，督促行政机关向法院申请强制执行检察建议书 9 份，发出工作性检察建议书 2 份，并对工作中发现的 1 件刑事犯罪线索移送公安部门。

受理不服生效行政裁判案件 4 件，经审查后均作不支持监督申请处理。

共向国土、人防、环保相关行政机关发出检察建议书 38 份，其中涉及生态资源保护的 11 件、国有资产保护的 11 件，督促行政机关追回欠缴款项 4698.8 万元。

办理行政公益诉讼诉前程序案件 13 件，其中，4 件有价值的案件正按公益诉讼程序办理当中。

控告申诉检察。受理各类群众信访 1549 件次，其中，来信 821 件，来访 210 件。经审查，依法导入法律程序办理的涉法涉诉信访案件 287 件。

办理党委、人大、信访、上级院交办转办督办案件 22 件，均已按期反馈。全年未发生因接访不力或其他原因造成涉检进京访案件。

邀请 47 位人大代表、律师等第三方参与化解涉检信访 10 件次，促进息诉罢访。

受理不服民事行政裁判的 53 件，均及时审查受理并移送民行部门办理。

奖励举报有功人员 12 人，发放奖励金 1.42 万元。

制作了 8 期微信，开展了 88 次法制宣传。

受理刑事申诉案件 40 件，协办省院刑事申诉案件 12 件。

办理国家赔偿案件 6 件，国家赔偿复议案件 2 件，国家赔偿请示案件 1 件。经审查，不予赔偿 1 件，决定赔偿 3 件 203382.1 元。

开展公开审查案件 10 件，对 17 名生活困难的刑事被害人及其近亲属提供 21.8 万元救助金。

生态资源检察。受理提请批准逮捕案件 41 件 55 人，经审查批准逮捕 31 件 43 人。

受理移送审查起诉案件 160 件 217 人，经审查决定起诉 167 件 229 人。

向公安机关发出《要求说明不立案理由通知书》11 份，公安机关主动立案 12 件；发出纠正违法通知书 10 件，其中纠正公安机关违法 9 件，纠正法院审判活动违法 1 件；追捕 5 人，追诉 12 人；发出检察建议书 18 份；改变公安机关对案件定性 10 件 11 人；支持基层院抗诉 1 件，向法院提出抗诉 1 件。

办理补植复绿案件 76 件 93 人，收取生态恢复补偿金或履约保证金 161.99 万元，补植面积 2388.66 亩。

与有关单位联合开展生态资源保护法制宣传活动 11 次，发放宣传资料 200 余份，接受法律咨询 39 人次。

职务犯罪预防。开展预防调查 17 件，结合查办案件开展犯罪分析 65 件，发出预防职务犯罪检察建议书 35 件，10 份年度报告或专题报告被党政领导批转落实，推动建立健全防范机制 28 项；开展警示教育宣传 126 场次，受理行贿犯罪档案查询 7072 批次。

检察技术。处理解决有关统一业务应用问题 794 件，处理机关各类软硬件故障 1550 件，完成视频会议联调及保障 40 次。

办理法医学类各类案件 748 件，其中技术性证据审查 737 件，保外就医文证审查 11 件。

受理基层院委托司法会计技术协助 4 件，司法会计鉴定 4 件，完成司法会计鉴定并出具鉴定报告书 2 份，完成分析意见书 2 份。

对 194 人进行全程同步录音录像 763 次，总时长 2477.33 小时。

法律政策研究。撰写理论研究文章 300 余篇，被各类刊物采用 189 篇，其中在国家级刊物发表 25 篇，省级刊物发表 37 篇，公开发行刊物及学报上发表 11 篇。完成省级课题 1 个、市级课题 3 个。在国家级征文比赛中获奖 5 篇。

召开检委会 171 次，审议案件 405 件、审议事项 35 项。组织检委会委员集体学习 57 次，听庭评议 23 次。检委会委员直接办案 195 件，其中检察长(或副检察长)办案 60 件。

获高检院“检察委员会规范化建设示范单位”表彰。

编辑《龙岩检察》5 期。

司法警察。出警 971 次 1171 人 1781 天。其中，执行传唤 39 次 72 人 41 天；参与搜查 3 次 6 人 4 天；协助拘留 44 次 78 人 70 天；参与协助逮捕 1 次 2 人 1 天；押解犯罪嫌疑人 82 次 142 人 162 天；看管犯罪嫌疑人、被告人 189 次 212 人 248 天；送达法律文书、案件卷宗 225 次 225 人 170 天 273 件；协助追逃 1 次 1 人 4 天；协查 336 次 373 人 939 天；协助执行指定居所监视居住 1 次 10 人 90 天，完成领导交办的其他工作任务 50 次 50 人 52 天。

案件管理。受理各类案件 6383 件，结案审核送达案件 6584 件。开展流程预警 1399 件(次)，催办 1101 件(次)，共纠正案卡信息填录不规范272件(次)。

办理入库涉案物品5569件，出库涉案物品4784件；入库款项1824.19万元，出库款项1024.61万元。

扎实推进统一业务应用系统的应用和管理，报请省院删除案件16件；在系统内审核后配合技术员执行信息修改114次；执行权限变更、转移和恢复共132次。

发布案件程序性信息6107条，公开法律文书3540份。

组织案件评查38次，评查案件1610件。

接待律师973人次，其中安排阅卷878人次，处理会见申请12人次，转交律师意见37人次。

【服务发展大局】 出台《关于充分发挥检察职能服务经济建设“三大战役”的意见》。

助推项目落地。积极参加整顿和规范市场经济秩序，起诉在经济运行中发生的扰乱市场秩序、金融管理秩序等经济犯罪354件412人，起诉“e租宝”等利用互联网金融平台进行诈骗、利用“民间标会”非法吸收公众存款等金融犯罪164人。妥善办理涉企案件，维护企业内部管理秩序。密切跟进政府投资项目三年滚动计划实施，抓住招标投标、资金使用等重点部位和关键环节，开展工程建设领域职务犯罪专项治理，查办项目审批、资金使用等工程建设领域案件33人，涉案金额2936万余元。查处商业贿赂犯罪6人，提供行贿犯罪档案查询7072批次，3名“污点个人”被限制市场准入、取消投标资格。

助力脱贫攻坚。部署开展为期5年的集中整治和加强预防扶贫开发领域职务犯罪专项工作，查办虚报冒领、截留私分、挥霍浪费扶贫资金等职务犯罪15件18人，涉案金额670余万元，挽回经济损失40余万元，促进当地政府收回使用不规范的扶贫资金220余万元。永定区检察院突出查办农村造福工程和危房改造职务犯罪案件8件9人，涉案金额420余万元。市检察院出台《关于加强扶贫领域预防职务犯罪工作服务和保障“脱贫攻坚战”的意见》，强化扶贫领域职务犯罪预防工作，突出精准预防。永定区检察院针对扶贫工作存在的问题发出检察建议，促进各乡镇开展自查自纠，有60户不符合扶贫资金补助条件的家庭共35万余元被依法收回，个别乡镇、村主动退回了截留、挪用的近百万元扶贫资金。武平县检察院在扶贫资金、造福工程和危房改造等项目开展预防调查，从中立案侦查涉嫌贪污犯罪案件2件4人。连城县院结合查办的扶贫领域案件，发出检察建议，促使县财政局、民政局成立检查领导小组，对专项资金开展全面清理检查，从中发现多发五保、优抚金33万余元，追回近11万元。市检察院落实市委、市政府部署要求，认真做好检察干警进村入户挂钩扶贫工作，市检察院125名干警分别挂钩上杭南阳、长汀河田等4个行政村共145户贫困户，进村入户访民情，宣讲政策释民惑，服务发展聚民力，确保“九措到户”具体措施落实到位，协调到位项目和扶贫帮扶资金75万余元。

护航生态环保。加强生态环境司法保护，批捕破坏生态环境犯罪43人、起诉229人。加强外部协作凝聚合力，联合法院、公安等6部门出台《关于在惩治破坏生态环境违法犯罪中加强行政执法与刑事司法工作衔接的意见》，与森林公安局联合开展森林刑事案件“清积案会战”，清理积案500件，督促公安机关移送审查起诉10件。开展生态环境领域专题预防。连城县检察院开展森林生态效益补偿基金管理环节预防调查。漳平市检察院开展病死猪无害化处理补助预防调查。上杭县检察院开展危险废物监管环节预防调查。积极配合开展龙津河、汀江河、黄潭河以及象洞溪等流域水环境污染整治工作。深入开展生态检察“一院一品”，打造服务水土流失治理“长汀经验”，创立参与矿山恢复治理“紫金典范”，开启文化生态检察保护“龙岩模式”，有关矿山污染整治工作经验获市人大领导批示肯定。制作拍摄的生态检察专题片《那遍地的山茶花》在全国检察机关微电影专题片展播活动中荣获优秀奖。

【推进平安建设】 维护治安稳定。批准逮捕涉嫌故意杀人、故意伤害、强奸、绑架等暴力犯罪180人、涉枪涉爆犯罪26人、“两抢一盗”多发性侵财犯罪500人、电信网络新型犯罪269人、毒品犯罪375人、严重扰乱公共秩序犯罪226人、侵犯公民个人信息犯罪、帮助信息网络犯罪活动的犯罪嫌疑人88人。坚持宽严相济刑事政策，对164名犯罪嫌疑人作出无逮捕必要不捕，对204名轻微刑事犯罪嫌疑人依法做出不起诉决定。配合相关部门先后成功地对57件案件进行了刑事和解。主动融入全市综治工作，参与全市禁毒督导工作30余人次，排查问题5项，提出建议意见7条；参与全市反电信网络新型犯罪宣传活动20余人次，发出检察建议书21件次。发挥媒体宣传作用，通过龙岩电视台《记者追踪》栏目，拍摄多期宣传教育节目，在黄金时段播出。利用微博和微信，编辑宣传文章20余条，市检察院编撰的《龙岩市检察机关严厉打击电信网络新型犯罪》获龙岩市政法委“十佳”优秀工作(事)例。

化解社会矛盾。通过强化释法说理，积极开展公开审查、司法救助、检调对接等多种方式，多措并举促息诉，化解矛盾维护社会稳定。全市开展公开审查案件10件，对17名生活困难的刑事被害人及其近亲属提供21.8万元救助金。完善检调对接制度，对符合当事人和解法定条件的公诉案件、当事人有和解意愿且具备和解条件的民事申诉案件，积极引导当事人进行和解，促进案结事了。完善矛盾纠纷多元化解机制，探索邀请人大代表、政协委员、律师等第三方参与化解涉检信访10件次，促进息诉罢访。落实领导接访、联合接访、下访巡访、巡回检察等制度，开展下访巡访活动88次，畅通诉求渠道，把矛盾纠纷解决在基层和萌芽状态。

创新社会治理。坚持“管控”“服务”并施，开展强制医疗执行监督25件25人，提出书面意见4份，均得到采纳或纠正。对4752名社区服刑人员开展监督帮教，针对社区矫正工作中存在的违法违规或安全隐患发出纠正违法通知书7份、检察建议书30份，纠正社区矫正脱漏管6人。及时消除稳定隐患。坚持“办案”“普法”并进，开展“法律六进”74场次、“以案释法”76次，运用“客家祖训”开展庭审教育1474人。开展“互联网+预防”活动，创作7部廉政H5微片，市院创作的《迷路的小蚂蚁》被评为全省“十佳H5廉政微片”，新罗、上杭、长汀、武平、连城、漳平六个基层院的作品被评为全省“优秀H5廉政微片”。高度关注青少年违法犯罪问题，完善“捕、诉、监、防”一体化办案机制，推行社会化帮教模式，推动“未成年人零犯罪村居”创建工作。依法不批捕27人、不起诉34人，安排合适成年人到场43人次，开展社会调查105件，封存犯罪记录140件；联合社会力量建立帮教基地19个，为55人提供帮教、心理矫治和技能培训。

【依法反腐倡廉】 加大办案力度。重点查处中共十八大后不收敛不收手、问题线索反映集中、群众反映强烈的重要岗位领导干部贪污贿赂犯罪案件，共计查处政府机关、税务、卫生等部门科局级以上领导干部20人；同时又重视查办发生在群众身边、损害群众利益的“小官大贪”案件，共计查处发生在群众身边的国土、行政执法、村两委等部门的“小官”案件56人。开展专项活动，持续深入开展集中整治和加强预防扶贫开发领域职务犯罪专项工作，严肃查办和积极预防食品药品监管领域职务犯罪，注重查办生态领域职务犯罪案件。通过专题专项查处窝、串案件17起67人，占立案总人数的68%，有效带动了整体办案工作的推进。加大打击行贿犯罪力度，查处围猎干部、主动行贿、情节恶劣的不法人员8名。立案侦查渎职犯罪案件9件18人，涉案金额6167.49万元。

突出办案重点。开展发生在群众身边、损害群众利益的职务犯罪专项查办工作，查处征地拆迁、保障性住房、医疗卫生以及教育等领域职务犯罪案件52件67人。依法严肃查办渎职侵权犯罪，查办专项补贴资金管理领域渎职犯罪案件4件11人，涉案金额4757.5万元。安全生产事故所涉渎职犯罪案件4件5人。积极介入生产安全责任事故调查22起。查办“家电下乡”“医保资金管理”等背后渎职犯罪4件6人。漳平市检察院持续深挖医保中心会计吴春汝挪用医保资金5466万元案件，从中立案漳平市医保中心主持工作副主任杨清伟涉嫌玩忽职守案件。连城县检察院查办文亨镇财政所工作人员李晓芳涉嫌玩忽职守造成家电下乡补贴资金损失783万余元案。

注重犯罪预防。确定扶贫开发、工程建设、生态环境为全市检察预防工作的重点领域。在脱贫攻坚领域，强化部门联动、制度防控。在工程项目领域，突出同步预防。在生态环境保护领域，突出立体预防。结合办案深入分析系统性、行业性、区域性职务犯罪特点和原因，开展预防调查17件、犯罪分析65件，提出检察建议35件，10份预防年度报告、专题报告被党政领导批转落实，推动建立健全防范机制28项。市检察院“行政机关工作人员职务犯罪案件剖析”在高检院惩治和预防职务犯罪年度报告评选活动中获“百优年度报告”。坚持专题专项推动预防工作，联合交通、国资委等部门在省级重点交通工程永杭高速公路项目开展职务犯罪同步预防工作；市检察院确定工程建设、扶贫开发和生态环保等15个专题专项预防项目开展督导；出台《关于服务和保障地方换届选举工作的实施意见》，配合开展人大代表、政协委员资格审查工作，武平县检察院建议取消6名有职务犯罪记录候选人的候选资格。创新预防方式载体，开展“廉能量、微传递”H5廉政微片评选，举办“正能量、美传递”廉政文化作品展览活动，拍摄的预防职务犯罪微电影《方圆之间》在央视展播，受到好评。

【诉讼监督】 加大刑事诉讼监督力度。创新机制、促进立案监督和侦查活动监督工作同步发展。拓展监督渠道，通过大量查阅公安机关台账的方法加强对公安机关的立案监督。新罗区检察院针对公安机关办理“危险驾驶”案开展专项监督活动，从中发现立案线索10件。以监督引导为原则，妥善开展侦查活动监督。全年共追捕到案34人，追捕后提起公诉56人（包括往年追捕到案人数），经法院作出有罪判决53人。加强对侦查违法行为的监督。区分侦查机关轻微违法行为和严重违法行为，分别通过口头和书面方式予以纠正。完善“两法衔接”信息共享平台建设，有150家单位接入平台，在上年年底基础上增长20%。加强漏罪漏犯追诉工作。共追诉漏犯到案47人，追诉漏罪68起。切实提高抗诉质量。支持抗诉案件法院采纳意见率为100%，纠正违法通知回复率100%。提出量刑建议877件。

全面推进刑事执行监督。对刑罚执行和监管活动中的违法情形，提出监督纠正意见88件次。开展判处实刑罪犯未执行刑罚专项活动，清理纠正31人，纠正率达到91.2%；核查撤销缓刑、假释、暂予监外执行条件消失未收监执行罪15人，清理纠正率80%。开展财产刑执行专项监督，摸底排查涉及财产刑执行罪犯9096人并逐一建档。积极探索开展羁押必要性审查、指定居所监视居住执行监督、死刑执行临场监督以及强制医疗执行监督等新增业务工作。市检察院开展“走进刑事执行检察”主题检察开放日活动，增进群众对刑事执行检察工作的了解。

稳步开展民事行政法律监督。构建多元化民事审判监督格局，除加强对生效民事判决、裁定和调解书、民事执行活动、民事诉讼违法行为的法律监督外，开展“基层民事行政检察工作推进年”专项活动，出台《民事行政检察案件线索管理暂行规定》，着力拓宽基层案源渠道。重点围绕国土、人防、环保三个行政部门，部署开展生态保护行政执法检察、防空地下室易地建设费、矿山生态环境恢复治理保证金等专项监督活动，发出检察建议书38份，督促行政机关追回欠缴款项4698.8万元。探索公益诉讼试点工作，以食品药品安全、生态环境领域为重点，深入排查公益诉讼案件线索，启动诉前程序24件，督促相关行政机关依法履行职责，挽回损失451万余元。

【检察队伍建设】 建设过硬队伍。扎实开展“两学一做”学习教育，持续深化“两提升五过硬”建设，坚持严抓实干，强化责任担当，坚定理想信念“高线”，坚守纪律规范“底线”。坚持以党建带队建，加强党组自身建设，发挥基层党组织作用，坚持倡廉兴廉守廉，坚决贯彻中央八项规定精神，从严整治“四风”。认真配合省检察院对市检察院巡视工作，及时通报反馈巡视发现的问题，狠抓落实整改工作，组织对基层院开展巡察工作，促进基层工作提升。全面实施人才强检“六项重点工程”，全市检察队伍中本科以上学历占93%，硕士研究生65人，在读法学博士1人。全市两级检察院均被评为省级文明单位，市检察院被最高人民检察院确定为检察委员会规范化建设示范单位，连续四年获评市绩效管理优秀单位。青草盂检察院驻闽西监狱检察室连续四届被最高人民检察院授予“一级规范化检察室”。开展业务培训、岗位练赛活动，组织参加闽粤赣三省交界区检察机关公诉业务交流活动，联合西南政法大学举办职务犯罪侦查业务培训班，提高检察职业素养和法律专业水平，培训检察人员321人次，6人入选全国、全省检察人才库。

深化检察改革。适应以审判为中心的诉讼制度改革，全面贯彻证据裁判规则，排除非法证据5件、要求补正瑕疵证据38件，文证审查685件、纠正错误法医鉴定78件，推行“四员”（侦查员、鉴定人员、有专门知识的人员、证人）出庭33件。深化检务公开改革，在网上发布案件程序性信息6107条、重要案件信息42条，公开法律文书3540份。扎实推进人员分类管理、人财物统一管理以及内设机构改革等工作。实施检察官员额制改革，择优遴选首批员额检察官237名，举行宪法宣誓。制定检察官办案职权清单和岗位责任书，健全检察权运行机制和司法责任体系。探索内设机构改革，设立案件管理、未成年人检察等专门机构，推动监所检察向刑事执行检察转型。推进涉法涉诉信访改革，完善信访导入、纠错、退出机制，开展远程视频接访，妥善办理各类群众信访1549件次。改革人民监督员选任、管理方式，由市司法局独立选任管理人民监督员26人，监督案件11件。以生态资源和国有资产保护领域为重点，开展公益诉讼试点工作。

夯实基层基础。坚持重心向基层下沉、资源往基层倾斜、人才在基层培养，加强对口联系和分类指导。新罗、漳平检察院被评为全省先进基层检察院。加强基层院动态督促工作，组织开展年度基层检察院建设考评情况“回头看”，提升基层院建设水平。积极探索“互联网+检察”工作模式，微信作品入选“全国检察机关未成年人检察工作30周年新媒体作品30强”，打造网红“岩检酱”，推出系列普法短视频8期，点击率20余万，先后被高检院、检察日报、正义网、清朗天空等数十家公众号转发，市检察院、漳平市检察院分别荣获“全省检察机关十佳微信公众号”“全省检察机关优秀微信作品”称号。深化创先争优活动，全市检察机关共有174人次、66个集体受到市级以上表彰。选树出全省政法系统十佳政法干警吴旭涛、全市政法系统十佳检察官陈凌等先进典型；新罗区院未检科、长汀县院生态资源检察科被省委政法委表彰为“全省政法系统优秀基层单位”；市院被省总工会授予“五一巾帼标兵岗”、新罗区院被省组委会授予2014—2015年度省级“青少年维权岗”称号。

自觉接受监督。依法接受人大监督，认真落实市“两会”精神，对代表、委员提出意见建议，逐条研究，逐项落实；向市人大常委会专题报告刑事执行检察工作，认真落实审议意见；配合市人大开展生态资源保护和刑事执行监督调研，主动邀请代表、委员参加公开听证、观摩庭审、案件评查、视察调研等活动，保障代表、委员知情权、参与权和监督权；认真办理代表建议案、市人大常委会转办案件，全部及时办结并反馈。自觉接受社会监督，完善特约检察员、专家咨询委员制度，发挥他们参与检察工作、监督执法办案等作用。广泛开展“检察开放日”活动，邀请社会各界代表走进检察机关，了解和监督检察工作。依法接受人民法院、公安机关制约，自觉接受诉讼参与人监督，加强涉检舆情收集研判，及时回应社会关切。主动加强内部监督，完善案件管理机制，组织涉案款物检查，开展毒品犯罪、未成年人犯罪等案件质量评查。实行讯问全程同步录音录像、审查逮捕上提一级决定，加强对查办职务犯罪的监督制约。开展规范司法行为专项整治，扎实整改不规范问题。加大检务督察力度，采取暗访执法办案现场、随机抽查案件等方式开展专项督察，推动内部监督制约向纵深拓展。

【检察宣传新载体】 顺应“互联网+检察”形势发展新要求，积极稳妥地推进

"两微多端"建设,组织全市检察机关开通腾讯"企鹅"公众平台及"一点咨询"平台,组建"全市检察新媒体工作群"。聚焦社会热点,借鉴当下网红视频成功经验,推出"岩检酱"系列普法短视频8期,点击量突破20万人次,先后被检察日报等26家公众号转发推介;相关做法被检察日报、福建检察、福建电视台等媒体相继报道,全市检察机关微博、微信、客户端共发布信息11870条,在案件信息公开网上发布全市重要案件信息53条;微信作品先后被检察日报、正义网、福建检察、奉法龙岩等新媒体平台转发163篇次,8次入围全省检察机关官方微信排行榜,3次入围中国法律微信影响力排行榜,3篇作品获评全国检察新媒体月度优秀作品奖。市检察院和漳平、新罗等基层检察院分别荣获"全省检察机关十佳微信公众号、微信作品""优秀微信公众号、微信作品""十佳编辑""优秀编辑"、全国检察新媒体月度优秀作品奖、全国检察机关"检爱"未检三十年新媒体作品30强、2016年度全国检察新媒体建设运营100强等荣誉。

【"12·16"燃爆事故】 2015年12月16日,新罗区阿古制造餐厅发生燃爆事故,造成8人死亡、4人受伤的严重后果。市检察院、新罗区检察院及时介入事故调查并成立专案组,批捕相关犯罪嫌疑人5人,查办背后渎职犯罪3人。

（市检察院　供稿）

法　院

【概况】 2016年,全市法院受理各类案件72473件,办结61681件,同比分别上升7.36%和10.66%;中院受理各类案件8121件,审执结7143件,同比上升12.49%和10.97%。

刑事审判。审结各类刑事案件4051件4535人,其中判处五年有期徒刑至死刑297人,依法宣告无罪3人;落实专项治理工作要求,审结涉麻涉毒犯罪案件172件208人,电信网络诈骗犯罪案件87件172人,召开2次电信网络诈骗、2次涉麻涉毒公审大会。

民商事审判。审结各类民商事案件28312件,标的额96.41亿元;开展金融债权专项清理活动,审结融资、借贷等纠纷11732件,维护金融债权65.41亿元,有效保障龙岩不良贷款率始终保持全省最低位。

行政审判。审结行政诉讼案件543件,审查非诉行政执行案件1513件;加强良性互动,与市政府召开2次府院联席会议,继续完善行政机关负责人出庭应诉机制,永定行政机关负责人出庭应诉率连续五年100%。

执行工作。受理执行案件30980件,执结22832件,同比上升32%和53.42%;清理执行积案49505件,执结标的28.04亿元,清理率86.19%;清理执行案款1.6亿元,发还1.3亿元。加强联合惩戒,与纪委、组织部、政法委联合对特殊人群进行诚信审查,将失信纳入综治负面清单,9人因失信提拔任用受阻;用好用足强制措施,司法拘留284人,刑事追责8件9人,限制出境21人,查扣被执行人隐匿车辆114辆;落实公示失信被执行人名单制度,纳入名单22736人次,曝光失信被执行人信息1.1万余次,督促3151人主动履行。提升执行效率。研发执行案件信息管理系统,自动提醒案件节点信息;畅通快速变现渠道,累计网拍1436件次,成交标的额2.3亿元,网拍率98.05%。

【服务经济发展】 及时贯彻市委决策部署,制定《为建设创新型工贸旅游强市提供司法服务保障的意见》等10余份指导性意见,增强司法保障的针对性和实效性。

【完善多元调解】 推进社会治理创新和平安龙岩建设,全市法院均设立诉前调解平台,深化与交警、工会等组织联调,新增与企业家协会、团市委等诉调对接单位,力争从源头化解矛盾纠纷。2月,新罗、武平、长汀法院获评全省多元化纠纷解决机制改革示范法院。

【保障生态建设】 完善生态司法"12345"工作规划,在2015年被确定为全国环境资源司法实践基地的基础上,新设立10个联系点,逐一建立联动机制,全面服务国家生态文明试验区龙岩片区建设,长汀法院生态审判"三三"工作机制被最高法院推广。

【助推社会治理】 加强少年审判,落实轻罪记录封存等制度,加强对未成年人的关怀救助。新罗法院获评"全省法院少年审判工作先进集体"。延伸司法功能,推进社区矫正,加强对刑释解教人员、社区矫正对象等特殊人群、重点人群的帮教管理,推进社会治理网格化。

【司法改革】 全市人民法庭率先实行办案责任制改革,确保"让审理者裁判,由裁判者负责",为全面落实办案责任制提供经验。全市法院遴选首批入额法官313名,并举行宪法宣誓。制定院领导、审委会委员办案规定,两级法院院庭长带头办案1433件。

【审判机制改革】 加大繁简分流力度,试行轻微刑事案件快速办理机制,推行要素式审判、小额速裁机制,简易程序适用率77.3%,一审服判息诉率达91.31%。推进基层法院行政案件指定异地交叉管辖。自2015年9月改革至今,全市法院指定异地管辖91件、审结48件,仅有10件上诉。

【审判监督】 改革审判委员会制度,建立专业法官会议制度,提高审委会运行效率。制定院领导、审委会委员办案规定,两级法院院庭长带头办案1433件。出台长期未结案件审委会研究督办制度，办结长期未结诉讼案件32件；出台防范虚假诉讼、破产案件审理等规范性文件，加强审判执行监督。

【推进人民陪审改革试点工作】 中级法院、永定法院被列入全国人民陪审员制度改革试点单位，制定改革试点工作实施细则，在完成随机选任的基础上，探索陪审员参与事实审理的机制。全市现有人民陪审员683人，一审案件陪审率达91.07%。2016年4月，顺利通过最高法院中期督察考评；永定法院改革试点经验被全国法院多次推介。

【拓展司法公开】 强化普法宣传，发挥法律人才和司法案例聚集优势，积极开展线上线下的法律宣传服务，中级法院连续四年获评“全国法院网络宣传先进单位”，2016年被评为全国“六五”普法先进单位。推进信息化建设，全市两级法院对照省法院信息化“13462”的部署要求，纵深推进各项信息化建设项目。连城法院开发手机APP建立“掌上法院”，获评光明网“2015年检法系统新媒体应用十佳经典案例”。

【自觉接受监督】 建立定向联络代表机制，加强与人大代表、政协委员的沟通联络。认真办理人大代表有关意见建议15件，人大督办、交办件均已办结答复。10月，最高法院组织邀请7个省市区代表团的24位全国人大代表来岩视察，对龙岩法院工作给予充分肯定好评。自觉接受政协民主监督，定期通报工作进展，办结委员提案4件。

（李　航　撰稿）

司法行政

【司法行政五个全省率先】 在全省率先高位启动“七五”普法工作。龙岩市以最高规格的会议、最迅速的部署、最浓厚的氛围，全面启动“七五”普法工作，此举得到司法部副部长赵大程充分肯定和省司法厅厅长陈勇批示表扬。在全省率先开设“调解现场”电视法治宣传栏目。《调解现场》于2016年12月1日起在龙岩电视台公共频道开播，是福建省首个地市级电视调解栏目。节目开播以来，反响热烈，收到良好的社会效果。在全省率先印发法治宣传年画。开展法治宣传进万家活动，请全国画乡—漳平新桥农民画师创作法治宣传年画，印制8万张，发送到千家万户，推进农村居民尊法学法用法守法。在全省率先高规格推进公共法律服务体系建设。8月24日，以市委政法委名义在新罗区召开“全市公共法律服务体系建设暨村（社区）法律顾问工作现场会”，制定下发《关于加快推进全市村（社区）法律顾问工作的指导意见》。至2016年12月底，全市1923个村社区（其中村1783个、社区140个）中1799个村（社区）选派法律顾问或设立法律诊所，占村（社区）总数的93.55%，超额完成省厅下达的60%的任务。在全省率先开展人民调解“双争双做”活动。在总结经验基础上，在全市开展“争创品牌调解室做和谐建设的桥头堡、争当金牌调解员做社会稳定的排头兵”（简称“双争双做”）活动，组织实施“321”工程，即用3年时间，在全市培育命名200名金牌调解员、100个品牌调解室。此举得到省综治委基层调解调研组的充分肯定。2016年，全市人民调解组织排查调处各类矛盾纠纷14755件、调解成功14529件、成功率98%，防止民间纠纷引起自杀3件3人，防止民转刑案件18件108人，防止群体性上访63件2014人，防止群体性械斗9件167人。

【司法行政工作四个突破】 社区矫正工作有新突破。以开展社区矫正“教育管理年”活动为抓手，完善部门协作机制，创新监管教育方式，扎实开展专项活动，监管、教育和帮扶工作水平大幅提升。社矫工作经验做法在2017年全省司法行政工作会议上作交流介绍。截至2016年底，全市累计接收社区服刑人员13929人，期满解除11395人，在矫2534人，累计重新犯罪24人，重新犯罪率0.17%，低于全省平均水平。2016年，全市新回归社会的刑满释放人员共2533名，其中安置2522人，安置率99.57%，列入帮教2520名，帮教率99.49%，无重新违法犯罪，取得良好的法律效果和社会效果。法治宣传教育有新的突破。创新法治宣传方式，形成“一微一网一栏一刊”的具有闽西特色的法治宣传阵地。律师参与涉法涉诉信访化解工作有新突破。设立律师库，建立工作考核机制，积极参与化解和代理涉法涉诉信访案件，指派律师参与市领导信访接待日活动成为经常化、制度化。创先争优工作有新突破。在全市开展向全国模范司法所长、全省优秀共产党员邹富华学习活动；陈如金作为福建省基层司法所唯一英模代表受到中央政治局委员、中央政法委书记孟建柱的亲切接见。

【司法行政改革】 健全社区矫正制度，理顺工作体制机制；深化律师制度改革，推进律师执业保障制度落实，健全律师和律师事务所违法违规执业惩戒制度；认真做好人民监督员选任管理方式改革工作；推进行政审批制度改革，完善“三张清单”（权力清单、公共服务事项清单、责任清单），经调整后，市司法局保留公共服务事项3项，行政权力项47、责任事项69项。

【法律援助民生工程】 落实中央、省关于法律援助工作意见，制定并以市“两办”名义出台《关于加强法律援助工作的实施意见》。全市法律援助窗口一楼沿街化率达到100%，建立律师窗口值班制度，受到群众的好评。完善法律援助机构网络，全市设立法律援助工作站225个。与市财政局联合出台《龙岩市市级法律援助办案补贴标准的通知》，适当提高办案补贴标准，促进法律援助工作落实。2016年，全市争取中央、省法律援助办案专款127万元，办理法律援助案件3118件，共3157人得到援助，为受援人免收法律服务费用913.7万元，减免缓收诉讼费458.56万元，挽回损失或取得利益4648.98万元，接受法律咨询9235人次。

【国家司法考试】 按照司法部、省司法厅的统一部署，从严治考，平稳、安全、顺利地完成既定目标任务，实现考务工作试卷安全保密"零事故"、考试组织实施"零失误"、服务考生"零投诉"。全市共675名考生报名，实际参加考试453人，通过考试57人，合格率13.58%，为近年来新高。

【基层基础建设】 自2010年以来，国家发改委下达龙岩市司法局业务用房建设项目4个，项目批复总投资2672万元，其中中央投资资金1489万元，地方配套资金1183万元。全市完成132个司法所业务用房建设项目，建设总面积37739.2平方米，所均面积200多平方米。

【服务中心服务大局】 充分发挥司法行政职能，主动参与服务全市"三大战役"和维护社会稳定工作，制定出台《关于发挥司法行政职能服务项目落地攻坚战役的实施意见》《关于发挥司法行政职能助力生态环境保护攻坚战役的实施意见》《关于发挥司法行政职能助推脱贫攻坚战役的实施意见》《关于发挥司法行政职能维护社会和谐稳定的工作意见》四个文件，进一步发挥司法行政系统在服务"三大战役"和社会稳定工作中的作用。2016年，全市律师共办理刑事案件10308件，代理民事诉讼8003件，代理行政诉讼340件，办理非诉讼法律事务442件，办理仲裁案件44件，调解纠纷265件，提供法律援助789件，担任法律顾问994家。全市公证处共办理各类公证16568件，其中民事12309件、经济1381件、涉外2176件、涉港澳101件、涉台601件。全市司法鉴定机构办理各类案件3183件，收费207.57万元。

（陈晓雅　供稿）

30

军　事

人民武装

【思想政治建设】 2016年，龙岩军分区坚持以强军目标为统领，积极适应改革强军大背景下新的领导指挥体制，深入学习贯彻习近平主席系列讲话精神，扎实开展"两项重大教育"和党委中心组理论学习，组织"新体制、新职能、新使命""明职责、敢担当、有作为，做新一代国动人"大讨论，党委正、副书记带头登台授课辅导，引导官兵职工切实把维护核心、看齐追随转化为自觉行动。密切关注敌情社情舆情动向，全面彻底肃清郭伯雄、徐才厚案件流毒影响，严密组织政治考核，思想政治基础不断夯实。

【军事斗争准备】 广泛开展战斗力标准大讨论，强化战斗精神培育。大力加强战备工作和应急应战准备的落实，值班体系始终保持灵敏高效。认真贯彻省军区党委1号文件精神，紧贴辖区任务实际，深化问题研究，贯彻真难严实要求大抓实战化训练和练将练官活动，军事斗争准备和国防后备力量建设有力、有序推进。深入开展"学研训考评"活动，抓实干部骨干队伍训练，参加省军区第一期专武干部集训取得总评成绩第二。

【军民深度融合】 严格落实党管武装各项制度，组织第一书记任职、武委会主任述职，开展建军89周年、纪念红军长征胜利80周年系列活动，有效增强党政领导国防意识。结合县乡党委换届，调整补充专武干部61名。推进军民融合深度发展，区部两级主官亲自助推多个融合产业项目落地。围绕争创全国双拥模范城"四连冠"和支持闽西革命老区建设活动，结对帮扶12名贫困学生助学金1.8万元，挂钩脱贫22户贫困户，圆满完成驻闽部队5000余名官兵来岩植树造林治理水土流失活动协调保障任务。充分发挥应急突击作用，积极参与"尼伯特""莫兰蒂"等防台抗台、抢险救灾和灾后重建工作。

【征兵工作】 2016年，征兵工作围绕"三保一降"目标要求，加强组织领导，完善工作机制，狠抓工作落实，较好地完成年度征兵工作任务，新兵质量明显提高。5月，采取个人自登与设站助登相结合的办法组织适龄青年网上登记，做到网上网下联动。7月，联合市委宣传部召开征兵宣传任务部署会，广泛开展"征兵宣传月"活动。8月1—10日，按照"一县一站""封闭式、规范化"的要求开设体检站，坚持持证上岗，专人维持秩序，专人负责带检，专人传递表格，落实"谁检查、谁签字、谁负责"的责任制，严把应征青年体格检查关。9月12日，龙岩市组织召开热烈隆重的新兵入伍欢送大会。

【龙岩军分区党委第一书记任职大会召开】 4月22日上午，龙岩军分区党委第一书记任职大会召开。省委常委、省军区司令员熊安东宣读任职决定并颁发任职通知书，市委书记李德金任龙岩军分区党委委员、常委、第一书记。

熊安东强调，要着眼战略全局，不断强化党管武装的政治责任；要突出应急应战，进一步提升军事斗争准备实效；要传承红色基因，奋力开创爱我人民爱我军的崭新篇章；要密切军地协调，充分发挥军事机关的职能作用。

李德金表示，完全拥护、坚决服从省军区党委的任职决定。

市领导王金福、郭舒帆、邱玉燕，龙岩军分区领导许建伟、王乃谦、彭新良、刘学群、刘辉出席会议。

【彭新良慰问到长汀帮扶建设项目人民子弟兵】 6月27日，龙岩军分区参谋长彭新良带领长汀县人武部政委、部长一行，前往长汀四中驻地，看望慰问支持长汀县人防工程建设的东部战区陆军某部官兵，感谢人民子弟兵为老区基础设施建设及精准帮扶做出的贡献，并送上 100 多箱盼盼系列食品。

东部战区陆军部队精准帮扶对接长汀县西外街兆征广场人防工程项目，为平战结合人防工程，是长汀县委、县政府为民办实事市政工程项目之一。

【龙岩市委 2016 年度议军会议】 6 月 29 日上午，市委召开 2016 年度议军会议。市委书记、龙岩军分区党委第一书记李德金主持会议并讲话。市领导李成荣、张天洲，龙岩军分区司令员许建伟、政委王乃谦、后勤部部长刘辉及驻岩各部队、市直有关部门负责人出席会议。

市委常委、常务副市长张天洲通报提请会议研究解决事项的会前协调落实情况；市委常委、龙岩军分区政委王乃谦汇报上年议军会以来军事斗争准备和国防后备力量建设情况；与会领导就如何更好地推进部队建设和发展提出意见和建议。

就进一步做好龙岩市党管武装工作和国防后备力量建设，李德金强调，一要固本强基铸牢军魂。结合开展“两学一做”学习教育，深入抓好军魂教育，确保部队坚决听党指挥，确保国防后备力量建设始终保持正确方向。二要平战结合提高本领。把一切工作向打胜仗聚焦，把军事斗争准备摆在中心位置常议常抓，坚持练兵备战，组织好国防动员、支前保障实战演练，不断提高应对多种安全威胁、遂行多样化军事任务能力。三要军地融合创新发展。以产业融合为抓手，把建市场与建战场有机结合起来，努力构建具有时代特色、龙岩特点的军民融合深度发展新路子。四要弘扬传统双拥共建。进一步弘扬“拥军优属、拥政爱民”的闽西苏区优良传统，以争创双拥模范城“五连冠”为载体，不断巩固和发展军政军民团结一家亲的良好局面。

（龙岩军分区　供稿）

武警支队

【概况】 2016 年，武警支队深入学习贯彻习主席系列重要讲话精神，着力在提质增效、加快发展上下功夫，深入挖掘、充分利用驻地丰富的红色资源，坚持用两次古田会议精神铸魂育人，实现了“常态工作有突破、重点工作有质量、大项工作有亮点”的目标。支队被总部表彰为“百日安全竞赛活动优胜单位”，2 名同志分别被总部评为“武警部队优秀教练员” 和 “武警部队伙食管理标兵”；五中队被龙岩市评为“青年卫士团队”，1 人获 “龙岩青年五四奖章”，2 人分别被龙岩市评为优秀共青团干部和优秀共青团员；2 个单位、19 名个人荣立三等功。

【政治工作】 在贯彻“六个统一”中持续做好落实古田政工会议精神“下篇文章”，传承“干革命走前头、搞生产争上游”的苏区精神，强化“听党话、跟党走”的思想自觉，进一步筑牢“三个绝对”。抓教育资源整合，积极探索“互联网+”思想政治教育模式，建立专题网站和微信群，上杭中队运用古田会议精神建队育人纪实片——《依路前行》在中央电视七套专题播出，军地反响较好。开展纪念红军长征胜利 80 周年“六个一”活动，升级改造营区政治环境，大力培树各个层面的先进典型，遴选先进人物进励志灯箱，举办优秀党员事迹报告暨表彰大会，强势推动传统回归。

【遂行任务】 全面落实 “多能一体、有效维稳”战略举措，坚持以打好“三场维稳战役”为牵引，着力提升能打胜仗的核心能力。按照绝对安全要求紧抓中心工作，深入开展“抓规范、打基础、治隐患、保安全”执勤教育整顿活动，强力推进执勤“五防一体化”建设、隐患治理、AB 门改造等重难点工作落实。按照随时打仗要求紧抓维稳备战，着力推动战备建设体系化实案化精确化，保持“箭在弦上、引而待发”的戒备状态，累计投入 800 多名兵力参与防抗“尼伯特”“莫拉蒂”“海马” 等台风和灾后重建工作，投入 40 名兵力参与环闽涉毒防控设卡勤务，有力维护了龙岩社会大局稳定。按照真难严实要求紧抓练兵强能，突出抓“龙头”，严密组织首长机关“学研训考评”活动；突出抓“拳头”，发挥比武、对抗“两个杠杆”作用，组织特勤排、应急班骨干集训，并定期与市公安局特警支队对抗训练，实战化训练取得了实质性突破。

【综合保障】 深入贯彻“六型”后勤建设要求，不断提升部队遂行任务、能打胜仗的后勤保障能力。抓好“一组五队”应急保障力量建设，大力加强基础设施建设，率先完成营房安防设施建设；升级改造单身干部宿舍，并调整规范机关库室，建立机关干部集体休息室；开工建设机关公寓楼工程；抓好伙食管理，每月最后一个星期五中午吃“红军饭”，引导官兵“薪火相传、忆苦思甜”；立足闽西山区特点，大力开展农副业生产，自己动手、丰衣足食，提高伙食自给率。

（郑经军　撰稿）

人民防空

【宣传教育】 继续深入开展人防宣传进机关、进学校、进社区、进企业、进网络“五进”活动；充分利用报刊媒体做好人防宣传教育工作。在闽西日报开设人防宣传专刊、专访专栏，在龙岩广播电台阳光法制时间举办 7 期人防在线访谈；开设人防知识电视广告宣传和电台广播整点报时；结合全国第 8 个防灾减灾日、“12·4”法制宣传日，在莲花山公园北大门广场、街心广场组织广场宣传、咨询问答、广告媒体等模式的大型宣传活动；做好“9·18”龙岩中心城区防空警报试鸣暨人口疏散演练的宣传报道工作，在本地各大报刊、电视等宣传媒体刊登播放宣传报道信息，在龙岩电视台《看龙岩》栏目播放人防专题宣传片；同时，积极组织市、县人防系统干部职工参加全省人防知识网络学习竞赛活动，获福建省人防知识网络竞赛“优秀组织奖”。

【工程建设】 人防工程建设和质量有较大提升，超额完成建设规划任务；做好行政审批改革工作。清理规范涉企收费项目，取消人防地下室平战转换金提取，不再收取人防保证金，并对已提取的平战转换金和人防保证金进行清退；制定行政审批和服务事项目录清单、服务指南、工作细则，简化审批流程，压缩办事时限；积极推进网上行政审批，网上报批工作；扎实开展省级下放审批事项、市级下放县级审批事项衔接情况“回头看”和市级推广随机抽查机制，规范事中事后监管工作，行政审批工作更加规范，工作效率和服务质量显著提高；加强人防工程质量监督。成立人防质量监督小组，出台《关于明确各县（市、区）人防办做好人防工程质量监督工作的通知》；加强人防防护设备管理，开展防护设备电子注册工作，严格按照要求对项目进行人防防护设备、人防监理合同备案及竣工验收；加强人防工程的维护管理。多次组织人员开展早期人防工程、公共人防工程消防安全和防汛检查工作，对检查发现的问题，及时提出整改措施，限期整改；组织市、县质监人员、人防业务人员共70余人参加人防工程业务培训。组织工程技术人员参加全省人防工程管理及质量监督培训班，进一步提高人防质量监督队伍素质；组织制订人防“十三五”专项规划；继续推进龙岩火车站站前片区地下空间开发利用项目工作。

【组织指挥】 加大对指挥所的维护升级改造，提高应急信息保障的能力；修订中心城区防空袭预案，及时调整市人防指挥部的编成；进一步加强战备值班制度；配合省办机动指挥所进行跨区信息支持保障训练，积极参与上级组织的空情接收系统、人防信息化建设、电台操作培训、机动指挥车集中训练等培训集训活动。经市委、市政府、军分区同意，从2016年起，每年的9月18日确定为龙岩市中心城区防空警报试鸣日，更好地推动全市防空警报试鸣及城市人口疏散演练的组织指挥演练工作。

【法治建设】 坚持依法行政，积极开展收缴防空地下室易地建设费专项检查工作。组织对中心城区防空地下室易地建设审批项目进行复核，对发现的问题进行分类整改，追缴易地建设费59.69万元。

（林伶俐　供稿）

31 教育 科技

教育

综述

【综述】 2016年，全市有各级各类全日制学校（不含技工学校)1191所,比上年增加47所。在校生49.22万人,比增1.63万人；教职工4.02万人，比增0.12万人。

学前教育。全市招生55569人,比增637人;幼儿园605所,比增25所;在园幼儿139189人,比增10400人;教职工9940人,比增1198人,其中专任教师6269人，比增698人。推进实施"共推龙岩市原中央苏区县学前教育连片振兴建设工程"项目。新增龙岩侨中附属幼儿园、上杭县第二实验幼儿园等2所市级示范性幼儿园。龙岩市教育局联合财政局、物价局出台《关于促进普惠性民办幼儿园发展的指导意见》,并以龙岩市人民政府办公室名义转发。

小学教育。全市招生33974人,比增1039人；完全小学391所，比增24所;教学点409个,比减21个;在校生186013人,比增6814人;适龄儿童毛入学率100.67%;教职工13016人,比增162人,其中专任教师12370人,比增237人。

特殊教育。全市特殊教育学校7所;招生431人(含普通学校随班就读学生),比增9人;在校生3043人(含普通学校随班就读学生),比减128;教职工243人，比增3人，其中专任教师208人,比增5人。10月27—28日,龙岩市特教学校承办2016年全国特殊教育"艺术教育与康复"研讨会,全国各地特殊教育学校的领导、专家、教师代表300多人参会,围绕音乐、舞蹈、美术等课程如何更好地促进盲、聋、智障及自闭儿童开启心灵、心智成长方面进行交流。在连城县特殊教育学校举行龙岩市第七届智障片区教研活动。

普通中学教育。全市初中学校125所;招生26521人,比增898人;在校生77538人,比减465人;初中学龄人口净入学率98.63%；专任教师8129人,比增65人。普通高中学校43所,比减2所;招生15890人,比增119人;在校生46680人，比增62人；专任教师4373人,比减13人。制发《关于调整龙岩市初中教育教学质量评估项目及评估办法的通知》，评选表彰龙岩市2015—2016学年度初中"五率"评估优秀单位3个、合格单位4个，先进学校52所(其中城区组10所、农村组40所,民办学校2所)。在长汀召开以"管理标准化·提升信息化·迎接新中考"为主题的2016年龙岩市初中校长现场会。龙岩一中、长汀一中被福建省教育厅确定为首批全省普通高中课程改革基地校。在上杭举办以"信息技术·新国考·有效教学"为主题的龙岩市第十一届"普通高中开放周"活动。

中等职业教育。全市中等职业学校(不含技工学校)18所;招生8332人,比增637人；在校生23846人，比减734人;教职工1499人,比减20人,其中专任教师1284人,比减15人。龙岩市人民政府召开龙岩市职业教育工作会议，出台《关于加快发展现代职业教育的实施意见》。开展中职学校达标整治,撤销学校建制和取消学校编制代码的学校共6所,整治后全市实有中等职业学校12所。在龙岩华侨职专举办以"重内涵、求精品、创特色"为主题的龙岩市第二届"中职学校开放周"活动,举办第三届全市中职学校教师技能大赛。组织参加2016年全省职业院校学生技能大赛,10个项目获一等奖,17个项目获二等奖,40个项目获赛三等奖。在全国职业院校技能大赛中,中职组获一等奖2个、二等奖2个、三等奖9个,龙岩华侨职业中专学校蝉联全省中职组团体总分第一。对2013、2015年立项的龙岩市职业教育教学改革课题进行结题验收，评出合格课题27项。在全市范围内,广泛开展主题为"学技能、好就业、促经济"的"三宣"("三宣"指宣传市第五次党代会精神和职业教育的方针政策、宣讲职业教育的发展成果、宣扬职业教育的先进事迹）进校园活动。

高等教育。全日制高等教育学校2所（龙岩学院、闽西职业技术学院），招生4991人，比减535人；在校生18044人，比增198人；教职工1110人，比减234人，其中专任教师745人，比减208人。龙岩市人民政府将龙岩三中、东肖溪连小学、东肖中心幼儿园划为市属学校，人、财、物和业务管理划转龙岩学院管理。龙岩学院分别与有关企业共建德兴（畜牧）产业学院、龙净（环保）产业学院、紫荆（材料）产业学院，新增立项省级服务产业特色专业7个，省级创新创业试点专业3个（学前教育、心理学、国际贸易专业），省级创新创业精品资源共享课3门（跨境电子商务、广电综合性实践、创新专题设计）。闽西职业技术学院获全国职业院校学生技能大赛高职组二等奖4个。在上杭职专、武平职专设立闽西职业技术学院分校。

【教育党建】 开展“三严三实”专题教育活动后续整改落实工作。扎实开展“两学一做”教育活动。开展市属中小学领导干部和机关科室干部的选拔任用和交流轮岗工作，交流轮岗3名干部，提任8名科级干部。召开龙岩市教育系统庆祝建党95周年纪念大会。市委教育工委评选表彰“龙岩市教育系统2014—2016年度先进基层党组织”50个、“龙岩市教育系统2014—2016年度优秀共产党员”100名、“龙岩市教育系统2014—2016年度优秀党务工作者”50名。市委教育工委新发展党员627名。举办“弘扬红岩精神，坚定理想信念”专题培训班。开展市属学校党组织书记抓基层党建工作述职评议工作。全市各级各类学校申报党建品牌创新项目68项，审核立项35项，拟评选表彰20个市级优秀成果。开展党员组织关系集中排查工作。开展2016年春节慰问困难党员、教师活动，共慰问169人，发放慰问金16.1万元。“七一”期间，市教育局（教育工委）走访慰问市直教育系统老党员、困难党员14名。

【教育督导】 长汀、连城、漳平三县（市）通过“义务教育发展基本均衡县”国家认定，至此，全市7个县（市、区）全部通过“义务教育发展基本均衡县”国家认定。推动县（市、区）“乡镇教育督导”工作的常态化开展。推进实施中小学责任督学挂牌督导制度。开展对公办幼儿园建设、“全面改薄”的专项督导活动。开展对新罗区、永定区、市属中小学教育教学工作的督导活动。

【促进义务教育均衡发展】 全年评估确认“义务教育标准化学校”19所。建立健全松涛小学教育集团和龙岩师范附小教育集团运作机制。启动创建并首批确认20所“义务教育管理标准化学校”（初中6所、小学14所）。在永定区召开小学特色学校创建工作推进会，特色学校创建工作向常态化发展。调整龙岩市初中教育教学质量评估项目及评估办法，评选表彰龙岩市2015—2016学年度初中“五率”评估优秀单位3个、合格单位4个，先进学校52所（其中城区组10所、农村组40所，民办学校2所）。

【学校德育工作】 以创建全国文明城市为契机，将社会主义核心价值观落细落小落实。结合纪念中国共产党建党95周年、红军长征胜利80周年、“五四”等开展系列活动。持续开展“少年传承中华传统美德”系列教育活动，专题开展爱国主义、节约粮食教育，组织开展“红土书香校园”阅读、“暑假读一本好书”“我的书屋·我的梦”活动，开展客家“家风家训进校园”的“传家训·亮家风”阅读实践活动，组织学生在校外活动期间到博物馆（纪念馆）参观学习，开展红色文化的“志愿讲解员”“文博小使者”及“红色基因我们传承——纪念红军长征胜利80周年主题演讲活动”，清明节期间组织开展全市青少年学生“网上祭英烈”签名寄语活动，持续开展“生态龙岩·做书香环保小卫士”志愿服务活动等。加强学生诚信教育，制发《龙岩市教育系统诚信文化教育工作的实施意见》，与市诚信促进会联合开展2016年龙岩市中小学生“诚信之星”评选活动（评出龙岩市中小学生“诚信之星”21名）。龙岩市红十字会、龙岩市教育局联合确认首批红十字体验式生命教育示范基地7个。推荐3名高校辅导员参评“第五届福建省高校优秀辅导员”。组织遴选全市中小学德育研究课题12项报省参评。全年评选表彰100名“龙岩市优秀班主任”和97名“市属学校优秀班主任”。

【科教文艺体育及赛事】 龙岩市8所中小学校被评为“福建省中小学心理健康教育特色学校”。广泛开展学生体育竞赛和阳光体育项目系列活动。举办2016年龙岩市中等教育学校学生运动会。在龙岩技师学院举办全市中职学生文艺会演。在漳平举办2016年龙岩市少儿曲艺大赛，龙岩市教育局与市文广新局在龙岩市博物馆联合举办2016年龙岩市中小学生幼儿美术作品展。在新罗区举办龙岩市第九届青少年科技创新大赛。在第三十一届福建省青少年科技创新大赛复赛（莆田一中体育馆举行），龙岩市选手获学生科技创新项目一等奖2项、二等奖9项、三等奖18项；科技辅导员创新项目二等奖1项、三等奖5项；优秀科技实践活动二等奖1项、三等奖4项；少儿科幻画作品一等奖3项、二等奖2项、三等奖8项；龙岩市第二中学黄昕怡《浴室老人防摔倒装置》等4个项目获卢嘉锡青少年科技创新奖。龙岩市代表队在第十四届福建省青少年机器人竞赛中获银牌1块、铜牌8块。龙岩有14所中小学入选“2016年全国青少年科学调查体验活动推广示范学校”。

【语言文字工作】 举办龙岩市第一届汉字听写大赛、2016年规范汉字书写大赛(市级)。举办龙岩市2016年中小学师生“纪念中国共产党成立95周年暨红军长征胜利80周年”诵读比赛。新罗区、漳平市完成方言数据库建设工作,并接受国家验收。全年普通话水平测试近4000人。

【教学研究指导】 开展“一课一名师,一师一优课”活动,256节课获得“省优”,77节课获得“部优”。省级立项课题31个。加强网络教研工作,推进名师“精品课堂”网上共享。开展“同人同题双课双评”和“一课三评”活动。组织名校教师开展送教下乡、对口扶持活动。

【教师队伍建设】 龙岩市委、市政府评选表彰龙岩市第三届杰出人民教师30名、2016年龙岩市教育系统先进集体37个、优秀教师100名、优秀教育工作者20名。3名教师获省杰出人民教师称号。8名教师被确定为省“十三五”中小学教学名师培养人选,有5名中学校长、1名小学校长被确定为省“十三五”中小学名校长培养人选,2名校长被认定为省中小学名校长。完成首轮市级“千名名师”“百名名校长”评选工作。评定“龙岩市第二届教坛新秀”95名。在全市教育系统开展教师从教违规行为专项整治活动。全市补充新教师约740人。全年共选派300多名教师、校长参加国家级培训,1000多名教师、校长参加省级培训,3000多名教师、校长参加省级远程培训。举办龙岩市初中校长任职资格培训班、2016年信息技术应用能力提升工程管理人员及骨干教师研修班。实施中小学教师信息技术应用能力提升工程。在南京举办2016年中小学校长暑期读书班。在陕西师大举办2016年高中校长“课程与教学领导”高级研修班,在山东师大举办幼儿园长培训研修班、小学分管教学副校长研修班,分别在福建师大、福建教育学院首次举办高中生物、化学实验教师骨干培训班。落实“人才强市”战略,启动高层次教育人才引进工作,组织人员赴全国知名高校开展人才引进宣讲活动,首批拟录用55人(报考111人)。龙岩市人民政府出台《龙岩市乡村教师支持计划(2016—2020年)实施办法》。开展正高级教师、高级教师(小学、幼儿园)推荐评审工作,63人获得中小学(幼儿园)高级教师职务任职资格,7人获中小学正高级教师职务。各选派2人赴宁夏、新疆支教。选派15名教师赴3个省级扶贫开发重点县(长汀、连城、武平)支教。从3个省级扶贫开发重点县各选派15人到省市优质校跟岗学习。开展教师资格认定工作,全年认定高中阶段教师资格625人(高中566人、中职59人)。

龙岩市获福建省第三届杰出人民教师称号人员名单

表25

序号	姓　名	所在学校(单位)	性别	现任职务	现聘职称
1	李秀菊	永定第一中学	女		高级教师、特级教师
2	陈伟光	武平县象洞中心学校	男		高级教师、特级教师
3	童远铭	连城县实验小学	男	校长	高级教师、特级教师

龙岩市第三届杰出人民教师名单

表26

序号	姓　名	所在学校(单位)	性别	现任职务	现聘职称
1	杨玉凤	龙岩学院	女	思政部副书记、副主任	教授
2	张源峰	闽西职业技术学院	男	电气工程系主任	教授
3	乐大杰	漳平职业中专学校	男	校长	中学高级教师
4	周　清	龙岩卫生学校	女	副校长	中专高级讲师
5	董　暾	龙岩市农业学校	男	校长助理、工会常务副主席	中专高级讲师
6	王天飞	长汀一中	男		中学高级教师
7	王锦春	武平二中	男		中学高级教师
8	江开田	连城一中	男	副校长	中学高级教师

续表 26

序号	姓　名	所在学校(单位)	性别	现任职务	现聘职称
9	吴张宜	龙岩一中	女	工会副主席	中学高级教师
10	林立琼	龙岩二中	女	校长助理	中学高级教师
11	郑小青	龙岩市第九中学	女	校长	中学高级教师
12	修红英	长汀一中	女	副校长	中学高级教师
13	黄秋祥	龙岩市高级中学	男	副校长	中学高级教师
14	赖增荣	上杭一中	男	校长助理	中学高级教师
15	温华盛	上杭一中	男	教研室主任	中学高级教师
16	罗月旺	连城县隔川中学	男	副校长、工会主席	中学高级教师
17	罗养贤	龙岩市普通教育教学研究室	男	主任	中学高级教师
18	赖启茂	武平县湘店中学	男		中学高级教师
19	赖铃洪	永定区仙师中学	男		中学高级教师
20	李华生	长汀县城关东门小学	男	校长	中小学高级教师
21	李定清	永定区实验小学	女	副校长	中小学高级教师
22	邱廷建	上杭县教师进修学校	男	小学教研室副主任	中小学高级教师
23	陈宝淑	漳平市永福中心学校	女		中小学一级教师
24	林水河	龙岩市松涛小学	男	校长、党总支副书记	中小学高级教师
25	林爱村	新罗区教师进修学校	女	小教室副主任	中小学高级教师
26	钟世文	上杭县实验小学	男	副校长	中小学高级教师
27	姜建辉	龙岩经济技术开发区(龙岩高新区)坎市中心小学	男	校长	中小学一级教师
28	傅珍凤	连城县教师进修学校	女		中小学高级教师
29	陈晓玲	漳平市实验幼儿园	女	园长、书记	幼儿园高级教师
30	黄益秀	武平县平川幼儿园	女	教研主任	幼儿园一级教师

【教育为民办实事项目】 继续实施公办幼儿园建设工程。开工建设公办幼儿园 10 所，建设面积 35285.39 平方米，完成年度目标任务，进一步改善公办幼儿园办学条件。推进实施“全面改薄”工程。计划投入 18944 万元，全年实际投入 23974.78 万元；校舍建筑开工面积 113067 平方米；竣工 52558 平方米；完成设备购置金额 13239.03 万元。

【学生资助工作】 全市全年共发放非义务教育阶段各类助学资金 14413.61 万元，惠及家庭经济困难学生 79569 人次。其中：资助家庭经济困难幼儿 5872 人次，发放政府助学金 1601.1 万元；资助普通高中家庭经济困难学生 8914 人次，发放国家助学金 968.08 万元；高中免学费惠及 8434 人，补助资金 8434 万元；中职学校国家助学金发放 2391 人次，资助金额 238.82 万元，免学费惠及 30024 人次，补助金额 3122.61 万元。为 9529 名贫困大学生办理生源地信用助学贷款，共发放贷款 6291.85 万元。

高等教育国家助学金共资助 6021 人，资助金额 975.15 万元。国家奖学金 38 人，奖励金额 30.4 万元，国家励志奖学金 978 人，奖励金额 297 万元。全市建档立卡贫困户大学生学费资助 2002 人，发放金额 200.2 万元。少数民族国家助学金资助 758 人次，资助金额 29.82 万元。此外，据不完全统计，社会各界共资助贫困学生 4608 人，资助金额 632.63 万元。龙岩一中·江苏中远助学帮老基金会“圆梦班”开班(招生 60 人，高中三年每人每年将获补助 5000 元)。上杭在全市率先实现免费高中教育。编发《龙岩市脱贫攻坚就学资助政策及办理流程汇编》5 万本。

【上杭在全市率先实现免费高中教育】 9 月 30 日,上杭县政府印发《关于实行普通高中免费教育实施方案的通知》,规定上杭县从 2016 年秋季学期开始实行普通高中免费教育。实施普通高中免费教育的范围、对象是上杭县普通高中公办学校就读的、取得上杭县普通高中学校正式学籍的一、二、三年级高中学生。免费的主要项目包括免收学费、课本费、寄宿生住宿费。寄宿生住宿费按物价、财政等部门核定的普通学生宿舍住宿费标准计算,公寓生住宿费按普通学生宿舍住宿费标准核减,核减后超出部分的费用由学校向学生收取。

【校园安全管理】 对各县(市、区)教育局和市属学校 2015 年学校综治安全目标管理责任落实情况进行考评,评出优秀单位 16 家、良好单位 2 家、合格单位 3 家。加强保安员队伍建设,出台《关于加强市属中职学校、中小学、幼儿园保安员管理工作的通知》，评选表彰龙岩市学校综治安全管理工作先进集体 35 个,先进个人 41 名。与龙岩市公安局联合举办 2016 年龙岩市学校保安员业务培训班。加强师生安全宣传教育,上好开学安全第一课,开展第 21 个“全国中小学生安全教育日”、第 9 个“福建省学校安全教育周”、5·12 防灾减灾日、6·16 安全生产宣传日主题安全教育活动。利用安全教育平台开展暑假专项安全教育活动。开展汛前安全检查、安全隐患排查。全市共检查学校 1126 所,累计落实隐患治理资金 13.46 万元。在全市教育系统开展学校本质安全建设活动。开展青少年毒品预防教育“五个一”活动，创建 10 所龙岩市禁毒教育示范学校,7 所中小学生校外实践基地全部列入省级“校外教育基地”。龙岩市教育局与市科协、禁毒办联合开展 2016 年“禁毒有我·阳光前行”龙岩市青少年学生禁毒征文比赛，评出 35 篇禁毒征文优秀作品。龙岩 7 个县(市、区)均已至少建成一个“毒品预防教育社会实践基地”。确定龙岩电大为市级毒品预防教育师资培训基地。龙岩市教育局被国家禁毒办、教育部、共青团中央授予 2016 年全国青少年禁毒知识竞赛“优秀组织奖”。龙岩市教育局获全省教育系统 2015 年度学校综治安全目标责任考核良好单位、市政府 2015 年度安全生产工作目标责任考核优秀单位（单列考核),被市委办、市政府办评为 2016 年度市级“平安单位”(一类单位一档)。

【教育统一考试】 全市普通高考(含高职单招)报名考生 17920 人(其中高职入学考试 4079 人、普通高考 13841 人),比减 1306 人。全国硕士研究生入学统一考试报名考生 664 人,比增 128 人。中考报名考生 51641 人，比减 980 人。高中学业基础会考报名考生 63957 人次（1 月报考 46705 人次、6 月报考 17252 人次)，比减 4607 人次。成人高校招生入学考试报名考生 2816 人,比减 2180 人。纳入自考运作范畴的各类考试 13 场,共有 38873 人次报考,比减 12835 人次。

（王墉忠　撰稿）

龙岩学院

【概况】 2016 年,龙岩学院设有 13 个二级学院、2 个研究院;40 个本科专业,涵盖文学、理学、工学、经济学、管理学、教育学、农学、艺术学等八大学科门类。现有教职工 864 人，专任教师 590 人，教职工中具有副高以上职称 257 人,具有博士、硕士学位 558 人;享受国务院政府特殊津贴专家 1 人。学校占地面积 74.2 公顷(含附属学校),校舍建筑总面积 33 万平方米(含附属学校),配备教学科研仪器设备总值 12694.74 万元,配备较为完善的体育设施和多种类的活动场所;图书馆馆藏电子图书 140 余万册、纸质图书近 94 万册、纸质报刊近 1400 种，拥有现代化检索系统和镜像站点,是闽西最大的文献信息中心。

【人才培养】 2016 年，学校有国家级特色建设专业 1 个,国家级专业综合改革试点项目 1 个，省重点学科 3 个,省级工程技术研究中心 1 个,省级重点实验室 2 个，省高校重点实验室 2 个,省高校工程研究中心 1 个,省高校人文社科研究基地 1 个,省经信委人才培训基地 1 个,省级专业综合改革试点项目 5 个,省级科研创新团队 1 个,省级特色建设专业 7 个,省级人才培养模式创新实验区 5 个,省级教学团队 2 个，省级服务产业特色专业 7 个，省、市教学名师 37 人,省级精品课程 11 门,省部级优秀教学成果奖 7 项,省级实验教学示范中心 7 个,省级虚拟仿真实验教学中心 1 个,省级大学生校外实践教学基地 5 个，省级思政课实践教学基地 2 个，建立 160 多个校外实习实训基地,成立闽台客家研究院、中央苏区研究院,设有动物医学研究所、闽西食品研究所、功能材料研究所等 30 个具有一定特色和优势的科研学术机构。学生获得国家级专业学科竞赛奖项 50 项，省级 224 项，在全国大学生机械创新设计大赛、全国大学生金相技能大赛等多项赛事中龙岩学院学生均获一等奖;龙岩学院代表队在省体育舞蹈锦标赛荣获 5 金 5 银 7 铜。2016 年，考研录取学生 73 人，专升本 20 人，毕业生年度就业率 98.91%,签约率 63.00%,位居全省同类高校前列。

【师资建设】 2016 年，学校新招聘 5 名博士、28 名硕士,新聘任 4 名外籍教师。全年晋升副高以上职称 32 人,选送和支持 21 名中青年教师出外访学研修或攻读博士学位，其中选派教师赴国(境)外访学研修12人。学校有省级科研创新团队1个，省级工程技术研究中心1个，省级教学团队2个；有享受国务院特殊津贴专家1人，闽江学者3人，教育部高校新世纪优秀人才1人，省“新世纪百千万人才工程”2人，省百人计划1人，省高校杰出青年科研人才培育计划9人、市教坛新秀4人，省社会科学普及名家1人，省、市教学名师37人；全国动物防疫专家委员会委员、第四届省政府安全生产专家组专家、省动物流行病学调查专家各1人。12位教师获龙岩市第三批千名名师荣誉称号；石玉昌被评为“福建省高校优秀辅导员”。闽台客家研究院名誉院长张胜友受聘为中央文史馆研究员。

【科学研究】 2016年，龙岩学院获各级各类科研项目立项279项，科研经费1760.88万元。其中，国家自然科学基金青年项目立项4项，国家社科基金项目立项2项。学校在文化开发、旅游、养殖、化工、环保等领域与地方政府、企业签订科研合作项目共20多项。3个项目获批省级虚拟仿真实验教学中心和实验教学示范中心，4个项目获2016年高等学校创新创业教育改革项目立项，中央苏区研究院6项课题获2016年省社科规划项目红色文化研究专项立项。举行非物质文化遗产与客家文化生态保护研讨会、“红色档案与苏区史研究新起点”研讨会、非线性数学分析及其应用国际会议、全国生猪疫病防控研讨会。学院迎宾机器人“欢欢”获海峡两岸大学生创新成果展特等奖。

【思政工作】 加强顶层设计，制定印发《龙岩学院意识形态工作责任制实施细则》和考核办法，成立校意识形态工作领导小组，抓好分管领域和部门的意识形态工作。成立马克思主义学院，将思政理论学科纳入校级重点学科，重点加强思想政治理论课建设。举办100余场小型化、专场化校园推介会，提供就业岗位数11500多个。165名学生获得省、校求职创业补助共计27.15万元。成功干预18起心理危机事件，有效预防了危机事件的发生。学生微服务联动中心持续回复学生诉求，协助解决问题3226件，易班工作累计登上全国易班“今日头条”54次。“中共党史读书社”入选福建省高校首批重点马克思主义理论读书社。组织学生参加暑期社会实践活动，教育科学学院暑期志愿服务社会实践队获“2016年全国大中专学生志愿者暑期‘三下乡’社会实践活动优秀实践团队”称号。青年志愿者助力第七届海峡两岸机械产业博览会暨第九届中国龙岩投资项目洽谈会。

10月11日，成立龙净（环保）产业学院

【校园文化】 学校利用红色文化、客家文化和生态文化进行校园文化景观总体规划。举办首届校园旅游文化节、校园国际文化节、大学生网络文化节。客家文化教育示范基地被省委教育工委、省教育厅授予首批福建省高校中华优秀传统文化教育示范基地。“品味国学经典　传承国学文化”校园文化品牌获2016年福建省高校校园文化建设优秀成果评选二等奖。《我的青春我的拳》和《编织时光的太爷爷》获第二届万峰林国际微电影盛典纪实类作品三等奖。《多彩广电》获第25届金鸡百花电影节微电影三等奖。《山河岁月，古韵竹贯》获海峡两岸大学生微电影最佳摄影奖。策划制作龙岩学院宣传片《乘风破浪，扬帆远航》、龙岩学院教招宣传片《“岩”来在这里》、2016届毕业生专题片《留夏·追梦》。

【校园建设】 校园扩建(一期)17.07公顷征地报批各项工作有序推进。设立附属学校管理委员会，加强附属学校建设的领导和管理。推进学校统一信息门户平台、统一身份认证平台、统一数据共享平台等平台建设。完善邮宝智能快递服务中心建设，为师生提供安全、便捷的快递服务平台。成功竞买占地1.87公顷、包含厂房、宿舍、办公楼共计4.5万平米的企业闲置厂房，缓解实验、实训用房紧张的问题，为建设龙岩学院大学科技园提供场所保证。推动校园及周边治安综合治理改革创新，设置专项经费，与龙岩市公安局合作共建，成立交通、治安协警分队，维护校园安全稳定。组织开展附属学校安全专项调研，落实安全隐患清单。学校获评龙岩市“5A级

9月20日，《多彩广电》获第25届金鸡百花电影节微电影三等奖

平安校园”“综治安全目标责任制”考评良好单位，在2016年市级“平安单位”创建考评工作中也取得了较好的成绩。

（邱华锋　撰稿）

闽西职业技术学院

【概况】　闽西职业技术学院占地36.67公顷，建筑面积24.8万平方米。全日制在校生6116人。教职工608人（在编518人），其中专任教师311人，高级职称143人，硕士学位192人，“双师型”教师158人。拥有省市级教学名师18名、市杰出人民教师2名，“黄炎培杰出教师奖”教师2名。设43个高职专业，有国家级教改试点专业1个、省级精品专业7个、省级示范专业9个，省创新创业教育改革试点专业2个。建有校内实训室148个、生产性实训基地12个，校外实训基地259个。设有职业技能鉴定站，可对38个工种（岗位）开展职业资格鉴定和认证。

【编制《闽西职业技术学院“十三五”发展规划》】　10月，编制并发布《闽西职业技术学院“十三五”发展规划》。确定学院发展目标为，到2020年，全日制在校生稳定在8000人左右，各类培训与继续教育年培训人次不少于全日制在校生数2倍，形成学校教育与社会培训并举、全日制与非全日制并进的办学格局；到2020年学院建设成为办学定位准确、办学理念先进、专业特色鲜明、服务能力强、综合办学水平领先、与经济社会发展需要契合度高的示范性现代职业院校。规划要求坚持以立德树人为根本，把促进学生全面发展、健康成长作为学院一切工作的出发点和落脚点；坚持质量首位，构建完备的专业、课程、教师发展、学生发展和后勤服务等质量标准；坚持内涵发展，深化专业建设、课程体系重构、教学模式改革、学生教育管理服务和师资队伍建设，完善现代学校制度；坚持改革创新。抓住重点领域和关键环节，推进综合改革，创新办学发展理念，创新人才培养模式，创新校企合作机制，创新教育教学手段；坚持打造特色，努力在办学理念、专业建设、师资队伍建设、实训基地建设、校企合作、人文素质教育领域做到人无我有、人有我优，形成特色，树立品牌。

【国家骨干校建设】　2月，教育部、财政部印发了《关于公布“国家示范性高等职业院校建设计划”骨干高职院校建设项目2015年验收结果的通知》，学院国家骨干高职院校建设项目顺利通过验收，跻身国家200所示范（骨干）高职院校行列。

【省示范性现代职业院校建设】　1月，学院被省教育厅、财政厅确定为“福建省示范性现代职业院校建设工程”培育项目院校，学院精心编制《项目建设规划》和《任务书》，全面开展项目建设工作。至年底，完成2016年度36个建设要素100个建设任务验收点的建设任务，达到建设预期目标。

【公共培训实训基地建设】　全力推进项目建设的规划设计，完成校园修建性规划的校级论证。完成4.36公顷行政划拨地的相关移交手续。完成一期建设项目——学生公寓的设计。启动行政划拨地的地质勘探工作。

【人才培养模式改革与内涵发展】　进一步调整优化专业结构，推进产教融合，2016年停招4个招生量较少、就业率较低的专业，成功申报养老健康与管理专业。以专业剖析为抓手，各专业群围绕培养模式、团队建设、基地建设等内容推进专业建设。深化专业建设改革，将原专业基础平台细化成专业群公共基础课、专业限选课、专业任选课，提升专业品牌及人才培养质量。深入推进教学内容、教学模式与评价模式改革，对60门课程进行题库建设并安排40门课程的机考。以机电一体化专业为试点，参加IEET专业认证。

各专业增加以“创新创业”为主体的专题实践课程，2016年9月起面向大二所有学生开设“创行—大学生创新创业实务”“大学生创业基础”2门网络学习课程。实施“十百千”创业教育工程，100名在校生参加“创业实验班”系统培训，学生参加省第九届“挑战杯”创业计划大赛，取得3银1铜6优秀的成绩。3个项目参加第二届全国职业院校创新创效创业大赛决赛，1个项目获二等奖，在第十届省大学生机械创新竞赛中获得4个三等奖、1个组织奖。

以院级技能大赛和特长生工作室为平台，建立“以赛促教、以赛促学、以赛促改”的保障激励机制。在2016年全国职业院校技能大赛中获得4个二等奖，在2016年福建省职业院校技能大赛中荣获3个一等奖、7个二等奖、19个三等奖。获得其他技能竞赛一等奖4项、二等奖1项、三等奖1项。

【师资队伍建设】 进一步健全和完善师资队伍建设制度，落实师资能力提升计划，统筹安排教师访学、培训、进修、下企业锻炼等。组织教师参加闽台培训7人，安排106人次到国内知名高校和行业知名企业进行访学、考察交流，30位教师前往知名企业顶岗锻炼。新增5名市级教学名师，1人获得市第三届杰出人民教师，2人被评为市第二届教坛新秀，10人评为院优秀青年教师。1位教师考上博士学位研究生。启动新一轮高级专业技术职务评聘工作。

【职业院校联盟建设】 学院在上杭职业中专学校、武平职业中专学校分别成立闽西职业技术学院上杭分校、武平分校，签订联合办学协议，推进中高职衔接办学、五年制高职合作办学、“二元制”人才培养模式改革、现代学徒制试点、师资培训等，推进职业院校联盟建设。

【校企合作】 与福建客家土楼旅游发展有限公司合作开展旅游管理专业“二元制”人才培养，与福建申远新材料有限公司等3家企业签订订单培养协议，积极探索试点现代学徒制人才培养改革。校企共建3D打印智能制造基地、古田文化创意基地、风景园林职工培训中心、PAWS3D跨平台游戏开发实训基地、龙岩市旅游人才培养实训基地。与龙岩远山电子商务有限公司等3家企业签订校企合作协议、技术服务合作协议。

【科研工作与社会服务】 新建7个科研创新平台，扶持9个科研创新团队，提高承担地方科研任务的能力和面向行(企)业的技术服务能力。申报省教育厅、市社科联2016年度社科项目各类课题立项25项，横向课题立项3项，6个发明专利和实用新型专利获得专利认证。为企业开展技术咨询、技能培训、技术指导与研发等，累计完成各类培训、技能鉴定服务20370人次，接受3138人参加学历继续教育。环境检测中心开展235项检测服务，入校资金99.06万元。《闽西职业技术学院学报》被国家新闻出版广电总局认定为首批学术期刊。

【学生工作】 利用建党95周年、红军长征胜利80周年等契机，组织学生开展“重走红军路”活动，举办“长征精神放光芒·红色基因代代传”培训，组织参观“长征从这里出发——福建省纪念红军长征胜利80周年大型展览”。开展“国家助学贷款诚信宣传”活动，教育引导学生“诚信立身、诚信立学、诚信立行”。加大“创城”宣传，引导学生投入创建文明城市活动，开展校级学生组织文明督导活动。重视网上思想政治工作，扎实推进易班建设，易班认证率位居福建省易班共建49所高校前列。落实人文素质教育“4433”模式，评定2016届1834位毕业生的素质证书等级，其中优秀等次426人、良好等次600人、合格等次808人。举办第三届科技文化艺术节、第十二届心理健康教育月系列主题活动、第六届人文知识竞赛、第六届爱心义卖、“龙岩山歌戏进社区入校园惠民演出”等一系列活动。

加强就业创业指导服务，举办第五届“挑战杯”创业计划大赛和第六届职业生涯规划大赛。分时段、分类别推送就业创业信息，组织25场专场宣讲会，为毕业生提供1365个就业岗位。举办2016届毕业生专场招聘会和2017届毕业生供需见面会，提供就业岗位5000多个，2016届毕业生初次就业率达93.17%。推进资助管理标准化建设和勤工助学活动的规范管理，评审发放552.805万元各类奖、助学金。

【基础建设】 完成北校区学生宿舍1号楼、北校区护理系实训室、实训大楼机械系实训室等改造工程13项。加快校前区后山坡的绿化，完成校前区高压电源进校、西大门夜景照明工程。完成学生宿舍电控系统改造。积极推进校前区人工湖二期、北校区田径场改造、汽修实训车间、学术报告厅室内声学装修等项目。

实施教学云平台、平安校园监视监控平台和图书、期刊数字资源库等子项目建设，进一步推进“数字化校园建设”的统一数据交换、统一身份认证和统一门户等三大平台及业务系统的集成。启用数字迎新系统，实现迎新工作网络化、数字化和智能化。

（杜　磊　撰稿）

龙岩技师学院

【概况】 龙岩技师学院占地9.47公顷，建筑面积10万平方米。全院教职工312人，其中高级实习指导教师、高级

1 月 26 日，约阿尼·奈法卢拉大使一行参观龙岩技师学院烹饪实训车间

讲师104 人，一级实习指导教师、讲师 88 人，技师、高级技师 62 人，“双师型”教师 121 人，占专业教师总数的 67%。开设机械工程、电气工程、信息工程、汽车工程及经贸与管理等 5 个系 28 个专业，在校学生 5373 人，其中技师专业 1458 人，高技专业 3091 人，高级工以上专业占全省的 1/4，是全省培养高技能人才规模最大的职业院校。学院拥有 6000 多万元的数控、模具、电气、汽车等现代化技能实习实训设备，建有数控技术实训中心、模具制造实训中心、电气自动化实训中心、汽车维修实训中心、计算机网络实训中心、烹饪实训中心等 52 间实训室。

2016 年，该院学生在参加龙岩市中职学生技能大赛中，获得一等奖 12 人，二等奖 16 人，三等奖 20 人；教师在参加 2016 年龙岩市第三届中职教师教学技能大赛中，获得一等奖 14 人，二等奖 7 人，三等奖 3 人。机械工程系学生郑创杰代表龙岩市中职院校参加福建省 2016 年职业院校信息技术类工业产品设计（CAD）项目技能竞赛，获二等奖。在山东潍坊举行的全国职业院校技能大赛“电气安装与维修项目”，学院电气工程系陈剑彬，汤勇两位同学获赛项团体三等奖。

【斐济驻华大使约阿尼·奈法卢拉访问学院】 1 月 26 日，斐济驻华大使约阿尼·奈法卢拉（H.E.Mr.loane Naivalurua）、斐济驻华使馆一秘阿珀罗司·勒瓦乔（Mr.Apolosi Lewaqai）到龙岩技师学院访问。考察团一行参观了机械实训车间、汽车实训车间和烹饪实训车间等，与师生们进行了互动。

【“服务龙岩产业兴市战略”专场招聘会】 4 月 12 日，龙岩技师学院 2016 年校企对接服务龙岩产业兴市战略专场招聘会在学院运动场举行。来自龙岩各地的 130 多家知名行业、企业提供了机械、电子、汽车等 2600 多个岗位参与招聘，龙岩技师学院 1800 多位预分配毕业生参加应聘，现场签约 1300 多人。

【举办 2016 年斐济共和国（太平洋岛国）在华留学生中式烹调培训班】 7 月，来自斐济共和国、瓦努阿图共和国、密克罗尼西亚联邦等国的 10 名留学生在龙岩技师学院进行为期 2 周的中式烹调培训。龙岩技师学院为他们开设了装盘艺术、客家炸薯丸、白斩鸡、吉利凤尾虾等 16 门课程，学员在培训期间学习了客家美食的烹饪方法，参观了当地的风土人情。学院专门安排了 10 位学生志愿者与留学生组成学习小组，共同学习生活。22 日，龙岩技师学院为参加培训的学员举行结业典礼。斐济驻华大使约阿尼·奈法卢拉（H.E.Mr.loane Naivalurua）和夫人凯萨亚·奈法卢拉（Kesaia Naivalurua），龙岩市外事侨务办、龙岩技师学院有关领导，烹饪教学老师、龙岩技师学院学生志愿者等参加了结业典礼。

福建广播电视大学龙岩分校

【办学概况】 2016 年，福建广播电视大学龙岩分校开放教育招生 753 名，网络教育招生 135 人，拥有全市开放教育在校生共 4251 名，分校本部各类在读学生共计 2363 人（其中开放教育 1627 人），网络教育 356 人，药学、护理学在职教育 347 人，在职研究生 33 人。在编教师 27 人，其中，高级职称 11 人，中级职称 9 人，硕（博）士研究生 8 人；外聘兼职教师 38 人，均为中级职称以上的高校专业教师。开设 14 个专科专业、10 个本科专业，所设专业涵盖文学、理学、工学、管理学、教育学、法学、经济学等七大类学科。

坚持学历教育与非学历教育协调发展，与福建中医药大学、福建师大、南开大学、东北大学、漳州卫生职业学院均有合作办学关系，学历教育形成“大专、本科、硕士”的完整体系。全年开放教育招生 753 名，名列全省地市电大前茅，超额完成省电大下达招生任务，获国家开放大学“招生工作优秀集体”、省电大“招生组织工作优秀集体”和“招生规模优秀集体”、“福建中医药大学成人教育学院 2016 学年教学点先进单位”等多项表彰。

全年基础建设累计投入 97 万元，重点完善了办学硬件设施和安全设备，完成网络中心机房改造并更新了网络设施设备，建成符合现代远程开放教育的基础设施，顺利通过龙岩电大现代远程高等教育校外学习中心检查评估；顺利通过国家开放大学考务工作专项检查。

【非学历教育】 加强与政府部门、行业系统、企事业单位合作。挂牌成立龙岩市毒品预防教育师资培训基地，增设全市初任公务员培训、现代青年农场主培训和专业技术人员公共课培训等3个项目，通过电大系统资源优势引进了成都国土资源局和成都公共资源交易服务中心到龙岩开展红色培训项目。近年来，完成了全市初任公务员培训计126人，完成了第二期现代青年农场主培训计238人，完成了全市专业技术人员公共课培训计1850人，承办党员异地培训计66人，完成了SYB创业培训计240人，完成了职业技能鉴定计3058人。以上非学历培训工作取得了良好的经济效益和社会效益。

【社区教育】 龙岩电大于2010年挂牌成立龙岩市社区大学，形成两校合一的办学模式。2016年，完成形体、少儿舞蹈、摄影、太极拳等各类长期社会公益培训290人；完成第三期社区教育工作者培训工作计78人；组织教职工参加2016年全民终身学习活动周暨左海学堂国学讲座视频。与中城青草盂社区合作举办“电商微商创业培训班”，与新罗区民间文艺家协会、龙岩山歌艺术家协会合作举办“龙岩市山歌传习大课堂”；与市图书馆联合开展《闽西文化大讲坛》系列活动，邀请各类专家学者为城区居民开展各类讲座。申报《全国数字化社区教育推动行动》项目，顺利通过国家数字化学习资源中心审核。

（福建广播电视大学龙岩分校　撰稿）

科学技术

【概况】 2016年，全市创新创业环境明显优化，创新主体活力进一步激发，创新平台基础持续向好，科技支撑引领供给侧结构性改革和产业转型升级力度显著增强，在全省科技创新布局中的地位和作用不断提高。获全国科普工作先进集体和国家知识产权试点示范城市工作先进集体，成功创建国家农业科技园区、山区地市首家国家级科技孵化器。全市每万人发明专利拥有量3.084件，增长36.5%；全年安排市级各类科技项目118项2900万元，争取省级以上各类科技攻关项目40项2387万元；全社会研究与试验发展(R&D)经费投入30.1亿元，增长23%；国家高新技术企业净增19家，累计90家，增长率26.7%。

获省科学技术奖7项，其中一等奖1项（福建龙净环保股份有限公司承担的“燃煤电厂湿式电除尘系统”）、二等奖1项、三等奖5项。评出市科技奖27项，其中一等奖2项（福建龙净环保股份有限公司承担的“除尘用脉冲高压电源”项目和福建省漳平五一国有林场、中国科学院城市环境研究所、福建省顺昌埔上国有林场合作承担的“亚热带常绿阔叶次生林可持续经营技术的研究”项目）、二等奖4项、三等奖21项。

获第十八届中国专利奖优秀奖1项（福建龙净环保股份有限公司的“一种烟气除尘系统及其电除尘器”项目），省专利奖一等奖1项（福建龙净环保股份有限公司的“一种烟气除尘系统及其电除尘器”项目）、三等奖2项。评出市专利奖25项，其中一等奖2项、二等奖8项、三等奖15项。

【科技改革】 推动市委、市政府出台了《关于实施创新驱动发展战略推进创新型龙岩建设的决定》《实施创新驱动发展战略行动计划实施方案》《龙岩市“十三五”科技发展和创新驱动专项规划》，加强对深入实施创新驱动发展战略重大任务的全面部署和设计，明确龙岩市科技发展总体布局，形成以创新为动力的发展模式。编印《龙岩市科技创新服务简明手册》，在全省率先制定出台《龙岩市培育科技小巨人领军企业实施方案（2016—2020年）》，在新材料、高端装备制造、节能环保、新能源、生物与新医药、现代农业等“365”产业重点领域中培育一批专、精、特中小科技型企业，并对科技小巨人领军企业给予25万元科技研发项目申请补助。2016年，共培育省级科技小巨人领军企业39家，市级科技小巨人领军企业40家。组织47家科技企业申请省创新券补助220万元，组织16家小巨人领军企业申请奖励补助550万元。开展科技型企业“助保贷”等业务，推动建设银行科技支行全年为龙净环保、剑桥电子等10家科技型企业发放贷款8160万元；开展专利权质押贷款业务，全市19家企业共获得银行专利权质押贷款授信额度1.94亿元。全市共有43家(次)企业享受研发费用加计扣除额1.60亿元，减免所得税4264万元，同比增长58.1%。

【产业转型升级】 全年新认定省级企业工程技术研究中心1家、累计27家；新培育认定17家市级、8家省级众创空间，2家省级孵化器（含国家级1家）；新增省级重点实验室1家、累计5家（含国家级1家）；新通过省厅备案科技型企业13家，累计257家；新通过评价省级创新型企业3家，累计36家（含国家级1家）；新认定高新技术企业35家、净增19家，总数90家，增长26.7%，超过全省平均增长水平。2015年，全市全社会研究与试验发展(R&D)经费投入25.14亿元，占GDP比重1.4%，居全省第3位。

【创新平台建设】 推动龙岩高新区智能机械、环境科技、专用车三大主导产业高端化发展，着力打造世界级属具研发制造基地、全国环卫装备专业研发生产重要基地、“中国专用车之城”。漳平市《福建龙岩国家农业科技园区总体规划（2016—2018）》获市人大通过并积极组织实施；武平县省级高新技术产业园区获批建设；漳平、连城省级农业科技园区通过验收；龙岩国家可持续发展实验区建设得到科技部调研组的高度评价。

深化产学研用合作，支持产学研合作平台搭建。与市发改委、经信委、经开区等单位协商共建“复旦大学国家大学科技（龙岩）技术转移创新集聚区”。成立了上杭县有色金属研究院，支持龙岩市清洁生产技术服务平台、医疗设备检测平台、应急移动电源装备产业技术创新公共服务平台、闽西铜矿资源及产品测试平台、闽西特色农产品精深加工公共服务平台、农村环保与生态环境检验检测公共技术服务平台等6个产业研发服务平台建设，加强与龙岩紫荆创新研究院、厦龙工程技术研究院、龙腾新能源汽车研究院等现有产业研究院合作宽度和深度。推动紫荆研究院和龙岩学院等机构共建硬质合金重点实验室和专用车研究院等平台，新增龙岩闽雄生物科技有限公司省级工程技术研究中心1家，累计27家。

【成果转移转化】 成功举办“新材料产业论坛暨第十六次鼓岭科学会议”，推介技术成果117项，现场签约17项，总投资50.7亿元。全市全年实现技术合同登记12项，成交额288万元，其中技术交易额245万元。

加强对外科技合作与交流。积极推进泛珠三角区域科技合作，组织漳平腾顺竹业有限公司等企业参加南平竹产业对接会、福州医疗器械产业对接会、厦门“9·8”科技外交官专场等对接活动，搜集企业技术需求30余项、调研需求7项。深化“一带一路”国际产能合作与技术对接，先后接待格鲁吉亚议会代表团，乌克兰院士专家代表团到龙岩开展国际产能合作与技术对接活动，形成对接意向20余项，签订合作备忘录3份，签订人才引进与技术对接协议4份，促成龙岩学院与乌克兰国家科学院金属与合金物理技术研究所共建“中乌（龙岩）新材料、装备制造国际联合研发中心”。

【创新创业工作】 推进龙岩市科技创业园建设。2016年3月，市科技创业园获批国家级科技企业孵化器，成为全省山区市首家国家级科技企业孵化器，实现了龙岩市国家级科技企业孵化器“零”的突破。同时，在创业园设立了占地面积1700平方米的“龙腾新创”，对接引进先进制造、电子信息、文化创意、生物科技、节能环保等领域的小微企业和创业团队50多个、入驻11个。全年共新认定龙岩腾云创客空间等省级众创空间5家，累计8家；新认定“福建花博汇现代农业科技创客空间”、“冰狗科技”、“远山电商”等国家级“星创天地”3家、省级“星创天地”3家；新增省级科技企业孵化器2家，累计4家。

成功举办龙岩市第三届创新创业大赛，共有70家企业和4个团队报名参赛，项目涵盖互联网、移动互联网、新能源、新材料、电子信息等多个领域，福建易动力电子科技有限公司、福建云创互联信息科技有限公司等20个项目进入决赛，共评出一等奖2名、二等奖4名、三等奖6名，优胜奖8名。福建龙生生物科技有限公司等13家企业和2个团队进入福建省第四届创新创业大赛决赛，获省一等奖1家（龙生生物）、三等奖5家、优胜奖9家（其中团队2个）；同时，和达玻璃获得中国第五届科技创新创业大赛优胜奖，晋级省赛国赛企业和获奖综合排名全省第一。

【知识产权保护和运用】 围绕“知识产权金融服务”试点特色主题，国家知识产权试点城市建设成效显著，龙岩市被评为“2015年度国家知识产权试点示范城市工作先进集体”。全市专利申请总数9569件，同比增长104.77%，增幅居全省第一，其中发明专利申请2219件，同比增长86.47%；全市专利授权总数4138件，同比增长50.75%，增幅居全省第一，其中发明授权241件，同比增长51.57%；全市拥有有效发明专利811件，每万人发明专利拥有量3.084件。全市19家企业办理专利权质押贷款业务，授信额度1.94亿元，累计授信额度5.49亿元。全市共有8家企业71件核心专利办理投保专利执行险，保费6.04万元，赔偿限额181.2万元。安排专项资金200万元用于市专利技术实施与产业化计划项目，20家企业项目获得立项。新罗区、永定区、武平县3个省知识产权强县顺利通过复核验收。上杭县积极争创省知识产权强县工程试点县。全市新入选国家知识产权优势企业2家，新入选省知识产权优势企业8家，新增市级试点单位45家，全市拥有市级以上试点示范企业126家。

全省专利行政执法与维权援助工作现场会在龙岩市召开。主办或承办8期企业专利实务培训班，700余人次参与培训；开展知识产权远程教育培训3期，4700余人次参与培训。专利执法保护开展专项整治行动10余次，检查商品2000多件，核实与查处假冒专利案件112件，受理7件专利纠纷案件，结案7件。

【科技兴农惠民】 围绕果蔬、林竹、茶叶、花卉、畜禽等地方特色种业创新、种养殖提升、农产品精深加工，新实施省级以上项目10项、市级项目13项，“高效大豆肽蛋白饲料生产与应用示范推广”“漳平农业技术公共服务平台”“连城现代农业公共服务平台”“象洞鸡扩繁、健康养殖技术研究与示范推广”“棘胸蛙规模化繁育技术示范”以及“山鸡标准化生产技术研究与示范”等11项国家和省科技重大研发推广项目通过验收，“复合薯蘘关键技术研究与推广”等13项市级项目通过验收。

围绕科技文化融合、公共安全、疾病防控等领域，安排社发领域项目9项57万元，其中配套“九龙江北溪流域生活污水处理技术集成与示范”国家科技惠民项目15万元。“九龙江北溪流域生活污水处理技术集成与示范”系福建省首个国家科技惠民项目。该项目由龙岩市科技局组织实施,总投资2150万元,其中国家科技项目资金866万元。项目按集中处理和分散处理模式对预处理技术、生物处理技术和生态处理技术进行集成,形成适应农村特点的生活污水处理技术系统。项目在新罗区龙门镇、白沙镇、雁石镇和漳平市南洋镇选取6个示范点进行示范，至年底,6个示范点主体工程已全部建成,设备已安装完毕,正进行设备运行调试阶段。

【科普事业发展】 龙岩市科技馆争取启动资金550万元,完成一楼大厅及右侧装修,用作中国流动科技馆展出场地并于12月1日起对外免费开放。武平县科技馆投资130万元完成升级改造,永定区科普馆实现常态化免费开馆,连城县落实科普馆建设场地。全市新增6个社区青少年科学工作室，总数增至23个。举办第九届市青少年科技创新大赛，吸引全市192所中小学近2.6万名学生参加。推荐90个项目参加第31届全国与省青少年科技创新大赛,获省级以上一等奖5个、二等奖20个、三等奖35个。全市14所中小学入选“2016年全国青少年科学调查体验活动推广示范学校”，较去年新增9所。申报全国、全省科普惠农及科普益民项目,共有8个单位、1名个人获全国表彰,获奖补资金165万元;8个单位、2名个人获全省表彰。深入开展群众性科普活动。组织流动科技馆、科普大篷车、青少年科技创新大赛优秀作品等到乡镇基层、农村中小学校巡展,参加科技文化卫生“三下乡”以及科技人才活动周等活动,接待学生、市民10万多人次。

开展省级扶贫开发工作重点县人才支持专项行动，选派35名专业技术人员前往连长武3个重点县29个乡镇开展科技服务。开展脱贫攻坚战役科技帮扶到户工作，组织18场次的农村实用技术培训班,1300多户贫困户参训，同时编印发放《龙岩市脱贫攻坚战役科技帮扶到户实用技术手册》共9种类别9000余份,促进连城甘薯、上杭槐猪、闽西南黑兔等地方特色种养殖产业规范化、规模化发展,实现10多个村财增收、80多户农民致富。实施科技帮扶到户示范活动，在全市选派15名一线农业技术人员手把手指导贫困户发展种养项目，对每个项目给予1万元奖励。制定《龙岩市科技对接帮扶贫困户工作实施方案》，加大对挂钩帮扶村连城姑田镇中堡村39户贫困户精准脱贫工作力度,给予每户1000元生产扶持资金,策划中堡村农商市场、光伏发电等4个脱贫项目,安排“中堡村清洁能源技术开发与推广”项目20万元,挂钩帮扶实现17户脱贫目标。

【国家可持续发展实验区】 组织实施“龙岩国家可持续发展实验区条件能力建设(编号:2015Y6004)”项目;参加国家科技部组织的“十三五”国家可持续发展实验区建设与发展工作座谈会;参加国家可持续发展实验区援藏暨地方工作座谈会；按照国家科技部21世纪议程中心的要求,填报“国家可持续发展实验区建设情况暨创新能力监测数据调查表”;9月18日至23日,科技部机关团委和21世纪中心调研龙岩国家可持续发展实验区建设,对龙岩国家可持续建设给予了高度评价。

（邱柏茂　撰稿）

农业科技

【概况】 2016年，龙岩市农科所全年共争取科技项目10项,其中:省发改委1项,省科技厅2项,省农业厅、财政厅2项，市科技计划3项、市财政专项2项,争取项目资金426.5万元。获得省(部)、市级科技成果3项,其他奖项2项，其中农业部丰收奖二等奖1项,获奖项目“甘薯良种龙薯9号高产高效技术推广”;省科学技术三等奖1项,获奖项目“甘薯新品种龙薯13号选育”;市科学技术奖二等奖1项,获奖项目“甘薯新品种龙薯15号选育”;“一种橙皮与甘薯复合型软糖的制备方法”和“甘薯新品种龙薯24号的选育”分别获得福建省百万职工“五小”创新大赛一等奖和三等奖。选育出审(认)定作物新品种6个，其中国审品种2个:“龙薯31号”和“龙紫薯6号”,福建省审(认)定品种4个:“龙紫4号”“龙花128”“福斛1号”及“福龙两优6387”。获授权发明专利1项“一种橙皮与甘薯复合型软糖的制备方法”,申请专利1项“一种甘薯裹衣花生的制备方法”。

【甘薯育种研究】 加强国家甘薯产业技术体系龙岩综合试验站建设,承接甘薯新品种国家区试及省区试、展示与示范推广等工作。继续做好福建省种业创新与产业化工程项目“薯类作物种质资源征集保存与利用”。田间保存602份甘薯品种资源,温室大棚保存594份甘薯品种资源。推荐6个甘薯新品种“龙薯33号”“龙薯34号”“龙薯35号”“龙紫8号”“龙紫9号”和“龙薯599”参加福建省甘薯新品种区试,推荐“龙薯31号”参加福建省甘薯新品种生产试验。加强科企合作申报并开展项目研究,与龙岩闽西好食品有限公司合作开展龙岩市专利技术实施与产业化计划项目“红薯营养羹技术实施与产业化”研究,建立新产品生产线并投入生产,合作申报省科技厅星火项目“富含胡萝卜素薯羹营养优化技术应用与产业化”。

【水稻育种研究】 依托水稻南繁育种基地,加强水稻制种、高代材料加代繁殖、筛选、提纯、新组合试种示范等工作。组织实施省发改委农业“五新技术”示范重点项目“高光效杂交水稻新品种福龙两优系列新组合示范推广与种子产业化”,建立千亩示范片1个(上杭庐丰),建立百亩示范片5个(连城揭乐、武平十方、长汀河田、漳平双洋、永定坎市)。推荐3个水稻新品种"广8优龙三""福龙优636""金龙优935"参加2017年福建省水稻新品种区域试验。保存糯稻种质材料458个,测配123个组合,筛选出1个稳定品系。

【果蔬研究】 收集引进商品性状优良的黄秋葵种质资源16份,开展黄秋葵种质资源植物学特征和生物学特性观察及评价工作,筛选出性状优良、果形好、适宜鲜食的优良株系3个。开展"龙岩市地方特色优良种质资源和引进优良品种的收集保存与利用"研究,收集地方芥菜品种6个、地方圆筒丝瓜品种5个,引进试种甘蓝、花菜、苦瓜、辣椒、黄瓜、白菜等优良蔬菜品种69个,筛选出适宜本土种植黄瓜新品种2个("博美S29"和"博美9号"),苦瓜新品种2个("闽秀5号"和"香帅2号")。收集特优茶树资源30份。

【高新技术研究】 组织实施福建省林业厅"观赏药用铁皮石斛资源调查评价与杂交育种研究"项目,建立野生铁皮石斛种质资源圃100平方米,高产优质栽培试验区1000平方米,收集铁皮石斛资源37份,配制杂交组合10个。承担国家早熟中南组和省马铃薯新品种区域试验龙岩点的工作,在新罗区、永定区、上杭县等地建立马铃薯新品种"闽薯1号""福克76"产业化种植示范基地,开展龙岩市马铃薯病虫害调查和防控技术、马铃薯高产高效技术等方面的研究。

【植保技术研究】 开展七叶一枝花(重楼)规范化栽培技术及开发研究,在新罗江山上湾村和连城赖源乡下村村建立七叶一枝花规范化种植片1.2公顷,对七叶一枝花种子育苗技术进行试验研究,开展七叶一枝花组织培养初步实验。开展省现代种业项目"龙岩市地方特色优良种质资源和引进优良品种的收集保存与利用"研究工作,收集地方特色药用植物资源21个,引进优良药用植物资源10个,繁育三叶青、细梗香草、七叶一枝花、黄花远志、南非叶等地方特色药用植物种苗。开展省星火项目"甘薯新品种龙薯24号示范推广"研究,已申报2016年度市科技进步奖。

【花生育种研究】 开展省财政厅项目"加工型花生新品种'龙花243'产业化关键技术示范与推广"研究,在新罗区、永定区和武平县等花生主产区建立"龙花243"原种、生产用种繁育基地和示范片,在花生主产区及重点加工企业进行配套栽培技术和加工工艺的培训。

【示范推广】 全年累计推广甘薯、水稻、花生、蔬菜等新品种、新技术13多万公顷,创造社会经济效益2亿多元。

2016年,市农科所与中国集团有限公司三亚分公司合作,建立福龙两优系列组合示范片6个,集中示范具有高光效、抗衰老等优势特色性状的福龙两优系列新组合"福龙两优863""福龙两优29""福龙两优1031"及"福龙两优6387"。依托国家甘薯产业技术体系,在全国三大薯区展示试种甘薯新品种,"龙薯14号"和"龙薯31号"在山东威海展示,"岩薯5号"和"龙紫4号"在山东泗水展示,并在湖北红安引种。在福清、惠安、连城、宁化、福鼎、莆田、罗源等地示范推广"龙薯13号""龙薯14号""龙薯15号""岩薯5号""龙薯24号""龙紫4号"等甘薯新品种5万多公顷。在新罗区、连城县和宁德霞浦县建立优质高淀粉型甘薯新品种"龙薯28号"丰产示范片各1个。在武平岩前镇示范推广"龙花128"和"龙花138"66.67公顷。在全市推广番茄、茄子、苦瓜等瓜果类蔬菜嫁接技术3333.34公顷以上。积极做好菜篮子工程技术服务工作,指导全市400公顷大棚无公害蔬菜生产布局及肥水滴喷灌设施设备推广。

【科技为民】 选派科技人员、技术专家下农村、进企业、入农户开展科技下乡活动100多人次,帮助农业企业、专业合作社、农民解决生产技术难题。举办蔬菜、水稻、甘薯、百香果、铁皮石斛等种植栽培技术培训班30多场次,培训农民5000多人次。全国科普教育基地共接待幼儿园、小学生2500多人次。

(市农科所　撰稿)

32 文化 新闻 出版

文 化

【公共文化服务体系建设】 文化“三馆”建设。龙岩图书馆完成机房升级改造、消防设备升级改造、广场路面停车场建设，一层场馆升级改造项目开始投入建设；龙岩市艺术馆被评为国家二级馆，龙岩美术馆举行揭牌仪式；龙岩市博物馆到馆参观人数突破53万人次，比上年同期增长近30倍。推进“龙岩电视台高清数字化改造”项目。该项目计划总投资760万元，2016年全面完成投资760万元，完成新闻高清传输、非编制作系统以及网络互联和高清演播室灯光LED工程基础部分建设。实施龙岩电视台演播厅综合体项目。总投资约6000万元，2016年计划投资500万元，完成投资412万元，完成工程招标，签订代建协议。推进广播电视节目无线数字化覆盖工程。10个高山发射台除连城台因迁建的原因，皆实现中央、省、市、县共16套节目的开播试运行，各县（市、区）主城区及乡镇覆盖范围内都可免费收看16套地面无线标清数字电视节目。推进广播电视微波网数字化改造项目。抓好高山台基础设施改造工程项目。

【文艺活动】 打造大型群众性文化活动——群文十大活动。群文十大活动涵盖“原创歌曲、舞蹈、合唱、戏曲、小品、美术、诗歌、吉他、故事、灯谜”等十项群众参与性强、形式多样、内容丰富的群众文化活动”，活动从各县的海选到复赛、决赛近百场的文化活动掀起全市群众参与文化热潮。开展常态化公益演出活动。全年全市共开展“周周有戏”文化惠民活动308场次。推进电影放映工程。全年全市完成农村公益数字电影放映21850场，完成全年放映任务的102.18%。完成城市公益数字电影放映1300场。开展“文化志愿者”活动。开展“文化暖心”关爱进城务工农民工子女、原生态采茶灯歌舞表演、全民大阅读、爱心进入养老院、关注贫困儿童、留守儿童等130多场(项)活动。推进“书香龙岩”建设。倡导全民阅读，举办“书香龙岩”全民读书月活动，在读书月期间利用报纸、广播、电视、互联网、窗口单位等多种途径对全民阅读活动进行广泛宣传，并联合相关部门开展全民阅读“七进”活动。

【文艺精品工程】 文化艺术精品“走出去”。龙岩市地方戏曲“闽西汉剧”经典折子戏《百里奚认妻》参加“福建省百台折子戏汇演”，并到北京参加福建省地方戏曲展演，广获专家和观众的好评。《红翎子草鞋》参加福建省庆祝中国共产党成立95周年戏曲晚会。小组唱《天下客家是一家》进入“全国第十七届群星奖”决赛。男高音歌唱家温鸿祥获第二十一届“罗兰多·尼克罗西”国际声乐比赛银奖，这是龙岩市歌手首次在国际专业比赛中获得奖项。龙岩市山歌队(参赛山歌曲目：《八月十五看月光》《阿哥出门往南洋》）代表福建省参加第四届中国非物质文化遗产博览会民歌大赛决赛，是全省唯一进入决赛的队伍，获得优秀演唱奖；艺术精品“引进来”。7月，中国东方歌舞团大型音乐会《东方之声》到龙岩市巡演28场，深受社会各界的好评。

【文化市场管理】 行政执法。推动国资委所属企业使用正版软件工作。市文广新局与国资委联合制定下发《关于印发龙岩市推进国有企业使用正版软件工作实施方案（2015—2020年）的通知》，在全省范围内率先召开推进国有企业使用正版软件工作会议。开展保护知识产权系列活动。4月21日，在闽西文化艺术中心广场组织开展侵权盗版及非法出版物集中销毁活动，当天全市各地都开展了集中销毁活动，共集中销毁各类侵权盗版及非法出版物27879件。“扫黄打非”持续保持高压态势。认真贯彻落实第29次全国、全省“扫黄打非”

工作电视电话会议精神，全面组织开展“净网”“护苗”“清源”“秋风”等专项行动。全年全市共收缴违法出版物6150件（其中侵权盗版出版物4844件，非法出版物866件，违禁出版物340件），处置网络有害信息972条，取缔销售各类出版物临时摊点73起，查处案件9起。

综治安全。开展“六个一”教育培训活动，提高安全生产意识和能力。强化检查监督，全面落实安全生产责任。严格《安全检查和隐患排查整改制度》《消防安全管理制度》等制度落实，坚持每月5日安全生产集中检查日的行动，组织开展“春节安全生产检查”“夏季消防安全检查”等专项检查10次，认真排查安全隐患，促进安全生产责任落实到岗、到人、到位。2016年，组织安全巡查3220人（次），排查消除安全隐患189处。全面完成安全生产标准化建设提升工程。文化市场企业完成安全生产二级达标验收36家，三级达标382家；文博系统单位完成一级达标验收15家，二级达标验收3家，三级达标验收2家。

【广播影视】 宣传工作。深入开展中共十八大和十八届六中全会精神和习近平总书记系列重要讲话精神、社会主义核心价值观主题宣传，庆祝中国共产党成立95周年暨纪念红军长征胜利80周年等宣传报道。在中央电视台《新闻联播》及其他新闻节目中播出反映龙岩的新闻90多条，比2015年翻了一番多；省电视台新闻中心播发龙岩新闻超过823条，实现了对外新闻宣传工作的新突破；龙岩人民广播电台共采访播出新闻报道29546条，其中在《龙岩新闻》播出3674条，被省台采用760条，中央台采用68条。

【杂志入台交流】 编辑出版4期《环球客家》，突出对台发行重点，坚持每期向100多个台湾客属社团、客家研究机构、200多名台湾客属界各阶层人士、100多名客家商会会员以及全台585家图书馆寄送刊物近1000册，同时，聘请3名台湾客家文化专家学者为《环球客家》杂志签约作家。

文博工作

【概况】 博物馆免费开放。全年全市14家国有博物馆（纪念馆）举办临时展览近100场（次），开展教育活动260多场（次），观众量600万人次。

文物保护单位维修保护。2016年，龙岩市争取到位的国家、省文物保护专项资金共计4828万元，其中中央财政下达4488万元，省级财政下达340万元，项目数和资金总额位列全省设区市第一。全年全市实施的文物保护修缮工程有连城县培田村古建筑群、四堡书坊建筑、芷溪宗祠建筑，永定区五云楼、振成楼、奎聚楼，长汀县红九军团长征出发地等56处文物保护单位，其中已完工的有五云楼（一期工程）、培田村古建筑群如松堂、双善堂、汀州文庙、龙池书院等18处文保单位。

【中国文化遗产日活动】 6月11日，为庆祝第11个中国文化遗产日，围绕“让文化遗产融入现代生活”主题，举办了《传承·记忆——龙岩市“非遗”摄影大赛》，获奖作品在龙岩市博物馆展出。非遗摄影大赛共收到投稿作品3000多幅，涉及龙岩市非遗项目和特色民间民俗活动50多项，种类众多，涵盖面广。此次作品展，共展出优秀摄影作品（包括获奖作品）100多幅。

【铁血长征——福建儿女长征史迹展】 为纪念中央红军长征胜利80周年，9月23日至11月25日，由福建省文化厅、中共龙岩市委、市政府主办，福建省文物局、中共龙岩市委宣传部、龙岩市文化广电新闻出版局、中央苏区（闽西）历史博物馆承办的“铁血长征——福建儿女长征史迹展”在中央苏区（闽西）历史博物馆展出。展览内容分为《福建苏区　长征起点》《万里征途　斩关夺隘》《政工后勤　排危解难》《长征胜利　丰碑永存》《弘扬长征精神　建设红色热土》5大部分18个单元。展览共展出65块版面、400多幅珍贵历史图片、300多件珍贵文物和文物资料。

（市文广新局　撰稿）

9月23日，举行“铁血长征——福建儿女长征史迹展”开展仪式，图为开展仪式现场

古田会议纪念馆

【社会交流】 2016年，古田会议纪念馆与各单位、各高等院校联系合作，开展基地共建活动。分别与中央国家机关、中国民主同盟、武警工程大学等签订了中央国家机关爱国主义教育基地”“民盟中央传统教育基地”“武警工程大学古田政治理论教学实践基地”“山东大学党建实践基地”“福建省马克思主义新闻观国情教育实践基地（龙岩基地）”等教学基地。先后组织人员赴井冈山革命历史博物馆、杨业功纪念馆、华侨博物院、厦门市博物馆、陈嘉庚纪念馆等文博系统单位进行学习、交流，了解其它文博系统单位在管理和发展上的先进理念和有效做法。先后为武警工程大学等单位举办专题讲座累计近200场次。加强与古田会议代表后代的联络工作，邀请朱德、罗瑞卿、张云龙、韩伟、肖劲光、张鼎丞、刘亚楼、周士第、洪学智、李天佑等革命先辈的后代或亲属参加古田会议人物周年系列展。

【宣传展览工作】 2016年，古田会议馆启动古田会议人物周年系列展，推出朱德、罗瑞卿、韩伟、杨业功、谭政、刘型、张赤男等人物生平事迹展。与民间收藏家杨少武合作举办“家国天下——精品匾额展”；与福建博物院合作举办“绿叶对根的情谊——华人华侨奉献展”；与福建省革命历史纪念馆合作举办“长征从闽西出发”主题展览；与晋江市博物馆合作举办“长征从这里出发”主题展览；与市纪委联合举办《苏区精神 廉政丰碑》专题展等10个临时专题展览；协助中央电视台《新闻联播》栏目摄制《长征路 新故事——古田专题》；协助电视连续剧《绝命后卫师》剧组做好相关工作；协助中央电视台军事节目中心录制《我爱唱军歌》节目；协助共产党员电视栏目拍摄全国党员教育系列节目《岁月荣光》；协助福建电视台《新闻启示录》拍摄保护红色资源、传承红色基因的《古田专题》；协助山东广播电视台拍摄纪念红军长征胜利80周年专题片《千秋功业》；协助厦门广播电视集团拍摄长征前传大型系列专题片。全年接待观众290万余人次，提供讲解服务5000多场次，其中重要接待150多批次，完成全国人大常委会副委员长张宝文、全国政协副主席王正伟、马飚、卢展工等多位党和国家领导人的参观接待任务。

“苏区精神、廉政丰碑”中央苏区廉政建设史展览在古田开展

民盟中央传统教育基地

【文物资料收集整理】 2016年，古田会议馆积极完善日常可移动文物工作，规范文物藏品的管理。根据省、市普查办的业务要求对馆所登录数据进行多次复审；开展文物收藏工作，全年通过“5·18”博物馆日，党和国家领导人签名，老一辈革命家亲属、收藏家、艺术家捐赠等方式共征集藏品418件；做好入库藏品数据录入工作，完成2015年新征集藏品除铜钱、家具外大部分藏品图片数据的采集工作，初步完成部分帐册登记工作；做好“预防性保护”和“文物

修复”两个项目跟踪落实；登录入库图书1132册，分类装订500多册期刊杂志和1800多份报纸；手动录入馆藏珍贵资料4.6万余字，扫描馆藏珍贵文献资料和回忆文章1000余卷；购藏《中央革命根据地历史资料文库》《红藏：进步期刊总汇(1915—1949)》等革命史书籍1000余册；收录电子档案资料184GB；整理编辑《古田会议精神讲稿》。

【科研工作】 2016年，完成《红色虎岗》、古田会议资料研究丛书书号申请；做好馆刊《古田军号》和《古田会议纪念馆通讯》的编辑出版工作，编印出版《古田会议纪念馆通讯》3期、《古田军号》3期；完成古田会议资料研究丛书《古田会议文物图集》《古田会议文献资料》《见证古田会议》的编撰工作。

【省部军级领导瞻仰古田会议会址】 2016年，瞻仰古田会议会址和参观纪念馆的省部军级以上领导共有130多人次，主要有(以参观时间先后为序)：全国红办副巡视员王树茂，斐济共和国驻华大使、少将约阿尼·奈法卢拉，中共中央党校学术委员会主任郑必坚，中央国家机关工委副书记陈存根，中央国家机关工委委员、宣传部长刘涛，《紫光阁》杂志社社长闪伟强，火箭军某部队政委陆艳先、副部长王志强、副部长马卫中、副政委李大军、后勤部部长孟峰玉、装备部部长杨小明，财政部副部长刘昆，环保部副部长李干杰，福建省委常委、常务副省长张志南，福建省副省长郑晓松，江西省政府副省长郑为文，广东省政府副省长许瑞生，广西壮族自治区政府副主席黄世勇，文化部部长雒树刚，文化部部长助理于群，福建省副省长李红，国家机关工委《紫光阁》杂志总编辑彭宏，全国人大常委会副委员长、民盟中央主席张宝文，福建省人大常委会副主任彭锦清，中央统战部副部长、国家民族事务委员会党组书记巴特尔，福建省副省长洪捷序，国家民委办公厅主任张京泽、研究室副主任马国华，武警工程大学政委李吟、副政委宋晶、训练部部长李宏伟、政治部主任沈德富，国家机关事务管理局副局长赵峰涛，全国政协副主席马飚，全国政协委员、中国美术家协会主席刘大为，全国政协常委、中国文联副主席覃志刚，省政协副主席陈向先，山东省委常委、青岛市委书记李群，省委常委、统战部长雷春美，南京炮兵学院院长于超，全国政协委员、朱德元帅外孙、解放军装备学院原副院长刘建，解放军原装备指挥技术学院副政委胡增军，解放军装备学院训练部部长赵洪利，朱德元帅外孙、大校刘武，韩伟中将之子韩京京，中国人民解放军信息工程大学密码工程学院院长贾学东，中国人民解放军后勤学院副政委徐贵忠、训练部副部长丛景涛、纪委副书记史西龙，福建省副省长、公安厅厅长王惠敏，农业部总农艺师孙中华，水利部副部长田学斌，水利部农水司司长王爱国，全国人大农委调研室副巡视员陈亚奎，东部战区空军政委谢乐辉，民盟中央宣传部部长曲伟，中央文献研究室主任冷溶，开国大将罗瑞卿之子、解放军总装备部后勤部原副政委罗箭，全国人大委员会委员、内务司法委副主任委员李慎明，中央党史研究室主任曲青山，张云龙将军之子、北京军区原副参谋长张晓剑，北京大学党委副书记叶静漪，中央文明办二局局长吴向东，国家旅游局副局长魏洪涛，中国华电集团公司董事长、党组书记赵建国，全国政协副主席卢展工，青海省政协副主席鲍义志，瑞典韦姆兰省菲利普斯塔德市市长帕·格鲁伯格，中央文明办秘书局局长张朝生，国家禁毒委、国家人社部副部长张义珍等。

（古田会议纪念馆　撰稿）

中央苏区(闽西)历史博物馆

【概况】 2016年，中央苏区(闽西)历史博物馆通过第三批国家一级博物馆等级评估。全面完成第一次全国可移动文物普查工作，完成录入上传8832件/套、实际数量13741件、进度完成100%，顺利通过市、省、国家级专家组验收。先后前往北京、广州、福州、遵义、会宁等地征集文物，拜访了几十位将军、部级干部及其家属，累计征集文物资料1000多件。编辑出版《血沃中华——闽西儿女抗战史迹图集》和4期《红色闽西》馆刊。

【展览】 成功举办了“剪不断的滚滚‘血脉’——中央红色交通线史迹展”“福建土地革命的先驱　中国农村变革的开拓者——邓子恢”“中山舰出水文物展”“中国抗日战争中印缅战场滇西战役纪实展”“绿叶对根的情意——华侨华人奉献展”“铁血长征——福建儿女长征史迹展”和“红土骄子　红心向党——纪念闽西籍开国功臣诞辰百年展”等14次临时展，并将“铁血长征——福建儿长征史迹展”输送到全省各地市和云南保山市展览。

【红色文化保护传承弘扬工程】 编制完成红色文化保护方案，完成红色文化重点乡镇的调查摸底、支持红色文化重点乡镇革命旧址保护利用、在文化站或革命旧址内设立革命历史陈列等工作，会同教育部门编辑出版《闽西红军故事》《红色少年故事》“三红”教育读本等。组织开展“留住老红军风采”活动，加强对散存的红色文化相关文物资源和文献史料的调查征集工作；制定《中央苏区(闽西)历史博物馆关于闽西红军标语整理及研究工作实施方案》，完成《永不褪色的红色印迹——闽西红色标语集萃》初稿，制作成专题汇报片《中央苏区大动脉——剪不断的滚滚“血脉”情》。

（中央苏区（闽西）历史博物馆　撰稿）

《闽西日报》

【概况】 2016年，闽西日报社坚决落实党委（党组）意识形态工作责任制，创新“项目化、责任化、实效化”的理念，扎实推进“13512”行动计划（“1”是履行“围绕中心、服务大局”的基本职责。“3”是实现“办成爱看耐看党报、打造新型主流媒体、培育现代传媒集团”的“十三五”改革发展目标。“5”是“办好党报要有新提升，媒体融合要有新突破，狠抓经营要有新举措，强化管理要有新作为，党的建设要有新加强”等“五个新”的工作思路；“12”是推进“闽西日报复刊30周年献礼工程”12项重点工作项目），为“建设新龙岩”鼓与呼。2016年元旦对《闽西日报》进行版面改革，优化内容、改进文风，使新闻更加生动活泼、版式更加合理有序。办报质量得到了省长于伟国和省委常委、宣传部长高翔以及市委、市政府领导的肯定。

全年广告经营额实现2085万元，比合同目标经营额1660万元，增加425万元，比党委下达任务2000万元，增加85万元；在2016年全国纸媒下降40%以上的背景下逆市同比增长11.29%。报社总收入增幅为12.38%，总支出增幅为2.95%，收支对抵后实现扭亏为盈。发行工作实现稳中有升，增加了党报影响力。进一步提升报纸印刷质量，确保报纸印刷质量持续走在全省地市党报前列，2016年报纸印刷在全省印刷质量评比中获得第三名。

【时政报道】 根据市委、市政府重大决策部署，先后推出“打好‘三大战役’”“再上新台阶、建设新龙岩”“两学一做”“换届选举”“争创全国文明城市”“全面深化改革”“供给侧改革”等10多个重点栏目。组织“记者进企业”，开辟“国资国企展雄风”，在经济下行压力下加大实体经济报道力度，提振企业和企业家信心。推出“开放龙岩”言论栏目，刊发《新理念新动力新辉煌》《坚持龙岩自信》《龙岩需要“工匠”精神》等一批重要言论。

【民生报道】 新增民生版，以每周3次的频率推出，通过“民生热点”“冷暖你知”“民生快报”“茶余饭后”等栏目，及时回应百姓关切；要闻版“热点关注”栏目策划了“关注‘全面两孩’”“农民工工资发放”“猪价上涨”“华龙社区棚户区改造”等80多个民生热点话题；深读版重点对龙岩市“十三五”规划纲要、深化生态公益林管理体制改革意见、建设特色现代农业实施意见等市委、市政府重大政策进行解读；《生活专刊》关注柴米油盐、就业就学、医疗保障等重点话题，“三农”、经济、房车、教育。

【专副刊报道】 各专副刊版面更加重视专题化报道，精心采编讲述好故事。政文部开辟“大家谈·我看品德教育”“关爱未成年人，促进身心健康”；经济部新设“美丽乡村·绿色生态”“创新创业”“转型升级促发展”等栏目。群工部“登高访谈”专栏以市委、市政府各阶段中心工作和广大人民群众关注的热点难点问题为选题，广泛征集委员和社会各界的意见建议，搭建党委、政府沟通社会的平台；副刊部注重打好特色牌，重点围绕传承红色基因，举办“红军长征胜利80周年”征文活动，组织《绝命后卫师》相关稿件，策划“走进博物馆”系列，挖掘红色人文资源，开辟了“红色记忆”“红色遗珍”等栏目系列。

【强化网上舆论工作】 对闽西新闻网进行全新改版，网站每天更新新闻100多条，日均浏览量20万人次，办网质量和网站排名居全省山区地市党报前列。强化正面舆论引导，特别是在新罗东肖镇洋潭村9名村民疑似喝乐果事件等突发事件面前，能够快速反应，以官方新闻网站的身份率先发声，及时跟踪报道，防止了谣言滋生蔓延。

【全媒体矩阵初步形成】 推出闽西日报微信公众号。加强闽西日报微博账号的推介工作，至年底，闽西日报的微薄粉丝数量超过10万。闽西日报客户端——新龙岩的筹备工作有序推进。12月30日，闽西日报APP和首批户外电子阅报栏正式投入使用，标志着闽西日报社构建的纸质媒体、网站媒体、移动媒体、户外媒体等全媒体新闻矩阵已经形成，新媒体社会影响力正不断扩大。

【融媒体平台建设】 2016年，报社多次召开专题会议，成立组织机构，制定完善《闽西日报全媒体平台（龙岩市突发时间新闻采访应急指挥平台）建设方案》，加强对员工的全媒体培训，制定新媒体供稿机制，公开招聘一批“新鲜血液”。同时，争取到省广电新闻出版局的扶持资金，筹建全媒体中心，构建纸质媒体、网站媒体、移动媒体、户外媒体等全方位的现代传播体系，进一步推动各类媒体之间互联互通、互补互强，打造新型主流媒体。

（闽西日报社　撰稿）

地方志

【中国龙岩地情网·闽粤赣互动发展区视窗上线运行】 8月，中国龙岩地情网·闽粤赣互动发展区视窗（http://www.zglydq.cn/）上线正式运行，该网站由龙岩市方志委在闽粤赣互动发展区视窗优化改版基础上建成，旨在把“视窗”大文化网站与全国全省方志系统网站接轨、整合，突出时代主题、区域特色，开设“发展了望”“方志天空”“红色土地”“客家文化”“美丽家园”“地域经济”六大板块，下设“发展动态”“地域概览”

“经济运行”“地域新论” 等 25 个栏目。至年底，网站发布各类文稿 672 篇，图照 580 余幅；累计访问量 13.2 万人次。

组织实施“龙岩市数字方志文献管理系统”项目。该系统开设“方志龙岩”和“原中央苏区地方志文献”两个版块，下设“志书”“年鉴”“地情资料”等 8 个栏目，实现地方志相关文献的上传、录入，便于用户全文查阅地方志文献并实现该系统的用户会员管理。“龙岩市数字方志文献管理系统” 的建成运行，为广大干部群众学志用志提供了一个现代化网络平台，标志着龙岩市数字方志建设工作迈出实质性步伐，对发掘区域深厚的方志资源，传播中央苏区地方志文化，扩大“中国龙岩地情网·闽粤赣互动发展区视窗”的覆盖面，提升服务水平，都有重要意义。市方志委已在网上发布第一批电子书刊，包括《龙岩市志(1988—2002)》《三明市志》《赣州地区志》《梅州市志 (1979—2000)》《汀州府志》《龙岩年鉴 (2015)》《龙岩年鉴(2012)》等志书年鉴的部分或全本。

“龙岩地情”微信公众号是龙岩市方志委的官方微信平台，以独特的视角挖掘闽西历史文化中的新知新用，传承闽西文明。自 2015 年底开通以来，发布文稿 83 篇，吸引众多用户。

《市情导读》(2016 年 12 月摄)

【中央苏区地方志主题馆项目建设初显成效】 组织实施龙岩方志馆建设成为全国中央苏区地方志文献的收藏展示中心、开发利用中心工作。在报经市委、市政府主要领导批示同意后，委党组书记、主任蓝国华、副调研员陈伦华，分别带队赴赣南(中、北)粤东苏区县和陕北著名革命老区收集地方志和革命文献资料。发扬千方百计、千山万水、千言万语“三千”精神，收集赣州、吉安、抚州、鹰潭、上饶、宜春、新余、萍乡、梅州、韶关、潮州、河源共 12 个中央苏区设区市 38 部志书，南雄市、梅江区、兴宁市、丰顺县、大埔县、平远县、莲花县、渝水区、分宜县、樟树市、袁州区、广丰县、上饶县、贵溪市、乐安县、宜黄县、崇仁县、吉水县、新干县、吉州区、永新县、遂川县、安福县、峡江县、井冈山市、吉安县、万安县、泰和县、青原区、永丰县、宁都县共 31 个中央苏区县(市、区)157 部志书；收集延安市、榆林市、延川县、黄陵县、安源区、芦溪县、湘东区 7 个著名革命老区市(县、区)15 部地方志书。自党的十八大以来，累计收集原中央苏区和革命老区地方志书、年鉴 748 种 9745 册；收集革命文献资料 3000 多万字。龙岩市方志馆成为全国收集拥有中央苏区地方志书最多、最全、最系列的地方志主题馆。

图为赴赣南(中)粤东苏区县和陕北著名革命老区收集的地方志和革命文献资料(2016 年 12 月摄)

【《龙岩市情导读》服务中心服务社会】 市方志委编辑出版《龙岩市情导读》，采取专题活页方式服务市委、市政府工作大局，服务人民群众。围绕市域中心工作，把主题志鉴和“中国龙岩地情网·

闽粤赣互动发展区视窗”以及“龙岩地情”微信公众号编辑工作中阶段性成果和有价值的文稿，及时有效提送给市领导和相关部门（机构）以及社会大众参阅。《市情导读》已出版8期，分别为：“闽西城镇化千年回眸”“龙岩的由来和汀州府的变迁”“毛泽东才溪乡调查的实践本色”“龙岩市地方志事业30周年成果展”“镌刻在闽粤赣边大地的名人书法”“习近平在闽西”“国家级生态文明先行试验区（闽西）综述”“志看闽西”，均广受好评，其中尤以“国家级生态文明先行试验区（闽西）综述”和“志看闽西”两期为甚。

【组织开展弘扬长征精神传承闽西红色基因党员主题实践活动】 做好新常态下的党建工作，落实各级方志委主任、党支部书记的党风廉政建设责任；深化省、市、县地方志党建“三级联创”活动，形成市、县党建工作的整体合力。年初，组织党员干部开展弘扬长征精神主题实践活动，前往福建省连城县新泉整训旧址、红军长征第一村——长汀县中复村、中央红军长征出发地——江西省于都县接受长征精神教育。7月1日，市方志委党支部与社区共建新罗区平寨社区党支部组织党员联合上杭县、连城县方志委的党员前往上杭县古田、才溪和连城县新泉，开展“不忘初心，重温入党誓词”革命理想信念主题实践教育活动，扎实推进“学党章党规、学系列讲话，做合格党员”学习教育。7月25日，召开全市地方志机构党建工作会议。交流市、县地方志系统党建工作经验，落实党组（党支部）的党建工作主体责任，会议结合地方志工作实际出台党员干部“七不准”：即公务酒不喝，评审费不拿，下属礼不收，名利事不争，小团体不搞，“老好人”不做，到基层评稿、审稿、验收志稿不领评审费，深化落实中央八项规定精神。发挥党员先锋模范作用，深入开展“学党章党规、学系列讲话，做合格党员”学习教育，积极开展市、县党建联创工作，全面加强新常态下党风廉政建设工作。认真贯彻落实市委《关于在全市党员干部中纠正不良习气树立清风正气的意见》。委党组先后制订完善《市方志委党组会议制度》《市方志委主任办公会议制度》《市方志委党风廉政建设责任制度》《市方志委机关效能建设制度》和《市方志委机关党支部“三会一课”制度》。

【全市地方志工作会议】 7月25日，龙岩市政府在市行政中心召开全市地方志工作会议，副市长王龙出席并讲话，市方志委党组书记、主任蓝国华作题为“力学笃行、直笔著史，为弘扬优秀文化服务闽西发展作出贡献”的工作报告，市政府副秘书长张龙泉主持会议。各县（市、区）政府分管领导、方志委主任参加会议。会议学习贯彻全省地方志系统先进表彰会和2016年地方志机构工作会议精神，回顾总结全市“十二五”以来地方志工作及2016年上半年工作，安排部署“十三五”重点工作及2016年下半年地方志工作。

【志书编纂出版工作】 《闽西生态建设志》统稿已经完成，计8篇26章。《龙岩地方志辑成》设历史篇、发展篇、文化篇、山水篇、人物篇约45万字、300张插图，进入审稿阶段。上杭县持续推进乡镇（部门）志编修出版工作，已出版乡（镇）、村、部门志共18部；上杭县政府决定延续以奖代补政策至2020年，进一步推动乡镇（部门）志编纂工作。新罗区启动明嘉靖版《龙岩县志》点校工作。永定区完成康熙、乾隆、道光和民国等4部旧志的出版。上杭县出版乾隆版《上杭县志》。武平县出版康熙版《武平县志》。连城县出版民国版、乾隆版《连城县志》。

【年鉴编纂出版工作】 2016年，市本级及7县（市、区）年鉴均实现一年一鉴公开出版。启动《龙岩年鉴》新一轮创新，围绕录史存真，传承闽西，植根生活，服务人民构想，探索实施“一鉴两版”（政务版、民情版）。开展知名年鉴品牌建设工作，首批确定新罗区方志委、上杭县方志委两家试点单位。

《龙岩年鉴（2015）》由厦门大学出版社出版发行。全书设37个类目，201个分目，58个子分目，1513个条目，110万字，入鉴配文图片163幅，全面、系统、翔实地记载2014年度龙岩市经济、政治、文化、自然和社会发展情况。年鉴着力中央苏区建设、生态建设、客家文化、新农村建设、重点产业园区、商会等主题部类，市委、市政府、人大、政协、农业、经济、金融、法制、县（市、区）概况等传统优秀部类。

图为《龙岩年鉴（2015）》（2016年5月摄）

10月，《武平县年鉴（2016）》由北京线装书局出版发行，标志着武平县年鉴工作实现了“一年一鉴，公开出版”的目标。《武平县年鉴（2016）》采用分类编辑法，保持卷首、百科、卷末为整体框架，分设部类、分类、条目3级层次结构，全面、系统、翔实地记载2015年武平县政治、经济、文化和各项社会事业发展的情况。全书设20个部类，计60万余字。

12月，中共龙岩市永定区委、区人民政府主办，区方志委承编的《永定县年鉴（2011—2014）》由中国时代经济出版社出版发行。全书共设18个类目、

1098个条目，130万字，全面系统记述2011—2014年永定县自然、政治、经济、文化和社会等方面的发展情况。

【2016龙岩地方志文化论坛取得丰硕成果】 9月22日，2016年龙岩地方志文化论坛在闽西宾馆举行。论坛主题为“传承文明·方志自信”，以发掘闽西深厚的地方志文化底蕴，营造地方史研究氛围；推进方志系统精神文明建设，助力龙岩争创全国文明城市为主要内容。方志系统5位干部发言，市方志委党组书记、主任蓝国华主持会议并作点评。各县(市、区)方志委(办)主任，论文作者，市、新罗区方志委全体干部职工，党建共建单位新罗区平寨社区党组织负责人等参加论坛。会议全面、系统梳理了闽西地方志从南宋孝宗隆兴二年(1164年)至今852年的编纂概况，包括志书的名称、种类、内容、数量以及编修者情况；从闽西地方志记述中发掘出当今政治文明、物质文明、精神文明、社会文明和生态文明建设有意义的人和事；提出了一系列闽西地方史研究的思想火花和地方志着力点。

【政策保障】 全市方志部门通过各种形式宣传贯彻《地方志工作条例》《福建省实施〈地方志工作条例〉办法》《龙岩市人民政府关于进一步加强地方志工作的实施意见》，着力营造依法修志的社会氛围。

11月1日，经连城县人民政府同意，《连城县地方志事业发展规划纲要(2016—2020)》正式印发实施。纲要明确了“十三五”全县地方志工作的指导思想、基本原则、总体目标和主要任务，是指导连城地方志工作的纲领性文件。副县长储著斌随后对纲要做出批示并到县方志委调研。

上杭县委、县政府历来重视地方志工作，2012年在全省率先出台以奖代补政策鼓励编修乡镇（部门）志，2016年8月延续出台该政策并下发《上杭县2016—2020年乡镇(部门)志编纂规划纲要的通知》，为做好上杭方志工作给予了政策的保障。

【各级党政领导关心支持地方志工作】 11月4日，龙岩市副市长李庆刚到龙岩市方志委调研，看望慰问方志工作者，察看龙岩市方志馆、中国龙岩地情网·闽粤赣互动发展区视窗，同地方志工作者座谈。在听取市方志委党组书记、主任蓝国华的工作汇报后，李庆刚充分肯定多年来龙岩市地方志工作取得的成效。他指出，龙岩市地方志工作比较扎实，收集中央苏区与革命老区的文献资料，地方志网站的建设，《闽西生态建设志》的编纂等工作很有特色。地方志工作比较冷门，但很重要，具有很强的现实作用和历史价值，总书记、总理都很重视，方志工作者要有奉献精神，不断克服工作中的困难，纪录和传承闽西的历史文化积淀和红色文化，服务社会。

8月24日，中共上杭县委书记傅藏荣在副书记詹崇仁、统战部长蓝新等陪同下到县方志委调研，看望方志干部，参观方志展馆，翻阅上杭出版的县志、乡镇(部门)志，了解乡(镇)志书编修情况。傅藏荣书记强调，中国有着盛世修志的传统，上杭要抢抓机遇编纂出版更多有特色的精品良志。

8月26日，漳平市委书记陈论生在《资政参阅》(第1期)上作出批示：“此件很好！希望方志办加强研究，更好地发挥‘存史、资政、教化’的功能，为建设富强精美幸福漳平作出应有贡献。”分管副市长李小飞鼓励漳平市方志委再接再厉，并要求持续选好主题，办出精品，办出特色，办出水平，服务全市经济社会发展大局。由漳平市方志委主办的《资政参阅》，主要结合市委、市政府各个时期、各个阶段的中心任务，不定期刊发反映漳平历史发展进程中的相关重要史料，发送至副处级以上市领导，提供决策和理政参考。

（市方志委　撰稿）

市方志委党组书记、主任蓝国华(左)向副市长李庆刚(右)介绍馆藏文献

档案工作

【服务重点建设项目】 市档案局重点做好项目落地、扶贫攻坚、生态环保三大战役和主导产业项目、军民融合深度发展项目、厦门龙岩山海经济协作区等新增长领域档案工作。加强重点项目档

案的监督指导，制定下发《关于做好2016年度重点项目档案工作的通知》和《办理重点项目档案专项验收的通知》。按照市委、市政府脱贫攻坚工作部署，市档案局与市农业局及时印发《关于做好精准扶贫档案工作的通知》，部署全市脱贫攻坚档案工作。上杭县档案局着力加大重点建设项目档案现场指导力度，连城县档案局扎实做好县工业园区管委会文书、基建和企业档案业务指导工作。

【服务企业档案工作】 市档案局主动上门，对龙岩市会展公司、水发集团、国城置地等市属国有企业档案工作和土地档案馆进行指导；深入原属龙岩管辖的省三建、地区水泥厂等国有改制企业，实地指导改制企业档案整理和移交进馆工作。2016年，市档案局接收国有改制企业职工人事档案952人/袋。武平县档案局扎实抓好县改制企业档案指导工作。

【服务乡镇档案工作】 2016年初，市人大执法检查组对乡镇档案工作进行执法检查。市政府提出要依法规范乡镇档案工作，加大乡镇档案工作的执法检查和监督指导力度，扭转乡镇档案工作规范化水平较低的现状。市档案局下发《关于开展全市乡镇（街道）档案执法检查的通知》，开展全市各乡镇（街道）档案工作专项执法检查工作。各县（市、区）档案局加大对乡镇档案室和档案工作的检查指导力度，有效促进乡镇基层档案工作规范化水平。市档案局结合“双随机”抽查工作，加大乡镇档案检查力度，每个县（市、区）随机抽查三个乡镇，进一步推进乡镇档案工作的规范化。

【服务民生档案工作】 3月，市档案局、市农业局联合印发《关于加强全市农村土地承包经营权确权登记档案管理的通知》。新罗区档案局抓好城市社区档案、生态建设档案、土地确权登记、公证、林权等涉及民生档案工作。市档案局深入闽西技术学院调研学籍档案工作。抓好“乡村记忆档案”的指导。武平县、长汀县、漳平市档案局加强协调指导，推进“乡村记忆档案”示范项目建设工作，建立“乡村记忆档案”工作机制。

【县级综合档案馆建设】 市、县两级档案部门抓好县级新馆建设后续各项工作。2月，市人大常委会档案执法检查组将县级新馆项目建设列入检查内容。至年底，龙岩市列入中央“十二五”支持项目的6个县级综合档案馆已基本建成，其中永定、武平、长汀、漳平等4个新馆已搬迁投入使用，上杭、连城2个新馆已进入装修扫尾阶段。

【档案法治建设】 档案行政执法检查工作。龙岩市人大常委会开展贯彻落实《中华人民共和国档案法》《福建省档案条例》的执法检查。市政府对档案工作提出六点要求，市档案局按要求制定具体的实施方案和具体措施，督促有关单位和县（市、区）抓好整改落实。开展乡镇（街道）档案执法检查和档案安全保密专项督查。推动档案行政执法工作。

推广随机抽查规范事中事后监管工作。在全省率先制定《龙岩市档案局推广随机抽查规范事中事后监管实施方案》《龙岩市档案局推广随机抽查规范事中事后监管制度的通知》，省档案局在全省档案系统转发；省档案局局长丁志隆对此作出批示，肯定市档案局推广随机抽查强化监管服务工作的做法。从7月开始，市档案局分别组织2个检查组，分赴各县（市、区）、市直机关企事业单位开展档案工作“双随机”抽查。至年底，完成各县（市、区）直机关企事业单位及乡镇（街道）35家、市直机关企事业单位38家档案工作“双随机”抽查工作，占全年计划100%。

档案普法宣传教育工作。市档案局联合新罗区档案局、市城建、土地档案馆、东街社区开展“6·9国际档案日”普法宣传活动和档案法制“六进”系列宣传活动，发放10多种档案普法宣传资料2000多份；现场举办《长征中的闽西儿女》《档案利用实例事例》《家庭档案整理》《大学毕业生档案处理》等展览；解答群众关于档案知识、民生档案利用咨询服务2500多人次。深入学校、农村、企业等深入开展档案法制宣传，市档案局与闽西职业技术学院开展“档案法制走进校园”活动。

【档案资源建设】 档案征集工作。市档案局拓展资源领域，征集陈丕显、邓六金等老干部、闽西籍开国将军的照片、光盘；做好松毛岭战役、长征出发地中复村、湘江战役等有关纪念红军长征胜利80周年的资料照片的征集工作；征集闽西汉剧传统剧本书籍、援外医疗、土楼民俗、“八闽古城古镇古村”等老照片；开展国家非物质文化遗产传承人郭金香口述档案和采茶灯有关资料、照片征集工作。

档案移交接收工作。市档案局下发《关于做好到期档案接收工作的通知》，要求各县（市、区）档案部门加大接收力度，尽快规范接收到期档案。全年市、县两级档案部门共接收各类档案资料51272卷（册），其中市档案馆接收15441卷（件、张）。

【档案文化建设】 弘扬红色档案文化。以纪念中国工农红军长征胜利80周年为契机，市档案局与市委宣传部、市直党工委、市委文明办、市委党史研究室联合举办“长征中的闽西儿女——纪念红军长征胜利80周年档案图片展”，170多个单位近6000多人次参观了展览。永定区、武平县、长汀县、漳平市档案局以新馆投入使用为契机，举办特色专题展，有效发挥档案社会教育功能。

强化档案文化教育功能。市档案局在全省率先与高校建立合作研究机制，

11月19—20日，市档案学会与福建省中共党史学会、厦门大学历史系、龙岩学院中央苏区研究院联合举办“红色档案与苏区史研究新起点”学术研讨会，全国各地50多位领导、专家、学者参加，收集论文22篇。

【档案开发利用工作】 市档案局针对市属国有企业的行业特点，编印下发《企业档案工作文件选编》；做好《长征中的闽西儿女》画册编撰印发工作。上杭县档案局指导各乡镇、各单位开发利用档案信息资源开展编研工作，编制年鉴、组织机构沿革、大事记、数字汇集等多种编研资料。市、县两级档案部门共接待查档利用12300多人次，提供档案资料21000多卷(册)。

【档案信息化建设】 推进电子档案规范管理工作。市档案馆抓好《数字档案馆机房管理制度》等有关制度的落实。将电子文件及目录在线归档移交工作纳入市直单位绩效管理考评内容，为推进市直各机关、企业事业单位电子文件及时归档移交打下良好的基础。

指导县级数字档案馆建设工作。要求县(市、区)档案部门要抓住当地政府建设办公系统自动化项目契机，与当地政府、数字办协调，将数字档案馆(室)纳入大数字化建设项目之中，加快建设，实现当地数字档案馆(室)的目标。

(龙岩市档案局　撰稿)

图书发行

【概况】 全年全市累计销售图书1236.58万册、14161.93万元，分别比上年增长8.00%、1.57%；实现利润800.82万元，比上年增长10.19%。

教材教辅发行。全市中、小学收费继续实行一费制和“一课一辅”教材教辅发行政策。全市全年销售教材教辅995.85万册、9811.44万元，分别比上年增长8.07%、8.07%。龙岩、上杭分公司被福建新华发行集团授予2016年度教学用书发行先进单位，漳平分公司被福建新华发行集团授予2016年度大中专教材发行先进单位。

一般书发行。全年一般书销售204.58万册、2951.01万元，分别比上年增长12.18%、12.16%。漳平分公司被福建新华发行集团授予2016年度一般图书发行先进单位。

重点图书发行。全年发行《习近平总书记系列重要讲话读本(2016年版)》41026册、656416元，《习近平谈治国理政》944册、75520元，《习近平关于严明党的纪律和规矩论述摘编》329册、4474.4元，《中国共产党廉洁自律准则 中国共产党纪律处分条例》23006册、172809元，《中国共产党党员权利保障条例》3528册、10584元，《中国共产党问责条例》1557册、3892.9元，《中国共产党地方委员会工作条例　中国共产党党组工作条例（试行）党政领导干部选拔任用工作条例》120册、1200元，《党委会的工作方法》492册、1968元，《中国共产党的九十年（共3册)》317册、47550元，《全面小康热点面对面(理论热点面对面2016)》7963册、143334元，《总体国家安全观干部读本》179册、8055元，《龙岩市交通旅游图（最新版)》850册、6800元，《龙岩市地图册》344册、8600元。

2016年全市新华发行系统经营情况统计表

表27

项　目	龙岩	上杭	永定	漳平	武平	连城	长汀	合计
销售册数(万册)	387.88	172.83	136	126.11	109.92	103.99	199.85	1236.58
销售金额(万元)	5234.15	1634.75	1647.84	1351.9	1450.77	931.13	1911.39	14161.93
利润总额(万元)	212.55	79.86	98.10	81.47	93.11	46.48	189.25	800.82
固定资产总额(万元)	1929.50	950.52	467.67	436.58	702.04	502.66	553.08	5542.05

【十八届六中全会文件发行】 龙岩辖区各分公司征订发行十八届六中全会文件，采取分片包干、任务到人、责任到位的方式，宣传上门、征订上门、送书上门，并在卖场设立专柜、专架，专题宣传。全市共发行《关于新形势下党内政治生活的若干准则 中国共产党党内监督条例 中国共产党巡视工作条例》《关于新形势下党内政治生活的若干准则》《中国共产党党内监督条例》《中国共产党第十八届中央委员会第六次全体会议文件汇编》等1054册、5348元。

【“两学一做”学习教育用书发行】 辖区各分公司采取宣传上门、征订上门、送书上门的方式，宣传征订“两学一做”学习教育用书，全市共发行《中国共产党章程》27087册、94804.5元，《习近平总书记系列重要讲话读本(2016年版)》41026册、656416元，《习近平谈治国理政》944册、75520元，《习近平关于严明党的纪律和规矩论述摘编》329册、4474.4元，《在庆祝中国共产党成立95周年大会上的讲话(2016年7月1日)》157册、471元，《摆脱贫困》5092册、183312元，《做合格共产党员学习问答(“两学一做”学习教育系列读物)》74

册、2812元，《做合格党员（学党章党规系列讲话）》61册、1952元。

【《胡锦涛文选》发行】 龙岩辖区各分公司组织员工深入党政机关、企事业单位、学校、厂矿开展《胡锦涛文选》宣传征订工作，利用海报、信函等方式向广大读者寄发宣传单，传播《胡锦涛文选》的出版发行信息。9月20日，《胡锦涛文选》在全市新华发行系统统一上市与读者见面。全市新华书店在卖场悬挂宣传横幅，并在卖场显著位置设立《胡锦涛文选》宣传发行展台，专题展示《胡锦涛文选》，便利读者选购。至年底，共发行《胡锦涛文选》2473册、343747元。

【全国青少年爱国主义读者教育活动用书发行】 组织开展第二十三届全国青少年爱国主义读书教育活动。全市新华发行系统与所在县（市、区）委宣传部、教育局等部门密切配合、沟通、协调，组织人员深入学校开展宣传征订，全市共发行《传承中华文化　共筑精神家园》119118册、722771元。龙岩、武平、永定分公司被全国青少年爱国主义读书教育活动组织委员会授予第二十三届全国青少年爱国主义读书教育活动发行先进奖。

【《绝命后卫师》发行】 11月15日，在上杭古田会议会址，由求是杂志社、中共龙岩市委、龙岩市人民政府指导，中共龙岩市委宣传部、中共龙岩市委组织部、红旗出版社主办，古田会议纪念馆、福建新华发行（集团）有限责任公司龙岩分公司、福建中科亚创动漫科技股份有限公司承办的“新长征：从古田再出发”——贯彻习近平总书记在纪念红军长征胜利80周年大会上的讲话精神，走好新的长征路特别党课现场，举办长篇小说《绝命后卫师》首发式，《绝命后卫师》正式发行。红旗出版社总编辑徐澜、副总编辑毛传兵，福建新华发行（集团）有限责任公司龙岩分公司副总经理谢坤林分别向长汀县委宣传部、古田会议纪念馆、古田镇人民政府赠送《绝命后卫师》。全市共发行《绝命后卫师》23155册、1574840元。

【永定新华图书城开业】 7月26日，投资1200万元，建筑面积738平方米，营业面积630平方米的永定新华图书城竣工开业，书城位于永定区环城路春霭小区，经营图书、电子出版物、数码产品，内设图书、电子数码产品、文创产品、亲子阅读、学生阅读及成人阅读等功能区，系集休闲、阅读、文化消费于一体的文化活动场所。

（沈　钢　撰稿）

33

卫生　体育

卫　生

【概况】 2016年，全市有各级各类卫生计生机构(含门诊部、工业及其他部门卫生所、医务室、诊所)692个、比上年减少5.72%,其中市第一医院为三级甲等综合医院,市二院、龙岩人民医院为三级乙等综合医院,市中医院为三级乙等中医医院,市第三医院为三级乙等专科医院。全市医疗卫生机构床位数16957张、比上年增加2.14%,每千人拥有医疗机构床位6.45张、比上年增加1.42%;全市卫生技术人员18252人、比上年增加2.32%,其中执业医师(含助理)5859人、比上年增加3.52%,注册护士8433人、比上年增加3.07%,每千人均卫生技术人员数6.94人、比上年增加1.61%，每千人均医生数2.23人、比上年增加2.76%,每千人均注册护士数3.21人(以上数据均按常住人口计算)、比上年增加3.22%。2016年,医疗机构完成诊疗1642.38万人次、比上年增加56.24%,住院手术8.66万台次、比上年增加7.31%,出院病人53.35万人次、比上年增加18.16%。

【医药卫生体制改革】 公立医院综合改革。协调出台《龙岩市市属公立医院管理委员会工作规程》《龙岩市市属公立医院院长年薪制管理办法》和《院长年度绩效考核办法》等一系列政策文件,纵深推进公立医院管理体制、分配机制、绩效工资总额管理、绩效考核等10项重要改革举措。各县(市、区)均成立县级公立医院管理委员会,明确医管委职责及履职形式，积极探索实践、因地制宜实施县级公立医院院长聘任制和目标年薪制，医疗费用增长明显趋缓,诊疗秩序进一步规范。2016年,市级医院药占比降至33.59%、县级医院药占比降至31.76%，同比下降4.43%、3.19%；全市公立医院百元耗材降至24.25元,同比下降11.43%,医改主要指标位居全省前列,达到改革预期。

基层医疗卫生体制改革。认真贯彻落实省委、省政府《关于进一步深化基层医药卫生体制综合改革的意见》,全面推进基层医疗卫生机构“一归口、三下放”管理体制,基层医改示范点建设顺利实施，基层医改示范效应不断显现。制定出台《关于进一步加强乡村医生队伍建设实施方案》，建立健全乡村医生养老保障、退出机制等制度。各县(市、区)开展家庭医生签约服务,稳步推进以契约式服务为特点的家庭医生签约服务试点工作。

分级诊疗工作。出台《龙岩市推进分级诊疗制度建设实施方案》，确定永定、武平、长汀为分级诊疗试点县,通过提升基层服务能力、改革创新体制机制、加大信息化建设等多项举措,推进分级诊疗制度实施。中心城区5个社区卫生服务中心“四统一、三不变、一推进”紧密型医疗联合体运行良好,实现心电图、B超、检验等医疗服务在社区开单申请、收费、检查,三级医院出具诊断报告的联动机制,有效吸引患者在社区首诊,顺利通过市人大常委会满意度测评。2016年，全市县域内就诊率72.72%，基层医疗卫生机构就诊率32.17%,通过高清视频网络门诊开展远程诊疗12178人次。

新农合支付方式改革。进一步健全完善新农合单病种付费有关政策措施,以诊疗技术成熟、质量可控、费用差距不大、临床路径明确为病种筛选条件,综合疾病发生频度、经济负担、临床疗效等因素,累计开展102个病种(组)支付方式改革,其中省定重大疾病16个、中医康复病种10个、其他病种76个。制定出台“日间手术”报销政策,将白内障、翼状胬肉纳入“日间手术”新农合支付范围,缩短患者住院天数,减轻患者就医负担。在省对市绩效管理考核中,该指标居全省第一名。

【规划与基本建设】 市政府出台《龙岩市“十三五”卫生计生事业发展专项规

划》。全年共实施中央、省预算内投资项目31个，其中，乡镇卫生院25个。龙岩中心城区在建项目进展顺利，市第三医院病房综合楼建成投入使用；市妇幼保健院（市儿童医院）项目、市中医院项目有序推进。

【疾病预防控制】 龙岩市结核病防治“三位一体”管理新模式改革典型经验在全省交流和推广，龙岩市成为福建省唯一被国家卫计委列入结核病分级诊疗和综合防治服务模式的试点市。重大疾病防控措施有效实施，新增4家艾滋病初筛实验室，人感染禽流感、霍乱、艾滋病等重点传染病防控有力有效，全市报告乙类传染病7676例、发病率294.1/10万。认真落实国家免疫规划工作，国家免疫规划疫苗报告接种率保持在95%以上，有序开展“山东问题疫苗”事件的处置。慢性病、严重精神障碍患者等防治工作进一步加强，被省卫生计生委授予消除疟疾达标市。

【妇幼健康服务】 进一步规范全市孕产妇、儿童系统保健管理，健全完善危急重症孕产妇、新生儿监护救治网络，加强出生缺陷三级预防，全面完成妇幼重大公共卫生项目。2016年，全市孕产妇死亡率7.42/10万、婴儿死亡率3.36‰。

【综合监督】 医疗卫生、公共场所卫生、学校卫生、饮用水卫生等专项监管成效明显，实现“双随机”抽查覆盖全部监管事项，公共卫生许可、服务实现网上办理，监管信息公示有序推进。持续深入开展卫生计生综合监督示范乡镇创建活动，得到国家卫计委综合监管局、省卫计委的充分肯定，并获得全省“创新奖”。

【医政管理】 提升医疗服务质量。开展“改善医疗服务行动计划”和“医院评价”活动，在全市二级以上医疗机构开展优质护理服务，促进医学检查检验结果互认，减少不必要的重复检查，加快病床周转，缩短平均住院日，提高医疗运行效率，进一步提高医疗服务质量。在2016年全省213所二级以上医院满意度问卷调查中，龙岩市二级以上医院总体满意度综合排名全省第二，市属三级医院顺利通过省卫计委大型医院巡查。

内部质量控制体系建设。发挥市级13个质量控制中心作用，大力加强急救、麻醉、护理、药事、肿瘤、超声、医院感染等重点专业质控工作，推进临床路径管理，规范诊疗服务行为，加强抗菌药物临床应用监管，开展采供血管理，确保医疗规范安全。

重点学科建设。组织开展第三轮市级临床重点专科和重点培育专科评选工作，共遴选5个市级临床重点专科和10个培育专科。

开展医师多点执业试点。全市236名医师实现第二地点执业，其中市直医疗单位在民营、基层医院第二地点执业的医师146名，省内外大医院在龙岩市第二地点执业的医师90名。

医疗人才队伍建设。组织市属公立医院赴国内一流医科大学签约招聘31名优秀毕业生，柔性引进省级学科带头人、博士和医疗专家29名。引进北京各大医院著名专家22名，以“师带徒”形式培养62名骨干医生。

【中医中药管理】 进一步落实国家、省、市政府扶持和促进中医药事业发展的相关政策，出台《龙岩市中医药健康服务发展规划（2016—2020）》，培育国家级重点专科1个、省级重点专科3个，省级农村中医特色专科建设项目6个，全国综合医院中医药工作示范单位4家。推进中医药继承与创新，实施33个基层“中医馆”项目建设，启动第四轮中医“三名”工程评选计划，加强乡镇卫生院和社区卫生服务中心中医科、中药房建设，遴选老中医药专家师承带徒指导老师和继承人，进一步提升基层中医药服务能力。

【基层卫生】 基本公共卫生服务工作全面落实，项目补助经费提高到人均45元，基本公共卫生服务均等化水平逐年提高。全年全市居民电子建档率、高血压规范管理率、糖尿病规范管理率、老年人规范管理率分别达91.8%、91.4%、93.6%、87.3%，均完成目标任务要求。全市12家乡镇卫生院被评为全国“群众满意卫生院”；市农村卫生协会被评为全国先进农村（基层）卫生协会；连城县谢慧琳代表龙岩市参加全省、全国基层卫生岗位练兵技能竞赛，取得全省第一名、全国二等奖佳绩。

【卫生应急】 完成卫生应急队伍装备项目建设，获得省财政厅专项资金绩效考评各设区市第一名。紧急医学救援队伍具备连续3天在野外开展卫生应急处置的能力。2016年，科学规范处置食物中毒、交通事故、火灾、洪灾等各类突发事件11起，完成全国女子举重锦标赛、海峡论谈和中央、省部级领导到龙岩调研考察等重大活动卫生保障30余次。

【爱国卫生】 落实《龙岩市人民政府关于进一步加强新时期爱国卫生工作的实施意见》，开展城乡环境卫生整洁行动，不断改善城乡人居环境。中心城区创建国家卫生城市工作扎实推进。全市卫生城镇创建和巩固工作不断深入，新罗区岩山镇等7个村镇（社区）创卫工作有序推进，永定区凤城镇等15个村镇省级、市级健康村镇创建试点积极开展。

（市卫计委 撰稿）

【龙岩市第一医院】 全年门诊诊疗171.91万人次，比增8.31%；住院诊疗6.46万人次，比增7.74%。全年总收入11.4亿元，比增6.11%。其中，医疗收入

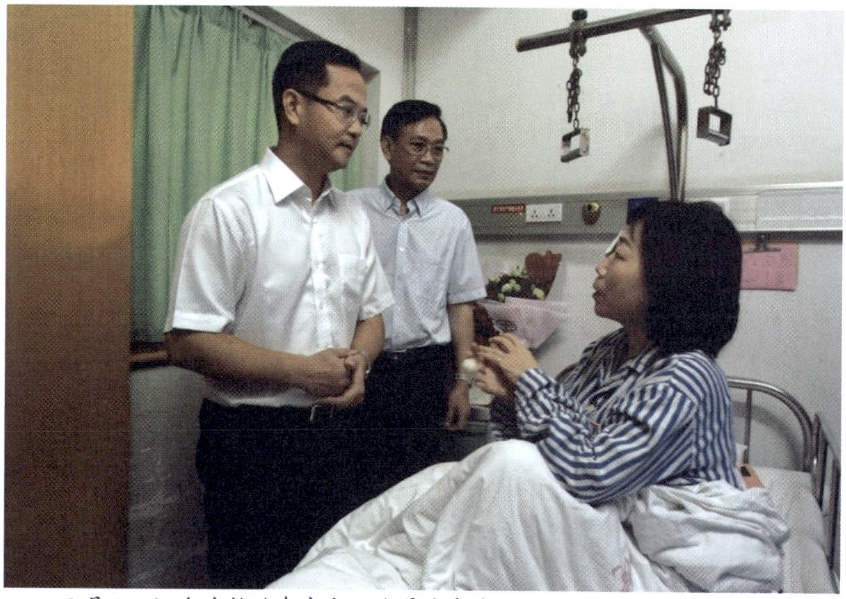

8月18日，全力救治在永定山体滑坡中受伤的台湾同胞。图为市委副书记何明华在第一医院看望受伤的台湾同胞

7.24亿元，比增15.58%，占总收入63.45%，药占比35.08%，较上年下降5.09%，收入结构日趋合理。职工2056人，其中护理1067人，医师614人（正高64人、副高97人），其他卫技人员190人，其他专业技术人员133人，工勤人员52人。有国家级基地及中心4个（国家卫计委脑卒中筛查与防治基地、中华中医药学会闽粤赣边蛇伤救治基地、中国人民解放军总医院远程医学中心龙岩市第一医院分中心、国家临床医学研究中心协同网络成员单位），市级诊疗中心2个，市级研究所3个，市级质控中心9个。

基础设施建设。根据龙岩市人民政府专题会议决议，龙岩市第一医院全面接管市妇幼保健院，建设龙岩市第一医院东院区（市第一医院妇儿医疗中心）。1月25日，门诊综合大楼顺利搬迁。7月10日，健康体检部大楼（原新罗区疾控中心）装修改造完成并顺利搬迁。12月31日，与龙岩市汇金发展有限公司签订协议，购买绿洲大厦。全年投资5364.39万元，购置394台套设备。

社会服务。全年共派出4名医务人员参加援疆、援外等医疗援助任务，共派出31人次医务人员参与承担14次重大医疗保障任务。创新应急管理，加强应急队伍建设，14名医务人员参加省级紧急医学救援龙岩队实战演练。成功救治并妥善处理台湾旅游团突遇永定山体滑坡、村民喝农药中毒等5起大型突发事件患者共57人次，有效维护了社会稳定。

教学工作。有国家级住院医师规范化培训基地15个〔内科、外科、外科（神经外科方向）、外科（泌尿外科方向）、骨科、妇产科、儿科、耳鼻咽喉科、眼科、神经内科、康复医学科、麻醉科、急诊科、全科医学科、放射科〕，省级住院医师规范化培训基地12个（内科、外科、妇产科、儿科、神经内科、全科、康复科、麻醉科、耳鼻喉科、眼科、急诊科、影像科）顺利通过福建医科大学附属医院教学基地复评工作及本科教学评估工作。全年共接收住院医师规培106人，全科规培生25人，见习、实习生299人，进修生80人，临床本科毕业生60人。

科研工作。2016年，获各级各类科研立项14项，其中省卫生计生科研人才培养项目6项，龙岩市科技项目6项。余莲等“自体外周血干细胞移植与髓芯减压治疗系统性红斑狼疮并股骨头缺血性坏死”获龙岩市科技进步一等奖，急诊科刘晓东等“龙岩市急诊蛇伤流行病学特征与综合救治”获龙岩市科技进步二等奖。全年SCI论文发表9

12月21—23日，龙岩市第一医院承办国家级继续教育项目“改善病人就医体验　提升门急诊服务内涵学习班”，上海市医院协会门急诊管理专业委员会专家（上海市瑞金、华山、第六人民医院等各大三甲医院院领导、门急诊主任）齐聚龙岩传授管理经验。图为上海市医院协会门急诊管理专业委员会专家在会议现场

（市第一医院　撰稿）

篇，CSCD 论文 11 篇。

全年举办学术活动 65 场次，其中国家级继续教育项目 1 项（改善病人就医体验、提升门急诊管理与服务内涵学习班），省级继续教育项目 17 项。学术交流 438 人次，其中，与英国交流 1 人次（心内科主治医师廖颖到英国参加第九届牛津中国学者培训班），与台湾地区交流 1 人次（泌尿外科副主任医师林超禄到台湾参与台湾 AITS 泌尿外科高级课程）。

【龙岩市第二医院】 2016 年，龙岩市第二医院有开放床位 1500 张，卫技人员 1500 多人，其中卫生技术人员 1400 多人。全年收治病人数 44628 人次，比增 0.83%，其中收治各类参保病人 34667 人次，比增 3.3%，收治城市生活无着落流浪乞讨人员 336 人；门、急诊 521857 人次，同比下降 4.9%；选派 3 名医师参加援塞内加尔、新疆医疗队任务；领办新罗区东城社区卫生服务中心，帮扶漳平市立医院、上杭县蛟洋卫生院、永定华侨医院、武平中山卫生院。

6 月，成立龙岩市首个医学类院士工作站——孙颖浩院士工作站；11 月，胸痛中心获得中国胸痛中心认证工作委员会认证；加入了中国脑卒中中心，成为脑卒中中心联盟单位；消化内科、泌尿外科、呼吸内科、感染科获得市卫计委授予第二批“龙岩市临床医学重点专科”，风湿免疫科、肝胆外科、肝肠科、妇科获得第二批“龙岩市临床医学重点培养专科”。2016 年，省卫计委委托第三方机构对全省 187 所二级以上医院满意度调查测评中，位居全省前茅、全市第一。

深化拓展与第二军医大学上海长海医院军地共建，提升医院疑难危重疾病救治水平，开展“三新”项目 105 项，“超细经皮肾镜钬激光碎石取石术”“钬激光前列腺剜除术（HOLEP）”达到全国先进水平；全省首例开展“无碘造影剂下冠状动脉支架植入手术”“腹腔镜下全膀胱切除术”；“3D 腹腔镜下肝、胰腺部分切除术”“单腔插管下全腔镜下食管癌根治术”“玻璃体切除+视网膜内界膜撕除填塞修补黄斑裂孔封闭术（裂孔大于 800um）”“内镜下十二指肠乳头括约肌小切开联合大球囊扩张术（SEST+EPLBD）治疗难治性胆总管结石”、TCD 发泡试验对偏头痛的病因诊断及相关性研究、结核分枝杆菌耐药基因检测及分支杆菌菌种基因鉴定填补闽西医疗技术空白；获批省级科研项目 2 项，市级 2 项，获市科学技术三等奖 4 项。

（市第二医院　撰稿）

【龙岩市第三医院】 2016 年，龙岩市第三医院门诊心理咨询 787 人次，比上年增长 53.7%；门诊人数 63937 人次、入院人数 1859 人次、出院人数 1798 人次。8 月，龙岩市第三医院通过福建省卫计委组织的住院医生规范化培训基地验收。11 月，投资 4050 万元，建筑面积 10179 平方米的龙岩市第三医院新病房综合楼顺利竣工并投入使用。12 月，龙岩市第三医院被卫生部全国医院感染监测网、全国医院感染监控管理培训基地评为 2016 年度全国医院感染监测网医院感染横断面调查先进单位；曹碧娟被评为 2016 年度全国医院感染横断面调查先进个人。

重性精神疾病管理。继续落实重性精神疾病防治项目，督促各县（市、区）完成重性精神病人筛查、建档登记和随访信息录入工作，对录入信息进行质量控制。举办全市严重精神障碍患者易肇事肇祸问题专项整治暨严重精神障碍患者治疗管理培训班 1 次，179 人参加。组织精神科医师到各县（市、区）对疑似重性精神病人进行复核诊断及技术指导，全年完成重性精神疾病患者复核诊断 5 次，共计 1297 例，病例筛查 1405 例，为贫困患者提供免费药物治疗 345 例；完成全市重性精神疾病防治项目的督导检查 1 次。完善严重精神障碍患者发病报告制度，制定《严重精神障碍发病报告制度》，对填报人进行相关培训，对“已经发生危害他人安全行为或者有危害他人安全危险的严重精神障碍患者”实行发病报告。全年完成严重精神障碍发病报告 523 例，严重精神障碍患者出院信息单 585 例。

【龙岩市中医院】 成立龙岩市首个中医医疗联合体。2016 年 7 月 19 日，龙岩市首个中医医疗联合体成立，并在龙岩市中医院门诊六楼会议室举行签约仪式，市卫计委中医与科教科领导，市、

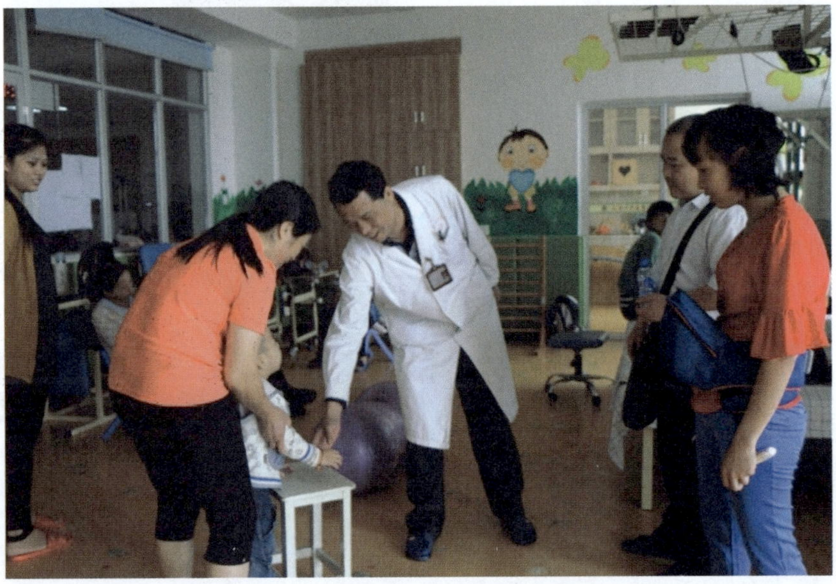

5 月中旬，龙岩市中医院儿童康复中心正式开业

县、乡11家医联体成员单位领导出席了成立大会。医联体是以市中医院为核心，县级中医院为枢纽，乡卫生院为基础共同建立的一个市、县、乡为一体的中医药服务体系，成员包含1个市级中医院，6个县级中医院及部分乡卫生院。

成立儿童康复中心。龙岩市中医院在原有康复科、针灸科的基础上，创建具备儿童脑瘫、智障、自闭症、孤独症等康复为一体的儿童康复中心。该中心设有感觉统合训练室、运动治疗室、作业治疗室、言语治疗室、个训室、教研室等，配备运动疗法（PT）、作业疗法（OT）、语言疗法（ST），感觉综合疗法等康复设施，理疗场所800多平方米，医护人员10多人。5月，该中心通过省、市残联检查验收，成为龙岩市儿童脑瘫治疗定点医疗机构和闽西地区儿童康复培训基地，并于当月中旬正式开业。

获两项国家知识产权局发明专利授权。2016年，龙岩市中医院针灸科主任谢建谋的两项技术（四肢关节艾灸盒、颈椎艾灸盒）获国家知识产权局发明专利授权，该两项技术均为实用新型专利，为艾灸施灸时的辅助器械。该两项专利已在龙岩市中医院全院广泛应用。

（市第三医院　撰稿）

计划生育

【计生管理与服务】　市委、市政府出台《关于坚持和完善计划生育目标管理责任制的实施意见》，健全完善出生人口动态监测机制，对接实施“全面两孩”政策。制订下达计生目标管理责任制考核方案和计划生育工作责任书，先后三次开展计生工作专项督查，并严格按照《福建省人口和计划生育工作责任考核奖惩办法》兑现奖惩，2016年，共对2个县（市、区）分管领导实行约谈，2个乡（镇）给予黄牌警告、4个乡（镇）给予预警告、4个乡（镇）主要领导给予约谈，行使“一票否决”权否决评先评优31个单位、19人，否决各级党代表、人大代表、政协委员资格候选593人次。加强流动人口管理，提高流动人口公共卫生服务水平。

【计生奖励与扶助】　继续推进“新家庭计划—家庭发展能力建设”促进计划，推进计划生育家庭发展“五大品牌”建设，开展“婚育新风进万家”活动，1月，龙岩市“借助婚育新风进万家平台、创新新时期计划生育宣传模式”在全国卫生计生宣传工作会议上作经验介绍。全市建立农村奖励扶助对象5881人，城镇奖励扶助对象5485人，特别扶助对象377人，农村二女户奖励对象58609人。2016年度全市政策符合率92.18%、出生人口性别比（以女性为100）114.02，完成省下达的主要责任指标。新罗区获新一轮全国计划生育优质服务先进单位，龙岩市和长汀县分别获得全省计划生育工作创新奖。

（市卫计委　撰稿）

体　育

【概况】　2016年，全市共举办各级各类体育赛事活动200余项次，40余万人次参与。新增三级社会体育指导员700名、二级社会体育指导员160名、一级社会体育指导员31名、国家级社会体育指导员3名。

新增高级教练3人、一级运动员5人、二级运动员33人、国家一级裁判员13人、二级裁判员87人。现役龙岩籍国家集训队运动员5人，省级训练单位运动员保持在200人左右。获国际级比赛金牌10枚，国家级比赛金牌32枚。

医保健身“一卡通”服务在中心城区推广实施；承办2016年全国举重锦标赛暨里约奥运会选拔赛，全国29个代表队179余名运动员、60余名裁判员及200余名工作人员参加；龙岩籍运动员林丹、何雯娜、张靖婧分别获得第31届里约奥运会羽毛球、蹦床、射击项目第四名，张婧获得水球项目第六名，龙岩市体育局被福建省体育局授予“参加第31届里约奥运会贡献奖”称号；龙岩体育运动学校和上杭县体校被评为“国家重点高水平体育后备人才基地”。

【群体活动】　2016年，突出“全民健身与奥运会同行”主题，开展2016福建全民健身运动会安利龙岩第十一届万人健康跑暨首届彩跑活动、全民健身运动会篮球总决赛、市直机关运动会、“我爱足球”（福建赛区）南区半决赛、首届龙岩足球甲级联赛、千人栈道健步行等群体活动200余项次，参加人数40余万人次。

【创新医保卡购买健身服务】　6月3日，市体育局、市人社局联合市财政局出台《关于龙岩市城镇职工基本医疗保险个人账户资金购买健身服务有关问题的通知》，规定自2016年7月1日起，中心城区医保参保人员个人账户结余金额超3000元的部分，按个人意愿，可用于其本人在定点健身场馆购买健身卡或者进行按次健身消费的需求。至年底，中心城区有10个健身场馆开通医保健身“一卡通”服务，龙岩市在省内地级市中率先实现医保健身“一卡通”的地级市。

【第三届羽毛球文化节】　6月至12月，中共龙岩市委文明办、龙岩市总工会、龙岩市文化广电新闻出版局、龙岩市体育局联合主办主题为“创建文明城市我参与、我运动、我快乐”的“龙岩市第三届羽毛球文化节”活动。羽毛球文化节按时间分为系统赛、社区嘉年华、县市区分站赛、年终总决赛四个阶段的比赛和活动，各县市区有关部门及许多社区都举办了羽毛球文化宣传、嘉年华、比赛活动，全市累计有41个系统、单位，约3500多名运动员参与，累计举办羽毛球单项或团体比赛近千场。

12月14日上午，龙岩市第三届羽毛球文化节新闻发布会召开，介绍文化节开展情况，省、市20多家新闻媒体人员参加。2017年1月14—15日，龙岩市第三届“融侨杯”羽毛球文化节总决赛在龙岩市体育公园综举行。来自省羽协、福州、厦门、泉州、漳州、三明、宁德、南平和龙岩市各县(市、区)的300多名运动员参赛，羽毛球文化节总决赛各组别的冠军分别诞生。

【龙岩籍运动员在国内外大赛中争金夺银】 3月13日，林丹第六次问鼎全英羽毛球公开赛，4月24日，第六次夺得中国羽毛球大师赛冠军；4月9日，在龙岩市举行的2016全国女子举重锦标赛上，陈晓婷获得抓举、挺举、总成绩三枚银牌；张靖婧3月4日在射击世界杯泰国站，5月22日在射击世界杯德国慕尼黑站上两夺女子25米运动手枪冠军；8月，林丹、何雯娜、张靖婧、张婧四名运动员出征第31届里约奥运会，最终林丹、何雯娜、张靖婧分别获得羽毛球、蹦床、射击项目第四名，张婧获得水球项目第六名。龙岩市体育局被福建省体育局授予“参加第31届里约奥运会贡献奖”称号。

【承办全国女子举重锦标赛暨里约奥运会选拔赛】 4月9—12日，2016年全国举重锦标赛暨里约奥运会选拔赛在龙岩市体育公园综合馆举行。该赛事由国家体育总局举摔柔运动管理中心主办，福建省体育局和龙岩市政府承办，全国各地29个代表队的179余名运动员参加了7个公斤级别的比赛，60余名裁判员及200余名工作人员参与比赛相关工作。比赛期间，国家体育总局举摔柔运动管理中心和省、市体育部门还举行了赛事全民健身推广活动，龙岩市民可以凭借身份证免费观看比赛。

【公共体育设施建设】 全力实施为民办实事项目，在7个县(市、区)建设完成17个城市社区多功能运动场、6个室内健身房、6个笼式足球场；从体彩公益金中划拨120万元，在全市范围内建设30条全民健身路径，进一步完善基层公共体育设施覆盖。

【健全协会机制】 完成各体育运动协会的年检工作，同时成立检查组对2015年享受社团补助资金的15个市级单项运动协会进行专项检查，对13家协会进行补助，取消2家活动开展不到位的协会补助，进一步推动单项运动协会组织管理上水平。新成立龙岩市电子竞技运动协会。将健身气功站点审批工作下放至各县(市、区)，组织建设5个健身气功站点。

【稳步推进项目建设】 全年共争取到1926万元体育产业资金，助推体育产业的发展。海峡两岸(龙岩)体育交流基地项目和体育运动学校基建任务完成过半；龙岩市青少年水上运动训练基地建设已进入平台施工阶段；永定龙湖水上运动中心一期已于8月底开园投入使用。项目建设工作受到市委、市政府表彰。

【提前超额完成体彩销售任务】 2016年体彩销售额5.9亿元，超额完成省局下达的4.7亿元的任务，同比2015年销量增长1.2亿元。体育彩票销量增长率和市场份额占比均为全省第一。

（张靖隆　撰稿）

2016年龙岩市运动员参加全国以上比赛成绩汇总表(前四名)

表28

项　目	姓　名	比赛名称及比赛小项	名次	时　间	地　点
	林　丹	里约奥运会羽毛球男单	4	8月	巴西
蹦床	何雯娜	里约奥运会蹦床女子网上个人	4	8月	里约热内卢
		全国蹦床冠军赛女子网上团体	1	6月	浙江
		全国蹦床冠军赛女子网上个人	1	6月	浙江
	林隆彪	全国蹦床冠军赛男子网上团体	4	6月	浙江
	徐国凯	全国蹦床冠军赛男子单跳团体	3	6月	浙江
		全国蹦床冠军赛男子团体	4	6月	
羽毛球	林　丹	里约奥运会男子单打	4	8月	里约热内卢
举重	陈晓婷	全国举重锦标赛暨里约奥运会选拔赛女子53kg抓举	2	4.9—4.12	福建龙岩
		全国举重锦标赛暨里约奥运会选拔赛女子53kg挺举	2	4.9—4.12	福建龙岩
		全国举重锦标赛暨里约奥运会选拔赛女子53kg总成绩	2	4.9—4.12	福建龙岩
		2016年亚锦赛女子53公斤级抓举	1	4.21—4.30	乌兹别克斯坦
		2016年亚锦赛女子53公斤级挺举	1		
		2016年亚锦赛女子53公斤级总成绩	1		
	王　浩	全国男子举重冠军赛56公斤级抓举	2	10.20—10.23	广东东莞
		全国男子举重冠军赛56公斤级总成绩	3	10.20—10.23	广东东莞
		全国青年举重锦标赛男子56kg抓举	1	4.9—4.12	海南海口
		全国青年举重锦标赛男子56kg挺举	3	4.9—4.12	海南海口
		全国青年举重锦标赛男子56kg总成绩	1	4.9—4.12	海南海口
		全国青少年举重锦标赛男子56kg抓举	1	6.25—6.30	江西新余
		全国青少年举重锦标赛男子56kg挺举	1	6.25—6.30	江西新余
		全国青少年举重锦标赛男子56kg总成绩	1	6.25—6.30	江西新余
	曾念谦	2016年全国青少年男女举重锦标赛男子52KG级挺举	3		
		2016年全国青少年男女举重锦标赛男子52KG级总成绩	3		

续表 28

项目	姓名	比赛名称及比赛小项	名次	时间	地点
举重	严佳媚	2016 全国少年男女举重分龄锦标赛 13 岁组 44 公斤级抓举	1		
		2016 全国少年男女举重分龄锦标赛 13 岁组 44 公斤级挺举	1		
		2016 全国少年男女举重分龄锦标赛 13 岁组 44 公斤级总成绩	1		
	黄羽杰	2016 全国少年男女举重分龄锦标赛 13 岁组 48 公斤级抓举	1		
		2016 全国少年男女举重分龄锦标赛 13 岁组 48 公斤级挺举	2		
		2016 全国少年男女举重分龄锦标赛 13 岁组 48 公斤级总成绩	1		
	廖桂芳	全国青少年举重锦标赛女子 53 公斤级抓举	4	6 月	江西
		全国青少年举重锦标赛女子 53 公斤级挺举	4	6月	江西
		全国少年男女举重锦标赛女子 63 公斤级抓举	1	7月	山东
		全国少年男女举重锦标赛女子 63 公斤级挺举	1	7月	山东
		全国少年男女举重锦标赛女子 63 公斤级总成绩	1	7月	山东
击剑	陈　敏	2016 年全国击剑锦标赛男花团体	1	9.21—9.28	安徽合肥
		2016 年全国击剑冠军赛(总决赛)男花个人	2	8.18—8.27	福建泉州
	王威发	全国击剑冠军赛总决赛 U19 男花团体	3	8.18—8.27	福建泉州
		全国青年击剑锦标赛男花团体	1	10.12—10.19	山东潍坊
	徐　甜	全国击剑锦标赛女子重剑团体	4		
田径	傅海涛	全国田径冠军赛暨大奖赛总决赛男子三级跳远	2	6.18—6.20	重庆
		全国田径锦标赛男子三级跳远	2	9.14—9.17	天津
	李美珍	全国田径冠军赛暨大奖赛总决赛女子 1500 米	3	6.18—6.20	重庆
		全国少年(16–17)田径锦标赛女子 1500 米	2	6.10—6.12	济南
武术套路	巩鑫杰	全国武术套路冠军赛(传统项目赛区） 双人南拳	3	4 月	丽江
		全国武术套路冠军赛(传统项目赛区） 男子南棍	4	4月	丽江
		全国青少年武术套路锦标赛 男子 A 组南棍	1	5.17—5.20	广州
		全国青少年武术套路锦标赛 男子 A 组南拳	1	5.17—5.20	广州
		全国青少年武术套路锦标赛 集体项目	2	5.17—5.20	广州

续表 28

项　目	姓　名	比赛名称及比赛小项	名次	时　间	地　点
武术套路	巩鑫杰	全国青少年武术套路锦标赛 男子 A 组南刀	2	5.17—5.20	广州
		第六届世界青少年武术锦标赛男子南拳	1	9.26—10.2	保加利亚
	童　心	全国青少年武术套路锦标赛　集体项目	2	5.17—5.20	广州
		全国青少年武术套路锦标赛 女子 B 组 32 式太极剑	2	5.17—5.20	广州
皮划艇	温桂馨	全国皮划艇青年锦标赛女子 1000 米四人皮艇	4	5 月	上海
		全国皮划艇青年锦标赛男子 1000 米双人皮艇	2	5 月	上海
	刘　煜	全国皮划艇激流回旋青少年锦标赛男子单人皮艇团体	2	7.17	贵州下司
		全国皮划艇激流回旋青少年锦标赛男子双人划艇回旋赛	2	7.17	贵州下司
帆船	邱钰龙	全国帆船帆板冠军赛男子激光级长距离	1	6.2—6.9	大连瓦房店
	林志伟	全国帆船帆板冠军赛 RS:X 级长距离	3	6.2—6.9	大连瓦房店
	林志伟	全国帆船帆板冠军赛男子 RS:X 级障碍赛	2	6.2—6.9	大连瓦房店
	王俊鸿	2016 年全国帆船锦标赛男子 470 长距离赛	4	10.18—10.23	珠海
	曹亮伟	全国 op 帆船锦标赛团体	1	6 月	广东
帆板	杨敏海	全国青少年帆板锦标赛 RS:X 级男子甲组场地赛	3	8.22—8.28	秦皇岛
		全国青少年帆板锦标赛 RS:X 级男子甲组障碍赛	4	8.22—8.28	秦皇岛
赛艇	齐英立	亚洲青年赛艇锦标赛男子测功仪 2000M	1	10.24—10.27	泰国
		亚洲青年赛艇锦标赛男子四人单桨 2000M	1	10.24—10.27	泰国
射击	张靖婧	31 届奥运会女子运动手枪个人	4	8 月	巴西
	林月美	亚洲气枪锦标赛女子气手枪团体	1	11 月	伊朗
		亚洲气枪锦标赛女子气手枪个人成年组	2	11 月	伊朗
		全国射击总决赛女子运动手枪	1	9.18—9.25	南昌
		全国射击团体、个人锦标赛女子 25 米手枪团体	1	9.18—9.25	南昌
		全国射击锦标赛女子 10 米气手枪个人	2	9.18—9.25	南昌
		全国射击锦标赛女子 10 米气手枪团体	1	9.18—9.25	南昌
		全国射击团体、个人锦标赛女子 25 米手枪个人	4	9.18—9.25	南昌
		全国射击锦标赛女子 10 米气手枪团体	1	9.18—9.25	南昌

续表 28

项目	姓名	比赛名称及比赛小项	名次	时间	地点
射箭	林顺民	2016 全国室外射箭锦标赛男子团体	1	10 月	长兴
		2016 全国室外射箭锦标赛混合团体淘汰赛	1	10 月	长兴
		2016 年全国射箭冠军赛个人 70 米第二轮	2	4 月	宜宾
		全国青少年射箭锦标赛男子个人淘汰赛、决赛	1	7 月	云南
		全国青少年射箭锦标赛混合团体	2	7 月	云南
		全国青少年射箭锦标赛男子个人双轮 30 米	3	7 月	云南
		全国青少年射箭锦标赛男子团体淘汰赛、决赛	4	7 月	云南
跆拳道	吴镱超	2016 年全国冠军赛男子 58kg	2	9.23—9.25	新疆库尔勒
	袁俊超	全国跆拳道锦标赛男子 54kg	2	4.25—4.29	河北迁安
	陈思颖	全国青年跆拳道冠军赛女子 46kg	1	9.7—9.9	河南南阳
		全国跆拳道青年锦标赛女子 46kg	2	7.8—7.11	鄂尔多斯
		全国跆拳道 U15-17 年龄青年锦标赛女子 46kg	1	8.3—8.5	山东淄博
	郑　鑫	全国青年跆拳道锦标赛男子 78kg	3	8.5	淄博
	罗　钐	全国少年跆拳道锦标赛女子 42kg	3	8.24—8.26	辽宁
摔跤	钟振瑞	全国男子自由式摔跤冠军赛 57 公斤级	3	12.1	海南陵水
散打	王文忠	全国武术散打锦标赛男子组 90 公斤级	2	5.18—5.23	河南焦作
		全国武术散打冠军赛男子组 90 公斤级	1	8.10—8.14	江苏无锡
		第九届亚洲武术锦标赛男子 90 公斤级	1	9.1—9.5	台湾桃园
		第八届世界杯武术散打 85 公斤级	1	11.4—11.6	陕西西安
	林云佳	第八届世界少年武术锦标赛女子 48 公斤级	1	9.26—10.3	保加利亚
		全国青少年武术散打锦标赛女子 48 公斤级	1	5.30—6.3	德州
水球	江美婷	全国青少年女子水球锦标赛青年组	8	8 月	四川乐山
拳击	邓蓝萍	全国少年拳击锦标赛女子乙组	1	8.24—8.31	辽宁葫芦岛

34 社会生活

人力资源和社会保障

【落实就业目标责任】 2016年，龙岩市城镇登记失业率2.54%，控制在省定4.2%以内；城镇新增就业2.04万人，完成年度任务1.9万人的107.37%，其中：城镇失业人员再就业1.37万人，完成年度目标任务1.28万人的107.03%，城镇就业困难人员再就业0.44万人，完成年度目标任务0.41万人的107.32%。转移农村富余劳动力4.67万人。

【健全完善就业服务体系】 通过各级人力资源市场网、广电网络平台、人力资源信息系统（"劳动99"三版）、"龙岩就业"微信公众号、广播电台龙岩就业等多渠道发布劳动力供求信息，发布招聘记录3.56万条、求职记录4.76万条。搭建用人单位和劳动者有效对接平台，开展"春风行动"系列大型招聘会、校企对接、定期现场招聘会等活动，全市共举办各类招聘会114场，提供就业岗位10.02万个次，累计进场求职9.48万人次，与用人单位达成初步就业意向3.89万人次。组织305家次企业116个村（居委会）6个职业院校参加用工调剂活动，实现用工调剂6695人次。与21家省外单位建立劳务协作关系，输入省外劳动力1532人次。落实高校毕业生"三支一扶"计划，招募69名毕业生参加省级"三支一扶"计划，127名毕业生参加市级"三支一扶"计划，重新认定大中专毕业生就业见习基地38家。编印"企业版""院校版""大众版"三个版本的《龙岩市就业政策一本通》6万份，分对象进行宣传发放。

【推动创业促进就业】 牵头制定支持农民工等人员返乡创业十二条措施，促进2850名农民工返乡创业，带动就业6048人。组织SYB创业培训641人，其中成功实现创业265人。受理创业担保贷款申请40人，发放创业贷款384万元，发放贴息资金163.42万元，发放创业资助24人7.2万元，发放高校毕业生一次性求职创业补贴213人42.6万元。强化互联网创业扶持，龙岩学院闽台协作创新创业孵化基地吸纳创业主体21户，带动163人实现就业；长汀县南山镇红军淘宝街互联网创业孵化基地吸纳创业主体47户，带动108人实现就业。

【提高城乡劳动力素质】 以提高全市劳动力职业技能综合素质为中心，开展城乡劳动技能培训、创业培训。全市组织城乡劳动力就业技能培训2.49万人，培训后实现就业2.37万人。组织3684名职工开展岗位技能提升培训。职业技能鉴定4.02万人，其中初级工鉴定1.94万人，中级工鉴定1.51万人，高级工鉴定5046人，技师鉴定459人，高级技师鉴定63人。

【就业扶持援助政策】 筹集"两节"慰问资金105.72万元，慰问57家企业3409名困难职工，帮助1270名就业困难人员实现就业，帮助57名退役士兵和94名随军家属实现就业。对灵活就业困难人员，按照其养老保险和医疗保险实际缴费额的1/2予以社会保险补贴，办理灵活就业社会保险补贴申请9916人，发放补贴1991.93万元。为164人发放公益性岗位补贴95.49万元。落实失业保险政策，为1.11万名失业人员发放失业保险金5248万元，缴纳基本医疗保险费1218.5万元，为398名失业农民工发放一次性生活补助138.83万元。发放高校毕业生见习生活补贴149人，21.19万元。落实化解过剩产能企业职工安置，15家过剩产能煤炭企业1832人全部实现分流安置。

【精准扶贫就业帮扶】 制定精准就业扶贫工作实施方案，对登记建档的贫困户进行普查，录入农村贫困家庭就业援助信息系统共计2.72万户、11.07万人。为建档立卡贫困户提供免费的职业技能培训，投入45万元，培训3038人。举办精准就业扶贫专场招聘会，多渠道帮助1.63万名贫困对象实现就业。

【人才强市战略】 配合制定出台《关于实施人才强市战略的决定》，率先在福建省提出实施“121”高端人才引进培养工程和实施机关企事业人才引进培养“千人计划”的两大工程，9月初在清华、北大等高校开展政策推介宣讲会，并会同组织、教育、卫生等部门成立人才招聘工作组分赴北京、上海、南京、武汉等高校聚集地，通过现场宣讲、网络报名等多种渠道，广泛宣传，发动国内双一流高校优秀毕业生踊跃报名。截至12月底，“千人计划”吸引2400余名优秀毕业生报名，经资格筛选入围面试人选564人，预签录用合同人数达258人。

【引进培养各类高层次人才】 定期征集发布企事业单位人才岗位需求信息，组织3批次企事业单位参加“福建海外人才创业周、海外留学博士海峡西岸行、赴省外招聘”等活动，并邀请海内外人才深入我市园区和企事业单位开展技术指导和项目对接。编制实施龙岩市及长汀、连城、武平县等省级扶贫开发工作重点县2016年度紧缺急需人才引进指导目录，并对照目录新增引进人才25人；做好人才评价认定，共确认引进高层次人才(B、C类)12人，发放安家补助775万元；确认工科类青年专业人才27人，发放企业聘用补助349.5万元；着力培养高端人才，推荐8人上报享受政府特殊津贴人选、推荐龙净环保股份有限公司的廖增安申报百千万工程领军人才遴选、推荐13人申报青年拔尖人才遴选。推荐龙岩学院3人为2016年访学进修人员并发放访学进修补助5万元、推荐2名百千万工程人才参加专家休假、及时足额发放2016年国务院政府特贴和龙岩市引进人才补贴发放工作。

【人才服务体系建设】 加强博士后科研工作站建设，2016进站博士后3人；着力发展人力资源服务业，支持人力资源服务企业开展就业创业指导、职业指导、职业介绍、高级人才寻访招聘、人才测评、人力资源管理咨询等人力资源服务，2016年共核发7本人才中介服务许可证；加强人力资源机构事中事后监管，贯彻落实我省《人力资源劳务中介管理服务暂行规定》，规范职业中介机构招工行为；加大农村实用人才服务站建设，实现各县(市、区)建站全覆盖，为农村开展实用人才公共服务，促进当地经济社会发展。

【专家对接服务工作】 组织专家赴基层开展技术帮扶活动，分5批次组织农业、医疗等专家团队深入挂钩扶贫村开展精准扶贫和专家服务基层工作；推荐市第一医院等6家单位申报福建省级专家服务基地；报送市环保局提出的解决空气质量疑难问题等3个项目为专家服务基层需求信息。做好海外高端智力对接服务工作，山嘛鸭高产选育、仿野生灵芝种植等5个项目申报革命老区重点引智项目，获得省引智经费30万；做好2016年度国家引进境外技术、管理人才项目工作，龙岩市红龙禽业有限公司等3家企业的3个项目分别入选，获得省引智经费55万；组织10多家企业参加第十四届中国国际人才交流大会，协助做好法国退休专家罗杰、美国专家格伦深入新罗区嘛鸭场、森宝股份公司开展技术指导工作，做好外国专家来华工作许可、外国专家证办理工作。

【高技能人才建设】 2016年，全市鉴定4.02万人，高级工以上高技能人才发证3324人。会同市总工会等市直有关部门组织了八大行业20个职业工种竞赛活动。承办第七届全国数控技能大赛省选拔赛，龙岩市选手在8个比赛项目中获得6个项目第一名，1名选手在第44届世界技能大赛数控车工全国选拔赛中获第六名。加强技师学院高技能人才培养基地和产业技工培养基地建设，开设数控、工业机器人应用与维护等先进制造类专业，年培养高技能人才600人以上。

【社会保险制度改革】 推进机关事业单位养老保险改革，通过公开招投标选定基金存储银行，完成全市机关事业单位养老保险试点期间在职在编人员个人缴费的对账工作。推进医保付费方式改革，扩大城镇职工和居民医保单病种付费试点病种数至102种。扩大社会保障卡使用范围，在全省率先实施城镇职工医疗保险个人账户资金用于购买健身服务、购买与基本医疗保险相衔接的商业补充保险、为直系亲属及精准扶贫对象缴纳基本医疗保险费。

【扩大社会保险覆盖面】 重抓农民工、灵活就业人员和个体工商户的参保扩面工作，全民参保登记工作稳步推进。企业基本养老保险(不含退休)、城镇基本医疗、失业保险、工伤保险、生育保险参保分别达到36.36万人、104.14万人、36.89万人、39.85万人、43.1万人，分别完成年度任务的100.14%、103.11%、107.87%、100%、100%。机关事业单位养老保险参保2309家8.82万人。城乡居民参保缴费132.05万人，参保率98.63%，续保缴费87.83万人，续保率95.37%，居全省第二。做好被征地农民社会保障工作，审查土地报批项目134宗，累计预留保障资金19.54亿元，纳入被征地养老保障12.48万人，为5.14万人发放养老保障金9757.06万元。做好工伤认定和劳动能力鉴定工作，全市工伤认定2373件，劳动能力鉴定1552人。

【提高社会保障待遇水平】 完成企业和机关事业单位退休人员基本养老金调整工作，其中6.45万企业退休人员月人均增加152.23元，调整后月人均养老金2239.89元；3.65万机关事业单位退休人员月人均增加265元。为480名企业退休军转干部调整生活补贴，调整后人均月养老金为3593.84元。城乡居民基础养老金增加15元提高至月人125元，38.3万60周岁以上符合发放条件的城乡居民受益。完成城镇职工和居民大病保险招标工作，城镇职工基本医疗保险统筹基金最高支付额提高到9万元，大病补充保险最高支付限额提高到20万元；城镇居民医疗保险政府补助提高到420元，大病补充保险最高支付限额提高到20万元。工伤保险死亡补偿费提高到65.16万元。

【社会保险基金监管】 协同地税、财政等部门，做好社会保险费稽核、清欠工作。实地稽核养老保险9.38万人，工伤保险7.27万人，共追补缴745.11万元。开展养老金领取资格认证，全市认证6.49万人，占应认数的99.97%。开展反欺诈防冒领工作，全市共查出冒领养老保险待遇33人，46.77万元，追回37.26万元。完成14家定点医疗机构2015年度医疗费用结算和考核工作，考核扣减不合理支出98.93万元。

【公务员队伍建设】 2016年，组织8505名考生参加福建省2016年考试录用公务员笔试，完成2016年度政府系统录用153名公务员工作。认真落实干部教育培训工作条例，大力实施公务员四类培训，组织开展2期科级干部任职培训班、2期公务员初任培训班，349人参加培训；继续组织市直机关公务员参加在线学习，并将培训范围扩大到党群口及龙岩经济技术开发区下辖乡镇，2016年报名参训人数2757人，参训率99.75%，完成人数2497人，完成率90.34%。承接举办全省公务员面试考官初任资格培训班，来自6个地市350名培训对象参加培训。规范评比表彰，推荐表彰先进集体69个，先进工作者164人，10人享受市级劳模待遇，市委、市政府记集体二等功3个单位、个人二等功4人、个人三等功9人，9人列入公务员诚信红黑名，审核市直509人2015年度考核优秀记嘉奖、77人年度考核连续三年优秀记三等功；加强惩戒人员的管理，收惩处备案33份、刑罚备案6份；政府系统登记公务员和“参公”人员240人，审批科级非领导职数105人，代市政府起草处级以上干部任免文件及材料203人。

【规范事业单位公开招聘和人员调配交流】 2016年，进一步规范事业单位人事考试规章制度，市直事业单位共发布招聘计划350名，办理聘用手续人员305人。加强对各县(市、区)及市直事业单位招聘方案的审核，杜绝基层事业单位违规招聘行为的发生，核准全市事业单位公开招聘计划1953个，其中：全市教育系统中小学幼儿园公开招聘新任教师727人，全市医疗卫生事业单位公开招聘卫技人员458人，全市其他事业单位公开招聘工作人员768人。改进公开招聘方式方法，充分体现事业单位行业、专业及岗位特点，对医疗卫生、高校等事业单位招聘高层次人才、学科带头人等专项公开招聘等方式公开招聘，对省级扶贫开发重点县和“招人难、留人难”的事业单位适当放宽政策，准予直接到高校公开招聘优秀应届毕业生，共指导教育、卫生、科技、文化、农业等部门10余家市直事业单位自主开展公开招聘工作。严格执行《关于进一步加强市直机关事业单位用编用人管理的意见》等规定，严肃工作纪律、规范工作流程，共审核办理人事关系调配手续696人次。高标准、严要求，做好干部人才对口支援工作，共推荐福建省第八批援藏干部人才人选3名，推荐福建省第七批援疆干部人才人选7名。

【事业单位人事制度管理】 贯彻落实《中共龙岩市委关于实施人才强市战略的决定》，全面实行“评聘结合”制度，办理264家单位的岗位职数审批工作；深化基层医疗机构职称制度改革，对县级医院、基层卫生院、社区卫生服务中心专业技术人员实行更加简捷有效的招聘政策和更加优惠的岗位设置政策，制定出台符合县级及以下公立医疗机构和社区卫生服务中心特点的职称评定办法；全面推进中小学教师职称制度改革，全市2.67万名教师顺利过渡到新职称体系。严肃职称评审纪律，规范职称评审工作，共推荐省评高级职务733人、中级44人，评审卫生、会计、工程等各系专业技术高级职务任职资格490人(其中正高62人)、中级职务任职资格1372人、初级职务任职资格853人、确定初级职务1596人，取消4名不符合评审条件人员的评审资格。抓好事业单位人员管理，完成全市市直事业单位领导人员岗位情况调查摸底，扎实做好年度考核审核，共完成264家事业单位年度考核优秀指标审批工作。严肃考风考纪，规范各类职称资格考试，完成2016年卫生专业、全国职称外语、全国经济职称、全国会计专业、一级二级建造师、经济师、一级注册消防工程师考试考务工作，2016年各系列职称考试初级通过1254人，中级通过1720人。

【落实军转安置政策】 2016年，制定下发《关于进一步做好军队转业干部安置工作的通知》，对省下达龙岩市31名军转安置任务(其中计划安置24人，自主择业军转干部7人)，科学编制计划，并首次对营职及以下军转干部采取“公开职位、依序择岗”的安置办法进行安置，计划分配的军转干部100%安置在机关或参公单位，按时完成52名自主择业军转干部登记工作，2次调整提高自主择业军转干部退役金标准，人均增发1100多元，帮助3名自主择业军转干部协调创业扶持金申报工作。做好企业军转干部维稳解困工作，全年共发放市属企业军转干部慰问金、生活困难补贴、医疗补助、健康体检补贴等共计290万元。在春节、全国“两会”和G20峰会等期间,落实分管领导带班和工作人员值班制度,做好企业军转干部思想工作,维护企业军转干部队伍稳定。

【机关事业单位工资制度改革】 2016年，根据国家和省统一部署，各市、县（区）全面完成在职人员基本工资标准和增加离休人员离休费的审批工作,其中,市直单位共办理在职人员调整基本工资标准1.4万人，月增资330元;事业单位办理9632人,月增资355元;离休人员164人,月增资545元。印发《关于规范公务员津贴补贴和事业单位实施绩效工资专项督查的工作方案》,组织市直单位和各县(区、市)做好对照自查工作。及时调整市直机关事业单位工作人员退休安家补助费的工作,由原标准3000元调整为本人退休当月列入工资基金的月应发工资1倍。对全市691个机关单位开展了公务员薪酬制度调查,完成2015年度全市工资统计工作,全年共办理工资日常服务1.62万次。市直机关单位按省定项目发放“2015年度未休年休假报酬”，市直事业单位按人均5700元统筹追加2015年度绩效工资总量。

【专项工资调整审批工作】 2016年，完成县以下机关公务员(含参公)职级并行工资的审批和兑现工作,市直单位经主管单位确认职级可以享受政策121人,人均增资510元。完成人民警察警衔津贴标准调整工作，其中市直公安、法院、检察院等单位已完成公安干警警衔津贴标准调整审批1315人，人均月增资780元。根据市委市政府通知要求,做好在6月之前全面完成原“三区两园”人员划转的工资审批和兑现工作。做好第八批科技副乡镇长挂职到期工资调整审批，共完成13人结束下派挂职的工资职级办理工作。根据省人社厅《关于机关事业单位从非公有制单位和临时工中招(聘)用的工作人员工龄计算等有关问题的通知》(闽人社文〔2016〕133号)精神,做好从非公有制单位和临时工中招录人员的工龄认定审批工作，对工资相应要做调整的,给予及时审批兑现,共办理512人工龄调整认定,工资相应做调整68人。做好检察官、法官职务套改审批工作,市检察院共审批54人,月人均增发105元,共补发25.02万元；市法院共审批46人，月人均增发110元，共补发22.82万元。同时,根据省厅部署安排,做好法官、检察官工资制度改革试点的前期准备工作。

【企业工资宏观调控】 组织开展企业薪酬调查工作，调查样本企业312户。推进国有企业负责人薪酬制度改革,出台指导意见，规范国有企业负责人薪酬。加强最低工资标准的调查研究,组织全市105家具有代表性的企业问卷调查,为最低工资调整做好准备。

【构建劳动保障诚信体系】 起草制定《关于构建和谐劳动关系的实施意见》,健全协调劳动关系三方机制工作体系,加强三方部门协调配合,共同推进和谐劳动关系工业园区、乡镇、街道和企业创建工作。为企业提供劳动用工、特殊工时审批指导等服务,引导企业主规范用工、诚信用工。

【劳动合同制度实施】 贯彻落实《中华人民共和国劳动合同法》，规范劳务派遣行为,各类用人单位9758家,劳动合同签订率97.6%,小微企业劳动合同签订率达94%。开展用工备案工作,将用工备案与失业保险年检等业务相衔接,与劳动保障诚信企业评选和市和谐企业评选相挂钩等方式,督促企业及时办理劳动用工备案手续。

【劳动保障执法监察】 2016年，全市共受理劳动保障投诉举报案件385件,结案385件,结案率100%。参与处理突发群体性上访事件2起，为5502名劳动者追欠工资6399万元。开展劳动保障监察日常巡查工作,检查企业263户次,涉及劳动者1.93万人次,移送司法机关涉嫌拒不支付劳动报酬案件9起。健全劳动保障诚信评价体系和书面审查相结合的制度，审查用人单位2488户,涉及劳动者4.1万人。开展清理整顿人力资源市场秩序专项行动、劳动用工和社会保险法律法规执行情况专项检查及解决企业工资拖欠问题专项检查,创建无欠薪项目部293个。

【劳动争议调解仲裁】 2016年，受理劳动争议案件1019件,涉及职工1445人,结案1004件,结案率98.5%。案外调解劳动人事争议案件444件,涉及职工536人。加强基层调解组织建设,全市各乡(镇)、街道全部建立了乡(镇、街道)劳动争议调解委员会,成立劳动争议调解委员会135个,配备兼职调解人员564人。建立仲裁与诉讼衔接机制,加强与法院的工作联系,不定期开展裁审衔接工作交流。

【机构改革和整合】 整合市人事人才公共服务中心和市劳动就业中心,组建市公共就业和人才服务中心。设立市劳动人事争议仲裁院和市社会保障卡服务中心。整合市工人考核管理中心和市职业技能鉴定指导中心,设立市工人考核和技能鉴定管理中心(加挂市人事考试中心)。增加市机关事业单位社会保险管理中心人员编制。

【人力资源社会保障信息工程建设】 完成医保系统升级改造,实现医保个账购买健康服务、居民在线缴费、为他人代缴医保、购买商业保险等功能。完成机关事业单位养老保险业务信息系统数据迁移工作，全省首批系统试运行。建设公共服务平台，实现移动手机终端、网上经办大厅、自助终端、12333电话多方位信息服务。率先在人社 APP 开发应用人脸识别认证功能。推进“互联网+政务”工作，完成与省人口库、省法人库对接，各业务系统和网上办事大厅对接、电子证书报送及信用信息数据推送工作。

（范伯群　撰稿）

民　政

【社会救助】 2016 年，龙岩市制定出台《关于完善城乡医疗救助体系的实施意见》。至 6 月底，7 个县(市、区)均制定出台相应政策文件。医疗救助对象分为特困供养人员，城乡低保对象、建档立卡贫困人口、重点优抚对象(含革命“五老”人员)、计划生育特殊家庭成员、重度残疾人，低收入家庭的老年人、未成年人和重病患者，因病致贫家庭重病患者。其中，建档立卡贫困人口、计生特殊家庭成员新增纳入医疗救助范围。城乡医疗救助基金筹集标准从每人每年 200 元提高到 400 元，实行资助参保参合、特殊门诊救助、住院救助、一次性定额救助、重特大疾病救助等五种救助方式，完善医疗救助“一站式”即时结算服务系统，为救助对象提供方便快捷的救助服务。全市全年筹集医疗救助基金 10492.79 万元，实施医疗救助 246291 人次，支出 7455.751 万元，其中，资助参保参合 149548 人次、1814.763 万元，特殊门诊救助 50118 人次、553.346 万元，住院救助 46517 人次、5037.785 万元，一次性定额救助 2 人次、0.4 万元，重特大疾病救助 106 人次、49.457 万元。

完善临时救助制度，制定出台《龙岩市人民政府关于进一步完善临时救助制度的通知》，进一步明确临时救助总体要求、对象范围、救助程序、救助方式和标准、保障措施等，坚持“托底线、救急难”目标，注重“救重点”和“全覆盖”“规范管理”和“方便快捷”的统一，加大资金投入力度，临时救助基金筹集标准从户籍人口每人每年 1 元提高到 7 元。到 6 月底，7 个县(市、区)已制定出台相应政策文件。全市全年筹集临时救助基金 3278.56 万元，实施临时救助 13181 人(户)次、1260.245 万元，其中市级救助 257 户(人)次，支出 76.9 万元。

【城乡低保】 2016 年初，市政府公布提高城乡低保标准和特困人员供养标准。城市低保标准按当地最低工资标准的 40%确定，各县(市、区)城市低保标准由上年的每人每月 380—468 元提高到 452—540 元；农村低保标准按当地上年度农民人均生活消费支出的 25%确定，不低于省定最低标准 2650 元，其中新罗区由上年的每人每年 2760 元提高到 3110 元，其余 6 个县(市、区)由上年的每人每年 2300 元提高到 2650 元。提高城市低保标准，按当地最低工资标准的 42%确定，从 7 月 1 日起，各县(市、区) 城市低保标准提高到 475—567 元，农村低保标准提高到家庭年人均收入 3026 元(与国定扶贫标准接轨，新罗区仍按 3110 元执行)。

长汀、连城 2 个县成立核对工作机构，市本级和 7 个县(市、区)全面成立核对工作机构，并全面应用省级核对平台。按省政府部署要求，全面开展农村、城市低保对象的确认清核工作，科学、准确认定救助对象，做到精准低保。全市农村低保对象 23948 户、47606 人，其中农村低保对象和建档立卡贫困人口“重叠对象”13681 户、31085 人，占低保人数的 65.3%；城市低保对象 3256 户、5201 人。全市全年发放农村低保金 11086.21 万元，人均月补助 190.91 元；发放城市低保金 2733.86 万元，人均月补助 351.2 元，比上年增长 26.5%。

【特困人员供养】 制定出台《龙岩市人民政府办公室关于印发龙岩市特困人员救助供养实施办法的通知》，建立健全城乡统筹、政策衔接、运行规范、与经济社会发展水平相适应的特困人员救助供养制度。农村五保供养标准按当地上年度农民人均消费支出的 70%确定，各县(市、区)农村五保分散供养标准由上年的每人每月 485—645 元提高到 533—700 元，集中供养标准由上年的每人每月 582—774 元提高到 640—840 元。城市“三无”人员供养标准按当地城市低保标准的 130%确定，其中，分散供养标准由上年的每人每月 494—608 元提高到 588—702 元，集中供养标准由上年的每人每月 593—730 元提高到 706—843 元。全市农村五保供养对象 10056 人，全年发放农村五保供养金 7405.43 万元，人均月补助 586.3 元，比上年增长 11.5%。

【“双拥”工作】 至 2016 年，龙岩市连续四届、连城县连续三届、上杭县连续两届荣获“全国双拥模范城(县)”荣誉称号。龙岩市及所辖 7 个县(市、区)连续两届被命名为“全省双拥模范城(县)”，实现“满堂红”。“双拥模范城”已成为龙岩宝贵的城市名片。2016 年，以纪念长征胜利 80 周年为契机，军地共同开展各类红色革命传统教育，传承红色基因，擦亮红色品牌。特别是近期在央视 1 套黄金时间热播的电视剧《绝命后卫师》，在全市、乃至全省全国得到广泛关注，引起热烈反响。1—10 月，累计签约军民融合项目 50 个，总投资 315.7 亿元。在“11·8”现场，27 家军民融合企业带来专用车、新材料等各类产品和成果参展。

市委、市政府高度重视军民融合式发展，主要领导和分管领导先后 8 次带队赴京开展密集对接，各大军工集团也积极支持老区建设，先后 30 多次组团深入龙岩市调研，洽谈合作项目。形成军民融合四大主导产业。

专用车产业。依托现有的多家零部件制造企业，重点推进武汉北斗集团投资建设的枭龙高机动越野车项目、海德馨与中电科合作生产应急通信指挥车项目、侨龙与南京中航特种装备公司合作特种专用车项目等。

光电产业，依托光电新材料产业的技术、产品优势，加强与军工企业合作，重点推进中国电子科技集团与德晖实业公司合作图形化蓝宝石衬底(PSS)生产设备与技术合作项目、与武平正德光电合作新型显示专用设备研发和产业化基地项目，中国电子信息产业集团与连城达米拉数码公司合作液晶屏供应及代加工项目等。

冶金新材料加工制造产业。在延伸金铜产业链、深化中船工业成套物流与上杭太阳电缆公司合作海底光缆、船用电缆项目的同时，推动实施长汀金龙稀土与中电科、中船重工的技术合作、产品采购合作项目，打造完整的的稀土精深加工产业链，延伸发展空调、永磁电机、电脑等下游应用产业，力争建设南方稀土精深加工及应用研发生产基地。

民品参军产业。在推进军民融合发展过程中，改变过去单纯的引资方式，在产业、产品、技术、资本等各个领域与军工企业进行全方位对接，探索出一系列行之有效的军民融合项目深度融合模式。依托专用车产业基础，引进武汉北斗集团投资建设枭龙高机动越野车项目。

【优抚工作】 全市按政策规定准时足额发放优抚对象抚恤补助金，落实自然增长机制政策，各类重点优抚对象抚恤补助标准自然增长率达4%以上，2016年中央下拨抚恤补助资金11394.1万元，市级下拨用于在乡老复员军人、带病回乡退伍军人、参战退役人员定期生活补助和农村籍退役士兵老年生活补助配套资金553万元，各县(市、区)财政拨出定期生活补助配套经费276.5万元，投入自然增长机制经费625.48万元。

全市向2258户农村义务兵家庭发放优待金2963.1036万元，平均每户优待13122.7元，达到上年农村人均纯收入的100%；向328户城镇义务兵家庭发放优待金373.5081万元，平均每户优待11387.4元，达上年城镇职工平均收入的40%。

重点优抚对象均享受“三重医疗保障”，即基本医疗保险、城乡医疗救助、重点优抚对象医疗补助，综合住院报销或补助比例达80%左右。目前，(市、区)基本上将医疗补助的起付线定为0，最高补助封顶线定为6000元至20000元之间；补助比例为50%。同时，各县(市、区)都设立定点医疗机构，确定减免项目范围。2016年，中央和省下拨医疗补助经费1337万元、市财政下拨医疗补助经费118万元。全年发放重点优抚对象个人门诊资金175.914万元；有8907名重点优抚对象享受医疗补助，最高补助金额20000元，最低补助金额8元，补助总金额641.27万元。

【部分优抚对象抚恤和生活补助标准提高】 遵照福建省民政厅、福建省财政厅《关于调整部分优抚对象等人员抚恤和生活补助标准的通知》(闽民优【2016】275号)精神，从2016年10月1日起，部分优抚对象等人员抚恤和生活补助标准提高，具体为：提高残疾军人(含伤残人民警察、伤残国家机关工作人员、伤残民兵民工)残疾抚恤金、烈属(含因公牺牲军人遗属、病故军人遗属)定期抚恤金、在乡退伍红军老战士(含红军失散人员)和在乡老复员军人的生活补助标准，调整后的标准见附件1、2，调标所需经费由中央财政负担。提高部分参战退役人员(含原8023部队退役人员和参与铀矿开采军队退役人员)带病回乡退伍军人生活补助标准，每人每月增加40元，其中：中央财政负担16元，地方财政负担24元。地方财政负担的经费，由省、市、县(市、区)按7:2:1的比例分担。提高居住在农村和城镇无工作单位、18周岁之前没有享受过定期抚恤金待遇且年满60周岁的烈士子女(含建国前错杀后被平反人员的子女)提高生活补助标准，每人每月增加40元，达到每人每月补助340元，调标所需经费由中央财政负担。提高从1954年11月1日试行义务兵役制后至《退役士兵安置条例》实施前入伍、年龄在60周岁(含60周岁)，未享受到国家定期抚恤补助的农村籍退役士兵提高老年生活补助标准，每服一年义务兵役每人每月提高5元，其中：中央财政负担2.5元，地方财政负担2.5元。地方财政负担的经费，由省、市、县按7:2:1的比例分担。提高建国前加入中国共产党的农村老党员和未享受离退休待遇的城镇老党员的生活补贴标准，每人每月增加40元，调整后的标准为：1937年7月6日前入党的，达到每人每月620元；1937年7月7日至1945年9月2日入党的，达到每人每月560元；1945年9月3日至1949年9月30日入党的，达到每人每月500元。调标所需资金扣除中央负担的25%外，其余部分继续按照《关于做好老党员生活补贴发放工作的通知》(闽委组通【2006】70号)确定的分担比例，即由省管党费承担60%，省财政承担40%。

2016年残疾人抚恤金标准

表29　　（从2016年10月1日起执行）　　单位：元/年

残疾等级	残疾性质	抚恤金标准	残疾等级	残疾性质	抚恤金标准
一级	因战	66230	五级	因公	29440
	因公	64140		因病	27340
	因病	62040	六级	因战	26310
二级	因战	59940		因公	24890
	因公	56780		因病	21030
	因病	54660	七级	因战	19990
三级	因战	52590		因公	17890
	因公	49420	八级	因战	12620
	因病	46290		因公	11550
四级	因战	43100	九级	因战	10480
	因公	38910		因公	8420
	因病	35750	十级	因战	7360
五级	因战	33670		因公	6300

福建省“三属”“两红”等优抚对象抚恤补助金标准表

表30　　（从2016年10月1日起执行）　　单位：元/月

对象名称		区域	现行标准	提高标准	新标准
“三属”定期抚恤金	烈属	城镇	1700	159	1859
		农村	1295	564	1859
	因公牺牲军人遗属	城镇	1478	137	1615
		农村	1245	370	1615
	病故军人遗属	城镇	1398	128	1526
		农村	1196	330	1526
	在乡退伍红军老战士		3989	348	4337
“两红”生活补助金	红军失散人员	城镇	1740	157	1897
		农村	1710	157	1867
复员军人生活补助金	抗日战争时期入伍		990	100	1090
	解放战争时期入伍		935	100	1035
	新中国成立后入伍		900	100	1000
带病回乡退伍军人生活补助金			430	40	470
参战退役人员（含原8023部队退役人员）生活补助金			555	40	595
居住在农村和城镇无工作单位、18周岁之前没有享受过定期抚恤金待遇且年满60周岁的烈士子女（含新中国成立前错杀后被平反人员的子女）生活补助金			300	40	340
部分年龄在60周岁以上（含60周岁）、未享受到国家定期优抚补助的农村籍退役士兵，每服一年义务兵役补助标准			20	5	25

中华人民共和国成立前加入中国共产党的农村老党员和未享受离退休待遇的城镇老党员生活补贴标准表

表 31　（从 2016 年 10 月 1 日起执行）　单位:元/月

对象名称		现行标准	拟提高标准	新标准
中华人民共和国成立前老党员	1937 年 7 月 6 日前入党	580	40	620
	1937 年 7 月 7 日至 1945 年 9 月 2 日入党	520	40	560
	1945 年 9 月 3 日至 1949 年 9 月 30 日入党	460	40	500

【退役士兵安置】 2016 年，全市共接收退役士兵 1104 人（含转业士官 34 名），完成 34 名转业士官的安置任务，其中，安置在机关 2 名、事业单位 32 名。共动员 643 名退役士兵报名参加职业教育和技能培训，其中，参加职业教育培训 548 名，参加技能培训 95 名。发放自主就业退役士兵地方性经济补助金 2405 万元（其中市财政负担 264 万元）、待安置期间生活补助金 7.8 万元。

【军休工作】 完成 1 名军休干部接收任务，安置在市军休所；完成 3 名复员干部接收任务，分别安置在长汀县、上杭县和漳平市各 1 人。全面落实军休干部的“两个待遇”，严格按照《移交政府安置的军队离休退休干部服务管理机构工作规范》抓好军休所全面建设。

【优抚事业单位管理】 全市 7 所光荣院都按规定落实优抚院民生活、医疗待遇，院民伙食费标准达 510 元/月以上，省厅下拨院民生活补助费 39.816 万元。光荣院都制定包括接收对象、组织管理等操作性强、便于检查衡量的具体标准。陵园、纪念馆都能从其所处的职能出发，建立健全岗位目标责任制、财务制度、卫生区包干责任制等制度。全市有 14 家优抚事业单位被授予县级以上文明单位，闽西革命烈士陵园被民政部授予全国文明优抚事业单位。

【优抚工作】 做好优抚数据核查报送工作。年初，及时更新优抚数据信息，将优抚对象从 2015 年底的 24060 名更新为 2016 年初的 20188 名。下发《关于进一步规范优抚信息管理系统资料录入和优抚资金发放管理工作的通知》，从 2016 年 4 月 1 日起，各类优抚对象的定期抚恤补助金由按季发放改为按月发放。做好抚恤补助对象的核查认定，规范审批程序，进行社会化发放。对于减员对象本着实事求是的原则进行数据库优抚对象信息变更，圆满完成 2016 年度的数据库优抚对象增减员数据变更工作。做好评残评烈工作，上报连城县刘长富、上杭县薛先维和薛培年评烈材料，其中刘长富已被省政府追认为烈士。上报评残对象新评 7 名、调整等级 1 名、换证 16 名、补证 6 名，省民政厅已批准评残对象 7 名、调级 1 名、换证 16 名、补证 6 名。认真落实带病回乡退伍军人政策，各县（市、区）上报 30 名对象，审批 12 名、退回不符合条件的对象 18 名。各县（市、区）上报“两参”退役人员 123 人，市本级上报省厅 20 人、退回 103 人，省厅已审批 9 人。节日期间走访慰问重点优抚对象。据统计，全市在春节和“八一”期间共慰问 7320 名重点优抚对象，发放慰问金 286 万元。纪念红军长征胜利 80 周年活动开展期间，慰问 42 名失散红军，每人发放慰问金 1 万无和一枚纪念章。开展烈士纪念活动。9 月 30 日，市、新罗区 4 套班子和龙岩军分区、区武装部在闽西革命烈士纪念碑举行烈士公祭活动，市、区机关干部职工代表共 1000 余人参加。各县（市）参照市里的做法开展烈士公祭活动。烈士纪念日和清明节期间，全市各地烈士纪念建筑物管理单位保持庄严、肃穆、整洁、文明、卫生的良好环境，热情接待前来开展纪念活动的单位和个人。闽西陵园接待观众 80 余万人次，闽西纪念馆接待观众 10 余万人次。完成红军长征胜利 80 周年烈士档案主题联展活动，并于 10 月 21 日在烈士陵园首次开展。做好烈士证换证工作。认真审核烈士证换证材料，上报省民政厅 1443 人换证材料，有 863 人已换回新版烈士证，还有 580 名过继子按目前政策无法换证。按标准发放一次性抚恤金。对市军队离退休干部休养所 2016 年病故的 2 名军休干部遗属发放一次性抚恤金 60.6944 万元；对 2015 年病故的 2 名军休干部遗属进行基本工资提标后的一次性抚恤金补差 10.868 万元。积极推进优抚项目建设。闽西古田光荣院按计划序时推进，已累计下拨资金 1960 万元。已完成项目规划、征地等工作，正在进行项目设计和用地审批、土地勘探等工作。何叔衡烈士纪念碑园完成主体工程。松毛岭战役纪念碑完成建设任务。

【基层政权和社区建设】 全面完成村（居）委会成员的任职培训，通过选举配齐配强村（居）务监督委员会，健全村（居）民主监督机制，完成村（居）委会换届选举报表上报工作。

确定新罗区西陂街道华莲社区综合服务站等 6 个建设项目为 2016 年度省级社区综合服务站省级建设项目。新罗区中城街道北门社区、永定区凤城街道仙峰社区、上杭县临城镇城东社区、武平县平川镇河东社区等 4 个社区综合服务站已经建成投入使用。确定农村社区建设省级示范单位和市级开展村。除省定的龙岩市 8 个第一批农村社区建设示范单位开展示范村建设外，还确定到2018年，全市1000个村开展农村社区建设工作，100个村建成农村社区建设示范村的工作任务。全市7个县(市、区)和龙岩经济技术开发区(高新区)均确定了到2018年的开展村名单。其中2016年开展300个村，2017年开展340个村，2018年开展360个村。确定龙岩市新罗区为省级社区治理和服务创新实验区。新罗区被确认为8个省级社区治理和服务创新实验区之一，实验时间从2016年8月至2019年7月，为期3年。下发《关于做好省级社区治理和服务创新实验区工作的通知》，要求新罗区在强化统筹规划、完善运行保障、推进社区信息化建设和注重总结经验等方面做好实验工作。开展2016年高校毕业生服务社区计划招募、历年资金自查和年度考核工作。经过组织报名、资格审查、笔试，体检，圆满完成40名高校毕业生的招募工作。确定2014年服务期满的28个中有10个优秀，其余合格，2015年年度考核的33个中有服务社区高校毕业生10个优秀，其余合格。确定各县(市、区)2016年城乡社区民主协商示范点。确定新罗区中城街道北门社区、东城街道永兴社区、适中镇新祠村，永定区凤城街道南郊社区、西北社区、湖坑镇南江村，上杭县临江镇镇东社区、镇南社区、才溪镇溪北村，武平县平川镇河东社区、西城社区、东留镇小溪村，长汀县汀州镇南门社区、大同镇祥和社区、三洲镇三洲村，连城县莲峰镇南街社区、西街社区、苗前镇庙前村，漳平市菁城街道北郊社区、桂林街道上桂林社区、新桥镇仓板村等14个社区、7个村作为各县（市、区）2016年抓的城乡社区民主协商示范点，其中新罗区抓的示范点还作为市示范点。

【社会福利工作】 全市现有户籍人口309.38万人，老年人47.21万人，占总人口的15.25%。各类养老机构143个(其中民办养老机构17个)。城市社区居家养老服务中心（站)129个，总床位15644张（其中公办床位数7936张，民办床位数4610张，城乡社区居家养老、幸福院床位3098张)，平均每千名老人拥有养老床位33.13张(全国25.43张，全省30.1张)。

2008年，龙岩市在全省率先启动市社会福利中心建设，概算总投资2.96亿元，占地面积10.67公顷，总建筑面积10万余平方米，是全省规模最大的社会福利设施。一期工程已建成投入使用，设置床位1300个（其中老人床位1000个，儿童床位300个)，现已入住300余人，运营情况良好。

各县(市)把福利中心建设列入为民办实事项目，通过政府划拨、整合等措施，确保每个县在城市规划区内都有一块民政福利设施建设用地。新罗、上杭、连城、永定、长汀县和漳平市社会福利中心已投入使用。武平县社会福利中心二期工程于2014年底建设完工。

同时，加强养老机构规范管理，推行公建民营。坚持建管并重，积极探索经营体制改革，推行公建民营、民办公助等模式，有效提升福利中心整体运营和管理水平。引入香港福恩护老院有限公司先进管理理念和护理服务经验，组建“龙岩市同心园(香港)护理院”。护理院设置医务室，配备医生2名、护士8名，购置医疗器材，驻院医生每天查房问诊;聘请在香港从事护老工作多年的管理人员，对老人制定个案护理方案；由专业营养师为老人调配饮食等等。入住老人360名。上杭县福利中心老年公寓有180张床位，2012年引入社会资本经营管理，组建养心园护理院，实行公建民营，政府供养对象一并委托其护理，有83名老人。武平县、漳平市福利中心实行公建民营。长汀、连城县永定区的福利中心也在筹划公建民营运营模式。

近年来，民办养老服务机构迅速发展。截至2016年底，全市共有17家民办养老机构，床位4610张。新罗区东宫下托老院被中国老龄事业发展基金会确定为全国“爱心护理工程建设基地”，龙岩市安康护理院和龙岩市慈爱康复中心，被省老龄事业发展基金会确定为省级爱心护理工程试点单位。全市共有“全国爱心护理工程建设基地、示范基地”3家，省级“爱心护理工程”试点单位6家，走在全省前列。有63个村列入省级农村幸福院建设补助项目，省级补助资金1071万元。其中有26个是年底追加的建设指标；年初下达的42个建设任务全部完成。市政府对列入省计划建设的农村幸福院，市级彩票公益金或财政预算安排，采取“以奖代补”的方式每个给予补助3万元，2016年下达市级补助资金126万元。

【特困群体保障】 12月21日，市政府出台《关于加强困境儿童保障工作的实施意见》。坚持家庭尽责、政府主导、社会参与、分类保障的基本原则，强化家庭履行抚养义务和监护职责的意识和能力，综合运用社会救助、社会福利、安全保障等政策措施，力争到2020年底，建立健全与我市经济社会发展水平相适应的困境儿童分类保障制度，困境儿童服务体系更加完善，全社会关爱保护儿童的意识明显增强，困境儿童成长环境更为改善、安全更有保障。对于无法定抚养人的儿童，纳入孤儿保障范围。对于无劳动能力、无生活来源、法定抚养人无抚养能力的未满16周岁儿童，纳入特困人员救助供养范围。健全孤儿(含艾滋病病毒感染儿童）基本生活费自然增长机制，确保基本生活费及时足额发放到位。孤儿基本养育标准确定为社会散居孤儿每人每月600元，机构供养孤儿每人每月1000元，全年共发放孤儿基本养育金486万元。从2017年1月起，孤儿基本养育标准为社会散居孤儿每人每月不低于900元，机构供养孤儿每人每月不低于1500元。孤儿年满18周岁后，仍在全日制学校就读的，可继续按标准享受基本生活补助。11月提前下拨新罗区孤儿基本生活保障市级补助资金33万元，其余县(市、区)由省级财政直接拨补。

市政府出台《龙岩市人民政府关于加强农村留守儿童关爱保护工作实施意见》。8月，民政牵头，与公安、教育等部门密切配合，共同完成农村留守儿童摸底排查工作，全市摸底排查农村留守儿童18696人。重点关注204名无人监护的留守儿童，其中，民政做好牵头协调工作，教育行政部门完善控辍保学机制，落实免费义务教育和教育资助政策，确保农村留守儿童不因贫困而失学；公安机关把涉及农村留守儿童安全问题强制报告事项的及时受理、快速出警调查、应急处置、救助保护、案件侦查、情况通报、监护干预等措施。通过各县(市、区)和相关乡镇党政领导的高度重视和积极努力，劝导儿童外出务工父母返乡落实监护责任和指定、政府购买服务等方式，截至9月18日，204名无人监护的农村留守儿童逐一落实监护责任，通过劝导外出务工父母返乡落实监护责任的36人，委托亲朋好友或学校为监护人的133人，通过政府指定监护人的1人，实际有人监护，但在乡镇农村留守儿童摸底排查中工作人员对政策理解偏差，不列入无人监护范围的31人。截至8月31日，年龄超16周岁的2人，父母双方去世已列为孤儿的1人。

重视困难残疾人生活补贴和重度残疾人护理补贴发放工作，所有县(市、区）均按程序发放残疾人两项补贴，全年累计发放总人数77419人，总金额5129.7万元。其中：生活补贴人数36744人，金额2194.6万元；护理补贴人数40675人，金额2935.1万元。

【救助管理】 全市共救助6076人次，其中市本级救助1910人次，永定区救助789人次，上杭县救助810人次，武平县救助850人次，长汀县救助531人次，连城县救助723人次，漳平市救助463人次。未成年人55人次，危重病人101人次，精神病人169人次，机构托养16人次。上街劝导救助200多次，发放衣服300多套，棉被100多床，鞋子200多双，食品1000多份，矿泉水3000多瓶以及部份药品，从根本上确保辖区内流浪乞讨人员有饭吃、有衣穿、有地方住、有地方治病、有人帮助及时返家。

【婚姻登记及收养】 办理国内公民结婚登记26509对，离婚7059对；国内公民收养登记68件；依法办理涉港、澳、台、侨结婚登记45对，离婚10对,办理涉港、澳、台、侨收养2件。

【殡葬管理】 火化遗体17225具，火化率100%；今年新建农村公益性骨灰堂70个，全市累计建设农村公益性骨灰堂1376个。

从2010年开始，市、县两级政府采取以奖代补的方式，鼓励、支持，推进农村骨灰存放设施建设，并把此项工作列入市委市政府为民办实事项目。5年来，市财政拨出专项补助资金1406万元鼓励支持村级新建了706个公益性骨灰存放堂。至2016年底，全市公益性骨灰存放设施达1376个，城乡公益性骨灰存放设施的服务面已经实现全覆盖。

2016年，殡仪馆火化设备技术改造补助项目7个，省级补助资金980万元。除长汀县正在建设实施中，其余县(市、区)殡仪馆火化设备技术改造工作已经全面完成。

【区划地名工作】 完成连城县四堡乡和林坊乡撤乡设镇工作。6月初，省政府同意四堡乡和林坊乡撤乡设镇。

做好地名词目表和词条的上报工作，全市共采集到词条总数902条，其中龙岩市1条，新罗区221条，永定区102条，漳平市150条，上杭县130条，武平县147条，长汀县58条，连城县93条。

开展中心城区城建设施命名自查规范工作。中心城区街路巷48条、桥梁9座、隧道9个、公园与广场8个、重要城建设施1个。

【全国地名第二次普查工作】 开展宣传活动，加强宣传造势。各地围绕“地名普查，助力中国梦”主题宣传推广活动，各县(市、区)在当地开展了丰富多彩、形式多样的第二次全国地名普查的新媒体宣传月活动。协同公司作业，加快“二普”进度。通过收集大量的“一普”资料、地名补查资料、县志、地名志、地名录、《八闽通志》、各乡镇志和成员单位提供的基础数据、遥感影像数据，由合作公司在乡镇、村普查员的配合下，经过实地普查，5月31日完成外业工作，随后转入内业整理和五级审核。截至12月30日，全市共采集地名信息67099条。其中新罗区11693条、永定区10738条、上杭县12869条、武平县8039条、长汀县8917条、连城县8133条、漳平市6710条；新增地名15719条，废弃地名3053条，地名更名194条，设置地名标志3346块；共组织人员培训189期约8092人。开展“五级审核”和数据录入工作，形成地名成果58461条，占信息采集条数的87.13%。

【社会组织管理】 全市共登记社会组织2594家。开展2016年度社会组织评估工作，市慈善总会等4家获评AAAAA等级，市志愿者协会等24家获评AAAA等级，评估率72%。实施市财政支持社会组织参与社会服务项目。推进社会组织孵化基地建设，吸引2家社会组织入驻。加强社会组织综合监管、党建和能力提升工作，增强服务经济社会建设的能力和水平。

【行政区域界线管理】 开展并完成龙岩与漳州市间新罗—南靖线、漳平—南靖线、漳平—华安线3条界线的第三轮联检任务。龙岩、漳州2市共同签订2市间的平安边界协议，建立边界纠纷应急处置预案，同时，市内县界长汀—连城线、连城—新罗线等2条界线和全市47条乡界联检任务也全部完成，联检成果已上报省厅并在市、县立卷存档。完成了长汀—连城、长汀—上杭平安边界共建协全部签订工作。平安边界建设工作继续向乡级界线推进。对本年开展乡级界线联合检查的47条乡级界线全部签订《创建乡级平安和谐边界协议书》。

【福利彩票发行】 2016，全市共发行福利彩票15253.93万元，同比减少1969.06.12万元，减幅达11.43%，完成全年任务的105.93%。全市新增投注机86台，退机72台，剔除退机后全市投注机达319台，市场规模略有提升。电脑票销量增长放缓，2016年共销售10246.45万元，同比减少739.12万元，减幅为6.72%。其中，双色球销量为5720.99万元，同比减少108.54万元，减幅为1.86%，占电脑票销量的55.83%；“快3”销量为3555.61万元，同比减少540.27万元，减幅为13.19%，占电脑票销量的34.70%；3D、15选5、七乐彩、东方+1等游戏销量同比均显市场疲软状态仅销售969.85万元，仅占电脑票销量的9.47%。网点即开票销量仍然没有得到提升，2016年共发行912.63万元，完成进度任务的65.19%，市场被动局面未见改观。中福在线销量与去年同期相比下滑幅度较大，2016年共销售4094.85万元，同比减少1188.35万元，减幅为22.49%，市场形势不容乐观；

2016年，各县销量为市本级（新罗区）6228.18万元，完成111.22%；新罗区乡镇291.91万元，完成48.65%；漳平市1143.84万元，完成129.98%；上杭县2136.50万元，完成133.53%；连城县707.30万元，完成67.36%；长汀县2864.75万元，完成127.32%；永定区914.57万元，完成66.76%；武平县966.88万元，完成92.08%，任务完成情况排名为：上杭县、漳平市、长汀县、市本级、武平县、连城县、永定区、新罗区乡镇。

（游奇汀　撰稿）

残疾人事业

【优化残疾人工作氛围】 市委、市政府将残疾人事业纳入国民经济社会发展大局，统筹规划，同步推进，连续9年将助残项目列入为民办实事内容。8月，市政府出台了《关于印发加快推进残疾人小康进程实施方案的通知》；12月，市政府印发实施《龙岩市“十三五”加快残疾人小康进程规划纲要》。9月26日，市政府残疾人工作委员会被国务院残疾人工作委员会授予“全国残疾人工作先进单位”称号（全省唯一获此殊荣的设区市）。2016年，全市残联系统共争取中央、省级资金2600多万元，其中投入1200万元资金改造市残疾人综合服务中心。

【残疾人组织建设】 全面完成残疾人基本服务状况和需求信息动态更新工作，全市共完成调查社区1926个，调查人数100072人，入户率达95.6%，注销残疾人证6755本。组织实施“强基育人”工程，省下达101.6万元专项资金，培训全市2000多名乡、村级残疾人工作联络员。市下达70万元，加强联络员队伍及基层残疾人组织基础设施建设。9月，与市卫计委联合下发《进一步规范我市残疾评定和残疾人证管理工作的意见》，得到省残联肯定，在全省转发推广。12月，举办首期全市残联系统财务人员培训班，进一步规范财务管理。

【残疾人康复服务】 加强康复机构建设和动态管理，6月，联合市财政局下发《关于进一步扶持民办残疾人康复机构发展的意见》，明确对全市残疾人康复机构的扶持措施。龙岩慈爱康复中心完成机构升级，成为闽西南规模最大、专业最全的儿童康复机构；明星儿童潜能发展中心成为我省首家同时具备为残疾儿童和健全儿童提供学前教育、开展残健融合活动的机构。市残联对定点康复机构进行进行全面考评，排出名次，向社会公布，促进各机构自觉加强规范化建设。较好地完成了各项康复服务任务，全市共完成0—6岁残疾儿童康复训练726名，发放补助资金650.4万元；完成省“光明行动”项目任务1381例。利用微信公众号等网络平台，开展社会助残康复活动，募集厦门残疾人福利基金会等社会组织及爱心人士捐赠的现金、衣物、医疗康复器材、校车等价值200多万元；完成国家彩票公益金假肢项目装配60例、成人助听器33例；投入86.6万元，完成市委、市政府为民办实事“红土助残”边远山村辅具整村推进项目，为全市87个村、1455名残疾人免费配发各类基本型辅助器具1831件。辅具服务车行程1200多公里，为残疾人提供服务450人次。举办1期自闭症儿童家长培训班，邀请厦门市残疾人康复中心专家授课，培训60余人。

【残疾人教育工作】 从残疾人就业保障金中划出经费，支持特殊教育事业的发展。开展未入学适龄残疾儿童少年状况调查工作，全市现有7所特殊教育学校，在校残疾学生916名，普通学校随班就读1547名。全市盲、聋、弱智儿童入学率分别达98%、98.5%和98.6%。资助157名考入大、中专院校的残疾考生、低保户残疾人家庭子女及在校残疾学生，发放助学金32.4万元。完成残疾人事业彩票公益金助学项目，救助30名学龄前儿童，发放补助资金9万元。

【残疾人社会保障】 全市14655名残疾人纳入低保，为10324名贫困残疾人建立精准扶贫档案，36468名困难残疾人享受每人每月50元的生活补贴，为40376名重度残疾人发放每人每月50或100元的护理补贴。80690名残疾人参加城乡社会养老保险，为3213名残疾人全额代缴养老保险费，为27773名残疾人部分代缴养老保险费。完成省委、省政府为民办实事“残疾人托养服务”项目，为1350名贫困重度残疾人发放居家养护补贴，扶持125名在机构托养的困难残疾人，发放资金达332.5万元。配合农办开展“造福工程”，为2642户农村贫困残疾人进行房屋改造和修缮。采取加分办法，将住房困难的城乡低收入残疾人家庭优先纳入当地住房保障和住房救助制度，为500多户城镇贫困残疾人户提供廉租房。实施农村贫困残疾人“安居工程”建设项目，募集资金约2000万元，为602户农村贫困残疾人无房户、危房户建造了新房。

【残疾人就业培训】 全市举办8期残疾人职业技能培训班，其中1期工艺美术培训班，7期养兔、养蜂、电商等实用技术培训班，共培训残疾人379人。输送15名盲人参加全国、全省保健医疗按摩培训班。

【残疾人就业帮扶】 扶持全市520名残疾人家庭开展就业创业，发放补助资金260万元。举办2场残疾人就业招聘会，帮助16名残疾人实现就业。投入120万元，完成市委、市政府为民办实事“红土助残”项目，扶持8家残疾人电商创业就业示范基地，安置43名残疾人集中就业，辐射带动帮扶残疾人163名就业。全市征收残保金3289万元，其中市本级征收1350万元。

【“5+1扶持残疾人就业创业”】 全市审核按比例安置残疾人1428人，超比例安排残疾人就业49人，给予用人单位奖励32.3万元；集中安置残疾人企业超比例安置311人，发放奖励94.2万元，为全市符合条件的残疾人自主就业创业申报社会保险补贴，发放补贴资金224.3万元。

【农村残疾人种养殖基地建设】 按照龙岩市市级农村残疾人种养殖基地实施方案，积极培育农村残疾人种养殖基地，新罗区绿亮美农林生态发展有限公司等11家基地被命名为龙岩市第二批“市级农村残疾人种养殖基地”，共发放扶持资金55万元。

【残疾人宣传文体活动】 在闽西新闻网开辟“龙岩残疾人在线”，在微信平台开辟“闽西残疾人康复服务网”微信公众号，及时主动宣传残疾人工作动态，报道残疾人工作中的典型事迹。在各种媒体发表稿件200多篇，营造全社会共同关心帮助残疾人的良好舆论氛围。5月，承办“第六届‘闽台残疾人文化周’公益巡演走进武平”活动。6月，武平县李凤梅获全国残疾人羽毛球比赛个人项目金牌。7月，市智力残疾人及亲友协会代表队参加福建省特奥融合运动会，荣获10个一等奖，1个二等奖，9个三等奖。

【残疾人信访维权工作】 拓宽残疾人信访、咨询渠道，全年接待信访人数1879人次，化解大量社会矛盾，没有突发集体上访事件和越级集体上访的恶性信访事件。推动指导各县(市、区)开展残疾人法律救助工作，实现各县(市、区)法律救助工作站的全覆盖。扎实做好残疾人机动轮椅车燃油补贴工作，为1692名残疾人发放补助金44万元。全市完成贫困残疾人家庭无障碍改造520户。开办残疾人汽车驾驶技术培训业务，市佳兴驾校成为继厦门港龙驾校和福州建安驾校之后第3家有培训残疾人驾驶技术资质的驾校，已有126名残疾人报名，35名下肢残疾人培训后领取了汽车驾驶证。

（林加坚　撰稿）

老龄工作

【推进城市居家养老服务】 9月，市政府办公室下发《关于印发“互联网+养老”信息服务平台建设实施方案(2016—2020年)的通知》，从工作目标、建设内容、服务对象、保障措施四个方面对全市“互联网+养老”信息服务平台建设提出具体要求。各县(市、区)对城区内年满60周岁的特困供养人员、低保对象、建档立卡的贫困人口、重点优抚对象、计划生育特殊家庭成员、重度残疾人中的老年人和年满80周岁的高龄老人数量进行调查摸底，为做好政府购买服务资金测算提供基础数据。2016年底，永定区、上杭县、武平县、连城县出台《实施方案》。上杭县于11月30日印发《上杭县“十三五”社区居家养老服务实施方案》和《上杭县“互联网+养老”信息服务平台建设实施方案》，组织招投标，12月30日正式开标，南京和浩(禾康)通信科技有限公司中标，实现社区居家养老专业化服务组织落地工作的突破。同时，继续完善设施，推进社区居家养老服务站和日间照料中心建设。新罗区西陂街道华莲社区等6个2014年后新设立的社区，均已建立居家养老服务站并投入使用。上杭县临城镇城北社区老年人日间照料中心建设项目已完成前期工作和设计方案评审，到位资金160万元。长汀县大同镇祥和社区、连城县莲峰镇南街社区日间照料中心项目完成前期工作将开工建设。督促县(市、区)将城市社区居家养老服务站运营补贴经费按省、市确定的标准列入县(市、区)财政预算。继新罗区之后，上杭县从2016年起将社区居家养老服务站每年2万元的运营补贴列入财政预算。永定区组织对社区居家养老服务站进行绩效考评，根据考评结果下拨运营经费。在全市社区居家养老服务站，继续深入开展“关爱空巢老人”活动，以社区为依托，组织社区、驻地单位和医疗卫生、司法、文化、体育等部门的专业人员，组成志愿服务队，广泛开展"关爱空巢老人"活动。全市城市社区空巢老人2812人，重点服务空巢老人753人，建立志愿者队伍295支，结对帮扶重点服务对象904人。长汀县汀州镇东门社区开展"爱心敲门"活动，将社区干部和志愿者分为19个小组，每天一次上重点帮扶老人家中敲一次门，还帮老人代缴水电费、社保、医保等。3月，开展了学雷锋"邻里守望、情暖八闽"主题志愿服务活动。

【居家养老服务向农村延伸】 2016年，全市新建农村幸福院42所。武平县老龄办对列入规划新建的7个村幸福院考评验收。漳平市2016年有8所农村幸福院建成投入使用。新罗区2016年新建30个农村居家养老服务站，落实每个农村居家养老服务站5000元运营补贴；永定区对27个农村居家养老服务站进行绩效考评，并下拨运营补贴。推荐龙岩市同心圆(香港)护理院、上杭县养心园护理院为省"爱心护理工程"联系单位。10月，省老龄事业发展基金会对这2家公建民营养老机构实地考察，同意列入省"爱心护理工程"联系单位，各给予15万元的资金支持，全市省级"爱心护理工程"试点(联系)单位达到8家，走在全省前列。

【落实高龄津贴制度】 继续完善高龄津贴制度，包括动态管理、统计制度等，完善申报、审核流程。协调民政、财政部门下拨市级财政对武平、长汀、连城3个省级扶贫开发重点县的补助资金。2016年9月，全市享受高龄津贴人数59360人，年发放资金约4700万元。会同市财政局转发省财政厅、省老龄办《关于印发〈福建省百岁及以上老年人老年节(重阳节)慰问资金管理办法〉的通知》，规范慰问资金的管理。做好百岁老人的申报、审核工作，做到县(市、区)老龄办逐人核对，百岁老人入户见面率达到100%。2016年全市每10万人口中有百岁老人7.4人，高于全省平均水平。以市政府名义给当年新增的93名百岁老人颁发"百岁寿星"匾。

【老年优待工作】 落实70周岁以上老年人凭福建省老年人优待证免费乘坐公交车的优惠政策。协调推动市旅游局出台《关于进一步落实老年旅游优待政策的通知》，落实市政府《关于依托社会力量加快推进生态养生养老产业发展的实施意见》中"实行更加优惠的老年旅游优待政策，国家A级旅游景区对60岁以上老人购买首道门票给予五折优惠，对70周岁以上老年人购买首道门票给予免费"的规定。全市新办福建省老年人优待证老年证1.3万本。

【开展"银龄安康保险"】 推动"银龄安康保险"试点，市民政局、财政局、人寿保险龙岩分公司正式下发《关于开展"银龄安康保险"试点工作的通知》，为户籍在龙岩市行政辖区内的年龄在80周岁以上(含80周岁)的老年人(不含离退休人员)、60—79周岁优抚对象及城乡特困供养人员(包含城镇"三无"人员和农村"五保户")每人投保1份20元的"银龄安康保险"，受益人数约8万人。

【开展敬老慰问】 元旦、春节期间，配合省老龄事业发展基金会在武平县开展助老济困慰问活动，共慰问高龄特困老人100户，每户500元，共5万元；1月28日，省老龄事业发展基金会深入武平县走访慰问。落实省老龄办安排的春节慰问生活困难老年人活动，全市共慰问困难老年人140户，发放慰问金7万元；1月19日，省老龄办慰问组深入连城县文亨镇走访慰问。"敬老月"对受灾地区贫困老年人，同时兼顾老区、山区和经济欠发达地区的老年人，及时发放省老龄办慰问金8万元，慰问人数160人。

【敬老月活动】 老年节前夕，市委书记李德金、代市长林国耀分别看望部分老红军、老同志，为他们送上节日的问候。副市长黄庆辉慰问百岁老人郭凤兰和林爱芹，给寿星送上"百岁寿星"匾和慰问金。闽西日报社围绕"敬老爱老全民行动"主题，推出《备受老年人称赞的六路公交车》《为了那抹绚丽的夕阳红》《她，敬老奉献二十载》《要干就要干好，要做就做一流》《满怀感恩做善事，爱老助老成楷模》等系列报道，生活专刊(周末版)用一个版面介绍我市百岁老人优待、城乡居民养老保险、高龄津贴等与老年人生活密切相关的政策。老年节当天，市老龄办发送10万条老年节祝福短信，永定区老龄办在全区范围群发6万条短信。"敬老月"期间，新罗区开展"长征中的新罗儿女—纪念红军长征胜利80周年"大型图片展、非遗文化展等系列宣传活动，特设老年人服务窗口和讲解服务，为老年人提供优先优质的文化敬老活动。上杭县博物馆举办"雄关漫道铁儿郎—长征中的上杭子弟兵"展览，组织讲解员专门向老年人进行讲解。长汀县老龄办和县老年大学举办纪念长征胜利80周年夕阳红文艺演出。10月8日晚，永定区老龄委组织城区17个老年文艺演出队在青年影剧院开展文艺汇演。上杭县老龄办以"敬老爱老 全民行动"为主题，举办大型文艺展示。武平县开展"梁野山下—寻访百位长寿老人"摄影活动，打造"养生福地、清新武平"品牌。9月28日上午，连城县在县老年活动中心举行庆祝老年节联欢晚会。漳平市骑行协会联合摄影家协会组织60多名有骑行、摄影爱好的退休老干部到南洋镇开展户外骑行摄影活动。做好"全国老年法律维权工作先进集体"评选推荐工作。推荐武平县人民法院为"全国老年法律维权工作先进集体"，5月，武平县人民法院受到表彰。

【创建第二届全国“敬老文明号”】 做好全国第二届“敬老文明号”的推荐申报，对该市2个第一届全国“敬老文明号”（龙岩市公共交通有限公司二分公司6路车、漳平市公安局交通管理大队）进行考核，推荐国网龙岩供电公司“古田之光”共产党员服务队、兴业银行股份有限公司龙岩新罗支行为拟表彰的全国第二届“敬老文明号”。11月，龙岩市推荐的2个单位均列入全国老龄办公示。做好首届全国“敬老爱老助老模范人物”的评选推荐，确定林新玉等7人为全国“敬老爱老助老模范人物”推荐人选。11月，龙岩市推荐的7名人选全部列入全国老龄办公示。

【基层老龄工作】 永定区老龄办下发《加强规范基层老年协会、老年学校、老年活动室建设，加大资金扶持力度的通知》，根据老年协会、老年学校、老年活动室规范化建设标准，采取“以奖代补”方式，2016年，对经考评达标的古竹乡蛟塘村等10个老年协会给予每个补助资金5000元，推动规范化建设。上杭县有社团登记意愿并符合条件的3个村（居）老年协会正在办理申请社团登记相关手续。指导老年协会参与农村幸福院的建设和管理，长汀县将建成投入使用的38个农村幸福院委托村老年协会管理，该县从福利彩票公益金中安排40万元为31个村级老年活动中心（室）添置活动器材。组织开展慰问村（居）老年协会会长，每个县（市、区）慰问村（居）老年协会会长或常务副会长20名，每人慰问金500元，全市共发放慰问金7万元，慰问140人。会同市委老干部局、市老年大学在上杭县召开2016年全市老年教育工作会议。配合老体协开展“老年人健身康乐家园”创建活动，全市推荐表彰省级19个、市级48个。

【老龄调研和老年学研究】 参与《福建省老年人权益保障条例（草案）》征求意见工作，提出建议意见9条。全市上报省老龄办调研报告6篇。市老年学学会开展全国老年学和老年医学学会“健康老龄化：医疗模式和生活方式的转型”征文，共选送论文96篇；组织编辑出版《老年学研究（2015）》。做好市老年学学会换届的相关筹备工作，基本完成学会新一届领导班子成员人选的报批工作。

【百岁寿星】 2016年，全市百岁寿星229人（其中男47人、女182人），比上年增加28人。其中，新罗区37人，永定区49人，上杭县28人，武平县26人，长汀县49人，连城县27人，漳平市13人。年龄最大的上杭县通贤镇岭头村李细兰（女，1902年1月出生），114岁。

（鲁志红　撰稿）

民族　宗教

【民族经济加快发展】 2016年，根据民族乡村经济社会发展实际，认真调研、评估、筛选，对民族乡村发展特色产业、“五通工程”及教育、卫生、文化等公共基础设施建设优先给予扶持，市本级200万元民族补助款以及市级挂钩帮扶官庄、庐丰畲族乡配套资金各50万元及时下拨到位。向省民宗厅争取少数民族地区经济社会事业发展项目52个，争取补助资金439万元。组织开展民族补助款使用管理情况监督检查工作，切实规范和加强民族补助款的使用管理，提高资金使用效益，确保民族补助资金安全。

【少数民族特色村寨建设】 投入190万元资金，对列入全省试点的8个民族村，在改善生产生活条件、发展特色产业、推进民居保护与建设、加强民族文化保护与传承、开展民族团结进步创建活动等方面给予大力扶持。扎实做好第二批中国少数民族特色村寨命名挂牌申报工作，共向国家民委申报了上杭县官庄畲族乡树人村、庐丰畲族乡丰康村、漳平市赤水镇香寮村等3个少数民族特色村寨试点村。实施“民族乡村特色经济发展扶持增收工程”。把发展民族乡村特色产业作为促进民族乡村加快发展的一个重要抓手，引导民族村走“一乡一优势产业、一村一优势产品”的发展路子，以扶持特色产业、龙头企业、种养基地为重点，从落实政策、资金、技术、项目等方面入手，帮助民族乡村大力发展特色产业。上杭县官庄畲族乡和古田镇苏家坡民族村发展特色产业的经验做法在全省加快民族乡村特色经济发展培训班暨现场经验交流会上作典型交流。把加强科技培训、提高劳动者素质作为推动特色产业发展的一个有力支撑，5月，组织民族村15名农村淘宝电商参加省委统战部、省商务厅、省民宗厅联合举办的“福建八闽电商行——走进少数民族电子商务大讲堂”培训活动。8月，在漳平市举行全市少数民族茶叶实用技术培训班，聘请省农业科学院专家授课，并到实地就茶叶栽培、植保、加工技艺等方面内容对茶农进行现场指导，全市少数民族种茶大户50多人参加培训。

【民族教育发展】 出台《龙岩市关于加快发展民族教育实施方案》，明确从加强民族团结、实施能力提升工程、积极推进民族民间文化教育、加强少数民族人才培养、支持教育信息化建设及应用、开展教育对口支援工作、继续办好龙岩一中新疆内高班、加强师资队伍建设等方面扎实推进我市民族教育事业不断发展。扎实开展民族文化进校园工作，上杭县庐丰畲族乡中心小学开展民族文化进校园工作的经验做法在全省民族文化进校园工作现场经验交流会上作典型交流。安排40万元专项资金用于官庄、庐丰民族中学和官庄、庐丰中心小学等4所民族寄宿制学校修缮，帮助完善基础设施，改善办学条件，提高教育水平。严格执行少数民族学生中考、高考加分政策，全市共有388名中考生享受加分照顾，有136名高考生享受加分照顾，有128名高考生享受优先录取照顾。积极协调企业家、宗教界人士、慈善机构为少数民族贫困家庭学生提供助学金。

【民族体育、卫生、文化建设】 安排15万元专项资金，帮助官庄、庐丰卫生院添置医疗设备，改善医疗条件，方便群众看病就医。积极推动官庄、庐丰畲族乡组织开展“三月三”畲民节庆祝活动，让少数民族群众过一个有意义的民族传统节日。支持鼓励上杭县庐丰畲族文艺宣传队、官庄畲族乡畲乡艺术团通过群众喜闻乐见的艺术形式，大力宣传党和国家的民族政策和有关法律法规。积极参加全省少数民族文化展示周活动，制作宣传展板，组织少数民族树叶吹奏队参加展演，取得良好效果。组队参加全省板鞋竞速交流赛，进一步推动少数民族传统体育运动项目的推广普及和广泛开展。

【民族人才培养】 联合组织、统战、人社部门制定出台《龙岩市2016—2020年培养选拔少数民族干部工作规划》，选送上杭县临江镇东南社区书记参加中央民族干部学院第3期城市暨社区民族工作培训班，选送上杭县官庄畲族乡党委书记等5名少数民族科级干部参加在省委党校举行的第十期全省少数民族干部培训班，切实提高少数干部综合素质，推进少数民族干部队伍建设持续发展。

【民族团结进步创建活动】 严格按照《全国民族团结进步创建活动示范乡村测评指标》《全国民族团结进步创建活动示范社区测评指标》进行考评，向上级推荐了上杭县临江镇东南社区和上杭县古田镇苏家坡村作为第四批全国民族团结进步创建示范单位候选名单，进一步树立民族团结进步模范。认真及时妥善办理涉及少数民族群众的信访事项，及时化解矛盾纠纷，防止发生群体性上访事件；认真办理省、市人大议案和市政协提案，及时回应群众关切的事项；加强与有关部门的通力合作，大力宣传党的民族政策和国家有关法律法规，共同增进民族团结，维护社会和谐。深入民族乡村、民族学校开展慰问活动，慰问少数民族困难群众154户、少数民族学生213人，发放慰问金14.49万元。

【宗教工作法治化建设】 加强和创新宗教事务管理这条主线，全面贯彻党的宗教工作基本方针，深入贯彻实施《宗教事务条例》，充分发挥宗教界的积极作用。4月25日，传达学习全国宗教工作会议精神，认真研究安排贯彻落实工作，把学习贯彻全国宗教工作会议精神作为重大政治任务，充分认识做好新形势下宗教工作的特殊重要性，增强责任感和使命感，把思想和行动统一到中央精神上来。5月19日，组织召开全市宗教界人士代表座谈会，认真传达学习全国宗教工作会议精神。各宗教团体以召开专题学习会、出宣传栏等多种形式认真贯彻落实会议精神。同时，结合各宗教实际，深入挖掘教义教规中有利于社会和谐、时代进步、健康文明的内容，加强思想建设、组织建设、作风建设、制度建设，努力建设政治上可信、作风上民主、工作上高效的高素质领导班子，切实发挥爱国宗教团体应有作用。6月14日，召开各县(市、区)委统战部长、民宗局长会议，深入学习贯彻全国宗教工作会议精神，深刻领会习近平总书记重要讲话中关于宗教问题的新思想、新观点、新要求，深刻领会党中央对宗教工作的高度重视和重大部署，把思想和行动统一到中央和省委、市委部署要求上来。各级各有关部门深入调研，认真总结，找准问题，列出清单，分析原因和结症，结合实际，积极探索，拿出管用的办法和措施切实加以解决。统战、民宗部门主动向党委、政府汇报，加强与相关部门的沟通协调，积极争取支持，通过不断解决问题把宗教工作向前推进。各级党委发挥统揽全局、协调各方的领导核心作用，把宗教工作纳入重要议事日程，及时研究宗教工作的重要问题，建立党委领导、政府主抓、部门联动的宗教工作新格局，做到守土有责、守土负责。进一步健全完善县、乡、村三级宗教工作网络和乡、村两级宗教工作责任制，明确属地管理和责任追究制度，形成了主体在县，延伸到乡、落实到村、规范到点得工作网络机制。

【宗教活动场所消防安全工作】 市、县(市、区)民宗部门成立由主要领导任组长的专项工作领导小组，市、县(市、区)宗教团体成立了由团体主要负责人任组长的“安全工作指导小组”，层层签订《宗教活动场所安全稳定工作目标管理责任书》。以宗教活动场所为重点，制定实施方案，做到动员部署、责任落实和监督检查到团体、到场所、到个人。通过举办培训班，短信、黑板报、宣传栏，悬挂横幅，分发防火减灾、消防安全知识宣传手册，张贴消防安全图画等形式，广泛宣传消防、卫生防疫、森林防火等有关法律法规，努力提高宗教界人士和信教群众的防范意识，大力普及安全用火、用气、用电、用油、燃放烟花爆竹等防火常识，不断扩大消防宣传覆盖面。加强对消防重点场所“四个能力”的培训教育，切实提高场所的消防安全管理水平和自防自救能力。组织开展宗教活动场所安全工作大检查，深入摸排治安、消防、建筑、卫生、文物保护、道路交通等方面的安全隐患和漏洞，督促各宗教活动场所切实履行安全工作主体责任，落实安全责任到岗到人，有效防范和遏制安全事故。进一步建立健全“安全自查，隐患自除，责任自负，接受监督”的安全长效管理机制，健全完善宗教活动场所值班制和紧急情况工作预案，对突发事件做到早发现、早报告、早处理。建立宗教活动场所安全隐患排查治理情况季报制度，强化场所的消防安全日常监管。认真落实各种安全防范措施，加强对场所消防安全的综合整治，有效防范和遏制消防安全事故的发生。

【引导宗教与社会主义社会相适应】通过召开动员会、举办培训班、设置专栏等方式，广泛宣传发动，按照“一教一策，区别对待，分类指导”的原则认真组织实施。各宗教团体在宗教工作部门的指导下，积极主动、有计划、有步骤地开展创建活动。加强与统战、公安、旅游、文物等相关部门的沟通协调和配合，按照相关政策、法规规章和教义教规要求联合开展督促检查，指导各宗教活动场所结合各自实际和“安全工程”标准，开展“百日行动”，并针对各教不同节日开展专项检查，建立宗教活动场所安全监管随机抽查机制，做到安全工作常抓不懈。全市宗教活动场所各项管理制度进一步健全完善，宗教界人士整体素质显著提高，严格依法依规办事，自觉在政策法规和教义教规允许范围内开展活动，自觉接受有关部门的指导和管理，主动接受捐赠人及社会各界的监督。

【宗教界慈善公益活动】围绕“慈爱人间，八闽五教同行”活动主题，把组织开展“宗教慈善周”活动同深入学习贯彻全国宗教工作会议精神结合起来，同深化中国梦宣传教育活动和全面建成小康社会的目标要求结合起来，通过悬挂横幅、出宣传栏、黑板报、宣传媒体报道等形式，广泛宣传发动，引导宗教界为实现中华民族伟大复兴释放正能量。“宗教慈善周”活动期间，各宗教团体根据当地公益慈善的需求，采取多种形式积极为公益慈善事业捐款捐物，树立宗教公益慈善的良好形象。据不完全统计，全市宗教界为社会捐款188多万元，捐赠物品折合金额计15.1万元。

（黄丽婷　撰稿）

35 外事 侨务 港澳事务

外事工作

【概况】 重要来访活动接待服务。全年接待来访团组13批56人次。深入推广APEC商务旅行卡,助推企业“走出去”。全年为11家企业22人申办APEC商务卡,有110人次领用卡。主动服务外向型企业,做好外国人来华邀请工作。全年为16家单位审核办理70批166人次外国人到龙岩相关手续,邀请人数比上年同期的20人次有大幅度增加。

因公出国(境)管理与服务。贯彻中央“八项规定”精神,严把因公出国(境)审核审批关。加强证照管理,严格执行证照领缴制度。全年审核审批因公出国26批51人次,制止、调整、压缩不合理团组9批24人次,节约经费110万元。管理与服务并举,简化审核审批环节,对有实质内容的出访团组,特事特办、急事急办,确保顺利成行。协调有关部门,妥善处理涉外案件。全年协调(助)处理涉外案件20批41人次。

【约阿尼·奈法卢拉到龙岩考察访问】 1月25—27日,斐济共和国驻华大使约阿尼·奈法卢拉一行在省外事办公室、福建农林大学有关人员的陪同下到龙岩考察访问。市政府副市长王建生会见约阿尼·奈法卢拉大使一行。其间,约阿尼·奈法卢拉一行前往龙岩技师学院实地考察机械实训车间、汽车实训车间和烹饪实训车间等,与技师学院领导进行教育交流合作事项商谈。奈法卢拉表示,期待与龙岩技师学院在合作办学方面取得历史性成果,并表示大使馆愿意为双方之间的交流与合作提供相应的支持和帮助,同时特别对人才培养交流与合作中的“美食旅游”计划提出美好愿望。约阿尼·奈法卢拉一行还前往上杭县参观古田会议会址和古田会议纪念馆。

【池兆森到龙岩访问】 5月16—17日,新加坡驻厦门领事馆总领事池兆森及助理方琦来龙岩考察访问。市委书记李德金、副市长王建生在闽西宾馆会见池兆森一行。李德金向池兆森简要介绍龙岩市市情和经济社会发展情况,表示希望与新加坡在文化、旅游、商贸等诸多领域开展交流合作,希望池总领事能帮助宣传龙岩、推介龙岩。池兆森表示,此次首访的主要目的是深入了解新加坡与龙岩在各领域的合作情况,进一步推动双方的全面交流合作。新加坡驻厦门领事馆非常乐意承担起“牵线搭桥”的任务,尽力促成新加坡与龙岩在更多领域开展广泛交流合作。其间,池兆森一行还前往古田会议旧址和永定土楼参观。

【披尼·扎碌颂巴到龙岩访问】 5月17–18日,泰国前副总理、泰中文化促进委员会主席披尼·扎碌颂巴来龙岩访问。市委书记李德金、市长池秋娜会见披尼·扎碌颂巴。披尼·扎碌颂巴表示愿为龙岩与泰国的产业项目合作和文化交流牵线搭桥。在市政府副市长王建生和中国前驻泰国大使张九恒的陪同下,披尼·扎碌颂巴考察了龙泰新能源有限公司工业项目。其间,披尼·扎碌颂巴还前往古田会议会址参观,瞻仰毛泽东主席塑像并敬献花篮。

【雷纳德·佩尔森到龙岩考察】 5月20日,瑞典皇家工程院院士、乌普萨拉大学医学院前院长、前CEO雷纳德·佩尔森和瑞典智慧共生城亚洲研究院执行院长刘瑞宸来龙岩考察。市长池秋娜、副市长王建生会见雷纳德·佩尔森一行。池秋娜表示,希望双方在医疗卫生领域加强交流对接,探索符合双方实际的合作模式,提高龙岩医疗卫生事业水平,推动健康养生养老产业发展。雷纳德·佩尔森表示,希望以此次实地考察为契机,加强与龙岩的交流合作,为龙岩乃至福建的医疗卫生事业和健康养生养老产业发展贡献力量。其间,雷纳德·佩尔森一行实地考察龙岩市第一医院，与院领导、专家进行交流座谈，详细了解龙岩主要病种及医疗技术发展水平情况。

【出访阿联酋、英国和德国】 8月23日至9月1日，应阿联酋因诺文公司、英国伦敦工商会、德国乌波塔尔市经济促进局邀请，市政府副市长王建生率团赴阿联酋、英国和德国开展经贸洽谈和友城交流活动。通过实地走访德国INIT集团公司及其子公司因诺文公司，促成因诺文公司与辰光电子签订价值1000万美元的RFID产品供货协议；促成英国依诺集团和龙岩海德馨公司在专用汽车的研发、销售等方面合作。

【赴马来西亚、斯里兰卡、新加坡开展友好交流和侨务联谊】 9月7—16日，市外侨办调研员王红康一行5人赴马来西亚、斯里兰卡、新加坡开展友城交流和侨务联谊。代表团先后拜访马来西亚亚庇市、斯里兰卡密兴多列市政府，介绍龙岩市情，表达交往意愿，增进互信了解，分别就城市结好意向签署友好关系备忘录。代表团一行还前往马来西亚亚庇、雪隆龙岩同乡会馆和新加坡龙岩同乡会馆，看望龙岩乡亲，应邀出席马来西亚龙岩会馆联合会第十八届第二次理事会议。其间，代表团向乡亲介绍家乡经济社会发展情况，邀请乡亲11月回乡参加第七届世界龙岩同乡恳亲联谊大会。

【友城交往】 4月26日，市长池秋娜率团访问瑞典菲利普斯塔德市，与帕·格鲁伯格市长正式签署建立友好城市关系协议书。双方同意在平等、互利和民主的基础上，共同促进两市人民之间的友好往来和经贸往来，积极开展经济、贸易、科技、文化、体育、卫生、人才等各个领域的交流与合作。这是龙岩市第四对国际友城。11月2—4日，瑞典菲利普斯塔德市市长帕·格鲁伯格率团回访龙岩。市长林国耀、副市长王建生会见访问团一行。双方在技术学院师生交流、机械产业合作等方面达成一些意向，双方市长签署进一步发展友城关系的合作备忘录。

侨务、港澳事务

【概况】 全市侨务工作围绕省侨办和市委、市政府工作部署，坚持为侨服务和为经济建设服务，发挥侨力，全力推动侨务工作服务龙岩经济社会发展。省市县三级联合举办五期海外华裔青少年夏（冬）令营，丰富办营内容，创新办营方式，有效涵养侨源。利用"6·18""9·8""11·8"和"第七届世界龙岩同乡恳亲联谊大会"等引智引资和侨务联谊平台，邀请侨及港澳客商出席龙岩市项目推介会，开展项目对接，达成一批合作意向。坚持定期与不定期走访侨及港澳企业，加强沟通联系，做好为侨资企业、侨商服务工作。持续推进侨界民生工作。开展侨界困难群体调查，做好侨务精准扶贫工作。做好特困归侨侨眷的扶贫救济慰问工作。元旦、春节期间，慰问困难归侨侨眷和侨界代表人士130多户，发放慰问金和慰问品折合人民币10多万元；争取李新炎慈善基金会"扶贫助侨"帮扶金10万元；争取省财政对散居社会困难归难侨生活补助资金29.04万元，市县区配套29.04万元；开展4场"侨爱工程送温暖医疗下乡暨侨法宣传"活动。深化国内侨政工作。全年办理批准华侨来龙岩定居申请8人；出具"三侨学生"证明4份。受理侨务来信信访9件，来访12人次。做好侨务捐赠表彰，及时向省侨办申报捐赠100万元以上的表彰对象。全年，全市接受海外侨港澳同胞捐赠款物900万元。有序推进《龙岩华侨史》编撰工作，完成国内外侨情调研及资料收集工作。

市长池秋娜（前左一）与菲利普斯塔德市市长（前右一）签订友城协议书

【吴少康到龙岩访问】 2月4日，南非侨领、南非飞力通讯科技有限公司董事长、全非洲和平统一促进会原会长、南非洲粤港澳总商会会长吴少康一行到龙岩访问。市长池秋娜会见客人，双方就进一步增进交流合作进行洽谈。池秋娜向客人简要介绍龙岩经济社会发展情况，希望全非洲和平统一促进会发挥优势，帮助和推动更多龙岩企业到非洲等境外投资；希望吴少康多牵线搭桥，介绍更多外地侨商到龙岩参观考察，加强交流合作。吴少康表示，龙岩有良好的产业基础和生态环境，此次龙岩之行，旨在通过沟通了解，寻找在岩投资发展商机，南非侨团也将积极帮助龙岩企业到非洲发展，架起龙岩与非洲合作的桥梁。

【市海外交流协会一届八次理事会议】 3月18日，市海外交流协会在闽西宾馆召开一届八次理事会议，来自海内外近10个国家和地区的80多位海交会理事顾问齐聚一堂，共谋海交会交流合作大计，助力龙岩发展建设。会议由市政协副主席、市海交会常务副会长邱玉燕主持；市海交会常务副会长卢滇向大会作工作报告；副会长兼秘书长林金庭作有关增补海交会常务理事、理事建议人选说明；市海交会会长江棣章作总结讲话。会议增补薛芳为常务理事，魏明慈、卢巧珍为理事。

【省级扶贫开发重点县内外架桥暨精准扶贫对接会】 9月21日，由省侨办与市政府联合举办的“龙岩市省级扶贫开发重点县内外架桥暨精准扶贫活动对接会”在武平县召开。省侨办主任杨辉、副主任林泽春，市政府副市长王建生，省保健委办公室主任王喜瑛及4个对口帮扶龙岩省级扶贫开发重点县的省直牵头单位领导和代表，龙岩市和武平、长汀、连城县外侨办、商务局、扶贫办等有关部门领导，以及来自16个国家和地区的54位海外侨商出席会议。活动接受海外社团和爱心侨商捐赠扶贫开发款项180万元，并举行海外侨商精准扶贫助学捐赠仪式。海外侨商与武平、长汀、连城三个扶贫开发县面对面对接洽谈项目，达成多个合作意向。胡文虎基金会主席胡仙博士专程前往武平，参加对接会活动，并出资200万元资助福建省贫困大学生家庭。

【赴港澳开展经贸活动】 7月17—22日，副市长王建生率市政府经贸代表团赴香港和澳门开展经贸活动。代表团出席香港闽西联会庆回归19周年暨第十届会董会就职典礼活动；拜访香港福建社团联会，与该会副主席姚加环、许宝月等进行工作座谈；还拜访全国政协常委、香港南益集团林树哲，福建省政协常委、香港“制帽大王”颜纯炯董事长，全国政协委员香港“街市大王”、宏安集团董事局主席邓清河等。在澳门期间，代表团与澳门闽西同乡总会主要成员座谈，推介项目，联络乡亲；拜访澳门金龙集团和澳门莆仙商会及重点乡贤全国政协常委、澳门行政会成员、康泽集团主席廖泽云等。

【潘婉慈到龙岩考察调研】 8月11—12日，香港特区政府驻福建联络处主任潘婉慈一行到龙岩考察调研。11日，市外侨办、市贸促会、市工商联、市商务局等相关单位负责人与潘婉慈一行进行座谈，介绍市情，推介项目。12日，市政府副市长王建生会见潘婉慈一行，向客人介绍龙岩市经济社会发展情况、龙岩的优势产业及发展现状，表示希望香港特区政府驻福建联络处与龙岩市建立长期友好合作关系，推进双方在经济、科技、文化、教育等领域的深度合作。潘婉慈表示，拜访旨在了解龙岩社会经济发展特点，了解龙岩投资意向，希望帮助香港企业开辟龙岩市场，进一步推动香港与龙岩之间各方面的合作与交流。期间，潘婉慈一行还参观龙岩市博物馆，前往龙岩市经济开发区考察港资企业——中国龙工，详细了解企业生产经营状况。

【第四批龙岩市荣誉市民评选】 3月，启动开展荣誉市民评选活动。经初审、评审、公示、征求意见和市政府常务会议审议，王天开等34人被评为第四批龙岩市荣誉市民。11月8日，在第七届海峡两岸机械产业博览会暨第九届中国龙岩投资项目洽谈会开幕式上，市政府举行第四批荣誉市民授荣仪式。市委书记李德金、代市长林国耀向第四批荣誉市民颁发荣誉杯和荣誉证书。评选出的34名荣誉市民中，有境外人士24人、市外人士10人。其间，召开第四批龙岩市荣誉市民座谈会，市领导邓菊芳、张朝阳出席会议。此次获批的荣誉市民在龙岩投资的实际到资25.7亿元，为社会公益事业捐赠1.5亿元。

2016年11月8日，市委书记李德金、代市长林国耀为荣誉市民颁发荣誉杯和证书

（温龙珍、陈玉秀 撰稿）

36 县(市、区)概况

新罗区

【概况】 2016年，新罗区坚持“四个全面”战略布局和创新、协调、绿色、开放、共享“五大”发展理念，坚持发展第一要务，坚持稳中求进，加快产业轻型化、集群化“两化并进”，各项社会事业取得新的进步。全年地区生产总值(GDP)619.4亿元(现价)，比上年增长7.6%。其中：第一产业增加值27亿元，增长4%；第二产业增加值354.6亿元，增长6.4%；第三产业增加值237.8亿元，增长9.9%。三次产业比重由上年的4.1:59.1:36.8调整为4.4:57.2:38.4。财政总收入完成177.8亿元，下降2.4%，其中地方财政收入完成71.2亿元，增长7.5%。全年财政支出89.5亿元，增长4.4%。新增城镇就业1.06万人，下岗失业人员再就业0.6万人，城镇登记失业率控制在2.71%。居民消费价格总水平比上年上升1.5%。其中，消费品价格上升0.9%，服务项目价格上升2.6%。工业品出厂价格下降0.9%。

农业。全年农林牧渔业实现总产值47.4亿元，增长4.1%。粮食播种面积9912.6公顷，下降5.3%，粮食总产量60703吨，下降5.5%；花生2629吨，增长3.8%；蔬菜、瓜、果类193406吨，增长2.7%；肉类110806吨，增长3.8%；禽蛋3261吨，下降11.3%；吨；奶类32吨，下降39.6%；生猪出栏达101.1万头，下降0.03%；家禽出栏万2254.1万只，增长12.9%。全年水产品总产量7163吨，比增7.9%。

工业和建筑业。全年实现规模以上工业总产值663亿元，增长6.7%，规模以上工业实现增加值254.9亿元，增长6.7%。规模工业中国有及国有控股企业完成产值184.4亿元，下降9.4%。从轻重工业看，轻工业完成产值269.3亿元，增长1%，重工业完成产值393.6亿元，增长10.9%。主要产品产量中，软饮料产量533372万吨，水泥产量2247万吨，石灰石产量8472301万吨，分别增长14.0%、16.7%、12.6%。发电量260622万千瓦时，下降24.7%。亿元企业累计达149家，实现产值556.3亿元，增长5.6%。规模企业中98家“1+2”产业企业完成产值117.0亿元，增长16.0%，占规模以上工业总产值比重达17.7%，其中机械制造、生物医药、光电和新材料产业分别完成产值94.5亿元、9.1亿元、13.4亿元，分别增长16.1%、22.2%、11.8%；228家六大传统产业企业完成产值508.1亿元，增长4.5%。规模工业企业全年实现主营业务收入617.2亿元，增长10%；工业产品销售率97.5%，比上年下降0.7个百分点；工业经济效益综合指数达508.61，提高22.68个百分点。资质等级以上的总承包和专业承包建筑企业完成建筑业总产值152.32亿元，下降11.2%。房屋建筑施工面积1294.42万平方米，增长35.3%，房屋建筑竣工面积311.81万平方米，增长18.9%；竣工房屋价值60.32亿元，增长32.6%。

固定资产投资。全社会固定资产投资达702.6亿元，增长26.6%。其中，城乡500万元以上固定资产投资完成696.9亿元，增长15.5%。在城乡500万以上投资中，第一产业投资31.6亿元，增长159.3%；第二产业投资327.4亿元，占46.7%，增长10.8%；第三产业投资337.9亿元，增长14.2%。房地产开发投资123.4亿元，下降9.9%。商品房施工面积1181.1万平方米，增长19.2%；竣工面积160.6万平方米，增长24.8%。商品房销售面积(含预售)136.2万平方米，增长8.4%，其中，住宅销售面积117.4万平方米，下降9.4%。全年商品房销售额94.5亿元，增长18.1%。

商务旅游。全年实现社会消费品零售总额302.0亿元，增长14.0%。其中限额以上社会消费品零售额216.1亿元，增长16.0%；限额以下社会消费品零售额完成85.9亿元，增长9.1%。外贸出口总额71881万美元，增长6.3%，实际利用外资5403万美元，增长8.1%。旅游营业收入 60.9 亿元,增长 32.2%。共接待游客 735.1 万人次,增长 21.8%。

交通。全年公路客货总运输周转量 677745 万吨公里,增长 7.0%。安全生产四项指数“三降一升”,其中各类生产安全事故 110 起,下降 6.0%;死亡 42 人,上升 13.5%;受伤 94 人,下降 4.1%;直接经济损失为 56.5 万元,下降 62.6%。10 万人生产安全事故死亡率为 3.4,亿元 GDP 生产安全事故死亡率为 0.032。

金融业。年末金融机构人民币各项存款余额 886.6 亿元,增长 8.2%,人民币储蓄存款余额 348.1 亿元,增长 8.8%。年末金融机构各项贷款余额 865.7 亿元,增长 6.5%。

社会事业。全区专利申请量达 940 件,其中发明专利申请 192 件,实用性新型专利申请 653 件,外观设计专利申请 95;专利授权量达 589 件,其中发明专利授权 80 件,实用性新型专利授权 431 件,外观设计专利授权 78。辖区有高等学校 2 所,普通中学 24 所,中等职业教育学校 8 所,小学 47 所。普通高中招生 3858 人,在校生 10784 人,毕业生 3057 人。初中招生 7039 人,在校生 19216 人,毕业生 6034 人。小学招生 8992 人,在校生 49357 人,毕业生 6648 人。拥有公共文化机构数 2 个,艺术表演场所 5 个,群众艺术馆 2 个,公共图书馆 1 个,博物馆 4 个。年末卫生医疗机构数 19 个,医疗床位 6421 张,卫生技术人员 7825 人,其中,医师 2726 士,护师 3895 士。

人口和人民生活。年末常住人口 72.5 万人,户籍总人口 522645 人,比上年末增加 9884 人,增长 1.9%。出生人口 8177 人,人口出生率为 15.8‰,下降 1.6 个千分点;死亡人口 2077 人,死亡率为 4.0‰,比上年上升 0.1 个千分点;自然增长率为 11.8‰,比上年上升 1.5 个千分点。城镇居民人均可支配收入 34046 元,增长 7.1%,;农民人均纯收入 16816 元,增长 9.2%。年末基本养老保险参保 30.5 万人;失业保险参保 6.9 万人;城镇基本医疗保险参保 19.5 万人;工伤保险参保 9.4 万人;生育保险参保 6.8 万人。年末全区城镇社会福利机构 5 个,床位 1090 张。全区城镇居民最低生活保障 774 人,农村居民最低生活保障 2533 人。

【脱贫攻坚精准到位】 全面落实贫困户 988 户 2758 人的易地扶贫搬迁任务;发放小额贷款 2228 万元;培育示范典型村 22 个、基地(项目)30 个、示范户 35 户;完成脱贫人数 4841 人,占总任务数的 50.8%,扶贫成效综合排名位居全市前列。

【征地拆迁工作】 全年完成龙岩西出入口整治、龙津湖、西外环等 39 个重点项目征迁任务。其中龙津湖项目重启后,曹溪街道克服重重困难,完成房屋征收 568 户 28.6 万平方米、土地征收 21.47 公顷的任务,为中心城市发展创造良好环境。

【龙津河安全生态水系项目投入使用】 新罗区龙津河安全生态水系项目是福建省万里安全生态水系建设上年度开建项目,项目总投资 4535.49 万元。建设范围起于龙津河干流何家陂水库坝下至龙门塔,河道总长约 22.6 千米。2016 年,该项目全线建成投入使用,并通过省水利厅验收,在景观美化、防洪等方面发挥着积极作用。

【海西汽贸交易城一期全面建成】 5 月,海西汽贸交易城一期全面建成交付使用。项目主要有龙岩机动车服务大厅、二手车交易、2S/4S 汽车专营店、汽车美容装潢等。其中,机动车服务大厅面积约 1000 平方米,引进龙津、强顺、龙物旧机动车交易市场有限公司。同年 8 月正式开展二手车交易业务。同时,区政府引进华汽集团在海西汽贸城建设华汽(新罗)汽车产业园项目,该项目将打造集汽车同质配件生产、销售、仓储、物流配送、汽车服务、跨境电商培育、电子商务、二手车交易、汽车文化旅游展览为一体的全产业生态链,搭建汽服云平台,为消费者提供质优且价廉的维修配件,打造全国第三家、全省第一家“同质配件”基地。海西汽贸交易城入驻有众泰汽车、御捷新能源汽车、长安汽车、陆丰汽车、江铃汽车、江淮汽车、解放汽车、福田汽车、现代汽车、重汽等一大批知名汽车品牌,还有大联合车行、广东车行、恒大车行、小黄二手车、宏鑫车行、宾利车行、龙顺车行、鑫顺车行、奇迈车行、超古车行、龙祥车行、真诚车行、龙城车行、坤发车行、好运车行、桢诚车行、大洋车行、双赢车行、乐易车行、老有车行、老五车行、阿古车行、鑫达邦车行、阿友车行、瑞辰车行等 150 多家的商户。

【恒亿文化艺术中心项目竣工】 2016 年,新罗区恒亿文化艺术中心项目竣工。该项目位于东城城东路北侧,2013 年动工,先后建成影剧院、影视基地、创意文化超市及休闲、娱乐等及其配套设施,建筑面积 10 万平方米,可容纳观众 800 人,总投资 2 亿元。

【第七届世界龙岩同乡恳亲联谊大会举行】 11 月 4—6 日,每三年举办一届的世界龙岩同乡恳亲联谊大会(第七届)在龙岩人民会堂举行。中国侨联原主席林兆枢出席开幕式,市委书记李德金宣布大会开幕,市委副书记、代市长林国耀致辞,澳大利亚宋庆龄基金会主席陈星惠、上海龙岩(新罗)支乡协会名誉会长谢剑英分别代表海外乡亲和国内乡亲致辞。空军指挥学院训练部原副部长李大维少将,马来西亚沙巴州特别事务部部长张志刚,香港启新集团董事长王铭,缅甸中华总商会永远荣誉会长、缅甸龙岩同乡会会长赖松生,省委统战部部务会成员、省社科院党组书记、副院长李韧,省侨办副主任刘良辉,省侨联副主席谢小建,市领导何明华、邓菊芳、王龙、赵汀生、王建生、张菊兰，来自马来西亚、印尼、新加坡、澳大利亚及中国香港、澳门、台湾等18个国家和地区，及北京、上海、南京等城市的32个社团780名龙岩乡亲参加，其中，正式代表463人，回乡省亲、观光乡亲317人。恳亲会活动期间，还举办具有龙岩地方特色的民俗文艺表演，《龙岩方言词典》首发式，林国仁、邓电明等教育基金奖教助学金颁发、授牌仪式，侨捐工程林国仁会议中心、乾照电明运动场、笑萍教学楼等揭牌仪式，观看小学生特色足球赛、开展经贸洽谈、观光旅游、探亲访友等一系列恳亲联谊活动。

【龙岩图书馆改造提升完成】 2016年初，龙岩图书馆升级改造全面完成。自2015年以来先后投入1000万元，按照市级馆服务标准着力优化提升改造龙岩图书馆。先后完成图书、数字资源采购、少年儿童图书阅览场馆优化以及一层场馆的优化升级改造等项目。同时，还立足建设高品位城市文化阵地，建设“城市读书吧”，把该场所打造成为集借、阅、购及休闲为一体的24小时文化综合体，让广大读者享受多元化服务。当年龙岩图书馆馆藏总量达36万册，全馆总流通117243人次，借阅图书报刊198440册次。

（刘可明　撰稿）

永定区

【概况】 2016年，全区（不含经开区虎岗、高陂、坎市和培丰4个镇）实现地区生产总值136.4亿元，同比增长7.3%。其中，第一产业增加值为24.5亿元，同比增长3.3%；第二产业增加值为65.4亿元，同比增长7.3%；第三产业增加值为46.4亿元，同比增长9.2%；三次产业结构比为18.0:48.0:34.0；一般公共预算收入12.42亿元，地方一般公共预算收入8.17亿元；500万元以上社会固定资产投资171.5亿元，同比增长15.5%；社会消费品零售总额55.8亿元，同比增长13.1%；城镇居民人均可支配收入31779元，同比增长7.3%；农村居民人均可支配收入14918元，同比增长8.5%。

工业经济。煤矿扩建技改获批7家，年产9万吨以上煤矿15家，关闭淘汰煤矿8家，全区产能压缩至195万吨/年。华润湖坑风电开工建设，岐岭风电签约落地，农村光伏发电装机容量达4865千瓦。“永定红”石材循环经济产业园启动建设。新型建材发展壮大，乾元建材建成投产，闽盛建材、恒龙建材等企业加快成长。光电信息产业开始集聚，鑫华通智能终端项目入园装修。土楼酿酒项目竣工投产，金丰客家酒文化创意产业园开工建设。全年工业项目新签约50个、新开工5个、新竣工6个。

农村经济。新增设施农业106.67公顷、增长3.8%。引进农信互联生猪网上交易平台，网上蜜柚销售走势强劲，推出永定蜜柚品牌。列入第一批省级富硒农业产业开发重点县。

第三产业。全力抓好国家全域旅游示范区建设，客家民俗演艺中心投入使用，客家博览园顺利开园，初溪游客服务中心开工建设。天子温泉生态旅游区成功创建国家AAAA级旅游景区。全区旅游人数达到596万人次、增长13.4%，实现旅游总收入47亿元、增长15.7%。互联网产业孵化园吸引41家企业入驻，被评为省级“众创空间”。

项目建设。全年新签约项目117个、总投资219.6亿元，其中亿元以上项目41个。全年征地1634亩、拆迁6.42万平方米，114个重点项目完成投资121亿元。36个项目实现开工，31个项目顺利竣工。获批国家专项建设基金项目10个，争取补助资金4.52亿元；策划市级投资工程包项目两批39个，总投资111.8亿元。永定工业园区水电路等基础设施基本完善，光电信息产业园16栋标准厂房全面建成，新签约9个入园项目，金叶纸品等4个项目实现开工。

城乡建设。全年投入18.79亿元，实施175个宜居环境建设项目。城建惠民“十个一”项目基本完成。通过“国家卫生县城”复核验收，通过“省级文明县城”年度测评。下洋、龙潭列入市级新型城镇化建设重点镇，下洋镇列为市级土楼美食特色小镇建设。投资1.02亿元建设20个省级“千村整治、百村示范”美丽乡村，全面完成20个市级美丽乡村规划编制。下洋镇中川村等6个村列入第四批中国传统村落名录。全年完成交通基础设施投资9.15亿元。漳武高速永定至上杭段、永梅出省公路、湖雷经溪口至坎市公路等项目顺利推进，全年修建乡村公路63公里。安全生态水系、汀江防洪工程、小流域水土流失治理等水利水保项目有序推进，淑雅溪水库、抚市水源工程投入使用。

社会事业。投入民生事业14.46亿元、增长8.06%，38项为民办实事项目基本完成。完成“十三五”城区学校布局规划调整，完成25所学校新改扩建工程，新增学位2250个。投入1741万元配备832套“班班通”设备，投入8864万元实施“全面改薄”工程，投入6000万元实施22所学校运动场塑化改造工程。全年新增卫技人员248名、床位321张，有效缓解医疗卫生服务业务用房及人才紧缺问题。举办首届环土楼国际山地马拉松赛、海峡两岸汽车场地越野赛、全国城市俱乐部筏钓巡回赛等大型体育赛事。

社会保障。城乡居民基础养老金提高到每人每月125元，机关事业单位和企业退休人员人均月增资273元、148元。失业、工伤、生育保险参保人数基本实现应保尽保。给予守法家庭大病医保报销比例增加10%的奖励。

脱贫攻坚。完成贫困户建档立卡3477户11672人，安排3392名干部结对帮扶，探索实施光伏、文化、旅游等产业扶贫的新路径，区财投入脱贫资金

2000余万元，发放扶贫小额信贷资金3198.1万元,1244户4122人易地搬迁贫困户搬入新居,年度净脱贫5700人、脱贫率达48.8%。

生态环保。实施14个生态环保基础设施项目，年度完成投资5.1亿元。淘汰黄标车1009辆、燃煤锅炉2个,完成造林绿化9389亩,空气质量优良。全面改善提升流域生态环境，争取汀江(韩江）流域上下游横向生态补偿资金4960万元，完成龙湖3万多亩水葫芦灾害治理,湖面全面恢复通航;标准化改造养猪场126家，关闭拆除养猪场1546户,27.8万平方米;开工建设10个乡镇污水处理设施。国省控断面水质均符合Ⅲ类水标准,水质优良率达100%。

【梦幻土楼剧场入选全国优选旅游项目名录】 5月,大型实景演出剧场“福建土楼梦幻剧场”入选国家旅游局《2016年全国优选旅游项目名录》。该项目计划投资3.8亿元,占地1.5万平方米,可容纳1500人,填补龙岩旅游演艺短板。

【永定芋子包入选2016年“福建十大名小吃”】 5月，永定芋子包入选2016年“福建十大名菜”系列之“福建十大名小吃”。永定芋子包是客家经典美味小吃之一，早在明末清初就已名扬闽西。其主要原料是芋子、薯粉和馅,柔软可口，男女老少皆喜爱。烹调方法有蒸、煮、油炸、油煎等,其味各具特色,令人百吃不厌。

【微电影《血脉》首映】 7月1日,首部以中央红色交通线为题材的微电影《血脉》在永定区举行首映。中央红色交通线由上海出发,经香港、汕头、大埔进入闽西永定、长汀,最后到达苏维埃临时中央所在地瑞金,在中央苏区多次残酷的反“围剿”战争中,始终不受破坏,被毛泽东赞誉为:“交通线就像我们身上的血脉”。微电影《血脉》时长大约60分钟,由永定区委、区政府主导,区委宣传部、组织部联合摄制,向人们展现“永定交通大站”当年那段珍贵历史画卷。

【取景永定土楼的国产动画电影《大鱼海棠》上映】 7月8日,让观众等待12年的国产动画电影巨作《大鱼海棠》上映。该影片讲述了一个小女孩帮助一条拇指大的小鱼成长为巨大的鲲,让一个小男孩死而复生的故事。发生的场景源自福建永定客家土楼，其中承启楼、世泽楼、如升楼、永定廊桥济行桥等作为重要故事场景首次以动画形式呈现在荧屏中。影片背后体现的正是家和温暖,而这与客家人修建土楼的目的和意义正好吻合。这奇迹般的建筑群以及客家深厚的文化底蕴将赋予影片《大鱼海棠》真实而震撼人心的烙印,是推动永定区“旅游+影视”发展的又一力作。

【金丰酿酒举行建厂60周年庆典活动】

11月20日,永定区白酒产业的龙头企业——福建金丰酿酒有限公司举行建厂60周年暨福建金丰投资股份有限公司成立庆典大会。金丰酿酒公司创建于1956年的国营永定县酒厂，距今已有60年的历史。2001年5月，经过改制为“永定年金丰酿酒有限公司”。2013年,通过引入战略投资机构对企业股权进行重组后，公司于2014年3月正式更名为“福建金丰酿酒有限公司”。金丰酿酒公司生产中心占地面积20公顷,固定资产近2亿元，年产白酒近2万吨。2016年9月30日,金丰酿酒投资6亿元兴建金丰客家酒文化创意产业园。该项目用地面积18公顷，包括进行技术改造、厂容厂貌整治、增加生产线投入等环节，并将建造4万平米储酒酒窖,生产能力将得到进一步扩大。

【永定环土楼首届国际山地马拉松赛成功举办】 11月20日,以“追梦土楼·醉美永定”为主题的中国永定环土楼首届国际山地马拉松赛在永定举行。奥运冠军石智勇、张湘祥、何雯娜等出席开幕式。赛事由福建省体育局指导,龙岩市永定区人民政府、龙岩市体育局、龙岩市旅游局主办,共设全马、半马和土楼风情跑三个项目。最终,肯尼亚选手包揽了男子组全马、男子组半马和女子组半马三项冠军,女子组全马冠军由山东选手获得。

【第一届海峡两岸汽车场地越野赛在永定举办】 12月10—11日，以纪念红军长征胜利80周年为主题的“瑶池集庆杯”福建省第五届汽车场地越野锦标赛暨第一届海峡两岸汽车场地越野赛在永定举办。来自海峡两岸的150多辆顶级赛车、300余名越野车高手参赛段。此次汽车场地越野赛历时2天,分专业组、量产组、巾帼组三组进行。10日,举行预赛;11日,进入决赛。最终,专业组第一名被安徽亿海赛车队的赵向前夺得,量产组第一名是广西绿色风暴赛车队的董超海,巾帼组第一名是来自福建长泰漂流赛车队的荣盼盼。

【永定区淑雅溪水库工程下闸蓄水】

12月24日,永定区淑雅溪水库工程下闸蓄水。该水库是烟草部门援建龙岩市的第一座水源性工程项目,也是一座集灌溉、供水、防洪及改善生态环境于一体,具有综合效益的水利枢纽工程。水库坝址位于永定区东北部城郊镇龙门村瑶前自然村下游200米处,距离下游的永定城区5公里。项目总投资2.4亿元，其中烟草行业投资8882.08万元。主要有大坝主体、施工导流、溢洪道、闸门、进水口、输水建筑物、大坝岸坡防护、坝顶装修、管理房等工程项目。拦河坝按50年一遇洪水设计,500年一遇洪水校核。

水库大坝主体工程自2013年5月2日动工以后,历时32个月,全面完成坝高52米,坝长200米,总库容为739万立方米、水利库容708万立方米的建设任务,属IV等工程;通过优化建设方案,用了12个月的时间完成了4.6公里的输水管道工程，并提前20个月向城区累计供水近900万立方米；其间，还兴建防汛通道公路、环库公路、灌区灌溉配套设施以及移民安置房等。

（林添茂　撰稿）

上杭县

【概况】 2016年，上杭县实现地区生产总值276.5亿元，增长8.6%。规模以上工业总产值441.6亿元，增长15.9%。三次产业比从上年12.5:56.5:31调整为12.8:54.8:32.4。财政总收入31.7亿元，增长2.5%，其中，地方级财政收入22.9亿元，增长10.3%。500万元以上固定资产投资257.3亿元，增长17.8%。社会消费品零售总额85.7亿元，增长15.8%，实际利用外资3845万美元，增长9.9%。城乡居民人均可支配收入分别为33019元、14074元，分别增长8%、9%。获得福建省“县域经济实力十强县、县域经济发展十佳县”两项荣誉；顺利通过国家级生态县考核验收；被列为第三批国家新型城镇化综合试点地区；被评为“全国法治宣传教育先进县”、福建省森林县城；蝉联“全国双拥模范县”。

工业经济。发挥紫金“龙头”带动作用，拉长做细产业链，初步形成铜产业、稀贵金属、循环经济三条产业链。成功举办第十一届中国铜加工行业发展论坛，现场签约项目13个。紫金山金铜矿浮选厂、紫金铜业节能减排综合技术改造等项目全面竣工；鸿航卫浴、太阳铜业船用电缆及数据缆、铜杆系列产品等项目加快推进。全年金铜产业实现产值400.3亿元，增长17.4%。军民融合有新进展，与部队及军工集团所属企业签订合作项目3个，在谈项目8个，海装上海局与本县签订军民融合产业共建协议。建筑产业新设立施工承包企业9家，新晋升二级总承包企业1家，县外迁入总承包企业1家，全县有资质建筑施工企业93家。建筑企业签订合同总额520亿元，增长5%。实现建筑施工总产值393.5亿元，增长12.9%，其中，在地产值117.1亿元，增长9%。成立紫金矿业建设有限公司，正在申报矿山施工总承包特级资质。绿色建筑示范项目和县职专绿色建筑项目加快推进。福建绿科建设公司完成一期注资5000万元，正在筹备并购重组提升资质的工作。

农业经济。农林牧渔业总产值59.7亿元，增长3.9%。粮食播种面积31533.33公顷，种植烤烟32000公顷，种植蔬菜15600公顷。实施现代农业项目41个，总投资8.96亿元，新增设施农业面积14.67公顷，完成润农食用菌生产加工、富康铁皮石斛生产基地等项目建设。实现林下经济产值18.3亿元，惠及林农5.9万人。新增农业龙头企业38家、家庭农场322家、农民专业合作社42家，认定新型农民303人。规模以上农产品加工业实现产值13.7亿元，增长10%。下都镇（沙田柚）被农业部认定为第六批全国一村一品示范镇。

服务业。省级服务业综合改革试点工作稳步推进，加大商贸流通业限上规上法人企业培育力度，新增A级物流企业1家，全年净增限上企业25家、总数达234家，实现服务业增加值89.5亿元，增长11.4%；电子商务蓬勃发展，首家跨境电商欧壹国际正式营业，阿里巴巴农村淘宝、京东、供销电商、邮政电商、淘实惠等电商平台相继落户，县内有电子商务法人企业182家，实现电子商务交易额21亿元。旅游及文化创意依托红色文化、客家文化、民俗文化和生态资源优势，加大资源整合开发力度，促进文化创意与旅游融合发展，古田和才溪景区提升工程、“诗意院田”古村落保护与开发、梅花山国家生态旅游示范区建设等项目加快推进。全年接待游客520万人次，增长15.6%；实现旅游收入28.6亿元。

三大战役。项目落地战役方面。全县110个攻坚项目完成投资70.3亿元，完成年度投资计划的101.9%。“谋划一批”项目281个，列入市项目谋划库49个，完成市任务的163.3%，居全市第一。“签约一批”项目55个，完成市任务的220%，居全市第三。“开工一批”中，110个攻坚项目开工82个，54个市攻坚项目开工30个，完成市任务的136.4%，居全市第三。“建成一批”中，110个攻坚项目中建成49个，54个市攻坚项目竣工29个，完成市任务的362.5%，居全市第一。“增资一批”完成增资38.4亿元，完成市任务的187.9%，其中工业技改项目完成增资22.3亿元，专项基金项目完成增资16.2亿元。脱贫攻坚战役方面。精准识别扶贫开发重点乡（镇）4个、贫困村50个、建档立卡贫困户7298户19926人。“千人挂钩、万人脱贫、共奔小康”活动扎实推进，实现贫困乡（镇）、贫困村、贫困户挂钩帮扶全覆盖。制定出台“4810”精准脱贫措施，县财政补助每个贫困乡（镇）50万元用于发展生产性增收项目，为每个贫困村提供20万元扶贫资金和25万元基础设施建设专项补助资金；对全县4026名挂钩干部进行精准培训，全面提升挂钩帮扶实效。发放扶贫小额信贷516户2605万元，超额完成市下达本县任务数。全年完成4219户10477人的减贫任务和2884人的造福工程扶贫搬迁任务。生态环保战役方面。45个生态环保攻坚项目完成投资6.4亿元，占年度任务的82%。汀江流域水污染综合整治项目列入国家开发银行第一批重点生态环保基金项目，争取到位项目扶持资金1亿元。持续推进养殖业污染治理工作，全县关闭拆除养殖场3581户、75.6万平方米，境内重点流域水质稳中有升。扎实抓好城乡生活污水、垃圾处理设施建设和提升改造，城区生活污水处理率达88.5%，乡（镇）污水收集处理率达60%。重点抓好紫金山矿区、蛟洋工业区、上杭工业园区等区域安全环保专项整治，全县淘汰黄标车1076辆，城区及工业园区空气环境质量监测结果均达到或优于国家二级标准，达标率

100%。完成水土流失综合治理7.4万亩、造林绿化3.2万亩。成为福建省首批国家重点生态功能示范区转移支付县。

供给侧结构性改革。实施新一轮技改专项行动和工业强基工程,引导过剩行业转型发展,全县16个市级工业重点项目完成固定资产投资17.7亿元;加大合理购房消费支持力度,科学控制商品房项目供地投放规模,积极消化商品房库存;稳步推进金融去杠杆,充分发挥“助保贷”“过桥贷款”及国有资本贷款担保功能,设立2亿元产业发展基金,着力破解中小企业融资难题;出台金融支持产业转型升级实施意见,通过举办“政银企担”对接会、“手拉手”供需见面会等,积极帮助企业降成本、销产品;扎实抓好“补短板”投资工程包项目,争取市级投资工程包项目29个,完成投资36.1亿元。

城乡建设。完成县城总体规划(2013—2030)修编以及新型城镇化发展规划编制工作,实现集镇与村庄规划全覆盖。26个城建项目完成投资16.1亿元,张滩大桥及接线工程建成通车,城市中轴线顺利打通;江滨西路改造二期、杭川公园、罗星塔公园、城区停车场等城建项目进展顺利;“15分钟生活圈”规划、环城公路和沿汀江慢步道建设前期工作加快推进;城市绿化覆盖率达41.6%。特色小镇建设。启动新型城镇化和美丽乡村建设3年行动计划,成立新型城镇化和美丽乡村建设融资平台;加大特色小镇申报创建工作,古田镇被列为第一批国家特色小镇创建镇,蛟洋、庐丰、才溪、官庄等4个乡(镇)完成概念规划、创建方案编制,正申报省级特色小镇;全县21个乡(镇)通过或达到国家级生态乡(镇)创建要求,312个行政村通过市级以上生态村命名,其中99个村通过省级生态村命名。美丽乡村建设。全县21个村列入美丽乡村建设,共策划基础设施项目120个,总投资4.8亿元;继续开展“千村整治、百村示范”建设,24个村共策划整治项目166个,总投资7400多万元;中都镇罗溪村、田背村、兴坊村入选中国传统村落名录。

社会保障。在全省率先实施健康扶贫保险和大病医保“三保合一”(整合城镇职工基本医疗保险、城镇居民基本医疗保险、新型农村合作医疗保险)均衡化政策,在全市率先执行提高贫困户住院报销比例政策,为防止因病致贫返贫提供多重保障。全年开展职业技能培训3801人,实现城镇新增就业2025人。加快社区老年人日间照料中心、农村敬老院建设,在全市率先实行县财投资建设农村幸福院政策,新建农村幸福院28座。县老年人活动中心建成并投入使用;闽西古田光荣院项目建设稳步推进。

社会事业。在全市率先实施普通高中教育免费政策;启动小学扩容工程和学前教育“三年行动计划”,重建校舍项目5个,新建校舍面积7834平方米。稳步推进医药卫生体制和县级公立医院改革,县医院、妇幼保健院整体搬迁工程完成投资2.3亿元,蛟洋、湖洋等6个卫生院建设进度加快。公共文化体育设施建设力度加大,成立“上杭客家木偶艺术传习中心”,县体育中心、水上运动基地等项目建设有序推进。

【上杭县获福建省县域经济“十强县”“十佳县”】 11月23日,省政府发展研究中心所属省区域和企业评价中心开展的“2016年度福建省县域经济实力十强、县域经济发展十佳”评价结果揭晓,上杭县获“十强县”和“十佳县”。

2015年以后,上杭县积极践行“创新、协调、绿色、开放、共享”五大发展理念,围绕实现“四个率先”、打造“四个上杭”总体目标(在全市率先全面建成小康社会、率先争创福建省经济实力十强县、率先实施普通高中教育免费政策、率先实现大病医保“三保合一”(整合城镇职工基本医疗保险、城镇居民基本医疗保险、新型农村合作医疗保险)均衡化;四个上杭:实力上杭、活力上杭、魅力上杭、和谐上杭),大力实施创新驱动、产业兴县、人才强县“三大战略”,全力打好项目落地、脱贫攻坚、生态环保“三大战役”,经济发展不断提速增效,经济实力不断增强,社会保障不断完善,环保指标、单位GDP增长消耗新增建设用地量等逐步下降,规模以上工业企业R&D投入占主营业务收入比重逐步上升,县域经济持续健康发展。

【上杭国家生态县建设通过环保部考核验收】 10月22—23日,受国家环保部委托,由国家、省、市环保专家、领导组成的考核验收组通过实地考核验收,同意上杭县国家生态县建设通过考核验收。

2011年,上杭县出台以奖促治政策,对创建省级、国家级生态乡镇并获命名的,按一类、二类乡镇分别给予80万元一150万元补助;对创建市级、省级、国家级生态村并获命名的,根据该村人口规模,分别给予10万元—40万元不等的补助。至2016年底,县财政累计已下拨生态乡镇、生态村创建经费1.6亿元,累计已投资20亿元用于推进56项重点环境整治项目。该县已建成城区紫金公园、杭川公园等86个生态休闲公园和458个生态绿化亮化工程,建成吴地村、下才村等116个美丽乡村示范点和345个生态旅游农庄,有1个村入选中国传统村落,6个村入选省级传统村落名录,城区绿化覆盖率达42%,实现人与自然的和谐发展。古田镇被评为国家生态文明教育基地,入选首批中国特色小镇。

【上杭县再度荣获“全国双拥模范县”称号】 7月29日,上杭县再度荣获“全国双拥模范县”称号。

上杭县是全国23个原中央苏区县之一,是著名的革命老区。境内有彪炳史册的古田会议和毛泽东才溪乡调查旧址，才溪是当年中央苏区"第一模范乡"，素有"九军十八师""将军之乡"的美誉。毛泽东曾九次到上杭调查研究指导革命实践，写下了《星星之火、可以燎原》《才溪乡调查》《采桑子·重阳》等光辉著作；周恩来、朱德、陈毅、贺龙、谭震林等老一辈无产阶级革命家都在上杭留下了伟大革命实践的史迹。当年，全县共有 1.27 万人参加革命队伍，有 9000 多人为国捐躯，在册烈士5900 多人。1955 年，被授予少将以上军衔的上杭籍将军有 27 人，是福建省将军最多的县份(占全省三分之一)。

【上杭县荣获"2011–2015"年全国法治宣传教育先进县】 5 月 26 日，在第八次全国法治宣传教育工作会议上，上杭县被表彰为 2011–2015 年度法治宣传教育工作先进集体。

2011 年以来，上杭县认真组织实施"六五"普法规划，努力推进依法治县进程，公民法律意识普遍增强、法律素质明显提高，办事依法、遇事找法、解决问题用法、化解矛盾靠法的良好法治环境逐步形成。

【上杭获"福建省森林县城"称号】 12 月，上杭被福建省绿化委员会、福建省林业厅授予"福建省森林县城"称号。

近年来，上杭县牢固树立"让森林走进城市、让城市拥抱森林"的新理念，着力推进国土绿化，大力发展城市森林，县城森林覆盖面积 270.8 公顷，森林覆盖率 22.56%，绿地面积 394.87 公顷，绿地率 32.91%，初步建成了以森林为主体的健康稳定的生态系统，有力地推进了城乡绿化美化和宜居环境建设，实现了"山、水、城、人和谐共生，生态完美"的园林城市格局。

【在全省率先出台大病医保"三保合一"均衡化政策】 12 月，上杭县出台大病医保"三保合一"(即整合城镇职工基本医疗保险、城镇居民基本医疗保险、新型农村合作医疗保险）均衡化实施方案，从 2017 年 1 月 1 日起正式实施。这是福建省首个大病医保 "三保合一"均衡化方案。根据方案，上杭县大病医保"三保合一" 实施对象为全县范围内城乡居民基本医疗保险参保人员。大病保险支付的起付标准为 1.5 万元。当参保人员个人年度累计负担的政策范围内住院医疗费用扣除基本医疗保险报销后超过起付线的部分转入大病保险。城乡居民大病保险报销比例提高到 90%，报销标准为参保人员个人年度累计负担的政策范围内住院医疗费用扣除基本医保报销后超过起付线的部分。城乡居民大病保险每人每年统筹基金最高支付限额为 20 万元。

近年来，上杭县坚持将 90%以上的新增财力用于民生事业建设。该县在推进精准脱贫工作中发现，因病致贫返贫占全县贫困人口的 35.9%。为此，上杭县在本年全面启动健康扶贫保险的基础上，又在全省率先实行大病医保"三保合一"均衡化政策，为阻断因病致贫返贫上了"双保险"。

武平县

【概况】 2016 年，武平县实现地区生产总值 161.66 亿元，增长 8.5%，其中第一产业增加值 35.04 亿元，增长 3.7%，第二产业增加值 66.15 亿元、增长 8.4%，第三产业增加值 60.47 亿元，增长 11.4%；全社会固定资产投资 264.24 亿元，增长 13.4%;社会消费品零售总额 66.53 亿元，增长 19.1%；财政总收入 10.46 亿元、增长 2.2%,其中地方级财政收入 7.34 亿元、增长 0.3%；城镇居民人均可支配收入 28439 元，增长 8.6%；农村居民人均可支配收入 13676 元，增长 8.7%。

三大战役。项目落地攻坚战役全面完成"五个一批"目标。招商工作机制进一步完善。新签约嘉喜不锈钢餐厨用品生产、贝特数控机床制造研发等 54 个招商引资项目。重点项目建设"六个一"机制得到较好落实。37 个省、市重点项目完成投资 64.5 亿元，97 个县重点项目完成投资 55.7 亿元，新开工宇田汽配智能化升级改造、驰达网络通信线缆生产等 49 个项目，新建成投产合信创展光学新材料加工、康图不锈钢精密铸件等 19 个项目。实施投资工程包项目 2 批、101 个和国家专项建设基金项目 15 个。县级财政多渠道筹集资金 15.1 亿元，投入重点项目建设。全县获批项目建设用地 61.6 公顷、林地 119.93 公顷，完成土地征收 90 公顷、房屋征收 1.3 万平方米。脱贫攻坚战役创先争优。全年投入扶贫资金 2.7 亿元。贫困户实现干部挂钩帮扶全覆盖，100%落实脱贫措施。设立 1200 万元扶贫小额信贷担保基金，已为贫困户担保生产贷款 2464 万元。2016 年全县有 9209 名贫困人口脱贫，减贫率 51.7%。建设易地扶贫搬迁安置点 31 个，完成易地扶贫搬迁 1826 户、5881 人。实施以奖代补，鼓励 58 个贫困村发展光伏发电项目，增加村财收入。制订"飞地建筑业"税收分成政策，增加乡镇财政收入。主动对接省直部门和厦门市思明区，争取脱贫帮扶资金 9800 万元。县扶贫办获评"全国扶贫系统先进集体"。生态环保攻坚战役点面并进。实施了"一大会战、六大攻坚"。完成封山育林 3066.67 公顷，造林绿化 2466.67 公顷，水土流失治理 4333.33 公顷，矿山生态恢复治理 50 公顷。赎买重点生态区位商品林 266.67 公顷。在全省首创县级总河长制。全年投入 1.4 亿元进行生猪养殖业污染治理，实施象洞溪水环境综合整治"百日会战"，全县共关闭拆除猪舍 69.9 万平方米，削减生猪存栏 46.6 万头，打造平川镇"无猪镇"和富岭村等 37 个"无猪村"。实施城区内河整治工程，改扩建城区污水配套管网 18 公里。基本建成象洞、桃溪、湘店等 3 个乡镇生活污水处理厂。组建生态环保综合执法工作组，整治非法洗(采)砂点等环境违法场所31处。启动中山河国家湿地公园建设。通过综合施策，全县17个乡镇河流交接断面水质总体改善，象洞溪出省断面水质由劣Ⅴ类转变为Ⅲ类。淘汰黄标车和处置危险废物任务全面完成。城区空气质量优良以上天数比例达99.4%。

农业经济。2016年，武平县实现农林牧渔业总产值61.37亿元，增长3.8%。粮食、烟叶、果蔬、茶叶、食用菌、花卉苗木、中药材、渔业发展良好。新增林下经济经营面积2800公顷。新增省级农业产业化龙头企业2家、市级示范企业7家、省级示范家庭农场4家和绿色食品2件、地理标志证明商标2个。“武平绿茶”被推荐为中国“十大绿茶公共品牌”。

工业经济。开展“进企业、送服务、解难题、促增长”活动，制订出台规模工业企业用电增量补贴、矿山企业规费减免等政策。出资1亿元，设立县战略性新兴产业股权投资基金，已投资钢泓科技，参股省级技改基金。设立了2000万元的“四个一批”企业贷款风险补偿基金。全县实现规模以上工业增加值40.94亿元，增长8.5%。矿产品加工、不锈钢加工、机械制造、新型显示与智能制造产业实现产值69.9亿元，占规模以上工业总产值的47.6%。新增新鑫盛金属制品、拜耳新材料等13家规模以上工业企业，净增产值亿元以上工业企业9家。投入1.2亿元，加强“一园两区”基础设施建设。县工业园区主干道新洲路全线贯通，科技孵化器项目加快推进。岩前工业集中区创业大道建成通车。

第三产业。武平县入选全国第二批全域旅游示范区创建单位。环梁野山城乡一体协调发展试验区建设稳步推进，产城、文旅、城乡融合初见成效。梁野山创AAAAA级旅游景区、中山古镇保护与开发、红色旧址群维修保护、兴贤坊历史文化街区等重大文化旅游项目加快实施。全年接待游客171.8万人次，增长27.9%；实现旅游收入16.5亿元，增长26.4%。新增电商企业99家，武平地方特色馆上线运营，实现电商销售额20亿元。兴业证券、泉州银行入驻武平。全县金融机构人民币存款余额首次突破100亿元大关；贷款余额79.23亿元，增长9.2%，增幅居龙岩市第3位。

城乡建设。基础设施不断改善。建长武高速公路被列入海西网规划并启动前期工作。环城快速通道启动建设，环城南路正式开工，环城东路、环城北路已完成招标工作。完成三角埔至中赤公路路面重铺和6座农村危桥改造。新增公路通车里程70公里。实施35千伏象洞变二期扩建、35千伏城关至永平线路改造等电力基础设施工程。汀江防洪工程(一期)武平城北段、平川河云礤溪安全生态水系、小型农田水利重点县等项目加快实施，石径岭水库封堵蓄水，陈田水库通过下闸蓄水验收，云礤水库开工建设。沿河西路、武安路(一期)、南门大桥完成改造，东环路（三期)、中街西路、中心桥改造等加快推进。新建公交车停靠站83个，新增公交车6辆，新开通第六路公交线路，县公交首末站于年底投入使用。新建供水管网5公里、燃气管网10公里。公安新业务技术用房、社会福利中心(一、二期)、儿童乐园建成投入使用。新天地购物广场城市综合体建成营运。制订出台三轮房地产去库存政策，全年本县销售商品房26.92万平方米，总量居龙岩市第2位。拆除“两违”面积99.6万平方米。“智慧城市”综合服务管理平台试运行。十方镇市级小城市建设试点项目推进力度加大。新型城镇化建设重点镇(十方镇、岩前镇)和特色小镇(城厢镇、中山镇)建设步伐加快。17个“千村整治、百村示范”美丽乡村示范点取得实效。

重点领域。深入推进“放管服”改革，行政权力清单动态管理、行政审批后续监管等工作在全省领先，十方镇权责清单试点作为龙岩市唯一典型上报推广。党政机关公务用车改革全面实施。商事制度改革成效明显。全年本县新增个体工商户2275户、注册资本4.1亿元，分别增长20.6%和28.8%；新增内资企业487家、注册资本19.7亿元，分别增长19.1%和37.1%。县社会福利中心实行“公建民营”。供销社综合改革稳步推进。创新创业力度加大。新增国家高新技术企业1家、省级科技小巨人领军企业2家、市级科技小巨人领军企业2家、市级企业技术中心7家。首个市级众创空间“智农青创”建成营运。对外开放不断拓展。积极融入中国(福建)自由贸易试验区等重大改革试验区建设。全年本县实现外贸出口2.55亿美元，增长13.7%；实际利用外资2507万美元，增长19%，闽粤赣边区域协作和山海协作不断加强。

民生事业。社会事业稳步发展。落实教育提质发展“十条措施”，教育教学质量稳步提升。实验小学河东分校建成投入使用，第三实验小学、武安小学、武安幼儿园、文山幼儿园等4所学校开工建设。县医院新病房大楼投入使用。县妇幼保健院完成建设。文化惠民工程深入实施，开展了“文化梁野”系列活动。文化产业发展壮大，新增规模以上文化产业法人企业7家。获市级以上体育竞技赛事金牌69枚。县电视台数字化改造提升工程全面竣工。社会保障水平进一步提升。城市低保标准提高至每人每月475元，农村低保标准提高至每人每年2650元。新建社区综合服务站1个、农村幸福院5个。新建成保障性安居住房140套。新增城镇就业1396人，农村转移就业5082人。社会治理持续加强。全面落实安全生产“一岗双责”和企业主体责任，安全生产形势平稳。在龙岩市率先完成乡镇防汛视频会议系统升级改造。新增区域自动气象观测站17个，有效应对了台风等自然灾害袭击。“平安武平”建设进一步深化，司法体制改革不断推进，对涉麻涉毒、涉黑涉恶、电信诈骗等违法犯罪活动保持严打高压态势，刑事案件破案率连续四年居龙岩市第1位，公众安全感满意率居福建省第2位。

【武平首次跻身福建省县域经济发展十佳县】 2016年，武平县深入实施生态立县、工业强县、旅游富民"三大战略"，全力打好项目落地、脱贫攻坚、生态环保"三大战役"，注重科学发展和生态保护，实现"绿色崛起"，全县经济呈现出缓中趋稳、稳中向好的良好态势，社会各项事业健康协调发展，有效地促进了全省县域经济整体发展水平的提升。11月，武平县获评"2016年度福建省县域经济发展十佳县"。

【象洞溪水环境综合整治】 4月15日，武平县召开全县生态环保攻坚战役暨象洞溪流域水环境综合整治"百日会战"行动誓师大会，从县直各单位抽调260名机关干部参加象洞溪流域水环境综合整治"百日会战"，象洞镇的镇、村两级干部也全员参战。至9月20日，通过全县各级各部门148天的艰苦奋战，象洞溪流域水环境综合整治工作任务全面完成，共关闭拆除生猪养殖场(户)1165户363885.8平方米，象洞溪流域沿线7个村全部成为"无猪村"，"百日会战"取得全面胜利。象洞镇的生态环境因此发生了翻天覆地的变化，当地群众最直接的感受是：河水变清澈了，空气变清新了。10月10日，龙岩市环保局、广东省蕉岭县环保局、武平县环保局共同对象洞溪、中山河断面水质进行检测，象洞溪水质为Ⅳ类标准(氨氮0.249毫克/升、总磷0.219毫克/升、COD4.86毫克/升)，达到了两部两省流域补偿协议的考核要求。11月3日，蕉岭县环保局、武平县环保局再次对象洞溪水质进行复核，监测结果达到Ⅲ类标准（氨氮0.386毫克/升、总磷0.149毫克/升、COD3.15毫克/升）。

【武平县被列为第二批国家全域旅游示范区创建单位】 11月，武平县被列为第二批国家全域旅游示范区创建单位。武平县突出开发利用好"三山(梁野山、灵洞山、狮子山)、一庙(定光佛祖庙)、一古镇(中山古镇)、一公园(中山河湿地公园)"等特色资源，着力推进以梁野山景区、中山古镇、岩前定光佛景区、刘亚楼故居景区为核心的四大组团。全县有AAAA级旅游景区1家、AAA级旅游景区3家、AA级旅游景区1家、四星级酒店2家、全国特色景观旅游名村1家。2016年，武平县旅游接待人数达到172万人次，比2015年的134.3万人次增长28%，；实现旅游总收入16.5亿元，比2015年的13.16亿元增长26.4%。

【第五届海峡两岸定光佛文化旅游节首次在台湾举行】 11月15—21日，第五届海峡两岸定光佛文化旅游节首次在宝岛台湾举行。武平县定光文化交流及基层交流参访团一行15人赴台湾开展交流活动，增进了两岸宗教人士乃至两岸人民的认识，增强了武平与台湾定光古佛文化的认同。参访团先后参访台湾彰化定光佛庙、淡水鄞山寺等寺庙，对台湾定光古佛文化及寺庙管理制度进行了较全面的考察，与各个寺庙的管理人员进行了比较深入的交流，活动取得圆满成功。第五届海峡两岸定光文化旅游节是国台办确定的重点交流项目，也是武平县持续深入打造"定光文化"及"海峡客家"品牌的重大活动。

（吴汝丰　撰稿）

长汀县

【概况】 2016年，长汀县全年实现地区生产总值185亿元，比上年增长8.3%。其中，第一产业31.3亿元，同比增长3.9%；第二产业86.9亿元，同比增长8.0%；第三产业66.7亿元，同比增长10.7%。三次产业结构由上年的16.7:48.2:35.1调整为16.9:47:36.1。财政总收入9.4亿元，同比增长8.4%，其中地方公共财政收入6.5亿元，同比增长3.8%。城乡500万元以上固定资产投资232亿元，社会消费品零售总额69.1亿元，城镇居民人均可支配收入21268元，农村居民人均可支配收入12766元。金融形势平稳，12月末全县金融机构人民币存款余额160.1亿元，比上年增长17.2%；人民币贷款余额107.8亿元，比上年增长12.1%。外经外贸企稳回升，全年外贸出口总值完成24333万美元，增长2.5%。实际利用外资4330万美元(验资口径)，同比增长9.3%。

农业生产。全县完成农林牧渔业总产值53.6亿元，比上年增长4%。其中农业产值24.8亿元，同比增长4.5%；林业产值6.8亿元，同比增长7.9%；牧业产值18.5亿元，同比增长1.6%；渔业产值2.4亿元，同比增长6.5%；服务业产值1.2亿元，同比增长5.4%。粮食面积54.6万亩，总产22.5万吨，同比增长1.3%。茶叶产量1976吨，同比增长18.9%。水果产量5.13万吨，同比增长3.8%。烟草种植面积4133.33公顷，收购烟叶16.09万担。林业总造林面积3710.67公顷，木材采伐5.55万立方米，同比增长8.2%；毛竹产量1360万根，同比增长8.8%。养殖业生猪出栏64.5万头；肉蛋总产量6.51万吨，同比增长2.7%。渔业产量1.47万吨，同比增长6.5%。

工业经济。全县规模以上工业增加值完成48.4亿元，同比增长8.1%。全县110家规模工业企业实现总产值168.1亿元，同比增长4.7%。工业主导产业发展平稳，产值163.1亿元，同比增长4.5%，占全县规模工业产值97%。其中纺织服装产业实现产值82.4亿元，同比增长5.6%；稀土产业实现产值48.2亿元，同比增长8.6%。规模工业生产综合能耗62416吨标准煤，同比下降9.9%；万元增加值能耗0.1吨标准煤，同比下降16.6%,保持高产低能耗生产水平。

第三产业。第三产业增加值完成66.7亿元,超过规模以上工业增加值18.3亿元,同比增长10.7%。商品房销售面积16.3万平方米,同比增长45.5%。全社会消费品零售总额完成69.1亿元,同比增长14.1%。物价涨幅稳定,居民消费价格指数101.5%,控制在104%以内。旅游综合配套设施逐步完善,全年共接待游客210万人次,实现旅游收入20亿元,分别同比增长14.8%和17.3%。电子商务较快发展,电商企业达到368家,实现网络交易额28.9亿元。

重点项目。城乡500万元以上固定资产投资完成232亿元,同比增长14.2%。其中工业生产性固定资产投资101.6亿元,同比增长13.6%。引入省、市重点项目32个,总投资173.3亿元,完成投资62.6亿元。其中生产性项目14个,总投资59.4亿元,完成投资21亿元。申报国家专项建设基金项目13个,总投资63.86亿元,争取国家专项基金3.84亿元。列入市级第一、二批工程包项目34个,其中列入市级第一批工程包项目26个,年度总投资16.09亿元,全年完成16.1亿元;列入市级第二批工程包项目8个,年度总投资6.89亿元,全年完成8.9亿元。

生态建设。坚持规划引领,攻坚克难,创新水土流失治理和生态文明建设保障机制,深化生态文明体制改革,重点开展水土流失治理、生态环境修复与建设,狠抓水环境、大气环境、土壤污染防治,全力实施国家水土保持重点建设工程项目、水土保持生态村建设、林业生态工程、生态安全水系、关闭拆除生猪养殖场生态保护和得力机电、金怡丰化纤生产线等一批技术改造、技术创新项目建设,全面推动国家级生态文明试验区(长汀)建设。

社会事业。城镇居民人均可支配收入完成21268元,同比增长7.7%。农村居民人均可支配收入完成12766元,同比增长9.5%。教育工作积极巩固扩大“双高普九”成果,继续推进中小学校安工程及薄弱学校改造,推进公办幼儿园、城市学校扩容等一系列教育工程,实施教育类校舍建设项目38个,建筑面积4.38万平方米,总投资14187万元,完成投资12785万元;改造运动场41个,总投资5030万元,完成投资5030万元;长汀一中高中部建设项目各项前期工作有序推进。医疗卫生体制改革扎实推进,县、乡、村三级卫生网络建设进一步完善,新农合参合率99.99%;县汀州医院迁建工程完成项目选址,河田颐养康复中心、县妇幼保健院综合大楼以及涂坊、庵杰、古城、羊牯等乡(镇)卫生院医技楼项目有序推进。文化旅游事业获得较快发展,县体育中心、客家体育公园升级改造、“四大街区”保护与开发、“红军长征第一村”、历史文化名城“一江两岸”主景区修复以及中央红军纪念园等基础设施建设稳步推进。社会保障体系不断完善,基本医疗保险参保6.2万人。城镇新增就业人数2628人,下岗实业再就业1790人,新增农村劳动力转移就业7012人,城镇登记失业率2.16%,控制在3.5%以内。环保、国土、计生、国防动员、民兵预备役和双拥工作进一步提高。科技、广播、电视等各项社会事业和谐发展。

【全国文化科技卫生“三下乡”集中示范活动】 12月20日,由中宣部等12个部委与中共福建省委、省政府联合主办的全国文化科技卫生“三下乡”集中示范活动启动仪式在长汀县南寨客家母亲缘广场举行。中宣部副部长鲁炜主持并讲话。省委常委、宣传部长高翔致辞。

此次活动紧扣精准、实用、普惠的原则,聚焦农村需求,送农民用得上的物品,捐农村急要的项目,建当地长久性的设施。12个部委捐赠资金和物资总计1422.1万元。福建省57家单位积极筹资筹物,配合活动捐建红军长征出发地纪念广场,捐赠医疗巡诊车、科普大篷车和其他文化、医疗、科普、农林、水利等设施设备。当天,还组织35支服务队,开设65个展位,现场开展政策宣传、写送春联、农技辅导、专家义诊、红色文化传播等服务,丰富多彩的活动吸引了5000多名农民群众。

【首届汀州伏虎文化研讨会】 10月16日,由龙岩学院闽台客家研究院、龙岩市民间文艺家协会主办的首届汀州伏虎文化研讨会,在客家首府、国家历史文化名城长汀县举行。有关领导、专家学者、社会志愿者共60多人参加研讨。

与会专家学者围绕“伏虎信俗的文化内涵”“伏虎信俗的历史传承”“伏虎信俗的保护利用”“伏虎信俗的传说记忆”等四方面专题进行深入研讨点评。共有25位专家学者报告了论文,一致认为伏虎文化是传承千年的民间信俗,极具人民性和参与性,在闽西发展史上有着重要影响。伏虎文化主张和、善、孝、义,是闽西传统文化、客家文化的重要组成部分,对于弘扬客家文化、光大耕读理想,具有重要的历史意义和现实意义。

【全省供销社基层组织建设推进会在汀召开】 11月22日,福建省供销合作社基层组织建设工作推进会在长汀召开,省总社副主任王剑华,全省各县市供销社主任,龙岩市、长汀县有关领导共50余人参加会议,其中长汀、泉州、建瓯、漳浦、清流、仙游等市县供销社负责人在会上作交流发言。

会议指出,全省供销系统坚持宗旨,强基固本,围绕“三农”工作大局,积极推进综合改革,省社确定的10个试点市县综合改革取得成效,组织体系不断壮大,全省恢复新建基层社323个,总数916个;52个县级社建立电子商务平台或企业。会议要求全省各地供销社继续深化改革,全面实施基层组织建设工程,创新基层社体制机制;大力创办农民专业合作社，着力解决发展不平衡问题，引领系统农民合作社又好又快发展；巩固提升农村维修服务体系建设水平，提高网点建设水平；积极发展行业协会，打造服务合作经济组织综合平台；切实加强县级联合社建设，积极开展“百强县级社”创建。

【纪念红军长征胜利80周年红色旅游活动在汀启动】 9月6日上午，“弘扬长汀精神，传承红色记忆”纪念红军长征胜利80周年红色旅游系列活动在长汀“福建省苏维埃政府旧址”启动。启动仪式由中央文明办、国家旅游局、福建省人民政府主办，省文明办、省旅游局、龙岩市人民政府承办，副省长梁建勇主持。中央文明办专职副主任夏伟东，国家旅游局副局长赖洪涛，省委常委、宣传部长高翔出席仪式并讲话。全国红色旅游协调小组办公室常务副主任罗迪辉，市领导李德金、林国耀、何明华、詹昌建、王龙出席仪式。

夏伟东强调，长征铸就伟大的长征精神。开展纪念红军长征胜利80周年红色旅游系列活动，是中央文明办落实习近平总书记系列重要讲话的具体实践。希望以此次活动为契机，进一步突出思想内涵，加强革命传统教育和理想信念教育，进一步坚定中国特色社会主义的理论自信、道路自信、制度自信和文化自信，为实现中国梦凝聚精神力量。

魏洪涛指出，长征是中国共产党从挫折走向胜利的转折点，伟大的长征精神值得永远铭记。

高翔指出，发展红色旅游是弘扬革命传统、传承红色基因的重要途径，福建将以这次活动为契机，进一步加大红色资源保护开发力度，深入发掘红色旅游景点的文化内涵和革命精神，引导人民将其转化为建设新福建、实现中国梦的强大动力。

龙岩市委书记李德金致辞说，闽西是红军的故乡、共和国的摇篮、长征的出发地。纪念红军长征胜利80周年红色旅游系列活动在这里启动，是对闽西龙岩的又一次鼓舞和鞭策。龙岩将以此为动力，大力实施红色文化保护、传承和弘扬工程，大力培育发展千亿级文化旅游产业，全力创建全国文明城市、国际旅游度假城市核心支撑区，不忘长征，继续前进。

启动仪式举行了“保护红色遗产·发展红色旅游”万人签名，重走长征路徒步、自驾、骑行活动和少先队员宣读《红色旅游征文倡议书》、朗诵《七律·长征》、客家乡亲送红军情景再现等活动。

【“刘少奇与中央苏区”学术研讨暨刘少奇思想生平研究年会在汀举行】 10月26日，“刘少奇与中央苏区”学术研讨暨刘少奇思想生平研究会2016年年会在汀举行。

长汀是原中央苏区经济中心，刘少奇曾经以全国总工会苏区中央执行局委员长的身份，多次莅汀指导经济建设，领导工人运动。在第五次反“围剿”的紧急关头，他又临危受命出任福建省委书记，领导、组织军民积极开展反“围剿”斗争，为中央红军的集结和战略大转移赢得宝贵时间。历史进入21世纪，中国共产党带领全国人民又踏上“十三五”发展新征程，正为实现两个一百年奋斗目标、全面建成小康社会而不懈努力。此时此际，开展刘少奇思想生平研究，挖掘刘少奇留下的珍贵思想宝藏，继承刘少奇留下的不朽精神财富，对推进原中央苏区社会经济文化各项事业的发展具有重要意义。

此次学术研讨会和年会由刘少奇思想生平研究会、中共福建省委党史研究室、刘少奇纪念馆主办。中央文献研究室副主任、中国中共文献研究会副会长、刘少奇思想生平研究会会长张宏志，刘少奇女儿刘潇潇，中共福建省委党史研究室副主任汪一朝出席会议并作讲话。中央文献研究室有关部室领导，龙岩市领导李德金、詹昌建，长汀县各套班子领导，以及来自全国各地的党史研究专家、学者代表等出席会议。

【何叔衡烈士纪念碑落成暨何叔衡纪念馆开馆】 12月24日，长汀县举行何叔衡烈士纪念碑落成暨何叔衡纪念馆开馆仪式。

何叔衡是中共一大代表，在中央苏区时期担任中华苏维埃中央临时政府工农检察人民委员部部长、内务人民委员部代部长、临时最高法庭主席等重要职务。1934年10月，中央主力红军长征后，奉命留守苏区坚持游击战争。1935年2月，在长汀濯田梅迳村遇敌被害。为缅怀何叔衡烈士的丰功伟绩，长汀县于2015年开始对何叔衡纪念设施进行改扩建，新建的何叔衡纪念园占地面积3555平方米，由纪念碑、纪念馆、纪念亭组成。其中，纪念馆建筑面积600多平方米，按“中国共产党创始人之一”“共和国法制建设先驱”“为苏维埃流尽最后一滴血”三大部分组成展廊，共展出300多幅照片及何叔衡烈士用过的雨伞、端砚、马灯等红色文物复制品，成为红色传统教育基地。

【世界客属第22次公祭客家母亲河大典】 10月16日上午，寻根客家首府汀州暨世界客属第22次公祭客家母亲河大典，在长汀汀江母亲河畔的“客家母亲缘广场”举行。来自马来西亚客家居銮公会等海内外41家客属社团的800名代表和长汀县33个姓氏祭祖团共计2000多人相聚一起，寻根祭祖，祈福祝愿。

世界客属公祭客家母亲河活动是1995年由原全国政协委员、南源永芳集团公司董事长姚美良及其胞兄姚森良倡导发起的，已吸引海内外近30个国家和地区共32万多人次到长汀寻根谒祖，成为海峡两岸文化交流的一个重要平台，被国台办列为对台文化交流重点项目。

【大同社区卫生服务中心投入使用】
11月18日,长汀县“大同社区卫生服务中心”正式投入使用。该中心综合大楼占地1700平方米,建筑面积1.46万平方米,高12层,可开放床位200余张。投入使用后,将改善大同社区基本医疗服务和基本公共卫生服务功能,把原来条件简陋的乡镇卫生院,发展成为按二级专科医院的标准要求设置的中西医相结合的优质社区综合医院。

【国道319线长汀动车南站至城关公路段改扩建工程开工建设】 9月下旬,国道319线长汀动车南站至城关公路段改扩建工程开工建设。该改扩建工程总投资3.8亿元,全长8.17公里,按一级公路双向六车道37米路基等级设计施工,对原来的公路进行降坡、取直、拓宽、美化和绿化,预计2018年国庆节前竣工投入使用。该工程的建成,将有效发挥长汀火车南站的辐射带动功能,保证长汀城区周边人流车流物流的全面畅通。

【全市最大光伏发电项目落户长汀】
9月19日,长汀县与与神华集团签订《光伏发电项目开发协议书》,全市最大规模的高新区长汀产业园区(腾飞工业园)屋顶光伏发电项目落户长汀。该光伏发电项目初步规划建设30兆瓦,总投资约2.4亿元,项目批复后一年内并网发电。项目建设投产后,年上网电量可达3177万千瓦时,新增销售收入2661万元,创税582万元。每年可节能10166吨标准煤,减排二氧化碳22899吨、二氧化硫2吨、氮氧化物2.8吨,具有显著的经济社会效益。

【汀瑞建立边界区域禁毒协作机制】
8月中旬,古城镇与江西省瑞金市泽覃乡、叶坪乡联合协商,建立闽赣边界区域禁毒联防协作机制,整合有限资源,提升涉麻制毒整治工作成效。

长汀县古城镇毗邻瑞金市泽覃乡、叶坪乡,是闽赣两省交界地区,特殊的地理位置使其成为两地涉麻制毒违法犯罪的隐蔽活动场所。闽赣边界区域禁毒联防协作机制要求建立边界区域联防联席会议制度,研究、分析、总结、通报辖区禁毒工作状况,商讨、解决涉麻制毒整治工作中存在的困难和问题;建立区域警务微信工作群,及时通报辖区内异常性发案情况;分别确定联络员,负责日常情报沟通;打破区域限制,建立区域联巡机制,开展群防群治。

【涂太阳先进事迹报告会】 11月21日,长汀县举行涂太阳先进事迹报告会。参加报告会的有全体县领导,各乡镇党委书记、乡镇长,县直各单位主要负责人及全县政法口副科级以上干部。

涂太阳,生前为长汀县公安局宣成派出所所长,从警23年来,对党忠诚,勇于担当;扎根基层,心系群众;严于律己,清正廉洁,为打击犯罪、服务群众、维护社会稳定作出积极贡献。2016年10月11日上午,在追逃路上因劳累过度昏迷过去,经14天的全力抢救,不幸牺牲,年仅43岁。涂太阳牺牲后,福建省副省长、省公安厅厅长王惠敏等领导先后作出批示,要求全省广大干部、职工认真学习宣传涂太阳先进事迹。10月14日,长汀县委常委会研究决定,在全县通过专题采访、开设主题教育专栏、组织主题讨论、理论征文、先进事迹报告会、最美基层民警评选等学习涂太阳的系列活动,营造“学先进、超先进、争先进、创先进”的良好氛围,加快建设新长汀进程。

在涂太阳先进事迹报告会上,涂太阳的战友、亲人用真挚的感情、生动的语言和事例,从不同角度回顾英雄平凡而光荣的一生,向大家展示了英雄的高尚品格,赢得了与会听众的热烈掌声。报告会后,涂太阳先进事迹宣讲团巡回各乡镇宣讲。

【破获一起特大涉麻案】 4月24日,长汀县公安局派出精干警力配合河南洛阳、福建厦门等地警方,摧毁一个特大生产制毒物品加工厂,此案涉及8省15地市的生产、运输、贩卖制毒物品麻黄素的犯罪活动。

长汀县公安局禁毒大队民警此前发现,长汀籍嫌疑人吴某在洛阳向陕西西安籍嫌疑人任某购买制毒原料,初步判断洛阳有生产麻黄素或溴代苯丙酮的加工厂。发现线索后,长汀县公安局迅速组织警力前往洛阳开展案情侦察工作。此案被列为部级目标案件,代号为“2016-284”吴某特大制毒物品案。4月24日下午,在公安部直接指挥下,长汀县公安局禁毒民警配合河南洛阳、福建厦门等地警方成功破获此案,抓获犯罪嫌疑人8名,现场缴获制毒物品麻黄素2吨多、毒资200余万元及大型生产制毒物品设备若干套。

【“中国生态文明奖”花开长汀】 6月5日,环保部召开首届“中国生态文明奖”表彰大会,长汀县生态县建设领导小组获“中国生态文明奖”殊荣。

长汀县生态县建设领导小组统筹领导长汀县生态县建设工作,充分发挥生态区位优势,强化“政府引领,规划先行,专家指导,社会参与”,采取整体规划、分步实施、逐步推广、扎实推进等手段,实施“生态工业”等六大生态工程和“生态保护、综合整治”等四项基础工程,坚持生态治理和生态保护并举、生态建设与经济发展同步。30年来,累计治理水土流失面积160多万亩,森林覆盖率由1986年的59.8%提高到2016年的79.4%,实现了“荒山—绿洲—生态家园”的历史性转变。全县18个乡(镇)中15个乡(镇)获得“国家级生态乡镇”命名,长汀县先后被评为全国首批“水生态文明城市”建设试点、“全国生态文明建设示范县”和“全国水土保持生态文明县”,2016年3月5日,顺利通过环保部国家级生态县技术评估,成为龙岩市首个通过国家级评估的县份。

中国生态文明奖每三年评选一次，是国家设立的首个生态文明建设示范方面的政府奖项，也是迄今国家最高级别的生态文明专项奖之一。这次全国受到表彰的共有19个先进集体和33名个人，福建全省仅有长汀等2个单位和1名个人受到表彰。

【“南方红壤水土流失治理”项目通过验收】 4月15日，“十二五”国家科技支撑计划“南方红壤水土流失治理技术研究与示范”项目，在长汀顺利通过专家组现场验收。

该项目由省科技厅组织、福州大学等11家单位共同合作完成。从2013年开始实施以来，在长汀开展南方红壤水土流失生态环境要素监测技术研究和水土保持评估与决策支持技术研究，以及水土流失综合治理与生态修复示范等工作，建成监测数据自动传输系统和水土保持一体化业务综合云管理平台，升级改造地面径流小区12个，建立崩岗水土流失治理示范区3个，植被恢复重建核心示范区400亩，形成特色农户循环经济模式示范点3个，获得国家发明专利授权1项，申请专利2项，申请地方标准立项1项、计算机软件著作权登记9项、计算机软件著作权2项。

该项目成功通过验收，标志着福建省水土流失治理技术研究已上升到国家级水平。

【中国石油福建长汀催化剂项目基础设计通过审查】 2月3日，中国石油福建长汀催化剂项目基础设计审查会在北京举行。与会70多位专家针对相关问题现场进行充分讨论，一致认为该项目技术原则、技术方案均已确定，基础设计深度达到要求。

中国石油福建长汀催化剂项目是中石油集团公司对口帮扶长汀的重要项目之一。该项目落户于福建(龙岩)稀土工业园区，一期规划用地31.73公顷，预留发展用地13.33公顷。项目总投资9.63亿元，年产5万吨石油催化裂化催化剂生产线，采用中石油自主知识产权技术，建成后年均新增销售收入约10亿元，年均净利润1.4亿元，年均上缴税收约1亿元。

（游焙章　陈李萍　撰稿）

连城县

【概况】 2016年，全县生产总值162.2亿元，比增8.0%；一般公共预算收入(财政)总收入6.4亿元，比增11.3%，地方级财政收入4.3亿元，比增11.2%；城乡500万元以上固投实现220.1亿元，比增9.6%；规模以上工业增加值37.9亿元，比增7%；社会消费品零售总额53.5亿元，比增7.3%；城乡居民人均可支配收入分别为26265元、12810元，分别比增8.4%、8.0%。

工业经济。新增规模企业11家，总数达125家；新增亿元企业11家，总数达51家；产值超5亿元企业2家，实现零的突破。光电新材料、生物医药实现产值22.1亿元、7.3亿元，分别比增11.8%和27.4%。开工建设45个工业生产性项目，16个项目实现竣工投产。完成技改投资53.8亿元，盘活宝丽金等11家企业。

农业经济。农林牧渔业总产值51.2亿元，比增3.7%，实现农产品加工产值72.9亿元，比增13.5%。地瓜干加工产值32亿元；铁皮石斛种植面积280公顷，产值达1.1亿元；连城白鸭出栏370万羽，产值4.4亿元。富硒产业从无到有，成为全省第一批10个省级富硒农业产业开发重点县之一。

第三产业。全县接待游客743.5万人次，实现旅游收入35.5亿元，分别比增22.6%和23.8%。入选首批国家全域旅游示范区创建单位，通过省级标准化旅游试点县和省级旅游度假区评估验收；连城冠豸山景区、培田古村落旅游区成功入选省级智慧景区示范项目建设试点，松毛岭战地遗址入选全国红色旅游经典景区。赖源溶洞、九龙湖垂钓基地开园营业，冠豸山游步道、松毛岭战地遗址纪念广场、纪念碑建成投入使用。成功举办客家元宵狂欢节、培田春耕节、福建乡村越野跑、中国冠豸山垂钓大赛、环冠豸山自行车大赛等“四季连城”系列活动，冠豸山冠名全国女子举重锦标赛暨里约奥运会选拔赛。完成商品房销售23.6万平米，销售金额9.5亿元，分别比增98.6%和85.7%。电商交易额突破20亿元，增长100%。

“三大战役”。“五个一批”均完成或超额完成市下达任务，重点项目建设加快推进，62个“2014—2018行动计划”重大项目及32个省市重点项目分别完成年度计划127.4%和127.7%。重新启动江林大道(林坊段)、莲北大道、西环路改造、新泉红军路等重大项目建设；首个PPP项目福地水库招标开工；推进和市交发集团战略合作，省道“横八线”(莒溪镇詹坑村—朋口镇王城村段)顺利开工；争取国家专项建设基金5.0亿元。招商引资方面。引进签约项目111个、总投资150.8亿元。其中，5亿元以上项目6个；新开工项目78个、总投资71.5亿元，新竣工项目26个、总投资20.4亿元；军民融合累计签约项目10个，计划投资20亿元。实际利用外资3390万美元。脱贫攻坚方面。5个贫困乡(镇)、62个贫困村、6622户贫困户实现干部挂钩帮扶全覆盖。按照“两不愁、三保障”和有稳定收入的要求，年内已完成3481户7584人贫困人口脱贫。国定标准易地扶贫搬迁1816户4551人、省定标准易地扶贫搬迁374户1100人开工建设。全县73个易地扶贫搬迁集中安置点建设加快。累计发放扶贫小额信贷风险担保金1834.6万元。推进光伏扶贫，由县财政对参与的每户贫困户补助1万元，对贫困村自筹资金给予10%补助。全县793户贫困户、45个贫困村参加，贫困户每年可增收1500元左右，贫困村可实现年村财增收3万—6万元。生态环保方面。全县大气环境质量优良以上天数比例100%，完成河道治理67公里，查处涉河违法行为19起，实施生猪养殖场改造提升30家，拆除不达标养殖场249家、6.6万平方米。实施地瓜干小作坊综合整治，完成拆除验收65家。开工建设食品加工区集中供热项目，超额完成省市下达淘汰黄标车年度任务。实施矿山生态恢复治理14.67公顷，造林绿化1333.33公顷、水土流失综合治理4733.33公顷。

城乡建设。城市路网继续完善，滨江御景等商住项目稳步实施，莲花花园等保障性安居工程快速推进，新建(改造)各类管网16公里，完成公交首末站建设，开通至冠豸山动车站的客运专线，新增公共停车位125个。启动城市精细化管理，拆除违建面积102.6万平方米。乡村建设。培田草药小镇列入全省首批28个特色小镇创建名单，新泉获评省级历史文化名镇，朋口、新泉被列为市级新型城镇化建设重点镇，林坊、四堡撤乡设镇。启动实施塘前、水北、田头3个美丽乡村“精品村”和曲溪美丽乡村“景观示范带”打造工程，“千村整治、百村示范”工程继续推进，农村家园清洁行动顺利实施，村容村貌显著改善。

社会事业。通过“义务教育发展基本均衡县”国家级验收，西城文教片区实验小学、实验幼儿园投入使用，中考综合成绩位居全市第二。四堡雕版印刷陈列馆被列为中国印刷博物馆福建(连城)分馆，县博物馆对外免费开放。实施8个乡(镇)卫生院改造提升，完成县疾控中心异地新建。城乡居民基本养老保险、农村低保标准、最低工资标准持续提高。持续保持禁毒严打高压态势，安全生产形势总体平稳。实现“全国双拥模范县”三连冠和“省级双拥模范县”七连冠。

【连城县法院推进司法改革】 连城县法院在新泉、姑田2个基层法庭试点，开展法庭办案责任制改革，组建4个新型审判团队，实行审判团队办案模式；突出主审法官主体地位，实行主审法官负责制，办案质量终身负责；建立主审法官联席会议制度，院庭领导、职能部门行使管理、监督职权，全程书面留痕，建立法院内部人员过问案件的记录制度及错案责任倒查问责制。2016年，两个法庭共收案925件，结案767件，结案率82.92%。实行立案登记制改革，安排专人导诉，规范做到有诉必理，符合法定立案条件的有案必立，登记立案率100%，推行“跨域”立案服务，受理和移交异地立案60件。落实行政案件管辖改革，实行行政诉讼案件异地交叉管辖，消减当事人疑虑。推进法官员额制改革，完成首批25名法官入额。

完善司法“微平台”。加强审判流程公开平台、执行信息公开平台、裁判文书公开平台体系建设，9个审判法庭全部完成数字化改造，先后开展网络庭审直播20场，“12368”短信平台共向当事人发送审判节点、执行节点信息9966条，网上公开裁判文书3523份。借助新兴自媒体，搭建起涵盖“网站、微博、微信、服务号(手机APP)”四位一体的司法宣传、便民服务“微平台”，实现司法内容一屏显示，司法服务一键直达，先后使用微博、微信发布开庭信息1834条，连城法院微信公众号入榜全省政法微信前十；将16项诉讼服务内容转化为二维码，方便当事人获取所需司法服务。“微平台”总订阅人数已突破1万余人，微博粉丝数居全市基层法院前列，司法影响力有效提升。4月，《连城法院搭建司法服务号建立“掌上法院”》获评全国十佳经典案例并在京交流。《光明日报》以《检法“微应用”：枯燥文字变鲜活案例》进行宣传报道。

丰富司法“微服务”。通过“微平台”定期推送工作动态、典型案例及法律法规，先后发布博文900余条，推送信息112期，累计阅读点击量突破30万次；开通企鹅媒体平台政务号与今日头条政务号，阅读人次达20余万人，实现新媒体信息智能分发，用户定位更加精准；完善法官网民互动沟通机制，探索司法“微调解”，为网友解答法律问题500余次。创新“微普法”，2月制作并在全市首发卡通动漫普法形象“豸豸”，先后开展11期的微信漫画普法活动，阅读点击量达8000余人次。

【开展村级巡查监督】 连城县纪委突出问题导向，对反映扶贫领域问题的信访件进行大排查、大起底，重点“对焦”，通过带信下访、驻村接访、联合接访、入户查访和重点约访等形式，集中排查扶贫领域资金使用是否存在挤占挪用、虚报冒领、截留私分、吃拿卡要、假公济私、弄虚作假、违规操作等问题，精准监督，着力发现扶贫领域的“微腐败”。县纪委走访群众726人次，接受信访举报71件，发现问题线索60个，其中涉及扶贫领域的违规违纪问题线索11个。巡查中发现庙前镇民政办原民政助理员江某发以虚报冒领方式侵吞已故“五老”人员定期生活补助金、优抚对象抚恤补助金共8万多元的问题。巡查组及时移交问题线索，县纪委核查后给予江某发开除党籍处分。

采取县委巡察延伸拓展3至5个村、县纪委巡查重点村、乡镇纪委交叉巡查等方式，抽调财政、审计、扶贫、民政、经管等专业人员参与，重点开展扶贫领域违规违纪问题巡查，发挥巡查发现问题“前哨”作用，打通扶贫政策落地的“最后一公里”。

村级巡查以来，先后对15名失职失责的党员、干部倒查问责，以严格的问责倒逼和推动扶贫领域问题的解决，实现问责一个、警示一片。县、乡纪委对涉及扶贫领域问题立案8件12人，已给予党纪处分9人。对查处的典型问题，在县政府门户网站、县纪委网站和县纪委微信公众号平台上点名道姓通报曝光，并将通报张贴在被通报人所在乡镇、村公开栏。

【举办“红土清风·廉豸连城”书法展】 2月10—15日，“红土清风·廉豸连城”?书法展览在连城县客家文化公园妇女儿童活动中心展出，县4套班子领导、离退休老干部以及县直机关、乡镇党员干部共3100多人前往参观。

展览旨在纪念龙岩市委《关于在全市党员干部中纠正不良习气树立清风正气的意见》实施周年，展示连城作风建设新成效，展现连城党员干部精气神。通过书法艺术的形式，将传统文化与弘扬正气主题相结合，引导党员干部重温意见，推动意见在连城深入落实，进一步营造自觉纠正不良习气、树立清风正气，为加快建设“美丽连城、创业连城、幸福连城”集聚干事创业正能量的浓厚氛围。

此次展览由连城县纪委主办，连城县书法家协会协办，突出“清风正气”主题，按“尚俭拒礼”“克己奉公”“官商两道”“清爽关系”“勤政廉政”“修心养德”“恪守信仰”“修身齐家” 等8个版块布展，共展出书法作品110余幅。

【连城县地理标志产品】 连城白鸭蛋。连城白鸭蛋产自我国优良的地方鸭种、被评为“唯一药用鸭”“鸭中国粹”的连城白鸭。连城白鸭蛋蛋壳颜色晶白、蛋黄色泽金(桔)黄、丸体大而饱满，蛋清粘稠透明，口感嫩滑、香气浓郁，蛋壳比一般鸡蛋、鸭蛋厚，蛋黄/蛋清比例比普通鸭蛋更高；连城白鸭蛋没有腥味，不含雌激素、抗生素等影响人体的元素，维生素、矿物质和不饱和脂肪酸含量是鸡蛋的2-4倍，其中硒元素可达0.3—0.6毫克/公斤。

连城百香果。连城百香果果皮成熟后暗红通亮，个大，果肉饱满多汁，含有菠萝、香蕉、草莓等165种水果香味，果实中含有超过132种以上的芳香物质，果汁营养丰富，气味芳香。连城百香果营养价值很高，用它为原料，加工制成果汁、果露、果酱、果冻，风味独特。果皮可作饲料和提取果胶，根、茎、叶均可入药，有消炎止痛、活血强身、滋阴补肾、降脂降压、提神醒酒、消除疲劳、排毒养颜、增强免疫力等神奇保健作用。这些独有的自然环境造就了连城百香果特有的优质品质。

连城红心地瓜。连城红心地瓜是连城红心地瓜干加工原料，主要是黄皮红心地瓜品种，一直在连城县繁衍种植了数百年，由于其中叶片边缘象锯齿状、薯块外为黄皮，内质为鲜红色，当地农民称它为“岩齿红”。连城红心地瓜纤维适当、软硬适中、色泽鲜艳、味甜溢香、加工品质好。

连城黄兔。连城黄兔全身披黄色粗短毛，紧贴体躯，具有光泽。头部清秀，嘴稍尖，两耳直立厚短，眼大圆睁有神；身体结构紧凑，小巧灵活，胸部宽深，背平直，腰部宽，腹部结实钝圆，后躯丰满，四肢健壮有力。兔肉易消化，口感独特，肉嫩味鲜，质量上乘，营养价值高，尤其是满月兔营养丰富，适合老人、小孩、孕妇等各种人群食用。

连城蓝莓。连城蓝莓又称蓝浆果，被誉为贵族水果、浆果之王。连城蓝莓果实呈蓝色，表面被一层白色果粉包裹，色泽美丽，果肉细腻、种子极小。蓝莓果实平均重0.5—2.5克，最大可重达5克，可食率为100%，甜酸适口，且具有香爽宜人的香气，果实富含各种维生素，熊果苷、花青苷、SOD、鞣化酸和黄酮类等抗氧化成分，具有强心、抗癌、护胃、软化血管、延缓衰老、增强记忆力和改善视力等功效。产品适宜加工成果汁、果酱、果酒、果干及天然色素、保健食品等高档食品，也是天然食品抗氧化剂和天然药物的重要原料，具有极高的鲜食、加工和利用价值。

连城山茶油。连城山茶油是福建省连城县油茶树的种籽压榨而成，是当地老百姓家中必备的优良植物油，可食用，也可作药用。连城山茶油的制作过程可概括为：去壳，晒干，粉碎，榨油，过滤等五个环节，全过程均为物理方法。连城山茶油具有色泽金黄，色清而耐味，贮存期长等特点，其不饱和脂肪酸含量高达90%，具有极高的营养价值。连城山茶油的药用价值高，可以用于清热润燥，解毒杀菌，对治疗皮肤烫伤、不明原因的肚痛等均有较显著的疗效。

连城宣和雪薯。连城宣和雪薯肉质洁白，含有蛋白质、维生素、淀粉、钙磷等人体必需的营养素。连城宣和雪薯最大的特点是含大量的粘蛋白，这是一种多糖蛋白质的混合物，对人体有特殊的保健作用，能防止脂肪沉积在心血管上，保持血管的弹性，阻止动脉粥样硬化的过早发生。连城宣和雪薯中的皂甙可以调节血压、降血糖、降血脂、抑制肿瘤。同时也有利于胃部的保护，粘液所特有的粘稠质地可以对胃壁形成一层保护，减轻胃黏膜的压力。

连城芷溪米酒。连城芷溪米酒产自于福建省连城县庙前镇芷溪村，该地独有的酿酒和宗祠文化，被国家相关部门评定为“中国历史文化名村”，也被称为“客家米酒之乡”。连城芷溪米酒的主要产地：连城县芷溪村，位于福建省连城县南部，东经116度，北纬25度，玳瑁山系西侧，属东南丘陵丹霞地貌，肥沃的农田和充沛的雨水，蕴育了饱满香纯的有机糯米；甘淳清澈的古井水提供了酿酒的甘露；独有的盆地造型，让芷溪村成了一个天然的酒窖；这使芷溪酿造的米酒香气浓郁、酒体甘醇、风味独特。芷溪盛行作酒文化。妇女怀孕要作月子酒；孩子出生要作添丁酒；满月要作满月酒；周岁要作周岁酒；订亲要作订亲酒；嫁娶要作婚宴酒；搬家要作乔迁酒；分家要作桂衍酒；高升要作高升酒；升学要作升学酒；高寿要作寿酒；抬菩萨要作菩萨酒；闹花灯要作花灯酒；打轿要喝祈福酒。除此之外，芷溪人喜欢热闹，平日三五好友相聚便会“打平伙”喝酒划拳，亲朋邻居杀猪亦会相邀喝酒吃肉，芷溪人也非常好客，宾客上门，无酒不欢，春节必是家家户户烫着米酒，甚至门口的过路人都会邀至家中做客。

连城冠豸山铁皮石斛。连城冠豸山铁皮石斛的开发利用至今已有200多年的历史。清嘉庆、道光年间，连城当地民间百姓就已利用野生鲜石斛作凉茶退低烧，治喉痛、胃痛，止血排毒等。连城冠豸山铁皮石斛是多糖药用、食用、观赏兼具的珍稀草本植物，其茎秆粗壮，茎皮薄，叶片厚，粘汁多，脆而易折断，口感香甜细腻，20世纪初，在上海市场被列为上等品，称“山本货”，名闻遐迩。连城县特有的地域和气候环境成就了连城冠豸山铁皮石斛独特的优良品质，有清热解毒、化瘀止血、提神解困、消除疲劳、清咽护嗓、提高人体免疫力、抗氧化、防癌、改善糖尿病症状、缓解风湿类风湿等功效。

连城慈姑。连城慈姑又名“剪刀草、燕尾草、蔬卵”，属泽泻科，是一种多年生草本植物。连城慈姑在连城已经有百余年的种植史。连城慈姑是连城县的主要特产之一，果实为黄白色或青白色球茎，外形呈长圆形，上有肥大的顶芽，表皮有环状节，类似闽南的水仙花种。连城慈姑富含淀粉、蛋白质、无机盐、维生素B、C及胰蛋白酶等多种营养成份，连城慈姑制成的慈姑粉，具有较高的经济价值。连城县特有的地域和气候环境成就了连城慈姑高营养价值的优良品质，不仅可以作为蔬菜，而且还有药用功能，将新鲜的连城慈姑切碎，加上适量的冰糖和豆油煎煮，临睡前服用可治疗肺结核引起的咳血。另外，将连城慈姑捣烂与生姜汁调匀，涂敷于皮肤肿痛处，有消炎、腿肿、止痛之疗效。

连城新泉豆腐。连城县新泉镇是闽、粤、赣三省交通要冲，地理位置优越，自古以来就是商贾云集、物资集散之地。全镇面积185.39平方公里，辖19个行政村，总人口30519人。

“连城新泉豆腐”久负盛名，据《连城县志》记载，早在明、清时期连南三隘（新泉别称）就以加工、烹饪豆腐闻名，逐渐辐射朋口、庙前等周边乡里，至清代新泉通商鼎盛时期已具有相当规模。“连城新泉豆腐”是新泉客家美食中的一朵奇葩，它与溪鱼、温泉澡并称为“新泉三宝”。它由于采用当地硬度极低的山涧水（硬度为龙岩市区生活用水的1/60）和传统加工工艺，口感特别细腻，颇受消费者青睐，市场销路好。利用新泉得天独厚的纯天然山泉水（经检测，总硬度即CaCO3含量9.0毫克/升、PH值为6.75、铁含量<0.1毫克/升、锰含量<0.05毫克/升、铜含量<0.1毫克/升、锌含量0.4毫克/升、氯化物含量1.6毫克/升、氟化物含量8.0毫克/升），采取独特工艺制作方法，制作出来的豆腐又白又嫩又滑。每天有十几部配送车向连城城区、龙岩、上杭、武平及粤、赣边区配送销售。全镇有260多个加工户，日产量达200万块，年产值5000余万元。

【培田吴氏家训族规】 《培田吴氏族谱》创撰于明万历年间，订有《家训十六则》。其引言称：家之有训，所以昭示来兹，为子孙法守也。书曰：“聪听祖考之彝训”。诗曰：“不愆不忘，率由旧章”愿我世世子孙守之毋忽。

敬祖宗。维桑与梓，必恭敬止。矧乃祖宗，人所托始。

溯流穷源，虽远犹迩。春露秋霜，庶其毖祀。孝父母。父兮母兮，恩深靡底。椎牛祭墓，何如负米。毋贻亲忧，毋辱亲体。大孝小孝，备载于礼。和兄弟。戚戚兄弟，本之一人。如手如足，非越与秦。有侮宜御，有财宜均。克笃天显，式用顺亲。序长幼。父事兄事，各视其年。随行雁行，毋与比肩。凡属卑幼，各宜勉旃。以少凌长，维德之愆。别男女。男女别涂，授受不亲。别嫌明微，风化乃淳。嘱尔家室，各宜自珍。桑中溱洧，贻诮风人。睦宗族。惇叙九族，古有明训。一木之亲，无分远近。相保相周，释急解忿。岂若涂人，肥瘠不问。慎丧葬。亲丧自尽，事莫大焉。比其葬也，慎择于先。无使土亲，当令骸全。一朝失措，永贻后愆。勉读书。士为民首，读书最高。希贤希圣，作国俊髦。扬名显亲，宠爱恩褒。各宜努力，毋惮勤劳。勤生业。民生在勤，勤则不匮。里布夫征，游民是出。工农商贾，勉励乃事。酒食游戏，终亦自累。崇节俭。制节谨度，满而不溢。慎乃俭德，家国理一。一念骄奢，遂生淫佚。转眼空虚，言之可慄。戒淫行。淫为恶首，厥罪弥天。况兹同族，一本相联。渎伦灭理，人面兽膻。削系送官，法不其延。戒匪僻。盗窃赌博，无赖之尤。辱人贱行，隶卒娼优。家世清白，恶居下流，敢或踏此，屏逐不收。戒刻薄。积善余庆，积恶余殃。天命不僭，隐有主张。忠厚传世，久而弥昌。从事刻薄，立见灭亡。戒贪饕。贫穷有命，富贵在天。莫为莫致，听其自然。一萌贪念，遂丛众愆。败廉丧耻，罔或不颠。戒争讼。民之失德，乾馔以愆。一朝之忿，永世祸联。强弱胜负，不能独全。各笃宗盟，幸勿相煎。

央视中文国际频道(CCTV4)摄制的百集《记住乡愁》，其中第一集内容是反映培田历史文化和现实的，用“敬畏之心不可无”作为这一集的主题。

乾隆五十二年丁亥(1787)续编刊印时，增补《家法十条》；同治十三年甲戌(1874)再补《族规十则》。

《家法十条》制定于乾隆年间，引言称：前辈立家训十六则，详且备矣，今增家法十条，诚恐训之不从，必继之以法。顾立训使人遵，立法使人畏，愿后嗣其恪遵前训而无劳用法焉，则甚慰也。

孝弟宜敦。如有违亲犯长者，通知房长族绅严行惩罚；若仍怙恶不悛，佥呈究办，决不宽宥。勤俭宜崇。如有不读不耕，不务正业者，凡属伯叔兄长务宜严训重责，毋得姑息。伦常宜肃。如有犯奸淫众著者，通知房长族绅从严惩治，男逐女出。族内通奸确获者，佥呈照例科办，毋得纵庇。廉耻宜励。如有肆行盗窃确有证据者，通知房长族绅照盗物轻重处罚。倘敢抗违，轻则驱逐出境，重则捆送呈官。忠厚宜尚。如有以强欺弱，以众凌寡者。凡属伯叔兄长，务宜极力弹压，毋得置身事外。品行宜端。如有赌博、鸦片务宜父戒其子，兄戒其弟，毋踏此弊。而开庄聚赌尤宜禁止处罚，倘敢抗违，呈官究治。礼义宜明。如有结党为匪者，务必通众捆送呈官究办，纵容包庇者，一体严究。争兢宜平。如有小而雀角，大而械斗者，凡属尊长务宜公是公非，照公处息，毋得坐视。刑罚宜公。如有呈凶毙命重案，务宜通众将正凶送官究办，不得任其逋逃以累他人。身家宜清。如有甘为娼优隶卒者，务必通众出逐，永不许登坟入祠。《族规十则》制定于同治年间，其引言称：家训家法之后，再立族规十则，俾后人永远遵行，庶风纯俗美，可称仁里也欤。祖堂所以妥先灵而庇后裔也。住持者务宜灯火长明、花香奉祀。厅廊坪宇洒扫洁净。图谱所以考世系而知始终也。递年各房流存，锁匙则由别房收执。倘有散失亵渎，惟领存人是问。图银所以杈子母而资修刻也。此项公款视他项尤关紧要，理事者务择殷实公正，递年结算一次，出入数目榜示通衢。后龙水口所以蓄树木而卫风水也。住祖堂者务宜逐日鸣锣申禁，如有盗砍生柴铲松光者，通知董事协同绅耆严行重罚。割芦萁者一体议罚。前朝屏山所以拱祖堂而壮观瞻也。不准擅铲土，违者重罚，后龙山同此例。路内水圳所以护祖堂而便汲饮也。务宜长流清洁，毋得投以秽物等件。冠婚所以荣宗族而继宗祧也。进泮登科第，谒祖请宴随东家意，不得刻以相绳。婚娶、祝寿亦同此例。丧制所以尽子道而报亲恩也。初丧服制本为服内亲房而设。服外者毋劳用烛帛，以益丧家之累。若贫不能葬者尤宜体恤。田禾疏菜所以备饥馑而佐饔也。乡内六畜务宜有人看守，不准滥放，违者处罚。窃者加倍处罚。松杉竹木所以生财源而资利用也。遇有盗砍者，通众从重处罚，买者同罚。

（陈炳旺　撰稿）

漳平市

【概况】 2016年，漳平市实现地区生产总值203.76亿元，增长8.1%，其中，第一产业增加值27.88亿元，增长3.5%；第二产业增加值87.78亿元，增长6.8%；第三产业增加值88.10亿元，增长10.9%，三次产业结构比例为13.7:43.1:43.2。财政总收入9.51亿元，下降5.7%，其中地方级财政一般预算收入6.20亿元，下降2.8%。城乡500万元以上固定资产投资216.40亿元，增长15.8%。社会消费品零售总额65.57亿元，增长14.1%。城镇居民人均可支配收入29056元，增长8.1%；农村居民人均可支配收入14496元，增长8.3%。

工业经济。规模以上工业总产值156.38亿元，增长8.8%，规模工业增加值41.71亿元，增长7.3%。轻纺、化工、农产品加工业分别增长20.8%、21.9%、18.4%。新上规模工业企业15家，新增龙岩市级企业技术中心1家、龙岩市级工业设计中心1家。福建漳平协龙高新化纤有限公司“除臭、抗菌、防水多功能面料”生产项目、伍洋（福建）机械有限公司“年产5000套工业机器300套高端大型龙门六轴加工中心生产项目”、漳平红狮水泥有限公司“日产4500吨新型干法熟料熟料生产线及配套9米W余热发电”技改项目等竣工投产。

农业经济。农业总产值45.69亿元，增长3.6%。粮食作物播种面积1.33万公顷，产量7500万千克。茶园总面积0.73万公顷，全国绿色食品原料（茶叶）标准化生产基地成功续展，漳平水仙茶传统制作技术列入第五批省级非物质文化遗产代表性项目，以漳平台湾农民创业园为核心区的龙岩农业科技园区成为第七批国家级农业科技园区。入选国家农村产业融合发展试点示范县。鸿鼎农场入选中粮集团“五十茗庄”；花卉面积达0.36万公顷，永福花卉研究所获第十三届中国杜鹃花展室外展台金奖。推进现代农业综合配套改革，完成土地确权186个村（居）二轮延包，新增省级示范农民专业合作社4家、省级示范家庭农场4家。

第三产业。农村电商发展迅速，村民在网上购买农资农具产品突破600万元，创下福建省第一、全国第七成绩。签约茶盟网合作项目，花博汇现代花卉科技创客空间被列入省级众创空间。新培育限上商贸企业38家。举办樱花旅游文化节、水仙茶文化节、“国泰”郁金香文化旅游节等旅游活动，“农业+旅游”融合发展壮大。全年累计接待游客270万人次，实现旅游总收入14.3亿元，分别增长12.5%、13.5%。象湖红色革命旧址通过AAA级旅游景区评审。宏都酒店通过三星级酒店评审。卢卡竹溪谷休闲农庄、官田翡翠谷项目开工建设，北寮休闲农业与乡村旅游区（一期）竣工。天台山生态文化旅游暨香寮中华文明传承创新园区加速创建。

三大战役。打好项目落地攻坚战役，重点项目完成投资55亿元。两批107个补短板投资工程包项目完成投资18.1亿元，17个为民办实事项目完成投资3.8亿元。完成“五个一批”任务，谋划项目32个，签约项目35个，开工项目20个，建成投产10个，增资17.8亿元。工业园区规模以上工业总产值达到98.7亿元。南龙铁路完成投资12亿元，签约抽水蓄能电站项目。打好脱贫攻坚战役，开展“千名干部扶千户”精准扶贫活动（千名干部扶千户是指全市三千多户贫困户都有一名挂钩帮扶干部挂钩联系帮扶），遴选百家家庭农场等帮扶载体，组织15个商会和行业协会挂钩结对帮扶15个贫困村。拱桥蕉山莲子专业合作社被国家旅游局列入“合作社+农户”旅游扶贫示范社。筹集地方政府债券2482万元及专项建设基金1241万元。实施易地扶贫搬迁815户2762人，全年实现脱贫4738人，脱贫攻坚取得实效。打好生态环保攻坚战役，全面推行“河长制”，推进九龙江流域水环境综合整治，实施节能减排项目86个，关闭淘汰企业17家。开展生猪养殖污染整治“百日会战”行动，关闭拆除养殖场面积61.4万平方米，消减生猪19.6万头。开展河道非法采砂专项整治，拆除取缔非法采砂场99个。淘汰黄标车624辆。

城乡建设。实施“一江两岸”(“一江”是指以九龙江为人居板块的轴心，“两岸”是指沿九龙江两岸构建亲水绿地景带)生态经济带建设。完成位于桂中路、林隆南路、南学堂路的污水排水管道工程建设，累计完成投资1.02亿元；永福镇被列入省级花香特色小镇。美丽乡村建设争取资金4211万元，实施16个村庄整治美丽乡村建设。完成公路交通行业固定资产投资7.29亿元，其中国省干线投资1.53亿元，普通公路、农村公路、生命防护工程、危桥改造及其它道路投资4.04亿元，农村公路水毁修复完成投资1.72亿元。南龙铁路投资12.5亿元。拱桥镇至纵五线溪仔口公路(一期)工程、莆永高速漳平互通连接线交叉口改造工程建成通车；开工建设厚福大道道路工程(含闽西南商贸城段路面改造)、县道671线桂林至黄祠段公路工程、新桥至溪口段公路等项目；完成省道208线九鹏溪景区至双洋镇路段路面改造工程；危桥改造12座。

社会事业。城镇新增就业1605人，失业人员再就业1115人，城镇登记失业率2.22%，控制在4.6%以内。扩大社会保险覆盖范围，失业保险参保总人数30016人，新型农村合作医疗参合率99.99%，人均筹资标准提高至530元/人。农村低保保障线标准提高到家庭年人均收入3026元。漳平三中整体迁建(一期)建成投入使用，顺利通过“义务教育发展基本均衡县”国家评估验收。疾控中心开工建设，建立“互联网+分级诊疗”高清视频便民门诊。组织承办2016年度龙岩市“体彩杯”少儿锦标赛等系列活动赛事，“原创漫画线上推广计划”项目获全国青年志愿服务银奖，永福“妈祖文化节”入选“闽西十大经典名俗活动”。

【龙岩(漳平)获批建设国家农业科技园区】 1月28日，以省级农业科技园区漳平台创园为核心区的龙岩农业科技园区，申报创建“国家农业科技园区”，获国家科技部批准，成为全国第七批国家农业科技园区。这是龙岩市农业领域获得的首张“国”字号科技园区名片。福建龙岩国家农业科技园区以漳平台湾农民创业园为核心，在完善漳平省级农业科技园区建设的基础上，围绕“生态立园、产业强园、科技兴园”目标，打造精致茶、花木、蔬菜产业示范区以及农业科研培训中心等项目。

【漳平通过国家生态市建设技术评估】 3月9日下午，漳平市通过国家生态市建设技术评估。至2016年年底，漳平市创成省级以上生态乡镇15个、龙岩市级以上生态村157个。水土流失治理面积2.05万公顷，造林绿化820公顷，森林覆盖率78.1%，创成省级园林、森林城市。九龙江流域漳平段水质稳定在国家Ⅲ类水标准，城区饮用水源地水质达标率100%。

【漳平市行政服务中心被列为国家级标准化试点单位】 6月6日，漳平市行政服务中心被列为国家级社会管理和公共服务综合标准化试点单位。这是2016年福建省唯一一家被列入国家级标准化试点的单位。国家级标准化试点拟建设时间为3年，试点按照“机关推动，部门联合，窗口为主，有序实施”的模式推进。通过启动行政服务标准化建设工作，中心将服务大厅的服务管理、功能设置、岗位规范等纳入标准化管理，实现“有人就有工作标准，有事就有质量标准，有物就有管理标准”。该中心开展业务规程标准的编写工作，已完成编写700多项。

【漳平市入选国家农村产业融合发展试点示范县】 6月30日，漳平市入选国家农村产业融合发展试点示范县。对被确定为农村产业融合发展试点示范的县(市、区)，国家、省级有关部门在安排相关投资时，将对符合条件的项目予以倾斜，允许试点示范县在不改变资金用途和管理要求的基础上，整合国家、省级预算内投资等各项资金，支持产业融合发展。漳平市试点示范类型为功能拓展型，即通过将农业与其他产业的功能互补，赋予农业新的附加功能，主要如：农业与旅游业、商业、传统文化业、互联网等相结合衍生出的休闲农业或乡村旅游、现代农业和农村科技创新创业等新业态项目。

【7·9特大洪灾】 7月9—10日，一场特大暴雨降临漳平市。全市20个自动雨量站点超50毫米，其中，9个自动雨量站点超100毫米，5个自动雨量站点超200毫米，漳平水文站超警戒水位0.5米，麦园水文站超警戒水位1.2米。漳平市委、市政府启动防暴雨防台风Ⅲ级应急响应，成立抢险救灾指挥部，下设11个职能小组，负责抢险救灾协调工作，动员转移各乡镇(街道)地灾点、低洼地区、棚户区等重点区域的人员8525人。全市16个乡(镇)共15391人受灾，因灾造成经济损失约105280万元。

【通过国家义务教育发展均衡县督导评估】 10月16日，在福州召开的国家义务教育发展基本均衡县督导检查反馈会上，漳平市同福建省其他17个县(市、区)一起，通过国家义务教育发展均衡县督导评估。为让农村孩子也能平等接受义务教育，在全市39所完小和18所中学全部通过省标准化学校评估验收后，漳平市率先实施农村“标准化教学点”的建设与评估工作，设计出“农村教学点标准化”评估标准，将其作为教育均衡发展的提升工程，并于2014年、2015年分两批评估验收48个标准化教学点，促进教育均衡。

【漳平市反诈骗中心揭牌成立】 11月3日，漳平市反诈骗中心正式揭牌并启动运行，该中心依托漳平市公安局110指挥中心，实行“公安、金融、通讯”三方合署办公和“一体化”运作，是龙岩市首个县级实体化打击电信网络新型违法犯罪的重要机构。工商银行、农业银行、中国银行、建设银行、邮储银行、农商银行、兴业银行等七大金融机构和移动、联通、电信三大通讯运营商专职工作人员常驻中心。中心下设受理处置组、研判组、打击组、宣传组、金融防控组、电信防控组、勤务保障组7个工作组。

【两古树获龙岩市第三批“古树王”称号】 12月7日，由龙岩市绿化委员会、龙岩市林业局举办的龙岩市第三批“古树王”评选活动结果揭晓，漳平市拱桥镇高山村的闽楠、官田乡和坑村的栲树列为龙岩市第三批“古树王”。闽楠位于拱桥镇高山村祖厝脚，高23米，胸围4.75米，平均冠幅24.5米，最大冠幅26米，最小冠幅23米。树木生长茂盛，树干端直，树冠浓密，估测树龄160年。栲树位于官田乡和坑村石鼓厝，高18米，胸围4.50米，平均冠幅14米，最大冠幅16米，最小冠幅12米。常绿乔木，稀为灌木，叶片椭圆形至披针形，全缘或有锯齿，2米处有分成3个主枝，估测树龄200年。

（陈龙林　陈波秀　供稿）

37 人　物 先进集体

先进人物

【2016年龙岩市受省、部级以上表彰人员】

2016年龙岩市受省、部级以上表彰人员

表32

姓名	性别	工作单位及职务	荣誉称号	授予机关	授予时间
章联生	男	新罗区西城街道西安社区党委书记	全国优秀共产党员称号	中共中央	2016年7月1日
李秀菊	女	永定第一中学高级教师、特级教师	福建省杰出人民教师	中共福建省委、省人民政府	2016年3月
陈伟光	男	武平县象洞中心学校高级教师、特级教师	福建省杰出人民教师	中共福建省委、省人民政府	2016年3月
童远铭	男	连城县实验小学校长、高级教师、特级教师	福建省杰出人民教师	中共福建省委、省人民政府	2016年3月
钟荣荣	男	龙岩市第一医院团委副书记	2015年度"全国优秀共青团干部"	共青团中央	2016年4月
包芳芳	女	长汀县妇幼保健院副院长	2016年全国五一劳动奖章	中华全国总工会	2016年5月
王钰海	男	福建春驰水泥集团有限公司公司二分厂化验室主任	2016年全国五一劳动奖章	中华全国总工会	2016年5月
江媛英	女	龙岩市海德馨汽车有限公司党支部书记、总经理助理、工会主席	全省优秀共产党员	中共福建省委	2016年6月28日
温荣元	男	永定一中政治教研组组长	全省优秀共产党员	中共福建省委	2016年6月28日
陈兴远	男	武平县城厢镇环梁野山试验区党总支书记、城厢镇副镇长候选人	全省优秀共产党员	中共福建省委	2016年6月28日
杨景标	男	长汀县红山卫生院工会主席、副主任医师	全省优秀共产党员	中共福建省委	2016年6月28日
邹富华	男	连城县司法局庙前司法所所长	全省优秀共产党员	中共福建省委	2016年6月28日
郑庆钫	男	漳平市农业局(农办)党组书记、局长	全省优秀共产党员	中共福建省委	2016年6月28日

续表 32

姓名	性别	工作单位及职务	荣誉称号	授予机关	授予时间
杨育忠	男	福建龙马环卫装备股份有限公司党支部书记、财务总监	全省优秀共产党员	中共福建省委	2016 年 6 月 28 日
苏建华	男	福建龙州工业园区党委书记、管委会主任	全省优秀党务工作者	中共福建省委	2016 年 6 月 28 日
卢连芳	女	永定区发展和改革局党组书记、局长	全省优秀党务工作者	中共福建省委	2016 年 6 月 28 日
林连英	女	上杭县才溪镇溪北村党支部书记	全省优秀党务工作者	中共福建省委	2016 年 6 月 28 日
饶正德	男	武平一中党总支书记	全省优秀党务工作者	中共福建省委	2016 年 6 月 28 日
包武卫	男	长汀县汀州镇党委书记	全省优秀党务工作者	中共福建省委	2016 年 6 月 28 日
张慧敏	女	漳平市财税党委书记、财政局局长	全省优秀党务工作者	中共福建省委	2016 年 6 月 28 日
姜志强	男	龙岩烟草工业有限责任公司党委书记、副总经理	全省优秀党务工作者	中共福建省委	2016 年 6 月 28 日

【龙岩市优秀共产党员、优秀党务工作者】

龙岩市优秀共产党员、优秀党务工作者

表 33

姓名	性别	工作单位及职务	荣誉称号	授予机关	授予时间
李仁娟	女	龙岩市新罗区雁石镇益坑村党支部书记、村委会主任	龙岩市优秀共产党员	中共龙岩市委	2016 年 6 月 22 日
林　娟	女	龙岩莲东中学党支部书记	龙岩市优秀共产党员	中共龙岩市委	2016 年 6 月 22 日
温金标	男	龙岩市新罗区万安镇竹贯村党支部书记	龙岩市优秀共产党员	中共龙岩市委	2016 年 6 月 22 日
邓　冰	男	龙岩市新罗区政府办公室党组成员	龙岩市优秀共产党员	中共龙岩市委	2016 年 6 月 22 日
陈秋娥	女	龙岩市新罗区小池镇山美村党支部书记	龙岩市优秀共产党员	中共龙岩市委	2016 年 6 月 22 日
郑冬伟	男	龙岩市新罗区人民法院执行局副局长	龙岩市优秀共产党员	中共龙岩市委	2016 年 6 月 22 日
陈如金	男	龙岩市新罗区司法局西陂司法所所长	龙岩市优秀共产党员	中共龙岩市委	2016 年 6 月 22 日
邱国潮	男	龙岩市新罗区经信局党组书记、局长	龙岩市优秀共产党员	中共龙岩市委	2016 年 6 月 22 日
陈鸿雁	男	龙岩图书馆馆长	龙岩市优秀共产党员	中共龙岩市委	2016 年 6 月 22 日
王　丹	男	龙岩市新罗区铁路办副主任	龙岩市优秀共产党员	中共龙岩市委	2016 年 6 月 22 日
余平溪	男	龙岩市新罗区经济作物技术推广站退休干部	龙岩市优秀共产党员	中共龙岩市委	2016 年 6 月 22 日
陈进才	男	福建森宝食品集团股份有限公司高级工程师	龙岩市优秀共产党员	中共龙岩市委	2016 年 6 月 22 日
温荣元	男	永定一中政治教研组组长	龙岩市优秀共产党员	中共龙岩市委	2016 年 6 月 22 日
张金汝	女	龙岩市永定区金汝山生态虫子鸡种养殖农民专业合作社党支部书记	龙岩市优秀共产党员	中共龙岩市委	2016 年 6 月 22 日

续表 33

姓名	性别	工作单位及职务	荣誉称号	授予机关	授予时间
张悠华	男	龙岩市永定区西溪乡党委书记	龙岩市优秀共产党员	中共龙岩市委	2016 年 6 月 22 日
刘汝维	男	龙岩市永定区王寿山国家森林公园护林员	龙岩市优秀共产党员	中共龙岩市委	2016 年 6 月 22 日
张洪隆	男	龙岩市永定区委组织部组织股股长、组织员办主任	龙岩市优秀共产党员	中共龙岩市委	2016 年 6 月 22 日
张忠诚	男	龙岩市永定区凤城街道党工委副书记	龙岩市优秀共产党员	中共龙岩市委	2016 年 6 月 22 日
谢添松	男	龙岩市永定区政法系统党委办公室主任、维稳办副主任	龙岩市优秀共产党员	中共龙岩市委	2016 年 6 月 22 日
罗良禄	男	龙岩市永定区中医院外科主任	龙岩市优秀共产党员	中共龙岩市委	2016 年 6 月 22 日
唐文兵	男	龙岩市永定区地税局副局长	龙岩市优秀共产党员	中共龙岩市委	2016 年 6 月 22 日
周灿东	男	龙岩市永定区供电有限公司金砂供电所所长	龙岩市优秀共产党员	中共龙岩市委	2016 年 6 月 22 日
许端秀	女	龙岩市永定区仙师镇司法所所长	龙岩市优秀共产党员	中共龙岩市委	2016 年 6 月 22 日
邱永浪	男	龙岩市永定区纪委办公室副主任	龙岩市优秀共产党员	中共龙岩市委	2016 年 6 月 22 日
胡建杭	男	福建光源矿业集团有限公司党委负责人	龙岩市优秀共产党员	中共龙岩市委	2016 年 6 月 22 日
林丽霞	女	上杭县地税局纪检组长	龙岩市优秀共产党员	中共龙岩市委	2016 年 6 月 22 日
蓝永辉	男	上杭县庐丰中心小学党支部书记、校长	龙岩市优秀共产党员	中共龙岩市委	2016 年 6 月 22 日
龚晓明	男	上杭县蓝溪镇黄潭村党支部书记	龙岩市优秀共产党员	中共龙岩市委	2016 年 6 月 22 日
陈发玉	女	上杭县临江镇党委组织委员	龙岩市优秀共产党员	中共龙岩市委	2016 年 6 月 22 日
杨汉东	男	上杭县溪口国有林场党支部书记	龙岩市优秀共产党员	中共龙岩市委	2016 年 6 月 22 日
赖新科	男	上杭县茶地镇官山村党员	龙岩市优秀共产党员	中共龙岩市委	2016 年 6 月 22 日
袁其锋	男	上杭县人民检察院办公室主任、机关第一支部书记	龙岩市优秀共产党员	中共龙岩市委	2016 年 6 月 22 日
汪登法	男	紫金铜业有限公司黄金冶炼厂保卫科副班长	龙岩市优秀共产党员	中共龙岩市委	2016 年 6 月 22 日
廖庆斌	男	上杭县委办公室人秘股副股长	龙岩市优秀共产党员	中共龙岩市委	2016 年 6 月 22 日
雷天森	男	上杭县才溪镇溪北村党员	龙岩市优秀共产党员	中共龙岩市委	2016 年 6 月 22 日
张继鹏	男	上杭县古田镇华润希望小镇吴地社区党支部书记	龙岩市优秀共产党员	中共龙岩市委	2016 年 6 月 22 日
王开文	男	龙岩市教育局派驻武平县湘店乡七里村党支部第一书记	龙岩市优秀共产党员	中共龙岩市委	2016 年 6 月 22 日
曾伟华	女	武平县中山镇党委书记	龙岩市优秀共产党员	中共龙岩市委	2016 年 6 月 22 日
陈圣文	男	武平县商务局党组副书记	龙岩市优秀共产党员	中共龙岩市委	2016 年 6 月 22 日

续表 33

姓名	性别	工作单位及职务	荣誉称号	授予机关	授予时间
朱才华	男	武平县“党员 e 家”龙岩第二党支部书记，福建金田建设工程有限公司董事、副总经理	龙岩市优秀共产党员	中共龙岩市委	2016 年 6 月 22 日
王传龙	男	武平县民主乡林荣村党支部书记	龙岩市优秀共产党员	中共龙岩市委	2016 年 6 月 22 日
王芬连	女	武平县平川镇东城社区党支部书记、居委会主任	龙岩市优秀共产党员	中共龙岩市委	2016 年 6 月 22 日
钟秀娟	女	武平县天盛矿业投资集团有限公司党总支副书记	龙岩市优秀共产党员	中共龙岩市委	2016 年 6 月 22 日
聂河兴	男	武平县农业局政策法规与行政审批股股长	龙岩市优秀共产党员	中共龙岩市委	2016 年 6 月 22 日
刘　浩	男	武平县人民法院执行局局长	龙岩市优秀共产党员	中共龙岩市委	2016 年 6 月 22 日
吴才英	女	武平县梁野山蔬菜专业合作社理事长	龙岩市优秀共产党员	中共龙岩市委	2016 年 6 月 22 日
杨景标	男	长汀县红山卫生院工会主席	龙岩市优秀共产党员	中共龙岩市委	2016 年 6 月 22 日
涂相招	男	长汀县水利局党组书记、局长	龙岩市优秀共产党员	中共龙岩市委	2016 年 6 月 22 日
盖桂林	男	长汀盼盼食品有限公司党支部书记、总经理	龙岩市优秀共产党员	中共龙岩市委	2016 年 6 月 22 日
王学勇	男	福建省委办公厅派驻长汀县新桥镇任屋村蹲点干部	龙岩市优秀共产党员	中共龙岩市委	2016 年 6 月 22 日
严必盛	男	长汀县住建局党组书记、局长	龙岩市优秀共产党员	中共龙岩市委	2016 年 6 月 22 日
钟小辉	男	长汀县人民检察院政治处副主任	龙岩市优秀共产党员	中共龙岩市委	2016 年 6 月 22 日
蓝善山	男	长汀安踏体育用品有限公司后勤主管	龙岩市优秀共产党员	中共龙岩市委	2016 年 6 月 22 日
俞桂枫	女	长汀县公安局国保大队副教导员	龙岩市优秀共产党员	中共龙岩市委	2016 年 6 月 22 日
马双梅	女	长汀金龙稀土有限公司党支部委员	龙岩市优秀共产党员	中共龙岩市委	2016 年 6 月 22 日
廖　飞	男	长汀县三洲镇党委书记	龙岩市优秀共产党员	中共龙岩市委	2016 年 6 月 22 日
吴东来	男	长汀县林业局副局长	龙岩市优秀共产党员	中共龙岩市委	2016 年 6 月 22 日
刘长发	男	长汀县腾飞小学党支部书记	龙岩市优秀共产党员	中共龙岩市委	2016 年 6 月 22 日
邹富华	男	连城县司法局庙前司法所所长	龙岩市优秀共产党员	中共龙岩市委	2016 年 6 月 22 日
吴祖辉	男	连城县朋口镇党委副书记兼县军民融合办主任	龙岩市优秀共产党员	中共龙岩市委	2016 年 6 月 22 日
邱小锋	男	连城县公安局第七党支部书记、法制大队大队长	龙岩市优秀共产党员	中共龙岩市委	2016 年 6 月 22 日
王金明	男	连城县客家美食协会会长	龙岩市优秀共产党员	中共龙岩市委	2016 年 6 月 22 日
陈发声	男	连城县隔川乡联益村党支部书记、村委会主任	龙岩市优秀共产党员	中共龙岩市委	2016 年 6 月 22 日
童文钢	男	连城县森林病虫害防治检疫站站长	龙岩市优秀共产党员	中共龙岩市委	2016 年 6 月 22 日

续表 33

姓名	性别	工作单位及职务	荣誉称号	授予机关	授予时间
江　春	男	连城县交通综合行政执法大队党支部书记、大队长	龙岩市优秀共产党员	中共龙岩市委	2016年6月22日
李安文	男	连城县北团镇蕉坑小学教师	龙岩市优秀共产党员	中共龙岩市委	2016年6月22日
蒋日贵	男	连城金龙纸业有限公司生产经理	龙岩市优秀共产党员	中共龙岩市委	2016年6月22日
许　坚	男	连城县莲峰镇党委组织委员	龙岩市优秀共产党员	中共龙岩市委	2016年6月22日
郑庆钫	男	漳平市农业局(农办)党组书记、局长	龙岩市优秀共产党员	中共龙岩市委	2016年6月22日
曹永德	男	漳平市人大常委会离休干部	龙岩市优秀共产党员	中共龙岩市委	2016年6月22日
谢　敏	女	漳平市宝娘幼儿园副园长	龙岩市优秀共产党员	中共龙岩市委	2016年6月22日
郑开汶	男	漳平市新桥镇逢湖村乡村医生、农技员	龙岩市优秀共产党员	中共龙岩市委	2016年6月22日
傅雪艳	女	漳平市委总值班室副主任、信息股负责人	龙岩市优秀共产党员	中共龙岩市委	2016年6月22日
李文辉	男	龙岩市地税局派驻漳平市南洋镇暖州村党支部第一书记	龙岩市优秀共产党员	中共龙岩市委	2016年6月22日
陈应斌	男	漳平市供销合作社联合社党支部书记、副主任	龙岩市优秀共产党员	中共龙岩市委	2016年6月22日
连日涌	男	漳平市公安局国保大队宗教侦察中队指导员	龙岩市优秀共产党员	中共龙岩市委	2016年6月22日
沈福民	男	龙岩市公路局漳平分局和平公路站站长	龙岩市优秀共产党员	中共龙岩市委	2016年6月22日
林开雄	男	福建梅花山华南虎繁育研究所副所长	龙岩市优秀共产党员	中共龙岩市委	2016年6月22日
刘海南	男	福建华电漳平火电有限公司维修部党支部委员、维修部主任	龙岩市优秀共产党员	中共龙岩市委	2016年6月22日
邹丽婷	女	龙岩市中级人民法院立案庭党支部委员、副科级审判员	龙岩市优秀共产党员	中共龙岩市委	2016年6月22日
钟小平	男	龙岩市委文明办创建科科长、市志愿者协会秘书长	龙岩市优秀共产党员	中共龙岩市委	2016年6月22日
陈智委	男	福建省121地质大队101钻机机长	龙岩市优秀共产党员	中共龙岩市委	2016年6月22日
林国良	男	龙岩市文联退休干部	龙岩市优秀共产党员	中共龙岩市委	2016年6月22日
梁永年	男	龙岩市城市管理行政执法局西陂大队科员	龙岩市优秀共产党员	中共龙岩市委	2016年6月22日
胡联岳	男	龙岩市发改委投资科科长	龙岩市优秀共产党员	中共龙岩市委	2016年6月22日
林根木	男	龙岩市公安局政治部队伍管理处科员	龙岩市优秀共产党员	中共龙岩市委	2016年6月22日
江春祥	男	龙岩市委统战部新的社会阶层人士工作科科长、干部科科长	龙岩市优秀共产党员	中共龙岩市委	2016年6月22日
黄强华	女	龙岩卫校党委委员、政治处主任	龙岩市优秀共产党员	中共龙岩市委	2016年6月22日
林金山	男	龙岩一中党委委员、副校长	龙岩市优秀共产党员	中共龙岩市委	2016年6月22日

续表 33

姓名	性别	工作单位及职务	荣誉称号	授予机关	授予时间
陈文辉	男	龙岩师范附属小学党总支副书记、校长	龙岩市优秀共产党员	中共龙岩市委	2016 年 6 月 22 日
林希钢	男	龙岩市国资委产权管理科科长	龙岩市优秀共产党员	中共龙岩市委	2016 年 6 月 22 日
陈向农	男	龙岩水发环境发展有限公司党支部书记、董事长、总经理	龙岩市优秀共产党员	中共龙岩市委	2016 年 6 月 22 日
林育祯	男	龙岩经济技术开发区(龙岩高新区)党工委党群工作部负责人，正科长级干部	龙岩市优秀共产党员	中共龙岩市委	2016 年 6 月 22 日
陈荣奇	男	龙岩经济技术开发区(龙岩高新区)管委会干部	龙岩市优秀共产党员	中共龙岩市委	2016 年 6 月 22 日
张福明	男	龙岩市永定区培丰镇岭东村党支部书记	龙岩市优秀共产党员	中共龙岩市委	2016 年 6 月 22 日
林伟雄	男	龙岩市灌洋生态农业有限公司总经理	龙岩市优秀共产党员	中共龙岩市委	2016 年 6 月 22 日
温德华	女	龙岩市永定区虎岗镇科技副镇长候选人	龙岩市优秀共产党员	中共龙岩市委	2016 年 6 月 22 日
彭文华	男	福建龙净环保股份有限公司电除尘与脱硝事业部西南区市场总监	龙岩市优秀共产党员	中共龙岩市委	2016 年 6 月 22 日
谢建华	男	厦龙山海协作区管委会国土规划与住建局副局长	龙岩市优秀共产党员	中共龙岩市委	2016 年 6 月 22 日
陈柳芬	女	龙岩市新罗区东城街道松涛社区党支部书记	全市优秀党务工作者	中共龙岩市委	2016 年 6 月 22 日
李雄辉	男	龙岩市新罗区委办公室党委委员	全市优秀党务工作者	中共龙岩市委	2016 年 6 月 22 日
陈永标	男	龙岩市新罗区江山镇老寨村党支部书记	全市优秀党务工作者	中共龙岩市委	2016 年 6 月 22 日
林勇超	男	龙岩市新罗区教育局党组书记、局长	全市优秀党务工作者	中共龙岩市委	2016 年 6 月 22 日
谢绣红	女	龙岩市新罗区东城街道党工委书记	全市优秀党务工作者	中共龙岩市委	2016 年 6 月 22 日
廖　静	女	龙岩渝家仔食品有限公司党支部书记、副总经理	全市优秀党务工作者	中共龙岩市委	2016 年 6 月 22 日
卢连芳	女	龙岩市永定区发改局党组书记、局长	全市优秀党务工作者	中共龙岩市委	2016 年 6 月 22 日
龚志民	男	福建省政府投资项目评审中心派驻高头乡高东村党支部第一书记	全市优秀党务工作者	中共龙岩市委	2016 年 6 月 22 日
钟伟东	男	龙岩市永定区下洋侨育中学党总支书记、校长	全市优秀党务工作者	中共龙岩市委	2016 年 6 月 22 日
陈鸿生	男	龙岩市永定区大溪乡联和村党支部书记	全市优秀党务工作者	中共龙岩市委	2016 年 6 月 22 日
邹德良	男	龙岩市永定区岐岭乡党委副书记、人武部长	全市优秀党务工作者	中共龙岩市委	2016 年 6 月 22 日
张庆安	男	龙岩市永定区海发集团党支部书记	全市优秀党务工作者	中共龙岩市委	2016 年 6 月 22 日
林明英	女	瓮福紫金化工股份有限公司监察审计室主任	全市优秀党务工作者	中共龙岩市委	2016 年 6 月 22 日
傅　翔	男	上杭县白砂镇丰源村党支部书记	全市优秀党务工作者	中共龙岩市委	2016 年 6 月 22 日
池伟升	男	上杭县住建系统党委委员，住建局纪检组长	全市优秀党务工作者	中共龙岩市委	2016 年 6 月 22 日

续表 33

姓名	性别	工作单位及职务	荣誉称号	授予机关	授予时间
邱来发	男	上杭三中党支部书记	全市优秀党务工作者	中共龙岩市委	2016 年 6 月 22 日
林　谦	男	上杭县委组织部组织股股长	全市优秀党务工作者	中共龙岩市委	2016 年 6 月 22 日
李红震	男	上杭县公安局党委副书记	全市优秀党务工作者	中共龙岩市委	2016 年 6 月 22 日
饶正德	男	武平一中党总支书记	全市优秀党务工作者	中共龙岩市委	2016 年 6 月 22 日
邓敏江	男	福建省委省直机关工委派驻武平县民主乡高书村党支部第一书记	全市优秀党务工作者	中共龙岩市委	2016 年 6 月 22 日
钟光照	男	新洲(武平)林化有限公司党支部书记、车间副经理	全市优秀党务工作者	中共龙岩市委	2016 年 6 月 22 日
练振华	男	武平县人大机关党总支委员、第一支部副书记	全市优秀党务工作者	中共龙岩市委	2016 年 6 月 22 日
钟华清	男	武平县桃溪镇党委组织委员	全市优秀党务工作者	中共龙岩市委	2016 年 6 月 22 日
肖剑剑	男	长汀县馆前镇党委书记	全市优秀党务工作者	中共龙岩市委	2016 年 6 月 22 日
包金勇	男	长汀县直机关党工委专职委员	全市优秀党务工作者	中共龙岩市委	2016 年 6 月 22 日
钟桂云	女	福建汀州医院党总支副书记	全市优秀党务工作者	中共龙岩市委	2016 年 6 月 22 日
王学荣	男	长汀县古城镇下增村党支部书记	全市优秀党务工作者	中共龙岩市委	2016 年 6 月 22 日
黄楚文	女	福建省飞驰机械工业有限公司党支部书记	全市优秀党务工作者	中共龙岩市委	2016 年 6 月 22 日
赖小飞	男	长汀县四都镇原党委副书记	全市优秀党务工作者	中共龙岩市委	2016 年 6 月 22 日
郭祥春	男	连城县四堡乡党委组织委员	全市优秀党务工作者	中共龙岩市委	2016 年 6 月 22 日
池秀云	女	连城县“党员 e 家”党总支委员、庙前镇政府科员	全市优秀党务工作者	中共龙岩市委	2016 年 6 月 22 日
周晓琴	女	连城县实验幼儿园党支部书记	全市优秀党务工作者	中共龙岩市委	2016 年 6 月 22 日
吴载斌	男	连城县财税系统党委办公室主任、财政局人秘股副股长	全市优秀党务工作者	中共龙岩市委	2016 年 6 月 22 日
钱金群	女	连城县莲峰镇南街社区党支部书记	全市优秀党务工作者	中共龙岩市委	2016 年 6 月 22 日
陈天和	男	漳平市和平镇东坑村党支部书记，东坑蔬菜合作社理事长	全市优秀党务工作者	中共龙岩市委	2016 年 6 月 22 日
姚　勇	男	漳平市市场监督管理局机关第三党支部副书记	全市优秀党务工作者	中共龙岩市委	2016 年 6 月 22 日
林春华	男	漳平市双洋镇党委科员兼东洋村党支部书记	全市优秀党务工作者	中共龙岩市委	2016 年 6 月 22 日
苏吕唯	男	漳平市纪委办公室主任	全市优秀党务工作者	中共龙岩市委	2016 年 6 月 22 日
陈　萍	男	漳平市医院党办主任	全市优秀党务工作者	中共龙岩市委	2016 年 6 月 22 日
姜志强	男	龙岩烟草工业有限责任公司党委书记、副总经理	全市优秀党务工作者	中共龙岩市委	2016 年 6 月 22 日

续表 33

姓名	性别	工作单位及职务	荣誉称号	授予机关	授予时间
廖艳华	女	龙岩市委办公室机关党委专职副书记	全市优秀党务工作者	中共龙岩市委	2016年6月22日
龙富平	男	福建煤电公司牛栏山煤矿党总支书记、工会主席	全市优秀党务工作者	中共龙岩市委	2016年6月22日
刘远煌	男	龙岩市教育局办公室主任、机关第一党支部书记	全市优秀党务工作者	中共龙岩市委	2016年6月22日
涂丽芸	女	龙岩市农业局机关党委副书记、市农办系统党委办公室主任	全市优秀党务工作者	中共龙岩市委	2016年6月22日
林珠琳	女	龙岩市人民检察院政治部党支部委员、助理检察员	全市优秀党务工作者	中共龙岩市委	2016年6月22日
雷彩银	女	龙岩市直机关幼儿园党支部副书记、园长	全市优秀党务工作者	中共龙岩市委	2016年6月22日
罗昌海	男	龙岩北山煤矿有限责任公司党总支副书记	全市优秀党务工作者	中共龙岩市委	2016年6月22日
吴　晖	男	龙岩经济技术开发区(龙岩高新区)党群工作部副科长级干部	全市优秀党务工作者	中共龙岩市委	2016年6月22日
林广江	男	龙岩市新罗区东肖镇党委书记	全市优秀党务工作者	中共龙岩市委	2016年6月22日
廖玲花	女	龙岩市新罗区红坊镇纪委副书记、组织干事	全市优秀党务工作者	中共龙岩市委	2016年6月22日

【黄银富入选中国好人榜】 12月30日，中央文明办在广西钦州举办全国道德模范与身边好人现场交流活动，并隆重发布12月"中国好人榜"，经网民推荐评议，有108位助人为乐、见义勇为、诚实守信、孝老爱亲、敬业奉献的身边好人光荣上榜。龙岩市黄银富以"基层民警扎根社区20余年办好百姓'烦心事'"的感人事迹入选2016年12月"中国好人榜"敬业奉献类好人，成为龙岩市第三十二位入选"中国好人榜"的好人。

黄银富是龙岩市公安局东城派出所警务八队队长，从警二十多年，他用奉献书写平凡，用敬业彰显忠诚。担任龙岩市东城派出所社区民警时，黄银富管辖下的东宝社区面积占东城辖区一半，企事业单位多达上百家，是东城常住人口、流动人口、重点管控人口最多的社区，可即便如此，黄银富依然做到了底数清、情况明，而在处理老百姓事务的时候，他又乐于把老百姓当朋友，把老百姓的事情当做自己的事情处理，深受老百姓好评。东城派出所案审中队在他的带领下，查处黄赌毒案件589起，抓获吸贩毒人员136名、卖淫嫖娼人员112人、涉赌人员835人，查处其他违法犯罪人员480人，抓获在逃人员50多人，有效地打击了各类违法犯罪活动，震慑了违法犯罪分子的嚣张气焰，确保辖区社会平安稳定。办好百姓的"烦心事"，做好百姓的"守护神"，是黄银富作为一位人民警察的职责，面对老百姓的危急事，挺身而出，救人于危难之中，他说这也是他的职责，他说："那一刻，我就应该冲在最前沿!"因为表现突出，黄银富多次被省、市、区表彰，曾荣获"个人一等功"一次、"个人三等功"一次、被福建省总工会授予"福建省五一劳动奖章"等荣誉，其先进事迹被全国和省、地市等新闻媒体广为宣传。

劳动模范

【2016年龙岩市劳动模范】 4月29日，市委、市政府在龙岩人民会堂召开大会，表彰2013年以来为龙岩市经济建设和社会事业发展做出突出贡献的劳动模范代表。100人被授予龙岩市劳动模范荣誉称号。

表 34

2016 年龙岩市政府表彰劳动模范人员名单

姓　名	性别	工作单位及职务
罗福海	男	福建龙马环卫装备股份有限公司区域经理
杜　勇	男	龙岩人民广播电台记者
刘　辉	男	龙岩体育运动学校教练员
黄文蓉	女	龙岩市第二医院妇产科主任
王　辉	男	龙岩市高级中学物理教研组组长
吴旭涛	女	龙岩市人民检察院公诉处助检员、科员
陈如金	男	龙岩市新罗区司法局西陂司法所所长
邱熠枫	男	新罗区人民法院民一庭副庭长
蓝荣进	男	上杭县公安局城郊派出所所长
戴寿传	男	国网龙岩供电公司配电抢修班班长
陈金凤	女	龙岩出入境检验检疫局综合技术服务中心主任
赖建辉	男	龙岩市烟草专卖局(公司)基础办主任
周宁波	男	福建马坑矿业股份有限公司电气主办技术员
廖志添	男	龙岩市发展和改革委员会机关党委专职副书记
郑　雄	男	龙岩市计量所党支部书记、所长
戴　昇	男	中共龙岩市委办公室科长
曾松生	男	龙岩市行政服务中心管委会科长
廖　旭	男	龙岩交通发展集团有限公司党委书记、董事长
孔　华	男	龙岩市城市建设投资发展有限公司龙岩大桥业代处主任
邬良贤	男	龙岩市农产品质量安全检验检测中心主任
涂荣招	男	龙岩市公路局长汀分局养路工
廖发平	男	中国农业银行股份有限公司上杭县支行营业部主任
邱筱春	女	南昌铁路局龙岩车务段龙岩火车站客运值班员
吴鸿奎	男	龙岩市项目开发中心招商科科长
陈　建	男	省派龙岩市驻村干部领队(龙岩市农业局副局长)
廖志龙	男	神华福能(福建龙岩)发电有限责任公司检修部电气二次主管
邱健南	男	新罗区人民政府办公室党组书记、主任
李钦龙	男	龙岩市海德馨汽车有限公司总经理
翁艳丽	女	新罗区中城街道北门社区居委会党支部书记
杨求华	男	福建森宝食品集团股份有限公司技术员
苏太育	男	福建逢兴机电设备有限公司技术中心主任
颜雄英	女	龙岩市烟草公司新罗分公司客服中心主任
傅丽华	女	龙岩人民医院产科主任
章生亮	男	新罗区地方税务局分局长

续表 34

姓　名	性别	工作单位及职务
郭清霞	女	龙岩市实验小学教研组长
俞炎东	男	新罗区红坊镇人民政府企业服务中心副主任
谢伟昇	男	龙岩市新罗区城市管理行政执法局综合执法大队教导员
林荣昌	男	新罗区适中镇仁和村委会主任
简满娘	女	龙岩市永定区环卫监察员
郑秋娣	女	龙岩市永定区坎市医院妇产科医生
谢永达	男	永定区湖山中心小学教师
赖桂荣	女	福建省客家土楼旅游发展有限公司景区管理部经理兼党总支书记
孙国侠	女	德泓(福建)光电科技有限公司营销中心部门经理
苏强海	男	福建省永定闽福建材有限公司巡检班长
张宝华	男	龙岩市永定区审计局党组副书记副局长、区财政投资评审与合同管理中心主任
蓝招衍	男	福建省招宝生态农庄有限公司董事长
阙培汉	男	永定区堂堡乡礤下村党支部书记
李上炮	男	永定区湖山乡桂坪村党支部书记
陈兴章	男	紫金矿业集团公司有限公司紫金山金铜矿矿长
吴永康	男	上杭县职业中专学校教师
伍玉兰	女	上杭县医院护理部主任
邹志欣	男	福建联泰建设工程有限公司技术人员
林堂洲	男	上杭县林业局规划队队长
张钊海	男	上杭县社会劳动保险管理中心副主任兼工伤科科长
张　进	男	瓮福紫金化工股份有限公司设备工程师
黄祥铭	男	福建上杭太阳铜业有限公司常务副总经理兼电缆料车间主任
钟思榕	男	上杭建润电业有限公司工程技术经理
梁永英	女	上杭县聚胜家庭农场
陈慧珍	女	上杭县临城镇城北社区居民委员会党支部书记
丁晓红	女	上杭鑫源乌兔专业合作社理事长
陈美兰	女	武平县妇幼保健院 孕管中心主任
方元贵	男	武平县农村信用联社南门信用社主任
钟礼义	男	武平县食用菌技术推广服务站技术主管
潘诗建	男	福建省武平县第二中学教师
陈平忠	男	福建省武平县地方税务局计财股股长
马文瑞	男	福建钢泓金属科技股份有限公司技术研发员
罗时龙	男	武平县岩前镇东峰村党支部书记

续表 34

姓　名	性别	工作单位及职务
钟亮生	男	武平县梁野仙蜜养蜂农民专业合作社养蜂员
李　红	男	福建塔牌水泥有限公司党总支书记、经理
程汀贤	男	长汀县供销合作社联合社主任
凌正元	男	中国农业银行股份有限公司长汀县支行行长
吴东来	男	长汀县林业局主任科员
林玉件	男	福建省宏鑫纺织有限公司生产主管
赖小萍	女	福建省汀州医院儿科主任
刘成金	男	福建省长汀县第一中学教师
彭金荣	男	长汀县环境卫生管理处清洁工
戴南火	男	长汀县农业局农技站站长
周富涛	男	福建省得力机电有限公司技术主管
易小贞	女	长汀县绿之梦家庭农场
黄桥金生	男	长汀县南山黄腾家庭农场
严浪基	男	福建赛特新材股份有限公司供应链总监
黄小流	男	福建紫心生物薯业有限公司生产部经理
邱金妹	女	龙岩新奥生物科技有限公司检验员
林浩彪	男	龙岩市公路局连城分局文亨道班班长
黄红铃	女	连城县环境卫生管理站清洁工
黄　椿	男	连城县第一中学数学教研组组长
柯小兰	女	中国移动连城分公司客服经理
邹宗明	男	连城县四堡乡双泉村党支部书记
张松妹	女	连城县朋口镇朋东村农民
李安洪	男	福建连城北团富民白鸭专业合作联社理事长
邱国华	男	福建华电漳平火电有限公司总经理
李俊扬	男	漳平市国联玩具礼品有限公司人事总监
黄思源	男	漳平第二中学副校长
李玉俊	男	漳平市医院神经外科医生
黄美金	女	中国建设银行股份有限公司漳平支行客户经理
张水妹	女	漳平市国土资源局建设用地股股长
陈夏贞	男	漳平市和兴机械制造有限责任公司技术员
林绍强	男	漳平市永福镇李庄村村主任
许赐焕	男	漳平市拱桥镇上界村党支部书记
曾晓燕	女	福建省龙岩第一中学

英雄模范

【龙岩市见义勇为模范赖加建】 赖加建，男，汉族，1974年2月23日出生，永定区坎市镇先富西街居民，中共党员。2016年12月8日，龙岩市人民政府授予“龙岩市见义勇为模范”荣誉称号，颁发荣誉证书、奖章和奖励金5万元。

2015年9月9日凌晨1时许，赖加建在外办完事后，独自一人开车返回永定区陈东乡石岭村住处。途经谢某贤的猪场时，正着急地在路上奔跑的谢某贤将赖加建拦住，并告诉赖加建有人到猪场企图行窃，被发现后开着一辆白色小车往湖雷方向逃走。

见谢某贤求助，赖加建不顾山区路小，加大油门就往谢某贤指的方向追去。汽车在山路中行驶3公里多，走到草籽湖路段时，赖加建看见前面道路上有一辆白色奇瑞QQ小车正朝湖雷方向开去。“白色小车？”赖加建想起谢某贤向其描述的嫌疑人车辆特征。再一看小车车牌，石岭村就那么几辆车，这个车牌显然不是村民的。“肯定是小偷开的车了！”赖加建确定了目标，立即跟上那部小车，跟了好一段路，等到路面较宽时，赖加建突然加速，强行超车，并用自己的小车将白色小车逼停。将车停稳后，赖加建立即下车，跑到白色小车后面，把路边堆放的木头搬到路上，堵住白色小车退路，使之无法前进，也无法后退。

白色小车上的犯罪嫌疑人见车被堵住，企图打开车门弃车逃走。见车上有动静，赖加建赶忙捡起一根木棍拿在手上，走到白色小车旁责问车上的人是干什么的。白色小车里有2男1女3个人，神色慌张，赖加建更加确定自己的判断：“这伙人肯定是最近一段时间经常在附近猪场行窃的犯罪团伙，可不能让他们跑了！”赖加建立即堵住车门，挥舞着手里的木棍说：“你们这帮小偷，不许出来！”

这时，谢某贤带着几名村民也骑着摩托车赶到现场，看见被赖加建拦住的白色小车，再看车上的人，就是到其猪场行窃的小偷。赖加建让谢某贤带领大家把白色小车团团围住，自己拿出电话报了警。

不到半小时，陈东派出所民警赶到现场，控制住车上3名嫌疑人，并在小车后备箱里搜出嫌疑人行窃得来的液晶彩电和电视机顶盒。经公安机关审讯，被抓获的盗窃犯罪嫌疑人何某、陈某德自2015年初起驾车在永定区抚市、古竹、陈东等乡（镇）流窜作案，盗窃村民家中鸡、鸭、猪及饲料、电视机等财物，连续作案10多起，影响极为恶劣。

赖加建不顾个人安危，挺身而出，当场抓获盗窃犯罪嫌疑人，协助公安机关一举侦破10多起村民财物被盗案件。案件的侦破得到龙岩市公安局“红土风暴”行动领导的充分肯定。其奋不顾身的义举传出后，在全乡上下引起强烈反响。他那高尚的品格和勇为精神得到人民群众和社会的一致好评。

【龙岩市见义勇为先进个人】 2016年11月29日，龙岩市见义勇为人员奖励和保护工作委员会作出《关于表彰龙岩市见义勇为先进个人的决定》。对上杭县临城镇九洲村村民罗伟胜等21名见义勇为先进个人给予表彰奖励：

一、一等奖3名，上杭县临城镇九洲村村民罗伟胜、长汀县馆前镇陈莲小学教师叶原老、中国银行龙岩市漳平支行职员郑清脊，颁发荣誉证书、奖章，每人颁发奖励金3万元。

二、二等奖3名，新罗区西陂街道大洋村村民魏根椿、上杭县人民法院法警大队辅警陈国洪、连城县莲峰镇百花社区居民邓兴清，颁发荣誉证书、奖章，每人颁发奖励金2万元。

三、三等奖15名，连城县北团镇山下村村民邹忠德、新罗区苏坂镇美山村村民林阳阳、新罗区万安镇西源村村民池彪、新罗区万安镇红光村村民钟文强、新罗区万安镇高厦村村民罗水鑫、新罗区万安镇红光村村民钟文江、新罗区万安镇高厦村村民陈建和、永定区洪山乡中村村党支部书记李潮扬、上杭县供电公司员工林敏辉、上杭县临江镇解放路居民赖连生、上杭县人力资源和社会保障局职工彭寿英、河南省潢川县魏岗乡胡围孜村村民胡信利、武平县十方镇十方村村民钟大明、武平县十方镇三坊村村民林龙学、武平县十方镇十方村村民吴志明，颁发荣誉证书、奖章，每人颁发奖励金1万元。

（林文华　供稿）

荣誉市民

【龙岩市荣誉市民】 2016年10月21日，市人民政府颁发《关于授予王天开等35位人士龙岩市荣誉市民称号的决定》。根据《龙岩市授予荣誉市民称号规定》，经龙岩市荣誉市民工作联席会议审核、公示，并经龙岩市第四届人民政府第六十五次常务会议研究决定，授予王天开等35位人士为龙岩市荣誉市民称号。

王天开　金德橡胶（福建）有限公司　总经理

卢彩金　厦门金腾集团董事长

任立荣　福建正盛无机材料股份有限公司董事长

孙建中　江西文山集团董事长兼总裁

李　红　福建塔牌水泥有限公司党总支书记、经理

李　强　福建清景铜箔有限公司董事长

李荣柱　福建金丰酿酒有限公司董事长

李俊扬　漳平市国联玩具礼品有限公司董事长

李家焕　龙岩市海德馨汽车有限公司副总经理

何文强　福建省永定永强小坑井煤矿有限责任公司董事长

张向阳　福建容和盛食品集团有限公司董事长、总经理

连汝奎　香港龙岩同乡会名誉会长

陈发树　新华都实业集团股份有限公司董事长

陈伯安　龙岩东南洋供水发展有限公司董事长

陈远追　福建省漳平颖川轻工有限公司董事长

陈典喜　福建省金怡丰工贸有限公司董事长

林　宏　福建龙净环保股份有限公司除尘技术首席专家

欧庆川　福隆电子(龙岩)有限公司　总经理

林耿艺　福建龙岩喜鹊纺织有限公司总经理

林笑萍　香港龙岩同乡会名誉会长

林高演　(香港)智华基金有限公司主席

林梅燕　福建亿来实业有限公司董事长

郑建铭　龙岩牡丹妇产医院总经理

柳祝平　福建鑫晶精密刚玉科技有限公司董事长兼总经理

胡钰郎　福建中天农业科技发展有限公司董事长

施议星　福建溢泰科技有限公司董事长

洪安友　福建荣耀纺织有限公司董事长

俞志龙　福建爱得瓦照明电气有限公司董事长

龚锦波　福建省世锦水务股份有限公司董事长

章经忠　漳平红狮水泥有限公司总经理

温龙平　福建龙生生物科技有限公司董事长

谢东庆　福建漳平台品茶叶有限公司董事长

蔡滩水　福建省三达纤维股份有限公司董事长

潘仁湖　福建龙净环保股份有限公司副总经理

薛木庆　福建正德光电科技有限公司总经理

市优秀人大代表

【丘荣水】　市人大代表、长汀县河田镇镇长丘荣水把如何解决被征地农民的后续生产生活问题挂念在心头，经常深入村、组，与被征地户谈心交心，了解情况，听取意见，解决问题。履职代表其间，他提交《关于解决被征地农民就业的建议》，并组建河田镇农村劳动力免费就业培训中心，发动晋江(长汀)工业园区企业、“绿之梦”家庭农场等新型经营主体，开展被征地农民免费技能技术培训，优先提供就业岗位。丘荣水找到刚建成投产的远山惠民生物有限公司，协调优先聘用被征地大龄劳动力，着力解决这一群体就业难的问题。该企业用工60余人。其中，60%以上是被征地农民。

河田省级小城镇及市级“小城市”试点培育加快推进，项目用地征收有序开展，全镇被征地农户有1027户3968人。为失地农民办理养老保险以，开展被征地农民技术技能培训，推荐就业1266人，实现一个家庭至少一人就业的目标。

丘荣水还结合岗位工作，调查研究，谋划推进小城镇试点及特色小镇建设，积极建议市、县出台并落实更加优惠的扶持政策，完善基础设施，壮大经济产业，加快新型城镇化进程，促进社会和谐。

【吴馥香】　市人大代表、连城县教育局高中教研室教研员吴馥香，已连续当选为市第二、三、四届人大代表。她关注的议题非常广泛。基础教育改革、非遗文化保护、留守儿童问题以及法院执行难、征地拆迁难等。为了让议案和建议更有针对性，她坚持开展调查研究，带着问题走基层，通过听、看、议、问等方法，深入了解民情民意，切实开展调查研究，积累大量第一手资料，一页页议案、建议后面，都凝结着她的汗水、心血和智慧。近年来，累计为相关部门提供议案和建议意见50多件(条)，基本上得到采纳和落实。

【饶春荣】　市人大代表、福建连城兰花股份有限公司董事长饶春荣始终心系群众，为民代言，带领花农发家致富。他30多年来都以兰花经营为事业，在他的带领下，全县有3000多农户投身到兰花种植业中，种植面积200余公顷，品种1100多个，每户年收入6万元。他还不断加大对兰花的选育和优良品种的研发投入，培育的兰花多次在国际、国内兰花博览会上荣获盛誉。公司与部分省科研院校合作，建立兰花组培研究中心，致力于兰花新品种的选育、组培和花期调控等技术研发，通过“公司+合作社+农户”的模式，更好地为兰农进行技术指导，推进连城兰花产业做大做强。他认真履职，提出《加大对龙岩花卉产业的培育扶持力度的建议》《加快花卉种植技术人才的培养》《关于请求连城县朋口至莒溪省道横八线公路建设的建议》等提案，都得到答复和落实。

【吴金昌】　市人大代表、永定区凤城街道办事处大洲社区居委会党支部书记关注群众切身利益的事情。在辖区征地拆迁中，他积极配合拆迁工作，到居民家召开群众会，摸底调查，为群众宣讲征地拆迁建设项目的重要性，宣传征地拆迁政策法规与安置标准、好处、操作程序，并从老百姓的角度出发，以发展的观点从长远为被征拆对象分析利弊，广泛征求和深入了解群众诉求，将群众

利益最大化，使群众了解情况，心中有数，消除对征拆的顾虑。随着寨下板块人口激增，寨下新建小区配套小学、幼儿园不尽完善的问题开始凸现。为此，作为大洲社区“班子”的吴金昌开始着手小学、幼儿园的建设规划构想，积极向相关部门反映。在吴金昌看来：“发展教育不仅可以解决居民孩子上学难的问题，更是让社区持续发展的动力。”如今，他的梦想即将变成现实，吴金昌又奔波在为民办实事的路上。

【肖光喜】 市人大代表、上杭县人武部部长肖光喜关注地方武装系统建设，推进全社会形成拥军优属的良好氛围，提升军人的荣誉感。协调好军人家属就业、就学，退伍军人专业安置等工作，各项拥军优属政策在当地得到很好的贯彻落实，为军人解决后顾之忧。发挥红色文化优势，让红色基因融入武装建设，每年组织专武干部和民兵营连长到古田、才溪等地开展形式多样的革命传统教育；新兵入伍前都要开展红色题材的教育培育，人手一册《古田会议决议》《才溪乡调查》，把传家宝传承下去，让红色基因渗透到军人血液中，打牢军人的思想根基。促进军民深度融合，在各方协同努力下，上杭县与上海警备区、海军装备部等部队接洽、签约，结对帮扶，军民融合取得较好成效。

【严新华】 市人大代表、长汀县发展和改革局党组书记、局长严新华，立足本职，察民情，谋发展，发挥人大代表密切联系群众的桥梁纽带作用。近年来，他立足本职，通过发改渠道为长汀县争取的中央、省、市预算内资金项目 83 个、资金 2.23 亿元，争取中央专项建设基金 23 项、资金 6.14 亿元。深入到市、县、区、社区及重大项目地开展调研 30 余次，积极为民发声、为政府献策，领衔建议及附议包括“关于推进汀江生态经济走廊建设、打造长汀经验升级版议案”“关于将长汀列为“长连武”扶贫试验区核心区并享受西部政策的议案”“关于在我市开展汀江流域上下游补偿机制试点的建议”“龙岩、赣州两市共建‘龙赣经济试验园区’的建议”等 20 多个议案建议，涉及经济、社会、生态等诸多领域。

【章联生】 市人大代表、西安社区党委书记章联生，有着三十余载的人大代表尽责履职路，对人大代表有着自己特殊的理解，就是“不忘初心，为民言心声；不变初衷，倾力谋发展”。三十多年来，他始终把人大代表看成是一种责任，始终把农业、农村、农民、老区的热点作为重点议题，始终不忘记为老百姓说话，始终不忘记为老区发展说话，并在各种场合进行发言。提交议案 81 件、建议 307 件，得到各级政府和领导的重视，得到中央部门和新闻媒体的关注，得到中央领导的高度肯定和赞扬。一桩桩一件件民生实事得到有效解决和落实，群众的期盼在他的鼓与呼下也纷纷变成了现实。在他的带领下，西安社区党组织被评为全国先进基层党组织，社区蝉联四届全国文明村，社区居民福利由原来发放“33 金”增加到 2016 年的“50 金”，发放“50 金”每年总额 800 多万元。同时，符合新农合条件的居民全部由社区统一投保，同时配套资金补助居民参加新农保，党建、文明创建的发展成果真正惠及居民。

【谢志彬】 市人大代表、保丰村党支部书记谢志彬在代表履职的舞台上，做好民意的传递者和代言人，争当全村致富和建设美丽乡村的带头人。适中文化园是弘扬和展示适中礼仪之乡、文化之乡、文明之乡的一个重大民生项目，占地面积 2 公顷，总投资千万元。项目自 2014 年开工建设以来，不论是征地拆迁，还是项目施工建设，谢志彬都倾注了大量的心血。自担任保丰村党支部书记以来，谢志彬始终坚持为民服务，充分发挥从群众来到群众中去的桥梁纽带作用，把提高群众生活水平、完善农村基础设施建设和发展农村经济作为各项工作的出发点和落脚点，先后投入 4000 多万元，兴办保丰村幼儿园、建设自来水厂和工业园区等，受到群众一致点赞。

【卢庆坚】 “农村水污染的治理不仅关系到我们的生态环境，而且与群众生产生活有密切关系，和我们的生活息息相关。”日前，市人大代表、福建中阳建筑工程有限公司董事长卢庆坚将目光投向农村水污染整治工作，农村水污染现状、污染原因、污染源以及在治理水污染防治工作中存在的困难和问题都成为他关注的焦点和调研的重点。他“诚于心，信于行”的经营理念，以“建群众满意建筑”为宗旨，在市场经济的激烈竞争中，成就一番事业。积极参与公益事业，为漳平市慈善总会、文庙、特教学校、残疾人安居工程、乡村教育基金捐款 30 多万元。

【钟桂林】 市人大代表、武平县城厢镇党委书记钟桂林时刻把民生利益放在心上，为群众代言，对群众尽责。丹井温泉是武平老八景之一，温泉及周边脏、乱、差现象日益突出，引起群众的不满。钟桂林及时把群众的呼声写成建议，希望对丹井温泉进行修缮。温泉修缮被县委、县政府列入为民办实事的项目。提出《要重视农村公路的建与养》《关于要求给行政村主干道安装路灯》《出台发展林下经济帮扶政策》《尽快出台生态公益林赎买政策》等意见建议 20 多件，内容涉及基础设施、经济、教育、环保、水利等多个领域，有效促进农村产业发展，增加农民收入，改善农村和农民生产生活条件。

【严梅姑】 市人大代表、永定烟厂质检科科长严梅姑关注市区一体化联动发展。市政府工作报告提出要加快市区一体化联动发展，让严梅姑深有感触。永定人民群众翘首以盼的“一小时经济圈”、同城一体化等设区红利，2016年12月28日，龙岩至永定城际定制公交线路正式开通。这是市委、市政府给永定人民群众带来的实实在在的设区“大礼包”。严梅姑建议“在享受设区红利的同时，当地人民群众也迫切希望提高中心城区与永定区的互联互通水平。”

（市人大办　供稿）

市优秀政协委员

【张永祥】市政协委员、中国龙工控股有限公司总裁助理兼工会主席张永祥，发挥作为工会主席在企业运营中的作用，找准定位，摆正位置，开拓党、政、工共建职工之家的工会建家路子，企业工会被评为“全国模范职工之家”、公司被评为“福建省和谐企业”。履行委员职责，建言献策，为龙岩经济发展，特别是机械产业发展建言献策。《加快发展高端装备制造业，推动我市机械产业跨越发展》《关于我市投融资体制改革的建议》《大力推动“回归工程”，提速提质龙岩经济发展》《加快推进专用车产业发展，全力打造“专用车之城”》等发言，得到市委、市政府主要领导的重视，并作出批示。

【郑长征】市政协委员、龙岩市混凝土行业商会会长、顺裕（龙岩）混凝土有限公司总经理郑长征，围绕应对经济下行压力，适应经济新常态，撰写调研报告、大会发言材料、政协提案，提出《我市混凝土行业企业发展现状、问题及建议》《关于对龙岩中心城区混凝土企业实现总量控制的建议》等多篇调研报告，所反映的问题，提出的意见、建议，得到政府、政协及有关部门的高度重视，推动行业发展。他牢记委员责任和企业家的社会责任，热心参与慈善活动，从灾区建设、福利院帮扶、捐资助学等方面，捐款超过百万元。

【马　杰】市政协委员、广东钢泓集团、福建钢泓金属科技有限公司董事长马杰发挥自身优势和专业特长，积极参政议政，建言献策，先后提交《转变思路，做大不锈钢产业的几点建议》《以商招商，加快不锈钢企业集聚》等提案。尤其对没有资源、市场优势的武平发展不锈钢产业所提出的意见和建议，成为武平县委、县政府发展不锈钢产业决策的重要参考。同时，他充分发挥商圈人脉关系，带领一批批客商到武平参观考察，以实际行动帮助家乡招商引资，促进家乡经济社会发展。参与社会公益事业，在广东、福建两地累计捐款逾百万元。

【王　伟】市政协委员、市环保局总工程师王伟获得两项适用型专利和一项发明专利。其中“一种烤烟房”专利已转化实施，被烟草部门采用并通过技术鉴定。提出的“深化节能减排、提升城市品位”的大会发言，得到市领导批示。《关于借鉴长汀经验；建立和完善水土流失治理长效机制》被市委党校评为优秀论文并被闽西快讯录用，《关于做好突发事件的舆论引导工作的建议》《关于实施烤烟房改造的建议》《关于优化公交站点的建议》等提案所提建议被有关部门采纳并得到实施。在民主监督方面，被市检察院聘为人民监督员，被市中级人民法院聘为生态保护顾问。

【张　凌】市政协委员、龙岩学院信息工程学院院长张凌带领民进会员开展城镇保障性安居工程情况、基层卫生机构改革和发展情况、村级财务公开和村财管理情况、乡（镇）政府债务情况、经济责任审计情况、闽西汉剧传承和发展情况以及农村小河流域污染整治等专题调研。《建议全面建立公职人员旁听职务犯罪法庭庭审制度》提案被市纪委、市中级法院等单位采纳，《关于推进我市美丽乡村建设的建议》提案，得到市领导批示。组织各类公益活动，带领民进会员将优质教学音响、电脑、图书资料、慰问金、助学金等捐赠给连城、长汀、漳平等地的贫困学生、受灾户。

【吴永泉】市政协委员、龙岩市急救中心主任、市第一医院呼吸科主任医师、教授吴永泉作为市呼吸病专业学科带头人，长期坚持在临床第一线工作，指导抢救危急重症患者，解决复杂疑难问题，到县一级医院会诊并参加患者的救治工作，获市第一医院“医德医风十佳”奖。积极参政议政，建言献策。撰写《关于加快我市城乡一体化医疗保障体系建设的建议》《加强我市公共卫生体系建设、有效应对突发事件的建议》《关于进一步深化我市基层医疗卫生改革的建议》《农村医疗卫生工作视察存在问题及建议》等大会发言稿、提案。

【王瑞泉】市政协委员、新罗区闽西红色山庄总经理王瑞泉，投资200多万元独自创办闽西红色山庄。参观红色山庄接受红色教育50多万人次，免费讲解200多场次。中央电视台新闻频道播出“福建龙岩：老区农民的红色纪念馆”的事迹向全国推广。提交《关于对闽西红色山庄民办博物馆（纪念馆）实行国家扶持的建议》《关于延长8路公交车至铁山林邦村方便农民子女上学的建议》《关于龙岩博物馆其他专题陈列应抓紧设立、开放的建议》《关于农村道路设立交通标志的建议》《关于大力推进粮食产业化经营的建议》等提案。其中《关于大力推进粮食产业化经营的建议》发表于《闽西日报》，受到有关部门重视。

【刘学敏】市政协委员、新罗区招商局主任科员刘学敏建议产业转型升级时期，要像抓招商引资一样，抓人才培养和引进工作，鼓励能人回龙岩城创业。在招商引资时要依据细化产业优选对接高校科研院所，精准对接高校科研院所的教授团队。同时要大力培养使用本土人才，优化各项服务，为他们提供干事创业平台。关注民生、生态问题。参与撰写社情民意信息456篇、78万字，其中《福建农工信息》115篇、省政协《信息专报件》70篇、中共省委办公厅《八闽快讯》或《福建信息》9篇、农工党中央《信息专报》6篇、市政协信息3篇、省领导批示7篇、全国政协信息专报件2篇。

【孔雪妹】 市政协委员、福建龙洲工业园管委会财务科科长、高级会计师孔雪妹积极参加政协会议、调研视察活动，努力建睿智之言，献务实之策。做《应帮助小微企业摆脱成长的“烦恼”》《关于进一步推进我市工业经济转型升级的建议》《中小企业生存难需要合力破解》大会发言；提交《应加大对农村“移动厨房”的监督管理》《关于合力破解中小企业生存难题的建议》《应加大农村家宴“舌尖”安全的监督管理》等15件提案；反映《关于取消所得税实行预警值管理的建议》《建议建立工业园区项目用地退出机制》《建议大力扶持龙岩专用车产业发展》等社情民意。其中《关于合力破解中小企业生存难题的建议》获得2012年度优秀提案奖，《建议建立工业园区项目用地退出机制》的社情民意被省政协采纳。

【章浩军】 市政协委员、龙岩市中医院副院长、主任医师、硕士生导师章浩军树立“以人为本”“以病人为中心”的服务理念，努力实践“救死扶伤，全心全意为人民服务”的服务宗旨，具有良好的医疗职业道德。医疗业务上，不论是完成门诊病人人次，还是收治住院病人人次，均名列医院前茅，被评选为“龙岩市名中医”，被国家中医药管理局授予“第二批全国优秀中医临床人才”称号。在科研带教工作中，作为福建中医药大学硕士生导师，承担福建中医药大学、泉州医高专等高校毕业生及省卫生厅举办的乡（镇）卫生院中医骨干培训班学员的临床带教等任务，先后被泉州医学高等专科、福建中医药大学等评为“优秀临床带教老师”。个人出版学术专著《伤寒心悟》，在省级、国家级刊物上发表学术50余篇，主持、参与市级科研课题4项。撰写《关于不将“静脉输液”作为医保住院“必须条件”的建议》《加强市区文化建设、构建卫生文明市区》《关于公立医院康复患者双向转诊减免住院起付线的建议》等10余篇提案。

【钟德彪】 市政协委员、闽西日报社主任编辑、市民间文艺家协会主席钟德彪长期致力于挖掘、弘扬闽西传统文化，保护发展民间文化。撰写、提交提案20余份，做《关于全面保护发展闽西民间文化的建议》大会发言，《关于加快客家文化产业发展的建议》市政协评为优秀提案。《关于全面加强龙岩本土文化保护发展的建议》，引起龙岩闽南文化的强力推动。《关于建立龙岩市古村落保护基金推动乡村活态文化保护的建议》，直接促成市政府设立1000万元保护基金，开展古村落保护。

【廖松福】 市政协委员、市中级法院民三庭庭长廖松福履行参政议政、建言献策，撰写社情民意18篇，政协提案11件，撰写调研文章3篇，其中《关于设立民商事仲裁委的建议》等作为大会发言，《关于加强历史文化名镇名村保护与发展的建议》在《龙岩发展研究》发表。被九三学社福建省委、市政协和市委统战部评为信息先进个人。

【孙建中】 市政协委员、江西文山集团董事长、福建梁野仙山旅游投资管理有限公司董事长孙建中履行参政议政、建言献策，提交《关于支持欠发达地区发展旅游产业的提案》《关于“适应变化整合完善不断推进龙岩旅游产业发展”建议》《关于进一步加强和规范居家养老工作的建议》等提案。带领员工努力发展壮大企业的同时，不忘热心公益回报社会，组织成立企业爱心基金会，每年拿出资金慰问走访困难员工。以个人和文山集团的名义先后为各项社会公益事业捐款3000余万元。

（市政协办　供稿）

正高级专业技术职务人员

【2016年龙岩市获正高级专业技术职务人员】

2016年龙岩市获正高级专业技术职务人员

表35

姓　名	工作单位	专业及任职资格	任职资格确认时间
黄　炜	福建龙净环保股份有限公司	高级工程师享受教授、研究员待遇	2015年12月24日
廖增安	福建龙净环保股份有限公司	高级工程师享受教授、研究员待遇	2015年12月24日
林春源	福建龙净环保股份有限公司	高级工程师享受教授、研究员待遇	2015年12月24日
郑奎照	福建龙净环保股份有限公司	高级工程师享受教授、研究员待遇	2015年12月24日
甘永刚	福建紫金矿业集团股份有限公司	高级工程师享受教授、研究员待遇	2015年12月24日
林鸿汉	福建紫金矿业集团股份有限公司	高级工程师享受教授、研究员待遇	2015年12月24日
卢凤初	龙岩市种子公司	高级农艺师享受教授、研究员待遇	2015年12月31日
吕荣海	上杭县农业技术推广站	高级农艺师享受教授、研究员待遇	2015年12月1日
陈燕玲	龙岩第一中学	正高级教师	2016年9月18日
徐　飙	龙岩市第二中学	正高级教师	2016年9月18日
李秀菊	永定第一中学	正高级教师	2016年9月18日
邱廷建	上杭县教师进修学校	正高级教师	2016年9月18日
温华盛	上杭县第一中学	正高级教师	2016年9月18日
傅国兴	上杭县第一中学	正高级教师	2016年9月18日
蓝伟文	武平县第一中学	正高级教师	2016年9月18日
郑可丰	龙岩市永定区中医院	中医骨伤科主任医师	2016年11月24日
黎盛洪	上杭县中医院	针灸主任医师	2016年11月24日
陈建平	武平县中医院	中医内科主任医师	2016年11月24日
李砚辉	武平县中医院	针灸科主任医师	2016年11月24日
修继仁	武平县中山中心卫生院	中医骨伤主任医师	2016年11月24日
李松柏	福建省汀州医院	普通外科主任医师	2016年11月24日
邱卫群	福建省汀州医院	妇产科主任医师	2016年11月24日
邱晓平	连城县医院	骨外科主任医师	2016年11月24日
李文彬	漳平市医院	普通外科主任医师	2016年11月24日
刘象林	漳平市医院	普通外科主任医师	2016年11月24日
詹　颖	龙岩市第一医院	肿瘤内科主任医师	2016年11月24日
曹志方	龙岩市第一医院	麻醉学主任医师	2016年11月24日
赖志刚	龙岩市第一医院	耳鼻喉科(头颈外科)主任医师	2016年11月24日
林冲云	龙岩市第一医院	肾内科主任医师	2016年11月24日
郑锦亮	龙岩市第一医院	神经外科主任医师	2016年11月24日
陈　彤	龙岩市第一医院	内分泌主任医师	2016年11月24日

续表 35

姓　名	工作单位	专业及任职资格	任职资格确认时间
詹志川	龙岩市第二医院	骨外科主任医师	2016 年 11 月 24 日
侯顺玉	龙岩市第二医院	妇产科主任医师	2016 年 11 月 24 日
何洪生	龙岩市第二医院	普通外科主任医师	2016 年 11 月 24 日
章　杰	龙岩市第二医院	消化内科主任医师	2016 年 11 月 24 日
俞秀华	龙岩市第二医院	核医学主任医师	2016 年 11 月 24 日
赖五娘	龙岩市妇幼保健院	妇产科主任医师	2016 年 11 月 24 日
邱德胜	龙岩人民医院	神经内科主任医师	2016 年 11 月 24 日
罗俊峰	龙岩人民医院	小儿内科主任医师	2016 年 11 月 24 日
梁昌和	武平县医院	血液病主任医师	2016 年 11 月 24 日
吴梅书	武平县医院	传染病主任医师	2016 年 11 月 24 日
曾清能	武平县医院	心血管内科主任医师	2016 年 11 月 24 日
肖武周	武平县医院	泌尿外科主任医师	2016 年 11 月 24 日
练至真	武平县医院	烧伤外科主任医师	2016 年 11 月 24 日
廖桂添	武平县医院	普通外科主任医师	2016 年 11 月 24 日
李志勇	龙岩市第二医院	中医内科主任医师	2016 年 11 月 24 日
姚木铭	龙岩市中医院	中医内科主任医师	2016 年 11 月 24 日
王俭丽	龙岩市中医院	中医妇科主任医师	2016 年 11 月 24 日
廖拥军	龙岩市新罗区妇幼保健院	中医肛肠科主任医师	2016 年 11 月 24 日
蔡福才	上杭县医院	中医内科主任医师	2016 年 11 月 24 日
刘文华	福建省武平县中医院	中医内科主任医师	2016 年 11 月 24 日
刘明清	福建省汀州医院	中医针灸科主任医师	2016 年 11 月 24 日
戴荣祥	福建省汀州医院	中医肛肠科主任医师	2016 年 11 月 24 日
郑锋生	长汀汀州中医院	中医内科主任医师	2016 年 11 月 24 日
陈晓斌	漳平市医院	针灸科主任医师	2016 年 11 月 24 日
林素珍	龙岩市第二医院	医院药学主任药师	2016 年 11 月 24 日
陈维媚	龙岩市第一医院	临床医学检验临床微生物技术主任技师	2016 年 11 月 24 日
曾庆海	连城县医院	临床医学检验临床基础检验技术主任技师	2016 年 11 月 24 日
张荣花	龙岩市第一医院	内科护理主任护师	2016 年 11 月 24 日
赖玉莲	龙岩人民医院	内科护理主任护师	2016 年 11 月 24 日
钟美英	武平县妇幼保健院	妇产科护理主任护师	2016 年 11 月 24 日

【享受国务院特殊津贴专家】 根据国务院和省政府日前通知，2016 年，推荐 6 位专家全部入选享受国务院特殊津贴专家，入选率 100%，为全省年度入选人数最多的设区市。分别是龙岩学院石小琼、紫金矿业集团股份有限公司黄怀国、福建永强岩土股份有限公司许万强、龙岩市农业科学研究所郭其茂获专业技术人才类“国贴专家”；武平县土肥站钟菊文、福建龙马环卫装备股份有限公司闵龙林获高技能人才类“国贴专家”。全市累计有享受国务院特殊津贴专家 51 人。

（中国龙岩网　摘稿）

先进集体

【2016年龙岩市受省、部级以上表彰先进单位】

2016年龙岩市受省、部级以上表彰先进单位

表36

获奖单位	荣誉称号	授予机关	授予时间
中共龙岩市委党史研究室	全国党史系统先进集体	人力资源和社会保障局、中央党史研究室	2016年2月
武平县地方税务局城区分局	全国工人先锋号	中华全国总工会	2016年5月
福建连城兰花股份有限公司“连城兰花”生产技术研发中心	全国工人先锋号	中华全国总工会	2016年5月
新罗区委组织部机关党支部	福建省先进基层党组织	中共福建省委	2016年6月28日
新罗区中城街道北门社区党支部	福建省先进基层党组织	中共福建省委	2016年6月28日
永定区湖雷镇上南村党总支	福建省先进基层党组织	中共福建省委	2016年6月28日
上杭县南阳镇官余村党支部	福建省先进基层党组织	中共福建省委	2016年6月28日
上杭县人力资源和社会保障局党总支	福建省先进基层党组织	中共福建省委	2016年6月28日
武平县百家姓农民专业合作社联合社党总支	福建省先进基层党组织	中共福建省委	2016年6月28日
长汀县庵杰乡上赤村党支部	福建省先进基层党组织	中共福建省委	2016年6月28日
连城县宣和乡培田村党支部	福建省先进基层党组织	中共福建省委	2016年6月28日
漳平市菁城街道北郊社区党支部	福建省先进基层党组织	中共福建省委	2016年6月28日
龙岩市经纬测绘集团党支部	福建省先进基层党组织	中共福建省委	2016年6月28日
龙岩市烟草专卖局机关党委	福建省先进基层党组织	中共福建省委	2016年6月28日
龙岩市交通综合行政执法支队党委	福建省先进基层党组织	中共福建省委	2016年6月28日
岩学院经济与管理学院党委	福建省先进基层党组织	中共福建省委	2016年6月28日
龙岩市公共交通有限公司党支部	福建省先进基层党组织	中共福建省委	2016年6月28日

【龙岩市先进基层党组织】

2016年龙岩市先进基层党组织

表37

获奖单位	荣誉称号	授予机关	授予时间
中共龙岩市新罗区曹溪街道黄洋村支部委员会	龙岩市先进基层党组织	中共龙岩市委	2016年6月22日
中共龙岩市新罗区中城街道凤凰社区支部委员会	龙岩市先进基层党组织	中共龙岩市委	2016年6月22日
中共龙岩市新罗区委组织部机关支部委员会	龙岩市先进基层党组织	中共龙岩市委	2016年6月22日
中共龙岩市新罗区国家税务局总支部委员会	龙岩市先进基层党组织	中共龙岩市委	2016年6月22日
中共龙岩市新罗区铁山镇委员会	龙岩市先进基层党组织	中共龙岩市委	2016年6月22日
中共龙岩市海德馨汽车有限公司支部委员会	龙岩市先进基层党组织	中共龙岩市委	2016年6月22日
中共龙岩市永定区委办公室支部委员会	龙岩市先进基层党组织	中共龙岩市委	2016年6月22日
中共龙岩市永定区国家税务局总支部委员会	龙岩市先进基层党组织	中共龙岩市委	2016年6月22日
中共龙岩市永定区旅游产业委员会	龙岩市先进基层党组织	中共龙岩市委	2016年6月22日
中共福建永定闽福建材有限公司支部委员会	龙岩市先进基层党组织	中共龙岩市委	2016年6月22日
中共龙岩市永定区峰市镇河头村支部委员会	龙岩市先进基层党组织	中共龙岩市委	2016年6月22日
中共龙岩市永定区抚市镇里兴村支部委员会	龙岩市先进基层党组织	中共龙岩市委	2016年6月22日
中共上杭县人力资源和社会保障局总支部委员会	龙岩市先进基层党组织	中共龙岩市委	2016年6月22日
中共上杭县庐丰畲族乡委员会	龙岩市先进基层党组织	中共龙岩市委	2016年6月22日
中共上杭县溪口镇石铭村支部委员会	龙岩市先进基层党组织	中共龙岩市委	2016年6月22日
中共上杭县临江镇天山社区总支部委员会	龙岩市先进基层党组织	中共龙岩市委	2016年6月22日
中共国网福建上杭县供电有限公司委员会	龙岩市先进基层党组织	中共龙岩市委	2016年6月22日
中共上杭县医院总支部委员会	龙岩市先进基层党组织	中共龙岩市委	2016年6月22日
中共武平县岩前镇委员会	龙岩市先进基层党组织	中共龙岩市委	2016年6月22日
中共武平县平川镇城南村总支部委员会	龙岩市先进基层党组织	中共龙岩市委	2016年6月22日
中共武平县中医院支部委员会	龙岩市先进基层党组织	中共龙岩市委	2016年6月22日
中共国网福建武平县供电有限公司营销支部委员会	龙岩市先进基层党组织	中共龙岩市委	2016年6月22日
中共武平县岩前镇灵岩村支部委员会	龙岩市先进基层党组织	中共龙岩市委	2016年6月22日
中共长汀县庵杰乡上赤村支部委员会	龙岩市先进基层党组织	中共龙岩市委	2016年6月22日
中共长汀县人民法院机关委员会	龙岩市先进基层党组织	中共龙岩市委	2016年6月22日
中共国网福建长汀县供电有限公司委员会	龙岩市先进基层党组织	中共龙岩市委	2016年6月22日
中共长汀县委组织部支部委员会	龙岩市先进基层党组织	中共龙岩市委	2016年6月22日
中共长汀县四都镇上蕉村支部委员会	龙岩市先进基层党组织	中共龙岩市委	2016年6月22日

续表 37

获奖单位	荣誉称号	授予机关	授予时间
中共长汀职业中专学校支部委员会	龙岩市先进基层党组织	中共龙岩市委	2016 年 6 月 22 日
中共连城县宣和乡培田村支部委员会	龙岩市先进基层党组织	中共龙岩市委	2016 年 6 月 22 日
中共连城县人力资源和社会保障系统委员会	龙岩市先进基层党组织	中共龙岩市委	2016 年 6 月 22 日
中共连城县莲峰镇栗园社区支部委员会	龙岩市先进基层党组织	中共龙岩市委	2016 年 6 月 22 日
中共连城县朋口镇瑶里村支部委员会	龙岩市先进基层党组织	中共龙岩市委	2016 年 6 月 22 日
中共福建赛特新材股份有限公司支部委员会	龙岩市先进基层党组织	中共龙岩市委	2016 年 6 月 22 日
中共漳平市菁城街道北郊社区支部委员会	龙岩市先进基层党组织	中共龙岩市委	2016 年 6 月 22 日
中共漳平一中总支部委员会	龙岩市先进基层党组织	中共龙岩市委	2016 年 6 月 22 日
中共漳平市溪南镇东湖村支部委员会	龙岩市先进基层党组织	中共龙岩市委	2016 年 6 月 22 日
中共福建瑞森新材料股份有限公司支部委员会	龙岩市先进基层党组织	中共龙岩市委	2016 年 6 月 22 日
中共漳平市政法委员会	龙岩市先进基层党组织	中共龙岩市委	2016 年 6 月 22 日
中共龙岩市交通综合行政执法支队委员会	龙岩市先进基层党组织	中共龙岩市委	2016 年 6 月 22 日
中共龙岩市地方税务局直属分局支部委员会	龙岩市先进基层党组织	中共龙岩市委	2016 年 6 月 22 日
中共龙岩市委编办支部委员会	龙岩市先进基层党组织	中共龙岩市委	2016 年 6 月 22 日
中共国网福建龙岩供电公司变电检修室支部委员会	龙岩市先进基层党组织	中共龙岩市委	2016 年 6 月 22 日
中共龙岩市国土资源局机关委员会	龙岩市先进基层党组织	中共龙岩市委	2016 年 6 月 22 日
中共龙岩市计量所支部委员会	龙岩市先进基层党组织	中共龙岩市委	2016 年 6 月 22 日
中共龙岩市高级中学委员会	龙岩市先进基层党组织	中共龙岩市委	2016 年 6 月 22 日
中共龙岩交通国有资产投资经营有限公司支部委员会	龙岩市先进基层党组织	中共龙岩市委	2016 年 6 月 22 日
中共龙岩经纬测绘集团有限公司支部委员会	龙岩市先进基层党组织	中共龙岩市委	2016 年 6 月 22 日
中共德泓(福建)光电科技有限公司支部委员会	龙岩市先进基层党组织	中共龙岩市委	2016 年 6 月 22 日
中共龙岩市永定区高陂镇北山村支部委员会	龙岩市先进基层党组织	中共龙岩市委	2016 年 6 月 22 日

【龙岩市第三届创新创业大赛获奖企业】 6月19日至8月9日，市政府举办龙岩市第三届创新创业大赛。70 家企业和 4 个团队报名参赛，项目涵盖互联网和移动互联网、新能源及节能环保、新材料、电子信息等多个领域，团队涉及创业青年、在校大学生等群体。经过初赛、决赛两个阶段的角逐，产生一等奖 2 名、二等奖 4 名、三等奖 6 名、优胜奖 8 名。

龙岩市第三届创新创业大赛获奖企业名单

表 38

奖 项	名 次	参赛企业名单	所属区域
一等奖	1	福建易动力电子科技有限公司	龙岩经济技术开发区
	2	福建云创互联信息科技有限公司	新罗区
二等奖	3	伍洋(福建)机械有限公司	漳平市
	4	福建和达玻璃技术有限公司	龙岩经济技术开发区
	5	福建优创农业发展有限公司	上杭县
	6	福建康博医疗科技有限公司	长汀县
三等奖	7	福建逢兴机电设备有限公司	新罗区
	8	福建紫心生物薯业有限公司	连城县
	9	福建省希望生物科技有限公司	上杭县
	10	龙岩惠众信息科技有限公司	龙岩经济技术开发区
	11	福建威而特旋压科技股份有限公司	新罗区
	12	福建帕特纳环境产品有限公司	龙岩经济技术开发区
优胜奖	13	福建瑞森新材料股份有限公司	漳平市
	14	福建省汇创新高电子科技有限公司	漳平市
	15	福建龙生生物科技有限公司	龙岩经济技术开发区
	16	龙岩市永定区鼎福来食品有限公司	永定区
	17	佳科太阳能硅(龙岩)有限公司	新罗区
	18	连城县中触电子有限公司	连城县
	19	龙岩盛丰机械制造有限公司	龙岩经济技术开发区
	20	龙岩市威宏之家信息科技有限公司	新罗区

38

附　录

统 计 资 料

各时期龙岩市主要经济指标年平均增长速度

表 39　　　　　　　　　　　　　　　　　　　　　　　　　　单位:%

项目	"六五时期"	"七五时期"	"八五时期"	"九五时期"	"十五时期"	"十一五时期"	"十二五时期"
1. 地区生产总值(GDP)	10.8	11.3	14.2	11.2	10.1	14.6	10.9
第一产业	8.9	4.5	9.6	8.4	4.6	3.4	4.0
第二产业	14.7	8.7	19.4	11.9	11.7	18.1	13.6
第三产业	8.6	26.2	13.3	12.9	11.8	14.9	8.9
2. 财政总收入	15.4	17.3	23.4	16.7	15.8	23.0	10.6
3. 工农业总产值	9.1	10.1	16.3	13.2	11.3	20.0	11.8
工业总产值	15.2	13.3	19.5	14.7	13.8	24.4	14.1
农林牧渔业总产值	4.0	5.7	10.3	9.0	4.4	3.5	4.0
4. 全社会固定资产投资	28.2	8.2	55.4	7.1	12.8	36.4	28.4
# 国有经济	25.1	4.8	48.6	13.8	-10.0	42.7	28.8
5. 职工平均工资	8.9	13.7	18.9	13.1	12.2	13.6	12.4
城镇居民可支配收入	9.8	14.3	23.1	10.6	11.9	11.7	11.0
农民人均可支配收入		12.9	20.4	12.1	6.9	10.9	13.3
6. 社会消费品零售总额	16.1	18	24.4	10.4	12.2	19.1	15.4

1978—2016年龙岩市主要年份国民经济主要指标

表 40

项目	单位	1978年	1980年	1985年	1990年	1995年	2000年	2005年	2010年	2015年	2016年
1. 地区生产总值(GDP)	亿元	5.18	6.99	14.81	37.85	124.73	209.51	399.59	990.90	1738.49	1895.67
#第一产业	亿元	2.35	2.99	5.74	11.32	38.51	55.75	78.06	128.89	200.62	223.39
第二产业	亿元	1.78	2.42	5.85	12.87	47.68	78.90	175.11	527.69	914.82	966.67
第三产业	亿元	1.05	1.58	3.22	13.66	38.54	74.86	146.42	334.32	623.05	705.61
人均地区生产总值	元	245	323	627	1451	4519	7782	15179	38795	66865	72354
工农业总产值	亿元	7.97	9.22	19.25	48.90	170.34	285.37	520.79	1490.91	2324.39	2614.00
财政总收入	亿元	0.87	1.04	2.13	4.73	13.55	28.61	57.95	163.32	269.81	266.07
#地方财政收入	亿元					6.26	10.91	20.83	66.75	124.61	131.41
财政支出	亿元	0.77	0.89	1.98	4.17	10.71	17.63	31.65	110.81	257.97	274.27
年末金融机构人民币存款余额	亿元	1.63	2.04	6.29	17.23	65.55	140.68	295.88	784.76	1562.85	1753.76
年末金融机构人民币贷款余额	亿元	2.04	2.23	6.12	18.74	57.36	106.82	211.02	723.39	1360.65	1434.19
2. 年末总人口	万人	212.46	218.08	238.12	265.38	277.92	285.89	286.83	295.73	309.38	313.29
3. 城镇从业人员	万人	17.02	16.20	20.46	22.99	26.80	25.27	29.65	47.38	65.69	74.16
#职工	万人	17.02	16.20	19.67	21.45	23.01	19.83	20.17	29.28	28.44	28.68
4. 全社会固定资产投资	亿元	0.50	0.76	3.09	4.21	41.53	67.73	123.65	553.23	1934.21	2188.04
#国有经济	亿元	0.42	0.72	2.21	2.79	20.22	38.57	22.87	125.42	445.22	659.33
集体经济	亿元	0.08	0.03	0.40	0.56	4.41	12.87	7.61	11.08	150.22	171.66
5. 物价指数											
居民消费价格指数(上年=100)	%		104.6	110.4	98.1	114.8	101.9	103.4	103.9	101.6	101.5
6. 人民生活											
职工工资总额	亿元	0.84	1.17	2.08	4.44	11.2	18.59	32.26	86.61	154.26	167.76
职工平均工资	元	576	740	1098	2091	4962	9177	16309	30836	55438	59329
城镇居民人均可支配收入	元	334	415	662	1291	3655	6048	10596	18406	28218	30348
农民人均可支配收入	元	134	203	360	661	1671	2959	4125	6931	13274	14429
城乡居民人民币储蓄存款余额	亿元	0.50	0.68	2.45	10.10	41.15	89.82	178.85	394.48	727.01	809.30
7. 农业总产值	亿元	4.14	4.43	8.00	17.27	59.14	88.26	126.30	212.31	337.53	378.03
主要农产品产量											
粮　食	万吨	74.53	75.89	85.52	97.80	112.23	116.86	96.06	98.63	109.96	109.80
烤　烟	万吨	0.28	0.43	2.13	2.28	2.68	3.13	3.24	3.53	3.89	4.01
茶　叶	吨	348	410	1461	1795	3268	4908	6362	13392	21702	22882
水　果	万吨	0.21	0.31	1.11	3.04	11.31	21.60	38.56	33.79	43.96	47.22
肉类总产量	万吨	1.95	2.42	4.89	7.85	15.58	24.98	41.74	43.25	47.96	48.77
水产品	吨	468	840	3373	7247	20365	39484	41513	62115	75941	81100

注：年末总人口为公安户籍人口；2000年起职工人数、职工工资总额、职工平均工资均为在岗职工数据，2013年以前农民人均可支配收入数据为农民人均纯收入。

续表 40

项　目	单位	1978 年	1980 年	1985 年	1990 年	1995 年	2000 年	2005 年	2010 年	2015 年	2016 年
8. 工业总产值	亿元	3.84	4.8	11.24	31.64	111.2	197.12	387.2	1278.60	1986.86	2235.97
主要工业产品产量											
黄　金	千克					91	4018	11480	24281	71235	76824
卷　烟	万箱	10.06	10.68	21.7	31.01	34.22	48.5	61.5	87.45	99.83	88.22
布	万米	602	755	746	1335	1197	1335	1581	9824	27576	27665
纱	吨		411	5787	4570	7963	11410	26172	91525	196905	22.31
机制纸及纸板	万吨	0.54	0.82	1.41	3.09	5.26	8.73	10.52	8.11	3.78	3.59
化肥(折纯)	万吨	1.42	2.42	3.46	5.61	7.26	7.02	8.05	8.44	22.20	17.30
水　泥	万吨	16.56	22.96	49.59	137.00	558.63	646.62	1200.28	2926	3591	3732
环境污染防治专用设备	台(套)							235	2551	1959	13105
发电量	亿千瓦时	4.28	3.22	5.18	17.92	36.55	44.14	68.91	100.81	85.07	93.80
9. 交通、邮电											
公路货运量	万吨	159	176	93	91	906	1573	3261	8889	10299	8281
公路货物周转量	万吨公里	8593	10766	11533	9512	82300	123316	296923	796464	1151204	115.65
公路客运量	万人	483	716	1420	1372	1209	1658	2610	3881	2094	2023
公路旅客周转量	万人公里	16457	25189	54777	62994	78562	108919	182169	213455	121861	12.08
移动电话用户数	万户					0.52	21.1	87.56	201.60	252.89	260.33
10. 社会消费品零售总额	亿元	2.20	3.11	6.56	14.99	44.68	73.25	130.41	312.17	639.58	729.00
11. 外贸出口总额	万美元				783	4605	4498	16439	131336	257708	231778
实际利用外资	万美元			84	145	7978	4015	5161	16637	26000	27768
12. 教育											
普通高校在校学生数	人	657	1168	1149	1282	1752	3820	11488	14100	17846	18044
普通中学在校生数	万人	12.53	12.11	11.52	10.77	15.59	20.76	25.11	15.23	12.46	12.42
13. 医院数	个	123	132	134	143	155	157	156	150	157	158
卫生技术人员数	人	4470	4795	5488	7102	7348	7796	7260	12592	17858	18275
医疗床位数	张	4452	4489	4982	6100	6199	8648	7928	11213	16601	16955

（市统计局　供稿）

2016 年闽粤赣边四市主要经济指标

表 41

指标	单位	龙岩市		三明市		赣州市		梅州市	
		12 月止累计	比上年增长(%)	12 月止累计	比上年增长(%)	12 月止累计	比上年增长(%)	12 月止累计	比上年增长(%)
地区生产总值	亿元	1895.67	8.10	1860.82	7.80	2194.34	9.50	1045.56	7.50
规模以上工业增加值	亿元	597.62	7.40	845.78	7.50	847.90	9.20	224.21	4.60
社会消费品零售总额	亿元	729.00	14.00	480.63	9.60	790.24	11.50	619.77	10.80
全社会固定资产投资	亿元	2188.04	15.20	2141.72	12.00	2205.51	16.60	650.36	14.50
出口总值	亿元	145.86	−0.40	131.02	12.00	223.54	6.20		
财政总收入	亿元	266.07	−1.40	134.37	2.80	366.32	3.70	195.41	1.70
地方一般预算收入	亿元	131.41	5.50			243.18	−0.90	105.46	1.80
金额机构本外币存款余额	亿元	1763.93	11.60	1500.45	11.70			1819.19	16.20
金额机构本外币贷款余额	亿元	1454.14	5.60	1264.91	4.70			830.00	12.70
城镇居民可支配收入	元	30408.00	7.80	29677.00	8.30	27086.00	8.30		
农民人均现金收入	元	14429.00	8.70	13918.00	8.70	8729.00	12.10		
居民消费价格指数（以上年同期为 100）	%	101.90	1.90					102.30	2.30

（来源：龙岩市统计局、三明市统计局、赣州市统计局、梅州市统计局）

2016 年闽粤赣边四市经验评价指标

表 42

指标	单位	龙岩市			三明市			赣州市			梅州市		
		2015 年12 月止累计	12 月止累计	比上年增长(%)	2015 年12 月止累计	12 月止累计	比上年增长(%)	2015 年12 月止累计	12 月止累计	比上年增长(%)	2015 年12 月止累计	12 月止累计	比上年增长(%)
全社会用电量	亿千瓦时				132.02	132.50	0.40	144.88			77.98	84.30	8.10
工业用电量	亿千瓦时				99.63	97.72	−1.90	86.79			44.52	45.99	3.30
公路客运周转量	亿人公里	12.19	120.77	0.00	20.32	18.58	1.20						
公路货运周转量	亿吨公里	115.12	115.62	7.00	94.24	101.30	7.10						
金额机构本外币存款余额	亿元	1580.66	1763.93	11.60	1213.67	1500.45	11.70	3355.91			1565.28	1819.19	16.20
金额机构本外币贷款余额	亿元	1376.77	1454.14	5.60	1196.29	1264.91	4.70	2297.55			736.41	830.00	12.70

（来源：龙岩市统计局、三明市统计局、赣州市统计局、梅州市统计局）

2016年12月闽粤赣边四市主要食品价格

表43

品　种	规　格	计价单位	龙　岩	三　明	赣　州	梅　州
早籼米	标一	元/500克			2.60	
晚籼米	标一	元/500克	2.70	2.29	2.80	
面粉	标准粉	元/500克	2.60	2.78	2.28	
花生油	一级桶装5升	元/桶	126.20	119.90	115.00	
猪肉	瘦肉	元/500克	13.80	13.80	15.50	
牛肉	新鲜去骨	元/500克	36.60	39.80	40.00	
白条鸡	无	元/500克	13.20	11.98	12.00	
鸡蛋	新鲜完整	元/500克	4.70	4.38	5.40	
草鱼	活	元/500克	7.60	6.98	7.00	
黄瓜	新鲜	元/500克	2.60	1.98	2.90	
苹果	新鲜	元/500克	5.30	3.98	4.80	

（来源：福建省物价局　赣州市物价局　梅州市物价局）

2016年12月闽粤赣边四市资源产品价格

表44

商　品	属性与规格	价　格	环比(%)	同比(%)
动力煤	发热量：5500Kcal/kg	599.33元/吨	-1.10	62.90
碳酸稀土	REO 42.0-45.0%	22500.00元/吨	4.65	-4.44
铜(市场)	品名：1#电解铜	46395.00元/吨	12.10	13.98
螺纹钢	品种：Ⅲ级螺纹钢	2940.67元/吨	9.97	57.36
水　泥	代号：P.O	290.00元/吨	0.52	2.73
黄　金	Au不小于(%)：99.99	264.54元/克	-8.15	27.86
铁矿石	PB粉	636.67元/吨	18.66	72.47

（来源：七禾网—期货　中国矿秘书网　搜材网）

索　　引

说　明

1. 本索引采用主题分析索引方法，按主题词汉语拼音字母顺序排列。用拉丁字母、阿拉伯数字开头的索引词依次排在汉字索引主题的后面。

2. 特载、大事记和附录(随文附录除外)不作索引。

3. 表格、图片分别注明“(表)”“(图)”字样。

4. 标引词后的数字表示内容所在页码，数字后面的a、b、c分别表示左、中、右栏。

5. 本索引编有附见系统和参见系列化。附见条目在主条目下行缩后一格排印;索引标引词后第二个及以后的页码为参见。

6. 索引标引词一般采用中心词和简称,龙岩市市级党政机关、事业单位和社会团体名称前一般不冠“龙岩”二字。

A

B

C

H

J

K

L

M

T

W

X

Y

Z